# CHARLES QUINT

Ouvrages des mêmes auteurs,
voir p. 1181

PIERRE CHAUNU
*de l'Institut*
MICHÈLE ESCAMILLA

# CHARLES QUINT

TEXTO
Le goût de l'histoire

2, rue Rotrou – 75006 Paris
www.tallandier.com

*À Huguette et à Jérôme,*
*sans qui rien n'eût été*

## Sommaire

Deuxième partie
ENTREVOIR L'HOMME
*par Michèle Escamilla*

# CHRONOLOGIE

**1500 :** Naissance de Charles à Gand, dans la nuit du 24 au 25 février. Cinq mois plus tard, sa mère, Jeanne, deviendra l'héritière du royaume de Castille, son neveu Miguel (fils de sa sœur aînée, Isabelle, et du roi de Portugal) étant mort le 20 juillet avant d'atteindre ses deux ans.

**1501 :** Les parents de Charles de Gand – Jeanne (qui a accouché d'une petite Isabelle le 15 juillet) et l'archiduc Philippe d'Autriche dit Philippe le Beau – quittent les Pays-Bas à la mi-novembre pour l'Espagne, où ils arrivent à la mi-janvier de l'année 1502.

**1503 :** Restée seule en Espagne contre son gré tandis que son mari regagne les Pays-Bas, Jeanne donne naissance à un second fils, Ferdinand, le 10 mars, à Alcalá de Henares. Son comportement en cette période difficile révèle la gravité de son état mental. Élection du pape Jules II.

**1504 :** Isabelle la Catholique meurt le 26 novembre. Sa fille Jeanne, notoirement incapable de gouverner, devient reine de Castille, les Cortès refusant malgré tout de la dépouiller de ses droits.

**1505 :** En octobre, après une courte année de veuvage, Ferdinand d'Aragon épouse en secondes noces la jeune Germaine de Foix.

**1506 :** Jeanne et Philippe se rendent pour la seconde fois en Espagne, où ils arrivent à la fin d'avril. Au début de septembre, à Burgos, le sportif et vigoureux archiduc meurt de façon inattendue. Du coup, Charles hérite (à six ans) des Pays-Bas. On lui donne pour gouverneur Guillaume de Croÿ, seigneur de Chièvres.

**1507 :** Charles est proclamé duc de Bourgogne et comte de Flandre, le 18 juillet.

**1509 :** Henri VIII, devient roi d'Angleterre. Guillaume de Croÿ est nommé grand chambellan de Charles.

**1513 :** Élection du pape Léon X, *alias* Jean de Médicis.

**1515 :** À la demande des États généraux des Pays-Bas (qui vont de ce fait passer sous l'autorité du jeune homme), appuyé par Chièvres, Maximilien émancipe Charles le 5 janvier. Cette majorité légèrement anticipée ouvre la longue carrière politique de Charles de Gand. Louis XII étant mort, François I$^{er}$ est roi de France le 1$^{er}$ janvier ; il triomphe à Marignan en septembre.

**1516 :** Ferdinand d'Aragon meurt le 23 janvier. Le 13 mars, Charles est proclamé aux Pays-Bas roi de Castille et d'Aragon, malgré l'existence de sa mère, la reine Jeanne, enfermée depuis dix ans à Tordesillas. Traité de Noyon avec la France : la *pax gallica* tente d'équilibrer les forces en Italie.

**1517 :** Le 17 septembre, Charles aborde pour la première fois en Espagne, dans un petit port perdu des Asturies où personne ne l'attend. Le 4 novembre, accompagné de sa sœur aînée Éléonore et de Chièvres, il rend visite à la reine sa mère à Tordesillas. Le cardinal Francisco Jiménez de Cisneros meurt à quelques lieues de là, le 8 novembre, sans l'avoir rencontré. Le 31 octobre, Luther affiche ses quatre-vingt-quinze « thèses » sur la porte de l'église du château de Wittenberg.

**1518 :** Ouverture des Cortès de Castille à Valladolid le 21 mars, et des Cortès d'Aragon à Saragosse à la mi-mai, qui dureront neuf mois. Le chancelier Jean Sauvage, qui y meurt le 7 juin, victime d'une épidémie, est remplacé par Mercurino Gattinara. Le 23 mai, l'infant Ferdinand, au grand mécontentement des Castillans, quitte l'Espagne.

**1519 :** Maximilien I$^{er}$ meurt le 12 janvier à l'âge de soixante ans : l'Empire est vacant. Ouverture, le 15 février, des Cortès de Catalogne à Barcelone. Charles est élu roi des Romains et empereur à Francfort, le 28 juin. En décembre, premiers symptômes d'un mouvement insurrectionnel à Valence, les *germanías*. L'expédition de Ferdinand Cortés, qui aboutira à la conquête des territoires de la confédération aztèque, quitte Cuba pour le Yucatán à la mi-février.

**1520 :** En avril, Cortès de Castille à Saint-Jacques-de-Compostelle et à La Corogne, en Galice. Embarquement de Charles le 20 mai, à La Corogne, pour l'Allemagne *via* l'Angleterre et les Pays-Bas. La révolte des *comunidades* de Castille éclate en juin ; en septembre, leur direction, la *Junta Santa de Avila*, tente – en vain – de rallier à leur cause la reine Jeanne. Couronnement de Charles à Aix-la-Chapelle, le 23 octobre. Le 11 décembre, Martin Luther brûle publiquement la bulle *Exsurge Domine* du 15 juin, qui le menaçait d'excommunication ; le 3 janvier suivant, Rome promulgue la bulle d'anathème. Une alliance est conclue, fin mai, entre Charles et Henri VIII à l'occasion de l'escale anglaise. Dans l'Empire ottoman a lieu, en septembre, l'avènement de l'« autre empereur », Soliman dit le Magnifique (qui régnera jusqu'en 1566).

**1521 :** Charles Quint ouvre sa première diète d'Empire à Worms le 28 janvier. Luther, déjà excommunié par Rome, y comparaît les 17 et 18 avril. L'empereur signe le décret qui le met au ban de l'Empire le 23 mai ; le jour même, Chièvres meurt à Worms. Le 28 avril, Charles cède à son frère Ferdinand les cinq duchés autrichiens (Haute et Basse Autriche, Styrie, Carinthie, Carniole) des domaines patrimoniaux germaniques des Habsbourg, ou *Erbland.* Ce partage sera ratifié aux Pays-Bas l'année suivante par un traité secret. Ferdinand devient gouverneur ou lieutenant de l'Empire et épouse à Linz Anne de Hongrie dont le frère, Louis II, épouse à son tour Marie (sœur cadette de Charles, mais aînée de Ferdinand) le 8 juillet. Les *comuneros* sont définitivement battus à Villalar le 21 avril, et leurs chefs exécutés peu après. Les *germanías* subissent des revers militaires. Au Portugal, Jean III succède à Manuel dit le Fortuné. François I^er^ déclare la guerre à Charles Quint à la mi-avril. Tournai tombe le 1^er^ décembre aux mains des Impériaux, et Milan en novembre. Les Turcs prennent Belgrade. Magellan découvre un archipel de l'Insulinde que l'on appellera ultérieurement les Philippines.

**1522 :** Élection, le 9 janvier, d'Adrien VI *alias* d'Utrecht, l'ex-précepteur de Charles Quint. L'empereur, comme promis, est de retour en Espagne le 16 juillet *via* l'Angleterre (où il signe le 16 juin à Windsor un traité d'alliance contre le roi de France). Proclamation à Valladolid, fin octobre, du *Perdón general* qui met un terme définitif au problème des *comunidades.* Fin avril, victoire impériale, le 27 avril, à La Bicoque, près de Milan. Un premier enfant de Charles Quint naît aux Pays-Bas en janvier (sa fille naturelle Marguerite). Rhodes tombe aux mains des Turcs. Sebastián Elcano, après la mort de Magellan, boucle la première circumnavigation de l'Histoire.

**1523 :** Alliance contre la France de Charles Quint, Henri VIII, du nouveau pape Clément VII, *alias* Jules de Médicis (élu le 19 novembre), et du connétable de Bourbon qui, faisant défection à son seigneur et roi François Ier, est passé dans le camp impérial.

**1525 :** Victoire inespérée des Impériaux à Pavie le 24 février. François Ier, fait prisonnier, sera incarcéré à Madrid le 12 août. Il tombera gravement malade et recevra la visite de l'empereur le 18 septembre ainsi que de sa sœur Marguerite d'Angoulême. Négociations en vue du traité de Madrid. Au cours du printemps, l'Allemagne est ravagée par la guerre des Paysans.

**1526 :** Le traité de Madrid est signé le 14 janvier et le roi de France, libéré le 10 mars, quitte l'Espagne le 17 avril, le jour même où Charles épouse Isabelle de Portugal à Séville. Dès le 22 mai, François Ier signe à Cognac avec le pape, la république de Venise et les Milanais la ligue dite Clémentine contre Charles Quint. Trois mois plus tard éclate un nouveau conflit entre le roi de France et l'empereur, qui lance à son adversaire un chevaleresque défi le 17 août. Première diète de Spire. Louis II de Hongrie, beau-frère de Charles Quint, est tué au combat contre les Turcs à Mohacs le 20 août : Marie dite de Hongrie est veuve. Ferdinand devient roi de Bohême le 23 octobre et roi de Hongrie le 7 décembre.

**1527 :** L'Occident est traumatisé par le sac de Rome auquel, le 6 mai, se livrent les troupes impériales. Philippe naît à Valladolid le 21 mai. Les Médicis sont expulsés de Florence (où ils seront rétablis en 1532).

**1528 :** Cortès de Monzón (en Aragon), où Charles Quint reçoit à son tour, le 17 juin, un défi de François Ier (qui a obtenu l'alliance secrète d'Henri VIII contre lui). Andrea Doria, maître des galères de Gênes, passe au service de Charles Quint. Celui-ci annonce à la mi-septembre son intention de se faire couronner en Italie afin d'être mieux armé pour prendre en main les affaires de l'Empire. Le 21 juin naît l'infante Marie. Une première et violente attaque de goutte affecte l'empereur.

**1529 :** Le 27 juillet, Charles Quint quitte l'Espagne pour l'Italie. La paix de Cambrai – ou paix des Dames – est négociée, puis signée le 3 août par deux femmes, Marguerite d'Autriche et Louise de Savoie, respectivement tante de l'empereur et mère du roi de France. Seconde diète de Spire et « protestation » des luthériens. À la mi-octobre, Soliman est devant Vienne. Divorce d'Henri VIII et de Catherine d'Aragon, tante de Charles Quint, fille des Rois Catholiques. En décembre, l'empereur subit une deuxième attaque de goutte (dorénavant, il sera durement touché par ce mal presque chaque année).

**1530 :** Charles Quint est couronné à Bologne par Clément VII (22 février : couronne de fer de roi des Lombards ; 24 février : couronne d'or impériale), devenant ainsi empereur à part entière (il sera le dernier à être couronné par le pape). Il rencontre en Italie, pour la première fois, le peintre Titien. Il se rend en juin à la diète d'Augsbourg, où sera présentée, le 25 juin, la « Confession » dite d'Augsbourg. Un double deuil le frappe : la mort de sa tante Marguerite d'Autriche, qui gouvernait les Pays-Bas en son nom, et celle du grand chancelier Gattinara.

**1531 :** Marie de Hongrie, que le veuvage a rendue disponible, prend aux Pays-Bas, sur les pressantes instances de son frère, la relève de Marguerite d'Autriche. Le 5 janvier, à Cologne, Ferdinand de Habsbourg est nommé roi des

Romains à la demande de Charles Quint. Henri VIII s'érige en chef de l'Église anglicane. La ligue de Smalkalde prend forme.

**1532 :** La paix étant rétablie en Allemagne par la trêve de Nuremberg, Charles Quint se porte à la défense de Vienne ; les Turcs seront bientôt chassés hors d'Autriche. Clément VII, qui n'a plus qu'un an à vivre, excommunie Henri VIII pour avoir épousé Anne Boleyn (future mère d'Élisabeth Ire). François Pizarre s'empare de l'Inca et Cuzco, la capitale de l'empire, tombe en novembre.

**1533 :** Charles Quint séjourne en Catalogne d'avril à décembre.

**1534 :** Élection du pape Paul III, *alias* Alexandre Farnèse, le 13 octobre. En février, Charles Quint s'installe en Castille pour un an et y prépare, à l'automne, l'expédition contre Tunis. Après une arrivée fracassante à Istanbul, à la fin de 1533, Kheir el-Dyn (ou Hayrredin), *alias* Barberousse, devient *kapudan pacha* ou grand amiral de Soliman, dont il réorganise puissamment la flotte. Ignace de Loyola fonde la Compagnie de Jésus.

**1535 :** Victoire impériale à La Goulette le 14 juillet et prise de Tunis (tombée l'année précédente aux mains de Barberousse) : Charles Quint, dont c'est le baptême du feu, y libère des milliers de chrétiens captifs. Il passe l'automne en Italie – Palerme, Messine, Naples –, où il reçoit un accueil triomphal le 25 novembre. Le 24 juin, naissance de l'infante Jeanne. Le roi de France prend langue avec les Turcs en mai.

**1536 :** Charles Quint, quittant Naples le 22 mars, gagne Rome pour rendre une visite courtoise et politique au pape ; il y séjourne du 5 au 18 avril et prononce en plein Vatican son fameux discours (en espagnol) où il dénonce l'alliance entre François Ier et les Turcs. Il quitte Rome pour le Piémont et envahit la Provence, d'où il doit se retirer dès juillet, vaincu par la chaleur, la maladie, la faim et la tactique de la terre brûlée adoptée par les Français ; il laisse parmi les morts le soldat-poète espagnol Garcilaso de la Vega, âgé d'une trentaine d'années. Retour en Espagne en décembre.

Calvin, qui a quitté la France depuis quelques mois, publie à Bâle son *Institution de la religion chrétienne* (en latin).

**1537 :** Offensive française à la frontière des Pays-Bas. Pourparlers en vue d'une trêve.

**1538 :** Alliance ou Ligue catholique, signée le 8 février, entre Charles Quint, le pape et Venise contre le Turc. L'empereur, passé à Villefranche en mai, rencontre le pape le 5 juin à Nice pour préparer l'entrevue, en territoire français, avec François Ier à Aigues-Mortes. La rencontre aura lieu le 14 juillet. Charles Quint est de retour en Espagne une semaine plus tard. Il se heurte à de sérieux problèmes financiers, qui l'obligent à s'endetter lourdement auprès des « banquiers » européens. Il rédige son premier « testament politique » en octobre.

**1539 :** L'impératrice meurt en couches, à Tolède, le 1er mai. Les Gantois se révoltent contre la pression fiscale. Charles Quint met à profit l'embellie de ses relations avec François Ier pour se rendre à Gand en coupant au plus court par la France, où il rencontre le roi à Loches le 10 décembre. En Espagne, le prestigieux dominicain théologien et juriste Francisco de Vitoria remet en question, dans son cours magistral sur le thème *De Indis*, les « justes titres » de la couronne espagnole sur les Indes occidentales.

**1540 :** Charles Quint est accueilli à Paris du 1er au 6 janvier. Arrivé à Gand, il inflige un dur châtiment aux insurgés le 14 février ; il demeure aux Pays-Bas le reste de l'année. Paul III approuve les statuts de la Compagnie de Jésus.

**1541 :** Charles Quint passe le 1er janvier en Allemagne, où il présidera la diète de Ratisbonne du début d'avril à la fin de juillet. Il repart à la fin de septembre pour monter l'expédition contre Alger, d'où Barberousse harcèle les côtes espagnoles. L'attaque, lancée le 25 octobre, tourne au désastre du fait de la tempête qui détruit une partie de la flotte impériale. Charles Quint, abattu, est de retour en Espagne le 23 novembre. Ignace de Loyola devient le premier général de la Compagnie de Jésus. À Genève, Calvin organise sa propre Église.

**1542 :** Fruit d'un long et âpre combat d'« apôtres » (dominicains pour la plupart, théoriciens ou, plus encore, hommes de terrain) comme les frères Antón Montesinos, Bartolomé de Las Casas, Toribio de Benavente *alias* Motolinía, Francisco de Vitoria et autres défenseurs de la cause indienne, les *Leyes Nuevas* (Lois Nouvelles) sont décrétées par la couronne de Castille ; elles annoncent une remise en ordre des affaires américaines plus favorable aux Indiens. Même indirectement, le mérite en revient aussi à l'empereur.

**1543 :** Charles Quint quitte l'Espagne, dont il confie par décret du 11 avril la régence à son fils alors âgé de seize ans. En attendant le départ de la flotte pour l'Italie, il rédige à son intention, dans le petit port catalan de Palamós, ses fameuses « Instructions » datées du 6 mai. En passant par Gênes, Pavie, Crémone, Trente, il arrive en Allemagne (à Ulm) à la mi-juillet. Passant ensuite aux Pays-Bas, il y annexe la Gueldre après une brève et victorieuse campagne contre le duc Guillaume de Clèves, à l'automne.

**1544 :** Charles Quint assiste en Allemagne à la diète de Spire du 31 janvier au 10 juin. Six jours plus tard, il rassemble des troupes à Metz contre la France ; entre le 17 août et le 12 septembre, il prend Saint-Dizier, Château-Thierry et Soissons. La paix est signée le 19 septembre à Crépy-en-Laonnais.

**1545 :** Ouverture à Trente, le 13 décembre, d'un concile œcuménique pour l'obtention duquel l'empereur a tant bataillé. Charles Quint séjourne en Allemagne du début de mai jusqu'au début d'août, puis aux Pays-Bas jusqu'en février de l'année suivante.

**1546 :** Luther meurt à Eisleben le 18 février. Seconde diète de Ratisbonne en juin et juillet, qui suscite chez l'empereur le plus grand pessimisme. Campagne du Danube contre les princes de la ligue de Smalkalde : pour la première fois, il fait la guerre sur le sol allemand.

**1547 :** Bataille et victoire de Charles Quint sur les princes allemands, le 24 avril, à Mühlberg. Première suspension du concile de Trente. Henri VIII meurt le 27 janvier (à cinquante-sept ans), et François Ier le 31 mars (à cinquante-trois ans). Leurs fils respectifs, Édouard VI (époux de Jeanne Seymour) et Henri II (époux de Catherine de Médicis), leur succèdent (le premier mourra en 1553, le second en 1559). À Ratisbonne, Barbara Blomberg donne naissance, le 24 février, au dernier enfant de l'empereur, le futur don Juan d'Autriche (pour l'heure, simplement Jerónimo).

**1548 :** Charles Quint rédige à Augsbourg des instructions destinées à Philippe et considérées comme son « testament politique » définitif ; elles sont signées du 18 janvier. Il réside en Allemagne de la mi-août au début de septembre, puis aux Pays-Bas de la mi-septembre à la fin de novembre. Il ouvre, le 1er septembre, la diète d'Augsbourg où il proclame, en attendant les décisions d'un concile alors en suspens, le fameux « Intérim ».

**1549 :** Charles Quint demeure aux Pays-Bas, y circulant de juillet à septembre, avant de passer le reste de l'année et une partie de la suivante (jusqu'en mai) à Bruxelles.

**1550 :** Élection du pape Jules III le 7 février (Paul III étant décédé le 10 novembre de l'année précédente). Charles Quint dicte ses *Mémoires* à Guillaume van Male en remontant le Rhin pour se rendre de nouveau à la diète convoquée à Augsbourg et qui durera de juillet à avril de l'année suivante.

**1551 :** Le concile reprend ses travaux à Trente le 1er mai. La France d'Henri II relance la guerre. Pacte de succession des Habsbourg.

**1552 :** Henri II envahit la Lorraine en mars (avec la complicité des princes allemands) et s'empare des trois évêchés d'Empire : Toul, Metz, Verdun. En mai, Charles Quint doit quitter précipitamment Innsbruck pour échapper à Maurice de Saxe, qui a changé de camp. Le 15 août, il ratifie à Munich les accords de Passau négociés en juin par Ferdinand en son nom avec les princes allemands. Il peut alors à nouveau faire face à la France et, malgré l'approche de l'hiver, il commence le siège de Metz.

**1553 :** L'empereur doit lever le siège de Metz et faire retraite au début de janvier. Par la mort prématurée d'Édouard VI (6 juillet), Marie Tudor (fille d'Henri VIII et de Catherine d'Aragon) devient reine d'Angleterre. Trois semaines plus tard, Charles Quint envisage de la marier à Philippe (alors veuf de Marie de Portugal). Son neveu Emmanuel-Philibert devient duc de Savoie.

**1554 :** Philippe (à qui son père cède alors les royaumes de Naples et de Sicile, ainsi que le Milanais) épouse Marie Tudor le 25 juillet ; il ne sera pas couronné roi d'Angleterre, par suite de l'opposition du Parlement – il ne sera que roi consort.

**1555 :** Élection (après celle de Marcel II mort aussitôt) de Paul IV, *alias* Gian Pietro Caraffa, le 23 mai. Le 25 septembre est signée la fameuse paix d'Augsbourg qui légalise le principe du *Cujus regio, ejus religio.* Le 25 octobre, Charles Quint renonce en faveur de son fils à la souveraineté sur les Pays-Bas à Bruxelles.

**1556 :** Il abdique le 16 janvier la souveraineté sur l'Espagne, mais il conserve le titre d'empereur. Le 5 février, il ratifie à Bruxelles la (précaire) trêve signée en l'abbaye de Vaucelles avec la France. C'est son dernier acte politique. À la mi-septembre, il quitte les Pays-Bas pour un retour définitif en Espagne où il a choisi de se retirer. Ignace de Loyola meurt à soixante-cinq ans.

**1557 :** Après une dernière traversée de l'Espagne, Charles Quint fait un passage par Valladolid, où sa fille Jeanne assure la régence en l'absence de Philippe (qui est encore aux Pays-Bas), et séjourne quelques semaines à Jarandilla. Il s'installe à Yuste le 3 février. Il y apprend la victoire de son fils sur Henri II à Saint-Quentin (3 et 10 août). Le 11 juin, mort du roi de Portugal Jean III. Sébastien, le fils de Jeanne, un très jeune enfant, lui succède. En juin, Philippe II proclame la première banqueroute du règne.

**1558 :** Le 3 mai, la diète de Francfort accepte enfin la troisième abdication de Charles Quint : la renonciation à l'Empire en faveur de son frère Ferdinand. Le mercredi 21 septembre (à deux heures du matin), Charles Quint rend l'âme, bientôt suivi dans la mort par sa sœur Marie de Hongrie le 18 octobre (Éléonore les y a précédés le 18 février), puis par Marie Tudor (à qui succédera Élisabeth, sa demi-sœur) le 17 novembre.

# AVANT-PROPOS

Longtemps, comme un mauvais cheval, j'ai renâclé. Charles Quint m'intimide, et j'aurais fait demi-tour si Michèle Escamilla, comme le bon Samaritain sur la route de Jéricho, n'était venue à mon secours. Je lui en exprime ma gratitude.

La requête vient de loin. Flatté, j'avais acquiescé – imprudemment. Une certaine familiarité avec l'Espagne et le XVI^e^ siècle au commencement de ma carrière, les exigences d'un métier que j'ai beaucoup aimé avaient produit au début des années 1970 une *Espagne de Charles Quint* destinée aux candidats à l'agrégation, un de ces devoirs de vacances que nous impose le régime des concours, et qui fit sans doute illusion. L'Espagne n'est qu'un morceau de l'espace de cet homme-univers que fut Charles Quint. L'Espagne de Charles Quint, donc, n'est pas Charles Quint, et Charles Quint est bien peu espagnol au début de sa vie. Michèle Escamilla dira comment et pourquoi au fil de l'événement, qui est le fil de l'histoire, il le devint.

Du 25 février 1500 au 21 septembre 1558 (cinquante-huit ans et sept mois), Charles Quint, cet errant par devoir d'État, a croisé mille destins. Karl Brandi a écrit *Charles Quint et son temps*, mais ce temps va bien au-delà de sa vie. C'est dans la mesure où ce prince de trois continents, de deux mondes (*Vetus et Novus*), empereur des Nouvelles-Indes, qui eut Cortés à son service, fut homme du passé plus que quiconque, qu'il a pu marquer durablement l'avenir qui vint à lui, comme il vient à nous, sans que nous l'ayons jamais vraiment prévu, face à notre « futur sans avenir » forgé par la « logique de l'imprévisible ». Un avenir qu'il refusait, mais qu'il avait contribué à construire et contre lequel, dans le brouillard qui toujours nous enveloppe, il s'était courageusement battu.

*
* *

Christophe Colomb meurt en 1506, refusant obstinément de comprendre ce que ses yeux ont vu, ce que Pierre Martyr de Anghiera, *cosmografo*, avait compris, dans le compte rendu du premier voyage de l'amiral à sa reine, en 1493, à savoir que ces terres nouvelles étaient bien d'un *Mundus Novus*. Un demi-siècle sépare Charles Quint de Colomb. Il n'est pas absurde de comparer leurs deux destins, tellement différents, mais exceptionnels. Après tout, l'empereur doit beaucoup au génie baroque de l'amiral, le plus grand navigateur de tous les temps et qui vénérait son aïeule Isabelle la Catholique, sans laquelle le Génois serait mort totalement inconnu, ruiné, prisonnier pour dettes, comme beaucoup de prodigues insolvables. « Elles sont toutes folles, même la plus sage. » Peut-être faut-il être « folle » pour reconnaître le génie. Isabelle avait cette forme de génie. D'elle, on sait beaucoup de choses ; de Colomb, presque rien ; de Charles, le Grand, *el Emperador*, tellement qu'écrire sa biographie est une tâche impossible. Michèle Escamilla montre pourquoi et comment tenter d'y parvenir. Il faudrait plus de deux vies, et la mienne est bien trop écornée pour une telle entreprise.

Dans l'espace et dans le temps, Charles Quint se situe vraiment au cœur de la partie culturellement la plus riche et la plus diverse de la chrétienté latine. Sa *circunstancia* – je reprends le mot d'Ortega y Gasset – est d'une richesse accablante. Empereur, roi, duc et *dernier empereur* d'une chrétienté bicéphale. L'espace-temps balayé, le « prochain » côtoyé par cet homme au cours d'une longue vie de pouvoir, de fatigues et de regard sont sans véritable équivalent dans l'espace et plus encore dans le temps.

Le jeune Charles, très tôt duc de Luxembourg aux Pays-Bas, de *Par Decha*, roi d'Espagne (*don Carlos primero*) et, après l'élection intelligemment préparée, brillamment arrachée, le 28 juin 1519, Charles, empereur élu, cinquième du nom : avec lui, nous voilà en présence du fruit non prévu, non voulu d'une stratégie si savante qu'elle se révéla, à force de réussir, dangereuse, voire catastrophique : une telle collection de couronnes, qui n'a pas d'équivalent dans l'histoire, eût immanquablement écrasé une tête moins bien faite. Un homme sage se fût hâté de les redistribuer, ne gardant que le meilleur ; un génie comme Alexandre ou César serait devenu fou. Bravement, déraisonnablement sage, Charles a tout pris, modestement, comme quelque chose venant d'un ailleurs sans doute, peut-être de Dieu, en se promettant vraisemblablement, quand il le faudrait, de se décharger. La surprise vient non de ce que cela se soit produit, mais de ce que ce château de cartes ait résisté au gros temps et qu'un homme ait sacrifié sa vie à le maintenir en équilibre. « Le hasard, force aveugle, et le hasard seul a préparé, dit-on, cette étonnante fortune princière et politique[1]. » Ainsi s'exprime Fernand Braudel dans un texte qu'on ne se lasse pas de lire et de relire. La part du hasard, nous le verrons, est grande. Mais c'est lui qui a bien failli faire échouer, en surchargeant la barque, ce qui était le résultat d'une sage politique, intelligemment conduite. On s'ébaubit des mariages princiers. On accuse les Habsbourg d'avoir construit leur fortune par l'hymen, comme si les États de l'Europe plurielle issue de la chrétienté latine s'étaient construits autrement.

Même la France s'est faite ainsi. Dans le cadre préalablement tracé de la *pars Occidentalis* du grand et éphémère *regnum Francorum*, s'est construit un domaine royal qui a fini par occuper tout l'espace de cette part occidentale devenue le royaume par excellence. La superposition du domaine royal et du royaume donne vie et consistance au premier État territorial, premier État-nation avec l'Angleterre (mais sans l'atout de l'insularité), par la force de la primogéniture masculine absolue. Il suffit de comparer avec l'Empire, le symétrique inverse. La dynastie capétienne, sous cet angle des mariages, peut sembler moins heureuse, peut-être parce qu'une ébauche de nation l'avait corsetée de la mythique « loi salique ». La tentation de déborder existe, mais elle a été le fait de branches collatérales, à partir surtout des Valois. D'abord, Charles Quint est un Valois entre autres. Car les Bourguignons sont aussi des Valois.

Si je définissais d'un seul mot Charles Quint, je dirais qu'il est l'héritage, le lignage, habité tout entier par la mémoire des pères qui lui fut pieusement transmise.

Et c'est peut-être, aujourd'hui, dans un monde largement issu de notre petit promontoire, la leçon, le discret message qu'il peut encore nous murmurer. Être un homme, c'est ne rien savoir en venant au monde ; c'est être riche seulement d'une capacité fragile d'apprendre qui ira vite en s'amenuisant au fil de l'âge, toutes conduites complexes instinctives perdues ; c'est avoir tout à apprendre pour pouvoir le transmettre – apprendre donc la mort, la découvrir et souffrir. Charles sait qu'il a des ancêtres, qu'il leur doit tout, qu'il a à transmettre comme il a reçu et si possible un peu plus. Bâtir un empire pour son fils. Ne pas laisser perdre une miette de ce qu'on a reçu et de ce qu'on a achevé ou agrandi aux Pays-Bas, en Italie ; consolider, jusqu'en Espagne, ce qui dans l'héritage était encore fragile ; et, en Allemagne, limiter autant que Dieu le permettra l'implacable surgissement d'un futur dont on ne veut pas.

L'héritage, rien que l'héritage, tout l'héritage ; recevoir pour donner. Le relais de la culture de la vie à ceux qui après nous vivront. La capacité de dire *nous*, authentiquement, donc de résister au *je* absolu.

Tel est Charles Quint : si peu de son temps, nourri de longs passés, accablé d'héritages et, comme chacun de nous, porteur de quelques incertains futurs.

Première partie

# DE TANT D'HÉRITAGES ACCABLÉ

*par Pierre Chaunu*

## Chapitre premier

# DE COMBIEN D'HÉRITAGES…

### *Bourguignon, né à Gand*

Bourguignon d'abord, par le sang, l'éducation, l'environnement ; Habsbourg, certes, d'un peu plus loin ; Espagnol par le sang, petit-fils des Rois Catholiques. Enfant, il n'a pratiquement jamais connu ni son père (mort en 1506) ni sa mère. Des Pays-Bas à Tordesillas, entre le fils et la mère, une distance interplanétaire se dresse : combien de jours, de mois, de veilles, de périls s'interposent ! Il faut un temps long, mais surtout indéterminable, imprévisible, sur une mer où la mort frappe sans prévenir, le long de côtes souvent hostiles et que prolonge à terre sur des chemins défoncés un autre type d'épreuves. La distance se compte en mois de peine, de risque, de fatigue, de peur… Bien plus encore, entre elle et lui, il y a la maladie – on dit de l'âme, de l'esprit –, la folie plus épaisse que toutes les murailles de Chine, que l'on croit entrevoir, parfois, tapie et qui guette. Elle a frappé deux fois déjà dans l'ascendance féminine directe et l'on peut se demander, un jour de trop grande fatigue, si son ombre, à la nuit tombante, ne risque pas de vous envelopper. Il n'est pas confortable d'être le fils du Mort et de la Folle.

Charles est né à Gand, au Prinzenhof, dans la nuit du 24 au 25 février 1500 (Sandoval[1] précise : le lundi à trois heures et demie du matin), fils de Philippe le Beau – lui-même fils de Maximilien de Habsbourg, empereur élu mais non couronné, et de Marie de Bourgogne, fille du Téméraire – et de Jeanne que l'on dira bientôt la Folle, seconde fille des Rois Catholiques, Isabelle et Ferdinand. Les Habsbourg, la Bourgogne, la Castille et l'Aragon dont l'union est encore bien fragile – la suite le prouvera.

### *Génétique et culture*

D'un côté, l'Espagne. Joseph Pérez a relevé, dans les dernières années du XVe siècle, une tendance à employer le mot *Espagne* pour désigner l'ensemble Castille-Aragon en excluant le Portugal, cependant déjà étroitement uni à la Castille par le jeu des mariages, et de l'autre l'Empire et le sous-ensemble bourguignon[2]. Voire ! Oui, car l'histoire confirme. Mais les Habsbourg eux-mêmes, qui sont-ils ? Bien minces sont leurs ressources, quand on retranche l'héritage même tronqué de Bourgogne. Ne sont-ils pas le reflet d'un Empire certes prospère, mais ouvert à tous vents ? On a fait le calcul, note Karl Brandi[3] : dans la masse de ses trente-deux ascendants, l'enfant du Prinzenhof n'a qu'un seul rameau de sang germanique, celui, en amont, de Maximilien, et ses ascendants, en commençant par Frédéric III – mais c'est le grand-père présent, l'aïeul de son cœur. Qu'importe ! Culturellement, affectivement, il sent l'Empire, il a de l'estime pour les Allemands. Il est très peu Habsbourg, sauf peut-être par le prognathisme tenace qu'il transmet. Charles est un « Bourguignon » de sang espagnol qui a été conquis par l'Espagne, et qui a engendré et formé son symétrique inverse, Philippe II, de loin le plus espagnol des rois d'Espagne (sauf par son physique). Comme nous ne savons pas grand-chose sur elle, nous avons peut-être tendance à sous-estimer la *mémoire génétique* ; elle pèse sûrement plus qu'on ne le dit, mais nous ignorons comment. Une seule certitude : c'est l'éducation qui nous achève, elle assure la transmission de l'acquis, la programmation initiale du cerveau, les premiers mots entendus, l'imprégnation de la toute première enfance. À cinq ans, l'homme est presque fait.

Entre Gand (la Flandre), Malines, Bruxelles (le Brabant) et par un entourage de seigneurs des Pays-Bas – on dit là-bas de *Par Decha* –, ce sang-mêlé de toutes les provinces de la chrétienté latine est fait « bourguignon » par le moule de la prime enfance, par la saga à ses oreilles récitée et, plus tard, par la lecture assidue de Froissart. C'est ainsi que Charles se définit encore au seuil de la mort dans ses testaments, exhortations à son cher fils, son unique, Philippe : « Nous qui sommes de Bourgogne – voyez notre bannière. »

C'est l'espace-temps du « dernier empereur ». S'étendant très loin sur les quatre points cardinaux, c'est l'espace du mythe de la croisade impossible que dessine ce *best-seller* de la fin du Moyen Âge, Mandeville[4], auquel est venu s'ajouter un *Mundus Novus* incertain. Sur l'axe du temps, c'est un énorme morceau de temps mythique, mêlé comme le sang d'un prince, et de temps vrai. Le temps mythique nous est donné intact par fray Prudencio de Sandoval, un demi-siècle après la mort de l'empereur, dans cette généalogie introductive *del Emperador Carlos V maximo, fortissimo, rey de España* : Adam, le Déluge, Troie, comme il se doit pour un Européen – 3 960 ans de la création du monde à la naissance du Christ. C'est presque le modèle standard de l'époque.

## *Sans père ni mère*

Mais le temps vrai, l'existentiel de la mémoire vivante et saignante, s'est dès ses premiers pas emparé de l'esprit de l'enfant, qui mûrit lentement, sans que l'on puisse lire, dans son regard terne et ses gestes maladroits, la force qui couve en lui. Non, ce jeune homme un peu ingrat n'a rien pour séduire, rien d'un surdoué. Il n'a même pas ce que l'on prête d'ordinaire à tout enfant roi. Ne nous hâtons toutefois pas, car héritier il ne l'est que progressivement. Charles n'est pas, ne peut être le fils de ses père et mère. Élevé par une tante, sœur aînée de son père, veuve, Marguerite d'Autriche, absorbée par la politique où elle est vraiment douée, elle a peu de temps à consacrer à son neveu qu'elle confie à son entourage. Elle le relie directement à son grand-père Maximilien, déjà – par amour de Marie son épouse, jamais détrônée dans son cœur – le plus bourguignon des Habsbourg, au point d'en avoir adopté la langue.

Les secteurs les plus anciennement et donc les plus densément peuplés ainsi que les plus urbanisés[5] de l'Europe (plus de 60 habitants au kilomètre carré à la fin du XVe siècle) sont là, entre Flandre et Brabant, où se déroule la prime enfance du jeune prince, au cœur d'un espace religieux et d'un espace politique étroitement imbriqués. Tout ici rappelle la difficile histoire de cet État naissant, brutalement tronqué.

## *Une « préhistoire » de la Bourgogne*

Au vrai, qu'est-ce que la Bourgogne ? « Contrairement à ce que d'aucuns affirment, le duché de Bourgogne ne dérive pas du royaume burgonde ni point davantage du royaume mérovingien[6] », même si le vocabulaire conserve la mémoire mythique de ces barbares gourmands et tranquilles fourvoyés dans l'arianisme, choix qui a pesé sur leur destin. Georges-Henri Dumont poursuit : « Il procède d'une circonscription administrative nommée *pagus* formée au VIIIe siècle. » Ces divisions subsistent et constituent la matrice de ces duchés et comtés réunis par un lien féodal plus ou moins lâche au sein d'un royaume que les historiens de la charnière des XIXe et XXe siècles ont peut-être un peu trop vidé de tout contenu.

Une chose toutefois est sûre : le souvenir a perduré de la frontière qui sépare au nord la Flandre du Brabant et plus au sud le duché de Bourgogne de la comté de Bourgogne, *pars Occidentalis* d'un côté, Lotharingie tôt avortée de l'autre et vaguement rattachée à la nébuleuse impériale. On s'est longtemps souvenu du lien qui avait uni la Flandre occidentale au royaume : Gand, au XIXe siècle, reste francophile et une frontière mythique en Belgique subsiste longtemps entre Flandre et Brabant. Entre le duché de Bourgogne et la Comté (Franche-Comté), le souvenir est plus fragile, sans doute parce que la présence impériale est infiniment plus discrète que celle du roi de France.

Henri le Vénérable avait réuni duché et comté, mais, au terme d'une longue lutte (treize ans) dont on sait peu de chose, Robert le Pieux avait réussi à maintenir la Bourgogne dans le royaume. Dans le royaume, mais non dans le domaine royal. Henri Ier, en 1031, fait de cette Bourgogne avant la lettre un duché à l'intention de son frère Robert « pour en jouir en pleine propriété et passer à ses héritiers ».

Les forces centrifuges ne respectent pas plus les grands fiefs que le domaine : de nombreuses sous-inféodations taillent le domaine ducal comme ailleurs le domaine royal. Cependant, les Capétiens de la branche cadette à Dijon se battent bien. La féodalité recoud le tissu social aussi vite qu'elle a semblé le défaire. Les historiens des XVIIIe et XIXe siècles ne voient que le côté négatif du processus à son terme, omettant ce que la chrétienté doit à ces couturiers qui cousent au moins autant qu'ils ne taillent. « Une subtile [...] politique matrimoniale coiffait le tout. Tant et si bien que, sous le règne d'Eudes IV (1315-1349), non seulement le duché de Bourgogne présentait tous les signes d'une réelle cohésion, mais [...] la Franche-Comté se trouvait agrégée à lui par union personnelle, tout en demeurant de mouvance impériale. »

C'est bien un État moyen qui se forme, comme plusieurs autres ailleurs, dans l'allée médiane de l'ancienne Lotharingie sur le flanc de l'Empire. Cette Bourgogne émancipée se dote tôt d'un appareil plus moderne, calqué sur ce qu'avaient été le duché de Normandie et le domaine royal : une cour dont les offices copient ceux de la cour royale, les « Jours généreux » de Beaune qui sont la préfiguration d'un parlement, des baillis qui coiffent prévôts et châtelains.

Par sa taille, par le prestige du seul roi thaumaturge du continent, par la densité de peuplement, par l'avance institutionnelle du domaine et par le lien conservé, voire renforcé avec les grands féodaux, le royaume de France fonctionne comme un noyau stellaire au sein d'une nébuleuse : il attire. Pour mieux se défendre contre l'attraction de ce poids lourd, la Bourgogne cherche des points d'appui.

La lignée directe d'Hugues Capet s'éteint en 1328. Les Valois collatéraux, en la personne de Philippe VI, héritent facilement de la couronne par l'artifice de la loi salique, ce qui traduit dans la noblesse et une partie du peuple une conscience – ou un début de conscience – identitaire que Charles Quint, deux siècles plus tard, aura encore du mal à imaginer. Le dernier Capétien de Bourgogne, Philippe de Rouvres, a été promis en mariage à Marguerite de Male, fille aînée et héritière du comte de Flandre, Louis de Male.

### *La Bourgogne des Valois*

Une épidémie de peste emporte à dix-sept ans, le 21 décembre 1361, le dernier successeur d'Eudes IV. La Bourgogne revient au roi de France, par déshérence du pouvoir. Jean le Bon, qui veut surtout éviter que la Flandre et la Bourgogne ne tombent dans la mouvance d'Édouard III d'Angleterre, tente la réunion pure et simple du duché au domaine royal. « C'était, constate Dumont s'appuyant sur Calmette, une utopie[7]. » Il y eût fallu du tact et du temps. Nous avons là, au milieu du XIVe siècle, la preuve tangible d'une préconscience identitaire dans ce qui va devenir le noyau confédérateur d'une plus grande Bourgogne en pointillé. Jean le Bon mesure vite son erreur. La ligne de repli est toute trouvée (elle a fait et fera ses preuves souvent dans le domaine du futur Charles Quint) : l'apanage, la récupération des cadets que le système « salique » a laissé prudemment en friche.

Les états de Bourgogne font savoir qu'ils sont du royaume, certes – ils ne contestent pas leur appartenance à la mouvance arbitrale du roi –, mais que le duché est le duché[8], qu'il tient à son identité, à ses institutions et qu'il lui faut un duc bien à lui ; au roi de choisir. Le choix est vite fait : Philippe, le second fils, dit Philippe le Hardi, qui a suivi son père, en 1356, à la bataille de Poitiers. Les Bourguignons sont flattés d'un tel choix.

### *Une affaire de mariage, déjà*

Le duc décide d'épouser la petite-fille de Marguerite de France, « Marguerite de Male, héritière de Flandre, Artois, Nivernais, Rethel, Franche-Comté, seigneuries de Malines et de Salins, terre de l'Isle-en-Champagne, de Villemain et de Jully[9] ». Pour convaincre un Louis de Male, comte bien assis de Flandre, de donner une héritière aussi bien nantie à un fils et frère du roi de France contre la surenchère du roi d'Angleterre qui commercialement pèse lourd en Flandre, il faut payer. Charles V consent alors à rendre tout ce que Philippe le Bel a jadis arraché à la Flandre (Lille, Douai, Orchies...). Il faut aussi beaucoup d'argent pour obtenir du pape les dispenses nécessaires, et pour satisfaire à ce que l'on n'appelle pas encore le *faste bourguignon.* Pour habiller le duc, en l'abbatiale Saint-Bavon à Gand le 19 juin 1364, les états de Bourgogne doivent mettre la main à la bourse. C'est un mariage réussi entre deux êtres qui ne sont pas beaux, mais « qui demeureront unis par une grande affection[10] » (l'amour conjugal est bien porté dans la famille de Charles Quint, qui à son tour ne dérogera pas). C'est le mariage aussi de deux puissances et des deux régions culturelles les plus brillantes de l'Occident : Cluny, Cîteaux, Vézelay, Tournus, Saint-Nicolas et Saint-Jean de Gand, Bruges et une tradition de mécénat que les descendants de Philippe le Hardi ne démentiront pas, hormis peut-être Charles Quint que la nécessité contraindra à la rigueur.

Pas plus que le royaume de France ne s'était fait en un jour, la grande Bourgogne n'est sortie des ténèbres sans peine ni tracas. L'Empire, preneur pour plus de la moitié, complique bientôt le jeu. Charles IV (1346-1378), né à Prague, prénommé Wenceslas dans sa jeunesse, est l'auteur en 1356 de la Bulle d'or qui, jusqu'en 1806, règle les modalités de la succession impériale[11]. Cet intermède gêne la grande Bourgogne en gestation. Depuis le Luxembourg, berceau de la famille, ce concurrent bloque à Lille l'extension des futurs Pays-Bas, dont Flandre et Bourgogne matricielles se situent dans le royaume. Ce handicap ne sera pas durable.

*Une grande promesse, des débuts agités*

Impressionnant – trop, peut-être – est le rassemblement opéré sur la carte en un siècle, à la mort du Téméraire. Les trois quarts du chemin pouvaient sembler parcourus. Charles Quint, sur la lancée, gagnera encore au nord, flanquant la Hollande à l'est, achevant ce qui deviendra les Provinces-Unies. Mais il ne récupérera jamais la Bourgogne et ne parviendra pas à consolider les fragiles voies d'accès de la Haute-Alsace vers le Luxembourg à travers une Lorraine déchiquetée où le royaume de France réussit à s'infiltrer.

Reconnaissons que les constructeurs de cet échafaudage n'ont pas eu la tâche facile. Les deux Philippe, le Hardi (duc de 1363 à 1404) et son petit-fils le Bon (duc de 1419 à 1467), trisaïeul de Charles Quint[12], ont manifesté un véritable génie politique pour construire moins un grand État qui n'a jamais existé que cette brillante confédération de l'entre-deux. En cela ils furent, l'un et l'autre, de dignes Capétiens et des Valois au moins aussi doués que ceux de la branche aînée, mais moins aimés du sort.

Brossons à grands traits la physionomie de la Flandre, avec le Brabant que l'on parvient à accoler à cheval sur la vieille et tenace frontière qui limite Empire et royaume. Elle est le pôle économique, une sorte d'Italie *bis* qu'encadrent les banquiers et les « polytechniciens » des secteurs de pointe de l'Italie intelligente et entreprenante, celle qui parle le toscan. À la Flandre, que prolongent à la fin du XVe siècle le Brabant et le Hainaut à l'est et au sud et la Hollande-Zélande au nord, s'oppose complémentairement la Bourgogne, comté et duché – on est tenté d'écrire comté autant et plus que duché. Comme beaucoup de terres pauvres, âpres et montueuses, la comté de Bourgogne, plus encore que le plantureux duché, berceau mystique des grandes pulsions monastiques du Moyen Âge, est une pépinière de « clercs » nourris de « clergie », nous dirions aujourd'hui de cadres, administrateurs d'Église *lato sensu*, gorgés de latin qui procure « maison et couche molle ».

Si la Bourgogne et la sage Comté sont relativement tranquilles – encore qu'il faille constamment lutter contre l'émiettement féodal, coudre et recoudre le pôle nordiste et tumultueux –, les grandes cités tisserandes, drapantes, abritent un peuple d'ongles bleus en guildes réunis, l'oreille dressée au signal du beffroi qui vibre à la moindre bourrasque : les ducs – qui là sont les comtes – ont dû montrer beaucoup de tact et de patience mêlés de fermeté, écouter, négocier, concéder et, quand l'heure était venue, frapper juste et fort. Pas trop longtemps.

« Il me tarde[13]. » En dépit de sa devise, le premier duc de Bourgogne de la maison de Valois ne se hâte pas de tenir un rôle en Flandre. Il laisse son beau-père Louis de Male poursuivre l'organisation politique de son turbulent comté : élargissement des compétences du conseil comtal, adjonction du Franc de Bruges « aux trois membres » (Gand, Bruges, Ypres), « mise en place d'un souverain bailli coiffant les baillis ». C'est l'esquisse tout à la fois d'une administration financière et d'une hiérarchie judiciaire.

En Valois dévoué à la cause du royaume, le Hardi continue également, aux côtés de Charles V, la guerre contre l'Anglais. À la mort du roi, il s'impose comme le cerveau d'un royaume éprouvé par une minorité, avant de connaître le pire, l'inimaginable du « roi fol », Charles VI, occurrence que les rédacteurs de la prétendue loi salique n'avaient pas prévue.

Dans une atmosphère de séquelles de la peste, les premiers centres manufacturiers s'agitent. Paris, Londres, la Toscane s'émeuvent. Quelques cantons d'Allemagne, la Bohême, Bruges et Gand flambent. À l'appel de Jacques Van Artevelde, on assiste à une bataille rangée entre Gand, qui ne veut pas d'un canal pour joindre la mer, et Bruges, qui le creuse. Louis de Male tente d'arbitrer, mais il doit fuir, humilié, déguisé en valet.

Une victoire des tisserands gantois aurait fait tomber en quenouille l'héritage de la duchesse de Bourgogne, mais c'était la porte ouverte aux Anglais. Philippe le Hardi obtient l'aide de la France : Gand est dans le royaume, il s'en souviendra longtemps. Contre le mur de fer de la chevalerie, les milices des métiers ne font pas le poids. Il faut trois ans à Philippe (Louis de Male meurt le 30 janvier 1384) pour refaire une Flandre solide qui congédie l'hôte indésiré d'Angleterre, alliant la force agissante à un désir agissant de réconciliation, en prince chrétien. Une vraie paix de pardon. En vérité, c'est lui, le chevalier hardi, qui est le *fondateur* de la Bourgogne ; c'est lui qui est le plus authentique aïeul de l'*Emperador*, ce lointain et digne arrière-arrière-petit-fils – empereur certes, mais chevalier chrétien d'abord.

La remise en ordre fait de la Flandre un pôle d'attraction. Le Luxembourg écarté, le Brabant se durcit. Ainsi s'instaure une confédération souple qui deviendra rapidement les Pays-Bas, magnifique préfiguration de l'Europe.

### *La cohabitation intrabourguignonne*

La Bourgogne *lato sensu* est là, dans cette contrée riche et troublée, à cheval sur deux frontières, celle qui sépare le royaume et l'Empire – mais quel Empire ? – et celle qui passe à travers les terres d'Empire. Elle est bilingue, comme l'ancien *regnum Francorum* dont elle est issue. Sans drame et inutile querelle, on l'accepte. Dans le bloc nord, dans les pays de *Par Decha*, cohabitent Thiois et Wallons, *Germani* et *Romani*, mais selon un savant dégradé : on trouve des variétés de bas-allemand pénétrées de formules romanes et des dialectes romans plus ou moins germanisés. Le français est la langue des chevaliers. Pour la « société », la langue de communication est un franco-picard que l'on ne comprend pas toujours facilement d'une province à l'autre et dont on se moque à Paris et sur les bords de la Loire. Plusieurs témoins prétendent que ce franco-picard sera le français de Charles Quint, qui parle mal et qui écrit plus ou moins bien suivant l'attention qu'il accorde à cet exercice d'écolier. Chaque règne sera secoué par l'humeur frondeuse des cités hyperactives du bas pays.

En avance par rapport à l'Empire, la Bourgogne a, un moment, conquis l'Empire avant de se dissoudre. Elle a fait de l'Empire un monde bilingue où la part des Franco-Bourguignons est sans proportion avec leur nombre. Le prestige, les manières de penser, de dire, de sentir viennent de cette contrée qui a plus facilement accès au grand royaume et encombrant voisin.

La mémoire de Charles l'*Emperador* est une mémoire bourguignonne qui étaie, qui renforce l'Empire. La première clef permettant de comprendre cet homme de mémoire est la part énorme de ses souvenirs vivants de l'héritage bourguignon. Parce que cette « majeure et meilleure part » vient de la prime enfance et de l'avant qui a été conté, presque tout entier, sans partage de Bourgogne.

Retenez Gand, Malines, Bruxelles, la Flandre et le Brabant, le Hainaut et la Wallonie... Les Croÿ et les Granvelle, de la Comté, qui produit en surnombre des clercs pour l'administration. Et Bruxelles surtout, qui forme l'écrin alors encore flamand d'une cour exclusivement francophone, peuplée à partir de 1506/1507 de réfugiés politiques venus de Castille et auxquels le franco-picard est beaucoup plus accessible que l'imprononçable flamand. Ces Espagnols finissent par négliger leur langue, au point de n'avoir pas pensé à l'enseigner à l'enfant dont ils entendent bien faire leur roi. Cette cour et ses légendes ont marqué à vie le dernier empereur, qui fut bourguignon.

La mémoire d'un enfant – d'un homme – est faite de paroles, donc de sons, d'intonations et d'images qui, comme dans les arts de la mémoire de la rhétorique antique, sont accrochés aux souvenirs des lieux. Peut-être suis-je inconsciemment victime d'une expérience personnelle. Même si la distance est énorme, le danger de la biographie vient du risque de l'autobiographie. Né en 1923 au pied de la côte de Meuse, orphelin de naissance, fils de la bataille qui venait de s'y dérouler, je sais ce que je risque de transposer à mon insu sur cet orphelin que berçaient les souvenirs de bataille où les siens avaient été directement impliqués.

Bien que cette tête fût destinée à porter plusieurs couronnes, l'éducation qu'il reçut fut exclusivement celle d'un chevalier. Chose assez rare et cruel handicap pour un souverain, Charles Quint ne sut jamais vraiment le latin. Adrien, le futur pape, aurait voulu que le duc se consacrât davantage aux lettres et que pour le moins il possédât la langue latine, mais le jeune homme avait une inclination pour les armes, la dépense physique, les chevaux et les choses de la guerre – qui faisaient aussi partie de la formation du prince. Empereur, quand on s'adressait à lui – comme il se doit – en latin, il ne pouvait répondre sans l'aide de traducteurs ; il a confessé en avoir eu honte et regretté de ne pas avoir écouté suffisamment son bon maître Adrien. Seule sa tante aurait pu, si elle avait été moins accablée de tâches, l'y contraindre. La faute revient à Guillaume de Croÿ, M. de Chièvres, son gouverneur. Sans doute parce que lui-même ne voyait pas l'intérêt d'apprendre le latin. La reine Isabelle avait veillé à ce que sa fille Jeanne (Jeanne la Folle, mère de Charles) fût parfaitement trilingue – espagnol, français et latin. C'est pourquoi Charles voulut que l'éducation de son fils Philippe fût l'exact contrepoint de la sienne.

Au début du XVI$^{e}$ siècle, la culture écrite est presque exclusivement latine ; en langue vulgaire, on n'accède qu'à une tradition orale brute. Il s'ensuit, déplore Sandoval, qu'il « lisait les *historias españolas y francesas* dans leurs langues » et donc à travers une approche que cet auteur juge médiocres et grossières[14]. Nous reviendrons sur le problème des langues, domaine où Charles Quint était moins bien armé qu'on ne se plaît à l'imaginer. Le cadre de sa vie, l'espace où chaque aspérité, et les sources confirment qu'il n'a pu lire, au début, que dans la langue dont il avait le franc accès au cours de sa prime jeunesse, le français, avant de maîtriser parfaitement l'espagnol. Il ne pouvait que ressasser ce que ses aïeux avaient vécu, ce que dames, chevaliers et clercs courtisans ne pouvaient que lui avoir dit et redit. Ses lectures, loin de la nuancer, renforcèrent la saga familiale.

Nous sommes bourguignons et Valois : c'est le *leitmotiv* d'une vie. Cela n'a échappé à personne, pas même à Sandoval : « On lui donna le nom de Charles en mémoire de son bisaïeul, Charles de Valois [Charles que nous disons le Téméraire], duc de Bourgogne. » Quel titre attribuer à l'enfant ? Étant donné que les fils aînés des ducs de Bourgogne étaient jadis dits comtes de Charolais, le jeune Charles pouvait-il n'être que comte, même au berceau, alors que le moindre Habsbourg était archiduc ? On ne pouvait donc se satisfaire d'un titre aussi modeste (dont s'était contenté le Téméraire). Son père, en bon Habsbourg, le fit donc duc de Luxembourg, suivant la tradition des empereurs issus de cette maison.

Il est bien évident que le risque de la proximité-rivalité est d'entretenir la haine. L'histoire des rapports entre Valois de France, Valois de Bourgogne et de l'Empire illustre cette loi. La géopolitique des forces n'est pas seule en cause dans la fameuse rivalité qui occupe pendant plus d'un siècle les deux maisons et les deux ensembles – ensemble français trapu, ensemble hispano-bourguignon vaste et pluriel.

### *Une vieille histoire de vengeance et de meurtre*[15]

23 novembre 1407 à Paris ou 10 septembre 1419 à Montereau ? Choisir la date, c'est avouer à quel camp on

appartient. Le roi est le roi, sacré comme aucun ne l'a jamais été, puisqu'il prononce une parole christique : « Le roi te touche, Dieu te guérit. » Il est donc naturel que la rancune soit plus forte du côté du duc, dans le camp qui, même au sommet de la puissance et de la gloire, sera toujours vécu comme celui des cadets, des moins aimés, peu ou prou des victimes, dans un système de primogéniture mâle – sans équivalent hors du royaume de France, parce que ce principe est voulu et respecté comme le garant d'une identité forte, la plus forte au sein de la chrétienté.

C'est une atroce querelle de famille que l'on ressasse inlassablement au cours d'un siècle violent, au fin fond du malheur de la France, pendant la folie du roi, entre deux rameaux de la branche des Valois : un double crime. Celui du 10 septembre 1419 est beaucoup plus ancré dans la mémoire de la branche bourguignonne que celui de 1407 dans le souvenir de la branche française.

En ce jour de la Saint-Clément, le 23 novembre 1407, entre sept et huit heures, la nuit tombée, à Paris, rue Vieille-du-Temple, un grand seigneur sur une mule, deux ou trois torches, une dizaine d'hommes à pied et à cheval venant de chez la reine Isabeau et allant vers la rue Saint-Antoine. Ils sont attaqués par surprise, à la hauteur de l'hôtel du maréchal de Rieux, par une bande de dix tueurs professionnels, armés d'épées et de haches, criant : « À mort, à mort ! » Âgé de trente-cinq ans, le grand seigneur est jeté à terre, frappé, la tête éclatée – on ramassera sa cervelle un peu plus loin dans la boue d'un caniveau. Le forfait accompli, les tueurs incendient une maison, éteignent les torches et protègent leur fuite en tirant des flèches et en posant des chausse-trapes. Le grand seigneur est Louis, duc d'Orléans, seul frère du roi Charles VI, de quatre ans son cadet, fils de Charles V et de Jeanne de Bourbon, premier prince du sang. La maladie du roi le plaçait en vedette, et la part qu'il prenait à la tête du Conseil lui valait quelque inimitié. On le disait peu aimé de Paris (certains précisent : de la racaille). Il était difficilement reconnaissable à cette heure et en cet équipage[16].

Paris est déjà bien géré. Moins d'une heure après l'événement, le prévôt de la ville, Guillaume de Tignonville, est sur place. Sa diligence sera bientôt couronnée de succès. L'instigateur du crime n'a pas pris beaucoup de précautions. Les professionnels auxquels il a eu recours étaient-ils sûrs de l'impunité, ou simplement imprudents ? Quatre grands seigneurs, les plus grands du royaume, tiennent les quatre coins du drap, dans l'ordre de préséance : le roi Louis II de Sicile, le duc Jean de Berry, le duc Jean de Bourgogne – dit Jean sans Peur en raison de sa brillante conduite à Nicopolis (1396) au cours de la croisade – et le duc Louis de Bourbon. Philippe de Bourgogne venait de mourir ; Jean, promu duc de Bourgogne, lui avait succédé ; il était le cousin du roi et de la victime. La rivalité qui opposait Louis d'Orléans et Jean sans Peur était connue. Dans la situation découlant de la maladie du roi, il ne se passait pas un jour « sans y avoir quelques grommelées entre les ducs d'Orléans et de Bourgogne ».

Le duc Jean, se sentant démasqué, panique et avoue au roi de Sicile et au duc Jean de Berry, ses oncles. On imagine « l'étonnement, la stupeur, la tristesse qui envahirent ces deux princes », à l'aveu de leur parent : « Par l'introduction du diable, il avait fait faire cet homicide par Raoulet d'Actonville et ses complices. » Or, le dimanche 20 novembre, trois jours avant le crime, l'assassin et la victime « s'étaient une fois de plus réconciliés, ils avaient juré, communié côte à côte et dîné ensemble » à l'hôtel de Nesle, chez leur oncle Jean. Les deux dépositaires de l'aveu gardent le secret, mais, se présentant le samedi pour un Conseil à l'hôtel de Nesle, Jean sans Peur se voit refuser l'entrée par Jean de Berry. Il prend la fuite en direction des Flandres et se trouve en sûreté à Lille le lendemain. Tout Paris savait qu'il avait fait mettre à mort le duc d'Orléans. On cherche à nommer la chose : « occision[17] » ne convient pas ; *homicidium*, rétorquent les juristes. Ce dernier mot inclut *quod sit injustum* (sans jugement) : très cruel meurtre contre un cousin germain par des tueurs à gages, par traîtrise, sans le moindre avertissement, à l'improviste, sans lui donner le temps de préparer sa mort et en mettant son éternité en péril. En français du Nord, chez les Picards, cela s'appelle « un vilain fait ». À Paris, on dit « occire vilainement », voire « meurtrir » sa victime. Bourgogne prenait place dans la galerie des traîtres parfaits. Pire que Ganelon, il avait donné un « scandaleux », un « maudit exemple ».

### *Le crime engendre le crime : de la rue Vieille-du-Temple à Montereau*

Le plus grave était sans doute que le crime appelait le crime : l'odieux assassinat de la rue Vieille-du-Temple entraîna celui de Montereau. Un malheur chassant l'autre, le duc de Bourgogne a eu pour lui la chance d'Azincourt. Jusqu'au 25 octobre 1416, la mort d'Orléans et l'honneur ébranlé de Jean sans Peur étaient restés au centre des affaires politiques françaises[18]. Il n'en est plus de même après le désastre d'Azincourt. Rappelons que 40 % des combattants engagés dans le camp français ont été tués, car on s'est battu comme à la croisade, sans se rendre, comme devant l'Infidèle.

Le roi Charles est l'ombre de lui-même, la noblesse saignée à blanc. Le duc de Bourgogne est le beau-père du dauphin, le duc de Guyenne. Ce jeune homme de dix-huit ans a de la classe. Entouré d'une poignée d'officiers conscients de l'intérêt du royaume, il réaffirme le 6 décembre 1415 « sa volonté de gouverner seul » ; mais il meurt le 18 décembre. Son frère Jean, âgé de dix-sept ans, marié à l'héritière d'un Hainaut dans la mouvance « bourguignonne », est sous la coupe de Bourgogne. Jean sans Peur va-t-il contrôler la France ? Or voilà que le nouveau dauphin meurt à son tour. Des quatre fils du roi, il n'en reste plus qu'un, Charles – Charles VII, pour nous qui connaissons la suite. Sans plus attendre, le duc de Bourgogne encercle *de facto* Paris, contrôlant l'Île-de-France au nord de la Seine. Les Bourguignons entrent dans Paris, Charles étant à Bourges, vice-roi par légère anticipation. La mainmise de

Jean sans Peur sur Paris s'accompagne d'un bain de sang. Le dauphin de Bourges n'est plus qu'un *challenger* dans le royaume de France du duc de Bourgogne à son zénith, roi réel de Paris, roi sanglant qui règne au nom d'un malade partiellement conscient de son inconscience.

Que faire ? Négocier, partager, s'entendre et peut-être s'exposer au poison comme ses aînés, dont on suspecte ici et là – sans doute à tort – que la mort n'a pas été tout à fait naturelle ? Quelle confiance avoir dans la parole de l'homme qui a *meurtri aussi vilainement* un cousin germain, son presque frère ? Bernard Guenée résume : « En 1407, le cousin germain du roi avait fait assassiner le frère du roi. Il avait trahi ses serments. Du moins n'était-il pas sur place. Et les assassins étaient des tueurs de bas étage. En 1419, c'était le fils du roi, déjà enveloppé de la majesté royale, qui trahissait le serment et faisait assassiner le prochain, son parent. Et le jeune homme (il avait seize ans) était sur les lieux du crime. Il en donnait lui-même le signal, et les meurtriers étaient quelques-uns de ses meilleurs capitaines, quelques-uns des hommes d'autorité qui l'entouraient[19]. »

Comment la vengeance n'aurait-elle pas appelé la vengeance dans ce système lignager ? La famille des Valois/France et des Valois/Bourgogne a fonctionné au XV^e^ siècle comme une famille corse du XIX^e^ siècle. Un bon siècle et demi de rancœurs et de haine récurrente, avec alternance de réconciliations et de ruptures, est programmé. Circonstance aggravante ou renversement de la perspective, comme une avant-première de l'exécution de Concini par le jeune Louis XIII ? Concini occis est un bienfait de la justice royale qui protège, à bon compte, le royaume contre le danger qu'il courait hier encore – certains actes ne se jugent pleinement qu'après coup.

Tout le monde sait que l'exécution, l'assassinat maladroitement masqué en légitime défense, a déclenché sur le royaume un paroxysme de malheur : le traité de Troyes (20-21 mai), qui annule un demi-millénaire d'efforts pour préserver l'identité de la France contre le danger d'un pouvoir étranger ; le dauphin déshérité par un roi fou, comme si cela était en son pouvoir ; l'alliance compromettante du parti bourguignon avec le prétendant anglais et son armée « étrangère ». Fait troublant, ce paroxysme même provoquera le phénomène Jeanne d'Arc. On ne peut que suivre Bernard Guenée : Jeanne a tranché le nœud de Montereau, plus emmêlé dans la conscience vacillante du roi de Bourges que le nœud jadis tranché par Alexandre. La présence de la sainte auprès de lui prouve à l'évidence que Dieu a pardonné. Il ira donc à Reims ; il lui suffira de dire : « Le roi te touche, Dieu te guérit », et Dieu guérira. Dès que le fait est connu, la situation des garnisons anglaises devient très vite intenable. Ce qui est impardonnable dans le « crime » de Montereau, pour la mémoire bourguignonne, ce n'est pas d'avoir substitué à Jean sans Peur, décidément encombrant, l'excellent Philippe le Bon (duc de 1419 à 1467), c'est d'avoir fait échouer si près du but le contrôle du royaume par la branche cadette. Faute de quoi, il restait à parachever la Bourgogne.

Et pourtant, au lendemain du 10 septembre, quelle aubaine, et quel choc profondément incrusté dans la mémoire du lignage ! « Philippe, comte de Charolais et fils unique de Jean sans Peur, apprit l'assassinat de Montereau au Prinzenhof de Gand [lieu de naissance de Charles quatre-vingt-un ans plus tard], où il résidait avec sa jeune femme, Michelle de France[20] » (toujours la France et la Bourgogne imbriquées, emboîtées, embourbées). Écoutons le chroniqueur Chastellain : « Philippe poussa un cri affreux. On vit tout à coup son visage frémir, ses yeux se révulser. Il avait les dents serrées, les lèvres sèches, tel un mort. Il fallut lui arracher ses vêtements, et lui ouvrir la bouche. » Nous sommes proches de la comitialité : Lucien Febvre a noté, au XVI$^{e}$ siècle encore, chez grands et petits, une fragilité nerveuse, une moindre maîtrise de soi. Philippe étouffait dans la chambre où d'autres pleuraient avec lui. Michelle, son épouse, la sœur de l'assassin, était tombée près de lui, comme morte (la malheureuse ne fera pas de vieux os ; Philippe le Bon se remariera deux fois). Olivier de La

Marche dit à propos de ce fils sorti de son évanouissement : « celly qui, pour vengier l'outraige fait sur la personne du duc Jehan, soustint la guerre seize ans ».

Un conseil de famille réuni à Malines le 7 octobre 1419 conclut à « la nécessité d'écarter le dauphin du jeu politique français en s'alliant formellement avec le roi d'Angleterre ». Que l'alliance n'aille pas sans arrière-pensée et sans un parcours riche en coups tordus, c'est évident. Elle n'en demeure pas moins en vigueur jusqu'au très onéreux traité d'Arras entre Philippe le Bon et Charles VII, conclu le 20 septembre 1435 et qui vaut à la puissance bourguignonne les villes de la Somme, les comtés de Mâcon et d'Auxerre.

Les Anglais se retirent sous la pression des forces du royaume reconstituées, et parallèlement Philippe le Bon consolide la grande puissance de l'entre-deux. En 1443, le Luxembourg complète au sud et à l'est les Pays-Bas (reste le flanc nord, qui sera l'œuvre de Charles Quint). Charles VII, qui sait le prix de la réconciliation – il a à se faire pardonner –, autorise Philippe à s'intituler « duc par la grâce de Dieu ». On comprend que l'on ait pu parler désormais de « grand duc de l'Occident ».

C'est par l'art et la culture que l'entre-deux bourguignon séduira l'Empire. Claus Sluter est associé à Philippe le Hardi, son protecteur ; Jan Van Eyck prend le relais auprès de Philippe le Bon, de la pierre sculptée au chevalet qui est indissociable de la *devotio moderna* qui place l'entre-deux du Nord en flèche, au point de départ du temps des Réformes.

Mais on ne construit pas un État, un royaume et ce qui deviendra un jour une nation sans beaucoup de temps. Le génie des deux Philippe – l'aïeul et le petit-fils – est grand, mais il ne suffit pas. Il est peut-être plus difficile d'hériter que de construire soi-même. Charles que l'on dit le Téméraire, grand duc par la grâce de Dieu à travers le cadeau du lignage en fait l'expérience de 1467 au 5 janvier 1477. Il a épousé Isabelle de Bourbon – les mariages se concluent encore au sein de la maison de France – par obéissance à la volonté de son père[21], mais il en est tombé amoureux. D'une grande chasteté, il sera un mari fidèle :

« Pour rien icelluy Charles n'eust allé à autre femme que la sienne. »

Épouse exemplaire et fidèle, adorée par son beau-père, la duchesse de Charolais s'évertue à résoudre les tensions familiales. En 1457, elle accouche d'une fille, Marie de Bourgogne, la grand-mère de Charles Quint. Entre le père et le fils, un différend se creuse autour de la personnalité des Croÿ – Chièvres, qui marque profondément le futur Charles Quint dans sa jeunesse, est un Croÿ – partisans résolus de l'entente avec la France. Ainsi le Téméraire et son père s'opposent-ils à propos du rachat des villes de la Somme par Louis XI, que les Croÿ ont conseillé au vieux duc d'accepter.

Après la mort d'Isabelle de Bourbon, raison d'État oblige, on passe de l'alliance française à l'alliance anglaise : Marguerite d'York, la nouvelle épouse, se révélera la meilleure belle-mère, mère de substitution, sœur aînée, amie et bonne conseillère pour Marie de Bourgogne, l'héritière.

La Flandre, le Brabant, le Hainaut que secouent bien des rivalités, Gand la prestigieuse et, à l'autre extrémité, Liège : cette Bourgogne inachevée n'est pas de tout repos pour le prince. Il faut de la souplesse pour la tenir, parfois frapper fort et surtout pardonner. Sur le plan de la culture, ce *Par Decha* est en flèche, fleuron de la chrétienté, une Toscane du Nord. Mais comme noyau d'un État, pour la manifestation concrète d'un vouloir vivre ensemble, rien de bien décisif encore. *Par Decha* et Bourgogne se tiennent loin en retrait de la France, plusieurs siècles d'écart – ou bien cet ensemble retarde, ou bien il anticipe –, écart que Charles Quint jamais ne comblera. Mais y songera-t-il même ? Sa force ne vient-elle pas un peu de sa capacité à accepter et à assumer les différences ?

## *Pour refonder la haine : Louis XI*

La haine s'entretient de rancunes. À Bruxelles, on aurait peut-être fini par oublier Montereau s'il n'y avait eu

Louis XI qui achevait la mutation d'un État de fief en un État de justice et de finance, mettant à sa disposition un surplus de moyens, une puissance sans équivalent, dont il n'usait pas toujours judicieusement. Cet excès de moyens sera peut-être, pour près d'un siècle, un handicap pour la France.

Au vrai, la remise en ordre de marche du grand royaume n'est ni facile ni rapide : cinq ans avant la mort de son père Charles VII, le dauphin Louis, futur Louis XI, cherche – et trouve – un refuge « grand ducal » pour ses intrigues auprès de Philippe le Bon († 1467) et de son fils Charles, comte de Charolais, et y reste jusqu'en 1461, date de son avènement. L'héritier vit un exil doré au château de Genappe, à une vingtaine de kilomètres de Bruxelles. Il est présent au baptême de la princesse héritière en second (après son père), la fille de Charles le Téméraire et d'Isabelle de Bourbon, à la place d'honneur qui lui est due comme futur suzerain et naturellement parrain. Mais rapidement les choses se gâtent ; il y a un parallélisme étroit entre la situation interne de ces deux entêtés, Charles et Louis, qui semblent condamnés à la rivalité. Cette fatalité existe-t-elle réellement ailleurs que dans le mauvais vouloir des princes ? Le vieux royaume et l'agrégat dit de Bourgogne sont secoués par des forces rebelles à l'inexorable évolution vers de grandes unités territoriales.

À la mort de son père, Louis, devenu enfin roi, rentre chez lui tandis que Charles et son épouse cherchent vers le nord – à Gorcum en Hollande – une résidence plus éloignée du nouveau roi de France et du duc dont le bouillant héritier désapprouve la politique, à ses yeux trop prudente et surtout trop liée à la France (mauvais présage !).

« Entre Louis XI et le Téméraire, tous deux ivres d'un pouvoir trop longtemps attendu, le choc était sans doute inévitable[22]. » Ces princes trop impatients brûlent les étapes. Pour Louis XI, qui a hâte de faire entrer dans l'alliance du royaume les grands fiefs lointains, le problème est celui de la Bretagne, et c'est la main tendue en direction de ce duché qui provoque une réaction défensive. « Au nom du *bien public* [*sic*] menacé, les grands féodaux se constituèrent en une ligue. » Y entre Charles le Téméraire, de loin le plus puissant et le plus avancé dans un procès de quasi totale émancipation (le gênent toutefois encore les appels de Flandre au parlement de Paris, notamment, qui subsisteront jusque sous Charles Quint). Outre Charles le Téméraire figurent dans la ligue le duc de Bourbon, François de Bretagne et Charles de France, duc de Berry et frère de Louis XI. L'avance en matière d'artillerie, cette arme technologique et savante, fait tomber sans effort les villes de la Somme aux mains de la ligue ; le Téméraire est blessé assez grièvement à Montebourg le 15 juillet 1465, mais sort plutôt victorieux d'une échauffourée médiocre.

Le comte de Charolais ne peut se réjouir longtemps : un peu partout, les troubles font tache d'huile depuis l'épicentre de Flandre et du Brabant. En 1467, c'est en direction de l'est que l'onde se poursuit à Liège, où l'armée bourguignonne se porte et frappe. La punition infligée est rude, humiliante surtout : le 17 novembre 1467, Liège voit sa large autonomie réduite ; les échevins devront désormais prêter directement serment au duc, et non plus au prince-évêque ravalé au rang d'intermédiaire. Liège, ville de langue wallonne (un parler roman de structure grammaticale germanique), francophile plus que vraiment francophone, Liège, symbole d'un morceau d'Empire qui penche vers le royaume, fait partie de l'alliance, voire de la mouvance française dans l'imbrication générale des pouvoirs et des allégeances qu'ont su manier les grands artistes de la construction des États prémodernes…

Certains signes frappent durement Louis XI. Le mariage anglais d'abord : Charles passe d'Isabelle de Bourbon († 26 septembre 1465) à Marguerite d'York (la cérémonie a lieu le 3 juillet 1468).

Charles le Téméraire (Philippe le Bon meurt le 16 juillet 1467) entreprend la tournée traditionnelle des « joyeuses entrées » – ce rite est singulièrement plus lourd et moins efficace que le sacre de Reims suivi du toucher des écrouelles – et glisse de La Haye à Bruxelles, mais Louis XI riposte bientôt. En 1468, il entame la longue mise au pas de la Bretagne ; mais il reste le plus gros morceau, cette bien trop vaste « Bourgogne », ce troisième grand dans le jeu géopolitique au centre de la chrétienté. Le roi de France n'éprouve aucune difficulté à faire repartir l'incendie au cœur du système de l'adversaire en soufflant sur la braise mal éteinte de Liège, humiliée mais non brisée. Nous voici au deuxième acte d'un drame qui en comprend trois. Le premier nœud de la haine, ce sont les deux meurtres du duc d'Orléans et du duc de Bourgogne. Le deuxième, c'est le coup fourré de Péronne qui compromet le roi sacré.

Dans cette affaire, aucun des deux protagonistes n'est immaculé. Louis est-il tenu à la reconnaissance pour le service rendu au dauphin rebelle qu'il a été quand, devenu enfin roi de France, il se trouve lui aussi aux prises avec la fronde dissociatrice des grands feudataires rebelles ? L'ingratitude de l'homme est évidente, mais le roi ne peut se confondre avec le dauphin qu'il lui a bien fallu être. Et, de son côté, Charles a-t-il été parfaitement loyal en fournissant sa force de frappe à cette ligue autoproclamée par antiphrase du « bien public » ?

Péchant à son tour par excès de hâte, Louis XI, pour mieux masquer l'encouragement par ses agents de la révolte latente de Liège qu'on ne peut humilier au point où elle l'a été sans lui retirer tous ses moyens, multiplie les avances à cette rivale du grand duc au sein du système bourguignon. Charles est certes méfiant, mais peut-il « se montrer plus intransigeant que le roi[23] » ? Ses propres vassaux ne le comprendraient pas. Dans cette longue chaîne d'hommages de droits et de devoirs, on ne peut, même si l'on est très haut, recevoir sans donner à son tour.

Le 9 octobre 1468, au moment où Louis XI est allé à Péronne se jeter dans la gueule du loup, une troupe de Liégeois, où l'on reconnaît deux agents du roi de France, s'empare de Tongres où se trouvent le prince-évêque Louis de Bourbon et le gouverneur Humbercourt ; le prince-évêque est arrêté et une douzaine de chanoines sont assassinés.

Que faire ? Charles a pensé tuer le roi ou le faire prisonnier. Un vassal peut-il faire exécuter son suzerain, le roi de France ? Il n'y a pas de précédent. Après trois jours d'hésitation, il choisit plutôt l'humiliation : que Louis accompagne l'expédition punitive contre Liège. Le souverain français joue parfaitement la comédie ; apparemment, le déshonneur lui coûte peu, à moins qu'il n'en accepte le prix en ruminant sa revanche. « Pendant la marche, il plaisante et ne ménage pas ses conseils sur la manière de mener la campagne. » Dans ce jeu cruel, Charles, l'apparent vainqueur, n'est pas le plus fort. Son allié, le prince-évêque Louis de Bourbon, tente d'obtenir contre la ville une sanction modérée. Mais il aurait fallu, pour comprendre cela, de l'intelligence ou de la bonté – deux qualités qui font cruellement défaut au Téméraire. Comme son arrière-petit-fils le fera après Pavie, Charles ne sait pas dominer une chance insolente. Une erreur des Liégeois (et plus tard de François I$^{er}$) fournit à l'un des deux camps une victoire disproportionnée qu'un grand politique aurait su dominer : le duc de Bourgogne eût été tellement plus grand en pardonnant ; c'est seulement ainsi qu'il eût vraiment humilié son adversaire.

L'exécution de Liège en 1468 reste un épisode répugnant, l'un de ceux qui salissent la carrière du Téméraire. Le plus grand nombre avait toutefois fui, cherchant refuge dans les forêts proches des Ardennes : Commynes parle de deux cents morts à peine. C'est une ville à peu près vide qui est livrée au pillage et au massacre. Puis, à froid, le 3 novembre 1468, le duc ordonne l'incendie. Tout brûle, sauf les églises, pendant un mois. On peut comprendre la colère à chaud, mais – c'est un autre trait de cette Bourgogne ducale – non la violence rageuse, systématique, à partir d'un cadeau du sort. Huit ans plus tard, celui qui a semé le vent récoltera la tempête. Le châtiment réservé à Liège est le symétrique inverse des « honneurs de la guerre » ; il porte la certitude d'une résistance acharnée. Les villes du Rhin s'en souviendront également. Pas question pour elles d'entrer dans le jeu d'un aussi médiocre joueur.

## *L'insulte faite à Marie de Bourgogne*

Tristes sont les dernières années du règne du duc Charles, sali par la haine – génératrice de rancune – de Liège blessée. En Angleterre, Louis XI joue la Rose rouge – Lancastre – puisque le Bourguignon épouse la Rose blanche avec Marguerite d'York. Le roi brandit le blocus commercial des Pays-Bas. Favorisé par la victoire d'York, le duc se venge en prenant la tête d'une nouvelle coalition féodale.

La mort a fait le vide autour de Marie de Bourgogne, fille du Téméraire, la plus riche héritière de la chrétienté. Le décès de Charles de France, duc de Guyenne (22 mai 1472), libère le duc de Bourgogne de son dernier engagement : Marie est libre. La guerre s'éternise en Picardie et le long de la Bourgogne entre France et Bourgogne, sans résultat décisif. Le Téméraire porte ses efforts au nord, sur la Gueldre qui couvre l'opulent Brabant, et en Alsace, à la difficile jonction des deux sous-ensembles. Protéger les riches provinces de Flandre, Brabant et Hollande, au nord, et tenter de souder les Pays-Bas et les deux Bourgognes en joignant des morceaux d'Alsace et de Lorraine : beau programme. D'où l'idée de se tourner vers le camp des Habsbourg. Frédéric III est empereur, et son fils Maximilien célibataire.

Le sud de l'Alsace se trouve partiellement sous la coupe des territoires patrimoniaux de Frédéric III, empereur falot. Charles le Téméraire a définitivement rejeté toute tentation d'alliance avec la maison de France, devant tant de rancunes accumulées ; il cherche simplement du côté de l'Empire des compensations et l'assouvissement de sa soif de vengeance. Il joue de la richesse de *Par Decha*, du prestige de la culture : il séduit sans peine (et sans mérite) Frédéric III, qualifié par ceux qui le connaissent d'« endormi, lâche, morne, pesant, pensif et mélancolique, avaricieux, chiche, craintif[24] ». La rencontre a lieu en septembre 1473 à Trèves. Le faste éblouit les Habsbourg. Les épousailles d'une telle héritière (Marie est née en 1457) seraient un pactole pour cette maison que la couronne impériale accable et amenuise, faute de ressources propres. Mais Frédéric sait qu'il ne peut remplir la condition demandée par le duc pour donner sa fille : que le jeune et beau Maximilien (né en 1459) reçoive préalablement la couronne de roi des Romains – entendez la certitude que la grande duchesse accédera, par son époux, à l'Empire. Ce qui attire le Bourguignon est précisément ce qui inquiète une partie de l'Empire. Celui-ci est séduit par cette frange où cohabitent romanité et germanité, la première éclipsant l'autre qui consent. Il faudra du temps – un demi-siècle – pour qu'il se rallie à un Habsbourg aussi peu Habsbourg que Charles cinquième, petit-fils de Marie de Bourgogne.

Charles le Téméraire est pris d'une sorte de fièvre qui le pousse à vouloir tout tout de suite. Il prend toujours la France comme modèle, et il entend former autour de Lille, Bruxelles et Malines quelque chose qui ressemble, faute d'État, à un ensemble doté d'une ébauche d'administration fédérant les morceaux rassemblés. Il veut renforcer les passages entre les territoires de *Par Decha* et les Bourgognes.

La vallée du Rhin serait voie « royale » (digne d'un roi des Romains) ; un couloir mieux assuré que par l'imbroglio lorrain permettrait de répondre à ce besoin pressant qu'est la soudure entre les deux Bourgognes. Fort de l'alliance anglaise – la Rose rouge de Lancastre ayant cédé à la Rose blanche d'York –, sûr de lui et de ses vingt mille hommes, le Téméraire s'attaque le 30 juillet 1474 à Neuss, bastion couvrant Cologne dont l'évêque est *Kurfürst*, prince-électeur.

Mais la place tient bon. La manière dont ce Bourguignon traite les vaincus (l'exemple de Liège porte ses fruits) incite à la résistance ; la magnificence de mauvais aloi déployée dans le camp des assiégeants pour éblouir ces bons Allemands, ce gaspillage imbécile découragent les alliés éventuels et écœurent les alliés déjà compromis, à savoir les Anglais. Comme c'est son devoir, Frédéric III, maladroit, vole au secours de Neuss avec tant de gaucherie qu'il offre au Téméraire une mini-victoire par défaut. Il ne reste plus aux adversaires magnanimes qu'à se réconcilier sous la houlette du légat du pape dont c'est l'office. Il est fortement question de l'union de Marie de Bourgogne avec Maximilien, le fils du Habsbourg malchanceux ; la condition posée de l'élection préalable de Maximilien comme roi des Romains est mise en veilleuse.

Charles, sur sa lancée, multiplie les maladresses. De son côté, Louis XI joue habilement. Et le roi d'Angleterre, Édouard IV, s'aperçoit qu'il a misé sur le mauvais cheval. Charles révèle sa fragilité. La jonction prévue s'opère difficilement. Le roi de France sait utiliser l'or et l'argent que lui rapporte le système fiscal perfectionné du royaume en cours de rapide restauration. Édouard IV teste l'adversaire et renonce à une troisième manche de l'archaïque guerre de Cent Ans. Pour l'heure, il ne fait décidément pas le poids. Il est au mieux un appoint.

Charles le Téméraire se venge facilement sur René II d'Anjou, duc de Lorraine en mauvaise posture. Il s'embourbe en Lorraine, tandis que la guerre économique que livre la France à l'ensemble bourguignon porte ses fruits et l'affaiblit. Empêtré dans ses alliances féodales (avec la Savoie), le duc se lance dans un imprudent conflit avec l'ours bernois et ses entrepreneurs de guerre. Peut-être mis en appétit par sa cruauté facile à Liège, il fait pendre et noyer les 412 hommes de la garnison de Granson au bord du lac de Neuchâtel. On ne gagne pas le cœur d'un peuple fier, où les solidarités de métier sont vives, par de tels procédés. Charles subit un revers devant une large alliance suisse qu'a suscitée l'indignation. Ainsi s'écroule le château de cartes que semblait esquisser une nébuleuse de promesses d'alliance de la Bourgogne à Milan, le long de la frontière du royaume de France. Au lendemain de ces échecs en chaîne bien mérités, Commynes a diagnostiqué ce que nous traduirons sans peine par une dépression : « Oncques puis la dicte malladie ne fut si saige que auparavant, mais diminué de son sens[25]. »

Georges-Henri Dumont saisit en peu de mots les deux natures : Charles, obsédé par ses revers qu'il brûle d'effacer – sinon, plutôt mourir –, « humilie l'adversaire et le menace. Louis XI le flatte et l'achète. Charles croit les hommes assez semblables à lui. [...] Louis les croit encore moins bons que lui. [...] En chevalier attardé, Charles s'imagine que le destin d'un pays se joue sur un champ de bataille ; en prince moderne, Louis sait l'efficacité de la diplomatie » et de l'arme économique. Le roi de France a compris également que la corruption du personnel de l'adversaire coûte moins cher que la guerre.

Diminué, Charles est heureux de retenir l'offre de Frédéric III. Le falot empereur, le petit Habsbourg, conclut avec l'encore grande Bourgogne un pacte qui comblera le cœur de Marie de Bourgogne et que devra couronner l'union sentimentalement heureuse de Marie et de Maximilien.

### *La fin du Téméraire*

Cette fois, les pays de *Par Decha* en ont assez de financer des projets fumeux. La France, elle, a l'échine plus souple : elle fait confiance à son roi et paie. Outre des hommes et de l'argent, le duc demande qu'on laisse partir quelque temps la princesse Marie – sans doute en vue du mariage, mais il ne le précise pas.

Les Suisses, ces princes de la guerre, se souviennent et vengent le sang lâchement répandu des leurs. Ils infligent au Bourguignon une défaite exorbitante à l'échelle du temps : huit mille morts à la bataille de Morat ; le contingent des derniers alliés (Naples, que représente le prince de Tarente) se dérobe, et la Savoie suit. On ne se met pas impunément à dos les plus grandes forces militaires de la chrétienté latine...

Charles révèle alors son âme. Ce coléreux, ce rancunier qui tue, taille et brûle allégrement finit de se déshonorer dans une vengeance abjecte : il tente d'enlever la fille du fils de son dernier allié, la duchesse de Savoie, qui venait de lui offrir l'hospitalité. Ceux qui ont pris le Bourguignon pour un chevalier se sentent humiliés. Isolé, méprisé, tout à sa rage abandonné, Charles se jette à corps perdu dans le projet lorrain afin de se prouver à lui-même qu'il existe encore. Si *Par Decha* l'a lâché, les deux Bourgognes, parcimonieuses et fidèles, tiennent mieux. René II a profité des pas de clerc du duc de Bourgogne pour reconquérir sa Lorraine, que le Téméraire croit lui avoir arrachée. Tous les conseillers du duc lui demandent de se borner à bloquer Nancy et de faire hiverner ses troupes au Luxembourg en attendant les renforts.

Que peut faire René contre les huit mille hommes de Charles ? Mais l'or du roi de France vient à son secours : de quoi payer vingt mille Suisses qui ont, outre leur âpreté légendaire et leur redoutable habileté, un compte à régler. Par entêtement, le Téméraire livre bataille en pleine tempête de neige devant la capitale lorraine au lieu de se replier. Le 5 janvier 1477, il est blessé ; son cheval s'abat sur lui. On trouvera son cadavre détroussé et défoncé de coups multiples. Arraché au sol gelé, il est identifié et remis aux siens par René II de Lorraine : « Lui prenant la main roide, il s'écrie : "Vos âmes ait Dieu ! Vous nous avez fait vilains maux et douleurs." »

## *Les mauvais coups du parrain*

Du roi de France, il ne faut certes pas attendre de cruauté inutile, mais pas non plus de quartier. L'intérêt du royaume tel qu'il le conçoit se trouve le premier servi. Plus on avancera sur l'axe du temps, plus s'accroîtra la charge affective sur l'âme du dernier vrai Bourguignon, Charles, cinquième empereur du nom. Tout sera comptabilisé dans la douloureuse saga que l'on ressassera longtemps, à Gand et à Malines ; rien ne sera oublié des avanies reçues, des « torts faits » à l'autre.

En effet, les mois qui suivent la défaite devant Nancy sont terribles pour la jeune Marie de Bourgogne (elle aura vingt ans le 13 février). Que restera-t-il de l'héritage théorique quand le parrain (Louis XI) sera passé et que les revendications trop longtemps contenues seront débridées ? Riches mais tributaires du commerce, souvent exposées, les terres de Flandre et du Brabant traversent des années difficiles. La mort du Téméraire, qui n'a pas su se faire aimer, libère une série mal contrôlable de prétentions peu compatibles les unes avec les autres.

Mais est-il bien mort ? Peut-être ne s'agit-il que d'une ruse ? Plus encombrant qu'un mort, c'est un fantôme. Louis XI, lui, sait de source sûre, et l'excellente nouvelle ne le prend pas au dépourvu. Toutes les dispositions sont prises pour s'emparer au plus vite du maximum de gages : les deux Bourgognes et tout ce qui pourra être capté dans le pactole des pays de *Par Decha*.

Le 18 janvier 1477, quand la mort du Téméraire ne fait plus de doute, sa veuve, Marguerite d'York, et Marie adressent à Louis XI – qui est aussi, il faut s'en souvenir, leur suzerain – une supplique d'une parfaite déférence et d'une grande beauté[26]. Mais peut-on effacer, du jour au lendemain, tant d'agressions et de provocations à l'encontre d'un aussi puissant souverain ?

Le problème, hors de l'aînesse masculine capétienne, c'est la succession. Cette hantise sera l'une des clefs de la conduite de Charles Quint. Le grand duché d'Occident n'est encore qu'un agrégat fragile à la merci de la première bourrasque. Et comment ne pas sentir alors la contradiction entre les mots « par la grâce de Dieu » – certes, tout est grâce de Dieu (la vie, la mort acceptée, le salut), mais ainsi libellée la formule semble bien écarter toute autre subordination que divine – et la souscription à la signature : « vos très humbles sujettes et très pauvres parentes, Marie de Bourgogne, Marguerite duchesse », qui implique le lien évidemment souple de l'insertion d'une bonne partie de l'ensemble dans le royaume, l'héritage bourguignon tissant un lien, assurant une transition entre le royaume et l'Empire. Le parti réaliste et modéré (plus flamand que wallon), et si éloigné de feu le Téméraire, semble en cet instant difficile avoir conseillé, mais bien tard, la démarche des princesses. On fera vite le tour des apôtres de la conciliation : plusieurs grands seigneurs et ceux qui, en charge des affaires, connaissent le risque – Guillaume Hugonet (il le paiera de sa vie) et Guy de Brimeu.

Malgré sa douleur extrême et sa jeunesse, Marie de Bourgogne (l'intelligence est féminine dans la famille) fait face en politique. Sur le duché de Bourgogne, cet ancien apanage qui se souvient, elle se trompe toutefois lourdement. La Bourgogne est dans le royaume ; elle est et sera de plus en plus du royaume. Les états de Bourgogne sont pour le roi de France. Par intérêt peut-être, parce que la force est de son côté. Ce choix entraîne bien quelques mouvements d'humeur ici et là – il ne saurait être unanime –, mais la frontière est solide, la province consentante. Le duché de Bourgogne a une personnalité prête à se faire reconnaître, mais au sein de la *pars Occidentalis* du royaume franc – en un mot, le royaume. Bien que notre information laisse à désirer, il semble que ce soit Marguerite d'York, la belle-mère anglaise, pourtant amie, qui ait fait commettre à Marie de Bourgogne une grave erreur[27] : comment avoir pris le risque de confier, même indirectement, à Louis XI qu'elle n'était pas sûre de son entourage ? Outre le duché de Bourgogne qui se donne, Louis XI s'empare ainsi de la citadelle d'Arras. Mais la situation n'est pas la même que dans le duché : la ville résiste.

Il est peut-être excessif de parler de trahison et l'on peut se borner à constater ce qui demeurera vrai cinquante ans plus tard : à la hauteur de cet ensemble né du hasard des héritages qui vont et viennent, il n'y a aucune conscience commune d'appartenance, mais des conflits de fidélité. De plus, à la différence d'autres parties de la chrétienté, la succession féminine pose problème, au niveau du pouvoir politique ultime – du moins en France. Il est parfaitement légitime d'hésiter et le transfert de fidélité envers Charles, assez peu aimé, vers Marie de Bourgogne ne peut susciter l'unanimité, quelles que soient son intelligence, sa jeunesse et sa grâce. Le manque de délicatesse de Louis XI est tout aussi évident et la rancune accumulée dans cette maison capétienne cadette reçoit, lors de la tragique succession du bisaïeul de Charles Quint, une grande bolée de haine renouvelée et difficilement expiable.

Marie de Bourgogne n'a commis qu'une seule véritable erreur. Et cette faute, nous l'avons vu, ne lui est pas directement imputable, puisqu'elle a été suggérée par Marguerite d'York. Désarçonnée par la résistance des états généraux qui règlent leur contentieux avec la brutalité, les exigences et les gaspillages du Téméraire, la duchesse de Bourgogne – cette jeune fille blessée qui cherche refuge auprès de son protecteur naturel, parrain et suzerain – sacrifie la politique au roman de chevalerie et fait connaître au roi « qu'elle accorde sa confiance totale à sa belle-mère, à Louis de Bruges, au chancelier Hugonet et au seigneur d'Humbercourt[28] ». Cette confidence malheureuse sur des gens qu'elle voulait honorer coûtera la mort dans d'atroces tortures à ses plus fidèles serviteurs.

C'est dans des circonstances comme celles-ci, lors du difficile passage du relais et hors du corset de fer de l'automaticité de la loi salique, que l'on mesure la solidité ou la fragilité d'une construction politique. Les séances des états de Bourgogne sont une rude école[29]. Marie elle-même prend rapidement conscience du bien-fondé des revendications de ses sujets et se montre atterrée par les arriérés accumulés lors de la fin du règne, de plus en plus chaotique, de son père. « Dans les provinces, la désobéissance se généralise. » Les Gantois, toujours en flèche, refusent l'impôt, suivis par Bruges, Anvers, Bruxelles – les plus riches. Ici et là, on prêche en chaire que la mort du Téméraire est un juste châtiment du ciel.

Les Flamands francophiles, pour longtemps encore fidèles au souvenir mythique de leur appartenance au royaume, et frondeurs comme l'attestent les appels au parlement de Paris, mènent l'assaut. Dans la hâte sont rédigés le Grand Privilège, au niveau le plus élevé des états généraux, et les privilèges province par province. Le prix de ces concessions – on sent qu'elles viennent du cœur –, c'est une fidélité nouvelle à la personne de la jeune duchesse. La confirmation des privilèges entérine le retour à un passé « raisonnable » : on peut toujours imaginer que la mort du Téméraire, qui ne fut jamais qu'un tyran inutilement cruel, a peut-être sauvé, moyennant quelques sacrifices, le duché qui fait retour au royaume et préservé pour un temps les parties solides de l'ensemble « bourguignon » – la Comté, le Luxembourg et l'esquisse des Pays-Bas que Maximilien et Charles Quint étendront vers le nord (et que Philippe II perdra par son obstination). Survie au prix de sacrifices et de réformes mal consenties : contre un embryon d'administration centrale « servant le duc avant les pays[30] », contre le droit romain au détriment des coutumes, contre l'emploi exclusif du français au détriment des « parlers flamands », on fait le choix d'une politique résolument pacifique qui conteste au duc le privilège d'entraîner ses peuples dans une guerre d'agression ou d'humeur.

Le lien avec le parlement de Paris est maintenu contre le « parlement de Malines », justement suspect : une partie de ce qui reste de la Grande Bourgogne entend bien n'être pas privée du lien protecteur. On ne peut mieux dire la séduction accrue qu'exerce le royaume. Bien conduite, cette suzeraineté pouvait être requise comme un contrepoids protecteur. Il semble bien qu'à la cour de Bruxelles, durant l'enfance et l'adolescence de Charles, le futur empereur, on ait pris acte de cette réalité tenace. Le petit-fils de Marie de Bourgogne devra en tenir compte à son tour. M. de Chièvres, partisan résolu de l'entente avec la France, sait que les Pays-Bas sont ainsi faits : les cœurs partagés de ces hommes sont fidèles, mais libres. Chaque province conserve farouchement ses lois et coutumes, son autonomie, et l'ordre de passage du prince impétrant lors des joyeuses entrées est riche de signification[31]. Hollandais, Zélandais et Frisons ont droit à moins d'égards que la Flandre matricielle. Ils semblent pour l'instant l'accepter sans trop de gêne. Viennent en bon ordre, chacun pourvu de sa charte précisée et confirmée, le duché de Luxembourg, le duché de Brabant auquel s'accrochent en mouvance le Limbourg et, outre-Meuse, le comté de Namur. Il faut contourner Liège et son diocèse, étiré le long de la Meuse, qui jamais ne fut intégré. « S'y ajoute une série de chartes urbaines, trois [...] successivement aux seuls Brugeois », qui ont droit à des égards, « quatre d'un seul coup aux Bruxellois ». Luxembourg, Amsterdam, Malines, Louvain, Anvers se contenteront d'une seule, « dans presque tous les cas [...] dans un climat pré-insurrectionnel ». Le miracle, précise Georges- Henri Dumont, c'est qu'une forme de communauté subsiste face à ce qui n'est pas *Par Decha*, au bénéfice peut-être du Grand Privilège[32].

À Gand, d'où tout est parti, la crise s'achève dans le respect, l'estime et l'amitié mutuels entre Marie et son bon peuple. Des serments sont solennellement échangés : « être bonne dame et comtesse de Flandre, maintenir les libertés, droits de l'Église, coutumes ». Après quoi les Gantois peuvent « jurer d'être bons et loyaux à notre droiturier seigneur la comtesse de Flandre ici présente ». Mais il faudra recommencer à Bruges, farouchement jalouse de Gand et qui en rajoute... Tout semble, néanmoins, se calmer progressivement.

Le pire est pourtant à venir. Pendant que le pays s'agite, Louis XI, au sud, n'a pas renoncé. C'est au cours des interminables négociations de Gand qu'il lâche sa flèche du Parthe, en mettant entre les mains de l'ambassade des états généraux la lettre malencontreuse que, sur le conseil de Marguerite d'York, Marie de Bourgogne a écrite à son suzerain et parrain dans l'émoi et le désarroi des premiers jours – cette lettre qui compromettait mortellement (Marguerite ne craignant rien puisque l'Angleterre est au-delà de la mer proche) Louis de Bruges, le chancelier Hugonet et le sire d'Humbercourt[33]. Les négociations une fois suspendues, les armées soldées de Louis XI reprennent leur grignotage du territoire bourguignon.

Comment un roi de France parmi les plus grands a-t-il pu s'abaisser à ce point en frappant sa filleule, sa vassale qui venait naïvement lui demander son aide – ce roi qui touche les écrouelles et qui prononce la parole christique : « Le roi te touche, Dieu te guérit » ?

Aucun événement n'a marqué aussi profondément la rancuneuse mémoire de Charles Quint. Pas même le meurtre de Montereau. Il s'agissait cette fois d'une jeune fille que le dauphin Louis avait portée sur les fonts baptismaux alors qu'il était venu chercher refuge auprès du duc de Bourgogne quand il conduisait l'assaut contre le roi son père… Bien qu'il soit au service de Louis XI, Commynes s'indigne du comportement du pensionnaire de Gand : « Il montra qu'il estoit homme très mauvais et de peu d'honneur de faire ceste honte à ceste jeune damoyselle, à qui un si vilain tour n'appartenoit pas estre faict. » Humiliée, invoquant peut-être le droit de choisir elle-même ses conseillers, Marie avait perdu ses dernières illusions sur Louis XI.

On comprend après cela qu'elle ait repoussé avec horreur toute alliance charnelle avec la France et qu'elle ait tout mis en œuvre pour que se réalise le souhait du Téméraire son père : le mariage avec le jeune Maximilien, fils du plus médiocre et du plus pauvre des empereurs, Frédéric III. Jeune, intelligent et cultivé, de deux ans son cadet, Maximilien se révélera néanmoins un bon choix.

### *L'union de la Bourgogne et du Habsbourg*

Les princesses aussi peuvent contracter un mariage d'amour. Faute de moyens, Frédéric et Maximilien apportent des sympathies, des alliances, alors que le redoutable « équilibre des puissances » joue contre la superpuissance du moment, à savoir Louis XI qui compte trop exclusivement sur sa seule force. Une suite s'ébauche qui rapproche Ferdinand et Isabelle, les Rois Catholiques, de cette résistance à la France au nord et à l'est de l'Europe. Maximilien, qui plaît aux Flamands (grâce à la proximité de la langue), réconforte sa jeune épouse qui en a bien besoin après cette série d'effroyables épreuves et qui trouve dans ce prince chevalier, cultivé et poète, un jeune et déjà grand talent militaire. À la bataille de Guinegate (7 août 1479), il ne remporte certes pas une victoire historique, mais Louis XI doit desserrer son étreinte.

Vite mère d'un fils, Philippe le Beau (22 juin 1478), et d'une fille, Marguerite d'Autriche, future régente (10 janvier 1480), Marie, la grande dame, la grande « mère », sent la nécessité de suivre à nouveau les affaires. Mais bientôt sa mort accidentelle à la suite d'une chute de cheval, liée à son besoin de dépense physique, le 27 mars 1482, est une catastrophe. Le pays est secoué comme il l'a été cinq ans plus tôt.

« Son mariage avec Maximilien, [Marie de Bourgogne] l'avait voulu, écrit encore Georges-Henri Dumont, elle l'avait imposé aux états généraux comme à la majorité de son entourage. Le duché de Bourgogne était certes perdu, mais la victoire [de Maximilien] à Guinegate avait mis un terme à la gloutonnerie territoriale de Louis XI. Elle en avait profité pour se vouer à ses devoirs d'épouse et de mère. » Ayant mesuré l'inhabileté de son mari, elle avait esquissé un retour unanimement souhaité aux affaires. La gloutonnerie à laquelle fait allusion Dumont l'y poussait[34]. Cet excellent historien exprime fort bien la distance qui ne cessera de se creuser, dans l'entre-deux, entre la chrétienté des « alliances » et celle des noyaux territoriaux compacts. Cette distance atteindra son paroxysme à l'époque de Charles Quint.

On comprend que le cher parrain, Louis XI, « cheminant en pèlerinage vers Saint-Claude » et apprenant la mort atroce de sa filleule, « en eust très grande joye, selon Commynes. Dès lors commença le roy à pratiquer les gouverneurs de Gand. » Gand encore et toujours écharde dans la Flandre (en 1477 et 1482 comme en 1539 et 1540) ; point central, point sensible, point fragile du complexe de *Par Decha*. « Effectivement, Maximilien se heurta à l'affrontement des états généraux peu enclins à accorder [à un Allemand] la régence des pays ». Il obtint finalement une *mainbournie* limitée par un conseil de quatre membres, qui gouvernerait la Flandre au nom de Philippe le Beau intronisé comte de Flandre le 10 janvier 1483 à l'âge de quatre ans et demi. « Ces quatre membres étaient des personnalités en qui Marie de Bourgogne avait placé sa confiance : Adolphe de Clèves, Louis de Gruuthuse, Philippe de Beveren et Adrien de Ressegem. »

Entre-temps, Louis XI avait négocié directement avec les états généraux, agissant comme si Maximilien n'existait pas. Il avait encore trouvé l'énergie nécessaire pour ordonner l'attaque déloyale d'Aire, en Artois, qui se rendit aux assiégeants. Édouard IV d'Angleterre ne broncha pas. Dès lors, Maximilien ne put que s'incliner devant la paix des états généraux et négocier le traité d'Arras du 23 décembre 1482, véritable contre-pied de la paix d'Arras de 1435.

Par ce traité, la petite Marguerite d'Autriche fut promise en mariage au dauphin[35]. Elle devait être élevée à la cour de France et apporter en dot la Franche-Comté, l'Artois – sauf Lille, Douai et Orchies –, les seigneuries de Mâcon, Auxerre, Salins, Bar-sur-Seine, Noyers. Anne de Beaujeu vint chercher l'enfant, alors âgée de trois ans, arrachée à son père, à son frère et à Mme de Hallewyn. En 1494, avec une fantastique inconscience, Charles VIII renvoya Marguerite et renonça à la dot. On mesure ce que dut être la rancune de Maximilien au sortir d'un deuil dont il ne se consola jamais totalement, en dépit de son remariage. Même si cet Allemand, ce poète dans sa langue qui finit par ne plus parler que français, n'avait pas eu au départ toutes les raisons de haïr la branche aînée de la maison de France, ces années atroces, une succession difficile arrachée à la femme tant aimée imprimèrent dans son esprit une rancune plus forte que celle du plus bourguignon des Bourguignons – rancune transmise au petit-fils, Charles, pour lequel il fut presque un père.

En 1493, Maximilien succéda à son très médiocre père Frédéric III à travers une coûteuse élection qu'il ne put jamais faire confirmer, faute d'argent. Il restera donc l'empereur élu (de 1493 à 1519), ce qui vaut mieux que le titre plus restreint de roi des Romains. Mais il ne sera jamais au bout de ses peines – peines de cœur et manque de moyens à la mesure de ses charges et surtout de ses ambitions. « En 1494, Charles VIII renvoya Marguerite et restitua la dot[36]. » Courte joie. « Un règne nouveau commençait dans les Pays-Bas, celui de Philippe le Beau, qui s'appliquait à une politique exclusivement nationale, parfois même en opposition avec les intérêts de la maison d'Autriche. »

Des aïeuls de Charles Quint, Maximilien est celui qui, sans nul doute, compte le plus[37]. Charles n'a jamais connu Isabelle la Catholique, ni *a fortiori* Marie de Bourgogne, morte bien avant sa naissance ; quant à ses père et mère, il les a si peu vus ! Le seul des siens qu'il ait vraiment connu, et presque follement aimé, c'est Maximilien, ce Habsbourg qui avait vécu des beaux restes de l'héritage de Bourgogne plus que d'un patrimoine évaporé ; et c'est de cette mémoire de craintes rentrées et de rancunes durcies qu'il avait nourri – directement ou par le relais de ses fidèles et de ses serviteurs – la mémoire familiale, la mémoire lignagère, la mémoire de sa maison, de son petit-fils prénommé Charles (comme le père de Marie, son beau-père).

Je me devais de conter la souffrance de Marie, l'humiliation de la toujours jeune et belle princesse, les avanies subies par son mari-chevalier servant, veuf adolescent, pleurant son amour blessé[38]... Tout cela nourrit l'âme de la saga, indissociable du vécu. Notre mémoire est ainsi faite : ce qui est conté dans l'enfance finit par se mêler inextricablement à l'existentiellement vécu. Voilà pourquoi nous naissons déjà vieux de plusieurs décennies. Un passé princier, un passé bourguignon, Habsbourg, Trastamare, est un long passé. Charles Quint est plus que centenaire à sa naissance. Il est né à la bataille de Poitiers (1356) : « Père, gardez-vous à droite, père, gardez-vous à gauche. » On ajoutera : « Souviens-toi de Montereau », et n'oublie jamais Marie trahie par son parrain et suzerain. À toi la vengeance, non la juste punition ; à toi de redresser de si graves « torts faits ».

### *La part des grands-pères*

La génétique l'enseigne, et l'observation quotidienne en connaît l'effet sans pouvoir en avancer la cause : on tient plus de ses aïeux que de ses proches géniteurs. Charles Quint est donc fils de ses grands-pères, de celui qui ne l'aimait pas (Ferdinand) et de celui qui l'aimait trop (Maximilien). Nous connaissons bien le « Catholique », très mal le « dernier chevalier[39] » – on dira aussi de son petit-fils, estimé des vieux briscards : « Les lansquenets l'appelaient leur père. » Longtemps après la mort de Charles Quint, les vieux soldats disaient de son fils bâtard don Juan d'Autriche : « *Este si, que es el hijo del Emperador* », propos terrible pour l'autre fils trop chéri, Philippe II.

Maximilien aussi, on l'appela l'empereur, dans la jeunesse du duc de Luxembourg, puis du prince d'Espagne. On peut suivre son visage[40] sur les tableaux, les enluminures et les gravures au fil des soixante années de sa vie (1459-1519). Comme sur son petit-fils, documents et témoignages abondent. Bien plus que celui-ci, il était soucieux de sa postérité. « Avec une équipe d'auteurs et d'artistes, rappelle Francis Rapp, il conçut et réalisa partiellement une triple autobiographie ; Freydal, Theurdank et Weisskunig [...] évoquaient [...] romancés ses hauts et ses grands desseins[41]. » Il tenait des carnets – les *Gedenkbüchlein* – comme un écrivain romantique : les souvenirs de la gloire des empereurs antiques se mêlent aux rêves de croisade jamais concrétisés. Parti du réel, dont il est peut-être bon observateur, Maximilien se laisse prendre par son imagination et oublie de s'assurer les moyens de ses désirs. Incapable, faute d'argent, d'aller jusqu'à Rome afin de se faire couronner, il songe sérieusement à devenir pape. Francis Rapp résume : « Il se souciait peu des problèmes d'intendance et ne proportionnait pas son programme à ses ressources[42]. »

Certes, il se disait allemand, affirmait « que son honneur et celui de l'Allemagne ne faisaient qu'un » et qu'« il ne souhaitait pas avoir des ancêtres *welches* » – ajoutons toutefois qu'il disait généralement cela en français. Ce que l'empereur désigne par là en Allemagne, c'est le Saint Empire. À la Diète, son petit-fils s'exprime sans problème en français ; il n'a pas appris convenablement le latin et ne parle bien – et encore à la fin de sa vie seulement – que l'allemand des camps. Personne n'y trouve à redire. Derrière les mots *deutsch*, allemand, *Alemania*, il faut entendre le Saint Empire issu de la *pars orientalis* du *regnum Francorum* et de la Lotharingie démantelée. La Bourgogne y a sa place. Pourquoi Maximilien aurait-il essayé de parler à son petit-fils une autre langue que celle de son aïeule, langue qui était devenue pour une large part la sienne ? Très probablement avait-il, sans en avoir claire conscience, ébauché un processus d'acculturation. Francis Rapp en convient : « Il voulait faire bénéficier son héritage de tout ce qu'il avait découvert dans les États bourguignons ; leur civilisation l'avait fasciné, leurs structures l'avaient tout aussi vivement impressionné[43]. »

Le rapprochement de l'Autriche et de la Bourgogne – ces deux ensembles de cohésion inégale, sans véritable continuité territoriale – dans une structure plus vaste pouvait constituer un élément de poids au sein de la chrétienté, un système d'alliances soutenu par une tête commune. Ce conglomérat, qui se réalisera un moment autour de Charles, mais que viendra troubler l'adjonction des Espagnes, a sans nul doute été un moment l'espoir de Maximilien, la Bourgogne fournissant les moyens financiers, la Wallonie l'Empire et les unités éparpillées de la *Hausmacht*, la force armée, que paierait la riche zone flamande.

Avant de nous émerveiller devant l'œuvre accomplie par Charles Quint, retenons bien ce que l'aïeul paternel lui a légué : la mémoire d'un passé porteur d'une identité forte, entretenue par la méfiance à l'égard de la branche aînée française, et le maintien – cahin-caha – du fragile héritage bourguignon. L'idéal chevaleresque de Maximilien y trouve un sens : sauver la dame de son cœur et les trois quarts au moins de son héritage[44].

La mort de Marie de Bourgogne lui porta un coup très rude. Gand fut châtiée à deux reprises et les Brugeois imposèrent à Maximilien une pénible captivité, puis d'humiliantes négociations. L'intervention malencontreuse de Frédéric III révèle une cassure ancienne entre la Bourgogne et l'Empire. Maximilien commet l'erreur d'épouser par procuration Anne de Bretagne, manœuvre trop grosse d'encerclement pour le roi de France. C'est finalement Charles VIII que la duchesse de Bretagne épouse. L'hostilité entre la France et la Bourgogne perdure, tandis que – c'est le prix de la Bretagne sauvée – par le traité de Senlis (1493) le roi rend l'Artois, le Charolais et la Comté. « Désormais, conclut Francis Rapp, la maison d'Autriche faisait figure d'ennemie de la France au même titre que l'Angleterre[45]. » L'Autriche n'ajoute presque rien, retenons-le pour l'avenir. Pour l'heure, revenons au premier traité d'Arras (1436). C'est l'Espagne qui fournira un avantage – et quel avantage !

Devant des acteurs aussi médiocres que Charles VIII et Louis XII, Maximilien piétine. Ses liens avec le Milanais de Ludovic le More ne lui assurent pas des revenus suffisants pour se maintenir en Italie du Nord. Refoulé par la Sérénissime, réduit au rôle de comparse dans le jeu italien des grands, Maximilien se tourne de nouveau vers les Pays-Bas où Marguerite renforce les liens avec Henry VIII, à Aire-sur-la-Lys (1513).

S'appuyant sur la puissance militaire montante des Espagnes, Maximilien – surtout par rancune et agitation brouillonne – mène le jeu contre la France et ceux qui, parmi les élites des Pays-Bas, souhaitent d'abord la paix. La mort de Louis XII (1er janvier 1515) et l'avènement d'un jeune prince de vingt et un ans, François Ier, redonnent la main à la France. La bataille de Marignan (14 septembre) lui assure la maîtrise du Milanais.

Si le petit-fils est bourguignon, le grand-père reste un Habsbourg, et c'est dans l'antique patrimoine – amenuisé et dispersé – que le travail, peu spectaculaire, se révèle le plus fécond à long terme. Maximilien réussit à améliorer, pour un temps, l'unité des domaines habsbourgeois. Il garantit un accès à l'Italie et à la Franche-Comté par la Haute-Alsace ; c'est une main tendue aux Pays-Bas, où Charles a succédé à son père en 1506. Les rapports sont convenables avec la puissante Ligue souabe, grande concurrente sur le marché du mercenariat – ses lansquenets sont moins coûteux que les Suisses, dont la renommée demeure pour l'instant intacte.

Il ne se passe encore rien de décisif en Bohême et en Hongrie : la percée habsbourgeoise dans cette direction est postérieure ; elle ne doit pas grand-chose à Maximilien et à Charles Quint, mais tout à Ferdinand, le frère écarté qui est le véritable fondateur de la durable fortune des Habsbourg dans la zone danubienne et les franges orientales de l'Empire. Selon Francis Rapp, resteraient à l'actif de Maximilien une consolidation de l'administration des petites unités, et l'oubli de la triste figure de Frédéric III.

Avec Maximilien, nous avons parcouru le *passé présent*, le passé mythifié, et évoqué une longue mémoire rancunière. À la fin du XVI^e^ siècle, Prudencio de Sandoval a égaré cette clef de la personnalité de l'empereur[46]. Né en 1551 ou 1552, ce chroniqueur royal et évêque de Pampelune achève son œuvre en 1614 (elle paraît en 1615). Il a accès, par ses fonctions, à une documentation qui ne nous est que partiellement parvenue ; il dispose en outre du recul. Il est précieux aussi par ce qu'il ne comprend plus : les raisons de cette mémoire rancunière lui échappent ; il désapprouve ce qu'il entrevoit parfois ; il lui arrive même de saluer le conseiller Chièvres, injustement haï des chroniques plus anciennes pour avoir voulu la paix avec la France et accepté d'en acquitter le prix. Un demi-siècle aurait-il suffi pour oublier ce qu'un long siècle avait accumulé ? Tout laisse à penser que cet « oubli » était en partie un acte de courtisan.

### *Le passé, marque du présent.*<br>*Deux modes de dévolution*

Le fossé psychologique le plus profond, entre les familles princières, est creusé par les modes de dévolution. Après trois siècles et demi sans accroc, le système français a été forgé dans les larmes et le sang de la guerre de Cent Ans, marqué par la difficile victoire des Valois sur le concurrent anglais, pour ainsi dire « couronné » par Jeanne d'Arc, glosé en latin et en langue vulgaire par tous les doctes *in utroque jure* ; en un mot, la loi salique assure à la branche aînée un confort qu'on lui envie. Cette solidité, cette efficacité, on les a constatées après Crécy, Poitiers et Azincourt ; on les vérifie en 1498 et en 1515, et surtout de 1589 à 1598, lors de la tardive mais cruelle déchirure religieuse. Le système français a permis le basculement de la quasi-totalité des grands fiefs dans le domaine royal qui finit par se confondre avec la nation (en Espagne, le dualisme – un tiers de terre *realenga*, deux tiers de terres seigneuriales – subsiste une bonne partie du XVI^e^ siècle). La contrepartie, c'est qu'un fils de France de la branche aînée n'a aucune chance d'hériter d'un coup de la moitié des couronnes de la chrétienté latine.

Il faut y insister : la non-réciprocité qui découle de la loi salique explique peut-être un peu aussi que les rois de France échouent dans leur chasse aux héritages sur l'espace italien par tous convoité. On peut entrer dans le système français, mais il est difficile d'en sortir. L'avalanche de couronnes qui tombe sur la tête de Charles n'a pas été « programmée », ni vraiment désirée. Elle était si peu probable qu'elle ne fut pas envisagée comme cas de figure possible : une telle cascade de successions se révèle exceptionnellement difficile, et il faut pour réussir mieux que de la chance. En dépit d'erreurs commises (en Espagne), le succès est total et rapide, aux Pays-Bas, en Allemagne et, finalement, en Italie et (après un court et dur intermède) en Espagne. Comment renoncer, lorsque le succès confirme ce qui ne peut plus être imputé au hasard (celui-ci existe-t-il dans ces mentalités ?), mais à la Providence ?

En 1614, donc un demi-siècle après l'avènement de Philippe II, Sandoval, dont la fonction est d'entonner le péan (*maximo, fortissimo rey catolico de España, de las Indias…*), n'écarte pas la honte de tant de guerres[47] et de violences (la mort de cinq cent mille hommes[48], les meilleurs du monde), l'affront fait à l'homme et à Dieu. Le chroniqueur de Philippe III peut difficilement évoquer ce qui est sans doute déjà, dans l'Espagne du Siècle d'or, perçu comme un malheur : le cancer de la guerre de Flandre que le choix malheureux de Philippe II jouant le duc d'Albe contre sa sœur Marguerite de Parme, l'habile régente, et contre l'excellent conseil du prince d'Eboli : accepter aux Pays-Bas l'alliance tactique des modérés contre l'anarchie et la violence sectaire.

La glorieuse reine Isabelle la Catholique, apprenant la naissance de son petit-fils dans les brumes du nord, survenue au petit matin du 25 février de l'année 1500, pouvait-elle prévoir ce que cet événement annonçait ? Elle aurait, dit-on, prononcé les mots : *Cecedit sors super Mathiam* (le sort tomba sur Mathias), tirés des Actes des Apôtres. Si le jeune Charles put se lancer dans l'aventure exaltante qui s'ouvrait devant lui, « *lo consumió la vida en pocos ainos* » (Sandoval), à moins de trente-trois ans, la goutte le frappa sans jamais le lâcher, et mille autres maux l'atteignirent, si bien que, dès la cinquantaine, épuisé par tant de tâches et de peines, il passa le relais… On n'excède pas impunément les forces humaines.

## *Né à Gand le 25 février 1500*

À Gand, le cérémonial du baptême, soigneusement décrit, s'est déroulé avec le faste bourguignon qui avait déjà sidéré Maximilien d'Autriche – lequel a été tenté de se ruiner un peu plus, pour ne pas être en reste. On donne à l'enfant le nom de Charles[49] (qui n'a rien d'espagnol) en mémoire de son bisaïeul Charles de Valois, duc de Bourgogne. Comme le titre de comte de Carloys (Charleroi) ne saurait suffire, son père en fait un duc de Luxembourg, en souvenir de plusieurs « empereurs » qui portèrent ce titre.

En l'absence de ses parents, le garçon est confié à Marguerite d'Autriche, veuve de don Juan – fils unique des Rois Catholiques, mort, dit-on, pour avoir trop « aimé » – et régente des Pays-Bas après 1506 (conjointement en théorie avec Marguerite d'York, veuve du Téméraire). Il reçoit pour précepteur un homme « issu de rien », Adrien d'Utrecht, qui sera pape. C'est à Maximilien que revient le choix de celui qui pour Charles sera comme un second père, voire plus que père : Guillaume de Croÿ, M. de Chièvres, dont le dévouement sera total ; c'est lui qui jusqu'à sa mort inspirera, infiltrera et gouvernera en lieu et place du souverain.

## Chapitre II

## LE POIDS DE L'ESPACE.
## LE RAPPORT DES FORCES

### *Système du monde, mystère d'un homme*

Il se passe beaucoup de choses, de 1500 à 1558, en cinquante-huit ans et sept mois d'une vie bien remplie. De 1517 à 1558, le nombre des journées de voyage de Charles Quint équivaut au quart du règne. Le prince se doit à ses vassaux ; avec une telle collection de couronnes hétéroclites, il est sûr d'y laisser sa santé – et de ne satisfaire vraiment personne, ni lui ni les autres. Cinq cents jours en campagne, deux cents en mer et, s'il n'avait transporté parfois sa couche, trois mille deux cents lits différents. Dix-sept ans en Espagne, dont sept d'une seule traite de 1522 à 1529 ; dix ans aux Pays-Bas natals ; à peine moins de neuf ans dans l'Empire, malgré la crise luthérienne qui eût exigé beaucoup plus de présence ; deux ans et demi en Italie ; deux visites en France et quelques raids victorieux à Tunis (1535) ; honorablement défait à Alger (1541), Charles fait également deux voyages de courtoisie en Angleterre – les difficiles communications nord-sud doivent être payées de quelques politesses.

*Charles Quint et son temps* : c'est le titre de Karl Brandi, le meilleur historien de l'empereur, mais « l'homme et son espace-temps » conviendrait peut-être mieux encore. Le défi que ce prince a relevé aurait tué tout autre ; il n'a qu'abrégé ses jours. Charles Quint était doué de multiples qualités, tant politiques que militaires. Il a eu l'intelligence de ne pas prendre ombrage du génie de ses généraux et leur a même su gré de leurs succès – il n'était pas à Pavie (1525), mais à Mühlberg (1547). C'est la somme impressionnante de ses qualités, plus qu'un talent particulier, qui lui confère l'éclat du génie. Comme le pensait Salvador de Madariaga, son génie consista peut-être dans le fait de ne pas en avoir et, ce qui est plus rare encore, de le savoir et de l'accepter, de s'être entouré des meilleurs, de leur avoir fait confiance et de leur en avoir été reconnaissant.

Tout est paradoxe. Rien n'est vraiment prévisible dans cet assemblage qui a duré près de deux siècles. La charnière des XV$^{e}$-XVI$^{e}$ siècles illustre à la perfection la logique de l'imprévisible. Tout compte fait, ce que l'on appelle abusivement l'empire de Charles Quint est un agrégat disparate qui n'a été voulu par personne, et que le *bon sens* aurait vraisemblablement conseillé de couper en deux, comme Ferdinand le Catholique l'avait envisagé. L'empire de Charles Quint est presque aussi improbable que la découverte de l'Amérique en 1492, comme on le lisait dans le petit Lavisse[1]. Si l'aboutissement de 1516 à 1519 est imprévisible – et non souhaité parce que non souhaitable –, le point de départ, lui, est parfaitement logique et même raisonnable.

C'est bien de Charles Quint qu'il s'agit, lui qui, sans père ni mère (folle), fut mal éduqué par un courtisan (Chièvres) – on l'a dit ; voire ! – et par une tante, Marguerite, grande politique mais en charge d'un pays à la fois riche, mal soudé, puissant et frondeur. Pas un mot d'espagnol ne lui a été enseigné, ni de latin, que pourtant sa mère, trilingue, maniait comme il se devait pour une reine. Ce Croÿ, seigneur de Chièvres, que les Espagnols ont exécré autant qu'il les a méprisés et qui fut son gouverneur, n'a pas cherché à former un roi d'Espagne, mais un grand duc, voire un empereur. Roi d'Espagne ? Il lui a fallu un peu de temps pour l'être : Charles a dû s'inventer. Avec, tout de même, une solide base. Celle du métier de prince, de duc de Bourgogne pour lequel, de Gand à Bruxelles et à Malines, de joyeuse entrée en joyeuse entrée, il s'était entraîné. Chièvres lui a appris ce qu'il aimait, et qui n'est pas, à ce poste-là et à cet âge-là, inutile : la chasse, les exercices violents, la guerre telle que la mène un chef de clan – pour la guerre entre États, l'Espagne a de bons généraux, prêts à servir. En fin de compte, ces rudiments et une solide intelligence étaient peut-être les meilleures chances que pouvait fournir une formation à un rôle inédit. Que fallait-il pour conduire un agrégat de tant de pièces disparates dont plusieurs débordaient de forces, de feux et de richesses, sinon une forme de génie insolite ?

Mémoire orale ; mémoire tribale ; mémoire du coin du feu, autour de la cheminée du château ; mémoire d'une première lecture, celle de Froissart ; mémoire de cadet ; mémoire d'une « grande frontière », peu perceptible, celle des systèmes de succession. Certes, la génétique explique après coup, mais elle ne prévoit rien. Les premiers mots, les premières images commandent. Charles, que l'on dit cinquième (« quint ») parce que même en Espagne on privilégie l'Empire, est, nous l'avons déjà dit, un Capétien de la branche *cadette*, mais cadette des Valois. Toute sa vie, lui l'aîné – ô combien ! – de sa race cruellement élaguée, il est un cadet par rapport au roi de France qui jouit d'une injuste aînesse et qui pour cela est haï. Son privilège exorbitant, non mérité, est de ne devoir rien à personne, sinon à Dieu.

Nous avons démêlé plus haut ce que Charles porte, encore adolescent, de noble rancune à travers les blessures des siens, des grandes dames, et surtout de sa grand-mère, Marie de Bourgogne, cueillie par la mort dans sa ravissante jeunesse. Le crime de Paris contre le duc d'Orléans est oublié, mais pas celui de Montereau. Il aura fallu – c'est du moins ce qu'on a dit en France – que cette Jeanne[2] se prétendant messagère de Dieu redonne à Charles VII, père de Louis XI, un peu de la grâce royale que son forfait lui avait retirée.

Je l'ai montré jadis[3], c'est le poids de la France depuis le XV^e^ siècle qui déclenche le réflexe défensif des réseaux d'alliances en vue d'un équilibre entre *polities* (au sommet, les États territoriaux naissants). C'est cette politique que pratiquent admirablement Ferdinand le Catholique et Maximilien d'Autriche, les deux grands-pères. Il s'agit de pallier le déséquilibre qu'introduit le jeu de la France de Louis XI, sa puissance sans égale et d'autant plus redoutée qu'on sous-estime la sagesse des maîtres de cette puissance. Il est vrai que cette sagesse est tardive et qu'elle ne survit guère à la mort de Louis XI (1483), ou du moins à la fin de la régence des Beaujeu (1492).

Face à l'absorption de la quasi-totalité des territoires du royaume dans un domaine royal ordonné pour produire de la puissance à la main du roi, la réponse du reste de la chrétienté, sur la périphérie du royaume de France, consiste en ces réseaux d'alliances qui se font et se défont grâce à un système successoral qui n'exclut pas les femmes ni *a fortiori* leur descendance. Charles Quint, on le comprend, n'a jamais admis la loi salique qui l'eût exclu si elle avait été appliquée en Bourgogne et dans les autres royaumes chrétiens. Mais c'est peut-être elle qui l'incita à recueillir tous ses héritages sans en écarter aucun.

Cette incompréhension est aussi le signe d'une divergence profonde. Sans doute cause *et* conséquence, le triomphe de la loi salique accélère la consolidation d'un État proportionnellement plus centralisateur. Qui, en dehors du roi de France, a sinon compris du moins entrevu cette nouveauté du premier État national autour du roi sacré ?

Par la force armée disponible, c'est la France de Louis XI qui vient largement en tête. Philippe le Bel (1285-1314) réunissait 15 000 combattants pendant six mois ; avec Louis XI « on en arrive à 40 000 hommes pour une année entière, voire davantage[4] ». Lors du démantèlement de la grande Bourgogne, « pendant les trois dernières années de son règne, Louis XI réussit à rassembler plus de 45 000 combattants, nombre énorme pour l'époque[5]. Et nous pressentons au surplus que 10 000 pillards sont plus nuisibles en territoire ami ou ennemi que 40 000 hommes disciplinés ».

Les réseaux familiaux d'alliances que les princes constituent en réponse à une menace réelle ou virtuelle n'impliquent pas que les couronnes, scrupuleusement respectées dans leur identité – à la différence des grands fiefs broyés dans le domaine royal français –, soient toutes empilées sur une même tête. Au-delà d'un certain seuil qu'on ne peut fixer *in abstracto* une fois pour toutes, la force résultante d'un réseau d'alliances est moindre que l'addition théorique des forces de chaque unité. Instruit par l'expérience, Prudencio de Sandoval, le bien nommé, le souligne à sa manière : le pouvoir que Dieu confère au roi *propietario*, au prince légitime, n'est pas transférable. Comme les grenouilles, les peuples réclament un roi – leur roi.

Au début du conflit entre François Ier et Charles Quint, après l'élection du 28 juin 1519, et surtout après le cruel revers de Pavie (24-25 février 1525), le rapport des forces ne joue plus contre la France, mais contre le système monté contre elle[6]. Il eût fallu au moins ravaler ses rancunes, avoir le triomphe plus modeste et ainsi parer aux dangers d'un coup de dés trop heureux, éviter le piège de la tentation tendu par le destin – mais était-ce humainement possible ?

Un partage, au moins progressif, fut sûrement envisagé par Ferdinand le Catholique, grand acteur de l'histoire. La raison, dans cette conjoncture, fit bon ménage avec le sentiment jusqu'à son remariage avec Germaine de Foix, qui visait à faire accepter par la France la mainmise espagnole sur la Navarre et, à en croire Sandoval, par Maximilien lui-même. Le Trastamare et le Habsbourg mesuraient, au soir de leur vie, la conséquence involontaire qui transformait un réseau d'alliances en un rassemblement impérial sur une seule tête de royaumes et de provinces éclatés aux quatre coins de la chrétienté, dont la gestion se révélerait difficile, sinon impossible.

La thèse qui sera soutenue dans ces pages est née au fil d'une longue réflexion qu'étaie plus d'un exemple et ajoute un volet à la logique de l'imprévisible.

La première surprise est la cascade de couronnes qui accable Charles de Gand à partir de la mort de son père en septembre 1506. Dans la construction politique de la chrétienté latine occidentale, l'heure semble être aux unités excédant rarement le million d'âmes, à l'exception de la Castille et de l'Angleterre – laissons de côté la France, unique par son poids et sa cohérence.

Ces États territoriaux sont les grands réducteurs de la violence, cette plaie des conduites complexes instinctives perdues, de la proximité et des enjeux, des stocks et des greniers. Ils traquent les violences anomiques sporadiques et limitent les guerres privées, avant de les éliminer. Les guerres privées disparaissent en France – dans la moitié nord du moins – plus tôt qu'ailleurs, même si elles sont payées de conflits frontaliers. La guerre de Cent Ans, c'est fondamentalement autre chose : c'est une guerre sur le mode de succession et sur le nœud même de l'identité. Elle a sans doute aidé, au prix fort, à la gestation d'un type de nation appelé à essaimer au XIXe siècle.

C'est sur la frontière entre les Pays-Bas et le royaume de France et en Italie du Nord que se règlent les comptes entre le royaume et le système, sans entraîner d'actions coordonnées, simultanées, concertées au sein de l'Empire. L'encerclement de la France par Charles Quint est la projection, par les politiques et les historiens, d'une réalité très postérieure dans un passé mythique. Jamais Charles Quint n'a vraiment tenté la quadrature du cercle d'une action synchronisée entre tous ses États. Avec ces conflits qui furent toujours à enjeux limités, nous sommes loin de la guerre totale. La Franche-Comté a vocation à une quasi-neutralité tranquille et les Pyrénées remplissent souvent leur office correctement. C'est à Saint-Quentin et à Metz, dans le Piémont et en Lombardie que l'on règle les additions.

Les pièges tendus à l'historien sont innombrables. Parmi eux figure le déterminisme. Charles Quint a réussi, donc il ne pouvait pas ne pas réussir, et la réussite était l'alignement sur la carte de morceaux d'Europe d'une même couleur, aussi sûrs d'eux que des départements français de la IIIe République. Eh bien non ! le destin est indéterminable. Il fallait un bon joueur – mieux, une équipe. Or celle qui encadre le jeune prince et lui enseigne le jeu est bonne. Être bon joueur n'empêche pas de faire des fautes, mais permet d'en tirer profit. En Espagne, en 1517 et 1518, les erreurs s'accumulent, provoquant un conflit dont le brusque déclenchement évite les conséquences d'un lent pourrissement[7]. Ce déclenchement est imputé aux mauvaises manières des « mauvais » conseillers flamands ; la sortie d'une mauvaise passe, aux qualités du jeune prince, empereur élu, que les Espagnes reconnaissent et saluent.

Monsieur de La Palice, qui fut contemporain de Charles Quint, nous l'eût dit : les hommes connaissent leur passé mieux que leur avenir ; tout au plus savent-ils, sans y croire, qu'ils devront mourir[8]. Les contemporains de l'empereur le savaient bien mieux, bien autrement que nous – et, depuis la trentaine, cette certitude était de plus en plus présente à l'esprit de Charles Quint. Dans une civilisation où l'oral l'emporte encore sur l'écrit, la mémoire joue un rôle essentiel. S'il est peu lettré, Charles est doté d'une excellente mémoire : sinon, comment eût-il pu gouverner tant de provinces, de villes et de régions ?

Il faut également savoir distinguer entre ce que le sujet de l'étude a réellement fait et ce que nous en disent les sources de l'époque. En suivant Alphonse Dupront, il faut ainsi mesurer la place de la croisade à l'aune non pas de ce que l'on dit que Charles a dit, voire de ce qu'il a écrit ou dicté, mais de ce qu'il a fait d'une manière tangible. Le contrôle de présides sur le revers du Maghreb ne relève pas de la croisade, mais du souci de garantir la sécurité des communications et des côtes du Levant[9].

Les historiens ont heureusement renoncé à se débarrasser des acteurs. Charles Quint est un grand acteur, mais peut-être convient-il aussi de cerner la scène sur laquelle il se déplace. Connaître l'échiquier, donc, pour mieux apprécier le joueur.

L'échiquier, c'est, au risque de l'anachronisme, une partie de l'Europe, la partie « désenclavante »[10]. Le XVI^e^ siècle, c'est d'abord la plus grande mutation de l'espace humain. Le désenclavement de tous les espaces maritimes s'opère en trente ans – depuis la mission d'information de Pero de

Covilhão (1491), jusqu'au retour de la première circumnavigation (1522). Il a fallu quinze ans, à peine, aux Portugais pour contrôler les grands axes de l'océan Indien : c'est chose virtuellement faite en 1515. Il avait fallu un siècle d'efforts pour longer les côtes occidentales de l'Afrique et atteindre le cap des Tempêtes – baptisé, par un acte de foi, de Bonne-Espérance. Un siècle : le temps nécessaire pour macérer la remémoration des crimes et des avanies dont avait été victime la branche de cette Bourgogne *lato sensu* dont Charles Quint est, quoi qu'il fasse pour s'en dégager, l'héritier[11]. La mémoire a son pendant sur le versant de l'aînesse et d'une forme de royauté dont il n'existe pas d'équivalent. Nul mieux que Charles Quint n'en est informé. Même s'il n'en apprécie pas l'importance à sa juste valeur, il sait le poids des terres nouvelles et il en remercie Dieu. Notre cher Sandoval fait une large place à la conquête du plateau *nahuatl* et, plus tard, du Pérou : « Étant à Barcelone, il reçut une des plus heureuses nouvelles que jamais reçut un prince : la découverte de la Nouvelle-Espagne[12] »

Le Nouveau Monde, ce n'est ni l'ensemble insulaire ni le Yucatan, effleuré, l'isthme et une frange côtière (la Terre ferme), mais les hauts plateaux, fortement peuplés par des populations qui se situaient à un niveau proche d'un néolithique avancé et sur lesquelles les effets d'une mise en contact trop rapide se révélèrent catastrophiques. Le coût réel de la logique de l'imprévisible, c'est 15 % de l'humanité engloutie sous le choc microbien et viral (qu'un contact progressif aurait sans doute atténué) et le sacrifice – plus paradoxal encore – d'une, voire de plusieurs générations de *conquistadores.*

Charles Quint en a été le témoin, tellement plus lucide que son fils Philippe II. N'avait-il pas accepté comme conseiller dans ce département qui lui échappait Bartolomé de Las Casas, de loin le plus intelligent, le plus chrétien, le meilleur ? Mais la signature apposée en 1542 au bas des « Nouvelles Lois », dont les bonnes intentions ne pouvaient guère entrer en application, est restée lettre morte. La satisfaction devant des retours devenus substantiels a tout submergé : ceux-ci ont soutenu la campagne de Mühlberg (1547) et assuré la victoire de Saint-Quentin (1557) – au quart à peine de ce qui soutiendra à partir de 1566 la déraisonnable politique « flamande » du fils tant chéri : aussi le regard du prince s'est-il détourné de ce lointain trop irréel.

Il faut cinquante ans au moins pour que le Nouveau Monde commence vraiment à s'intégrer à la conscience politique des princes[13]. Christophe Colomb et Philippe le Beau meurent tous deux en 1506, ce qui rapproche (pour ceux qui auraient connu la suite : mort de Ferdinand le Catholique en 1516 et confirmation de l'incapacité mentale de la reine Jeanne) le jeune Charles de la couronne royale sur les royaumes d'Espagne. Et Copernic étudie à Rome en 1500, l'année de la naissance de notre héros. Lors de ce séjour, le Polonais, vivant sous la protection des « Teutoniques », a lu, comme beaucoup, les lettres imprimées de Pierre Martyr de Anghiera, cosmographe toscan au service à Séville d'Isabelle, la Reine Catholique, grand-mère de Charles. Pierre Martyr, derrière son bureau, avait compris ce que Colomb avait vu sans le voir. C'est dans la mesure où Ptolémée géographe s'était trompé que Copernic osa, encore bien timidement, penser que Ptolémée cosmographe avait pu aussi se tromper, et que la Terre pouvait être assez dépourvue de sens commun pour tourner comme une toupie autour du Soleil.

Charles Quint en savait plus que beaucoup d'autres. Par ses banquiers aux aguets et par les officiers de la Casa de la Contratación, il supputait avant quiconque le volume des arrivages d'or puis d'argent à Séville, pour connaître l'un des éléments mouvants du volume des pions dont il pourrait disposer sur le seul échiquier qui vaille – la chrétienté.

## *De l'espace et des hommes*

L'Empire romain, le vrai, celui dont la réussite dans la durée est unique dans l'histoire des hommes, a pu frôler

70 millions d'âmes sous les Antonins, pour une superficie de 3 700 000 kilomètres carrés (dans la partie européenne, 25 millions d'âmes pour 2 300 000 kilomètres carrés). Le morceau de chrétienté latine que Charles Quint a pu embrasser dans son regard couvrait environ 2 500 000 kilomètres carrés, avec 45 à 48 millions d'âmes.

Au milieu de cet ensemble, deux géants de nature très différente. Vers 1520-1525, le Milanais, pièce vraiment maîtresse, a changé de camp. La France, avec ses 460 000 kilomètres carrés et ses 13 à 14 millions d'âmes, constitue à quelques nuances près une forte unité territoriale et politique, un espace continu qu'unit une conscience aiguë de son identité, l'attachement d'un peuple à une dynastie et au sol. L'épreuve de la guerre de Cent Ans a fait avancer le processus de plusieurs siècles, au point que désormais nous avons là comme l'archétype, encore incertain mais robuste, d'un État-nation affecté d'une dose de sacralité que l'on ne retrouve pas ailleurs, et prêt à s'investir dans une identité politique territoriale.

En face, dispersés, sans continuité territoriale, il y a les Pays-Bas, inachevés au nord et sur le flanc oriental. Ils regroupent plus de dix unités politiques et jouissent d'une grande prospérité. Comptons 3 à 4 millions d'âmes pour l'ensemble bourguignon, 6 millions pour l'Espagne. Comment évaluer le poids de l'Italie ? Sur 8,5 millions d'habitants, l'oscillation est forte. Il y a bien Naples, mais difficile et fantasque, et Milan ne fait pas encore partie de l'héritage. Évaluer les possessions italiennes à 3,5 millions d'âmes, c'est se montrer généreux. Quant aux alliances allemandes, elles sont inférieures à un million. Soit un total de 14 millions. Bilan : 13 du côté français, 14 de l'autre. La contribution de Naples, mieux intégrée, n'en est pas moins très inégale d'une année sur l'autre.

Les Pays-Bas sont créateurs de richesse, mais ils ne prêtent guère au prince. Dès 1525-1529, le centre nerveux se déplace de la zone Flandre/Brabant vers la Meseta ibérique, le point de flexion se situant entre 1530 et 1540. Une bonne indication est fournie par les séjours du prince : leur durée en Espagne et aux Pays-Bas donne l'ordre de la puissance, mais la présence en Allemagne exprime l'enjeu capital – la déchirure de la Réforme et le rocher de Sisyphe qu'est l'impossible retour à l'unité religieuse. C'est en Allemagne que Charles Quint croit échouer, mais c'est là qu'il atteint, sans le savoir, l'un des sommets de sa vraie grandeur et qu'en fait il construit l'avenir : son frère lui a fait un devoir de signer l'acte de 1555.

Il y a bien l'Amérique, mais elle est si lointaine : il faut deux ou trois ans pour effectuer l'aller et retour, et l'on a une chance sur quatre ou cinq de mourir en route. Elle rapporte 17 tonnes d'argent en moyenne par an de 1541 à 1550, 30 tonnes de 1551 à 1560, mais il ne s'agit pas d'un gain net. Compter les hommes[14] : il faut bien commencer par là, mais ce n'est pas assez. En capacité contributive, un bourgeois de Gand, d'Anvers ou de Bruges vaut plus qu'un paysan des Abruzzes ou un régnicole français ; en bonne volonté, en acceptation de la tonte royale, ce même bourgeois vaut également plus qu'un Franc-Comtois ou un Navarrais. En valeur militaire, un hidalgo castillan vaut infiniment plus qu'un Flamand de Flandre ; un lansquenet souabe, terriblement indiscipliné, ne vaut pas un mercenaire suisse ni *a fortiori*, à partir de 1540-1550, un gentilhomme de l'incomparable infanterie espagnole, le *Tercio*, qui joint la plus parfaite discipline à la plus folle bravoure et au plus total mépris de la mort. L'armée du roi de France, elle, vaut par son artillerie – indice du développement économique et technologique –, quand du moins le roi et sa cavalerie, mal instruite par la leçon d'Azincourt, ne se placent pas entre elle et l'ennemi, comme lors de l'incomparable sottise royale de Pavie.

Quand le Milanais passe de la mouvance française (Marignan, 1515) aux malencontreuses campagnes qui précèdent Pavie (1525), se trouvent potentiellement de 27 à 29 millions de chrétiens, très inégalement impliqués derrière les 50 à 60 000 hommes qui s'affrontent par intermittence. Il importe d'en attirer le plus grand nombre possible dans le bon camp.

Entre Charles Quint et François Ier, il existe un arbitre très sollicité, l'Angleterre (3 millions d'âmes) d'Henri VIII, à laquelle il faut ajouter Venise, car sa flotte est indispensable. Quant au Portugal, seules comptent la poudre d'or des côtes d'Afrique, la malaguette et les épices des Indes. Ne croyons pas que l'Angleterre du premier XVIe siècle ait renoncé aux raids du bon vieux temps, quand le grand royaume était offert à ses pillages. Cette Angleterre-là n'est pas celle, déjà montée en puissance, des raids contre la Flotte des Indes, à la fin du règne de Philippe II, quand la Réforme aura marqué les camps et qu'Élisabeth Ire aura cessé d'être le fléau sensible de la balance, sinon l'arbitre au service de l'Europe protestante du Nord.

L'Angleterre d'Henri VIII se porte du côté du plus faible, contre le plus fort. Au soir de Pavie, elle exprime sa déception lorsque Charles Quint refuse de dépecer la France. Elle fait peu, mais entraîne la mante italienne, c'est-à-dire le pape et, autrement plus digne d'estime, Venise. Elle se place du côté de Charles Quint, au début surtout : c'est celui qu'elle juge le plus faible, tout empereur qu'il soit. Ces quelques remarques aideront à suivre les oscillations d'Henri VIII, que ne manqueront pas d'influencer ses déboires matrimoniaux.

L'espace que Charles balaie du regard est celui où l'on s'affronte entre chrétiens, alors même que le trouble luthérien intervient peu au cours des deux premières décennies (1520-1540). Il faudra attendre une génération pour que le conflit religieux emporte tout, pour que les réformes se radicalisent et s'institutionnalisent. On se déchire autour de la mémoire bourguignonne, de l'enjeu italien, des deux modes successoraux. En vérité, c'est la loi salique qui constitue la pierre de scandale, le secret de la solidité française. Le fossé qui creuse l'exception française n'est pas sans rapport avec ce que le monde a connu, en d'autres circonstances, quand dominait l'affrontement entre les démocraties ouvertes et les « démocraties populaires », au temps de la guerre froide.

La guerre n'est pas toute la violence, mais elle tend au cours du XVII$^{e}$ siècle à prendre le pas sur les autres formes de violence. Nous ne saurons jamais le coût réel des guerres privées, mais nous savons, dans la France devenue poreuse après la mort de Charles Quint, la violence anomique de l'affrontement religieux entre 1560 et 1572 a tué davantage que la guerre religieuse progressivement canalisée par le parti protestant et la Ligue (les deux partis finissent par s'affronter en une « guerre réglée »).

Cet espace qu'embrasse Charles Quint est en tout état de cause divisé en de nombreuses puissances souveraines. L'avantage de la confédération impériale est de réduire – quoique incomplètement – les guerres privées (qui subsistent même en Espagne) et de supprimer les grands conflits déclarés entre polities placées sous l'autorité d'un même souverain, du chef de la maison. En ce sens, on peut accorder à l'historien Ramón Menéndez Pidal que l'*Emperador* a contribué au progrès d'une *paz cristiana*, partielle mais non négligeable.

Les guerres de Charles Quint, entre la guerre de Cent Ans et la guerre de Trente Ans, ont été relativement moins meurtrières. Elles tuent peu sur le champ de bataille ; elles tuent surtout à côté, indirectement. Mais on n'observe rien de comparable aux chocs microbiens et viraux qu'entraînèrent les mouvements de population de la guerre de Trente Ans. La bataille la plus sanglante, Pavie, fit de 5 000 à 10 000 morts (pour les neuf dixièmes, vraisemblablement, dans l'armée du roi[15]). En dehors de notre période, la bataille la plus meurtrière est la bataille navale de Lépante (1571), engagée par don Juan d'Autriche (le fils bâtard de l'empereur) : elle coûte la vie à 7 500 Espagnols (sur 84 000 marins et soldats) et à 35 000 Turcs (sur 88 000), dont 20 000 tués et blessés et 15 000 prisonniers odieusement exécutés[16].

On a placé le point de départ de la *modernité* militaire sous le règne de Louis XI, sur la barre des 40 000 hommes soldés pour une année entière et qui ne pillent ni ne tuent couramment – encore qu'ils puissent, sur ordre (ils l'ont fait aux Pays-Bas), se livrer à des destructions systématiques de récoltes (blé fauché en herbe). Les armées changent totalement avec le retour massif de piétons recrutés en dehors du cercle exclusif de la noblesse, donc soldés et de ce fait contraints à une présence continue. L'armée française, partie en tête, semble évoluer moins vite et finit par être moins bien commandée que l'armée espagnole ; les neuf ans et demi qui séparent Marignan et Pavie soulignent (peut-être exagérément) le renversement des avantages[17].

### *L'Italie : l'enjeu, les forces, les atouts*

Un cas vraiment particulier est celui de l'Italie. N'est-elle pas l'enjeu de l'affrontement franco-hispano-bourguignon ? Ce champ de bataille appartient au secteur le plus densément et continûment peuplé de l'Europe. Sauf dans les régions les plus montagneuses, l'Italie relève bien à part entière du « monde plein », avec un plafond de 40 habitants au kilomètre carré et un autre autour de 20 habitants dans les zones plus sèches. Après avoir dépassé les 13 millions en 1300[18], elle est tombée à 7,5 et remontée à 8,5/9 vers 1500.

À la fin du Moyen Âge, l'Italie est à la pointe du progrès dans les secteurs du commerce, de l'argent, de la lettre de change et des réseaux de communication, mais également des armées, de l'art et de la science militaires[19]. L'espace italien n'a pas donné naissance à des États territoriaux considérables, hormis la Sicile et Naples, le Patrimoine de Saint-Pierre (difficilement rassemblé et fragile), le Milanais, Venise et Florence. Les cités-États peuvent être interprétées comme des survivances de la cité antique. À cette poussière d'États se superpose une cassure qui traverse souvent les cités elles-mêmes, entre guelfes et gibelins, partisans d'Anjou et des Souabes, du pape et de l'empereur. Cette cassure s'ajoute à la division entre populaires et aristocrates, voire entre « peuple maigre » et « peuple gras ».

Comment se défendre en levant des milices urbaines inefficaces, quand la tradition ne s'en est pas perdue ? À la fin du XIIIe siècle, les cités ont eu tendance à se décharger sur les familles nobles urbaines et des campagnes environnantes. Les contraintes et les honneurs de la cavalerie étant le propre des nobles, c'est cette arme qui a pris la première place. Les armées levées par l'ancienne conscription du populaire ne peuvent rester longtemps sur pied, d'où la tentation de faire appel à des professionnels. Des villes recourent ainsi à des *condottieri*, des entrepreneurs issus des *signori* des campagnes[20]. On assiste donc à une professionnalisation de l'armée ; les professionnels coûtent cher, mais leur compétence réduit grandement les pertes. Dès le XIVe siècle, les guerres entre *polities* italiennes sont des guerres réglées, qui se bornent au règlement d'un conflit limité dans ses enjeux. La spécialisation progresse ; un certain nombre d'États de taille moyenne doivent en grande partie leur fortune ou leur survie à leur capacité à jouer un rôle militaire. Aux États entrepreneurs de guerre réglée s'ajoutent les *condottieri* libres, « sans État », prêts à servir le plus offrant. Ce système n'a pas provoqué, loin de là, d'entrave au développement : l'Italie de la fin du XIVe et du XVe siècle est au sommet de son rayonnement. Il est sûrement moins coûteux et plus propice à la création que son antithèse, la lourde construction politique française. Dans un monde clos, un tel système serait sans doute parfait.

Aux raids des empereurs des XIIe et XIIIe siècles succèdent les entreprises des expansionnismes aragonais et angevin. Viennent ensuite les guerres françaises dites d'Italie. On les fait commencer avec l'expédition de Charles VIII à Naples. L'Italie, en flèche dans presque tous les domaines, exportatrice d'élites, a omis d'assurer sa sécurité contre une menace extérieure. Elle compte sur l'Aragon, l'*Hispania* méditerranéenne, sur les rivalités des « barbares » entre eux, sur leurs cupidités concurrentes et sur Venise et Gênes. La supériorité maritime de ces deux cités-États assure aussi un commencement de sécurité sur les côtes exposées au péril turc et barbaresque, en dépit de l'exception malheureuse de Tarente.

« Tout au long du XV^e siècle, le conflit italien s'est déroulé de façon relativement autonome et à l'écart des événements en Europe, bien que cela ne veuille pas dire dans l'isolement[21]. »

La pression turque en Méditerranée déstabilise l'Italie ; la chute de Constantinople (1453) et celle de Nègrepont (1470) sonnent le glas. Contre les Turcs comme bientôt contre la brutale invasion française (1494-1495), les *polities* italiennes disparates, organisées pour leurs petites rivalités, se révèlent incapables de faire face. Elles se sont habituées à compter sur l'une pour se débarrasser de l'autre, pour aboutir à une substitution presque immédiatement menacée. Les origines du conflit franco-espagnol remontent à 1443, lorsque l'Aragon s'établit dans le royaume de Naples. L'opposition s'envenime quand la maison d'Anjou, semblant agir par procuration et censée soutenir la guerre des barons du Sud, ouvre la boîte de Pandore. Au cours du XV^e siècle, la politique française s'ingéra constamment dans celle des États italiens, le royaume de Naples, Gênes, et Lombardie. La fameuse expédition de Charles VIII marque plus une accélération, un infléchissement qu'une invention ou une rupture. En un mot, tant que les grands États en formation difficile et inégalement avancés se déchirent entre eux (guerre de Cent Ans, autour de l'acceptation ou du refus de la loi salique), quand l'*Hispania christiana* plus réelle sort de son chaos avant l'achèvement apparent d'une interminable *Reconquista* qui reste fondatrice d'une identité forte, la voie politique spécifique de l'Italie crée une zone dépressionnaire au cœur de la Méditerranée.

L'Italie des XIII^e et XIV^e siècles italiens bénéficie des crises des grands voisins. Elle ne reçoit pas d'incitation extérieure, elle en dispense. Venise, puissante, sommet d'intelligence politique, ayant acquis ses bases en Terre ferme, a suffisamment à faire sur mer ; elle est longtemps seule à défendre les positions chrétiennes qui demeurent dans le bassin oriental de la Méditerranée. Milan est partie de trop bas et ses institutions sont trop fragiles pour soutenir un impérialisme de rassemblement autour d'une place. Elle a à se garder contre l'expansionnisme des cantons suisses, avides de sortir de leurs montagnes dont les ressources limitées les orientent vers une forme particulière d'exportation de main-d'œuvre masculine : des mercenaires, chers mais efficaces, se mettent à la disposition du plus offrant. Bref, la péninsule italienne, « riche, différente et parée du prestige d'une capitale religieuse », ne pouvait être qu'une tentation permanente pour toutes les puissances européennes. Le faible poids de l'État avait été un facteur favorable au développement des activités productives. L'espace italien avait été, au XIV^e^ et au XV^e^ siècle, le champ d'expérience d'une forme de petite guerre hyperréglée et savante dont les effets négatifs étaient relativement limités par rapport aux effets de ces forces plus frustes.

Le comportement de l'armée française, de 16 000 à 18 000 hommes, qui quitte Lyon le 23 août 1494, laisse beaucoup à désirer[22]. Peut-être s'était-elle laissé soûler par la conscience exagérée de sa supériorité. Elle comprenait « l'excellente cavalerie que Charles VII avait réorganisée dans les compagnies d'ordonnance », « l'infanterie la plus solide, formée surtout des bataillons suisses » qui avaient vaincu trois fois le Téméraire, ainsi que l'artillerie la plus considérable et la plus mobile. Cette supériorité devait assurer la conquête facile du royaume de Naples, d'autant que le pouvoir « aragonais » y était mal supporté.

L'armée française franchit sans encombre le Piémont et le Milanais, passa par Plaisance et arriva aux limites du duché de Milan et de la Toscane. Elle s'engagea sur le « revers méridional de l'Apennin, dont le passage était très facile à garder ». L'avant-garde, conduite par Gilbert de Bourbon, comte de Montpensier, dut ouvrir la route qui barrait la place de Fivizzano, appartenant aux Florentins et gouvernée par Pierre de Médicis (allié des princes napolitains du parti aragonais). « Gilbert de Montpensier la battit en brèche, la prit d'assaut et y passa tout le monde au fil de l'épée. » Laissons à Mignet le soin de commenter : « Cette manière hardie d'attaquer, violente, inexorable de vaincre était peu usitée en Italie et elle frappe d'épouvante. Après la prise et le sac de Fivizzano, aucune place ne voulut se laisser forcer, comme, après la défaite de Rapallo, aucun corps italien ne put se résoudre à combattre[23]. »

*Les faux pas français*

Gain dans l'immédiat peut-être, lourde erreur à terme. Les Français sont avec raison considérés comme des barbares. Cette conduite est inadmissible entre chrétiens ; elle s'écarte de la guerre réglée qui a fini par s'imposer à la fin de la guerre de Cent Ans. Grave faute politique dans un pays fier, intelligent, sensible où il convient en premier lieu de s'attirer les bonnes grâces de la population. L'Italie a été un théâtre. Elle a procuré des experts ; elle paie peu ou mal ; elle ne fournit que des troupes d'appoint peu sûres et moyennement efficaces quand elles sont engagées dans des querelles qui ne les concernent pas. À court et moyen terme, le coût pour la péninsule est plutôt faible, mais rapidement les contraintes sur les régions soumises à la reconquête aragonaise pèsent lourd. La stérilisation de l'Italie est un risque, à long terme.

Une chose, en tout cas, est sûre : dans la balance des forces, l'Italie compte peu. La différence est grande entre le royaume de Naples et la Sicile d'une part, le Milanais de l'autre. Naples est une porte d'entrée qu'il faut bien garder quand on la tient, mais seul le Milanais constitue un enjeu stratégique essentiel à l'échelle de la chrétienté. C'est la plaque tournante de la rivalité entre le royaume compact de France et la confédération impériale en gestation. Le centre de gravité de l'empire de Charles Quint s'est déplacé des Pays-Bas vers la péninsule Ibérique. Il est pratiquement impossible de faire contribuer d'une manière régulière et assurée l'ensemble des Pays-Bas à autre chose qu'à leur stricte défense. La Flandre a de l'argent, mais elle penche vers la France ; la Wallonie est pauvre, mais elle a des hommes valeureux et adhère plus facilement à une forme de « patriotisme » bourguignon, par un attachement dynastique. La Wallonie se sent d'Empire où elle se sait admise, quand la Flandre penche vers le royaume à condition que sa particularité culturelle et institutionnelle soit reconnue. On ne peut attendre des Pays-Bas qu'un effort limité dans le temps. Ce sont les pays de *Par Decha* qui ont financé le voyage d'Espagne de 1517, pour faire de leur prince le roi d'un royaume. Ils ont pensé, non sans raison, que cette excroissance d'outre-France serait fertile en provinces dont ils profiteraient[24].

Mais c'est l'Espagne, et plus particulièrement la Meseta, les 150 000 kilomètres carrés de la Castille et du León matriciels, le cœur du cœur de l'*Hispania* chrétienne reconquérante, qui, une fois cicatrisée la blessure de la révolte des *Comuneros*, finit par porter pour les trois quarts le poids accablant de la totalité du système des alliances impériales[25].

De 1515 à 1556, le poids du prélèvement humain sur l'Espagne (pourcentage de la population sous les armes) double[26] ; à la fin du règne de Philippe II, il est quatre à cinq fois supérieur à celui que subissent les sujets du royaume de France. L'Espagne porte l'Empire des alliances ; la charge décroît imperceptiblement de 1555 à 1590, puis grimpe en flèche de 1590 à 1635, écrasant littéralement le pays. L'Espagne s'est dotée de la meilleure armée du monde, mais à quel prix ! Que l'armée ait été l'« un des éléments clés du nouveau tissu politique[27] », nul n'en doute, avec « l'administration, la diplomatie, une nouvelle fiscalité ». À la racine se trouve « la prise en charge par le roi du monopole de la guerre » ; il y a fallu du temps. Quel que soit le poids de la nouvelle guerre, le recul des violences anomiques et de la guerre privée constitue un gain. On comprend que la nouvelle guerre ait été bien supportée dans un premier temps, surtout quand elle se déroulait ailleurs. C'est le cas, pour la France, des guerres d'Italie. Le si maladroitement belliqueux Louis XII (1498-1514) est paradoxalement, derrière Henri IV et avant Saint Louis, le plus populaire des rois de France dans la mémoire mythique nationale.

Nous sommes en présence de situations différentes. D'abord, celle de l'Italie, globalement « désarmée ». L'occupant est contraint de demander moins que ce qu'il a la possibilité théorique d'exiger de ses sujets italiens dont il est le souverain traditionnel accepté, s'il ne veut pas mettre en péril un accord tacite. Ensuite, les régions exportatrices de cette main-d'œuvre spécialisée que sont les mercenaires – du lancier/arquebusier suisse de qualité au lansquenet souabe dont la soldatesque est ravageuse pour les pays qu'ils traversent. Les princes qui n'ont pas les moyens de s'offrir des Suisses recourent aux lansquenets, qui sont un peu les Suisses du pauvre. Enfin, la France submerge tout par sa masse et par la docilité de ses peuples, moins rétifs que d'autres devant l'impôt – ce qui ne favorise pas un usage parcimonieux et efficace des ressources. L'*Hispania* fournissant la meilleure armée à son prince et la gloire qu'on en tire ne coûtant pas trop cher, ses gouvernants, à commencer par Charles Quint, ont tendance à en abuser.

Ne cherchons pas un impératif supérieur de défense. L'Europe des deux blocs rivaux – France compacte et toile caroline – ne consacre qu'une part infime (Charles Quint) ou nulle (France) à la défense contre l'ennemi extérieur : contre l'envahisseur turc. Les Danubiens et Ferdinand de Habsbourg, le frère cadet, ne peuvent guère compter que sur eux-mêmes. Il n'en va pas autrement du Maghreb, et c'est seulement à la menace précise et localisée que réagit la frange méridionale de la chrétienté. Ce sont les rivalités internes entre États et *polities* qui absorbent 98 % du potentiel militaire. Aussi reste-t-il bien peu, par-delà les déclarations d'intention qui émaillent les textes, pour conduire la croisade, ou plus simplement pour faire barrage à l'avance turque dans le bassin du Danube. *A fortiori* pour étendre au Maghreb la *Reconquista* ou pour protéger les communications dans le bassin occidental de la mer intérieure, la Méditerranée des hommes et des dieux. Peut-être parce que la menace sur le cœur dense, solide, riche, technologiquement avancé de la chrétienté est appréciée à sa juste valeur – faible.

La croissance des armées se poursuit : leur volume double dans les quarante années du règne de Charles Quint. On oppose traditionnellement les 45 000 hommes de Louis XI vers 1480 aux 150 000 soldats de Charles Quint vers 1550, mais ceux-ci sont dispersés sur 2 000 kilomètres du nord au sud et d'est en ouest. À ce doublement de volume en un demi-siècle, il faut ajouter la permanence des principaux corps militaires et l'administration des armées. Le reste suit à distance : le service armé non salarié (lié au fief) persiste, mais la durée limitée à laquelle le devoir féodal obligeait les nobles s'est peu à peu transformée en une collaboration plus large, financée majoritairement par la Couronne, « sans pour autant supprimer les anciens droits et devoirs[28] ». Il arrive que le service soldé recrute en dehors de la noblesse et auprès des pays spécialisés dans un mercenariat bien rémunéré.

C'est au cours de la guerre de Grenade, de l'épisode ultime de la *Reconquista*, que l'armée espagnole moderne se forge. Ce processus s'achève en Italie avec la prise de contrôle, difficile et peu rémunératrice, du sud montagneux de la péninsule. La tendance à la création d'unités permanentes est partie d'Italie. En Espagne est mise en place la *Hermandad* (1476-1497), puis, de 1492 à 1503, est étendu à la Castille un système calqué sur celui qui a vu le jour en France depuis une quarantaine d'années.

### *La victoire des armées espagnoles*

La victoire des armées espagnoles sur les armées françaises dans les campagnes d'Italie est due à une transformation des modes de combat plus profonde en Espagne qu'en France. La cavalerie noble demeure importante dans l'armée française, malgré les cruelles leçons de Crécy, Poitiers et Azincourt, et malgré la puissance de l'artillerie. La France – comme, sous un autre angle, Charles Quint après Pavie – illustre le principe du « pas de chance du trop de chance » : on ne se méfie jamais assez des rentes de situation ; les seuls défis dangereux sont ceux que l'on n'a pas eu à relever à temps. La France a relevé le plus grave, celui de vivre ensemble sur un territoire étendu et d'un seul tenant. Le règne de Louis XI capitalise tous les fruits de la grande épreuve, conséquence du choix décisif de la dévolution automatique du pouvoir suprême remis à Dieu. Durant plusieurs siècles, la lourde cavalerie bardée a tout emporté devant elle ; comment comprendre à temps, quand on a la maîtrise de l'outil ? Le résultat – le préjugé du genre de vie nobiliaire aidant –, c'est que les Français descendent lentement de leur selle pour le rude contact pédestre avec la terre. À la charnière des XV^e^ et XVI^e^ siècles, quand commencent les guerres d'Italie, la lourde armée de Charles VIII puis de Louis XII est encore pour moitié à cheval ; l'espagnole – un septième de cavaliers, six septièmes de piétons – est moins coûteuse, la cavalerie n'étant plus que l'auxiliaire, l'éclaireur d'un carré qui apprendra à manœuvrer au signal convenu. Le point de perfection est atteint au milieu du siècle par le *tercio*, cette redoutable infanterie du roi d'Espagne flanquée des bandes wallonnes. « Pendant le siècle qui suivit Pavie, le rapport cavaliers/fantassins était normalement d'un pour sept ou huit[29]. »

Une remarque très fine de Louis Ribot-Garcia fournit une clef de la supériorité militaire de l'Espagne qui s'affirme avec force à partir de 1525-1530[30] : « Aucune armée ne se compose exclusivement de mercenaires. La tendance croissante à former des armées permanentes signifiait qu'une certaine responsabilité militaire incombait aux sujets de l'État lui-même, recrutés par des procédures différentes selon le pays ou l'époque. L'Espagne du XVI^e^ siècle obtenait une proportion importante de ses unités armées par le recrutement "volontaire", ce qui fit de ces soldats une catégorie particulière de mercenaires, similaires [...] dans la mesure où ils étaient salariés, mais liés à leur roi non seulement par un contrat, mais aussi parce que celui-ci était leur seigneur naturel[31]. » Quelque chose d'un peu analogue existe en France dans certaines provinces : Picardie et la

Champagne, régions exposées ; la Normandie, gardienne des côtes ; le Languedoc, sur les deux fronts que constituent les Pyrénées et la mer sillonnée de Barbaresques.

## *Des pions et des hommes*

Revenons à Charles de Gand, premier des Carlos en Espagne et cinquième des empereurs d'un Saint Empire bien fatigué avant d'être déchiré par la Réforme, mais pourvoyeur d'un titre encore prestigieux. Maximilien est mort sans avoir pu transformer la couronne de roi des Romains en celle d'empereur ; Charles Quint réalise la transformation à Bologne, le 22 février 1530 il coiffe la couronne de fer lombarde et deux jours plus tard pour la couronne d'or.

On l'a vu, l'accumulation de couronnes ne résulte pas d'un propos délibéré, mais d'une suite de hasards. Compte tenu des moyens de communication d'alors, un froid calcul dégageant le meilleur rapport des forces aurait conseillé de corriger ce qu'un improbable carambolage avait produit. C'est apparemment ce qu'avait envisagé Ferdinand le Catholique : un partage qui aurait séparé les Espagnes des Pays-Bas en assurant la succession au cadet. Marguerite d'Autriche aurait, en 1519, songé un moment à pousser l'infant Ferdinand à l'élection impériale. La présence du prince naturel est partout requise ; or, privé du don d'ubiquité, le prince à couronnes multiples doit déléguer, se déplacer ; donc la raison inciterait à rétablir par une légère correction ce qui avait été l'intention des marieurs, ce qu'avaient voulu de savants et trop habiles aïeuls : l'alliance, entre princes proches parents, d'États circonvoisins du royaume.

Une dernière remarque préalable au récit de la difficile prise de pouvoir par Charles Quint. Une image est à écarter de notre mémoire, qui a joué de bien mauvais tours : celle de la « France encerclée ». Le mythe qui s'est construit autour de l'encerclement a été, en Europe, l'un des plus dangereux fauteurs de guerre. L'ombre d'un Charles Quint de rancune entre dans le complexe et fournit le détonateur de la déclaration de guerre par la France impériale de 1870. S'il y a péril au XVIe siècle pour la France, il ne vient pas d'un encerclement, mais d'une crise interne. Les conflits limités d'ajustement de détail, conséquences du jeu des intérêts et des interprétations divergentes des droits et devoirs, sont monnaie courante. Au début du XVIe siècle, on sait qu'il est imaginaire, ce danger d'encerclement par une chaîne de territoires disparates dont les politiques ne sont et ne peuvent être totalement accordées et dont l'éloignement du prince naturel constitue un handicap égal ou supérieur au petit avantage qui peut découler d'une moins mauvaise coordination des politiques extérieures. Tant que la France est relativement unifiée et prospère, c'est sa présence au centre qui inquiète et qui a encouragé les systèmes d'alliances préservatrices d'où procède l'empire de Charles Quint. La France, en raison de sa forte structure, a longtemps été préservée du choc des réformes religieuses ; ce choc, différé, n'en est que plus violent. Et la France ainsi éclatée ressortit affaiblie des guerres de religion.

Revenons aux bons auteurs : Mexía et Sandoval, et Charles Quint lui-même dans le trop bref mémoire dicté en cinq jours, en français, trente ans après les commencements – la mémoire a fait son ouvrage. Retour donc sur 1515-1519, années où le jeune prince laissé en friche entame sa mue de grand acteur du siècle.

À l'arrière-plan de sa naissance, rappelons qu'il y a deux mariages croisés entre la maison de Bourgogne (Marie de Bourgogne, fille du Téméraire, épouse Maximilien de Habsbourg, fils lui-même du très falot Frédéric III) et la maison d'Espagne sous le sceptre devenu prestigieux des Rois Catholiques, Isabelle et Ferdinand. Le bon Prudencio de Sandoval, avec un sens aigu de la précision, nous informe de ce premier mariage croisé : 5 458 ans après la création du monde, don Fernando et doña Isabelle régnant sur la majeure partie de l'*Hispania*, l'unique héritier mâle de cette double monarchie (couronne de Castille et couronne d'Aragon), le malheureux prince don Juan, a été marié avec « Madama Margarita », fille cadette de Marie de Bourgogne et de Maximilien d'Autriche. Mais don Juan meurt à Salamanque le 4 octobre 1497.

Princesse d'Espagne, « Madama Margarita » fut régente des Pays-Bas, tutrice du prince Charles (futur Charles Quint), promise au futur Charles VIII, élevée à la cour de France puis chassée. Embarquée à Flessingue à la fin de 1497, elle a failli mourir en mer. La tradition veut que, parée de ses bijoux, elle ait rédigé elle-même son épitaphe : « Ci gist Margot, noble damoiselle, deux fois mariée, morte pucelle. » Elle est sauvée *in extremis*, mais le malheur ne l'épargne pas. Veuve le 4 octobre après la naissance d'un enfant mort-né, elle rentre dans sa patrie aux Pays-Bas et épouse, deux ans plus tard, Philibert de Savoie. Après deux ans de vrai bonheur, elle est de nouveau veuve, sans enfant. Dans son domaine au pied du mont Blanc, près du lac Léman, puis à la frontière de la Savoie et de la Franche-Comté, elle édifie l'église de Brou et ses tombeaux. Entourée d'artistes et de poètes, elle se consacre à la mémoire de son très cher époux défunt, avant que son père Maximilien fasse appel à elle après la mort de son frère Philippe le Beau, en septembre 1506, pour lui confier la régence. Karl Brandi écrit : « On ne peut dire que ce fut une beauté, mais son visage était spirituel. » Dans les lettres qu'il échange avec elle, Maximilien se montre tel qu'il est : irréaliste, chimérique, tyrannique et spirituel. Veuf, il envisage sérieusement de se faire élire pape, ce qui résoudrait la querelle à moitié assoupie des guelfes et des gibelins. Brandi poursuit : « En politique, [Marguerite était] l'une des plus grandes politiques du siècle, femme de jugement, douée de la connaissance des hommes et d'une énergie virile : telle était la femme qui devait être […] l'éducatrice des enfants princiers[32]. » Mécène, elle bâtit à Malines un palais moderne en face de l'antique résidence ducale où habitaient les enfants.

L'autre mariage croisé est celui de Philippe le Beau (né en 1478), fils aîné de Maximilien et de Marie de Bourgogne, avec Jeanne (née en 1479), deuxième fille des Rois

Catholiques. « Les Rois Catholiques, rappelle Sandoval, eurent quatre filles : doña Juana le 6 novembre 1479, doña María en 1483, doña Catalina en 1486 ; la princesse doña Isabel, l'aînée, née en 1470, épouse don Alonso, fils aîné du roi de Portugal, fils de Jean II. » Le mariage portugais appartient à la stratégie matrimoniale des deux dynasties.

Évoquant le mariage de Jeanne (celle que l'on dira plus tard la Folle) et de Philippe le Beau, Sandoval souligne que ce qui n'était que le garant de l'alliance entre deux entités politiques va devenir le sceau d'une union politique qui n'était ni souhaitée ni envisagée. En effet, le prince don Juan mourut sans descendance et la princesse doña Isabel – veuve du prince Alonso de Portugal, puis mariée avec le roi don Manuel qui devait succéder en Castille et qui avait déjà reçu les serments de fidélité – décéda à son tour en ne laissant qu'un seul fils, Miguel de la Paz. Celui-ci fut nommé ainsi parce que du mariage de ses géniteurs la paix entre Castille et Portugal devait sortir renforcée, mais il ne vécut pas non plus, et la succession des Rois Catholiques revint à doña Juana et à ses descendants Charles et Ferdinand ; puis, dans l'ordre, à Éléonore (1498-1538), mariée à Manuel de Portugal puis à François Ier, éternelle sacrifiée ; Isabelle (1501-1525), épouse malheureuse de Christian de Danemark, un demi-fou sadique et odieux ; Marie (1505-1538), épouse également malheureuse de Louis de Hongrie – le vaincu de Mohacs –, remarquable régente des Pays-Bas ; et Catherine (1507-1578), épouse de Jean III de Portugal, qui esquisse l'union des trois couronnes (Castille, Aragon, Portugal).

Bref, rien n'avait été prévu à l'avance pour l'accumulation sur une seule tête d'une telle pyramide de couronnes. L'infant si peu Habsbourg (il ne l'est que pour un trente-deuxième de son ascendance), culturellement « bourguignon » et dont la mémoire avait été façonnée par cent cinquante ans de rancunes, avait été peu préparé à un tel destin. Personne n'avait même songé à lui enseigner – pas même la cinquantaine de grands personnages que le retour au pouvoir de Ferdinand le Catholique en Castille avait poussés à s'expatrier – l'espagnol. Ils étaient trop occupés à faire leur cour à l'équipe « flamande » dirigeante, à capter les bonnes grâces du prince en évitant de contrarier cet enfant quelque peu ahuri.

On est frappé par la sobriété et la densité de la page de ses *Mémoires*[33] qu'au sommet de sa maturité Charles Quint dicta sur le Rhin à l'intention de ce fils qui lui assurera une certaine pérennité humaine. Ce désir d'un laïc chrétien, d'un chevalier, fût-il empereur, coexiste avec l'attente de la vie éternelle. Le temps de l'enfance, le seul qui compte vraiment, est dans ce texte destiné à la formation de l'héritier.

### *Naître et grandir aux Pays-Bas (1513-1518)*

« Après la mort du roi Philippe, il y eut par intervalles, dans les États de Flandre, que nous nommons Pays-Bas, quelques guerres. » Une seule est retenue, celle qui entretient la querelle des deux maisons : « L'une, entre autres, fut celle que l'empereur Maximilien fit conjointement avec le roi Henri d'Angleterre contre le roi Louis de France, et au cours de laquelle, grâce à la prudence et à la vaillance de l'empereur, les Français, qui se préparaient à secourir Thérouanne, furent battus. Cette ville s'étant rendue, le siège fut mis devant Tournai qui, peu de temps après, se rendit aussi. Il en résulta que l'archiduc Charles, petit-fils de l'empereur [Charles Quint parle de lui au style indirect et se donne le titre d'archiduc, introduit par Maximilien et jusque-là inusité aux Pays-Bas], se trouva à Tournai, qui alors tomba au pouvoir dudit roi Henri, et à Lille, où il se rendit pour la première fois avec ledit roi et où, entre autres choses, fut résolue l'émancipation dudit archiduc Charles qui eut lieu l'an 1515, et alors il fut aussitôt reconnu pour régner dans lesdits États de Flandre. »

Extrême sobriété de cette vue cavalière. Il est exclu que Charles Quint quadragénaire ait écarté de sa mémoire les premières années de sa vie. Sans doute ne les juge-t-il pas utiles à l'édification de son fils. Pour celui-ci, grâce à Dieu et à son père, tout sera tellement plus simple et plus glorieux… Une enfance et un passé « bourguignons » – nul ne l'a aussi fortement souligné que Karl Brandi[34].

La haute noblesse et les villes commerçantes et manufacturières, indociles, sont flamandes et gardent, par provocation peut-être, un attachement au grand royaume. Après tout, le comte de Flandre est normalement le premier des pairs dans la cérémonie du sacre du roi de France. Mais la haute noblesse de l'est, en « Wallonie », est d'Empire. À cette époque, même si le français peut leur sembler plus aisé, les Wallons ne sont pas francophones (le vocabulaire est majoritairement roman, mais la structure de la phrase et l'ordre des mots sont germaniques). Ils se trouvent bien dans l'Empire. Ils parlent français à la Diète et personne n'y trouve à redire (on y emploie le latin, l'allemand ou le français, au choix). Brandi souligne bien que « le berceau véritable de la haute noblesse bourguignonne était le pays wallon, le Hainaut, l'Artois et la Picardie » ainsi que le Luxembourg – sans oublier les Comtois qui produisent de fins lettrés et peuplent les bureaux. Un pied en France, un pied dans l'Empire, de part et d'autre de la seule vraie frontière, celle qui sépare la *pars Occidentalis* de la zone lotharingienne médiane. Les Wallons constituent le plus solide appui des Habsbourg, mal acceptés en Flandre.

Dès l'arrivée de Maximilien au secours de la duchesse rudoyée à Gand et à Bruges, le plus sûr soutien des intérêts Habsbourg fut la maison de Croÿ, famille qui avait eu jadis de l'influence dans le royaume. Jean de Croÿ était bouteiller de France quand il tomba en 1415 à Azincourt, puis le flambeau passa à Antoine, comte de Porcian, premier gentilhomme de Philippe le Bon mais toujours grand feudataire du royaume. La sœur d'Antoine était Jeanne de Lannoy. « Le fils d'Antoine et de Jacqueline de Luxembourg, fille du connétable, comte de Saint-Pol, souligne Brandi, fut exécuté à Paris en 1478 pour avoir réuni contre lui la Bourgogne et la France. » On retrouve Charles de Lannoy (1482-1527) vice-roi de Naples, vainqueur généreux à Pavie, qui connaît sans doute mieux que quiconque le hasard des batailles et ce que représente le roi de France.

*Monsieur de Chièvres*

C'est d'Antoine et de Jacqueline de Luxembourg qu'est issu l'homme qui gouverna pendant dix ans Charles – duc de Luxembourg, puis prince, roi et empereur – et ses États. *Valido* absolu comme il y en eut peu, Guillaume de Chièvres, dont le souvenir devait être aussi haï en Espagne que celui du duc d'Albe en Belgique, n'eut pas d'enfants, mais, bien plus gloutons, des neveux sur lesquels allaient s'accumuler les plus hautes responsabilités, les plus grands honneurs et les plus lucratives prébendes.

Brandi était bien placé pour mesurer les soutiens dont Maximilien avait pu disposer dans une partie des Pays-Bas (à l'exception des vieux pays de *Par Decha*, Flandre et Brabant, solidement barricadés). Il avait plus d'appuis que n'en avait eu Charles le Téméraire[35], lequel savait se faire haïr. « Dans l'Empire, citons le duc Albert de Saxe, le margrave de Bade… » La perméabilité des alliances est grande au sein de l'Empire, où le prestige de la frange bourguignonne séduit. On se souvient de l'humiliation subie par Marie de Bourgogne au lendemain de la mort de son père le Téméraire. Lors du traité d'Arras, Maximilien avait dû subir à son tour l'humiliation – et le chagrin – de se voir arracher la petite Marguerite (trois ans), livrée à la cour de France pour épouser le dauphin.

À la mort de Louis XI, la France est gouvernée par Anne de Beaujeu, autant fille de son père que le médiocre Charles VIII l'est peu. Maximilien eut sans doute le tort de prendre contact avec le duc de Bretagne et de solliciter la main d'Anne, l'unique héritière de cet ultime grand fief. Celui qui se croyait déjà duc de Bretagne et qui n'était pas encore demi-empereur, comme jadis le Téméraire, avait conspiré avec les feudataires de Bretagne et de Guyenne.

Maximilien était trop Habsbourg et trop d'Empire pour percevoir l'énormité de cette intrusion dans ce qui était devenu le cercle très fermé des derniers grands feudataires déjà soumis du royaume. On sait que ce projet anachronique et choquant, cette provocation qui répondait à d'autres avanies sans doute plus cruelles, n'aboutit jamais. La France étant alors conduite par un véritable homme d'État – Anne de Beaujeu –, la promise fut enlevée par le jeune roi de France Charles VIII en personne, qui mit le comble à l'outrage en rompant les fiançailles avec Marguerite, future régente des Pays-Bas. Humiliation profonde pour une jeune fille âgée seulement de onze ans, élevée depuis huit années à la cour de France pour en devenir la reine. Par une chaîne vraiment diabolique d'avanies, de provocations et d'agressions, la vieille haine fut indéfiniment ravivée et exacerbée. Quelles que soient la grandeur d'âme et l'intelligence de cette femme exceptionnelle, deux fois veuve, on comprend la méfiance que Marguerite a inculquée à son neveu sur lequel elle a eu la haute main.

Sans doute hanté par les difficultés que présentent toujours les successions et conscient d'être encore lui-même un étranger dans cette si sourcilleuse et si complexe « Bourgogne », Maximilien s'était élevé (1493) à la mort de son père, au rang d'empereur élu. Il émancipa son fils Philippe dit le Beau, alors âgé de quinze ans, réussissant – lui, le Habsbourg maintenant pardonné – la seule dévolution facile qu'on vit jamais en ces bonnes terres de *Par Decha.* Philippe le Beau prit le pouvoir en faisant ses joyeuses entrées le 9 septembre 1494 à Louvain, vieille capitale du Brabant, comme l'exigeait l'antique usage : temps d'euphorie intelligemment ménagé, dont on gardera le souvenir, au point que les états généraux ont sciemment omis de réclamer confirmation du Grand Privilège de 1477.

Fils de la duchesse Marie – rejetée, puis adorée et mythifiée – et d'un père qu'on avait fini par respecter pour les services rendus, élevé au pays et momentanément soulagé du souci de la frontière méridionale – l'expédition de Charles VIII en Italie étant pain béni pour *Par Decha* –,

Philippe le Beau aura peut-être surtout été longtemps (de 1494 à 1504) le seul prince tout aux siens, non encombré d'un autre État. De par sa mère, Charles Quint sera perçu comme un peu plus « étranger ». Car Jeanne, épouse d'une double union conclue comme dans le cadre d'une alliance défensive contre un éventuel regain d'impérialisme français, a vécu aux Pays-Bas, mais ne réussit jamais à s'y adapter et amorça une évolution schizoïde dont on a parfois rendu responsables le milieu et la cour de Bourgogne. Et l'attitude de Philippe avait sûrement tout pour choquer une femme sensible, cultivée, raffinée même, trilingue (espagnol, latin, français) et musicienne, sensuelle et surtout jalouse.

Porté par une conjoncture heureuse, Philippe le Beau engrange. Après une courte guerre économique, l'*Intercursus magnus*[36], traité de commerce avantageux avec l'Angleterre, est conclu en 1496. Karl Brandi a pu dire que, à peu de choses près, Philippe avait abdiqué son pouvoir entre les mains de la haute noblesse. Ce que le pays appréciait d'abord, c'était la paix. Tout en acceptant la protection des alliances/mariages avec l'Espagne des Rois Catholiques, il était surtout rassuré quant à sa sécurité au sud. S'il était une guerre qu'il tolérait mal, c'était celle avec la France et il avait souvent tendance à en rejeter la responsabilité sur son gouvernement. Sans doute les deux pays étaient-ils trop proches pour ne pas se comprendre, et pas assez pour vraiment se haïr. Par bonheur, le gouvernement était confié à des hommes sérieux, seigneurs du sang et membres des maisons de Berghes, de Croÿ et de Lalaing – le « parti français » que les chroniqueurs et les historiens espagnols, hier encore, détestaient pour sa « francophilie ». Accordons-leur que, heureux aux Pays-Bas, ils furent incroyablement maladroits en Espagne. « Colonialistes » en diable, ils se conduisirent en conquérants ; n'ayant pas fait l'effort d'apprendre le castillan, scandalisés de n'être entendus ni en français (langue des chevaliers) ni en latin (langue des clercs), ils en déduisirent : « Nous sommes ici chez les Maures » – propos malencontreux aux Asturies qui tirent juste fierté, dans ce bout du monde sous domination arabe, de n'avoir jamais été soumis, toujours au pire domptés.

Charles Quint demeurera dans les terres de *Par Decha* jusqu'en 1538-1540. Il y a sera le prince naturel, enfant du pays partiellement pardonné au cœur des Flandres, enveloppé dans l'aura des deux enfants de Marie de Bourgogne – sa tante Marguerite et surtout son père Philippe. Celui-ci meurt en septembre 1506, loin du pays qui l'avait aimé comme jamais *Par Decha* n'avait aimé son comte et duc. Il était devenu roi consort de Castille, mais on lui avait pardonné, tout comme on pardonnera à Charles, petit-fils de Marie et de Maximilien, d'être roi, empereur et souverain de tant de domaines.

Doña Juana et Philippe ont eu, on s'en souvient, six enfants : quatre filles et deux garçons. Le dernier fils, Ferdinand (1503-1564), est élevé auprès de son grand-père espagnol, Ferdinand le Catholique, et la dernière fille, Catherine (1507-1578), est enfermée auprès de sa mère à Tordesillas. Charles, lui, est à Malines auprès de sa tante et sous la garde de Maximilien.

### *Les legs de Marguerite*

Pour marquer profondément le jeune « archiduc », du moins pour renforcer ce que l'entourage et l'histoire conservent et transmettent d'un long siècle de sanglantes querelles dans le cercle sensible de la plus grande proximité, Marguerite ne peut se battre sur tous les fronts. Cependant, on lui doit la mise en place d'une famille de conseillers issu de l'entre-deux, du milieu savoyard. Le Piémont-Savoie est l'ancien royaume d'Arles, le sud de la Lotharingie en ce couloir entre les Pays-Bas et le Midi, c'est-à-dire l'Espagne *via* l'Italie, avec un passage pas trop loin de la côte chrétienne entre Barcelone et Gênes que la distance protège de trop fréquentes intrusions barbaresques. De Savoie et de Franche-Comté viennent Marnix, Laurent de Gorrevod et surtout

Mercurio Gattinara qui, de 1518 à 1530, sera l'irremplaçable chancelier coiffant tant bien que mal auprès du prince l'ensemble disparate. Gorrevod et Gattinara appartiennent au tout premier cercle de l'excellence, irréprochables serviteurs d'une forme d'État encore embryonnaire en raison du surdimensionnement d'une construction appelée à survivre pendant un siècle et demi. Si l'on devait caractériser d'un mot la formation du jeune prince, on pourrait dire qu'elle échappe à tout plan d'ensemble.

La formation du chevalier Charles ressemble beaucoup à celle d'un autre chevalier, tel le futur François Ier dans un tout autre contexte[37]. Éduqué comme ses pages venus du Saint Empire – Jean de Saxe, Frédéric de Furstenberg, Maximilien Sforza (de Lombardie) –, Charles passe plus de temps en exercices physiques qu'à l'étude ; ses lectures ne vont guère au-delà de Froissart. Il passe ses journées à pratiquer l'équitation, la chasse, l'art du tournoi. Il adore rompre des lances. Ce qui ne va pas sans danger : parmi les Valois de France, qui font de même, François Ier a failli en mourir et Henri II y laissera la vie.

Qui a vraiment formé Charles Quint ? « L'enseignement, note Karl Brandi, fut donné par des Néerlandais et des Espagnols[38] », mais ces Néerlandais-là ne parlaient que le français. Manuel Fernández Alvarez[39] insiste sur les Espagnols : l'évêque de León Juan de Vera, Anchieta et Luis de Vaca. Jeanne avait amené avec elle des représentants de bonne noblesse castillane : Francisco Luján, Martín de Tavera, Hernando de Quesada ; doña María Manrique, doña María de Aragón, doña María Manuel, Beatriz de Bobadilla, donã Aldara de Portugal ; un peu plus tard Mota, qui deviendra évêque de Badajoz et porte-parole aux Cortés du roi Carlos empereur élu. À ce milieu s'intégrera la cinquantaine de « philippistes » que le retour au pouvoir de Ferdinand contraint à un exil prudent après la mort inattendue de Philippe le Beau (1506). Ce sont ceux qui ont joué la carte du Bourguignon contre l'Aragonais au sein d'une Espagne plurielle, qui se résolvent mal à l'unité relative progressivement acquise sous les Rois Catholiques, et qui ont à leur tête le redoutable et redouté Juan Manuel.

Dans ce contexte, il est une chose extraordinaire et pratiquement incompréhensible. Toutes les conditions sont rassemblées pour que Charles, s'il vit et si – comme beaucoup le pensent – la reine Jeanne ne recouvre pas la santé, soit appelé un jour peut-être proche à assumer un rôle important en Espagne, même si beaucoup là-bas ne le souhaitent pas. Ferdinand, on le devine, préférerait don Fernando, plus jeune, mais né et élevé en Espagne, et dont l'intelligence se révèle plus précoce que celle de son aîné – les dons bien cachés de Charles n'ont pas, tant s'en faut, frappé ceux qui l'approchent et qui nous le dépeignent. Que les fernandinistes – il y en a à Bruxelles – n'aient pas fait pression, on le comprend ; mais que les manuelistes, nombreux et actifs, se soient abstenus de demander que le jeune Charles reçoive au moins un bon apprentissage de la langue, voilà qui surprend. L'espagnol/castillan est, de toutes les langues néolatines, l'une des mieux pourvues. Il n'y a nulle part d'équivalent de la grammaire de Nebrija publiée en 1492, et les romans de chevalerie espagnols sont dans toute l'Europe l'objet d'un étonnant engouement[40]. Or il est clair que, lors de son débarquement sur la côte asturienne en octobre 1517, vingt mois après le mini-coup d'État de Bruxelles qui le proclame roi à la hauteur de sa mère Jeanne, seule reine propriétaire de Castille, Charles ne parle ni ne comprend vraiment un traître mot de la langue principale des pays dont on a, autour de lui, décidé de saisir pour lui l'héritage au vol.

Quatre grandes figures dominent dans la formation de l'homme. La tante Marguerite, bien sûr, et le seul grand-père, le presque père, l'empereur Maximilien, qui a conduit les opérations. À Adrien que nous dirons d'Utrecht et que les Espagnols nomment plutôt le doyen de Louvain, futur pape, Charles doit une piété profonde, un christianisme essentiel, non confessionnalisé, contemporain des frères de la Vie commune et de la *devotio moderna*, et dans lequel, en authentique catholique, il a voulu mourir à Yuste en lisant la Bible – dans une langue à lui accessible, le français. Il y a enfin Guillaume de Croÿ, M. de Chièvres, qui est son vrai maître en politique. Son âpreté en terre lointaine a failli faire perdre à Charles les Espagnes ; mais, sans son intelligence politique, Charles de Gand n'avait aucune chance de devenir Charles Quint et de réussir dans une entreprise raisonnablement vouée à l'échec.

## *Le coût de la distance*

L'échiquier, il faut apprendre à s'en servir. Jamais le monde des hommes n'a été aussi vaste[41] – la dimension subjective culmine en 1565-1570 quand on peut atteindre l'Asie, *via* les Philippines, *via* l'Amérique et le Pacifique, doublant la route maritime sans rupture de charge de l'Atlantique à l'océan Indien. Depuis, ce monde ne cesse de rétrécir, avec le progrès des moyens de communication. Au début du règne de Philippe II, il faut autant de temps pour un aller et retour de l'Escorial à Manille qu'il en faut au rayon lumineux partant d'une étoile proche de notre très moyen soleil pour nous atteindre.

Fernand Braudel le dit bien : « La nouvelle, marchandise de luxe, vaut plus que son pesant d'or[42]. » Nouvelle pour le marchand ou pour l'homme d'État, comme Charles Quint ou son fils. Plaçons-nous dans l'espace qui est celui de ces princes. « Pas un courrier, écrit au duc de Ferrare son agent à Venise, n'exige moins d'un ducat par pli. » « Le 19 juillet 1560, Chantonnay, alors ambassadeur de Philippe II à la cour de France, dépêche un courrier de Chartres à Tolède et retour ; celui-ci parcourt, au total, 179 postes et dépense 358 ducats [soit deux ducats par poste, bien plus que le salaire annuel d'un professeur de l'université de Padoue ou de Salamanque]. » Ici, les postes sont d'une dizaine ou d'une douzaine de kilomètres chacune ; dans ce cas d'urgence, « le courrier court à raison de dix-huit lieues par jour ». En ultra-rapide, Venise est à sept jours de Paris, Burgos ou Valladolid à quinze jours, Lisbonne à plus de vingt et un jours.

Mais le courrier marchand passe à prix plus que d'or, si nécessaire ; il s'ensuit une donnée de bon sens que les historiens d'avant Braudel ont généralement négligée. « Comprendre l'importance des distances, c'est apercevoir [...] les problèmes que pose la gestion des empires sous un jour nouveau[43]. » Il y a d'abord l'immense empire espagnol – une entreprise colossale de transport par mer et par terre. Outre les courriers évoqués, il exige d'incessants déplacements de troupes et, au temps de Charles Quint, du prince lui-même. Si Philippe II pourra rester au milieu de la toile d'araignée, c'est en raison de mille nécessités de la primauté financière, économique et militaire de la Castille ; en raison aussi de la liaison devenue vitale avec l'Amérique, qui fournit chaque année le complément de moyens. Plus fondamentalement, c'est parce que, si le royaume de François Ier est compact, infranchissable et si les courriers politiques d'un prince avec qui l'on est en guerre ou en mauvais termes ne peuvent emprunter les mêmes chemins que les courriers des marchands, la France des guerres de religion est devenue « poreuse » (selon une expression de Fernand Braudel).

*Quand ajouter c'est retrancher*

Tentons d'évaluer les choix politiques. Ni Ferdinand le Catholique, qui fut un grand politique, ni l'empereur Maximilien, tous deux marieurs impénitents, n'avaient voulu ni *a fortiori* programmé cela. Il n'est pas certain que Charles Quint lui-même ait immédiatement pris conscience qu'il s'était engagé sur un chemin de croix, et que ce système allait entraîner une diminution de la somme des moyens et de la puissance politique résultante.

Il n'est certes pas le seul à avoir commis ce type d'erreur. En témoigne son concurrent heureux ou malchanceux,

François Ier, tentant de justifier son injustifiable candidature à l'Empire qui relance la querelle que Marguerite et Chièvres, chacun de son côté, ont essayé d'apaiser. Le roi de France allègue la raison suivante : « Vous entendez assez la cause qui me meut de parvenir à l'Empire, qui est pour obvier que ledit Roi Catholique ne le soit. S'il y parvenait, vu la grandeur des royaumes et seigneuries qu'il tient, cela me pourrait par succession de temps porter un préjudice inestimable, il serait toujours en doute et suspicion, et n'est à douter qu'il mettrait bonne peine de me jeter hors d'Italie. » L'aveu est clair[44]. Que redoute François ? Non point une menace sur la France, mais sur son cher Milanais, sur cette Italie où il n'a que faire et où il serait avisé de négocier rapidement le troc du Milanais contre une forte et large consolidation de la frontière sur la Savoie et du Piémont. « Jeter hors d'Italie » : ce fut la conséquence de son insigne bévue, dans le fourvoiement d'une agression où il avait tout à perdre et rien à gagner. Pavie est la juste punition de la forfanterie, de la vanité et d'une série de provocations qui consternaient ceux qui dans les deux camps souhaitaient l'apaisement.

L'élection à Francfort faisait partie de l'héritage indirect et elle était la conséquence de la non-partition. Après avoir hésité, les bons conseilleurs et les meilleurs politiques – Marguerite, Chièvres – avaient compris qu'il fallait prendre le risque, en dépit de l'effort surhumain requis et des inconvénients, d'aller jusqu'au bout de ce trop beau coup du sort. Le partage à froid relève de l'irréalisable.

L'homme qui compte, qui gouvernera en demi-teinte puis d'une manière absolue de 1518 à sa mort le 21 mai 1521, c'est Guillaume de Croÿ, seigneur de Chièvres. Nous avons vu comment le clan wallon s'est lié aux Habsbourg. Chièvres est l'homme de Philippe le Beau, qui eut parfois la main heureuse. Promu au rôle de gouverneur du prince pendant que Philippe était en Espagne, il est confirmé en 1509 par Maximilien. On sent naître une rivalité feutrée entre Chièvres et Marguerite. Le mérite du premier est double : peut-être parce qu'il n'a pas d'enfant et souffre d'une paternité rentrée, c'est un remarquable pédagogue de la science et de la pratique politiques. Il associe très jeune le prince à son travail. L'enfant est ravi de l'importance que lui confèrent les travaux auxquels il l'exerce, comme plus tard Mazarin avec le jeune Louis XIV. C'est aussi sa force : Charles est persuadé que ce que dit et commande Chièvres, c'est lui qui le dit, l'écrit et le décide.

Ce qui a ruiné le *valido* dans l'esprit des Espagnols, c'est l'âpreté, la boulimie d'argent plus que de pouvoir – mais à l'époque, plus encore que de nos jours, les termes sont difficilement dissociables. Menéndez Pidal pousse parfois la caricature à l'extrême, mais il a ici parfaitement raison : « Charles fut élu pour être avant tout un archiduc bourguignon, un prince de Bruxelles, incapable d'œuvrer par lui-même sans le concours de ses éducateurs[45]. » « Les royaumes que le prince hérite prématurément de ses aïeuls maternels sera-t-il une simple dépendance pour l'archiduc[46] » – ou même une colonie des Pays-Bas ? Si encore la fille de Maximilien, la prudente Marguerite, avait conservé son ascendant naturel sur son neveu et pupille ! Mais elle n'avait pas grande prise sur l'influence de ce Chièvres, représentatif d'une noblesse wallonne toujours tournée vers les Pays-Bas sans être hostile à l'Espagne.

De Marguerite, on nous dit qu'elle est mieux disposée à l'égard de l'Espagne et qu'elle incline vers le parti anglophile. Vue un peu simpliste. Le parti francophile de Chièvres est renforcé par l'équipe d'émigrés groupée autour de Juan Manuel – ces philippistes (partisans de Philippe le Beau), exilés volontaires ou non, fuyant ou craignant la rancune des fernandinistes, partisans du vieux roi d'Aragon, qu'ils ont maltraités à la mort de la reine Isabelle (1504).

Ces positions de Guillaume de Croÿ et de Marguerite d'Autriche ont pourtant des raisons simples. Le désir de paix sur la frontière méridionale avec un voisin puissant correspond à l'intérêt bien compris du pays. L'inclination vers la France est vraie, ancienne et traditionnelle en Flandre, mais non en Wallonie. On ménage la poule aux œufs d'or…

Le besoin de sécurité d'une économie relativement développée mais encore fragile pousse les côtiers et les portuaires vers des rapports pacifiques avec l'Angleterre – voire, pour certains, vers l'alliance avec ce pays. La proximité, la complémentarité économique et les précédents antérieurs à la guerre du Cent Ans plaident en faveur de cette alliance. On est surpris de voir à quel point des raisons géopolitiques de simple bon sens semblent échapper à beaucoup d'historiens : il suffit de prendre en compte le coût et les contraintes de la distance et des communications, sans oublier le désir quasi charnel de la présence du prince naturel au sein de son peuple.

Dans l'agrégat de possessions dont Charles va hériter s'il ne manque aucun passage de relais, l'Italie du Sud est complémentaire de l'Aragon, mais il n'est pas certain qu'elle renforce vraiment la péninsule Ibérique, dont elle disperse les forces et qui est en cours d'unification partielle[47]. Ce qui est sûr, c'est qu'il n'y a que deux ensembles, sources très inégales de moyens financiers et militaires : l'Espagne et, loin derrière, les Pays-Bas ; le Milanais est à part, son intégration étant progressive, et l'Empire est une charge.

### *La quadrature du cercle*

Le problème est donc de savoir comment faire vivre l'ensemble sous un même prince, avec une solide régence, très autonome, aux Pays-Bas. Au milieu du dispositif, faute d'une France « poreuse », il faut une France amie – à la rigueur neutre, mais sûrement pas ennemie. Sinon, ce serait se condamner à de tels efforts, sur ces communications allongées, qu'ils absorberaient la meilleure part d'un gain illusoire.

Il y a donc trois schémas possibles. La route maritime est hasardeuse, dangereuse. Le golfe de Guyenne est redoutable et redouté : Marguerite y a entrevu la mort, Charles Quint a été un jour rejeté brutalement sur la côte anglaise – mieux valait donc qu'elle ne fût pas ennemie... La route maritime ne peut qu'être un palliatif et ne dispense pas de rapports au moins corrects avec les deux grands riverains. La corde, c'est la France, facile à traverser, tout en plaines et riche en routes, courriers et relais pourvus de vivres, commodes et relativement confortables. Reste la mauvaise route de l'arc : trois fois plus longue, escarpée, elle implique au moins de franchir les Alpes, de traverser ou de longer de petites entités politiques sourcilleuses et – comme les cantons suisses – impraticables, sauf bons et coûteux accords. Il suffirait, pour se réconcilier avec le grand et fort royaume, de négocier le Milanais. Mais comment et à quel prix ?

François Ier y tient plus qu'à Naples. D'ailleurs, celle-ci, aragonaise, n'est pas négociable ; ce serait menacer l'unité difficilement recouvrée au lendemain de la mort de Philippe le Beau. Charles peut-il vraiment renoncer à faire passer le Milanais de la mainmise française directe qui a suivi Marignan à une forme de semi-indépendance dans sa mouvance ? Un regard sur la carte des communications montre qu'il ne faudrait alors plus songer à maintenir sur une seule tête la totalité des héritages. Il conviendrait donc d'obtenir le Milanais en échange d'une renonciation solennelle, sans arrière-pensée et définitive, à la Bourgogne. C'est la solution de la paix des Dames, imaginée par la très intelligente Marguerite ; mais c'était après Pavie, dont il eût été préférable de faire l'économie.

La solution se dégage lentement : la renonciation à la Bourgogne et un remaniement en Italie – le Milanais irait à l'empire de Charles et le Savoie-Piémont à la France, la dynastie savoyarde étant largement indemnisée ailleurs. Mais où ? Sur le Milanais, l'archiduc est soumis au bon vouloir du roi de France et la route maritime n'est utilisable qu'avec le soutien de la France et de l'Angleterre. Toute menace sur le Milanais pousse donc Charles Quint à l'alliance anglaise. En 1520, le voyage de La Corogne aux Pays-Bas se fait avec escale anglaise à Douvres, puis on met le cap sur Flessingue. Dans l'hypothèse d'une double hostilité française et anglaise, la voie maritime est impraticable.

L'archiduc, de culture orale, et nourri du récit des acteurs d'une histoire récente, n'est ni un humaniste ni un érudit ; il lit peu. C'est un chevalier. L'empire de ce prince n'est pas celui des gens qui parlent et écrivent à sa place ; c'est celui de son grand-père romain germanique. Charles n'est ni Trajan, ni Hadrien, ni Constantin, et il le sait – même si Gattinara parfois l'oubliera.

La croisade, on en parle. Même le pape, Léon X, en a saisi la nécessité le jour où des Barbaresques ont troublé l'une de ses parties de chasse à Ostie, enlevant sous son nez quelques-uns de ses invités. Au point qu'on envisage un court instant de consacrer l'argent de la croisade… à la croisade, c'est-à-dire de détourner ces lourds prélèvements de leur fin véritable – l'amélioration des palais du Vatican et les travaux de transformation de la basilique Saint-Pierre. Alphonse Dupront a raison : l'Espagne a eu sa croisade – la *Reconquista.* C'était le dessein du cardinal Cisneros, deux fois régent. Charles Quint, devenu empereur et roi d'Espagne, poursuit la politique du grand cardinal : assurer la sécurité des côtes en occupant le maximum de points d'appui sur le revers maghrébin et permettre peut-être l'assimilation des morisques en leur retirant le soutien logistique et surtout psychologique des raids. Ces derniers montrent la solidité de l'islam : pourquoi ne reconquerraient-ils pas un jour *El Andalus*, perdu mais non oublié ? Leur mémoire vit en Afrique du Nord.

Lorsque, en mai 1520, avant de quitter l'Espagne pour recevoir l'acte solennel de son élection, Charles Quint s'est exprimé aux Cortès de La Corogne par la bouche de Pedro Ruiz de Mota[48], évêque de Badajoz, on peut sans doute lui faire largement confiance, parce que pour l'essentiel il a tenu ses promesses. Ce discours, prononcé le 31 mars 1520, avait pour but d'apaiser l'inquiétude du royaume de Castille-León qui voyait à nouveau Charles s'éloigner de l'Espagne au moment où le sol tremblait et se dérobait sous ses pieds. Or Mota – Ramón Menéndez Pidal le souligne – est l'ami de Chièvres, et l'on peut considérer que ces promesses du porte-parole du prince sont aussi celles des représentants autorisés de la Bourgogne. En disant que Charles part pour recevoir à Aix-la-Chapelle la « première couronne de l'Empire », le discours réitère sa volonté déterminée de résider « dans ces royaumes, parce qu'en eux sont le fondement, la protection et la force de tous les autres ». Il en avait fourni la preuve et, en conséquence, était bien décidé à y vivre et à y mourir. Il refit aussi la promesse d'achever son apprentissage de l'espagnol.

Nul ne peut nier que l'homme tiendra jusqu'à sa mort cet engagement formulé – et cela aussi est important – par un représentant de ces Bourguignons qui ont accumulé tant d'erreurs. Au vrai, ils sont réalistes. Il est clair que les Pays-Bas n'ont pas les moyens et encore moins le désir de soutenir cette énorme machine, ce bizarre produit d'une histoire qui semble braver le bon sens et la raison. Ils ont accepté l'aventure parce qu'ils ne pouvaient pas faire autrement, et à la suite d'un calcul d'intérêt très personnel.

Le roi Charles, empereur désigné en quête de sa couronne, qui affirme avec un fort accent étranger : « Tout ce que l'évêque de Badajor vous a dit, il vous l'a dit sur mon ordre », est bien l'homme qui, un peu plus tard, à Worms, prononcera au sujet de Luther cette autre parole mémorable : « J'ai donné ma parole de chevalier : libre il est venu, libre il repartira. Dans quinze jours, je déchaînerai contre lui toutes les forces de l'Empire. » Le respect de la parole et la générosité sont sans nul doute le sommet de l'habileté politique. C'est sûrement grâce à ces deux qualités que cet acteur au départ assez moyen réussit l'impossible.

La sagesse, la froide raison, la quête du maximum de puissance auraient vraisemblablement exigé un tri, la dévolution d'une partie de l'héritage à d'autres – en l'occurrence à Ferdinand, qui montra une grande capacité politique et dont l'œuvre, d'abord modeste et conduite avec de faibles moyens, s'est révélée (peut-être parce que plus humble) plus durable encore que celle de Charles Quint.

## *Le complexe espagnol*

On peut être surpris par la hâte mise à se saisir du pouvoir, moyennant une série de dépassements du droit strict qui prouve seulement que la fin justifie les moyens. L'équipe qui entoure notre jeune héros joue fort – et, jusqu'à un certain point, juste et bien. L'Espagne est loin d'être achevée ; les Rois Catholiques ne l'ont pas sortie intégralement d'un chaos persistant.

La difficile accession au pouvoir des Rois Catholiques appartient au passé de Charles Quint. Isabelle la justement vénérée, la grand-mère de Charles, a pris le pouvoir à la suite d'un coup d'État réussi. Elle est la demi-sœur d'Henri IV, dit l'Impuissant, *Impotente.* Elle s'est imposée contre la fille de ce roi, dite la Beltraneja – du nom du mignon du roi bisexuel, qui était aussi, semble-t-il, l'amant de la reine. Isabelle agit d'elle-même, à l'instigation d'un parti décidé et avec l'aide de la couronne d'Aragon. Le 12 décembre 1474, Henri IV meurt, et tout se joue à Ségovie[49]. Le 12, office à la mémoire du roi défunt ; le 13, proclamation d'Isabelle qui fait serment de respecter les commandements de l'Église, la liberté et les privilèges des nobles et des cités, et de faire régner la justice dans le royaume de Castille. Après quoi elle est proclamée « reine propriétaire du royaume », et Ferdinand – fils de Jean II d'Aragon, épousé en 1469 – « son époux légitime ». Forte tête politique, puissante intelligence ; regard de velours et poigne de fer, elle « prend tout le monde de court – à commencer par son mari, réduit à la situation de prince consort, ce qu'il n'apprécie pas du tout ». Heureusement, le père de ce dernier est encore en vie, et cette position théoriquement modeste est une chance.

Les circonstances commandent d'agir avec prudence : les rapports sont médiocres, et le seront encore quarante ans plus tard, entre Aragonais et Castillans. Si l'on a commencé à reparler d'*Hispania* au XIII^e^ siècle, après la mutation reconquérante de l'*Hispania christiana*, chaque État a conservé – et pas seulement dans les titulatures – une identité forte. Le coup d'État d'Isabelle est suivi d'une longue guerre (1475-1479), dite de la Beltraneja, entre le Portugal, l'Aragon – militairement conduit par Ferdinand, grand capitaine – et un parti castillan qui se renforcera.

Au milieu du XVe siècle[50], trois ensembles dominent. La couronne de Castille : 355 000 kilomètres carrés, 4 200 000 habitants ; la couronne d'Aragon : 110 000 kilomètres carrés, 850 000 habitants ; le Portugal : 88 000 kilomètres carrés, un million d'habitants. Viennent ensuite la Navarre : 11 700 kilomètres carrés, 120 000 habitants ; et Grenade : 30 000 kilomètres carrés, 300 000 habitants au moins. En 1512, Ferdinand a voulu offrir la Navarre à la Castille en l'incorporant à ce royaume qu'il veut flatter – c'est le point de départ d'une série d'inutiles discordes entre la France et l'ensemble Bourgogne/*Hispania*.

Dans la chrétienté latine du « monde plein », les *polities* d'un million d'âmes sont presque des géants. À l'échelle des XIIIe-XVe siècles, la péninsule Ibérique en compte deux (dont un vrai géant, la Castille, avec 4 millions après 1264) qui, avec l'Angleterre (2,5 à 3 millions), sont des acteurs importants. La Bourgogne, au XVe siècle, est un conglomérat. Le Portugal, après la reconquête au sud du Tage et de l'Algarve (33 000 kilomètres carrés), a durablement atteint la taille optimale qui fournit le tissu de la première unité politique désenclavante et qui soutient le premier empire maritime à l'échelle planétaire. L'impérialisme aragonais se déploie sur une étendue plus modeste, mais dense et riche : la Sicile et la moitié sud de l'Italie, le peu consistant royaume de Naples.

Ce qu'on appelle la couronne d'Aragon date de la fin du XIIe siècle. Elle commence par l'union du royaume d'Aragon et du comté de Barcelone, à quoi se joint, au XIIIe siècle, le royaume de Valence reconquis entre 1229 et 1280. Royaume d'Aragon et royaume de Valence (principat désormais) naviguant de conserve, fort jaloux de leur identité (Catalogne surtout) et aptes à accrocher d'autres chaloupes : les Baléares, la Sardaigne, la Sicile par intermittence – des bribes dont les Turcs auront raison dans le bassin oriental de la Méditerranée – et des droits sur le royaume de Naples disputés aux Anjou, avec l'avantage de la proximité géographique et culturelle sur l'antériorité d'une branche cadette, donc mal soutenue, de la famille capétienne.

Lors de la guerre de la Beltraneja, c'est l'Aragon – pépinière de tacticiens ingénieux et de bons stratèges, qu'appuie le plus gros parti castillan – qui gagne sur le Portugal, lequel a beaucoup mieux à faire sur les côtes de l'Afrique[51]. La cassure se produit donc de ce côté, à l'ouest. C'est un avantage pour l'Europe à naître ; cela vaut à la péninsule Ibérique d'avoir deux *Hispaniae* atlantiques, les deux *leaders* du désenclavement planétaire qui reste la grande affaire et qui constitue la phase « joyeuse » de l'entrée dans la modernité.

Tout va donc se jouer très vite, de 1518 à 1521. Finalement, la succession d'Henri IV aux Rois Catholiques et la guerre de la Beltraneja ; les années chaotiques qui, en Bourgogne, suivent la mort de Marie de Bourgogne (1482) ; les différentes régences jusqu'en 1493, et jusqu'aux tempêtes de 1493 à 1506 ; le souvenir que l'on en a et la leçon que l'on en tire – tout cela explique les décisions brusques et graves qui marquent l'arrivée au pouvoir de Charles Quint.

Même si l'avalanche des couronnes n'a pas été voulue, même si elle risque d'aboutir à une situation presque invivable et à un gaspillage de moyens, la fragilité des successions rend aléatoire une répartition à froid qui aurait pu déchaîner une guerre civile bien plus grave que l'accès de mauvaise humeur des *Comuneros.* Marguerite et Ferdinand, qui l'avaient envisagée (Marguerite spontanément, le second dans l'angoisse de la mort imminente), y ont finalement renoncé. Psychologiquement, les solutions un instant caressées se sont révélées plus dangereuses encore que l'acceptation d'un jugement de Dieu. Si Dieu l'a voulu, comment amener le jeune Charles à un dessaisissement qui désacraliserait l'héritage et les règles de la succession désignant le prince légitime ?

Pour Charles, en effet, l'héritage est la manifestation la plus claire du sacré, liée au cinquième commandement. Si l'on n'a pas vraiment le choix, il faut frapper fort et vite. Surtout quand la mauvaise santé du Roi Catholique risque d'entraîner la quasi-simultanéité des deux successions aux Pays-Bas et en Espagne, au profit du même prince. C'est ce qui se produit aux Pays-Bas, épisode remarquablement éclairé par Karl Brandi[52].

Entre Marguerite d'une part, Chièvres et paradoxalement Maximilien à ses côtés, c'est, sur une stratégie commune, une opposition de tactique. Tous sont d'accord sur l'essentiel : il est impensable de séparer les deux successions ; Charles, installé aux Pays-Bas, ne peut renoncer à la succession espagnole. Il faut se rappeler que toute la moitié nord (Groningue notamment) est un champ de manœuvre des Français. Il semble que Marguerite mesure mieux la situation : elle connaît la péninsule, et toute la difficulté espagnole. L'ignorance de Chièvres se double de mépris à l'égard de l'Espagne, qu'il assimile aux Maures et aux Nouvelles-Indes et qui lui apparaît presque comme une colonie d'exploitation – ce sont les Espagnols qui l'ont ressenti ainsi. L'Église espagnole serait pour lui un fournisseur de prébendes qui allégerait le difficile financement de l'entreprise depuis les Pays-Bas. D'autant plus qu'il y a la perspective de la succession impériale, indépendamment même de la mort de Maximilien qui essaie de faire élire son petit-fils roi des Romains, ce qui suppose qu'il obtienne d'abord du pape son propre couronnement. Or, sur l'argent, le Saint-Père est intransigeant. L'Espagne doit rester un renfort, la tête demeurant à Bruxelles. Marguerite n'écarte pas, loin de là, un déplacement du centre de gravité avec le prince, devenu roi, vers l'Espagne. C'est donc théoriquement possible, mais Marguerite et Chièvres en savent la condition : cet ensemble exige impérativement un réseau de bonnes communications. Pour Chièvres, le plus réaliste, il n'y a pas d'alternative : la seule route à tout moment praticable est terrestre, et traverse la France ; la réussite dépend d'un accord sincère et durable avec le royaume. Le prix à acquitter est élevé : bien faire admettre que cet ensemble n'est pas dirigé contre la France, mais n'aspire qu'à une cohabitation harmonieuse entre deux princes chrétiens et parents. À lire les jugements hier encore cruels de quelques historiens espagnols à l'encontre de Chièvres, on peut en déduire que ce ne devait pas être facile.

Cette rivalité géopolitique n'échappe pas à Marguerite. En est-elle aussi convaincue en 1512-1514 qu'elle le sera en 1530, au moment de la paix des Dames ? On peut en douter. Elle est méfiante quant à la bonne volonté française. Sa mémoire de Bourguignonne l'éclaire. C'est pourquoi elle préconise une tactique plus subtile, associant le bâton et la carotte, la pression menaçante et l'offre de bons services. Pour que le roi de France n'abuse pas de la situation, il lui faudrait un degré de sagesse et d'intelligence qu'il n'aura jamais. Il convient donc de prévoir une voie de secours, pour échapper au chantage : la mer et, si l'on arrive à maintenir une forme de contrôle ou d'alliance avec le prince héritier du Milanais, l'Arc à travers l'Italie du Nord et les Alpes. Après Marignan, cette deuxième voie terrestre – longue, relativement sûre et peut-être coûteuse – est brisée. L'alliance anglaise, comme assurance d'une voie maritime de secours, est devenue vitale. C'est Marignan qui pousse Marguerite vers cette alliance. Non comme fin en soi, mais comme moyen de pression sur la France. Marguerite est trop bourguignonne pour ignorer qu'on ne peut compter sur la pure bienveillance française. L'Angleterre, dont le roi n'a pas encore digéré l'échec du siècle précédent, tient l'aiguille de la *balance of powers* ; c'est un moyen de maintenir – par la crainte – une France ouverte.

La fin de la minorité en Flandre est la période des choix difficiles. Simultanéité des avènements : 5 janvier 1515, proclamation de la majorité de Charles à Bruxelles ; 1er janvier, succession sans heurt de Louis XII à François Ier. Dans la partie qui s'engage, l'alliance de Chièvres et de Maximilien l'emporte sur Marguerite, écartée sans élégance. La gouvernante des Pays-Bas a pris des risques. Elle sait qu'il faut agir avec prudence avec le vieux roi Ferdinand. Elle lui donne un gage le 17 janvier en faisant arrêter à Bruxelles le chef du parti philippiste enragé, chef de la camarilla des émigrés revanchards. C'est un geste que Ferdinand apprécie, mais qui suscite un mouvement de solidarité aristocratique aux Pays-Bas. La Toison d'or s'agite et le jeune Charles s'y donne de l'importance. C'est en 1514 que Maximilien a procédé à la dernière fournée des mariages princiers auxquels il excelle : la petite Marie offerte à la Hongrie (fructueux), et Isabelle au Danemark (désastreux). Marguerite, qui sait décrocher à temps, se retire avec dignité – on ira bientôt la chercher. La place est libre.

Le 5 janvier 1515, Charles est proclamé à Sainte-Gudule duc de Bourgogne, à cinquante jours de son quinzième anniversaire. François I^er^, lui, est roi depuis cinq jours (il est de six ans son aîné ; c'est un atout). C'est maintenant à Chièvres de jouer. On ne sait pas encore que le vieux roi Ferdinand n'a plus qu'un an à vivre. Il était temps, en vérité, d'entamer le long et délicat processus de l'acceptation du prince aux Pays-Bas – dix-huit mois de frivolités un peu écourtées qui ne paraissent frivoles qu'à ceux qui ignorent les usages dits de Flandre. La situation se dégrade. La montée en puissance du jeune roi de France est impressionnante. Les 13 et 14 septembre 1515, c'est Marignan ; le 16, Milan est pris, le Milanais (entendez la route terrestre) tombe aux mains des Français. François I^er^ a mis un couteau sous la gorge de Charles : l'héritage du second dépend du bon vouloir du premier. Les Français contrôlent toutes les voies terrestres. Seule reste la mer. La paix, l'entente est une nécessité pour que réussisse une gestion des deux ensembles sous un prince commun.

### *La chance envolée*

Le processus de prise en charge, de passation effective des pouvoirs – même s'ils ne sont pas immédiatement assumés, ils sont juridiquement fondés – doit encore être admis par les peuples (sauf dans le Nord, très incertain). Il faut faire accepter le changement attendu en organisant fêtes, joyeuses entrées palabres, sans oublier personne. Il semble que l'affaire ait été bien conduite, jusqu'au scénario consistant à écarter Marguerite d'Autriche sans la désapprouver, afin de n'insulter ni le passé ni l'avenir (elle sera très bientôt appelée à la régence par son neveu en son absence). Le bon peuple de *Par Decha* se montre satisfait pour près de deux décennies. L'Espagne, elle, a marqué de l'impatience. C'est la conséquence de la réunion sur un seul à de telles distances, mais les leçons du passé ont guidé la bonne marche « en Flandre » (comme on dit en Espagne, la partie étant prise pour le tout).

Charles, qui n'accumule encore que des promesses, n'a pas d'autres points d'appui. Il prend le départ cinq jours à peine – en est-il bien conscient ? – après son principal adversaire, François Ier. Parti de Paris le 18 janvier en compagnie de sa mère, des princes du sang et de toute une cour (la reine Claude, fille de Louis XII, enceinte, est restée à Paris), celui-ci arrive à Reims le 24 ; la cérémonie commence le 25, au matin[53]. Par le second serment sur les Évangiles, le roi promet de faire régner la paix dans toute la chrétienté, de faire respecter la justice et naturellement de combattre l'hérésie (il ne s'agit en rien de la réforme unanimement demandée, mais des hérésies traditionnelles : réactualisation du manichéisme et du panthéisme du Libre Esprit). « De nombreux auteurs contemporains affirment que le roi de France, lors de son couronnement, fait promesse de ne jamais aliéner son domaine[54]. » Les témoins sont sans doute sincères, mais abusés *a posteriori* par le rejet du traité de Madrid et par l'impossible retour de la « Bourgogne » à la « Bourgogne » – qui est de France, et non d'ailleurs. Avant de partir (et c'est infiniment plus important), le jeune roi de France se rend du prieuré de Saint-Marcoul à Corbeny, dans la vallée de l'Aisne, pour le premier toucher des écrouelles, qui sera suivi de bien d'autres. On vient des quatre coins de la chrétienté – pas seulement latine – pour bénéficier de ce pouvoir du roi de

France, partiellement imité par le roi d'Angleterre. Ce toucher qui dépasse les frontières, combien d'empires vaut-il ?

### *Le 5 janvier 1515*

Le 5 janvier 1515, tout a été préparé de main de maître par Chièvres, en brusquant Marguerite et même Maximilien, le très vaillant et très entreprenant grand-père, à la requête des états généraux – l'habileté suprême ayant été de leur laisser croire qu'ils avaient arraché ce qu'on leur avait suggéré[55]. L'opération fut menée tambour battant, et Maximilien, sans rancune, fut consolé par le vote d'un bon subside à la demande du jeune prince. Marguerite, en retraite ou en retrait à Malines, pourra reprendre les rênes trois ans plus tard, après avoir restauré sa réputation qu'avait ternie un long exercice du pouvoir.

Bruxelles est conquise. C'est dans la salle du palais de la capitale du Brabant, capitale confédérale de cette « Bourgogne » tronquée mais riche de sève et de contradictions, que Charles Quint renoncera quarante et un ans plus tard à ses couronnes, sinon à tous ses pouvoirs. Aux Pays-Bas, à condition de ne rien brusquer, la partie est bien engagée. Il faut se rappeler que, pendant les premières années, c'est sur ce soubassement que tout repose avant que l'Espagne échoie et se consolide – deuxième pierre d'angle. On comprend que Chièvres ait résisté aux pressions, évité la précipitation et renoncé à sacrifier ce qui n'était encore qu'une ombre (l'Espagne) pour la proie (les Pays-Bas).

On se ruine en fêtes aussi utiles sur place que vaines vues d'Espagne. C'est le côté « bourguignon » et « Toison d'or » de la parcimonieuse, industrieuse Flandre, qui accepte qu'une fois par génération, au moins, on l'invite à faire la fête et à la payer…

On ne perd pas la tête pour autant. François I^er^ avait invité Charles à Reims en qualité de comte de Flandre, donc de premier vassal dans la cérémonie du sacre. On comprend que, par pure coïncidence, Charles se soit borné à dépêcher pour le représenter Henri de Nassau et Michel de Sempy, escortés d'une suite abondante. On parle mariage : Charles, qui a quinze ans, pourrait-il attendre Renée de France, fille de feu Louis XII, qui n'a pas cinq ans ? On s'entretient aussi à Paris – c'est le point de départ du futur traité de Noyon – en vue d'une paix dont Charles a bien plus besoin que François. Beaucoup de tensions personnelles qui intéressent les deux aristocraties sont heureusement réglées. À titre d'exemple, Henri de Nassau, veuf à trente-deux ans, obtient – avec l'appui de la parenté qu'il a à Paris – la main de Claude de Châlons, future héritière des terres d'Orange[56] ; et, au cours de ce même été, après la mort de Jean d'Egmont, Charles lui confie aussi la lieutenance de Hollande, de Zélande et de Trèves, tous événements gros de conséquences pour l'avenir des Orange-Nassau, ces futurs rois.

*Charles ou Ferdinand*

Trois questions au moins vont opposer Charles et François, les branches cadette et aînée des Valois, ceux de Bourgogne et ceux de France. Selon Henri Lapeyre, de ces trois pommes de discorde – Navarre, Bourgogne, Italie –, celle de Navarre était la moins grave[57]. Rien n'est moins sûr. La dépossession, en 1512, de Catherine de Foix et Jean d'Albret de la petite mais prestigieuse Navarre (11 700 kilomètres carrés, 120 000 habitants) a été jugée peu régulière par certains contemporains. Les Bourbons ne s'intituleront-ils pas roi de France et de Navarre ? Avec moins de titres à faire valoir que les Asturies, la Navarre prétend même n'avoir jamais cédé aux Maures. Sa valeur est mythique, hautement symbolique pour le moins. Après ce coup de force, l'Aragonais en avait fait don à la Castille. Mais la Navarre ouvre l'Espagne à la France et la France à l'Espagne. Quand il sera seulement question de faire examiner le bien-fondé du rapt et *a fortiori* du rattachement, les Cortés de Castille cracheront feu et flammes. Ce cadeau fait avec le bien d'autrui avait été une rouerie du vieux roi Ferdinand pour amadouer la Castille qui fut toujours plus ou moins méfiante et rebelle à son égard. Peut-être ne fut-il pas non plus mécontent de jeter une pierre dans le jardin de la France, qu'il détestait. Ou encore de faire pencher la balance vers son candidat, le jeune Ferdinand, contre Charles, qui devra donner des gages à la France pour s'assurer de meilleures communications nord-sud. L'épine navarraise, facilement négociable pour le Bourguignon, cesse de l'être pour le futur roi d'Espagne.

La Bourgogne a été pour Charles l'enjeu presque unique. Ses mots : « Rendez-moi ma Bourgogne » n'ont rien de rationnel ; ils ne mettent aucun intérêt politique en jeu. Charles s'est résigné à cette perte, mais ne l'a jamais acceptée et la vivra comme une souffrance. La Bourgogne sera – avec le nom du Christ et de la mère de Dieu – sur les lèvres du mourant. Mais il est hors du pouvoir du roi de France de s'en dessaisir.

Enfin, l'Aragon est sentimentalement attaché à l'Italie du Sud ; quant au Milanais, il est une exigence géopolitique de l'ensemble – nous avons vu pourquoi.

À Bruxelles parvient la nouvelle – qui ne surprend pas – de la brutale détérioration de la santé du Roi Catholique. Les conseillers de Charles décident l'envoi d'Adrien d'Utrecht, le plus habile et le plus digne de confiance, dont l'autorité est renforcée par le statut ecclésiastique : il est doyen de Louvain et finira pape (le dernier non italien, avant Jean-Paul II).

Les dernières années du roi d'Aragon ne s'étaient pas bien passées. Il avait été remis en selle de justesse après la mort de Philippe le Beau et au terme d'une heureuse transition assurée en Castille par Cisneros, mais la situation était restée tendue en Castille. Vers Bruxelles et Gand était partie une fraction de l'aristocratie castillane : les philippistes, prêts à s'allier avec le diable pour se venger des fernandiniens, fouriers de l'absolutisme, de ces Aragonais pires que les Maures.

Ferdinand, paralysé par l'hydropisie consécutive à une insuffisance cardiaque aiguë, avançait vers l'Estrémadure, condamné à des arrêts prolongés. À Plasencia notamment s'était rassemblé un carré de fidèles : l'amiral de Castille, le duc d'Albe, l'évêque de Burgos, le petit-fils bien-aimé, Ferdinand, né en Espagne et instruit de tout ce que l'on requiert d'un prince, Pero Núñez de Guzmán, haut dignitaire (*clavero*) de l'ordre militaire de Calatrava, et le maître de l'ordre, évêque d'Astoria, fray Alvaro Osorio[58].

Le jeune Ferdinand se détache peut-être pour recevoir plus librement le messager de Charles, Adrien d'Utrecht, avec qui le vieux roi veut négocier à l'abri de la cour soupçonneuse qui a misé sur Ferdinand. Il s'agit pour Adrien de faire confirmer par l'Aragonais l'ordre de succession habituel favorisant l'aîné, conformément au vœu formulé par Isabelle dans son testament qui faisait passer Charles avant Ferdinand – l'étranger avant l'Espagnol. Il fallait donc obtenir que Ferdinand révoquât son testament de Burgos qui plaçait en tête le cadet espagnol. Certes, en Castille, le vœu d'Isabelle comptait plus que celui de l'Aragonais mal aimé, mais la perspective de voir régner un prince espagnol élevé en Espagne répondait à l'attente de beaucoup.

À Bruxelles et à Gand, le péril à écarter est évidemment Ferdinand. Quand la mort qu'il redoute vient sur lui, le vieux roi d'Aragon se trouve séparé de ses trois plus proches : Charles, le petit-fils qu'il n'a jamais connu ; Ferdinand, son autre petit-fils, le seul qu'il aime ; et sa dernière épouse, Germaine de Foix, que l'on sait mal aimée, parce qu'elle « usurpe » la place de l'unique reine – Isabelle († 1504), toujours présente, toujours vivante.

Le testament de Burgos exprimait la préférence de beaucoup : un véritable Espagnol plutôt qu'un prince qui ne viendrait jamais se fixer dans ces royaumes pour les régir et gouverner comme ils en avaient grand besoin. Mais les conseillers les plus proches de Ferdinand avaient été habilement retournés par les envoyés de Bruxelles conduits par

Adrien, pour qui le choix du vieux roi entraînerait la division du royaume, le piétinement de l'œuvre des Rois Catholiques, le retour des grands et une guerre civile appuyée par l'étranger – en l'occurrence les riches Pays-Bas, dont on surestimait alors les moyens, la résolution et la soumission au désir de leur prince. L'Aragonais fut-il vraiment convaincu ? était-il encore lucide ? son vœu avait-il quelque chance de compter ? la peur qui le tenaillait lui permettait-elle de penser à autre chose qu'à lui devant Dieu qu'il redoutait ? Sachant perdue la cause qui fut l'illusion de ses dernières années, Ferdinand avait fait en sorte que les partisans du petit-fils trahi fussent tenus dans l'ignorance du retournement de la dernière heure. Adrien avait gagné.

Jeanne étant seule héritière de Castille et d'Aragon, Charles, premier engendré, était fait *gobernador general* – entendez régent – en raison de l'aliénation mentale de la reine propriétaire. En l'absence du régent (retenu en Flandre), le pouvoir effectif serait par délégation confié pour la Castille au cardinal Cisneros, un homme respecté qui avait déjà fait ses preuves, et pour l'Aragon au bâtard du feu roi, l'archevêque de Saragosse. On avait obtenu que Ferdinand laissât à Charles la maîtrise des trois grands ordres militaires castillans, Saint-Jacques, Calatrava et Alcantara, sources de moyens et de puissance, symboles de pouvoir suprême. Au cadet est attribuée Tarente sur son domaine italien, Tarente martyre que la conquête de Grenade a vengée ; 60 000 ducats lui sont promis, ainsi que 30 000 à la reine Germaine pour laquelle Charles aura des attentions qu'il finira par regretter…

### *D'Adrien à Cisneros*

Ferdinand s'éteignit peu après, le 23 janvier 1516. Pendant un mois, la Castille risque de voler en éclats. Adrien a pouvoir de Charles qui lui confiait la régence ; Cisneros a été désigné par le dernier testament royal ; le jeune Ferdinand et ses proches se croient désignés par le testament de Burgos du feu Roi Catholique, dont ils ignorent l'annulation. L'entourage du jeune prétendant envoie des lettres circulaires annonçant sa régence.

L'ultime choix de Ferdinand le Catholique a été sage. Cisneros, en dépit de ses quatre-vingts ans, l'accepte ; il aura la Castille derrière lui. On ignore comment l'information a circulé avec les Flandres ; sans doute Charles a-t-il bénéficié des courriers du roi de France. Le cardinal s'assure de la personne du jeune prince, qui est progressivement lâché : il a mal joué et perd. En cet instant capital, trois hommes se détachent : Cisneros qui a osé ; Adrien qui s'est effacé, acceptant d'être le second de Cisneros ; en Flandre, Chièvres qui a compris et fait rédiger au prince la lettre du 14 février 1516 reconnaissant et désignant Cisneros selon le vœu du roi défunt. Deux de ces acteurs convergent, jouent et gagnent : Cisneros et Chièvres. Légèrement en retrait, Adrien se montre modéré et prudent ; sert de tampon entre Bruxelles et la Castille, qui a besoin d'égards.

Adrien a transigé pour obtenir l'appui de Ferdinand ; il a évité le pire, mais a laissé subsister un risque d'éclatement. Chièvres a donc infléchi son attitude, entérinant le choix de Cisneros pour l'intérim. La fidélité raisonnée du cardinal au choix en faveur de l'aîné est sans faille. Il y a d'autant plus de mérite que sa préférence pour la personne du jeune prince Ferdinand n'est pas douteuse. Mais à Bruxelles on coupe les ponts par la proclamation non pas de la régence, mais de la royauté. Le duc de Bourgogne, régent, devient roi et duc : duc le 5 janvier 1515, roi le 13 mars 1516. Sainte-Gudule accueille deux mille porteurs de flambeaux, le sanctuaire est tendu des plus belles tapisseries de Flandre et de Brabant. Michel Pavye prononce l'oraison funèbre : « Tous entrent dans cette danse macabre, princes et rois ; telle est la loi inexorable. Les sceptres et les couronnes sont pulvérisés. N'oublions pas le sort qui menace ainsi nos joies, nos fêtes, qui les changent en larmes et en plaintes. » Par trois fois, le héraut de la Toison d'or appelle à haute voix à trois reprises : « Don Ferdinand ! » Et par trois fois la réponse : « Il est mort », et l'étendard royal d'Aragon est posé à terre. Le héraut encore : « Vivent doña Juana et don Carlos, les Rois Catholiques ! » Charles a rejeté son vêtement de deuil. Il paraît sur l'estrade, prend des mains de l'évêque de Badajoz l'épée bénite et la brandit, tandis que retentit une immense acclamation.

« Tel fut le trait final de la vieille épopée bourguignonne[59]. » Charles avait été proclamé à Bruxelles. Les fêtes, les sceptres et les couronnes restaient néanmoins fragiles. Espagnol, Charles le sera insensiblement d'abord, de plus en plus ensuite, mais il gardera jusqu'à sa mort la nostalgie dans son cœur : « Rendez-moi ma Bourgogne ! » Il avait écarté sa mère avec acharnement – il le fallait –, et aussi son frère. La paix entre chrétiens valait bien qu'il lui sacrifiât la Bourgogne, puisqu'il n'était même pas au pouvoir du roi de France de la lui donner. Pour le moment, il faudra conquérir l'Espagne, et à cette fin laisser le champ libre à François – pour un temps.

## Chapitre III

# CONSTRUIRE UN ROYAUME

Commence alors, pour le jeune prince qui s'est proclamé ou que son entourage aux Pays-Bas a proclamé roi, la phase la plus difficile de sa montée en puissance. Pendant environ quatre ans, le navire présente en effet le flanc à la lame.

Le 13 mars 1516, à Gand, le processus d'accession au pouvoir dans le pays de *Par Decha* n'est pas terminé. Pas plus que l'interminable visite des provinces, des États, des villes rivales et jalouses, du peuple assoiffé de fêtes. Chaque geste, chaque mot sera commenté, jugé et engagera l'avenir…

On comprend que l'invitation à Reims par le jeune suzerain de Charles suggère quelques comparaisons accablantes. La France, en regard de ce tissu de Pénélope, paraît massive et dense ; elle pèse, en hommes et en moyens, presque aussi lourd que les *membra disjecta* de la chrétienté latine. Elle est passée des mains d'un vieillard valétudinaire qui n'en finit pas de mourir à celles d'un chevalier jeune et fringant.

De la bonne volonté de François Ier va dépendre pour beaucoup la réussite de Charles Quint. Comment faire passer rapidement messages et grosses sommes d'argent à travers le corps massif de la France ? Il faudra pour cela, de part et d'autre, faire le deuil des rancunes accumulées au cours de cinq générations. Il faudra donc trier dans l'héritage. À Bruxelles, on en est totalement conscient, du moins au sommet, et le sacre de Reims a permis d'entamer le processus d'une réconciliation qui serait le plus beau cadeau que l'on puisse offrir à la chrétienté. On devrait s'interdire de parler de croisade, de défense contre la pression turque, tant que, la main dans la main, ces deux jeunes princes n'auront pas scellé leur accord – eux qui n'ont pas besoin d'interprète, puisqu'ils parlent depuis l'enfance la même langue et qu'ils n'en ont jamais parlé d'autre. Le principal obstacle, c'est que cette nécessité n'est pas perçue partout de la même manière, et beaucoup moins en Espagne qu'en Flandre. La fierté castillane va être soumise à rude épreuve.

### *Rien ne vaut un bon ennemi*

Rien ne vaut un bon ennemi à portée de la main. Cette chance, certes coûteuse, l'*Hispania christiana* l'a perdue. En 1516, la fin de la « frontière » (1492) est entrée dans la mémoire vivante de toute la génération adulte. Dès la mort d'Isabelle, en 1504, les tensions renaissent. Sans suivre toutes les explications ordinairement données, on peut proposer le contrecoup de la fin de la « frontière reconquérante ». On sait comment, à partir de la généralisation des statuts de pureté du sang (1540 et au-delà), la frontière géographique s'est intériorisée en une frontière que l'Inquisition aide à discerner et à dessiner. Cette intériorisation qui protège les vieux chrétiens (c'est-à-dire l'immense majorité), le maintien au sein d'un peuple sauvé quoi qu'il fasse de la forme ancienne du salut gratuit et collectif ont dressé une barrière contre la tentation de la Réforme, un efficace exorcisme de l'angoisse du salut et du jugement. En un mot, la frontière intériorisée est le ciment frais qui se substitue avantageusement au ciment séché de la frontière du royaume de Grenade. Bien sûr, Grenade n'avait pas écarté le danger, mais la menace sur les côtes et sur les communications maritimes n'a pas la même force que la menace géographiquement située, tangible à l'horizon. Nous reviendrons sur cet aspect. Retenons seulement qu'au-delà de la fin officiellement enregistrée de la *Reconquista*, une période de tension récurrente s'ouvre après la mort d'Isabelle et ne se clôt qu'avec la fin du soulèvement des *Comuneros.*

La première régence de Cisneros et celle de Ferdinand d'Aragon agissant en Castille au nom de sa fille ont tant bien que mal contrôlé une situation troublée. L'*Hispania* – au singulier – que l'on voit naître dans les textes ne peut masquer la fragilité de la société ; le règne des Rois Catholiques n'a pas résolu cette difficulté. La sortie de la crise en quatre ans à peine tient presque du miracle. Le jeune prince avait tout pour échouer, mais ceux qui l'ont entouré ont étonnamment bien joué. Un objectif immédiat s'imposait : sous aucun prétexte, ne laisser inachevée la passation des pouvoirs aux Pays-Bas. Avec l'aide de Marguerite d'Autriche, de retour aux commandes en 1517, et jusqu'en 1539-1540, date de la révolte de Gand, les Pays-Bas ne sont pas une grave cause de soucis.

Le problème majeur, c'est l'Espagne – une Espagne nerveuse, déchirée en son cœur. La distance, en cette période d'extrême fragilité, place le Conseil qui entoure le jeune prince à l'entière discrétion du roi de France. Chièvres se met en frais. Il sait que l'entreprise espagnole dépendra, en partie, de la bienveillance française. La négociation entamée à Paris aboutit à Noyon (13 avril 1516) et culmine à Cambrai (11 mars 1517).

Mal commencé par Charles VIII, redressé par Louis XII, puis débouchant sur un lourd échec en 1513, l'épisode des guerres d'Italie n'est pas clos pour la France. En vérité, il n'est pas central dans l'histoire du royaume. Ni les énormes erreurs de Louis XII, ni la trahison du connétable de Bourbon, ni le désastre de Pavie (février 1525) ne lui portent de coup mortel. À la limite, il n'est pas très utile de chercher à capturer le roi. Cela veut dire que, dans l'affrontement, les risques encourus sont inégaux. La France, dans la première moitié du XVI^e^ siècle, donne l'impression d'être inexpugnable dans sa coquille – même si ce n'est pas tout à fait vrai.

Dès la première année de son règne, François Ier réussit sur l'Italie du Nord le raid éclair qui aboutit à Marignan et à l'occupation du Milanais. Robert J. Knecht dit bien comment « la cause première de ces guerres relevait surtout de la tradition. Les rois de France ne cherchaient pas à élargir les frontières ni à tirer quelque profit économique[1] » : ils faisaient valoir des droits territoriaux et dynastiques. En Italie du Nord, dans cette partie qui est d'Empire et que coiffe très théoriquement la couronne de fer du presque mythique roi lombard (Charles Quint la placera sur sa tête le 22 février 1530), Venise est alors au faîte de sa puissance, malgré le Turc et la route ouverte vers l'océan Indien à Lisbonne. À l'ouest de la Sérénissime, dans la plaine lombarde, le duché de Milan avait été constitué par la maison des Visconti à partir de plusieurs cités. À sa tête, la maison des Sforza continuait de le faire prospérer. En 1513, Louis XII avait tenté un ultime retour qui s'était achevé sur un désastre. Après avoir vaincu l'armée française à Novare, les Suisses ont mis le siège – sans succès – devant Dijon. François Ier a une revanche à prendre d'un échec qui n'est pas sien. Mais par sa femme la reine Claude, fille de Louis XII, l'héritage Visconti lui revient.

Si François a besoin de Charles, l'inverse est encore plus vrai. Chièvres, qui trouve la querelle ridicule, milite en faveur de l'accord. Par le traité de Paris (24 mars 1515), la bonne entente s'organise sur une promesse de mariage : François a épousé l'aînée de Louis XII, la reine Claude ; à Charles est promise Renée, la cadette. Ce traité est bientôt doublé d'un accord négocié à Londres (5 avril 1515).

Le duc Sforza a contre lui Venise, qui appuie la France en échange d'une promesse de soutien contre les prétentions de Maximilien. Il a pour alliés le pape Léon X et Ferdinand, mais l'armée aragonaise tient le royaume de Naples – au risque de découvrir la Sicile, rétive, et les cantons suisses, rancuniers. Ceux-ci se sont acquis depuis 1460 une brillante réputation : le mur de leurs piques résiste aux charges des lourdes et archaïques cavaleries.

Dans la campagne qui va livrer l'Italie du Nord à François Ier, les Pays-Bas se tiennent à l'écart de l'Angleterre dont l'omnipotent ministre Wolsey ne résiste pas à la force de corruption que confèrent au roi de France la puissance et la discipline contributive de son peuple. L'armée française bénéficie de la supériorité qu'elle doit aux réformes de structure de Charles VII et de Louis XI ; elle ne dépend pas du mercenariat suisse, qui d'ailleurs lui échappe depuis 1512 (on complète avec les lansquenets toujours à vendre, dont la bande noire de « Gueldre »).

Le 26 juin 1515, François Ier confie la régence, en son absence, à sa mère Louise de Savoie ; Charles a sa tante Marguerite d'Autriche. Le franchissement des Alpes est un chef-d'œuvre technique digne d'Hannibal. De plus, cette magnifique armée paie ce qu'elle prend et reçoit donc un accueil favorable (nous sommes loin des brutalités du temps de Charles VIII). Les Suisses sont contournés, le roi de France fait savoir qu'il est prêt à les acheter. On va acheminer l'or ; Mathias Schiner, cardinal-évêque de Sion, fidèle à ses engagements, réussit à retourner les hésitants. Du coup, le roi, prévenu à temps, conserve son or dont il était prêt à se dépouiller, tout en les combattant sans le moindre scrupule. L'affrontement est rude, et les Suisses y perdront leur renommée. Les Français maîtrisent mieux les communications ; la rapidité du courrier a sauvé l'or et prévenu l'allié vénitien. Les renforts arrivent, les Français passent à la contre-attaque et la victoire est totale. Une bataille conduite par le jeune roi en personne, comme un héros d'Homère. Marignan (13-14 septembre 1515) ne s'effacera pas des mémoires. Milan capitule le 15 ; Bayard arme, à sa requête, le roi sur le champ de bataille. Victoire trop complète, trop grisante.

Et le pape se couche. Là encore, le succès est total. Le fameux concordat de Bologne, qui avalise pour l'essentiel la Pragmatique Sanction de Bourges de 1438, mais qui est mal reçu et mal compris en France, renforce l'image du roi trop chanceux[2].

Le danger est que la victoire monte à la tête de François Ier, et qu'elle inquiète. Le changement dans l'équilibre des forces ne provient pas de la mort de Ferdinand. Le roi de France savait que le vieux Roi Catholique était à bout de parcours. Et c'est bien à la mort de l'Aragonais que l'aide des courriers rapides a été la plus décisive : la nouvelle a volé jusqu'à Bruxelles. De quoi Charles a-t-il hérité, si ce n'est, dans l'immédiat, d'un écheveau de difficultés ? L'addition de territoires aussi disparates, les frottements dus à l'étirement des communications, les délégations de pouvoir et les rivalités engendrées réduisent les gains.

Chièvres a presque trop bien réussi lui aussi. L'accord a fonctionné ; la rapidité de la circulation des plis d'État entre Bruxelles et l'Espagne montre que le roi a mis à la disposition de son cousin de Bourgogne les relais qu'il utilise pour son propre service.

Si François Ier, hormis sa blessure d'amour-propre devant les honneurs accumulés par Charles, avait été vraiment inquiet, il lui aurait suffi d'interdire ou d'entraver les courriers sur son territoire ; il aurait pu trouver des prétextes. La mort de Ferdinand n'ajoute rien aux moyens des adversaires potentiels de la France, bien au contraire. Vivant, le vieux roi était plus efficace à la tête de ses États patrimoniaux (Aragon, Catalogne, Valence, Italie du Sud et Sicile, Sardaigne) que le duc de Bourgogne, qui n'avait même pas fini ses « joyeuses entrées ». Charles était encore empêtré dans une succession survenue trop tôt : il était trop jeune et rien ne l'y avait préparé (n'ignorait-il pas jusqu'à l'espagnol ?). Le véritable gain de puissance, le coup de pouce à la fragile *balance of powers*, c'est au bénéfice du roi de France qu'il venait d'être donné.

Avec Venise, le Milanais est la seule vraie force existant en Italie, ou du moins la seule pièce jouable sur l'échiquier européen. Proche du million d'âmes, le riche duché est presque en continuité territoriale avec la France : il communique avec elle par la Savoie, qui n'a pas le moindre désir de se poser en obstacle (Louise de Savoie est la première conseillère et le quasi-premier ministre de son fils). Le contrôle du Milanais par la France crée *de facto* un déséquilibre difficilement tolérable. Le pape Léon X ne se précipite-t-il pas aux pieds du roi de France, prêt à signer le concordat ? Seul un authentique génie politique (comme celui de Marguerite d'Autriche) eût compris qu'il fallait, après Marignan et la conquête de Milan, avoir la victoire modeste et jurer qu'on n'envisageait pas le moins du monde de placer indéfiniment le Milanais sous le contrôle direct du royaume.

La preuve que tout était possible après Marignan, c'est que rien ne se produisit immédiatement ni *a fortiori* après la mort de Ferdinand, et que jamais Charles n'aura autant besoin de la bonne volonté de François qu'au cours des mois suivant ce décès. On comprend que l'erreur à ne commettre en aucun cas était une candidature française à l'élection impériale.

### *Vingt mois d'extrême fragilité*

Jamais le handicap de la dispersion des héritages n'a été aussi flagrant que pendant les vingt mois qui s'écoulent entre la nouvelle de la mort de Ferdinand et l'arrivée de Charles sur la côte des Asturies.

Il ne suffit pas d'écarter le concurrent pour conjurer les dangers : rupture entre l'Aragon et la Castille, implosion de la Castille elle-même[3]. Éloigner l'ombre de Ferdinand, désarmer à temps les partisans de l'infant espagnol et les nostalgiques de la reine Jeanne dont ils ne veulent accepter l'irréversible incapacité : voilà la nécessité dont Cisneros prend conscience aussitôt que lui parvient de Bruxelles la confirmation de la proclamation du prince comme régent en titre. « Maintenir un État de droit en Castille, éviter l'affaiblissement du pouvoir pendant cette espèce d'interrègne, telle fut la grande tâche de Cisneros », écrit Fernández Alvarez[4].

Faut-il voir quelques signes prémonitoires dans les incidents qui éclatent – à Huéscar, Málaga et Burgos – à la réception de la nouvelle de la mort du roi ? Les causes en sont, entre autres, les imprudentes concessions à de grands feudataires de terres et d'habitants du Domaine (qui, en Castille, ne se confond pas avec le royaume) ; ces concessions, à la limite de l'illégalité, sont perçues comme des insultes par les populations transférées comme du bétail. Les troubles opposent la haute aristocratie aux privilèges des cités (représentées aux Cortès).

À Valladolid, la situation est plus grave encore puisque s'y forme un front commun de l'aristocratie et de la ville contre le régent. Le point d'achoppement est un projet – auquel Cisneros tient beaucoup – de constitution d'une milice, d'une force militaire sur le modèle des compagnies d'ordonnance françaises : « une milice permanente, nationale, fournie et payée par les cités, et non dominée par l'aristocratie ». Ce projet accompagne ou anticipe un courant général, où finira par s'engager brillamment l'Espagne, en faveur d'une armée soldée et solidement attachée à la patrie.

Pour Cisneros, il y a urgence. Son projet ne jette-t-il pas un pont entre le passé et l'avenir ? Retrouver le chemin des temps héroïques des débuts de la *Reconquista*, où tout un peuple a été engagé, justifie la proportion insolite des *hidalgos*, cette demi-noblesse qui incarne si bien la spécificité espagnole dans les provinces du Nord. Il faut parer au plus pressé : se procurer dix mille soldats sûrs pour maintenir l'ordre. Le succès est tel que bientôt trente mille volontaires se présentent. En beaucoup d'endroits, la réaction est enthousiaste : à l'instar de toute vraie novation, le projet est perçu comme un retour aux sources. La résistance se limite à Valladolid. Il est facile de suspecter Cisneros (« l'homme d'origine si humble : de rien », *dixit* Sandoval) de s'en prendre à l'aristocratie. Valladolid dissimule sa rébellion dans une lettre au prince que reproduit *in extenso* Sandoval[5] et qui semble l'archétype du discours prononcé plus tard par Mota aux Cortès de La Corogne.

Tout y est : la comparaison entre l'empereur Auguste et le feu roi ; l'accueil du prince ; la vocation de cette terre qui était déjà de fournir des empereurs à Rome, comme d'autres avaient pour mission de lui fournir des vivres ; l'héritage espagnol comprend désormais Grenade après neuf siècles de guerre, la Navarre (*sic*) et les terres nouvellement acquises dans le *Novus Mundus*. En dépit de la qualité de la régence du cardinal, on attend avec impatience la venue du prince, parce que « la présence de votre personne royale rendra l'Espagne maîtresse de nouvelles terres et Votre Altesse le maître du monde ». On peut presque se demander si ce texte est bien de 1516, et s'il n'a pas été « amélioré » après… Cette conscience des nouveaux mondes et de la *Reconquista* réussie se fait l'écho d'un imaginaire impérialiste qui s'incarnera en la personne du futur *emperador*.

### *Cap sur la Cantabrique*

L'Espagne s'impatiente. S'assurer des Pays-Bas, pousser la négociation avec la France : jamais Charles ne dépendra autant du bon vouloir de son cousin Valois que dans les mois suivant la mort de Ferdinand. Car, contrairement à ce qu'on lit ici et là, les États rassemblés autour de Ferdinand ne vont pas du jour au lendemain se fondre en un seul bloc et fournir une puissance qu'ils n'avaient jamais encore fournie à leur prince…

Si François Ier avait eu l'intention d'empêcher cette succession, il lui eût suffi de couper les communications nord/sud entre les Pays-Bas et la Péninsule. Or il ne le fit pas. Vraie générosité – et donc vrai sens politique ultérieurement perdu –, ou simple étourderie ? Avec François Ier, la seconde hypothèse ne peut être écartée.

C'est au cours de l'été 1517, après vingt mois d'attente, la guerre de Gueldre touchant à sa fin[6] et la sécurité étant presque rétablie au nord des Pays-Bas, que la décision est prise de ne plus différer le voyage espagnol.

Le péril et l'inconfort règnent au milieu des dunes de Middlebourg en Zélande, en attendant que le vent tourne en cette fin d'été, en ce début d'automne. Rien de comparable aux conditions de la navigation au large de Séville et de Lisbonne. Rien de plus capricieux et imprévisible que le régime des vents au sein du flux des moyennes latitudes.

Parmi la cour qui accompagne Charles se trouve sa sœur Éléonore, de deux ans son aînée, comme lui élevée en Flandre et dont la main est très demandée. Elle sera d'abord reine de Portugal, car il s'agit de renforcer le lien vital avec l'autre Espagne, celle qui s'est opposée à l'ensemble Castille-Aragon dans la guerre dite de la Beltraneja. L'enjeu portugais est immense : c'est une partie du monde en promesse qui se profile. Puis, livrée en secondes noces à François Ier après la captivité de Madrid qui suit le désastre de Pavie, elle deviendra reine de France, pauvre reine otage.

### *La sœur sacrifiée*

La sœur aînée de Charles ne saurait être maîtresse de son cœur et de son corps ; elle est au service non pas d'un État, mais d'une maison – celle désormais de cet aîné de la branche à jamais cadette des Valois. Qui pourrait songer à la consulter ? Elle est objet, non sujet. Puisque Frédéric avait vécu à la cour, qu'il était comte palatin et qu'il avait été désigné pour faire partie de la Toison d'or, Éléonore s'était crue autorisée à l'aimer. Or c'est avec brutalité, avec férocité que Charles brise et humilie cette sœur aînée avec qui il avait été élevé. Peut-être – hypothèse bienveillante – parce qu'il lui fallait s'assurer contre la tentation secrète de céder aux larmes de cette sœur qui lui avait manifesté sa tendresse. Le jeune comte palatin sera chassé, et Éléonore pourra ravaler ses larmes : elle épousera son oncle (l'Église est là pour autoriser l'inceste) Manuel de Portugal. Elle fait partie du voyage vers l'Espagne.

On commence à observer chez Charles un changement de caractère. Marguerite d'Autriche y est sensible, et les ambassadeurs en sont fortement impressionnés. Éléonore, la sœur aînée, sacrifiée ; Ferdinand, le frère cadet, écarté ; Jeanne, la mère, abandonnée à son sort. Le seul véritable élan de compassion non réprimé du prince est pour la petite Catherine, de sept ans sa cadette, enfermée avec la Folle : il l'arrache à sa mère, puis la lui rend. Dans les deux mouvements, il faut voir la raison d'État : tenter de récupérer cette sœur, puis y renoncer quand conscience est prise du risque d'une mort prématurée de la reine.

La stratégie familiale, quand elle n'est pas contrariée, n'exclut ni la tendresse ni la sensibilité. Il faudra, lors de la pesée globale en fin de parcours, garder ces signes en mémoire… à côté d'autres plus sinistres : les exécutions inutiles de *comuneros* s'étant rendus, les lendemains de Pavie, le traitement infligé au prisonnier royal et surtout à ses enfants – parmi lesquels le futur Henri II, qui n'est pas encore dauphin de France.

Raison d'État ? Pour le choix des époux d'Éléonore, c'est évident. Mais cette dureté est peut-être aussi une défense contre soi-même. Il n'y a cependant pas de raison d'État dans la perpétuelle relance de la querelle qui a consterné l'Europe chrétienne. La responsabilité est partagée. On peut certes concéder un partage inégal, la plus grosse part de l'erreur revenant à François I$^{er}$, mais on ne saurait exonérer totalement Charles le Bourguignon à la mémoire rancunière. L'incident dont est victime Éléonore, au moment de partir pour l'Espagne à conquérir, n'a rien d'anecdotique. Il révèle le point faible de la cuirasse.

Le pire – l'affrontement et la guerre civile entre deux frères, l'un présent en Espagne, l'autre venu de Flandre et soutenu par des réseaux de rancunes – a été évité grâce à l'autorité reconnue de Cisneros et grâce à la lucidité de Chièvres, bon juge à distance, mais acteur sur place contrarié par sa cupidité de chef de maison et par son mépris de ces chrétiens d'une frontière qu'il n'a pas pris le temps d'estimer et d'aimer.

Les vents demeuraient contraires et la saison avançait vers le redoutable équinoxe d'automne ; les soucis subsistaient au nord des provinces mal unies ; l'éventualité se faisait jour d'une autre succession dans l'Empire (les Pays-Bas formaient encore à cette époque un cercle, et non des moindres, de l'Empire) – beaucoup dans l'entourage de Charles envisageaient donc de différer à nouveau, sinon d'un an (on était aux portes de l'automne 1517) du moins jusqu'en mai 1518.

Le risque était énorme, vu l'âge et la santé du cardinal Cisneros. Si l'on en croit Sandoval, la décision courageuse de prendre le départ à la date prévue appartient au prince « seul contre le vœu de tous[7] ». Probablement Chièvres était-il lui aussi convaincu qu'on ne pouvait plus tarder. Pour un duc de Bourgogne, le maintien de la fonction impériale élective dans la famille des Habsbourg importait, ne fût-ce que pour alléger le poids de la vassalité vis-à-vis du roi de France. L'Espagne interviendrait comme garant des fournisseurs de moyens dont on aurait besoin pour la saisie de l'héritage et pour l'éventuelle prochaine élection impériale que Maximilien, faute d'avoir été couronné par le pape, ne pouvait – comme il l'eût souhaité – river à sa famille en faisant élire l'un de ses petits-fils roi des Romains. Le titre d'empereur élu étant de pure courtoisie, il n'était lui-même rien de plus que roi des Romains.

Au bout de treize jours de voyage pénible par grosse mer, l'armada effectue le 17 septembre 1517 un abordage non prévu sur la côte escarpée des Asturies, à Villaviciosa. Le prince et sa cour sont secoués, fatigués, mais sains et saufs.

### *17 septembre 1517 – Villaviciosa*

Ce débarquement non prévu et difficile fut perçu comme un manque de courtoisie par ceux qui sortaient mal en point d'une traversée éprouvante, accablés de mille incidents depuis la tempête et l'incendie du départ.

Les « Flamands » s'emportent : la langue, les chemins, la maigre chère qu'on s'efforce pourtant de leur fournir, tout traduit le contraste entre la partie occidentale des Pays-Bas et cette Biscaye qu'on ne pouvait éviter qu'au prix de semaines de navigation dangereuse pour atteindre le complexe portuaire du Guadalquivir, remonter vers les plateaux de Castille par l'Estrémadure et franchir les *Despeñaperros.* Il était excessif de prétendre qu'on était tombé chez les Maures, mais il s'agissait incontestablement d'un pays que nous qualifierions aujourd'hui de « sous-développé » par rapport aux plantureuses provinces de Flandre et du Brabant. Dès ce mauvais départ, tout devient chagrin.

C'est aussi un gouvernement et une administration qui débarquent : Chièvres bien sûr, le chancelier Sauvage, Lannoy, Laxao (La Chaulx)… Et redoutables sont les cohortes d'émigrés, avec toutes leurs rancunes que le décès attendu de Ferdinand le Catholique n'a pas apaisées. Pour l'avoir combattu, ils croyaient avoir acquis des titres auprès du nouveau maître. Des Flamands, on peut attendre une forme de compétence et de bon sens, mais de ces strates d'émigrations successives, philippistes et fernandiniennes, rien, sinon des ferments de guerre civile. Tout devient objet de malentendu entre le gouvernement qui débarque et celui qui a assuré sur place le fonctionnement des institutions. C'est là que le bât blesse.

Traversée pénible, abordage manqué, menace d'épidémie, mauvais état des chemins, absence de cartes d'itinéraires, disproportion entre la lourde caravane qui sort de vingt mois de joyeuses entrées et la pauvreté fière des peuples de la chaîne Cantabrique. « Chose curieuse, on ne fut atteindre à temps une grande route, on ne put atteindre à temps le chemin tout proche de Santander ni bientôt les villes voisines de León, Burgos, Palencia, on manqua même de peu Valladolid[8]. »

Plus grave encore, on laissa mourir Cisneros sans lui avoir offert la possibilité de rencontrer le jeune maître qu'il avait si bien servi. Le vieux cardinal avait pourtant fait acclamer Charles à Madrid, avec la complicité du *corregidor* Pedro Correa. Il avait, selon la coutume, fait brandir les bannières (*pendones*) avec la formule *Por el rey don Carlos nuestro señor.* Convoqué alors qu'il est mourant à Mojedos, petite bourgade, il est remercié en termes conventionnels de chancellerie. Toutes les sources s'accordent à dire que cette froideur, cette ingratitude ont contribué à tuer le vieil homme (8 novembre 1517).

*Réflexions sur un « acte manqué »*

Tout le monde avait compris, ou croyait avoir compris, que cette non-rencontre ne devait rien au hasard. Les esprits les mieux disposés rejetèrent la responsabilité de ce « non-acte » gratuit sur les « conseillers flamands[9] », joints aux pires éléments du noyau espagnol du refuge flamando-brabançon. Alors qu'un geste de simple décence n'aurait engagé à rien.

Absence totale de lucidité chez Charles… Et pourtant plusieurs témoignages concordent : la larve sort de sa chrysalide, on lui prête même la décision intelligente – mais est-elle si intelligente ? – de ne plus tarder à venir, ce qui expliquerait le caractère improvisé du voyage. Plutôt que de voir en lui un enfant prolongé, on préférera souligner la force d'un trait psychologique dominant : l'impératif absolu de l'héritage, de la collecte délicate des héritages. Chez Charles, toute l'intelligence, la volonté, la sensibilité sont mobilisées sur cet objectif. La choquante ingratitude à l'égard de Cisneros vient de ce que le cardinal a existé indépendamment et a mérité la reconnaissance du peuple dont il était issu. Le premier visé était en fait Ferdinand le Catholique qui a eu un instant d'hésitation, même s'il s'est rallié immédiatement à la proclamation de Charles. Marquer la moindre gratitude à Cisneros, c'était reconnaître une dette envers un autre que Dieu.

Cet axe fort et totalement irrationnel de la sensibilité, et par extension de la pensée, risque de rendre insoluble le conflit avec la France de François Ier. Il est évident que, dans ces conditions, le froid calcul des forces cumulées et des charges, les quasi-impossibilités géopolitiques de la maîtrise des communications ne peuvent prévaloir que momentanément ; aucune concession effectuée au détriment de l'accumulation des héritages disparates ne pourra intervenir durablement. Cet état d'esprit jouera dans plusieurs sens. S'il interdit de rien sacrifier, même provisoirement, il interdit aussi de rien changer. Si bien que cet ensemble baroque sera assez bien toléré par ceux qui y sont enfermés, dans la mesure où jamais Charles ne cherchera à modifier quoi que ce soit à l'intérieur de chaque parcelle ; il n'est pas centralisateur et – sauf en ce qui concerne l'outil de l'armée espagnole – assez peu modernisateur. C'est pourquoi la construction de l'empire hétéroclite de Charles Quint n'a pas été, à long terme, un facteur favorable à une Europe rassemblée.

Chaque voyage du prince et de sa cour le prouve : entre les deux pièces maîtresses du système politique en construction à la fin de 1517, les Pays-Bas et les Espagnes, la communication est de l'ordre de la quadrature du cercle.

## *Négocier la paix*

Santa Cruz, bon témoin, insiste sur le souci qu'à la cour de Bruxelles d'assurer une paix solide avec la France avant le voyage par mer, puisqu'il faudra longer les côtes françaises sur plus de mille kilomètres[10]. Or cette paix n'est pas hors de portée, comme en témoigne la conclusion du traité de Noyon (13 août 1516) préparé par les négociations de Paris. Il s'agit d'un texte plein de sous-entendus, qu'il faut lire avec la finesse d'un Karl Brandi[11] : « Le traité comprenait la promesse d'une union de Charles avec Madame Louise, fille âgée d'un an » de la reine Claude et du roi François. Louise était censée apporter en dot Naples, sur laquelle la France avait des droits, mais que Charles possédait. Pour le cas où l'aînée mourrait, le Français promet sa prochaine fille : Renée, enfant conçu mais dont on ignore encore le sexe.

En attendant cette perspective lointaine, Charles s'engage à payer une indemnité annuelle de cent mille ducats en reconnaissance de droits partagés entre la maison de Bourgogne-Aragon et la maison de France. Plus brûlante est la promesse éventuelle, après vérification des droits, d'un retour de la Navarre à son possesseur légitime, la famille d'Albret, dépouillée par Ferdinand en 1512. Ce dernier est le modèle du Prince de Machiavel : « Nul besoin de dire que ce traité était un "leurre", écrit très justement Brandi. Bien évidemment, ni les Bourguignons ni les Français ne sont dupes de ces promesses de Gascon. »

Par Cisneros, l'Espagne exprime sa déception (c'est un euphémisme). Sur la Navarre, et accessoirement sur le tribut – que les Pays-Bas ne paieront pas, sauf la première annuité, qui procure pour un temps la tranquillité de la communication nord/sud. Il est vrai que la concession ne concerne en rien les Pays-Bas, ni même la couronne de Castille qui paie, et que l'Aragon est de loin le premier concerné.

Même si l'usurpation est plus récente et de ce fait plus fragile, nul ne peut envisager le retour de la Navarre à la France, pas plus que la France n'envisage que la Bourgogne soit arrachée au royaume pour aller accroître la grande Bourgogne lotharingienne, morte le 5 janvier 1482 devant Nancy et qui est appelée à passer progressivement au second plan derrière la suprématie espagnole. Bruxelles le sait, même si Charles s'acharne à l'oublier.

### *Le marchandage de paix*

Le mécontentement de Cisneros est justifié, mais il est plus tactique qu'ontologique. Le traité de Noyon est le lest d'une barque qu'il faudrait éviter de surcharger, comme le font les conseillers et le gouvernement « flamand » du prince. Cet accord est simple : il ne dit rien sur la Bourgogne (on ne peut même plus l'évoquer) et ne tranche pas sur la Navarre (on pourra faire traîner). Sur l'Italie, nœud des litiges, il esquisse les bases du marchandage qui pourrait tenter les princes voulant la paix. Le pape demeure théoriquement le suzerain du « petit royaume » de Naples. Le traité reconnaît implicitement que la France a quelques droits par le tribut. Tant que François I^er^ est maître du Milanais, il contrôle les communications nord/sud et peut considérer sans trop d'outrecuidance que Charles Quint lui doit la première phase réussie de la saisie de l'héritage espagnol : Bruxelles-Valladolid *via* les courriers, relais, chevaux et bonnes pistes dont le roi dispose pour lui et pour ses amis.

Mais qui est à même, en dehors de Chièvres, d'apprécier à sa juste valeur le cadeau que représente l'aide discrète de la bienveillante neutralité française ? Ainsi que Cisneros, l'évêque de Badajoz exprimait sa déception : « Les Français ne respectent ni la vérité, ni l'amitié. » Mais alors, que vaut la signature des mandataires du prince ? Ces propos traduisent une tension plus interne qu'externe, « et l'on peut supposer qu'ils le feront encore moins vis-à-vis de notre maître, parce qu'ils sont jaloux de voir en lui un souverain plus grand et plus puissant que leur roi ». C'est vraiment aller vite en besogne, un an après Marignan, et après combien de siècles de supériorité jamais démentie ! Ces propos, en outre, ne corroborent pas le ton des lettres écrites par Charles Quint à François I^er^, qui contraste avec la froideur adoptée à l'égard de Cisneros, le sauveur de son pays, alors même que sa mort est imminente. Il n'y eut de colère qu'en Espagne. La fierté espagnole repoussait toute forme de vassalité pour le prince qu'on était allé chercher au-dehors et dont on voulait faire son roi. Fierté face à la France, hypersensibilité à un rapport asymétrique sur lequel vit depuis des siècles le reste de la chrétienté, et l'Espagne elle-même – contrairement à ce que pensaient les Bourguignons – qui voyaient dans l'hommage de vassalité une possibilité d'intervenir en France. Là se joue bien une différence de culture, dans l'espace et le temps. Distance entre la sensibilité bourguignonne, habituée aux jeux subtils de la vassalité/suzeraineté, et la sensibilité espagnole, raidie dans sa fierté et dans la conscience douloureuse de son éloignement. Distance aussi entre les historiens du XXe siècle et le passé qu'il leur arrive de mal juger.

La victoire de Marignan avait inquiété l'Angleterre, le pape et l'empereur, mais les Pays-Bas demeuraient sereins. Peut-être même ceux-ci en éprouvaient-ils une sorte de fierté : François Ier n'avait-il pas été et n'était-il pas encore un peu leur suzerain ? Grâce à Marguerite d'Autriche, on négocie ouvertement avec l'Angleterre. Une réconciliation générale semble donc embrasser la chrétienté. Brouillon, Maximilien s'agite, sans oublier sa rancune contre la France. Mais il est bien isolé. Il est amusant de constater comment une bonne partie de l'historiographie espagnole entrait hier encore dans une querelle aussi absurde que celle qui, en France, dénonçait l'encerclement par Charles Quint du puissant royaume présenté comme une frêle colombe[12].

Ces traités étaient un leurre accepté par chacun des contractants. Autour d'un noyau central d'évidence gravitaient quelques d'éléments satellites, susceptibles de faire l'objet de troc au cours d'une négociation. La France est solide et insécable ; la folie d'un prince peut la pousser vers des aventures sans véritable enjeu, telle l'aberrante candidature à l'élection impériale. Jusqu'en 1522, avec la dévolution des pouvoirs, la perte intermittente de la Lombardie (le Milanais) et surtout le contrôle des communications nord/sud, la France n'est guère menacée. Un bon politique en position de force se montre volontiers conciliant.

Le danger ne vient pas du fort, mais du faible qui prend des risques. Sur l'échiquier, le gros demandeur c'est l'Espagne, et sa puissance est ascendante. Après la victoire de Cortés et celle de Pizarro, l'argent des mines prend le relais de l'or des orpailleurs et assure un approvisionnement modeste mais croissant qui pallie le retard de l'appareil fiscal ; la supériorité militaire qualitative s'affirme. L'Espagne est aussi la seule province de la chrétienté latine à l'abri de la crise spirituelle qui secoue l'Allemagne, l'axe médian et, tardivement mais plus cruellement, la France.

Mais n'anticipons pas le temps de Philippe II. Charles Quint, dans l'affrontement avec celui qui demeure au moins son égal, sinon son suzerain, ne peut espérer rien de mieux que le match nul. Une fois bien testée de part et d'autre l'impossibilité de désigner un vainqueur, on se retrouverait à la case départ. À écouter le discours des grands, des lucides, il n'y aurait pas d'autre urgence que d'assurer ce que Ramón Menendez Pidal nomme la « paix chrétienne », afin de repousser les Turcs et de ressouder la chrétienté. En Espagne, l'équation luthérien = maure s'impose bientôt. Si la raison l'avait emporté sur les impératifs du cœur, si la négociation avait toujours été conduite par des hommes comme Chièvres n'ayant pas à dénouer le complexe nœud espagnol, la « paix chrétienne » aurait été possible.

### *Le cœur aurait-il des raisons que la raison ne connaît pas ?*

Les Pays-Bas et la France ont eu suffisamment de guerres entre eux pour connaître les conditions d'une cohabitation. Le danger ne vient pas des conseillers, mais des princes. D'un côté, un joueur, un vainqueur de joutes qui gagne à Marignan et perd bêtement à Pavie, mais qui pour s'en sortir ne peut jouer son royaume contre un cheval… De l'autre, les eaux dormantes d'insondables rancunes que la nécessité et la fragilité du jeune âge ont contrôlées, l'exigence assumée de la dévolution de tant d'héritages dont très vite plus rien n'est facilement négociable. Dans l'esprit de Charles, il n'est pas question d'empire universel, mais d'incorporation affective de tous ces territoires et droits comme autant de dons précieux, joints au patrimoine que le jeune prince doit à ses pères de conserver et de transmettre. Ce qu'il a accepté, il doit le moment venu pouvoir le rendre.

Tout ce qui dans l'action politique s'écartera du pardon, de la mansuétude, du détachement, du raisonnable est absorbé dans le devoir dû aux pères. Ce qui, du côté du duc, roi, puis roi des Romains et bientôt empereur, ronge l'espace sincèrement désiré de la paix verbalement proclamée. Dans un premier temps, nous assistons au glissement du duc vers le roi d'Espagne. Même si le duc s'éloigne, il ne disparaît pas. Seulement, il y a des concessions auxquelles peut consentir le jeune duc, mais non le roi, *a fortiori* l'empereur. Le retour de la Bourgogne, tapie au cœur, brouille le jeu d'échecs rationnel quand le « trop de chance » bouscule et culpabilise ce que la raison était prête hier à accorder. Et le jeu des ancêtres bourguignons ne peut plus coïncider avec le jeu espagnol.

Aux fantasmes du duc frustré s'ajoutent les exigences de la nouvelle et presque unique patrie. Le roi d'Espagne mythique est l'empereur des Espagnes, empereur au sommet des couronnes multiples de l'*Hispania* jalouse des identités intolérantes qui la composent. Cette *Hispania* n'accepte pas l'idée d'un roi qui pourrait être vassal d'un autre que Dieu, voire de son vicaire le pape – à condition toutefois que celui-ci soit en tout point et à tout moment du côté de l'Espagne : le vicaire de Dieu ne peut servir que les seuls vrais chrétiens, ceux qui ont chassé les Maures, vengé le massacre de Tarente et planté la croix sur l'Alhambra.

Le drame de la paix, à travers la belle personnalité de Charles Quint, peut aussi se résumer ainsi : meilleur Espagnol il devient, plus il est attaché à ses héritages bourguignons, comme s'il voulait prouver à Dieu et à ses ancêtres qu'il n'avait rien oublié, rien pardonné des « torts faits » aux siens, et qu'il mettra tous ses nouveaux pouvoirs au service d'une réparation totale de l'injustice. Le traité de Madrid en sera la parfaite illustration.

Dans son étude justement classique, Joseph Pérez a intitulé l'un de ses chapitres « La cupidité des Flamands »[13]. La rébellion est-elle seulement une réaction contre la rapacité de ces envahisseurs « raflant places, sinécures, prébendes et les beaux ducats d'or » encore rares avant que les galions ne déversent à Séville leurs épuisables trésors ? Il est vrai que les fautes commises sont énormes. « Le roi jure, aussi souvent qu'on le lui demande, de réserver offices et bénéfices aux Castillans à l'exclusion des étrangers. » Charles est de bonne foi – à bon compte. Il n'a jamais manqué de naturaliser, comme il en a le droit, ceux qui lui sont proposés pour bénéficier de ses faveurs. « De Chièvres au dernier des gentilshommes flamands et bourguignons (pas un ne parle un traître mot de castillan), tous les nouveaux venus reçoivent la nationalité castillane [en français de l'époque, le statut de régnicole], avant de prendre possession de leurs offices ou de leurs prébendes. » Les *cartas de naturaleza* tombent dru.

L'Espagne est ombrageuse ; comme le jeune Bourguignon, elle pardonne mal certaines fautes. Elle ne supporte pas que l'on piétine ce qu'elle a réellement aimé. Le pays est pauvre, donc l'Église est riche ; la grandeur du culte est due à la gloire de Dieu. Rompant avec les critères retenus par Isabelle la vénérée pour la nomination des évêques, la cour désigne en quelques jours plusieurs prélats étrangers : Marliano, médecin du roi, devient évêque de Tuy ; Adrien, évêque de Tortosa et cardinal ; le neveu de Chièvres (il n'a pas vingt ans), archevêque de Tolède, primat d'Espagne. Isabelle et Cisneros, en Castille, en 1517, c'est sacré. Quelques heures après la mort du grand cardinal d'Espagne – héros digne de la Légende dorée, deux fois sauveur de la Castille au bord du gouffre et protecteur des Indiens[14] –, comme si sa fin avait été guettée et inconsciemment hâtée, la cour ordonne la séquestration de tous les biens de celui qui avait été deux fois, unissant *de facto* le trône et l'autel, comme le roi de Castille par délégation de Dieu et des hommes.

Il ne peut y avoir plus importante affaire que cette succession. À qui attribuer l'archevêché primatial de Tolède, archisymbolique et le plus riche de toutes les Espagnes ? « Le fils naturel du roi d'Aragon, archevêque de Saragosse depuis l'âge de six ans, voit son heure venue. Isabelle, en 1495, lui avait préféré Cisneros. Le voici à nouveau sur les rangs. » Une pluie de grandesses s'abat. Mais on commence à parler du jeune cardinal Guillaume de Croÿ. Et voilà que le neveu du *valido* de Chièvres, évêque déjà de Cambrai, devient à vingt ans le titulaire du plus lucratif bénéfice d'Espagne. Certes, cet élève de Luis Vives est bon humaniste et peut correspondre en latin avec Érasme. Mais on sait très bien qu'il ne viendra jamais sur place et qu'il se bornera à drainer ses énormes revenus d'une Espagne encore pauvre vers les riches pays de *Par Decha*.

Plus peut-être que les conditions de l'élection, ce qui révolte le chapitre de Tolède, c'est le démembrement du diocèse – fanion de la *Reconquista* et d'un christianisme résistant, ancien, quelque peu mythique. Le gouverneur, le marquis de Villena, a eu recours à la menace. Tous les chanoines sauf un s'élèvent, le 13 avril 1518, contre la décision du roi et du pape. Le roi lâche du lest et renonce au démembrement. Cette affaire révèle maladresse et impréparation. Elle encourage la résistance et polarise le mécontentement sur le véritable objet de scandale : la désignation du jeune Guillaume de Croÿ. Sa mort, le 10 janvier 1521, sera une chance.

En fait, les Pays-Bas ne tirent aucun avantage de la promotion de leur duc à un statut dont ils n'ont que faire, qui les prive de leur prince naturel et qui risque de rendre plus difficile l'accord qu'ils souhaitent parce qu'il écarte le risque de guerre avec la France. Ils perdent leur souverain, ou du moins ils le partagent, et il leur faut financer ce voyage dont ils ne voient pas l'intérêt. L'intérêt, ce sont ces places, cette *captatio* – au profit d'une caste limitée – d'une richesse dont on peut espérer quelques retombées. Manuel Giménez Fernández déjà avait bien montré la rupture, la régression par rapport à la politique de Cisneros.

L'une des mesures les plus sages, celle qui avait obtenu de la loyauté de Cisneros (affectivement déchiré) la mise à l'écart de l'infant Ferdinand, avait sans doute contribué à la fausse assurance qui avait encouragé l'âpreté des « envahisseurs ». Après le frère, la mère. On apprend par une lettre du 26 octobre 1517 le désir compréhensible du roi de vérifier l'état de santé et les dispositions d'esprit de la *reina propietaria*, Jeanne[15]. C'est accompagnés de toute une cour que Charles et Éléonore se rendent au château-hôpital-prison de Tordesillas : sur l'entrevue elle-même, on ne sait pas grand chose. Le frère et la sœur ont souhaité constater par eux-mêmes comment Jeanne vivait recluse avec la petite Catherine, dernière enfant du couple et âgée alors de onze ans.

L'austérité du cadre qu'avait voulue par précaution Ferdinand le défunt roi, la pauvreté des vêtements de Jeanne et de Catherine contrastant avec les riches atours de Charles et d'Éléonore, la tentative sans effet durable pour sortir Catherine de cette résidence-prison, l'émotion du roi dont on ne sait pas grand-chose – tout cela n'a pas conduit le visiteur à prendre une décision qui eût vraiment adouci le sort de la mère et de l'enfant.

On peut tout au plus arguer que la suite des événements semble justifier cette rigueur : Joseph Pérez remarque que pratiquement tout l'entourage du jeune Ferdinand s'est engagé dans le camp de la révolte *comunera.* Il est vrai que le départ et la séparation d'avec la jeune Catherine, joints aux nominations catastrophiques au sein de l'Église, furent un point sensible de la dissension à venir. Karl Brandi fait toutefois observer que ces nominations ne décapitent pas l'Église de ses cadres, en écrasante majorité castillans.

Le premier véritable contact institutionnel se produit à Valladolid, bien plus qu'à Madrid. Pendant la pénétration zigzagante qu'avaient commandée une mauvaise connaissance du pays et le souci de ne pas rencontrer Cisneros et son entourage, Manuel Fernández Alvárez dit bien que, jusqu'à l'arrivée à Valladolid, jusqu'à la première des « joyeuses entrées », le bon peuple d'Espagne avait suivi le chemin parcouru avec la curiosité qu'éveillaient le nouveau et l'insolite[16]. Charles était le premier roi d'une Espagne pour la première fois réunie depuis les temps mythiques des rois wisigoths. Dans un pays où l'on descend des Goths comme en France des croisés et où l'ascendance a une place essentielle, ce sera le point mystérieux où s'accomplira la jonction affective du Bourguignon avec sa patrie d'adoption élective. Et celui-ci vient d'un pays lointain, presque polaire aux yeux du peuple ; c'est un étranger entouré d'étrangers. On se rassemble sur son passage.

*Les Cortès à Valladolid (1518)*

« L'historiographie du XIXe siècle a donné une importance excessive aux débats qui s'engagent, dès le début des Cortès, entre la présidence et un groupe de députés entraînés par le représentant de Burgos, le docteur Zumel[17]. »

Zumel ne manque ni de classe ni de courage – il résiste aux pressions et aux menaces sur sa personne et sur les siens –, et le caractère finalement modéré de son opposition ne la rend que plus efficace, significative et irritante pour le pouvoir. Il appartenait depuis longtemps à la clientèle du connétable de Castille. La société est ainsi structurée en clientèles qui assurent une forme de cohésion sociale, un minimum de sécurité, un pouvoir de proximité concret au-dessus duquel le roi et ses agents peu nombreux procurent au mieux les arbitrages. « Si Zumel représente quelque chose, ce ne peut être que les sentiments d'une partie de l'aristocratie castillane » (celle qui n'a pas suivi Manuel et la cohorte des émigrés récemment revenus), l'aristocratie « inquiète de la part qu'occupent les Flamands dans l'administration, déçue de ne pas être associée davantage au pouvoir ». Le « Sauvage », le chancelier, dont on s'entend à reconnaître l'honnêteté et la compétence, occupe la présidence des Cortès, aux côtés de l'évêque Mota, un émigré bientôt porte-parole à Saint-Jacques-de-Compostelle du roi et interprète de sa pensée en pleine évolution.

Zumel proteste, parce qu'un étranger partage cette présidence avec un Espagnol. Que le roi obtienne un *servicio* modeste mais honorable ne diminue pas l'importance d'un affrontement verbal. On a longtemps interprété cette intervention comme un signe avant-coureur du soulèvement ; on peut aussi considérer que cette vive explication a mouillé la poudre, dans la mesure où elle aura contribué à la progressive évolution du jeune prince-roi. Certes, celui-ci est intransigeant, voire féroce, peu enclin au pardon – même au sein de sa propre famille, comme on l'a vu. Mais ce comportement qui choque quand on ne le situe pas au cœur d'une personnalité et d'une culture ne retire rien à une paradoxale souplesse et à une véritable intelligence politique. Dans l'étonnant mariage de ce prince avec un peuple dont tout semblait l'écarter, quelque chose se produit qui va dans le sens de l'intérêt, mais aussi bien au-delà. Même si Charles comprend encore très mal ces longs discours qu'on lui résume et qu'on lui traduit, peut-être a-t-il été sensible à ce qu'ils exprimaient. Sa conception du pouvoir n'est pas directement de droit divin ; son droit divin n'exclut pas la responsabilité. Sa réussite découle de la juxtaposition paradoxale de son intransigeance et de sa compréhension.

Intransigeance sur l'impossibilité d'abandonner la moindre pièce de son hétéroclite collection d'héritages, mais respect des droits des peuples reçus. En fait, la constitution sur deux siècles de la nébuleuse caroline paraît moins une anticipation du futur qu'un conservatoire. Mais il faut conserver pour bâtir l'avenir. Si l'Europe a été permanence et mouvement, même François Ier et sans nul doute Charles Quint n'auront pas été inutiles.

Exigences difficilement compatibles. « Les Cortès avaient demandé à Charles que son frère Ferdinand ne sorte pas de son royaume avant qu'il ait assuré sa succession. Mais une des consignes que l'empereur Maximilien avait données à son petit-fils à Bruxelles était la nécessité de sortir Ferdinand de Castille, pour éviter des complications[18]. » Toutes dispositions avaient donc été prises, en contradiction avec le désir largement partagé de garder l'infant sur le sol du royaume de Castille. Par précaution, on avait écarté sa suite castillane et on l'avait remplacée par des gens supposés sûrs, en grande partie des étrangers.

On avait mandé la préparation à Santander d'une flotte prête à appareiller pour emmener l'infant et sa suite renouvelée. Aux yeux de beaucoup, l'incendie qui survint alors à bord d'un navire royal n'était pas fortuit ; une sourde résistance, nécessairement concertée, avait tenté de s'opposer à cette décision. Les témoignages varient : certains évoquent des réticences, d'autres le faible intérêt personnel manifesté par Charles à ce transport – on peut aussi penser qu'un apparent détachement était plus convenable. Mais, avec ou sans empressement de la part du jeune Ferdinand, le départ eut lieu et ce grief s'ajouta aux autres. La Castille ne broncha pas. Peut-être était-elle plus sensible au vœu d'Isabelle et au prestige naissant de ce prince dont l'obstination avait secrètement quelque chose pour lui plaire. Néanmoins, si le roi avait vaincu, le mécontentement allait croître.

Au début d'avril 1518, après avoir donné ses instructions pour le bon gouvernement de la Castille, Charles partit de Valladolid pour l'Aragon, emmenant avec lui beaucoup de « grands » et de membres de la haute noblesse (les *títulos*), sa sœur Éléonore (précieux otage) et la reine Germaine de Foix, veuve du roi Ferdinand. On fit un crochet par Aranda, où son frère Ferdinand était retourné « avec un bien médiocre plaisir », en raison de la hâte qu'on avait de l'arracher à l'Espagne. Le roi resta quelques jours à Aranda. Selon certains, il voulait panser un peu les plaies de son cadet ; le geste n'était pas inutile, car la suite prouve que les rapports entre les deux frères furent corrects – sans chaleur ni empressement –, et ce jusqu'à l'ultime tentative de priver Ferdinand de la possibilité de transmettre à son fils la couronne d'or qu'il avait mille fois gagnée en maintenant, sans beaucoup d'aide, le « front chrétien » contre les Turcs. Ferdinand ne se contentait pas de parler de croisade : il menait une guerre défensive, comme d'autres contre la menace barbaresque.

Sandoval suggère que la nouvelle suite royale, presque exclusivement composée d'étrangers, était le fait de Chièvres. Suivant l'archétype du bon roi opposé à ses mauvais conseillers, Chièvres sera tenu responsable de l'exécution des décisions prises à Bruxelles par – et à la suggestion – de Maximilien. Il importera, pour apprécier le choc de l'élection impériale et de l'erreur de François I^er^, de bien mesurer le lien affectif très fort unissant Charles et son seul véritable parent.

*De la Castille à Barcelone*

Au début d'avril 1518, Charles quitte donc Valladolid pour quelques jours, afin de s'assurer du départ de son frère et de le rendre à peu près supportable. Le 15 mai, il fait son entrée solennelle à Saragosse, où il rencontre la même résistance qu'à Valladolid quant à la proclamation de sa royauté du vivant de sa mère. La durée du séjour dans cette ville est disproportionnée par rapport aux enjeux. En juillet, la mort de Sauvage, l'excellent chancelier devenu avec Chièvres le symbole du pouvoir étranger, desserre l'étreinte ; et son remplacement par Mercurio Gattinara est une chance qui deviendra un atout formidable quand s'abattra la tourmente. Les mois qui suivent sont consacrés à la réunion – pénible et très mal ressentie – de l'indemnité due pour Naples. C'est la Castille qui paie, et la couronne d'Aragon qui en tire profit.

Restaient Barcelone et Valence. Le mariage d'Éléonore avec don Manuel le Fortuné est ébauché, et avec lui l'alliance souhaitée avec le Portugal, qui sera ultérieurement complétée par le propre mariage portugais de Charles Quint.

En février 1519, alors que le roi se trouve à Barcelone où parviennent toutes les nouvelles – Fernand Braudel a montré que certaines pouvaient être d'un prix supérieur à l'or –, on apprend la mort de l'empereur Maximilien.

Est-ce dans la perspective de la difficile élection qui s'annonce ? toujours est-il que Charles a commencé d'évoluer. Il semble que son entourage et lui-même aient déjà pris conscience du fait que l'Espagne avait droit à quelques égards. Le chapitre de la Toison qui se tient à Barcelone recrute dans la grandesse : sont promus des Albe, Velasco,

Enríquez, Cárdenas... Le mariage portugais d'Éléonore, annoncé alors, est bien accueilli.

L'élection, le plus formidable enjeu psychologique du règne, l'événement « qui *pèse* et qui *poise* », à savoir la paix – la vraie, la paix entre chrétiens –, ne se remettra pas de la prochaine élection impériale. Les maladresses en Espagne mises à part, la politique intelligente de Chièvres est contrariée par le vent de folie qui s'est emparé de François Ier, briguer l'Empire.

## *L'élection impériale : le piège*

Cette élection du 28 juin 1519 est vraiment le tournant du siècle. Parce qu'elle entraîne une lutte sans enjeu et sans issue entre les deux principales puissances européennes. L'une a pour elle l'ancienneté et la continuité ; l'autre, par essence plurielle, est en train de naître d'un concours de circonstances et d'alliances raisonnables découlant d'une parfaite logique.

Quoique attendue depuis des mois, la mort de Maximilien surprit. L'empereur y avait pensé ; il savait qu'il était mortel. Toutes les dispositions avaient été prises. Cependant, la difficulté était grande : l'empilement sur une même tête des couronnes des Pays-Bas et des Espagnes – sans compter ce que l'Aragon avait presque réussi à s'agréger, c'est-à-dire une bonne moitié de l'Italie – était sans précédent.

Depuis longtemps, au sein des cours, on ne parle que de cette élection à venir. Sauf peut-être Maximilien, qui sent sa fin prochaine et qui, comme toujours, a du mal à se fixer. Le propre du futur Charles Quint, c'est qu'il n'est en rien préparé à la tâche que lui réservent ses couronnes, et qu'il s'en tire d'autant mieux. Il n'a pas de préjugés et rien ne s'oppose à ce qu'il écoute les bons conseillers.

Il n'est pas plus préparé à l'Empire qu'aux Espagnes. Son père, Philippe le Beau, avant son mariage avec Jeanne, avait effectué une fois seulement une courte visite à Innsbruck. Quant à Charles, il n'avait jamais foulé le sol germanique, ni même les terres héréditaires (ou ce qui en restait) que baignaient le Rhin supérieur et le Danube. « Pour lui, c'étaient des héritages aussi lointains que celui que Cortés était en train de lui conquérir sous le nom de Nouvelle-Espagne[19]. » Il ne parlait d'ailleurs pas plus le haut allemand (*hoch Deutsch*) que le castillan. Il n'y a que quelques lambeaux de territoires patrimoniaux de part et d'autre des cols. Après de nombreuses guerres et la perte de Vérone, il ne reste plus, en Italie, que quelques bribes de l'héritage[20]. Et quelques droits, à condition d'avoir la force pour soi. Entre autres, sur le riche Milanais : la seconde épouse de Maximilien, une Sforza, se croyait, comme le roi de France, des droits sur lui. L'Autriche proprement dite, de Linz à Vienne avec un tronçon du Danube, souffrait de la proximité croissante des Turcs, entre la Bohême et la Hongrie. Ces royaumes voisins, après une dictature passagère de la noblesse toujours à l'affût du pouvoir, venaient de tomber aux mains des Jagellons.

La rancune de Charles est héritée de son grand-père Maximilien, fils de Frédéric III et d'une Portugaise, marié à une Bourguignonne puis à une Milanaise. Ce Habsbourg latin a encore exhalé cette rancune en 1509 devant les états généraux des Pays-Bas, beaucoup plus enclins à passer aux profits et pertes : « Songez que, comme souverain de l'Autriche et de la Bourgogne, nous avons souffert, […] porté durant de longues années un lourd fardeau, de lourdes charges et peines pour résister aux Français, aux Suisses, aux gens de Gueldre, aux Hongrois et aux Turcs[21] » (la main du roi de France est toujours sous-entendue). Maximilien parle et écrit avec ses deux enfants uniquement en français, langue devenue pour lui la plus naturelle. Chez lui, selon Karl Brandi, « le sentiment national n'était encore qu'un mélange confus de formalisme religieux et du sentiment de la communauté historique et linguistique » (la communauté linguistique ne va toutefois pas au-delà du souhait d'être compris dans sa langue).

Peu chanceux sur ses domaines patrimoniaux, Maximilien n'avait pu remonter la pente descendue par Frédéric III son père. Il avait tenté d'engager la communauté vers un commencement et pour ce faire « remarquablement réorganisé, assuré la sécurité, pourvu d'une cour suprême » cet empire, selon l'expression peut-être trop indulgente de Brandi[22].

Même si Charles recommande de ne pas mettre l'argument en avant – n'est-ce pas assez évident ? –, le fait d'être petit-fils de l'empereur élu Maximilien constitue un facteur éminemment favorable. Aucune élection impériale, pourtant, n'a été aussi âprement disputée. Elle ne pouvait laisser chez le vainqueur qu'une immense rancune à l'égard de celui qui avait failli lui ravir son dû.

Depuis la Bulle d'or de Charles IV en 1356[23], le droit de désigner l'empereur appartient, au nom de plus de quatre cents unités souveraines (ou *polities*), à sept princes : les archevêques de Mayence, de Cologne et de Trèves (eux-mêmes élus), comme archichanceliers du Saint Empire pour les anciens royaumes de Germanie, d'Italie et d'Arles ; le roi de Bohême, le duc de Saxe et le comte palatin de Bavière (dit plus couramment du Rhin) ; enfin, le margrave de Brandebourg comme archiéchanson, archimaréchal, archisénéchal et archichambellan de l'Empire. Il fallait en outre, pour que l'élection soit valide, qu'elle se déroule en la ville de Francfort[24], à la majorité des suffrages. On choisissait ainsi le futur empereur et le roi des Romains. L'élection anticipée du roi des Romains était l'expédient qui permettait à un empereur bien assis d'assurer sa succession. Un tel empereur était couronné par le pape : celui-ci l'avait solennellement ceint de la couronne de fer du roi lombard, pour un lambeau fort rétréci de l'Italie, et de la couronne d'or pour l'Empire – entendez la Germanie et ce qui subsistait de l'ancienne Lotharingie (la Germanie étant la *pars orientalis* de l'antique, mais toujours présent dans quelques esprits, *regnum Francorum* de Charlemagne).

D'où un vif débat au XVIe siècle, relancé par les guerres d'Italie, autour de la question : élection à l'Empire, certes, mais à quel Empire ? Certains échos en sont parvenus jusqu'à nous. Il suffit de voir, peu avant la Seconde Guerre mondiale et encore après, Peter Rassow, Karl Brandi – les deux plus grands – et Ramón Menéndez Pidal croiser le fer. Les deux derniers, malgré quelques excès verbaux, sont les plus raisonnables. En un mot, il ne faut pas prendre les élucubrations de Mercurio Gattinara pour argent comptant : il a trop lu les humanistes ; l'empereur n'est ni Auguste, ni Trajan, ni Hadrien – pour qui tout Espagnol a de la tendresse –, ni même Constantin, premier empereur chrétien. Alexandre Yali Haran[25], dans une étude récente, confirme ce qu'Alphonse Dupront[26] a bien vu. Il ne faut pas prendre trop au sérieux ce que l'on raconte sur la croisade : va à Jérusalem qui veut, il suffit de s'adresser à Venise et de payer. Le point focal s'est déplacé : l'objectif, depuis 1453, c'est Constantinople. La croisade se situe donc dans le prolongement de la défense des côtes de la Méditerranée occidentale, d'Oran, d'Alger, de Tunis, des présides. Il y a Lépante, bien sûr, mais quand les Turcs sont aux portes de Vienne, la *Turkenglocke* (cloche des Turcs) résonne dans l'antique Germanie ; à ce tocsin répondent catholiques et luthériens un instant réconciliés, et Luther n'est pas le moins ardent à entonner le *Feste Burg* et le Psaume des batailles. On ne peut pas trop compter sur les princes chrétiens : il leur en faut davantage pour se détourner de leurs querelles. La guerre antiturque, essentiellement défensive, n'a jamais mobilisé qu'une proportion infime de ce qui est gaspillé dans le conflit entre les deux plus grands princes chrétiens – celui qui tient le centre dur et celui qui a rassemblé en un croissant discontinu un nombre impressionnant d'héritage plus ou moins riches.

C'est qu'en fait l'Empire s'est vidé de sens, dans la mesure où Charlemagne, ce chef franc qui partagea son héritage, n'y croyait guère, et que l'empereur – le vrai –, quoique réduit à peu de chose, est à Byzance.

Dès les XII$^{e}$ et XIII$^{e}$ siècles, autour du *rex Francorum* devenu *rex Franciae* via Philippe II qui est dit aussi *imperator, augustus*, le roi de la *pars Occidentalis* se détache au sein de la chrétienté latine. Les musulmans ont achevé de le sacrer à la croisade puisqu'ils disent *Franji*, comme nous disons Hollande pour Provinces-Unies. Puisque le roi de France se dit empereur en son royaume, l'Empire se cantonne là où s'affrontent le Sacerdoce et l'Empire, où le parti gibelin a un sens parce qu'opposé aux guelfes. Depuis longtemps, quand il vient en France, l'empereur passe derrière le roi qui seul a droit au cheval blanc. Donc l'Empire est géographique, et chacun sait que dans ses frontières le pouvoir de l'empereur n'a qu'un contenu très limité.

En dépit d'une tradition dont Haran montre qu'elle perdure aux XVIe et XVIIe siècles, comment et surtout pourquoi François Ier a-t-il pu se laisser tenter par cette candidature paradoxale qui allait jeter de l'huile sur un brasier mal éteint (alors que de sages conseillers s'efforçaient de l'éteindre définitivement) et qui semblait, de la part du roi même, une sorte de désaveu implicite (sans doute involontaire) d'une revendication ancienne et nullement contestée de la France comme empire en soi ?

Le roi de France est le seul qui ne fasse hommage à personne pour aucun territoire. Puisque l'Empire, en Occident, découle du couronnement du 25 décembre 800 à Rome, le caractère français de Charlemagne est revendiqué[27]. Le transfert *ad Germanos* est donc une usurpation ; le véritable empereur, c'est le roi de France, qui d'ailleurs n'est pas élu, mais choisi par Dieu qui décide de la vie. Il est le fils aîné de la reine ; la loi salique est sacrée – on est mort pour elle. « L'identité française de Charlemagne trouvait un appui solide outre-Rhin dans le fait que la tradition poétique allemande elle-même, à partir des adaptations allemandes des chansons de geste françaises, considérait l'empereur à la Barbe fleurie comme un Français qui avait conquis des pays germaniques. »

J'ai déjà évoqué un texte curieux. Si le roi de France ne peut être le vassal de l'empereur, l'empereur ne peut être vassal du roi de France : François Ier sent que l'élection placera Charles à sa hauteur : « S'il y parvenait, vu la grandeur des royaumes et des seigneuries qu'il tient, [...] il serait toujours en doute et soupçon et ce n'est à douter qu'il montrerait bonne peine à me jeter hors d'Italie[28]. » Ces lignes mettent sur la piste : la motivation n'est pas un accroissement de puissance, bien évidemment nul en bonne géopolitique. L'Empire devient presque infailliblement une entrave sur la tête d'un trop grand prince, mais il donne un pouvoir juridique sur le duché de Milan. La mort de Maximilien procurerait à Charles, s'il devenait empereur, un supplément de droits lui permettant d'investir à Milan sinon lui-même, du moins quelqu'un de sa proche mouvance. Le traité de Noyon, avec l'ambiguïté qu'il reconnaît sur la légitimité du royaume de Naples, prouve bien que l'enjeu émergent est italien. Or le Milanais confère au roi de France un pouvoir formidable : tenir Charles à sa merci. Ce duché dans le camp du Bourguignon, c'est une route nord-sud assurée, médiocre mais beaucoup plus sûre que la route maritime. Si les deux princes veulent la paix, il faudra qu'ils transigent : Milan à un tiers, neutre, avec libre circulation garantie. François ne pourra garder le duché, ni Charles s'en emparer durablement.

Pour François Ier, faire acte de candidature à l'Empire, c'était porter au lointain cousin une blessure indélébile, dévoiler un désir hégémonique que la chrétienté n'accepterait pas, et prouver à Charles qu'il ne le tolérait que dans sa main… Les rois de France avaient rêvé, occasionnellement, du titre impérial, mais la véritable tentation était apparue avec les guerres d'Italie. « Après 1453, la dignité d'empereur romain d'Orient était vacante. Depuis Charles VIII, la France avait été mêlée aux projets de rétablissement de l'empire de Constantinople. Les perspectives de l'élévation d'un monarque français au trône d'Orient étaient bien meilleures que celles de son avènement à la tête du Saint Empire. Il était plus facile de briguer le trône vide des *basileis* que de convoiter la couronne élective du Saint Empire, devenue le privilège particulier de la maison d'Autriche[29]. »

Mais, pour passer du titre à son contenu, il restait à anéantir la puissance turque et à récupérer Constantinople… Les auteurs français du début du XVIIe siècle (Du Peyrat,

Berthier, Bardin), qui ont le recul de Sandoval quand il écrit sur Charles Quint, présentent un aperçu historique des rois de France ayant acquis le titre d'empereur d'Orient. Le cas le plus explicite est à leurs yeux celui de Charles VIII, qui avait réussi à obtenir d'André Paléologue, descendant du souverain de l'Empire anéanti, la dévolution de ses droits. Un siècle plus tard, la légende s'est fixée. Dans la mémoire enflammée des témoins et des courtisans sidérés, l'entrée « à l'impériale » du roi Charles à Naples le 20 janvier 1494 fut interprétée comme un sacre des mains du pape Alexandre VI. Après l'investiture impériale de Charles VIII, de la même manière, on commença à prétendre que le pape Léon X avait proclamé à Bologne le roi de France empereur d'Orient.

Il est évident que si un jeune monarque peut se voir dans Sainte-Sophie rendue au culte chrétien, c'est bien François I^er^. Recevant, le 25 mars 1515, les deux ambassadeurs de la république de Venise (avec le Saint-Siège, celle-ci est la mère de la diplomatie réglée et des relations continues[30]), le roi couvre de fleurs la Sérénissime. Au-delà de Venise, presque infailliblement, scintille la Corne d'or. Il y a là une revanche à prendre, et le jeune roi est tout désigné. Le mythe de Constantinople a pu pousser François I^er^ à briguer une autre couronne plus proche, plus tangible. Par le traité de Cambrai du 11 mars 1517, la France récupère Tournai contre six cent mille écus d'or versés à Henri VIII, mais c'est l'engagement contre les Turcs – il est vrai défensif – qui y est mis en avant. Ce traité, couronnement de la carrière de Chièvres, valait mieux que les rodomontades antiturques des pamphlétaires. Il aurait fallu le respecter. Mais – le roi de France le sait très bien – la paix est soumise à rude épreuve en Espagne.

Il y a de la rancune chez les Bourguignons, parce que la France a gagné et que la raison l'a emporté sur la grogne. Le désir de paix est vif chez les conseillers de la gestion quotidienne et au cœur du petit peuple qui souffre pour des enjeux qui lui échappent. Trop de liens d'habitude, de langue même, unissent ces voisins pour qu'ils se veuillent mille morts. La paix de Cambrai est franco-bourguignonne, mais non pas franco-espagnole, bien qu'il n'existe aucune haine entre France et Castille, voire entre France et Catalogne (les *Peña de Francia* témoignent d'une longue collaboration des *Franji* à la *Reconquista*). Elle est négociée par un personnel français et bourguignon, mais des efforts y sont demandés aux Espagnols : on leur enjoint d'acheter de leurs deniers et de quelques miettes d'Italie, en traite sur l'avenir, des communications faciles entre la péninsule et les Pays-Bas. Ils sont prêts à aimer ce roi qui vient de loin, mais qu'ils ne désespèrent pas de convertir et d'enraciner dans leur patrie[31].

C'est sur les Bourguignons détestés que sera rejetée la faute d'avoir trop cédé aux Français. Les communications étant assurées à l'heure critique par la politique de Chièvres, le roi, confirmé, sera heureux de se laisser faire violence, de se soumettre en bon prince au vœu de ses sujets. François Ier lui aura, par ses erreurs, facilité la tâche.

## *Trop tôt ou trop tard*

La mort de Maximilien survient trop tôt ou trop tard. Quelques mois plus tard, la crise *comunera* ayant éclaté, peut-être aurait-elle abouti à une solution moins conflictuelle ; plus tôt, peut-être aurait-elle mis Charles dans l'impossibilité de briguer l'Empire. Au moment où elle survient, cette affaire requiert trop d'habileté et de sagesse de la part de bien jeunes acteurs.

Ce conflit, manifestement, ni Chièvres ni Maximilien ne l'ont désiré. Une confirmation en est donnée par Sandoval qui laisse apparaître une hésitation, une crainte : « Sentant sur ses épaules le poids des ans, l'empereur Maximilien, en cet instant de paix, se décide à tenter de faire roi des Romains l'un de ses petits-enfants, à qui reviendrait l'Empire[32]. » À cette fin, il réunit les « Cortès », qu'on appelle diète en Allemagne (précise Sandoval), en juillet et août 1518. La désignation d'un roi des Romains pose en effet un problème délicat : elle suppose que l'empereur élu ait déjà été confirmé par le double couronnement impérial des mains du pape.

« Ayant réuni les *príncipes* [faut-il entendre les princes-électeurs ou, comme le contexte l'indique, un collège étendu ?], il leur fit savoir son intention de proposer son petit-fils don Fernando comme roi des Romains et futur empereur parce qu'il lui semblait que son petit-fils don Carlos était déjà bien pourvu avec les très riches et puissants royaumes d'Espagne et tous les autres États de son patrimoine, alors que l'infant don Fernando était pauvre. Mais le cardinal de Trente et tous les amis de l'empereur qui étaient les ennemis de la France étaient d'un avis contraire et lui donnèrent le conseil de destiner l'empire à Charles, afin que ce prince se hisse au maximum de la grandeur concevable et que cela avait été également le choix de Ferdinand le Roi Catholique son grand-père maternel, et qu'il avait d'autant plus de mérite qu'il avait la plus grande tendresse pour ce petit-fils qu'il avait élevé. [...] Et que pour l'infant Ferdinand on trouverait bien quelque chose qui lui conviendrait. Et qu'il importait au bien commun et à la grandeur des royaumes de l'Espagne et de la maison d'Autriche et de la chrétienté que la dignité impériale revînt à don Carlos. » (Notons que la même pensée a été prêtée à Marguerite d'Autriche, fille de Maximilien, tante de Charles et de Ferdinand.)

On ne peut douter de l'authenticité de cette proposition, mais la manœuvre me semble évidente. Il est certes possible que Maximilien ait réellement hésité, qu'il se soit incliné devant une forte objection et résigné au terme le moins souhaitable de l'alternative. Néanmoins, je penche nettement pour la feinte : l'empereur veut désarmer, mouiller la poudre d'une opposition, tâter le terrain. D'autres sources le montrent présentant toute une série de candidats possibles ; mais, là, la tactique est claire : il s'agit de débloquer la situation. Probablement les deux hypothèses sont-elles vraies : c'est une tactique que de se faire forcer la main, puisque tel est le vœu profond de Maximilien, comme le prouve l'activité déjà déployée en faveur de l'élection d'un membre de la maison d'Autriche. Une chose du moins est certaine : le projet n'a pas abouti, faute de temps, de moyens et de bonne volonté du Saint-Siège qui ménage le roi de France et ne tient pas à accroître une puissance déjà trop bien implantée en Italie.

En effet, l'enjeu, c'était la maison d'Autriche. La régente Marguerite avait pensé à Ferdinand qui, s'il avait été accepté, aurait eu les mains nues, ne parlant aucune des langues indispensables (encore qu'il y soit parfaitement parvenu par la suite, grâce à une culture livresque plus étendue que celle de son frère).

De toutes les solutions, la candidature de Ferdinand anticipait sur ce qui sera la chance de la maison d'Autriche : une branche cadette autonome et bien soutenue par l'Espagne, les Pays-Bas et le sud de l'Italie. Il est très vraisemblable que, devant une candidature moins agressive que celle de Charles, le roi de France n'aurait eu aucune véritable raison de s'interposer. D'autant que Ferdinand n'avait pas les mêmes raisons de récupérer coûte que coûte le Milanais. Il est vrai que le Français avait posé ses jalons, chacun prêtant à l'autre l'antériorité des mauvaises pensées.

Le Milanais démythifié, le litige ne pouvait-il pas plus facilement faire l'objet d'un règlement amiable ? La solution Ferdinand a été celle des tenants de vraies politiques – et l'on peut ajouter : chrétiennes. On peut même se demander jusqu'à quel point l'exil vers le nord n'a pas été présenté à ce prince comme le plus sûr moyen de recevoir de la main de Maximilien l'héritage Habsbourg, celui qu'il finit par arracher sur les Turcs à la force du poignet.

François Ier provoque, dans la mesure où il a le sentiment de répondre à une provocation. Les propos qui lui ont été rapportés outre-Pyrénées montrent que Charles, roi d'Espagne, se dégagera volontiers – à la requête pressante de ses sujets – des concessions qu'a arrachées Chièvres à son poulain pour lui assurer des communications moins difficiles au moment sensible.

## *Profits et pertes*

« François Ier connut le 3 juillet [1519] à Poissy [le résultat de l'élection du 28 juin] ; il fit très bonne contenance. Les principaux personnages de la cour et de son conseil s'applaudirent tout haut d'un échec qui leur semblait très bon pour la France. Il parut s'en féliciter lui-même et dit aux ambassadeurs étrangers que, sans les instances des électeurs, il n'aurait pas songé à l'Empire, mais qu'à bien considérer les embarras que cette dignité lui aurait suscités, et les répugnances qu'elle rencontrait dans son royaume, il devait remercier Dieu d'y avoir échappé. Il écrivait en même temps à Bonnivet, à Jean d'Albret et à Guillart qu'il prenait en bonne part la fin de son affaire, qui au fond était avantageuse pour lui et serait profitable à ses sujets. Il les invita à le rejoindre au plus tôt en évitant toutes mauvaises rencontres. Ceux-ci quittèrent l'Allemagne sans accident et même avec réputation[33]. » François Ier avait semé l'or et loué quatre mille lansquenets pour aider à la défense des princes « amis compromis dans le camp français » (Leclerc de Lunebourg, le duc de Lorraine…).

On ne peut que souscrire au jugement émis par Mignet en 1875 : « Ainsi commença entre François Ier et Charles Quint la rivalité qui devait durer plus d'un quart de siècle. Le plus jeune et le plus expérimenté l'emporta sur l'autre. » Sauf que ce conflit ne *commence* pas. Péniblement apaisé, il est même relancé, car la querelle est née du double assassinat d'Orléans et de Bourgogne (1407 et 1419). Charles devenu Charles Quint l'emporte parce qu'il se situe dans une continuité, dispose de moins de moyens, fait moins peur et, mieux conseillé, joue mieux.

On a beaucoup insisté sur l'aide décisive apportée à Charles par les Fugger, la banque germano-italienne du débouché nord des Alpes. Sur un volume de 846 000 florins d'or versés pour le compte des Habsbourg, 543 600 venaient en effet d'avances faites par eux[34]. Or François Ier avait déboursé davantage, avec beaucoup plus de comptant.

Chaque élection impériale était une gigantesque opération financière : les États territoriaux des électeurs et leurs clientèles – une partie non négligeable du territoire – étaient irrigués, des dettes amorties, des travaux engagés. Mais le royaume avait donné plus, et le refus des banquiers/cambistes de transporter l'or et l'argent français avait été un gros handicap. Charles, qui ne put dépenser autant, fut élu à crédit, en hypothéquant une partie de ses ressources, en tirant des traites sur les maigres budgets espagnols – et en augmentant le mécontentement.

La France a payé avant d'être servie, alors que les paiements de la banque au service des Habsbourg ont été effectués après livraison de la « marchandise ». Certes, tout n'a pas été perdu pour la France (elle a tissé l'ébauche d'un réseau qui jouera plus tard dans les années 1550), mais François a bien été le perdant. De son côté, Charles sort financièrement affaibli de la compétition, et pour longtemps : il en veut à son cousin Valois d'avoir fait grimper les enchères. Il est payé en prestige, difficilement chiffrable. L'économie de l'Empire est le seul vrai vainqueur, bénéficiant d'une injection de plus de deux millions de florins sur un court laps de temps.

Le Saint Empire a obtenu une partie de ce qu'il cherchait : un empereur à peine plus gênant que son grand-père Maximilien. Mais Charles ne le protégera pas beaucoup contre les Turcs. C'est Ferdinand qui, avec ce qui reste de Hongrie après Mohacs (1526) et avec la Bohême, fera front contre l'ennemi. Cependant, les électeurs ont désigné un empereur qui leur consacrera le quart de son temps. Confronté à la déchirure de la double Réforme que nul n'aurait été en pouvoir d'éviter, Charles préservera le pays des excès de la guerre civile et contribuera (involontairement) à l'heureux compromis d'Augsbourg : *Cujus regio, ejus religio.* Il est dommage que François I$^{er}$ n'ait pas compris plus tôt qu'un roi de France, qui contrôle à la porte de son royaume le Milanais, ne s'abaisse pas à courir après un titre dont il n'a que faire.

Le Français ne ment pas aux ambassadeurs quand il dit qu'il a été sollicité. Les électeurs ecclésiastiques rhénans sont entrés les premiers en lice. Dès novembre 1516, l'archevêque électeur de Trèves a envoyé son chancelier, suivi du Brandebourg[35]. On parle de mariages alléchants, d'offres royales. Viennent ensuite Cologne, Mayence. La main droite tient la sébile, la main gauche est posée sur le cœur : avec Ulrich von Hütten, c'est l'Allemagne érudite et chevaleresque qui salue le vainqueur de Marignan, celui qui écartera les Turcs comme il a fait des Suisses réputés invincibles.

Ils sont sans vergogne, ces princes allemands qui ont besoin d'argent. L'appel d'offres est rituel pour faire monter les enchères ; plus il y a de concurrents, mieux on se porte. L'Allemagne est certes prospère. Les contrées occidentales sont en pointe pour l'écriture, la lecture, la qualité du latin ; elles possèdent la moitié des presses d'imprimerie. Pourquoi l'Allemagne, qui n'a pas de pouvoir politique unifié, s'encombrerait-elle de scrupules ? Les promesses *in abstracto* n'engagent pas l'avenir… Il s'agit de bénéficier de l'or et de la puissance de la France.

Comment imaginer, quand on est jeune, puissant et beau comme François Ier, que l'on n'est pas aimé pour soi ? Il aurait fallu pour cela beaucoup d'esprit critique… Une lecture littérale fournit quelques indices. Robert Knecht a retenu deux facteurs : d'une part, François Ier aurait été piégé par la séduction humaniste du titre impérial[36]. Les politiques, les juristes à l'ancienne, *in utroque jure*, savaient pourtant bien que l'Empire romain germanique et même l'empire d'Orient du temps des Isauriens et des Comnènes n'avaient rien à voir avec les fastes antiques. D'autre part et surtout, il y eut la jalousie : si Charles devient empereur, sera-t-il encore mon vassal ? et, n'étant plus mon vassal, ne cherchera-t-il pas à me refuser ma part d'Italie ?

Or, même l'empereur Maximilien, qui n'a jamais un écu et n'a jamais pu se faire couronner, en arrive à écrire à Charles le 18 mai 1518 : « Il ne faut pas se prévaloir de sa parenté ; pour faire pencher la balance du bon côté, il n'y a que l'argent[37]. » Et de l'argent frais – mais payable le lendemain, comme le *morgen geld* du mariage *more danico* qui a subsisté longtemps en Allemagne. Or, dans cette lettre confidentielle, Maximilien fait preuve d'un formidable cynisme associé à une étrange naïveté : « L'Empire mettra en valeur les pays héréditaires. » Quelle illusion ! Ce sont les possessions patrimoniales qui font marcher la machine impériale. Si le propos de Maximilien avait été intégralement vrai, le roi de France l'aurait emporté.

Enfin, le dernier élément aura été la candidature, plus qu'à demi formulée, d'Henri VIII. Cette alliance-là rappellerait à la France, plus encore que l'élection d'un Habsbourg, de très mauvais souvenirs.

La solution de bon sens, si l'on refuse la pente naturelle, serait celle de l'électeur de Saxe, mais celui-ci a la sagesse de comprendre qu'il manque de moyens. L'Empire coûte, il ne rapporte pas. François I^er^ découvre trop tard qu'il y a là une solution moyenne ; mais celle-ci échoue devant l'intelligence de l'électeur, qui se rend compte à temps que ses chances sont illusoires.

Que veut le corps électoral ? Il est le reflet de cette Allemagne plurielle, complexe, qui a ses équilibres et que traversent des ligues, des alliances. Elle a l'imprimerie, qui est surtout le fruit de sa maîtrise technique dans l'axe du Rhin – confluent trilingue, voire quadrilingue. L'élite y domine mieux le latin savant que ne le font les « Latins », les Welches et tous les « romans » qui s'expriment en français de cour ; le *hoch deutsch* et le *platt deutsch* (qui va jusqu'aux dialectes flamands/néerlandais) recouvrent progressivement en Germanie orientale un substrat de multiples parlers slaves, issu d'un passé mal enfoui.

L'Allemagne veut, au sommet, un pouvoir arbitral minimal. Des Luxembourg aux Habsbourg, les familles impériales sont sur la frange extrême de la germanité, près des Welches que l'on n'aime guère, que l'on brocarde et que l'on jalouse, mais qui fascinent et que l'on supporte comme ces Bourguignons qui auraient tendance à déborder si l'on n'y prenait garde. Les Habsbourg ne font pas si mal l'affaire, tel ce Maximilien qui s'agite beaucoup mais ne gêne guère, qui réside le plus souvent sur les franges, dans ces Pays-Bas que l'on adopte et dans l'Italie alpestre. Au contact de sa mère portugaise, de ses femmes bourguignonne et italienne, il a presque fini par oublier sa langue, se souvenant à peine qu'il a été poète en sa jeunesse. Faute de moyens et de suite dans les idées, il rêve, ébauche, projette ce qu'il aurait aimé faire et qu'il n'a jamais le temps d'accomplir. Ne nous fions pas à ce que Maximilien dit à son petit-fils : à condition de ne pas en parler, l'appartenance – même discrète – à cette vieille souche rhénane ne saurait nuire ; elle rassure même, si tout le reste inquiète.

Le mouvement de l'élection est facile à reconstituer. Au départ, les appels d'offre sincères, les clins d'œil à droite et à gauche de la part de l'empereur et des électeurs, pour lever les lièvres. Maximilien et Marguerite d'Autriche savent que rien n'est joué, que la présence de Charles en Espagne – pour combien de temps ? – est à double tranchant. Une chose est néanmoins sûre : Charles sera un empereur absent, et tout compte fait un étranger dont rien ne prouve qu'il viendra efficacement en aide si le Turc se montre.

Mais cet appel d'offres est bien entendu, puisque François met immédiatement la main à la poche et que l'or français commence à arriver. Quand on s'engage sur une telle pente, on est vite pris à son propre piège.

À côté des princes-électeurs, gloutons, il faut songer aux clientèles. Il faut promettre de beaux mariages, à la hauteur de ce que la France propose. Les femmes, en sus des sacs de pièces d'or : Catherine, pour contrer Renée de France ; Éléonore, dont Maximilien ne souhaite pas l'union avec le roi de Portugal son oncle – cette délicatesse honore le vieil homme –, le choix de l'Empire primant pour lui sur l'intérêt de l'Espagne désireuse de renforcer ses liens avec l'*Hispania* atlantique.

La compétition fait rage. Elle a commencé bien avant que la mort vienne prendre de court le vieil empereur toujours prêt à de nouveaux rêves. La cour du jeune roi français s'est laissé piéger par la spirale. Fallait-il ainsi entrer dans un champ qui était celui d'un autre – qui plus est vivant et bien vivant –, en vue d'une succession qu'il était indécent d'anticiper aussi manifestement ? Maximilien, qui n'a plus rien à perdre, va consacrer la fin de sa vie à ce combat pour l'héritage des siens. Le vieil empereur, qui hésite apparemment quant au choix définitif (Charles ou Ferdinand ?) pour mieux assumer l'héritage le plus incertain, ne peut que mobiliser Charles. C'est tout l'être de ce dernier, toute son essence qui s'émeut. L'honneur du chevalier chrétien est en jeu : Charles s'est engagé, poussé par les siens, à la chasse à l'héritage d'Espagne, qui ne le concerne que bien indirectement. Mais, pour l'Empire, comment pourrait-il trahir la confiance de son unique parent, tout à la fois père, mère et grand-père ? Comment pourrait-il garder et combler cette mémoire sans revêtir pleinement cette dignité dont l'ultime couronnement a toujours manqué à son aïeul ?

Probablement François I^er^ n'est-il pas entré dans cette compétition en toute conscience, mais plutôt par jeu, comme dans l'un de ces tournois dont il raffole, où il a failli mourir et où son fils trouvera la mort. C'est un jeu sans enjeu rationnel autre que de faire sentir sa puissance, de donner un avertissement contre une trop grande indépendance. Charles est-il encore le vassal, depuis qu'il se croit roi d'Espagne ? L'est-il encore, quand lui, François, montre sa puissance ? Il faut l'inviter à ne pas s'écarter de la déférence, d'une bonne et courtoise distance. Qu'adviendra-t-il, en effet, quand il sera empereur ? Mais on ne lâche pas la bride à des agents zélés, courtisans, flatteurs, sans que le zèle, voire le jeu les entraînent bien au-delà de ce qui a été prévu. Oui, François I^er^ est entré dans cette compétition par jeu – avant d'être pris par le jeu. Il n'a presque rien à gagner et énormément à perdre. Il transforme un partenaire en adversaire, réveillant plus d'un siècle de haines que Chièvres a voulu éteindre.

Tout ce qui a été fait depuis 1515 pour panser les plaies est anéanti. Le rapport de forces n'est pas fondamentalement bouleversé, mais, psychologiquement, la candidature à l'Empire est un véritable typhon. À la rancune, à la méfiance qui s'est insinuée – pour François I^er^, un sentiment d'ingratitude après la générosité dont il a fait preuve en ouvrant les communications permettant à Charles de prendre le pouvoir en Espagne – se sont substitués la certitude que l'autre a menti, le désir de vengeance.

En ces temps nourris de la tradition chrétienne transmise par l'image et la parole, on pense au prophète Nathan (2 Samuel, 12) dressé devant David et dénonçant l'homme riche qui a pris la brebis du pauvre pour ne pas toucher à ses propres brebis et à ses propres bœufs, par crainte de voir le vassal hissé à son niveau. Pour François Ier, l'enjeu est purement négatif : empêcher Charles de lui disputer en position meilleure un morceau d'Italie, lui retirer la possibilité d'échapper au contrôle français de l'axe nord/sud. C'est infliger une blessure intime à l'ami, au voisin, au rival potentiel avec qui l'on s'est réconcilié ; c'est lui retirer cette réconciliation qui a été le but de la vie du fidèle Chièvres. Dans une sensibilité pleinement imprégnée du relais sacré de l'héritage – forme première d'un au-delà naturel de la mort –, le crime du fort qui tente d'arracher au faible le cœur et le sens de la vie est perçu comme un péché inexpiable.

Au terme d'une compétition où le fort est *in extremis* vaincu par le faible, qui pourra jamais éteindre la rancune, le besoin de vengeance ? On se représente difficilement ce que l'attente des nouvelles a pu être pour Charles, bloqué à Barcelone, retenu par de minuscules affaires à côté de l'enjeu impérial.

### *Revenons en arrière*

Au cours de l'été 1518, Maximilien livre son dernier combat. À sa requête « s'assemblent à Augsbourg, autour de lui, les princes-électeurs en personne, à l'exception du roi de Bohême encore mineur, représenté par les plénipotentiaires de son colatéral le roi de Pologne. Le 7 avril, tous affirmaient à l'empereur qu'ils étaient prêts à élire Charles, sauf l'évêque de Trèves et l'électeur de Saxe : l'un semblait trop engagé vis-à-vis de la France, l'autre se réclamait de l'interdiction prononcée par la Bulle d'or[38] ». La cour impériale ne conservait pas moins l'espoir de les gagner tous deux.

Maximilien a presque réussi : cinq promesses sur sept voix[39]. Trèves demeure fidèle à François Ier, à ses engagements dans la précampagne. L'interdiction par la Bulle d'or des engagements préalables du vote, prétexte dont cet archevêque couvrait sa loyauté envers la France et son roi, fut pour l'électeur de Saxe – dont tous louent la probité – la véritable raison de son refus. L'engagement de ces électeurs et des représentants du roi de Pologne pour la Bohême fut enlevé, selon Mignet, pour 514 075 florins gagés par la bonne régente des Pays-Bas, Marguerite d'Autriche. En outre, Maximilien avait souscrit à ce qui était demandé, à savoir la promesse de ne rien changer. Les engagements réciproques furent signés le 1er septembre. Ils portent la signature de cinq électeurs sur sept, en personne ou par leurs mandants. Dès lors, Maximilien semble avoir réussi ; les amis que François Ier a conservés dans l'Empire, qui savent que les jeux sont faits, essaient courtoisement de le faire comprendre à la cour de France. La victoire est celle du vieux roi, bien qu'il n'y ait pas eu de candidature clairement formulée pour la désignation du roi des Romains. Quelques questions financières restent toutefois pendantes.

Encore fallait-il l'accord de Charles, futur roi des Romains. Maximilien, dès le début de septembre, avait mandé son négociateur Jean de Courteville « avec seize pièces relatives aux acquisitions de vote, conventions de mariage, promesses d'argent et de pensions, garanties de privilèges qu'il avait stipulées dans l'intérêt et au nom de son petit-fils[40] ». Celui-ci prolongeait son séjour à Barcelone, en raison des réticences des états de Catalogne et des commodités de courrier avec l'Allemagne, incomparablement meilleures que dans n'importe quelle autre ville de la Péninsule. Maximilien invitait son petit-fils à signer au plus vite et à n'introduire aucune modification dans les textes. Il lui présentait comme indispensable la signature des lettres de change pour les banques des Fugger et des Welser à Francfort (la bonne volonté des électeurs, on le devine, n'était pas gratuite).

Après avoir reçu la confirmation que le roi Charles avait donné son accord, le 24 décembre, aux arrangements pris par son grand-père à Augsbourg, ce dernier devait se rendre dans cette ville avec les électeurs pour procéder à l'élection. Cette première phase n'aboutira jamais : la mort, en frappant Maximilien le 13 janvier 1519, a rendu vains tant d'efforts.

## Errare humanum est…

« François Ier n'avait pas appris sans une pénible surprise ce qui s'était passé à Augsbourg. » Il y avait certes consolidé et conservé quelques amitiés. L'archevêque de Trèves avait envoyé son secrétaire pour l'informer. Dès le 16 août, l'électeur de Brandebourg, lui-même gêné de son infidélité, avait utilisé le relais de l'ambassadeur de François Ier auprès de Maximilien pour prévenir que l'entreprise de son maître était désespérée, que le Roi Catholique avait déjà cinq voix contre deux. Confus, il avait ajouté que l'on pourrait « regagner l'archevêque de Mayence et les autres électeurs à force d'argent ». C'est à ce niveau qui se situe la faute impardonnable du roi de France – une faute semblable à celle qui allait conduire ce médiocre stratège à la défaite de Pavie.

Il fallait comprendre que ce combat, sans enjeu en cas de succès (François Ier le reconnaissait le 3 juillet 1519) mais à conséquence catastrophique en cas d'échec, devait être abandonné et qu'une partie du dégât psychologique pouvait être atténuée. Après tout, rien ne s'était passé et rien ne se passerait. Était-il de bonne guerre de déployer tant d'habileté juridique à faire échouer un projet auquel peut-être les électeurs n'avaient feint d'adhérer que parce qu'ils le savaient entaché d'illégalité et qu'il leur eût été permis de revenir en arrière et de faire de nouveau monter les enchères ?

François Ier décide de se battre et il entre virtuellement en guerre au lieu de conclure tout de suite une paix honorable. Il a suffi de pousser en avant un argument qu'aucun électeur n'ignore, à savoir qu'on ne peut élire de roi des Romains puisqu'il y en a déjà un. Maximilien n'est en effet pas couronné : on le désigne par politesse comme empereur élu, mais il n'est rien de plus que roi des Romains – empereur potentiel, mais non empereur.

C'est pourquoi Maximilien ne peut procéder à une élection nouvelle avant d'avoir reçu lui-même la couronne. Il reprend ce projet souvent envisagé, comptant sur l'aide de son petit-fils, qu'il suppose mieux à même que lui de fléchir les embarras de conscience d'un pape Médicis. Que celui-ci lui adresse la couronne chez lui… Mais Léon X, qui vient de se réconcilier avec le vainqueur de Marignan, n'aplanira pas les obstacles sur cette voie tortueuse, de crainte de déplaire à son puissant et nouvel ami. Le projet n'avait sans doute pas beaucoup de chances d'aboutir, et la mort vint de toute façon l'étouffer dans l'œuf.

### … sed perseverare in errore diabolicum

La situation a radicalement changé. Dans la première phase, le roi de France a répondu trop fort à une sollicitation discrète. Il n'a pas affronté son allié et vassal : après tout, il ne s'agit plus maintenant de permettre au vieil empereur bien-aimé et quelque peu discrédité de faire de son vivant sacrer son petit-fils, mais d'élire, à fonds frais, le nouvel et véritable empereur. Comment avoir commis l'erreur de s'engager en terrain découvert ? comment être passé de l'acceptation tacite à la requête ouverte ? comment avoir espéré réussir là où l'on a déjà échoué dans des conditions meilleures ?

Dès lors, tous les coups sont bons, tous les arguments mobilisés, toutes les gesticulations exécutoires. Il faut y ajouter promesses de crédit, pressions peu discrètes sur la Bohême dont l'électeur est mineur. On fait jouer au maximum le prestige du premier roi de la chrétienté et de son immense et puissant royaume. Toute honte bue, on sollicite Henri VIII, alternativement grand ami et implacable ennemi. À Thomas Boleyn, représentant du roi d'Angleterre, François Ier déclare : « Trois ans après mon élection, je jure que je serai à Constantinople ou que je serai mort. » C'est une nouvelle croisade : il n'est plus question de libérer Jérusalem, mais de parer au danger turc. On frappera (mais qui le croit ?) au cœur, à Constantinople, et on récupérera l'Empire – le vrai, l'empire chrétien de Constantin – en gommant hérésie et schisme. « Je dépenserai trois millions pour être élu empereur. »

C'est ainsi que, sur un coup de tête, par vanité froissée, le chevalier grisé par le coup de poker de Marignan fonce comme le taureau sur la muleta, sans évaluer les enjeux et les risques, sans mesurer l'océan de susceptibilités, de haines et de dignités bousculées que cette conduite va déclencher. « Le scrupuleux président Guillart aurait voulu que François Ier persuadât les Allemands au lieu de les acheter, et qu'il obtînt auprès d'eux la préférence sur son rival pour les éclatants mérites de sa personne et les grandes ressources de sa puissance. Il dit au chancelier Duprat qu'il était de la gloire comme de l'honnêteté du roi, son maître, de *ne parvenir à l'empire ni par force ni par dons*[41]. » Et Mignet de conclure : « François Ier n'accepte pas cette manière un peu trop pure et complètement inusitée de traiter avec des princes allemands. » Cette phrase d'un bon historien du XIXe siècle qui avait bien lu une masse impressionnante de documents nous situe au cœur d'un vrai drame et d'un malentendu potentiellement lourd de haine, de larmes et de sang.

Par son attitude, François Ier révélait en quoi et pourquoi il ne pourrait jamais être l'empereur, l'arbitre toléré et parfois souhaité d'une confédération très lâche de susceptibilités et de particularités. Un Bourguignon colleté à une *Hispania* également plurielle convient bien mieux – même s'il ne suscite pas spontanément l'élan du cœur par la séduction et le panache – à ce rôle utile mais modeste, accablant, peu gratifiant. Comment ne pas comprendre que la France surprend et inquiète par sa solidité même, que va curieusement tester la trahison du connétable de Bourbon ?

Aux grands sentiments s'associe le sordide. Insensiblement piégé par le jeu des électeurs dans leur collecte de fonds, avec la naïveté du gros souscripteur qui se croit assuré, François Ier n'a pas eu l'intelligence d'écouter ceux – nombreux – de ses amis dans l'Empire qui essaient, *mezza voce*, de lui faire comprendre que le jeu se révèle trop mal engagé pour être gagnable.

Les textes rassemblés par Mignet montrent la « ficelle » de la nouvelle campagne : « La fin que je tends n'est pernicieuse ni mauvaise, [...] mais seulement l'intention de faire la guerre aux Turcs que j'exécuterai par là plus facilement » (7 février 1519)[42]. Dans les instructions pour les électeurs de l'Empire, on lit : « ... s'il n'y avait pas été invité par ceux qui demandent d'être défendus [il y a en effet bien eu demande, mais à interpréter] et si son grand désir d'être utile à la chrétienté ne l'y avait point décidé [...] Il a bonne paix et amitié avec tous ses voisins, en sorte qu'il pourra employer au service de Dieu et de la foi sa personne et tout son avoir, de sorte que nul ne le détourne et que rien ne l'en empêche[43]. »

Dans un autre texte de février 1519, François Ier commet l'erreur impardonnable, de la part du suzerain envers son premier vassal au jour du sacre, de dénigrer son concurrent qui est en outre le petit-fils de son prédécesseur, lequel a obtenu un acquiescement préalable largement majoritaire (cinq voix sur sept) à Augsbourg. Il chargeait ainsi ses ambassadeurs d'arguer que Charles « était en bas âge, qu'il n'avait aucune expérience et pratique de la guerre où il n'avait jamais paru encore ; qu'il était maladif et hors d'état de porter un si lourd fardeau ; qu'il gouvernait par des serviteurs qui bien souvent s'occupaient plus de leur intérêt que de la chose publique[44] ». C'est la flèche du Parthe ; elle vise principalement Chièvres, c'est-à-dire l'artisan d'une politique résolument profrançaise, qui a pris de gros risques à Noyon et à Cambrai pour satisfaire au maximum les revendications françaises. « Que ses royaumes étaient éloignés de l'Allemagne et qu'il serait impossible de la seconder dans ses dangers et de l'aider dans ses affaires. » Cet argument est plus recevable, mais il joue aussi contre le roi de France. Rien ne prouve du reste, bien au contraire, que l'attirance pour Charles ne découle pas un peu de cet éloignement. Si Espagnols et Français souhaitent un roi présent, les Allemands – les princes surtout – préfèrent un empereur absent. Quant à la lutte contre les musulmans, les Espagnols de la *Reconquista* et le petit-fils des Rois Catholiques n'ont pas de leçons à recevoir de l'encore jeune roi de France. « Que les mœurs des Espagnols étaient tout à fait contraires à celles des Allemands, comme on l'avait vu lorsqu'ils faisaient la guerre ensemble ; enfin, que le Roi Catholique était roi de Naples et qu'aucun roi de Naples, par suite même du serment de son investiture, ne devait aspirer à l'Empire, et que s'il y parvenait ce serait entre lui et le pape un commencement de guerre qui remettrait la division dans la chrétienté aujourd'hui unie. » Une recommandation subsidiaire aux ambassadeurs indiquait bien que le but était moins la désignation de François que l'échec de Charles : « S'il ne pouvait pas le faire nommer, offrir la couronne au Brandebourg ou à la Saxe, voire au roi de Pologne tuteur du jeune roi de Bohême. »

Cette tactique aurait pu être judicieuse dans l'hypothèse – peu convaincante – où l'élection du roi d'Espagne à la tête de l'Empire aurait été une catastrophe pour la France. Mais si vraiment telle était la conviction de François Ier, il fallait faire porter tout l'effort sur un prince (peut-être un électeur) de condition modeste que l'on se serait engagé à soutenir, associant la perspective d'une aide souhaitée contre la menace turque à une stature moins inquiétante que celle du roi de France ou même d'un Roi Catholique importé. En fait, ce sont les difficultés mêmes rencontrées par Charles dans une Espagne rebelle qui confirment sa pluralité interne et donc donnent l'image d'une monarchie très limitée par l'obligation constante (un peu comme en Allemagne) de négocier avec des instances jalouses de leurs droits et contrôlant attentivement les crédits accordés par elles.

Toujours retenu par la montée des mécontentements espagnols, Charles bénéficie de l'énorme effort, du désir incontestable de Maximilien : on peut être tenté d'accorder à la requête pathétique d'un mort ce qu'on lui aurait peut-être refusé de son vivant. Vu du dehors, Charles, presque titulaire par héritage et procuration, a attendu modestement son heure. Par contraste avec François, il se fait couleur passe-muraille, lui qui possède les meilleurs réseaux, la base proche de Bruxelles, aux Pays-Bas qui sont encore à cette époque intégrés dans l'Empire, au sein d'un cercle dit de Bourgogne, avec Marguerite d'Autriche à sa tête. Génie politique du siècle, celle-ci connaît son neveu, ses faiblesses et ses limites, la modestie des pays patrimoniaux – lesquels confèrent néanmoins comme une citoyenneté à celui qui les a reçus. Marguerite sait aussi que Charles jouit de l'*aura*, du préjugé d'estime de Maximilien son aïeul. On aurait préféré que le petit-fils fût plus modeste, mais à côté du roi de France dont la suffisance et le mépris percent à son insu, le roi d'Espagne paraît raisonnable, à taille humaine.

La lutte à mort commence seulement après le décès de Maximilien. « La partie était bien liée des deux côtés. Des deux côtés, on était décidé à ne rien épargner[45]. » François Ier est condamné aux brillants débuts. Comme lors de la première manche, discrète, dont il eût fallu comprendre la leçon et où il eût pu se révéler le vrai gagnant en étouffant son cousin dans ses embrassades.

« François Ier reprit la supériorité au début de [cette seconde manche]. Des cinq électeurs qui avaient promis à Augsbourg leur voix au Roi Catholique, quatre, le Palatin, Brandebourg, Mayence et Cologne, s'étaient concertés pour se soustraire à leur engagement ; ils se considéraient désormais comme libres[46]. » Comment se laisser abuser ? Le Palatin, lui, a du moins la franchise de la fourberie : sans vergogne, il joue bien le jeu auquel seuls les sots se laisseront prendre. De Heidelberg, il écrit à François qu'il est demeuré dans les mêmes sentiments qu'autrefois « et qu'il donnerait des sûretés pour son vote en retour de l'argent qui lui serait remis si on gardait le secret » (lettre du 14 janvier). Pour Brandebourg et l'archevêque de Mayence – ils sont parents –, même mouvement, à peine moins voyant : ralliement sous conditions en dots dorées, et, quant aux mariages, pratiquement irréalisable.

Durant toute cette phase, le refus loyal de la banque allemande aurait dû conduire à renoncer. On ne peut jouer avec de tels partenaires qu'à gages retenus entre les mains de l'intermédiaire bancaire. Infiniment plus franc est le refus des banquiers et des ligues, qui témoigne qu'entre François et Charles l'Allemagne intelligente a choisi sans haine et avec une certaine estime pour celui qui, par sa candidature, a prouvé un désir qui les honore : Charles, sans enthousiasme donc, mais fermement. Une parole des Fugger, comme plus tard celle d'un Rothschild, se négocierait sinon en bourse, du moins en foire. Le succès de Luther, concomitant, montre qu'à l'ouest – du moins dans l'Allemagne des villes libres, des humanistes, des imprimeurs et des presses – quelque chose qui est déjà une opinion publique existe, et qu'elle n'est pas pour le roi de France. Celui-ci peut être un ami, un allié éventuellement contre l'empereur. Avec moins d'acharnement et plus de lucidité, c'est un empereur totalement lié à l'alliance française que l'on pouvait couronner à Francfort, *de jure* (cette fois) et *de facto*.

Parmi les alliés du Français figure paradoxalement le pape Léon X. Il ne désirait en effet pas voir Charles empereur (ni roi de Naples ni duc de Milan) ; François Ier, avec qui il avait négocié, lui paraissait moins redoutable – comme si ce Médicis avait percé la cuirasse de son interlocuteur. Léon, qui a mesuré le danger turc dans les environs d'Ostie (où le royaume de Naples, mal contrôlé, se révèle totalement inefficace dans la protection des côtes), semble avoir pris presque au sérieux les promesses ronflantes du « roi chevalier ».

Dans une lettre du 20 février, Marguerite d'Autriche et un certain nombre de conseillers – Clèves, Croÿ, Nassau, Lalaing, Berghes – suggèrent à Charles un repli sur une candidature de Ferdinand, anticipant la solution qui prévaudra beaucoup plus tard quand ce dernier sera élu roi des Romains puis empereur. L'information doit retenir l'attention. L'hésitation fut au départ celle de Maximilien. Sans doute ne fut-elle pas feinte, initialement du moins. On ne peut nier que les électeurs aient repris leur liberté, mais l'ont-ils jamais vraiment aliénée ? La riposte de Charles fut immédiate, ferme, voire féroce[47]. On peut supposer que la réponse fut bien de lui. L'adolescent était en train de se muer en homme. On le constate, des Cortès de Saint-Jacques-de-Compostelle au retour et aux sanctions qui marquent la fin du soulèvement des *Comuneros*. C'est un homme qui, de 1524 à 1531, épouse l'Espagne dont il est désormais roi dans le cœur de ses sujets.

Cette hésitation – peut-être avait-elle un but pédagogique – vient d'un groupe aussi dévoué qu'informé. Mieux vaut se persuader que rien n'est joué et qu'il importe de maintenir un « profil bas » contrastant avec les accents de matamore du concurrent français. Charles interdit la candidature et le voyage de Ferdinand en direction de l'Empire. Mais, dans une lettre du 5 mars, il lui fait des promesses qu'il tiendra. Il s'engage à le traiter non plus en père, mais en frère, « afin de conserver cette précieuse union de la famille », de renforcer le système d'alliance voulu par les fondateurs (avec cette différence qu'une tête clairement désignée délègue) : « Je n'entends rien avoir qui ne soit autant à notre communion qu'au mien. »

En fait, le système primitif de l'alliance se trouve plus modifié que ne le dit la lettre à Ferdinand. Le message fort de l'unité est un message interne. On peut sans doute compter sur l'entourage de Ferdinand pour faire savoir que le nouvel empereur sera dignement et continûment représenté ; que l'Empire – qui n'en demande pas tant – ne sera pas veuf de son empereur. C'est bien ce que souhaite l'Empire : un empereur ni trop lointain en cas de danger, ni trop présent au fil des jours. Charles – c'est un trait de son caractère et une condition de son succès – est avare d'engagements dans la mesure où il s'efforce de les tenir : « Étant élu et couronné empereur, nous pourrons assez facilement et sans danger le [Ferdinand] faire élire roi des Romains, et mettre l'Empire en tel état qu'il pourrait toujours demeurer en notre maison » (instruction au sieur de Beaurain). Ce qu'il a promis en 1519, il le réalise en 1521 : Autriche, Carinthie, Carniole, Styrie et Tyrol échoient à Ferdinand. En 1531, celui-ci recevra de surcroît, sur la demande et par les soins de son frère aîné, le titre et la dignité de roi des Romains, donc de futur empereur[48].

Dans ces conditions, il faut écarter l'hypothèse d'une divergence sérieuse et pencher pour une manœuvre réussie de Marguerite d'Autriche : obliger son neveu à abattre la carte de la délégation à son frère, et de l'étroite association de Ferdinand et de Charles. Ce dernier aurait donc en son frère cadet une copie authentifiée de l'empereur, sans avoir l'inconvénient de sa peut-être lourde présence. Décidément, les Habsbourg, avec les réseaux dont ils disposent et les dames de la maison, sont très supérieurs aux Français, qui n'ont pas comblé leur retard. L'Empire a un pied en Italie, la cour de Vienne s'exprimera en italien jusqu'au début du XVIIIe siècle. Les rois de France, eux, ont soudé l'unité du pays, et le reste de la chrétienté la leur envie sans en vouloir les moyens.

Après s'être tenu en retrait, Charles semble prendre effectivement la tête des opérations. Il s'aperçoit alors que la situation est sérieuse. Il est vrai qu'il dispose d'un meilleur réseau, en particulier le chambellan Amerstoff. La façon dont réagit l'archevêque de Mayence, père de l'électeur de Brandebourg, lui montre l'ampleur du recul. Les électeurs s'estiment bien déliés des promesses à demi sincères faites à Maximilien, puisqu'elles n'ont pas été tenues et que le roi de France a fait monter les enchères[49].

Mayence peut servir d'exemple ; peut-être aura-t-on avec lui la clef des sincérités successives des électeurs. À l'exception du très rigide électeur de Saxe, futur luthérien, tous entrent dans un cercle qu'il faut comprendre et qui a sa légitimité. L'Allemagne a des structures d'État en retrait, peut-être archaïques, en tout cas différentes de ce qui prévaut en France et en Angleterre. C'est une société souvent brillante, avec très peu d'État. D'où des avantages, mais aussi, et surtout dans l'immédiat, beaucoup d'inconvénients. Le prélèvement n'y est pas moindre : lourd sur les paysans (en témoignera la guerre des Paysans), moins peut-être sur les couches moyennes des villes. En tête des privilégiés se trouve l'axe du Rhin, dont la Mayence de Gutenberg est le phare ; ces villes rhénanes sont, avec celles de l'Italie du Nord et de l'embouchure des fleuves sur la côte des Pays-Bas, des pôles déjà européens du développement technologique.

Mais la faiblesse des structures d'État se solde par un taux élevé de violence endémique, souvent anomique : les prélèvements nécessaires, même modérés, s'effectuent selon des modalités archaïques qui les rendent difficilement supportables. Il faut considérer, dans ces conditions, que les sommes arrachées par les princes-électeurs sont une forme intelligente de transfert des produits fiscaux d'ailleurs (principalement de France, un peu d'Espagne, des Pays-Bas, d'Italie) au profit d'une partie du Saint Empire : la localisation des électorats (quatre sur sept) privilégie l'axe rhénan. C'est la zone la plus brillante, mais qui a payé cher les conflits se déroulant sur son sol (ravages des troupes du Téméraire, raids des Suisses engagés contre la France).

De 1500 à 1560, de vastes secteurs sans structure étatique forte, l'Allemagne et l'Italie – les indices démographiques sont clairs[50] –, prouvent qu'ils ne sont pas gravement affectés par cette faiblesse. Envisageons donc froidement ces transferts lors des élections impériales entre un espace à État dense et lourde fiscalité (France) et une périphérie répartie entre zone d'État en développement (Espagne) et zone d'État faible (Italie, Empire, Pays-Bas). Ces transferts, désagréables pour certains, coûtent cependant moins cher qu'une guerre et contribuent à une ventilation des profits et pertes. La banque allemande, techniquement irréprochable, gère bien ces transferts en direction de l'Allemagne. Elle pénalise donc davantage les paysans français que les Pays-Bas et les Castillans, et privilégie la zone la plus riche de l'Allemagne rhénane. Tout compte fait, la présence d'un État fort qui protège le territoire a été globalement plus avantageuse.

Le succès deux fois obtenu par le Roi Catholique sur le Roi Très Chrétien s'explique, me semble-t-il, par une divergence entre le sommet et la base. Les électeurs paraissent avoir un moment penché vers le roi de France : mieux informés, ils ont pu penser qu'il assurerait une meilleure protection contre le danger turc.

Le Catholique (ou son entourage) a rejoint dans ses promesses le Très Chrétien. Chaque fois, c'est la couche moyenne (*la capa media*) qui a regimbé. On a sans doute abusé du mot et de la notion de « nationalisme » pour expliquer l'explosion luthérienne de la Réforme allemande, mais une identité se fonde alors face au proche. La conscience de l'identité est plus aiguë dans les couches moyennes qu'au sommet. Le proche face auquel on se pose, dans le brillant axe rhénan, notamment dans toute la moitié peuplée, développée et riche, c'est bien évidemment la France (et son roi). On comprend qu'entre le petit-fils de l'empereur, un Habsbourg – même peu allemand, même roi d'Espagne –, et le Français, ces couches moyennes souscrivent au slogan que rapportera bientôt le légat Aléandre. Les neuf dixièmes de l'Allemagne crient : « Vive Luther ! », et le dernier dixième : « Mort au pape ! » Et Léon X soutient lourdement le roi de France…

Après de nombreuses tergiversations (« J'ai honte de sa honte », écrit Amerstoff), l'archevêque de Mayence se rallie à Charles et se fait son propagandiste intransigeant, avec l'ardeur de qui a beaucoup à se faire pardonner. Les deux géants (relatifs) se sont lancés – François I^er^ presque par inadvertance et avec une coupable légèreté – dans un *crescendo* de violences et de menaces qui conduiront infailliblement à la guerre. De part et d'autre, on mobilise pour protéger ses partisans contre l'agression des autres.

Du côté français, Ulrich de Wurtemberg est un allié encombrant. Contre Ulrich, le Roi Catholique peut s'appuyer sur la Ligue souabe et sur Sickingen et ses chevaliers[51]. En réponse au margrave de Brandebourg inquiet, François Ier (avec son surintendant Semblançay pour le financement) met la main, encore et toujours, à la caisse. Il peut aussi compter sur le duc de Gueldre pour harceler les Pays-Bas, et faire face à Sickingen. Il rassemble enfin en Champagne ses compagnies d'ordonnance et fait monter soixante pièces d'artillerie de Tours vers la frontière. Le Roi Catholique, concentré sur sa frontière des Pyrénées, fait enrôler des hommes à Naples. Après les traités de Noyon et de Cambrai, qui avaient demandé tant d'efforts et semblaient avoir apaisé les vieilles rancunes, ce résultat autour d'une simple joute électorale est consternant.

Le meilleur moyen d'ébranler le Très Chrétien était de feindre de le soutenir. Celui qui disposait des lignes de communication intérieures et qui tenait encore le Milanais n'avait rien à craindre d'une coalition aussi hétérogène, privée du ciment que constitue une agression. Où est la fatalité ? Dans l'effort de paix de 1515 à 1517-1518, ou dans l'imprudente compétition où celui qui déploie le plus de moyens est celui a pour seul but de nuire à un concurrent avec qui l'on a essayé de régler les litiges, d'apaiser les rancunes et de faire la paix (politique de Chièvres) ?

Trop sûr de lui, François Ier table uniquement sur la force, s'allie sans discernement avec tout ce qui se présente – notamment le compromettant Ulrich de Wurtemberg, prince brigand honni, avec lequel il rompra trop tard. Dans une lettre aux ambassadeurs apparaît comme le commencement d'un regret et l'aveu d'un mobile : « Je serais très aisé que l'affaire pût se conduire sans entrer en guerre pour éviter le hasard et l'effusion du sang humain ; puisque les choses sont venues où elles sont, me désister me serait une honte, et par ci après les Suisses voudraient me donner la loi, ce qui me serait fort grief à porter. J'ai fait dresser une armée de quarante mille hommes de pied pour six mois. Vous entendez assez la cause qui me meut de parvenir à l'empire, et qui est d'empêcher que le Roi Catholique n'y parvienne. S'il y parvenait, vu la grandeur des royaumes et des seigneuries qu'il tient, cela me pourrait, par succession de temps, porter un préjudice inestimable. Je serais toujours en doute et soupçon, et il est à penser qu'il mettrait bonne peine à me jeter hors de l'Italie » (16 avril 1519). On est passé en deux mois du méprisable petit rival au géant dont on craint la puissance. Mais si François I$^{er}$ désirait uniquement ne pas renforcer un partenaire pouvant devenir un adversaire, c'est un autre prince qu'il lui fallait soutenir. La faiblesse de l'argumentation de l'étourdi pris à son propre piège est flagrante. Cette palinodie ne peut qu'ébranler les derniers fidèles.

Puisqu'on en est maintenant à mettre quarante mille hommes sur pied, comment faire croire que l'on n'est pas résigné à la guerre, qu'on ne la considère pas comme fatale sans un retrait qui, même tardif, serait moins humiliant que la défaite ? Pour le vaincu et pour le vainqueur, une revanche est désormais à prendre sur la défaite ou sur l'intention de dépouiller son légitime propriétaire de la pièce maîtresse de l'héritage multiple.

Seuls, sans doute, l'ont compris quelques grands politiques, mais pas tout à fait de premier plan. Il semble que le vertige du pouvoir au sommet puisse paralyser l'intelligence et obscurcir le jugement ; que le succès, surtout quand il vient de la mort opportune des autres ou d'un coup de dés, se révèle souvent un handicap ; bref, qu'un *trop de chance* est *la plus grande des malchances*, car les hommes capables de relativiser le trop de chance et de se le faire pardonner sont rares.

Naturellement, le Roi Catholique répond aux préparatifs français par ses propres préparatifs, que ne facilite pas une capacité inférieure. On est tenté de voir dans la révolte des *comuneros* un héritage de la très coûteuse élection, et dans leur facile défaite une conséquence du prestige que valut à l'orgueil castillan le choix d'un tel prince – et peut-être aussi d'une forme de maîtrise, sinon de sagesse, acquise par celui qui est désormais Charles Quint.

*L'estocade*

Les deux mois qui précèdent l'estocade sont fébriles. La distance, les soucis que posent la Catalogne et Valence ainsi qu'à l'arrière-plan la Castille irascible, peut-être la prise de conscience de l'injuste mépris des Flamands et des passions malsaines des émigrés, tout cela fait que le picrocholin conflit pourrait dégénérer en vraie guerre. Charles – qui a affirmé une fois pour toutes son inflexible détermination – fait confiance à ceux qui le défendent bien. C'est une grande qualité. Il n'est ni chancelier, ni ambassadeur, ni diplomate, ni général. Il a recueilli des couronnes, des seigneuries de toute taille, de quelques poulaillers à un continent, et maintenant l'ombre d'un empire, mais il ne reprend pas la confiance qu'il a donnée à ceux qui le servent bien et qui apprennent avec le temps à encore mieux le servir.

Les sept princes faiseurs d'empereur se sont « tous [...] rendus à Francfort [...] avec la pompeuse suite de leurs conseillers, de leurs serviteurs et des troupes de cavaliers leur servant d'escorte, dans cette ville où, depuis l'ouverture de leur assemblée jusqu'à son terme, ne peut pénétrer aucun autre prince, ni l'ambassadeur d'aucun roi[52] ». Sage précaution du rédacteur minutieux et inspiré de la Bulle d'or, qui n'ignore rien des tentations de recours à la violence. De petites armées campaient à bonne distance, si bien que le choix fut de sagesse et de sécurité. Et c'est peut-être aussi pourquoi, en dépit de ce qui peut passer pour de grosses ficelles, on assista en 1519 à une vraie élection. Charles de Habsbourg, le Bourguignon, déjà roi d'Espagne, était bien celui que, faute de mieux, l'Allemagne avait choisi. Et l'avenir prouve que ce choix n'était ni absurde ni mauvais.

Les témoignages sur le scrutin ne manquent pas[53]. L'électeur de Saxe a eu l'honnêteté et la sagesse de refuser de se présenter à l'élection, parce qu'il sait qu'il n'en a pas les moyens. « Le 28 juin, les électeurs, revêtus de leur costume de drap écarlate, se rendent au son des cloches dans l'église Saint-Barthélemy, pour procéder au choix de l'empereur. »

Ce choix est arrêté depuis plusieurs jours. L'archevêque de Mayence donne ses raisons : François est un étranger, mais surtout il est puissant. Avec son immense royaume héréditaire, les pouvoirs si étendus qu'il y exerce, le contrôle du Milanais et la trop éclatante victoire de Marignan, comment pourrait-il résister à la tentation d'annexer la Flandre (qui est du royaume comme la Bourgogne) ? Où s'arrêteront ses ambitions en Italie ? Quant à un prince allemand, faible et désobéi, il serait hors d'état de conduire et de pacifier l'Empire. Reste le Roi Catholique : il souffrira de l'éloignement, mais il a la puissance. Habsbourg par ses origines, il a un pied dans le pays.

L'archevêque de Trèves s'étonne de la pirouette de son collègue de Mayence, montre que les objections contre le Très Chrétien s'appliquent au Catholique, insiste lourdement sur les mérites de François Ier et souhaite le choix d'un prince allemand[54]. Devant le refus de l'électeur de Saxe, il s'incline en montrant qu'il n'est pas dupe. Son ralliement du bout des lèvres entraîne les autres. Ils se sentent encerclés à distance, à deux doigts d'une guerre civile. Du moins Charles est-il un peu de chez nous, disent-ils en substance, et puis nous n'avons pas vraiment le choix. La Saxe déclinant l'offre, on ne peut que se rallier au Roi Catholique.

Le 28 juin 1519, Charles désormais *Quint* est élu à l'unanimité. Au niveau des sept, nous savons ce que vaut cette unanimité. Mais elle traduit une réalité.

Le cœur de l'Empire, au moment où débute l'affaire Luther, s'en tire bien ; le risque d'éclatement et d'affrontement a été exorcisé de justesse par ces palabres, et la moisson a été engrangée au détriment des paysans français et – sur une moindre échelle, car ils sont moins nombreux et moins riches – des *pecheros*, les contribuables espagnols. Les cités rhénanes se portent bien ; les presses battent (Luther sera pour elle une aubaine), les cathédrales gothiques flamboient et se mirent dans l'eau du fleuve. L'unité de la chrétienté est en train de se déchirer, mais qui en a conscience ? *Morgen ist auch ein Tag* : demain est encore un jour.

## Chapitre IV

# LA DIFFICILE COLLECTE DES HÉRITAGES

### *Profits et pertes. Les* comunidades

Hormis la réserve, dans l'heure peu connue, de l'électeur de Brandebourg soucieux de son avenir – aveu implicite de l'influence d'une opinion qui n'aurait pas de plein gré accepté à Francfort une autre désignation –, les choses ne se passent pas aussi mal que la tension des deux derniers mois aurait pu le laisser craindre.

Aussitôt le résultat proclamé, les vingt-deux trompettes du comte palatin et du margrave de Brandebourg embouchent leurs instruments ; l'orgue joue le grand *Te Deum*[1]. La nouvelle parvient dix jours plus tard en Espagne, où elle ne suscite pas l'enthousiasme. On y porte en général l'élection de Francfort dans la colonne des pertes ; mais imagine-t-on ce qu'eût été l'échec ? Un roi discrédité, diminué, humilié… Même si dans l'immédiat l'élection complique la tâche, elle constitue à long terme un facteur de prestige pour la nouvelle dynastie. En vacance de *Reconquista* – ce qui est malsain pour le corps social –, la Castille ne tardera pas à prendre goût à la charge grandiose qui finira par l'écraser. La bouffée d'humeur passée, qui songerait à en tenir rigueur à celui qui est à jamais *el Emperador ?*

Le nom de Charles vient de Bourgogne, et le choix en a incombé à Philippe le Beau. C'est le vieux nom carolingien que seul Charles IV, membre de la dynastie des Luxembourg et auteur de la Bulle d'or, avait reçu depuis. L'annexion de la mémoire de Charlemagne ne sera pas manquée par Gattinara. Le typhus ayant bien fait les choses, Jean Sauvage était mort le 7 juin 1518, débarrassant le jeune prince d'un personnage qui avait réussi à se faire détester en Espagne, comme Chièvres. À sa place s'impose Gattinara (Piémontais, donc Lotharingien) comme « un grand chancelier cette fois de tous les royaumes et terres du roi »… Son rôle, discret, est difficile à apprécier dans l'élection impériale, mais il est considérable dans la mise en musique du livret. Gattinara écrit bien, sait manier les concepts et a certainement préparé à l'avance sa copie, prête le 12 juillet 1519. Ce long mémoire commence ainsi : « Sire, puisque Dieu vous a conféré cette grâce immense de vous élever, par-dessus tous les rois et princes de la chrétienté, à une puissance que jusqu'ici n'a possédée que votre prédécesseur Charlemagne, vous êtes sur la voie de la monarchie universelle, vous allez réunir toute la chrétienté sous une même houlette. » Propos d'humaniste, mais aussi de politique – pur style de chancellerie.

Le jeune Charles semble capable de ne voir dans cet exergue qu'un morceau de politesse de cour. Il a, en effet, beaucoup mûri. Il sait qu'en Espagne les routes sont mauvaises, les logis médiocres, la nourriture souvent frugale et les caisses désespérément vides. Il sait aussi qu'il est difficile de s'y faire simplement entendre.

Est-il toutefois opportun d'exalter ainsi un adolescent de dix-neuf ans qu'accablent tant d'honneurs ? Apparemment, l'Espagne n'apprécie guère : il serait fâcheux que cette prose tombe sous le regard des rois de France et d'Angleterre – pour se borner aux plus grands –, *a fortiori* du pape. La paix que prônent Érasme et le courant humaniste chrétien passe par l'harmonie, la convivialité des princes et des peuples.

La suite du mémoire de Gattinara est plus rassurante. Il s'agit d'une fort honnête homélie, appelant Charles à craindre Dieu, pratiquer l'humilité, accomplir la volonté de ses prédécesseurs, se montrer plein de sollicitude envers la reine mère, se comporter de façon magnanime vis-à-vis de son frère, s'entourer de personnes compétentes et dignes, choisir de bons conseillers pour rédiger de bonnes lois. Le nouveau grand chancelier, qui conjugue probité, talent et abnégation, est un bon faire-valoir pour son maître. On le voit lors de la réception solennelle des électeurs à Molins del Rey, puis du personnel de la modeste et dispersée maison d'Autriche qui va bénéficier de l'annexion du Wurtemberg en marque de reconnaissance, au détriment d'un allié encombrant du roi de France.

Charles se comporte comme Gattinara le souhaite, lui dictant tout ce qu'il désire entendre. Après avoir accordé sa confiance à Chièvres, mort au moment où l'alliance française succombe à l'inutile confrontation, le nouvel empereur marchera la main dans la main avec Gattinara pour les dix années à venir. Charles Quint sait s'entourer et, sous cet angle, la modestie du prince est le signe de sa vraie grandeur : savoir de qui l'on a besoin, savoir ne pas se substituer aux meilleurs de ses serviteurs et leur garder la confiance qu'ils méritent.

Un point capital, car les hommes se conduisent avec les mots, est ce que l'on nomme la *titulature* : titres, blasons, sceaux, monnaies[2]… Gattinara était d'avis qu'en tête de chaque titre devait être désormais placée la mention : « roi des Romains, empereur romain élu, toujours auguste ». Les autres titres suivront, selon le lieu et la nature du pouvoir qu'ils confèrent. Le titre impérial est toujours en tête, comme un honneur rejaillissant sur les autres. Pour l'Allemagne : « roi romain, futur empereur, toujours auguste, roi d'Espagne, de Sicile, de Jérusalem, des Baléares, des îles Canaries et indiennes, du continent au-delà de l'océan, archiduc d'Autriche, duc de Bourgogne, de Brabant, de Styrie, de Carinthie, de Carniole, de Luxembourg, de Flandre, de Tyrol, comte palatin de Bourgogne, de Hainaut, de Ferrette, de Roussillon, landgrave en Alsace, prince en Souabe, seigneur en Asie et en Afrique ». Duc de Bourgogne et comte palatin de Bourgogne : d'un côté la Bourgogne ducale, province française appartenant toujours, même comme apanage, au domaine ; de l'autre la Franche-Comté qui, elle, est d'Empire… D'après Gattinara, l'ordre n'est pas géographique, mais d'importance sur une échelle des dignités. La signature ne devait paradoxalement comporter, comme en France, que le prénom – et non l'inséparable *Yo el Rey.* « Le sceau pouvait varier suivant les lieux et les sièges, mais le grand sceau impérial devait toujours accompagner Charles pour les affaires importantes. » Pour la Bourgogne, l'ensemble *Par Decha* la devise *Plus oultre.* Le tout donne un faible aperçu de la fabuleuse complexité de cet Empire qui reste une alliance, un ensemble dont le seul ciment est l'empereur. Charles Quint ne pouvait renoncer, et il apparut qu'il était sans doute le meilleur. On avait peu hésité dans son camp, avant chacune des deux manches. Même si Barcelone ne pavoise pas, la nouvelle se répand et ne laisse pas tout à fait indifférent. Empereur et roi, pourquoi pas ?

Tout s'est remarquablement mis en place au cours de ces années où tout s'enchaîne. Charles passe douze mois, pour commencer, aux Pays-Bas. La coutume exige un contact physique, personnel du prince. Ajoutons vingt mois encore – tandis que l'Espagne s'impatiente sous la deuxième régence de Cisneros – pour achever de consolider ces provinces riches mais difficiles ; berceau de l'homme et de la nouvelle dynastie, elles rechignent, mais finissent par payer. L'Espagne s'impatiente, car depuis 1497 c'en est fini de la belle unité dans l'élan de la Reconquête : les Espagnes sont redevenues plurielles et conflictuelles. Et sur leur flanc, mal accrochés, une moitié d'Italie peu gouvernable, un étrange chapelet d'îles et, très au-delà des colonnes d'Hercule, un Nouveau Monde esquissé.

Depuis septembre 1517, le contact avec l'Espagne est tendu. Au bout de vingt et un mois survient l'annonce de l'élection. L'Espagne en état de prérévolution retient le prince, tandis qu'à son tour le Nord – Pays-Bas, Allemagne – s'impatiente. Onze mois encore : le 20 mai, on quitte une Espagne soulevée ; le 26, on lève l'ancre. On n'évitera pas la guerre civile. La rupture est virtuellement consommée avec la France ; l'Angleterre hésite. Luther, au nord, fait tache d'huile. L'empereur-roi débarque en Espagne le 16 juillet

1522, après quatorze mois consacrés aux affaires du Nord tandis que l'incendie embrasait la Péninsule.

L'Espagne s'est taillé la part du lion : trente-deux mois consécutifs lui ont été consacrés. Le couronnement à Aix-la-Chapelle, la diète de Worms, la négociation du rapprochement avec l'Angleterre en vue du conflit inévitable avec la France occupent vingt-six mois.

### *L'Espagne au bord de l'explosion*

On a une impression de pourrissement après Valladolid, Saragosse et Barcelone. Comme si le temps consacré aux royaumes d'Espagne, dont l'unité est proclamée et les diversités conflictuelles affirmées, était inversement proportionnel à leur importance. Fallait-il risquer l'enlisement espagnol et sacrifier le reste ? Très vite éclatent les difficultés dues à la distance et à l'hétérogénéité des systèmes.

Dans l'immédiat, on pare au plus pressé. Charles doit se rendre dans l'Empire pour se faire couronner à Aix-la-Chapelle, avant l'étape finale qui appartient au pape (22 et 24 février 1530). Mais il faut d'abord financer ce voyage, que beaucoup d'Espagnols interprètent comme un nouvel abandon. Qui paiera, tout ayant été absorbé par l'élection et par la dette contractée auprès des Fugger, des Welser et de la banque allemande dans son ensemble ? Il va falloir rembourser et assurer les intérêts d'une somme énorme. Aux yeux de Gattinara, Chièvres a tort de hâter le départ du roi alors qu'il n'a pas encore reçu l'hommage du royaume de Valence. Obnubilé par le mouvement castillan des *comuneros*, on oublie la *germania* de Valence dont les côtes sont régulièrement exposées aux incursions barbaresques. Lors du séjour du jeune roi à Barcelone avant le résultat de l'élection, un raid « maure » a ainsi frappé, sans que l'on dispose du moindre bâtiment armé pour riposter.

*Le problème de Valence*

La riche plaine (*huerta*) de Valence est plus spécialement vulnérable en raison de sa proximité, de sa richesse et des rancunes accumulées ; plus d'un tiers de la population est morisque. Protégés par l'aristocratie qui en tire de bons revenus, les morisques de Valence sont restés des Maures, et ne donnent pas même l'apparence d'un début d'acculturation. Il arrive que les vieux-chrétiens se sentent pris en tenaille entre les Barbaresques qui longent impunément la côte, prêts à frapper, et l'arrière-pays hostile qui rêve de retour et de revanche. Comme l'aristocratie déçoit par sa mollesse, la plèbe vieille-chrétienne s'organise en *hermandad* – en valencien, *germania* : fraternité. Cette côte n'en a pas fini avec la *reconquista* ; elle se considère toujours comme une « frontière ». Les *comunidades* de Castille ont donc été précédées par un mouvement proche, mais sans lien direct avec lui. Pour le pouvoir, cette différence est rassurante. Dans la révolte plus encore que dans la normalité, l'*Hispania* est résolument plurielle.

Il semble que la grande alliance des héritages rassemblés, qui se prolonge jusqu'au début du XVIII$^{e}$ siècle, ait durablement ralenti l'unification engagée par les Rois Catholiques jusqu'en 1504. Nous n'avons pas à traiter longuement de la grande révolte – certains tiennent à parler de révolution – pour une raison simple : elle se déroule pour l'essentiel en l'absence de l'empereur[3]. Cet épisode est néanmoins capital pour comprendre l'homme et le système.

En 1519-1520, dans l'esprit du jeune empereurs et d'une équipe déjà moins « flamande » avec l'arrivée de Gattinara, l'urgence est vraiment ailleurs. L'Empire est un monde profond et complexe auquel Charles appartient certes, mais sur la marge. Il partira donc, se détournant de l'*Hispania* où les foyers de l'incendie sont visibles au cœur (Valladolid, Burgos, Tolède surtout). L'Empire de Charlemagne sera le premier servi ; pour l'Espagne, on verra plus tard.

Dans cette phase, l'Espagne est sur les marges du grand ensemble presque achevé, juste avant les défaites françaises de 1522-1525 qui le complètent et le scellent. Il ne faut pas négliger la frustration due à la présence charismatique du roi. Une première tension est née à l'arrivée au pouvoir d'une dynastie étrangère. En 1519, Charles a commencé à s'hispaniser. Une seconde tension voit le jour avec le départ du prince.

Ce départ et la réunion des Cortès à Saint-Jacques-de-Compostelle, voilà le détonateur. Le problème se pose en termes de finance et, plus fondamentalement, de présence. Le coût de l'opération électorale a été maintes fois calculé[4]. Les historiens qui se sont penchés sur cette question délicate sont arrivés à un ordre de grandeur assez sûr : 850 000 florins rhénans, soit 800 000 ducats castillans, soit encore 2 100 kilos d'or fin – 22 à 23 % de ce que l'Amérique exporte de 1511 à 1520. C'est l'équivalent de tous les revenants-bons pour l'administration castillane de l'Amérique, ou du bénéfice réalisé sur l'Amérique par l'État depuis sa découverte. Prix de la vénalité du système électoral institué par la Bulle d'or ? C'est aller un peu vite en besogne : l'élection est l'occasion d'apurer les comptes, de liquider le contentieux d'un règne. Mieux, le coût de l'opération électorale est le prix de la fédération, de l'élaboration d'une superstructure complexe, de la construction d'un empire qui n'est certes pas la monarchie universelle, mais qui tend vers elle. Les avances consenties par les Fugger ont été engagées en premier lieu sur les États patrimoniaux et sur la « Bourgogne », dont les revenus sont fortement grevés. Ce sont les États les plus directement intéressés à la candidature impériale, mais, par une réaction en chaîne, l'opération a fatalement une incidence sur les finances du plus grand des États ibériques. Non seulement cette élection prive la Castille de son roi au moment où la situation intérieure appelle toute son attention, mais le coût du déplacement de la cour vers le Nord lui incombe.

Par une lettre datée de la Saint-Michel (29 septembre) 1519, depuis Barcelone, l'empereur élu donne ordre à Juan

Rodriguez de Fonseca, qui dirige les affaires des Indes et de la mer, de préparer l'expédition qui ramène aux Pays-Bas une cour alourdie[5]. La Castille devra ainsi financer l'achèvement d'une opération dont les charges ont, au début, été assumées pour l'essentiel par les États patrimoniaux. On prévoit d'augmenter les impôts dans une conjoncture de plus en plus défavorable que la Castille n'est pas à même d'accepter.

Il n'y a pas d'autre solution que de réunir à nouveau les Cortès, et guère d'autre moyen que de le faire sur le chemin du retour, à Santiago, dans cette Galice totalement à l'écart du système politique castillan, non représentée aux Cortès. Le choix de cette ville proche de La Corogne ne peut manquer d'accabler les députés et de susciter un sentiment de rage au centre de la décision et du pouvoir. « C'est de Calahorra, le 12 février 1520, que part la convocation officielle des Cortès, appelées à se réunir à Saint-Jacques, le 20 mars suivant[6]. »

Du début de 1519 au départ, le 20 mai 1520, de cette flotte de cent voiles, l'attention du prince et, plus grave, de Gattinara est détournée des affaires ibériques par les problèmes d'une extrême complexité que posent l'héritage autrichien et l'élection impériale[7].

Tout peut se ramener à un problème de seuil. Le développement de l'État territorial un peu partout en Europe rend plus aiguë la question des équilibres. L'union des Pays-Bas et de la Castille ne posait pas aux chancelleries de problème insoluble, pas plus que l'absorption de l'Italie du Sud dans le système aragonais. Il n'en va pas de même avec la jonction du système Pays-Bas-Castille et du système Aragon-Sicile-Naples. Ce n'est pourtant guère plus qu'une réponse à la domination française sur l'Italie du Nord. L'élection du 28 juin 1519 est en effet une conséquence du déséquilibre engendré[8]. Mais elle est à son tour génératrice de déséquilibre : Charles se trouve dans la même situation que Louis XII six ans plus tôt. Le danger pour lui découle d'une possibilité d'entente entre Henri VIII et François Ier. L'élection de Francfort a jeté à bas l'édifice péniblement élevé par Chièvres. La clef du problème est en Angleterre ; ou bien Henri VIII, battu lui aussi mais moins engagé que François Ier dans la compétition impériale et donc moins cruellement humilié que lui, continuera à redouter d'abord la puissance française ; ou bien il considérera que l'héritage des Habsbourg et l'Empire confèrent à Charles une puissance supérieure à celle du Valois. En 1519-1520, une alliance de l'Angleterre et de la France peut, si elle se réalise, briser dans l'œuf l'agrégat encore extrêmement fragile d'États de l'empereur.

« L'élection qui venait d'être faite forçait toute l'Europe à remettre en question ses alliances, écrit fort bien Karl Brandi. François Ier s'était beaucoup vanté ; le coup porté à son orgueil, à sa réputation politique, n'en était que plus dur. L'Angleterre, elle aussi, faisait bonne mine à mauvais jeu[9]. » L'empereur élu s'empresse auprès de l'Angleterre, s'excuse avec humilité de son succès. Il a pu laisser conduire, depuis Barcelone – la moins excentrique des places ibériques –, la première phase des opérations ; il ne peut empêcher une jonction franco-anglaise, qui serait fatale, que depuis les Pays-Bas. L'héritage autrichien et l'élection impériale redonnent donc aux États de Bourgogne leur position centrale. Certes, le jeune empereur s'est fait précéder de ses plus habiles et de ses plus anciens conseillers, mais ils n'ont pu empêcher la préparation du Drap d'or que les souverains français et anglais ont arraché à leurs conseils. La « note arrogante que François Ier fit tenir à Burgos au sujet de l'exécution du traité de Noyon », le 20 février 1520, prouve que l'apaisement ne peut plus rien du côté du plus fort. Tout va ainsi dépendre de l'Angleterre ; l'empereur ira donc en pèlerin solliciter Henri VIII. Avec ses 3,5 à 4 millions d'habitants, l'Angleterre, à la charnière des grands systèmes continentaux – l'axe franco-italien de François Ier et l'énorme croissant des États de Charles Quint –, est maîtresse du jeu.

Qui en Espagne peut comprendre cette donnée, et surtout en accepter les charges ? L'Aragon peut-être, mais personne en Castille. Quel Castillan, dans ce pays « frontière », assumera de gaieté de cœur le poids de cet empire aux contours encore incertains ? Il y faudra l'habitude, la conscience d'être à la tête de l'Europe, peut-être aussi la réforme luthérienne contre laquelle l'Espagne mènera la croisade.

Notons au passage que l'empire de Charles Quint, à la différence de celui de Philippe II plus tard, est un empire itinérant, sans capitale. La mise en place d'un État moderne passe presque nécessairement par l'établissement des organes administratifs centraux dans une ville capitale. Or la construction impériale constitue un obstacle à cette fixation géographique. La Royauté Catholique était itinérante, mais cette itinérance était ibérique. La construction impériale étend l'itinérance à l'Europe et au bassin occidental de la Méditerranée.

Le départ d'Espagne, c'est Charles qui l'a voulu. Il est retardé par les événements et la mauvaise volonté de ceux qui voudraient le garder, mais c'est lui qui l'emporte.

Or les Cortès viennent à peine d'accorder un mince subside ; il faudra arracher une suite pour une entreprise que la Castille ne fait pas encore sienne. Le mécontentement, depuis octobre 1517, ne cesse de monter dans ce pays qui se trouve injustement sacrifié au profit de la couronne d'Aragon, objet d'une sollicitude sans proportion avec le poids et l'effort consenti, simplement parce que Barcelone est un nœud de communications. L'irritation de la Castille se cristallise autour du départ imminent du roi et du rejet des *encabezamientos*, les allégements fiscaux consentis sous forme de forfaits. Tolède prend la tête d'un harcèlement qui glisse vers la rébellion ; apparaît une majorité de *regidores* (échevins), futures têtes du mouvement rebelle. Des noms émergent : Pérez de Guzmán, Juan de Padilla… Ce sera bientôt l'œil du cyclone ; la ville n'a pas supporté l'humiliation *post mortem* infligée à Cisneros, à travers la dévolution du siège primatial[10].

Depuis Calahorra, le 12 février 1520, le choix de Saint-Jacques pour la convocation officielle des Cortès le 20 mars suivant se justifie par la proximité de La Corogne. Comment insister plus maladroitement sur l'insupportable départ ? Même les plus dévoués à la cause royale avaient laissé entendre que ce serait Burgos. « Saint Isidore aurait prédit la ruine du royaume le jour où les Cortès se tiendraient en Galice. » Serait-ce en raison de quelque retour caché des Maures que l'on aurait cherché aussi ostensiblement l'aide de saint Jacques, protecteur des Espagnes[11] ?

La cour arrive le 26 mars ; les Cortès s'ouvrent le 31, sous la présidence du grand chancelier Gattinara et de l'évêque de Badajoz, Pedro Ruiz de la Mota. Les incidents se multiplient, l'humeur est détestable. On conteste les représentants de Salamanque, ville où les franciscains mènent une forme hardie de résistance juridique et intellectuelle ; les députés de Tolède, « ayant reçu l'ordre formel de ne pas accepter le *servicio* [voter l'impôt], [...] ont préféré, pour leur sécurité, ne pas paraître aux Cortès ». Ces Cortès s'expriment dans les limites extrêmes qu'autorisent la coutume et le droit – juste en deçà de la révolte armée et de la guerre civile. Vérification des pouvoirs, discours de l'évêque de Badajoz et réponse du député de Burgos ont occupé la journée du 31 mars[12].

## *Le discours de Mota*

Le jeune roi a revendiqué les propos de Mota qui a, dit-il, traduit exactement sa pensée (Charles acquiesce dans un espagnol encore marqué d'un fort accent étranger). Voire ! L'argument le plus fort en faveur de cette thèse est un argument *a posteriori*. Les grandes promesses ont été tenues. La seule contestation porte sur la nomination exclusive de Castillans à de hauts postes. C'est oublier que le roi, avant ses nominations, ne manque jamais d'accorder la *naturaleza* – on dirait en français : la qualité de *régnicole*. Bien sûr, ce n'est pas ce que l'auditoire attend. Soit, mais alors il faudrait adopter la loi salique comme loi fondamentale du royaume : ainsi serait écarté le risque d'un roi étranger.

Et si les deux camps détenaient chacun une part de la vérité ? C'est au cours des dix mois séparant l'annonce de l'élection et le départ pour un voyage fondateur (la fin de Chièvres est le véritable commencement du tandem Gattinara-Charles Quint) que s'achève la cohabitation harmonieuse avec la France. De part et d'autre, toutes les dispositions vont être prises dans la perspective d'un affrontement avec la France. L'alliance caroline est une réponse mûrie à une provocation difficilement supportable : par sa candidature à l'Empire, François Ier a exhumé, réactualisé la saga familiale des griefs ressassés depuis l'enfance. La phase vraiment critique pour Charles n'est pas le soulèvement des *comuneros*, mais la déception de François Ier après le cadeau qu'il a fait d'ouvrir son royaume à son cousin. Le Roi Catholique n'a pas compris – car on ne le lui a pas assez dit – que cette générosité ne devait pas être déçue. Avant et surtout après la mort de Maximilien les provocations du roi de France dénouèrent les liens de reconnaissance que le jeune Charles aurait peut-être respectés, car c'était dans son caractère.

On a peine à croire que l'Espagne ait été au cœur des préoccupations du roi au point de le pousser à inspirer le discours de Mota, qui est l'œuvre d'un *letrado*, d'un clerc maniant des concepts étrangers à la culture d'un jeune chevalier. Que Charles se soit mis à aimer la Castille qu'il avait un temps délaissée pour la couronne d'Aragon, dans la mesure où, convaincu du caractère inévitable de la guerre, il sait qu'il ne pourra vraiment compter que sur l'Espagne – entendez la Castille. Cela ne fait pas de doute.

Tout, dans la révolte des *comuneros*, fait penser à quelque amour blessé : pourquoi le roi veut-il quitter les Espagnols ? On ne peut se passer de roi, et Ferdinand ne réside pas ; quant à Jeanne, il faut renoncer à toute illusion, elle est bien dans l'incapacité de gouverner. Le départ du 20 mai 1520, même s'il obéit à une contrainte extérieure, est en vérité le geste politique le plus efficace, le seul recours offert au roi. Il ne peut sacrifier au caprice d'un peuple passionné les investissements consentis pour conserver la tête impériale dans sa lignée. L'Espagne est un ensemble brûlant, pluriel, fragilisé par sa victoire sur Grenade qui l'a privée de l'ennemi commode. Mais elle est à l'abri de tout véritable danger extérieur ; depuis cette *meseta*, les Aragonais contrôlent la moitié de l'Italie sans s'exposer.

En revanche, aucun territoire n'est plus ouvert à tous vents que ce qui reste de l'ensemble bourguignon. Le Saint Empire est mieux protégé par sa masse et par le lacis des souverainetés que coiffe l'empereur élu. Après trente-deux mois d'absence, Charles doit reprendre pied, préparer le contact anglais, travailler à l'isolement de la France afin de la chasser du Milanais, et établir entre les Pays-Bas et l'Espagne une route qui permette de contourner cet obstacle.

Il n'est pas besoin d'imaginer que Charles Quint ait vraiment inspiré Mota, puisqu'il l'a publiquement approuvé. C'est même le discours du prélat qui a inspiré le roi. Peut-être n'était-il pas strictement de lui, mais il l'est devenu et il l'a totalement assumé.

Que l'Espagne, à travers la Castille, soit le centre, le noyau fédérateur qui fournit le meilleur de la force disponible, le ciment empêchant la dispersion, voilà ce qui paraît évident à Mota. Quand l'attachement des sujets de Castille aura scellé le pacte, leur fidélité sera (la crise passée) indéfectible.

Sur l'élection, le discours de Mota est un plaidoyer *pro domo*. Charles n'agit pas par ambition personnelle, mais par fidélité à l'héritage – un motif honorable. Que la gloire de son prince, choisi par et pour l'Empire, rejaillisse sur l'Espagne – à savoir la Castille –, là encore Mota est bon prophète. Les Espagnols s'en persuaderont au point d'accepter insensiblement d'être écrasés sous la charge de ce « destin » de pilotes de deux mondes, l'ancien et le nouveau. Le poids ne deviendra intolérable qu'à la fin du règne de Philippe II.

Dernière question : de quel empire s'agit-il ? De celui dont rêve l'humaniste Gattinara ou de celui, plus terre à terre, qui découle de la réalité historique ? Il faut opter sans hésiter pour l'hypothèse concrète et réaliste. Jamais Charles

Quint n'a tenté d'unifier cette collection de possessions disparates. Et il a réussi à la faire tenir ensemble parce qu'il a accepté cette voie modeste dictée par l'héritage reçu. Même quand il est au zénith après Pavie, même quand il s'obstine à réclamer la Bourgogne, il ne demande rien d'autre qu'un privilège honorifique, une espèce de présidence pour assurer la paix et la défense de la chrétienté. Quant à l'unité religieuse de l'Empire, ses efforts seront voués à l'échec. Il sera à son corps défendant, avec l'Intérim, celui qui contresignera le compromis d'Augsbourg, et en Espagne celui qui ne pourra empêcher la généralisation des statuts de pureté de sang.

Si Charles se montra irréaliste, ce fut seulement dans le rêve inaccompli de la récupération de la Bourgogne. La grande alliance a certes été payée d'un interminable conflit – qui était pourtant parfaitement évitable sans le jeu des rancunes –, mais elle a limité les frottements au cœur de l'alliance, voire sur les bords. Le conflit n'enflamme jamais la totalité des frontières. Les guerres de la moitié du XVIe siècle n'auront pas d'incidence sensible sur la croissance démographique. L'empire en forme d'alliance de Charles Quint a plutôt limité le volume global des pertes ; en revanche, il a freiné les évolutions. S'il a tenu, c'est qu'il a été éminemment conservateur.

### *Le départ (avril-mai 1520)*

Le départ n'a pas été retardé, car il était programmé. La réponse au discours de Mota et aux paroles d'acquiescement de l'empereur-roi a eu plutôt pour effet d'accroître l'irritation. Impôts votés ou doléances d'abord ? Des pressions multiples et plus ou moins fortes s'exercent lors d'une longue suspension des séances entre le 4 et le 25 avril, mais, entre le 25 avril et le 19 mai (veille du départ du roi), le *servicio* est approuvé. Ont voté sans réticence : Avila, Cuenca, Guadalajara, Jaen (avec réticence) ; Ségovie, Soria, Burgos,

Séville et Grenade. Selon Joseph Perez, il s'agit de villes soit liées au commerce, soit tenues en main par de fortes personnalités comme Cobos, secrétaire du roi à Grenade. Ainsi Séville, brisée moralement par la persécution des *conversos*, mais qui bénéficie du monopole du commerce avec le Nouveau Monde. Ont voté contre : Cordoue, Madrid, Murcie, Toro, Valladolid, Zamora et León, tardivement et à contrecœur ; Jaen est divisée. Enfin, les absentes sont des opposantes dures : Tolède, Salamanque, Ségovie. Comme Cisneros n'est plus là, c'est Adrien le « Flamand », naturalisé de fraîche date mais déjà quelque peu rodé à son rôle, qui tient la rampe. Modéré, il entretien des liens étroits avec Charles et a permis d'éviter la désignation d'un grand d'Espagne – dont le choix, quel qu'il fût, eût été perçu comme une provocation par tous les autres. Sur cette victoire à la Pyrrhus, alors que le feu s'étend et ravage une partie de la Vieille et de la Nouvelle-Castille, Charles laisse à un petit noyau le soin de faire face et s'embarque pour le Nord vers d'autres soucis.

L'empereur était endetté jusqu'au cou, quittait une Espagne au bord de l'explosion et abordait une Allemagne difficile à affronter. Les sages l'avaient prévu : la mission était impossible – qui trop embrasse mal étreint. Les confidences de François I^er^ exprimaient une réalité : « À bien considérer les embarras que cette dignité lui aurait suscités et les répugnances [...] dans son royaume, écrit Mignet, il n'a qu'à remercier Dieu d'y avoir échappé. »

« Faisant bonne mine à mauvais jeu », Henri VIII rappelle de son côté « ses vieilles et très amicales relations avec la Bourgogne et l'Espagne », et Charles Quint le remercie pour le « secours accordé » (Brandi). Marguerite d'Autriche, qui a mal suivi la politique à ses yeux trop exclusivement francophile de Chièvres, souhaite, comme elle l'a toujours préconisé, qu'on réponde aux avances anglaises pour se libérer du poids que la France fait peser sur les communications impériales. Léon X se trouve dans une position délicate. La pression que la France, maîtresse du Milanais, exerce en Italie est certes trop forte à son goût, mais il ne parvient pas à se donner une ligne de conduite et reste très intimidé par la puissance française. À Rome, les ambassadeurs de France, d'Angleterre et de Venise se sont abstenus de paraître aux cérémonies d'action de grâces pour l'élection du Roi Catholique à l'Empire. Les Cantons suisses sont l'objet de sollicitations, car ils pèsent lourd sur les communications nord-sud de l'alliance caroline. Tant que les Français seront à Milan, les deux tronçons de l'empire de Charles Quint seront privés de contacts commodes et réguliers, ce qui rend la situation imprévisible. Faute de tenir le pied des cols alpestres et de disposer d'une route terrestre assurée, on reste à la merci des Français. Il faut donc obtenir la neutralité au moins bienveillante de l'Angleterre.

Les contacts préalables sont en bonne voie. Une maladresse de François Ier jette Charles du côté de Marguerite. Le roi de France lui envoie à Burgos une note arrogante, le 20 février 1520, sur l'exécution défaillante du traité de Noyon. Il semble bien qu'il faille attribuer à François Ier la responsabilité d'une provocation risquant de mettre fin à cinq années d'apaisement et de liquidation des querelles du règne précédent. C'est exciter chez le nouvel empereur son prurit de revanche, et celui-ci saisit la perche. Le mouvement de la cour et de la flotte vers le nord lui offrira l'occasion d'un geste de courtoisie sans frais à l'égard d'Henri VIII : il ira saluer sur son sol le roi d'Angleterre. Celui-ci, qui sur l'échiquier européen se situe loin derrière les deux seuls vrais grands, en sera excessivement flatté. L'habileté de ses conseillers se conjugue d'ailleurs chez le jeune prince avec une forme de sagesse. Charles Quint frappe à présent par une simplicité non feinte – elle lui est devenue naturelle.

Comment Henri VIII, oncle par alliance de l'empereur, pourrait-il résister à tant de prévenances ? Pour préparer la visite (qui précède de peu la rencontre dite du Drap d'or avec la France), Charles envoie une ambassade prestigieuse composée de Berghes, Gorrevod, Le Sanch et Mesa. Marguerite d'Autriche en rajoute en faisant préciser que l'entrevue aura lieu à Southampton. Elle a tenu à examiner attentivement ce que le Conseil en Espagne (Chièvres) a prévu, avec une connaissance très fine de la susceptibilité anglaise. Le jeune prince fait preuve en l'occurrence d'une méritoire modestie et manifeste son respect instinctif des aînés. Karl Brandi écrit très justement : « Chose singulière, il semble que le jeu politique sombre dans les problèmes d'étiquette. » Lors de cette première visite du jeune empereur, par une inversion digne des Écritures, c'est en effet Charles qui rend honneur à celui qu'il surclasse, en excluant le roi de France dont il est le vassal en tant que duc de Bourgogne (comte en Flandre).

L'entêtement de François Ier, son refus de suivre l'évolution du rapport de forces et de s'y adapter, rejette sur lui la principale responsabilité de la destruction de quatre ans de politique de paix, au moment où la domination de Chièvres dans le Conseil s'use, avant que la mort ne tranche (23 mai 1521). Au printemps 1519, alors que la compétition qu'il fallait éviter est ouverte avec des risques caricaturalement asymétriques, n'aurait-il pas fallu accepter la proposition conciliante de l'entrevue de Montpellier[13] ? Alors que Chièvres en personne est venu de Barcelone pour se retrouver face à Boisy parti de Blois, fallait-il lui infliger un refus et gaspiller le meilleur atout que la paix avec la France possédait dans le camp de Charles ? Celui-ci avait proposé de réduire de moitié les cent mille ducats annuels dus pour Naples et d'épouser sa seconde fille, Charlotte, à la place de l'aînée, Louise, qui venait de mourir. L'essentiel n'était pas la somme, puisque François dépensait des fortunes dans la compétition allemande, mais la reconnaissance d'un droit authentique de la France en Italie. Quant à la Navarre, comment ne pas comprendre que son abandon par un roi d'Espagne encore fragile n'était pas plus concevable que le retour de la Bourgogne à Charles ? Il y avait là une base possible d'accord : l'abandon du droit sur la Navarre contre l'abandon du droit sur la Bourgogne. La reconnaissance symbolique d'un droit français sur le royaume de Naples, ajoutée à l'occupation *de facto* du Milanais, fournissait une issue au troc réconciliateur : le Milanais contre la

Savoie-Piémont, dont la famille serait indemnisée dans le cercle de l'Empire (soit en Italie, soit en Allemagne).

La mort de Chièvres sera pour François I^er^ un rude coup. Il perd aussi, sans bien sans rendre compte, l'alliance fragile du pape.

Toujours aussi inconscient, le roi de France mesure mal l'ampleur de l'hésitation anglaise. Parti le 20 mai 1520 de La Corogne, laissant derrière lui un incendie dont nul ne prévoit l'ampleur, le convoi arrive sans encombre le 27 à Douvres – sept jours, c'est presque un record. Le cardinal Wolsey, archevêque d'York, avide d'or et de prébendes, était venu à la rencontre des Bourguignons et des Espagnols. « Par précaution, écrit avec humour Brandi[14], on lui avait procuré un évêché en Espagne avec une rente considérable prise sur un second siège épiscopal, et pour cela on avait demandé l'autorisation du pape Léon », qui avait trop à se faire pardonner pour faire la fine bouche. « Le jour de Pentecôte, 27 mai 1520, on partit de Douvres pour Canterbury où allaient se réunir les familles royales. C'étaient le roi et la reine Catherine [d'Aragon] ; leur belle-mère Germaine de Foix, aujourd'hui épouse du margrave de Brandebourg ; leur sœur Marie, veuve de Louis XII (et courtisée très fort jadis par le dauphin François, actuel roi de France) et devenue duchesse de Suffolk ; enfin, Charles avec sa suite pompeuse d'Espagnols et de Néerlandais. Ces réunions devaient être influencées par l'élément féminin, mondain. […] Le résultat principal des conversations de Canterbury fut l'étroite alliance du 29 mai. »

Après le camp du Drap d'or, Henri VIII et Charles Quint se rencontrent de nouveau le 11 juin entre Calais et Gravelines. On avait noté en 1518 une amélioration sensible des rapports franco-anglais : le 9 février 1519, Tournai, objet d'un long et difficile litige, était rendu à la France, renforçant l'inextricable imbrication des territoires sur la bordure nord de la France et sud des pays « bourguignons » de *Par Decha*. La mort de Maximilien après celle de Ferdinand, l'élection impériale (28 juin 1519) remplacèrent le jeu à cinq, puis à quatre, par un jeu plus serré à trois.

Puisque, en dépit de la distance, des frottements et des incertitudes, l'alliance caroline semblait faire jeu égal avec la France maîtresse du Milanais, l'Angleterre, quoique beaucoup plus légère dans la balance des pouvoirs, se trouvait courtisée – même s'il est excessif de prétendre que « son alliance signifiait la domination [et que] sa neutralité pouvait garantir la paix ». C'est au nom de la « politique de bascule » que Wolsey reprend l'idée, entrevue dans les accords de 1518, d'une rencontre entre les souverains français et anglais. En janvier 1520, François Ier, inquiet, demande à Wolsey d'organiser lui-même la rencontre. Charles Quint, réduit pour les communications au sein de son ensemble à la chanceuse voie maritime, ne considère pas d'un bon œil un rapprochement qui pourrait entraîner une thrombose sur la seule artère fonctionnant encore.

Le détour du jeune empereur par l'Angleterre cause quelque souci en France, mais ne suffit pas à interrompre les préparatifs de la rencontre franco-anglaise. [...] Les deux commissaires de l'entrevue choisissent le site du Val Doré, dans l'enclave anglaise sur le continent, entre Guines et Ardres, une zone éprouvée par la guerre de 1513-1514. Le château de Guines étant en piteux état, de nombreuses personnes seront hébergées sous l'une des trois ou quatre cents tentes dressées non loin de là. Elles sont recouvertes de velours de drap d'or, parées d'étamines aux armes de leur propriétaire, puis piquées en leur sommet de pommes d'or ou d'étendards. Celle de François Ier, plus haute que les autres, est soutenue de deux mâts, couverte de brocart d'or et surmontée par une statue grandeur nature de saint Michel. Le camp anglais rivalise de faste.

Le roi d'Angleterre revendique toujours le trône de France. Au cours d'une joute, François Ier jette son adversaire à terre à l'aide d'un « tour de Bretagne ». Roi chevalier ou roi saltimbanque ? Au « triste moment des adieux, Louise de Savoie prétend qu'ils se quittèrent les larmes aux yeux et serments d'amitié aux lèvres[15] », se promettant qu'une chapelle serait édifiée à Notre-Dame-de-l'Amitié. François Ier quitte Ardres le 25 juin. Le même jour,

Henri VIII rencontre Charles Quint à Gravelines : tous deux se mettent d'accord pour organiser une conférence à Calais et pour ne pas signer un traité séparément avec la France. François Ier, croyant avoir bien joué, ne se rend pas compte qu'il a été joué – l'indulgence de l'histographie française là-dessus est affligeante. Chacun de ces princes chrétiens a de la loyauté de l'autre une piètre opinion.

Les Anglais haïssent Chièvres pour son intelligence marquée, à leurs yeux, d'une incurable francophilie. Les Flamands ont été impressionnés, « en naïfs gens du Nord », par les oripeaux d'Ardres avec ses draps d'or. Charles demeure préoccupé par les nouvelles reçues d'Espagne et ne peut empêcher que cela se sache. La situation financière est catastrophique ; les aliénations de biens de la Couronne se multiplient, quoiqu'elles couvrent mal l'endettement. Tandis que François et Henri rivalisent dans les fastes qui alimentent les jalousies mutuelles, les représentants de la petite maison de Habsbourg dans l'Empire, dont Bourguignons et Espagnols font peu de cas, réussissent un coup de maître.

### *Le problème du Wurtemberg*

L'Allemagne a ses seigneurs brigands. Le duc Ulrich de Wurtemberg, qui a été l'encombrant allié du roi de France, en fournit un sinistre exemple. Avec l'aide de la Ligue souabe et agissant sans mandat de l'empereur alors injoignable, les zélés conseillers des Habsbourg s'emparent du Wurtemberg pour le compte de leur maître. Ce duché vacant fournit un lien précieux entre les possessions dispersées de la maison de Habsbourg. Cette entreprise hardie, à la limite du tolérable, fut cependant bien accueillie et justifiée dans les premiers grands Mémoires du règne de Charles Quint rédigés en *hoch Deutsch*[16]. Ces textes montrent, note Brandi, de quelle manière ces conseillers savaient entraîner la cour et les princes « désarmer » les scrupules juridiques d'équité de l'empereur et juridiques de l'empereur, soucieux du droit, de Chièvres et de Marguerite, préoccupés du climat politique.

Ce coup hardi inquiétait Chièvres et Marguerite, réconciliés. Ils n'ignoraient pas la jalousie, voire les regrets, que suscitait l'élection d'un prince trop puissant, mais n'était-ce pas cela qui avait poussé à écarter François Ier ? Par cette violence faite au droit strict et aux usages, « on préparait une guerre, une révolte aussi pour chasser de ses terres un prince allemand ». En vue d'une guerre jugée inévitable, le Wurtemberg n'était-il pas le lien naturel indispensable entre les territoires autrichiens morcelés s'étendant du Tyrol au Brisgau et au Sundgau ? Laisser revenir un duc détesté sur un pays qui valait trois millions, le grenier de la Suisse, riche en mines, n'était-ce pas accrocher au cœur d'un ensemble patrimonial – fondateur de la lointaine identité allemande, recouverte de tant de strates exogènes – un autre duc de Gueldre qui harcelait, pour le compte du roi de France, le flanc nord-est des Pays-Bas ?

C'est pour une raison identique, quoique apparemment dissemblable, qu'on avait acquis à grands frais le bailliage de Haguenau : pour éviter la jonction de la Décapole alsacienne (les dix villes d'Empire) avec les Cantons suisses, toujours suspects de se vendre à la France qui payait sans trop sourciller.

Avant même le couronnement d'Aix-la-Chapelle, la cour du duc, roi, roi des Romains et empereur élu, a commencé à se renforcer de conseillers allemands. La joyeuse entrée dans Aix est fixée au 12 octobre. Ce jour-là, les princes-électeurs sortent de la ville et se portent à la rencontre de celui qu'ils ont fait leur roi. « En silence, la tête découverte, il reçut l'hommage des électeurs. » Ne sachant pas suffisamment l'allemand et peu sûr de son latin, Charles fait prononcer sa réponse par le cardinal-évêque de Salzbourg, puis entre, escorté de trois cents écuyers, des conseillers d'Aix, du duc de Juliers venu en voisin à la tête de quatre cents cavaliers, des grands d'Espagne (tous jetant des pièces d'argent à la foule), enfin des membres de la Toison d'or – deux mille personnes au moins. Le soir même, le roi jure les capitulations préparées depuis le 3 juillet 1519 à Barcelone. Tel est le pacte filé et pesé au plus près.

L'élu fait serment de protéger les électeurs et les princes contre le soulèvement des sujets (il fallait donc faire vite pour éliminer Ulrich en Wurtemberg). On comprend la gêne de Charles, qui savait ce qu'il avait déjà promis et ce sur quoi il allait s'engager. On ne nommera que des Allemands – on a vu en Espagne comment on tourne cette promesse… Il n'est pas sûr que Charles ait en Allemagne la même liberté d'action qu'en Espagne. Pour les actes, on usera de deux langues seulement, l'allemand et le latin. Le français, qui était jusqu'alors admis dans les débats de la Diète conjointement aux langues officielles, serait donc écarté. C'est un pouvoir très limité, bridé, que reçoit (fraîchement) le prince élu : il a beaucoup d'obligations et très peu de moyens (sauf ceux qu'il met dans la corbeille). Le titre d'empereur ne peut échoir qu'à un homme riche : les Castillans et les Néerlandais, même mal disposés, doivent s'apprêter à payer…

La cérémonie du couronnement s'ouvre le 23 octobre dans la vénérable cathédrale de Charlemagne : le souverain prête serment, revêt les habits royaux, reçoit la couronne, puis est intronisé. Suit la litanie des promesses, scandée par la réponse : « *Volo* », le peuple clamant : « *Fiat !* » Marguerite d'Autriche est la plus émue : son neveu se trouve à la place que lui a préparée Maximilien, son « plus-que-père ».

Le 25 octobre, le pape lui accorde le droit d'utiliser le titre d'« empereur romain élu ». Mais, pour devenir empereur de plein droit, Charles doit recevoir les deux couronnes : celle de fer, ce qui n'aura lieu que les 22 et 24 février 1530, et celle d'or, des mains du pape (par exception, la cérémonie se déroulera à Bologne avec un autre Médicis, Clément VII). C'est cette perspective italienne – la couronne de fer, paradoxalement, plus encore que la couronne d'or – qui inquiétera François I^er^. De toute manière, l'entrée en Italie de l'empereur-roi se fera toujours à la tête d'une armée. Dans l'intervalle, il y aura eu Pavie. Par sa rupture, François Ier avait choisi le plus sûr moyen de réaliser ce qu'il craignait et qu'une négociation aurait pu régler.

Charles Quint ne peut faire tenir ensemble tous ses héritages rassemblés que s'il dispose d'une route praticable entre Pays-Bas et péninsule Ibérique. Que l'élection lui ait fourni un lien juridique plus efficace, ce n'est pas douteux ; mais, avec la couronne d'Aix, de Rome et de Bologne, Milan était d'une nécessité vitale. Connaissant la prose de Gattinara, Robert J. Knecht fait intervenir « des traditions fortes, le souvenir de l'empire de Rome ». Gattinara manie en effet ce langage, sachant mettre en musique « humaniste », nourrie d'Antiquité, un présent plus modeste. François Ier y a sûrement été plus sensible : son attitude s'en trouve justifiée après coup. Mais Charles Quint, lui, ne croit guère à cette éloquence de collège ; en dépit du « trop de chance, cette malchance », il résiste bien. Et d'abord, bardé d'un solide réalisme, il n'est pas tenté de bouleverser les composantes de son empire. Il ressemble plus à Auguste qu'à Constantin, et ses États plus à la *res publica* impériale des cités accolées qu'à la machine à broyer du Bas-Empire que l'on dit chrétien.

Knecht enchaîne : « François Ier ne créditait pas son rival de la moindre modération. [...] La propagande de Charles Quint a longtemps berné les historiens, qui ont souvent décrit un empereur d'une grande rigueur morale. Ses contemporains avaient de lui une tout autre image : impatient, agressif et avide de pouvoir, ce prince ignorait à sa convenance les droits dynastiques, et la méfiance de François Ier était donc justifiée. » On peut se demander auxquels de ses contemporains Knecht fait allusion. L'historien-biographe est soumis à une rude épreuve : comment ne pas se prendre d'affection pour son héros, et n'avoir pas pour lui les yeux de Chimène ?

Charles Quint, avide de pouvoir ? Allons donc ! Il délègue, il ne tente jamais de centraliser ni de moderniser – par loyauté, par sagesse, par réalisme. C'est un chrétien marqué profondément par la riche et sensible spiritualité de la *devotio moderna*, ce fleuron des Pays-Bas avec Thomas a Kempis et son *Imitation de Jésus-Christ*, ce *best-seller* de la chrétienté, l'essence du meilleur même des deux Réformes ultérieurement affrontées.

*La diète de Worms*

La présence de Charles Quint à Worms est un grand moment : deux hommes et un enjeu, le destin du monde. Une diète avait été prévue à Worms. L'ordre du jour était chargé : les questions posées par la mise en route du nouveau règne, le fonctionnement et le respect de la capitulation définissant la marge de manœuvre de l'arbitre, placé à la tête mais sans grand pouvoir et surtout sans grands moyens. Il faut prévoir les ressources que requiert le couronnement.

L'Empire, longtemps frustré dans sa dignité, y tient : il prendra position sur cette querelle surgie là où on ne l'attendait guère – en Saxe, c'est-à-dire très loin du bouillonnement « humaniste » qui, avec l'outil des presses, a son épicentre dans l'axe rhénan. La Saxe a pour elle d'être le foyer du *hoch Deutsch*, qui sonne pur et clair à l'oreille ; les chevaliers venus des provinces de l'Empire, quand ils n'emploient pas entre eux le français – ou le latin pour les clercs – pour les échanges interrégionaux, recourent volontiers à ce dialecte. C'est lui, avant même la traduction matricielle de la Bible de Luther, que l'on utilise à la Diète quand on s'exprime en langue courante ; c'est le point de départ de l'allemand littéraire.

La Saxe, qui a souffert des raids, est protégée *ipso facto* contre les risques du schisme dont elle a pu mesurer les dangers. On ne voit sans doute pas les choses du même œil à Rome. La réaction de la papauté est si brutale et si rapide qu'elle en devient disproportionnée[17]. Un moine augustin, professeur à la jeune université de Wittenberg – dont le très pieux et très respecté électeur est aussi fier que de sa collection de reliques. Un vrai grenier d'indulgences que cette collection, réunie à prix d'or, à vous sortir d'un coup le diable du purgatoire. Des indulgences qui ne supportent pas la concurrence déloyale des marchands venus de Rome pour les embellissements de la basilique Saint-Pierre, et que l'électeur a interdits sur son territoire dans un réflexe protectionniste bien compréhensible.

Aucun débat n'est plus digne pourtant que celui qui va s'ouvrir en présence du prince élu et maintenant couronné. Celui-ci agit avec une gravité et une grandeur rarement égalées. Charles Quint a été élevé aux Pays-Bas, berceau de la *devotio moderna*, de la prière solitaire, à genoux, au pied d'une humble image de la crucifixion, de la piété de Thomas a Kempis, l'auteur de l'*Imitation de Jésus-Christ.* Ceux qui ont entouré les jeunes années de l'empereur se situaient dans ce courant qui aspirait à une réforme profonde de l'Église et qui savait distinguer, comme Luther lui-même, l'homme et la fonction : si l'Église a des papes médiocres, que les chrétiens s'en prennent à leurs péchés ; on a les bergers que l'on mérite.

Le génie de Luther, qui insuffle l'élan de la Réforme, a su dégager et finalement tout réorganiser autour du salut par la foi – le *Sola fide.* Dans un monde travaillé par l'individualisme, par la montée d'un *je* encore timide à côté du *nous*, c'est la redécouverte de la *gratuité.* Les œuvres ne sont plus la condition, mais la récompense, la marque de l'élection, le témoignage gratuit de l'amour de celui qui se sait aimé et choisi par le Tout-Puissant. « C'est un rempart que notre Dieu, quand on nous fait injure. » Pour justifier ce qui n'a jamais voulu être une nouveauté mais le secret enfoui sous l'écaille des ajouts et des commentaires, les techniques humanistes fournissent les armes étayant le *Sola scriptura*, qui vient en renfort au puissant bouleversement du *Sola fide*[18].

L'éducation de Charles Quint l'a préparé à comprendre la nécessité de la réforme dans la ligne d'Érasme de Rotterdam, des pieux chanoines de Windesheim, de Lefèvre d'Étaples, voire de Marguerite de Navarre. Il a un pied dans la plus ancienne des chrétientés – celle, durcie de tous ses refus, emportée par une « confessionnalité » précoce – de l'*Hispania* dont il devient le roi. Dans la partie nord et est de ses nombreux États, il se trouve en présence d'une gamme d'aspirations qu'il est plus ou moins à même de comprendre ; il a l'âme suffisamment religieuse pour respecter même chez l'adversaire une évidente sincérité.

La dramatique rencontre de Worms a fasciné les plus grands historiens. Le meilleur guide en demeure, et de loin, Karl Brandi : il faut être allemand pour en bien juger. À quelque confession qu'il appartienne, Luther est pour un Allemand un peu l'équivalent de Jeanne d'Arc pour un Français (le plus beau texte jamais écrit sur la Pucelle d'Orléans est de Michelet, qui était tout sauf un catholique pieux). Luther a été porté non par le nationalisme, comme on le dit parfois, mais par une prise de conscience forte et légitime de l'identité d'un peuple et d'une culture auxquels manquera longtemps encore la protection d'un État digne de la grande patrie allemande.

Pour recevoir de Rome la couronne à juste titre convoitée par l'empereur, par son entourage et par une opinion qui s'esquisse, les crédits ne suffisent pas. On pourrait les obtenir de la banque allemande, qui a su montrer son intelligence, sa loyauté aux Habsbourg et son patriotisme, mais il fallait avant tout prendre position devant Luther. « Chose frappante, note Brandi, on voyait entrer en lice, pour défendre ce dernier [Luther], un sentiment national qui jusqu'ici avait soutenu le Habsbourg, des princes et des villes sur lesquels avait compté la couronne. Et l'accusatrice était cette curie romaine qui s'était si fortement opposée à l'élection du jeune souverain et aujourd'hui encore le tenait en méfiance[19]. » Qui pourrait prendre la tête de ce mouvement où se mêlent un puissant besoin de foi et une volonté de sortir de la peur paralysante de l'au-delà pour un pacte personnel renouvelé avec Dieu qui nous aime ?

Dans le plus célèbre des pamphlets polémiques de 1520, celui qui a eu le plus d'écho et de succès, le moine augustin s'adressait (24 juin) « à Sa Sérénissime et Toute-Puissante Majesté l'empereur et à la noblesse chrétienne de la nation allemande[20] » : « La grâce et la force de Dieu soient avec vous, Majesté Sérénissime, et vous, très gracieux et chers seigneurs. […] La misère et les épreuves qui pèsent sur tous les États de la chrétienté et particulièrement sur les pays allemands et qui ne m'ont pas incité tout seul et ont amené tout le monde à crier et à appeler, pour voir si Dieu donnerait à quelqu'un l'inspiration nécessaire pour tendre la main à la malheureuse nation […]. Que l'astuce et le malin […], démasqués, ne soient plus en état de nuire […]. Dieu nous a donné comme chef un noble jeune homme, il a ainsi éveillé dans maints cœurs un bon et grand espoir. […] Il conviendra que nous apportions notre contribution afin de mettre à profit les grâces du temps. » Martin Luther n'est ni un flatteur ni un politique. Ce qu'il dit de Charles, il le maintiendra jusqu'à sa mort (1546).

Il rappelle à l'ordre céleste : si, « à notre époque, le vampire Jules II a été élevé si haut, c'est, je le crains, parce que la France, les Allemands et Venise ont compté sur eux-mêmes. […] Afin que nous n'arrivions pas au même résultat avec le jeune prince Charles, il faut […] nous convaincre que nous n'avons pas affaire ici à des hommes […] mais aux *princes de l'enfer.* »

L'ennemi se situe donc à Rome : voilà qui est gênant quand on pense, comme Charles, que la clef du pouvoir brigué dans le respect de l'institution se trouve à Rome… Cependant, même si l'on rejette et condamne, on peut estimer que cette contestation, dont Luther n'est que l'expression la mieux entendue, peut, parce qu'elle n'est pas la plus radicale, devenir un moyen non sollicité de purger les mauvaises humeurs et d'obtenir du Saint-Siège une meilleure compréhension. La force de Luther n'est pas dans la critique largement partagée d'« abus trop abusants », mais dans la formule géniale du *Sola fide* qui entraînera l'un des plus foudroyants basculements religieux de l'histoire.

Mais, dans l'instant, cet aspect essentiel échappe bien évidemment à Charles Quint. Il n'est pas exclu qu'il ait eu plus tard quelque intuition de la force et de l'originalité d'un mouvement qu'il condamnait sans nul doute, mais sans le mépriser – plusieurs indices le montrent. La pointe institutionnelle peut, par son existence même, se montrer dissuasive. « Avec une grande adresse, les romanistes se sont entourés de trois murailles[21] » qui protègent la citadelle contre toute réforme : le pouvoir temporel n'a pas de droit sur eux ; l'autorité de la Sainte Écriture, mais nul, sinon le pape, n'a le droit de l'interpréter ; le concile, mais nul, sinon le pape ne peut le convoquer. Deux de ces murailles au moins intéressent vraisemblablement la Diète, et pourquoi pas l'empereur, bien qu'il ne puisse l'annoncer ouvertement.

Aucun peuple ne supporte aussi mal le foisonnement de la dispense, dont la clé de voûte est à Rome. On ne peut que constater la corrélation qui existe, en Allemagne, entre la méfiance à l'égard de la légitimité de la dispense et le succès du recours, vraiment providentiel, dans cette conjoncture, au *Sola fide* qui rend la dispense inutile tout en libérant de la crainte destructrice de la damnation.

Comment pourrait-on résister à la neuvième proposition de Luther[22] : « Il faut que le pape n'ait sur l'empereur aucun pouvoir, si ce n'est qu'il l'oigne et le couronne à l'autel, comme un évêque couronne un roi, et il ne faut plus tolérer la diabolique arrogance qui commande que l'empereur baise les pieds du pape, ou s'assoie à ses pieds, ou lui tienne l'étrier ou les rênes. »

Il est « ridicule et enfantin » que le pape se vante, dans la décrétale *Pastoralis*, d'être l'héritier légitime de la dignité impériale, quand celle-ci devient vacante. Qu'il retire donc sa main du pot, et se garde d'émettre la moindre prétention sur les royaumes de Naples et de Sicile ! Cela vaut aussi pour Bologne, Imola, Vicence, Ravenne et tout ce dont le pape s'est emparé par la force et qu'il détient injustement dans la marche d'Ancône, en Romagne et en d'autres pays welches. « On dit que quiconque se rend à Rome pour la première fois cherche un coquin, pour la deuxième fois le trouve, pour la troisième fois le ramène avec lui[23]. » Ressurgissent alors les rancunes d'Allemands las d'être traités à Rome avec mépris. « Eux-mêmes à Rome ils se moquent des jeûnes, ils nous font avaler une huile dont ils ne voudraient pas pour faire graisser leurs chaussures[24]. »

Comment les Allemands auraient-ils pu ne pas sentir en eux l'identité attachée à un peuple : des traditions, une langue, une « race » (au sens noble de la lignée de ceux qui vous ont donné la vie) ?

« Voici donc mon conseil, puisque ces bouffonneries ne sont pas abolies. Il faut que tous les bons chrétiens ouvrent les yeux, qu'ils ne se laissent pas induire en erreur par les bulles, les cachets et leur fausse dévotion, qu'ils restent chez eux dans leurs églises et se contentent parfaitement de leur baptême, de l'Évangile, de la foi, du Christ et de Dieu qui sont les mêmes en tous lieux, sans se soucier du pape, aveugle chef des aveugles. Ni ange ni pape ne peuvent vous donner autant que Dieu vous donne dans votre paroisse. »

Probablement Charles Quint ne lut-il pas l'*Appel…* de Luther – il ne lisait ni le latin ni même l'allemand couramment, et il n'en avait guère le temps –, mais on dut lui en parler et lui en donner la substance.

Un point était politiquement brûlant pour le Saxon qu'était Luther selon qui l'exemple bohémien (le royaume de Bohême est « électoral », c'est-à-dire que son roi est électeur) était proche et toujours présent. Une révision de son jugement portait en effet sur les affaires de Bohême, cette plaie jamais totalement cicatrisée au flanc de l'Empire, et sur l'idée fondatrice d'un droit des gens élargi selon lequel on respecte la foi jurée sur le plan intercommunautaire et selon lequel l'engagement pris librement doit être tenu même avec l'hérétique ou l'infidèle. « L'excellent roi de Pologne et de Hongrie, Vladislas […] tué par le Turc avec beaucoup d'excellentes gens parce qu'ils s'étaient laissé endoctriner par la légation pontificale et le cardinal, et qu'il avait violé le bon et utile traité et le serment qu'il avait fait avec les Turcs[25]. » Plus directement suggestif : « Le bon empereur Sigismond ne connut plus aucun bonheur après le concile de Constance, où il permit aux coquins de ne pas respecter le sauf-conduit qui avait été accordé à Jean Hus et à Jérôme [de Prague] : de là résultèrent ces difficultés lamentables entre la Bohême et nous. »

Ce dernier passage est très éclairant, et quasiment prophétique. Il montre d'abord une évolution que l'on situe en 1519 chez Luther. Comme tout bon Saxon, il se méfie des Bohémiens : son peuple a eu à souffrir de leurs raids dévastateurs. Or il découvre que les torts sont largement, puis inégalement partagés. Il excuse les Bohémiens tout en condamnant leurs violences contre des innocents (Luther fera de même lors de la guerre des Paysans).

Quant au viol de la parole donnée à l'hérétique (ou qualifié tel par une autorité extérieure à celle qui a le pouvoir d'accorder le sauf-conduit – le pouvoir laïc de l'empereur), en dépit du précédent du faible Sigismond, rien ne le justifie. La parole est la parole, quand elle est libre au départ. Or le moine réformateur a résisté à ceux des siens qui, retranchés derrière le parjure de Sigismond, le menacent du sort de Jean Hus et de Jérôme de Prague. Luther domine sa crainte ; il s'en remet à Dieu et à la loyauté du jeune prince qui vient d'Espagne (où flambent les bûchers dans le Sud). Mais ce jeune chevalier est devenu l'empereur. Les pressions exercées par les autorités ecclésiastiques, qu'il respecte et dont il ne doute pas de la légitime puissance, sont considérables. Charles a commencé son éducation de politique. Il sait que l'Empire gronde ; Aléandre, le légat, en a conscience : les neuf dixièmes de l'Allemagne crient « Vive Luther ! », et le dixième restant « Mort au pape ! ». Les structures tiennent néanmoins, et Luther ne se montre pas toujours modéré. Charles avait le pouvoir, en apparence, de passer en force pour Luther, mais non de faire violence à sa conscience. Le mot clef est bien : « J'ai donné ma parole de chevalier » – de chevalier, et non d'empereur. Le chevalier, c'est l'homme, et le serment ne met pas en cause l'Église, mais Dieu. « J'ai donné ma parole de chevalier. [...] Libre il est venu, libre il repartira. » Rappelons les mots de Luther « Dieu nous a donné comme chef un noble jeune homme, il a ainsi éveillé dans maints cœurs un bon et grand espoir. » Cette phrase fut diffusée à cent mille exemplaires, lue à voix haute et répétée. Au-delà du calcul politique et de l'engagement religieux, il y a de l'estime entre ces deux acteurs.

L'appel à la noblesse avait été précédé par la réponse au malheureux pamphlet du carme déchaussé Alved (ou Alfeld) de Leipzig. En avril 1520, à l'instigation de l'évêque Adolf de Mersebourg, et encouragé par le nonce Karl von Miltitz, Alfeld avait en effet publié un opuscule où il étalait une ignorance abyssale et une incompréhension totale de l'Écriture : « Hardi quant au fond, mesuré dans la forme, écrit dans la langue du peuple, propre à duper les âmes simples[26]. » Luther répond par un texte à la fois bon enfant et musclé qui se termine par un éclat de rire : « S'il [Alfeld] n'avait pas donné en allemand son opuscule ridicule pour empoisonner les malheureux laïcs », le réformateur se serait abstenu de répondre, « car cette inculte bête de meunier ne sait pas ahaner son hihan. […] [Alfeld] estime qu'il n'est pas un mauvais Fritz. Je le vois bien, si je permettais à ces têtes incultes tout leur bon plaisir, les servantes des bains se permettraient aussi d'écrire contre moi[27]. »

Tel est le ton d'une polémique vigoureuse qui sort de son univers latin pour recourir à la langue vulgaire, que beaucoup de gens commencent à savoir lire. Il n'est pas surprenant que l'affaire ait été évoquée à la Diète et qu'elle soit arrivée sur la table du jeune empereur.

La bulle *Exsurge Domine*, datée du 15 juin 1520, est suivie d'une seconde, *Docet Romanum Pontificem*[28]. *Exsurge Domine* attaque l'« hérétique » pour quarante et une de ses propositions. À Rome, l'affaire est prise au sérieux. Auprès de la cour de Charles Quint sont envoyés Caraccioli et le légat Jérôme Aléandre, homme cultivé, fin diplomate et bon théologien[29].

Ce dernier est chargé d'évaluer les dégâts d'une polémique qu'aucune autorité n'a pu juguler. À la fin de septembre 1520, à Anvers, il a une première entrevue avec l'empereur. À sa relative surprise, le jeune souverain lui donne l'impression d'« un homme pénétré de la notion d'Église » (influence d'Adrien d'Utrecht, puis de l'Espagne) et doté d'une certaine maturité politique. Il a fallu effacer la médiocre impression produite par les tout premiers débuts en Espagne. « L'entourage du prince paraît à l'envoyé du pape bien disposé. Marliano [Marlian], évêque de Tuy, humaniste apprécié, semble l'homme d'influence, étonnamment bien disposé. » L'Église espagnole est l'Église d'un peuple élu et du salut collectif par simple appartenance. Peu importe ce qu'elle est et ce qu'elle fait – l'Église est notre mère, l'antichambre du ciel. Aléandre n'est pas déçu ; Marliano a déjà croisé le fer avec Luther. À Louvain, cette seconde Sorbonne, a lieu le premier autodafé d'écrits luthériens, et Charles charge son grand chapelain, Alonso Manrique de Lara, de faire le point sur l'« hérésie » luthérienne dans l'Église des Pays-Bas.

Lara montre à son souverain que ces territoires appartiennent à l'espace culturel allemand ; le terrain a été préparé par l'humanisme, la *devotio moderna* et l'imprimerie. La suite du voyage est pour le grand chapelain un choc plus rude. Accompagnant l'empereur à Cologne, il doit constater qu'il y règne une situation prérévolutionnaire : les chevaliers de l'axe rhénan constituent le fer de lance d'une contestation des structures plus redoutable que celle des paysans exaspérés de l'Allemagne profonde. Il faut y ajouter, légèrement en retrait, les bourgeois des villes et les princes qui supportent mal le poids des trois électeurs ecclésiastiques du Rhin. L'engagement des chevaliers limite l'action répressive qui était prête à frapper l'électeur de Saxe – un homme tenu pour dangereux, puisqu'il est pratiquement le seul électeur honnête.

Aléandre, qui réussit à entrevoir l'électeur, le trouve dans de bonnes dispositions spirituelles et lui témoigne grande déférence. Le vieux seigneur jouit de la révérence générale pour sa probité et sa loyauté, mais son entourage, estime Aléandre, est plus luthérien que Luther. Le légat lui présente une requête précise : faire brûler les écrits de Luther dont le tirage approche les cent mille exemplaires, faire arrêter leur auteur et le livrer à Rome. Après réflexion, l'électeur oppose avec d'excellents motifs une fin de non-recevoir, niant avoir partie liée avec le réformateur qui propose de se soumettre à un jugement équitable. Érasme, consulté, a conforté l'électeur dans sa résolution. Selon l'humaniste, la plus haute autorité intellectuelle et morale du siècle, Luther ne demandait rien de plus que ce que, lui, Érasme, réclamait *mezza voce* depuis près de deux décennies : « Ne s'offrait-il pas à la discussion publique ? » La capitulation d'élection prévoyait qu'on ne pouvait condamner un Allemand hors de l'Empire et sans l'avoir entendu. Le point de vue de l'électeur de Saxe parvient à l'empereur *via* Chièvres et Nassau. Sans rien céder à Aléandre, Charles prie l'électeur de faire en sorte que Luther paraisse à la diète de Worms… Soumis au tir croisé des adversaires, le souverain hésite, et semble même un instant battre en retraite.

Cependant, les choses démarrent sans trop d'encombre. La Diète est ouverte le 27 janvier 1521 par une déclaration faite au nom du prince. Charles ajoute quelques mots en allemand (né à Gand, il parle aussi le flamand ; le passage à l'allemand, *via* le flamand, s'effectuera plus vite que le passage à l'espagnol *via* le français). L'assemblée promet des crédits pour le voyage à Rome, afin de mettre un point final au couronnement, et des subsides pour un gouvernement d'Empire ; elle évoque des pourparlers qui se poursuivent avec la France et les Cantons suisses. « Pourtant – et sans oublier les jeux et les tournois –, on avança en quatre mois plus vite qu'on n'allait du côté des Cortès[30]. »

Luther était l'affaire délicate par excellence, celle qui allait opposer l'empereur et les États, mais sans conduire à la rupture. Le conflit oppose d'ailleurs moins le souverain aux États qu'Aléandre, Rome et le parti romain aux États, avec un arbitre, Charles Quint, qui a marqué clairement sa position du côté du christianisme traditionnel et de l'Église comme institution fondée sur la succession physique du Christ aux évêques *via* les apôtres. Tenant sa parole de chevalier, il a laissé sa chance à Luther et à ces Allemands blessés qui ont droit à réparation et qui n'acceptent plus le mépris.

Selon une étude d'Augustin Redondo[31], les Espagnols ne se montrent pas d'emblée unanimement sensibles à la menace que constitue Luther. Ils n'ont rien pour le comprendre, puisqu'ils sont totalement ancrés dans le salut collectif par élection du peuple de la nouvelle alliance ; ils n'ont cure du *Sola fide* qui, sous la forme individualiste luthérienne, ne peut que leur être ontologiquement étranger. À Rome, dans une lettre de mai 1520, le redoutable Juan Manuel, l'agitateur du parti « philippiste », se frotte les mains : il trouve ce Luther bien commode pour détacher le pape de l'alliance française. Laissons la parole à Augustin Redondo : « Cependant, à Rome, où s'instruisait activement le procès de Luther, l'ambassadeur de Charles Quint, don Juan Manuel, fin politique et diplomate avisé, avait entendu parler du moine de Wittenberg et avait compris tout le parti que l'on pouvait tirer du mouvement antipapiste en Allemagne pour obliger Léon X à délaisser l'alliance française et à se rapprocher du roi d'Espagne. Aussi, dans une lettre adressée à Charles qui se trouvait à La Corogne prêt à s'embarquer pour les Pays-Bas, conseillait-il à son maître d'apporter une aide discrète à Martin Luther lorsqu'il passerait en Allemagne, si le souverain pontife ne voulait pas se montrer conciliant[32]. »

Comment l'entourage de Charles, notamment Chièvre accueillit-il cette lettre que le souverain ne dut recevoir qu'après son départ d'Espagne et dont les conseils étaient si opposés à ceux qu'avait dû prodiguer Adrien d'Utrecht ? On ignore quelle fut la réponse donnée à l'ambassadeur, mais il est très possible que ce dernier, même sans l'accord exprès du roi, ait fait pression sur le pape, au cours des longues et difficiles négociations de l'alliance, en mettant à profit le fait que Léon X avait besoin de tout l'appui de Charles Quint contre Luther. On est bien loin, à Rome, des réalités allemandes ; on en est plus loin encore à l'ambassade espagnole à Rome, où don Juan Manuel est censé représenter l'empereur.

Pour l'absence de ce dernier, qu'il faut bien envisager, on veut un intérim sous la présidence de l'archiduc Ferdinand ou du comte palatin du Rhin, comme le veut la tradition. Charles n'est pas décidé à lâcher quoi que ce soit. Il lui faut donc d'abord asseoir ses pouvoirs et surtout ses droits.

Mais revenons à Worms et à l'affaire Luther. Glapion, confesseur de l'empereur, tente de gagner le chancelier de l'électeur, Brück, en lui affirmant qu'il croit à la sincérité du réformateur. Comme lui, comme tout bon chrétien, il estime urgentes les réformes. La négociation est longue ; Charles Quint exige un accord avant son départ. On n'obtient rien sans la comparution à la Diète. On ne peut condamner un Allemand sans que des Allemands l'entendent.

Le 13 février, Aléandre s'exprime habilement, mais avec un peu trop d'éclat : il faut se faire couleur de muraille, pour gagner devant de telles instances[33]… Le 19 février, les États exigent la comparution sous escorte de Luther. Le 6 mars, Charles Quint le cite devant lui avec son sauf-conduit. Le moine accepte, malgré le précédent de Bohême et l'opposition de ses plus proches amis. On joue gros : Luther, sa vie et beaucoup plus ; le jeune empereur, le droit à jamais de se respecter. Charles a donné sa parole de chevalier – et donc la confiance que beaucoup, aveuglément, lui ont accordée et lui accorderont.

On sait que le voyage de Luther est un triomphe. Très intimidé, il déçoit néanmoins lors de sa première apparition devant l'assemblée et Aléandre croit triompher. Le 18 avril 1521, tout change, car Luther s'est ressaisi. Il prononce un long discours :

> Sérénissime seigneur empereur, très illustres princes, très gracieux seigneurs,
> À l'heure qui m'a été fixée hier soir, je comparais, obéissant, suppliant Votre Majesté sérénissime ainsi que vos seigneuries très illustres de daigner prêter une oreille clémente à cette cause qui, je l'espère, est celle de la justice et de la vérité. Et si, faute d'expérience, je mésuse des titres, et que j'omette ainsi de rendre à quelqu'un l'honneur qui lui est dû, ou si par mon attitude je pèche de quelque manière à l'encontre des usages de la cour, que votre bienveillance me pardonne : je n'ai pas vécu dans les palais princiers, mais dans les retraites des moines. Je n'ai pas d'autre

témoignage à me rendre sinon que, jusqu'à ce jour, mon seul souci, en enseignant et en écrivant, a été de rechercher la gloire de Dieu et la pure instruction des fidèles.

Sérénissime empereur, très illustres princes, deux points m'ont été proposés hier par Votre Majesté. Il m'a été demandé si je reconnaissais comme miens les livres que l'on a énumérés et qui ont été publiés sous mon nom ; [et ensuite] si j'entendais les défendre encore ou [plutôt] les rétracter. Sur le premier point, ma réponse était prête : je l'ai donnée sans ambages : je m'y tiens encore et je ne cesserai de le faire. Il s'agit bien de mes livres, que j'ai publiés moi-même sous mon nom, à la réserve près des changements ou des interprétations malheureuses qui pourraient être dus, depuis lors, à la ruse ou à la sagesse mal venue de mes adversaires. Je ne reconnais en tout cas rien qui ne soit de moi seul et que je n'aie été seul à écrire, à l'exclusion de toute interprétation.

Pour répondre sur le deuxième point, je prie Votre Majesté et vos seigneuries de daigner remarquer que mes livres ne sont pas tous de la même sorte.

Il en est certains où j'ai traité de la foi et des mœurs en des termes si simples et si évangéliques que mes adversaires mêmes se voient contraints de reconnaître leur utilité et leur innocuité, et qu'ils sont dignes d'un lecteur chrétien. La bulle pontificale elle-même, tout impitoyable et cruelle qu'elle soit, admet que certains de ces livres sont inoffensifs, bien que, par un jugement plus qu'étrange, elle ne laisse pas de les condamner. Si donc je me mettais à les rétracter, que ferais-je d'autre, je vous prie, que de condamner, moi seul parmi tous les mortels, la vérité qu'amis et ennemis confessent d'un commun accord ? Il n'y aurait que moi pour résister à l'unanimité de cette confession.

Une seconde catégorie d'écrits est celle qui met en cause la papauté et les entreprises papistes, dans la mesure où, par les pires des enseignements et des exemples, elles ont opéré dans le monde chrétien une double dévastation : celle des esprits et celle des corps. Car nul ne peut ni le nier ni le dissimuler, alors que l'expérience générale et la plainte universelle en témoignent : les lois des papes et leurs doctrines humaines enlacent misérablement les consciences des fidèles, elles les tourmentent et les torturent ; les biens et les ressources, surtout dans notre illustre nation allemande, ont été dévorés indignement et le sont encore, sans que la fin de tout cela soit en vue. Avec cela, contre ceux qui les tiendraient pour une erreur condamnable, leurs propres décrets assurent la défense des lois et des enseignements du pape opposés à l'Évangile et aux déclarations des Pères. Si donc je rétractais aussi ces livres, je ne ferais rien d'autre que de fortifier leur tyrannie et d'ouvrir à une si grande impiété non plus seulement les fenêtres mais aussi les portes, pour qu'elle se répande plus librement qu'elle n'a jamais osé le faire jusqu'à présent. Ma rétractation serait un témoignage propre à rendre encore beaucoup plus intolérable pour le pauvre peuple le règne de leur malice toute licencieuse et impunie ; elle ne rendrait néanmoins ce règne que plus fort et plus stable, surtout si l'on pouvait faire valoir que j'ai fait cela sur l'ordre de Votre Majesté sérénissime et de tout l'Empire romain. [Ne voit-on pas], grand Dieu ! combien je servirais alors de manteau à la malice et à la tyrannie !

La troisième catégorie est celle des livres que j'ai écrits à l'adresse de certaines personnes privées, qui se mettent en avant pour prendre sous leur protection la tyrannie romaine et qui ont entrepris de renverser ce que j'enseigne sur la foi. Je confesse qu'à leur endroit j'ai été plus acerbe qu'il ne convient à un homme qui a fait profession de religion. J'ajoute que je ne me présente pas comme un saint : ce n'est [d'ailleurs] pas la vie [du chrétien] que je mets en discussion, mais ce qu'on enseigne de Jésus-Christ. Pas plus qu'auparavant il ne m'est possible de rétracter ces écrits, car si je le faisais, c'est sous mon patronage que la tyrannie et l'impiété régneraient et se déchaîneraient contre le peuple de Dieu, avec plus de violence que jamais auparavant.

Je ne suis qu'un homme, cependant, et non pas Dieu, et je ne puis défendre mes traités autrement que Jésus-Christ mon Seigneur n'a lui-même défendu son enseignement devant Anne. Alors qu'on l'interrogeait et qu'un serviteur l'avait souffleté : « Si j'ai mal parlé, dit-il, fais connaître ce

que j'ai dit de mal. » Si le Seigneur même, qui se savait incapable d'erreur, ne refuse quand même pas d'entendre contester son enseignement, fût-ce de la part du moindre des serviteurs, à combien plus forte raison, moi, lie du peuple, sans cesse exposé à l'erreur, ne dois-je pas désirer et demander que l'on veuille contester mon enseignement ! C'est pourquoi, par la miséricorde de Dieu, je prie Votre Majesté, vos illustres seigneuries et quiconque le pourrait, le plus grand ou le moindre, de contester, de me convaincre de mes erreurs, de me réfuter par les écrits prophétiques et évangéliques : si je devais alors être mieux instruit, nul ne serait plus disposé que moi à rétracter quelque erreur que ce soit et je serais le tout premier à jeter mes écrits au feu.
Ce que je viens de dire montre à l'évidence que j'ai assez considéré et pesé les crises, les dangers, les passions et les dissensions qui devaient surgir dans le monde à l'occasion de mon enseignement et qui m'ont valu hier de graves et d'abondants reproches. Pour moi, l'aspect le plus réjouissant de tous, en ces choses, est de voir que des passions et des dissensions surgissent au sujet de la parole de Dieu. Car telle est bien la carrière du verbe de Dieu sur terre, par les abîmes et par les sommets : « Je ne suis pas venu apporter la paix, dit-il, mais l'épée ; je suis venu mettre la division entre l'homme et son père, etc. » Il faut que nous rappelions combien notre Dieu est admirable et terrible en ses jugements. Il ne faut pas qu'en tentant de faire quelque chose pour apaiser les passions, l'on commence par rejeter la parole de Dieu, de peur que cette tentative ne tourne à un déluge de malheurs intolérables. Nous devons veiller à ce que le règne impérial de notre jeune prince Charles (sur qui, après Dieu, un grand espoir repose) ne soit pas malheureux et ne commence pas sous des auspices funestes. Je pourrais illustrer cela à l'aide de nombreux exemples de l'Écriture, qui touchent au Pharaon, au roi de Babylone et aux rois d'Israël, personnages qui connurent les plus grands désastres justement alors que leurs plus sages desseins tendaient à établir la paix et à affermir leur règne. C'est [Dieu] lui-même, en effet, qui surprend les habiles dans leur habileté et qui renverse les montagnes avant qu'elles s'en aperçoivent. Il faut donc craindre Dieu.

> Si je dis ces choses, ce n'est pas que je pense que de si hautes sommités aient besoin de mon enseignement ou de mes avertissements. Mais je n'ai pas le droit de dérober à mon Allemagne le service que je lui dois. Et par ces paroles, je me recommande à Votre Majesté ainsi qu'à vos seigneuries, les suppliant humblement de ne pas tolérer que les passions de mes adversaires me rendent injustement détestable à leurs yeux.

J'ai dit.

*(Après que j'eus ainsi parlé, le porte-parole impérial eut l'air de vouloir me reprendre vertement et dit que je ne m'étais pas tenu à l'affaire et qu'il ne fallait pas remettre en question les points qui avaient été autrefois condamnés et définis dans les conciles. Il me demandait donc une réponse simple et sans cornes : voulais-je rétracter [mes écrits] ou non ?)*

Voici ce que je dis alors :

> Puisque Votre Majesté et vos seigneuries demandent une réponse simple, je vous la donnerai sans cornes ni dents. Voici : à moins qu'on ne me convainque [autrement] par des attestations de l'Écriture ou par d'évidentes raisons – car je n'ajoute foi ni au pape ni aux conciles seuls, puisqu'il est clair qu'ils se sont souvent trompés et qu'ils se sont contredits eux-mêmes –, je suis lié par les textes scripturaires que j'ai cités et ma conscience est captive des paroles de Dieu : je ne puis ni ne veux me rétracter en rien, car il n'est ni sûr ni honnête d'agir contre sa propre conscience[34].

Le courage de Martin Luther, en cet instant, suscite le respect, mais l'événement ne pouvait devenir emblématique sans l'intervention du jeune empereur, dont la sobriété et la netteté méritent un égal respect. On sait qu'il rédigea lui-même – en français, sa langue – la réponse dans la nuit. Il fit donner lecture de l'original, puis de la traduction en allemand :

> Vous savez que je descends des empereurs très chrétiens qui ont régné sur la noble nation germanique, des Rois

> Catholiques d'Espagne, des archiducs d'Autriche, des ducs de Bourgogne, qui, tous, jusqu'à la mort, ont été les fils fidèles de l'Église romaine, les défenseurs de la foi catholique, des coutumes sacrées, des décrets et des usages du service divin, qui m'ont légué tout cela et dont j'ai jusqu'à présent suivi l'exemple. Je suis donc résolu à rester fidèle à tout ce qui a été fixé depuis le concile de Constance. Il est clair qu'un frère isolé est dans l'erreur lorsqu'il contredit l'opinion de toute la chrétienté, sinon la chrétienté se serait trompée durant mille années ou plus. Aussi je suis résolu à engager mes royaumes, mes possessions, mes amis, mon corps et mon sang, ma vie et mon âme. Car ce serait une honte pour vous et pour nous, membres de la noble nation germanique, si de notre temps et par notre négligence la seule apparence de l'hérésie, d'un tort fait à la religion chrétienne, pénétrait dans les cœurs des hommes. Nous avons entendu hier le discours de Luther et, je vous le dis, je regrette d'avoir si longtemps tardé à intervenir contre lui. Je ne l'entendrai plus jamais. Qu'il fasse usage du sauf-conduit, mais dès ce jour je le tiendrai pour hérétique notoire et j'espère que de votre côté vous ferez votre devoir en bons chrétiens.

Dans cette joute devant l'Histoire, chacun s'est tenu à la hauteur de l'autre, l'humble fils de paysans comme le descendant des empereurs très chrétiens. La parole du chevalier n'était pas un piège ; elle avait été donnée sans restriction de conscience.

Le texte de Luther, diffusé à un niveau jamais encore égalé, est le plus célèbre de toute l'histoire de la Réforme ; c'est l'acte vraiment fondateur, beaucoup plus que les quatre-vingt-quinze thèses.

La réponse de l'empereur, traduite dans toutes les langues de la chrétienté, fut aussitôt imprimée. Le pape, à Rome, la présenta en consistoire ; l'ambassadeur de l'empereur, Juan Manuel, pavoisa. Rome se proclama satisfaite : que pouvait-elle faire d'autre que de ronger son frein ? comment reprocher à un homme, fût-il empereur, de ne s'être point parjuré ?

Charles Quint, qui ne tenait pas à arrêter Luther, laissa tout le temps à ses amis de le mettre à l'abri – contre son gré – à la Wartburg, une retraite studieuse où il traduisit le Nouveau Testament avant d'aborder l'Ancien, achevant ainsi de fonder l'une des plus belles et des plus riches langues littéraires.

Luther, resté plusieurs jours à Worms afin de permettre à l'empereur de mettre sa menace à exécution, s'en alla sans fuir. Il était normal que Charles Quint le pourchasse avec l'intention bien arrêtée de ne pas le rattraper. C'était un acte hautement politique. Qu'aurait-il fait de lui ? Le livrer au pape ? Humainement, cela lui répugnait. On peut en outre imaginer la réaction allemande : voilà qui eût rendu enragés les plus catholiques des Allemands. Ç'eût été l'explosion – bien autre chose que le soulèvement des *comunidades* en Espagne…

Luther n'était-il pas celui qui pouvait calmer le jeu ? Après tout, ce véhément *sincère* (tous le reconnaissent) allait bientôt apparaître comme un modérateur, comme le frein le plus efficace à la violence extrême que ce chrétien rejetait.

Du 18 avril au 8 mai, on se hâte donc sans hâte. Le 8 mai, le Conseil de l'empereur approuve l'édit contre Luther ; le 12, Charles Quint oppose encore un refus au nonce qui le presse de le signer. On attend jusqu'à la clôture de la Diète : l'édit de mise au ban de l'Empire est adopté le 25 mai et signé le 26. Cet édit ne sera jamais révoqué ; il sera maintenu comme une épée de Damoclès. Luther dépend maintenant de son électeur, l'homme le plus respecté et le plus estimé de l'Empire. Au début de juin et ensuite, aucun effort n'est fait pour aller le débusquer, car la structure politique de l'Empire ne s'y prête guère. Le 28 mai, Guillaume de Croÿ, seigneur de Chièvres, est enlevé par l'épidémie qui emporte également Marliano, évêque de Tuy, et beaucoup d'autres.

## Chapitre V

# LA GUERRE AVEC LA FRANCE
# 1521-1524

Vingt-six mois de Pays-Bas, d'alliance anglaise ébauchée et d'Allemagne. Puis sept ans d'Espagne, le sommet d'une illusion de puissance qui grise même le plus sage, le mariage d'amour et l'adoption d'une seconde patrie – qui néanmoins n'effacera jamais la marque première, Bourgogne et Empire.

Charles Quint s'était embarqué, le 20 mai 1520, pour un voyage trop facile, parce qu'il renforça l'illusion qu'on pouvait se passer d'une bonne paix avec la France. Le crochet anglais, naturel mais tellement appuyé, avait marqué le commencement de la fin de la paix. « Depuis un mois, Tolède est franchement rebelle à l'autorité du roi. On convoque à Santiago les *regidores* les plus remuants, Padilla, Avalos et Gonzalo Gaitán, et l'on envoie à Tolède les *regidores* sûrs. Mais la manœuvre échoue. L'ordre arrive le jour de la Quasimodo, le 15 avril 1521 ; le lendemain, la ville est sens dessus dessous. Le 31 mai, le *corregidor* (représentant du roi) abandonne Tolède à la *comunidad* victorieuse[1].

Le grand espoir cède à un mécontentement croissant, mais la révolte des *comunidades* a un pouvoir cathartique et le départ du roi n'est pas sans effets bénéfiques. Joseph Pérez juge très sévèrement l'élection à l'Empire : « Loin de flatter l'orgueil, elle a fourni de nouveaux motifs d'inquiétude par l'annonce du prochain départ du roi et d'une pression fiscale accrue[2]. » Certes, mais aucun pays de l'ensemble carolin n'adhérera aussi totalement au mythe impérial que l'Espagne et en particulier la Castille.

En Allemagne, Charles n'est pas en *terra incognita.* Il comprend, il admet, il respecte. Et, dans le symbolique face à face des 18 et 19 avril 1521, à Worms, il n'était pas en son pouvoir, au point où les choses étaient parvenues, d'arrêter ce qui allait devenir la Réforme. Mais même si la cohabitation fut difficile, on peut créditer l'empereur d'un départ qui n'insultait pas l'avenir. Il l'aurait sans doute difficilement admis, mais, dans son œuvre, c'est la gestion de la crise de la Réforme en Allemagne qui constitue son plus durable succès.

*La Castille s'enflamme*

Déjà très tendue au départ du roi, la situation en Espagne devient vite franchement révolutionnaire.

De septembre à décembre 1520, la *junta* de Tordesillas, véritable pouvoir insurrectionnel, contrôle entre le tiers et la moitié du royaume de Castille. Les nouvelles qui parviennent à Charles, empereur couronné, à Aix-la-Chapelle sont de plus en plus mauvaises. Terrible épreuve pour un homme qui doit faire face à des situations radicalement nouvelles dans un pays dont il a tout à apprendre, avec les handicaps de la langue et de la distance ainsi que d'une guerre imminente avec le roi de France. La dégradation est rapide. On admet très mal l'idée de faire payer sinon l'Espagne – la couronne d'Aragon se dérobe –, du moins la Castille pour financer les suites coûteuses d'une élection prestigieuse et pour assurer le minimum de cohésion à un ensemble qui n'intéresse plus beaucoup les Pays-Bas, depuis que leur duc est devenu roi, puis empereur.

L'augmentation des *alcabalas*, cet impôt sur la consommation, et le vote du *servicio* par les Cortès bousculées et malencontreusement réunies en Galice surviennent comme pour mieux souligner un délit de fuite et envenimer la blessure d'un vote ressenti comme un viol. Les nouvelles taxes sur la consommation gênent les villes plus que les campagnes ; le pain, la soie, l'or et l'argent échappent seuls à cette incroyable fiscalité. Tout cela est imprimé et affiché ; un réseau se charge d'informer le chaland. Adrien, qui a le tort de venir des Pays-Bas et d'être naturellement modéré, a beau démentir, la pluie des bobards incendiaires tombe dru en avril 1521.

C'est depuis Ségovie que tout s'enchaîne. Deux officiers subalternes du *corregimiento* sont exécutés par les émeutiers : Hernán López Melón pour avoir prononcé le mot de lèse-majesté et Roque Portal pour avoir regretté la mise à mort de son collègue. Quant à Rodrigo de Tordesillas, il les suit dans la mort pour avoir voté le *servicio* aux Cortès ; plus avisé, son collègue Juan Vázquez de Espinar n'a pas réapparu dans la ville. À Zamora, les deux députés sont menacés à leur retour du même sort, mais leur vie est épargnée grâce à deux aristocrates, la comtesse Alba de Liste et le terrible et célèbre Acuña, l'évêque de la ville. Burgos connaît un scénario proche de celui de Ségovie. Les troubles commencent le 10 juin : incendies, lynchages ; on s'acharne sur les biens des députés qui ont voté l'impôt. De semblables scènes ont lieu à Guadalajara. À Valladolid, en revanche, on n'observe aucun incident. La présence, dans cette capitale *de facto*, du cardinal Adrien et du Conseil royal exerce une influence modératrice. Les véritables chefs de la *comunidad* ne se manifestent pas encore beaucoup. Comme à Zamora, à Burgos, à Guadalajara, il arrive que l'aristocratie, avec ses réseaux de clientèle, joue un rôle modérateur.

C'est à Tolède que s'opère le passage[3]. Adrien ne dispose pas d'une autorité suffisante : le *Consejo real* et lui-même ne jouissent que d'une délégation de pouvoirs étroitement limitée. Le Conseil se divise entre partisans d'une répression immédiate contre Ségovie et modérés, parmi lesquels Adrien. Le pouvoir retenu, non délégué, que voudrait exercer l'entourage immédiat de Charles Quint est une grave erreur : la décision ne peut se prendre à distance.

Tolède propose aux villes représentées aux Cortès une procédure de consultation, avec un programme en cinq points[4] : annuler le *servicio* voté à La Corogne ; revenir aux forfaits *(encabezamiento)* ; réserver les postes, charges et bénéfices aux seuls Castillans ; interdire l'exportation du numéraire ; désigner un Castillan (sous-entendu : pour remplacer Adrien). La « nation » se substituerait-elle au roi ? Ici et là, on bloque les recettes ; le vœu de non-exportation du numéraire entre en acte, plusieurs villes interdisant les sorties d'argent.

L'idée court que l'on pourrait imaginer en Espagne une structure comparable à celle que connaît l'Italie : des républiques urbaines s'assumeraient elles-mêmes – c'est un peu ce qu'implique le programme des moines de Salamanque, ce petit groupe de franciscains, de dominicains et d'augustins avait en effet rédigé, en association avec les autorités municipales et dès février 1520, un texte aussitôt diffusé dans les villes de Castille, qui fera office, selon l'expression de J. Pérez, de « charte de l'opposition » aux Cortès de Saint-Jacques, puis des *comunidades* proprement dites.

On s'interroge. La *Junta* pourrait se tenir à Tordesillas et se rassurerait en affectant de rendre ses prérogatives à la reine Jeanne. Quatre villes seulement acceptent le rôle dangereux de capitale de la rébellion ; la maigre *Junta* d'Avila dispute au *Consejo* son pouvoir évanescent.

Adrien atermoie sur les impôts. Peut-être aurait-il pu sauver la situation en juin, mais il ne se décide qu'en août, ce qui est trop tard. Au sein même du Conseil, il se trouve contrecarré par les partisans de la manière forte autour de don Antonio de Rojas. Le Conseil parle à contretemps et agit par foucades.

Une colonne commandée par Alonso de Fonseca et chargée de récupérer l'artillerie de Medina del Campo se présente devant la ville. Fonseca ordonne l'assaut. Un incendie éclate, la ville flambe. « L'incendie de Medina del Campo, observe Pérez, suscite en Castille une indignation qui a pour effet de provoquer des émeutes dans des villes jusque-là restées calmes[5]. » Dans la nuit du 21 août,

Valladolid elle-même brûle les maisons des responsables désignés ; Antonio de Rojas n'en réchappe que parce qu'il logeait chez le cardinal Adrien, personnalité que même les rebelles respectent. Dépourvue de ressources, l'armée s'est elle-même licenciée. Fonseca prend la fuite et, *via* le Portugal compatissant, rejoint en Allemagne son roi et empereur. Adrien n'a plus ni Conseil ni armée.

Les chefs de la rébellion se retrouvent à Tordesillas auprès de doña Juana, la *reina propietaria* de Castille[6]. Sa mise à l'écart n'avait jamais été acceptée, y compris par ceux qui ne mettaient pas en doute la gravité et la permanence de son incapacité. Ils n'avaient pas pardonné à Charles ce qui leur paraissait un manque de déférence, une infraction au cinquième commandement. Padilla, Bravo, Zapata lui font visite. Elle les écoute avec intérêt (tout cela est la conséquence du mauvais gouvernement de ceux qui vous ont écartée, lui déclarent-ils), répond avec pertinence, mais refuse de signer quoi que ce soit. Toutes les sources signalent que, à un certain point de l'évolution de la maladie dont elle souffre, survient l'impossibilité d'assumer un quelconque pouvoir. Jouit-elle encore d'une forme de lucidité, a-t-elle conscience de son incapacité à juger, ou craint-elle les représailles de ses « geôliers » ? Mais elle a beau refuser de « signer son ordre », deux notaires enregistrent ses propos qui sont aussitôt communiqués aux Cortès.

Du 15 au 20 septembre, les députés s'assemblent. Treize villes sont représentées à Tordesillas : Burgos, Soria, Ségovie, Avila, Valladolid, León, Salamanque, Zamora, Toro, Tolède, Cuenca, Guadalajara et Madrid[7]. Ne manquent que Murcie et l'Andalousie ; le Sud, impliqué dans l'aventure américaine, ne veut pas se compromettre. Le manifeste du 26 septembre est d'une rare violence, s'en prenant même à ceux qui ne sont pas accusés de vol mais seulement coupables d'avoir servi le roi (dès le 24 août, la *Junta* a ordonné la mise sous séquestre des biens de tous les membres du Conseil)[8]. Entre les fanatiques de Tolède ou de Ségovie et les modérés de Valladolid, la distance est grande.

Les extrémistes sont pourtant allés trop loin. Il ne suffit pas de rédiger des actes au nom de la reine et des *comunidades.* Même coupée de l'Aragon et du Portugal, la Castille tient à l'alliance avec Charles Quint et ne peut fonctionner comme un agrégat de républiques urbaines.

Les premiers décrets pris par la *Junta* au nom de la reine malade et des *comunidades* sans mention du roi sont une erreur. Valladolid, Burgos, Soria et Toro n'acceptent pas de traiter Charles Quint en usurpateur ; quant à Jeanne, qu'elle soit folle ou trop lucide, son refus de signer signifie qu'elle ne cède ni à la flatterie, ni à la force, ni à la menace[9].

On ne bafoue pas l'empereur et roi sans heurter la chrétienté tout entière. Les princes allemands réunis à Worms et qui se montrent toujours déférents avec Charles – comme Luther lui-même – lui procurent une diversion. Vues du Saint Empire ou des bords de l'océan, ces villes espagnoles doivent paraître minuscules, voire méprisables, comparées aux grandes cités de *Par Decha* et de la vallée du Rhin ; elles ne contrôlent pas même leur plat pays, que tiennent en main les réseaux d'alliance aristocratique de la fidélité et du vasselage. La distance apaise et dispense d'une réaction immédiate. On finit aussi par être troublé par le silence de la reine. Que pourrait-on construire avec Jeanne la Folle, sinon une *république de fols* voguant sur la *stultifera navis*, la nef des fous ?

Cette fois, l'impulsion change de camp. Adrien ne dissimule rien de la gravité de la situation ; il rappelle inlassablement les fautes commises, les promesses non tenues, sans omettre ses propres responsabilités. Le Conseil ambulant, le Conseil aux Pays-Bas et en Allemagne, se décide à sauter le pas et à répondre au vœu du cardinal.

Charles Quint prend la bonne décision : le 9 septembre, il nomme l'amiral et le connétable de Castille, don Fadrique Enríquez de Cabrera et don Iñigo Fernandez de Velasco, aux côtés d'Adrien qui, loin d'être désavoué, sort renforcé de l'épreuve[10]. Le 21, Lope Hurtado apporte en Espagne le décret instituant une large délégation de pouvoir et imposant des mesures libérales trop longtemps différées. Ainsi l'aristocratie prend-elle conscience du péril ; elle apprécie d'avoir à sa tête l'amiral et le connétable de Castille, sommets reconnus d'une hiérarchie traditionnelle.

Le Conseil du roi dans le Nord recommande de s'installer à Valladolid, capitale naturelle, et par là de se rapprocher de Tordesillas où se trouve, otage précieuse, la reine Jeanne. L'instruction donnée par Charles à son entourage insiste sur Tordesillas et traduit « l'inquiétude de la cour à la pensée que les rebelles pourraient rétablir les prérogatives de Jeanne ». C'est mettre le doigt sur la véritable faiblesse de cette fausse révolution dont les chefs ne peuvent proposer aucune alternative crédible. On sait que, même en Italie, la république archaïque n'est plus possible et que l'attachement dynastique n'est ni substituable ni interchangeable. On ne change pas si facilement de dynastie, même sans loi salique à la française.

Les instructions du 9 septembre fixent un plan de bataille. Le camp *comunero* a des maillons solides – à Tolède, Ségovie, Salamanque – et des maillons faibles – à Burgos et Valladolid. La *Junta* exerçant des pressions sur les villes qu'elle représente, on peut espérer l'atteindre en en détachant les composantes une par une. La manœuvre réussit à Burgos, mais échoue de justesse à Valladolid qui, de toute manière, reste la zone fragile d'une cuirasse rouillée.

La « trahison » de Burgos est pour la *comunidad* un coup dur, une première faille qui n'efface pas le demi-succès d'avoir sauvé *in extremis* l'adhésion de Valladolid à la rébellion. « Déloger les *comuneros* de Tordesillas était bien l'objectif primordial que Charles Quint assignait à ses vice-rois. [...] On cherche des alliés, on recrute des soldats, on menace, on discute aussi. Personne ne semble pressé d'en découdre. Les troupes royales finissent par entrer dans Tordesillas, mais presque par hasard, après bien des hésitations[11]. »

François Ier, décidément, joue mal. Son obsession de maintenir Charles Quint hors de l'Italie du Nord[12] a déjà conduit à la malencontreuse candidature impériale ; elle nourrit à nouveau la provocation. Il espérait prendre l'empereur de court en se rendant lui-même en Italie dès 1520 – l'année de tous les périls pour cet adversaire – et en l'agressant, comme si la guerre entre les deux cousins s'inscrivait dans l'ordre naturel et décidément bien peu chrétien des choses. Deux raisons lui interdisent le passage immédiat à l'acte : la maladie (une crise de goutte) de Louise de Savoie, l'incontournable régente ; un accident stupide (lors d'une parodie de bataille à la cour) qui faillit, au début de 1521, coûter la vie à François Ier – il resta plusieurs jours entre la vie et la mort, et mit deux mois à se rétablir.

Il ne reste au roi, pour harceler Charles, que deux recours peu honorables : La Marck, seigneur de Sedan, pour dix mille écus, une pension et vingt-huit hommes d'armes, et Henri d'Albret, qui se trouve au point le plus sensible et tente en vain de récupérer la Navarre. L'attaque de La Marck contre Luxembourg est repoussée et démasquée, malgré de piteuses dénégations du roi, pris la main dans le sac comme Louis XI à Péronne. Quant à l'offensive d'Albret, elle a lieu presque au moment où les *comuneros* sont écrasés. Cette manœuvre est un véritable cadeau fait à l'empereur, car elle lui fournit un ennemi extérieur et montre à quel point la dissidence est coupable. La Navarre a fait son deuil des Albret, jalouse de son identité qu'elle inscrit dans une hispanité intransigeante. Le tournant, Joseph Pérez l'a bien montré, se situe en décembre 1520. Le Portugal agit noblement, ne tentant nullement de tirer profit d'un affaiblissement passager de la Castille dans la rivalité qui oppose ces deux Espagnes atlantiques dans la course au désenclavement planétaire. Il refuse de prêter l'oreille aux sollicitations de la *Junta*, et fournit aux vice-rois une aide financière qui permet de maintenir une force armée. Quant à la haute noblesse, une fois qu'elle a pris conscience du danger, elle met une sourdine à ses querelles intestines et fait jouer à plein ses réseaux d'alliances et de fidélités par l'appel aux « *caballeros e escuderos de acostamiento*[13] » – nous dirions le ban et l'arrière-ban. Cette haute noblesse a conservé la main sur les campagnes (80 à 90 % de la population) et sur les *hidalgos* dispersés.

Les *comuneros* peuvent puiser dans les revenus de l'État, dont le produit est stocké dans ces *ciudades* contrôlées partiellement par une *capa media* proche des valeurs nobiliaires qu'elle partage avec la haute noblesse. La Castille du début du XVI^e^ siècle rappelle la France du milieu du XIV^e^. Le roi ne peut hésiter ; il lui faut passer une alliance ferme et durable avec la noblesse qui tient encore en main l'essentiel.

Les forces rassemblées sont en quasi-équilibre. Au terme de marches et de contre-marches, les troupes royales s'emparent de Tordesillas. Ce succès symbolique procure un énorme avantage psychologique au vainqueur. La *comunidad* perd son dernier atout, le prestige qu'elle espérait tirer de la reine Jeanne. Le fossé se creuse entre les *comuneros* jusqu'au-boutistes et ceux qui cherchent une sortie honorable.

Treize députés sont faits prisonniers ; les autres sont en fuite. Valladolid, ébranlée, tente de se dégager ; la chute de Tordesillas n'est pas l'épisode final. L'armée dite royale se licencie très vite, faute de moyens. La *comunidad* rétrécie serre les rangs, pour retarder une échéance redoutée.

Le camp vainqueur hésite sur la tactique ; la reine est une pomme de discorde. La victoire de Tordesillas est suivie d'un revers et du sac de Torrelobatón, qui révèle la faiblesse d'une troupe mal réglée. Les vainqueurs de Tordesillas, profondément conservateurs, désirent tourner la page, faire rentrer dans un réseau d'alliances le maximum d'hidalgos égarés et ne pas compromettre un équilibre que fragiliserait encore une victoire royale trop complète.

En durcissant une poignée de *desesperados* et en compromettant négociations et arbitrages en cours, Torrelobatón a fait partiellement échouer le plan irénique qui aurait réduit les blessures et les rancunes[14]. Tout s'achèvera donc sur la victoire trop écrasante de Villalar (23 avril 1521).

L'armée éphémère qui avait pris Torrelobatón, cette bourgade trop bien fortifiée, s'en était allée en lambeaux. Beaucoup avaient fini par comprendre qu'on ne gagne pas contre la force et contre une légitimité reconnue par toute la chrétienté. Barricadés dans leur dernier trophée, Padilla et sa poignée d'enfants perdus de *comunidad* tentent de sortir du piège. En rase campagne, sous la pluie, la cavalerie royale arrive enfin, sans même avoir attendu le renfort de l'infanterie. Joseph Pérez conclut : « Les plus grands noms de la noblesse castillane sont venus prendre part à l'*hallali.* [...] Comme l'écrit Maravall, à Villalar commence une nouvelle phase ascendante pour le régime seigneurial en Castille. »

Reste à apprécier le rôle et la place de l'empereur lors de son retour, le 16 juillet 1522. La grande alliance au sein de ce qu'il est commode d'appeler l'empire de Charles Quint va pouvoir compter sur une force militaire sans cesse renforcée jusque vers 1630-1635.

### *Allemagne et* comunidad

La confrontation avec Luther à Worms (18 avril 1521) et la victoire décisive de Villalar (23 avril) sont presque simultanées. Charles Quint a fait face avec un calme exemplaire à un paroxysme de conflits qui aurait fait perdre courage et sang-froid à plus d'un homme d'État, même aguerri. Il est possible que ces difficultés aient contribué chez lui à l'acquisition une forme de sagesse et à la prise de meilleures décisions politiques. La fermeté manifestée à Worms et l'intelligente générosité à l'égard de v portent leurs fruits[15]. En laissant partir le moine réformateur en ne tentant rien contre son refuge saxon, l'empereur a évité de provoquer la chevalerie rhénane et de favoriser par là une nouvelle forme de *comunidad.*

Il y avait en effet un grand risque d'explosion générale : on le mesure quand on a connaissance de la suite. Les liens ne manquaient pas entre les chevaliers engagés dans le mouvement et le milieu agité des « publicistes » et « pamphlétaires » humanistes disposant de l'arme nouvelle que constitue l'imprimerie. Celle-ci se concentre dans l'axe allant de Venise au Rhin et du Rhin à la mer du Nord, l'axe d'une Europe intelligente, brassée et précocement alphabétisée. Peut-être a-t-on trop tendance à généraliser les liens d'amitié et de collaboration qui unissaient Franz von Sickingen, chef reconnu des chevaliers sur le point de se soulever, et Ulrich von Hütten, prince des publicistes et des pamphlétaires ; comme Francis Rapp l'a bien montré, l'appui apporté par ce dernier à Luther fut important[16]. En outre, dans l'Allemagne occidentale et méridionale, éclatent régulièrement de violents troubles agraires (les *Bundschuh*, du nom des grosses galoches à lacets que portaient les paysans pour fouler la terre glaise), avec des points culminants en 1493, 1517 et surtout 1524-1525. Rappelons que le mouvement affecta, au-delà des limites de l'Empire, une bonne partie de l'Europe centrale. Il s'agit donc d'un mascaret social qui a pour lui l'étendue et la durée. En Hongrie, il culmine en 1514. C'est la Grande Jacquerie, dont les conséquences ne furent pas moins décisives pour l'avenir du pays[17]. La défaite de Mohacs (29 août 1526), avec la mort de Louis de Hongrie – qui avait épousé la sœur de Charles Quint, Marie, livre pour près de deux siècles la grande plaine hongroise aux Turcs et expose régulièrement Vienne et l'Empire.

Ce qui sauve l'Empire du pire, c'est que les vagues se sont succédé sans entrer en une synergie qui eût tout emporté. La véhémente aspiration à une importante réforme religieuse date de 1520-1521 ; la révolte armée des chevaliers culmine en 1522 ; le *Bundschuh* souabe éclate en 1523, atteint son paroxysme en 1524 et se brise sur un front social reconstitué où, grâce à Luther, les évangéliques modérés rejoignent les catholiques contre les violences de la jacquerie qu'encouragent les chiliastes anabaptistes entraînés par Thomas Müntzer.

La ligne ferme mais modérée de Worms – inspirée peut-être par la conscience des maladresses qui avaient en Espagne forgé l'hétéroclite « révolution » des *comunidades* – a permis la constitution d'un front de défense sociale qui a protégé l'Empire. Les cent mille morts (sur 10 à 11 millions d'habitants[18]) consécutifs aux graves troubles sociaux de 1522-1525 n'affectent pas le peuplement, ni même le taux de croissance démographique de l'Empire (élevé à cette époque).

Dans l'hypothèse raisonnable d'une histoire qui n'exclut pas la responsabilité des acteurs, l'action de Charles Quint aura été bénéfique. Une année d'une extraordinaire densité vient de s'écouler. L'adolescent est devenu un politique accompli, doté d'une rare maîtrise de soi. Écartant la tentation de l'activité brouillonne, il s'en est tenu à la ligne arrêtée, faisant confiance en Espagne à l'amiral et au connétable, acceptant l'inévitable partage au profit de son frère qui n'est plus traité en concurrent mais en utile second.

Nul n'a mieux compris et exprimé cela que Karl Brandi : « Si nous appelons royaume universel [...] le pouvoir de Charles Quint, c'est à cause de son caractère international, étendu à l'ensemble du monde chrétien, à cause de son extension au-delà des mers. [...] Mais ce serait une erreur de croire qu'à l'origine il y eut une idée impérialiste de conquête. Non, ce pouvoir était né de la moins agressive de toutes les notions, celle du droit de famille » et d'un réseau d'alliances politiques par le lien matrimonial le plus naturel. Avec, dans le cas de Charles Quint, la conviction de l'intangibilité de la règle successorale en faveur de l'aîné. « C'est pour cette raison que dans cette famille les mariages étaient l'objet d'interminables pourparlers. [...] Que de fois Charles lui-même, dès son berceau, n'avait-il pas été fiancé[19] ? »

Chef de la *gens* depuis la mort de son grand-père, il avait tout jeune disposé de ses sœurs comme le joueur d'échecs dispose de ses figures sur l'échiquier. À la sage Éléonore, la sœur aînée, va la couronne de Portugal. Aucune alliance n'est plus précieuse : les Portugais ont prouvé pendant la *comunidad* leur loyauté et le prix de leur alliance. La cadette Catherine, la petite « captive » du château-prison de Tordesillas, née en 1507, avait servi pendant l'élection d'appât pour les électeurs de Brandebourg, puis de Saxe, avant d'être donnée à Jean III dans une triple alliance portugaise. Éléonore, livrée au vieil et valétudinaire oncle don Manuel, passa après veuvage à François I^er^ : gage d'une réconciliation qu'on ne désirait pas vraiment et que l'on a tout fait pour rendre impossible – un peu comme si l'on espérait que le roi haï se comporterait aussi mal avec Éléonore qu'on s'était comporté avec lui. Or là Charles Quint a échoué, et c'est François Ier qui pour une fois s'est conduit, avec une femme qu'il ne pouvait aimer, comme un roi chevalier. Moins par calcul que par une forme de galanterie liée à une culture.

Restent Isabelle de Danemark, immolée à un fou, et Marie, pièce vraiment maîtresse, celle qui peut-être, à long terme, aura le plus rapporté à la maison de Habsbourg et à l'Europe à naître. Le moment vient en effet où les Habsbourg d'Espagne auront marqué par épousailles toutes les capitales de leur présence, mais, l'heure étant passée, sans profit comparable à celui des temps de Ferdinand et de Maximilien, les plus grands marieurs de l'histoire.

C'est une affaire de mariage qui va pousser Charles Quint à réaliser l'opération peut-être la plus fructueuse du règne, en laissant vraiment quelque chose à son frère. Pour qu'il passe de l'accumulation de couronnes à l'alliance de « tous les pouvoirs retenus » au profit du pouvoir *cédé* et non plus seulement *délégué*, il aura fallu qu'interviennent plusieurs facteurs : le paroxysme des deux grandes crises parallèles (l'Allemagne avec Luther à Worms, l'Espagne avec la *comunidad* et la victoire de Villalar) et la rupture enclenchée avec la France. L'ambassadeur de France quitte Worms le 22 mai, veille de la mort de Chièvres, le tuteur-conseiller jamais remplacé. Cette disparition est, dans l'immédiat, opportune pour faciliter la liquidation de la crise espagnole ; mais la chrétienté perd là le seul grand politique attaché à la paix entre chrétiens et décidé à en payer le prix, à savoir l'entente avec la France. Ce n'est pas encore la guerre, mais déjà le temps des escarmouches ; nous l'avons vu avec La Mark et d'Albret. Rien de décisif n'a toutefois lieu avant la défaite française de La Bicoque (27 avril 1522).

*Ferdinand, archiduc*

C'est dans ce contexte qu'intervient l'une des décisions les plus fructueusement raisonnables du long règne. Le 2 avril 1521, quelques jours avant le face à face historique avec Luther, l'archiduc Ferdinand fait son entrée à Worms. La délégation hongroise ne peut cacher son impatience : Louis II attend tout des épousailles, car son territoire est exposé à la pression turque sur un sol miné par la longue et cruelle tension dans des campagnes surexploitées. Il arrive que les Turcs soient salués sinon en libérateurs, du moins comme un moindre mal. C'est un mariage croisé qui est demandé, le roi de Hongrie épousant la sœur de l'empereur, et l'empereur épousant Ana, la fille de Louis[20]. La deuxième carte étant injouable, Charles épousera Isabelle de Portugal, mariage qui récompense la loyauté du Portugal, scelle l'alliance et prépare l'unité de la Péninsule – elle durera soixante ans (1580-1640), et aurait pu être définitive sans de mauvais acteurs. En adoptant Louis, Maximilien avait, note Karl Brandi[21], excité les ambitions hongroises. Beau-frère du plus puissant prince du monde, Louis devait se sentir mieux protégé lors du prochain coup de boutoir turc. Ana se contenta du jeune infant-archiduc Ferdinand, l'« éternel second ». Il fallait que l'infant qui allait épouser la fille du roi Louis fût pourvu d'autre chose que d'une délégation ; en un mot, qu'il fût souverain sur un domaine bien à lui, et – pourquoi pas ? – un domaine voisin de la plaine hongroise menacée.

Aux Pays-Bas, l'opinion dominante en Brabant, exprimée par Érasme, jugeait que les partages n'étaient pas chose légale. Il n'y avait plus que l'Empire, et dans celui-ci l'Autriche, à se laisser partager comme un royaume mérovingien – cela dura jusqu'au début du XVII<sup>e</sup> siècle.

Agrandie du Wurtemberg habilement annexé mais grevé de dettes, l'Autriche disposait des mines du Tyrol qui permettraient peut-être d'assumer la charge de la dette contractée auprès des Fugger. Tout cela était sans doute pénible, mais Charles Quint ne se sentait pas encore aussi affectivement lié aux terres patrimoniales de la maison de Habsbourg qu'aux Pays-Bas, voire maintenant à l'Espagne et à l'Italie (pour le prestige et les besoins de la couronne impériale). Accepté comme jamais empereur ne le fut depuis trois siècles, il pouvait, sans avoir le sentiment de rien perdre, confier cette charge à ce frère si mal traité et sur les épaules de qui allait peser le devoir de défendre le dernier *limes* de la chrétienté. Surtout après Mohacs et la mainmise sur ce qui restait de la couronne de saint Étienne et sur la Bohême, le poids de la croisade défensive devait revenir aux descendants de ce Ferdinand peu aimé des siens pour avoir été trop aimé par son unique grand-père. Tout fut réglé prestement, un peu comme si Charles avait craint de changer d'avis. Beaucoup de choses demeuraient sans doute en suspens, mais cinq duchés autrichiens, avec débouchés sur l'Adriatique, furent placés en toute propriété dans la corbeille d'Ana. Âgé seulement de dix-huit ans et possédant à peine la langue allemande, Ferdinand devait se montrer intelligent et courageux.

Il obtint, en sus des accords de Worms, le gouvernement de territoires que Charles s'était dans un premier temps réservés. Tout fut précisé dans un traité du 7 février 1522. « Il recevait à titre de gouverneur ce qu'il n'avait pas encore reçu en pleine et personnelle possession. [...] Ferdinand, en manière de compensation, renonçait à toute prétention sur les domaines héréditaires de Bourgogne et d'Espagne. Le traité garantissait à Ferdinand la possession héréditaire de toutes les terres germano-habsbourgeoises. L'Alsace, Ferrette et Haguenau lui étaient attribués à vie, mais à sa mort devaient revenir à la Bourgogne. » Cette clause secrète éclaire les replis de l'âme de Charles – ce rêve de Bourgogne, encore ! Selon Karl Brandi, « c'était reprendre la politique de Charles le Téméraire au détriment de l'Empire[22] ».

Pour tenter de financer la défense de ce qui était devenu le *limes* antiturc dans la plaine pannonienne éventrée, Charles attribuait à son frère la rente constituée par le grand-père Ferdinand, assise sur les revenus du royaume de

Naples : 6 000 ducats au total. C'était dérisoire pour qui commençait à recevoir le pactole des mines d'Amérique…

Brandi conclut : « Avec ce partage, Charles cessait d'être souverain en Allemagne. Ce qu'il conservait, c'étaient les fiefs et les parties bourguignonnes de l'Empire, les droits d'altesse dans l'Empire et le privilège du rang d'empereur, donc guère plus que n'avaient possédé Richard de Cornouailles ou Alphonse de Castille. » L'Allemagne en tant que territoire appartenait désormais à la branche autrichienne, ainsi que l'avait souhaité Maximilien.

Les relations avec la Scandinavie ne furent en rien fructueuses, contrairement à celles avec la Bohême et la Hongrie. La parenté danoise devait être à la charge (ruineuse) des Pays-Bas. Le jeune couple formé par Marie (dite de Hongrie) et Louis II fut, jusqu'au désastre de Mohacs, desservi par des magnats qui dépassèrent les grands d'Espagne et de Bourgogne en matière d'égoïsme, d'indiscipline et d'inconscience de l'identité nationale… De son côté, absorbé par le rêve de la reconquête de la Bourgogne, Charles Quint a prouvé après Mohacs la distance qu'il y avait entre les rêves de Gattinara et la réalité. Les Turcs pourront digérer leur conquête en paix.

Jamais l'Allemagne n'a eu l'occasion de regretter son choix. Mais elle n'est pas gouvernée. S'en porte-t-elle plus mal ? Ce géant démographique, technique et culturel est un nain politique. En scindant à temps la maison de Habsbourg, Charles Quint a préparé, sans le savoir, la reconquête de l'Europe danubienne et, pour ces régions, les siècles les plus heureux de leur histoire.

L'Espagne est un singulier-pluriel dont la Castille est le noyau fédérateur. Négligée par une équipe mal préparée à sa tâche, elle a regimbé. Le prince qui débarque le 16 juillet 1522 n'a rien à voir avec celui qui a foulé le sol de la Cantabrique le 17 septembre 1517. Un homme est né ; il n'a rien oublié, mais s'est prodigieusement enrichi.

Villalar, le 23 avril 1521, ne clôt pas le cycle de la révolte[23]. Pendant six mois encore, Tolède va résister, même si les autres centres vitaux du mouvement sont grièvement touchés. Dès le 24 avril, en présence du cardinal Adrien, sont condamnés à mort les trois principaux capitaines *comuneros* : Padilla, Juan Bravo et Francisco Maldonado. La sentence est exécutée sur-le-champ. La répression vient de commencer. Ainsi craque l'organisation politique, la mince pellicule qui conduisait la rébellion dans le Nord. Pris de panique, ces cadres mesurent leur isolement et se débandent : Palencia, Valladolid, Ségovie, les villes de la Vieille-Castille se soumettent l'une après l'autre.

Sur les bords du Tage subsiste une solide petite armée que dirige un bon général, Antonio de Acuña, le trop fameux évêque-brigand de Zamora, chef d'importants réseaux de fidélité. La deuxième attaque française sur la Navarre est un heureux coup de Jarnac : en se détournant vers le nord, l'armée royale prolonge le mouvement que cette alliance *de facto* discrédite durablement.

La Vieille-Castille, noyau par excellence de l'*Hispania* médiévale reconquérante sous l'influence de l'aristocratie et de ses alliances, retourne au giron, aidée par des vainqueurs relativement conciliants qui se rendent compte que ce soulèvement peut les servir en mettant en garde le pouvoir contre la tentation de négliger ceux qui l'ont fait roi.

Un concours de circonstances autour du siège archiépiscopal de Tolède contribue cependant à faire perdurer ce noyau révolté. Le cardinal, qui symbolise un pillage d'autant plus grave qu'il est inconscient (il est le neveu de Chièvres), meurt le 10 janvier 1521[24].

Avant même cette disparition attendue, la lutte est âpre. Le 8 janvier, ce jeune homme, qui a le sens de la famille, a rédigé son testament – le siège primatial de la « colonie » fait donc partie du patrimoine des Croÿ – en faveur de son frère, qui n'est encore qu'archevêque de Cambrai. Deux courriers sont déjà partis à Rome pour alerter le pape, qui ne refuse rien en matière d'abus. Il y a là de l'inconscience, quand le tiers de la Péninsule est encore en état de sécession armée et que les traités de Luther contre ce type d'abus commencent à faire mouche en Allemagne, et bientôt dans toute la chrétienté.

La nouvelle de la mort du prélat suscite peu d'émoi. La *comunidad* de Tolède a un candidat : le frère de doña María Pacheco, cette femme qui est comme chacun sait le véritable chef de la rébellion[25]. Francisco de Mendoza, qui a étudié la théologie à Salamanque, exerce les fonctions de camérier du pape ; c'est un fils de la bonne aristocratie castillane, aux attaches évidentes avec Tolède.

Le problème des désignations ecclésiastiques n'est pas encore définitivement réglé en Espagne. L'élection par le chapitre est parfaitement conforme aux canons longtemps respectés de l'Église. Mais il y a longtemps que la pression conjointe du patronage laïc d'abord, royal ensuite et pontifical enfin a introduit un autre mode de désignation à partir de ce qui n'était qu'une annonce et une proclamation de foi. Sans être encore parfaitement formalisée, la désignation par le patronage royal avec acquiescement (quasi automatique) du pape qui confère l'investiture (celle-ci était jadis donnée par le métropolitain et trois évêques de la province) était chose acquise depuis Isabelle. La bulle *Eximiae devotionis affectus* ne sera obtenue par Charles Quint qu'en 1523 de son pape Adrien VI. Elle fixe le patronage royal tel que les Rois Catholiques l'ont en grande partie mis en place ; elle est à peu de chose près identique à ce que la France a obtenu de Léon X en 1516 à Bologne.

La *Junta* de Tordesillas, moins extrémiste que doña María Pacheco, semble réticente. Ne vaut-il pas mieux laisser la cour du Nord s'enferrer dans la candidature du frère archevêque de Cambrai, en couronnant un premier scandale d'un second, plutôt que de s'engager dans une procédure douteuse en donnant ostensiblement la main à un camp compromettant ? D'où l'envoi sur les lieux de don Antonio de Acuña, l'évêque-brigand de Zamora. Les *comuneros* de Tolède voulaient sans doute revenir à l'usage ancien[26]. La phase de décomposition du mouvement était engagée. Parti de Valladolid à la tête d'une force armée considérable, Acuña semble n'avoir nullement eu l'intention de travailler pour un autre. Ne serait-il pas, lui, le successeur idéal de Cisneros, une fois refermée la parenthèse Croÿ ?

Tandis qu'une armée royale se tient en observation au sud de la ville, Acuña entre à Tolède où il est bien accueilli. Pour prétendre à une forme de légalité, il faut au moins avoir les chanoines avec soi. Le 4 avril, il demande au chapitre de lui confier l'administration à la place de l'administrateur écarté. Mais les chanoines refusent : « Ils mourront plutôt que de lui confier ces pouvoirs. » Ils cherchent en fait à gagner du temps. La défaite de Villalar et l'exécution de Padilla sont bientôt connues à Tolède : le coup de force d'Acuña au sein de la *comunidad* a échoué.

C'est à l'initiative de María Pacheco – la veuve de Padilla exécuté le 24 avril 1521, le lendemain de Villalar – que la *comunidad* prend contact avec l'armée d'invasion de la Navarre. Cette faute, qui ne sera pas pardonnée, constitue le plus beau cadeau que la rancune fanatique pouvait faire à Charles Quint. Celui-ci est en train de régler durablement et équitablement la difficile situation de l'Allemagne où éclate une *comunidad* autrement féroce, mais qui ne lui incombe plus. Il pourra conduire la guerre avec la conscience en paix, car la France laissera passer une justice peu clémente pour les responsables déchus. « L'émeute du 3 février et la fuite de doña María Pacheco marquent la fin du mouvement *comunero* en Castille. Partout, les rebelles se terrent ; les chanoines font graver [...] le retour de la paix dans la cité. Le docteur Zumel [...] a les mains libres [...], il fait raser la maison de Padilla et dresser sur l'emplacement [...] le rappel du crime[27]. » En deux mois, Tolède est rentrée dans le rang. La carte du soulèvement fournit des clefs pour le passé et l'avenir[28].

### *La géographie* comunera

La Galice – on n'en attend pas grand-chose – s'est tenue, comme il se doit, à l'écart. Un peu de mauvaise humeur à l'égard de l'impôt : « Plutôt se donner au roi de France que de payer le nouvel impôt. » En échange de leur loyauté, elle réclame des faveurs : pour La Corogne, une place dans le monopole andalou-canarien du trafic avec l'Amérique. Elle est remerciée, mais sans rien obtenir.

L'Estrémadure, Badajoz en tête, est restée loyale – même si Plasencia a hésité. C'est déjà l'Andalousie, trop engagée dans l'aventure américaine pour perdre son temps à tuer la poule aux œufs d'or.

L'immense Andalousie est à peine touchée (Jaén, Ubeda et Baeza). Séville, première cité de la couronne de Castille par la taille, n'a guère fléchi qu'une journée. Les Medina Sidonia tiennent la place. On les accuse de collusion avec les *conversos* et on leur impute la responsabilité de la hausse des prix anticipatrice au point d'arrivée du précieux métal. Le coup de force du 16 septembre 1520 est inspiré par le duc d'Arcos, mais le duc de Medina Sidonia tient bon et tout rentre dans l'ordre. Les forces loyalistes majoritaires, se regroupent pour soutenir le roi et ses fidèles. Parmi les facteurs de ce calme relatif, Joseph Pérez fait intervenir la crainte des deux minorités : et si le ralliement à la fronde *comunera* allait servir les *conversos* (suspects de crypto-judaïsme) et les *moriscos* (musulmans mal ou non convertis) ?

Entre la Castille des *comuneros* et les *germanias*, la Murcie s'en prend moins au roi, assez lointain, qu'à deux ensembles de clientèles qui profitent du relâchement du pouvoir central pour s'affronter. Que l'autorité royale réémerge et tout rentrera dans l'ordre. Même si l'on se rattache à la *Junta* de Tordesillas, c'est à la *germania* valencienne d'autodéfense contre la menace barbaresque que la Murcie s'apparente. C'est donc un conflit qui ne déborde pas ses propres querelles traditionnelles quand s'estompe le pouvoir arbitral externe.

Les provinces basques, elles, pourvoient en armes ceux qui peuvent payer. La Biscaye, loyale et calme ; Guipuzcoa, agité comme d'habitude, mais sans influence directe de la *Junta* ; la province d'Alava, c'est déjà comme une demi-Castille et à sa tête un comte de Salvatierra, pour d'obscures et paradoxales raisons, attentif à ne pas déplaire à la *Junta*

(Joseph Pérez). Peut-être est-ce un moyen d'affirmer une castillanité souvent contestée.

La *comunidad* n'a jamais vraiment débordé les deux Castilles, qui formeront demain le cœur de la loyauté au prince, empereur et roi – Philippe II surtout –, et qui représente en surface moins d'un tiers de la Couronne.

C'est à Tolède que tout commence et que tout s'achève. On y trouve Avalos, Carrillo et des nouveaux venus en quête de consécration. Blessés dans leur orgueil, ils se sentent dépouillés de leur haute dignité, marginalisés, mais ils sont soutenus par l'artisanat. Des réseaux de clans essaient de se positionner, cherchant à se mieux faire entendre d'en haut tout en gardant le contact avec la plèbe qui, elle, ne peut tout comprendre.

Madrid n'est pas grand-chose encore, trop proche de Tolède pour exister. Le duc de l'Infantado maintient une grande partie de la Nouvelle-Castille dans la mouvance royale. Ces villes ne contrôlent pas les campagnes ; là, c'est la grande aristocratie qui compte. À bonne distance, certes, des prétentions des officiers trop zélés des Rois Catholiques, ces grands seigneurs souhaitent que leurs pays continuent à vivre comme avant : entre deux maux, il faut choisir le moindre. Il arrive qu'on ne s'en sorte pas. Il faut que la victoire du roi ne soit ni trop rapide, ni trop complète. Car les campagnes sont beaucoup plus tranquilles ; l'aristocratie tient son monde. Rien, même en Castille, qui ressemble au *Bundschuh* souabe.

L'*Hispania* du début du XVI^e^ siècle rappelle, on l'a dit, la France du milieu du XIV^e^ : les réseaux de l'aristocratie contiennent, coordonnent et contrôlent les mauvaises humeurs. Le message de la *comunidad* sera bien compris par Charles Quint et *a fortiori* par son fils. L'Espagne prend conscience de la tâche écrasante, mais exaltante, qui lui incombe : porter, diriger cet immense empire disparate dont elle se sait digne. Cette forme improprement dite de croisade emplit les esprits et les cœurs. La *comunidad* aura indiqué une borne à ne pas franchir. L'Espagne est prête à donner ce qu'il faut pour lever une armée longtemps imbattable.

Tolède a été le détonateur et le chant du cygne. Mais, dans l'entre-deux, c'est la Vieille-Castille qui fournit les (relativement) gros bataillons. Elle a suivi la *Junta*. Avila, Tordesillas, le triangle Valladolid-Medina de Rioseco-Medina del Campo : ces jalons délimitent un champ, celui des coups de main, des petites batailles à grands effets. C'est là que près d'un quart de la population aura été, à un moment, peu ou prou impliqué. Salamanque a ses franciscains utopistes. À Zamora, deux camps s'opposent violemment autour du comte d'Alba de Liste et du redoutable évêque Acuña. Liste, qui feint l'indignation, accompagne le mouvement pour mieux le maîtriser et l'éteindre ; la *Junta* enjoint à Acuña de chasser le traître, son adversaire. Toro, du côté *comunero*, lui sert de base. León est mollement acquise au mouvement, ce qui lui permet un ralliement immédiat après Villalar. Avila, première base de la *Junta*, pencherait volontiers vers Burgos, donc vers un loyalisme critique, si Valladolid ne faisait pas écran.

Ségovie est véhémente dans ses déclarations pro-*comunidad* et déchirée entre une basse ville *comunera* et la ville haute, l'Alcazar loyaliste ; la cathédrale, détruite, en fait les frais. Charles Quint, qui suit de loin, aurait souhaité une action militaire pour dégager les défenseurs de l'Alcazar. Ségovie est peut-être la ville qui entraîna la plus grande frange des campagnes environnantes dans son sillage. Mais rien n'est simple : chacune de ces grosses bourgades est un cas unique ; chaque cité, chaque quartier est un entrelacs de familles, donc d'alliances, de voisinages, de cousinages – et de rancunes.

Medina del Campo, petite cité martyre, doit sa réputation aux erreurs de Fonseca. On n'y a pas le pardon facile, mais quand surviennent les premiers grands revers de cette « révolution » sans but, la peur aide à recouvrer un peu de raison.

Valladolid et Burgos ne pouvaient rester longtemps dans le même camp. À Burgos, on a usé largement de la parole, mais les intérêts du commerce et une modération de bon aloi l'ont emporté au Conseil royal. Valladolid ne pouvait alors prendre que le contre-pied…

Les clefs sociales sont à manier avec prudence. Les alliances, les mariages, les lignages, ces réseaux qui de haut en bas et de bas en haut forment des filets, des lacis, les rancunes mâchées, et remâchées, l'emportent sur les considérations foncières ou commerciales. L'essentiel est de voir que les deux Castilles se présentent comme la France au XIV$^{e}$ siècle et que, dans les réseaux qui vont de la haute aristocratie aux peuples des campagnes, s'insèrent de petits noyaux d'une *capa media* d'hidalgos, de maîtres artisans et de *letrados* formés dans de jeunes universités.

### *Le retour glorieux*

Charles Quint arrive en Espagne au sommet de sa gloire. Il a réussi en Allemagne ; il a esquissé l'avenir de l'Europe centrale. Il débarque le 16 juillet 1522, retrouvant « un pays qui garde encore des traces de la commotion passée, mais où toute rechute est désormais exclue[29] ».

Si l'on comprend les exécutions du 24 avril 1521 après un simulacre de jugement, on comprend moins celles qui s'échelonnent sur plusieurs années, souvent après d'interminables procès. Au début des années 1550, Charles recommandera à son fils : « Rien, pas de faveurs, pas de places pour les fils de ceux qui ont été même de loin impliqués dans la *comunidad.* » Pris entre le désir de punir pour l'exemple – c'est du moins ce que l'on se dit – et la crainte de rallumer des braises mal éteintes, le pouvoir hésite.

À l'arrivée de Charles Quint, les vice-rois, qui savent la complexité de la situation et qui ont dû faire des concessions, cèdent la place à ceux qui ont accompagné le roi et sa cour. Ces derniers se montrent plus sévères. Sous le nom d'amnistie (*perdón*) est publiée en 1522 une liste de proscription. « Pendant quelques mois, une rigueur nouvelle anime le fonctionnement de la justice[30]. » Toutes ces peines s'accompagnent de la confiscation des biens, c'est-à-dire qu'elles frappent non seulement un homme, mais aussi une famille et une descendance. Les Cortès de 1523 se plaignent de cette sévérité ; l'avertissement sera partiellement entendu, la répression adoucie.

Toutefois, la société espagnole n'a pas été brisée ; elle se reconstitue dans son génie qui n'est ni administratif ni judiciaire : société de fidélités, de compagnonnages. La guerre que la France conduit en Navarre sert à panser bien des plaies. Un homme comme Luis Quintanilla se rachète ainsi au siège de Fontarabie. Toute une société se refonde autour de l'exemption de la culpabilité. « Les vainqueurs rencontrent beaucoup de difficultés pour arrêter les *exceptuados*[31] », ceux que le *perdón* inscrit sur la liste de proscription.

Parmi les cas choquants, il y a l'exécution sur ordre du Conseil royal, le 13 ou 14 août 1522, de don Pedro Maldonado, qui suit celle du groupe des sept députés dans la première quinzaine d'avril, à Medina del Campo. Après la mort des sept – que, semble-t-il, il regrettait de n'avoir voulu assez et su empêcher à temps –, l'empereur aurait déclaré : « Maintenant, cela suffit. Que l'on ne verse plus de sang ! »

Charles Quint a décidé de frapper dès les semaines qui suivent son retour, « et tout compte fait, selon le mot de Joseph Pérez, avec beaucoup de modération[32] ». Puis le réflexe patriotique de beaucoup de cités et de responsables *comuneros* dans la Navarre attaquée par les Français l'a fait basculer du côté de l'indulgence. Cela peut certes prendre du temps – il est très absorbé –, mais lorsqu'il appelle un dossier à son jugement personnel, c'est pour pardonner et amnistier.

Élu pape le 9 janvier 1522, Adrien d'Utrecht ne quitte qu'en août l'Espagne pour Rome. Il semble que l'ancien quasi-régent, il est vrai tenu en laisse, ait réagi non seulement avec son indulgence naturelle, mais aussi avec le réflexe consistant à exempter les clercs du fait de leur état.

« Sur 293 *exceptuados* que le *perdón* de 1522 vouait à la vindicte publique, 22 seulement ont été exécutés, 23 en comptant l'évêque de Zamora. [...] Une vingtaine [...] sont morts en prison avant jugement, une cinquantaine admis à se racheter par des amendes. [...] Acquittements et amnisties successives ont ainsi rendu la liberté à une centaine de proscrits[33]. »

C'est avec raison que Joseph Pérez évoque en guise d'épilogue l'exécution du célèbre Acuña, évêque de Zamora. Charles Quint frappe durement les *comuneros* du dernier carré qui ont refusé d'admettre que leur combat était voué à l'échec et qui se sont faits les complices de l'attaque française de la Navarre. Parmi les grands noms de la rébellion, beaucoup ont obtenu des allégements de peine ou des grâces. Mais la clémence a des limites, et Acuña a franchi les bornes. Arrêté à la fin de mai 1521, alors qu'il cherchait à gagner la France, il est enfermé dans la forteresse de Navarrete et sera le seul ecclésiastique de haut rang à être finalement exécuté (en 1526). Don Pedro Laso de la Vega et don Pedro Girón attendront longtemps leur pardon, et doña María Pacheco mourra en exil en 1553. Sa qualité de prince de l'Église permet à Acuña d'obtenir un sursis inhabituel ; elle lui aurait même évité la mort s'il n'avait aggravé son cas par une tentative d'évasion avec assassinat d'un auxiliaire de justice.

L'empereur résiste à toutes les pressions, voire à des menaces d'excommunication, et ordonne lui-même l'exécution de celui qui n'a pas hésité à tuer un humble, un sans-grade. Il sait qu'Acuña est l'un des comploteurs les plus endurcis, qu'il a joué sur tous les tableaux avec le plus parfait cynisme et qu'il briguait la succession de Cisneros et de Croÿ. Charles Quint veut que le procès se déroule en Espagne, sans ménagement, pour obtenir le nom des complices. Le pape accepte que ce procès n'ait pas lieu à Rome, et le confie au cardinal Adrien. Acuña, rassuré, se fait tout petit, jure et promet. Mais Adrien, hélas ! est élu pape à son tour. Il aurait bien évidemment pardonné, solidarité épiscopale oblige. Acuña est transféré à Simancas ;

l'empereur obtient de Rome la désignation de deux évêques espagnols pour juger l'évêque rebelle. Commence alors une interminable procédure. Dans cette bataille judiciaire, Acuña se montre aussi acharné que dans le combat des armes, aidé par une puissante armée d'avocats. Mais il faut, pour exécuter l'évêque, l'autorisation du pape ; or celui-ci ne cède pas. Alors Acuña s'évade, n'hésitant pas à jeter à son humble geôlier des cendres brûlantes au visage et à le poignarder. Il est arrêté dans sa fuite et un nouveau procès a lieu. Un nouveau pape règne à Rome, Clément VII ; l'empereur se montre inflexible et Acuña est étranglé sur le lieu même (les remparts) de son ultime forfait.

Charles Quint a placé le souverain pontife devant le fait accompli. En bon fils de l'Église, il se considère comme excommunié *de facto* ; il se tient à l'écart de la messe et des sacrements – jusqu'au bref d'absolution (le juge et le bourreau devront attendre un peu plus longtemps). Cette sévérité et cette soumission à la règle ont leur grandeur. Peut-être faut-il se souvenir d'Acuña pour comprendre les suites malencontreuses de Pavie…

Si Charles a manqué son entrée en Espagne, Charles Quint a réussi son retour. Au bout de cinq ans, l'empereur est devenu le premier vrai roi d'une *Hispania* impériale ; roi d'Espagne parce qu'empereur. Un empereur qui n'a toutefois pas réussi à oublier qu'il a été duc de Bourgogne.

## Chapitre VI

# L'INTERMINABLE CONFLIT

Tout commence avec la malencontreuse compétition dont la responsabilité incombe à François Ier. Marignan lui a monté à la tête. Il se croit tout permis. La candidature à la couronne impériale, on ne le dira jamais assez, est une erreur et une provocation. Elle compromet l'effort de Chièvres pour obtenir une paix durable avec la France.

L'erreur consommée, il restait plusieurs portes de sortie honorable. Un rapprochement avec Charles et une promesse d'aide auraient allégé la charge financière de la candidature et de l'élection gagnée en force. Même le soutien franc et massif de l'électeur de Saxe était envisageable ; en revanche, l'appel *in extremis* en faveur de ce prince, qui n'avait pas la moindre chance de succès, compromet un ami potentiel et aggrave encore l'agression à l'égard du vainqueur.

La faute vient non seulement de la candidature elle-même, mais également de la manière dont elle est soutenue. Le ton employé sur ordre par les agents du roi, aussi mauvais diplomates que médiocres stratèges, est fait pour ranimer les rancunes et gâcher les ultimes chances : cette candidature a tout l'air d'un coup de poignard dans le dos. Si bien que l'explication tardive, sous forme d'un mauvais plaidoyer *pro domo*, ne convainc pas totalement : « S'il y parvenait, vu la grandeur des royaumes et seigneuries qu'il tient, cela me pourrait par succession de temps porter un préjudice inestimable, il serait toujours en doute et soupçon, et n'est à douter qu'il mettrait bonne peine de me jeter hors d'Italie[1]. »

Le seul argument sincère et sérieux concerne l'Italie. Mais comment penser pouvoir garder le Milanais sans avoir scellé un bon et véritable accord avec celui qui tient les Pays-Bas, qui n'est pas encore vraiment menacé en Espagne, qui a de bonnes chances de devenir empereur et qui en tirera un supplément non point de force (bien au contraire, surtout s'il se ruine dans l'élection) mais de prestige ? Certes, le détour par l'Angleterre est inquiétant, mais François I^er^ lui-même ne négocie-t-il pas avec Henri VIII ?

L'attaque de la Navarre pour le compte d'un Albret dont le pays ne veut plus est une autre erreur grave. En 1522, la France se livre aussi à une agression non provoquée sur les Pays-Bas par l'intermédiaire de La Marck. En Navarre, après avoir occupé au nom d'Henri d'Albret le pays totalement désarmé en raison de la dissidence *comunera*, le général français (Lesparre) licencie une partie de ses troupes. Mal informé d'un rapport de forces désormais irréversiblement favorable au roi, il tent7e une diversion au-delà de l'Èbre. Pour garder ses troupes, mobilisées pour une durée dépassant rarement six mois, il faut les payer ; or la France est certes prospère, mais elle a énormément enrichi le Saint Empire pour soutenir la stupide candidature de 1519 et elle a laissé passer le moment de faiblesse maximale de Charles (1520). Les Espagnols défont Lesparre à Ezquiros avec des troupes grossies de *comuneros* patriotes et de repentis.

Échec dans le Nord, contre un pays qui ne demande que la paix ; échec en Espagne ; échec en Italie. C'est en 1520 qu'il fallait frapper, dans l'hypothèse d'un choix de guerre – dont on ne perçoit pas bien l'enjeu pour la France.

Léon X tire vite les conséquences de ses désillusions. N'ayant rien obtenu de son alliance avec la France, il change de camp. Dans un traité secret (29 mars 1521), il confirme son désir de sacrer Charles à Rome – et de lui conférer l'investiture du royaume de Naples[2]. La maladresse des troupes d'occupation du Milanais fournit la justification attendue. En juin 1521, Lescun, pourchassant des rebelles milanais en fuite, pénètre en territoire pontifical. Le 28 juin, trois cents soldats français trouvent la mort dans l'explosion d'un dépôt de munitions. Le pape y voit le signe du choix de Dieu. L'investiture de Naples est donc officiellement accordée. Le pape, Mantoue, l'empereur et Florence sont donc alliés, comme au beau temps de l'imprudent Louis XII. François Ier bloque alors les annates, annonçant qu'il va incessamment se rendre à Rome pour y imposer sa loi.

Jean-Paul Mayer[3], expert ès choses militaires et passionné de la Renaissance, est à juste titre sévère pour François Ier, roi intelligent mais hésitant, hâbleur et mal entouré. Le choix de Lautrec, frère de sa maîtresse, est désastreux et la mise à l'écart de Charles de Montpensier, le connétable de Bourbon, son meilleur général poussé à la révolte, aurait pu avoir des conséquences encore plus catastrophiques. Tout au long des années 1521 et 1522, la balance des succès et des échecs, qui ne correspond pas immédiatement à la balance des forces disponibles, est très instable. Les forces financières et militaires dont dispose la France sont sensiblement supérieures, mais l'alliance caroline l'emporte par l'intelligence politique, le sang-froid et la qualité des chefs (moins soumis aux caprices d'un souverain sous la coupe de ses maîtresses – en ces années décisives, une désastreuse comtesse de Châteaubriant). Il s'ensuit de très courtes oscillations, où l'addition des erreurs commises par François Ier est accablante – jusqu'au coup de dés qu'il tente à Pavie.

L'orgueilleux s'accroche à un faux ami qu'il a blessé sans s'en rendre compte par l'étalage de sa richesse au camp du Drap d'or. Désormais, le nord de la France est menacé, la Navarre recouvrée par l'Espagne, et le pape fournit l'or qui manquera toujours structurellement à Charles en raison de l'accumulation de ses couronnes. Cependant, la situation de la France est vite redressée sur le front principal. L'armée, que commande le connétable de Bourbon assisté de La Trémoille et de La Palice, marque des points. Bapaume et Landrecies prises, le connétable marche sur la Picardie ducale. Une conférence dirigée par Wolsey devait se tenir à Calais, Henri VIII se posant en arbitre. François Ier accourt. « Pendant les six derniers mois, il prétendait conquérir le monde, sans autre souci que Notre-Seigneur ; aujourd'hui, à ce qu'il me semble, il désire la paix à tout prix. » Gattinara parle net : la France est l'agresseur.

L'Angleterre a déjà secrètement, comme hier le pape, changé de camp. Wolsey, qui cherche à gagner du temps pour permettre à son pays d'achever ses préparatifs, suscite la méfiance des Français. Il part soudain pour Bruges, où il signe un traité avec Charles Quint qui vient de l'emporter à Villalar (23 avril 1521). L'Angleterre, qui a choisi l'empereur, se prépare ; pour l'instant, elle observe et attend.

Cette fois, c'est la guerre. François Ier marque les premiers points : Bonnivet occupe la partie nord de la Navarre, celle qui deviendra française. Sur le front de Picardie, pour complaire à son beau-frère, l'époux de Marguerite qui n'est encore que d'Alençon, François Ier lui confie l'avant-garde ; or ce commandement revient normalement au connétable de Bourbon, qui commence à s'interroger sur les intentions du roi à son égard[4]. Ravalant sa rage, Bourbon conseille au roi, avec le gros de l'armée appuyé par La Palice et La Trémoille, d'attaquer Valenciennes où il pourrait encercler et capturer Charles – ç'eût été Pavie à l'envers. Mais le roi, influencé par l'indécis Châtillon, laisse passer cette chance. On peut toutefois douter que Charles Quint aurait eu la stupidité de se laisser prendre, sans réussir – comme il le fera plus tard – à se dégager, voire à fuir à temps.

On peut certes se rallier à l'avis de Jean-Paul Mayer sur le comportement de François Ier : « On doit y voir le reflet d'une attitude plus générale. Le chevalier magnifique et courageux [...] ne veut pas obtenir la victoire en traquant l'adversaire dans une ville et en profitant de ses faiblesses. » À moins qu'il ne faille évoquer sa jalousie à l'égard de la supériorité stratégique du connétable (l'un n'exclut d'ailleurs pas l'autre). Il faut de la vraie grandeur au prince pour reconnaître que certains de ses généraux peuvent dans leur domaine être supérieurs, et pour accepter de recueillir le fruit de cette supériorité. Or la vraie grandeur, sous cet angle comme sous beaucoup d'autres, est du côté de Charles.

La conférence de Calais n'est plus qu'une mascarade. Même les Français daignent s'en apercevoir. Après un raid impérial sur Ardres désarmé à la demande des Anglais, le roi de France ordonne à Duprat de quitter Calais. Robert J. Knecht, qui croit à la bonne volonté de son héros, pense que « François Ier n'a pas encore abandonné tout espoir d'accord avec l'empereur[5] ». Le 23 septembre, nouveau succès français : Lorges ravitaille Mézières. Cette guerre est peu coûteuse en combattants, mais elle s'acharne sur un pays riche. Plusieurs témoins décrivent un paysage de désolation ; l'ambassadeur anglais Fitzwilliam en a le cœur serré. Entre le *oui* à la trêve et le *oui mais* à la paix, impliquant un *non* à la trêve qui risquerait de retarder la paix, on s'y perd et rien ne prouve que les acteurs eux-mêmes s'y retrouvent. La conférence de Calais se termine à la fin de novembre 1521. « Il avait suffi que François Ier se déclare favorable à la trêve pour que Charles Quint y renonce[6]. »

Tout fut fait pour perdre Milan. La garde en avait été confiée à Bourbon, qui avait su se faire aimer et obéir des Milanais. L'inévitable comtesse de Châteaubriant avait exigé et obtenu Lautrec, son frère, qui avait su très vite se mettre ces mêmes Milanais à dos. Voleur, borné et cruel, tel était Lautrec. On disait : « Milan a payé Meillan [le château de la famille], Châteaubriant perdra Milan. » Voleur et borné également, il s'en prend aux amis de la France : le vieux Tribula, chef historique des guelfes, ami des amis de la France, et qui avait ouvert la ville à Louis XII. Chassé, il essaie de se justifier auprès du roi « qui le rabroue méchamment » (Châteaubriant oblige). Quand Tribula meurt, l'amitié pour la France le suit dans la tombe…

Lautrec fait écarteler, Dieu sait pourquoi, un membre du clan Pallavicini : Milan prie chaque soir pour le retour des Sforza. La coalition antifrançaise regroupe presque toute l'Italie du Nord, pour bouter hors du pays ces barbares vaniteux et cruels. Et Léon X envoie les Suisses payés par le roi de France – joli gâchis pour le royaume – conquérir

Naples : ils serviront à renforcer l'armée de Prospero Colonna pour le compte de l'empereur.

Dès qu'il a reçu ses renforts suisses, Colonna marche sur Milan tenu par Lescun, lequel résiste. Lautrec, à la tête d'une importante armée franco-vénitienne, laisse passer l'occasion d'attaquer et d'infliger à l'adversaire une défaite. La Lombardie, sauf quelques places, est perdue pour les Français. Lautrec ne reçoit aucun reproche. Les vrais hommes de guerre en France écument, Bourbon au premier chef. Pour l'homme de l'art, c'est un impardonnable gâchis[7] dont les responsables sont connus et toujours en grâce.

### *L'alliance contre la France*

Le 24 novembre 1521, le pape, Henri VIII et l'empereur signent une alliance contre la France. Le Saint-Père pense même user de ses pouvoirs religieux, comme si Luther n'existait pas… Mais ce Médicis meurt le 1er décembre. Le conclave s'ouvre le jour même. Wolsey espère, mais le clan impérial, sur lequel il croyait pouvoir compter, soutient Jules de Médicis. François Ier menace de rompre son allégeance au Saint-Siège si ce candidat est élu. Le parti impérial s'est déconsidéré : faut-il fournir du grain à moudre aux nombreux amis du « frayle » Martin, comme disait Juan Manuel trois mois plus tôt ? L'Italie gronde partout, même au sein des États pontificaux où une rébellion éclate, conduite par un Malatesta. Le conclave risque de se prolonger indéfiniment, comme au temps du Grand Schisme qui n'est pas effacé des mémoires. Ses amis étant responsables du blocage, c'est à Jules de Médicis qu'il appartient de débloquer la situation en proposant Adrien Fleurisse, Adrien d'Utrecht, le précepteur de l'empereur, qui est élu sous le nom d'Adrien VI le 14 février 1522. La France enrage. Selon Louise de Savoie, Charles Quint aurait pu tout aussi bien se nommer pape lui-même. François Ier manifeste son dépit en refusant d'abord de reconnaître « le maître d'école de l'empereur ».

Les cardinaux français, eux, ont vu juste. Ce pape vraiment chrétien prend ses fonctions au soir d'une vie surchargée de responsabilités plus que d'honneurs. Il veut « pacifier la chrétienté », l'unir contre les Turcs qui menacent Rhodes, ultime bastion du bassin oriental de la Méditerranée. Il refuse d'entrer dans la coalition antifrançaise, en rupture avec le dernier acte politique de Léon X. L'ambassadeur de François Ier à Rome, Thomas Raince, ose même écrire : « Je vous oserai assurer sur ma vie, sire, que vous avez à présent le moyen de vous faire perpétuellement le seigneur de toute l'Italie. »

Deux armées vont s'affronter. À la France les gros bataillons et les mauvais généraux (Lautrec, Lescun), seize mille Suisses et des renforts français. L'empereur ne peut payer ses troupes, mais ses chances sont chez l'ennemi : la médiocrité abyssale de Lautrec et de Lescun, qui divisent leurs forces. Après avoir échoué à reprendre Milan, ils échouent sur Pavie, capitale symbolique des mythiques rois lombards de la couronne de fer. Lautrec, estime Jean-Paul Mayer, ne pouvait avoir pire adversaire que ce Prospero Colonna – selon Guichardin, c'est « le premier qui réduit l'art de la guerre à couper les vivres à l'armée ennemie et à la ruiner par le découragement[8] ».

Colonna suit Lautrec qui, après son échec devant Pavie dont les fortifications résistent, se replie sur Milan sans espoir de l'enlever. Les pluies coupent les communications et disqualifient la supériorité bien connue de l'artillerie française, cette arme de riches. Colonna se retranche à bonne distance sur une position élevée, au lieu dit La Biccoca. Comme l'argent ne passe plus, les capitaines suisses proposent l'alternative suivante : ou ils se retirent, ou ils tentent la suicidaire attaque frontale à laquelle se résout le velléitaire Lautrec. La Palice, fou de rage, essaie d'empêcher la catastrophe. Mais celle-ci survient le 27 avril 1522. Défaite honorable et stupide. Les dernières places encore aux mains des Français tombent. Marignan est définitivement effacé, sauf dans l'esprit de François Ier. En guise de défense, Lautrec prétend (du Bellay s'en fait l'écho) que les Suisses n'avaient pas été payés. Toujours selon du Bellay, Semblançay aurait émis l'hypothèse que l'argent avait été détourné par la reine mère, Louise de Savoie…

La défaite de La Bicoque aurait pu libérer la France du carcan italien. Après les succès de La Palice et de La Trémoille, l'Artois et la Flandre auraient pu être l'objet d'une paix avantageuse ; il aurait sans doute suffi de renoncer à l'Italie. Un peu revenu de son aveuglement pour Lautrec, François Ier ira pourtant en personne dans cette Italie où les exactions commises par ses généraux ont rendu les Français odieux.

### *Charles victorieux, un ensemble conforté*

Victorieux en Allemagne, en Italie et en Espagne, Charles quitte donc les Pays-Bas, et la puissante *armada* aborde à Santander le 16 juillet 1522. Le voyage s'est effectué dans des conditions de sécurité reflétant une montée en puissance à la tête d'un ensemble qui a atteint un niveau d'équilibre et s'y maintiendra longtemps. L'empereur était parti de Bruxelles en mai[9]. Après avoir confié le gouvernement de la désormais seconde (mais capitale) pièce maîtresse du système à sa tante Marguerite d'Autriche, il fait un grand crochet auprès de son nouveau (mais peu sûr) ami Henri VIII. L'alliance anglaise souhaitée par Marguerite, jointe à l'expulsion de fait (conséquence de La Bicoque) des Français de l'Italie du Nord, procure momentanément une relative sécurité des communications nord/sud. La double voie, maritime et italienne, est nécessaire pour affronter la guerre avec la France.

Preuve de la sécurité maritime en dépit de la fragilité financière de l'ensemble, Charles Quint apporte avec lui un renfort allemand, hautement symbolique : quatre mille lansquenets, ces Suisses du pauvre. Dans un pays qui sort d'une crise grave, il est précieux d'avoir à sa disposition une force autonome absolument sûre (une troupe qui ne connaît pas la langue est un avantage pour le maintien de l'ordre). L'entrée à Valladolid, le 26 août, est une démonstration de force : 2 148 mules, 74 pièces d'artillerie de tout calibre – que les « bons » se rassurent et que les « méchants » tremblent ! Cette force, qui se déploie d'abord dans la répression, permet ensuite le pardon.

La relative modestie de cette force est intéressante à plus d'un titre. Elle signale l'un des rares avantages de ces grands systèmes d'alliance placés sous une seule férule. L'Autriche du XIX^e^ siècle saura en user sur un espace continu à forts contrastes ethniques et culturels. Sur un espace discontinu, cet avantage est moindre, mais Charles Quint a su l'utiliser en 1522.

Le point faible demeurera l'argent, jusqu'en 1540-1545. L'atout du meilleur financement, dans le conflit entre François et Charles, est du côté français. Mais, en l'occurrence, est-ce un si grand atout ? Le gaspillage des moyens corrige l'avantage des communications intérieures et d'un peuple trop facile, trop dompté. Quant à l'alliance anglaise, intermittente, elle ne compense que très partiellement la faiblesse, la dispersion et le coût exorbitant des communications carolines. Le résultat, c'est l'impossibilité pour l'un comme pour l'autre de l'emporter. Mais si nul ne saurait gagner, du moins peut-on espérer grignoter. Et c'est précisément par le désir de gagner que la France a perdu jusqu'à la possibilité de grignoter.

Juste avant son départ pour l'Angleterre, le 15 avril 1522, Charles prend l'initiative de soustraire – à leur grand déplaisir – l'Artois et la Flandre, parties longtemps intégrantes du royaume, de l'appel au parlement de Paris en les attribuant au Grand Conseil de Malines.

Les atouts de la France vont apparaître dans les moments difficiles de la première guerre que François I^er^ s'est ingénié à provoquer. Deux partisans de la paix quittent la scène, Chièvres et Wolsey (humilié par son échec devant le Sacré Collège). En prenant congé des États généraux à Bruxelles, Charles Quint a remis les clefs à Marguerite flanquée d'un bon Conseil des finances et d'un Conseil privé que préside le très solide et expérimenté Jean Carondelet. Né à Dôle en 1469, celui-ci est issu de la pépinière comtoise et bien pourvu de prébendes (depuis 1520, l'archevêché de Palerme avec exemption de résidence). Marguerite, plus proche que son neveu du cercle des amis d'Érasme, tient l'aristocratie à l'écart.

Le 28 mai, à Lyon, un héraut remet la déclaration de guerre d'Henri VIII au roi de France. Louise de Savoie le reçut « en tremblant de tous ses membres [...]. La réponse, éloquente et hautaine, enchanta l'assistance. »

Dès juillet, l'Anglais lance une attaque près de Morlaix, sans succès. Depuis la base de Calais, avec l'armée des Pays-Bas, est déclenchée une action anglo-impériale : incendies de récoltes et de villages. Échec et retour à la case départ. Plus sérieuse est la diversion anglaise sur la Picardie. La France utilise à son tour l'alliance écossaise comme diversion sur les arrières anglais de la diversion. Alliance un peu usée : les Écossais se lassent de ces appels. Les troupes suivent mal. Rien de décisif non plus du côté de l'Irlande. La monarchie administrative anglaise a des moyens que n'avait pas la monarchie féodale au XIV$^{e}$ siècle.

Comme à plaisir, François I$^{er}$ fait en sorte que la coalition anti-française s'étoffe en Italie. Rhodes était tombée aux mains des Turcs en décembre 1521 ; Adrien est élu le 14 février 1522. C'est un homme bouleversé par cette catastrophe qui est porté sur le siège de Pierre. Il enjoint aux princes chrétiens de préparer une nouvelle croisade et d'enterrer leurs querelles. François I$^{er}$ exige qu'au préalable on lui rende le Milanais qu'il s'est ingénié à perdre en se faisant haïr par toute la population.

L'élection d'Adrien d'Utrecht résultait, on l'a vu, d'un compromis. Jules de Médicis, chef mécontent du camp impérial au Sacré Collège, parvient à mettre la main sur des lettres compromettantes du cardinal Soderini, chef du camp français. Soderini est arrêté. L'agent français à Rome s'était appliqué à détromper le roi quant aux préventions qu'il pouvait avoir sur les intentions d'Adrien VI. Si l'un des partis pouvait se montrer légitimement déçu, c'était bien celui de Charles Quint[10].

Celui-ci avait réagi en diplomate et en homme de cœur[11] : heureux de se sentir honoré à travers son vieux maître, il avait dépêché un ami personnel, le seigneur La Chaulx, pour porter une lettre autographe disant la joie qu'éprouvait l'élève à l'élection de son précepteur. Le diplomate en place, don Juan Manuel, manqua de tact. Son message regorgeait de conseils déplacés trahissant la condescendance d'un grand d'Espagne pour un clerc de modeste extraction, par surcroît flamand. Mais Adrien, aussi fin que Manuel était grossier, n'avait que trop bien compris. De son côté, Gattinara, dans une lettre de la mi-décembre 1522, avait exprimé une réelle déception. Décidément, ce « petit » grand pape n'était pas le chapelain de l'empereur. Il voulait vraiment la paix entre les princes chrétiens !

Jules de Médicis, ex-candidat officiel du camp impérial, avec l'aide de François Ier toujours disponible pour torpiller la paix, va y mettre bon ordre. Adrien VI évite longtemps d'entrer dans le jeu de ces princes ; mais il sait aussi ce que représentent les annates versées par l'Église de France.

Le 3 juin, Adrien VI adhère à la ligue contre le retour de la France dans une Italie où elle s'est rendue insupportable aux populations. Il faut quelque temps à François Ier pour mettre sa menace à exécution. Mais le 18 juin, les annates sont bloquées et le nonce expulsé.

Charles Quint supporte difficilement les reproches de son vieux maître. « En termes émouvants, le pape disait à Charles ses craintes devant la poussée des Turcs sur mer. [...] Au moment où il apprend la chute de Rhodes, le ressentiment du pape pour l'attitude de la chrétienté ne connaît plus de bornes. Ses reproches sont violents[12]. » L'empereur rejette la faute sur François Ier, fauteur de troubles. Pour celui-ci, les efforts pacificateurs du pape signifient que l'empereur a besoin de paix. Il s'obstine à ne pas voir la sincérité d'Adrien et de son désir de paix. Cette

Rome flamande est – pour peu de temps – en rupture totale avec celle des Médicis.

Pour Adrien VI, mieux à même de comprendre le Nord blessé, la menace luthérienne s'ajoute aux Turcs. François Ier, tout à son dépit, ne peut admettre que le pape puisse être vraiment pape, qu'il ne soit plus le précepteur de l'infant-archiduc Charles et que son désir de paix entre chrétiens en fasse l'allié du camp qui voudra sincèrement la paix. Cet homme honnête, par méfiance de soi-même, serait pourtant presque moins sévère avec le roi de France qu'avec l'empereur. La sanction prise contre Soderini s'explique par sa participation active à la déstabilisation du pouvoir à Naples.

Même battus, les Français tiennent toujours les châteaux de Milan, de Crémone, de Fontarabie (point ultrasensible) et d'Hesdin. Surtout, les finances de Charles Quint sont alors la source de difficultés constantes. En raison de l'allongement des lignes de communication, l'accumulation des couronnes entraîne une augmentation des dépenses qui excède largement les ressources ajoutées. Tant que stagnent les revenants-bons de l'Amérique, la *conquista* des plateaux ne rapporte pas immédiatement un flux soutenu ; quant au trésor de Moctezuma et à celui d'Atahualpa, quinze ans plus tard, ils sont vite épuisés. Les conquistadores ont travaillé pour les dernières années de l'empereur et pour son fils Philippe.

Le conflit franco-impérial est d'autant plus irritant pour Adrien VI et plus tard Clément VII (Jules de Médicis, qui compense sa médiocrité morale par son intelligence) qu'il est insoluble, aucun des deux adversaires ne pouvant abattre l'autre. Or ils sont mutuellement hors d'atteinte. Charles Quint ne veut d'ailleurs pas conquérir la France. Gattinara a certes pu rêver en s'appuyant sur une science livresque, mais – sauf en ce qui concerne la Bourgogne, en raison d'un attachement héréditaire – l'empereur sait bien que le grand royaume n'est pas à sa portée. De même, François Ier sait bien qu'il ne peut conquérir les couronnes de son cousin : il n'a pas eu l'Empire, il ne pourra pas lui arracher l'Italie, et le reste ne l'intéresse pas. Il veut conserver Milan. Il essaie de susciter des difficultés aux Pays-Bas sur le flanc de la Gueldre, en Sicile et dans le Sud napolitain. Simple harcèlement après la conquête ratée de la Navarre et l'abcès de fixation de Fontarabie.

Quoique maximalistes, les limites que Gattinara suggère à son maître sont encore raisonnables : pour l'Italie, se contenter de faire valoir ses droits en tenant fermement Gênes et Milan ; de la possession de ces villes dépendent Naples et la Sicile. A quoi il faut ajouter une communication longue et coûteuse mais sûre avec les Pays-Bas, et l'appui dont Ferdinand risque d'avoir souvent besoin contre la pression turque.

Rien ne peut donc faire vaciller l'autre de l'intérieur. Les *comuneros* et les *germanias* ont menacé gravement l'Espagne, mais, faute d'alternative crédible, ont échoué. Quant à l'Empire, il est vraiment partagé. Sans les territoires patrimoniaux, il est laissé pour le quotidien à Ferdinand. Luther constitue une menace que l'on ne sait pas encore imparable sur l'héritage religieux, mais il est aussi un allié politique face au *Bundschuh.* Rien ne permet d'esquisser ce que sera sous Henri II l'alliance avec les princes protestants, lesquels deviendront le meilleur allié de la France, une force déstabilisatrice de l'Empire.

### *Le connétable*

Charles de Montpensier, duc de Bourbon sous le nom de Charles III, appartenait à une branche cadette fondée par Robert de Clermont, sixième fils de Saint Louis. « Le duc a fait de sa capitale, Moulins, le centre d'un domaine considérable qui menace le pouvoir royal », affirme Jean-Paul Mayer. Mieux vaudrait dire : dont on pouvait craindre qu'il ne constituât un jour une menace pour l'unité de la France. Il y avait un risque, et ce risque explique peut-être – sans l'excuser tout à fait – l'attitude de François Ier à l'égard de ce parent qui avait pour principal défaut d'être de loin le meilleur général dont disposait la France.

Né en 1490, âgé de vingt-cinq ans à l'avènement de François Ier, il avait été fait grand connétable, preuve que le risque n'avait pas été perçu : le lien de parenté semblait une garantie suffisante, s'ajoutant à la fidélité monarchique. « Il est tout sauf un courtisan[13] » ; il n'appartient pas au cercle des amis d'enfance du roi et a le tort d'être son aîné, à un moment de la vie où quatre ans de différence comptent beaucoup. « Âme forte, esprit ferme », bon stratège et tacticien habile, il est peu communicatif. Il a été élevé par Anne de Beaujeu, la fille de Louis XI, grande intelligence politique et poigne de fer, qui en a fait un rude guerrier. Il participe à Marignan, où il montre qu'il est bien le connétable – trop, peut-être. La devise de ce grand féodal : *Omnis spes in ferro* (Tous mes espoirs dans mon épée). On prétend qu'au camp du Drap d'or, Henri VIII avait insinué qu'avec lui le connétable perdrait bien vite sa tête…

Par projection dans le passé, on a eu tendance à faire remonter la cassure très haut. Selon Robert J. Knecht, « Bourbon fut privé de fonds dès la campagne de Marignan, mais la décision remonte à Louis XII », justifiée par l'ampleur des revenus du duc. « Après 1516, il ne reçut plus de la Couronne ni pension ni gages. […] En janvier, il fut nommé lieutenant général à Milan, où son administration efficace contribua largement à empêcher l'empereur Maximilien de reprendre la ville[14]. » Son remplacement ne posa pas de problème ; c'est le choix du maréchal de Lautrec qui se révéla désastreux. « Son devoir accompli, le duc rentra à la cour où le roi et sa mère l'accueillirent chaleureusement. » Jusqu'en 1520 et encore au camp du Drap d'or, le roi, sa mère et le connétable, dans leurs parrainages notamment, restèrent en relations chaleureuses de parenté proche.

Le premier signal tangible de la discorde apparaît lors de la campagne de l'automne 1521, quand François Ier retire à Bourbon le commandement de l'avant-garde au profit d'Alençon[15]. Malgré son ressentiment, le connétable prend

Hesdin pour le souverain. Mais c'est la mort de son épouse Suzanne (sans enfants), le 28 avril 1521, qui « précipite l'effondrement de ses relations avec le roi ».

Dans ces sociétés beaucoup plus que dans les nôtres, mariages et héritages commandent la répartition des biens, et contribuent à faire et défaire les liens sociaux et politiques. En 1521, la France est un État national presque achevé. On en reçoit confirmation au terme d'une crise que les voisins anglais et impériaux n'ont pas manqué d'exploiter. On ne peut reprocher au roi et à ses conseillers de veiller à empêcher la résurgence de grands ensembles encombrants. Or Bourbon était encombrant, et aurait pu être dangereux. La part de la défunte épouse du connétable était la plus importante. L'Auvergne, Clermont-en-Beauvaisis, Montpensier étaient en apanage, quoique leur statut fût incertain ; le Bourbonnais et Châtellerault revenaient sans conteste au roi ; le Forez, le Beaujolais, la Dombes étaient transmissibles sans entraves. Bourbon perdrait beaucoup, comme il pouvait s'y attendre. La question avait été soulevée du vivant même de son épouse. Louise de Savoie, mère du roi et cousine de Suzanne, avait des droits ; François I$^{er}$ lui-même était demandeur, à bon droit, de tout ce qui était apanage.

Depuis longtemps, des agents impériaux ont suggéré au connétable d'épouser en secondes noces une sœur de leur prince ; à la mort de Suzanne, cela devient une offre en bonne et due forme. De l'autre côté, la cour de France lui propose une princesse de sang royal. Une rumeur a circulé qui trouve sa source à l'ambassade impériale en Angleterre : Bourbon aurait reçu et décliné les avances de Louise de Savoie (âgée de quarante-quatre ans, celle-ci n'a plus guère de chances d'enfanter…). Ce qui est sûr, c'est qu'avant d'intenter un procès au connétable, Louise a cherché un accord à l'amiable ; le complot dont Bourbon aurait été victime n'est pas établi.

Le connétable est un timide. Que n'est-il venu présenter ouvertement au roi ses doléances et chercher franche explication ? De rebuffades rentrées en griefs cachés, il finit par éprouver une haine irrépressible.

La sœur du connétable, duchesse de Lorraine, qui s'est trop tard entremise, confesse son échec à François I^er[16]. Son frère lui avait confié qu'« il entendait poursuivre son dessein et pourchasser le roi comme un sanglier à travers bois ». Charles de Bourbon et Charles Quint ont au moins un point commun : une rancune farouche contre cette lignée d'aînesse dont le roi de France ne leur paraît pas digne.

Comme Charles de Bourbon était vassal du roi de France et – pour quelques fiefs au-delà de la Saône – de l'empereur, on pouvait arguer d'une loi féodale accordant au vassal qui s'estimait victime d'une grave injustice de la part de l'un de ses seigneurs le droit de demander réparation à un autre de ses seigneurs. Le connétable ne rompra son allégeance que le 7 septembre 1523, en réponse à la confiscation de ses biens prononcée par le Parlement. Tout le monde espère une transaction. François I^er est lié par un cadre juridique dont la garde est confiée au Parlement ; il ne peut évidemment pas faire le premier pas, mais il souhaite (et la suite le prouve) exercer son droit d'assouplir ce cadre juridique pour cause d'intérêt politique supérieur. Il y a donc chez Charles de Bourbon un blocage psychologique, lié à la rancune et à tout un complexe « de la branche cadette ». Ce complexe éclaire le rapport étrange existant entre la « trahison » du connétable et l'appui passionnel que lui apporte Charles Quint. Ce dernier dispose d'une arme efficace et parfaitement loyale : la main de ses sœurs, et d'abord d'Éléonore, la malheureuse sœur aînée, véritable Antigone de la chrétienté.

Bourbon est très entouré ; le roi de France n'ignore pas le danger. Il fait monter les enchères très haut. Il estime qu'il n'y a pas de fumée sans feu et redoute les liens familiaux : le connétable a été élevé par Anne de Beaujeu, qui prend feu et flamme pour lui, le poussant à la rupture et à la négociation secrète avec Charles Quint. Quand elle meurt au début de 1523, Charles de Bourbon perd un puissant appui. François I^er craignait probablement son mariage avec une Habsbourg. Dans cette perspective, l'offre supposée de

Louise n'est pas absurde, la mère étant mieux que le fils en position de suggérer et éventuellement de négocier.

« Au cœur de l'hiver 1522-1523, écrit Robert J. Knecht, le bruit avait couru que le roi et le duc avaient réglé leur différend[17]. » Les sources anglaises se faisaient de leur côté l'écho d'un mariage projeté entre le connétable et Renée, la jeune sœur de la reine Claude et fille de Louis XII. Une autre rumeur vint brouiller les pistes : « Le roi accuse Bourbon de s'être fiancé sans l'en avertir », comme tout prince du sang en avait le devoir. « L'histoire est rapportée par l'ambassadeur d'Angleterre en Espagne. Lors d'un dîner entre Bourbon et la reine Claude, le roi l'accusa de s'être fiancé sans l'avertir, probablement avec la sœur de l'empereur. » On était au bord de la rupture. « On nous informe, monsieur, lui dit le roi, que vous êtes marié, ou allez bientôt l'être. Est-ce la vérité ? – Sire, dit alors le duc, vous me portez des accusations et des menaces que je n'ai point méritées. » L'insulte était grave. La source anglaise poursuit : « Il se lève et regagne ses appartements, accompagné par tous les nobles de la cour. » L'information était très largement exacte : les transactions duraient depuis presque un an. Charles Quint avait bien promis au duc de lui donner Éléonore ou Catherine (au choix, la veuve avisée ou le tendron). Le connétable, brillant militaire mais piètre politique, paralysé par l'énormité du fossé à franchir, hésitait.

C'est en août 1522 que deux amis de Bourbon avaient tâté le terrain auprès de Charles Quint par l'intermédiaire de son chambellan Adrien de Croÿ, seigneur de Beaurain. Le connétable promettait un soulèvement avec cinq cents hommes d'armes et dix mille hommes à pied. « Une telle offre séduisit Henri VIII, mais Charles Quint préférait attendre[18]. » Il y avait là de la prudence, de l'embarras et même un peu de dégoût, ainsi qu'il apparaît dans les mémoires destinés par l'empereur à son fils. Bourbon devenait un personnage à manier avec des pincettes. Mais François Ier n'avait pas hésité à prendre contact avec les *comuneros* et à attaquer la Navarre, oubliant que celle-ci était la Bourgogne de l'Espagne et contribuant à faire basculer dans le camp royal beaucoup de *comuneros* repentis.

Beaurain part outre-Manche s'assurer de l'accord du roi d'Angleterre, qui n'a pas les délicatesses morales de Charles Quint. Il gagne ensuite la comté de Bourgogne – qui appartient à son maître – pour négocier, puis se rend à Montbrison. La rencontre a lieu le 11 juillet 1523.

Bourbon se voit donc promettre la main d'Éléonore ou de Catherine, cent mille écus de dot (mais comment réunir cette somme ?) et l'engagement (jamais tenu) d'envahir le Languedoc, sans compter dix mille lansquenets s'ajoutant aux cinq cents hommes d'armes et dix mille piétons. Quant à Henri VIII, non représenté à Montbrison, il envahirait la Normandie et verserait cent mille couronnes. Il ferait le mort, attendant que le roi ait franchi les Alpes et se soit enferré plus avant, et attaquerait les arrières françaises avec les lansquenets prêtés par Charles Quint. Si aveuglé fût-il par la haine, Bourbon sait tout de même que l'on ne saurait demander cela à ces Français, hier encore compagnons d'armes de ceux qu'ils devraient frapper dans le dos.

On comprend l'enthousiasme d'Henri VIII et la réticence de Charles Quint. Bourbon, au départ, mesurait la répugnance des siens. Quelle fidélité pouvait espérer celui qui rompait la sienne ? Parmi son entourage, beaucoup plaident pour le compromis. Marcher avec l'empereur, soit ; mais avec Henri VIII, moins d'un siècle après Jeanne d'Arc… C'est l'ombre du roi d'Angleterre qui achève d'accabler Bourbon.

Le secret du complot est lourd à porter pour un seul homme ; le confesseur en parle à l'évêque de Lisieux qui, lui, n'est pas tenu au secret et rapporte à Louis de Brézé. Le 10 août 1523, celui-ci informe François Ier. « Le roi réagit avec un calme qui surprend[19] », observe Sandoval. Il part pour Moulins où il trouve le connétable malade, alité. Il lui fait part de ce qu'on lui a appris, feint de ne pas y croire, promet un arrangement à l'amiable qu'il imposera au Parlement, s'engage à augmenter ses pensions, à « l'élever en honneur » et à lui confier en son absence le commandement de l'armée. Seule exigence : qu'il l'accompagne en Italie.

Comme au lendemain de Pavie, François Ier joue avec courage et dignité. Bien évidemment, le félon est pris au piège. Rejeter l'offre du roi, c'est avouer. Les appels d'offre de Louise étaient manifestement lancés en accord avec son fils. Il n'était évidemment pas question que le connétable garde intact un agrégat de possessions apportées par un mariage qui n'avait pas donné d'héritier. Mais il pouvait en conserver une grande partie et retrouver la place que lui conféraient le rang et surtout le talent. Prétextant son état de santé, il demanda huit jours de réflexion.

Il devait se montrer aussi mauvais politique que bon militaire. La promesse de mariage avec l'une des sœurs de Charles Quint pouvait être un excellent levier : informer le roi de l'offre reçue et présenter des requêtes… Le connétable ne se rend pas à Lyon, ce qui est un aveu. Trois comparses sont arrêtés ; les preuves s'accumulent. Le contact qui le condamne n'est pas l'empereur, mais l'Anglais. Henri VIII pose en effet ses conditions dès le 6 septembre 1523, allant jusqu'à demander sa reconnaissance comme roi de France. Bourbon lui-même, pris d'un haut-le-cœur, refuse. Bien évidemment, cette exigence est formulée dans le dos de l'empereur qui sait bien que l'obtenir du connétable, c'est le tuer. Pris dans une spirale infernale, Bourbon finit par tout promettre : il s'engage à s'emparer en trois mois de Paris et du royaume, et à « mettre avec [ses] amis la couronne sur [leur] commun maître » (lettre à Richard Peace).

Jean-Paul Mayer a dessiné d'un trait ferme la phase finale : « Le connétable de France commence à accomplir son destin. Charles de Montpensier, l'un des meilleurs hommes de guerre de son temps, va débuter son parcours tragique en remportant une grande victoire militaire sur son roi. Puis, poussé par la logique tragique de son engagement, lui, un catholique fervent, va se mettre à la tête d'une armée de luthériens fanatiques avides d'en finir avec le pape détesté pour mourir terrassé comme un simple lansquenet sous les murs de Rome. Il passera à la postérité comme celui qui a porté la main sur la capitale de la chrétienté et molesté le Saint-Père. En ces jours de 1524, néanmoins, Charles de Bourbon est le lieutenant général de l'empereur et il rassemble son armée pour envahir la Provence en attendant les subsides promis[20]. »

Le plan d'attaque est impressionnant. À Bourbon, la marche sur Lyon puis Paris, *via* Marseille (le matamore l'a expressément promis aux Anglais) ; aux Anglais, l'offensive sur la Picardie ; aux Espagnols, l'invasion du Languedoc à partir de la Catalogne. Mais les Anglais ne bougent pas et Charles de Lannoy, vice-roi de Naples, qui commande le gros des troupes espagnoles, refuse de traverser les Alpes – que Bourbon montre d'abord ce qu'il sait faire ! Celui-ci agit seul, avec des lansquenets et de bonnes troupes espagnoles. L'empereur tient parole, mais Doria (donc Gênes) contrôle la mer pour les Français. Les canons se font attendre.

Bourbon avance, La Palice se replie. Le connétable prend Aix-en-Provence sans résistance, mais bute sur Marseille bien défendue par Chabot de Brion et Orsini ; des fortifications de terre ont été élevées à la hâte. Charles Quint a certes nommé Bourbon, mais il ne peut exiger qu'on lui obéisse avec enthousiasme. Ce sont les Espagnols qui le supportent le plus mal ; ils le court-circuitent systématiquement – del Vasto commandera ainsi directement les Espagnols sous les murs de Marseille. Quant aux lansquenets, ils traînent les pieds. À Bourbon qui s'interroge sur un « tumulte provoqué par quelques soldats impériaux tués par un boulet », Pescara répond : « Ce sont les consuls de Marseille qui vous apportent les clefs de la ville. » Le dégoût des bourgeois de la ville pour ce féodal parjure durcit la résolution des défenseurs.

François I^er^ fait parvenir des renforts et salue ses fidèles et courageux sujets : « De votre loyale fidélité il sera mémoire perpétuelle, elle servira d'exemple aux autres. » Le temps passe, le mépris monte. On arrive à ce paradoxe que les assiégeants sont de tout cœur avec les Marseillais qui leur résistent[21]. Pescara, toujours féroce, dit au connétable qui veut forcer la ville : « Les Marseillais ont apprêté une table bien couverte pour traiter ceux qui vont les visiter. Si vous avez envie de souper en paradis, courez-y. »

Bourbon voit bien que personne autour de lui ne joue franc-jeu. Il se sent… trahi. Les Anglais sont aussi prodigues en promesses qu'avares de leur or. Lannoy, la plus haute autorité après l'empereur, n'envoie pas de renforts. Le 29 septembre 1524, furieux et amer, Charles de Bourbon lève le siège. François Ier, bien appuyé par Anne de Montmorency, a décidé de mener une guerre d'usure parce que cette Provence qui fut jadis d'Empire tient au royaume. Le roi de France ne fait pas au connétable déchu l'honneur d'une bataille. Les Impériaux sont obligés de sacrifier la précieuse artillerie. Jean-Paul Mayer croit que le roi ne veut pas gagner à la sauvette, mais on peut aussi penser au mépris.

L'empereur ne pouvait se dérober à l'appel du dernier grand feudataire, mais il ne pouvait pour autant se faire beaucoup d'illusions – à la différence d'Henri VIII. L'attaque sur le Milanais est retardée d'un an. François Ier n'a pas mal joué non plus : il fallait en finir avec cette tumeur au cœur de la France. Il y a certes eu quelques grosses maladresses au départ, mais la médiocrité (personnelle et non pas militaire) de Charles de Bourbon a fait le reste. Plus tard, sa mort dans l'escalade des remparts de Rome sera une grande délivrance pour Charles Quint, peu désireux de trahir une confiance égarée sur un homme qui n'était qu'un mercenaire parmi d'autres.

Le grand vainqueur de 1523, c'est le royaume de France. La meilleure armée de François Ier est certes immobilisée en Italie sous le commandement du médiocre Bonnivet, ce qui condamne la France à se défendre seule. Mais cette armée immobilise à son tour le meilleur des forces de Charles Quint qui, faute d'argent, renonce à envahir le Languedoc…

L'effort principal est celui de Suffolk, qui pénètre en Normandie depuis Calais à la fin de septembre 1523. Mais le royaume est hérissé de châteaux et le peuple n'a pas oublié les méfaits des Anglais et des troupes étrangères en général. La Normandie tient ; le général hiver fait le reste.

C'est une armée en loques qui, à la fin de décembre, rejoint ses bases autour de Calais. Paris a appelé son roi ; les défenses immunitaires du royaume ont rejeté le corps étranger. Mais la rancune est grande, à Paris surtout, contre ce monarque si étranger à ses devoirs. On commence à se lasser de l'Italie ; on s'interroge sur celui qui a pu pousser au désespoir l'excellent soldat qu'était le connétable ; on souffre de la pression fiscale trop lourde. Si Charles de Bourbon a trahi, ne serait-ce pas aussi à cause de l'insatiable rapacité du chancelier Duprat et du gaspillage de ce roi qui ne songe qu'à son plaisir et aux fastes italiens dont la France n'a que faire ?

### *Pavie*

L'épisode de Pavie est étrange, mais pas unique : il y eut Jean le Bon à Poitiers, en 1356. En outre, le roi de Hongrie mourra à Mohacs en 1526, et le roi de Portugal dans l'expédition au Maroc en 1578 – mais une telle mort est plus noble, plus honorable, et moins probante puisque la règle de succession fonctionne indépendamment de l'accident.

La défaite de l'armée française est paradoxale. François Ier dispose d'un État plus moderne ; Charles Quint bénéficie certes de quelques structures modernes (la banque, les imprimeurs de la vallée du Rhin), mais il régit une juxtaposition d'États hétéroclites souffrant de retards significatifs. En Italie du Nord, au point choisi pour l'affrontement, le roi de France a plus de moyens : le rapport serait de 100 à 80. Face à face se retrouvent néanmoins deux princes chevaliers, adhérant au même système de valeurs.

Entre Charles Quint et François Ier, la campagne de Pavie fait apparaître une nuance capitale. Le roi de France joue et perd, parce qu'il confond par deux fois la guerre et le tournoi. Il veut une guerre loyale, c'est-à-dire une guerre conduite sans feintes et débouchant sur un affrontement peut-être esthétique, mais où l'on tue beaucoup, inutilement.

Le double défi de la distance et de la multiplication des charges mal couvertes par les revenus a un effet positif pour l'empereur. Il ne peut prendre le risque de mal jouer et confie la guerre à ses généraux, qu'il choisit principalement selon leur valeur. Ils seront jugés sur le résultat, et non sur les moyens. Il ne leur demande pas de faire un beau tournoi, mais de gagner.

Jean-Paul Mayer pose discrètement le doigt sur la plaie. En Provence, le repli des troupes impériales après l'échec du siège de Marseille est difficile, avec aux talons une armée supérieure en nombre et en moyens. C'est Pescara, et non Bourbon, qui a assuré cette délicate retraite. « Ne serait-ce pas le moment rêvé pour François I$^{er}$ d'en finir avec un adversaire serré de près ? Plus d'un, parmi les vieux généraux français, est de cet avis. [...] Ne voilà-t-il pas que les Impériaux sont contraints de se séparer de leur artillerie ? [...] Mais le roi paraît peu désireux d'en finir ainsi à la sauvette. »

Les Impériaux passent par la côte ; le roi, rejoint par ses Suisses, par la voie alpestre[22]. Pescara et Bourbon vont retrouver Lannoy, qui commande en chef les forces de l'empereur en Italie depuis la mort de Prospero Colonna (1523) et qui, accroché à Asti où il pense pouvoir contrôler les entrées, avait refusé de se porter au secours des forces d'invasion de la Provence en difficulté.

Non sans mal, Lannoy se laisse convaincre par Pescara et Bourbon de se mettre en retrait, occupant des places pour un hivernage réparateur et protégé derrière de bonnes murailles. Les Impériaux tiendront Lodi, Crémone, Pavie, dégageant quelques renforts pour Milan. Pescara fait route vers Pavie, la vieille capitale du roi lombard ceinturée de solides remparts. Il y laisse cinq mille lansquenets et six cents cavaliers (chevau-légers et gendarmes). Les chefs allemands sont placés sous le commandement d'Antonio de Leyva.

Lannoy est serré de près par l'avant-garde de la très puissante armée française avec ses Suisses. L'armée impériale, qui s'est repliée trop tard, est exposée aux coups. Du vieux

La Palice au jeune et brillant Fleuranges, tous les vrais chefs français savent que la destruction du gros des troupes ennemies est à portée de main. Pourtant, ils se retiennent, n'étant « point si hardis qu'on n'obéisse à ce qui a été commandé ». « François Ier, le roi chevalier, n'entendait un triomphe qu'au terme d'une vraie bataille “à la loyale”, et non en un combat douteux. [...] Étonnante réminiscence d'esprit médiéval chez un souverain souvent présenté comme le premier moderne[23]. »

Les Français préfèrent marcher sur Milan : la ville est ravagée par la peste, les remparts sont troués et les riches citadins, comme dans le *Décaméron*, se sont réfugiés à la campagne. Les habitants acclament les vainqueurs, après avoir crié « Vive l'empereur ! », puis « Vive le duc ! ». Le gouvernement de Milan est confié à La Trémoille. Le froid rapport des forces mobilisées joue largement en faveur de la France : elle s'est défendue seule et avec succès, quand le gros de ses troupes était en Italie. À Rome, on la donne victorieuse à dix contre un.

Tout ce qui pense dans l'armée propose d'aller à Lodi pour consolider l'occupation du Milanais en balayant l'adversaire. Mais le roi choisit de suivre son favori Bonnivet : on assiégera Pavie, la capitale symbolique. Pescara s'étonne d'une faute aussi grossière : « Nous étions vaincus, avant peu nous sommes vainqueurs[24]. » Pour beaucoup, l'erreur principale est d'avoir détaché du gros de l'armée française un corps expéditionnaire sous le commandement d'Albany[25] ; mais cela peut résulter d'un calcul politique, et peut-être de l'espoir de susciter un soulèvement au sud dans une région encore fragile et mal contrôlée.

Pourquoi s'obstiner dans ce siège ? Parce qu'il a été commencé. C'est presque une seconde ville que l'armée française a construite à l'est de Pavie. Au nord s'étend un immense espace ceint de hauts murs, le *parco vecchio* (le vieux parc), par opposition au *parco nuovo* qui lui est contigu.

Le commandant de la place, Antonio de Leyva, n'a pas perdu de temps, occupant ses hommes à la renforcer. Ce général espagnol, de moyenne extraction, est un élève du rénovateur de l'art militaire, Gonzalve de Cordoue. Il est avec celui-ci l'un des créateurs du *tercio*, cette redoutable infanterie du roi d'Espagne. Pour lui comme pour quelques-uns de ces grands chefs qui ont grandi dans la pépinière de la guerre de Grenade et du contrôle par l'Aragon de la moitié sud de l'Italie et des îles, la guerre est un métier (Guillaume Gouffin de Bonnivet, lui, la tient pour un passe-temps voluptueux ou distingué). Lannoy a compris à la fois les qualités militaires de Leyva et le rejet que suscite Charles de Bourbon. Bon politique, il envoie le connétable auprès de l'archiduc Ferdinand pour lui demander des renforts… et pour débarrasser Pescara et Leyva de ce personnage encombrant.

Le problème qui se pose aux Impériaux est l'insuffisance de leurs effectifs, et surtout le manque de fonds pour les payer. François Ier fait déjà le roi : en bordure de la monumentale chartreuse de Pavie, lieu prestigieux entre tous, il reçoit la noblesse italienne et prépare son règne. Son entourage ne comprend aucune personnalité vraiment utile, hormis le sénéchal d'Aquitaine, Galiot de Genouillac, expert en artillerie. L'Italie se réjouit : avoir deux maîtres (le roi et l'empereur), c'est pouvoir n'en servir aucun.

Élu à la fin de 1523, le fils naturel de Julien de Médicis, Clément VII, avait été considéré comme un pape possible avant qu'on se rabatte sur Adrien d'Utrecht. Un mauvais sort veut que Charles Quint soit toujours déçu par les papes. Mais Clément VII, lui, est aussi intelligent que versatile à force de chercher désespérément son intérêt. Comme Henri VIII, il ne connaît en amitié que la *balance of powers.* L'empereur risque de peser trop lourd en Italie, où le parti gibelin l'emporte en moyenne sur le parti guelfe. Hier ignominieusement chassés, les Français sont rentrés en force. Leur position surclasse celle, fragilisée, de l'Empire. Pour la papauté, c'est le rêve : deux forces qui s'équilibrent. Le rôle d'un bon souverain pontife n'est-il pas de veiller à la paix entre les princes chrétiens, en s'appuyant sur la crainte du Turc ? Que Clément VII, qui a été le client de Charles Quint, ose lui proposer ses bons offices pour faire la paix avec son cousin apparaît soudain comme une intolérable provocation. Ce sage et sévère empereur qui d'habitude se contrôle si bien explose brusquement. Par son nouvel ambassadeur à Rome, le comte de Sessa, il menace le pape de « ne plus s'opposer à la montée d'influence de Luther dans ses États ». Clément VII louvoie…

Signe d'un changement de cap : le condottiere Jean de Médicis, dit Jean des Bandes Noires, passe, avec plus de deux mille hommes d'élite, du service de l'empereur qui ne paie pas au service du roi de France qui paie. Venise, Florence et plusieurs petites principautés – Ferrare, Este, etc. – suivent la brise[26]. La noblesse napolitaine grogne. À Madrid, Charles Quint confie à son entourage qu'il ne peut plus financer cette guerre, avec la mobilisation qu'elle implique. Tout irait donc bien pour le roi de France si son armée n'était pas aussi mal commandée et si elle ne s'abandonnait à des violences sur des populations désarmées.

Les Français accumulent comme à plaisir les fautes psychologiques. Comment ce roi qui se dit chevalier peut-il offrir des sacs d'or à un général castillan comme Leyva ? Celui-ci prie le malheureux *frayle* qui lui offre les deniers de transmettre à qui de droit qu'il l'eût fait pendre sur-le-champ s'il ne l'avait connu autrefois honnête homme…

Dans cette guerre de double siège – les Français à Pavie, les Impériaux (allemands et espagnols) à Lodi –, chacun a ses soucis. Lannoy ronge son frein et craint pour ses arrières à Naples. Pescara, lui, soutient que le duché de Milan est la clé de l'Italie, voire l'artère de l'Empire. La Lombardie perdue, il faudrait renoncer à maintenir le nord et le sud de la péninsule sous un même bonnet.

À Pavie, on ne joue pas le royaume de France, mais on sait dans le camp impérial que Charles Quint joue son héritage. Plus on avancera dans le temps, moins le sacrifice d'une partie de cet héritage pourra être envisagé.

L'entêtement de François I^er^ à poursuivre un siège qui a déjà coûté quinze mille hommes à son armée et qui lui fait perdre l'avantage de la mobilité dénote une grande rigidité. Sur ce point se rejoignent le stratège-historien français Jean-Paul Mayer et l'historien anglais de la culture Robert J. Knecht[27].

À Pavie, c'est François Ier en personne qui décide de la compétence de ses généraux. Tel n'est pas le cas de Charles Quint : sans son aptitude à déléguer, la grande alliance n'aurait jamais pu fonctionner. « La véritable erreur, écrit Knecht, fut le siège de Pavie, qui immobilisa l'armée royale durant près de quatre mois. » Certains capitaines le pressent de se retirer à Milan pour passer l'hiver – Milan qui, pourtant, lui tient tant à cœur qu'il sacrifie à la possession de cette ville la protection de la Normandie et de Paris, risquant par là de perdre l'estime et l'affection de son peuple. François Ier refuse : « Aucun roi de France, dit-il avec légèreté, n'a établi le siège d'une ville sans la prendre… » En fait, il manque d'informations sur l'adversaire, se montre inconscient des besoins de son armée, méprise les souffrances de ses hommes. Il est vrai que, « dès la mi-janvier 1525, les commandants de l'armée impériale se trouvaient dans l'incapacité de payer leurs troupes. Redoutant la mutinerie, ils comptaient sur une fin rapide des hostilités ». Les Français vont donc au-devant d'un ennemi amorphe, mais solidement retranché dans une enceinte fortifiée et dotée d'une artillerie enterrée, utilisant au mieux le terrain.

Durant trois semaines, les deux armées se font face. Les Impériaux tâtent le terrain. La résistance est vive, immédiate. Pour les assiégés, une seule issue : manœuvrer sur terre, puisque sur mer, grâce aux Génois, le camp français l'emporte.

### *La bataille engagée*

Une chose est sûre : le choix du jour et de l'heure ainsi que l'esquisse de la manœuvre d'enveloppement viennent des généraux espagnols. Les Impériaux finissent par faire sortir les Français de leur retranchement. Se croyant victorieux, François I^er[28] veut offrir la bataille à sa cavalerie. Alors qu'il a une nette supériorité d'artillerie, il lance sa charge dans l'œil de mire de ses canons qui, du coup, se taisent. La bataille a lieu en terrain accidenté et aboutit à un massacre. Jetés à terre, les cavaliers lourdement cuirassés se font tailler comme des sangliers blessés. Après avoir condamné au silence leur propre artillerie, le roi et ses cavaliers désarçonnés se trouvent dans le champ de tir de l'artillerie de la place. Pavie révèle, outre l'incurable culte du tournoi, l'obsession maladive de la charge de cavalerie, spectaculairement inefficace, mais aussi la supériorité manœuvrière de la première génération des disciples de Gonzalve de Cordoue.

Il existe de nombreux récits de la capture du roi à Pavie[29]. Entouré par des soldats chasseurs de rançon, il continue à ferrailler après la débandade du gros de son armée. Le vice-roi de Naples, Charles de Lannoy, est présent. C'est à lui que François remet son épée, sûr d'être traité avec les honneurs dus au roi de France, même vaincu. Bonnivet, le mauvais conseiller, San Severino, le sage, courageux et toujours bon conseiller jamais entendu, La Palice sont tués. Plus de dix mille morts et autant de prisonniers du côté français, contre environ quinze cents du côté impérial. Pavie n'est pas le hasard d'un jour, mais le résultat de quatre mois d'entêtement dans l'erreur, d'un lourd retard intellectuel et plus encore moral. D'un côté, la guerre-tournoi ; de l'autre, la guerre manœuvrière. D'un côté, le jeu ; de l'autre, l'enjeu[30].

François I^er s'est montré médiocre soldat, désastreux général. Mais, dans l'épreuve, il se révèle bon politique et habile diplomate : on l'a vu lors de la trahison du connétable de Bourbon ; on le verra dans la défaite et la captivité.

### *Le châtiment*

Le châtiment est rude. Robert J. Knecht conclut sobrement : « Pris entre deux feux, les Suisses se dispersent, s'enfuient ; beaucoup se noieront en voulant traverser le Tessin, dont les ponts ont été détruits. La bataille prend fin dans la matinée du 24 février, jour de l'anniversaire de Charles Quint. Les Impériaux vainqueurs ont capturé François Ier[31]. »

Aussitôt après la bataille, très légèrement blessé, « le roi fut conduit à la chartreuse de Pavie, sur la route de Milan. Une fois arrivé au couvent, il fut servi à table par Lannoy et Bourbon » (Lannoy, certes ; Bourbon, on le dit). La conversation se déroule naturellement en français. La lettre écrite ensuite par le roi à sa mère est connue : « Tout est perdu, ne demeure que la vie sauve et l'honneur. »

Et la lettre à l'empereur est d'une rare habileté : « S'il vous plaist avoir ceste honneste pitié de moyenner la seureté que mérite la prison d'un roy de France, lequel on veut rendre amy et non désespéré, pouvez estre seur de faire un acquest, de rendre un roy à jamais votre esclave[32]. » Un roi de France, prisonnier, n'est rien. Il n'est pas le royaume. Or les événements précédents ont prouvé que le royaume ne se laisse pas prendre, même sans son roi : en Normandie, à Paris, en Provence, François Ier a été singulièrement absent…

Le 10 mars 1525 (il a fallu quinze jours exactement de Pavie à Madrid pour acheminer la nouvelle), Charles Quint apprend la victoire, qu'il ne pouvait espérer aussi totale, alors qu'il craignait une désertion massive de ses troupes non payées. Évitant toute explosion de joie tapageuse, il rend des actions de grâce et se retire dans son oratoire. Puis il demande à Lannoy de veiller à la santé du roi prisonnier et de faire en sorte que Louise de Savoie reçoive régulièrement des nouvelles de son fils.

Lannoy a spontanément entouré d'égards François Ier. Ces hommes de guerre, même et surtout s'ils ont tout fait, connaissent le hasard des batailles. Ils savent qu'ils sont passés eux-mêmes à deux doigts de la catastrophe et admirent secrètement le roi qui combat au milieu de ses hommes jusqu'à se faire prendre comme un simple chevalier.

François Ier va passer trois mois à Pizzighettone sous la garde d'un Espagnol, Fernando de Alarcón. Ses compagnons de captivité, Montmorency, Chabot de Brion, Jean de La Barre, le trésorier Babou de La Bourdaisière, assurent les relations avec la cour installée à Lyon. Tout est organisé pour que la liaison s'établisse avec Louise, la régente, et Marguerite de Valois, la sœur qui se révélera infiniment précieuse.

Lyon (ou plutôt Saint-Just, à proximité) est tellement plus commode que Madrid ! C'est le 1er mars que Louise est mise au courant de la capture de son fils – quatre jours et demi après l'événement. Un nonce de Clément VII visite le lieu de détention, car il a appris de source anglaise que le prisonnier venait de changer de mains. La garde est à présent espagnole. L'envoyé du pape est choqué et inquiet : ce ne sont pas là mœurs « bourguignonnes » ou « italiennes ». « C'était là, écrit-il, un spectacle pénible à voir, car il semblait le prisonnier non pas de l'empereur ou de ses capitaines, mais bien de ses geôliers. Les gardes prétendaient tous avoir des droits sur sa personne. Le roi se comporte avec courtoisie et générosité et plaisante avec eux, n'estimant pas moins vertueux d'accepter son sort que de commander un royaume. Montmorency est son seul réconfort[33]. »

La vie d'un roi de France prisonnier est certainement une dure épreuve. Sandoval paraît bien informé. Le premier message de Charles Quint doit être parvenu peu avant la visite du nonce à Pizzighettone. La première réaction des vainqueurs avait été d'annoncer leur victoire et la capture du roi, et de battre le rappel des amis, des neutres et des repentis pour leurs troupes non payées et affamées. Rappelons que la décision d'attaquer a été prise sur place, sans ordre précis de Madrid et par crainte d'une mutinerie. La victoire résout provisoirement le problème : les appels sont vite entendus, et les premières avances bientôt consenties. On ne refuse pas à de tels vainqueurs…

Une garde étroite a été ordonnée par mesure de sécurité. S'agit-il d'une décision en bonne et due forme ou d'une réplique à certaines rumeurs, à savoir que l'empereur réclamait la Bourgogne et la Provence ? « Le roi avait accueilli ces propos avec un grand soupir et, portant la main au poignard qu'il portait, dit qu'à cette condition mieux vaudrait mourir roi de France. » Alarcón prit le geste au sérieux et le désarma, « de peur que le roi ne commette quelque *desconcierto* sur sa personne ». Un roi de France pourrait en effet choisir la mort plutôt que le démantèlement, auquel du reste le royaume ne consentirait pas – il en a déjà fourni la preuve.

François I^er^ ne peut dissimuler ses larmes. À ce moment survient le marquis de Pescara, son vainqueur, qui tente de le réconforter, l'assurant que l'empereur n'ira pas au-delà de l'acceptable. Vivant, l'otage est précieux ; mort, il se retournerait contre son détenteur. Les meilleurs soutiens de la paix sont les soldats victorieux quand ils savent, comme ces généraux castillans, à quel fil ténu tient la victoire…

Certains des vainqueurs parlent de poursuivre les restes de l'armée française et de porter la guerre dans le royaume en profitant de son désarroi, mais Lannoy, Bourbon et Pescara décident de n'en rien faire. La bataille a pourtant bien été engagée *motu proprio.* On peut pénétrer facilement en France, mais on en sort difficilement vivant. Parce qu'il n'y avait pas d'argent pour payer les troupes, que l'armée avait souffert de lourdes pertes et que c'était la coutume après une victoire que les troupes s'égaillent pour piller, on enverra celles-ci camper sur les terres du pape – sûr moyen de l'encourager à mettre la main à la bourse, afin d'éviter que les soldats affamés et désargentés ne se servent eux-mêmes. Venise veut des gages, quelque confirmation de l'empereur. Et, à la demande de Clément VII et pour soulager le duché de Milan, l'armée impériale se portera plus à l'ouest, plus près du royaume, sans toutefois y pénétrer : Piémont, marquisat de Saluces et comté d'Asti (la quête auprès des cours italiennes permettait de couvrir l'arriéré le plus criant, pas davantage).

Acte politique et juste appréciation des rapports de force, Charles entérine la décision des généraux espagnols : respecter le royaume de France, ne pas surestimer l'atout royal. Trois courants se manifestent à sa cour : certains plaident pour la détention à vie « avec la révérence qui est due à un roi » ; d'autres, pour la libération contre d'importantes concessions et des garanties ; les derniers, pour une remise en liberté la plus rapide possible et dans les meilleures conditions.

La première solution est vite rejetée. La troisième, la plus généreuse, est soutenue par le duc d'Albe ainsi que par les généraux castillans sur le terrain : faire de François un allié, un obligé. Deux faits viennent pourtant contrarier la chance unique que l'empereur avait de faire un geste qui l'aurait lié au roi de France[34] pour longtemps et qui aurait rendu difficile une reprise de la guerre. Le manque d'expérience et la jeunesse de Charles Quint jouent leur rôle ; quant à Gattinara, il ne sait pas donner à son maître le bon conseil. Il aurait fallu un Chièvres pour que Pavie soit vraiment une victoire de la chrétienté[35].

Dans le premier cercle autour du jeune souverain – il vient de célébrer son vingt-cinquième anniversaire – se trouve en effet le désormais inévitable Gattinara, et avec lui Gorrevod et La Chaulx. Certes, Charles a entamé son « hispanisation », mais il n'a oublié ni la Bourgogne ni l'Empire, où l'on aime vanter le bon temps d'Otton et du royaume d'Arles, issu d'une Lotharingie éclatée, dont le roi de France s'est emparé.

Beaucoup de questions se posent auxquelles on n'a pas même commencé à réfléchir. Qui aurait en effet osé imaginer la capture du roi, quand on attendait plutôt une mutinerie des soldats ? Gattinara se laisse emporter par la victoire.

Et l'Angleterre ? Le trône de France est réclamé par Henri VIII, qui ensuite distribuera les provinces de ce royaume aux uns et aux autres. Certes, il n'a pas beaucoup contribué à la victoire de Pavie, et Charles le lui rappelle avec hauteur. Gattinara se veut donc raisonnable : la Bourgogne, et la Provence au connétable de Bourbon. Le bon sens du jeune empereur, en fin de négociation, s'en tiendra à la seule Bourgogne.

En ce qui concerne l'Italie, Gattinara propose des montages qui sentent leur Machiavel de bibliothèque. Sandoval porte au crédit de la générosité de Charles Quint le refus de faire la guerre à la France, mais il oublie de mentionner l'impécuniosité et le triste état des armées impériales. On agite beaucoup d'idées devant ce coup de chance qu'on ne sait pas toujours interpréter. Comme il faudrait un passage terrestre entre l'Espagne et l'Italie, Gattinara suggère par exemple de chercher dans les archives un titre qui permettrait d'ajouter le Languedoc à l'héritage carolin. On formule tout de même quelques propositions raisonnables, comme celle d'empêcher la France de soutenir financièrement le harcèlement des Pays-Bas à travers la Gueldre et le Wurtemberg.

La sévérité de Karl Brandi est peut-être excessive à l'égard du jeune empereur, mais justifiée quant à Gattinara. Évoquer l'héritage et déterrer d'autres droits encore, c'est charger inconsidérément la barque et affaiblir le rapport de forces actuellement favorable. Au lieu de pousser le prince à agir rapidement, en fonction des circonstances, son conseiller l'accable de suggestions irréalistes, le conforte dans son obsession du droit d'héritage et diffère la seule véritable négociation souhaitable : celle qui monnaierait l'abandon des droits de Charles sur la Bourgogne, avant que leur prescription définitive apparaisse évidente à tous.

En 1524, c'est la France qui inquiète les autres États ; à partir de juin-juillet 1525, c'est l'empereur, embarrassé par son succès, qui se met à faire peur. Une coalition se noue pour imposer la paix. Entre François Ier, qui s'est ressaisi, Montmorency, qui jouit d'une grande liberté de mouvements, et le vice-roi de Naples, qui sait la fragilité d'une victoire trop provocante, l'idée fait son chemin. Lannoy a compris que la distance rend l'entente impossible, et François Ier est du même avis. C'est à Madrid qu'il faut négocier ; il faut que les deux hommes se voient, se mesurent et se parlent.

Mais les généraux s'impatientent : ils sont certes victorieux, mais les soldes de leurs troupes se font attendre. Un fossé se creuse entre eux et Lannoy qui, après s'être tenu à l'écart durant la bataille, s'est avancé à temps pour recevoir l'épée du roi et une part excessive de la victoire. Malgré l'insistance de Lannoy, Pescara n'a toujours pas reçu ce qu'il réclame, le Sforza attend toujours son investiture pour Milan, l'Italie perd patience – on finira par regretter la France… Charles Quint à Naples et à Milan, c'est trop ; à ce compte, le barbare ne sera plus français, mais espagnol.

L'Italie, cinq mois après Pavie, oscille. D'où le transfert du roi de Pizzighettone à Madrid, *via* Gênes et Barcelone, sur des galères, avec sauf-conduit que la régente de France fournit à son fils. Que le voyage du prisonnier de l'empereur s'effectue aux frais et sous la garantie de la France en dit long sur l'atout que représentent les communications intérieures. Le débarquement a lieu le 19 juin 1525.

Lannoy, Pescara, Leyva et François I^er^ forment, on l'a vu, une sorte de front en faveur d'un accord rapide, et c'est l'intérêt bien compris de la chrétienté. Quant à Charles de Bourbon, il sera payé en promesses différées. Comment s'étonner que, sur le chapitre de la trahison, tous les princes ne soient pas solidaires ? Charles Quint, qui a le sens de la parole au point de se sentir lié par sa parole à celui qui a manqué à sa parole, en fait la cruelle expérience. Sandoval (qui écrit au tournant du XVII^e^ siècle et milite pour un apaisement entre les deux pays) a recueilli avec délectation les anecdotes relatives à ces nobles castillans qui font, avec grandeur, la leçon à l'empereur ; et il exonère par anticipation celui-ci de l'incapacité où il se trouvera de fournir à Bourbon ce qu'il avait imprudemment accepté de ses requêtes.

Il est un point qui peut paraître aujourd'hui choquant : la promesse des épousailles d'Éléonore. La sœur aînée de Charles Quint a déjà servi à l'alliance portugaise, consacrée plus tard par l'union avec Isabelle de Portugal, mère de Philippe II, et de Jeanne, infante de Portugal. Éléonore sera offerte, comme reine de France, en gage de réconciliation entre les deux géants de la chrétienté.

Comment avoir pu envisager autrement que comme un appeau d'offrir une telle alliance à Charles de Bourbon, un traître rejeté par son pays ? Comment Charles Quint a-t-il pu accepter d'humilier ainsi sa sœur aînée ? Les généraux se cabrent ; Lannoy, Pescara, Leyva, Espagnols de la seconde génération, déjà à demi italiens, regimbent. Selon Sandoval, « l'empereur mande à un *caballero* de loger [Bourbon] comme hôte chez lui. Le *caballero* répond que, puisque c'est un ordre du roi, il le fera de bonne grâce, mais qu'ensuite, quand Bourbon en sera sorti, il se trouvera dans l'obligation de détruire sa maison de fond en comble puisqu'elle restera à jamais infectée pour avoir subi en son sein un traître, et qu'elle ne pourrait jamais plus servir à un homme de bien[36] ».

Louise de Savoie s'établit à Lyon, au monastère de Saint-Just, qui bénéficie du meilleur réseau postal. Entourée d'une équipe efficace, Duprat en tête, cette femme a une main de fer dans un gant de velours. Certains parlementaires ont pensé, oubliant la décision de François I^er^ (un roi prisonnier est un roi presque mort), substituer à la régente Charles de Bourbon-Vendôme, gouverneur de Paris et premier prince du sang (selon une mauvaise interprétation de la loi salique). Mais le duc a refusé et Louise l'appelle auprès d'elle. Le Parlement se ressaisit et appelle à se regrouper derrière la régente, qui fait venir à ses côtés Jean de Selve, premier président. Elle réunit ainsi la haute aristocratie et la technostructure robine.

Henri VIII n'a rien fait, attendant son heure, mais ses exigences sont inversement proportionnelles à son aide. Il a essayé d'extorquer des forces et des crédits à la régente des Pays-Bas. En l'absence de François I^er^, il est prêt à aller se faire couronner à Paris. Peut-être lui rappellera-t-on qu'il faut aussi se faire sacrer à Reims et toucher les écrouelles. En cas de résistance imprévue, il se contenterait de la Picardie et d'une poignée de villes. Gattinara et Charles Quint estiment ces prétentions extravagantes.

Louise de Savoie ne perd pas une minute et met le royaume en état de défense, avec un soin particulier en

Bourgogne où une infime minorité pourrait rêver de Charles Quint et quelques érudits rappeler les titres qu'il a par héritage. Aucun « problème d'envergure[37] » ne surgit, sinon une brève tension entre la régente et le Parlement qui ne pardonne pas à Duprat d'avoir négocié le concordat de 1516 sans tenir assez compte de ses avertissements. Les magistrats grondent, puis plient devant l'autorité de Louise.

À Paris, on s'inquiète des ondes de « réformation » religieuse qui viennent d'Allemagne. On parle beaucoup de Luther, en qui l'on voit le diable ; la guerre des Paysans fait très peur. L'emprisonnement du roi excite les imaginations. Mais tout cela n'est rien, pour l'instant : la France ne sera touchée que beaucoup plus tard.

### *Savoir où mettre la barre*

François Ier avait pensé s'en tirer au moyen d'une simple rançon[38]. Des élucubrations de Gattinara, quelque chose demeure dans la base de discussion que propose le vainqueur. Fallait-il rappeler les droits théoriques de l'empereur sur la couronne de France et l'ancien royaume d'Arles (Dauphiné et Languedoc), sur toutes les possessions de Charles le Téméraire à sa mort en 1477 ? Que François Ier renonce à l'Italie, cède la Bourgogne et épouse Éléonore, la sœur de l'empereur, c'était là une base raisonnable. Mais la Provence érigée en royaume pour Charles de Bourbon qui épouserait Éléonore, c'était trop. À quoi bon dès lors solliciter la présence du roi de France au couronnement de Charles Quint si celui-ci livre sa sœur – qui a été reine de Portugal – à un homme que vomit la noblesse de France et d'Espagne ? On comprend que le roi ait préféré la mort ou la prison perpétuelle, et que les généraux espagnols aient violemment réagi. Mal entouré, mal encadré, l'encore jeune Charles a perdu son sang-froid. Tel est le point de départ du traité de Madrid, ce gage d'un conflit qui durera jusqu'à la succession d'Espagne en 1700. C'est l'autre volet de la défaite de Pavie.

Aux folles propositions que Lannoy et Baurain transmettent du bout des lèvres, François Ier répond avec hauteur. Pour Bourbon, on arrêtera le procès en cours, il pourra rentrer en possession de ses offices et de ses biens – « mais qu'on ne le voie jamais[39] ». Pour ce qui concerne la Bourgogne et Éléonore, on pourrait à la rigueur trouver un accommodement. Mais le roi de France rappelle qu'il ne peut négocier prisonnier : seul un homme libre peut donner sa parole, un engagement pris sous la contrainte ne lie pas. Le transfert à Barcelone est négocié entre le roi, la régente et le seul Lannoy, en sorte que Charles Quint est le dernier avisé de l'arrivée en Espagne de son prisonnier.

Le 19 juin 1525, à l'insu de l'empereur, le roi de France est accueilli à Barcelone avec les honneurs dus à son rang[40]. Il assiste à une messe à la cathédrale, suivant le cérémonial réservé aux rois d'Espagne ; s'y ajoute le toucher des écrouelles. Pour des raisons obscures, on conduit le captif à Tarragone, puis au château de Binisanó, près de Valence[41]. Pendant cet intermède vraiment royal, Montmorency s'en va sur ordre auprès de Charles Quint, à Tolède, solliciter un sauf-conduit pour la sœur du roi, Marguerite, afin qu'il puisse négocier avec assez d'autorité et de liberté, et pour lui-même l'autorisation d'être rapproché afin qu'il puisse être consulté. D'où la demande d'une trêve durant les négociations. Trêve d'autant plus facilement accordée qu'elle existe *de facto*, faute de ressources dans le camp impérial.

La visite se poursuit. Trois semaines sont nécessaires pour se rendre de Valence à Madrid. À Guadalajara, le duc de l'Infantado réserve un accueil grandiose à François Ier ; d'ailleurs, celui-ci est partout reçu triomphalement. Il n'y a pas de grave contentieux à cette époque entre la France et la Castille, que soudent les souvenirs de la *Reconquista.* La rancune mettra un siècle à s'installer, avec les interventions malencontreuses de Philippe II, la guerre de Trente Ans, la croisade commencée en 1566 et poursuivie jusqu'à la paix des Pyrénées (1659), la France étant devenue suspecte d'hérésie.

Le nouveau rapport de forces et le départ des Français libèrent l'Italie, cible unique de l'impérialisme des « Impériaux » et des « Espagnols ». Mais les quelque dix millions d'Italiens s'inquiètent du pouvoir impérial superposé au pouvoir aragonais. Les lenteurs et les hésitations d'un pouvoir à la fois trop absent (Madrid est distant de quinze jours du pied des Alpes) et trop présent (les armées sont dangereuses parce que mal payées) exaspèrent.

Il y a deux secteurs brûlants : Naples et le Milanais. Surtout le second : qui le tient, tient la moitié de l'Italie et une bonne partie des communications nord-sud. Or le duc de Milan tarde à recevoir son investiture. Le retour des Sforza est un gage que beaucoup attendent pour se rassurer : que deviendrait le reste de l'Italie si la même puissance impériale contrôlait Naples et Milan ?

Des contacts se nouent entre chefs militaires du même camp. Pescara se remet lentement d'une blessure ; Jérôme Morone, vieux briscard milanais, rumine ses rancœurs. Les deux hommes se connaissent. S'il est bien sûr anachronique de parler de patriotisme italien, une certaine lassitude s'exprime parmi les fidèles de la cause aragonaise puis impériale. Morone avait combattu la France quand elle était menaçante ; aujourd'hui, elle manque à la péninsule. Ne faut-il pas, pour préserver l'équilibre, souhaiter son retour ? Pescara écrit à l'empereur, le 30 juillet 1525, pour se justifier d'avoir écouté Morone sans immédiatement réagir ; il prétend que c'était afin de mieux le démasquer, mais a-t-il levé toute la méfiance de l'empereur ? En tout cas, il fait arrêter Morone et occuper, par précaution, les places clefs du Milanais (il meurt dans la nuit du 2 au 3 décembre 1525). L'Italie n'est pas acquise ; même à Naples et en Sicile, l'intégration à l'ensemble est minimale.

La captivité de François Ier se durcit ; le blocage est total. La position du roi, dûment enregistrée, est confirmée par celle de la régente et du Parlement : un engagement arraché dans ces conditions est nul et non avenu. L'empereur ne se rend pas compte de ce qu'il est en train de perdre. L'alliance de circonstance entre l'Empire et l'Angleterre a vécu. Le 30 août 1525, celle-ci signe le traité de Moore avec la France, contre finance et contre la promesse de ne plus soutenir les raids de l'allié Jean d'Albany, régent d'Écosse. Mais tout le monde sait ce que vaut la parole d'Henri VIII[42].

En sourdine, la France retrouve son réseau d'influence. L'effet Pavie ne dure que sept à huit mois. La pression nerveuse exercée sur le prisonnier à la fin d'un été accablant a dû contribuer à le conduire à deux doigts de la mort : abcès nasal, dépression aiguë, crise d'anorexie, forte fièvre trois semaines durant. Charles Quint risque de perdre son atout, et de passer pour un bourreau et un assassin aux yeux de la chrétienté. Le 18 septembre, il rend visite au prisonnier. Quatre jours plus tard, François Ier sombre dans un demi-coma : on attend sa mort d'une heure à l'autre. Au moment de recevoir l'extrême-onction, l'abcès crève et les voies naturelles sont rétablies. Désormais, le roi s'estime libéré de tout scrupule.

François Ier remis, les pourparlers de Tolède reprennent[43]. Plutôt que d'accepter les transactions de Marguerite, Charles Quint suspend les négociations et rentre à Madrid. Le roi a beau offrir trois millions d'écus et le mariage, rien n'y fait. L'empereur veut sa Bourgogne, ou plus exactement qu'on la lui donne puisqu'il est totalement incapable de la prendre et qu'elle ne souhaite pas changer de camp. François Ier n'a plus qu'une seule ressource, la ruse : il rédige un acte d'abdication, que le Parlement n'acceptera jamais d'enregistrer.

La régente et le roi lui-même doivent donc accepter l'inacceptable. En plus des trois millions d'écus qu'il ne peut refuser de verser et qui permettront à l'empereur de payer une partie des arriérés de solde, François Ier renonce à l'Italie et aux prétentions d'Albret sur l'essentiel de la Navarre ; il cède l'Artois et la Bourgogne. Il devra enfin livrer le dauphin et un cadet en gage d'exécution du traité. Le texte est signé le 14 janvier 1526.

Le traité de Madrid n'oblige pas celui qui a dû l'accepter sous la contrainte. Ce qui blesse par-dessus tout le roi, c'est la constitution de ses fils en otages : ou bien l'empereur considérait que la parole sous serment librement prêté était contraignante sous le regard de Dieu, ou bien il prenait des gages comme un brigand. François Ier avait toutefois obtenu une garantie et émis deux conditions pour souscrire : être libéré, pour pouvoir convaincre ses sujets, et être assuré de la main d'Éléonore. Gattinara, qui a peut-être mesuré la nullité du gage, propose une alternative : ou bien une libération sans condition du roi, ce qui vaudrait son amitié à l'empereur (mais ce qui suppose une transaction définitive sur la Bourgogne) ; ou bien la prison à vie, ce qui le disqualifierait définitivement.

Le 13 février, à Madrid, lorsqu'il rencontre Éléonore, François Ier la prend dans ses bras comme un époux et lui donne, à la française, le baiser sur la bouche. Tout, à partir de cet instant, est disposé pour que se réalise la promesse contenue dans le geste du roi malade et prisonnier à l'égard de cette femme qui en a certainement été touchée[44].

Tandis que Charles emprunte la route du sud pour aller à Séville et convoler avec Isabelle de Portugal, François quitte Madrid le 19 février. Il est à Saint-Sébastien le 12 mars et à Fontarabie le 17, où tout est prêt pour l'échange des prisonniers. Au milieu de la Bidassoa qui sert de frontière est amarré un ponton, terrain neutre sur lequel se croisent le roi et ses deux fils sous l'œil vigilant des gardes restés sur la rive. Le père a tout juste le temps de serrer les garçons sur son cœur en pleurant. Il foule le sol français. Une brève chevauchée et le voici à Saint-Jean-de-Luz, puis à Bayonne, dans les bras chaleureux de Louise de Savoie. Cette excellente mère a pensé à tout. Elle a profité de l'éloignement de son fils pour écarter Françoise de Châteaubriant, à qui l'on doit la promotion des médiocres capitaines du siège de Pavie, et l'ancien captif « trouve autour de Louise une pléiade de filles d'honneur très propres à faire reprendre goût à la vie ». Et voilà Anne de Pisseleu, bientôt duchesse d'Étampes, favorite en titre.

Le royaume de France est un puissant animal. Il est resté impérial pendant cette longue absence royale. Sous le gouvernement prudent de Louise de Savoie, il a dissuadé toute attaque. 1525 a été pour lui une année de paix. Le traité de Moore, au prix de quelques lourds sacs d'écus, a écarté le seul risque pesant sur ses frontières. Marguerite d'Autriche se montre assez indépendante, sage et prudente pour éviter toute provocation. Louise et Marguerite, qui sont belles-sœurs, s'estiment et feront tout pour parvenir au seul bien véritable, la paix. On a parlé pour François Ier de « second avènement[45] ». Le roi est un adversaire assagi, mais résolu à venger l'affront et à récupérer ses enfants.

« L'année fatale de 1526 commençait gaiement. L'empereur et roi d'Espagne, qui après la paix de Madrid entrevoyait la couronne de France pour sa sœur Éléonore – aussitôt que les formalités de la ratification auraient été accomplies –, fêtait son propre mariage, l'union longtemps désirée avec le Portugal[46]. » Isabelle est une princesse heureuse : elle est presque chez elle et épouse un homme qui l'adorera et lui sera fidèle jusqu'à la mort.

François n'avait jamais caché qu'il n'amputerait jamais le royaume de la Bourgogne ; ni le royaume ni la Bourgogne ne l'eussent accepté. Il est absurde d'attendre d'un roi qu'il donne une province que l'on a été et sera toujours incapable de conquérir et qui ne désire pas changer de famille.

On ne s'est pas penché assez sur cet étonnant chassé-croisé du 17 mars, confié à des exécutants qui appliqueront les consignes : l'échange du père contre ses deux fils (on a tout de même renoncé au troisième, Charles, qui a tout juste quatre ans). On n'aurait pu imaginer combien, à la consternation de deux reines – Isabelle, l'épouse, et Éléonore, la sœur promise au père des enfants de France – seront maltraités les fils de François en Espagne.

Charles Quint est-il totalement sincère, ou victime d'un fantasme[47] ? S'il tient tant à la Bourgogne, que n'a-t-il mobilisé toutes les forces de son Empire pour la conquérir ? Ou bien craint-il de découvrir qu'elle est vraiment française ? Marguerite d'Autriche, qui y est encore plus attachée que lui, a parfaitement compris que le prix du duché n'était ni à sa portée ni à celle de son neveu – bref, que le jeu n'en valait plus la chandelle.

C'est donc le 17 mars 1526 qu'a lieu ce transfert humiliant pour celui auquel il est imposé, honteux pour celui qui l'impose. À peine la frontière franchie, l'ambassadeur impérial, Praet, réclame la ratification du traité. On lui répond qu'il ne dispose pas de pouvoirs suffisants pour recueillir un tel trésor ; le 27, il reçoit de nouveaux pouvoirs, mais on lui rétorque qu'on est obligé de faire graver un nouveau grand sceau, l'original ayant été perdu à Pavie.

Dans la guerre pour le duché de Milan, il ne s'est rien produit d'irréparable entre les deux grands princes, de stature et de puissance égales. Bien plus que François Ier, Charles Quint est un homme rationnel, un contemporain des Fugger, un prince bourguignon qui ne se nourrit pas de faste et qui est aussi un bourgeois flamand. La sagesse terre à terre consisterait à renoncer à l'héritage mythique. La faille n'est pas cette revendication, mais la voie choisie pour l'obtenir. Ou bien on reçoit la Bourgogne d'un geste chevaleresque, comme un don du suzerain, ou bien on l'arrache par la force.

Le rejet de Madrid est gratuit, habile et rapide. Au maladroit ambassadeur Praet, qui s'impatiente, et aux messages de Lannoy qui s'inquiète, le roi fait répondre le 2 avril par Robertet qu'il a voulu rendre ses sujets favorables à ce traité, mais que contre toute attente le contenu – qui devait rester secret – a été divulgué à Anvers, Florence et Rome. Il sous-entend que cette fuite (évidemment volontaire) compromet une réussite, alors qu'il n'a pas encore consulté ses sujets. Il faudrait donc que le traité soit soumis aux états généraux et provinciaux. La noblesse bourguignonne, très hostile, exige la réunion des états de Bourgogne[48].

Il y a certes eu une démarche informelle de la noblesse bourguignonne, mais la réunion des états de Bourgogne et leur refus du traité de Madrid sont postérieurs à la dénonciation dudit traité par le Conseil le 10 mai 1526. Jamais François Ier, ni la régente, ni aucun envoyé de France n'avaient laissé entendre qu'il pût en aller autrement. Les précautions prises lors de l'échange sur la Bidassoa montraient que, faute de consentement, l'auteur du diktat ne comptait que sur le rapport de forces (sur lequel il se trompait d'ailleurs lourdement).

La nécessité invoquée par François Ier de consulter son peuple est un alibi inutile, car la réponse n'a jamais fait de doute : l'acceptation d'énormes sacrifices, les sommes considérables extraites de ses poches valent toutes les consultations.

### *Le renversement des alliances*

François Ier cherche à gagner du temps. Il a déjà pratiquement pour lui Henri VIII, Venise et le Saint-Siège. L'alliance anglaise est signée dès le 8 août 1526 avec l'engagement (qui vaut ce qu'il vaut) de ne pas traiter séparément. « Toutes les cours d'Europe retentissent de la colère de Charles Quint contre le vil parjure[49]. » Mais ces clameurs n'émeuvent personne, car il y a longtemps que les cours ont pesé, jugé et condamné l'abus de pouvoir. François Ier affaibli n'inquiète plus. On le suppose assagi, et le potentiel intact de son royaume rassure devant la montée en puissance et les hésitations de l'empereur. On a tendance à chercher derrière ses hésitations des projets mégalomaniaques, alors qu'elles ne sont dues qu'au défaut de moyens. De plus, « en passant sa colère sur des innocents (enfermés, farouches, ensauvagés) », Charles Quint s'aliène beaucoup de sympathies dans son camp[50].

Si la France a fédéré ces craintes, ce n'est pas d'elle que vient l'initiative, et ce sont Venise et le Saint-Siège qui tentent de la persuader d'entrer dans une ligue contre l'empereur[51]. François Ier entretient habilement le suspense… Lannoy se trouve dans une situation de plus en plus délicate ; il mourra bientôt, épuisé, à Naples. Un accord est signé à Cognac le 22 mai 1526 entre la France, Venise, le Saint-Siège et… Sforza (toujours écarté de Milan, malgré les engagements de Charles Quint, et l'Angleterre se lie directement à la France le 8 août.

Ayant signé le traité de Madrid (qu'il prenait pour un traité de paix) et épousé Isabelle de Portugal, l'empereur comptait se rendre en Italie pour se faire couronner. La chute fut presque aussi vertigineuse que celle de François Ier après Pavie.

C'est le 17 août 1526 que se produit l'épisode célèbre du cartel pour un combat d'homme à homme[52]. Alors que, en présence du nonce et du représentant de Venise, une ambassade française l'invite à se joindre à la ligue, Charles s'emporte et propose un duel – « nous combattre entre nous plutôt que de faire couler tant de sang chrétien ». Voilà qui semble confirmer son comportement schizoïde sur le point ultrasensible de l'héritage mythique de la Bourgogne. Le hasard et l'habileté de ses généraux lui ayant, à Pavie, permis de s'assurer de la personne du roi de France, le mirage de la toute-puissance lui fait perdre le contrôle de lui-même. Il confond le roi et le royaume. Il récidivera l'année suivante avec le pape, après le sac de Rome : ce catholique scrupuleux en arrivera à traiter le souverain pontife comme il l'a fait de François Ier et de ses enfants. Chez lui se superposent le rationnel et l'irrationnel.

Bien qu'il ait contribué à la confusion par ses élucubrations érudites au lendemain de Pavie, Gattinara comprenait l'impasse dans laquelle se trouvait à présent l'empereur. Sensible, en bon Piémontais, à la situation politique en Italie, il voyait avec consternation la péninsule échapper à son maître. La difficulté la plus criante découlait du gouffre qui se creusait entre les ressources et les besoins de l'Empire. Comment conjurer les risques de mutinerie et de pillage ? C'était bien pour éviter une mutinerie que les généraux avaient pris l'initiative d'engager la bataille de Pavie, et c'était le pillage pratiqué par des armées abandonnées qui dressait l'Italie contre l'empereur, plus encore que les aspirations à l'hégémonie. À quoi Pavie avait-il servi, puisque ce gage avait été gâché ? C'était une erreur d'enrôler ce roi tombé du ciel pour briguer un héritage de plus. « Encore une fois, les Espagnols allaient être chassés de Milan et de Gênes, encore une fois sur ce champ de bataille allait se passer ce que Gattinara désignait comme la conséquence de la folle politique de la cour. [...] un pillage éternel, tous les jours des rapines, des exactions, des violences, les femmes, les jeunes filles violées, l'incendie, toutes choses horribles et terribles qui peuvent dévaster le plus beau pays du monde[53]. » Voilà ce que l'Italie ne supportait plus, et ce que sa solidité évitait au royaume de France. « À l'automne de 1526, note Robert J. Knecht, François Ier avait fini par comprendre qu'il pouvait exercer davantage de pression sur l'empereur en soutenant ses alliés italiens et en faisant de l'amitié avec l'Angleterre une vraie alliance[54]. »

Il restait à solder les erreurs des heures heureuses (les sept tonnes d'or de la paix des Dames et tout ce qui avait précédé)[55]. Le peuple français avait assuré une partie non négligeable du financement de l'Empire et même de l'Angleterre. On pourrait objecter que cela avait coûté moins cher que la guerre, mais la France avait financé l'un et l'autre. Bien qu'elle fût un pays riche, peuplé et doté d'une administration efficace, la machine donnait des signes de fatigue. L'acte à la fois le plus injuste et le plus symbolique fut la disgrâce et la condamnation de Semblançay (janvier-août 1527).

Comment expliquer une telle charge fiscale ? Par le gaspillage et les aberrations d'une politique italienne dont le royaume voit mal l'intérêt, ou par la corruption des collecteurs ? Le Parlement choisit bien sûr – c'est plus confortable – la deuxième hypothèse. Dans une frange de l'opinion, à Paris surtout, on opterait volontiers pour les deux… Le baron de Semblançay, ministre de l'administration royale, avait joui d'une puissance considérable jusqu'en 1523. Retiré à Tours, il attisa, pendant la régence, l'ire de Louise de Savoie. La dignité et la conscience tranquille du général des finances devant la mort bouleversèrent l'opinion parisienne. Clément Marot, aimable et souvent courageux poète de cour, étrille dans une épigramme célèbre le lieutenant Maillart – faute de pouvoir dénoncer le seul vrai coupable, le roi.

Mais de semblables carences affectent un système impérial incapable de financer, même en partie, son fonctionnement. En témoignent l'impuissance à venir efficacement en aide à la Hongrie (submergée et à peine sauvée par l'habileté et la ténacité de Ferdinand d'Autriche), puis le sac de Rome. Lors de ces deux années noires – 1526 et 1527 –, l'empereur, qui réside en Espagne, n'est qu'un observateur lointain sans prise sur l'événement.

Le sac de Rome restera un point sombre du règne de Charles Quint. En visite à Rome à la fin de 1545, Titien s'entend répondre par l'Arétin : « Vous regrettez aujourd'hui que l'envie d'aller à Rome ne vous soit pas venue vingt ans plus tôt : je le crois volontiers. Si vous êtes ébloui par ce que vous y découvrez maintenant, qu'auriez-vous fait en la voyant telle que je l'ai laissée ? » Rien ne pourra effacer pour les troupes impériales l'irréparable outrage du sac[56]. Accroché au traité de Madrid – ce chiffon de papier dont l'un des contractants est captif de l'autre –, l'empereur, occupé à conquérir le cœur de sa nouvelle et véritable patrie, l'Espagne, se tient à l'écart du destin.

En août 1526, Charles Quint se trouve à Grenade, à l'écart des grands nœuds de communication (il faut au courrier plus d'une semaine pour arriver de Barcelone). C'était à Barcelone qu'il avait attendu l'élection, tandis que c'était à Lyon que se tenait par commodité la régente Louise, au cœur de l'Europe vivante. L'empereur, qui savoure son bonheur matrimonial et remâche sa rancune, reste immobile, sans réponse, impuissant.

En son absence, en partie grâce à Ferdinand et à Luther, l'Empire est sorti d'une crise qui semblait devoir tout emporter. « De la guerre de Sickingen et de celle des Paysans, les princes sont sortis infiniment plus puissants, conscients de leur force. » D'autre part, quelque chose de capital s'est produit : un premier jalon vers la paix d'Augsbourg (1555) a été posé, puisque des princes et des soldats fidèles à l'ancienne manière de prier et d'autres gagnés à Luther ont mis trêve à leurs querelles et combattu côte à côte (quoique avec beaucoup de difficulté) contre les Turcs, qui ont ainsi été contenus.

Trois camps se dessinent donc en 1525 : l'un, réuni à Dessau, défend la vieille religion, l'empereur et même le pape ; un autre, luthérien, s'assemble à Gotha et Torgau ; le troisième, implanté dans le Palatinat, conjugue un minimum de fidélité à l'Église traditionnelle et une grande méfiance à l'égard de l'empereur. Ce *modus vivendi*, celui de la diète de Spire, qui rappelle l'édit de Worms en renvoyant tout à un concile dont le pape ne veut surtout pas entendre parler, aboutit à une cohabitation quelque peu chaotique, mais sans trop d'à-coups.

Pendant qu'on ne fait rien, les Turcs écrasent à Mohacs les Hongrois dont le roi est tué (20 août 1526). Ferdinand, loyal sujet de l'empereur, travaille à lever péniblement quelques forces, non pas pour couvrir un créneau de la chrétienté, mais pour aller secourir son frère confortablement installé à Grenade et l'aider à garder Milan qui passe pour le centre du monde. Sans génie, mais en observant strictement la priorité de l'héritage, ce bon successeur de Maximilien s'applique à recueillir, avec un minimum de moyens et un maximum d'habileté, un reste de Hongrie et l'ensemble Bohême-Moravie-Silésie-Lusace[57].

L'action sur cet ensemble est menée de main de maître, les 22 et 23 octobre 1526. À l'unanimité, Ferdinand se fait en effet élire contre des adversaires sérieux (Bavière). De son côté, dans les lambeaux d'une Hongrie écrasée, la reine Marie (âgée de vingt et un ans) n'est pas inactive : le 7 décembre 1526, à Presbourg, son frère est élu. Ainsi s'esquisse le noyau de ce qui sera la durable puissance des Habsbourg dans l'axe du Danube. Si la situation de la Bohême est relativement assurée, la dévolution des restes de la Hongrie est moins solide, et il y aura jusqu'à la fin du XVII^e^ siècle trois Hongries : la plus vaste est sous la coupe des Turcs, une autre est sous la coupe des Habsbourg, enfin une principauté quasi indépendante, la Transylvanie, se trouve sous protectorat ottoman. Les opérations en direction du front antiturc que l'on évoque, et qui sont les seules chargées de vrais enjeux, sont dépourvues de moyens. Le seul point de mire visible depuis la thébaïde grenadine, c'est l'Italie. Les quelques forces disponibles, Frundsberg et ses lansquenets, sont envoyées pour protéger Milan. Quant au pape Médicis, enfant naguère chéri du clan impérial, il n'arrange rien par ses revirements cyniques : au moins autant que le roi de France, il se voit attribuer le lourd qualificatif de traître.

Pendant que Frundsberg s'apprête à descendre en Italie et que la garnison impériale de Crémone allonge la liste des capitulations[58], les Colonna, comme au meilleur temps de Boniface VIII, pénètrent dans Rome le 21 septembre 1526, forçant le pape à les absoudre. Faute de ressources pour croiser le fer avec tous ses ennemis, Charles Quint charge sa chancellerie de croiser la plume. Deux salves partent les 17 septembre et 12 décembre 1526 : l'immense arsenal des presses allemandes (la moitié de l'imprimerie existant alors dans le monde) diffuse ce que nous appellerions aujourd'hui des « livres blancs ». La véhémence antipapale des hommes de l'empereur contribue à renforcer indirectement le camp « évangélique ».

En 1526, personne – et Charles Quint moins que quiconque – ne mesure la nouveauté de la situation. Après l'imprimerie, l'Amérique et Luther a lieu le soulèvement moral de l'Allemagne et de couches certes minoritaires mais influentes de la société savante[59].

À partir de la bataille de Pavie s'ouvre pour l'Italie « une ère d'incertitude et d'angoisse où tout se déroule dans un climat de menaces excessives, d'annonces et de prophéties terribles[60] », comme l'écrit André Chastel. Dans sa cour espagnole, Charles Quint apparaît comme un dieu irascible et lointain ; son « clan » en a tant fait qu'il est devenu insupportable. On prend conscience du néant que recouvre un empereur sans prise sur des troupes qui sont comme une cargaison folle dans les cales d'un navire pris dans la tempête.

À l'affirmation – aussi maladroite que contredite par la réalité – du pouvoir éminent du pape par le bref du 23 juin 1526 répondent les textes désignés sous le titre de *Mémoires de Grenade.* Alcalá les imprime ; Mayence, la cité de Gutenberg, les reprend, et avec elle le circuit des presses allemandes. Des plumes à la solde de Charles Quint écrivent ainsi que « le langage du pape n'est pas chrétien et devra être corrigé par l'empereur et réformé par le concile » (texte dû à Alonso Valdés). L'apologie réformée allemande dénonçant la Babylone romaine constitue une menace purement spirituelle ; elle ne trouble pas le jeu politique. Mais dès que l'empereur s'engage comme il le fait, tout change.

C'est l'appât d'un butin sans précédent qui a permis à Frundsberg de recruter suffisamment de lansquenets à crédit[61]. Répondant à un vœu plus qu'à un ordre précis de Charles Quint, il a reçu le secours de l'artillerie de Ferrare. Ainsi les lansquenets sont-ils imprudemment lancés par un pouvoir qui ne les tient pas, faute de les payer régulièrement. De leur côté, les forces pontificales se trouvent décapitées par la mort de Jean de Médicis, leur unique bon chef de guerre. Le pape, qui pensait s'appuyer sur l'autre camp, découvre un autre impérialisme face à celui que beaucoup avaient pensé combattre.

Incorrigible, François I^er^ agite de nouveau ses prétentions les plus irréalistes, celles qui portent sur Naples, oubliant ce que le roi doit à Lannoy. Ce qui peut faire pencher la balance n'est toutefois pas dans le royaume de Naples, mais dans les troupes germano-impériales, ces mercenaires à bon marché qui campent aux dépens de la Lombardie et qui, comme les sauterelles, sont obligés de se déplacer pour mieux piller. Bourbon et Frundsberg effectuent leur jonction en février 1527. Ces Allemands sont en majorité luthériens. Voulant servir l'empereur, ils ont fait du pape leur plus grand ennemi. Leur maître mythique ne pourra que les louer : ils vont traquer physiquement l'*Antichristus romanus*, le souverain de la Babylone du diable.

*Le sac de Rome*

La prise de Rome a lieu le 6 mai 1527[62]. Que s'est-il passé ? L'intention de Charles Quint, à Grenade, est de protéger les places conquises dans le Nord et la route reconquise à Pavie, ainsi que de couvrir le royaume de Naples. L'empereur, compromettant un acquis incontestable de ses généraux, a obtenu la descente de Frundsberg et lâché Bourbon qui, ayant tout perdu – Éléonore, la Provence, le Milanais –, est le plus dangereux. Outre la faim, le lucre et la rage, les lansquenets éprouvent de la haine pour toute cette beauté qui leur échappe ; ils ont l'impression d'être le bras droit de Dieu. Mus par un irrésistible tropisme, ils pénètrent lentement dans la ville, pillant, saccageant, tuant, violant, piétinant, éventrant avec application et joie au cœur. Dieu a, croient-ils, fait don à l'empereur d'une victoire et à Bourbon de la délivrance de mourir sur ce rempart[63].

Nous disposons là-dessus d'un beau texte allemand : « Le 6 mai, nous avons pris Rome d'assaut, tué six mille hommes, pillé les maisons, emporté ce que nous trouvions dans les églises et finalement incendié une bonne partie de la ville. Étrange vue en vérité ! Nous avons déchiré, détruit les actes des copistes, les registres des lettres, les documents de la curie. Le pape a pris la fuite au château Saint-Ange avec sa garde de cardinaux, des évêques, des gens de Rome et des membres de la curie ayant échappé au massacre. Nous l'avons assiégé pendant trois semaines jusqu'à ce que, pressé par la faim, il dût livrer le château. Quatre capitaines espagnols, dont un seigneur, l'abbé de Nájera et un secrétaire impérial ont été délégués par le prince d'Orange et par les conseillers de l'empereur pour la remise du château. Ce qui fut fait. Là, nous avons trouvé le pape Clément avec douze cardinaux dans une salle basse. Le pape a dû signer la convention que lui a lue le secrétaire. Ils se lamentaient piteusement ; ils pleuraient beaucoup. Nous voilà tous riches.

« Nous n'avions pas occupé Rome pendant deux mois que cinq mille des nôtres moururent de la peste, car on n'enterrait pas les cadavres. En juillet, à moitié morts, nous quittions la ville pour les Marches afin de trouver un autre air. En septembre, de retour à Rome, nous pillâmes encore mieux et nous trouvâmes de grands trésors cachés. Nous y sommes restés cantonnés pendant six mois[64]. »

À cette date, écrit Guichardin, l'armée impériale comptait 5 000 Allemands, 4 000 Espagnols, 2 500 Italiens, soit la moitié des effectifs initiaux[65].

On a retrouvé de multiples grafitti gravés à la pointe de la dague : *V.K.Imp.* (Vive Charles empereur) ; « Pourquoi, moi qui écris, ne devrais-je pas rire ? Les lansquenets ont fait courir le pape », etc. Saccagée, exsangue, la ville meurt de faim ; les habitants doivent se faire les domestiques de ces soldats qui exigent tout des hommes et des femmes ; seul est protégé le palais Colonna, en raison de la reconnaissance que les Impériaux vouent à l'ennemi du pape[66].

Ces soldats venus du pays des Fugger et des Welser se montrent très habiles à se faire verser les suppléments que des initiatives privées ajoutent au tribut pontifical fixé dans la convention. La grande affaire du pillage est d'extorquer de l'argent ou du facilement monnayable[67], ce que facilite le rôle de Rome comme centre bancaire et commercial. Un système de taxations, ou *taglia*, permet d'obtenir sous les pires menaces et violences des sommes variant selon le rang et la fortune de chaque curialiste, de chaque notable, de chaque Romain. On connaît les sommes soutirées à chaque cardinal (le cardinal Enkevoirt doit ainsi verser 40 000 ducats au capitaine allemand Oddone). Il faut souvent emprunter, pour le plus grand bonheur des changeurs et des usuriers ; on a même conservé des pièces notariées... Chaque jour, on vend sur le marché les produits de collecte, mais les soldats les plus humbles connaissent mal le prix de ce qu'ils proposent[68].

Tout n'est qu'emprisonnements, tortures pour faire sortir l'or de ses caches, explosion de trafics divers. Le 19 février 1528, on apprend ainsi que Philippe Doria a capturé, en face d'Ostie, douze barques espagnols emportant vers Naples plus de cent cinquante caisses d'objets provenant du sac de la ville. La participation de soldats catholiques et espagnols (dans un tiers des cas au moins) à ce saccage de la capitale de la catholicité surprend et donne à réfléchir sur l'extension de débordements admis sans trop de scrupules dans le cadre de la guerre[69].

Le plus consternant concerne les livres. Érasme voit dans le pillage de la bibliothèque de son ami Sadolet un acte digne des Scythes de l'Antiquité. Les réformés, tel Mélanchthon, déplorent expressément les destructions faites aux sources du savoir, sans très bien mesurer la part de responsabilité d'une polémique dénuée de toute nuance. Par la somme des actes sacrilèges, le sac de Rome vaut largement celui de Constantinople en 1204[70].

André Chastel termine son récit de l'épisode sur une note presque réconfortante : un certain nombre de soldats de l'armée impériale ont connu, sinon le remords ou le repentir, du moins, en pays catholique, les injonctions des confesseurs[71]. On cite même le cas, à Naples, d'un colonel de l'armée de Bourbon dont un legs pieux fut refusé parce qu'on le suspectait de provenir du sac de Rome[72]. Par la suite, le souvenir de cet événement fut entretenu par une abondante littérature et resta longtemps gravé dans l'imaginaire comme un signe annonciateur de la fin des temps.

Tout cela s'est passé durant la longue absence de Gattinara : mal payé de ses services, oublié dans la liste des récompenses, il partit à la fin de mars 1527 pour voir sa famille et visiter ses propriétés dans le Piémont[73]. Le 21 mai, à Valladolid, naquit l'unique fils de Charles Quint, Philippe, dont le prénom rappelait la souche bourguignonne. Un mois plus tard survint chez Ferdinand la naissance de Maximilien. C'est encore durant l'absence de Gattinara auprès de Charles Quint que se place l'épisode de la capitulation et de la captivité de Clément VII sous la garde d'Alarcon, naguère geôlier en chef du roi de France. L'emprisonnement même symbolique du pape ne manquait pas de souligner les séquelles de l'action menée contre Rome.

On pouvait espérer que le rejet du traité de Madrid par la France ne serait pas immédiatement sanctionné par une guerre effective. Le 16 décembre 1527, le roi réunit à Paris une « assemblée de notables » composée de deux cents délégués « appartenant à la noblesse, au clergé, aux divers parlements et à la ville de Paris[74] ». Elle entérina la décision déjà prise en Conseil de rompre le traité de Paris et de collecter des fonds soit pour payer la rançon des enfants royaux, soit pour préparer la guerre si Charles Quint s'obstinait à réclamer la Bourgogne. François Ier prétendit que seuls ses ennemis – au premier rang desquels le duc de Bourbon, à présent bien mort – l'avaient contraint à la guerre, la paix étant son plus cher désir. Moins douteuse était la non-validité de la cession de la Bourgogne, à laquelle le roi n'avait pas souscrit puisqu'il avait agi sous la contrainte. La ligue de Cognac et les pressions indirectes sur l'Italie avaient été de simples mesures défensives pour obtenir la renonciation à la Bourgogne. La consultation de cette assemblée de notables n'avait, selon François Ier, d'autre but que de faire honneur à ses membres. Tout lui fut néanmoins accordé à l'unanimité : le traité fut réputé nul et non avenu, tout comme le serment de retourner dans les prisons impériales. La noblesse accepta de verser des subsides prélevés sur le revenu de ses fiefs et arrière-fiefs, en échange de la renonciation du roi à la levée de l'arrière-ban.

Charles Quint refusa de libérer les enfants royaux. Pour eux s'ouvrit alors la période la plus dure de leur captivité : transférés à Ségovie, ils furent privés de leur entourage ; parmi eux se trouvait le futur roi de France, Henri II, ce qui augurait mal de l'avenir. Dans cette partie de cache-cache, la sincérité n'est l'apanage d'aucun des adversaires. Le roi justifie la présence de ses troupes en Italie par la nécessité de disposer d'un moyen de pression pour que l'empereur renonce à revendiquer la Bourgogne, puisqu'il exige, pour rendre les enfants, le départ des Français d'Italie.

Parmi les motifs de la double déclaration de guerre d'Henri VIII et de François Ier à Charles Quint, le 22 janvier 1528, figure la détention du pape – Gattinara, éloigné, l'a dénoncée comme une erreur majeure. À quoi l'empereur répond hypocritement que Clément VII est libre depuis que les Impériaux ont organisé son évasion vers Orvieto le 6 décembre 1527. C'est donc, une fois de plus, par une guerre d'Italie que se règle cette querelle où, incorrigible, François Ier joue, gagne et perd.

Après avoir pris la Romagne, Lautrec envahit le royaume de Naples, accueilli en libérateur dans les villes des Abruzzes et jusqu'en Apulie[75]. Mais le roi se brouille avec Doria, son allié génois, et du coup perd la maîtrise de la mer. Comble de malheur, le pape, penchant sans hésiter vers le plus fort, se rallie à l'empereur (« mon choix est arrêté : je deviens impérialiste, voulant vivre et mourir comme tel »). Cette réconciliation entraîne aussitôt le rejet de la demande d'annulation du mariage d'Henri VIII et la disgrâce de Wolsey ; s'ensuivront bientôt la rupture de Rome avec l'Angleterre et le couronnement de Charles Quint à Bologne pour son trentième anniversaire (1530).

Le royaume de Naples, l'enjeu premier des guerres d'Italie, demeure le point rêvé des épreuves de force ; la présence étrangère, quelle qu'elle soit, y est mal supportée et la population est toujours tentée d'accueillir un nouvel envahisseur pour se débarrasser du précédent. Ayant une fois de plus mal joué et donc perdu, François Ier est prêt à souscrire à un compromis. L'occasion de reprendre honorablement la négociation se présente sous la forme d'une trêve signée entre la France, l'Angleterre et Marguerite d'Autriche, gouvernante des Pays-Bas.

### *La paix des Dames*

C'est devant le crescendo de la violence que les « dames[76] » prennent l'initiative. Simone Bertière brosse de Marguerite, négociatrice née et confirmée à rude école, un fin portrait : « Pas de négociation où elle n'intervienne, prudente, opiniâtre, charmeuse aussi et sachant user de sa douceur féminine auprès des hommes de tous âges et de tout rang. Combative quand il le faut, prête à "se prendre au poil" – nous dirions se crêper le chignon – avec un adversaire un peu vif, quitte à en rire ensuite de bon cœur avec lui et à revenir bonnement à ses offres premières, auxquelles le contraste de ton donne soudain un air inoffensif. Intuitive, jaugeant vite les êtres et pressentant leurs réactions, lisant entre les lignes des documents diplomatiques, saisissant à demi-mot invites et menaces, elle est le plus redoutable des négociateurs. » Louise, la toute-puissante mère du roi de France, et Marguerite, la tante presque mère de l'empereur, se connaissent et s'estiment. Mieux, elles sont belles-sœurs. Philibert de Savoie, le mari adoré de Marguerite, veuve inconsolable inconsolée, était le frère de Louise de Savoie.

Profondément attachée aux Pays-Bas, Marguerite sait ce que la guerre coûte. On la croit anglophile : il est vrai qu'elle déteste la France et François Ier qui lui en a fait trop voir, à elle et aux siens. Elle est pour la paix ; elle a compris que l'Empire des alliances ne peut respirer avec une France hostile maîtrisant les lignes de communication. Mais, sachant ce que vaut l'amitié d'un roi de France, elle compte sur une tension entre celui-ci et le roi d'Angleterre ; elle joue l'alliance anglaise en contrepoids, l'un contrecarrant l'autre dans ses intentions agressives à l'encontre des Pays-Bas qu'elle fait passer avant l'ensemble impérial.

Marguerite veut protéger ses morceaux de Bourgogne, les Pays-Bas et la Comté, sa patrie. Quant à Louise, la Savoyarde, elle veut protéger la Bourgogne contre toute agression venant de la Comté impériale. Signant trêve sur trêve, toutes deux ont réussi à tenir leurs pays en dehors d'un conflit qui ne les concernait pas et dont elles savent l'absurdité. « En mai 1528, au plus fort du concours d'insultes entre les deux champions respectifs, remarque Simone Bertière, elles trouvent le moyen de renouveler l'accord préservant les provinces. »Ce qui prouve le caractère extrêmement lâche de la grande alliance impériale.

Bourguignonne plus encore que Charles Quint, Marguerite a compris que le retour de la Bourgogne coûterait une interminable guerre qui achèverait d'épuiser des ressources déjà exsangues. Le pillage de la Flandre est un prix qu'elle n'accepte pas ; « c'est grande vertu d'avoir su sacrifier à l'intérêt de ses peuples un rêve aussi profondément ancré dans son cœur ». En octobre 1528, elle accueille favorablement les ouvertures officieuses de Louise, également désireuse de sortir de l'impasse. À titre privé, les deux femmes engagent des négociations discrètes. « Six mois durant, on discute, parlemente, on oppose projets et contre-projets, avançant d'un pas, reculant de deux. Non qu'elles se défient l'une de l'autre. Elles sont trop fines, elles s'estiment trop. » Chacune sait que l'autre aura à obtenir de son camp de grosses concessions. Ces manœuvres ont pour but d'apprivoiser les deux souverains, de les habituer à la perspective d'un accord déplaisant. « Pas d'Italie pour l'un, pas de Bourgogne pour l'autre. »

Chaque geste est pesé sur un trébuchet d'apothicaire. Aucune des deux dames ne pouvant se rendre chez l'autre, on convient de se retrouver à Cambrai, ville libre d'Empire, qui fait office de terrain neutre. Louise et Marguerite y entrent le même jour, le 5 juillet 1529, l'une par la porte de France, l'autre par la porte de Flandre[77]. Les mauvaises nouvelles, d'Italie pour François, de la plaine danubienne pour Charles, assouplissent ces deux entêtés. L'accord est trouvé le 29 juillet et la paix signée le 3 août 1529. Cette paix de Cambrai mérite bien son surnom de « paix des Dames ».

Mais les circonstances ne sont plus favorables à la France. Depuis plus d'un an, l'empereur se prépare au voyage d'Italie : le 3 mars, il rédige son deuxième testament dans cette perspective risquée. À la fin d'avril, il se trouve à Barcelone. « Sur ces entrefaites, la guerre de Haute-Italie était, contre toute attente, arrivée à son terme. De Gênes, des troupes espagnoles avaient rejoint Leyva […] et mis à même de serrer Saint-Pol au moment où ce dernier s'apprêtait à s'emparer de Gênes par l'arrière-pays. Le 21 juin, Leyva battait les Français à Landriano, Saint-Pol était fait prisonnier. » Cette défaite de François Ier et le désir de Charles Quint de rejoindre l'Italie pour le couronnement expliquent qu'ils se soient résignés à un accord.

La Bourgogne et les villes de la Somme restent françaises, mais Hesdin, Arras, Lille et Tournai sont cédées ; le roi délie la Flandre et l'Artois du serment de vassalité. Beaucoup, sur place, le regrettent et le prouvent par des demandes de « restitution de nationalité » (on dit alors reconnaissance du statut de régnicole) accordées par le parlement de Paris. On restitue leurs biens aux héritiers du traître Bourbon, et François recevra Éléonore qui attend depuis quatre ans. Les fils du roi seront libérés contre une énorme rançon : sept tonnes d'or, soit l'équivalent des revenants-bons américains (trésor royal et fortune des particuliers) perçus de 1517 à 1530.

Marguerite mourut le 30 novembre 1530, et Louise le 22 novembre 1531. La première laissait à son neveu Charles ce vœu : « Avant tout, je vous recommande la paix, en particulier avec les rois de France et d'Angleterre. » La mort des deux princesses fut un rude coup pour la paix. L'analyse de Robert J. Knecht est excellente : « Le traité se présentait comme une paix de Madrid revue et corrigée. En négociant par l'intermédiaire de sa mère, […] le roi évitait une situation gênante (inviter ses alliés anglais et italiens). [Le roi de France] trahissait allégrement ses alliés en ne les incluant pas dans le traité ; l'Angleterre […] ne fut invitée qu'à la onzième heure[78]. » Ce n'était pas trop grave pour les rapports franco-anglais, dans la mesure où l'affaire du divorce limitait considérablement la marge de manœuvre diplomatique d'Henri VIII. Ajoutons un détail significatif : François Ier prêtait à Charles Quint douze galères pour six mois.

En Europe, la paix de Cambrai n'éveille pas moins de scepticisme que le traité de Madrid. La France (mais non le roi) commence à se lasser d'être l'Eldorado de l'Empire, de payer les communications de cet ensemble qui lui est nécessairement hostile. La mauvaise volonté est évidente partout, de la base au sommet de l'administration. L'opinion naissante juge absurde la politique menée.

Le 20 octobre 1529, François Ier ratifie dûment le traité et invite les corps du royaume à faire de même – Montmorency supervisera les opérations. Les écus rentrent péniblement. Henri VIII se montre compréhensif, prisonnier qu'il est de sa demande de divorce. Les enfants royaux et Éléonore attendent. C'est seulement le 1er juillet 1530 que s'effectuera leur échange contre finance. Six jours plus tard, on passe du mariage par procuration au mariage réel ; le couronnement de la reine aura lieu à Saint-Denis le 5 mars suivant.

Aux Pays-Bas et dans l'Empire, la paix de Cambrai fut interprétée par les mieux informés comme une victoire inattendue du plus faible – mais meilleur joueur – sur le plus fort qui avait réussi à perdre en accumulant les bévues. Vieux conseiller, Praet écrivait ainsi d'Italie à Granvelle « qu'il trouvait la paix si favorable qu'à la première nouvelle il avait cru à une tromperie ». Paradoxalement, l'euphorie sembla même atteindre la cour de France. Quelle chance pour Charles Quint d'avoir un adversaire tel que François Ier ! La ratification du 20 octobre 1529 eut lieu à Paris en présence des ambassadeurs de Venise, de Milan, de Florence et de Ferrare, dans un feu d'artifice de propos antiturcs.

Les victoires se célèbrent en Italie. Moins de trois ans après le sac de Rome, l'un des actes les plus honteux du siècle, a enfin lieu le double couronnement du roi « lombard » d'Italie (22 février 1530) et de l'empereur (24 février 1530)[79].

À la fin de juillet 1529, Charles Quint part de Barcelone avec les galères de France et arrive à Monaco le 6 août, à Savone le 9, à Gênes le 12. Un bonheur ne venant jamais seul, on apprend que Vienne a repoussé un assaut turc. Marguerite, qui sait se méfier des hasards heureux et des coups de vent, a solennellement recommandé de « ne partir que largement pourvu d'argent, de troupes et de vivres », afin d'éviter une avanie semblable à celle subie par Charles VIII.

De décembre 1529 à mars 1530, Charles et Clément se comportent comme des amis de toujours. En compagnie de Gattinara, couvert enfin (à soixante-quatre ans) d'une pourpre cardinalice toute fraîche, ils déambulent et devisent devant les images de César, Auguste, Titus et Trajan. On discute encore sur le sens qu'il convient de donner aux fastes du couronnement, auxquels Gattinara a sûrement mis plus de cœur que son maître. Là-dessus, Klaus Malettke a enrichi et peut-être clos un débat ouvert au XIXe siècle entre les historiens européens[80]. On oppose traditionnellement deux concepts : d'une part, celui d'équilibre (*balance of powers*, en latin vulgaire *bilanse*), concept politique moderne enraciné dans l'histoire italienne, à partir de Florence, puis étendu à l'ensemble européen ; d'autre part, celui de monarchie universelle, d'origine gibeline.

Au lendemain de la paix des Dames comme pendant toute la suite du règne de Charles Quint, les acteurs engagés dans ces conflits issus de querelles d'héritage brandissent l'étendard de la monarchie universelle. Partisans et adversaires de l'empereur, à partir du 28 juin 1519 et du 24 février 1530, l'utilisent en un sens positif ou négatif. Le 12 juillet 1519, Gattinara avait déjà suggéré au jeune empereur, qui demeurait sous la tutelle intellectuelle de Chièvres, ce qui était pour le grand Piémontais une idée fixe : « Sire, puisque Dieu vous a conféré cette grâce immense de vous élever par-dessus tous les rois et princes de la chrétienté à une puissance que jusqu'ici n'a possédée que votre prédécesseur Charlemagne, vous êtes sur la voie de la monarchie universelle, vous allez réunir la chrétienté sous une seule houlette. »

« Gattinara, précise Klaus Malettke[81], a trouvé la source de son concept d'empire universel sous la forme d'une communauté chrétienne *(universitas christiana)* chez les post-glossateurs Bartoli et Baldus, ainsi que chez Dante. » Ce concept était fondé sur le principe d'universalité du droit romain, même s'il est indéniable que le *jus gentium* et le *jus Italianum* laissent une large autonomie aux unités constitutives de l'empire universel.

Mais ce concept a servi également dans le camp adverse. Assimilé à un magistère se superposant aux autres pouvoirs politiques, dans un but de coordination de l'effort contre l'ennemi commun (le Turc), le concept de monarchie universelle fut d'abord entièrement lié à la personne de l'empereur. Ramón Menendez Pidal privilégiait la nation de communauté chrétienne *(universitas christiana)*, moins agressive que celle de la monarchie universelle. Pour les adversaires de Charles Quint, la *monarchia universalis* de Gattinara n'était que la dégénérescence d'une forme de tyrannie, ce qui autorisait les autres princes à mener une « juste guerre » contre elle, car elle constituait à leurs yeux un danger menaçant la communauté chrétienne dans son existence.

Il est difficile d'apprécier tout ce qui se passe lors de ce séjour en Italie de 1529-1530. Selon Sandoval[82], l'empereur aurait contracté une angine, qui inquiète en raison d'une disposition atavique. L'état de santé général de Charles Quint invite à prendre cette information relativement au sérieux : les complications articulaires sont possibles sur un terrain aussi sensible que ce goutteux précoce. Ce qui n'empêche pas de penser également à une maladie diplomatique. Quatre mois d'atermoiements… Les raisons en sont sans doute le prix élevé de la réconciliation avec Clément VII, et le faible désir de se rendre à Rome après ce que la ville a vécu du fait de l'empereur en 1527-1528 – du moins est-ce l'avis de Karl Brandi[83]. On a l'impression que Charles Quint, las, a besoin de se reprendre. A trente ans, c'est un homme prématurément malade et usé. Brandi se demande quels motifs retiennent l'empereur à Bologne, entre Milan et Florence, puis à Rome : quatre mois pour se dire quoi ? pour mener quelles intrigues italiennes, quand la chrétienté ploie sous la pression turque et explose devant la revendication luthérienne bientôt dépassée par de plus radicaux, sacramentaires et anabaptistes iconoclastes ? Sandoval s'étend longuement, avec plus de détails que de conviction, sur la guerre entreprise pour rétablir le pouvoir Médicis à Florence[84]. « En quittant l'Espagne, il se faisait une autre idée du voyage. Aujourd'hui, il était comme ahuri devant les yeux changeants d'une situation politique qui semblait se jouer des résolutions prises par le souverain. »

Le 11 janvier 1530, Charles Quint écrit une longue lettre justificative à son frère Ferdinand qui multiplie les appels au secours. Il est vrai que le choix de Bologne s'explique aussi par le besoin d'intervenir rapidement dans l'Empire : contre les luthériens au-dedans, contre les Turcs sur le flanc danubien. « Ferdinand avait demandé de l'aide contre les Turcs, écrit Brandi, mais Charles répondait tout uniment que les deux frères à eux seuls n'avaient pas les moyens de se battre avec chance de succès contre le sultan, et que les autres princes (que l'on dit chrétiens) ne leur apporteraient aucun secours suffisant[85]. » Et voilà la conclusion : « Il ne fallait donc pas repousser l'idée d'un traité de paix, dût-il être désavantageux. » On est bien loin des envolées de Gattinara sur la *monarchia universalis*, l'*universitas christiana*… En Espagne, on rêve de grands coups d'épée, mais au cœur de la très cynique Italie on découvre qu'il faut de l'argent pour payer les mercenaires. Cette réalité prosaïque, les séquelles d'une angine et les soucis dus à tous ces morceaux disparates de tant d'héritages conduisent à une *Realpolitik* au service d'un objectif irréaliste – l'Empire des alliances disparates.

Peut-être Charles Quint pense-t-il à la paix des Dames, à laquelle il lui a fallu consentir pour aller cueillir en Italie les deux couronnes attendues. On ne manquera pas, en tout cas, de souligner les contradictions de l'empereur et de son frère (qui sera élu roi des Romains à Cologne au début de janvier 1531), qui avaient si souvent exprimé le désir de partir en guerre contre les infidèles. « Quant au sultan, il pourrait croire que Ferdinand avait un besoin impérieux de la paix. Peut-être le Grand Turc, désormais à couvert du côté de Ferdinand, se tournerait-il sur l'espace méditerranéen, donc contre l'empereur. »

Cependant, la balance penche en faveur de cette solution boiteuse qu'est la trêve négociée. Le pape lance un appel en direction des ambassadeurs accrédités auprès de lui. « Les réponses arriveront lentement et diront peut-être : pourquoi envoyer des secours au moment où vous faites la paix ? » Il est urgent d'attendre et de voir comment évolueront les affaires allemandes.

Charles Quint demande conseil et envisage trois options possibles : se faire couronner tout de suite, puis se rendre en Allemagne ; aller se faire couronner à Rome et retarder le départ ; pousser à Naples, mettre le royaume en défense contre le harcèlement du dehors (France, bien sûr) et du dedans. On sait que la première solution prévaudra. Pendant que se déroule l'atroce guerre de Florence, moins d'un mois après le double couronnement, le nouvel empereur se met en marche, comme promis[86]. Une période délicate s'ouvre.

Le départ pour l'Allemagne a lieu le 22 mars 1530, *via* Mantoue où l'on arrive le 4 avril. Le marquisat, en don de joyeuse entrée, est élevé au rang de duché. On traverse un morceau de la Terre ferme vénitienne, où les clefs sont symboliquement remises à l'empereur. On oublie un moment un très vieux contentieux. On traverse les Alpes et l'on gagne Peschiera, Rovereto, Trente et Innsbruck où meurt Gattinara, encore sous le coup du couronnement dont il a tant rêvé pour son maître ; Perrenot de Granvelle lui succède, sans vraiment le remplacer. C'est à Innsbruck aussi qu'a lieu la rencontre attendue avec Ferdinand, qui vient d'être couronné roi de Bohême. On parvient à Salzbourg, puis une partie de la troupe rejoint directement Augsbourg, tandis que l'empereur et le roi de Bohême passent par la Bavière où le duc rétif les attend : les festivités éclatantes ne font pas illusion. L'empereur arrive le 18 juin à Augsbourg, où se tient la Diète et où lui est présentée la Confession d'Augsbourg, dite en son honneur *Augustana.*

À tout point de vue, 1530 est un véritable tournant.

# Chapitre VII

## LE TOURNANT DE 1530

L'accouchement douloureux de la paix des Dames engendre six années de trêve dans le conflit entre François Ier et Charles Quint. C'est que ce traité reflète un point d'équilibre des forces qui ne sera jamais plus modifié durablement. Jusqu'à la mort de François II Sforza le 1er novembre 1535, le compromis sur le Milanais n'est pas remis en cause. Mais l'occupation française de la Bresse, du Bugey, de la Savoie et du Piémont (février-avril 1536) relance le conflit. La tentation de Milan est trop forte, et Charles Quint ne peut accepter de renoncer à la clef de voûte qui tient tout l'édifice.

L'histoire enregistre encore quelques oscillations jusqu'à l'éclatante victoire de Saint-Quentin qui ouvre brillamment le règne de Philippe II, le fils tant chéri, et qui marque le point de départ d'un nouvel équilibre des forces moins favorable à la France, l'épicentre des conflits issus de la Réforme s'étant déplacé vers l'ouest et le royaume étant devenu « poreux ».

En 1530 voit donc le jour l'*Augustana*, la première grande confession – de loin la plus vénérable – de la Réforme. Dix ans à peine après les traités polémiques de Luther, six ans avant la première édition de l'*Institution chrétienne* de Calvin qui structure la deuxième vague, humaniste et sacramentaire, se met ainsi en place le processus qui conduit en vingt-cinq ans à une forme de cohabitation modeste, mais finalement durable, entre les religions. Le conflit de la déchirure se déplace.

En 1530, au nord du continent nouveau, parce qu'il a atteint les limites géographiques des réussites amérindiennes, parce qu'il embrasse plus d'espace qu'il n'en peut saisir, le premier cycle de la conquête – celui que domine la grande figure de Cortés – cède la place à un second et dernier cycle[1]. Le Pacifique (la mer du Sud) est atteint en 1513, Panama fondé en 1519. Le premier effort maritime sérieux en direction du sud est conduit en 1523 par Pascal de Andagoya ; la progression vers le Pérou est entamée. La descente le long des côtes du Pacifique, au pied de ces hauts plateaux où se situe un monde dense, donc relativement développé, culmine avec la confrontation de Cajamarca (16 novembre 1532), le massacre de l'armée de l'inca usurpateur Atahualpa et le triomphe de Pizarre, aussi fruste et cruel que Cortés fut cultivé.

1530 est donc à la mi-temps de la vraie *conquista*, celle qui aboutit à la saisie des populations denses des plateaux et à leur dissipation sous le choc microbien et viral le plus meurtrier jamais observé jusqu'à ce jour. En dépit de tout ce qui l'accable, Charles Quint est bien informé par Las Casas dont il soutient la généreuse action ; il fera adopter les Nouvelles Lois (1542), qui seront promulguées mais non appliquées, parce que la réalité lointaine échappe à toute possibilité d'action efficace depuis l'Espagne[2].

Le choc en retour de ce *Novus Mundus*, bien plus que la révolution des prix, est le cadeau empoisonné qui permet à Philippe II de s'enferrer dans l'entreprise, vouée à l'échec, de *reconquista* de l'Europe protestante. Ce sont aussi les récits de Pierre Martyr de Anghiera qui, ruinant le prestige de Ptolémée géographe, ont encouragé Copernic à douter de Ptolémée cosmographe.

1530 est enfin le mi-temps d'une vie. Pourquoi ce temps d'arrêt, pourquoi ce choix paradoxal qu'autorise la dispense pontificale au terme d'une réconciliation après le sac de Rome et l'emprisonnement bien réel de Clément VII ? Il y a d'une part cette maladie faussement bénigne qui dénote une fragilité de l'être. Il y a d'autre part toutes ces charges, obligations et fatigues qui convergent sur cet empereur de trente ans, obligé de dépenser une incroyable énergie physique. N'oublions pas non plus cette armée péniblement rassemblée, qui des mois durant a échappé à tout contrôle, et dont il faut assumer les crimes sans pouvoir les punir ni même les dénoncer puisque l'on n'a pas versé les soldes promises. Or c'est au moment tant attendu du couronnement – ce couronnement que l'aïeul Maximilien n'avait jamais pu atteindre –, au moment où (à l'exception notable de la Bourgogne) Charles Quint réussit à faire tenir ensemble toutes ses couronnes, qu'il ressent tout à coup la vanité de toutes choses. La maladie ne le quittera plus, alors que de nouveaux défis se lèvent.

Parmi ces défis il y a d'abord ces Indes lointaines, ce *mundus* oublié, ces Indiens dont Bartolomé de Las Casas, simple *clerigo*, se fait l'apôtre et qui a frappé le jeune Charles alors qu'il était encore incapable de s'entretenir directement avec lui en castillan. Ce vrai chrétien prétend que le Nouveau Monde est si mal traité que la colère de Dieu s'abattra sur l'Ancien. Quant aux Turcs, ces damnés, ils viennent de balayer la couronne de saint Étienne : il faut mener la croisade, certes, mais d'abord celle qui protège les côtes exposées de la catholique Espagne. Enfin, l'empereur doit en finir avec ce moine insolent et maintenant marié qui s'en prend si violemment à l'Église. A-t-il eu raison de respecter aussi scrupuleusement sa parole de chevalier ? Et d'ailleurs Luther n'a pas toujours tort : on peut se demander si les Médicis, aux côtés de qui ont été engagées les armées impériales (elles avaient beaucoup à se faire pardonner), sont de si bons papes…

Ces quatre mois en rupture entre un long avant et un après incertain militent en faveur de l'hypothèse d'une brusque, incoercible lassitude. Derrière le sommet de l'élection impériale se dresse une nouvelle montagne qui requiert encore plus d'efforts pour un autre sommet d'illusion. Et si c'était au cours de ces quatre mois que Charles avait rêvé de ce qu'il accomplirait un jour à Yuste ?

## *La France, le Turc et les protestants*

La paix avait été le vœu de la grande Marguerite d'Autriche, l'ultime conseil donné au seuil de la tombe. La paix entre princes chrétiens – avec l'Angleterre, mais surtout et d'abord avec la France. Marguerite avait tout fait pour l'obtenir. Elle avait bénéficié d'un revers français qui avait permis d'aboutir pour son neveu à un accord acceptable, au moins du bout des lèvres, puisqu'il avait toute l'Italie contre la Bourgogne. On sait ce que signifie concrètement l'Italie : 70 à 80 % des moyens militaires mobilisés en dix ans pour Charles Quint, et plus encore pour François Ier. Quand la guerre sera portée contre la France, c'est la Picardie et la Champagne qui subiront des raids ; la Provence sera l'objet d'une tentative de conquête – mais jamais la Bourgogne. Ou bien celle-ci est trop précieuse pour qu'on prenne le risque de l'abîmer – mais on n'a pas hésité à ravager Rome, Constantinople et Jérusalem –, ou bien elle est portée dans le cœur comme un rêve et comme la justification d'une trahison. Que le roi de France rende la Bourgogne, et tous ensemble courront sus aux infidèles qui menacent la chrétienté. Mais le vrai danger ne serait-il pas l'hérétique plutôt que le musulman, dont l'apostasie se perd dans les brumes du passé ? Luther plutôt que Soliman ?

Le crime d'hérésie s'use toujours un peu avec le temps. Au siècle précédent, c'étaient les hussites, aujourd'hui vaccinés par les *Compactata* ; ils avaient perdu de leur virulence avant que les luthériens ne les réactivent. Avantage supplémentaire, on pourra toujours accuser François Ier de complicité avec l'hérésie ; mais celui-ci pourra toujours reprocher à Charles Quint de ne pas avoir arrêté Luther quand on l'avait à portée de main, à Worms. Avant l'« affaire des placards » (octobre 1534) et la seconde provocation du groupe des sacramentaires résidant en Suisse (13 janvier 1535), la distribution de livrets attaquant la messe et l'eucharistie, et la vigoureuse réaction du pouvoir royal, la France se situait dans un secteur relativement à l'abri des conflits religieux, grâce à la force de l'État, à l'autonomie de l'Église gallicane, au concordat de 1516 et à l'existence d'un courant réformiste très modéré (avec des nuances qu'incarnaient Briçonnet et le groupe de Meaux, Lefèvre d'Étaples et Marguerite de Navarre).

## *Vers l'*Augustana

L'une des clefs des déséquilibres géopolitiques de l'Europe au XVI^e^ siècle réside dans le décalage chronologique entre un Sud retranché sur un catholicisme de reconquête rapidement confessionnalisé et un Nord scandinave passé sans vraiment s'en rendre compte dans le camp d'une réforme luthérienne épiscopalienne. La France, les Pays-Bas, l'axe rhénan, l'Allemagne se trouvent placés à des moments différents près de l'œil d'un cyclone générateur de bourrasques. L'Allemagne et l'axe rhénan subissent la tempête avec une longue génération d'avance sur la France[3]. Au prix d'une modération et d'une certaine tolérance, le royaume de François I^er^ reste étonnamment protégé – voilà de quoi l'on peut être vraiment reconnaissant à François I^er^.

C'est donc vers une Allemagne durement secouée que Charles Quint monte jusqu'à Augsbourg, le 18 juin 1530, où on lui fait hommage de l'*Augustana*, cette première confession de foi qui certes emprunte son nom à la ville, mais d'abord à l'empereur *Caesar Augustus.*

Le *Sola fide* et le *Sola scriptura*, ces deux propositions avancées dans un climat polémique, sont en fait complémentaires et traditionnelles. La Réforme ne se veut novatrice que dans la quête d'un passé trahi, d'une vérité épurée des innovations des XIII^e^-XV^e^ siècles.

En France et sur l'axe rhénan humaniste, manieur de presses et d'encre, c'est le *Sola scriptura* qui donne le ton ; le *Sola fide* suit, puisqu'on le lit sous une forme à peine moins rigoureuse dans les épîtres de saint Paul. En Allemagne, c'est le *Sola fide* qui émeut, libère et conduit vers le *Sola scriptura*, la priorité à l'Écriture sur les interprétations. L'ordre des facteurs change et les accents se déplacent. Pour Charles Quint, la réforme affrontée, c'est la réforme émotionnelle de Luther. Il la rejette de tout son être, mais il est plus à même de comprendre et de jauger les acteurs.

C'est toute la pensée, au XVIe siècle, qui se tourne vers le passé. La conviction demeure profondément enracinée que tout le savoir, le meilleur du savoir, est transmis par la mémoire de génération en génération. On n'a alors guère d'expérience d'un nouvel acquis, d'un dépassement ; tout ce qui surgit est instinctivement tenu pour parasite. Le pouvoir séparateur de la rétine de Charles Quint ou de Copernic observant la marche d'un corps céleste n'est pas supérieur au pouvoir séparateur de la rétine d'Abraham, de Ptolémée, de David, des mages ou des apôtres. D'où l'idée, tout à fait raisonnable et détentrice d'une grande part de vérité, qu'il est inutile de refaire indéfiniment les observations des aïeux, que la nature n'a plus beaucoup de secrets à révéler, que presque tout – sur le plan profane et *a fortiori* sacré – est contenu dans une écriture ancienne : la Parole reçue et transcrite textuellement dans le Pentateuque (traduit par saint Jérôme dans la Vulgate confiée à l'Église), et le Verbe de Dieu incarné en Jésus-Christ, dont le message a été recueilli par les apôtres et fidèlement retransmis sous la sauvegarde du Saint-Esprit.

Un premier coup de canif dans ce bloc de certitude vient du *Novus Mundus* : au-delà de l'océan, il y a des étoiles nouvelles, des plantes et des animaux nouveaux, et de curieux bipèdes nus comme Adam et Ève au jardin d'Éden avant la chute (dès le premier jour, les marins de Colomb ont identifié des femmes parmi ces bipèdes, bien avant que les théologiens reconnaissent que les Indiens étaient des hommes). Ce déstabilisateur agit insensiblement, jusqu'à ce que viennent le décupler les télescopes et microscopes du début du siècle suivant.

L'autre déstabilisateur est le courant humaniste qui entre, superficiellement, en contradiction tapageuse avec le courant scolastique. L'un et l'autre acceptent comme une donnée que la connaissance et la vérité qui s'en dégage sont contenues dans une écriture ancienne. Pour les scolastiques, il importe d'en mieux recevoir le sens, soit à travers Aristote (connu *via* les traductions arabes et latines), soit à travers le corpus des anciennes écritures, Sainte Écriture et Pères de l'Église non séparés. Les scolastiques ne sont pas totalement étrangers à la notion de progrès : ils pensent que l'intelligence du texte matriciel avance de commentaire en commentaire, le dernier s'appuyant sur l'empilement de tous les précédents. Aussi procède-t-on rarement à une lecture autonome du texte référent lui-même. C'est là-dessus que porte la critique humaniste : priorité doit être rendue à l'ancien, au matriciel, sur les commentaires récents.

Ce courant humaniste est particulièrement puissant de l'Italie du Nord à l'axe rhénan et aux Pays-Bas, sur l'aile occidentale de l'Empire, dans cette ancienne Lotharingie germano-romane, cette Europe médiane riche un siècle durant d'une bonne moitié des presses existantes. Il soutient, pour faire contrepoids à la dérive des commentaires, un *antiquitas redux* (Bruno Neveu) qui privilégie systématiquement l'ancien face au moderne[4]. Pour le christianisme, parole faite chair, ce mouvement est logique. Dans un premier temps, il est d'autant plus porté aux extrêmes qu'aucun élément de culture ne lui est opposable.

La promesse de l'accompagnement de l'Église par le Saint-Esprit sera utilisée, dans les Églises issues de la réforme catholique, comme argument à l'encontre de la critique protestante[5]. Le courant humaniste ne peut manquer de découvrir, avec réprobation et recul, l'importance des novations – notamment celles des XII^e^-XIV^e^ siècles. Devant cette découverte, deux attitudes seulement sont possibles : nier l'innovation, ou l'attribuer à quelque intrusion diabolique.

Il y a ceux qui, séduits par la Sainte Écriture, y découvrent le salut par la foi et ceux qui cherchent la justification de cette justification par la foi ; Luther ajoute la foi seule, étant bien entendu qu'on ne peut prétendre avoir la foi sans être irrésistiblement enclin à accomplir les œuvres de la foi. Il s'ensuit que tout est relativisé, hors la gratuité du salut, autour du oui à l'offre de Dieu.

Tout autre est l'attitude humaniste. Érasme restera ainsi à mi-chemin, approuvant la revendication du départ, mais condamnant sa radicalisation. Une branche choquée par l'excès trouvera une justification dans une étude plus serrée du passé, fournissant les cadres de la réforme catholique et les meilleurs ouvriers du concile de Trente. La branche la plus radicale sera celle de la reconstruction du modèle du premier siècle, de la fascination de la première scène eucharistique telle qu'elle est déduite d'une lecture attentive du Nouveau Testament. C'est à partir du coup de force d'une minorité décidée et de la reconstitution – dans une Église dépouillée – de la Cène fondatrice redécouverte dans sa dimension horizontale que se fondent le rejet et la diabolisation de la messe. Celle-ci suscite chez ces nouveaux Polyeuctes une sainte horreur[6], avec en promesse des séquelles de violence, de mépris et d'affrontements sanglants.

### *Un climat. François Ier*

La France bénéficie – ce peut aussi être un handicap – d'un État dense et d'une Église totalement intégrée, très libre quant aux intérêts romains. Elle n'a aucun complexe à l'égard du Saint-Siège ; il arrive même que le roi (Philippe le Bel) traite le pape comme un *basileus* de la belle époque. Du même coup, la médiation de l'Église à laquelle le Christ a confié les clefs du Royaume ne suscite pas en France les mêmes réserves, la même colère qu'en Allemagne.

Les Français, bien encadrés, n'ont toutefois pas réagi aux échos venus de l'Empire avec la vigueur espagnole ou italienne (verbale). De ce fait, ils sont même un peu suspects de manquer de chaleur pour la bonne cause. Avant

1530-1535, la France n'offre pourtant pas large prise aux vents allemands. Sous l'œil soupçonneux de la Sorbonne, la marge laissée aux mauvaises pensées est étroite : le roi penche plutôt vers un peu de réformes, à condition de ne pas menacer la tranquillité du royaume, de ne pas heurter la sensibilité du peuple, notamment par la mise en cause de la messe, de la présence réelle dans l'hostie, de la vénération de la Vierge et d'un certain nombre de gestes que l'on peut, suivant l'humeur, interpréter comme autant d'atteintes à la transcendance ou comme des rites totalement justifiés par l'Incarnation. La sensibilité et la culture du roi dans ce domaine ne sont pas celles de sa sœur : son humanisme n'est qu'un vernis, un effet de mode, Érasme reste de bon ton, mais la religion profonde du roi est celle de son peuple. François I^er^ est un tolérant par indolence. La nouvelle exigence de Latran IV au XIII^e^ siècle s'était imposée progressivement et la hiérarchie ecclésiale, non menacée dans son pouvoir, s'était montrée apaisante ; elle avait ouvert la porte du Ciel assez largement pour faire face sans accroc aux orages de l'est.

### *Un climat. Charles Quint*

La structure politique allemande est tout autre, et la crise y est plus étendue. Rappelons la diète de Worms et l'attitude claire du jeune empereur élu : le refus d'arrêter l'augustin protégé par le sauf-conduit, la parole du chevalier et le rejet de la casuistique, le pas donné à l'esprit sur la lettre, et sans doute la sagesse politique.

Charles le Bourguignon est assez proche de l'âme allemande pour comprendre l'ampleur de la crise. Il se montre ferme sur le fond, mais sensible à l'homme qu'est Luther. Certains, dans son camp, ont désapprouvé l'inaction, le refus d'un affrontement au moment où l'Espagne commençait à s'embraser et où les chevaliers allemands allaient se soulever.

Avant le milieu des années 1540, aucun secteur de l'Allemagne catholique ne rejette la totalité du Luther des premiers traités polémiques. La « tempête déchaînée par Luther[7] » renverse l'édifice ecclésiastique, ou plutôt le sommet médiocre d'un édifice aux assises puissantes. Débordant de force spirituelle et d'ardeur, l'augustin secoue le cadre politique, mais s'y trouve parfaitement à sa place. Karl Brandi l'exprime bien : « S'affirmèrent dès le début dépendantes les unes des autres la Réforme et ses répercussions politiques et nationales. Luther prenait la défense des âmes, il disait leur indépendance et, au même moment, il fournissait un supplément d'honorabilité aux traditionnelles luttes politiques[8]. »

En 1530 est écarté le péril de l'exagération idéologique et révolutionnaire et de la destruction de toute structure ecclésiale héritée ; les exigences d'un droit directement tiré de la Sainte Écriture, mais suivant des modèles hérités d'un proche passé, n'avaient pas transformé l'ajustement religieux en révolution.

### *Où placer la frontière ?*

Dans le milieu universitaire, une partie des « lisants-écrivants », les tenants des scolastiques et de l'*utroque jure*, restaient retranchés sur quelques points forts. Bien que Luther appartînt à ce milieu, ce qui garantissait à sa contestation un fort impact, sa parole avait conquis les cœurs. Une partie de bras de fer se joue entre le pôle de Wittenberg et celui de Zurich, dirigé par Zwingli, partisan du sacramentarisme, c'est-à-dire d'une communion essentiellement mémoriale autour de la table symbolique entre les frères d'une Église autre qui a rompu beaucoup d'amarres. Une chose est sûre : l'édit de Worms est inapplicable. Le recès de la diète de Nuremberg de 1524 a introduit une reconnaissance par la bande d'un dualisme confessionnel. « Ce texte disait que les États qui possédaient de hautes écoles devaient faire rédiger par leurs savants et très expérimentés conseillers un résumé de la nouvelle doctrine, de ses publications en tous les points litigieux[9]. » On soumettrait plus tard ces résumés de doctrine au futur concile national. Bien sûr, c'est l'enterrement officiel de l'édit de Worms et la plus lointaine esquisse de ce qui sera la charpente de la paix d'Augsbourg et d'un biconfessionnalisme modeste et réussi.

N'est-ce pas une juste conséquence tirée de l'alliance qui a empêché l'Allemagne de basculer dans une anarchie plus sanglante encore ? En fait, il s'agit de freiner la dérive et de la cantonner en renonçant à l'impossible réunification, du moins immédiatement. Cette attitude n'émane pas exclusivement, ni même peut-être majoritairement, des luthériens les plus affirmés. Elle est fortement promue tout d'abord par le margrave Casimir de Brandebourg-Ansbach († 1527), vieil ami des Habsbourg qui avait même manifesté des velléités luthériennes. Lui succède son frère Georges qui, à cause des terres qu'il détient en Silésie, a lui aussi besoin de l'amitié des Habsbourg, mais qui est plus proche que Casimir des positions nouvelles.

La guerre des Paysans a rapproché les camps. Les catholiques, médiocrement romains, sont bien placés pour reconnaître que les attaques des luthériens étaient largement justifiées ; que le comportement d'une partie de la haute hiérarchie ecclésiale avait discrédité le pouvoir délégué de Dieu à l'Église, et qu'indirectement ces abus avaient rendu plus attrayante la sécurité sur l'au-delà que proposait le *Sola fide* luthérien. On allait découvrir, dans la magnifique traduction allemande de la Bible par Luther, que cette doctrine nouvelle était depuis quinze siècles écrite en toutes lettres dans la Parole de Dieu.

On assiste, en 1528-1529, à des velléités plus ou moins réussies d'organisation d'un parti catholique. Une diète se tient à Spire en 1529 et c'est sur la personne de Ferdinand que se polarise l'espoir de ce qui deviendra le parti catholique. Mais tout est encore très fluide, et la géographie confessionnelle s'ébauche à peine. La marée luthérienne, loin d'être étale, ne cesse de gonfler au fil des années. Les frontières des camps ne sont d'ailleurs pas exclusivement confessionnelles. On peut ainsi être catholique et hostile aux Habsbourg. Futur bastion catholique, la Bavière des Wittelsbach se situe en porte à faux, en raison d'une rivalité dynastique. Les Wittelsbach ambitionnaient la couronne de Bohême ; bien que – ou peut-être parce que – catholiques, ils pardonnent mal au Habsbourg Ferdinand de leur avoir ravi l'élection qu'ils espéraient. Peut-être parce qu'il est ou se croit encore majoritaire à la Diète, le parti catholique est moins solidaire que le « parti protestant », comme on commence à dire.

Une histoire des diètes successives ne doit pas masquer la sourde infiltration de la Réforme et les hésitations de ceux qui n'ont pas encore sauté le pas. Où placera-t-on la frontière ? On s'achemine insensiblement vers l'entente à deux. L'exclusion de l'aile anabaptiste est en effet acquise ; une marge de tolérance est reconnue *de facto* au bénéfice des zwingliens en Suisse.

Après avoir flotté, Strasbourg et les autres villes de la Tétrapolitaine (Constance, Lindau, Memmingen, Strasbourg) se rattachent, avec quelques nuances, à Wittenberg. La diète d'Augsbourg est l'acte de naissance de l'autre orthodoxie. Sur cette voie qui dans la longue durée se révèle la meilleure pour l'Allemagne et une partie de l'Europe, c'est-à-dire sur la voie de la double orthodoxie, Charles Quint se trouve à Worms en 1521, à Augsbourg en 1530 et de nouveau – et malgré lui – à Augsbourg en 1555. C'est le tragique destin de cet homme que d'avoir été, à son corps défendant, mais en raison de sa loyauté, le guide non conscient sur le seul chemin de paix possible.

### *Les hésitations d'Augsbourg*

Arrivé *via* Innsbruck, l'empereur couronné, sorti de sa brève dépression, va tenter de comprendre, sinon de dominer, de nouvelles difficultés. Il a rencontré Ferdinand et la veuve du vaincu de Mohacs, sa sœur Marie de Hongrie à qui, à la mort de Marguerite d'Autriche, il confiera plus tard les Pays-Bas. Il a rencontré aussi Christian de Danemark, le mauvais beau-frère, veuf d'Isabelle) († 1525) qui n'a pas survécu à la vie d'enfer qu'il lui a imposée. Ses violences, palinodies et ridicules prétentions constituent un boulet supplémentaire à traîner : après un crochet en direction de la Réforme luthérienne en train de conquérir le bloc scandinave, Christian est revenu platement, en présence du légat Campegio, faire amende honorable et quémander de l'aide pour ses sinistres exploits[10].

Au moment où le roi de Danemark chancelant se jette aux pieds de l'empereur, Henri VIII, tout à ses affaires matrimoniales, promet son alliance dans l'espoir d'obtenir l'accord de Charles Quint à son divorce avec la malheureuse Catherine d'Aragon. Ce consentement serait capital : il eût à l'évidence commandé celui d'un pape lui-même aux abois et uniquement préoccupé par ses intérêts familiaux à Florence. Comme le dit Karl Brandi, « Charles avait accepté l'humiliation du roi de Danemark parce qu'elle était dans sa ligne de conduite ». Le pardon répugne à l'empereur (c'est son point faible), particulièrement quand il l'oblige à céder ce qu'il croit lui appartenir. Mais il en va autrement pour le Danemark ; qu'importent, maintenant que tout est consommé, les malheurs d'une sœur morte, sacrifiée au mirage d'une alliance vouée à l'échec…

« À Noël 1529, Henri VIII avait fait savoir à l'ambassadeur Chapuys qu'il avait l'intention de remettre à l'empereur, à condition qu'il lui accorde son secours, toute l'Angleterre. » Après tout, il y a un prétexte honorable : assurer la descendance. « Mais dans l'affaire anglaise, poursuit Brandi, [Charles Quint] ressentait les choses beaucoup trop avec les sentiments de sa famille mortifiée pour qu'il eût pu, un seul instant, donner suite à ces avances. » Catherine d'Aragon, sa tante, est une sainte que respectent et aiment profondément ses sujets. Isabelle, sa sœur, est morte à vingt-cinq ans du traitement que lui a réservé le misérable Christian. Éléonore n'a guère eu à se louer non plus du destin. Pas un instant le sort de Catherine d'Aragon n'est pris en compte, mais seulement la valeur du pion sur le damier de l'alliance. En laissant dévaluer Catherine, c'est le jeu des liens intercommunautaires que l'on menace. La règle suprême tient à la solidité politique, et non affective, du mariage princier.

Sitôt reçu l'appel d'Henri VIII, Charles écrit à Isabelle de Portugal, son épouse bien-aimée (l'un n'exclut pas nécessairement l'autre), « de la façon la plus pressante [...] de mobiliser, pour protéger sa tante, tous les théologiens, les jurisconsultes, les savants, les universités, et cela en tout soin et diligence ». Pour tenter d'éviter une rupture prévisible, l'empereur veut pouvoir arguer qu'il est lié, étant donné l'ampleur de l'enjeu. Bien plus difficile à porter pour sa conscience est le dilemme allemand. Vingt-cinq ans lui seront encore nécessaires.

Charles Quint a une sensibilité chrétienne qui lui vient d'une éducation reçue dans la Flandre pieuse. L'entouraient alors des clercs de qualité : le futur pape Adrien, les représentants de la *devotio moderna* et ceux d'un réformisme modéré qu'incarne Érasme (Charles a toujours eu pour ce dernier des sentiments d'estime). Il est devenu espagnol, mais – on le verra à Yuste – sa sensibilité religieuse n'est pas totalement espagnole : elle n'est « ni persécutrice, ni à proprement parler reconquérante ». Il respecte les règles canoniques et l'autorité de la hiérarchie ecclésiale quels que soient sa médiocrité et le caractère condamnable de son comportement, notamment dans le cas des papes Médicis qui sont en outre ses obligés. Pour lui, ces règles font partie du pacte social voulu par Dieu et ne se discutent pas plus que le mouvement apparent du soleil. L'hérétique est un hérétique, puisque ceux qui ont vocation à le dire l'ont dit. C'est aussi incontestable que le respect de l'héritage ; sans ces certitudes, tout s'effondrerait.

Par rapport à la situation de 1521 où l'empereur avait devant lui un homme porté par une puissante vague de sympathie dont il comprenait les motifs, le changement est considérable. Charles Quint se trouve en présence non plus d'un hérétique, mais d'un ensemble solidaire de groupements qui choquent, moins par des attaques sur le terrain dogmatique (qui, selon toute vraisemblance, échappe à sa culture) « que par toutes sortes d'innovations » immédiatement perceptibles à un simple laïc comme lui rompu au maniement d'institutions intimement mêlées à l'existentiel quotidien du prince. Dans l'organisation ecclésiastique, c'était son affaire en Espagne en raison du *patronato* royal dont on usait pour la rémunération des services. Mais, par le rejet des édits des décisions de la diète, ces gens rebelles à Dieu se comportaient en rebelles à l'égard de la *caesarea potestas.*

Mais, du même coup, il ne s'agissait plus d'une simple remise par l'Église d'un coupable au bras séculier. De cette manière, pour l'empereur comme pour la diète et pour les princes, la question était entrée dans le domaine politique. C'est-à-dire dans un domaine où, comme avec le Turc, il faut négocier, passer des accords et, par pur souci d'efficacité, respecter un certain temps ces accords.

Il faut choisir et il faut tergiverser. Il le faut en raison de l'étroitesse des moyens et de l'extrême complexité d'un monde allemand où le fossé religieux n'annonce en rien celui qui va se creuser en France après 1550 entre catholiques gallicans et huguenots, du fait de la polarisation sur la messe. La distance est moindre : les vitupérations contre la Babylone de l'Antéchrist romain n'ont pas le même écho ; elles sont accueillies par beaucoup de catholiques allemands avec un sourire quelque peu complice. C'est une situation étrange que Charles Quint condamne, regrette, mais qui ne lui échappe pas.

### *Insaisissable Allemagne*

On pouvait traiter à l'amiable ou tenter le passage en force ; ou encore, plus sûrement, tenter l'un et l'autre, alternativement et suivant les secteurs. Loaysa, le confesseur de l'empereur, conseille l'achat des théologiens et des princes, la contrainte sur les peuples. Mais voilà qui trahit une profonde ignorance de la société allemande : les Allemands sont de bons soldats, et l'on n'en vient pas aisément à bout. La meilleure solution serait le concile (malgré de médiocres souvenirs), mais le pape a de bonnes raisons de n'en pas vouloir. Charles Quint y tient, mais il ne se croit pas en droit de l'imposer, du moins à ce stade, par respect scrupuleux des règles de l'institution. Les grands conciles des IVe et Ve siècles avaient pourtant été convoqués et présidés par l'empereur. « Comme les Allemands demandaient que le concile soit tenu en Allemagne, Sa Sainteté pourrait faire le choix de Trente qu'ils tiennent pour ville allemande, quoique Trente soit déjà en réalité terre italienne. Plus tard, on pourrait changer de localité[11]. » À Spire, en 1526, on avait parlé d'une entente entre le pape et l'empereur ; c'était presque décidé. On avait d'abord envisagé un concile national comme moyen de pression, puis Charles en avait aperçu les dangers. Pour éviter l'échec et pour répondre à un désir majoritaire, il était prêt à aller vite et loin : « Plus la nation allemande se réunira sans témoins, plus elle tendra à commettre des erreurs. »

Charles n'est pas un théologien, mais un politique. Il mesure mieux que quiconque les difficultés et son défaut de compétence, mais sa modestie est sa force, et il en a conscience. Comme on le constatera lors de l'Intérim, il est capable, en cas de nécessité, de faire de larges concessions dont certaines ne sont d'ailleurs qu'un retour à une tradition ancienne – la Bohême le prouve.

En arrivant, Charles avait donc l'intention de promettre un concile général que l'on utiliserait en partie comme un appât ; en contrepartie, les « dissidents » se soumettraient en attendant aux règles des juridictions épiscopales. C'était montrer là de sérieuses lacunes dans l'information. Parmi les trois Habsbourg (Charles, Ferdinand et Marie) et leurs conseillers (Granvelle, Cobos et Perrenot), la reine de Hongrie était la mieux à même d'apprécier la force du courant réformé, car elle ne pouvait se passer de lui pour contenir la pression turque. Quant au légat Campegio, il avait pour mission de dire non à tout ce qui pourrait porter atteinte à la bonne santé du système – donc à la perpétuation des abus…

Après la déclaration irénique du 21 janvier 1530, on comprend vite que, dans l'esprit de l'empereur, le point de départ est un retour pur et simple à la situation de 1517. L'arrivée à Augsbourg (16 juin) est suivie d'une procession qui depuis plusieurs années n'avait pas eu lieu : celle de la Fête-Dieu, point de friction par excellence. « Quoique quelques luthériens se fussent abstenus, écrit Charles à l'impératrice le 8 juillet, j'y fus accompagné d'un grand nombre, car ceux qui tiennent bon dans la foi sont de beaucoup les plus nombreux. » La sensibilité luthérienne en 1530 n'est pas la sensibilité sacramentaire qui s'exprime par exemple à travers les placards de Marcourt en 1534, celle de la sainte horreur. La participation d'un certain nombre de luthériens à la procession aura été purement politique – simple – marque de révérence à la personne de l'empereur qu'on ne veut pas heurter. Accompagner un prince révéré derrière une hostie que l'on continue d'utiliser pour la communion quand on croit à la présence consubstantielle peut à la limite passer pour un acte de charité en des circonstances exceptionnelles. Dans sa lettre à l'impératrice régente, qu'il ne veut pas accabler de ses soucis, Charles fait preuve d'un optimisme de commande et d'un brin de gloriole. Il s'illusionne sur une concession des princes luthériens qui ont accepté que, pendant sa présence, ne puissent « prendre la parole que les prédicateurs par lui désignés ». Ces gestes d'hospitalité à l'égard de l'hôte illustre et non contesté ne doivent pas être interprétés comme un signe de soumission.

L'ordre du jour de la diète ouverte le 20 juin comprend trois points : la foi ; le danger turc et la sauvegarde de ce qui reste de la Hongrie chrétienne ; le gouvernement de l'Allemagne. La bonne volonté est évidente dans les deux camps, même s'ils ne la conçoivent pas de la même manière. La paix et l'unité des chrétiens, pour les protestants, c'est l'union contre les Turcs et la liberté de choix du prince ; pour bon nombre de catholiques, c'est un retour dix ans en arrière. Le parti de la reconquête a alors pour leader Ferdinand et pour citadelle Ingolstadt, avant même que les jésuites s'y installent. Jean Eck, expert patenté, professeur à Ingolstadt, rédige et remet un mémoire de quatre cent quatre articles daté du 14 mars 1530.

Rappelons qu'à cette époque – avant les décrets du concile de Trente et le catéchisme de Pie V, dit du concile de Trente – il n'existe aucun résumé, aucun texte accessible affirmant les points essentiels du *ce que je crois* ou du *ce que je dois croire* à l'usage du chrétien qui se veut sur ses gardes quant aux doctrines nouvelles. Beaucoup de bons esprits et de « méchaniques » qui s'estiment doctes parce qu'ils savent lire un texte en « vulgaire » se croient ainsi en droit et en devoir d'adhérer à ces doctrines sous prétexte de fidélité à l'Écriture et aux Pères *via* la requête humaniste. Ce sont les quatre cent quatre articles d'Eck qui vont inspirer à Mélanchthon les *Loci communes theologiae* (1521), le premier exposé systématique de la théologie de Luther, lequel saluera cette œuvre comme une sorte de cinquième Évangile. C'est la première confession de foi protestante (au sens étymologique de *protestari*, confesser, proclamer) ; aujourd'hui encore, elle est la plus largement admise, même par ceux qui précisent ou nuancent quelques points[12]. C'est autour de ce texte que se rassemble le noyau primitif de l'Allemagne protestante, « le prince-électeur Jean de Saxe, Georges de Brandebourg, le margrave, les ducs Ernst et François de Lunebourg, le landgrave Philippe de Hesse, le prince Wolfgang d'Anhalt, le comte Albert de Mansfeld et les délégués des villes de Nuremberg et de Reutlingen[13] ».

Les villes libres de haute Allemagne qui sont passées à une réforme plus radicale (non sans subir quelque influence de Zwingli) mettent au point la *Tétrapolitaine*, la confession des quatre villes, auxquelles d'autres cités se rallient avant que Bucer ne les rapproche de l'*Augustana*, plus propice à l'intégration dans la tradition de l'Église.

S'il n'y avait eu que des iréniques, tels Érasme et Mélanchthon, le schisme eût certes été évité, mais au prix d'un appauvrissement. Il est probable, en outre, que la montée d'angoisse – de l'angoisse du Jugement – n'eût pas été jugulée. Une crise serait donc advenue plus tard et autrement. La solution n'était d'ailleurs pas théologique, mais politique. Il n'y a pas eu une Réforme et une Église, mais deux familles de réforme de l'Église. Deux modes de désangoissement devant la crise existentielle, conséquence de la montée de l'individualisme qu'accompagne le passage du salut collectif au salut individuel.

Il a fallu beaucoup de temps pour se résigner à la dualité comme un moindre mal, et pour s'efforcer de faire cohabiter sans trop de drame un ensemble de *polities* réunies dans une structure fédérative très lâche (l'Empire). Les tentatives passionnantes de 1530 se situent un quart de siècle avant l'acceptation navrée de la cohabitation de deux confessions aux statuts précisés.

De juin à août 1530, on apprend à s'entendre, à se supporter, et l'empereur fait un véritable effort. Karl Brandi évoque à ce sujet le portrait de Charles Quint par Christophe Amberger : l'empereur écoute, sans doute ne comprend-il pas tout, mais il donne une impression de sérieux dans cette discussion d'experts qui emploient les mêmes mots, brassent les mêmes notions[14]. Alors l'idée revient, plus forte : est-ce qu'un concile ne lèverait pas le malentendu ? Mais il ne s'agit pas d'un malentendu : la distance affective est aussi importante que la proximité des mots.

Charles est un homme déchiré. Il est le chrétien le plus confessionnalisé (avant le mot), le plus attaché à la forme, à tout ce qui pour un luthérien fait écran au seul essentiel…. Mais, à écouter l'hérétique, on finit par le respecter : c'est un homme de foi, sincère, prêt à sacrifier sa vie pour ce qui lui semble une demande du Seigneur. C'est l'illustration de la parole du Christ : « Il y a plusieurs demeures dans la maison de mon Père. » La véritable sortie de crise n'est pas dans la poire coupée en deux, mais dans l'acceptation telle que l'exprimera le préambule de l'édit de Nantes :

« Pourvoir que Dieu puisse être adoré et prié par tous nos sujets, et s'il ne lui a plu permettre que ce soit encore en une même forme de religion, que ce soit au moins d'une même intention[15]. »

Quelque chose a germé en 1530, et Charles Quint y est pour quelque chose dans la mesure où il n'est en rien un homme de la moyenne. Dans une lettre véhémente du 14 juillet 1530, il incite le pape à accepter le concile – un concile qui prolongerait ce qu'il tente de faire à Augsbourg. Il est clair qu'il attend de ce concile que l'autre finisse par se laisser convaincre par la vérité, qui est dans son camp. Dans cette lettre pointe l'idée de la guerre civile qu'il faut éviter, « car ce pays, qui est le plus fort et le plus guerrier de la chrétienté », courrait alors le plus grand danger.

Charles n'est ni un Romain, ni un Espagnol, ni un froid calculateur[16]. Lui qui a consacré sa vie à ne perdre aucun de ses héritages, comment pourrait-il sacrifier une miette de ce qu'il croit être la forme immuable de l'Église de ses pères, dont il est l'héritier ? Puisque les hérétiques ne se décident pas à réintégrer – au prix peut-être de quelques aménagements – la grande et seule Église, il faudra un jour se résigner à les y contraindre.

Le 23 septembre, l'échec est patent. Le retour à une unité bâclée qui couvrirait une blessure interne n'est décidément qu'un rêve impossible. On a déjà frisé la rupture violente quand Charles Quint, qui s'est longtemps contenu, explose : « [Les luthériens] voulaient-ils par là le représenter, lui et les autres États de l'Empire, comme des adversaires de l'Évangile[17] ? » Ce même 23 septembre, quand l'électeur Joachim, prenant la parole au nom de l'empereur et du royaume, assortit ses reproches de menaces non voilées, beaucoup dans le camp de l'Église traditionnelle se désolidarisent et présentent des excuses à la Saxe électorale.

Faut-il conclure avec Karl Brandi : « Tout cela ne changea rien au cours des choses » ? Cette diète « se terminait au milieu des réclamations et des criailleries ». Les États passés à la Réforme font savoir nettement leur refus. Le landgrave de Hesse était parti avant la fin, pour mettre ses États et ceux qui le suivraient en état de défense.

Le 19 novembre, l'acte final n'est qu'une manifestation de l'empereur et des États encore catholiques. Le sursis accordé jusqu'au 15 avril 1531 dit clairement qu'on a renoncé à contraindre les protestants : parler est une chose, faire la guerre et la gagner en est une autre. Une Allemagne protestante avance désormais à partir du nord sur un bon tiers de l'Empire, en attendant mieux. Certes, de nombreux catholiques se sentent allemands et chrétiens d'abord, et savent que les autres, que l'on dit luthériens, sont allemands comme eux, et chrétiens quand même contre les Turcs. Le recès d'Augsbourg reprend les plaintes mille fois entendues et lues contre les doctrines nouvelles ; on énumère tout ce qu'il faut penser, croire et faire sous peine de mort. Mais comment prendre au sérieux ce flot de rodomontades ?

L'ardeur guerrière de Charles Quint se borne à ordonner le transfert en Hongrie de cinq à six mille Espagnols et de quelques Italiens rendus disponibles par la victoire sur Florence. Quant à la quête au profit des croisades contre les méchants, on en rit : comment se fier à Clément VII qui, avait l'aide de l'empereur, vient d'écraser Florence qui n'était ni turque ni hérétique ? Certes, le prince a le devoir d'extirper l'hérésie, mais à l'impossible nul n'est tenu. Faute de mieux, on se repliera sur le moindre mal. Le premier devoir de Charles Quint est d'aider son frère, aussi bon catholique qu'on peut l'être, et d'aboutir un jour, comme Ferdinand en Bohême, à quelque chose qui serait l'équivalent des *Compactata.* On s'achemine donc, au fil des ans, vers l'Intérim, pénultième étape avant la reconnaissance à contrecœur des deux confessions dans la paix d'Augsbourg.

De toute manière, il faut bien faire patte de velours pour consolider la position des Habsbourg dans l'Empire : il s'agit en effet de renforcer la couronne impériale grâce au pape, *via* la désignation de Ferdinand comme roi des Romains. L'élection du frère de l'empereur comme roi des Romains n'est certes ni prévue ni permise par la Bulle d'or, mais on peut étouffer les scrupules par des avantages financiers[18].

Que faire de l'électeur de Saxe ? Théoriquement, sa position religieuse l'exclut. N'est-il pas *de facto* au ban de l'Empire ? Alors, comment l'appeler à voter ? Ne serait-ce pas risquer une opposition inéluctable ou un vote frappé de nullité ? Mais les autres électeurs ne permettront jamais qu'un des leurs soit exclu, ce qui établit clairement la hiérarchie des interdits. Respectueux des pouvoirs dispensateurs de l'Église, Charles est un grand amateur de la dispense complaisante, et c'est un point qu'il partage avec le pape. Celui-ci donnera donc les deux bulles qu'on a la grande bonté de lui demander : la première autorise la participation de l'hérétique ; la seconde, postdatée, l'exclut de l'élection.

Pour l'élection, on a choisi Cologne au lieu de Francfort – à cause de la peste, à en croire Charles. Une difficulté de dernière heure surgit quand Ferdinand, le 5 janvier 1531, s'obstine à proclamer son intention de protéger la religion traditionnelle. Les princes-électeurs font savoir qu'ils refusent la guerre, mais acceptent le concile. On s'achemine donc vers une cohabitation tacite.

L'élection acquise, le couronnement se déroule le 11 janvier avec le faste traditionnel. La Saxe maintient sa protestation contre le nouveau roi des Romains et les Wittelsbach de Bavière montrent qu'ils n'ont ni pardonné ni oublié leur échec en Bohême. Une alliance *de jure* et *de facto* se noue entre le catholique bavarois et le protestant saxon.

L'Allemagne des années 1530 ne se porte pas mal. Elle a des taux de croissance élevés, un équilibre démographique dynamique. On pense, on publie. Au-dessus d'une très large gamme de dialectes aux variantes fortes, émerge une langue qui ne détrônera pas de sitôt le latin (souverain jusqu'à la fin du XVIIIe siècle), mais qui, grâce à la géniale traduction de la Bible par Luther, conquiert les esprits et les cœurs.

Ferdinand va se trouver dans une position difficile, pris entre les Turcs au sud et à l'est, et les protestants au nord, à l'ouest et à l'est. Charles Quint n'a certes pas renoncé, même de loin, à garder la haute main, mais il ne peut dégager de forces pour ce secteur qui lui devient marginal ; il laisse donc à son frère les seuls moyens qu'il peut tirer de ses médiocres points d'appui. Il ne peut comprendre l'importance de ce qui lui a échappé, bien qu'il n'éprouve ni haine ni rancune à l'égard de ces « hérétiques » – à la différence de ce qu'il ressent dans son tréfonds bourguignon contre la France et ce François Ier qui le berne et le nargue. Il s'est trompé sur la force de l'adversaire et sur la nature de ses divisions. Comment pourrait-il comprendre cette unité plurielle ? Trois confessions : Augsbourg, Tétrapolitaine, helvétique zurichoise. Et bientôt Calvin. Et quelles différences entre la communion presque catholique des luthériens et les commémorations sacramentaires ! Pourtant, entre catholiques et protestants, c'est surtout une manière d'être, un *habitus*, un existentiel qui se dresse en moins de dix ans. De cette indéniable différence existentielle, il faut se garder de déduire une grande distance théologique. Ce sont des failles presque imperceptibles qui engendrent des gouffres, nourrissent la confusion et la haine.

De 1530 à 1545-1546, jusqu'à l'ouverture bousculée du concile de Trente, se produit la percée fulgurante de la nouvelle foi – mieux vaudrait dire : de la nouvelle expression d'une même foi. C'est un raz de marée. Il n'y aura plus ensuite qu'ajustement de frontières, les deux masses étant fixées, sinon totalement figées. C'est aussi entre 1536 et 1545 qu'un nouveau grand acteur s'impose, celui qui entraîne et consolide la percée luthérienne : Calvin, le constructeur d'empire[19].

Mais l'affrontement n'est pas uniquement, ni même principalement, religieux. Il met en cause l'équilibre des forces, cet équilibre dont Klaus Malattke[20] propose l'histoire. On comprend que ce concept, axe majeur de la géopolitique européenne au XVIIIe siècle, soit né à Florence au début du XVIe siècle et qu'il se soit développé dans des ensembles non unifiés, juxtapositions de moyens et petits États territoriaux. Les historiens, en Allemagne, ont trop souvent eu tendance à surestimer le facteur religieux par rapport au facteur politique. « Ainsi, Ferdinand serait seul à faire face aux coups que s'apprêtaient à porter les protestants toujours en progrès. De fait, la réforme allemande prenait la proportion d'une guerre de l'Europe contre les Habsbourg. » « On emploie le terme de "balance" de telle sorte qu'aucune des forces en présence ne devienne trop forte et ne fasse basculer un des deux plateaux. » L'empereur est accepté comme arbitre d'un jeu d'équilibre. Les paroles sincères mais maladroites (et inutiles faute de moyens) de Ferdinand entraînent plus d'un prince catholique, tels les Wittelsbach, à se joindre à l'électeur de Saxe – non par sympathie envers la Réforme, mais par crainte d'une tentation chez les Habsbourg[21].

Il faut tenir compte enfin des pressions venant d'Espagne, du Conseil de Castille, pour que rien ne soit cédé aux hérétiques. Pressions pas totalement platoniques, dans la mesure où la contribution espagnole en hommes et en argent augmente régulièrement.

Le résumé que donne Sandoval, en son inimitable style indirect et empêtré, traduit bien la tension latente que représente l'Empire des alliances, l'Empire pratiquement impossible[22]. Certes, il n'est pas question de contester les nobles raisons alléguées par l'empereur ; mais, après en avoir longuement délibéré, les membres du Conseil de Castille suggèrent que, pour accomplir ses très saints projets, Sa Majesté serait beaucoup mieux dans ses royaumes d'Espagne. Ainsi s'exprime à nouveau l'appel pressant des débuts du règne, le constant désir de la présence physique du prince. C'est Philippe II qui répondra à cet appel (mais il aura été contraint de renoncer à l'Empire, disposera des moyens offerts par un gouvernement central et aura l'énorme avantage d'avoir pour voisine une France évaporée). En tentant de traiter les affaires allemandes hors d'Espagne et en prenant ses marques aux Pays-Bas et en Italie, Charles Quint bénéficie d'une marge de manœuvre et d'une liberté d'esprit qu'il n'aurait pas dans le paradis artificiel espagnol, d'où l'on voit les méchants voués aux flammes de l'enfer s'engager dans la voie de la perdition.

Charles Quint est, comme son empire, un homme éclaté : bourguignon avant d'être espagnol, ressourcé dans les Pays-Bas de son enfance, comprenant l'allemand et même capable de le parler avec ses soldats et ses domestiques. Il connaît et estime les Allemands ; il sait que la tête de l'Église a commis à leur égard de lourdes fautes qui expliquent – sans excuser – la dérive luthérienne ; il est même capable de faire la différence entre les Mélanchthon, les Bucer, les Zwingli et *a fortiori* les anabaptistes. Mais la pression du Sud est forte.

### *Vers la ligue de Smalkalde*

Ferdinand est donc deux fois roi : roi de Bohême et roi de ce qui reste de la prestigieuse Hongrie. À ces deux couronnes s'ajoute encore celle, ambiguë, de roi des Romains. Cette accumulation au sein d'une seule famille, qui paraît assurer la durée, a quelque chose d'excessif. De plus, Ferdinand a fait une très maladroite déclaration, lui qui se sent toujours espagnol. Comme mandant de l'empereur, on l'accepte – quoique avec réticence. Il gouverne au nom de son frère, même s'il dispose d'une grande latitude d'action. Il en va tout autrement du roi des Romains, quasi *alter ego* de l'empereur.

Le petit coup d'État que constitue l'élection de janvier 1531 n'aurait pas été possible plus tard. Il fallait un pape docile, toujours prêt à servir un rapport de forces favorable. Favorable, ce rapport de forces l'est presque trop : l'élection du frère de l'empereur comme roi des Romains ne pouvait qu'entretenir le roi de France humilié dans le souvenir de l'échec de 1519 et de la blessure de 1525. A-t-on bien pensé à la France ? La croit-on affaiblie ou devenue négligeable ? De plus, les écarts d'Henri VIII desservent Charles Quint autant qu'ils servent François Ier.

En 1528, le roi d'Angleterre veut contraindre le pape à invalider son mariage en obtenant un avis concordant de la part des universités, à commencer par la première et de loin la plus redoutable, la Sorbonne. Deux points doivent être examinés : la validité de la dispense accordée par Jules II en décembre 1502, qui avait permis à Henri VIII d'épouser la veuve de son frère, mais aussi le droit du pape à accorder une telle dispense. François Ier confie discrètement à Guillaume du Bellay, seigneur de Langey, le soin d'aider les théologiens parisiens à faire le bon choix. Sans vergogne, le roi multiplie les pressions pour obtenir – non sans mal – un vote de complaisance, en faisant jouer le conciliarisme antipapiste de l'Église gallicane et de ses docteurs. Le redouté Béda, qui a dénoncé la fraude et s'est obstiné dans le bon droit, finira par payer d'un bannissement sa surdité persistante aux désirs susurrés du roi.

### *Smalkalde, le prix d'une élection arrachée*

À Cambrai, François Ier s'était engagé à ne pas intervenir dans les brûlantes questions allemandes. Mais comment résister à l'appel au secours de princes chrétiens menacés, fussent-ils protestants ? Le 16 février 1531 (onze jours après l'élection de Ferdinand), l'accord entre les six princes et les dix villes est conclu et annoncé. Dans le même temps, en utilisant Rincón, un transfuge espagnol qui n'a rien à perdre et que l'on peut sacrifier le cas échéant, François Ier prend un contact feutré avec le Grand Turc. La partie de la Hongrie occupée par les Ottomans – qui associent brutalité, cruauté et souplesse – présente une situation complexe. Le voïvode de Transylvanie, Jean Zápolya, joue ainsi la carte turque, et beaucoup de chrétiens pensent qu'on ne vit pas si mal sous les Turcs.

Dans le royaume, François Ier garde deux fers au feu : Anne de Montmorency, qui prêche la prudence et se hâte sincèrement, en bon chrétien au service de la paix ; du Bellay, agent des négociations à risques, qui souhaite miser à fond sur les fragilités de l'Empire et favoriser la constitution d'une coalition anti-Habsbourg regroupant un maximum de princes catholiques aux côtés de la jeune ligue de Smalkalde.

La première dette à solder pour dépassement du tolérable est la mainmise sur le Wurtemberg, en 1519, pour sanctionner les agressions du duc Ulrich à l'encontre de ses voisins et de ses sujets. Le but était clair : renforcer la route qui relie l'Espagne et l'Italie espagnole aux Pays-Bas.

En mai 1531, François Ier envoie un nouvel agent en Allemagne, Gervase Wain, pour verser discrètement un peu d'huile sur le feu[23]. Certains princes sont tout à la fois bons luthériens et fidèles aux deux Habsbourg ; en revanche, le landgrave Philippe de Hesse, lui, rêve d'en découdre. Il voudrait rétablir Ulrich en Wurtemberg et porter ainsi un coup aux lignes de communication au sein de l'Empire. Les Wittelsbach, empêtrés dans leurs haines, veulent bien nuire aux Habsbourg, mais détestent plus encore Ulrich. Wain va jouer les messagers de la paix. Le 26 octobre 1531, grâce aux bons offices français, les Wittelsbach membres de la ligue de Smalkalde concluent à Saalfeld une alliance réunissant catholiques et protestants modérés pour la défense politique des intérêts allemands. Convié à s'en faire le garant extérieur (selon une méthode mise au point au XVe siècle en Italie), François Ier refuse prudemment, mais il promet aux confédérés une aide financière qu'il conviendrait d'utiliser seulement dans un but défensif. C'est habile, car la présence trop visible du roi de France en aurait effarouché plus d'un. Faut-il dire qu'il changera d'avis en donnant son accord pour une reconquête, le cas échéant armée, du Wurtemberg[24] ? Le 26 mai 1532, une alliance en bonne et due forme est conclue entre la France (qui s'engage à verser cent mille écus), la Saxe, la Hesse et la Bavière. Cependant, un raid turc en direction de Vienne oblige à différer l'attaque sur le Wurtemberg, et les tractations de la France avec la Porte, *via* le très suspect Rincón, sont difficiles à dissimuler. L'expédition turque ayant échoué, Charles Quint fait une entrée triomphale à Vienne le 23 septembre 1532.

Involontairement, les Turcs ont bien servi la cause des Habsbourg…

Trop sollicités ailleurs, ceux-ci avaient longtemps négligé la haute Allemagne (de la haute Alsace à la Suisse), berceau de leur famille et noyau de leur patrimoine : Ferdinand, encore très espagnol, avait omis de proposer aux modestes *polities* catholiques de cette région une alliance avec le bloc patrimonial. Cette alliance aurait pu freiner leur tentation de passer à la Réforme[25]. Lors de la guerre contre Zurich, ces *polities* n'ont pas apporté leur soutien aux cantons catholiques. Il est vrai que Ferdinand le Catholique, roi d'Aragon, n'avait pas bercé son petit-fils – à ses yeux futur roi d'Espagne et d'Italie du Sud – dans le légendaire de ces rudes montagnards.

François Ier a bien joué : cela commence par la prise du petit pays de Montbéliard, comme gage de l'argent prêté pour la restauration du duc Ulrich. Les Habsbourg veulent alors réactiver la Ligue souabe, qui les a tant servis lors de l'élection de 1519, et l'engager à soutenir ouvertement l'ancienne religion ; mais ils se heurtent à un obstacle inattendu. Quand, à Augsbourg, du Bellay, l'agent français promu ambassadeur, se montre à découvert (décembre 1533), la Ligue a changé de camp.

La conjugaison de tant de forces convergentes aboutit au rétablissement d'Ulrich, passé à la Réforme et étroitement lié au landgrave de Hesse, alors chef de file des protestants prêts à en découdre. François Ier prend de moins en moins de précautions : à la fin de janvier 1534, à Bar-le-Duc, il confère l'ordre de Saint-Michel au landgrave de Hesse. Le geste frise la provocation. Charles Quint, furieux, porte le fait à la connaissance de son frère. Au terme d'un combat vite enlevé à Lauffen sur le Neckar (12-13 mai), les princes alliés au landgrave prennent possession du duché de Wurtemberg et le remettent à Ulrich qui est désormais leur client, leur obligé. Le secours de l'empereur – cinquante, puis cent mille florins –, de toute manière insuffisant, est arrivé trop tard ; quant à Ferdinand, qui doit assurer la protection de l'Allemagne à l'est, il n'a rien pu faire.

Karl Brandi manifeste là-dessus un étonnement qui donne à réfléchir : « On a peine à comprendre que la politique impériale, qui avait combattu durant toute une génération pour gagner Milan, ait pris aussi allégrement la perte du Wurtemberg, si l'on songe que ce pays occupait dans la vieille Allemagne une position clé pour les Habsbourg, et que, grâce à ces terres, le Tyrol, l'Alsace et la Franche-Comté ne formaient qu'une seule et même chaîne[26]. » Mais on peut aussi se demander pourquoi, pendant soixante-dix ans, les rois de France (Charles VIII, Louis XII, François Ier et Henri II) se sont acharnés à s'emparer du Milanais, terre de prestige et pièce vitale du système géopolitique formé par l'Espagne, une partie de l'Italie et les Pays-Bas. Pour la France, l'Italie utile, c'est la Savoie, Nice et le Piémont. Ce riche diocèse de saint Ambroise, fleuron occidental de l'Empire chrétien contemporain des grands conciles fondateurs, exercerait-il une séduction intrinsèque ?

Ne faut-il pas plutôt invoquer le poids de l'agrégat d'un empire ingérable où le berceau haut-allemand d'une dynastie qui au fond n'a plus de Habsbourg que le nom laisse indifférent un jeune prince qui n'est ni flamand ni allemand, mais tout espagnol, de surcroît espagnol du Levant ? C'est peut-être au sortir de la défaite de Lauffen que Ferdinand se révèle et accède à la maturité politique : alors que Charles Quint tirait une fierté personnelle de la possession du Wurtemberg, Ferdinand préfère négocier. Contre l'abandon d'un duché qu'il ne peut reprendre et qui finalement ne lui importe guère, il obtient le 29 juin 1534, à Kaadin, la reconnaissance – cette fois unanime – de son élection contestée depuis trois ans et demi ; il est enfin reconnu comme roi des Romains par l'électeur luthérien de Saxe, dont la respectabilité et la hauteur morale sont louées dans les deux camps.

L'année suivante, les protestants ne feront pas défaut : le landgrave de Hesse et Joachim de Brandebourg seront aux côtés du roi des Romains, le Wurtemberg demeurant en tout état de cause un arrière-fief de l'Autriche. La modération aura réussi à Ferdinand, qui n'oubliera pas la leçon.

De son côté, en dépit des protestations émanant d'Espagne, Charles comprend qu'il vaut mieux ne pas jeter les princes allemands dans les bras des Français : on ne viendra pas à bout de la sensibilité protestante par la fureur et la violence.

Les vilenies de Clément VII n'incitent d'ailleurs pas à l'excès de zèle. On finit par se demander si ces Allemands qui s'en vont en rangs serrés rallier la nouvelle manière d'être chrétien ne sont pas des hommes comme les autres et des soldats sachant mourir au combat avec la même vaillance que les catholiques.

Les années 1532-1536 connaissent une montée insensible des périls, causée par une réalité géopolitique peu visible : l'équilibre des forces est si parfait que le moindre souffle peut l'affecter. Or chacun des deux protagonistes est tenté, quand la conjoncture lui est favorable, d'assouvir ses rancunes et de revenir sur les concessions qu'il a faites à contrecœur. Charles Quint garde au cœur la rage d'abandonner la Bourgogne à celui qui le considère comme un cadet et qui lui a volé sa victoire de Pavie. Plus tard, la paix de Cambrai, la paix des Dames, n'a fait que des résignés, donc des mécontents, même si l'intelligence de sa tante et sa meilleure position avaient conféré à l'empereur un léger avantage. Mais il n'avait pas mesuré l'erreur commise en pratiquant le chantage et en retenant en otages les enfants de France.

François I^er^, étrillé, allait ronger son frein et sortir insensiblement ses griffes. Sournois et prudent avec l'Allemagne, il feint d'épouser la bonne cause des libertés germaniques et de la paix entre les chrétiens. Plus risquées étaient les avances faites aux Turcs : il fallait détourner la pression qu'ils exerçaient sur le Danube (car elle gênait l'alliance avec les princes allemands) vers le sud de l'Italie et le Maghreb, où Charles Quint serait directement menacé. L'obsession du roi de France – plus vive encore que celle de Charles Quint pour la Bourgogne – restait le Milanais, à présent placé sous protectorat déguisé de l'empereur grâce à la restauration de Sforza.

En France, si le parlement de Paris anticipe et se montre quelque peu « espagnol », le roi, jusqu'à l'agression sacramentaire des Placards (octobre 1534), suit la politique conciliante que préconise sa sœur, Marguerite de Navarre. Bientôt entre en lice (1536) Calvin, auteur d'une ecclésiologie théorico-déductive sans référence à l'histoire réelle et qui défend des positions beaucoup plus intransigeantes que celles de Luther – ou du moins de beaucoup de luthériens.

L'Angleterre s'enfonce dans des difficultés qui ne sont pas seulement anecdotiques : les exigences matrimoniales d'un homme dont on ne mesure pas encore très bien la pathologie. L'éloignement de Rome ne fait que hâter une évolution qui se serait de toute façon produite, tant elle était inscrite dans la logique[27]. Karl Brandi souligne « l'indépendance acquise par l'Église anglicane, si peu honorables qu'aient été certaines circonstances qui avaient accompagné cet avantage[28] ».

Les années 1532-1534 sont bien les plus dramatiques du XVI^e^ siècle. Les deux plus grands royaumes, la France et l'Angleterre, naviguent sur des routes parallèles. En 1534, l'Angleterre aura basculé du côté protestant, même si elle s'en défend farouchement. Quant à la France, on put penser jusqu'aux Placards qu'elle évoluerait vers une Réforme très modérée.

La position de François I^er^ est extrêmement favorable : il est courtisé par le roi d'Angleterre, par le pape et par Soliman. Accroché par les Perses en 1535, le Grand Turc est demandeur d'une alliance et compte sur Barberousse pour soulager ses positions de la zone danubienne en attaquant l'empereur en Méditerranée ; parti d'Alger, Barberousse s'empare de Tunis en août 1534. Depuis la fin d'avril 1533, Charles Quint a regagné l'Espagne ; il passe l'hiver 1533-1534 à Madrid.

Tout en servant de courtier à Henri VIII, François I^er^ avance prudemment. Privé du cardinal Wolsey, limogé de sa position phare pour n'avoir pu obtenir l'annulation du mariage, le roi d'Angleterre dépend de l'aide que lui fournit son allié. Les cardinaux de Gramont et de Tournon arrivent à Bologne le 3 janvier 1533, chargés d'une mission : Henri VIII, malgré les pressions de l'empereur impatient d'une condamnation franche du divorce, publie les bulles nécessaires à son âme damnée Cranmer pour devenir archevêque de Canterbury[29].

François Ier et Clément VII vont se rencontrer. La nièce du pape, Catherine de Médicis, ira rejoindre le second fils du roi, le duc d'Orléans, Henri. La flotte pontificale[30] (soixante navires) arrive à Marseille le 13 octobre 1533. Le contrat est signé le 27. Mariés dès le lendemain, les deux époux – quatorze ans – sont transportés dans la chambre nuptiale où le mariage est consommé, dit-on, sous l'œil de François Ier. Le pape, lui, attend le lendemain matin pour visiter les lieux, satisfait de la mine épanouie du couple. Échange de cadeaux somptueux… On ignore le détail des accords politiques : le pape, semble-t-il, aurait promis son aide pour la conquête du Milanais et la cession de Parme et de Plaisance ; on lui prête beaucoup de mauvaises pensées – on en fait même le complice du Turc et des protestants. De son côté, et pour embarrasser Charles Quint, le roi de France aidera le Saint-Père à faire échouer le concile.

Le 23 mars 1534, Clément VII prononce l'anathème contre Henri VIII. Ni François Ier ni Charles Quint ne s'en réjouissent. Cependant, la mort imprévue de Clément VII (25 septembre 1534) gêne d'abord François Ier, qui a trop misé non point sur le pape, mais sur le Médicis. Or c'est un Farnèse qui recevra la tiare, un Farnèse qui est bien, quant à la liberté des mœurs, contemporain du Médicis, mais qui a le sens des intérêts politiques supérieurs (pour ne pas dire spirituels) de l'Église. Charles Quint comme François Ier ne tarderont pas à s'en apercevoir.

L'Église traditionnelle est au paroxysme de la crise. Tout se délite. Où s'arrêteront les réformes – et quelles réformes ? La succession de souverains pontifes aussi peu respectueux les uns que les autres de la plus élémentaire morale chrétienne, rend plus nécessaire que jamais un remède efficace. Même médiocre, l'argument des abus contribue au basculement vers le *Sola fide*, qui résout une difficulté sur laquelle l'Église butte. L'attachement italien, espagnol, voire français, s'appuie essentiellement sur l'habitude, sur une longue chaîne de souvenirs communs. Vers 1535, le Nord est perdu, et l'Allemagne au moins pour moitié. L'Angleterre, où le terrain était relativement propice, vient d'être poussée vers la sortie pour des raisons très étroitement politiques. De quel côté basculera la France ? On parle d'une visite de Mélanchthon dans le royaume…

Par rapport à l'Angleterre, les biens de l'Église gallicane, gérés par un clergé surveillé par l'État royal qui a freiné l'effet de mainmorte, sont assez peu importants. L'autonomie organisée par le concordat de Bologne, qui reprend la Pragmatique Sanction de Bourges, n'a pas besoin d'être proclamée : elle existe. Au fur et à mesure que la chrétienté catholique se rétrécit, le poids relatif de la France en son sein augmente. Il est deux pouvoirs que le pape ne peut heurter de front : celui de l'empereur (pour tout ce qui n'est pas l'Empire) et celui du roi de France.

Devant la dégradation qui s'accélère, le bloc romain commence à envisager avec moins de répugnance le choc psychologique que pourrait être le concile. Paul III, honnêtement, s'informe. Une courte majorité de cardinaux semble gagnée encore au rejet temporaire du concile, non seulement comme moyen d'apaisement, mais aussi comme outil pour faire reculer les abus les plus criants. Paul III commande des études préparatoires en vue de la « réforme intérieure ». Il s'agira davantage de consolider et de justifier la véritable révolution, celle du XIIIe siècle, que de revenir en arrière. Ainsi s'esquissent les premières bases solides d'une Contre-Réforme – ou, mieux, d'une Réforme catholique –, mais il y faudra encore au moins dix ans.

La mort de Clément VII et l'affaire des Placards sont donc pour l'Église et pour l'empereur une chance : la *via media* dans la ligne Briçonnet est compromise, et l'alliance avec les protestants allemands gênée.

En 1535 et 1536, les interventions de Berne en faveur de sujets du roi de France menacés pour cause de religion sont repoussées[31]. L'efficace appareil de contrôle et de répression de la justice royale, aux mains de parlements qui ne sont plus contrariés, se met en branle. La France n'étant encore que modérément engagée dans un camp, les pouvoirs se bornent à encadrer une demande sécuritaire. Les gestes contre le saint sacrement, la messe, les édifices du culte et les statues de la Vierge provoquent de telles réactions populaires qu'il faut couper court au mouvement, sous peine de sombrer dans une anarchie débouchant sur des explosions de violence anomique.

La paix de Cambrai entre dans sa septième année. François Ier n'a pas encore épongé le passif moral de Pavie. Comme Robert J. Knecht le souligne, « au printemps de 1535, l'Europe occidentale était au bord de la guerre. Charles Quint préparait une offensive contre les corsaires barbaresques d'Afrique du Nord. [...] François Ier s'empara de ce prétexte pour réarmer[32] ». Curieux raisonnement. Le nonce du nouveau pape dépeint un roi de France débordant de haine et « fermement décidé à provoquer l'empereur[33] ».

Vu l'insignifiance du résultat obtenu au regard des forces déployées, il convient de relativiser l'importance de la prise éphémère de Tunis par un empereur pour la première fois engagé personnellement. Il va « à la croisade » comme François Ier à Marignan et à Pavie, Tunis (1535) étant son Marignan et Alger (1541) son Pavie – mais un Pavie où il sauve sa liberté, parce qu'il a l'intelligence de se retirer à temps. Progressivement, François Ier perd alors toute prudence et réitère des prétentions, oubliant ce que la défaite de Pavie et la paix de Cambrai auraient dû enterrer. Granvelle, qui tient un peu le rôle de Gattinara naguère, conseille de respecter scrupuleusement les engagements et de se montrer intraitable sur les exigences exorbitantes, « si l'on considère l'habitude qu'ont les Français de violer les traités qu'ils ont signés ».

Le roi de France adresse un manifeste aux Allemands le 1er février 1535. L'empereur ne réplique pas point par point ; manifestement, il veille à ne pas répondre à la provocation, car il veut conduire à bon port son grand projet de croisade contre les Barbaresques. On voit habituellement dans l'épisode une preuve de l'esprit croisé de Charles Quint, mais Alphonse Dupront, de loin le meilleur connaisseur, a beaucoup nuancé cette opinion[34]. Il s'agit en effet d'une forme de croisade défensive, limitée, très politique, s'inscrivant dans la seule véritable grande querelle, celle qui oppose Charles Quint à François I^er[35]. « Dès l'appel de croisade de Léon X, en 1517, [l'empereur] semble avoir été prêt à répondre, mais pour tout de suite constater l'opposition du clergé espagnol à la levée de la décime. [...] C'est sa force de bien savoir que la chrétienté ne peut plus que la défensive[36]. »

Le facteur déclenchant est politique[37]. Barberousse (Barbaros Hagreddin pacha), le célèbre « capitaine général de la mer » de Soliman le Magnifique, s'empare de Tunis et fortifie la ville ainsi que son port, La Goulette. Ce coup de force décide Charles Quint à entreprendre une expédition « avec une mémorable armada qui réunissait Espagnols, Portugais, Italiens (Lombards, Napolitains, Siciliens et gens des États du pape), Allemands, Albanais, chevaliers de l'ordre de Saint-Jean de Jérusalem[38] ». On peut se demander si cette descente n'a pas pour but de démasquer, et dans l'immédiat d'immobiliser, le seul ennemi qu'est François I^er : attaquer l'empereur des croisés débarquant à Tunis, ce serait dresser contre soi tout ce qui reste encore de chrétienté. « Dès janvier 1535, [Charles Quint] fait par son ambassadeur avertir le roi de France "fraternellement et confidemment" de l'expédition projetée contre Barberousse et de ses projets barbaresques qui affectent toute la Méditerranée occidentale, lui demandant de joindre ses galères aux siennes[39]. »

En Allemagne et en Italie, l'empereur s'efforce de calmer le jeu, de mouiller les pétards du roi de France, cherchant à « écarter des périls aussi bien politiques que militaires qui l'auraient empêché de mettre à exécution son plan de campagne contre les infidèles[40] ». Ces arguments ne portent guère en Espagne : c'est qu'ils peuvent être assez facilement retournés. La manière dont Charles prévient son ennemi constitue aussi un avertissement : le Très Chrétien va-t-il frapper dans le dos l'empereur des chrétiens parti à la croisade ? Le bruit en avait filtré… Selon certaines sources, François I^er^ aurait déclaré à Clément VII que non seulement il laissait faire les Turcs, mais qu'il les excitait[41]. Selon d'autres sources, Gritti, chargé d'affaires du sultan, aurait dit à Cornelius Schaffer, un homme digne de foi, que la flotte turque n'avait été confiée à Barberousse qu'à l'instigation de la France.

Peut-être parce qu'elle est plus proche et mieux à même d'apprécier à sa juste valeur la menace turque, l'Espagne, qui sort de sept siècles de *Reconquista* et voit s'ouvrir devant elle les perspectives américaines, estime qu'elle a assez donné. Peut-être aussi, anticipant l'attitude du duc d'Albe et de Philippe II, juge-t-elle déjà plus urgent de combattre les luthériens que les Turcs ? Tavera, cardinal-archevêque de Tolède et primat d'Espagne, exprime les plus expresses réserves sur l'expédition de Tunis où il n'est pas raisonnable que l'empereur expose sa vie comme un simple chevalier. « L'entreprise était périlleuse et avait peu de portée pratique[42]. » Barberousse serait averti par la France et donc se déroberait. « Tavera, le conseiller le plus écouté de la couronne d'Espagne, était, avec beaucoup d'autres, aux antipodes des idées qui avaient été chères au chancelier Gattinara. » On peut, avec Alphonse Dupront, insister sur un certain « besoin de l'exaltation du combat » qui avait manqué jusqu'alors à l'empereur pour risquer tout « par religion, par besoin physique, par volonté de faire ses preuves : devant La Goulette, c'est son baptême du feu, l'exploit guerrier, dont il avait personnellement besoin […], un commencement de la gloire[43] ».

### *La « petite croisade » sur Tunis*

Deux facteurs ont donc pesé dans une décision que Tavera réprouve : le besoin, à trente-cinq ans, de se prouver quelque chose et le désir de gagner du temps, de différer l'affrontement avec François Ier pour y être mieux préparé. Charles voulait, d'Italie même, une fois rentré vainqueur des infidèles, forcer le roi de France à la paix[44]. Ce n'est pas la croisade pour elle-même, c'est la croisade par ricochet.

On peut aussi, avec Sylvie Deswarte-Rosa[45], faire intervenir l'image, qui façonne les esprits mieux encore que le texte. Dans la chambre à coucher que l'empereur occupe dans l'ancien palais maure de l'Alhambra de Grenade, « entre les deux colonnes d'Hercule avec le motto *Plus oultre*, l'aigle impériale des Habsbourg tient le globe terrestre. [...] Au centre l'Afrique, à gauche le début du Brésil, à droite l'Inde [...] et le motto *Plus oultre* ». Hommage à l'impératrice portugaise. Bien sûr, l'Afrique existe ; bien sûr, on rêve encore d'aller prendre l'Islam à revers. Quant au titre qu'on lit ici et là d'« empereur de l'Afrique », il atteste la survie de l'imaginaire du désenclavement planétaire survenu cinquante ans plus tôt. La seule guerre que Charles Quint peut espérer gagner sans mal, c'est la guerre des images. Tunis n'entre pas dans le champ de la *Realpolitik*.

Ce n'est encore ni Lépante (1571), ni l'Invincible Armada (1588), mais l'expédition rassemble les forces de l'Empire, avec le gros des flottes espagnole et portugaise (l'union des deux Espagnes atlantiques s'esquisse : la rivalité s'estompe, les mariages ayant fait leur office, et l'infant Luiz de Portugal figure aux côtés de Charles). Le 10 juin 1535, Andrea Doria, le Génois, fait la jonction[46]. Les contingents allemands, pontificaux et italiens se sont concentrés à Cagliari, en Sardaigne : cent vaisseaux armés en guerre et environ trois cents en transporteurs.

L'immense armada appareille pour l'Afrique le lundi 14 juin. Les tableaux, céramiques et gravures montrent l'empereur en Hercule déplaçant les colonnes, symbole de la conquête du *Novus Mundus* ; l'Afrique, cette vieille chrétienté à arracher aux infidèles qui l'ont volée jadis, trouve là un support. On l'utilisera à satiété jusqu'à Lépante (1571) et au-delà.

Le 15, après un débarquement sans encombre, on s'apprête à mener l'assaut. Barberousse n'est pas pris au dépourvu : il dispose de cinq mille Turcs, l'élite, et de Maures innombrables. Le siège est marqué par une canonnade technique qui a beaucoup progressé et dans laquelle l'Europe excelle. Manque d'eau, chaleur accablante, épidémies de toutes sortes que favorise l'entassement d'hommes épuisés, rivalités, jalousies… Solidement retranché, Barberousse harasse ces inconfortables assaillants. Charles Quint, qui voulait jouer au chevalier, est ravi. L'assaut, le 14 juillet, sera pour lui le baptême du feu. Il tient enfin son Marignan ! Soixante unités de guerre se relaient, joignant leur feu nourri aux batteries débarquées. Un grand seigneur castillan, Alvaro de Bazán, conduit les opérations. Les Turcs se battent bien. Les Barbaresques ayant menacé d'exécuter plusieurs milliers d'esclaves chrétiens, les alliés leur font parvenir des armes par l'intermédiaire de renégats.

La place enlevée, la sagesse conseillait de la consolider et de rentrer sans tarder, fort d'un succès moral et d'un énorme butin couvrant une bonne partie des frais. Mais Charles s'obstine à poursuivre. La marche sur Tunis, sans points d'eau assurés, se révèle inutilement éprouvante. Faute d'attelages, les canons doivent être traînés à bras ; or la supériorité chrétienne est liée à l'artillerie[47]… Barberousse, renégat qui connaît les deux camps, profite de la situation pour attaquer l'armée que l'artillerie n'a pas encore rejointe. Moulay Hassan, détrôné par Barberousse, qui a le plus intérêt à la poursuite de l'expédition, n'a pas fourni tout ce qu'il a promis.

Charles Quint a bien failli, à Tunis, être comblé d'une mort en héros et en martyr. Devait-il, à trente-cinq ans, rejoindre Saint Louis qui périt ici même, en croisé, à cinquante-huit ans ? Le souvenir de ce dernier le fascine, et Sylvie Deswarte-Rosa estime que cette identification a joué un rôle dans sa motivation[48]. Autant et peut-être plus que François I$^{er}$, il descend de ce roi capétien… Au plus fort de la mêlée, son cheval est blessé sous lui et un page est tué à ses côtés. N'y avait-il pas là une manière de tenter Dieu ?

Les prisonniers chrétiens armés et les renégats contraints qui ont précédé l'armée ont commencé à piller la ville sur le modèle du sac de Rome de 1527, états d'âme en moins. Pourtant, l'enjeu était moins Tunis que Barberousse, mais celui-ci avait réussi à s'échapper. Avec le reste de sa flotte et les unités sur lesquelles les alliés n'avaient pu mettre la main, il parvint à gagner Bône, puis Alger, sa base, d'où il se remit bientôt à harceler les communications et les côtes chrétiennes. Karl Brandi constate que les alliés, obnubilés par les opérations terrestres, n'avaient pas su s'emparer de la flotte de Barberousse « qu'on n'eut pas, semble-t-il, le moyen de poursuivre » ; d'Alger, « le littoral restait à la merci des coups de main et de la vengeance du corsaire ».

L'empereur reste trois semaines au milieu de son armée après les victoires de La Goulette et de Tunis. Il reprend la mer le 17 août ; le 22, il aborde en Sicile, à Trapani, et passe le mois de septembre à Monréal et à Palerme[49]. La besogne ne manque pas dans cette tumultueuse terre de vengeance tribale qui voit rarement son prince et qui manie guirlandes, arcs de triomphe éphémères et métaphores grandiloquentes. L'empire sur lequel le soleil ne se couche jamais est né là, après la prise de Tunis.

### *Le discours de Rome*

Tunis et le discours prononcé à Rome en espagnol par Charles Quint devant Paul III, le Sacré Collège et les ambassadeurs le jour de Pâques 1536 (17 avril) marquent probablement le véritable sommet de cette carrière hors du commun. C'est le point de départ de la légende du *dernier empereur*, dont Sylvie Deswarte-Rosa a retracé l'histoire[50].

L'Europe a d'abord pris connaissance de la *jornada* à travers les *avisi*, ces imprimés qu'accompagnent cartes, vues, portraits de Charles Quint, de Barberousse, de Soliman et de Moulay Hassan. Une importante documentation avait été réunie pour l'expédition. Alonso de Santa Cruz, cartographe avant de se faire chroniqueur du règne, dressa une carte qui fut utilisée par Vermeyen pour la première tapisserie de la monumentale tenture de la *Conquête de Tunis.* Il remit sa carte à Alfonso de Avalos, marquis del Vasto, non sans en avoir tiré pour lui un *schizzo* afin de pouvoir suivre les opérations. À partir des lettres reçues et de ses cartes, l'Italien Paolo Giovio put transmettre ces informations à ses correspondants. C'est depuis Rome, à travers les grands relais des graveurs et des imprimeurs, que circulent dans toute la chrétienté ces images déjà mythiques.

Beaucoup moins bien informée sur les tenants et les aboutissants que le cardinal Tavera et l'impératrice, l'Europe suit volontiers Charles Quint dans ce qu'il y a en lui de rêve d'enfant. « Il veut manifestement sa croisade [...] contre le Turc [...], non plus défensive, mais très offensive. Surgit, encore toute fraîche, l'imagerie cependant vétuste de la croisade[51]. » Le pape, de son côté, y participe. Il bénit la flotte à Civitavecchia. Toute l'Italie s'attache à la construction du mythe et l'Espagne, moins sceptique que Tavera, une fois l'expédition lancée et en dépit du départ prolongé de son prince, se joint à la célébration. Bien entendu, le roi de France ne marche pas. Comme on est en Italie, on est pagano-chrétien. « Nouvelle guerre punique, nouvelle croisade[52]. »

Nouvelle guerre punique pour les cicéroniens italiens et, curieusement, pour Charles Quint lui-même. Il n'a jusque-là guère eu le temps de lire beaucoup, hormis Froissart. Son ignorance du latin et son goût des rixes, joutes et tournois font que cet intarissable « écrivant » n'a pas été un grand lecteur. En outre, s'il parle plusieurs langues, il n'en possède réellement que deux, le français puis l'espagnol. « Charles Quint était [...] un grand lecteur de Tite-Live[53] », rappelle Arnaud Byreman dans sa dédicace à Philippe II de sa nouvelle édition de l'historien (1553) ; dès 1520, fray Pedro de la Vega avait lui aussi dédié à l'empereur sa traduction de Tite-Live richement ornée de xylographies.

Voilà donc Charles en nouveau Scipion l'Africain face à Barberousse, nouvel Hannibal (ce qui est plutôt flatteur pour un corsaire). On montre l'empereur vêtu à l'antique sur les images brandies lors des innombrables « joyeuses entrées » d'Italie (qui n'ont pas toutefois la familiarité bon enfant de celles qu'il a connues dans les cités et bourgades de « Par Decha »). Au cours de sa marche triomphale à travers l'Italie en 1536, il est proclamé « troisième vainqueur d'Afrique ». « Sur les rondaches de ses armures de parade, ces grands boucliers circulaires magnifiquement ouvragés par les artistes italiens, on représentera les combats de Romains et de Carthaginois devant Carthage [...] inspirés des xylographies des éditions de Tite-Live[54]. » Et bientôt Charles Quint, déjà nouveau Scipion, sera promu – par l'imagination d'Antonio de Guevara – au statut de nouveau Trajan (« premier César d'origine espagnole »), dont il renouvelle l'action en Afrique, mais avec une tout autre ampleur.

Antonio de Guevara, chroniqueur de Charles Quint comme Alonso de Santa Cruz, participa à l'expédition de Tunis au titre d'administrateur de l'hôpital de campagne et accompagna l'empereur dans son voyage italien. Il rapporte que, lors de l'entrée triomphale à Messine, le 14 octobre 1535, on avait exhibé, de part et d'autres du portail de la cathédrale, deux bustes antiques sur deux colonnes, l'un de Scipion l'Africain, l'autre d'Hannibal. En 1545, Charles Quint demande une copie des deux œuvres à Ferrante Gonzaga, qui les fait exécuter par son peintre Dominico Giuntalodi. « C'était, note finement Sylvie Deswarte-Rosa, pour l'empereur aux prises avec les difficultés d'Allemagne, une manière de perpétuer le souvenir. » Plus que de Marignan, de Pavie ou même du couronnement, l'Europe, menacée par l'avance turque le long du Danube, a choisi de se souvenir de Tunis (1535), comme un peu plus tard de Lépante (1571)[55].

Curieux retournement des Espagnes, qui vient apparemment d'abord du Portugal. Tavera avait vivement désapprouvé cette expédition, un coup d'épée dans l'eau dont il n'acceptait pas les risques. Mais il en avait sous-estimé l'effet psychologique[56].

Est-ce la mort de François Sforza (1er novembre 1535) et l'extrême tension autour du Milanais qui expliquent le renversement apparent des positions, dès le retour de l'empereur en Italie ? « Après Tunis, remarque Sylvie Deswarte-Rosa, Charles Quint ne peut continuer la campagne d'Afrique en assiégeant Alger en 1536, comme le voulaient l'infant don Luiz, l'impératrice et bien des grands d'Espagne. Une fois le doigt dans l'engrenage, le fantasme de *Reconquista* transférée dans le Maghreb, que la froide raison repousse, balaie toute résistance. Plus que la prise de Tunis, qui concernait essentiellement le royaume des Deux-Siciles et l'Italie, c'était la conquête d'Alger qui importait pour l'Espagne. »

L'Europe avant l'Afrique, la dévolution des couronnes avant la croisade : c'est un cruel réveil. Plus encore que l'Espagne, le Portugal, pourtant riche en terres nouvelles et propice à un florissant commerce, a été porté par l'esprit de la *Reconquista.* Il lui coûtera la mort de son roi (1578), la perte de son indépendance et un mariage un peu contraint (1580) qui ne réussira pas en dépit de soixante ans de cohabitation.

Faut-il, avec Robert J. Knecht, s'étonner de la retenue de François Ier pendant l'expédition de Tunis ? Quels que fussent son envie et son cynisme, il manquait de prétextes pour donner un coup de poignard dans le dos d'un croisé – Charles Quint, sous cet angle, avait bien calculé. C'est quand l'empereur fut de retour en terre chrétienne, dans le sud de l'Italie, que le roi de France attaqua. Il avait alors un objectif : Milan et Gênes, et un prétexte : le désir invincible de l'empereur de garder la clef de voûte de son édifice, le Milanais[57].

Charles Quint a payé de sa personne ; il n'a plus rien à craindre de quiconque. Le triomphal périple italien lui monte à la tête. Tunis est sans doute le premier et unique cadeau qu'il fait à ses sujets italiens, las de son incapacité à écarter la guerre.

Après un séjour d'une durée inhabituelle dans le Sud que lui a légué son aïeul Ferdinand d'Aragon, il quitte Naples pour Rome le 22 mars 1536[58] : Capoue, Gaète, la voie Appienne, Saint-Paul-hors-les-Murs. Visite aux dames des grandes familles romaines – Colonna, Pescara, Farnèse… – comme un simple gentilhomme. La simplicité délassante de ces visites contraste avec la débauche de guirlandes et d'arcs de triomphe.

C'est bien le sommet d'une œuvre et d'une vie. Charles a bouclé le tour de tous ses États ; il a réussi à les tenir ensemble tant bien que mal, et plutôt bien que mal ; il les a respectés, sans chercher à les modifier. Cet empire est modeste : il n'est rien de plus qu'une alliance. Ceux qui paient un peu plus que les autres (Espagne – Castille surtout –, Pays-Bas encore) ont le sentiment d'en constituer la clé de la voûte ; il suffit de voir comme l'Espagne se sent gratifiée par la victoire à Tunis, même si elle eût préféré un coup sur Alger.

Depuis le 13 octobre 1534, le pape est Alexandre Farnèse, Paul III pour douze années malgré son grand âge (père et grand-père d'une envahissante progéniture, il a été le doyen du Sacré Collège). Le Farnèse a plus de caractère que le Médicis, et se montre moins dépravé – il est vrai qu'on peut difficilement descendre plus bas que Clément VII. Après avoir placé le chapeau de cardinal sur la tête de ses petits-fils adolescents, Alexandre Farnèse et Guido Ascagno Sforza, Paul III fait quelques bons choix : Nicolas Schomberg, Jean Fisher. Il nomme aussi Jean du Bellay, le boutefeu de l'entourage de François Ier, à la vive indignation de l'empereur qui tente d'opposer son veto – mais la désignation de Contarini fait accepter celle du Français…

Charles Quint pèse de tout son poids pour obtenir la réunion du concile. Il redoute l'extension à la France du schisme anglais. La mort de la bonne reine Catherine d'Aragon, sa tante, pomme de discorde avec Henri VIII (8 janvier 1536), aurait pu fournir une porte de sortie honorable si la rancune d'Henri n'avait rendu cette solution aléatoire. La disparition de François Sforza, quarante jours plus tôt, a de toute façon compromis les chances de la paix.

L'échafaudage élaboré par la paix des Dames ne tenait plus debout. Comment imaginer Henri, duc d'Orléans, deuxième fils du roi de France, si mesquinement traité lors de sa captivité à Madrid, à la tête du Milanais ? Le fait qu'il ait été marié à une Médicis rappelait à l'empereur l'ostentatoire visite pontificale à Marseille en 1533 et la machination ourdie contre lui par Clément VII et François I^er[59]. Or, s'il importait peu à Charles de tenir Milan directement, il lui fallait disposer en toute sécurité de ce centre nerveux. La renonciation au Milanais avait été peut-être plus douloureuse encore à François I^er que celle de la Bourgogne à Charles Quint. Quand la mort de Sforza fut connue, la fiction destinée à faire passer la pilule disparut. L'hypothèse d'une investiture du troisième fils du roi, le duc d'Angoulême, était un leurre : comment imaginer que Charles Quint, nouvel empereur de Rome, réincarnation de Saint Louis, pourrait laisser Milan aux mains d'un fils de la branche des Valois ?

En 1533, le duc de Savoie, Charles III, ancré dans la mouvance impériale, avait refusé que la rencontre entre le pape et François I^er ait lieu à Nice (d'où le choix de Marseille, mal commode pour la flotte pontificale, dans une mer vulnérable aux humeurs barbaresques) ; il avait de plus un vieux litige avec le roi, à propos d'un morceau de territoire ayant appartenu à Louise de Savoie. La diplomatie de François I^er se montra intelligemment retorse. En janvier 1536[60], sans rencontrer de véritables résistances, le roi de France occupa le domaine savoyard ; débordant ensuite sur le Piémont, Chabot entra dans Turin en février. Cette occupation de la Savoie-Piémont fournissait à la France, à condition qu'elle s'en contentât, une issue honorable aux guerres d'Italie. Tenant solidement ce territoire voisin du riche Milanais, François I^er était en position de force pour négocier. Robert J. Knecht montre qu'en s'en prenant à Charles III, « beau-frère et allié[61] » de l'empereur, François I^er provoquait gravement ce dernier au moment même où il effectuait avec délices sa tournée triomphale en Italie[62].

Charles Quint a la partie belle, ayant l'air de s'en tenir à ses engagements – ce qui ne l'empêche pas de laisser entendre qu'il n'a pas l'intention d'installer à Milan un enfant de France. Il aurait fallu que François Ier se montre plus modéré et offre une compensation limitée à l'ensemble Savoie-Piémont. Pour l'obtenir, il aurait aussi dû se replier plus tôt, avant de voir son royaume atteint de plein fouet par la vague dissociatrice.

Selon Sandoval, source précieuse pour comprendre la rupture de 1536[63], l'empereur n'éprouve pas le moindre doute : le roi de France n'a pas réuni tant de forces et de moyens pour occuper le seul duché de Savoie (Piémont compris), il trame une agression massive sur l'Italie. Dans l'entourage impérial, deux courants se dessinent. Pour les uns, il faut agir : que Charles, qui est en bonne position, courre sus à l'ennemi et en finisse d'un coup, par un nouveau Pavie. D'autres préféreraient sauver la paix : l'empereur pourrait s'emparer d'Alger (pour protéger l'Espagne, car Tunis concerne l'Italie), puis se porter sur Constantinople. Alphonse Dupront a montré comment dès le XIVe siècle, et surtout après 1453, Constantinople s'est substituée à Jérusalem : pour celui que l'on dépeint comme le nouveau Trajan, Constantinople s'impose. Un rêve : toutes les forces de la chrétienté rassemblées sous la bannière de l'empereur, avec à ses côtés les rois de France et d'Angleterre réconciliés, pour combattre les Ottomans[64]...

Pour comprendre la violence du grand discours du 17 avril 1536 devant le pape, les cardinaux et les ambassadeurs convoqués de France et de Venise, il faut prendre Sandoval au pied de la lettre : « Un jour avant qu'il ne quitte Rome, l'empereur fut avisé que les ambassadeurs du roi de France s'en allaient se plaignant publiquement de l'empereur, disant qu'il avait promis au roi de lui donner le duché de Milan, et qu'il avait manqué à sa parole, et qu'ainsi serait parfaitement juste la guerre qu'il pensait lui faire, et qu'ils avaient dépassé toutes les bornes dans leurs propos, rejetant sur l'empereur la responsabilité des guerres précédentes et de celles qui adviendraient, et ils en arrivèrent même au point de lui imputer la venue du Turc et les dommages imposés à la chrétienté et des hérétiques qu'hélas le diable avait suscités[65]. »

Écoutons maintenant Charles Quint : « Certains disent que je veux être le monarque du monde, et ma pensée comme mes œuvres démontrent tout le contraire… Mon intention n'est pas de faire la guerre aux chrétiens, mais bien contre les infidèles ; je souhaite que l'Italie et la chrétienté soient en paix et que chacun possède ce qui lui appartient. »

Fernand Braudel n'a aucun mal à remettre ces propos en perspective. « Et que chacun possède ce qui lui appartient » : à qui Milan, à qui la Bourgogne ? La clef, c'est Milan ; comment l'empereur pourrait-il accepter de remettre entre les mains d'un roi aussi hostile que François Ier les communications entre ses États, le bloc du Sud et les Pays-Bas ? Pour l'un, c'est vital ; pour l'autre, c'est le désir de tenir l'autre à sa merci. Cette rage de posséder Milan a déjà coûté des centaines de milliers de vies humaines – l'exagération n'est pas de Charles Quint, mais de son historiographe un demi-siècle après l'événement.

En cette journée, Charles Quint s'est montré, comme tous les grands maîtres de la politique, un remarquable acteur[66]. Tout est contrôlé, même sa colère et la reformulation d'une offre insincère au jeune duc d'Angoulême, alors que tout le monde sait qu'il ne lâchera pas sa proie. Comment prendre au sérieux l'offre d'un cartel entre deux chevaliers ? De part et d'autre, on s'est préparé à la guerre. Charles a obtenu d'Italie et d'Espagne un niveau jamais atteint de subsides en récompense de son succès de croisé. François Ier, le 14 janvier 1536, s'est installé à Lyon avec la cour, le Conseil et une forte armée confiée à l'amiral Chabot de Brion (une quarantaine de milliers d'hommes)[67].

Dans cette course à l'affrontement, c'est Charles Quint qui l'emporte puisqu'il pousse François Ier à lui déclarer la guerre. Le roi parjure déclare la guerre à l'empereur croisé – on se souvient des rumeurs de collusion avec le sultan et d'entente avec les protestants d'Allemagne. L'ambassadeur impérial est renvoyé de la cour le 11 janvier[68]. Dans le nord de l'Italie, une guerre non déclarée oppose déjà la France à l'Empire. Au mois d'avril, Chabot reçoit l'ordre d'établir des garnisons à Pignerol, Turin, Fossano et Coni, puis de ramener le reste de son armée. Après l'échec d'une démarche du pape, Charles décide le 13 juillet 1536 d'envahir la Provence. Le 14, François Ier rappelle Montmorency (précédemment écarté en raison de son hostilité à la guerre, dont il savait combien elle serait aléatoire et coûteuse), dont il accroît les pouvoirs[69]. Avantage qui n'a pas de prix, le roi ne peut, comme à son habitude, peser sur les combats.

On apprend que Charles Quint avancera, depuis Nice, le long de la côte. Lorsque Montmorency prend effectivement le commandement, trente mille hommes sont rassemblés autour d'Avignon qu'occupe la France. « L'empereur, remarque Robert J. Knecht, eût été mieux avisé de chasser les Français du Piémont[70]. » Or il opte pour le plan que le connétable de Bourbon n'avait pu appliquer en 1524 et, dans le même temps, fait attaquer la France par le nord. Ce choix est révélateur : il ne s'agit pas tant de récupérer les territoires du duc de Savoie que de frapper l'ennemi juste et fort. Monté en puissance beaucoup plus vite et plus loin, Charles Quint est mieux placé qu'en 1524, quand il dépendait, pour faire pression au nord, du bon vouloir d'Henri VIII ; et Henri de Nassau mérite la confiance qu'on met en lui. « En franchissant le Var, le 24 juillet 1536, l'empereur ne doutait pas de l'emporter avant l'hiver », observe encore Robert J. Knecht.

Montmorency, appuyé par le roi, refuse le combat et entend harceler l'envahisseur en comptant sur la solidité du royaume et sur la loyauté des Provençaux. L'évacuation d'Aix fait partie de cette tactique « par le vide », et la majeure partie des campagnes apporte son concours aux troupes du roi. En revanche, en raison du précédent de 1524, Marseille est mise sur la défensive. On a veillé à l'hygiène et l'on a réparti par affinités les troupes sur le terrain, par groupes identitaires séparés.

Le Nord se défend bien sous le commandement de Vendôme, de Guise et du belliqueux cardinal Jean du Bellay. Nassau est contraint de se retirer. Au sud, Charles Quint, coincé dans un « désert », luttant contre la faim et la maladie, est immobilisé. Le 10 avril, François Ier perd son fils, le dauphin François, dont la mort est attribuée (sans doute à tort) à la malveillance de Sébastien de Montecucculi – lequel subira par vengeance une mort atroce. Son frère Henri, celui des enfants royaux qui a le plus souffert de la captivité en Espagne, s'avance au premier rang[71].

Le roi de France laisse passer l'opportunité d'une attaque sur les arrières, si bien que l'empereur pourra se vanter d'avoir opéré un retour sans encombre avec une armée en piteux état ; il est vrai que les finances royales sont cette fois à court. François Ier proclame en lit de justice la confiscation de la Flandre, de l'Artois et du Charolais, non pas dans l'intention de tout garder, mais pour disposer d'une base de négociation lui permettant d'améliorer sa frontière septentrionale. Charles Quint rejoint l'Espagne. La situation sur le front nord est à présent incertaine, avantages et revers se succédant dans les deux camps. Une menace sur les positions du Piémont oblige le roi de France à faire demi-tour vers le sud. Il est sauvé par l'intervention de la régente des Pays-Bas, Marie de Hongrie, la sœur de Charles Quint, qui demande une trêve, accordée le 30 juillet 1537. Les armées, mal payées, se livrent à des exactions[72].

Les adversaires avaient agi avec beaucoup de légèreté, sous-estimant la fragilité et la lassitude de leurs peuples qui ne comprenaient pas cette guerre. La campagne de 1537 a coûté à la France cinq millions et demi de livres, davantage que celle de 1536. Harcelé par les Turcs en Apulie (la France n'est pas totalement étrangère à leurs menées), l'empereur se trouve dans une position plus difficile encore – il est vrai que c'est lui qui a cherché la rupture, au lieu de se borner à récupérer le Piémont.

La France ayant échoué à prendre le Milanais, Charles Quint a regagné l'Espagne et jeté l'ancre à Palamós, près de Barcelone, au début de décembre 1536. Il retrouve l'impératrice à Valladolid en février 1537 et y demeure jusqu'au cœur de l'été avant de retourner en Aragon, qui requiert toujours plus de soins que la généreuse Castille. À la fin de 1537 et en 1538, il fait la navette entre la Castille et l'Aragon.

Beaucoup de chemins difficiles, de fatigues, de temps perdu…

*« La guerre se meurt »*

La guerre s'arrête d'elle-même par épuisement des combattants. Les Pays-Bas consentent à assurer leur défense, mais pas plus. Les ardeurs de l'empereur sont retombées. L'arbitrage du pape Farnèse, au début de 1538, se révèle efficace. Le 23 mars, Paul III quitte Rome pour Nice. Charles compte sur lui et sur le concile qui semble proche.

Momentanément libéré de l'obsession française, l'empereur rêve à nouveau de croisade. De Barcelone (25 avril) à Villefranche, près de Nice (9 mai), sous la protection de Doria, la liaison est lente. Les trois hommes ne se retrouveront jamais ensemble autour d'une table, mais deux par deux, le pape servant de truchement. C'est à Aigues-Mortes, un peu plus tard en 1538, que s'échangera le baiser Lamourette, toutes griffes hypocritement rentrées. Mais la situation, au fond, demeure bloquée.

En fait, Charles Quint a davantage évolué que son fantasque adversaire. Il a montré qu'il tient relativement peu aux territoires du duc de Savoie, que l'on pourrait dédommager par un échange. La France s'installe en Savoie-Piémont, qu'elle dote d'institutions françaises et qui, comme la Provence, ne pose pas de problème de langue et de culture. Mais pour François I^er^, ce n'est rien de plus qu'un accès au Milanais. L'empereur, malgré d'anciennes promesses et des projets de mariages défaits aussitôt qu'envisagés, ne peut en acquitter le prix qui serait la perte de contrôle sur la plaque tournante, la jugulaire qui permet le flux sanguin dans l'Empire des alliances. Le comble est que le Milanais, dont François I^er^ n'a rien à faire en tant que roi de France et dont les Français se moquent, constitue la pièce centrale de toute négociation sérieuse. La frontière

Piémont-Milanais étant le gage d'une paix durable, la France et le gouvernement des Pays-Bas parviennent, après quelques escarmouches, à une trêve suivie d'un armistice, parce que la guerre coûte trop cher et que les populations n'en veulent pas.

Or les deux hommes désirent inégalement la paix. Charles Quint, qui commence à sentir l'impasse dans laquelle s'enfonce l'Empire des alliances, souhaite vraiment la paix. Il est prêt à faire semblant d'envisager l'abandon du Milanais, mais plus tard et en se promettant d'aider le sort à faire échouer la cession. Quant à François Ier, il songe à obtenir par la douceur ce que force et rage ne lui ont pas donné. Robert J. Knecht remarque : « En 1538, la politique étrangère de François Ier subit une transformation radicale : après des années d'hostilité et d'amertume vis-à-vis de l'empereur, le roi de France, frappé par le deuil cruel du fils aîné, décide brusquement de s'en faire un ami[73]. » En juillet 1538, ils se retrouvent à Aigues-Mortes où, ils échangent des cadeaux et conviennent ensemble de jeter toute rancune à la rivière. Alors que Karl Brandi se contente de juxtaposer les deux épisodes de Nice et d'Aigues-Mortes, Robert J. Knecht les met en relation, car l'explication vient moins de Charles que de François.

À Nice, selon Brandi, « le résultat fut maigre. Dans l'arrangement conclu le 17 juin 1538, il n'était question que d'une trêve de dix ans, sur la base de la reconnaissance de l'état de fait. Les grands débats restaient ouverts. [...] Toutefois, [...] la trêve de Nice avait, grâce aux contacts [et à la présence du souverain pontife], une grande signification : elle était conclue sous l'égide de la chrétienté[74] ». Survient alors, moins d'un mois plus tard, le miracle d'Aigues-Mortes. C'est François qui fait le grand écart et c'est Charles qui montre combien l'accord était possible. L'homme surchargé d'honneurs, de vaines grandeurs et déjà de lassitude, était prêt à comprendre la béatitude de ceux qui procurent la paix.

La rencontre eut lieu d'abord dans les eaux de la rade, puis au château d'Aigues-Mortes. « Cette fois-ci, l'invitation venait du roi et l'empereur y donna suite avec un vif empressement. Il reçut d'abord la visite de son beau-frère sur son vaisseau, puis, le 15 juillet, la rendit sur terre. Il rencontra encore une fois sa sœur seul à seul. L'empereur attendait beaucoup d'un entretien personnel. C'était ce même désir qui, douze ans auparavant, avait fait croire à François Ier, dans l'orgueil de sa jeunesse, que sa personne en imposait à Charles. L'empereur était aujourd'hui dans la même attente, tout charmé qu'il était de l'invitation adressée par son beau-frère, du bonheur de revoir sa sœur, des amabilités répétées, témoignées par la cour de France – on parle d'alliance familiale. Une entrevue très cordiale devait réunir Marie et Éléonore à Cambrai, puis Marie et le couple royal à La Fère en octobre[75]. » Charles, lui, commençait à prendre mieux conscience des véritables rapports de force. Et son désir était sincère, malgré tout, de faire face au péril protestant en Allemagne et au péril turc à l'est et au sud.

Comme Brandi le souligne bien, Charles « savait qu'il ne pouvait prétendre à une paix perpétuelle et conserver toutes ses positions et possessions ». Encore faudrait-il que François Ier se montre raisonnable et renonce, même sans le dire, à Milan, comme son interlocuteur, sans le dire, a déjà accepté d'être enterré ailleurs qu'à Champmol. « En 1538, la politique étrangère de François Ier subit une transformation radicale. » Faut-il l'imputer au retour en grâce de Montmorency ? Cause ou conséquence ? En 1539, poussé par la nécessité, « Charles Quint traverse la France pour se rendre aux Pays-Bas. Il y eut des gens pour s'étonner que l'empereur acceptât, par ce voyage, d'être à la merci de son prisonnier d'hier ». Ce changement de cap tient en fait à ce que, n'ayant pu reprendre le Milanais par la force, François Ier a été persuadé par Montmorency qu'il pourrait l'obtenir par la négociation.

Du côté de Charles Quint, il y a avant tout le devoir de tout conserver[76]. Ce devoir découle d'ailleurs moins d'un choix que de l'interprétation du choix, à savoir que le précieux héritage ne peut être négocié, qu'il est sous la garde de celui que la Providence a désigné, même si l'accumulation sur une seule tête vient à l'encontre du droit des sujets à la présence du prince naturel. Un tel choix est digne, voire héroïque, mais est-il raisonnable ? La délégation aux providentielles princesses de sang royal a fourni le meilleur palliatif. Le parti que Charles avait pris de s'imposer avait été « l'occasion de préoccupations et de difficultés sans fin, puisque les titres de possession étaient à eux seuls l'objet de contestations et de querelles ». Seul devant ce dilemme, il doit négocier ou en découdre. Or François Ier, grâce à Montmorency et à la suite de ses revers, vient d'arriver précisément à une conclusion symétrique : en découdre ou négocier.

D'où l'idée éphémère d'une solution si parfaite qu'elle en est utopique. Plus dans le génie de Charles Quint que de son partenaire, elle consiste en « une organisation dynastique de l'Europe pour des générations, sous l'égide des deux grandes maisons de Bourgogne et de Valois réunies, avec l'appui de l'Angleterre et du Portugal. L'Empire pour l'instant [était] en dehors des arrangements de famille [...], mais garantissait la primauté des Habsbourg. Cette idée d'une alliance entre les deux branches des Habsbourg et la maison royale de France, le projet de céder la souveraineté contestée à des couples souverains membres des deux maisons, était le grand espoir né de l'échec de Nice et des projets d'Aigues-Mortes. À vrai dire, sur presque sur tous les points, c'était aussi la solution française du problème européen[77] ». Ce projet différait de celui de Gattinara, « libre alliance de deux souverainetés italiennes apparentées, mais sur la possession de Milan assurée d'une façon permanente à l'une des deux dynasties unies ».

Ainsi voit le jour tout un système de combinaisons matrimoniales, dont on ignore si Charles Quint y croit vraiment[78]. Le jeune duc d'Orléans (Henri étant devenu dauphin), marié à Marie, fille de Charles, et régnant aux Pays-Bas ou bien à Milan, était la clef de voûte de ces combinaisons. Mais le troisième fils de François Ier, Charles (duc d'Angoulême, puis d'Orléans depuis la mort du dauphin le

10 août 1536), meurt dans des circonstances mystérieuses le 8 septembre 1546. « On a soutenu qu'il avait été assassiné sur l'ordre des Impériaux[79] », ce que Fernand Braudel juge bien peu vraisemblable. À qui aurait en effet profité le crime[80] ? À Charles Quint ainsi libéré de l'une des stipulations de la paix de Crépy-en-Laonnois (18 septembre 1544), en lui accordant l'investiture du Milanais pour son fils Philippe et donc en lui confiant la clef de voûte de l'Empire de l'alliance ? Céder le Milanais au seul héritier de l'empereur, c'était plus qu'une annexion pure et simple : c'était clamer que la France ne l'aurait jamais.

Anne de Montmorency contrôle désormais la politique française au point que pas un ambassadeur n'arrive auprès du roi sans s'adresser en même temps au connétable, qui fait fonction de premier ministre. Il faut consolider les positions françaises en Savoie-Piémont, profiter des nombreux fronts que l'empereur doit surveiller. Pour Charles Quint, et jusqu'au compromis d'Augsbourg (1552-1555), l'Allemagne est le point sensible.

### *De l'Allemagne*

De tous les titres de Charles Quint, celui d'empereur est le plus prestigieux. Il ne l'a pas vraiment hérité – il l'a gagné. Depuis le jour de ses trente ans, il est le seul, le dernier. Maximilien, toute sa vie, n'a été que le roi des Romains, tout comme Ferdinand à partir de 1531.

Empereur : un halo de prestige, mais aucune rente, aucun attribut de puissance. Pour exercer la fonction, il faut payer. Certes, le pays produit des lansquenets, comme l'axe rhénan produit la moitié des livres imprimés. L'avenir se joue là, en Saxe, avec la naissance et la montée en flèche d'une voie alternative. Seuls deux événements comptent vraiment, l'Amérique et la Réforme, et l'empereur y est à chaque fois mêlé. C'est le seul véritable grand politique du siècle en dépit de ses limites (qu'il connaît), le seul capable à la longue de ne pas persévérer dans l'erreur. Tout son être refuse la Réforme. Homme de l'héritage, comment pourrait-il accepter une rupture au nom d'un passé lointain ? Mais, jusqu'à un certain point, il la comprend. Alors qu'il éprouve des bouffées de rage et de haine à l'encontre de François Ier, il n'est jamais parvenu à haïr les Allemands luthériens qu'il a combattus.

Le paradoxe est là : ce sont les Pays-Bas et l'Espagne qui paient, et c'est l'Allemagne qui occupe l'empereur. Cette Allemagne qu'il ne pourra léguer à son fils, qui n'en pourrait rien faire.

« Tout assembler, tout rassembler », « négocier ou en découdre ». Le chevalier sait qu'il n'est ni général ni diplomate. Ce chef de droit divin est tenu de respecter ceux qui lui sont confiés. Puisqu'il accepte de n'être pas le premier en tout, il a les meilleurs généraux ; il ne les écarte pas, comme d'autres, pour les punir d'être meilleurs que leur souverain. Avec Lannoy, Orange, Doria, puis Albe, Ferrante Gonzague, il est bien servi et leur en sait gré. Il est bien l'anti-François Ier[81]. Politiquement, avec Chièvres et Gattinara, puis Cobos, Perrenot de Granvelle, La Chaulx, Gorrevod, il est bien entouré et en rend grâces à Dieu. « Chez ses confesseurs eux-mêmes, l'empereur n'allait bientôt plus apprécier que la piété, la préférant désormais à leur valeur politique : ce n'était plus le temps de Loaysa[82]. »

Voilà donc, vers 1535-1536, l'Empire des alliances, cahin-caha, en ordre de marche. Un premier réseau de diplomates est en place : à Paris, des Bourguignons ; en Angleterre, des Bourguignons et des Espagnols ; au Nord, des Néerlandais. Le souci de Charles pour les affaires d'Allemagne est sans proportion avec la contribution de ce pays à la puissance impériale résultante. L'Allemagne serait-elle le luxe de l'empereur, comme le Milanais pour François Ier ?

« Le gouvernement d'Allemagne était fait du singulier amalgame de la lieutenance de Ferdinand, qui, depuis son élection au titre de roi des Romains, aurait eu le droit de gouverner pour lui-même, et d'une ingérence continuelle de l'empereur[83]. » La susceptibilité des princes est extrême. Souffrent-ils vraiment de cette portion congrue laissée à Ferdinand ou n'est-ce là qu'un prétexte ? Jean-Daniel Pariset dresse une sorte de registre des doléances[84] : de 1519 à 1540, la liste s'est allongée. À l'opposition religieuse s'ajoute, on l'a vu, une opposition politique. On voit à l'œuvre le front des libertés germaniques, que la France sera souvent habile à brandir en se posant en protectrice de ces précieux principes par essence menacés. On reproche à Charles de ne pas prendre suffisamment l'avis de la Diète, mais on y perd beaucoup de temps, et même si l'empereur ne peut se consacrer à la seule Allemagne, ce sont plutôt les autres États de l'alliance qui pourraient se plaindre.

Charles Quint est conservateur, mais sans doute pas assez aux yeux du parti des sacro-saintes libertés. Plus sérieuse est l'accusation d'avoir dépouillé la chancellerie d'Empire au profit de la chancellerie aulique. Mais c'est plutôt l'inverse qui est vrai. Sept ans d'absence de l'Empire avaient renforcé les mauvaises habitudes. En paroles, on souhaite la présence de l'empereur, mais on se porte mieux quand il n'est pas là. « L'empereur élu en 1519 était le duc d'Autriche » – on lui pardonnait d'être un *welche* parmi d'autres, car l'Empire en compte beaucoup. « En 1540, à son retour de la croisade, il apparaît comme un roi d'Espagne ou un duc italien. De fait, la nation germanique était à nouveau soumise à un étranger. » Il est tentant, pour la diplomatie française, de souffler sur ces braises quand les relations se tendent.

La menace d'une immixtion française préoccupe plus Charles que son frère depuis l'affaire du Wurtemberg. Il s'inquiète d'un détournement de l'attention en direction de la Hongrie. Certes, la dénonciation du danger turc et la crainte que le « front hongrois » ne vienne à nuire à l'équilibre de l'Empire sont contradictoires. Favorable à une politique plus conciliante, Charles Quint souhaite une entente avec Jean Zapolya, le voïvode de Transylvanie, qui tient ce morceau de l'ancienne couronne de saint Étienne contre un tribut récognitif à la Porte. Si l'on accepte l'hérésie dans l'Empire, pourquoi ne pas fermer les yeux sur un *modus vivendi* avec les Turcs ? L'empereur se croit lié par la défense de tous les héritages, mais pas de la même manière pour les nouveaux acquêts de son frère.

Faut-il continuer à faire son deuil du Wurtemberg et tolérer qu'il passe sous l'autorité du landgrave de Hesse, un luthérien ? Charles ne peut que regretter les imprudentes déclarations de Ferdinand à la veille de sa difficile élection à la dignité de roi des Romains. S'il n'est pas question de revenir en arrière sur la paix religieuse de Nuremberg (1532), faut-il observer le *statu quo* de 1532 (catholique) ou l'interprétation luthérienne ? Comment refuser en 1535 ce que l'on a accordé en 1532 ? Le parti qui recule (le catholique, au moins jusqu'à la seconde moitié du XVIe siècle) veut fixer une frontière le plus en amont possible dans le temps ; celui qui a le vent en poupe (le luthérien) souhaite maintenir une situation ouverte qui tienne compte des nouvelles conversions. Peut-on obtenir des restitutions sans déclencher la guerre ? Charles ne le pense pas et garde un silence prudent.

La ligue de Smalkalde se renforce. Ce n'est peut-être pas là, en ces temps de mise en place de la Réforme, que l'Allemagne est née, mais c'est là qu'elle s'est massivement et solidement réalisée, parce qu'elle l'a fait avec modération, sans choquer ni bouleverser. En raison aussi du cadre politique et social qui invite au *Cujus regio ejus religio*, à des ajustements à court rayon, sans trop de frais.

Entre l'Empire qui lui est hostile et un semis d'États territoriaux tôt ralliés, le dernier mot revient à la convergence entre la nouvelle forme ecclésiale et ces États modestes. Le *Sola fide* fonctionne d'autant mieux que le pouvoir délégué par Dieu à une Église dont la tête est lointaine et discréditée passe mal. Quant à l'empereur, tout son être rejette ce qui lui apparaît comme une rupture, mais il comprend que le retour pur et simple à un proche passé n'est ni possible ni juste. D'où les oscillations impériales et cette différence existant entre les décisions arrachées à la Diète et la pratique d'assurer des retraites en bon ordre avec un minimum de violences – la fronde paysanne passée.

En 1536-1537, Charles Quint confie une importante mission à Held, vice-chancelier d'Empire. Est-ce un bon choix ? Tout va prouver que non. Ce catholique buté est chargé de régler le litige issu de la paix confessionnelle de Nuremberg et de préparer la voie au concile qui porte la chance d'une paix dont l'Empire a besoin[85]. Le retour à la ligne de partage de 1532 est un leurre ; il n'est même pas sûr qu'une guerre victorieuse l'obtiendrait. Il faut de la souplesse pour éviter de heurter et de blesser ; or voilà précisément ce que Held ne possède pas. S'il avait bien lu et surtout compris les instructions que l'empereur lui avait fait tenir, il n'aurait sans doute pas commis ces maladresses qui, à l'encontre du but recherché, renforcent la ligue de Smalkalde, durcissent ses positions et compromettent le roi des Romains. La grande idée de Held, c'est la mise en place d'une contre-ligue catholique, donc une institutionnalisation de la guerre civile. Le projet est d'ailleurs voué à l'échec, pour la raison simple que l'Allemagne catholique est beaucoup plus divisée que l'Allemagne protestante – elle est en effet loin d'être ralliée aux Habsbourg, et même à l'empereur. Le 15 février 1537, le vice-chancelier déclenche l'indignation, mécontentant les catholiques et soudant le camp protestant.

Karl Brandi s'interroge : « On se demande ce qui est le plus étonnant, de l'insuffisance diplomatique du vice-chancelier ou de ses lourdes et prétentieuses exagérations qui ne durent pas peu contribuer à le rendre insupportable, à la longue, à ses collègues Granvelle, Lund et Naves. [...] En résumé, [...] Held ne fit ni n'obtint rien » dans le sens d'une politique impériale de maintien de l'essentiel, qu'il avait été bien incapable de comprendre[86]. La politique négative de Clément VII avait rapproché ceux qui, catholiques ou protestants, fondaient quelque espoir sur un concile et sur une réforme inscrite dans des limites acceptables pour le plus grand nombre. Moins le pape se montrait disposé au concile, plus il feignait d'accepter des concessions, plus l'empereur réclamait le concile. Plus Paul III se montre relativement favorable à un concile – ce qui est nouveau et presque inquiétant –, plus la solution en Allemagne s'éloigne.

En effet, seule une négociation dans le cadre allemand pourrait aboutir à un compromis. Étant donné la présence des blocs espagnol et italien et l'incertitude planant sur la populeuse France, on voit mal quelle genre de concession pourrait sortir d'un concile. En 1535, il est déjà trop tard. Fallait-il en outre que le pape fît, dans la bulle de convocation du 24 avril 1537, référence à « la peste de l'hérésie luthérienne » ? Comment s'étonner que les choses aient si peu avancé ?

Mais il reste entre ces princes un vieux fond de respect et de loyauté[87]. En septembre 1538, le jeune électeur de Saxe, pris d'anxiété, se demande – et demande à la Hesse – s'il ne faut pas prendre les devants et ne pas laisser à Charles Quint l'avantage politique. La Hesse répond qu'on ne peut agir sur une simple rumeur ; les anciens savent la répugnance de l'empereur à mener la guerre contre des gens qu'il estime. En 1538-1539, celui-ci maintient le cap et prône « l'esprit de conciliation sur tout ce qui ne porte pas atteinte à l'essence de la croyance et ce qui ne saurait être un objet de scandale ». La directive est transmise au roi des Romains le 22 septembre 1538.

En janvier de cette même année, Henri VIII, voulant sortir de la nasse où il s'est enfoncé, a fait savoir à Charles Quint qu'il acceptait de participer à un concile qui serait de l'empereur et non du pape. Toujours incorrigible sur ce point, l'empereur imagine d'étranges cascades de mariages. Il s'agit d'arrimer l'Angleterre à l'Empire des alliances – au détriment des Pays-Bas, dont la régente n'est pas consentante. La Scandinavie est le point de mire. 1540 est pour les Pays-Bas une date clef : la révolte de Gand qui couve depuis longtemps est locale, mais on assiste à une prise de distance, à un glissement du centre de gravité. Maintenant que la Castille est irriguée par les richesses d'outre-Atlantique, la tête de l'Empire est l'Espagne. Les Pays-Bas montreront leur insatisfaction un quart de siècle plus tard.

C'est à ce moment que les peuples d'Europe, étonnés, ont pu croire à l'invraisemblable réconciliation. L'an 1538 connaît une forte poussée turque ; Venise appelle à l'aide ; Barberousse tente de s'emparer de Corfou. Sur la lancée de Tunis, en une conjoncture où prévaut la détente avec François Ier, où les luthériens allemands n'aspirent qu'à la paix et où la France poursuit la répression antiprotestante, survient le mémoire de Marie de Hongrie[88]. La reine, qui sent l'extrême lassitude du pays et la montée imminente des troubles, fait observer au premier prince de la chrétienté qu'il a le devoir de faire ce pour quoi il a été pourvu de moyens. Avant d'aller essuyer un échec sur la route du Levant, il doit mettre tous les atouts dans son jeu. Les vaisseaux de l'empereur, placés sous le commandement de Doria et de Gonzague, rejoignent le gros des Vénitiens devant Corfou. Tout commence par des palabres entre les amiraux chrétiens et Barberousse ; le combat tourne plutôt au désavantage des chrétiens à la Prevesa (27 septembre 1538).

Voilà qui incite à suivre les conseils de Marie de Hongrie, qui connaît d'expérience la puissance réelle de la Porte : il aurait fallu une entente plus profonde pour la contrebalancer utilement. Entre les Turcs dont les arrières ne sont pas assurés, accrochés qu'ils sont par les Perses, et les chrétiens encore plus gravement divisés, l'équilibre des forces ne permet pas de faire la décision. La sagesse conseille de ne pas poursuivre en vain cette guerre d'usure.

Corfou est un échec cuisant, qui pousse à chercher une revanche facile à Alger – une perspective qui va au-devant du désir souvent exprimé de l'Espagne, déçue par Tunis et par la Prevesa.

De 1534 à 1545, note Fernand Braudel[89], le regard se porte ailleurs : vers la reprise de l'affrontement France-Empire, et vers surtout la quête du règlement du conflit en Allemagne. L'Amérique ne fait pas encore la différence et l'Allemagne cherche un compromis qui ne pourra voir le jour que dans la douleur. La Méditerranée est bien présente : en témoignent la prise de Tunis (qui n'a guère eu de suites), l'entente sournoise entre François I$^{er}$ et Soliman – au grand scandale des Allemands –, l'alliance forcée de Venise et de Charles Quint devant Corfou pour un médiocre demi-succès. En 1538-1540, la partie fut quasiment perdue pour la chrétienté, par la faute de Doria le Génois qu'aveuglait la haine des Vénitiens : le 27 septembre 1538, la flotte de Doria abandonna sans combattre le champ de bataille de la Prevesa aux galères et aux fustes de Barberousse. La défaite chrétienne de 1538 n'a certes rien de comparable au désastre turc de Lépante en 1571, mais c'est une reculade, une perte de prestige, l'insécurité chrétienne pour plus d'un tiers de siècle, une menace latente sur les côtes espagnoles où la minorité morisque garde l'espoir d'un retour.

Le « dernier gros effort », l'expédition de Charles Quint contre Alger, échoue en 1541. Après la prise de Nice, la flotte turque hiverne à Toulon en 1543 et 1544. Cela suscite en Allemagne un vrai scandale, dont le souvenir aura du mal à s'estomper. Comment excuser la France ? Dans l'intervalle, il y aura eu l'unique traversée de la France par l'empereur…

## *La visite de l'empereur*

L'entente forgée à Aigues-Mortes connut son apogée pendant l'hiver 1539-1540 avec la visite en France de l'empereur[90]. Contemporains et historiens n'ont pas dissimulé leur étonnement. La présence du prince aux Pays-Bas était requise de façon pressante ; or la route maritime était dangereuse et pratiquement impraticable en hiver, sans compter l'hostilité anglaise toujours possible. Il y avait bien la voie par le Milanais, mais la bretelle de Barcelone à Gênes n'était pas sûre non plus : on pouvait tout craindre des Barbaresques. La route par la France était non seulement la meilleure, mais en l'occurrence la seule envisageable. Chièvres et Marguerite d'Autriche jadis, Marie de Hongrie à présent, l'avaient dit à l'empereur : la paix avec la France était la clef de voûte de l'Empire. Puisque l'occasion se présentait, il fallait la saisir.

Les Français n'en crurent pas leurs yeux et leurs oreilles. L'empereur avait d'abord dû convaincre un Conseil réticent[91]. L'invitation du roi (5 août 1539) se doublait d'une invitation du dauphin, qui entretenait des relations médiocres avec son père. Charles voulut s'assurer d'une relative tranquillité du côté turc. François Ier, souffrant, se fit transporter en litière jusqu'à Loches. On visita les nouveaux châteaux de la Loire. Montmorency triomphait, tandis que l'amiral Chabot rongeait son frein[92].

On se sépara le 20 janvier 1540. Les fils du roi accompagnèrent leur hôte jusqu'à la frontière. Mais l'éclaircie ne devait durer que trois mois. Le 15 mai, on en était déjà aux récriminations véhémentes. La pomme de discorde était toujours Milan. Comment François avait-il pu imaginer que Charles lui rendrait ce gage livrant à sa discrétion l'artère jugulaire de son empire ? Comment accepter sincèrement que ce maillon central du système des alliances soit un jour entre les mains d'un fils de la maison de France ? Qu'en revanche celle-ci, en Savoie-Piémont, soit en position d'exercer une pression, pourquoi pas ? Il eût fallu pour cela de l'abnégation, admettre que Pavie avait annulé Marignan et que l'épais royaume n'avait pas besoin de cette excroissance.

Charles Quint avait sollicité le chemin terrestre et suscité le fol espoir d'un roi de France dont la santé commençait à s'altérer sérieusement. Avant le départ pour les Pays-Bas, l'empereur et le roi avaient, dans un ultime entretien, rêvé une dernière fois d'un projet antiturc et du triomphe de la vraie religion, laissant de côté les différends, échafaudant des kyrielles de mariages. Avant de trancher, Charles Quint devait en conférer avec son frère à Bruxelles. À la fin de janvier, il avait recouvré sa liberté, il était sorti du mirage ; peut-être avait-il aussi mesuré *de visu* la désagrégation physique et morale de son partenaire. Le ton monte, Charles Quint se cabre. Montmorency s'éloigne insensiblement du pouvoir, avant de se voir privé de tout.

En Allemagne, où il est dépourvu de moyens, l'empereur est décidé à ne rien brusquer. La Réforme continue donc sans entrave ; on verra, quand il se tiendra, ce que le concile pourra faire. L'accord signé à Francfort le 19 août 1539 a marqué un grand pas en avant des luthériens : il a entériné une décennie de nouveaux acquis des Églises que l'on dit de la Confession d'Augsbourg. Mais comment comprendre sans tenir compte alors du terrible drame personnel vécu par l'empereur ?

En avril 1539, l'inquiétude s'abattit sur Tolède. Le 20, l'impératrice avait accouché de son septième enfant, mort peu après, et s'était éteinte le 1er mai[93]. Le chagrin de Charles, qui ne l'avait pas quittée depuis plusieurs mois, fut immense. Cet homme qui toute sa vie avait construit des systèmes d'alliances n'avait jamais été traversé par l'idée qu'il pût être amené à se remarier. Il fit retraite quelques jours au couvent des hiéronymites de la Sisla. Voici ce qu'il écrit dans ses Mémoires : « Après l'entrevue d'Aigues-Mortes et les autres négociations pour obtenir une paix bonne et durable entre l'empereur et le roi de France, étaient survenues des Pays-Bas des nouvelles inquiétantes, alors que, depuis 1531, l'empereur n'était plus dans ce pays. Il pensa qu'une plus longue absence ne pouvait qu'aggraver ces maux. Il se voyait isolé et désirait ardemment mettre tout en œuvre en vue d'une paix honorable, et quoiqu'il pût se dire que l'infant son fils fût trop jeune pour régner en son absence, pour remplacer l'impératrice, et en dépit de toutes les représentations qu'on lui faisait, il n'écoutait que ses bonnes et sincères intentions de faire ce qu'il devait faire vis-à-vis de ses sujets, pour les empêcher de tomber dans des calamités plus grandes encore. Il voulait aussi mener à bien certaines affaires qu'il avait laissées en suspens en Allemagne. Son premier désir était de s'embarquer à Barcelone et de faire le voyage par l'Italie, mais comme à cet instant précis le roi de France l'avait vivement pressé de faire route à travers son royaume, où il lui promettait toute sécurité et le meilleur accueil, et que l'empereur se disait qu'en refusant cette invitation il causerait grande peine et donnerait l'impression qu'il se méfiait, il s'était décidé à quitter l'Espagne et à y confier pour la première fois le gouvernement aux mains de son fils, si jeune qu'il fût encore[94]. »

Texte sincère, mais écrit après coup et ne présentant qu'une facette de la réalité – celle de l'âme. On a vu l'autre facette : les nécessités géopolitiques. Ce texte dit bien ce que furent, dans la reconstruction de la mémoire, ces quatre pas dans les nuages : rêve de croisade, rêve de paix, rêve de réconciliation et peut-être rêve de pardon. D'où la démarche auprès de François Ier, cette manière de se livrer, de se faire comme le prisonnier de celui que l'on a longuement et durement retenu prisonnier… Et puis, peu à peu, sur le sol des Pays-Bas, la dure réalité politique s'est imposée[95]. Le 15 mai 1540, l'empereur est irrité par le ton de François Ier qui, lui, songe toujours à la récupération de Milan ou à la quasi-vassalité des Pays-Bas. Charles ne désire nullement un nouveau conflit avec la France : il lui faut toujours restaurer l'ordre aux Pays-Bas, résoudre le schisme religieux en Allemagne et préparer sa croisade. Il charge ses ambassadeurs d'organiser, en dernier recours, une nouvelle entrevue avec le roi de France. Mais l'heure n'est plus à la diplomatie : comme le cardinal de Lorraine en informe les ambassadeurs, François Ier estime qu'il faut lui donner Milan sans ambages. Au mois de juin, les pourparlers sont abandonnés.

Montmorency avait œuvré, et échoué. Il y avait eu une chance à saisir, François Ier l'avait laissée échapper. « En public, il rappelait son amitié avec l'empereur ; en privé, il se vantait de préparer la guerre », étalant sa complicité avec les Turcs. Il se leurrait sur ses chances auprès de la ligue de Smalkalde ; les princes luthériens étaient au courant de la situation des réformés en France. Les avanies que subissaient ceux-ci éveillaient la méfiance. À la limite, l'empereur valait largement, à leurs yeux, le roi de France. Luthériens ou catholiques, les princes allemands n'appréciaient pas non plus l'alliance *de facto* avec les Turcs.

Le *casus belli* s'offre en 1541. La mort du voïvode Jean Zápolya, en juillet 1539, a déclenché un conflit en Hongrie, le sultan soutenant l'héritier du défunt contre le roi des Romains soutenu par l'empereur. Antonio Rincón, agent au service de la France, et le Génois Cesare Fregoso assurent la liaison France-Turquie (Rincón) et Venise (Fregoso). Le 4 juillet 1541, descendant le Pô, les deux émissaires sont tués par des soldats impériaux. Charles Quint nie toute responsabilité dans l'événement, mais le roi fait arrêter à Lyon l'archevêque de Valence, un fils naturel de Maximilien. L'affaire tombe mal, en pleins préparatifs de l'expédition d'Alger. Le 28 septembre 1541, l'empereur part en effet pour Majorque, afin de rejoindre ses troupes. François I^er^ ne déclarera pas la guerre pendant que Charles combat les infidèles.

Frappé le 1^er^ mai 1539 par la mort de l'impératrice – l'épouse qui ne sera jamais remplacée –, l'empereur avait eu besoin de quelques mois pour recouvrer ses esprits. D'où sa démarche quasi religieuse auprès de la France, comme pour marquer le désir de pardon, condition même de l'admission au royaume de Dieu.

Ce n'est pas sans hésitation qu'il avait décidé de confier la régence à son fils de douze ans, Philippe, qui s'était déjà vu déléguer la tâche de conduire les obsèques de sa mère à la place de son père effondré. Décision rendue possible par la position très solide dont Charles jouit désormais dans son bastion espagnol. Le cardinal Tavera sera régent *de facto*. L'empereur rêvait alors, la plume à la main, à l'entrelacs des Habsbourg et des Valois, charpente de la chrétienté latine.

Mais il faut d'abord rétablir la situation aux Pays-Bas. Marie de Hongrie, qui s'était trouvée en difficulté, avait dû signer, faute de ressources, la trêve de Bomoy entrée en vigueur le 30 juin 1537. Elle s'était heurtée au refus de Gand, ville symbole d'une Flandre occidentale qui persistait à se sentir du royaume, sinon française. Au lieu de l'argent demandé, elle avait offert de la main-d'œuvre. Mais Marie voulait des chevaux, un train de transport, et non point des milices sans armes, sans entraînement, sans commandement. La fronde fit tache d'huile. Les Gantois soulevés se tournèrent alors tout naturellement vers le roi de France, qui leur prêta une oreille attentive. Certains notables s'enfuirent ; les autres furent pris au piège.

Épisode grotesque et symbolique : le Calfvel, la constitution municipale accordée par l'archiduc Charles en 1515, est lacéré ; des morceaux de parchemin sont portés ostensiblement au chapeau par neuf *comuneros* à la mode de Gand. On veut enfermer la régente au couvent pour ne plus avoir à obéir à une femme. On comprend le trouble de l'empereur : son empire repose sur deux piliers, l'Espagne et les Pays-Bas.

L'accueil fait aux Gantois massés à la rencontre du cortège impérial à Valenciennes est froid. L'entrée de Charles dans la ville à la tête d'un contingent à cheval, suivi de cinq mille lansquenets, aux côtés de Marie, du légat pontifical, des ambassadeurs, des princes et des seigneurs, proclame puissance, prestige, légitimité. L'empereur s'installe au Prinzenhof, où il est né ; les troupes sont réparties quartier par quartier, en armée d'occupation. Après la terreur révolutionnaire, voici celle des mercenaires qui accompagnent le prince. Charles réunit le Conseil ; le procureur de la cour de Malines est là et Ferdinand, le roi des Romains, arrive. Le 3 mars 1541 commencent interrogatoires et exécutions sur les lieux mêmes où le malheureux Pyn – ce vieillard torturé à mort par les émeutiers – a subi son supplice. Un quartier est rasé, avec ses églises ; la ville perd ses biens, ses armes, ses canons, ses munitions et son gros bourdon qui s'appelait pourtant Roland. Il faudra que les échevins, trente notables et les représentants des corporations, tête et pieds nus, en chemise, sollicitent leur pardon. Un nouveau statut, le *Karolinische Concessie*, est substitué à celui de 1515.

C'est dans cette atmosphère de *Dies irae* qu'est réexaminé l'écheveau des mariages européens. Il ne faut plus attendre de concessions sur Milan ni sur la Bourgogne. Ce sera une renonciation solennelle à Milan contre une renonciation solennelle à la Bourgogne. Beaucoup restait à faire pour consolider les Pays-Bas, toujours inachevés et harcelés au nord et sur le flanc oriental fragilisé. Les projets défilent sans qu'on parvienne à leur accorder la moindre crédibilité.

Karl Brandi conclut : « Le 2 octobre [1540], conformément à son testament politique de 1539, Charles Quint avait posé aux principaux seigneurs des Pays-Bas une question de la plus haute importance : ces dynastes préféraient-ils avoir pour souverain l'infant Philippe ou, au contraire, avec l'assentiment de Philippe, l'infante Marie, à qui on ferait alors épouser le fils puîné du roi des Romains[96] ? » Il semble que les seigneurs n'aient pas exprimé de choix. On sait que c'est Philippe qui a recueilli toutes les mises.

Enfin, le 11 octobre 1540, l'empereur trancha le nœud gordien avec la France en donnant l'investiture du Milanais à son fils bien-aimé, Philippe. Selon Brandi, il se serait souvenu du conseil de Gattinara : ne jamais lâcher pour dix empires le Milanais. Cette cession à Philippe était bien davantage que l'annexion proclamée. Le défi était relevé : l'empire de l'alliance multiple, de tous les héritages réunis sur une seule tête, avait – contre toute attente – réussi à survivre suffisamment pour qu'on le juge viable. On ne pouvait donc envisager autre chose que l'incorporation définitive de Milan. Comme le dit bien Brandi, « l'investiture de Milan, c'était liquider le passé, engager l'avenir, pousser le centre de gravité du côté de l'Espagne ».

### *L'échec des compromis*

L'année 1540 est fertile en colloques religieux[97]. En Allemagne, on ne se bat pas encore. On peut distinguer deux pôles. Morone, le nonce, et le cardinal Aléandre, auprès du roi des Romains, considèrent toute rencontre comme inutile, voire sacrilège. Hors de l'Église telle qu'ils croient qu'elle fut toujours, ils ne veulent rien savoir. Les bouleversements du XIII$^{e}$ siècle leur échappent ; ils les ignorent. Imaginer qu'un changement pût être moins un changement qu'un retour sur le passé leur paraît le début de la trahison, l'entrée fatale en tentation. Un noyau opposé, plus luthérien que philippiste (partisan de Mélanchthon), pense de même : il faut que le Saint-Esprit leur ouvre les yeux, le cœur, l'esprit. Il ne peut y avoir d'autre solution que de rupture : ce sera la victoire d'un des deux camps ; mais si Dieu reste neutre, le rapport de forces obligera à une solution de partage. Il y a enfin ceux que Thierry Wanegffelen a étudiés : les chrétiens « entre deux chaires », conscients d'une proximité essentielle. Ce sont en fait les hommes du passé, ceux qui voudraient une réforme de tous les chrétiens ensemble, sans conserver obligatoirement toutes les innovations des XIII^e^ et XIV^e^ siècles ni écarter aucune voie pour conjurer l'angoisse du Jugement.

À la deuxième, à la troisième génération de vécus ecclésiaux différents, la faille est quasiment infranchissable, sauf dans les rares cas où joue l'attirance du contraire, la fascination du dépaysement. Deux forces poussent à poursuivre sans se lasser les « colloques » : l'empereur et le pape, avec des arrière-pensées différentes. Charles Quint veut surtout éviter la guerre, alors qu'il a tant de tâches à accomplir et si peu de moyens pour y faire face ; quant à Paul III, il redoute le concile. En outre, Rome elle-même n'est pas monolithique ; il y a le pape, mais aussi la curie, et c'est elle qui rédige : « la paix, chose urgente, mais le salut des âmes plus encore ». Peut-on imaginer que la curie laisse percer le moindre doute sur son pouvoir discrétionnaire de portier infaillible des entrées au paradis ?

L'empereur et le roi des Romains sont déchirés entre leur désir de paix et la conviction qu'aucune concession, même jugée utile, n'est possible sans l'assentiment formel du pape. Pour Charles Quint, le pouvoir de l'Église visible est l'intangible absolu ; toute autre intention, fût-ce la paix, lui est subordonnée. Des deux côtés, on colloque : à Haguenau (catholiques) et à Augsbourg (mixte). Que peut-on espérer de la diète convoquée à Ratisbonne pour le 6 janvier 1541 ? Ferdinand est à nouveau menacé par la guerre turque, et Charles craint une attaque française.

Parti des Pays-Bas, l'empereur arrive à Ratisbonne le 23 février 1541. Il a multiplié les gestes de courtoisie à l'égard des protestants. Les catholiques intransigeants, rangés en bataille derrière le boutefeu bavarois, sont mécontents. On choisit les orateurs. Côté catholique : Cropper, Jules Pflug et Eck ; le légat Contarini est présent et influence son camp. Côté luthérien : Mélanchthon, Bucer, Pistorius. Fin avril-début mai, on pourrait croire que les points de vue se rapprochent. Une forme de bonne volonté réciproque triomphe ; Bucer et Mélanchthon surtout vont loin.

L'empereur, plus conciliant que ses coreligionnaires, entoure d'attentions le landgrave Philippe de Hesse, fragilisé par l'accusation de bigamie. Peut-être parce qu'il a fait des concessions qui risquent de compromettre sa crédibilité dans son camp, Mélanchthon surprend par sa fermeté. Il arrive à Charles Quint de s'exaspérer contre son propre camp, rudoyant parfois le légat. « Je ne suis pas théologien, déclare-t-il, mais j'ai entendu dire qu'on se dispute sur le terme de transsubstantiation, tandis que j'apprends que les protestants seraient disposés à admettre la confession auriculaire. » L'indignation de l'empereur ne plaide pas en faveur de sa culture théologique… En fait, il réagit en politique ; il se croit très proche des princes de l'autre camp. Luther, lui, tonne contre les concessions des *siens.*

Rien n'est encore figé, mais la pression de l'événement est forte. La réalité sociale, militaire, géopolitique pèse sur les politiques. Charles et Ferdinand ne semblent pas toujours sur les mêmes positions. L'empereur est parfois plus solide que son frère. Parce que le Turc le tient à la gorge, le roi des Romains se met à désirer la paix dans l'Empire, même au prix fort. Son cheminement rappelle celui de sa sœur Marie de Hongrie. Charles se montre généreux à l'égard des hommes, mais rigide sur le fond. Sa foi est une foi de chevalier ; pour les mots, il s'en remet aux clercs. Il a dominé son exaspération et pousse à la clôture des colloques adjacents et de la diète de Rastisbonne. Selon Karl Brandi, « on arrive à un écheveau embrouillé de déclarations rédigées avec un excès de hâte d'où devaient sortir de nouvelles difficultés ».

Bien d'autres affaires réclamaient l'attention. Il était clair que François I^er^ n'en resterait pas aux propos aigres. Charles voulait partir pour l'Italie et offrir à ses fidèles sujets d'Espagne (peu émus par la prise de Tunis, ce cadeau fait à l'Italie) un raid vengeur sur le nid de vipères d'Alger. Il s'était donné jusqu'au 28 juillet 1540 ; il partit le 29. Il éprouvait le sentiment d'avoir beaucoup trop cédé aux protestants. Les rancœurs s'étaient accumulées dans le camp catholique.

L'empereur gagne rapidement Innsbruck, où il parvient le 6 août et où il passe deux jours. Il met au point une nouvelle rédaction de la déclaration en faveur des princes ecclésiastiques et l'acte d'accession à la Ligue catholique, gestes qui contrebalancent un peu les concessions qu'il a dû faire au camp protestant. Il nomme un envoyé spécial (Praet) auprès de Marie de Hongrie, cheville ouvrière de la moitié nord de l'Empire pluriel, dont la puissance est consolidée (Danemark, Palatinat, Hesse, Clèves, Gueldre), et lui dresse la liste des secteurs à surveiller de près. Marie a du pain sur la planche… La Diète avait accordé un secours d'urgence pour dix mille lansquenets et deux mille cavaliers, mais le défaut d'argent contraint Charles à faire un crochet par l'Espagne. Il a dû renoncer à se porter au-devant de Soliman qui marche sur la Hongrie (il confesse à sa sœur la honte qu'il en ressent).

L'expédition d'Alger a deux fins : satisfaire l'Espagne en allégeant le fardeau côtier des Barbaresques, et conjurer une attaque de François Ier, car cet allié occulte du Turc ne pourra jeter sans risques le masque devant une chrétienté qui ne saurait alors manquer de le condamner. Le poids de la flotte sera assumé par Naples et la Sicile.

Les nouvelles de Hongrie sont accablantes. Les Allemands, qui s'y battent bravement, subissent de gros revers ; on va vers un nouveau siège de Vienne. Mais Soliman, après la chute d'Ofen – une belle victoire pourtant –, fait demi-tour. À Lucques où il rencontre l'empereur, le pape non seulement continue à refuser le concile, mais déconseille le raid sur Alger. Pour lui, seule compte vraiment la Hongrie.

Le choix de la fin d'octobre pour mener une expédition vers Alger est une erreur. La saison n'est pas favorable et les équipages le sentent. Cette décision est liée à des contraintes externes, au surdimensionnement du système. Charles évite la catastrophe, mais le coût du gigantisme est lourd.

Du 21 au 23 octobre 1541, à l'est d'Alger, deux jours sans pouvoir débarquer à cause de la tempête. Une négociation avec le renégat Hassan Aga fait perdre du temps et échoue. Dans la nuit du 24 au 25, alors que l'armée assaillante surplombe la ville, un ouragan met à mal les cent cinquante vaisseaux rassemblés. La pluie est torrentielle, les troupes italiennes se débandent. Charles doit son salut, de justesse, à la vaillance des lansquenets allemands rompus à la guerre. Cortès, le conquérant de la Nouvelle-Espagne, propose alors de conduire avec ses hidalgos une contre-attaque, mais l'empereur choisit la retraite qui sauve une partie des vies. Ce qu'il a gagné en prestige à Tunis, il le perd largement à Alger.

Rentré à Valladolid en janvier 1542, Charles Quint se consacre aux affaires d'Espagne et d'Amérique. Il entend la voix de Las Casas, visage radieux de l'Église qui se souvient du Christ. Jamais son appui ne fera défaut au *clérigo* devenu évêque de Chiapas, l'inspirateur des Nouvelles Lois[98].

Peut-être faut-il revenir un peu sur la période qui précède la reprise désastreuse de la guerre. Georges d'Autriche, bâtard de Maximilien, se rendait de Valence à Liège pour prendre *de facto* la succession de l'évêque de Liège, très malade – Liège, pièce maîtresse des Pays-Bas et qui évoquait de cruels souvenirs. L'arrestation de Georges par les Français fut pour l'empereur un avertissement.

En Hongrie, Ferdinand piétine ; en Allemagne, l'accord provisoire ne satisfait personne[99]. Une correspondance avec Granvelle en Italie nous apprend que l'empereur comptait sur l'aide du pape. Déçu, amer, il en est réduit à se rapprocher de l'Angleterre qui vient de sauter le pas de la rupture définitive avec Rome. Aux Pays-Bas, Marie de Hongrie va livrer une partie difficile. Le roi de France fait occuper Stenay, clé du passage de la Meuse (pour Charles, la petite ville est fief de Lorraine, donc dans sa mouvance ; pour François, elle est fief de Bar, donc dans la sienne). À la fin de janvier 1542, l'empereur expédie d'Espagne et d'Italie, *via* les banquiers génois, de quoi soutenir la guerre qui approche[100]. L'annonce de l'action sur Alger a arrêté le bras de l'adversaire, mais l'annonce de l'échec a l'effet inverse ; les pertes en navires, canons et chevaux sont lourdes et difficiles à combler.

Le 8 mars, le baron de Garde, qui a remplacé Rincón assassiné auprès de la Porte, revient de Constantinople avec une bonne mais peu honorable nouvelle (qu'il faut essayer de garder secrète) : la promesse d'un vigoureux appui turc sur terre et sur mer. François Ier déclare la guerre dès le 12 juillet à Ligny-en-Barrois, dressant une longue liste, qui sera largement diffusée, des injures infligées par l'empereur, la dernière en date étant le meurtre de Rincón et Fregoso – s'il y avait bien eu meurtre, la complicité active de Charles Quint n'était pas prouvée[101]. L'offensive sur deux fronts montre bien qu'il y a eu une longue préméditation. Au nord, l'attaque menée par Charles d'Orléans atteint le Luxembourg, qui est pris (mais pas pour longtemps). Au sud, le dauphin, depuis Montpellier, lance sur Perpignan une expédition qui échoue. Deux coups pour rien.

Avec les forces qui lui restent, François Ier doit aussi juguler une révolte antifiscale à La Rochelle et renforcer ses positions au Piémont, où il aurait fallu concentrer l'effort. L'atout de Charles Quint est paradoxalement l'alliance anglaise, dont le but est d'obliger le roi de France à renoncer à sa collusion avec le Turc (le schismatique, voire l'hérétique, contre l'infidèle…).

Au moment même de l'attaque française, Charles envisageait de se porter au secours de son frère en sérieuse difficulté en Hongrie, mais les Pays-Bas, pris en tenaille, étaient devenus prioritaires : au sud, ils devaient faire face à la France ; sur les côtes et dans le Brabant septentrional, les Danois et les Suédois se montraient dangereux, menaçant de couper le pays en deux. Les moyens de Marie de Hongrie étaient limités ; les milices urbaines ne manquaient ni de courage ni de détermination, mais elles étaient dépourvues d'armement et d'expérience – on trouvait des protestants des deux côtés. François Ier avait lui aussi préjugé de ses moyens et sous-estimé l'épuisement fiscal d'un royaume las d'une politique agressive qui ne le concernait pas. Aux Pays-Bas, le point le plus exposé, le duc de Clèves, allié aux Français, continuait à tenir la Gueldre, cette échancrure sur le flanc des provinces du Nord et sur laquelle les droits de Charles paraissaient fondés.

Le 28 août 1542, Charles Quint s'adresse solennellement au Saint-Siège. N'est-il pas l'Abel de la chrétienté, et François Ier le Caïn ? Au Saint-Père de reconnaître ses sacrifices pour la noble cause et de les agréer comme jadis le Père éternel. Image pour le moins dangereuse, quand on connaît le sort d'Abel… L'empereur n'est, il est vrai, pas tout à fait dans la position du berger biblique. De plus, en Allemagne, le camp luthérien, trop sûr de lui, se divise, ce qui est un facteur plutôt favorable à l'Empire ; tandis que Charles sollicite inlassablement l'alliance du pape[102], il s'apprête à réactiver celle qu'il avait nouée avec l'Angleterre schismatique et bientôt chef du camp protestant.

Après avoir fait de son fils de seize ans un roi d'Espagne *de facto*, l'empereur quitte l'Espagne le 13 mai 1543, le cœur déchiré. En rade de Palerme, il met à la voile pour gagner l'Allemagne *via* Gênes[103]. En raison de la collusion franco-turque, même une courte traversée comme celle-ci est périlleuse.

Pour l'heure, l'ennemi à abattre, c'est la France avec son dangereux allié, Clèves. « Au printemps de 1543, les relations franco-anglaises étaient à leur plus bas niveau. Henri VIII s'irritait de voir François Ier incapable d'honorer sa pension ainsi que d'autres engagements[104]. » L'alliance entre Charles et Henri est signée dans le plus grand secret. À la déclaration de guerre du 12 juillet 1542 répondent l'ultimatum de l'empereur et du roi d'Angleterre en mai 1543, puis la double déclaration de guerre du 22 juin. Au terme d'une étonnante suite d'erreurs, François Ier, curieusement pris de court, laisse écraser son précieux allié le duc de Clèves ; Charles Quint gagne la Gueldre, achevant de consolider les Pays-Bas. Un redressement fulgurant.

À l'alliance anglo-impériale s'oppose une alliance plus surprenante encore[105] : le sultan met la flotte de Barberousse au service de François Ier, et cent dix galères quittent le Bosphore avec à bord l'ambassadeur de France. Pour un hiver, Toulon devient une ville barbaresque. C'est énorme, et manifestement cela ne plaît ni à la France ni au reste de la chrétienté. Barberousse quittera Toulon le 23 mars 1544, escorté de six galères françaises. Comment cet épisode n'affaiblirait-il pas le prestige de la France[106] ?

Le traité est signé le 31 décembre 1543. La Picardie est assignée à Henri VIII, qui promet d'engager 35 000 fantassins et 700 cavaliers avant le 20 juin suivant. La Champagne va à Charles Quint. François Ier se voit même refuser un sauf-conduit pour l'ambassade qu'il a prévu d'envoyer à la Diète.

Les Français emportent Cérisoles en Italie, et le double assaut sur la Picardie et la Champagne fait long feu : Henri VIII préfère s'en prendre à Boulogne plutôt qu'à Paris, inaccessible. Saint-Dizier ne tombe pas. On s'achemine vers un *statu quo* (Crépy-en-Valois, 18 septembre 1544). En raison de cette résistance imprévue, les militaires préconisent de se retirer, mais Charles Quint veut continuer l'attaque et, négligeant Châlons, s'empare d'Épernay. Lagny-sur-Marne est mis à sac par des mercenaires français non payés.

La stratégie de François Ier est risquée, mais habile. Il a laissé Charles Quint s'enfoncer dans le tissu français avec des arrières mal protégés et des réserves épuisées ; il a ainsi gardé ses forces pour faire face à une possible attaque d'Henri VIII. L'empereur doit composer. Le 18 septembre 1544 est signé un accord – paix ou trêve ? C'est le retour au *statu quo.* On reparle de mariage. Charles Quint, qui connaît bien son interlocuteur, cherche à le tenir en laisse en lui faisant miroiter Milan pour le duc d'Orléans. Mais celui-ci est mort le 9 septembre. L'accord prévoit l'évacuation de la Savoie-Piémont et la neutralisation du Milanais par un mariage Valois-Habsbourg. La France conservera sa mainmise sur les États du duc de Savoie-Piémont. Bien évidemment, c'est Philippe II qui – *de facto* d'abord, *de jure* ensuite – fera tomber cette pièce dans l'orbite habsbourgeoise. La prise de Boulogne (septembre 1544) procure à Henri VIII l'illusion de ne pas avoir tout perdu. Satisfaction de courte durée : la ville rentrera au bercail deux ans plus tard.

Enfin, le roi de France doit promettre à l'empereur de lutter contre les Turcs – ce qui déçoit bien sûr la Porte : il s'en faut de peu que l'ambassadeur français ne finisse ses jours empalé à la vue de tous.

Le traité de Crépy reste pratiquement lettre morte[107]. Certes, François Ier soutient auprès du pape la demande du concile et rétrocède Stenay. Mais la mort du duc d'Orléans rend l'accord caduc et Charles Quint n'aurait jamais cédé le Milanais ; c'était à ses yeux une question vitale pour l'Empire des alliances multiples. La disparition de François Ier en 1547 et l'accession au trône de France d'Henri II, qui n'avait rien oublié de sa captivité madrilène, n'arrangeront rien.

Tous deux malades, François Ier et Henri VIII se rapprochent, avalisant ainsi la lente mais sûre montée en puissance de Charles Quint, lui-même tenaillé par la maladie (mais l'issue en sera beaucoup plus tardive). À l'arrière-plan, l'avance des conquistadores sur les plateaux des Andes et l'arrivée régulière à Séville d'armadas chargées d'argent permettent à l'empereur de faire partiellement face aux besoins les plus urgents.

Il va aussi pouvoir s'occuper de l'Allemagne. Puisque le pape s'est enfin incliné, il va essayer de résoudre la quadrature du cercle des deux modes de réforme de l'Église. On ne dira jamais assez à quel point la tension a été vive jusqu'à la signature du traité de Crépy. Il a fallu à Charles Quint beaucoup de grandeur pour supporter l'inertie de Paul III et ne pas vaciller (Karl Brandi analyse finement l'attitude de l'Allemagne en ces années[108]). Granvelle a rappelé au pape tous les péchés de François Ier ; face au péril interne et externe, « il ne devrait pas y avoir d'autre devoir que de s'allier ouvertement avec l'empereur ». « En Allemagne, la vieille foi en l'empereur mettait facilement en échec les méfiances innées et la prudence » qu'elles commandaient. Pour les Allemands, il est vrai, le péril turc existait. Luther écrivait à Amerstoff le 8 mars 1544 : « Le dernier événement, c'est l'alliance du pape, des Français et des Turcs contre l'empereur. »

Charles Quint se réjouit du départ du nonce avant l'ouverture de la diète de Spire, le prélat ayant coutume d'en entraver la bonne marche. Les Français se voient refuser leurs passeports. En revanche, l'ambassadeur anglais, Wotton, y est admis en dépit de l'évolution récente des rapports entre Henri VIII et François. Pendant ce temps, en l'absence du roi-empereur retenu en Allemagne, Barberousse effectue sur les côtes du Levant espagnol une rafle de quinze cents captifs. Dans cette conjoncture, le chantage français sur Milan est psychologiquement mal venu…

À Spire, la colère contre la France balaie le terrain. La véhémence du landgrave de Hesse est telle que le jeune évêque d'Augsbourg croit déceler dans ses propos l'œuvre du Saint-Esprit, et un accord intervient, non sans rudes négociations, sur le financement de 24 000 soldats et 4 000 cavaliers. Poussé par la nécessité, Charles joue la prudence. Un noyau conciliateur, qu'il désigne, émerge : Joachim de Brandebourg, Frédéric le Palatin et l'évêque de Trente, le cardinal Madruzzo. Granvelle, selon son habitude et conformément à ses sentiments catholiques étroitement « confessionnels », ne facilite pas la tâche de son maître. Celui-ci s'en tire en incorporant les concessions exigées par les protestants et non point comme résolution impériale prise par les états. Ces initiatives conciliantes font bien de Charles Quint le véritable auteur – quoique involontaire – du salvateur compromis d'Augsbourg.

La diète de Spire bénéficie aussi d'un retournement de la conjoncture guerrière dont François I^er^ fait les frais. Certes, le duc d'Enghien, aidé des Turcs, a pris Nice puis foncé sur Turin avant de remporter la première grande victoire française en Italie depuis longtemps (Cérisoles), mais les finances se dégradent et les revers se succèdent. En Champagne, la correction a été sévère, même si la tactique de l'édredon s'est révélée efficace. À Saint-Dizier, l'alliance de l'empereur et du roi ouvertement schismatique s'est distendue et Crépy a figé la situation. François Ier a pris langue avec Marie de Hongrie, qui souhaite la paix depuis longtemps. Rédigé à l'abbaye de Saint-Nicolas-des-Vignes de Soissons, le traité de paix est juré par l'empereur à Crépy le 19 septembre 1544[109] Charles a momentanément les mains libres.

### *Le concile et la guerre de Smalkalde*

Le pape ne peut plus biaiser ; la paix de Crépy a déblayé le terrain, levé l'obstacle. La pression turque[110], jointe à la brouille de l'empereur avec la ligue de Smalkalde, qui n'a pas bien suivi l'évolution du rapport de forces ; l'habileté des négociateurs du Saint-Siège, qui entendent bien transformer le concile de l'empereur en concile du pape – tout cela explique le succès de l'entreprise vingt-cinq ans après que l'idée a été lancée dans l'ardeur polémique de 1520.

Le 14 mars 1545, cinq évêques se rendent à la convocation, et le 31 mai une réunion préparatoire regroupe vingt prélats ; tout au long de l'été, les arrivées l'emportent sur les départs. Rome mobilise l'Italie, pays riche en évêques et jouissant d'une tranquillité religieuse qui permet à ces bergers d'abandonner sans crainte leur troupeau à lui-même. C'est le 4 décembre que les légats décident d'ouvrir le concile. Prodigieux coup d'audace.

De Crépy à la mort du duc d'Orléans s'écoule une année difficile. Quand elle arrive le 22 octobre 1544 à Bruxelles, auprès de sa cadette de sept ans Marie de Hongrie – souveraine *de facto*, par pouvoir délégué –, Éléonore, à qui pourtant rien n'a été épargné, croit encore à son tardif bonheur. N'est-elle pas, à quarante-six ans, ce qu'elle a toujours voulu être : la messagère de la paix ? Charles ne veut céder ni les Pays-Bas (sa patrie et sa base pour agir en Allemagne et faire face au foyer hérétique) ni Milan (pour mille raisons souvent exposées). Il faudra trouver un moyen, un prétexte quand on ne pourra plus jouer sur les délais. Ajoutons que l'empereur est momentanément souffrant, cloué sur place. A-t-il vraiment souhaité la mort du duc d'Orléans ? Pas au point de s'en réjouir quand elle survient. Quant à Éléonore, elle accuse le coup, craignant de voir la guerre reprendre et se nouer un nouvel épisode de l'alliance franco-anglaise.

La diète de Worms commence mal[111]. Rome avait fixé au 15 mars 1545 la première séance préparatoire du concile, et les légats sur place ont décidé de l'ouvrir effectivement le 4 décembre 1545. La Diète chemine parallèlement. Presque personne n'est là à l'ouverture, le 15 décembre, et c'est seulement le 24 mars 1546 que débutent vraiment les négociations. Charles Quint, qui a fêté ses quarante-six ans le 24 février, est toujours cloué à Bruxelles. En partie rétabli, il arrive à Worms le 16 mai, au moment où le concile entre dans sa phase préparatoire active. On ne peut comprendre Worms sans les préparatifs de Trente.

Le 17 mai, se présente le cardinal Farnèse, légat du pape, muni d'une somme énorme qui sera déposée à Augsbourg et qui est destinée à combattre les Turcs[112]. Maintenant que le roi des Romains, l'empereur et le légat sont réunis, la Diète peut aborder les problèmes épineux, c'est-à-dire les réformes ecclésiastiques, en concurrence avec le concile. Mais le temps presse, surtout si l'on comprend que l'on est à deux doigts d'une guerre avec les protestants. La tentation du recours aux armes s'est déjà fait jour en 1530, 1541, 1543 – mais quelle serait son efficacité ? quelles concessions faudrait-il accorder aux vaincus pour les réintroduire dans la maison redevenue commune et quelles sont les tares dont elle aurait dû être débarrassée ?

Charles Quint est parvenu à casser le front protestant en activant la tension entre l'électeur de Saxe et le landgrave de Hesse, mais le jeu n'en devient que plus difficile. Il semble qu'il se soit plaint, en s'entretenant avec le légat, de l'opiniâtreté des protestants et qu'il ait redouté une offensive des smalkaldiens à travers le Wurtemberg et le Brunswick.

Farnèse a été surpris de lui trouver de si bonnes dispositions, et cela s'est su : la Diète bruit de rumeurs.

Le légat, qui aura ému son grand-père le pape, lui fait mettre la main au gousset : il y aura un supplément de cent mille ducats pour douze mille mercenaires et cinq cents chevaux pour une campagne de quatre mois. La somme sera prélevée sur les biens de l'Église d'Espagne. Le nonce Mignanello renforce l'exposé oral du cardinal petit-fils : les intentions politiques de l'empereur sont bonnes ; que la juste guerre se déclenche maintenant et l'on pourra peut-être éviter ce concile. Personne ne pousse plus à des réformes que l'on ne désire pas. Pendant que Charles Quint s'appliquera à punir les méchants, on pourra s'occuper en Italie des très légitimes intérêts des Farnèse. L'empereur a bien été tenté de s'engouffrer dans la brèche, tout lui semblant favorable. Mais il faut prendre garde à la Bavière. Marie et Ferdinand prêchent la prudence ; quant à Charles lui-même, qui aime ces Allemands, il ne voudrait pas ternir son image de chevalier chrétien et d'empereur de la paix. Karl Brandi suppose qu'il a été pris d'un haut-le-cœur devant le bellicisme de son entourage[113].

Charles sait qu'il faudra employer la force et la persuasion. Il connaît trop bien l'ampleur des abus en Allemagne et tout le mépris des Welches pour les Allemands. Pour briser le cercle infernal qui les a éloignés, il faudra joindre à la contrainte de vraies concessions – les vaincre, mais respecter leur dignité. Comment obtenir assez de concessions acceptables pour que la paix puisse s'instaurer durablement ? Du côté protestant, même le conciliant Mélanchthon risque de se sentir trahi. De l'autre côté, pouvait-on faire fi, en s'engageant trop tôt, de ce qu'allait décider et trancher le concile[114] ? Cette politique apparaît trop subtile, trop savante. Alors le recès de Worms ne règle rien. La guerre est retardée. Le 8 juillet 1545, l'infant a un fils, don Carlos. Le 9 septembre 1545 meurt le duc d'Orléans. Avec franchise, Charles Quint note que cette disparition est survenue au bon moment.

*Le concile*

Le concile s'ouvre le 13 décembre 1545. Les choix décisifs, ceux qui fixent l'avenir, sont pris en quelques mois par cinquante à cent pères flanqués de cinquante experts. Plus tôt, une assemblée pléthorique aurait provoqué un incendie incontrôlable et l'éclatement en mille morceaux. La procédure d'apaisement n'aurait eu quelque chance de réussir que dans un cadre restreint (pourquoi pas la Diète ?) et vers 1530, si l'empereur avait eu les mains libres. Dès lors, le concile qui se tient à Trente est un concile de consolidation de l'Église.

Une réforme limitée, sur les bases traditionnelles, s'impose en France, aux Pays-Bas, en Italie surtout. Elle permettrait à l'autre chrétienté, celle des réformes plus radicales autour du *Sola fide* et du *Sola scriptura*, de s'affermir et de freiner les mouvements radicaux surgis en son sein. Dans cette perspective, le concile de Trente arrive à son heure, mais ne laisse à l'empereur qu'une marge étroite : il lui faudra recourir à la guerre, la gagner, tenter d'organiser l'Intérim et finalement, devant l'échec, parvenir à la solution longtemps impensable – le compromis. Ce sera Augsbourg.

*La guerre*

Dans l'esprit scrupuleux de l'empereur, la guerre est presque décidée ; mais bientôt se lèvent les plus grands obstacles pour l'empêcher de commencer[115]. Marie de Hongrie le met en garde : on ne peut se fier ni à la France ni au pape ; quant à l'Angleterre et au Danemark, par solidarité évidente, ils aideront les protestants allemands. Charles Quint se souvient aussi qu'à Spire il a promis à Mélanchthon des conversations sur la question confessionnelle ; il les lui doit pour éviter une provocation trop manifeste. La grande croisade du dernier empereur doit être minutieusement préparée ; on ne peut prendre le risque de ne pas la gagner.

À Trente, Charles est présent à travers les Espagnols : Mendoza, grand seigneur à la santé fragile ; Francisco Alvarez de Toledo, de la redoutable et intransigeante famille d'Albe, qui incarne l'Espagne de la *Reconquista.* En moins d'un an, le concile choisira une voie certes raisonnable, mais une voie de la rupture assumée. Du même coup, il indique à l'empereur la seule voie de la guerre. C'est ce que lui écrit de Trente son confesseur Soto, qui a grand soin du salut de son pénitent et l'exhorte à « quitter ses scrupules à l'égard du traité et de la guerre. [...] L'on ne saurait douter que l'entreprise doit avoir une issue heureuse[116] ». Les théologiens et les princes protestants sont désunis. L'empereur peut, de ses terres, étrangler leur commerce. La ligue de Smalkalde n'a pas la force qu'on lui attribue. Elle n'a qu'un vrai chef, le landgrave Philippe ; on doit pouvoir s'en débarrasser en l'achetant ou en l'envoyant en enfer. C'est l'ecclésiastique qui pousse à la guerre et le chevalier qui hésite. « Nous savons, dit Karl Brandi, quelle résistance l'empereur lui opposa. Charles avait peur de cette guerre pour des raisons multiples. » Elle lui répugnait.

Le duc de Brunswick, catholique, victime du landgrave de Hesse, avait tenté en septembre et octobre 1545 de récupérer ses terres. L'armée de Smalkalde, conduite par le landgrave, intervient pendant le siège de Wolfenbüttel. L'électeur de Saxe, de loin le plus modéré, est impliqué par des solidarités féodales, presque à son corps défendant. Brunswick est fait prisonnier après l'échec d'une négociation. Au même moment, la mort du duc de Bavière décapite totalement le camp catholique. À Francfort, les gens de Smalkalde n'ont pas le triomphe modeste, mais la victoire les divise : Maurice de Saxe, dont l'ambition est grande, rejoint dans une large mesure les points de vue de Charles Quint. C'est la tension dans le camp protestant qui va déclencher l'intervention impériale. Celle-ci connaîtra deux phases : la campagne dite du Danube (1546) et celle de l'Elbe (1547), couronnée par la brillante victoire de Mühlberg (24 avril 1547).

L'arrogance et les divisions des protestants font que l'empereur n'attend plus que l'occasion. Pourtant, les colloques se poursuivent durant la diète de Ratisbonne. Charles écrit à son fils resté en Espagne qu'il continue ces colloques, mais qu'il ne croit pas que l'on puisse arriver à un accord sur les questions religieuses. On peut, on doit même négocier un accord tout en préparant les moyens de faire face à l'échec.

À l'époque, on risque toujours l'interception des courriers. « Une lettre de l'empereur fut saisie en route, dans laquelle Charles s'adressait au roi de Pologne pour lui demander du secours contre les protestants[117]. » Il se livre donc au même exercice que les princes et les villes de la Ligue, qui ont négocié avec la France… À la mi-juin 1546, les promesses d'entente sont oubliées, et la paix entre la France et l'Angleterre équivaut quasiment à une aide des deux rois réconciliés aux protestants allemands contre l'empereur[118]. En outre, l'année avait commencé par un incident : le prince palatin et son épouse, Dorothée de Danemark, avaient reçu la communion sous les deux espèces. C'était un signe pour les contemporains, et il déchaîna des tempêtes.

Il fallait encore du temps pour rassembler les moyens financiers et les investir en moyens militaires. La rupture survint au printemps de 1546. Dès janvier, Charles avait profité à Utrecht du chapitre de la Toison d'or pour adresser de graves avertissements au comte palatin du Rhin. Il se mit en marche par Zutphen et Nimègue, puis séjourna à Maastricht du 19 février au 2 mars. Sachant les dispositions iréniques de sa sœur, il lui promet « de faire tout pour assurer l'ordre et la paix en Allemagne, désireux jusqu'au bout d'éviter l'usage de la force[119] ».

Et si des désirs contradictoires s'étaient partagé son cœur ? Manuel Fernández Alvarez voit un plan hardi, un coup de poker, une suprême habileté dans ce qui n'est peut-être que la conséquence d'une mobilisation incomplète[120].

« Pour réfuter les rumeurs de guerre, l'empereur met sur pied une audacieuse manœuvre. N'ayant pas encore pu réunir son armée, il décide d'entrer en Allemagne à la tête d'une escorte extrêmement réduite. C'était comme se remettre à la merci des princes protestants dont il allait avoir à traverser les territoires et qui y disposaient de forces armées beaucoup plus importantes, se fiant au prestige de sa personne et de sa fonction[121]. » Sans nul doute, le risque était mince. « N'était-ce pas fournir la meilleure preuve de ses intentions pacifiques ? » Mais cela ne correspondait-il pas également à la promesse faite à sa sœur ?

Charles Quint arrive à Ratisbonne en plein carême, après être passé par Luxembourg, Wallerfangen, Sarrebruck. « Non sans raison, il avait considéré ce voyage comme périlleux et se plaisait […] à se souvenir […] de son voyage en France de 1539-1540. » Traiter l'adversaire en homme d'honneur, n'est-ce pas le meilleur moyen de le défier ?

Certains s'inquiètent et lui reprochent de recevoir les envoyés de Rome, mais comment lui interdire d'entretenir des échanges avec le pape ? Il avait décidé, explique-t-il, de ne pas renvoyer pour l'instant le messager de Rome… La réponse ne manque ni de panache, en l'absence de ses forces rassemblées, ni de sincérité. Il désire la paix, l'union ; il ne prendrait les armes que contraint. Ces mots comprennent encore une large part de vérité. Ils traduisent une aspiration profonde, même s'il n'y croit plus. À son fils Philippe, l'empereur écrit l'autre volet de la vérité. Compte tenu des informations dont il dispose, sa résolution est prise. S'il veut rassembler des forces, peut-il mobiliser autrement ceux dont il sollicite l'appui ? À la fin de mars 1546, ses contacts avec les princes protestants achèvent de le décider. Il comprend que toute négociation – telle qu'il la conçoit – est vaine. Pour les protestants, la seule ouverture est la garantie de leur droit à la différence, en un mot le *Cujus regio, ejus religio.* « Pas un pfennig, rien que récriminations et soucis. » Les entretiens de Spire « l'avaient libéré de toute sorte d'hésitations ».

L'atmosphère à Ratisbonne, le 10 avril 1546, est sombre. L'Espagnol Juan Díaz, jeune théologien formé à Wittenberg, accompagne Bucer qu'il conseille ; or son frère, ecclésiastique catholique, le rejoint et le fait assassiner dans son lit. Les protestants demandent justice : a-t-on désormais le droit de les tuer ? Mais il s'agit plutôt d'une vendetta familiale. Ce qui surtout ne passe pas, c'est l'absence de condamnation, même verbale, de la part de l'empereur. Est-ce du mépris, de l'indifférence ? On sait seulement qu'à cette époque il a une brève liaison avec Barbara Blomberg dont naîtra, neuf mois plus tard, don Juan de Austria, le futur vainqueur de Lépante.

En tout cas, les conseillers ont cessé de tergiverser. Ils s'activent non plus pour gagner la paix, mais pour préparer la guerre. Ils mobilisent les Wittelsbach pour le triomphe de l'Église en donnant au prince héritier Albert la main de la fille aînée de Ferdinand, avec en prime l'espoir d'hériter un jour de la couronne de Bohême[122]. Sans se rallier ouvertement, la Bavière propose aux forces impériales ses places et ses lignes de communication. Le pape met pour sa part les ressources de l'Église à la disposition de l'empereur. À tous les niveaux, du collège des électeurs à l'assemblée des villes, la Diète se divise en deux camps confessionnels.

Les choses se précipitent. « Les catholiques donnent, le 12 juin, réponse à l'empereur se référant au concile[123]. » Les protestants, édifiés par ce qui se passe au concile, font savoir que les anciennes méthodes ne leur paraissent plus possibles et déclinent la responsabilité d'un échec du colloque ; l'empereur éclate de rire. Pour ne pas se mettre ostensiblement dans leur tort en quittant sur-le-champ la Diète, les États rebelles laissent au souverain la responsabilité de la rupture. L'archevêque d'Augsbourg demande aux princes ecclésiastiques de soutenir la guerre contre la Saxe et la Hesse, et le héraut impérial somme Ratisbonne, qui vient d'adhérer à la ligue de Smalkalde, de renoncer. La Diète est morte[124].

L'empereur, chef du camp catholique, peut aligner 52 200 fantassins (20 000 Allemands, 12 000 Italiens, 10 200

Flamands – en fait des Bourguignons, Wallons en majorité –, 10 000 Espagnols) et 8 500 cavaliers (3 000 Allemands, 5 000 Flamands, 500 Italiens). L'artillerie dispose de 48 pièces, servies par 200 charrois et 2 000 cavaliers. La ligue de Smalkalde, avec 70 000 fantassins et 10 000 cavaliers, jouit d'une assez sensible supériorité numérique, mais elle doit faire face au ralliement imprévu et réticent de Maurice de Saxe au camp impérial (19 juin 1546). Ce ralliement a surtout valeur symbolique : peut-être, au prix de certains aménagements intérieurs, entraînera-t-il quelques spectaculaires ralliements au concile… Le prétexte en a été la permutation de la Hesse et de la Saxe et l'appeau d'un chapeau d'électeur pour les Wittelsbach.

Les villes impériales de Haute-Allemagne passent outre aux réquisitions de l'empereur et la défense semble beaucoup plus coordonnée que ne l'a supposé l'adversaire. L'armée des villes souabes se met en route pour enfoncer un coin dans les places de rassemblement des Impériaux.

### *La campagne du Danube*

Cette campagne est la première des guerres de religion du XVIe siècle ; on n'avait connu jusque-là que des persécutions et des raids punitifs. L'Allemagne fournit depuis longtemps des soldats à tout le monde et dispose de la première métallurgie d'Europe : on ne manquera ni d'hommes, ni d'armes, ni d'artillerie.

Cette guerre est une guerre savante et, d'emblée, une guerre réglée. C'est aussi la première où Charles assume personnellement le commandement : il se révèle un stratège méticuleux, prudent, réfléchi. Les Smalkaldiens ont de bons chefs – Schertlin, Burtenbach… –, mais sont handicapés par un pouvoir collégial et par les divisions feutrées de leur camp[125].

L'évêque et historien Paul Jove, qui s'est fait le chroniqueur de cette guerre insolite, commente les événements sous la forme de lettres, destinées aussi bien aux généraux du camp impérial qu'à ceux du camp protestant, qu'il fait publier. Charles Quint semble en avoir eu connaissance et s'en inspire dans ses Mémoires pour analyser les fautes de l'adversaire. Quant à don Luis de Avila, il assure la chronique officielle.

L'empereur souhaite porter la guerre sur les terres de l'électeur et du margrave. Mais les protestants ont dressé un rempart protégeant la Saxe, premier bastion et patrie de Luther. Schertlin veut couper la route d'Innsbruck par où peuvent venir les renforts d'Italie, voire d'Espagne, mais le conseil de Smalkalde décide d'occuper le haut Danube afin de couvrir les villes de haute Allemagne. Sagement, l'empereur recule devant l'armée coalisée, ce qui lui permet de faire sa jonction avec les renforts du pape à Landschut le 13 août 1546. Comme il a dû, par mesure de sécurité, laisser une garnison derrière lui, sa masse de manœuvre n'excède pas 35 000 hommes (30 000 mercenaires et 5 000 cavaliers)[126]. Les confédérés subissant d'encore plus fortes contraintes de sécurité (chacun veut se sentir protégé), leur propre masse de manœuvre est à peu près équivalente. Quant à la Bavière, sa neutralité de façade est plus utile aux Impériaux que ne l'eût été une entrée active dans le conflit, car elle est totalement imperméable.

Reste à effectuer la jonction avec les renforts des Pays-Bas (10 000 hommes commandés par Buren), auxquels s'opposent 13 000 Smalkaldiens. Dans la nuit du 20 au 21 août, ces troupes réussissent par feinte à traverser le Rhin et la jonction s'opère le 15 septembre. Même si une partie des Italiens se retirent dès les premiers froids, Charles est parvenu à contrôler l'Allemagne du Sud qu'il ne maîtrisait pas. Grâce aux renforts amenés par Ferdinand, le territoire de l'électeur de Saxe est même un instant menacé. La campagne du haut Danube tourne donc à l'avantage des Impériaux.

Le coût de cette demi-victoire de l'automne de 1546 et du début de l'hiver de 1547 était cependant élevé. Occupé par ses marches et contre-marches, l'empereur avait laissé aux légats la conduite du concile, qui était devenu un concile de rupture. Charles Quint avait voulu que les premières séances soient consacrées à la réforme disciplinaire et que l'on attende l'arrivée des représentants du Nord pour aborder les questions dogmatiques. Or le travail avait avancé très vite et toutes les questions litigieuses – foi et œuvres, Écriture et tradition – avaient été tranchées, en petit comité (de trente à quarante prélats), par l'Italie animée d'un patriotisme romain et l'Espagne façonnée par sept siècles de *Reconquista.* Toledo avait mené les débats. L'Allemagne minoritaire en sortait confortée ; quant à l'Allemagne protestante, elle n'avait plus d'autre solution que de consolider une ecclésiologie de substitution, une ecclésiologie quelque peu mythique de l'*Antiquitas redux.* C'était en outre favoriser, au sein de l'Europe protestante à venir, la voie calviniste presbytéro-synodale au détriment de la voie luthérienne, plus nuancée.

L'empereur, au cours de cette phase danubienne de la guerre, est contraint de suivre une ligne plus modérée qu'il n'aurait voulu. Pour briser les villes commerçantes de la ligue de Smalkalde, il avait songé à établir un blocus commercial. Politique de guerre économique très moderne, certes, mais à double tranchant, car l'effort en aurait été supporté presque exclusivement par les Pays-Bas. Marie de Hongrie, par sa menace de démission, l'obligea à renoncer à cette esquisse de guerre totale.

La situation internationale favorable aux Impériaux ne pouvait pas durer. De la paix franco-anglaise, on ne peut rien attendre de bon. En outre, la France saisira la prochaine occasion pour renouer l'alliance avec les protestants. Il est vrai que ceux d'Allemagne ne pardonnent pas facilement la persécution de leurs frères en France, et moins encore les relations du roi avec les Turcs. Pour sa part, le Danemark pourrait bien finir par basculer du côté de Smalkalde. Il faut donc faire vite ; mais la rapidité n'est pas le fort de Charles. L'Allemagne, et même la fraction catholique, se méfie du pape et d'un concile où elle n'est pas représentée. La Bavière ultra-catholique est neutre : c'est un succès, car elle a aidé indirectement Charles Quint, mais elle marchande pour aller plus loin. Y a-t-il vraiment un camp catholique en dehors de l'empereur ? Ou plutôt en dehors du camp jugé excessif des Habsbourg ?

Les Wittelsbach sont prêts à se donner à Charles Quint contre un électorat : la couronne du Palatin irait beaucoup mieux à la massive Bavière qu'au petit Palatinat. L'empereur y consent, à la condition que le Palatinat soit conquis. Mais le Palatin se soumet à temps, ravalant son humiliation, et sauve sa couronne de justesse. Comment satisfaire tout le monde ?

La scène de la soumission du Palatin est terrible. Lisant son admonition en français – sa langue, celle des maîtres –, l'empereur explose en une formidable colère ; et il n'esquisse pas le moindre geste en direction de l'électeur lorsque celui-ci fait sa demande de pardon[127]. Ce n'est que le lendemain, le courroux retombé, qu'il se prête à un entretien intime.

Charles Quint est un malade que la goutte soumet chaque jour à la torture. Il entretient sa maladie en refusant de modifier son régime fait de viandes trop abondantes et de bière glacée. Sa soif de diabétique, ses plaies purulentes aggravent la distance qui se creuse entre la chaire et l'esprit. Il est de plus en plus l'incarnation de l'héritage, la réunion en un seul homme des droits et des devoirs dont Dieu l'a accablé. Faut-il, avec Karl Brandi, déceler chez lui un « mépris du genre humain » ? Comment comprendre ce rire nerveux qui se fait sarcasme ? Mais Charles Quint pouvait-il supporter sans broncher un tel amoncellement de succès, puis le terrible échec que représentait l'impossibilité pour son fils d'obtenir à son tour la couronne d'or ? Et ce dans un océan de souffrances physiques, sans nul répit. Quel homme sut-il mieux que lui passer du Capitole à la roche Tarpéienne, et s'assurer une telle sortie ?

Brandi voit une contradiction entre la remise du Wurtemberg au duc Ulrich et le renoncement à consolider l'héritage Habsbourg de ce côté-là. Mais cet héritage Habsbourg, à qui doit-il aller ? À Ferdinand et à son fils

Maximilien, rivaux du futur Philippe II. D'autre part, l'alliance suppose le respect de tous les droits, même les plus faiblement acquis, et laisser le Wurtemberg aux Wurtembourgeois en un temps où la pression de Smalkalde reste modérée, n'est-ce pas une sage décision ?

### *Vers Mühlberg*

Une fois le gros de l'hiver passé, alors que son frère Ferdinand et Maurice de Saxe (fraîchement rallié) le pressent d'envoyer des secours, Charles Quint se résout à frapper au cœur, c'est-à-dire l'électorat de Saxe où Luther est mort l'année précédente. Les 10 et 11 mars 1547, il fait savoir à Marie de Hongrie et à Ferdinand qu'il a bien l'intention de se mettre en marche. Maurice a commencé à grignoter les terres de son cousin, qu'on lui a offertes en pâture comme prix de la trahison. En apparence, il travaille pour l'empereur, donnant des gages et des assurances à ceux de sa foi et de son Église. Quant à Jean-Frédéric, ne pouvant reprendre ses terres, il se paie sur l'autre Saxe – la Saxe albertine (Weimar, Iéna, Halle…) –, qui l'acclame, mais il échoue à Leipzig. Maurice, à son tour en difficulté dans les fiefs par lui occupés de la Saxe électorale accrochée au royaume de Bohême, est capturé par Jean-Frédéric le 2 mars. De part et d'autre, on se rue auprès de l'empereur pour réclamer un arbitrage, mais la situation lui pèse : l'Allemagne et l'Italie sont trop compliquées, le concile lui échappe et sème des difficultés dans ses États… Le pape paie, mais il en fait trop : ses appels à la croisade antiprotestante vont dresser contre lui plus de la moitié de l'Allemagne et toute l'Europe du Nord.

À Trente, les modérés – même Mendoza et Madruzzo – proposent un renvoi à six mois pour éviter un prononcé de clôture. Le pape dévoile enfin le fond de son âme en rappelant son contingent avant l'affrontement décisif. Voilà Charles trahi par le pape dans la guerre des papes…

*Mühlberg*

Toute colère ravalée, papiste malgré le pape, Charles quitte Nuremberg le 28 mars 1547 et descend la vallée de l'Elbe. L'électeur, soucieux de recouvrer ses terres et ses biens, disperse ses forces et passe sur la rive droite du fleuve en direction de Wittenberg (la ville sainte des luthériens). À l'aube du 24 avril, l'empereur décide d'attaquer. L'adversaire n'a rien vu (le brouillard est épais) et rien compris. Le contingent espagnol traverse le fleuve – les plus hardis y vont à pied, l'eau à mi-poitrine, nus, le sabre entre les dents ; les autres, sur un pont de bateaux assemblés à la hâte. Devant le désastre, Maurice de Saxe suggère à son cousin Jean-Frédéric de négocier et offre sa médiation. C'est le duc d'Albe qui reçoit l'épée de l'électeur de Saxe, comme jadis Lannoy celle de François I^er^.

Ce 24 avril 1547 est bien le sommet de la vie de celui qui restera à jamais l'*Empereur* que Titien immortalisera en vainqueur, la barbe drue, la mâchoire serrée. « Une cour de justice qui ne mérite pas son nom fulmine une condamnation à mort » contre l'électeur, mais Charles Quint déclare la suspension des armes et entame la négociation[128].

Au cœur de la Réforme, il peut sentir la force d'une conviction vécue par tout un peuple. Au duc d'Albe suggérant que l'on inflige au cadavre de Luther le traitement jadis infligé à celui de Wyclif, Charles répond : « Je fais la guerre aux vivants, je ne fais pas la guerre aux morts. Qu'il repose en paix. » Le vieil électeur fait preuve d'une telle dignité, d'un tel désintérêt pour son sort personnel, qu'il acquiert en peu de jours la considération de tous, et sans nul doute aussi celle de l'empereur. Il est clair que les solidarités allemandes jouent même dans le camp encore catholique.

Mühlberg est un grand succès, mais l'Allemagne luthérienne reste à conquérir et l'Allemagne catholique souhaite une victoire modeste ; elle n'est ni italienne ni espagnole. Magdebourg tient bon, tout comme Brême. Le 23 mai, à Drakenburg, sur la Weser, une armée impériale est enfoncée. Après avoir dit leurs prières et chanté leurs psaumes, les protestants, commandés par les comtes et leurs prédicants, enlèvent de fortes positions.

### *Vers l'Intérim*

Charles Quint est assez lucide pour ne pas se faire trop d'illusions. La seule faute vient sans doute de son excès de raideur : puisqu'il faut pardonner, mieux vaut le faire de bonne grâce. Il a pensé à une ligue d'Empire, sans bousculer les réseaux de villes, de seigneuries et d'États territoriaux, afin de renforcer l'édifice – nous dirions *fédéral* – dans le sens de l'autorité impériale. Rien au-delà d'une confédération, mais un minimum de cohérence juridique qui fasse tenir l'ensemble. L'Empire des alliances n'est rien d'autre qu'un Empire romain germanique à la hauteur des héritages rassemblés d'est en ouest et du nord au sud sur une seule tête – à quoi, *via* la couronne de Castille, s'est arrimé le Nouveau Monde.

Le 28 janvier 1547 mourut Henri VIII, au terme d'une longue agonie. Soixante et un jours plus tard, le 31 mars, ce fut le tour de François Ier. Mühlberg survint quelques jours à peine (le 24 avril) après ces deux disparitions[129].

Paul III, qui avait retiré ses troupes à Charles Quint au moment où il allait en avoir réellement besoin, fut comblé par l'annonce de la mort d'Henri VIII. Oubliant sa récente trahison contre l'empereur, il se disposa à lancer aux princes catholiques un appel à la croisade contre l'Angleterre. La disparition de François Ier retarda un peu le projet. Sur sa lancée, le pape avait donné, le 17 février, ordre et pouvoir aux légats pour transférer le concile de Trente à Bologne. On ne pouvait imaginer « rien de plus sot », selon le mot de Karl Brandi. Le nonce Sfondrato ne dut pas être surpris de l'accueil qu'il reçut à la cour impériale. Paul III avait réussi à unir tous les Allemands dans l'indignation et le mépris, mais il persistait ; on alla jusqu'à envisager la convocation d'un autre concile ordonné et conduit par l'empereur pour réduire la fracture[130].

Le 1er septembre 1547, traitant enfin Paul III comme il le mérite, Charles ouvre à Augsbourg la diète dont la lourde mission est à présent de bâtir la paix. Mais un incident achève de jeter de l'huile sur le feu. Le duc de Parme, un Farnèse – né en 1503 des amours du pape alors cardinal et légitimé en 1506 par Jules II[131] –, est un condottiere cruel et fantasque ; l'un de ses fils est marié avec une fille naturelle de Charles Quint, Marguerite de Parme, qui sera une remarquable régente des Pays-Bas et qui aura pour fils Alexandre Farnèse, le grand capitaine de Philippe II. Une bulle du 25 août 1545 avait fait de Pierre-Louis un duc de Parme à partir de territoires pontificaux dont le Milanais contestait l'appartenance. D'où le mécontentement de Charles. Un fils de Pier Luigi – petit-fils donc du pape Alexandre Farnèse –, cardinal, s'était vu conférer le gouvernement *de facto* de l'Église. Le nouveau duc de Parme s'est fait tant d'ennemis qu'il est assassiné. Peut-être le vice-roi de Naples et Ferrante Gonzaga, gouverneur de Milan, fidèles de l'empereur, n'y sont-ils pas totalement étrangers. Le 10 septembre 1547, Gonzaga ramène Plaisance dans l'orbite de Milan, dont les droits sont difficilement contestables.

Paul III en appelle à la France. Certains, dans le proche entourage de Charles Quint, se plaisent à la pensée d'un pape mis au pas *manu militari.* Mais mieux vaut laisser au Saint Père le monopole de la provocation. À Augsbourg, le 8 octobre 1547, Charles s'engage à veiller personnellement au retour du concile à Trente et à ce que les États signataires de la Confession d'Augsbourg de 1530 non seulement y soient conviés, mais puissent s'y exprimer. Il demande également que, tant que le concile n'aura pas pris de décision finale, une vie harmonieuse des différents États au sein de l'Empire soit garantie[132].

Nul n'a autant désiré que Charles Quint le retour de tous au même bercail ; nul n'a été plus attaché à l'Église, ni plus près du *Cujus regio, ejus religio* qui a sauvé l'Europe de l'autodestruction.

C'est en 1548 qu'émerge le texte dit de l'« Intérim » d'Augsbourg[133]. Une commission de la Diète s'attela à la rédaction du *modus vivendi* qui devait permettre, à condition de ne pas trop s'en écarter, de cohabiter jusqu'à la décision du concile. Ce compromis, arraché à partir d'un rapport de forces peu favorable aux protestants (dans la foulée de Mühlberg), fut rédigé par les plus modérés des deux partis dans leur propre camp et condamnés avec plus ou moins de véhémence. Jules Pflug, théologien catholique de nuance érasmienne, et Helding, suffragant de l'évêque de Mayence, furent à l'origine du premier texte. Parmi les protestants, citons Jean Sneider, dit Agricola, directeur d'école, prédicateur dans sa ville natale d'Eisleben, qui eut à plusieurs reprises du fil à retordre avec Luther et Mélanchthon pour antinomisme (rejet du Décalogue au nom de l'Évangile), et qui cherchait surtout à se substituer à Mélanchthon comme interlocuteur valable dans les débats interconfessionnels ; citons aussi Aquila, le surintendant de Joachim II de Brandebourg, l'un de ces « chrétiens entre deux chaires ». Bucer s'était dérobé, et Mélanchthon, même s'il avait conseillé de ne pas rompre, n'avait pas été sollicité. L'Intérim d'Augsbourg fut reconnu comme loi d'Empire le 15 mai 1548.

Sur tous les points jugés essentiels – justification, constitution, pouvoir de l'Église, les sept sacrements –, la ligne était catholique ; la Fête-Dieu elle-même, contrairement à un accord antérieur, était maintenue ou réintroduite. En revanche, deux concessions allaient mal passer auprès des intransigeants : le mariage des prêtres et la communion sous les deux espèces.

Il ne faut pas sous-estimer la portée de l'effort imposé par Charles Quint à son camp. Il s'était bien gardé de révoquer les sécularisations auxquelles on avait pu procéder en contravention avec les accords précédents. Il lui avait fallu pour cela de la lucidité, du réalisme et du courage. Et pourtant, bien peu de princes se rallièrent. Seuls Joachim de Brandebourg et l'électeur Palatin signèrent sans difficulté. Maurice de Saxe répondit qu'il chercherait d'abord à s'entendre avec ses États et avec ses théologiens. Bien que prisonnier, Jean-Frédéric de Saxe se déclara prêt à subir n'importe quelle épreuve plutôt que de compromettre son salut. Les cités d'Allemagne du Sud refusèrent purement et simplement.

L'empereur sanctionna Augsbourg et Ulm en rognant leurs libertés. Les prédicateurs les plus renommés – Musculus, Bleurin, Brenz de Halle, Osiander de Nuremberg – durent s'exiler et la tête du surintendant Aquila fut mise à prix. Jacques Sturm, très habile, parvint à protéger Strasbourg, mais Bucer choisit l'exil en Angleterre. Hambourg, Brême, Brunswick et Magdebourg, inattaquables, servirent de refuge. Wittenberg se montra beaucoup plus souple – il est vrai cette ville symbolique avait porté le poids le plus lourd. Maurice de Saxe et Mélanchthon avaient milité en faveur d'une défense élastique : plier pour ne pas rompre. La Saxe fut profondément troublée. Le luthéranisme allemand devait rester pendant toute une génération divisé entre gnésioluthériens, intransigeants, et philippistes, marqués au fer rouge par l'acceptation de l'Intérim. Par la suite, les philippistes, plus ouverts sur le calvinisme, se feront taxer de « crypto-calvinisme ».

Sauf dans quelques villes phares, l'Intérim sera très mal appliqué. À condition que la désobéissance ne soit pas tapageuse, l'empereur préconise de fermer les yeux, afin d'éviter la guerre civile. Les âmes simples, scandalisées, se dressent et soutiennent quelques prédicateurs ardents comme le vieux Nicolas Amestorff et le célèbre Flavius Illyricus (Matthias Vlachitch). Magdebourg semble joindre le refus de l'Intérim à la résistance à la Bohême hussite. C'est dans cette ville que l'on entend pour la première fois résonner les échos vétéro-testamentaires des mouvements puritains du siècle suivant. On attend les nouveaux Jéhus qui abattront la maison d'Achab et repousseront les philistins, ce qui atteste la qualité d'une culture biblique ressourcée dans la traduction de Luther (on parlera en France de « patois de Canaan »).

La résistance à l'Intérim, qui outrepasse déjà le niveau de concession que l'Allemagne protestante peut tolérer, pousse

Charles Quint à se montrer très ferme à l'égard de Rome et du concile déplacé de Trente à Bologne par pure provocation. Le refus que ses envoyés Francisco Vargas et Velasco portent à Bologne puis à Rome est lourd de la menace d'un concile impérial : « Nous vous faisons savoir que notre empereur bravera les tempêtes au-devant desquelles va l'Église par votre faute[134]. » Le népotisme et la vénalité sont jetés au visage du pape et de la curie. En fait, c'est l'acceptation des sécularisations qui pose problème à Rome.

Ces années sont lourdes à porter pour l'empereur. La résistance inattendue que rencontre son compromis provisoire fait jaillir comme une solution alternative : la reconnaissance de deux confessions, la catholique et la luthérienne. Mais il faudra encore sept ans et un cruel revers pour que, dans la consternation des deux camps, les deux confessions cohabitent sans trop de heurts. Ce sera le plus grand titre de gloire involontaire de Charles Quint.

Au cours de la mise en place de l'Intérim (fin 1547-1548) s'imposent deux idées. D'une part, il faut certes associer la force à la conciliation, mais comme auxiliaire et pour faire basculer les hésitants. D'autre part, il faut donner un supplément de consistance à l'Empire – donc renforcer la base territoriale des Habsbourg. C'est le moment du rapprochement des branches aînée et cadette autour du mariage de Maximilien, fils aîné de Ferdinand, avec Marie, fille aînée de Charles Quint, d'un an la cadette de Philippe. Cette arche d'alliance deviendra pomme de discorde quand l'empereur se persuadera que Philippe, et non Maximilien, doit succéder à Ferdinand sur le trône impérial. De tout ce que Charles avait échafaudé dans l'euphorie de Mühlberg pour donner quelques moyens à cet empereur prolétaire qu'il eût été sans les Pays-Bas et l'Espagne, « un seul débris subsiste : le projet d'une réserve d'argent demandée par l'empereur pour l'entretien des troupes d'Empire[135] ».

On a l'impression en 1548 que, sentant la mort moins lointaine, Charles Quint se projette dans l'avenir. L'Espagne sera en bonnes mains : le jeune prince Philippe, dans sa vingtième année, est rompu aux affaires de la Péninsule ;

il est l'étoile, le soleil du système. Aux Pays-Bas, solide second, clef de toute action dans l'Empire, le travail est mâché par la grande Marie de Hongrie jusqu'à sa mort (1558). L'ensemble bourguignon, éclaté entre la France et l'Empire, est renforcé au nord ; la Hollande est désormais bien gardée à l'est et consolidée au sud. Au sein même de l'Empire, la Bourgogne est scindée entre le cercle de Bourgogne et le cercle de Westphalie ; le projet de Marie, que Charles adopte, est de tout regrouper en un cercle de Bourgogne autonome, offrant une place pour l'éventuel retour du duché. On peut toujours rêver, même sans trop y croire.

Dans le traité du 26 juin 1548 avec les États de l'Empire est donc prévue une large autonomie du cercle de Bourgogne, soustrait à la juridiction d'Empire, à l'autorité des diètes, « avec la jouissance pourtant de la protection impériale, même pour les affaires extérieures ; ces provinces, en compensation, étant tenues de fournir des contingents à l'Empire en troupes et en argent, dans la mesure de ce que doit un prince électeur, et même au triple quand il s'agissait de secours contre les Turcs ».

### *Le temps maîtrisé*

Le testament du 18 janvier 1548 recommande à Philippe de manifester de la déférence à Ferdinand, son oncle, dont l'empereur est de peu l'aîné ; il devra ne pas hésiter à le consulter, avant que lui-même, selon le rêve absurde de Charles Quint soit couronné à son tour empereur, Maximilien étant lui-même roi des Romains. Se trouve ainsi reproduit sur Philippe et Maximilien le rapport de Charles et de Ferdinand. Le souci de l'Église, du concile et d'une paix religieuse fragile est aussi présent : « Après tant d'efforts que j'ai déployés pour ramener les héritages en Allemagne, je me suis de mieux en mieux rendu compte que le seul moyen à employer c'était le concile, auquel ces

États se sont soumis. Veillez donc à ce qu'il continue à siéger dans l'esprit de respect [...] à l'égard du Siège apostolique. Mais luttez, avec toute la prudence [...] contre les abus de la curie [...] au détriment de nos États[136]. » Il faudra tenter de récupérer les biens et les droits de la couronne. « Du pape Paul III, vous connaissez [...] le manque de loyauté dans les traités et le défaut de zèle envers la chrétienté, surtout pour ce qui est du concile. Il y aura toujours des difficultés avec les papes au sujet de Naples, de la Sicile, [...] de la Pragmatique pour la Castille. » « La France n'a jamais respecté les traités. » Il faudra veiller au nord et surtout sur Milan, avec une bonne artillerie ; essayer de reprendre le Piémont, qui est une menace sur le Milanais ; se méfier d'une attaque de la France sur Naples – mais les Français se découragent vite quand ils ne réussissent pas tout de suite. Avec l'Angleterre, on s'efforcera d'oublier le schisme, d'entretenir de bons rapports et d'encourager la tension traditionnelle avec la France. Pour l'administration des Pays-Bas, il conviendra de garder la reine Marie, qui a fait merveille comme régente[137].

Ce texte est dicté en français à Guillaume Van Male sur le bateau qui conduit l'empereur vers les difficultés d'une diète à Augsbourg. Peu de princes ont eu autant de détachement et de tranquille assurance quant à leur au-delà pour prévoir, organiser et faciliter la tâche des générations suivantes.

Le souci de bien souder les deux branches apparaît dès 1548. Le 29 septembre, quand la grande tournée de Philippe est organisée, la régence d'Espagne est prévue pour Maximilien et Marie. Ceux-ci introduisent dans la Péninsule une étiquette bourguignonne que l'on appellera plus tard « espagnole ». Philippe fait connaissance avec son « empire » *via* l'Italie, Trente, Munich, Augsbourg et les Pays-Bas en remontant le Rhin. Contact glacé, gaucherie, timidité, faible disposition du jeune homme pour les langues et les mœurs autres que celles du milieu luso-castillan où il a vécu cloîtré. Entre les Pays-Bas et lui, la faille est profonde. Éléonore, veuve de François I^er^, quitte la France qui l'a si médiocrement reçue et vient finir sa vie sacrifiée dans ces Pays-Bas qui l'ont vu naître. C'est aussi dans ce pays que l'on garde les prisonniers de marque, tel Philippe de Hesse. L'empereur veut faire reconnaître son fils comme héritier des Pays-Bas, comme il l'a été des Espagnes. Charles est aveuglé par l'amour paternel, et plus encore par la contrainte de l'héritage, charpente de toute sa vie. C'est alors que s'enracine dans son esprit l'idée de faire de Philippe le futur empereur après Ferdinand, déjà roi des Romains. Certes, l'Allemagne se montre volontiers fidèle à une famille – elle supporte bien les Habsbourg –, mais elle est étrangère à l'automatisme dynastique des Français : nulle trace de loi salique.

Le futur empereur est désigné depuis 1531 : c'est Ferdinand, le roi des Romains. On aurait donc Ferdinand, Philippe et ensuite Maximilien. Mais ces deux derniers ont sensiblement le même âge et tout milite pour le maintien d'un Habsbourg à Vienne : proximité, familiarité, expérience et peut-être aussi puissance moins accablante. Enfin, alors que le poids de l'Espagne ne cesse de croître, Charles doit lui infliger de nouveau de longues absences pour régler les querelles de l'Empire : comment Philippe, moins doué, réussirait-il à dominer un tel ensemble ? Marie, consternée, joue les intermédiaires. Mais la rencontre avec Ferdinand est gâchée par la mise à l'écart programmée de Maximilien. Charles est accompagné de son très cher Philippe et attend de son frère un geste de présentation de ce souverain étranger à la Diète allemande.

Manifestement, l'état de grâce de 1548 est passé. Le 20 août 1550, la réponse de la Diète au concile, l'Intérim et la pacification montrent que le camp protestant s'est durci et renforcé. Tout le monde constate que l'Intérim ne fonctionne pas et qu'on s'achemine vers l'acceptation de deux Églises, au moins jusqu'à la fin du concile (qui n'est pas pour demain).

Marie de Hongrie, arrivée à Augsbourg le 10 septembre 1550, ne parvient pas à fléchir Maximilien et la branche cadette. Le 27 août, Charles a perdu « son âme », le vieux Granvelle, dont le fils, évêque d'Arras, ne jouit pas de la même autorité. Pour sa part, le camp protestant se remet de sa défaite. Le bloc du Nord-Baltique n'applique pas l'Intérim. Charger Maurice de Saxe de mettre au ban les rebelles est illusoire ; les avertissements d'un agent aussi peu estimé que Seld ne risquent pas d'avoir le moindre effet. La Diète supporte de plus en plus mal les conseillers espagnols et notamment Granvelle fils, l'« évêque noir ».

Pour succéder à Paul III, le candidat du camp français, le cardinal del Monte, est élu contre le candidat impérial, Pole. Mais d'emblée le nouveau pape, Jules III, se montre envers l'empereur mieux disposé que prévu. Le Saint-Père ayant cédé sur le retour à Trente, reste l'affaire de Parme et Plaisance, la France tenant pour les Farnèse. Quant à la succession impériale, Maximilien, rappelé d'Espagne, demeure inflexible, malgré tous les efforts de Marie. Pour Charles Quint, c'est l'échec le plus cruel de sa vie, car il s'était totalement investi en faveur de Philippe.

Mais, pour l'Allemagne, Philippe est viscéralement inacceptable ; vouloir le lui imposer est une faute qui ternit durablement l'image de l'empereur. Le refus de Maximilien et la blessure de Ferdinand ont un effet de cascade. Alors que Ferdinand a intenté contre le duc Ulrich (décédé le 8 novembre 1550) un procès en trahison, Charles tranche en faveur de l'héritier. Pour la seconde fois, Ferdinand se voit privé du Wurtemberg, pourtant vital pour ses communications. Charles Quint a obtenu des promesses arrachées du bout des lèvres, et l'Allemagne en rit. Les pressions exercées sur Maximilien, le départ de Philippe pour l'Espagne ont lieu sous les sarcasmes murmurés. Depuis qu'ils ont vu Philippe, les Allemands détestent l'Espagne. Traditionnellement, c'est l'Italie que l'on brocarde ; Luther a ridiculisé, donc exorcisé, les Italiens. Les Espagnols, on n'en rit pas : on les craint et on les hait. On n'a pas oublié l'injure lancée en 1527 du haut des remparts par des Romains : *Hispani, Giudei, Marrani, Mori !*

*Le traité de Lochau-Chambord*

Avec Henri II, la France est plus redoutable, même si le rapport de forces penche plus souvent en faveur de l'Empire des alliances. Contrairement à son père, le nouveau roi sait attendre, mais sa rancune est recuite.

L'évêque de Bayonne, Jean de Fresse, part sur ordre pour Marbourg (juillet-août 1551). Les agents impériaux ne percent pas le brouillard. Maurice de Saxe, qui a fait basculer le destin en faveur de Charles Quint, est le fléau de la balance. Un traité est signé le 27 septembre 1551 avec la France, qui inclut le droit de défendre la religion de la Confession d'Augsbourg : « Il ne s'agit pas de s'opposer à l'empereur, ni de détruire l'ordre social, […] mais de défendre l'autonomie religieuse des princes et partant des peuples. » Du défensif on passe vite à l'offensif, comme en témoigne le second traité : « Les princes s'allient à Henri II, qui obtient de la ligue de Smalkalde le titre de vicaire d'Empire et les Trois Évêchés[138]. » Le front Habsbourg est affaibli par la revendication de la couronne d'or pour Philippe, dont l'Allemagne ne veut pas et que Ferdinand doit feindre d'accepter. L'arrivée de Maximilien à Augsbourg (10 décembre 1550) avait rendu la zizanie sensible même aux moins prévenus : Maximilien fuit Philippe. Ne pouvant se parler, on s'écrit. Charles ne domine pas sa déception et son irritation. Le 16 décembre, il laisse percer quelque chose qui ressemble au désespoir : ni François Ier ni Henri II ne l'avaient autant fait souffrir. On fait de nouveau appel à Marie. Elle tente de prévenir ce qui se trame entre les princes protestants et la France.

Le 3 mars 1553, Charles se tourne vers son frère[139]. Le soulèvement de l'Allemagne est bien plus grave que le danger turc lui-même : il remet en cause l'aide que l'on pouvait espérer précisément contre le danger turc, relégué au second plan. À trop demander à la branche cadette, Charles Quint a sous-estimé le rejet en Allemagne d'un prince aussi caricaturalement espagnol. L'empereur a achevé de compromettre la très fragile acceptation de l'Intérim. Il est bien tard quand le souverain s'aperçoit qu'il est lâché. Maurice de Saxe a changé de camp, ou plutôt retrouvé son camp. Avec Henri II, l'alliance française risque d'être plus résolue qu'avec l'inconstant François. Certes, Charles n'a jamais voulu retirer aux électeurs la désignation de l'empereur ; il souhaite seulement l'élection de son fils, Maximilien prolongeant l'alternance. Ferdinand, qui a peut-être eu le tort de ne pas refuser à temps et plus clairement, n'a pas pactisé avec les princes. Mais rien ne pourra lui faire accepter Philippe.

Sa santé rappelait de plus en plus à Charles Quint que le temps lui était compté, qu'il ne pourrait pas longtemps continuer à tenir tête sur tant de fronts. On peut admirer qu'après Mühlberg il n'ait pas tenté de tout régler d'un coup, en rétablissant l'unité religieuse autour d'une Église qui aurait réussi les réformes réclamées depuis deux siècles. Or, ne pas sacrifier l'unité, c'est aller à l'échec, c'est sacrifier la paix et donc la victoire. Ferdinand, qui lui n'est pas malade et connaît la situation allemande, le sait mieux que son frère.

Fallait-il aussi que Charles ait voulu placer la couronne d'or sur la tête de son fils ? Là encore, Ferdinand saisit mieux les choses ; il a les Turcs sur les reins, dont son frère paraît si peu soucieux. Et c'est ainsi que s'est installée la suspicion des princes : entre ceux d'une même confession, entre protestants et catholiques, entre eux et la cour impériale plus encore. Que préparent-ils ? C'est l'origine du *Furstenbund*, ce soulèvement des princes coalisés, et de la discrète entrée en lice de la France. Pour Henri II, l'Italie n'est pas au même titre que pour son père un souci obsessionnel ; il s'inquiète plutôt de la puissance croissante de l'Empire des alliances (Espagne et Amérique) et s'intéresse à l'Allemagne proche. Parce que l'empereur y est accroché et que la Lombardie est vraiment hors de portée, une autre possibilité s'ouvre : profiter de la grogne des princes, des blessures de la guerre civile et de Mühlberg pour déplacer la pression du compact royaume sur l'axe des communications dans l'Empire. Puisqu'on ne peut plus rêver de faire sauter le maillon milanais, il est logique de s'en prendre à l'axe lotharingien, d'avancer vers l'Alsace à la hauteur des communications nord-sud de l'Empire.

Les Pays-Bas ne sont pas déclassés par l'Espagne, comme on a pu le croire en 1539-1540 ; renforcés au nord, bardés au sud et surtout valorisés par le conflit allemand, ils gardent un poids considérable dans l'Empire. Les Habsbourg ont deux secteurs où enraciner leur puissance, deux bases opérationnelles : Vienne et les débouchés alpestres de la vieille « Habsbourgie », l'antique *patrimonium*, et c'est la base fragile de Ferdinand. Or la prétention de la branche aînée par rapport à sa cadette affaiblit ce modeste atout que détient non pas l'empereur, mais le roi des Romains. Ferdinand est très sollicité par les Turcs ; il lui faut couvrir ce qui reste de Hongrie et la Bohême. Ces couronnes électives, exposées à l'agitation interne et à la pression externe, absorbent le *patrimonium*, contraint de tout faire tenir ensemble et menacé au nord par les protestants.

Même si les rapports entre les deux frères étaient restés excellents, la « Habsbourgie » de Vienne, le bloc patrimonial agrandi et fragilisé, n'aurait pas pu subsister sans le soutien des Pays-Bas. Les allers et retours de Marie de Hongrie entre sa capitale (Bruxelles) et l'empereur en disent long ; l'argent et les troupes passent, venant des Pays-Bas. Casser la route entre Pays-Bas et Italie (Espagne et Amérique à l'arrière-plan), c'est paralyser l'empire de Charles Quint, le condamner à des révisions déchirantes.

Deux ans après Mühlberg, tout sourit encore. La mort de Paul III Farnèse, le 10 novembre 1549, est suivie de l'élection de Jules III, que l'on croit du parti impérial. Comment faire rendre gorge aux Farnèse ? Les attaques contre cette famille fournissent un excellent prétexte aux Français pour accrocher l'empereur à travers ses clientèles italiennes. Charles Quint, retenu par l'Allemagne, ne peut soutenir son camp ; Henri II, avec l'appui de Soliman, marque des points : Jules III change de camp, volant au secours de la victoire. Ce pape impérial est devenu un pape français.

En Allemagne, Henri II avance ses pions avec une prudence totalement étrangère aux foucades de son père. Il faudra que Charles Quint s'y accoutume : la France n'est pour rien dans le *Furstenbund*, réaction à Mühlberg. Les négociations doivent rester secrètes, car les luthériens n'apprécient pas la manière dont le gouvernement français entame une répression qui contraste avec le libéralisme d'avant 1534.

L'initiative vient peut-être indirectement de l'empereur lui-même qui, conscient de l'échec de l'Intérim et des résistances feutrées auxquelles il se heurte, cherche des appuis. Dès juin 1551, Charles Quint brise son isolement en négociant avec le Danemark (semi-échec) et la Pologne (traité signé en décembre 1551). Ainsi se dessine la trajectoire qui aboutit au traité dit de Lochau-Chambord. Du côté français, on reprend les dossiers du précédent règne. Les princes ne demandent qu'une aide financière : l'Allemagne, qui regorge de soldats/mercenaires, n'a besoin que d'argent pour les payer.

C'est en février 1551 que les relations se tendent vraiment en Allemagne. Plus personne ne croit à l'Intérim. Les négociations masquent les préparatifs. La France, qui a marqué quelques points en Italie dans l'imbroglio légué par les Farnèse, devient intéressante. En échange de son aide, sans doute se souvient-on de la candidature de François I^er^ : les princes offrent au roi l'Empire. Mieux vaudrait encore le Français que l'Espagnol. Mais Henri II, plus réaliste que son père, ne mord pas à l'hameçon. Ce qu'il vise, c'est le couloir lotharingien : contrôler la Lorraine, se ménager un accès au Rhin. Montbéliard et le comté de Ferrette pour assurer l'acheminement des mercenaires suisses ? « Mais ce projet est mineur en comparaison de celui concernant les Trois Évêchés (Metz, Toul et Verdun). Évêchés d'Empire, mais de langue welche[140]. » Déjà dans les années 1540, Valois et Habsbourg s'étaient affrontés : prise de Gorze par les Français, visite de l'empereur en 1544 à Metz. Henri II redoutait de voir Charles Quint prendre possession de ces villes libres, comme il l'avait fait de Cambrai.

Dès juillet 1551, méthodiquement, l'administration française prépare le terrain. Cette marche est feutrée, bourrée de méfiance retorse, savamment juridique. C'est le 15 janvier 1551 que le texte ébauché à Lochau (Saxe) est signé à Chambord. « Il ne s'agit pas d'un traité entre deux parties, mais d'un accord entre les princes pour demander l'aide de la France, accord ratifié par la France. [...] Maurice de Saxe et ses alliés agissent au nom et place du Saint Empire ; en leur nom, ils s'engagent à donner le vicariat d'Empire à Henri II, à faire élire un nouvel empereur ; avec l'aide du roi, à restaurer les privilèges et libertés germaniques[141]. » C'est comme une confédération franco-allemande qui s'ébauche, avec un sceau commun...

Au cours d'une séance solennelle au parlement de Paris, dans le lit de justice du 12 février 1552, Henri II déclare la guerre à l'empereur, la reine étant placée à la tête du Conseil de régence en son absence[142]. Le royaume est mis en état de défense ; le corps expéditionnaire d'Austrasie, fin prêt, occupe le duché de Lorraine, laissant des garnisons aux points névralgiques, et bien évidemment s'empare des Trois Évêchés.

Lorsque le roi arrive au camp de Joinville, on s'interroge encore sur ses buts tactiques et ses alliances[143]. Il dispose de 38 000 soldats français, 13 000 lansquenets et 6 000 Suisses. « Le 2 avril, la campagne commençait ; le 5 avril, Montmorency, à la tête des troupes, entra sans difficulté à Toul. Après un court siège de l'abbaye de Gorze occupée par les troupes impériales, le 10 avril, le dimanche des Rameaux, il était dans Metz. Henri II ne partit que le 11 avril, inquiet de la santé de la reine et retardé par les négociations avec le comte de Vaudémont et la duchesse de Lorraine, dont le fils Charles III fut envoyé à la cour à Paris, otage garant de la neutralité lorraine. Le lundi de Pâques 1552 (18 avril), Henri II faisait son entrée triomphale dans Metz. Tout avait été prévu, et fut exécuté sans coup férir[144]. »

*L'humiliation d'Innsbruck*

Pour une fois, le service de renseignements de l'empereur a été pris de court. L'attention de Charles Quint est sollicitée sur trop de points. Sans doute a-t-il sous-estimé le danger. Parce qu'il est lent dans ses réactions, peut-être a-t-il imaginé l'adversaire à son image. Puisqu'on négocie, a-t-il imaginé pouvoir, en lâchant à temps, arrêter ces mouvements de troupes dans l'Empire, dans le camp adverse ? Il n'a pu être informé que tardivement du lieu et du déroulement de l'attaque française, qui l'aura surpris par sa force et sa résolution. À Linz, Ferdinand négocie pas à pas, déplace les forces dont il dispose. Sa loyauté est ferme, sans la moindre ambiguïté.

Maurice de Saxe est lui-même dans une situation délicate. L'empereur a gardé une carte : la famille de l'électeur déchu. Maurice perd son gage – l'électorat – et sa crédibilité. Il lui faut agir rapidement. Et c'est bien une stratégie d'enveloppement qu'il déploie : arriver au plus vite sur le Danube, frapper un grand coup contre l'empereur en lui fermant le passage du Tyrol vers l'Italie, d'où peuvent venir les immenses ressources que Charles sollicite depuis plusieurs mois. L'empereur serait alors fait prisonnier sans combat et l'on pourrait obtenir de lui un traité favorable à la Ligue, à Henri II et à Maurice de Saxe.

Le 19 mai 1552, celui-ci se saisit de la passe d'Ehrenberg, et son armée atteint Innsbruck le 23. Le 19, Charles, abandonnant la cour à elle-même, s'échappe du piège par d'invraisemblables chemins de montagne. « Fuir devant l'adversaire était chose amèrement triste pour le souverain, ce vieux gentilhomme[145]. » Mais il était assez intelligent pour comprendre où se trouvait son devoir ; en outre, fuir dans de telles conditions demandait beaucoup plus d'héroïsme que de se laisser prendre dans une nasse dorée. Il atteint la Drave supérieure le 27 mai, à Villach. S'offrent alors à lui les routes de l'Italie, où tous ses États, tous ses vassaux alertés rassemblent de l'argent et des hommes.

La Ligue contrôle le terrain, mais l'empereur est libre et ses immenses forces (elles n'ont jamais été à ce niveau) se rassemblent. C'est alors que commence la vraie négociation. À Passau, Maurice de Saxe passe pour le vainqueur. Il est le porte-parole « tout à la fois des revendications concernant le landgrave (retenu prisonnier), la France et les pays belligérants[146] », et des revendications politiques et confessionnelles. C'est là que sont posées les ultimes grandes questions qui seront tranchées à Augsbourg en 1555. Ferdinand proteste contre la présence de l'ambassadeur de France.

*L'échec devant Metz*

Metz est facilement enlevée par François de Guise, nommé gouverneur de la place. Celui-ci entreprend des travaux sans merci, rasant les faubourgs et renforçant les défenses pourvues d'une excellente artillerie. Mais le raid de trois mois dans l'Empire, commencé comme une promenade et terminé médiocrement, ne suscite pas l'enthousiasme attendu. Les princes ne veulent pas changer de maître, mais simplement faire plier Charles Quint et son frère Ferdinand.

Après l'humiliation d'Innsbruck, la partie est nulle : demi-échec, demi-succès dans chaque camp. L'enjeu était de s'emparer de la personne de l'empereur ; or celui-ci a réussi à se dégager et à garder sa liberté. Une fois la blessure à l'amour-propre digérée, le camp du *Bund* est presque perdant. Nul ne le comprend mieux que Maurice de Saxe, prêt aux plus larges concessions – ce qui suscite la méfiance de ses alliés. D'Henri II, qui a saisi son gage et effectué sans résultat son raid dans l'Empire, on attendait une aide plus concrète. Il inquiète et irrite.

Dans les mois qui suivent Innsbruck, la négociation reprend. Ferdinand semble avoir mieux compris la situation que son frère, drapé dans sa dignité blessée et épris d'absolu plus que de succès politique. « Ferdinand pouvait bien perdre le présent et l'avenir ; Charles, lui, perdait l'éternité[147]. » Rien ne peut être négocié sur la religion et le gouvernement de l'Empire. Charles n'a pas encore accepté, et n'acceptera jamais vraiment, la cassure définitive en deux Églises égales. Ni, puisque le statut d'Empire relève de l'héritage, la perspective de réduire ce qu'il a reçu.

Avec l'aide de Maurice de Saxe qui se sent pressé, et parce que rien n'est arrêté sur la religion, il finit par accepter le compromis conclu pour l'essentiel entre Ferdinand et Maurice. Ce compromis permet la poursuite d'une négociation dont Charles se détache, pour chercher le dernier succès militaire qu'il voudrait arracher à l'ennemi.

On comprend qu'il ait voulu reprendre Metz, punir Henri II et surtout dégager un axe vital des communications impériales. Metz tient la Lorraine et est aussi la porte vers l'Alsace et le Rhin. Son patriciat se divise par moitié entre catholiques et protestants. Elle peut être demain un marchepied vers l'Empire. Mais tenter de la reprendre est dangereux. Le choix de François de Guise, brillant chef de guerre, est excellent. Sa famille prétend descendre de Charlemagne, et ce sont de farouches catholiques. La troupe d'élite qui s'y retranche est d'une détermination totale. Les Messins, en outre, sentent qu'ils ont plus à gagner à rester à la pointe de la France que noyés dans l'Empire où, même bien acceptés, ils ne sont que des *Welches*.

Une fois de plus, la palme de la lucidité revient à Marie de Hongrie. « On voit que les intérêts immédiats de ces terres de famille étaient pour Charles l'argument décisif pour entreprendre le siège de Metz. Le 28 septembre 1552, dans un avis péremptoire, Marie, sans contester la position stratégique de la ville, déconseillait encore une fois l'entreprise. Elle montrait sa sagacité à recommander de faire prendre aux troupes leurs quartiers d'hiver à Trèves et en Lorraine[148]. » Mais l'empereur suivit le duc d'Albe.

Outre qu'il ignore les lieux, la langue et les hommes de ces pays, Albe n'entend que ce qu'il veut entendre et c'est un homme malade. Sans doute n'a-t-il pas idée, lui qui n'a que le mépris aux lèvres, de la détermination et du savoir-faire des troupes commandées par un Guise… Quant à Charles Quint, il ne supporte pas le froid et souffre le martyre. L'armée espagnole est à deux doigts de se mutiner. L'empereur se résigne alors à lever le siège dès les premiers jours de janvier 1553. Le 13, il est à Thionville ; le 5 février, à Bruxelles.

Philippe fut marié, à seize ans et demi, à Marie de Portugal, fille de João III et de Catherine, sœur de Charles Quint[149]. Cette Marie apporta huit cent mille cruzados et donna le jour à un héritier, don Carlos (8 juillet 1545), qui lui coûta la vie. Commença alors, pour le futur Philippe II, un premier veuvage. Charles avait dû affronter la ligue allemande et ses alliés, le français et l'anglais. Le règne d'Édouard VI avait durci le schisme anglais en une Réforme à tendance calvinienne-sacramentaire. En 1553, la mort de ce roi et l'avènement de Marie Tudor, fille d'Henri VIII et de Catherine d'Aragon, apportent une lueur d'espoir. Cette cousine germaine de l'empereur est une ardente catholique durcie par la persécution. Certes, elle n'a pas laissé dans la mémoire protestante anglaise une image gratifiante et sa tentative de restauration d'un catholicisme romain fut un échec, mais qui le savait sur le moment ? Pour Charles Quint, le mariage de son fils avec cette reine si catholique est une occasion inouïe. On s'était battu à mort avec la France pour garder le Milanais, une route terrestre médiocre, tortueuse et que la perte de Metz avait encore allongée ; cette union protégerait l'Angleterre de l'alliance de la France avec l'Écosse de Marie Stuart, l'épouse du prince héritier, futur François II.

La recatholicisation de l'Angleterre, malgré l'intelligence et l'habileté du légat Reginald Pole, était une tâche difficile. La reine avait dû réprimer deux tentatives de coup d'État contre elle : l'alliance de la plus grande puissance catholique était essentielle. Le 30 octobre 1553, moins de quatre mois après son avènement, Marie accepte une offre qui lui avait d'abord fait peur. « Dans ses appartements particuliers, elle s'était fiancée à l'infant absent devant le saint sacrement exposé et en présence des ambassadeurs impériaux[150] ».

Le sommet de la politique des mariages dynastiques semblait ainsi atteint. Mais Ferdinand, le roi des Romains, qui portait le poids de la déchirure de l'Empire et du harcèlement turc, s'était appliqué de son côté à obtenir pour son fils Maximilien la main de cette même reine d'Angleterre. Une fois de plus, il est rabroué. Charles lui fait observer que l'union de Philippe est une juste compensation pour la couronne d'or qui lui échappera, compte tenu du refus probable des électeurs. La rancune de Maximilien monte d'un cran. « Dieu fasse que Sa Majesté se montre un jour courageuse vis-à-vis de Sa Majesté Impériale et non plus aussi pusillanime, écrit-il à Albert de Bavière. [...] Je m'étonne d'un tel aveuglement et que Sa Majesté ne veuille pas voir l'infidélité et le manque d'esprit fraternel de Sa Majesté Impériale envers elle. »

Quant à Philippe, il se montre moins enthousiaste que son père, car le contrat ne l'enchante pas. Mais c'est un bon fils. Charles Quint le fait roi de Naples pour qu'il porte un titre royal, comme son épouse. Le mariage fictif a lieu le 5 janvier 1554 ; le mariage concret, à Winchester, le 25 juillet. Les onze années qui séparent les nouveaux époux ne seront pas sans importance. Toujours lucide, Karl Brandi souligne l'autre conséquence de cette union, à savoir la vigueur de la réaction française : « La réunion de l'Angleterre aux Pays-Bas sous un seul sceptre et avec le double appui dynastique de l'Empire et de l'Espagne, autant dire l'encerclement de la France, était à elle seule une provocation qui eut pour conséquence l'action passionnément belliqueuse d'Henri II. »

L'expédition d'Austrasie, qui se solde par la prise de Metz et son maintien dans la mouvance française, est le point de départ d'une Lorraine française des Évêchés ; l'œil du conflit se déplace en direction des Pays-Bas, la vraie frontière. Charles Quint tient sa revanche avec le siège et la prise de Thérouanne et de Mesclin, enclaves françaises en territoire bourguignon[151]. Fragilisé par les soucis et la maladie, il se laisse en cette circonstance aller à une violence symbolique sans autre objet que la satisfaction d'une rancune ancestrale : Thérouanne est rasée jusqu'au fondement, sans même le moindre respect pour les lieux saints. Le mariage anglais et l'alliance de juillet 1554 sont l'autre aspect de la guerre sur le continent.

Charles Quint rassemble soldats et munitions dans le pays de Liège et les Ardennes. Henri II mobilise plus de cinquante mille hommes. La vengeance appelle la vengeance. L'Artois et les Ardennes sont ravagés. La mémoire des peuples est rancunière : à Bouvignes, huit cents défenseurs sont tués pour avoir résisté. Mais la contre-attaque est sévère, conduite par un grand capitaine, Emmanuel-Philibert de Savoie. Un succès français à Renty n'efface pas le revers. De ces ravages subis de part et d'autre, il ne sort rien de décisif ; la campagne s'enlise. C'est en Italie que la France marque des points – en Corse et au Piémont. Ces difficultés et la lassitude d'un empereur décidé à la retraite totale comptent beaucoup dans la conclusion de la trêve de Vaucelles (5 février 1556).

À Jules III le pacifique succède un Carafa, Paul IV. Ce Napolitain est tout à la haine du maître de Naples depuis un siècle ; son unique ambition sera de l'en chasser. « En Italie, Paul IV prenait la figure d'un nouveau Grégoire VII, d'un Innocent III, dur, ascétique, passionné[152] », écumant de belles et véhémentes paroles au service exclusif de son pouvoir temporel. Dans la guerre qu'il entend mener, ce pape aligne vaillamment canons et… excommunications.

Le 27 juillet 1556, à la suite de l'interception d'un courrier, le Saint-Père, sans plus attendre et sans consulter personne, prononce l'excommunication majeure contre le duc d'Albe, vice-roi de Naples, et ses maîtres, Philippe roi et Charles empereur, « pour avoir porté assistance aux membres de la famille Colonna, eux-mêmes excommuniés pour rébellion ». L'interdit est jeté sur leurs États.

Rien ne pouvait mieux ôter tout scrupule à l'agressé. L'Espagne a de bons théologiens et de bons canonistes qui se chargent de fournir à Paul IV une leçon de théologie pratique : « Votre Sainteté a été instituée le pasteur et non le loup dévorant du bercail du Christ. L'empereur et le roi, qui sont en réalité les seuls et les plus fidèles défenseurs de la papauté, ont supporté jusqu'ici avec une exceptionnelle longanimité les plus graves injures. Mais maintenant, ajoute le duc d'Albe, que le Saint-Siège est allé jusqu'à menacer de déposer le roi d'Espagne de son trône, je sens, comme défenseur de mon souverain, que ma patience est sur le point de m'échapper. J'implore l'aide de Dieu contre Votre Sainteté et je jure au nom du roi mon maître, et par le sang qui coule dans mes veines, que Rome tremblera sous le poids de mon bras. À moins que d'ici huit jours Votre Sainteté n'ait donné des preuves d'un revirement décisif, j'engagerai le combat qui est préparé jusqu'au moindre détail. Les suites en retomberont uniquement sur la conscience de Votre Sainteté, qui en portera l'entière responsabilité[153]. »

Cet ultimatum, sans nul doute approuvé par Philippe, n'obtient pour réponse qu'un formidable accès de rage. Dès le 1er septembre 1556, le duc d'Albe passe la frontière du royaume de Naples – que Paul IV a promis à la France – avec 12 000 fantassins et 1 500 cavaliers qui marchent méthodiquement vers Rome, brûlant, pillant, violant sur leur passage. Moyen infaillible de rappeler les mauvais souvenirs de 1527. Mais, pour amener le pontife à une vision plus juste des choses, il faudra encore l'échec de son allié français en Italie et sa terrible défaite de Saint-Quentin (10 et 27 août 1557), qui clôt définitivement le règne de Charles Quint et ouvre brillamment celui de Philippe II[154].

Paul IV change alors de camp. On admire la courtoisie glacée des Espagnols, leur déférence marquée envers l'institution. On peut penser que le choc aura été en partie détourné par le jeune roi Philippe, qui aura assumé mieux que ne l'aurait fait son père ce sinistre épisode pontifical. Voire…

La bataille de Saint-Quentin révèle un trait nouveau, émergent : le rapport de forces entre la France et l'Empire des héritages et des alliances n'est plus aussi égal qu'il le fut sous le règne de Charles Quint. Celui-ci, débarrassé du Saint Empire, a légué à son fils une puissance militaire légèrement supérieure désormais à celle du royaume, et ce avant même que la France ne se désagrège au moment où la paix d'Augsbourg pacifiait durablement l'Allemagne.

Deuxième partie

# ENTREVOIR L'HOMME

*par Michèle Escamilla*

« … *uomo religiosissimo, molto giusto* ».

Gasparo Contarini,
ambassadeur vénitien.

« *Charles Quint était intègre.* »

Salvador de Madariaga.

# PROLOGUE

*« Si j'ai entrepris de vous monstrer et declairer au vray, combien vous estes gentilhomme. »*

*Mémoires de Messire Olivier de la Marche*, ainsi dédicacées à Philippe le Beau.

*« Aydes à bien dresser les affaires, afin qu'avant que je devienne beaucoup plus vieux, je fasse chose par où Dieu peust estre servy et que je ne sois à blamer. Je me dict vieil, pour ce qu'en ce cas le temps passé me semble long et le advenir loing. »*

Charles Quint, vainqueur de Pavie, à Charles de Lannoy (fin mars 1525).

À tout seigneur tout honneur. Dans une conférence[1] intitulée *El Emperador*, prononcée devant l'université de Salamanque le 6 mai 1958, S. A. I. et R. Otto de Habsbourg écrivait d'entrée :

> « Ce n'est ici ni le moment ni le lieu pour esquisser la grandiose histoire de Charles Quint. Le thème est trop profond, et trop faibles les forces d'un seul homme, pour enfermer dans le cadre d'une brève étude la figure monumentale du grand souverain. Pour lui rendre justice, pour comprendre sa grandeur, fût-ce de manière approximative, il faudrait décrire tout son siècle, ce qu'il a signifié pour l'Occident ; pour l'Église, pour l'Empire, pour le monde. Il faudrait évoquer sa figure en tant que souverain, en tant que politique, en tant que chef de guerre, comme

du point de vue de la théologie et de la pensée. En omettant un seul de ces aspects on encourt le risque de rester à la surface des choses. Trop souvent, quand nous scrutons l'Histoire, nous nous perdons dans le labyrinthe des faits, des batailles, des traités signés et violés, et nous passons facilement à côté ce qui est grand, à côté de l'essentiel, les archétypes, les figures porteuses, les puissants courants spirituels dont la signification dépasse n'importe quel fait d'armes ou n'importe quel coup réussi dans le jeu diplomatique. Si, malgré tout, nous osons parler de la grande figure du souverain de l'Occident, il nous faudra nous limiter à une seule de ses nombreuses facettes. Car Charles Quint est pour toutes les nations de l'*orbis europeus christianus* un symbole. C'est l'Empereur par antonomase. »

Cette mise en garde – par une voix aussi autorisée que celle de l'actuel héritier de la maison d'Autriche – dit d'avance nos limites et notre audace, tout en justifiant celle-ci par la fascination qu'exerce depuis toujours l'impressionnante figure de Charles Quint, qu'on a pu qualifier de « *dernier empereur de la chrétienté*[2] ».

*

* *

Quel est l'homme – tout simplement l'*homme* – qui dut assumer, et assuma, tant de charges, de telles responsabilités, tous ces héritages ? « L'histoire de Charles Quint aura débordé sa propre personne. Celle-ci se perd au milieu des problèmes soulevés et des péripéties vécues. Il faut faire un effort pour le dégager de cet éclat, *non pour le voir mais pour l'apercevoir* », affirmait en connaisseur Fernand Braudel. Dans le filigrane des pages précédentes le portrait de l'homme pourtant se dessine nettement derrière le souverain, et suffirait. Mais Pierre Chaunu ayant pris le risque de nous associer généreusement à son ouvrage – honneur, et bonheur, dont nous ne saurons jamais assez le remercier –

nous essaierons de préciser tels contours, de reprendre tels traits, à la lumière surtout du témoignage de ses contemporains.

« L'homme n'est pas de ceux avec qui l'historien peut engager à fond le dialogue. Moins distant que son fils, Philippe II, il est aussi secret, mystérieux, difficile à atteindre. Les historiens ont essayé, sans guère y réussir, de dégager ses pensées, son tempérament, son caractère. Rien de plus difficile », poursuivait Fernand Braudel dans son remarquable article sur « Charles Quint, témoin de son temps », qui vaut à lui seul toute une biographie. « Le personnage me fascine et, dans le fond, j'aime aussi chez Charles Quint la volonté de paix et la haine du parjure. Il n'y a rien de pire pour lui que le mensonge et le parjure. C'est l'anti-Machiavel. Et la façon dont il quitte le pouvoir ! Pour moi, c'est une figure magnifique. Comme Colomb, il est d'un autre temps. Mais, *à force d'être dans le passé, il est dans l'avenir* [...]. J'aime cet homme, c'est une des plus grandes figures qui vous réconcilie avec la politique, tout en étant si peu politique. C'est un chevalier », avouait de son côté Pierre Chaunu dans ses « entretiens » avec François Dosse[3], avant de déclarer ici, d'entrée : « Charles Quint m'intimide. »

Qui n'éprouverait le même sentiment face à un tel personnage ? Le souverain et l'homme tout ensemble intimident, intriguent, fascinent, et forcent le respect sinon l'admiration. L'*homme* est, comme son royaume et son règne, immense. C'est inconscience de notre part sans doute que d'entreprendre ici d'en esquisser seulement la silhouette. Nous espérons, sans plus, mettre en lumière certains traits de la personnalité, belle au total, de cette haute figure mal connue en général – et, la rancune historique étant tenace, moins encore appréciée – du public français.

Au premier rang des difficultés du genre biographique nous mettons l'angoissante responsabilité de qui ose évoquer – donc invoque et convoque – un personnage du passé, et *a fortiori* un personnage de cette envergure, qui n'a droit de réponse que par historien interposé. Ce n'est pas sans crainte du jugement du lecteur, certes, ni scrupule d'avoir démérité du personnage évoqué, d'en avoir trahi la mémoire, que nous livrons les pages qui suivent, en guise de récitatif, ou comme en contrepoint à l'essentiel, que vous venez de lire.

L'essentiel : ce règne de quarante ans, un règne, par la force des circonstances lui aussi, comme le siècle, « plein de bruit et de fureur » – mais non point vide de signification, notamment pour une Europe qui se cherche –, un règne qu'évoque en ces termes introductifs le père Prudencio de Sandoval, dans ce qui n'est plus tout à fait une *chronique* mais déjà une *histoire* de l'empereur Charles Quint :

> « J'écris les plus hauts faits d'un siècle inquiet. Je dit les Empires, les couronnes, les sceptres que la vanité du monde estime et glorifie. Je raconte les guerres, la mort d'un demi-million d'hommes, les meilleurs de l'univers ; les incessants conflits d'un demi-siècle ; des rois en captivité ; le sac de Rome ; le mépris de l'humain, et même du divin ; les défis entre princes, pleins de colère et les lourdes paroles ; les ligues, les accords, les serments, les royales amitiés de mille façons violées ; les intérêts, les ambitions, les mortelles envies dans les cœurs les plus hauts et couronnés ; les fausses bonnes volontés ; l'alliance avec le Turc des uns, avec les hérétiques des autres, dominés par la haine et la passion de vengeance ; les incendies des villes et des campagnes ; le sang versé avec une rage infernale parmi les peuples dont les princes se faisaient une guerre cruelle, tous ces maux ayant plus que tout incité le vilain, les gens du commun, à se dresser contre Dieu et contre son Église, semant ainsi dans le monde mille folies, découvrant la braise qu'avaient laissée, sous la cendre, d'anciennes hérésies, avec lesquelles ils embrasèrent l'esprit des hommes ; pervertissant la lumière de l'Évangile par de folles hérésies et de barbares croyances qui demeurent jusqu'à nos jours et sont en crédit parmi les gens corrompus.
>
> Tels furent donc, entre autres, les accidents qui vinrent grever la couronne que le ciel posa sur la tête de l'Empereur Charles le Grand qui, s'il en avait eu au début

la connaissance qu'il en eut à la fin, aurait dit comme certain roi de la gentilité quand il la vit déposée sur le sol : *Précieuse plus qu'heureuse Couronne, si l'on te connaissait bien, personne ne se pencherait pour te recueillir : car ni la noble pourpre, ni le diadème ni le sceptre royal, ne sont autre chose qu'une servitude d'honneur et une charge pénible.* Charles, quoique ayant mérité le titre de *Maximus* et de *Fortissimus*, en a senti le poids car sa vie fut par elle en peu de temps consumée ; en effet, quand il était encore dans sa verte jeunesse et dans la fleur de ses années, la goutte l'affecta et d'autres maux l'épuisèrent ; aussi, arrivé à la cinquantaine celui qui avait été le maître de tant d'armées et d'une grande partie du monde ne l'était plus de lui-même, n'ayant plus ni pieds, ni mains, ni forces, garroté qu'il était par la souffrance. Voilà pour quelle charge était né Charles Quint. »

## *Le témoignage iconographique*

C'est dans l'espace culturel de Charles Quint, et presque de son temps, dans cette effervescente Europe du nord, dans l'Allemagne et les Pays-Bas du XVe siècle – entre un Dürer et les Holbein, un Joos Van Cleve et les Van Eyck –, que naquit l'art magnifique du portrait, si précieux pour l'historien, pour s'acclimater à merveille dans l'Italie renaissante sous le pinceau d'un Raphaël ou d'un Léonard de Vinci ; d'un Titien (1490-1576) surtout qui, né dix ans avant l'empereur, lui survécut près de vingt ans ; Titien, le grand Vénitien, devenu lors du séjour impérial à Bologne (à l'occasion du couronnement) son peintre favori avant d'être celui de Philippe II. Des peintres du Nord serviront sous les deux règnes les monarchies espagnole et portugaise, aussi bien dans la péninsule qu'aux Pays-Bas, comme ce néerlandais Anton Moor Van Dashorst *alias* Antonio Moro (né à Utrecht en 1517, mort à Anvers en 1576), qui créa un type de splendide portrait de cour qu'allait développer son élève espagnol Alonso Sánchez Coello (né en 1531, mort à Madrid en 1588).

Ainsi, tout au long de son règne, et particulièrement dans la dernière partie de sa vie active (il n'existe aucune représentation directe de lui après l'abdication), Charles Quint et les siens (famille et proches, de ses enfants au duc d'Albe) ont été remarquablement servis – et par conséquent nous aussi – sur le plan de la représentation iconographique par les maîtres des écoles flamande, vénitienne et espagnole, qui atteignaient alors leur maturité et pour certaines leur apogée. Sans oublier la sculpture : le médailleur italien Leone Leoni (Menaggio, 1509-Milan, 1590), qui excella dans le portrait en bronze, devint le sculpteur préféré de l'empereur dont il fit de très belles et vivantes effigies.

Les uns et les autres ont souvent, mieux que ne le ferait bien plus tard la photographie, su capter au-delà de l'apparence strictement physique la personnalité profonde de leurs modèles. On a pu dire ainsi fort justement que « Titien a admirablement symbolisé le secret psychique du monarque » ; ou encore que les portraits de l'empereur peints par Titien révèlent chez le sujet « une sensibilité presque tendre, et une obstination presque cruelle[4] ». Rien de plus impressionnant en ce sens que l'admirable portrait de Charles Quint assis, tout de noir vêtu, tableau strictement contemporain du portrait équestre du vainqueur de Mühlberg, les deux ayant été peints en 1548 à Augsbourg lors d'un voyage de Titien en Allemagne. On peut s'étonner du peu de cas que faisait Fernand Braudel de cette figuration[5], jugement qui nous paraît très injuste et que nous ne partageons nullement.

Au contraire : tout est dit dans ce magnifique, dans cet extraordinaire tableau ; tout l'homme y est : le sommet de sa gloire et le déclin de sa vie, les stigmates des épreuves, des frustrations, des déceptions, mais encore et toujours l'espoir. Le caractère, tel qu'il ressort des divers témoignages de ses contemporains, est là devant nous, dans ce regard qui nous fixe encore, par delà les siècles, avec une majestueuse mais bienveillante distance ; tout est inscrit dans la noblesse naturellement simple de l'attitude. Sans entrer dans les anecdotes plus ou moins fantaisistes (quoique le légendaire en lui-même ait un sens) du pinceau tombé des mains du peintre et que l'empereur, à la stupéfaction générale, aurait ramassé, et aux diverses répliques qu'on lui attribue[6], il est *évident* que quelque chose est passé entre le souverain et l'artiste, une secrète connivence, une admiration réciproque, à coup sûr un sentiment profond. Oui, nous savons pour notre part infiniment gré au Titien de nous avoir ainsi comme entrouvert l'arcane de cette secrète, très imposante, mais aussi attachante personnalité.

### *Le portrait écrit*

D'autres ont témoigné par la plume, la plupart du temps en tant qu'observateurs professionnels, dans le cadre de leur activité diplomatique. Il existe aussi, quoique exceptionnel, le témoignage-héritage, donné *a posteriori*, en écho, donc indirect, transmis par tradition ou dévotion familiale. Le meilleur exemple est celui du comte de la Roca, don Juan Antonio de Vera Zúñiga y Figueroa, dépositaire des souvenirs et des observations irremplaçables de ses aïeux[7]. Voici le portrait[8] qu'il a ainsi brossé de l'empereur Charles Quint, l'illustre ami de son grand-père don Luis de Avila y Zúñiga :

> « Charles Quint était d'une taille légèrement supérieure à la moyenne, et fort bien membré. Il présentait un visage égal devant la fortune adverse comme devant la prospère. Extérieurement il se montrait toujours calme ; et il était d'un caractère agréable. Il avait les yeux bleus, le nez aquilin, signe révélateur d'un esprit courageux comme on peut l'observer dans la lignée des Cyrus ; la lèvre inférieure légèrement tombante, héréditaire dans la Maison d'Autriche. Il ne fut vaincu par aucun pouvoir humain, sauf par celui qui se rendait à lui, tant que les éprouvantes fatigues de la guerre et des voyages ne l'eurent point brisé. Il avait une constitution saine et robuste, que par la suite la goutte et d'autres maux épuisèrent. Sa modération quant à la nourriture était plutôt celle d'un philosophe que d'un roi ou

d'un capitaine[9]. Il avait un cœur si catholique que rien ne peut se comparer à sa modestie sans limite, sauf son opposition aux ennemis de l'Église contre lesquels il était toujours prêt. Il associait si hautement le temporel à l'éternité, qu'à voir son courage il donnait le sentiment de se croire immortel ; alors que son inquiétude et son zèle religieux étaient de qui ne saurait vivre – "*de quien no podía vivir*" –. Il rendait hommage aux lettres et, largement, à don Luis de Avila, dont il dit – quand il sut qu'il avait entrepris d'écrire des commentaires sur l'Allemagne –, qu'Alexandre avait fait de bien plus grands exploits que lui – et là sa modestie l'induisait en erreur –, mais qu'il n'avait pas eu d'aussi bon chroniqueur. Avec les soldats il était généreux et si proche d'eux pendant les campagnes qu'ils mouraient volontiers pour lui en toute occasion. Il avait une si heureuse mémoire que, lorsque quelqu'un lui avait parlé une seule fois en particulier, jamais plus il ne l'oubliait et le reconnaissait immédiatement même des années plus tard. Il tenait par-dessus tout à la justice, mais qu'un doute ou autre se frayât un chemin [dans son esprit] il faisait alors preuve de grande miséricorde. Il surpassa tous les cavaliers de son temps. Et quand il était armé, il avait tant de prestance et faisait preuve d'une telle endurance que les troupes disaient que, parce qu'il était né roi, elles avaient quant à elles perdu le meilleur chevau-léger du siècle. Il avait bien mérité de la Fortune les succès qu'il eut dans ses entreprises – à supposer que ce fût elle qui les distribuât – par le courage tenace avec lequel il appliquait les moyens et la confiance qu'il mettait dans la fin recherchée. Pour ce qui est des sciences il était fort savant en musique ; quant aux arts, la peinture eut sa préférence et il en comprenait toutes les finesses et les difficultés… Il vécut cinquante-huit ans, sept mois et vingt et un jours, régna quarante-quatre ans, fut empereur trente-huit ans[10]. Et le jour de la vérité, qui est celui de la mort – "*el día de la verdad, que es el de la muerte*" –, on le pleura dans toutes les provinces d'Europe, d'Afrique, d'Amérique et même d'Asie. »

On peut supposer qu'une relation d'ambassadeur échappera davantage – en théorie du moins, et en partie – au soupçon de subjectivité ou de partialité. Le XVIe siècle et la diplomatie – l'italienne notamment, et plus particulièrement la vénitienne – nous ont ainsi légué de ces « portraits » écrits dressés par les ambassadeurs à l'intention de leurs maîtres (que ce fût la Sérénissime, le duc de Florence ou autre), d'autant plus précieux que peu suspects, par destination, de flagornerie, et qu'ils étaient dus à des hommes intelligents, spécialistes de l'observation ; d'autant plus précieux aussi qu'ils ont retenu, outre l'aspect physique, non négligeable mais secondaire, les traits de caractère et de comportement. Les diplomates, cependant, se faisaient aussi volontiers l'écho des rumeurs de la cour, des ragots de palais, des bruits de couloir ou autres anecdotes courant sur la personnalité « épinglée ». En ce sens il faut se méfier des traits piquants, drôles, des bons mots, mordants mais séduisants ; ils ont souvent contribué à répandre et à pérenniser des images trop schématiques sinon caricaturales.

Mieux vaut donc procéder, comme dans l'enquête judiciaire, par confrontation et recoupement des témoignages. En ce sens, comme le soulignait en 1944 Ciríaco Pérez Bustamante[11], abondance de biens ne saurait nuire : « Ces relations nous offrent une irremplaçable galerie de portraits et d'esquisses psychologiques des principaux personnages des cours européennes au cours des XVIe, XVIIe et XVIIIe siècles, sans égal dans l'ensemble des documents historiques de l'époque. À travers eux on peut suivre comme sur une pellicule photographique les changements et les transformations des souverains européens dans leur physionomie, dans leur caractère et dans leur politique, car même si l'on peut croire à première vue qu'il y a répétition dans les observations sur un même personnage, surtout si les relations sont chronologiquement rapprochées, il ne faut point oublier cette très fine remarque de l'ambassadeur Tiepolo, accrédité auprès de Charles Quint, qui soulignait l'intérêt qu'offraient les discours tant de fois écrits sur le même personnage : « car les princes et les États de ce monde vont évoluant jour après jour », « *perché le cose de principi e Stati umani di giorno in giorno si vanno in diversi modi mutando...* ».

*Le regard des ambassadeurs*

En partant ainsi de trois témoignages[12] dus aux ambassadeurs de la Sérénissime Gasparo Contarini, Nicola Mocenigo et Federico Badoaro, et correspondant à des observations faites aux environs de 1530, de 1548 et de 1556, voici le portrait « psychologique »[13] que faisaient de Charles Quint certains de ses contemporains au-dessus de tout soupçon de complaisance[14] envers lui.

Gasparo Contarini a observé l'empereur lors de son couronnement à Bologne. Il nous a ainsi laissé cet instantané d'un homme dans la fleur de l'âge (à trente ans : les maux qui vont l'affecter ne sont pas encore, ou à peine, déclarés) et au sommet de sa gloire politique. Il le juge « prudent, réservé et s'occupant avec la plus grande diligence de ses affaires » – « *E prudente, riservato, ed attende con ogni diligenza alle sue faccende* » – ; la preuve en est qu'il écrit souvent de sa propre main – et fort longuement – à son frère et à sa femme sur les affaires de ses États ; et le pape lui-même a remarqué qu'il avait toujours sur lui, lors des négociations, des notes précises sur toutes les questions à traiter.

Quoique étant au zénith – physique, affectif, politique – de sa vie, il ne s'adonne guère aux plaisirs de son âge et de son état – « *Non è dedito molto a piacere alcuno* » –, hormis la chasse et encore (au sanglier de préférence), sans passion particulière[15]. L'ambassadeur note ainsi qu'à Bologne – ce qui, étant donné les circonstances (la gloire du couronnement), ne put manquer de surprendre – l'empereur était rarement sorti de son palais[16], sauf pour se rendre à la messe dans quelque église : « Il est plus religieux que jamais », souligne-t-il, « *E religioso più che mai.* »

Il remarque qu'il est devenu plus loquace qu'auparavant : « il parle et discourt beaucoup plus qu'il ne le faisait en Espagne. Il m'est arrivé de négocier avec lui pendant deux heures de suite : ce que, en Espagne, il ne faisait pas. » Il se montre également plus nuancé et plus souple qu'auparavant dans ses appréciations : « Il n'est plus aussi absolu dans ses opinions que sa nature le portait à l'être (*"come già la natura lo inclinava"*). » L'empereur avait d'ailleurs reconnu devant lui, qui se trouva du coup fort embarrassé, qu'il était volontiers – et, de son propre aveu, parfois malencontreusement – entêté : « D'où il résulte, selon moi, – concluait Gasparo Contarini – que, par sa prudence et sa bonne volonté – *"colla prudenza e buona intenzione"* –, il a triomphé de ses défauts naturels. » Il semblait très bien intentionné et manifestement soucieux du maintien de la paix : *« attendente massime alla conservazione della pace »*.

Outre le grand et réciproque attachement qui liait Charles Quint à son frère Ferdinand[17] et l'infini respect qu'il témoignait au pape, l'ambassadeur soulignait encore son antipathie pour Henri VIII, et la défiance viscérale que lui inspirait François Ier : « Il se défie, dit-il, et se défiera toujours beaucoup du roi de France, tenant pour très-certain que, chaque fois que le roi en trouvera l'occasion, il ne manquera pas de lui faire dommage et honte : *"danno e vergogna"*. »

Au lendemain de Mühlberg c'était l'ambassadeur Nicola Mocenigo qui dressait un portrait de l'empereur, dont voici les grands traits. Selon lui Charles Quint était dans sa jeunesse aussi affable et d'un abord aussi facile et confiant que son frère ; se serait son secrétaire espagnol le commandeur Francisco de los Cobos[18] qui l'aurait mis en garde et lui aurait conseillé de « changer de manière avec les Espagnols, car il faut de la gravité et de la sévérité pour les tenir en bride du fait de leur naturel orgueilleux, et Sa Majesté a suivi son conseil ». On peut aussi penser que le poids écrasant des responsabilités eut bientôt raison de cette juvénile naïveté. Mais il est vrai que les Espagnols remarquèrent, dès son retour en 1522, combien il avait changé ; en fait – nous y reviendrons –, il avait simplement mûri, mais à une vitesse impressionnante du fait des circonstances ; car, selon la sagesse populaire espagnole qui affirme que « *genio y figura hasta la sepultura* », l'homme garderait du berceau au tombeau sa conformation et son caractère, sa nature profonde que rien finalement ne saurait modifier.

Celle de l'empereur le portait à la mesure, à la maîtrise de soi[19], à la réflexion : « Si Sa Majesté montre beaucoup de gravité dans son comportement, elle est toutefois aussi mesurée dans ses propos, aussi paisible et affable qu'il est possible de l'être. La colère lui est étrangère[20], et on ne l'a jamais entendue proférer une indignité contre l'un des siens. » S'il était plutôt avare de paroles et laconique, peu porté à s'épancher, il savait par contre écouter, même les bavards : « ce prince écoute patiemment ceux avec lesquels il parle, et bien qu'il aime qu'on lui expose brièvement une affaire, il prête l'oreille à tous, quelle que soit la longueur de leurs discours, avec beaucoup de patience et de bienveillance. Il emploie peu de mots pour répondre, mais en considérant tous les aspects du problème sans en oublier un seul. Jamais sa bouche ne laisse échapper une parole qui ne soit sensée et bien pesée, de sorte qu'il a rarement à se repentir de ce qu'il dit. Jamais il ne tombe dans un excès de courroux ni ne prend une décision avec fougue, chacune d'elle est au contraire longuement mûrie parce qu'il veut considérer toutes choses à fond et de manière précise. »

Nicola Mocenigo s'attarde sur un point capital : le rapport à l'argent[21]. « En ce qui concerne les questions d'argent, Sa Majesté est extrêmement soigneuse, et si elle n'hésite pas à entreprendre de grandes dépenses pour tout ce qui est indispensable ou nécessaire, elle ne peut autrement supporter qu'on gaspille un seul de ses ducats pour le superflu. C'est ce qu'on a pu observer dans toutes ses guerres, où elle n'a jamais voulu faire de gros débours, si ce n'est ceux que commandaient le besoin et la nécessité. » On a, en effet, souvent reproché à Charles Quint une certaine pingrerie, et par comparaison implicite avec François Ier, dans un regard dialectique allant de l'un à l'autre monarque, un manque évident (à cet égard l'iconographie est parlante) de cette magnificence propre au *prince de la Renaissance*, de cette splendeur indissolublement associée, par contre, à l'image du Valois. Encore faut-il prendre en compte le contexte : nous aurons l'occasion de voir comment, jusqu'en ses toutes dernières années – voire en ses tous derniers jours –, l'empereur a été aux prises, même au niveau domestique, avec des problèmes d'intendance ; il a toujours manqué d'argent, car la fin – les charges, et donc la dépense – excéda toujours les moyens. Ce sera encore le cas sous Philippe II qui, lui, bénéfiera pourtant, Pierre Chaunu l'a bien souligné, de ressources financières sans commune mesure avec celles dont avait disposé son père ; et qui n'apparaîtra pas non plus (exception faite de la ruineuse construction de l'Escurial) comme un monarque naturellement prodigue. On pourrait appliquer au fils comme au père cette juste formule de Marc Quaghebeur évoquant la simplicité de l'empereur : « pour cet homme, la noblesse n'impliquait pas, *pour soi*, le faste ».

Charles Quint, certes, ne se montrait pas – ni ne pouvait se montrer – assez généreux avec ses serviteurs, grands ou petits. Le servir coûtait souvent plus, financièrement, que cela ne rapportait[22]. Si sa gratitude n'était pas suffisamment sonnante et trébuchante, elle était pourtant réelle : un seul mot de reconnaissance, adressé à telle personne qui l'avait servie ou à qui il avait eu affaire dix, vingt ou trente ans auparavant, et qu'en dépit du temps écoulé il identifiait sur le champ, pouvait valoir aux yeux de l'intéressé bien plus qu'un sac d'écus, nous en avons des exemples. Le Vénitien précise d'ailleurs : « L'Empereur récompense chichement (*stretto*) et lentement ceux qui le servent, si bien que peu se déclarent satisfaits ; toutefois quand il décide d'élever quelqu'un, il ne se lasse jamais de lui témoigner de l'honneur et du bien. C'est vraiment chose admirable qu'on ne connaisse aucun cas où il ait abaissé quelqu'un qu'il avait honoré. »

Il n'était pas plus libéral envers lui-même : « En ce qui concerne sa maison et son entourage, l'empereur se montre également parcimonieux, et comme il n'entretient qu'*une cour modeste par rapport à sa grandeur*, il ne dépense pas plus de cent vingt mille écus pour le service ordinaire de sa personne et de sa table. » Que dire alors de son train de vie après l'abdication ! Et pourtant, que d'angoissantes difficultés ne rencontrera-t-il pas, nous le verrons, pour payer le modeste personnel qui l'avait suivi en Espagne avant de pouvoir le congédier définitivement. En 1548, l'ambassadeur observe d'ailleurs que ses pages ne sont pas souvent vêtus de neuf et que leur maître renouvelle sa propre garde-robe « moins souvent qu'un gentilhomme de bonne noblesse », car il faisait recoudre ou raccommoder ses vêtements plusieurs fois avant de cesser de les porter. Il rapporte aussi – entre autres – ce curieux mais éloquent détail : pendant les récentes guerres d'Allemagne, lui, le vainqueur de Mühlberg, « était vêtu de finette dont toute la valeur n'était pas d'un écu, il portait un chapeau de laine d'un marc, et l'on a vu tous les grands seigneurs et autres gentilshommes de sa cour faire de même[23] ». Le tableau où Titien l'a représenté vêtu de noir et assis, portrait exactement contemporain du récit de l'ambassadeur, confirme à la fois cette sobriété et l'indéniable élégance naturelle de l'empereur, qui ne devait rien à l'artifice et dont son fils hérita.

Il savait, selon Nicola Mocenigo, s'entourer de personnes honnêtes et compétentes[24], mais « néanmoins on est généralement d'avis que les jugements de Sa Majesté sont les meilleurs et les plus raisonnables de tous ». Ne prenant de décision qu'après mûre réflexion[25] – certains l'accuseront même de lenteur –, il ne s'en désintéressait pas ensuite, mais veillait au contraire attentivement à son exécution. Ayant les défauts de ses qualités, une fois le jugement porté ou la décision prise il était difficile voire impossible de le faire changer d'avis : « car il tient au sien avec une telle ténacité que, pour atteindre son but, il irait jusqu'à mettre en péril ses États et sa personne ».

L'homme était-il courageux ? Toujours en alléguant le témoignage de l'entourage – *« d'après ceux qui vivent avec lui…* » –, l'observateur vénitien a repéré d'étranges contrastes qui, loin de l'amoindrir le restituent dans son humaine grandeur. L'empereur aurait eu des phobies et des angoisses : la vue d'une araignée le retournait[26] – comme on le comprend ! –, et il était parfois – devant une situation particulièrement grave et dangereuse – ému au point d'en être pris de tremblements. Mais, ajoute aussitôt l'observateur : « on l'a vu néanmoins *triompher par la raison de cet instinct naturel* et prouver dans de nombreuses occasions importantes et périlleuses qu'il est *un prince brave et inébranlable comme jamais peut-être aucun autre* ». Et il en donne pour exemple et contre-exemple, les récentes journées d'Ingolstadt à la mi-août 1546 : après avoir été saisi par l'angoisse en voyant les protestants prendre position, Charles Quint avait bientôt réagi : armé, il avait rejoint le champ de bataille, à cheval au milieu de la canonnade, et, avec la plus grande sérénité, avait visité les postes, dirigé les combats, exhorté les hommes, sans quitter les lieux pendant les longues journées que dura l'engagement ; au point même d'inquiéter les siens qui firent intervenir le confesseur pour lui conseiller plus de sagesse et moins de bravoure. L'empereur aurait alors répondu « qu'un coup de canon n'avait encore jamais tué de roi ni d'empereur, et si le destin le favorisait si peu qu'il pouvait être le premier souverain à mourir de la sorte, il était en effet préférable qu'il mourût et ne continuât pas à vivre ». Et, selon l'informateur du Sénat vénitien, il s'était exposé au danger comme un simple soldat pendant tout ce temps et, lorsqu'un boulet atteignait l'un des hommes à ses côtés, lui emportant la jambe ou le bras, il disait à ses proches : « Voyez le peu dont ce canon est capable. » Cette attitude inébranlable avait maintenu le courage des autres ; et l'ambassadeur portait à ce propos le jugement autorisé que voici[27] :

> « Il lui fallut une grande force d'âme, car au moindre signe de crainte qui lui eût échappé, son armée qu'habitait déjà la terreur eût lâché pied, pris la fuite, et notre cause n'aurait guère eu de chances d'être sauvée. Ce seul exemple suffit à prouver que l'empereur est vraiment un prince

> courageux comme il l'a montré dans tant d'autres circonstances, surtout à Tunis et à Alger où il a déployé la plus grande vaillance. *Mais alors que l'ennemi le tenait assiégé à Ingolstadt, il a couru plus de dangers qu'aucun autre souverain depuis des centaines d'années.* L'armée adverse était au moins deux fois plus nombreuse que la sienne, tant en infanterie qu'en cavalerie, et elle disposait de nombreux canons ; quant à nos tranchées, elles étaient petites et inachevées sur un côté du camp. De plus, l'empereur n'avait pas une confiance absolue dans ses troupes allemandes, et il savait que la population d'Ingolstadt s'apprêtait à prendre les armes contre lui au moindre indice de victoire de l'ennemi. *Toutes ces difficultés, Sa Majesté les a surmontées à force d'intrépidité et de constance.* »

Il semble décrire là le véritable héroïsme, qui procède non de la folle et aveugle témérité, mais d'une maîtrise de soi qu'éclairent tout ensemble la raison et le sens du devoir.

Dur avec lui-même, sans aucun doute ; mais avec les autres aussi quand les circonstances l'exigeaient. L'observateur fait en effet une sorte de partage entre l'homme privé et le souverain. « Dans tous les événements, dit-il, où la raison d'État ne l'emporte pas, l'empereur montre qu'il est un souverain juste ; il veut que chacun ait son dû, que personne n'acquière par la violence ce qui appartient à d'autres, et que tous tiennent leurs promesses. Il n'admet pas qu'on fasse du tort à qui que ce soit, aussi les courtisans qui connaissent bien ses idées sont-ils si discrets et si honnêtes gens qu'on voit rarement l'un d'eux se laisser aller à un acte douteux. » *Autres temps, autres mœurs*, serait-on tenté de penser aujourd'hui… En temps de paix il se comporte toujours en homme plein de bienveillance et de compassion : « et on n'a pas d'exemple qu'il ait jamais exercé quelque cruauté contre qui que ce soit ». Cependant, quand la raison d'État l'emporte *certains pensent*, qu'il n'est pas toujours juste, écrit l'ambassadeur tout en précisant, après avoir donné quelques exemples de ces décisions politiques mal reçues : « Mais on croit que son confesseur, à qui il demande toujours avis dans un cas de conscience, lui a conseillé chaque fois d'agir comme il l'a fait en l'assurant qu'il ne commettait aucune injustice[28]. » D'un naturel bienveillant, il pouvait se montrer impitoyable en temps de guerre ; l'auteur, se faisant ici l'écho de la *vox populi*, écrit : « *Beaucoup disent* que… […]. *On cite* son ordre d'exécuter bon nombre de bourgeois en vue lors des troubles de Gand […] ; il aurait aussi, au cours de la défaite de Mühlberg, fait massacrer les troupes saxonnes bien qu'elles eussent mis bas les armes en lui demandant grâce. » Les exemples allégués sont peu nombreux et toujours cités sous couvert de la rumeur publique.

Federico Badoer fut le dernier ambassadeur à pouvoir observer l'empereur dans les derniers moments de son règne. L'exposé qu'il fit en 1557 devant la Sérénissime donne l'image suivante d'un homme alors chenu, de « complexion flegmatique et mélancolique, qui a toujours montré le plus grand attachement à la foi catholique ». Il souligne que « tous les jours de sa vie il a entendu une et souvent deux messes[29]. Il en entend à présent trois, dont une pour l'âme de l'impératrice, et une autre pour la reine sa mère […]. Actuellement, il se fait, chaque jour, lire la Bible […]. Avant son départ pour l'Espagne, il avait la fréquente habitude de tenir un crucifix dans la main, et j'ai entendu raconter, pour chose véritable, et comme un grand témoignage de son zèle religieux, que, quand il était à Ingolstadt, dans le voisinage de l'armée protestante, on le vit à minuit, dans son pavillon, agenouillé devant un crucifix et les mains jointes. »

Comme Nicola Mocenigo une dizaine d'années plus tôt, Federico Badoer affirme qu'à en juger « par la nature et la complexion de l'empereur, on croira qu'il est timide ; mais, si l'on considère ses actions, on trouvera qu'*il est doué d'une âme forte* : car, dans les expéditions militaires, il a fait preuve d'intrépidité, et jamais on ne le vit changer de visage, si ce n'est après le grand désastre d'Alger, quand, abordant à Majorque il versa des larmes[30] à la réception qui lui fut faite par ses sujets de cette île ». L'ambassadeur met encore à l'actif de cette « force d'âme » le courage physique et moral dont fit preuve Charles Quint lors de la fuite d'Innsbruck, dans des conditions très pénibles, ou cette curieuse mais significative intervention qu'il aurait faite aux Pays-Bas, alors qu'il s'apprêtait à rejoindre définitivement l'Espagne. Des bruits étaient parvenus d'Italie sur de menaçantes manœuvres du Saint-Père, qui avaient semble-t-il intimidé tout le monde : « Il sut que, dans la délibération que le roi son fils avait tenue à ce sujet avec ses conseillers, tous étaient restés confondus de peur : il les fit appeler, et, dans un long discours où il retraça sommairement tout ce qui s'était passé entre lui et les autres pontifes, et exposa ce qui se pouvait et devait faire contre le pape régnant[31], il s'exprima avec tant d'énergie que chacun d'eux fut transporté d'admiration. Dans toute la cour on ne parla que de la fermeté et du courage de l'Empereur. »

Federico Badoer confirme le manque de « libéralité », relevé par son collègue Mocenigo, d'un empereur enclin à trop compter, dont beaucoup se seraient plaints, lors de l'abdication, déçus de n'avoir point été récompensés en proportion des services rendus. Il en donnait pour exemples[32] les deux faits suivants que lui avait rapportés, disait-il, « le colonel Aldena le vieux »[33], un vétéran des guerres d'Italie et d'Allemagne. L'empereur n'aurait gratifié, en 1525, le soldat qui lui avait apporté en Espagne l'épée et les gantelets de François I^er^ *que* de cent écus d'or, plongeant ainsi le malheureux dans le désespoir ! À l'autre extrémité du règne, après Mülhberg, le Espagnols du « commando » qui avaient franchi l'Elbe à la nage et l'épée entre les dents pour mettre en déroute l'électeur de Saxe, reçurent pour leur acte chacun un pourpoint, une paire de bas et quatre écus, ce qui – commente l'ambassadeur – « eu égard à l'importance du service rendu, fut envisagé comme une libéralité de pauvre diable ». Point de magnificence non plus, remarque-t-il, dans le train de vie impérial : « Comme celui qui n'est pas libéral ne saurait être magnifique, on peut dire que les dépenses qu'il a faites pour l'ornement de ses palais, pour les livrées de sa cour, pour les fêtes, n'ont pas été en rapport avec la suprême dignité d'un empereur, maître de tant de royaumes et d'États » ; d'autant que, par ailleurs, pourvu que sa dignité n'eût pas en souffrir l'empereur attachait peu d'importance à l'étiquette. On disait aussi que, tout en se montrant regardant à la dépense, il n'avait pas toujours su se garder de la malhonnêteté de certains serviteurs qui l'avaient volé, et qu'il « n'avait pas eu la patience de vérifier le fond de sa caisse ». Cependant, l'ambassadeur notait en même temps qu'il avait « déployé une prudence consommée » pour se procurer d'énormes quantités d'argent, contraint et forcé qu'il y avait été par les grands besoins qu'impliquait la conduite de ses États.

« *Honneur et Valeur* » semble avoir été – chevalerie de Bourgogne oblige – sa devise intérieure[34]. L'honneur fut en effet toujours son premier souci : « *et in somma ha havuto l'obietto all'honore* » ; un sens aigu de l'honneur qui n'avait pas toujours résisté à la tentation d'orgueil, notamment après sa victoire sur les princes protestants. Sur sa vaillance, Federico Badoer dit sans ambiguïté qu'elle ne faisait aucun doute : « À la vérité, il a fait paraître, à diverses époques de sa vie, certaines qualités qui sont le propre d'un cœur magnanime : c'est ainsi qu'il s'est engagé dans des entreprises très grandes et très difficiles, et y a donné des preuves d'intrépidité. » Ne désirant pas la guerre – « *dando segno di non desiderar la guerra* » –, une fois la décision prise, quand il s'y voyait contraint, plus rien ne l'arrêtait : il s'y donnait sans réserve et avec enthousiasme, sans se ménager ni se protéger, mais en s'exposant au contraire constamment : « *non perdonando a la propria vita* ». L'ambassadeur, dans cette relation qui, par sa date, a valeur de bilan, fait une brève analyse du rapport dialectique chez l'empereur entre guerre et politique qui ne manque pas d'intérêt :

> « En ce qui concerne la guerre, on prétend que quelquefois il l'a faite sans nécessité ; on ajoute qu'il s'est engagé dans des entreprises non seulement périlleuses et difficiles, mais encore qui tenaient de l'impossible, entreprises dont les résultats ont été funestes à ses intérêts, lui ont valu peu

> d'honneur et causé beaucoup de déplaisir. On convient toutefois qu'il a fait preuve d'une rare intelligence dans la manière de les conduire ; et les dispositions qu'il a prises pour se créer des armées, les mettre ensemble, diriger leur marche, et leur faire livrer des batailles simulées ; sa volonté d'être présent aux batailles véritables, d'être le premier à revêtir son armure et le dernier à la quitter, tout cela a démontré en somme qu'il était un capitaine d'une haute valeur, surtout dans l'exécution. Mais, il n'a pas su si bien user de la prudence nécessaire pour conserver ses amis, s'en faire de nouveaux, et empêcher qu'ils ne se détachassent de lui : car ceux auxquels il aurait dû témoigner publiquement de l'affection, il s'est contenté de leur en montrer en secret ; ceux qu'il avait intérêt à ménager, pour qu'ils ne devinssent pas ses ennemis, ou dont il aurait pu acquérir la bienveillance, il lui a paru suffisant de ne pas leur donner matière à se plaindre, ou de les contenir par la crainte ; et il a plutôt abandonné et même laissé périr ceux qui lui étaient dévoués, et s'étaient, toutes les fois qu'il l'avait fallu, déclarés ses partisans, qu'il ne les a maintenus dans la situation où il les avait trouvés, et surtout qu'il ne les a agrandis, comme il le pouvait. »

Dans ses paroles et ses actes il avait toujours suivi le sens du devoir et de la justice : « sans que l'amour ni la haine exerçassent d'influence sur lui : s'attachant plus à complaire à ceux qui lui parlaient qu'à les contredire, et le faisant avec un rare jugement, eu égard aux conditions des hommes… ». Naturellement enclin à la mansuétude, sa colère n'en était que plus redoutable, car « on l'a vu persister dans ce dernier sentiment jusqu'à ce qu'il ait pu s'apaiser par quelque sorte de vengeance », affirme l'ambassadeur sans illustrer cependant son propos d'un seul exemple.

### *Esquisse à la plume : Charles Quint en profil perdu*

Au total, de ces trois témoignages – parmi d'autres – se dégage la figure d'un homme grave et réservé, mais bienveillant ; courageux et parfaitement maître de lui en toutes circonstances ; sachant reconnaître et honorer – mais non rémunérer – ceux qui le servent, ménager des deniers publics dans sa dépense personnelle au point d'en manquer d'éclat et de panache. Un homme foncièrement droit, épris de « justice » au point d'en être dur et peu enclin au pardon, servi en cela – ou *desservi* – par une infaillible, implacable, mémoire ; connaisseur de la nature humaine et parfaitement conscient de ses propres faiblesses, qu'il tente – en partie – de corriger ; lent à la décision, cherchant toujours et d'abord selon sa formule à « *gaigner du temps* », mais tenace ensuite jusqu'à l'entêtement ; méfiant car lucide et sans illusions sur la nature des hommes, toujours sur ses gardes, grand homme de guerre car aimant la paix, dont il connaît le prix.

Profondément religieux enfin : une dévotion sincère, abyssale, axe majeur et pierre angulaire de sa vie politique et personnelle ; refuge aussi : « *Dieu, consolateur, inspirateur et sauveur.* C'était sur quoi débouchait l'humaine expérience », écrivait Federico Chabod. « Et si en 1525 l'allusion à la volonté de Dieu est encore fugace, au fil du temps la main du créateur, invisible et toute-puissante s'étend de plus en plus sur l'homme et son destin : les instructions adressées à son fils Philippe du 4 au 6 mai 1543 s'ouvrent et se referment sur la ferme et insistante évocation de la volonté divine ; le premier conseil à son fils de seize ans est "ayez toujours Dieu à l'esprit" [littéralement : "*ante vuestros ojos*", devant vos yeux] ; son plus haut avertissement étant que "toutes les choses sont entre les mains de Dieu, et qu'en Dieu se trouve le remède à toute chose"[35]. »

S'il fallait donner la note – ou tonalité – générale de la personnalité de Charles Quint, nous dirions volontiers avec Salvador de Madariaga que « de sa sensibilité fine et aristocratique, toute sa carrière donne des preuves. » Un homme, finalement, qui derrière le visage serein, distant mais bienveillant qu'il présentait, était un angoissé, une conscience inquiète[36] sur un fond d'irrémédiable tristesse nourrie des frustrations de son enfance orpheline ; une conscience douloureusement responsable et sans cesse sollicitée par les écrasantes charges de son accablant héritage. « Personnalité complexe, chez qui les motivations contradictoires se heurtent et s'entrechoquent, au point de s'avouer lui-même [dans l'instruction secrète au prince Philippe du 6 mai 1543] "indécis et confus quant à ce qu'il doit faire", au point que d'autres [comme l'ambassadeur vénitien Bernardo Navaggiero en 1546] disent de lui qu'il avait l'esprit tourmenté et plein de confusion[37]. »

Federico Chabod s'est livré à une exemplaire « explication de texte » ; il s'agissait en l'occurrence de deux pages serrées de notes autographes (conservées à Vienne) rédigées par Charles Quint entre la fin de février et le tout début de mars 1525, à Madrid où il ignorait encore la victoire de ses généraux à Pavie[38]. Ce texte est impressionnant : le jeune souverain s'y livre à un monologue – par feuille blanche interposée – qu'on pourrait qualifier avant la lettre de « cornélien ». Il confirme aussi cette pratique qui lui est propre (souvenons-nous, à Worms, la nuit tragique) de coucher par écrit problèmes, idées, angoisses, d'y peser le pour et le contre ; pratique étonnante mais éloquente – et si précieuse pour la postérité – chez un prince, du moins de son temps.

La situation pour Charles Quint, encore ignorant de la victoire, est critique voire pathétique ; il sait ses troupes sans ressources assiégées à Pavie depuis des mois : « Votre armée ne se pouvoit plus soutenir ; étions en danger de rompre par faute d'argent », lui écrira rétrospectivement, après la victoire, le brillant Charles de Lannoy. Sur sa feuille de papier le jeune empereur cherche une solution, et lui, si peu expansif oralement, s'épanche dans la solitude du cabinet. Il tourne et retourne le problème crucial : où et comment trouver l'argent pour soutenir cette guerre en Italie ? Il considère avec lucidité et amertume l'inconstance calculée des « amis » : Mes amis m'ont lessé et failly au besoing et les ungs et les autres font tout ce pour ne me voir plus grant et m'entretenir en la nécessité que suis tant d'eulx que d'argent. Que m'est donné à congnoistre et à entendre que moy seul me dois ayder à saillir de leurs mains et délibérer de suporter seul la charge ; et la fais. » Que faire donc : partir en Italie, mais sans argent est-ce raisonnable ? C'est alors qu'il envisage sérieusement le mariage portugais, en termes certes dépourvus de tout « romantisme » : « Pour à tout ce remedier ne vois meilleur moyen que desmaintenant l'on pourchassa le mariage de la fille de Portugal et de moy… ». La dot viendrait à point nommé, et Isabelle serait sur place pour s'occuper, en son absence, de trouver d'autres fonds : « et la cherge que je lesrois à ladite fille de Portugal de chercher moyen pour tousjours en recouvrer ».

Il est aussi frappant de voir comment sa réflexion s'ouvre et se referme sur cette intime pensée, cette déclaration à lui-même, que la paix vaut toujours mieux que la guerre : « Me mettant à penser en mes affaires m'a samblé que la première parolle que devois dire et le meilleur remède, sy plaisoit à Dieu l'envoyer, estoit cest paix. C'est une chose fort bonne à dire et mal à recouvrer, car checun set que sans le consentement de l'ennemy la partie ne la peut avoir. De quoy me samble : Il ce faut bien garder, sy ne la faut-il laiser de chercher, et sy l'on la trouve ne la faut regretter ou reperdre. Et quant l'on ne la peut avoir, le vray remède est le dire. Or il faut faire un grant effort ; lequel est bien ayse à dire, mal à faire ; difficile bien souvent à trouver le moyen, comment l'on le fera. » Arrivé au terme de sa méditation, il concluait que si, entre-temps, on parvenait malgré tout à une paix… : « Sy la pais vient en cependant honnourable, l'accepter et tousjours la chercher. »

Mais éviter la guerre c'était risquer d'être perdu d'honneur : « Car en le no faisant, je ne fais chose qui me vient à honneur ; j'ay asses affaire à entretenir ma reputacion, je ne me fais nul prouffit et sy me menge jusques aulx os. Le remède peut sambler estre une bonne guerre. De quoy la poura l'on faire ? Je n'ay de quoy soutenir mon armée pour ceste heure ; mal la pouroy-je entretenir pour l'evenir et pis la renforcer comme est besoing de faire, quant l'on la veut avoir telle quelle doit estre », etc. Tel était le dilemme. Et l'on voit parfaitement dans ces lignes, écrites pour son for intérieur, pour desserrer l'étau d'angoisse qui manifestement l'étreignait devant une situation militaire (et donc politique) qu'il croyait alors sans issue, à quel point ressortait l'éducation « bourguignonne ». Il s'y montre très soucieux de son honneur et de sa réputation, se plaignant de n'avoir encore rien fait « qui lui vînt à honneur » : il revient à plusieurs reprises sur le thème – « jusques icy n'ay fait chose qui redonde à l'honneur de ma personne, dont en le beaucoup dilayant je serois beaucoup à reprendre » –, thème mêlé à celui de la finitude : « Et veant et congnoissant que le temps se passe et tost nous passons et que je ne voudrois ainsy passer sans lesser quelque bonne memoyre de moy, et que ce que aujourduy ce pert n'est demain à recouvrer… » ; fusion du double thème – amour terrestre de la gloire et conscience aiguë de la mort, désir de gloire aiguisé par l'idée de mort – caractéristique, Federico Chabod le souligne, de la culture bourguignonne, omniprésente sous la plume d'un jeune monarque qui vient d'atteindre l'un des sommets de sa gloire mais qui l'ignore encore, et qui est ici seul avec ses pensées, ses angoisses, et ses rêves.

Au cœur du commentaire que fait de ce beau texte Federico Chabod figure une fine analyse qui a valeur de portrait, sans doute le meilleur portrait de jeunesse de Charles Quint, que voici[39] :

> « L'amour de la gloire : nonobstant le premier élan juvénil qui pousse irrésistiblement Charles vers l'image radieuse de la renommée qui, de loin, lui fait des signes ; nonobstant ce qu'il y a de fraîcheur, de spontanéité et de puissance aussi dans ce premier mouvement qui le pousse à faire "*parler de moy*", l'amour de la gloire se termine sur une sorte de note triste sourdement pessimiste. On dirait presque, oui presque, qu'il aspirait à faire, à agir, à réaliser quelque chose de grand, plutôt pour échapper à la réprobation que par goût réel de l'acclamation : "*je serois beaucoup à reprendre*", "*que je ne sois à blâmer*". On perçoit ainsi, en transparence, comme un obscur sentiment de

devoir à accomplir, de mission qu'il faut remplir coûte que coûte, et vite, avant que l'ombre de la mort ne s'étende sur nous : le désir de gloire semble perdre un instant sa première et juvénile exubérance et, partant, sa chaleur vitale, pour devenir quelque chose qui ressemble à l'expression d'un sentiment, déjà empreint de lassitude, d'avoir à payer le prix.

Cependant, ce ne sont encore-là qu'ombres légères, qui laissent deviner chez le jeune souverain un fond sans joie, plutôt renfermé, replié sur lui-même ; mais qui n'empêchent point malgré tout la tonalité générale d'être toujours à la fringance. Le thème de la mort et de la caducité des choses de ce monde, quoique déjà bien présent, reste encore en sourdine ; on le perçoit, mais il est couvert par le thème plus frais, plus joyeux, plus sonore du véhément désir d'*honneur.* »

## *Un observatoire privilégié : Yuste*

Nous l'avons dit d'entrée : ces pages risquent d'être superflues tant l'étude que Pierre Chaunu a donnée de l'ensemble du règne suffirait à comprendre l'homme à travers le souverain. C'est pourquoi nous avons décidé de rejoindre l'empereur au moment où – de sa propre volonté – il va cesser de l'être. Et nous pourrions faire nôtres par anticipation ces mots – ou ces scrupules – dont l'académicien français François Mignet faisait état au terme d'une belle étude[40] construite sur des documents alors fraîchement exhumés par l'archiviste belge Louis-Prosper Gachard : « En terminant l'histoire longtemps inconnue ou défigurée des deux dernières années de Charles Quint, j'ai peut-être à craindre de lui avoir donné trop d'étendue. Mais rien de ce qui touche à un grand homme n'est indifférent. On aime encore à savoir ce qu'il a pensé lorsqu'il a cessé d'agir, et comment il a vécu quand il n'a plus régné. D'ailleurs les détails intérieurs de son existence privée servent à expliquer la fin, sans cela singulière, de son existence politique. »

Mais la situation absolument unique créée par l'abdication de Charles Quint et son retrait de la scène politique, y compris de la cour, nous offre, pour observer l'homme – ou du moins l'entrevoir – derrière le souverain, des conditions réellement privilégiées. Pour deux raisons. La première est d'ordre universel : la vieillesse, du fait de l'approche inexorable de la mort, a toujours été un temps de vérité, où l'homme se montre plus aisément dans son authenticité, sous son vrai jour, pour peu que les circonstances s'y prêtent ; *a fortiori* s'il s'agit d'un chrétien du XVI^e^ siècle, siècle marqué par l'obsession du salut, et plus encore d'un homme de conscience aussi scrupuleux que Charles Quint. La seconde, est d'ordre conjoncturel, car nous possédons sur les dernières années de sa vie des sources elles aussi uniques : les témoignages très attentifs de l'entourage de l'empereur (dont certains, de nature presque intime, n'étaient pas destinés à la postérité), pour la plupart d'une fiabilité indiscutable[41]. Charles Augustin Sainte-Beuve, contemporain de ces découvertes, les avait saluées en ces termes[42] : « Une double source d'information nous est donnée, toutes deux sincères, authentiques, et l'une est nécessaire pour compléter l'autre […]. Depuis qu'on a pu lire les lettres nombreuses écrites en ce même temps par les personnes de l'entourage de Charles Quint, les consultations à lui adressées sur toutes les affaires politiques de l'Europe et les réponses, *on a un double jour ouvert sur la pensée du grand solitaire.* »

C'est cet observatoire doublement privilégié que nous avons choisi pour tenter de percevoir les grands traits fondamentaux de sa personnalité : dans ces dernières années où, sorti de la scène politique et historique, mais – malgré lui – encore dans la coulisse, il se trouve comme libéré du monde et loin de ses regards ; mais à travers celui – bienveillant et particulièrement vigilant – de son dernier carré de serviteurs et de ses proches ; en somme vu « du dedans ». Dans ce contexte-là point de scrutateur « ennemi » ni de froid regard extérieur d'ambassadeur. Nous y verrons surtout l'empereur face à lui-même.

Disons d'emblée qu'il en ressort globalement cette évidence : quels qu'aient été ses succès, ses échecs, ses faiblesses voire ses erreurs politiques, tels que Pierre Chaunu les a mis en lumière et magistralement interprétés, Charles Quint imposait – impose encore – le respect, forçait l'admiration. Au-delà des inimitiés politiques, il a suscité – sinon en tant que souverain, en tant que personne – d'indéfectibles et profonds attachements, à tous les niveaux, chez ceux qui – proches et serviteurs – l'ont côtoyé et servi sans être pour autant toujours bien « rémunérés » ; attachement d'autant plus significatif et frappant lorsqu'il s'est manifesté, nous aurons l'occasion de le voir, après l'abdication et dans la solitude de la retraite.

## In fine

À propos des difficultés du genre biographique, Pierre Chaunu déclarait : « Prendre un homme et essayer de le replacer totalement dans son époque, c'est, si Dieu me prête vie, un exercice auquel j'ai l'intention de me livrer. » Or, Dieu – qu'il en soit loué – a voulu : ce livre en témoigne. « La démarche – ajoutait Pierre Chaunu – convient peut-être mieux à la vieillesse, car il faut avoir expérimenté le chemin de la vie pour être un bon biographe. Sans omettre ce qui est tout à fait sympathique quand on a soixante-dix ans : la plupart des gens dont on fait la biographie sont morts. *Ils vous apprennent, en quelque sorte, à mourir*[43]. » À mourir, donc à vivre. Rien de plus vrai que cette belle et profonde parole en forme de boutade, si parfaitement illustrée par l'exemple de Charles Quint et l'impressionnante leçon que, par delà le temps, il nous donne encore.

## Chapitre premier

# LE RENONCEMENT AU POUVOIR : LES ABDICATIONS

« *Le renoncement de Charles Quint donne sa vraie taille à son image.* »

Daniel-Rops,
« L'abdication de Charles Quint ».

« *Ces mois ultimes que l'on peut suivre au jour le jour nous familiarisent avec un personnage hors série, d'une grande élévation de pensée. Quelles qu'en aient été les raisons, cette retraite volontaire est la preuve d'un détachement, d'une absence de vanité rares parmi les hommes qui ont occupé largement la scène du monde.* »

Fernand Braudel,
« Charles Quint, témoin de son temps ».

Montaigne écrivait dans un chapitre[1] de ses *Essais* consacré à « l'affection des peres aux enfans » :

> « Un gentil-homme qui a trente cinq ans, il n'est pas temps qu'il fasse place à son fils qui en a vingt [...]. Et à celuy-là peut servir justement cette responce que les pères ont ordinairement en la bouche : "Je ne me veux pas despouiller devant que de m'aller coucher." Mais un père aterré d'années et de maux, privé, par sa foiblesse et faute de

santé, de la commune société des hommes, il se faict tort et aux siens de couver inutilement un grand tas de richesses. Il est assez en estat, s'il est sage, pour avoir desir de se despouiller pour se coucher : non pas jusques à la chemise, mais jusques à une robbe de nuict bien chaude ; le reste des pompes, dequoy il n'a plus que faire, il doibt en estrener volontiers ceux à qui, par ordonnance naturelle, cela doit appartenir. C'est raison qu'il leur en laisse l'usage, puis que nature l'en prive : autrement, sans doubte, il y a de la malice et de l'envie. La plus belle des actions de l'Empereur Charles cinquiesme fut celle-là à l'imitation d'aucuns anciens, d'avoir sceu reconnoistre que la raison nous commande assez de nous dépouiller, quand nos robes nous chargent et empeschent ; et de nous coucher, quand les jambes nous faillent. Il resigna ses moyens, grandeur et puissance à son fils, lors qu'il sentit défaillir en soy la fermeté et la force pour conduire les affaires avec la gloire qu'il y avoit acquise. *Solve senescentem mature sanus equum, ne / Peccet ad extremum ridendus, et ilia ducat*[2]. Cette faute de ne se sçavoir reconnoistre de bonne heure, et ne sentir l'impuissance et extreme alteration que l'aage apporte naturellement et au corps et à l'ame, qui, à mon opinion, est égale (si l'ame n'en a plus de la moitié), a perdu la reputation de la plus part des grands hommes du monde. »

En effet, ayant réussi à maintenir, aux prix des efforts que l'on sait, un certain équilibre même précaire et dans une situation tendue, ayant tiré – si besoin en était – les ultimes leçons des récents conflits avec les Allemands et les Français, profitant enfin de l'arrière-saison d'ordinaire annonciatrice des quartiers d'hiver, Charles Quint entreprit cette action que Montaigne, vingt-cinq ans plus tard, devait ainsi saluer, à défaut peut-être d'en bien comprendre les motivations profondes.

Il avait, pour ce faire, rappelé dès le mois d'août Philippe II que retenaient en Angleterre l'illusoire grossesse de son épouse la reine Marie Tudor et le manque d'argent… Le prince-roi arrivait donc, avec une suite très réduite, à Bruxelles le 8 septembre 1555 en fin d'après-midi ; et d'excellente humeur, selon un aumônier de Charles Quint, témoin de l'événement : « fort alaigre, faisant honneur à toutes les dames quy rencontroyt, ayant quasi tousjours son chapeau en sa main ».

Allégresse et soulagement, justifiés sans doute par ce qui l'attendait et par ce qu'il laissait, du moins temporairement et sans regret, outre-Manche : l'encombrante affection d'une jeune mariée déjà sur le retour. Les jours qui suivirent furent employés à mettre au point, en conseil très restreint, les modalités de l'abdication.

### *Bruxelles : un choix significatif*

Charles Quint, décidé à se démettre – impatient même – de tous ses titres et pouvoirs, dut cependant procéder en plusieurs étapes. Pour annoncer solennellement au monde – étonné et incrédule – la stupéfiante nouvelle, il choisit Bruxelles : preuve ultime d'attachement à son pays natal, à ces terres flamandes et bourguignonnes dont il était culturellement épris et pétri, où plongeaient, profondément – comme Pierre Chaunu l'a bien montré au début de cet ouvrage – ses racines vitales. S'il n'avait pas choisi d'y naître il voulut y accomplir ce qu'un *romance* de la poésie espagnole de son temps chanta comme son plus haut fait : la « *mayor hazaña…* ». Il choisit de mourir politiquement dans ses « pays de par deçà », ses Pays-Bas ; mais pour la mort physique il choisit son royaume de Castille, pour y assurer l'autre vie. N'y dit-on point d'ailleurs, pour « passer de vie à trépas », *« pasar a mejor vida »* ? Au fil du temps, ce sang espagnol coulant pour moitié dans ces veines, les puissants liens familiaux qu'il créa dans ces royaumes, outre leur poids politique, le poussèrent à choisir ses terres ibériques pour dernière étape de sa vie, antichambre de l'Éternité.

Ordre fut donné le 26 septembre aux provinces néerlandaises et flamandes – « *les estatz de tous ses pays d'embas* » –

d'envoyer leurs députés prendre acte de la renonciation du père à la souveraineté des Pays-Bas en faveur de Philippe, le fils héritier qu'elles avaient reconnu comme tel dès 1549, déjà roi de Naples et roi consort d'Angleterre. Contre toute attente certains états – le Hainaut, la Gueldre et la ville de Louvain – réagirent négativement : ils acceptaient d'assister à l'abdication de Charles mais non à la réception du nouveau souverain – prévue pour le lendemain à Bruxelles – en arguant du fait que c'était à lui, selon des privilèges ancestraux, de se rendre chez eux. Le Hainaut céda, les deux autres s'obstinèrent ; seuls les états d'Overijsel s'arrangèrent pour n'assister ni à l'une ni à l'autre. Des difficultés d'ordre matériel, notamment climatiques, des pluies diluviennes ayant rendu les chemins impraticables, retardèrent la cérémonie jusqu'au 25 octobre.

### *Bourguignon, autrichien puis espagnol : l'ordre de la Toison d'or*

Charles Quint préluda à ce grand renoncement politique par un premier, plus symbolique. En tant que chef – et premier chevalier – de la maison de Bourgogne il était aussi le grand maître de l'ordre de la Toison d'or. Très attaché, depuis toujours, à la prestigieuse institution il voulut – marque suprême de son estime – dissocier cette passation des autres (sans y être tenu, la maîtrise de l'ordre étant liée à la souveraineté des Pays-Bas) en la soumettant à la sanction de ses membres.

L'ordre – inspiré du mythe de Jason – était l'un des quatre plus prestigieux d'Occident avec ceux de la *Jarretière*[3] en Angleterre, de l'*Annonciade* en Savoie et de *Saint-Michel* en France. Confirmé en 1433 par le pape Eugène IV, il avait été créé le 10 janvier 1429 par son illustre aïeul le duc de Bourgogne Philippe III le Bon – l'un des plus puissants souverains de son temps – à l'occasion de son mariage avec une infante portugaise, certes, mais dans le souci plus politique de renforcer la cohésion de sa noblesse. La conception d'ordre « dynastique », fondée sur le *numerus clausus*, était radicalement différente des ordres militaires espagnols de fondation religieuse et voués, du fait des circonstances particulières de l'Espagne, à la reconquête et à la défense du territoire contre l'Islam. En épousant Maximilien d'Autriche en 1477 Marie de Bourgogne avait transmis l'ordre aux Habsbourg : l'ordre bourguignon devenu ainsi autrichien – par ordre de primogéniture et transmission agnatique – fut également espagnol à partir de Philippe le Beau.

*Extension de l'ordre*

Compte tenu de l'extension de la maison de Bourgogne l'ordre s'était étoffé, passant notamment des trente et un membres initialement prévus à cinquante et un le 10 janvier 1516, sous la maîtrise de Charles Quint. Entré dans l'ordre à moins d'un an, en janvier 1501, à l'occasion du seizième chapitre célébré à Bruxelles, celui-ci en avait reçu la maîtrise à l'âge de six ans, à la mort de son père ; devenant ainsi le cinquième grand maître de l'ordre, après Philippe le Bon, Charles le Téméraire, l'empereur Maximilien I^er^ et Philippe le Beau. Au cours de sa vie il avait réuni quatre fois le chapitre : en 1516 à Bruxelles, en 1519 à Barcelone, à Tournai en 1531 et à Utrecht en 1546.

On distingue la parfaite corrélation entre ces réunions et d'importants événements, d'ordre dynastique, politique ou militaire, du règne. Cette « irrégularité » avait donc tenu aux circonstances : en 1516, à la veille de son premier départ pour l'Espagne, il nomma vingt-cinq nouveaux chevaliers, en tête desquels François I^er^, son frère Ferdinand de Habsbourg, le roi Emmanuel I^er^ du Portugal, Louis II de Hongrie et de Bohême, et une vingtaine de Flamands, de Bourguignons ou d'Allemands. Trois ans plus tard l'ordre s'était réuni trois jours d'affilée – les 5, 6 et 7 mars 1519 – en Catalogne : le 6 mars s'était tenu le premier chapitre *espagnol* en présence de treize chevaliers, le lendemain treize autres étaient nommés, des Espagnols pour les trois quarts, le duc d'Albe – le second, don Fadrique de Toledo –, le duc d'Escalona Diego López Pacheco, le duc de l'Infantado Diego Hurtado de Mendoza, l'amiral de Castille Fadrique Henríquez de Cabrera, le connétable de Castille Iñigo Fernández de Velasco ; les seuls étrangers étant alors le roi Christian du Danemark, le roi Sigismond de Pologne, Jacques de Luxembourg et Adrien de Croÿ. En 1531, à Tournai, Charles récemment couronné à Bologne, créa vingt-trois titres supplémentaires de chevaliers [qui ne furent d'ailleurs pas tous attribués], dont le prince Philippe âgé de quatre ans, Andrea Doria déjà fait prince de Melfi, des Espagnols, des Flamands, des Allemands et des Bourguignons en proportions comparables.

Le dernier chapitre, à Utrecht en 1546, avait eu lieu juste avant Mühlberg : vingt-deux chevaliers furent nommés, parmi lesquels ses deux neveux Maximilien d'Autriche et Emmanuel-Philibert de Savoie, son petit-fils le duc de Parme Octave Farnèse, Fernando Alvarez de Toledo – *le* duc d'Albe – troisième du nom, essentiellement des Espagnols et des Flamands-Bourguignons, dont Lamoral comte d'Egmont. Autrement dit, Charles Quint, avait fait au cours de ces trente années quatre-vingt trois chevaliers de l'ordre de la Toison d'or. La liste des élus reflète cette volonté de « panachage », de représenter les vastes territoires de l'empire. Une fois la part faite des inévitables nominations de monarques étrangers – souvent de pure convenance –, les critères de choix étaient ou devaient être les services rendus à Dieu, à l'empereur et aux pays concernés.

### *L'empereur renonce à la « grande maîtrise » de son ordre*

Le 20 octobre 1555, l'empereur réunit donc la dizaine de chevaliers alors présents à Bruxelles – certains étaient de ses proches comme Emmanuel-Philibert de Savoie, ou les comtes de Boussu et d'Egmont, entre autres – pour leur offrir la primeur de sa décision ; le lendemain, au cours d'un chapitre en quelque sorte improvisé, la « candidature » du prince-roi fut, à la demande de son père, soumise à élection. Philippe fut ainsi reconnu « chef et souverain du très noble ordre de la Toison d'or », à l'unanimité des présents et par anticipation. Daniel-Rops évoque ainsi la symbolique passation : « Il s'enleva du cou le harnais fastueux où cliquetait doucement l'Agneau, le plaça lui-même sur la poitrine de son fils et lia, de quelques paroles, les compagnons fidèles à leur nouveau souverain… »

Sous son règne la maîtrise en sera rattachée à la couronne d'Espagne en 1574 par une bulle de Grégoire XVI, confirmée en 1600 par Clément VIII, pape ; mais lorsque ladite couronne revint aux Bourbon en 1700, les Habsbourg de Vienne revendiquèrent le droit d'accorder eux aussi le fameux collier. Un collier d'or, que Charles Quint portera toute sa vie : entre les insignes gravés – ou « fusils » – de la maison de Bourgogne étaient figurés silex et étincelles avec, dans la partie inférieure, une toison pendante. Charles Quint recommanda à tous une fidélité réciproque, et au nouveau maître ces chevaliers – tout à la fois fièrement indépendants et dévoués corps et âme – qui avaient été les compagnons de ses guerres et le soutien zélé de ses États. Si Philippe les traitait comme ils le méritaient sa puissance aux Pays-Bas en serait affermie mais, dans le cas contraire, ils pourraient aussi bien l'ébranler…

### *Un dilemme : renvoyer l'ordre de Saint-Michel ou non ?*

Au cours de ce dernier conseil, Charles Quint entretint les membres de l'ordre pour la seconde fois – la première remontant au 1er décembre 1551 – de son intention de retourner au roi de France les insignes de l'ordre de Saint-Michel qu'il avait reçus de François Ier en 1516. Quatre ans plus tôt, après mûre réflexion, les chevaliers de l'ordre bourguignon le lui avaient déconseillé ; bien que le roi de France ayant fait alliance avec les Turcs, trahi sa parole et fomenté la guerre entre chrétiens au préjudice de la Foi, eût à leurs yeux grandement démérité, ce geste – « *contraire à l'esprit sage et modéré de leur souverain* » – eût pu signifier un renoncement déclaré et définitif à toute entente possible avec un roi de France, et ravivé une hostilité meurtrière. Mais, cette fois, les chevaliers présents l'approuvèrent. L'empereur alléguait l'inimitié que lui avaient constamment manifestée François I^er^ et son fils Henri II, et le fait que – selon lui – l'ordre français avait admis dans ses rangs des personnes indignes (coupables notamment d'hérésie ou de trahison). Il voulait s'en défaire avant de se retirer en Espagne : en quelque sorte un règlement de comptes hautement symbolique, et des plus éclairant sur l'esprit – et l'état d'esprit – de l'empereur à l'extrême fin de sa vie. Les circonstances firent cependant que les insignes (grand collier, manteau et livre) de l'ordre de Saint-Michel ne furent renvoyés en France que le 14 juillet 1558, soit deux mois seulement avant sa mort.

*Paiement des dettes et cadeaux d'adieu*

Le même jour Charles Quint, tenant à récompenser lui-même les services rendus, procéda – par mandement au secrétaire d'État Josse Bave – à la collation d'un nombre considérable de charges et de dignités alors vacantes, de tous ordres, ecclésiastiques, militaires et surtout civiles, dont la liste[4] nous projette au sein des Pays-Bas actifs et féconds, ou de la Franche-Comté, de la Renaissance. Quelques exemples de ce français savoureux y suffiront : conseillers ordinaires, extraordinaires ou commissaires du Conseil de Flandres ; huissiers du Grand Conseil ; garde-concierge de l'Hôtel du Roi à Lille ; capitaine-châtelain du petit château à Gand, ou de celui de Riplemonde, dépositaire des papiers royaux ; lieutenant civil du bailli de Gand ;

receveur général du comté de Bourgogne ; « charrier et receveur des mains-mortes » à Namur ; « coustrerie de Waterghem en Flandres, vacante par droit de guerre » ; recette des « reliefz, yssues et menues rentes » des villes et châtellenies de Furnes ; échevinage du Franc à Bruges ; sergentise de la prévôté de Poilevache dans ledit comté, ou du bailliage de Lens ; conseiller et maître aux requêtes du Grand Conseil de Malines ; commission de maire de Namur, ou de louvier du même pays ; office de « clerc du puys à grez » de la saunerie de Salins, portier ou « clerc ventier en icelle saulnerie » ; « trésorier et garde des Chartres d'Arthois » ; commissaire général des « monstres des gens de guerre, de cheval et de pied », etc.

De même que paiement de salaires ou de frais divers, remise ou remboursement de dettes, ajoutent ici leur touche aujourd'hui pittoresque. Telles ces vacations, frais et dépenses des officiers (lieutenant général, procureur fiscal, scribe) de la gruerie – les Eaux et Forêts de l'époque – à l'occasion d'enquêtes sur les « accensissemens et essartemens » dans les forêts du comté de Bourgogne, payables par le receveur des comptes de Lille ; ces frais de repas – « despens de bouche » – du conseiller à Dôle et du receveur général lors du bornage entre le comté de Bourgogne et le canton de Berne ; ce versement d'arriérés à messire Ambrosio Precipiano, « ingéniaire », d'un salaire mensuel de cent écus d'or au soleil « que luy promismes quant il vint en Bourgoigne en nostre service » ; ses quinze années de bons et loyaux services à l'entretien des forteresses et places-fortes de Franche-Comté lui valurent en outre, sous condition qu'il y résidât, la cession à vie pour lui et pour son fils de la baronnie et seigneurie de Soye « gisans en Bourgoigne » ; une gratification à tel professeur dont les mérites nous échappent : « Ordonnance au receveur général de Bourgoigne, de bailler et délivrer aux distributeurs [autrement dit : l'agent comptable] de nostre université de Dôle, en aide du traictement qu'ils donnent au docteur *Stratius*, faisant la lecture d'icelle université, la somme de cinq cens frans par chascun an, et ce pour le terme de cinq ans à venir » ; le traitement accordé au trésorier de Salins « pour les peynes qu'il a de recevoir et recouvrer les deux demi-nicquetz qu'avons mis d'haulsement sur chacun salignon de sel qui se forme et vend en noz trois saulneries audict Salins, et lesquels nicquetz s'emploient au paiement et entretènement des souldars estans en noz villes de Dôle et Gray, et en autres affaires concernans la garde et fortification de nostre pays de Bourgoigne » ; une remise accordée aux « gouverneurs et citoiens de Besançon » d'une dette de cinq cents francs annuels qu'ils devaient depuis 1547 pour la protection militaire de la cité ; ou encore ce don en nature de « trois mille deux cents charges de sel bouchet, pour une fois, aux officiers, ouvriers et manouvriers de nostre saulnerie de Salins », etc.

### *La maison au fond du parc de Bruxelles*

L'empereur avait, depuis quelques mois déjà, déserté le palais des ducs de Brabant (qui sera détruit par un incendie en 1731) pour s'installer dans une petite maison, sise au fond du parc : un pavillon d'un étage, simple mais aristocratique, entouré d'un jardin, que Marie de Hongrie avait acquis un an auparavant à de tout autres fins. Maison réellement très modeste pour un tel hôte, dans laquelle Charles Quint s'était fait aménager un appartement en deux pièces d'à peine vingt mètres carrés, peint en vert selon son désir, et simplement orné de sa devise « *Plus oultre* » – qui semblait ainsi prendre un sens nouveau, tout spirituel – et de ses armes. Ces appartements communiquaient par un couloir avec une petite chapelle privée où l'on célébrait pour lui la messe. Le reste de la maison était destiné aux quelques personnes intimement attachées à son service. La « maison de Charles Quint » – comme on l'appela longtemps – fut hélas abattue en 1778 à l'occasion de l'érection de l'hôtel du Conseil de Brabant, futur palais des Chambres. Cette petite maison au fond du parc formait, selon les termes de l'académicien François Mignet, comme le passage d'un palais à un couvent.

*La traversée du parc : un symbole*

C'est dans cette résidence incroyablement modeste qu'il recevrait pour la dernière fois les envoyés du roi de France. Ce fut de là qu'escorté de quelques proches, et chevauchant une mule courtaude – tenue en bride de part et d'autre, tant les infirmités avaient brisé ce cavalier hors pair –, il effectua son dernier trajet de souverain des Pays-Bas. Lui, qui avait parcouru des dizaines de milliers de kilomètres au service de ses royaumes – et le seul sans doute depuis le grand Alexandre –, il dut franchir les quelques centaines de mètres séparant le fond du parc de la grande salle du palais, le vendredi 25 octobre 1555 à trois heures de l'après-midi, au pas tranquille d'une petite mule ; ce qu'il fit entouré d'une mâle et jeune escorte : son fils Philippe ; son neveu Emmanuel-Philibert de Savoie ; son grand écuyer, le comte de Boussu ; Jean Poupet seigneur de La Chaulx, son sommelier de corps, qui l'accompagnera jusqu'à Yuste ; et un jeune page plein de promesses – et de menaces ? –, ce prince Guillaume d'Orange qu'on appellerait un jour le Taciturne.

Nul témoin n'a noté si le jour était gris ou ensoleillé. Quelles pensées, quels sentiments agitèrent l'esprit, l'âme et le cœur de Charles Quint dans cette pathétique traversée – au pas lent d'une vieille mule, dans le craquement des feuilles rousses, dans l'air humide et croassant – d'un parc, comme lui, royal et automnal ? Tout semble alors marqué pour lui de ce même sceau déclinant : il abdiquait en *octobre* 1555, en *septembre* suivant il rejoignait l'Espagne, pour y *mourir avec l'été* en 1558. Allait-il l'esprit serein et détaché ou le cœur lourd et angoissé ? La présence de ces trois beaux jeunes gens, si proches et si chers, Philippe, Emmanuel-Philibert et Guillaume – futurs vainqueurs de Saint-Quentin et de Gravelines – le remplissait-elle d'espoir et d'intime allégresse, ou leur éclatante jeunesse lui rendait-elle plus pesante cette vieillesse si tôt venue et si lourde, si douloureuse à porter ?

Nul ne le saura, nul peut-être n'a le droit de le savoir. Et rien, à coup sûr, n'en dut transparaître sur son visage ravagé dont les témoins ont souligné l'austère douceur, rien, même aux yeux de ceux qui tout en l'accompagnant devaient à n'en point douter l'observer à la dérobée. Après un demi-millénaire chacun peut cependant encore percevoir, en lui-même, cette formidable émotion contenue qui ne pouvait pas ne pas étreindre l'empereur et son escorte au cours de cette traversée du parc de Bruxelles, transcendental parcours initiatique digne d'un « chevalier délibéré ». Ce fut peut-être lui d'ailleurs, ce héros étrange d'Olivier de La Marche – qui l'accompagnait depuis sa prime jeunesse – qui le guida encore, qui le guida vraiment, sur ce chemin et dans ses pensées en ce prélude à l'heure de vérité, en ce « *désert de vieillesse* » dans lequel il s'était à son tour engagé :

> « Le chemin y estoyt tramblant
> et plain de parfondes crolieres ;
> lair fut bruyneux et fumant
> rendant flair infect et puant.
> Bref, cest ung pays si destruit
> quil nest viures quon y cognoisse.
> La sont fonteines damertume
> et ruisseaux courants de souffertes ;
> la ne rend point clarté la lune,
> le soleil ny luit ne alume ;
> la sont les tenebres appertes,
> regretz de biens et cris de pertes,
> sont les piteux plains et les chans
> quon y oit par bois et par champs…
> Ce messaigier nous brait et crie :
> *"Pensez de lame par remors*
> *et pour ensevelir le corps"*. »

La pathétique impression qui surprend tout chroniqueur retraçant en pensée cette silencieuse, ultime et solennelle chevauchée – qu'on imagine, au diable près, sous le burin d'un Dürer qui se serait attardé –, a saisi un des premiers historiographes du règne ; le frère Prudencio de Sandoval, ému et qui ne put le taire, introduisit le récit de l'abdication par cette effusive et incoercible exclamation :

> « Il n'appartient pas au chroniqueur de prêcher, et le style propre à l'histoire ne le souffre point ; mais cet acte de Charles Quint me bouleverse et me fait (comme on dit) sortir de mes gonds, lorsque je considère l'époque où commence cette histoire, la naissance de ce prince, le bonheur de ses parents et grands parents, l'allégresse de ses royaumes, les pronostics que l'on y fit, les espoirs que l'on y conçut, les marques d'adoration qu'on lui prodigua, la haute estime qu'on lui portait, l'envie qu'inspiraient ses intimes, les efforts qu'on faisait pour en être et entrer dans ses grâces ; puis, dès qu'il commença à régner, les immenses soucis et les tourments qui l'accablèrent ; presque tous les royaumes et les États se dressèrent contre lui en Espagne, en Autriche, aux Pays-Bas, en Italie, en Allemagne, en Sicile, en Sardaigne, aux Indes, car, comme nous l'avons vu, en tous ces endroits il y a eu des séditions et des soulèvements redoutables. Outre cela, la guerre, rarement offensive, qu'il dut constamment faire à ses ennemis pour sa conservation et sa défense, et pour d'autres raisons. Tout cela avait été, par je ne sais quel ange, montré à tout le monde dans ces visions épouvantables qui apparurent en Lombardie en l'an 1517. Cette vie-là dura cinquante-cinq ans, ce qui n'est rien ou presque au regard de l'éternité ; et tous ces efforts aboutirent à ce que nous verrons de la vie que mena ce grand prince au monastère de Yuste. Je ne connais point plus clair miroir de la vie humaine ni plus cristallin, où le plus égaré des hommes puisse en y regardant retrouver le droit chemin du salut. »

### *Dernière entrée au palais de Bruxelles*

Arrivé au palais, l'empereur s'était retiré dans son ancienne chambre. Un incident survenu alors nous éclaire sur son état d'esprit. La foule avait envahi jusqu'aux pièces voisines ; n'étant point quant à lui d'humeur à supporter cette familiarité, ni la bruyante promiscuité d'un tel « bain de foule » – encore inusité –, il l'avait fait évacuer avec assez de fermeté pour que certains notables des États en eussent du ressentiment. Après s'être reposé – ou recueilli ? – quelques instants, il rejoignait dans la salle du Conseil privé son fils, sa sœur Marie, le duc de Savoie et les chevaliers de la Toison d'or. Les députés gagnaient pendant ce temps les sièges correspondant aux provinces hiérarchiquement ordonnées : les duchés, Brabant en tête, les comtés – dont celui de Flandre était le premier avec sa centaine de délégués –, les seigneuries enfin. Jamais États généraux des dix-sept provinces n'avaient été si massivement, si assidûment, si brillamment représentés.

La cérémonie eut lieu dans la grande salle d'apparat du palais de Bruxelles, décorée comme il se devait – art flamand oblige – de lourdes, précieuses et chaudes tapisseries : celle de l'ordre – « la plus riche et expressive qu'on saurait avoir veue », selon un témoin – affichait sur les murs de la salle l'histoire de Gédéon. D'épais tapis recouvraient l'estrade dressée au fond de la salle sous un dais aux armes de Bourgogne, qui surmontait trois fauteuils destinés aux acteurs principaux (Charles, Philippe et Marie) de l'acte qui – sans répétition – allait se jouer. De part et d'autre, des bancs tapissés et garnis de coussins attendaient chevaliers de la Toison, princes, seigneurs et ministres des trois Conseils collatéraux : Conseil d'État, Conseil privé, Conseil des Finances ; créés par Charles Quint le 1er octobre 1531, ils étaient uniquement composés de seigneurs flamands dont le pouvoir contrebalançait en l'égalant celui de la régente-gouvernante. Plus bas, face à l'estrade, des bancs plus ordinaires accueilleraient les députés des États. Enfin, derrière une barrière, la partie destinée au public, qui s'y était rué dès l'ouverture et se pressait encore aux portes en provoquant quelques fâcheuses bousculades comme en atteste cet éloquent témoignage : « Les huissiers firent tout leur devoir d'y donner la meilleure police [...], mais l'immodestie d'aulcuns en obvia, de manière qu'il eust grande division et foulée a ladicte entrée. » Les députés des dix-sept provinces avaient pris place, qui représentaient le clergé : évêques, chanoines, abbés, prévôts, doyens ; ou la noblesse : des princes, des comtes ou vicomtes, des chevaliers – ou tout à la fois comme « Lamoral d'Egmont, prince de Gavre, comte d'Egmont, chevalier de l'ordre », et « Philippe de Montmorency, comte de Hornes, seigneur de Nevele », ouvrant à eux deux la liste des députés du comté de Flandre –, de simples seigneurs ou des écuyers enfin ; représentants des villes et du peuple : conseillers, gouverneurs, grands baillis, grands pensionnaires, bourgmestres, maires ou mayeurs, échevins et jurés, secrétaires de ville, lieutenants, licenciés ès lois, docteurs en médecine ou en droits, greffiers, trésoriers, receveurs ; ou plus pittoresquement – et pour le plaisir de la langue – : amman, écoutète, « drossard des hommes de fief de Daelhem », « haut pointre de la châtellenie de Courtrai », « communemaître de Malines », « landhoudere du commun de la châtellenie de Furnes », « olderman de Sneeck », « rewart de la ville de Lille », etc. Au total une élite de plus de trois cents personnes pour une dense géographie de pays à divers titres riches et féconds.

### *Les Pays-Bas : de si beaux et si riches pays*

La prospérité des Pays-Bas frappaient en effet le voyageur du temps, et notamment ce professionnel de l'observation qu'était un ambassadeur vénitien. En voici deux exemples, contemporains des événements qui nous retiennent ici. Federico Badoer qui ne pouvait cacher – en dépit d'un souci déclaré d'objectivité – son antipathie pour ces pays où, disait-il, l'air était épais et le ciel presque toujours bas, et pour leur population – la féminine, surtout –, ne manqua pourtant pas de souligner la densité de peuplement, l'importance et la richesse des villes et des provinces qui « abondent en choses de diverses espèces, regorgent d'hommes qui exercent tous les arts utiles », et que « si le peuple est pauvre et misérable, la classe un peu supérieure est riche en marchandises, plus peut-être qu'aucune autre qui soit en Occident », considérant qu'Anvers était alors la plus grande place commerciale du monde : *"la maggior piazza del mondo"* ».

Michele Soriano, qui lui succéda à la cour de Bruxelles en mars 1557 avant de suivre Philippe II en Angleterre, précisait dans un rapport adressé à la Sérénissime en septembre 1559 que : « les Pays-Bas ne forment qu'un tout. Ils ont pour limites, au nord, la mer d'Angleterre ; au levant, l'Allemagne ; au midi et au couchant, le royaume de France, contre lequel ils sont défendus par vingt-deux forteresses. Ce pays, par son étendue, sa population, ses richesses, les facilités qu'il trouve dans la mer et les rivières qui le baignent, la bonté de son sol, n'est inférieur à aucun autre en Europe. *Il n'y a pas de contrée au monde qui soit à la fois plus stérile et plus riche.* Ces États sont les trésors du roi d'Espagne, les Indes qui ont durant tant d'années nourri les entreprises de l'empereur dans ses guerres avec la France, l'Italie, l'Allemagne, et lui ont permis de conserver et d'agrandir ses États, sa dignité et sa renommée… »

Ajoutons à cette richesse économique les trésors artistiques : « Les Belges excellent plus qu'aucune autre nation à peindre le paysage et les animaux. Ils paraissent nés pour la musique, dans laquelle ils ont des compositeurs aux mérites les plus éminents », écrivait encore Federico Badoer, confirmant ainsi ce qu'un homme aussi fin que l'ambassadeur florentin Francesco Guicciardini avait déjà remarqué : « Les Belges sont les vrais maîtres et restaurateurs de la musique », louanges appréciables venant d'Italiens, ces connaisseurs.

## *Le creuset intellectuel et spirituel de l'Europe du Nord*

Mais surtout, à la fois cause et conséquence de l'opulence matérielle : la richesse d'ordre intellectuel et spirituel. Les Pays-Bas appartenaient en effet, comme l'ont respectivement montré Lucien Febvre, Henri-Jean Martin et Pierre Chaunu[5], à cet « espace où on lit largement », l'Europe lisante, à ce « polygone Oxford-Marseille-Rome-Trieste-Brême » qui concentrait 80 % de la production du livre imprimé. Les Pays-Bas dont Charles Quint s'apprêtait en cet automne de 1555 à transmettre la souveraineté étaient en bonne place sur « cette carte du livre, cette carte des hommes nombreux [qui était] aussi celle du milieu humaniste ». Dès 1480 on y assistait à une diffusion massive de l'imprimerie ; les Pays-Bas se plaçaient juste à la racine de cet axe rhénan du livre – où était né et se développait l'art de Gutenberg – qui allait de Cologne à Zurich en passant par Mayence, bien sûr, par Nuremberg, Strasbourg, Augsbourg et Bâle, notamment, et où l'on comptait alors dix-neuf imprimeurs pour treize aux Pays-Bas (dix en France et six en Espagne, à titre comparatif). Dans cette Europe du livre – qui était aussi celle des hautes densités humaines supérieures aux 35/40 habitants au km² – la moyenne des éditions parues au XVIe siècle se répartissait en un quart pour l'Allemagne, autant pour l'Italie et la France, mais un huitième pour les seuls Pays-Bas, territorialement bien plus exigus, c'est-à-dire autant que pour le reste de l'Europe (Angleterre, Espagne, Est lointain de la Pologne à la Hongrie). Quant à l'industrie du livre, celle des Pays-Bas éclipsait avant la fin du XVIe siècle celle pourtant en expansion de l'Angleterre, et Anvers égalait Venise dans le secteur du livre liturgique.

C'était dans ce même monde plein et riche, ce monde des 50 habitants au km² et des 10 % – au moins – de personnes sachant lire, que s'était développée dès le premier tiers du XVe siècle, juste avant l'imprimerie, cette spiritualité nouvelle – certes enracinée dans la mystique rhénane médiévale – que fut la *devotio moderna* des Frères de la Vie

Commune. Rappelons qu'ils ont marqué l'éducation de deux enfants destinés à bouleverser la pensée et le monde de leur temps et des siècles à venir : le Hollandais Didier Érasme suivit leur enseignement à Deventer de 1478 à 1483, et l'Allemand Martin Luther à Magdebourg en 1497. C'est en effet des Pays-Bas néerlandais – les noms de fondateurs comme Ruysbroek et Groote sont assez éloquents – qu'a irradié cette nouvelle sensibilité, porteuse d'espoir « dans le secteur le plus peuplé de la vieille chrétienté », notamment pour cette classe « un peu supérieure » – et nombreuse – qu'évoquait l'ambassadeur Badoer, la classe moyenne dirions-nous ; porteuse d'espoirs (et de conflits) et portée par l'*Imitatio Christi*, qui en fut « tout à la fois sommet et symbole », le livre le plus lu après la Bible, le *best-seller* de la chrétienté, a-t-on pu dire. Fruit et semence de piété populaire, à peine terminé dans sa version latine originale l'ouvrage fut traduit en hollandais dès 1428, avant de l'être bientôt dans toutes les langues vernaculaires d'Europe. On l'attribua à Thomas a Kempis, chanoine de Zwolle, mort en 1471, un Hollandais comme Érasme l'auteur de l'*Enchiridion Militis Christiani* ; Érasme qui écrirait aussi en 1516 – à l'intention de Charles de Gand devenu roi d'Espagne – une *Institutio Principis Christiani*, miroir du prince chrétien antithétique du *Prince* de Machiavel, son contemporain. Reprenons ici, en manière de synthèse, ce que Pierre Chaunu soulignait dans *Le Temps des réformes* :

> « Rapprochons deux textes qui se situent dans la même ligne. À quatre-vingts ans d'intervalle, aux deux extrémités de la *devotio moderna* : Thomas a Kempis et Érasme, l'*Imitation de Jésus Christ* et le *Manuel du Chevalier chrétien* (1424, 1504). La parenté est étonnante, l'*Enchiridion*, infiniment plus savant, ne s'inscrit pas moins dans la filiation lointaine de l'*Imitation.* Même relation personnelle au Christ saisi dans le mystère de la Sainte Humanité, même volonté d'*Imitatio Christi.* Mais le Christ de la *Philosophia Christi* est d'abord maître de sagesse. Le Christ de la *Philosophia Christi* est le Christ des Paraboles qui parcourt les

routes de Judée en enseignant. Il est le Christ du Sermon sur la Montagne. Comme l'*Imitation*, l'*Enchiridion*, en effet, est résolument néo-testamentaire. La Bible de l'humanisme chrétien est pour moins d'un tiers Ancien Testament, pour plus des deux tiers Nouveau Testament, à la différence de la Bible protestante. Là s'arrête la similitude. La lecture d'Érasme est néo-testamentaire, certes, mais le Christ qui le retient, c'est le Christ enseignant ; le Christ qui occupe le plus de place dans le récit évangélique est bien au centre du *Manuel du chevalier chrétien* ; c'est le Christ au Calvaire, par contre, qui est donné à l'imitation et à l'adoration du lecteur de l'*Imitation.* La Bible du peuple, ces recueils d'images du XVe siècle, l'image du retable de bois de la pieuse Hollande, le chef-d'œuvre populaire de la *devotio moderna* posent sur l'Écriture un même regard qui trie, s'arrête à l'essentiel et ne voit plus que lui : l'arbre sanglant de la Croix. L'imitation du Christ, c'est l'imitation du Jeudi saint au Vendredi saint, condition de la participation à la gloire du matin de Pâques. Pour la *devotio moderna*, l'Écriture s'organise autour du chemin de la Croix ; la méditation de l'Écriture, c'est la méditation du sacrifice de la Sainte Humanité du Christ torturé. De L'*Imitation* à l'*Enchiridion*, la Passion est passée du centre à la périphérie. La lecture d'Érasme est une lecture caricaturalement humaniste, moderniste avant la lettre, elle glisse du Golgotha au sermon sur la Montagne. »

Deux Hollandais donc, deux maîtres de haute spiritualité, encadrèrent en le dominant ce passage – déclin ou automne ? – du Moyen Âge aux temps modernes, magnifiquement évoqué au début de ce siècle par Johan Huizinga, lui aussi hollandais.

C'est dire le poids, dans le concert politique, économique et culturel des nations du temps, de ces « États d'embas », petits territoires mais grand pays, dont la toponymie formait une mosaïque sonore qui devait être douce à l'oreille impériale dont elle avait bercé l'enfance : duchés de Brabant, de Luxembourg, de Gueldre ou de Limbourg avec ses pays d'outre-Meuse – Daelhem et Fauquemont – ; comtés d'Artois, de Hainaut, de Namur, de Zélande, de Zutphen, de Hollande – aux noms de villes si éloquents : Dordrecht, Harlem, Delft, Leyde, Amsterdam, Gouda –, et le comté de Flandre – Gand, Bruges, Ypres, Courtrai, Audenarde, Dunkerque, Cassel, Gravelines, etc. –, dont les députés représentaient à eux seuls le tiers de l'assemblée ; les états particuliers de Lille, de Douai et d'Orchies, de Tournai et du Tournaisis ; les seigneuries enfin : de Frise, d'Utrecht ou de Groningue, et celle de Malines où vécut Charles enfant. Tous leurs représentants étaient là.

### *L'abdication : les témoignages*

Et puis, le peuple de Bruxelles et de ses environs qui, au bruit qui courait sur l'abdication de son souverain, était venu à la fois rendre hommage et satisfaire sa curiosité. Certains spectateurs attentifs ont ainsi laissé pour la postérité un précieux témoignage, comme ce jeune Pontus Heuterus de Delft – il avait vingt ans – qui s'était, grâce à la complaisance d'un huissier de sa connaissance, glissé dans la salle. Il y suivit, perdu dans la foule, toute la cérémonie dont il fit quarante ans plus tard un récit en latin – *Rerum austriacarum* – où puisèrent beaucoup d'historiographes, à commencer par l'Espagnol Prudencio de Sandoval qui le déclare quoique sans expressément le nommer. Louis-Prosper Gachard a montré comment Pontus Heuterus, alors sexagénaire, aida sa mémoire – notamment pour reconstituer le discours prononcé par Charles Quint – grâce à un document intitulé *Recueil de ce que l'Empereur dit de bouche aux estatz généraulx de par deçà, noté par quelque bon personnaige estant à ladicte assemblée* ; personnage qui – de l'avis autorisé du grand historien belge – n'aurait été rien moins que l'évêque d'Arras, Antoine Perrenot de Granvelle : peut-être avait-il eu communication des notes de l'empereur pour en faire une sorte de procès-verbal qui fut, effectivement, transmis aux provinces comme en attestent plusieurs fonds d'archives. Et Pontus Heuterus n'aurait fait qu'étoffer, avec ses souvenirs personnels, ce texte anonyme et quasiment officiel.

Dans un autre registre, un témoin espagnol anonyme a laissé – dans la vieille forme épique castillane du *Romancero* – un témoignage assonancé qui fut publié à Anvers en 1557, où il évoquait le déroulement de la cérémonie et l'essentiel de son contenu en cent soixante vers aux accents d'un autre âge commençant par cette strophe-titre[6] : « *Charles, cinquième empereur du nom, résidait en la ville de Bruxelles d'où rarement il sortait, fatigué qu'il était des tourments nombreux qu'il avait endurés…* » ; et ce avec exactitude et précision, évaluant même l'assistance en ces termes[7] : « Ils entrent dans une salle, / la grand'salle on l'appelait, / très richement décorée. / Ils étaient plus de mille / ceux qui dans la grand'salle se tenaient ; / à tous l'on mande de se taire, / lors un grand silence se fait… » Silence, en effet, silence respectueux – comme il se devait – mais aussi impressionné !

### *Rumeurs autour d'une « absence »*

Peu de personnes hormis les proches – parents ou politiques – avaient pu voir l'empereur au cours des derniers mois. Comme le dit le poète cité, rares étaient ses sorties et les dernières remontaient à dix-huit mois, au 1er mars 1554. Cette réserve avait sans doute alimenté des rumeurs malignes sur sa santé, qui certes n'était point brillante, car certains parmi ses ennemis lui prêtaient fort complaisamment, en prenant leur désir pour la réalité, une incapacité physique et surtout mentale qui les aurait bien arrangés. Ainsi l'historien allemand – et académicien espagnol – Ludwig Pfandl écrivait-il en 1938, dans sa biographie de Philippe II[8] :

> « Nous sommes informés des bruits sensationnels qui circulent en Europe au sujet de son état, par un communiqué

> que le gouvernement français adresse, en janvier 1554, à ses ambassadeurs à l'étranger. On aurait déjà, dit le document, amputé l'empereur d'une main et de deux doigts de l'autre ; l'une de ses jambes serait complètement atrophiée. Son esprit porterait déjà si peu d'intérêt à toutes choses qu'on n'estimerait plus nécessaire de le mettre au courant de quoi que ce soit. Il n'aurait plus d'autre occupation que de jouer et bricoler avec ses nombreuses montres [et cela avec trois doigts, en tout et pour tout !]. L'abrutissement total ne serait plus qu'une question de jours. Et pour mettre un terme aux rumeurs qui le prétendaient déjà mort, la reine douairière et gouvernante se serait vue dans l'obligation de montrer l'empereur aux représentants de la bourgeoisie bruxelloise. Mais on n'aurait admis ces messieurs que jusqu'à l'entrée d'une longue galerie du château, à l'autre extrémité de laquelle était assis un homme à demi-mort, si maigre et si défiguré que l'on avait peine à le reconnaître. Cet homme était l'empereur. »

Or, ce « moribond » avait été capable de concevoir presque en un éclair – et de mener à bien envers et contre tous – le mariage hautement politique de Philippe et de Marie Tudor. Ce qui n'empêchait pas qu'il était sur tous les plans épuisé, que l'échec militaire (en Allemagne, devant Metz) et idéologique (la confession d'Augsbourg, son plus grand titre de gloire *a posteriori*, peut-être, mais qui pour l'heure ruinait les efforts et les espoirs de toute sa vie), la trahison surtout, l'avaient intérieurement brisé : « il ne veut plus se sentir responsable de rien, coupable de rien ».

### *« Instantané » de l'empereur abdiquant*

Témoin intelligent et objectif – observateur par vocation et profession – l'ambassadeur Federico Badoer brossa pour son gouvernement un portrait de Charles Quint tel qu'il dut apparaître aux États généraux. Rappelons que ce brillant diplomate, issu d'une très vieille et très noble famille de doges, s'inscrit – avec Marino Cavalli, Marcantonio Da Mula et Michele Soriano – dans une grande lignée d'ambassadeurs vénitiens qui furent en poste auprès de Charles Quint. En effet Badoer, qui a probablement rejoint les Pays-Bas en 1554, resta à la cour de l'empereur après la double abdication de Bruxelles et jusqu'au départ pour l'Espagne, puis, sur ordre de son gouvernement, demeura accrédité auprès de Philippe II. Parvenu au terme de ses trois années de légation, il rentra à Venise au printemps de 1557 où, selon l'usage, il rendit compte de sa mission. Ce rapport, par l'ampleur – quelque deux cents pages d'observations logiquement et clairement structurées – et par la qualité, est considéré parmi ceux de ses confrères comme capital et exemplaire. Comme il se plaisait du moins à le répéter, son but était la vérité et son souci majeur l'objectivité. La *sérénissime* république de Venise tenait à recueillir, dans ces rapports secrets, des informations aussi justes que possible dont elle ferait usage au mieux de ses intérêts politiques et économiques. En conséquence, la postérité a hérité d'un important capital de données, aussi exactes qu'elles pouvaient humainement l'être compte tenu des moyens de l'époque et du point de vue adopté ; même si l'historien – mis en garde par Fernand Braudel – doit toujours en faire une lecture judicieusement critique. Mais voici simplement le portrait – portrait physique s'entend – que l'ambassadeur Badoer brossa très sobrement de Charles Quint à l'heure de sa retraite politique : « Sa Majesté Impériale est de nation flamande, et née à Gand… Sa taille est moyenne et son extérieur grave. Elle a le front large, les yeux bleus et d'une expression énergique, le nez aquilin et un peu de travers, la mâchoire inférieure longue et large, ce qui l'empêche de joindre les dents, et fait qu'on n'entend pas bien la fin de ses paroles. Ses dents de devant sont peu nombreuses et cariées ; son teint est beau ; sa barbe est courte, hérissée et blanche. Elle est bien proportionnée de sa personne. Sa complexion est flegmatique et naturellement mélancolique. Elle souffre presque continuellement des hémorroïdes, et souvent, aux pieds et au cou, de la goutte, qui lui a entièrement roidi les mains[9]. »

### *Aux âmes bien nées la valeur n'a que faire du nombre des années*

L'état de Charles Quint, âgé de cinquante-cinq ans, n'avait d'ailleurs rien de si étonnant à l'époque, comme le souligne Fernand Braudel[10] : « La succession de l'empereur s'était déjà posée avant Mühlberg, en 1546 et plus tôt sans doute. On en reparle dès 1547, quand la Diète se réunit à Augsbourg, dans la ville encore remplie de soldats. L'Empereur la met lui-même en question à chaque instant, par ce besoin de méditer sur sa propre mort, cette *meditatio mortis* qui a inspiré ses nombreux testaments. N'est-il pas un vieillard d'ailleurs, cet homme de quarante-sept ans ? À cette époque, tout soldat, ayant vécu la dure vie des camps, est usé à cinquante ans. La longévité d'un Anne de Montmorency étonna ses contemporains. Henri VIII et François Ier, ces frères en âge de Charles Quint, viennent de mourir, l'année même de Mühlberg ; le premier à cinquante-six ans, le second à cinquante-trois. L'empereur est en outre affreusement travaillé par la goutte, mourant, affirment de temps à autre les ambassadeurs. Et chacun de tabler sur la disparition prochaine du vieil homme qu'on voit, des jours entiers, d'humeur sombre, une main paralysée, une jambe repliée sous lui, refusant de donner audience à personne et occupant tout son temps à monter et démonter des horloges et des montres (le détail est souvent signalé). »

Ce connétable Anne de Montmorency (1493-1567), compagnon de vie de François Ier, qui fut de toutes les victoires et de toutes les défaites, de Marignan à Pavie (et même à Saint-Quentin sous Henri II), mourut à Saint-Denis à l'âge de soixante-quatorze ans en combattant Louis de Bourbon prince de Condé. Pierre de Bourdeille, abbé de Brantôme, qui le fait plus âgé dans ses *Vies des hommes illustres et grands capitaines*, évoque ainsi sa fin :

> « Bien diray-je que ce grand capitaine se gouverna là non seulement en sage capitaine, mais en très-vaillant. Et, s'il vous plaist, en quel aage ? c'estoit en sa quatre vingtiesme année, car, estant furieusement assailly, comme celuy qu'on avoit remarqué, il combattit et se défendit très-vaillamment. Il donna un coup d'espée au travers le corps d'un gentilhomme au deffaut de l'harnois, qu'il en tomba par terre ; et, en le blessant ainsy, voylà venir un autre qui luy donna un coup de pistollet à travers les raings, qu'il perça aysement à cause de sa cuyrasse qui n'estoit guieres à l'espreuve, pour l'amour de la pesanteur dont son vieil aage ne vouloit qu'il en fust guieres chargé. Toutefois, luy, ne perdant courage, se tourne aussy tost vers celuy qui l'avoit blessé, et lui donne des gardes et du pommeau de son espée contra sa bouche, qui luy en froissa deux dents, si bien que de long-temps la bouillie luy servit de manger. Deplus il s'opiniastra encor au combat de telle façon, qu'il fut blessé en trois ou quatre endroicts, et, s'affoiblissant par ses playes peu à peu, il tomba par terre ; et, estant revenu à soy et relevé, il demanda s'il estoit encor beaucoup de jour, et qu'il ne se falloit amuser là, et qu'il falloit roide poursuivre la victoire, car elle estoit à nous. Voyez quel cœur et quel jugement en ce brave vieillard ! Puis, pressé de douleurs extresmes, il mourut en telle et incomparable gloire. Car, qu'on m'aille feuilleter par toutes les histoires du monde, on ne trouvera jamais une telle vaillance, un tel aage, et une telle mort, meslées ensemble en une seule personne. »

Autre figure d'exception – dans ce domaine comme dans bien d'autres –, contemporain lui aussi et interlocuteur privilégié de l'empereur, le dominicain espagnol Bartolomé de Las Casas (1484-1566) : ayant embrassé à trente ans la cause des indigènes d'Amérique, il batailla un demi-siècle durant, écrivit des milliers de pages, et fit quatorze fois le voyage entre l'Espagne et les Indes occidentales, soit vingt-huit traversées dans les conditions de l'époque… On lui attribua même jusqu'en 1976 dix années de plus ! Mais ces exceptions confirment, comme il se doit, la règle. En plein XVIIe siècle encore les barbons de Molière n'avaient guère dépassé la quarantaine.

*L'amour fraternel au péril des haines politiques*

En mars 1554 l'empereur avait pénétré dans la salle des États généraux en s'aidant d'une canne ; cette fois il lui fallait en outre s'appuyer de la main droite sur le jeune prince d'Orange ; geste dans lequel l'historien espagnol Manuel Fernández Alvarez a vu, de surcroît, une « fine manœuvre de subornation spirituelle ». Depuis le décès – survenu le 11 avril précédent – de sa malheureuse mère la reine Jeanne de Castille, morte dans la solitude de Tordesillas et dans d'atroces souffrances physiques et psychologiques dues à la démence, à la maladie et à la vieillesse, Charles portait le deuil ; c'est donc vêtu de noir et sans autre ornement que le collier de la Toison d'or, et plus pâle que jamais, qu'il se présenta. À sa vue les États se levèrent, saisis, et s'inclinèrent pendant qu'il s'avançait suivi de son fils Philippe, de sa sœur Marie, de son neveu Emmanuel-Philibert, des chevaliers de l'ordre – arborant eux aussi le fameux collier – et des officiers des trois maisons royales. Ayant pris place entre son fils (à sa droite) et sa sœur (à sa gauche) auprès de laquelle le duc de Savoie occupa un siège spécial, il invita les députés à s'asseoir. Seigneurs et gentilhommes de cour restèrent debout au pied de l'estrade, comme le public au fond de la salle. Le silence était total.

Selon Louis-Prosper Gachard, qui a minutieusement analysé – et donné à connaître – tous les documents en rapport avec la cérémonie existant dans les archives des Pays-Bas, d'Espagne ou d'ailleurs, il n'est fait nulle mention de la présence de la sœur aînée de Charles, Éléonore, reine douairière de France comme sa cadette Marie l'était de

Hongrie, alors que toutes deux s'apprêtaient à le suivre dans sa retraite espagnole ; ni de Ferdinand, son neveu, qui serait venu d'Autriche. Comme l'a si bien dit François Mignet « Charles Quint, prêt à consommer ses grands sacrifices, avait senti se réveiller en lui la vive affection qui l'avait si longtemps uni à son frère Ferdinand, et que les désaccords de 1555 avaient un peu refroidie. » En effet, et malgré des circonstances très difficiles, un fraternel attachement avait lié ces deux inconnus dès leur première rencontre ; première et tardive : lorsque les deux frères se virent pour la première fois près de Valladolid le 11 novembre 1517, l'un (né à Alcalá en 1503) avait quatorze ans et l'autre (né à Gand en 1500) en avait dix-sept. Et ce chassé-croisé, sans doute unique dans l'histoire, qui fit d'un prince de culture franco-flamande un roi d'Espagne, et de son frère, espagnol de naissance et de culture, le maître de l'Autriche, n'altéra ni l'instinctive et réciproque affection, ni le dévouement loyal et sans borne de Ferdinand (dont ses propres enfants lui feront grief).

Outre les témoignages qu'en offrent des décennies de correspondance entre Vienne et l'itinérante cour impériale, les observations des ambassadeurs – en l'occurrence les Vénitiens –, très attentifs à tout y compris aux rumeurs, l'ont confirmé au fil des ans. Quelques exemples suffiront. Gasparo Contarini soulignait dès 1525 la très grande affection que Charles portait à son frère et combien ils étaient unis : « *Al re Ferdinando, suo fratello, porta grandissimo amore ; e fra di loro è grandissima congiunzione.* » En 1532, Nicolas Tiepolo soulignait à son tour que :

> « … Il est de toute notoriété que l'union des âmes entre ces deux frères est si forte, et le roi des Romains a une telle vénération pour l'Empereur que, pense-t-on, tant que vivra ce dernier son frère n'ira jamais contre sa volonté, mais au contraire la respectera toujours strictement en l'érigeant en règle de conduite de sa propre vie, et qu'il tiendra pour ses amis ou pour ses ennemis ceux-là même de l'Empereur[11]. »

Ce que Bernardo Navaggiero confirmait en 1546. Mais en 1551 Marino Cavalli remarquait un certain refroidissement : la récente diète d'Augsbourg, au cours de laquelle Charles Quint avait manifesté son désir de transmettre aussi l'empire à Philippe, avait semé pour longtemps la discorde entre les deux branches de la maison d'Autriche. Et, cinq ou six ans plus tard, Badoer insistait sur cette entente perdue par « mécontentement réciproque » : « L'empereur et le roi des Romains n'ont plus l'un pour l'autre cette bonne affection qu'ils avaient il y a quelques années. » Il l'expliquait en outre par une mésentente entre leurs enfants qui pourrait, ajoutait-il, « dégénérer en haine, à la mort de l'empereur, si le roi des Romains et ses fils, ensemble ou séparément, voulaient demander au roi d'Espagne un nouveau partage de leurs États ».

L'antipathie réciproque entre Philippe et ses cousins les archiducs d'Autriche – Maximilien et Ferdinand – était en effet de notoriété publique dans tous les milieux diplomatiques d'Europe, au point d'en devenir un enjeu politique. Des ambassadeurs de Charles Quint en Angleterre, qui avaient enquêté en août 1553 sur la mission d'un agent envoyé en Allemagne par le roi Édouard, firent le rapport que voici : « N'avons sceu l'occasion pour quoy il soit esté envoyé, sinon pour ce que l'on a tenu par deçà et tient-on qu'il y a mauvaise intelligence entre Vostre Majesté et le seigneur roy des Romains, et entre Son Altèze [Philippe] et le seigneur roy de Bohême et archiduc d'Austriche [Maximilien]) pour se fortifier de ce costé-là, et entretenir amytié avec ledict seigneur roy des Romains. » Avant de mettre en garde leur maître en ces termes sans équivoque : « … et faict-on grans et dangereux discours sur la maulvaise intelligence, si icelle y étoit (que ne créons), pour l'avenir, signamment pour la succession de Son Altèze, que pourrait estre troublée par ce moyen ». Pour achever d'envenimer les choses, en mariant Philippe (que tout le monde croyait promis à la cousine portugaise) avec la reine d'Angleterre, Charles – comme Pierre Chaunu l'a déjà évoqué – avait coupé l'herbe sous le pied de Ferdinand qui, ayant projeté la même union pour son fils cadet, comptait précisément sur l'appui de son frère…

*Ultime et légitime désir de réconciliation*

Charles Quint, politiquement et humainement désireux de réconcilier les deux branches de sa famille, espérait que l'abdication serait une occasion favorable à une ultime rencontre : « avant de partir pour si loin j'eusse désiré singulièrement avoir cette consolation », écrirait-il, déçu, le 3 novembre 1555. Ferdinand en effet déclina l'invitation à deux reprises (les 20 août et 26 septembre), arguant des obligations de son gouvernement et d'une situation difficile ; il délégua au dernier moment son fils cadet qui arriva à Bruxelles le 22 octobre pour en repartir le 3 novembre : dans les conditions de l'époque, un vrai voyage éclair ! Il ne semble pas, cependant, avoir assisté à la cérémonie, ou il fut si discret qu'aucun document ne mentionne sa présence.

Précisons, pour clore cette navrante page, qu'une fois l'empereur installé à Yuste toute correspondance cessa entre eux. Mais auparavant, dans une longue lettre datée de Jarandilla le 18 janvier 1557 et – chose rare à l'époque – entièrement olographe, il tiendra à Ferdinand des propos assez durs. En effet, ce dernier, lui ayant réclamé par personne interposée une dette de deux cent mille florins qui remontait à trente-cinq ans, Charles Quint lui rappelait, outre qu'elle lui avait été remboursée, que tout ce qu'il avait fait pour lui aurait, de toutes manières, pu et dû effacer cette créance :

> « Par quoy, monsieur mon bon frère, je ne fayz doubte qu'avez esté satisfaict de ceste debte, et que ce que la demandez est par ce que voz nécessitez vous font oublier ce qu'est passé ; et à moy, aincoires que j'ay la mémoire assez travaillée, comme je suys icy en lieu où je la travaille moins que je soulois, *sy m'en reste-il quelcune.* Et sy

d'adventure en ce je m'abusois, je vous veulx bien advertir que vous vous abusez bien de me demander ceste somme, ne par forme de conscience, ny autrement : car je n'ay de quoi y satisfaire, par la renunciation que j'ay faict au roy mon fils […]. Et, si vous trouvez que ceste debte vous est redevable, c'est à luy à qui il fault que la demandez, et non à moy, ny m'en encherger la conscience, puisque je n'ay de quoi la payer ; et il la pourra avérer. Mais bien me semble-il que, voyant ce que devant et depuis j'ai faict pour vous, et vous hoster des dangers évidens où estyez, sy je ne vous eusse secourru, et avec mes grans despens, que eussiez bien peu excuser ceste demande ; et, vous souvenant de comme au temps vous fustes d'icelle satisfaict, non seulement vous chergeryés votre conscience, de vouloir estre payé deux fois d'une debte, mais ausy votre honneur[12]. »

*La renonciation aux Pays-Bas*

Ce fut au conseiller Philibert de Bruxelles qu'il revint d'ouvrir la séance. Il avait longtemps siégé au Grand Conseil de Malines, puis en 1550 était entré au Conseil privé avant de passer deux ou trois ans plus tard au Conseil d'État. Il rappela à l'assistance, au nom de l'empereur, les raisons – qui n'étaient que trop évidentes – de sa décision : les maux, l'usure physique qui l'avaient prématurément vieilli. Ce que les chroniqueurs espagnols, comme le père Sandoval, ont pathétiquement transcrit : « Vous savez et voyez en quel état l'a mis son mal, vous tous ici présents le pouvez voir, et non sans grande peine. L'Empereur n'est certes pas d'âge – tant s'en faut – qu'il ne puisse gouverner, mais la cruelle maladie, contre laquelle tous les médicaments et les remèdes humains ont lutté en vain, *cette ennemie-là* l'a ainsi maltraité, abattu, l'a épuisé et laissé sans forces. C'est un mal terrible et inhumain qui s'est emparé de Sa Majesté, investissant tout son corps, de la tête aux pieds, sans rien épargner. Ses nerfs se crispent sur des douleurs intolérables, les humeurs malignes transsudent, pénètrent ses os jusqu'à la moelle, lui prétrifient les articulations, et lui corrompent les chairs ; son corps est totalement affaibli, sans force et sans ressort ; il a les pieds et les mains comme pris dans de puissants fers ; de constantes douleurs lui transpercent l'âme, et *sa vie est ainsi devenue un long et cruel martyre. Le Seigneur juste et saint a voulu, dans sa sagesse et sa bonté, imposer à l'Empereur, dans ce qui lui reste de vie, un tel combat face à cet ennemi dur, cruel, invincible.* »

Cette santé ruinée « s'outrageant grandement des froidures » propres aux pays du Nord, il avait choisi de se reposer sous les cieux plus cléments et plus sains, du moins le croyait-on, de l'Espagne. Il renonçait donc à la souveraineté des Pays-Bas, qu'il transmettait de son vivant à son héritier, confiant dans l'acceptation des États qu'il relevait ainsi de leur serment. Il regrettait de n'avoir pu ou su faire davantage pour eux, dont il saluait la fidélité et qui méritaient amplement qu'un souverain ne ménageât point sa peine pour les défendre et assurer leur prospérité. S'il n'avait pas été aussi présent qu'eux et lui l'eussent souhaité, seules les obligations politiques et les agressions de leurs communs ennemis l'avaient tenu parfois éloigné. Mais, présent ou absent, il avait toujours veillé sur eux de son mieux ; et il les remerciait de l'aide et des conseils qu'en tous temps ils avaient su lui prodiguer. Pour finir, il leur recommandait très instamment, à eux comme au nouveau roi, de servir Dieu et l'Église, de protéger le pays de la contagion hérétique ; de veiller à ce que régnât la justice « sans laquelle le corps mystique de la république ne se peut soutenir » ; de rester solidaires, car ces riches et fortes provinces, dont les langues, les coutumes et les lois différaient, formaient – liées entre elles par la foi et la justice – une forteresse inexpugnable capable, comme l'expérience l'avait déjà montré, de résister aux plus puissants ennemis.

Enfin, il leur demandait de servir Philippe avec autant d'amour et de loyauté qu'ils l'avaient servi lui-même. Il les confiait donc en retour à son successeur légitime, qu'ils avaient déjà reconnu comme tel, à ce fils unique, dont il soulignait les qualités et l'expérience acquise à gouverner l'Espagne en son absence pendant ces douze dernières années ; Philippe qui, par son mariage avec Marie Tudor, servait au mieux les intérêts politiques et économiques des Pays-bas en les rapprochant de l'Angleterre. Dans ce long discours, dont on imagine qu'il a été sinon dicté pour le moins visé par l'abdicataire, tout était dit irrévocablement ; et l'atmosphère de la salle devait être bien pesante car Ludwig Pfandl rapporte ce détail : « l'orateur assez corpulent, essuie souvent les gouttes de sueur sur sa tête chauve, et le bon empereur lui crie plusieurs fois de se couvrir, mais l'autre n'en ose rien faire au milieu d'une telle assistance ».

*Le discours d'adieu de Charles Quint à ses chers Pays-Bas*

Bien que tout fût dit l'empereur éprouva le besoin de prendre la parole. Après être resté songeur quelques instants dans le silence général, il mit ses lunettes, jeta un coup d'œil sur les quelques notes qu'il avait préparées, selon son habitude, avant d'improviser – de son siège – un assez long et émouvant discours, dont le contenu fut pour l'essentiel fidèlement transcrit dans ce *Recueil de ce que l'Empereur dit de bouche…* déjà évoqué. Dans une *Sommaire description* de l'abdication un témoin dit ainsi joliment : « Enséquamment, Sa Majesté Impériale, après avoir ung peu pensé, mist des lunettes, et leut en ung petit papier certain escript, puis forma son propos en telles et semblables parolles d'effect et substance. » Le jésuite italien Famiano Strada, dans les décades de son *De bello Belgico*, publié à Rome en 1632, crut devoir rappeler cette évidence : « *gallica lingua recitare ipse coepit* » ; il n'eût pu en être autrement, le français étant aux Pays-Bas la langue officielle des États généraux, ce qui n'allait d'ailleurs pas tarder à embarrasser son successeur…

Charles Quint reprit certains points déjà évoqués par le conseiller, insista sur ceux qui lui tenaient particulièrement à cœur. D'abord en rappelant comment quarante ans auparavant, le 5 janvier 1515, la veille des rois à la même heure et en ces mêmes lieux, précisa-t-il, Maximilien de Habsbourg son tuteur avait émancipé l'enfant de quinze ans qu'il était encore : « il m'émancipa et me rendit seigneur de moi-même », transcrirait Sandoval ; comment l'année suivante, par la mort de Ferdinand d'Aragon, son grand-père maternel, il devenait roi d'Espagne, conjointement avec sa mère, Jeanne, la « reine et propriétaire » – selon la formule – des royaumes de Castille et de la couronne d'Aragon, mais incapable de gouverner ; comment en 1519 lors de son premier séjour en Espagne il avait perdu son grand-père paternel Maximilien d'Autriche selon la volonté duquel il avait prétendu à l'empire, non pas précisait-il par « ambition d'avoir plus de seigneuries, mais pour le bien de plusieurs de ses royaumes et pays, et principalement de ceux de par-deçà », soit des Pays-Bas. Puis cet homme cassé, blanchi, usé, prononça, tel le vieux Diego Laínez de *La jeunesse du Cid*, ces paroles célèbres que – comme le soulignait Modesto Lafuente[13] au siècle dernier – « n'aurait pu proférer aucun autre souverain au monde » :

> « Neuf fois je suis allé en haute Allemagne, six fois je suis passé en Espagne, sept en Italie, dix fois je suis venu aux Pays-Bas, quatre fois en temps de paix ou de guerre je suis entré en France, deux en Angleterre ; deux autres fois je suis descendu en Afrique, ce qui fait au total quarante voyage sans compter de moins longs parcours, mais fort nombreux, que j'ai faits pour visiter les pays et les îles de mes autres royaumes. Pour ce faire j'ai traversé huit fois la Méditerranée et trois fois l'Océan d'Espagne[14]. Je vais le traverser une quatrième fois pour m'aller enterrer. Ce qui fait qu'à douze reprises je me suis exposé aux périls et aux souffrances du voyage en mer ; et sans compter la traversée que j'ai faite de la France pour venir ici, pour une raison non point quelconque mais fort grave comme vous le

savez tous. En outre, souvent et pour longtemps je me suis absenté de Flandre, en y laissant comme gouverneur ma sœur ici présente… »

En quelques instants l'auditoire vit ainsi défiler en imagination tous les pays d'Europe, par tous les temps, en toutes saisons, par monts et par vaux, en paix et en guerre. Et, pour ceux qui, dans l'assistance, l'avaient en telle ou telle occasion accompagné, les souvenirs personnels, fulgurants, durent se superposer aux siens.

*Toute une vie par monts et par vaux*

Cet imposant bilan ne figurait pas par hasard en tête de son discours. Charles Quint soulignait ainsi, lui-même, la caractéristique majeure de son règne : ce mouvement perpétuel, cette itinérance imposée à la fois par la configuration contraignante de ses royaumes et de l'empire, et le harcèlement quasi permanent de ses ennemis. Cette mobilité surhumaine, qui eût épuisé un Héraclès, fut sa force et sa faiblesse : Pierre Chaunu l'a précédemment montré, magistalement. Selon l'historien espagnol Ramón Carande, Charles Quint « n'épargne pas sa peine pour être, tel Mercure, partout à la fois, malgré les douleurs physiques qui très tôt le tenaillent, tandis qu'il parcourt d'un bout à l'autre, par terre et par mer, ses immenses domaines du vieux continent ». L'énorme documentation rassemblée – notamment dans le second tome de la *Collection des voyages des souverains des Pays-bas* publiée par la Royale Commission d'Histoire de Bruxelles au siècle dernier – permet de suivre pratiquement au jour le jour les déplacements de Charles et de sa cour, en temps de paix comme de guerre. On a pu calculer qu'il avait, de 1517 à 1555, passé le quart de sa vie à cheminer, d'ordinaire à cheval – ou en litière quand la douleur devenait insupportable – par toutes les routes et par tous les temps ; qu'il totalisa cinq cents jours de campagnes, militaires s'entend, deux cents jours de navigation en mer. S'il n'avait parfois emporté le sien dans ses fourgons, il aurait dû dormir dans plus de trois mille deux cents lits différents, puisqu'il ne passait en général pas plus d'une nuit au même endroit. Si au moment de l'abdication il était absent d'Espagne depuis 1543, il y avait effectué ses plus longs séjours – notamment le second, de 1522 à 1529, qui fut déterminant sur tous les plans –, et ils avaient occupé plus de dix-sept années, soit près de la moitié de son règne. L'autre moitié se partageait entre les Pays-Bas surtout (dix années au total) et l'Allemagne (près de neuf), mis à part deux ans et demi passés en Italie, moins d'un en France (qu'il devait sans cesse contourner) en quatre occasions fort différentes, entre 1536 et 1544, deux mois et demi en Angleterre (en deux passages au début de son règne : 1520 et 1522), deux séjours en Afrique du Nord, aussi victorieux à Tunis en 1535 que désastreux à Alger en 1541.

Dans un polygone dessiné – selon Ramón Carande[15] – de Wittenberg à Vienne, Messine, Alger, Séville, La Corogne et Londres, l'empereur le plus itinérant – « *peregrino* » – de tous les temps n'avait cessé de creuser d'anciens chemins ou d'en tracer de nouveaux « avec toute sa suite, ses rêves, ses plans, sa gloire, ses angoisses et ses désillusions jusqu'à Yuste, chemin de l'éternité, qu'il chercha – ce qui en dit long – en Espagne ». Jamais il ne traversa l'Atlantique pour se rendre dans ses Indes occidentales, ce qui fit écrire à cet éminent spécialiste du règne : « Ce voyageur obstiné, seigneur, également, de l'autre empire que lui offrait Cortés, ne le contemple pas ; son esprit, toujours tourné vers l'Europe, était antérieur aux grandes découvertes géographiques. » Certes, mais lequel de ses successeurs a-t-il foulé le sol américain ?

### *Orgueil et humilité d'un « bagnard de la puissance »*

La pointe de fierté qui perce dans son discours était bien légitime au vu de l'énormité de la tâche, accablante, qu'il avait accomplie et dont l'énumération de ces voyages n'était en quelque sorte que l'exposant. « *L'Empereur a été une sorte de bagnard de la puissance* », selon la forte expression de Fernand Braudel[16] ; la première partie de cet ouvrage l'a amplement démontré. S'il avait passé la moitié de son temps en guerres, il l'avait fait, déclarait-il solennellement, contraint et forcé par ses ennemis ; jamais il ne l'avait recherchée ou provoquée : « J'ai fait ce que Dieu, qui seul donne la victoire ou la défaite, a voulu que je fasse. » Il expliqua les récents événements, de Metz à Renty, et confirma ce que la régente Marie avait communiqué aux députés le mois précédent, à savoir la mauvaise volonté du roi de France. En effet, les négociations ouvertes à Marcq au mois de mai, n'avaient pu aboutir, malgré la médiation anglaise, du fait – selon les termes mêmes de la régente – « que l'on avait clèrement trouvé le roy de France n'avoir aucune volonté de paix, quelque semblant qu'il en eût voulu faire, pour abuser le monde à son accoustumé ». Il était donc probable que la guerre reprendrait dans un proche avenir.

Charles Quint exprima un regret sincère de n'avoir pas réussi à leur assurer une paix durable avant son départ. C'était précisément cette volonté qui lui avait fait différer jusqu'à ce jour l'abdication : l'incapacité de sa mère à gouverner, et l'âge insuffisant de son fils, l'avaient encore dissuadé de déposer comme il l'avait souhaité en 1550 un fardeau qui lui était trop pesant. Mais maintenant sa mère était morte, son fils devenu un homme accompli et rompu au gouvernement grâce à la régence d'Espagne, et lui se sentait impuissant et brisé. Il faut dire qu'à Metz – où il avait dû diriger le siège cloué sur sa litière par une impitoyable crise de goutte – il avait mesuré à quel point il avait mis en péril non seulement sa santé, au grand dam de son médecin, mais aussi – et surtout – le sort de la bataille, donc de ses sujets. C'était pourquoi il priait les États de croire qu'il ne se retirait pas par commodité personnelle mais pour ne point les mettre en danger par ses propres défaillances : « car je me sens maintenant si fatigué que je ne saurais vous être d'aucun secours, comme vous le voyez vous-mêmes. Épuisé et brisé comme je le suis, j'aurais des comptes à rendre à Dieu et aux hommes si je ne renonçais à gouverner. » Enfin il insista sur les recommandations faites en son nom par Philibert de Bruxelles concernant la lutte contre l'hérésie, pour la justice et pour l'union.

L'assemblée, déjà impressionnée, fut bouleversée par les dernières paroles de ce discours, qui eussent suffi à immortaliser un moins illustre prince :

> « Je sais bien, messieurs, qu'en tout mon temps j'ai fait de grandes fautes, tant par mon jeune âge, par ignorance et par négligence, qu'autrement ; mais bien vous puis-je certifier que jamais je n'ai fait force, tort ni violence, à mon escient, à aucun de mes sujets. Si j'en ai fait quelqu'une, ce n'a été à mon escient, mais par ignorance. *Je le regrette, et j'en demande pardon.* »

Des mots aussi sincères suscitèrent une grande émotion, dont nous avons conservé deux témoignages directs, l'un en latin, l'autre en anglais. Pontus Heuterus, déjà évoqué, avouait avoir lui-même cédé à l'attendrissement général : « Son discours remua l'âme de tout le monde ; le plus grand nombre pleurait, quelques uns sanglotaient ; l'attendrissement gagna l'Empereur et la reine Marie – “*ut ipsum Caesarem reginamque Mariam collacrymari cogerent*” –, et moi j'avais le visage inondé de larmes… » Un Anglais plus réservé – comme il se doit –, sir John Mason, le seul ambassadeur dont la présence soit attestée, qui assistait peut-être à titre privé, invité par Philippe II son roi, fit ce commentaire : « Et voilà qu'il se mit à pleurer ; outre la tristesse du moment, je pense qu'il était très ému de voir toute l'assistance déjà elle-même en larmes ; il n'y eut personne, à mon avis, dans toute l'assemblée, étrangère ou autre, qui durant une bonne partie de son discours ne versât d'abondantes larmes, l'un plus, l'autre moins. » Certains grands anciens se souvinrent peut-être, en cette minute, des toutes premières paroles officielles que leur jeune souverain, fraîchement émancipé, leur avait adressées le 5 janvier 1515, et que conserve le registre des États de Brabant : « Messieurs, je vous remercie de l'honneur et bonne affection que vous me portez. Soyez bons et loyaux sujets, je vous seray bon prince. »

Bel exemple de prince chrétien, ô mânes d'Érasme, qu'un monarque inaugurant son règne, dont l'écho et l'éclat rempliraient l'Europe quarante années durant, par des mots de gratitude et le terminant sur un acte de contrition !

*Le successeur*

Le discours plus convenu du Pensionnaire d'Anvers – Jacques Maes – chargé, selon l'usage, de répondre à celui du souverain, permit à l'assemblée de se ressaisir. Il dit que les États, navrés, s'inclinaient devant cette décision irrévocable et se déclaraient prêts à « recevoir et inaugurer » le prince auquel il adressa quelques paroles excessivement flatteuses ; ne passa-t-il point les bornes, se demandait le Belge Prosper Gachard « lorsqu'il énonça l'assurance que ce prince serait l'imitateur des divines et héroïques vertus de son père, lorsque surtout il déclara que les états le trouvaient "tant merveilleusement doué de Dieu et de la nature, que, s'ils avoient la liberté du choix, ce seroit encore sur lui qu'ils jetteroient les yeux, *puisqu'ils ne pourroient trouver au monde un prince si parfait et si accompli de toute part* ?" »

En effet, lors du grand voyage « initiatique » qui l'avait amené, entre novembre 1548 et avril 1549, de Barcelone à Bruxelles *via* la Lombardie, le Tyrol et l'Allemagne, Philippe n'avait pas fait bonne impression. Le « futur héritier du monde », « l'espérance du siècle » – « *Philippus saeculi spes* » – selon les termes du chroniqueur et panégyriste Juan Cristóbal Calvete de Estrella, qui raconta amplement en 1552 cette longue tournée du prince, était d'aspect flamand mais castillan dans l'âme. Federico Badoer note qu'il est « blanc de peau et a la chevelure blonde, ce qui le fait ressembler à un Flamand ; mais son air est altier, parce qu'il a pris les manières espagnoles » : « *ma pare altiero, perchè sta sule maniere di Spagnuolo* », c'était tout dire… Ayant toujours vécu avec des Espagnols il en avait, selon les termes de François Mignet, pris « l'humeur altière, l'esprit lent, la tranquillité orgueilleuse ». À la fois taciturne et hautain « il montra – remarquait Michele Soriano en 1559 – un esprit sévère et intolérant, ne plut guère aux Italiens, déplut franchement aux Flamands, et fut odieux aux Allemands » : « *fu poco grato all'Italiani, ingratissimo ai Fiammenghi, et ai Tedeschi odioso* ». Alors que Marino Cavalli disait de l'empereur, en 1551, qu'il était « agréable aux Flamands et aux Bourguignons par sa bienveillance et sa familiarité, aux Italiens par son esprit et sa prudence, aux Espagnols par l'éclat de sa gloire et par sa sévérité ».

Dans une lettre du 22 avril 1553, Charles Quint lui-même, évoquant la situation critique des Pays-Bas, priait (derechef, précisait-il) son fils, en espagnol, de se montrer plus aimable – au sens strict du terme – envers ce peuple, qui pourrait bien être tenté de se tourner vers la France :

> « cette remarque, que l'on vous a souvent faite, sur l'obligation qui est la vôtre de gagner la confiance et la sympathie – "*cobrar crédito y amor*" – de ces États, en vous rapprochant d'eux et en leur donnant, par votre présence et votre conversation, plus de raisons d'être satisfaits [de vous] qu'ils n'en ont eues par le passé, parce qu'ils ne vous connaissent pas comme il le faudrait, pour les contenter davantage et gagner leur attachement – "*ganar las voluntades*" –, afin qu'ils vous soient plus fermement et étroitement liés ».

### *Les méritoires efforts du prince Philippe*

Ces rappels à l'ordre parvinrent même aux grandes oreilles des ambassadeurs. Ainsi Michele Soriano précisait-il que : « ayant été averti, d'abord par Granvelle, ensuite par la reine Marie, et plus efficacement par son père, que cette sévérité n'était pas de mise chez un prince destiné à régner sur plusieurs nations de mœurs et d'esprit divers, il changea sa manière d'être, au point que, à son second voyage pour passer en Angleterre, il fit partout preuve d'une douceur et d'une affabilité si grandes qu'il n'y a pas de prince qui l'ait surpassé à cet égard ».

Ils observèrent donc les efforts faits en ce sens par Philippe. Le Vénitien Badoer notait : « À son premier passage d'Espagne en Flandre par l'Italie et l'Allemagne, on le trouva hautain, et trop animé du désir d'être fait coadjuteur de l'Empire ; mais l'opinion commune est maintenant que sa politesse et sa modestie égalent tout ce qu'on en pourrait dire. » Et Giovanni Micheli, ambassadeur de Venise à la cour d'Angleterre de 1554 à 1557 constatait de son côté que : « Outre la ressemblance physique, il rappelle beaucoup l'Empereur par ses manières : imitant, autant qu'il le peut, la bienveillance et l'affabilité de sa Majesté Impériale ; ayant entièrement perdu cette hauteur et cette gravité, selon l'expression castillane, qu'il avait à son premier voyage hors d'Espagne, et qui le rendit si odieux. Il n'est personne, quelque petit qu'il soit, qui ne trouve en lui toute la facilité et la patience qu'il saurait désirer, pour en être reçu et écouté. » Alors qu'il n'avait pour ce genre d'exercice ni goût ni endurance gastrique – « la complexion de ce prince est très délicate, aussi vit-il avec beaucoup de régularité », précisait Soriano, « il souffre de l'estomac et des entrailles », renchérissait Badoer – Philippe tenta même, pour obéir à son père et complaire aux Allemands, de forcer sa nature à coups de chopes de bière. Un ragot de l'ambassadeur de France dans une lettre au connétable du 21 octobre 1550 nous apprend en effet que : « Le prince d'Espagne a festoyé les Électeurs, et est allé aussi disner avec eux, suivant l'instruction du cardinal de Trente [Granvelle] : se montrant si docile disciple en cest endroit, et mesmement à boire, d'autant que deux ou trois fois l'on a rapporté qu'il en avait plus prins qu'il n'en pouvait bonnement porter : sur quoy ledit cardinal, comme son précepteur, disoit qu'il concevoit par là si bonne espérance, qu'en continuant de faire ainsi, il gagneroit par temps le cœur des Allemans. » Et, plus amusant encore, d'Augsbourg même Granvelle avait demandé une semaine plus tôt à Marie de Hongrie de féliciter Philippe de ces efforts : « V. M. feroit, à mon advis, bonne œuvre, s'il luy plaisoit, en respondant, louher, sans dire de qui elle l'a entendu, ce que l'on dit du contentement qu'il donne aux princes allemans, conversant et devisant avec eux comme il fait : car, comme l'on retombe facilement à l'inclination naturelle, je me doubte qu'il si obliera (sic), qui ne le réveillera ; et je ne sçay de qui il peult mieulx prendre que de V. M., y cheminant par ce chemin. »

Pour ne point donner de ce prince une image caricaturale – qui serait aussi fausse qu'injuste –, et comme il n'est pas question ici de développer ce point davantage (d'autres l'ont fort bien fait)[17], disons que s'il n'était pas naturellement familier, il était foncièrement bienveillant. L'ambassadeur Marcantonio Da Mula, écrivait en septembre 1559 : « [il est vrai que] de sa nature le roi est bon, qu'il est apte et enclin à la paix, qu'il abhore la guerre ». Trente ans plus tard, le frère dom Philippe de Caverel, accompagnant dom Jehan Sarrazin (abbé de Saint-Vaast, conseiller d'État, futur évêque de Cambrai) envoyé en ambassade au Portugal en 1582, observa l'illustre monarque que, de son propre aveu, il était fort curieux et désireux de connaître. L'ayant approché à plusieurs reprises, au palais ou à l'église, il en témoigna – tout Flamand qu'il était, et à pareille date – en ces termes : « J'admirois une clémence et modestie naturelle, cette doulceur qui reluit sur sa face, son œil, son parler, son geste, son port, esloigné de grandeur, d'insolence, de cruaulté. »

## *Émouvante passation des pouvoirs*

Les États ayant donné leur assentiment, Charles pouvait investir Philippe de la souveraineté dont il venait d'abdiquer.

Le prince s'agenouilla et voulut baiser les mains de son père qui s'en défendit, le releva et lui dit… en espagnol selon le *Mémorial d'Ypres* :

> « Mon cher fils, je vous donne, cède et transporte tous mes pays de par deçà, comme je les possède, avec tous les avantages, profits et émoluments qui en dépendent. Je vous recommande la religion catholique et la justice. »

Ce texte, signalé et cité par Louis-Prosper Gachard, conservé dans les archives de la ville d'Ypres est un compte rendu de la cérémonie indubitablement rédigé, en flamand, par un des députés présents. La chronique espagnole dit moins sèchement que l'empereur lui recommanda en termes émus « l'amour qu'il devait à ses sujets, le soin du gouvernement, et surtout la foi catholique que ses aïeux avaient observée et défendue avec tant de ferveur ». Et, ajouta le père Sandoval : « il termina sur ces mots, ne tenant plus sur ses jambes, si faible que le souffle lui manquant il n'en put dire davantage ; la fatigue à rester ainsi debout et tant parler l'avait rendu pâle comme la mort et totalement épuisé ». Ce qui rendit plus émouvante encore l'accolade rapportée en ces termes par le témoin anglais, sir John Mason : « … ils s'étreignirent de telle sorte qu'on pouvait bien voir une tendre union de sentiments entre le père et le fils[18] ». Philippe répondit en espagnol – « *andwoorde in spaensche an den keysere* » –, c'est encore le député du *Mémorial d'Ypres* qui le souligne :

> « Sire, vous m'imposez une très-grande charge. Néanmoins, j'ai toujours été obéissant à Votre Majesté, et je me soumettrai encore à sa volonté, en acceptant les pays qu'elle me cède. Je supplie Votre Majesté de vouloir les secourir et les avoir en bonne recommandation. »

Le poète espagnol témoin de la scène retrouva pour sa part l'accent des vieilles épopées de Castille pour immortaliser ce moment capital[19] : « Le Roi aussitôt se lève et remercie l'Empereur, debout et tête nue, de la grâce qu'il lui fait ; puis se jetant à ses genoux, le Roi veut baiser la main de son père qui, la lui refusant, le prend dans ses bras et s'efforce de le relever, avec moult larmes du père et du fils ; *Rois et Reines pleuraient…* » Capitale, elle l'était, cette passation de pouvoirs, pour tous. L'empereur ayant derechef cédé à l'attendrissement réclama, d'après l'auteur de la *Sommaire description*, l'indulgence du public :

> « Messieurs, vous ne devez être émerveillés, si, vieux et débile de tous mes membres, tel que je suis, et aussi pour l'amitié, je verse quelques larmes. »

*Le « cercle de Bourgogne »*

L'historien allemand Ludwig Pfandl a, pour caractériser l'étonnante atmosphère de cette scène singulière voire unique dans l'Histoire, trouvé ces mots justes : « C'est le moment où la *conscience collective bourguignonne* s'exalte dans toute l'assemblée avec une chaleur particulière, où l'empereur entreprend, pour la dernière fois, d'attirer son fils et héritier dans *le cercle magique de cette communauté psychique.* Il lui remet comme un précieux trésor ce peuple et cette terre des Pays-Bas, et la peine de la séparation aussi bien que le souci de l'avenir émeuvent le bon empereur à tel point que la voix menace de lui manquer, et que des larmes abondantes coulent sur ses joues flétries. »

Un des obstacles majeurs à cette entrée dans le cercle[20] magique était l'ignorance du français, élément essentiel de cette haute culture de Bourgogne maintenue envers et contre tous par des ducs veufs de leur duché, comme l'a bien montré Pierre Chaunu. Or, contrairement à son père, Philippe – élevé en Espagne par une mère portugaise et des maîtres espagnols, dont Silíceo – n'était pas de culture franco-bourguignonne. Comme le remarqua l'ambassadeur Badoer il ne parlait qu'en espagnol, mais admirablement :

« *Nella sua lingua parla raramente et l'ussa sempre* ». À l'inverse de son père qui, devenu roi de Castille et d'Aragon, ne parlait au départ que le français et le flamand ! Ce qui surprend déjà dans un cas – si le trône d'Espagne n'était point destiné *a priori* à Charles de Gand, son entourage sut dès 1506 qu'il lui reviendrait cependant – demeure inexplicable dans l'autre, Philippe étant, dès sa naissance, l'héritier désigné des domaines francophones de son père. D'autant plus surprenant qu'un grand prince de son entourage et de son âge, son cousin Emmanuel-Philibert de Savoie était trilingue (français, espagnol et italien, sa langue d'usage courant), savait aussi parfaitement l'allemand, dominait le latin et comprenait le flamand. Selon un témoignage de 1574 (attribuable, selon L. P. Gachard, à Laurent Priuli, futur podestat de Breschia et patriarche de Venise), le jeune don Juan d'Autriche, déjà vainqueur de Lépante, qui n'avait point reçu – dans ses premières années notamment – d'éducation vraiment princière, parlait outre l'espagnol, très bien le français, qu'il n'écrivait cependant pas, comprenait l'allemand, le flamand et un peu d'italien. Il avait pourtant vécu en Espagne dès sa tendre enfance – passée au milieu des petits paysans de Nouvelle-Castille –, et se montrait plus enclin à l'action qu'à l'étude.

Philippe, sans doute peu doué pour les langues, fit cependant quelque louable effort ; s'il but plus que de raison pour séduire les Allemands, il tâcha aussi de leur parler en latin et, dans la foulée ou l'euphorie du moment, se mit (à vingt-trois ans) à apprendre le français ; dans la lettre déjà évoquée, adressée d'Augsbourg le 13 octobre 1550 par Granvelle à Marie de Hongrie, on peut lire : « Monseigneur nostre prince faict très-bien son debvoir maintenant avec les Électeurs et autres princes de la Germanie, et parle avec eux latin, et S. M. [Charles Quint] a défendu, en sa présence, que nulluy de nostre langue luy parle en sa chambre synon en françois ; et il a accepté la loy. Si cecy dure, il y a apparence que l'on se recouvrera. » Mais la bonne volonté n'ayant pas suffi, à Bruxelles cinq ans plus tard, quand il fallut s'adresser aux représentants des États généraux Philippe

– comme son père à la Corogne aux Cortès de 1520 – ne put prononcer qu'une phrase dans la langue de l'auditoire, pour avouer ne pas la dominer et s'en remettre à un porte-parole, en l'occurrence Granvelle :

> « Messieurs, combien que j'entends raisonnablement le langage françois, si ne l'ai-je encoires si prompt que pour vous povoir parler en icelluy. Vous entendrez ce que l'évesque d'Arras vous dira de ma part. »

Même si ces mémorables paroles furent consignées par le président Viglius sous cet en-tête : « *Ce que dit le roy de mot à mot, en aussi cler langaige comme il est escript* », elles firent mauvais effet et, selon les termes de l'historien nord-américain Roger B. Merriman[21], « le charme fut rompu. Rien ne pouvait être plus prophétique ; tous les maux à venir étaient en présage dans cette brève scène ».

*Philippe reçoit la belle succession*

L'évêque d'Arras joua donc auprès de Philippe, à Bruxelles, le rôle qu'avait joué celui de Badajoz, Pedro Ruiz de la Mota, auprès de Charles, en Galice, trente-cinq ans plus tôt. Mais si celui-ci s'était alors engagé, entre autres choses, à apprendre la langue de ses nouveaux sujets – et il tint sa promesse –, Philippe ne promit rien de ce genre aux siens. Par le truchement de Granvelle, il expliqua longuement (la moitié du discours y est employée) comment il en était venu, par devoir d'obéissance – « il obéira à son père, car c'est dans sa nature », écrit Sandoval – à accepter cette renonciation en sa faveur, comme s'il eût voulu couper court à quelque rumeur lui reprochant d'avoir fait pression sur l'empereur. Il remercia les États, confirma son engagement de 1549 à en respecter les libertés et privilèges, se déclara prêt à tous les sacrifices, y compris de sa vie, pour les défendre ; leur fit promesse de rester en Flandre ou d'y revenir autant que nécessaire : s'il l'avait tenue – ou pu tenir – il aurait peut-être sinon évité du moins limité les graves conflits qui allaient, une douzaine d'années plus tard, ensanglanter les Pays-Bas, ruiner ses finances et ternir à jamais son image.

Il promit de tout faire pour défendre la religion catholique. L'unité de foi apparaît, en effet, dans les quatre discours qui ont structuré cette passation de pouvoirs – discours testamentaires (de Philibert de Bruxelles, de Charles Quint, de Marie de Hongrie) ou discours programme (celui de Philippe) –, comme la condition nécessaire et suffisante à la survie des Pays-Bas. Le bénédictin Prudencio de Sandoval, évêque de Mondoñedo, prêta même à Philippe, dans son *Historia de la vida y Hechos del Emperador Carlos V*, publiée en 1604-1606, ces mots sans équivoque : « … si vous voulez demeurer dans l'heureux état de prospérité qui est le vôtre, et être la meilleure de toutes les nations du monde. Mais sinon soyez assurés que vous connaîtrez bien des malheurs. Moi, je vous souhaite tout le bonheur – "*todos los bienes*" – du monde, mais il n'en manque pas qui cherchent à vous perdre. Or, si vous servez Dieu, si vous obéissez à l'Église catholique et à votre prince, vous n'avez rien à craindre. » Mais Sandoval écrivait ces lignes « prophétiques » après la révolte des Pays-Bas… Après que l'empereur se fût effacé et retiré en Espagne, Philippe II ne put – ou ne sut – gagner le cœur de ses sujets flamands, et notamment de la noblesse.

## *Attitude ambiguë de la noblesse flamande*

Dans sa description des Pays-Bas Federico Badoer soulignait précisément l'ambiguïté des sentiments de la noblesse flamande envers le souverain :

> « Les seigneurs temporels sont au nombre de vingt-deux. Il y a un prince, celui d'Orange ; un duc, celui d'Arschot ;

un marquis, celui de Berghes. Presque tous les autres sont des comtes, dont le principal est celui d'Egmont [...]. C'est le prince d'Orange qui est le plus riche. Ils disent que, s'ils pouvaient avoir le roi parmi eux, sans ministres espagnols, S. M. [Philippe II] serait fort aimée, parce qu'elle a beaucoup de leurs habitudes ; mais ils ne lui portent pas d'affection, principalement parce qu'elle suit en tout la manière de vivre et les conseils des Espagnols. Ils ne peuvent souffrir que, dans leur propre pays, leur prince soit dirigé par d'autres, quoique les affaires qui les concernent soient discutées et mises à exécution par eux-mêmes. À cause de la ressemblance avec les Français, étant de la Gaule Belgique, on leur attribue de l'inclination pour ceux-ci ; on prétend même que plusieurs des principaux, par diverses voies, font savoir tous les secrets du pays à leurs amis et parents, sujets du roi de France [...]. Du temps de l'Empereur, ils se conformaient plus facilement à sa volonté, parce que S. M. [Charles Quint] était née parmi eux, qu'elle faisait ouvertement profession de les aimer, tandis qu'elle n'aimait pas les Espagnols – "*per le demostrazioni aperte ch'ella faceva d'amar essi, et non Spagnuoli*" –, qu'elle avait beaucoup de Flamands à sa cour, que sa valeur et son autorité leur imposaient, et enfin parce qu'elle avait frappé un grand coup, en châtiant les Gantois. Mais la maison de Brederode et les villes d'Utrecht et de Cambrai ne haïssent pas moins l'une Majesté que l'autre : la première prétendant qu'on lui retient le comté de Hollande ; les autres se plaignant d'avoir été dépouillées de leur autorité temporelle. Tous ces pays, particulièrement, soutiennent qu'ils sont libres par leurs privilèges[22]. »

L'évêque de Limoges, Sébastien de l'Aubespine, ambassadeur de France aux Pays-Bas après la paix de Cateau-Cambrésis, porterait un jugement comparable dans une lettre adressée de Gand à François II le 4 août 1559 : « Il n'est pas croiable combien messieurs les princes d'Orange, d'Aiguemont, d'Orne, comte de Mègue, Berlemont, Glajon et autres sont piquez et ennuyez, comme le surplus de la noblesse et gens d'affaires de par deçà, de ce que il laisse madame de Parme appuyée, hormis monsieur d'Arras, de tous cerveaulx d'Espaigne, qu'ils haïssent icy à la mort. » Ce qu'il complétait dans un autre message, adressé le même jour au duc de Guise et au cardinal de Lorraine, par ce pronostic : « que tout le monde n'estoit pas content en ceste court, où il se préparoit un dur changement, et avec un infini regret et malcontentement de tous les grands, comme aussi de la noblesse, dont les apparences se monstreroient mieux après le départ du roy… »

À peine trois ans après l'abdication de Bruxelles, moins d'un an après la mort de Charles Quint, tel serait donc l'état d'esprit aux Pays-Bas. Comme le souligne Ivan Cloulas : « En s'embarquant pour l'Espagne en août 1559, Philippe laissait les Pays-Bas en proie au plus profond malaise. Certes, il avait fait tout ce qu'il avait pu pour assurer à sa [demi-] sœur, la gouvernante Marguerite de Parme, l'appui des grands seigneurs. Il les avait nommés aux postes les plus honorifiques. Mais ce n'était pas assez pour leur faire admettre qu'ils devaient se plier aux décisions d'une femme. De plus, celle-ci avait pour conseiller principal l'évêque d'Arras, Antoine Perrenot de Granvelle, qu'ils tenaient pour étranger car il était né en Franche-Comté[23]. »

### *L'« abdication » de Marie de Hongrie*

Pour l'heure, en ce 25 octobre 1555 tout était donc consommé. Il y eut cependant un troisième acte dans cette mémorable cérémonie. Marie de Hongrie, qui venait d'avoir cinquante ans (elle était née en Flandre le 13 septembre 1505), assurait le gouvernement des Pays-Bas depuis un quart de siècle. Elle avait vainement et à maintes reprises demandé à en être déchargée, afin de se consacrer à Dieu. La veille même de son abdication, Charles Quint la priait de rester à son poste afin d'aider, pendant quelques temps encore, son successeur. Rien n'y fit, elle désirait plus que tout le suivre dans sa retraite : « Il ne lui convenait pas de recommencer à servir sous le roi son neveu, et il fallait se contenter le reste de sa vie d'un Dieu et d'un maître », lui avait-elle écrit deux mois plus tôt.

Elle n'était pas entrée dans les affaires du gouvernement, qu'elle trouvait alors trop « embrouillées », de son plein gré mais presque forcée, du moins très instamment priée, par Charles, son aîné de cinq ans et demi auquel, sa vie durant, elle voua une sorte d'adoration. À la mort de la tante – et presque mère – Marguerite d'Autriche, en 1530, Marie n'avait que vingt-cinq ans et était déjà veuve d'un époux très aimé – qu'elle s'était juré de ne jamais remplacer –, Louis II de Hongrie (tué par les Turcs à la bataille de Mohacs le 29 août 1526). Dans son testament rédigé à Cigales en 1550, Marie ordonnera la fonte d'un joyau en or – en forme de cœur – que son mari avait porté jusqu'à sa fin tragique, puis elle-même sa vie durant ; le produit devait être consacré à l'aumône :

> « donnez ce qu'en viendra aux povres : car puisqu'il a faict compaignie jusques au dernier aux personnes que ores de si longtemps ont estez séparez de présence ne l'ont estez d'amour et affection, c'est raison qu'il se consomme et change d'espace [= espèce], comme le corps des justement aymans ont faict et feront[24]. »

Marie s'était retrouvée à huit ans à la cour d'Innsbrück où elle épousa sept ans plus tard Louis II Jagellon, roi de Bohême et de Hongrie, avant d'y trouver refuge à la mort de ce dernier.

### *« La corde au cou » : Marie gouvernante des Pays-Bas*

Charles Quint, qui l'avait en conséquence revue après quinze ans de séparation, avait apprécié les qualités d'intelligence et de courage de sa jeune sœur, désormais libre du fait de son veuvage. Occupé ailleurs, il lui offrit donc, en ces termes, le gouvernement vacant des Pays-Bas : « N'eusse seu trouver personne plus califyé pour m'ayder à supporter cette charge que vous pour l'ydonéyté… Avec toutes les aultres causes que à ce me meuvent n'est la moyndre veoyr en la détermination qu'estes de non vous remaryer…[25] » Après avoir mûrement réfléchi pendant quatre mois, elle acceptait à titre provisoire le 5 mai 1531 : son frère, déclarait-elle, lui ayant « mis la corde au col ». Elle devint donc « Gouvernante des Pays-Bas pour S. M. Impériale et Catholique et sa lieutenante », et prêta serment devant les États généraux le 6 juillet ; et ce provisoire-là devait durer un quart de siècle…

Le choix en surprit et indigna certains ; on connaît la réaction de Francisco García Loaísa y Mendoza, ancien confesseur de Charles, ex-général des dominicains, archevêque de Séville, président du Conseil des Indes, alors nouveau cardinal et futur – quoique très éphémère – grand inquisiteur : « Que votre Majesté ne perde point de vue que, bien qu'elle soit courageuse et chaste, elle est très jeune et, en restant seule et libre, elle met son honneur en péril : "*quedando sola y libre pasa peligro de infamia*". » Mais toute jeune, veuve et esseulée qu'elle fût, n'en déplaise au scrupuleux dominicain, cette disciple déclarée d'Érasme se montra très à la hauteur de sa tâche et de sa réputation. À tel point que l'empereur, ne pouvant assurer l'ouverture de la diète de Worms en 1545, cloué qu'il était à Bruxelles par son mal, pensa lui en confier la présidence ; il fallut que Ferdinand, alarmé, dissuadât son frère de ce projet *sticto sensu* inouï. À tel point que la veille de sa mort à Yuste il la supplierait encore de reprendre du service aux Pays-Bas pour permettre à Philippe de regagner enfin l'Espagne, qui attendait toujours la visite de son nouveau roi…

Il faut dire que la régence qu'elle assurait depuis 1531 n'avait pas été de tout repos : attaque massive du roi de France en 1536 ; révolte de Gand en 1539 ; double attaque trois ans plus tard, au nord et au sud, des gens de Gueldre envahissant le Brabant et des Français envahissant le

Luxembourg ; en 1552 nouvelle attaque de la France. Il y avait de quoi, la cinquantaine venant pour cette femme épuisée et cardiaque, aspirer à une retraite méritée. Mais en fait, Marie de Hongrie avait pris goût au pouvoir. Personne, dans l'entourage impérial de Yuste ne serait dupe de ses protestations. Ainsi, le secrétaire Martín de Gaztelú écrirait-il le 12 mars 1558, à propos de la reine en séjour auprès de son frère : « J'ignore ce qu'elle compte faire, mais je crois que, même si on le lui demandait, elle ne retournera pas en Flandre (bien que cela conviendrait, me semble-t-il, au service des deux Majestés) ; mais, par ailleurs, je sais bien qu'elle aime gouverner – *"es amiga de negocios"* – quoiqu'elle laisse entendre le contraire, je suis sûr de ne pas me tromper. Je sais qu'elle ne va pas bien, car sa maladie de cœur s'est aggravée ces temps-ci… »

En fait Marie, qui déclarait qu'elle irait aux Indes plutôt que de reprendre le gouvernement des Pays-Bas, se serait volontiers mêlée de celui de l'Espagne ; elle s'offrit en ce sens, à la mi-mars 1558, à « seconder » sa nièce la régente doña Juana qui, offensée, protesta auprès de son père en arguant du fait que sa tante « n'était pas femme à se contenter de seconder ». Dans les instructions de Charles Quint à Luis Quijada, chargé de traiter en son nom de la situation de Marie avec ladite régente, on lit que : « Vu la détermination de la reine [Marie], qui déclare vouloir fuir toute chose touchant au gouvernement, notamment celui des Pays-Bas, mais qui ne se tient pas vraiment à l'écart de celui d'ici, et qui voudrait bien à l'occasion se rapprocher de Valladolid », etc. Car Valladolid était le siège du gouvernement de l'Espagne, la cour s'y trouvait. Alors qu'il faisait pression sur elle pour qu'elle reprît la direction des Pays-Bas, Charles Quint eut cette curieuse phrase : « Il faut absolument qu'elle le fasse, pour toutes les raisons évoquées, mais aussi parce que son pays d'origine convenait mieux [que l'Espagne] à son caractère : *"porque para su condición era mejor tierra su naturaleza"*. »

Une anecdote, qui se situe au cours du voyage de retour en Espagne, donne une idée du caractère autoritaire et du respect craintif qu'elle semble avoir inspiré au personnel de son entourage. Dans une lettre datée du 8 octobre 1556 au secrétaire d'État Vázquez, Luis Quijada écrivait du bourg d'Agüera, à quatre lieues de Medina de Pomar : « La Reine de Hongrie m'a demandé si je connaissais la hauteur [sous plafond] de l'appartement qui l'attend [à Valladolid] parce qu'elle veut y faire envoyer des tapisseries ; je lui ai répondu que je n'en savais rien mais que je me renseignerais auprès de vous. Je n'ai pas osé non plus lui demander si Son Altesse [la régente doña Juana] comptait faire décorer ses appartements [...]. Quant à la hauteur sous plafond du palais ayez l'obligeance de m'en informer car avec la reine on ne plaisante pas : "*porque con la reyna no se sufre burlar*". » Juan Vázquez ayant négligé ce détail, le colonel Méndez Quijada revenait à la charge et le suppliait de nouveau depuis Burgos le 14 novembre, car la reine le harcelait à mort pour le savoir : « *... mátame la Reyna por sabello* ».

### *Un frère adoré, un neveu détesté : les vraies raisons de la reine Marie*

La raison profonde qui poussait Marie à « abdiquer » elle aussi, dans le sillage de son frère, était en fait d'un autre ordre que la simple lassitude alléguée devant les États généraux. En effet, le désaccord, voire l'incompatibilité de caractère, qui séparait la tante et son royal neveu était de notoriété publique. Ainsi, lorsque Philippe était arrivé à Bruxelles le 8 septembre, un aumônier flamand de l'empereur avait écrit à un correspondant lillois : « La royne [de Hongrie] n'a esté au devant de luy, et ne l'a vollu l'Empereur. Il semble, selon que j'ay peu aperchevoir, que S. M. n'a vollu que ladicte royne ayt parlé avecq ledict roy avant elle : je ne sçay s'il n'y a pas quelque jalousie. Si j'estoye auprès de vous, je vous en diroye quelque chose. » Et l'ambassadeur Badoaro parlait sans ambages de franche détestation, de haine. Très « bourguignonne » Marie, et

Philippe, trop « espagnol ». À propos de dissensions politiques et familiales il affirmait tout crûment que : « … la reine Marie, dame de grande valeur, pourrait aider au règlement de ces affaires ; mais elle est détestée par les gens du peuple, et le roi d'Espagne éprouve pour elle autant de haine qu'elle en éprouve pour lui : *"ma è odiata da popoli, et il re di Spagna odia lei, et lei lui"*. Quant à l'empereur, il a toujours aimé en elle la véritable exécutrice de ses desseins : *"suoi pensieri"*. »

Un curieux document donne la mesure de l'amour de Marie pour son frère – qu'elle appelait « son tout en ce monde » – et de son hostilité envers son neveu. Depuis le mois de novembre 1555, et malgré ses récentes promesses aux États généraux, Philippe II ne songeait qu'à repartir en Espagne. À la fin mai il osait proposer à son père, qui entendait quitter les Pays-Bas en juin, le plan suivant : lui, Philippe II, partirait pour l'Espagne – d'où la princesse doña Juana et les Cortès le pressaient de rentrer – en passant par l'Angleterre, tandis que Charles – qui n'était plus roi – resterait aux Pays-Bas, où sa seule présence suffirait à tenir le roi de France et le pape en respect. Une telle proposition, qui choquait encore au siècle dernier l'historien Louis-Prosper Gachard qui la qualifia d'égoïste et de cruelle, avait indigné Marie qui écrivit à Granvelle le 29 mai 1556 une lettre ou percent un mépris et une fureur mal contenus :

> « Je crois que Sa Majesté [Charles Quint] se trouvera difficile de retarder si longuement son voiage, et, pour dire vérité, non sans cause : car ne sçay si ce seroit la réputation et honneur du roy de laisser son père, en l'estat qu'il est, au brouilly, et luy se retirer en Espagne ; et tiendrois que, en cas que l'on sceust persuader à Sa Majesté de se mesler de quelques négoces devant son retirement, pour le bien des affaires de son filz, qu'il seroit plus décent que ce fussent celles d'Espagne que de icy et en Italie, qui est plus le manger de ceulx qui entrent à régner, que à ceulx qui ont le tout habandonné ; et craindrois que ceulx qui donnent

> tel conseil regardent plus à leur particulier qu'à l'honneur, réputation et devoir de leur Majesté. »

Des liens privilégiés ont en effet uni Charles et Marie ; outre ceux du sang, des plus étroits, d'évidentes affinités les rapprochaient : au-delà d'une ressemblance physique, accentuée au fil du temps, une commune intelligence, des goûts accordés – pour la musique, notamment –, des traits de caractère – volonté de fer, ténacité, endurance et force d'âme devant l'adversité – qui permirent à l'un et à l'autre de surmonter une tendance cyclique à la mélancolie, héritée de cette mère infortunée qu'ils avaient à peine connue. Finalement, deux solitaires, comme le souligne si bien Liliane Van Kerckhove : « Leurs portraits à tous deux révèlent un même regard intériorisé, qui voit pour ainsi dire dans l'invisible, signe d'une pensée reployée (sic) sur elle-même, sur ses grands desseins. Ils auront l'un et l'autre pleinement révélé l'instinct et le génie politique des Habsbourg. »

L'auteur a par ailleurs saisi au cœur même de leur correspondance privée, et à l'amont de leur vie, ces trois lignes hautement significatives. En janvier 1532 Charles Quint quittait les Pays-Bas pour l'Allemagne et la jeune Marie, fraîchement nommée, se retrouvait seule et sans expérience, aux commandes de l'État. Dans une lettre adressée de Bruxelles le 22 janvier à son frère elle confiait son angoisse en termes sobres mais forts : « Monseigneur, vous avez de la compagnie tandis que je suis seule… » ; auxquels il répondit aussitôt de Cologne : « Je suis dans la même situation puisque je vous ai laissée, et aussi le pays où je suis né[26]. » Ces mots simples et saisissants disent tout.

Mais les deux hommes de sa vie mirent à mal le cœur de Marie : la douleur provoquée par la mort de son époux avait révélé une pathologie cardiaque inattendue chez cette toute jeune femme, et trente ans plus tard la disparition de son frère lui fut fatale. Ayant cédé aux pressions de ce frère vénéré elle s'apprêtait à repartir aux Pays-Bas pour y assurer une seconde régence quand la funèbre nouvelle lui parvint à Cigales. L'évêque de Palencia, au lendemain du décès de

Marie survenu le 18 octobre et dont il fut témoin, informait Philippe II en ces termes : « la mort de l'Empereur causa à la Sérénissime reine de Hongrie un chagrin si grand qu'il aggrava sa maladie de cœur ». Comme l'écrit joliment Liliane Van Kerckhove : « elle part ainsi à l'heure prévue, mais pour une tout autre destination ». Fidèle jusqu'au bout, elle suivit Charles sans tarder dans son éternité. Elle fut enterrée selon son vœu dans le couvent de Santa Clara à Tordesillas ; là-même où avait reposé la dépouille de son père, jalousement et follement veillé des années durant par sa mère d'une fenêtre de son château-prison. La reine Jeanne, décédée depuis quelques mois, y reposait à son tour. Marie rejoignit ainsi dans la mort ces parents dont la vie l'avait tragiquement séparée et privée. En 1574 ses restes seront, comme ceux de ces derniers et de son frère, transférés sur ordre de Philippe II au panthéon de l'Escurial en cours d'achèvement.

Rappelons enfin que dans les derniers mois de la vie de Charles à Yuste, qui furent aussi les derniers de Marie, Philippe II se montra peu empressé d'accorder à sa tante ce qu'elle estimait avoir mérité : un domaine où se retirer pour vivre en paix et des revenus décents. Alors que la reine Éléonore choisissait Guadalajara, Marie avait jeté son dévolu sur Ocaña, ce qui posait quelques problèmes ladite bourgade appartenant à l'ordre militaire de Saint-Jacques, ce dont Philippe II l'avait informée par courrier dès le 28 novembre 1556. Il est vrai que dans la lettre qu'elle lui adressa de Cigales le 10 mai 1558 – signée *« son humble tante la Reine »* – il y a une pointe d'humeur et de hauteur qui n'échappa point au roi ; il a noté au dos, de sa main, à l'intention du secrétaire, ces mots révélateurs du caractère de l'un et de l'autre : « Voyez dans cette lettre comme la reine sait bien exposer son affaire, et qu'elle doit bien avoir qui la conseille au mieux de ses intérêts, sans tenir compte du respect que l'on me doit car elle ne veut pas reconnaître ma supériorité ; *mais moi je ne veux personne au-dessus de moi dans mes royaumes, excepté Sa Majesté* [Charles Quint] », etc.

*Le discours de Marie de Hongrie*

Pour l'heure, le 25 octobre 1555, Marie se levait et présentait sa démission de la régence des Pays-Bas. Elle prenait, selon les termes de Ludwig Pfandl, « congé de ses Néerlandais en un discours bien senti, issu d'un cœur bourguignon ». Il est certain que dans ce discours – tout entier de sa main (et conservé dans les archives du royaume de Belgique) – elle sut trouver les mots justes, taisant les services rendus, les succès obtenus, insistant au contraire sur ses propres insuffisances, remerciant les États de leur concours, protestant de sa bonne volonté, les assurant de sa fidélité et de son affection :

> « Je supplie, en la plus parfaite humilité que je puis, à Votre Majesté, à vous, monseigneur, et à vous autres, messieurs, prendre les services faits en cette qualité de bonne part et pour agréables, puisque j'y ai exhibé tout ce qui a été en la personne, et, s'il y a eu aucune faute, me la pardonner et l'attribuer à mon incapacité, laquelle m'eût fait sans doute faire beaucoup d'erreurs, sans l'assistance que vos prédécesseurs et vous autres m'avez donnée : de quoi je ne puis ni ne dois laisser de m'en louer grandement vers leurs Majestés, comme je fais, et vous en remercier très-affectueusement ; vous assurant que, outre le devoir qu'en ce faisant, avez fait envers votre si bon prince et votre propre bien, ce que y avez voulu ajouter de faire en ma contemplation, l'a été à personne qui vous a été et est autant affectionnée et désirant votre propre bien que personne du monde saurait être […] que, où que je sois, ne me trouverez moins encline que du passé, tant en général que en particulier, à employer mon possible à promouvoir votre bien, et vous faire tout convenablement plaisir. »

Ce dernier discours causa lui aussi une certaine émotion ; l'empereur puis le conseiller Maes la remercièrent. L'évêque d'Arras invita les députés à venir prêter serment au nouveau roi le lendemain : les Pays-Bas, ce soir-là, n'avaient plus de régente mais un nouveau souverain ; cependant Philippe ne tarderait pas à nommer comme gouverneur général son cousin Emmanuel-Philibert, qu'appréciait beaucoup la tante Marie. La foule impressionnée lentement s'écoulait. Dans le cœur de certains députés, aux sentiments se mêlaient peut-être le pressentiment, l'angoisse d'un avenir incertain. Quand tous furent partis Charles Quint regagna la maison au fond du parc.

### *Une cérémonie digne du temple de Mémoire*

S'il a marqué l'esprit des contemporains – et *a fortiori* ceux qui en furent témoins –, l'acte de Bruxelles frappait et frappe encore, à quatre ou cinq siècles de distance, l'imagination de ceux qui l'évoquent. Ce fut le cas entre autres des historiens Karl Brandi et Manuel Fernández Alvarez, deux spécialistes du règne. Ainsi l'Allemand s'exclame-t-il : « Où trouver dans l'Histoire, comme ici, la démission volontaire de toute une génération de souverains, et dans une forme pareille ? La Renaissance, à son apogée, était capable de prêter son grand style à des scènes semblables », comme le Français Jean Lucas-Dubreton pour qui « cette abdication solennelle restera, malgré tout, un des grands spectacles de la Renaissance ». L'Espagnol, quant à lui, après avoir placé l'abdication de Charles Quint au rang des journées les plus mémorables de l'Histoire, comparable selon lui à la mort de Jules César ou aux adieux de Napoléon à Fontainebleau, prenant le contrepied du maître allemand précédemment cité, y voit une scène caldéronienne avant l'heure : « cela correspondrait plutôt à un baroquisme naissant : comme une représentation théâtrale à laquelle on a convié les plus hauts personnages de cette brillante Cour impériale, dans le cadre social des riches Pays-Bas. Une pièce dont l'acteur principal, pour ne pas dire unique, est l'empereur lui-même. » Disons tout simplement, avec le Belge Louis-Prosper Gachard – à qui nous sommes si redevables sur ce sujet –, que « cette imposante cérémonie resta *sans imitation* dans l'avenir comme elle était sans exemple dans le passé ».

### *Le renoncement aux royaumes d'Espagne : les circonstances*

L'empereur, qui avait déjà dû retarder en 1553 comme en 1554 son départ, en avait cette fois ordonné les préparatifs dès le mois de juin 1555, et un courrier de lui – daté du jour même de l'abdication – révèle qu'il espérait se trouver en Espagne au plus tard au début de décembre. Mais il dut encore différer, point tant à cause de la goutte qui le terrassait à nouveau (une dépêche de Philippe à doña Juana signale le 14 novembre que leur père, ayant la main droite si affectée par la crise, ne peut pas signer) que de cet autre mal, tout aussi chronique, ancien et incurable : le manque d'argent. Avant de quitter les Pays-Bas il lui fallait licencier la plus grande partie de sa maison, qui comptait alors près de huit cents personnes de tous rangs et toutes fonctions, et dont la composition, comme le souligne François Mignet, « était restée très féodale » ; il lui fallait deux cent mille écus pour payer ces serviteurs, et la flotte d'Espagne qui devait les lui apporter en novembre n'arriva qu'au printemps. Philippe était bien entendu dans la même situation, l'Espagne à bout de ressources comme les Pays-Bas qui croulaient sous l'impôt. Dans une lettre du 3 novembre l'empereur fit encore appel aux Flamands pour le tirer d'embarras, invoquant leur zèle affectueux, et le fait que ce serait « la dernière fois ».

Tout porte à croire qu'il attendait d'être en Espagne pour renoncer à ces royaumes. Le contretemps qui le retint dans le Nord le décida sans doute à passer sans plus attendre à cette seconde phase de l'abdication, corollaire de la première en quelque sorte. C'est ainsi qu'il procédait à une triple renonciation par laquelle il remettait à Philippe toutes ses possessions espagnoles trois mois après les États généraux d'octobre, dans le même état d'esprit mais dans une ambiance fort différente : cela se fit sans cérémonie, presque – toute proportion gardée – dans l'intimité.

C'était le 16 janvier 1556, dans la maison du fond du parc où l'empereur avait définitivement élu domicile en attendant le grand départ. Il renonça d'abord aux royaumes et seigneuries de Castille, de Léon, de Grenade, de Navarre, des Indes occidentales, des îles et terre ferme de l'Océan, de la grande maîtrise (rattachée à la couronne depuis les Rois Catholiques) des trois ordres militaires de Saint-Jacques, de Calatrava, d'Alcántara ; ceci en présence de ses deux sœurs – Éléonore et Marie –, de son neveu de Savoie, du duc d'Albe et de quelques autres personnalités (assez peu nombreuses eu égard à l'importance de l'acte) dont les douze témoins signataires : le duc de Medinaceli, le comte de Feria, les marquis d'Aguilar et de Las Navas, le grand commandeur d'Alcántara don Luis de Avila y Zúñiga, le majordome impérial et colonel de l'infanterie espagnole don Luis de Quijada (tous deux seront du cercle très restreint des familiers de l'empereur à Yuste), don Juan Manrique de Lara « *clavero* » ou porte-clefs (troisième dignité de l'ordre) de Calatrava, don Pedro de Córdoba, don Gutierre López de Padilla, don Diego de Acevedo – tous trois majordomes de Philippe II –, les licenciés Mincheca et Briviesca, conseillers de Charles Quint.

### *Le renoncement aux royaumes d'Espagne : l'*acte

L'acte de renonciation – rédigé en castillan – dressé par Francisco de Eraso, secrétaire de l'empereur et notaire, reprenait en partie les arguments exposés devant les États généraux, mais insistait sur la capacité, l'expérience et les qualités de gouvernant de Philippe, qui assurait la régence en Espagne depuis 1543. Contrairement aux Flamands, les Espagnols connaissaient et appréciaient leur nouveau souverain qui, en outre, était – pleinement – des leurs. N'ayant pu procéder, à l'instar de l'acte du 25 octobre 1555, à une abdication solennelle en présence des députés espagnols, Charles Quint y remédiait par ces mots :

> « En tant que roi et seigneur ne reconnaissant point de supérieur au temporel, nous voulons qu'elle [l'abdication] soit reçue, tenue et respectée comme ayant force de loi, mêmement que si elle eût été faite par nous devant les Cortès sur la demande et prière des députés des cités, villes et bourgs de nos dits royaumes, États et seigneuries de notre royale couronne de Castille et de Léon, et comme telle rendue publique en notre Cour et autres villes et cités de nos royaumes et seigneuries comme on a, selon l'usage, coutume de le faire. »

Après un rappel des raisons qui le poussaient à cette démission, en insistant singulièrement sur le fait qu'il s'était – littéralement – épuisé à défendre la foi catholique, il déclarait :

> « Ayant, depuis un certain temps déjà, mûrement pensé et réfléchi à tout cela, ayant présente à l'esprit la lourde responsabilité que nous avons du bon gouvernement et du bien commun de nos royaumes, seigneuries et États ; *afin de soulager notre conscience, et désireux de nous retirer pour mieux rendre compte à Notre Seigneur des royaumes et grands États qui, par son infinie bonté, ont été et sont encore présentement à notre charge, et parce qu'il est raisonnable qu'en tant que mortel nous réservions une part de notre vie à cette fin* ; après donc en avoir délibéré, de notre plein gré et libre volonté, absolue et spontanée, en toute connaissance de cause, sans y avoir été incité ni induit, estimant que cela convenait au bien et à l'intérêt de nos sujets et vassaux, nous avons décidé d'y renoncer et de vous les céder, à vous notre fils aîné, prince juré d'Espagne ; ce faisant comme roi qui ne reconnaît aucun supérieur quant au temporel, anticipant et devançant ainsi la décision de la divine volonté concernant notre mort : "*previniendo e*

*anticipando el último juicio y voluntad de nuestro fin y muerte*". », etc…

Deux autres actes furent dressés, en latin cette fois, l'un scellant la renonciation aux royaumes de la couronne d'Aragon avec ses dépendances, à savoir les royaumes d'Aragon, de Valence, de Sardaigne, de Majorque, la principauté de Catalogne, les comtés de Barcelone, du Roussillon, de Cerdagne et des îles adjacentes ; et l'autre la renonciation au royaume de Sicile. Rappelons que Philippe avait reçu le royaume de Naples en cadeau de mariage en 1554, et signait depuis « *Rey Príncipe* » ou Roi-Prince ; il était donc – lorsque son père abdiqua – déjà deux fois roi : roi de Naples et roi consort d'Angleterre.

Parmi les témoins de ces deux actes figuraient Emmanuel-Philibert, duc de Savoie, et Granvelle, évêque d'Arras. Philippe reçut à genoux ces nouvelles couronnes – les espagnoles –, celles qui lui tenaient le plus à cœur, et Charles lui tendit symboliquement la cassette contenant son testament, qui serait ensuite remise à la trésorerie des chartes de Rupelmonde, gardienne des titres des souverains des Pays-Bas.

L'empereur fit aussitôt informer les instances, institutions et personnalités les plus importantes d'Espagne : grands, prélats, universités, villes représentées aux Cortès, notamment. La lettre circulaire qu'il leur adressa en cette occasion condense l'essentiel de l'acte d'abdication ; son importance nous autorise à en donner le texte ici :

> « Par les lettres que je vous ai fait adresser après que j'eus quitté ces royaumes, vous devez savoir comment ont évolué nos affaires ; que j'ai fait la guerre en Allemagne dans l'intérêt de la religion, désireux que j'étais – et tenu par mes obligations – de réduire et de ramener ces gens-là dans le sein de l'Église ; *je me suis efforcé de rétablir la paix et la sérénité dans la chrétienté* ; j'ai fait pour ma part l'impossible pour que soit convoqué et mené à bon terme le concile, et la réforme si nécessaire, afin de mieux attirer

ceux qui se sont écartés et éloignés de notre foi ; mais alors que grâce à Dieu tout était en bonne voie, le roi de France a finalement déclaré la guerre, sur mer et sur terre, sans aucune raison ni juste fondement, en faisant appel aux Allemands qui félonnement s'allièrent à lui, et à la flotte turque, au grand détriment de la chrétienté, et spécialement de nos États et seigneuries menacés d'invasion ; de sorte que ces deux raisons m'ont contraint et forcé à lever les troupes que j'ai réunies.

Tant de soucis et de fatigues – dus à d'aussi graves et incessantes affaires qu'il m'a fallu régler autant qu'aux campagnes auxquelles j'ai dû participer – furent à l'origine de la plupart des maladies et des longues indispositions dont je souffre depuis quelques années, et m'ont frappé, en m'ôtant la santé, d'une incapacité physique telle que non seulement je n'ai pu ni ne puis traiter lesdites affaires personnellement et aussi promptement qu'il eût fallu, mais je reconnais même avoir été un obstacle à leur règlement. Je m'en suis fait et m'en fais encore un scrupule, car j'aurais vraiment souhaité y mettre bon ordre plus tôt. Mais de sérieuses raisons m'interdisaient de le faire en l'absence du sérénissime roi d'Angleterre et de Naples, le prince d'Espagne, mon très cher et bien-aimé fils, car je devais voir et traiter avec lui d'importantes affaires.

Ce fut dans ce but, outre son mariage avec la sérénissime reine d'Angleterre, que je lui ordonnai finalement de me rejoindre ici. Dès qu'il fut arrivé je décidai, comme je m'y étais déterminé, de renoncer en les lui cédant – comme je l'ai fait – à ces royaumes, seigneuries et États de la Couronne de Castille et de Léon, et à tout ce qui en dépend, comme il apparaît en détail et en totalité dans l'acte que nous avons fait dresser ce jour même.

La grande sagesse dont il a fait preuve jusqu'ici dans toutes les affaires qu'il a, en mon nom et à ma place, traitées par lui-même, nous assure qu'il saura les gouverner, les administrer, les défendre, y maintenir la paix et la justice. Nous écrivons à toutes les cités et les villes de ces dits royaumes afin que – en dressant les étendards et en procédant aux cérémonies requises par la coutume pour entériner cet acte, exactement comme si Dieu avait disposé de moi –

elles le proclament roi, le reconnaissent, le servent et le respectent dorénavant comme tel, en obéissant à ses ordres écrits ou oraux, comme venant de leur vrai seigneur et roi naturel, de la même façon qu'ils ont obéi et devaient obéir aux miens. Il nous plaît de vous en informer afin que vous sachiez notre résolution et les dispositions que nous prenons. De Bruxelles, le 16 janvier 1556. »

### *L'Espagne proclame Philippe roi*

Philippe II ayant aussitôt confirmé à sa sœur ses pouvoirs de régente, doña Juana fit, selon l'ordre de leur père et l'usage castillan, proclamer le nouveau roi et pavoiser dans le royaume de Castille, le 28 mars 1556 à cinq heures de l'après-midi, heure espagnole entre toutes. Ce fut l'infant don Carlos alors âgé de onze ans qui, en tant que premier grand d'Espagne, inaugura devant le peuple l'autorité souveraine de son père, au cours d'un cérémonial propre à la Castille médiévale. Le frère Prudencio de Sandoval en a laissé la narration que voici :

> « À trois heures de l'après-midi au jour dit, se rassemblèrent au Palais l'ambassadeur de Portugal, don Duarte de Almeida, l'évêque don Antonio de Fonseca, Président du Conseil de Sa Majesté, l'évêque de Lugo, le duc de Sesa, l'Amiral des Indes, le marquis de Mondéjar, le comte de Tendilla et son fils, le comte de Buendía, le comte de Gelves et beaucoup d'autres chevaliers, les membres du Conseil de Justice avec le Président et les auditeurs de la Chancellerie, les trésoriers et conseillers de la Chambre des Comptes. Puis Son Altesse, accompagnée de tous ces gens et d'autres, précédée de deux rois d'armes, se rendit du Palais à la Grand Place où se trouvait dressée une grande plate-forme, bien décorée, avec un riche dais de brocart au-dessus d'un siège où prit place l'Infant ; l'ambassadeur se plaça sur ladite plate-forme, sur la gauche auprès d'un des piliers ; les prélats, les Grands, le Conseil, la

> Chancellerie et la Chambre des Comptes restèrent debout, au pied de la tribune et tout autour selon leur rang ; les deux rois d'armes ainsi que deux massiers se tinrent devant ladite tribune. Au bout d'un quart d'heure arriva le Corps des magistrats de la ville, qui montèrent sur l'estrade avec, repliée, une bannière aux armes d'Espagne ; alors l'Infant se leva, suivit un prolongement de l'estrade s'avançant jusqu'au centre de la place, y fit déployer la bannière puis, l'empoignant, avec l'aide – car elle était très lourde – de don Antonio de Rojas, son précepteur et Grand Majordome, il cria une fois : "*¡ Castilla, Castilla, por el rey don Felipe nuestro señor !*" Et, sur le champ, le licencié Contreras procureur fiscal du Conseil de Sa Majesté demanda qu'on lui en donnât acte ; alors le porte-enseigne de la ville Alonso de Santistebán prit aussitôt ladite bannière et, accompagné de tout le Corps de Ville, parcourut en la brandissant les rues de la cité, précédé des deux rois d'armes, tandis que Son Altesse retournait au Palais. »

Ceci quant au royaume de Castille ; car pour la couronne d'Aragon, soumise à d'autres antiques usages, le roi ne pouvait en prendre possession par intérim. Il fallut donc différer et attendre le retour de Philippe en Espagne.

### *La reconnaissance d'une vieille fidélité*

En marge de ces annonces officielles, Charles Quint adressait le lendemain 17 janvier au vieil amiral Andrea Doria[27] fait par lui prince de Melfi, et alors nonagénaire, une lettre qui, aussi sincère que politique, éclaire bien sa personnalité. Ce condottiere, exemple d'exceptionnelle longévité, issu d'une ancienne lignée de patriciens génois, fut un des amiraux les plus prestigieux de tous les temps, et le plus grand du XVI^e^ siècle. Il s'était distingué dans la lutte contre la piraterie barbaresque ; puis, au service du roi de France son voisin il avait battu le jeune empereur en 1524 au large des côtes de Provence, avant de changer de camp en juillet 1528 (en plein blocus de Naples, pour des raisons à la fois politiques, financières et personnelles), et de s'illustrer sept ans plus tard lors du « baptême du feu » de Charles Quint, la prise de la Goulette ou victoire de Tunis. Bien qu'alors déjà sexagénaire, en mettant ainsi sa personne (la plus expérimentée de son temps) et sa flotte de galères (la meilleure de toute la Méditerranée) à la disposition du roi d'Espagne, il devait le servir – indéfectiblement – pendant près de trente ans encore ! Vicente Cadenas y Vicent[28], dans le portrait qu'il brosse de l'empereur à travers la fiction d'une interview journalistique, a imaginé ce dialogue :

> « Question. – Que pensez-vous, Sire, d'Andrea Doria ?
> Réponse. – Qu'il fut l'un des plus loyaux et efficaces de mes sujets.
> Question. – Dans vos Mémoires vous semblez toujours citer Andrea Doria avec affection.
> Réponse. – Comment en serait-il autrement si, grâce à lui et à son esquadre, j'ai maîtrisé la Méditerranée ! Andrea Doria fut un grand marin et un grand général qui, une fois passé dans mon camp, m'a servi comme personne d'autre ne l'a fait. Car au-delà de l'accord passé entre nous deux, Gênes est devenu un protectorat de l'Empire et sa loyauté envers l'Espagne allait se maintenir plusieurs générations durant. Ma vie en relation avec la mer est intimement liée à l'Amiral. »

Andrea Doria, ayant été personnellement informé du projet d'abdication, avait écrit à son maître combien il eût aimé, s'il avait pu se déplacer encore, aller lui rendre hommage, ce à quoi l'empereur répondait en ces termes :

> « […] Ma résolution, en me retirant en Espagne, est d'y terminer les jours qui me restent, et, débarrassé des affaires, d'y faire pénitence en réparation et amendement de quelques-unes des choses dans lesquelles j'ai gravement offensé Dieu. Mon voyage est différé jusqu'au printemps prochain tant à cause de certaines affaires qui se sont présentées qu'à cause de mes maladies, qui ne me l'ont point

permis avant. Quant à ce que vous me dites, que si votre âge et votre santé ne s'y opposaient pas, vous désireriez beaucoup venir me voir avant mon départ, cela me serait infiniment agréable, sachant combien vous m'êtes attaché. Le plaisir que j'aurais à me trouver avec vous serait tellement grand, que, si mes indispositions le permettaient, je voudrais faire le chemin pour me le donner. Mais, à défaut, vous pouvez demeurer assuré que, de même que j'ai grande raison d'être satisfait de l'affection, du zèle et de la vigilance avec lesquels vous vous êtes employé à me servir et continuerez à le faire envers le sérénissime roi mon fils, ainsi se conservera en nous deux la mémoire vivante de ce que vous avez mérité et ne cessez de mériter de nous à tant d'égards. Je désire que Notre Seigneur vous comble de félicité comme je l'espère, qu'il allonge vos jours et vous accorde une santé parfaite. J'aurai de la joie à recevoir de temps en temps des nouvelles de vous. »

Cette simple mais belle lettre, qui dut valoir tous les salaires du monde aux yeux de son destinataire, héros lui aussi déclinant, montrerait si besoin en était que l'empereur savait – à défaut de les payer à leur juste prix – se souvenir, en son cœur, des services rendus.

Andrea Doria mourra deux ans après l'empereur, en novembre 1560, à l'âge de quatre-vingt-treize ans. Brantôme écrit à ce propos : « ce grand capitaine André Doria est mort fort vieux tousjours en très bon sens ; et le faisoit très bon ouyr discourir de son temps et des guerres passées ». Le peintre florentin Angiolo Bronzino a fait de ce « puissant dominateur de Gênes et de la Méditerranée », un impressionnant portrait mythologique qui le représente en Neptune herculéen mais vieillissant, magnifique et glorieux.

### *Renonciation à la Franche-Comté*

Charles Quint avait dissocié la Franche-Comté de sa renonciation aux Pays-Bas, ce qui pourrait surprendre, le comté de Bourgogne étant le cœur historique de ce cercle de Bourgogne patrimonial des Pays-Bas créé en 1512, et le centre de cette « marche de Bourgogne » qui était devenue sous Charles Quint le passage capital entre Espagne, Pays-Bas et terres d'empire, comme Pierre Chaunu l'a bien montré ; puisqu'il fallait contourner la France toujours – ou presque – ennemie, il n'y avait pas d'autre alternative que la mer et ses périls, ou ces montagnes burgondes… C'est précisément cette importance stratégique qui incita l'empereur à en différer la cession à Philippe.

Il existait un traité signé en 1511 avec la France – et dont les cantons suisses étaient garants – qui assurait la neutralité entre ce domaine de la maison de Bourgogne – le comté – et leurs anciennes possessions annexées dans les conditions que l'on sait par le roi de France Louis XI, à savoir le duché de Bourgogne, la vicomté d'Auxerre, le pays de Bassigny. Or, le renouvellement pour cinq ans dudit traité venait d'être signé par Charles Quint le 11 juillet 1555, mais en son seul nom et non pas au nom de ses successeurs. Il craignait donc que céder la Franche-Comté à Philippe dans un contexte de guerre avec la France, comme c'était le cas, ne donnât un prétexte à Henri II pour attaquer cette province. Des rumeurs y couraient d'ailleurs en ce sens ; un agitateur en intelligence avec l'ennemi, qu'il incitait à envahir la Bourgogne sous ledit prétexte, fut arrêté. Dans un courrier adressé à cette occasion au gouverneur du comté, Claude de Vergy, le 20 janvier 1556, Charles Quint précisait que c'était bien là « la cause pour laquelle j'ay différé jusques à oires de céder au roi mon filz ledit conté de Bourgoigne, luy ayant jà transféré tous mes aultres royaumes et pays ».

La trêve de Vaucelles, signée quinze jours plus tard entre Philippe II et Henri II, tomba à point nommé. À défaut d'être durable elle permit à l'empereur de remettre à son héritier cette possession absolument vitale pour qui devrait régner à la fois sur les Pays-Bas et sur l'Espagne, domaines que séparait un ennemi héréditaire aussi puissant que le roi de France. Ainsi, à la fin d'avril 1556, les États de Bourgogne furent convoqués à Dôle pour le 10 juin ; le gouverneur du comté Claude de Vergy, chevalier de la Toison d'or, le président du parlement de Dôle Pierre de Barres, et Jean de Poupet seigneur de La Chaulx, sommelier de corps de l'empereur, renoncèrent en son nom à la souveraineté du pays et délièrent les États de leur serment. L'évêque de Genève Philibert de Rye reconnut au nom de la Franche-Comté le nouveau roi, auquel jurèrent aussitôt fidélité les trois ordres, dont les mandataires promirent en retour de respecter les droits, privilèges et franchises du comté ; une commission composée d'un comte, d'un abbé et d'un conseiller du parlement s'en fut aux Pays-Bas rendre compte ou hommage aux deux souverains.

*Et l'empire ?*

Restait la couronne impériale : celle dont, par un paradoxe apparent, Charles Quint après avoir perdu tout espoir de la « transmettre » à son fils, souhaitait le plus se défaire. Il le dit et le répéta expressément dans ses lettres à son frère Ferdinand qu'il avait averti dès septembre 1555 de sa décision. Comme l'a souligné François Mignet il devait rencontrer « pour se démettre de la suprême autorité, presque autant d'obstacles qu'on en trouve d'ordinaire à l'acquérir ».

Paradoxe seulement apparent, car l'Allemagne surtout avait été le théâtre de son double échec. Défaite personnelle et militaire, consommée – après le fulgurant mais fugace éclat de Mühlberg – par la dégradante et épuisante fuite d'Innsbrück dans la nuit du 19 mai 1552, devant l'électeur Maurice de Saxe[29] et le margrave Albert de Brandebourg, ses deux principaux et fidèles appuis soudain devenus félons. Défaite idéologique, lorsqu'il fallut bien, définitivement, reconnaître la liberté religieuse en Allemagne – et donc l'égalité entre catholiques et protestants – lors de la diète d'Augsbourg de septembre 1555 ; en ratifiant la « paix perpétuelle de religion », on légalisait alors la Réforme de

Luther, l'*hérésie* par antonomase, contre laquelle il avait, lui, bataillé trente années durant… Charles Quint fut d'autant plus sensible, peut-être, au fait que l'Allemagne fût le théâtre de ce double échec qu'il y avait placé, dès son élection, une bonne part – sinon l'essentiel – de ses espoirs et de ses rêves politiques comme Pierre Chauner l'a brillamment rappelé.

Il avait fini par se décharger entièrement sur son frère (refusant même de lui donner la moindre consigne, le moindre conseil) pour ménager sa propre conscience, comme il ressort de la lettre qu'il lui adressait en juin 1554 – plus d'un an avant la Diète – pour lui demander d'en assurer la présidence : « Décidez comme si j'étais en Espagne, et point en mon nom ni par mon pouvoir particulier. Pour vous en dire la cause sincèrement et comme il convient entre frères… c'est seulement pour le respect du point de la religion auquel j'ai les scrupules que je vous ai si particulièrement et si pleinement déclarés de bouche, surtout à notre dernière entrevue de Villach » (c'était en Carinthie, lors de la fuite d'Innsbrück). De même, dans celle par laquelle il l'informait, en septembre 1555, de son intention d'abdiquer de toute souveraineté : « … ne vous eusse-je sceu donner advis de ce que aurez à faire *pour le respect que vous scavez j'ay tousjours eu de non me plus envelopper en ce poinct de la religion* ».

Ferdinand, ce jeune prince espagnol né en Castille, avait été entièrement élevé et éduqué par son grand-père aragonais Ferdinand le Catholique. Celui-ci, pourtant peu sentimental, s'était si profondément attaché à l'enfant qu'il faillit bien, jusqu'au dernier instant de sa vie, commettre – lui le modèle du *Prince* moderne de Machiavel – ce qui eût été une irréparable faute politique en lui léguant, au mépris de toute primogéniture, ses royaumes. L'erreur du grand-père espagnol ayant été évitée *in extremis* – pour ne pas dire *in articulo mortis* –, le grand-père autrichien, qui veillait lui aussi (comme P. Chaunu l'a montré), assura l'héritage espagnol de Charles en appelant, comme on sait, Ferdinand à Vienne avant même la fin de 1517.

Devenu empereur, Charles, en remettant à son frère – dès 1522 – les terres héréditaires de la famille, en faisait le chef de la branche autrichienne des Habsbourg. Puis, en 1531, au lendemain du couronnement de Bologne, il l'avait fait élever au rang de roi des Romains, le désignant ainsi aux princes électeurs comme son successeur à l'empire. Ferdinand assuma en fait très tôt l'administration de l'empire en fidèle et efficace lieutenant, ou « vicaire », de Charles. Depuis 1553 il assurait pleinement la fonction de l'empereur, dont il ne lui manquait que le nom et le titre…

*Les surprenantes angoisses du frère…*

On pourrait donc trouver paradoxale l'inquiétude de Ferdinand lorsqu'il apprit à Vienne la ferme décision de son frère de déposer aussi la couronne impériale. D'autant que les relations entre les deux branches de la famille – précisément autour du problème de la succession impériale – s'étaient quelque peu distendues. On pourrait donc penser que la décision de Charles aurait dû soulager les Habsbourg d'Autriche. Or il n'en fut rien, bien au contraire. Ferdinand, doutant de leurs sentiments à son égard, craignait que les électeurs ne prissent prétexte d'une telle nouveauté – l'abdication de l'empire – pour refuser d'entériner sa « succession » à une souveraineté fondamentalement élective. En outre, cette affaire pouvait ranimer les troubles en Allemagne, très concernée par ce Saint Empire romain germanique dont on sait, depuis Voltaire, qu'il n'était ni saint, ni romain (ni même Empire, selon le philosophe) mais *par contre* très germanique ! Et Charles comme Ferdinand savait ce qu'il pourrait en coûter.

L'autre danger pouvait venir – et viendrait – non plus de la diète, mais du pape, Paul IV, dont la haine pour les Habsbourg faisait flèche de tout bois. C'est ainsi que, selon les termes de François Mignet : « Reprenant toutes les prétentions, depuis longtemps abandonnées, des souverains pontifes du Moyen Âge, il déclara que la résignation de l'Empire ne pouvait se faire qu'entre les mains du pape, en sa qualité de suzerain, et que Charles Quint restait toujours empereur. Il contesta de plus au duc de Saxe, au margrave de Brandebourg, au comte palatin, le droit d'élire, dont il les disait déchus par leur hérésie, et au roi des Romains le droit d'être élu, *parce qu'il était tombé lui-même sous le soupçon d'hérésie pour avoir accordé la paix de religion.* » Tel serait en effet, selon une dépêche de Rome datée de mars 1558, l'état d'esprit de Paul IV, confirmé par les courriers d'observateurs français au début de l'été. Il prendrait donc un plaisir malin – *stricto sensu* – à semer la zizanie et à faire obstruction en refusant d'entériner l'abdication.

C'est pourquoi Ferdinand n'avait cessé depuis septembre – et surtout en octobre –, de faire pression sur l'empereur (tout en lui refusant une ultime visite) pour qu'il acceptât – à défaut de revenir sur sa décision – de surseoir à son exécution et de la tenir secrète dans l'attente de plus favorables circonstances. Il lui dépêcha pour ce faire son fils cadet Ferdinand et l'ambassadeur don Martín de Guzmán. Puis, l'empereur s'obstinant à annoncer son projet à la diète, dont la convocation approchait, il envoya l'aîné, Maximilien, accompagné de sa femme Marie, pour tenter encore de le fléchir. Le roi et la reine de Bohême arrivèrent ainsi le 17 juillet à Bruxelles, où Charles les attendait impatiemment – Marie était sa fille –, après avoir passé une quinzaine de jours à la campagne.

En effet, une sérieuse épidémie, aggravée par les lourdes chaleurs d'un été torride, avait éclaté dans la capitale brabançonne. L'empereur s'était alors réfugié à Sterrebeke dans le château d'Antoine Le Sauvage, fils de son premier chancelier, mort d'une semblable épidémie à Saragosse en juillet 1518, au cours du premier et mémorable voyage en Espagne. Cet éloignement forcé suscita une correspondance privée (entre sa sœur Marie de Hongrie et le médecin Corneille de Baersdorp) qui permet d'entrevoir un Charles Quint mieux portant mais qui, incommodé par la chaleur, dormait avec portes et fenêtres ouvertes, et se montrait trop friand de melon : choses l'une et l'autre contraires aux canons de l'hygiène du temps et qui scandalisaient son entourage… Revenu à Bruxelles, il ordonnait – pour se protéger, lui, ses hôtes, et le voisinage, des miasmes contagieux – d'assainir l'air environnant par le feu. Louis-Prosper Gachard cite ainsi une curieuse ordonnance du 11 juillet 1556, adressée au receveur des domaines de la ville : « L'Empereur a commandé de journellement faire faire des feux en la rue de Louvain, endroit où est son logis, pour pourveoir aux infections de la maladie contagieuse, et mesme pour supporter et soulager les voisins illecq, nous vous ordonnons que fournissez aux centeniers et wyckmeesters de ladicte rue la quantité de deux mil fagots, pour, durant le temps de vingt jours, povoir faire brusler, en ladicte rue, depuis la porte de Ste-Goule jusques à la porte de Louvain, la quantité de cent fagots par jour : faisant mectre ladicte provision de fagots dedens le parcq de S. M., à l'entrée de la grande porte, pour y estre gardez… »

Nous mesurons mal l'efficacité d'une telle prophylaxie ajoutée à la canicule mais, à coup sûr, il dut faire chaud à Bruxelles cet été-là ! Ce qui n'empêcha point que trois semaines durant ce ne fut – en l'honneur du couple archiducal venu d'Autriche – que fêtes, tournois, festins, parties de chasse. D'autant plus que l'Archiduc était aussi sympathique aux Flamands que leur nouveau souverain l'était peu. Mais en marge des divertissements Maximilien, épaulé par les deux reines Marie, sa tante et sa femme, et par son cousin lui-même, menait à bien sa mission diplomatique…

### *…et celles du fils*

Philippe avait en effet, lui aussi, intérêt à ce que fût différée la renonciation au titre impérial. Menacé par les Français sur la frontière belge en février 1557, il suppliera son père de l'aider non seulement de ses conseils mais de sa présence en sortant de sa retraite, en arguant du fait « *qu'au seul bruit que le monde aura de cette nouvelle, je suis certain que mes ennemis en seront troublés*, et Sa Majesté sera cause qu'ils hésiteront dans leurs projets et dans leur conduite » ; et il donnera le 11 mai à son ambassadeur Ruy Gómez da Silva la consigne suivante : « ce qui conviendrait le mieux, ce serait que Sa Majesté ne persistât point à renoncer à l'Empire, *sa conscience n'étant pas intéressée, tout le monde le lui a dit* [...]. Certainement pour les Pays-Bas et pour l'Italie, je perdrai beaucoup à cette renonciation, si Sa Majesté l'accomplit, et beaucoup plus qu'on ne pense [...]. Suppliez-le avec très-grande instance qu'il ne veuille pas faire au moins sa renonciation jusqu'à ce que nous voyions quel tour prendront mes affaires. » Telle était donc encore la force psychologique et le poids politique attribués au seul titre d'empereur !

Charles Quint ayant dû, à regret, renoncer à ce projet un peu fou de voir Philippe lui succéder dans l'empire, aurait voulu, sinon effacer du moins atténuer le ressentiment qu'un tel dessein, imprévu au départ, avait provoqué à Vienne. Une fraternelle tendresse et l'intérêt dynastique mais aussi politique le poussaient en ce sens. Aussi écrivait-il à Ferdinand en l'invitant – vainement – à une ultime rencontre avant de partir pour l'Espagne : « *Où que je soye, vous trouverez tousjours en moy la mesme fraternelle et cordiale affection que je vous ai tousjours portée*, accompagnée de très-grand desir que l'amytié qu'avons toujours eue ensemble se perpétue aussi aux nostres, à quoi je tiendrai de mon costé la main, comme je suis certain que ferez du vostre, puisque, oultre que le devoir du sang le requiert... il importe aussi aux communes affaires de nous tous. »

Considérant l'intérêt politique qu'il y aurait à maintenir des liens étroits entre les deux branches des Habsbourg, désormais dissociées par ce partage de souveraineté entre l'Espagne et l'Autriche, Charles tint compte des angoisses de son frère et de son fils. Il proposa une sorte de transaction qui conciliait son désir de « se desnuer de tout » et les intérêts, les vœux, de sa famille. Il garderait le titre sans rien conserver de l'administration de l'empire, qu'il confiait entièrement à Ferdinand avec tous les pouvoirs. Il le lui annonça, en soulignant la répugnance qu'il avait à conserver même le titre, par un courrier du 8 août 1556 : « *Ma conscience étant en cela deschargée*, je me laisserai persuader à retenir le titre pour éviter les inconvénients mentionnés en vos lettres, bien que, s'il est aucunement possible de m'en défaire, *c'est la chose du monde que plus je désire*, et en quoi vous me pourrez donner plus de contentement. »

Ce jour-là même, leur mission accomplie, Maximilien et Marie repartaient sans plus attendre pour l'Allemagne, et Charles partait pour Gand. Il y chargerait Guillaume d'Orange de porter à son frère l'acte par lequel il cédait la dignité impériale en sa faveur, en lui laissant le choix du lieu et du moment le plus opportun pour convoquer, en diète ou non, les électeurs ; ce qui, après plusieurs ajournements, sera fait à Francfort dix-huit mois plus tard. Comme le rappelle François Mignet : « Malgré l'audacieuse opposition [de Paul IV], les trois archevêques de Mayence, de Cologne, de Trêves, le roi de Bohême, le margrave de Brandebourg, le duc de Saxe, le comte palatin du Rhin, après avoir admis le 28 février [1558] la renonciation de Charles Quint à l'empire, lui donnèrent, à l'unanimité, le 12 mars, Ferdinand Ier comme successeur. »

L'impatience de Charles Quint à se libérer de l'empire apparaît on ne peut plus clairement dans la lettre qu'il adressait à son fils en novembre 1556, de Valladolid, deux ou trois jours avant de prendre définitivement le chemin de Yuste : « Faites-moi savoir si le prince d'Orange et le chancelier [il s'agissait de Georges-Sigismond Seld] sont partis chez le sérénissime roi des Romains, mon frère, pour l'affaire de l'Empire : "*sobre lo del imperio*" ; et si ce n'est pas le cas faites en sorte qu'ils se pressent ; une fois la réponse parvenue, faites-la moi connaître sans tarder, car je désire, autant que possible, entrer dans le monastère délivré de cela comme du reste : "*libre de esto como de lo demás*". » Malgré tout, Charles Quint ne déposera la couronne impériale que sept mois avant sa mort…

### *Le dernier acte politique de Charles Quint*

Le dernier acte politique, officiel, de Charles Quint fut la signature – en tant que chef d'empire, uniquement – de la trêve de Vaucelles, le 29 mars 1556. Une de ses principales craintes avait été de remettre la souveraineté des Pays-Bas dans un contexte de crise. Or, c'était le cas : les négociations pour la paix, ouvertes à Marcq en mai 1555, avaient échoué par la – mauvaise – volonté du roi de France. Il s'agissait de régler l'affaire du siège de Renty (en pays de Namur) qu'Henri II avait dû lever le 15 août 1554 devant les impériaux, pourtant moins nombreux et commandés par un empereur malade qu'on avait dû porter jusqu'au lieu des combats, et qui dirigea les opérations de sa litière…

Mais la situation de son propre royaume étant difficile, le Français mit à profit un échange de prisonniers pour accepter, six mois plus tard, de reprendre la discussion. Cela se fit en l'abbaye de Vaucelles, près de Cambrai. Le résultat fut une trêve de cinq ans signée le 5 février 1556 qui – en maintenant le *statu quo* – favorisait moins le vainqueur que le vaincu, qui conservait les territoires conquis : elle privait donc le duc de Savoie de ses États, occupés par la France, et les trois évêchés de Metz, Toul et Verdun étaient retranchés de l'empire.

Néanmoins, toute provisoire qu'elle fût – par nature – cette trêve facilitait la tâche du nouveau souverain, en neutralisant pour un temps ces deux ennemis redoutables qu'étaient le roi de France et le pape, dont Charles et Philippe ignoraient qu'ils venaient de signer à leurs dépens un traité secret d'alliance défensive et offensive. La trêve irrita fort le pape Paul IV qui, « avec une duplicité parfaitement indigne du pasteur universel des fidèles » (selon Modesto Lafuente), joua double jeu : alors qu'il intervenait comme médiateur entre Paris et Bruxelles, il incitait sous main le roi de France – par l'intermédiaire du cardinal Carafa, son neveu, et du cardinal de Lorraine – à attaquer Philippe en Italie à la première occasion ; elle se présenterait un an plus tard.

*Signature de la trêve de Vaucelles*

Mais pour l'heure la trêve était la bienvenue. Henri II envoya donc à Bruxelles, pour la ratifier, une délégation qui fut reçue le 26 mars par Philippe II au château, puis le 29 par Charles Quint dans la maison du parc. L'ambassadeur était Gaspard de Châtillon, sire de Coligny, amiral de France et gouverneur de la Picardie. Sa présence à Bruxelles suggéra à Karl Brandi cette nostalgique réflexion : « Singulière rencontre : ceux qui devaient conduire les Huguenots, présider à la libération des Pays-Bas, Orange et Coligny ces hommes qui furent à la fois héros et victimes, virent de tout près la fin de la dernière grande personnalité de la génération qui finissait. » À ce moment-là les deux hommes étaient encore catholiques, et chacun fort apprécié de son souverain ; l'un avait vingt-trois ans et l'autre trente-sept : ils devaient mourir presque au même âge d'une mort violente et atroce, l'un en Hollande en 1583 et l'autre en France en 1572.

L'un des envoyés français, Sébastien de l'Aubespine, évêque de Limoges, a laissé une relation détaillée de l'ambassade, d'autant plus intéressante que grande était la curiosité de ces diplomates de voir l'imposant monarque, leur ennemi de toujours, dont l'abdication avait, au sens propre, *étonné* l'Europe. On saisit bien à cette occasion, à travers leurs respectives attitudes, quelque divergence de nature entre le père et le fils. Mortifié par le demi-succès de Vaucelles, « comme pour faire oublier l'humilité de la trêve présente par le souvenir d'une ancienne victoire », selon l'expression de François Mignet, Philippe reçut les ambassadeurs dans une salle intentionnellement décorée de tapisseries qui représentaient la victoire de son père à Pavie et la captivité de François I$^{er}$, blessant ainsi ses hôtes dans leur fierté nationale et personnelle. Or, un bouffon qui accompagnait la délégation, le célèbre Brusquet, prit l'initiative de venger ses maîtres de cet affront infligé par « l'orgueil incivil des Espagnols » ; avec ses propres armes : humour et cocasserie.

Le lendemain, à l'occasion de la messe célébrée dans la chapelle du château – à l'issue de laquelle le roi d'Espagne devait jurer sur les Évangiles de respecter la trêve – il choisit de tourner en dérision une certaine pingrerie qu'on attribuait aux Espagnols en général et à leurs souverains en particulier. Devant un Philippe II sensible à la dérision, surpris et courroucé que « les Français eussent assez de témérité pour faire largesse chez lui et en sa présence », et devant un amiral de France muet de surprise (car bien sûr non averti…), voici que le bouffon jette à la volée – en pleine chapelle – de beaux écus parisiens en poussant le cri national de : « *Largesse ! Largesse !* »

La coutume française voulait en effet que des hérauts lançassent à la foule sur le passage du roi, à l'occasion du sacre ou d'autres cérémonies, des « pièces de largesse » d'or ou d'argent, et aussi bien le peuple que les hérauts criaient alors ce mot. Le geste de Brusquet ne manquait donc pas de subtilité… Le service d'ordre, pris de court, ne put réagir devant la méprise, et la confusion fut telle dans l'assistance qu'elle déclencha le rire des princes. Le témoin français rapporte en ces termes la savoureuse scène :

> « Cette farce fut si dextrememt jouée, que les assistans, qui estoient plus de deux mille, tant hommes que femmes… estimant que ce fust une libéralité de ce prince, se jetterent avec une furieuse ardeur à ramasser les écus ; les archers des gardes en vinrent jusques à se pointer les hallebardes les uns contre les autres ; le reste de la multitude entra en telle confusion, que les femmes en furent déchevelées… Les uns et les autres, hommes et femmes, renversés par une si estrange drolerie, que ce prince fut contraint de gaigner l'autel, pour se soutenir tombant à force de rire, aussi bien que les roynes douairières de France et de Hongrie, madame de Lorraine et autres. »

Scène d'autant plus insolite que Philippe était connu pour sa retenue et sa mine austère : la fameuse *gravedad* des Espagnols, si critiquée à l'étranger, et que Montesquieu tournerait encore en dérision un siècle et demi plus tard. Cet homérique fou rire du futur maître du monde devançait de plus de quatre siècles l'hilarité – filmée pour la postérité – d'un chef d'État de nos contemporains (moins porté, certes, à l'austérité) lui aussi *caput mundi*.

Le sens de cette audacieuse bouffonnerie, qui faillit tourner à l'incident diplomatique, pourrait nous échapper si nous ne tenions compte de l'importance qu'avait alors le protocole de cour, car tout y était codé. Un geste aussi simple que l'aumône royale était un signe extrêmement sensible. Ce qui sauva la situation à Bruxelles ce fut le rire, certes, la condition privilégiée du coupable – un bouffon –, mais surtout l'ignorance – l'innocence – manifeste de l'ambassadeur français.

### *Le souvenir de Jeanne*

Ce curieux incident n'est pas sans rappeler, dans un autre registre, celui qu'avait provoqué à Blois, un demi-siècle plus tôt, la grand-mère espagnole de Philippe (Juana, qu'on appellera Jeanne la Folle). La mort ayant fauché autour des Rois Catholiques tous les successeurs prévisibles, elle se retrouva comme chacun sait seule héritière directe de leurs royaumes. En 1501 les parents de Charles se rendirent donc en Espagne pour être reconnus comme tels par les Cortès.

Pour ce faire ils traversèrent la France, où Louis XII les reçut à Blois au début d'un maussade mois de décembre. L'archiduc Philippe – Philippe dit le Beau – étant dans une position bien délicate en tant que vassal du roi de France auquel ses beaux-parents espagnols étaient ouvertement hostiles, fit montre d'aimable soumission devant son suzerain.

Jeanne, qui (hormis l'évêque de Cordoue) était la seule Espagnole au milieu de tous ces Français et ces Flamands, s'en indigna, faisant au contraire preuve d'une extrême arrogance. Le lundi 13, au cours d'une messe solennelle qui scellait le projet de mariage entre le jeune Charles de Gand (son fils, qui n'avait pas encore deux ans) et Claude de France, elle fit un esclandre mémorable. À l'offertoire, le roi lui fit remettre une bourse destinée à l'offrande qu'elle devait faire au nom de ses hôtes, selon l'usage, lui dit-on. Elle refusa violemment cette « charité », déclarant haut et fort qu'elle ferait l'offrande en son propre nom…

Les historiens ont diversement interprété ce geste : les espagnols (Jerónimo Zurita en 1670 comme Antonio Rodríguez Villa en 1892) y virent une « virile et orgueilleuse dignité de princesse de Castille », les français, tel Desdevises du Dézert, jugèrent négativement cette intraitable hauteur : « L'action de Louis XII n'avait rien que de naturel et de gracieux ; l'archiduchesse était chez lui ; un hôte bien appris épargne toute dépense à ceux qu'il reçoit ; le roi de France ne veut pas que l'archiduchesse prenne l'offrande qu'elle fera sur sa bourse ; il lui envoie de l'or pour la faire, de l'or français bien entendu, il n'en pouvait avoir d'autre ; il fallait l'orgueil farouche et sauvage de Jeanne pour voir dans cet acte de courtoisie une marque de vasselage. En refusant de se conformer en cette occasion aux usages de la cour de France, Jeanne fit preuve d'un entêtement puéril bien plus que de grandeur d'âme. » À supposer qu'elle fût injustifiée, cette obstination aurait de toutes manières davantage relevé de la pathologie que de la puérilité.

Le fait est que « comprenant en fille qu'elle était d'aussi grands souverains très indépendants, que cela [accepter les pièces offertes par le roi] équivaudrait à reconnaître sa dépendance » – selon les termes de Jerónimo Zurita, le chroniqueur aragonais – Jeanne y vit une manœuvre vexatoire, une ruse mesquine de la part des Français. Elle répondit en conséquence : s'attardant longuement dans la chapelle, elle parvint non seulement à ne point sortir, comme une suivante, derrière la reine de France, mais même à la faire attendre, puis à l'ignorer délibérément en regagnant ses appartements ! Le soir, elle se montrait dans tout l'éclat de ces *Reines de Castille* qu'évoque entres autres, mais sous ce titre, Townsend Miller[30] :

> « Ce soir-là, quand elle descendit assister au banquet, elle portait une robe de cour à l'Espagnole. Le geste est caractéristique. Quoi qu'on puisse penser de Jeanne, il n'y avait pas chez elle la moindre trace de lâcheté ou d'hypocrisie. Il est impossible de ne pas l'admirer tandis qu'elle fait son entrée éblouissante dans la grande salle de Blois, en *atuendo* espagnol, la tête rejetée en arrière, les yeux étincelants. C'était son tour, après une semaine d'humiliations, de lancer un défi, de jeter le gant. Et chacun le comprit. Il était impossible de simuler plus longtemps l'indifférence, l'atmosphère était trop orageuse. On prit des dispositions pour un départ immédiat. »

Donc, point de rire à Blois mais du panache… Une belle arrogance, mais si peu « politique » !

### *La courtoisie de l'empereur*

Recevant la délégation française deux jours après l'incident burlesque de la chapelle, Charles Quint voulut voir le bouffon pour à son tour le plaisanter – à défaut de le complimenter – sur sa facétie. Curieuse scène que ce bouffon répondant du tac au tac au vieil empereur endeuillé, assis devant une table recouverte d'un tapis noir ! L'affront qu'avait infligé Philippe par tapisserie interposée ne dut pas être du goût de son père, qui se montra beaucoup plus subtil en accueillant courtoisement l'ambassadeur ; selon son habitude semble-t-il, comme en témoigne d'expérience Federico Badoer :

> « … quand il parlait lui-même avec les ambassadeurs et d'autres personnages, il usait envers eux de manières si gracieuses, montrait tant de patience, de bienveillance et de courtoisie en les écoutant, et leur faisant des réponses si

promptes à la fois et si réfléchies, qu'il eût été difficile d'en désirer davantage ».

Il se dit très fier d'être, par son aïeule Marie de Bourgogne, apparenté à la maison de France : « Je tiens à beaucoup d'honneur d'être sorti du côté [grand] maternel du fleuron qui porte et soutient la plus célèbre couronne du monde. » S'étant enquis de la santé du roi Henri II, il apprit que celui qu'il avait si durement reçu à Madrid tout enfant (comme otage garant de son père vaincu à Pavie) vingt-huit ans auparavant avait – dans la fleur de l'âge – déjà des cheveux blancs ; il détendit l'atmosphère en racontant aux ambassadeurs comment, à l'âge de leur maître, il était passé par Naples au retour de Tunis et, voulant plaire aux belles Italiennes, il s'était fait arracher les quelques cheveux blancs qu'il avait déjà ; illustrant par là l'expression espagnole « *echar una cana al aire* » (littéralement : jeter en l'air un cheveu blanc) qui signifie oublier pour un temps les soucis en se divertissant… Mais pour chaque cheveu ainsi enlevé trois de la même couleur avait repoussé, de sorte, conclut-il, que « si javais voulu faire ôter ces derniers, je serais devenu en moins de rien blanc comme un cygne ! »

Ainsi, derrière cette courtoise bonhommie, il avait discrètement rappelé rien moins que le contentieux bourguignon et la grandeur de sa famille grand-maternelle ; Marie, comme Pierre Chaunu l'a magistralement rappelé, descendant de Jean sans Peur, fils du duc de Bourgogne Philippe le Hardi, lui-même fils du roi de France, Jean II, donc des Valois. À travers l'anecdote napolitaine il évoquait, mine de rien, sa glorieuse entrée à Naples en vainqueur de Tunis et que, tout cassé qu'il fût – l'annonce de sa mort prochaine circulait en France –, et à défaut du brillant cavalier qu'il avait été, il demeurait invaincu. Le comte de la Roca[31] – on l'a vu – se fera encore l'écho, un bon demi-siècle après sa mort, de sa réputation de cavalier hors pair : « On disait au sein de ses troupes que, du fait qu'il était né roi, l'armée avait été privée du meilleur chevau-léger du siècle. »

*L'impression – l'émotion – des contemporains*

L'abdication de Charles Quint surprit tout le monde : certains y virent de la sagesse, comme Montaigne, ou de la noblesse, comme le bénédictin Sandoval ou le hiéronymite Sigüenza, d'autres, de la faiblesse. Il se retirait sur un demi-succès militaire (la victoire remportée de justesse sur les Français à Renty) et sur un échec politique ou, plus grave encore car – dans l'optique du temps – plus lourd de conséquences durables, sur un échec idéologique face aux Allemands. Alors, pour reprendre les termes de François Mignet, « se vérifia ce qu'il avait dit lui-même. *On jeta*, selon son expression, *les événements de son règne à la fortune*, à laquelle on en attribua et les premières prospérités et les anciennes grandeurs. »

Ces propos malveillants avaient été tenus notamment par Gasparo Contarini, qui avait suivi en tant qu'ambassadeur de Venise auprès de Ferdinand, à Vienne, les deux campagnes contre les protestants d'Allemagne – ce qui lui avait permis d'approcher et d'observer l'empereur –, ainsi que la diète d'Augsbourg. On lit dans sa relation de 1548 cette triple et venimeuse *critique* : « De ce que j'ai vu et entendu dans cette guerre d'Allemagne je déduis quatre conclusions : la première, que la nation allemande ne mérite pas d'être estimée autant qu'elle l'a été du monde jusqu'ici et qu'elle prétend l'être ; la deuxième, que les forteresses sont des plus utiles ; la troisième, que la nation espagnole vaut beaucoup moins en faits qu'en paroles, et qu'elle ne sait vaincre qu'à l'aide de forces très-supérieures ; la quatrième, que, si l'Empereur est grand, il n'est pas cependant à l'abri de toute critique, et que souvent il a dû ses succès à la seule fortune : *"e molte volte la sola fortuna gli è stata causa dei prosperi successi"*. »

Neuf ans plus tard, l'abdication étant consommée, Federico Badoer informait la Sérénissime de cette baisse non de popularité – dont on n'avait que faire à l'époque – mais de renommée :

> « Il y a six ans Sa Majesté Impériale était affermie dans cette grande réputation qu'aucun autre empereur, non-seulement de notre âge, mais depuis bien et bien des siècles, n'avait eue parmi les princes du monde et vis-à-vis de ses ennemis couverts et déclarés, soit chrétiens ; soit infidèles, à cause de tant et de si glorieuses victoires qu'il avait remportées : en Afrique, sur le roi de Tunis ; en Allemagne, sur l'électeur Jean-Frédéric de Saxe, le landgrave de Hesse, les villes libres et le duc de Clèves ; dans ses guerres avec la France, dont il avait fait le roi prisonnier ; en Italie, sur le pape Clément, sur Gênes, Florence et Milan. Mais la fuite d'Insbrück et la mauvaise issue de l'entreprise de Metz ont traversé le cours de cette gloire. Le souvenir ranimé d'autres désastres, comme ceux de la retraite de Provence, de l'expédition d'Alger, de l'attaque de Castelnuovo, la trêve désavantageuse conclue avec le roi très-chrétien, la renonciation à ses États, son séjour dans un monastère, *lui ont fait perdre quasi toute sa réputation.* Je dis quasi, car il lui en reste autant qu'il reste d'impulsion à un navire qui, poussé par les rames et par le vent, fait encore un peu de chemin lorsque les rames s'arrêtent et que le vent tombe. Tous en concluent que le souffle favorable de la fortune a guidé l'immense navire des États, des royaumes, de l'empire de Sa Majesté. »

De tels jugements parvenaient aux oreilles de l'intéressé car il y fit plusieurs fois d'amères allusions. Ce qui ne l'empêchait point, selon le père Sandoval, de reconnaître noblement dans son discours d'adieu, à Bruxelles, après avoir évoqué ses dernières campagnes, que :

> « *Finalement j'ai fait ce que Dieu a voulu que je fasse*, car les faits de guerres ne dépendent pas toujours des seuls hommes, mais de la volonté de Dieu ; nous, nous faisons selon nos moyens, nos forces et notre intelligence, *mais Dieu donne la victoire ou permet la défaite.* J'ai fait ce que j'ai pu, avec l'aide de Dieu, ce dont nous lui devons rendre infiniment grâces, car c'est lui qui, dans les difficultés et les pires dangers, m'a toujours secouru. »

Pour Charles Quint – qui s'en étonnerait ? – la fortune s'appelait volonté divine. Si Dieu rendait à César ce qui lui revenait, César savait ici rendre à Dieu ce qui était à Dieu… Disons comme Sandoval que si : « Comme sur toutes choses les avis sont toujours partagés, il y en eut pour dire que c'était insensé – "*no era mucha prudencia*" – de laisser ses États et ses royaumes après tant de guerres et d'immenses efforts qu'a supportés ce prince. Mais seuls disaient cela ceux qui n'avaient pas compris l'esprit qui l'animait, qui n'avaient pas été touchés par l'étincelle de ce feu qui fait oublier et mépriser les royaumes de ce monde et cette vie, afin de jouir de la faveur divine et de la paix de l'âme qu'accorde Dieu à celle qui se consacre à la contemplation des choses supérieures. » Ce que le père José Sigüenza, dans sa célèbre chronique de l'ordre de Saint-Jérôme soulignait aussi en ces termes : « Après que l'Empereur Charles Quint, au cours de son règne impérial, eut vaincu tous ses opposants, les ennemis du Christ, les rebelles à son Église, les ennemis de ses royaumes et de son Empire, *il ne lui restait plus qu'à se vaincre lui-même.* Or cette victoire fut d'autant plus grande que toutes les autres qu'il avait été supérieur à tous ceux qui lui avaient résisté (et qu'il avait soumis avec tant de bonheur), et de plus haute valeur ; car s'il est une chose qui peut obscurcir un noble esprit et faire déchoir la vertu la plus ferme c'est précisément (de l'avis de tous ceux qui connaissent bien l'homme) la soif de régner et de commander ; elle enfreint loi et justice, triomphe sans combat du divin comme de l'humain, en foulant sans respect les droits de la nature et de la grâce, sans distinction de sexe, d'état, ni de personne. »

Et le père Sandoval, pour sa part, poursuivait en ces termes qui ne pouvaient manquer de nous toucher : « L'histoire des hauts faits impériaux, beaucoup l'ont déjà écrite ; il y a là matière pour tous, et j'ignore si quelqu'un a pu ou a su la porter au niveau qu'elle mérite. Il ne m'appartient point, à moi, d'en traiter ; ce qui par chance et par bonheur me revient c'est cet ultime exploit par lequel l'Empereur Charles Quint, avec tant de gloire et d'admirable exemplarité, a vaincu cet ennemi – si cruel qu'il l'emporte sans hésiter sur tous les autres – en se défaisant de son Empire, de ses États, de ses royaumes, en se dépouillant de tout ; en renonçant à tant de majesté, de gloire, de pouvoir, de respect, d'adulation, de services et même de plaisirs ; en se retirant du monde dans un désert, en compagnie de quelques pauvres moines, pour y finir le cours de sa vie. Ce sera une histoire brève, simple, humble, pleine de piété, à la mesure même qu'une si grande majesté a voulu se donner. » Et, conclut-il, avant d'entreprendre le récit de ces dernières années de vie : « À quel point elle est plus profitable que les autres, il appartient à ceux qui savent réfléchir et considérer la finalité de toute chose de le dire. »

*Et aujourd'hui ?*

Et nous – *hic et nunc* –, pouvons-nous comprendre aujourd'hui les motivations profondes de Charles Quint, cet « Empereur des deux mondes »[32], alors qu'un esprit aussi fin – mais en l'occurrence trop « philosophique » – que Montaigne, à la génération suivante, ne l'a pas, nous semble-t-il, réellement, profondément, saisi ? Fernand Braudel[33] a écrit sur ce renoncement étonnant des lignes magistrales :

> « L'idée, la méditation de la mort, une vie religieuse intense et, de plus en plus avec les années, une capacité de total détachement, ces traits qui apparemment contredisent la vie tumultueuse et ostentatoire du maître de l'Empire où le soleil ne se couchait jamais, expliquent peut-être l'impression de secret, de mystère que laisse toute tentative d'approcher Charles Quint. Car il ne s'agit point là d'une attitude tardive, accompagnant sa décision de se retirer du monde. Des gestes significatifs trahissent la dualité inhérente de sa personnalité. Ne l'a-t-on pas surpris parfois étendu les bras en croix, la face contre terre ? À Ingolstadt, en 1546, un de ses officiers l'aperçoit à minuit

agenouillé devant un Christ. La musique religieuse a toujours été un de ses refuges préférés, sa *capella* qui le suivait partout était l'une des meilleures d'Europe. Et souvent, chaque fois que le frappait un chagrin, connu ou secret, il choisissait de faire retraite. Le projet de finir sa vie loin des tourments du monde a commencé très tôt à le hanter, peut-être dès son retour triomphal de l'expédition de Tunis, confiait-il au soir de sa vie. On a essayé de percer ce secret. À quoi bon ? Y voir un signe de déséquilibre, de dérangement mental, comme l'ont fait quelques uns en parlant un peu vite d'hérédité, serait simplement absurde. Je ne pense pas non plus que sa conduite à l'égard de sa mère, la malheureuse Jeanne la Folle, ait été le tourment et le remords de sa vie. Nul n'en sait, n'en saura jamais rien. Mais ce n'est pas le remords qui semble avoir mené Charles Quint à Yuste, "pour s'y desnuer de tout". Plutôt le détachement et le détachement est sans doute ce que les hommes comprennent le moins aisément. En tous cas, quel qu'en soit le secret, rien de plus lucide, rien de plus beau que cette fin voulue, préparée, acceptée avec courage, simplicité et grandeur d'âme. »

Parmi nos contemporains – et concitoyens, ce détail importe –, nul mieux que Daniel-Rops[34] n'a su voir – et, mieux encore, dire – cette grandeur : « Je ne sais, écrit-il, si l'on peut trouver dans tous les siècles d'Espagne une heure où se marque plus de grandeur. » Constatant que *« l'acte le plus étrange que pût accomplir la puissance devenait réalité d'histoire »*, il souligne que « c'est mal comprendre le geste que de l'interpréter comme une démission », que la fatigue – alléguée par le monarque abdicataire – est plus humble qu'acceptable ; que « cette décision, vingt ans portée au cœur, Charles Quint l'exécuta à son heure. La maladie, les ans, la fatigue, les charges du pouvoir, tout cela n'a encore valeur que de signes. Si souvent nos actes semblent, aux yeux du monde, régis par les événements, alors qu'ils viennent du plus profond de l'être, et que les circonstances ne sont que le reflet dans les choses de cette image intérieure que nous sommes seuls à connaître, une joie sans nom ou un total désespoir. » Non, personne n'a capté – avec autant de pénétration, de finesse et de sensibilité – le sens profond de ce renoncement au pouvoir et au monde :

> « *C'est dans la grande lumière de l'expiation chrétienne qu'il faut placer la scène pour la comprendre.* "Faire pénitence, en réparation et amendements de quelques-unes des choses où, gravement, j'offensai Dieu." Tel est le but que l'Empereur déclare poursuivre. Qu'avait-il donc tant à expier ? D'abord ce que le plus humble des hommes doit expier devant la Miséricorde : cette concupiscence de la chair qui fait plonger chacun dans le cloaque [...]. Qui eût empêché l'empereur Charles de se renoncer tout en conservant ses couronnes ? C'est le pouvoir même qu'il rejette ; ce n'est pas tant l'homme qui expie ; c'est le souverain. À quoi donc eût servi la macération qu'il se fût imposée, la flagellation, le jeûne, tous ces moyens qui ne sont encore qu'à hauteur d'homme, si cela lui avait été laissé qui le faisait surhomme, lui donnait sa plus secrète exaltation ? Pour obéir au Christ, il fallait renoncer à tous ces trônes, à ces immenses puissances, aux trois Chancelleries, à cette possibilité quasi infinie de ne rien rencontrer qui arrêtât le vouloir. Les péchés de la chair sont peu à côté de cette satisfaction que seuls possèdent ceux à qui de telles fortunes furent accordées, sans nul mérite, et seulement par droit divin. [...]. C'est à cette tentation de la puissance que d'autres princes chrétiens n'ont pu résister. En Louis XIV on ne verra rien qui indique cette sorte de doute fondamental qui sauve l'âme de l'orgueil. »

Évoquant comment Charles Quint avait accompli vivant ce sacrifice imposé à chacun d'entre nous par la mort, et comment l'empereur – en abdiquant – s'était livré tout vif à ce jugement des hommes que la miséricorde de la tombe d'ordinaire nous épargne – « on a jeté les événements de mon règne à la fortune », soupirait-il amèrement –, Daniel-Rops suggère que « ce qu'il lui fallait expier, en fin de compte, c'était *la chance unique d'avoir été celui par qui les événements peuvent être, celui à qui Dieu lui-même confie l'histoire comme un champ clos* ». Revendiquant pour cette haute figure de l'Histoire le dépouillement qu'elle a choisi et mérité, il conclut :

« Le clinquant ne convient pas à cette sévère image. Un tel homme n'a besoin ni de mots à effets, ni de représentation. Il est grand dans le geste même qu'il accomplit, où s'exprime toute l'hispanité chrétienne : ayant tout possédé, ayant tout renoncé, sachant ce qu'il a résigné et ce à quoi il tend, *l'homme le plus puissant de la terre a surmonté la puissance* : il a quitté ses biens et pris sa croix. »

*

* *

Fernand Braudel a souligné combien « l'histoire de Charles Quint aura débordé sa propre personne », et comment « celle-ci se perd au milieu des problèmes soulevés et des péripéties vécues ; il faut « faire effort pour le dégager de cet éclat, non pour le voir, mais l'apercevoir, car *l'homme n'est pas de ceux avec qui l'historien peut engager à fond le dialogue* ». En apparence moins distant que son fils Philippe II il est en fait aussi difficile à saisir. Impossible, précise Fernand Braudel, de bien le dégager d'une documentation foisonnante : « trop de témoignages sont suspects, trop de documents officiels révélateurs non pas du souverain, mais de cette folie d'écriture qui, au XVI^e^ siècle, est comme une Renaissance du pauvre. Au milieu de cette paperasserie, rechercher la personnalité de l'empereur, autant chercher une aiguille dans une meule de paille. » En dépit de cette juste mise en garde, c'est à travers les documents qui ont conservé, si vivante, la mémoire des derniers mois de l'empereur retiré, que nous tenterons – grâce à leur exceptionnelle qualité – non point de l'atteindre mais simplement de l'entrevoir dans *sa vérité*, au moment qui est, à travers l'épreuve de la vieillesse et de la mort, pour tout homme et de tous temps, le moment de Vérité.

## Chapitre II

# LE RENONCEMENT AU MONDE : LA RETRAITE À YUSTE

« *Cy fine le chemin mondain, cy fine la sente de vie, cy se fiert le pas inhumain…* »

Olivier de La Marche, *Le Chevalier délibéré*.

« *… son âme était déjà loin des plaines grasses et des drapantes cités* »

Daniel-Rops, « L'abdication de Charles Quint ».

### *Un laborieux départ*

Charles Quint ayant déjà dû différer de partir, à la fin de 1555, par manque d'argent, une fois celui-ci arrivé d'Espagne, fit disposer la flotte pour un départ prévu au plus tard en juin 1556. Mais la pression de Ferdinand qui annonçait depuis des mois l'arrivée de son fils Maximilien fut telle qu'il dut encore l'ajourner, bien que dans ses différents courriers il répétât à son frère sa hâte d'en finir : il ne se laisserait fléchir que si sa fille Marie accompagnait l'archiduc. C'est ainsi qu'il céda, après avoir beaucoup résisté, le 28 mai au soir : « Sa Majesté Impériale s'est résolue, après disner, le roy présent, de les attendre […] en leur donnant toutesfois haste », écrivait Granvelle à Marie de Hongrie.

Du coup, l'avitaillement des navires flamands destinés à le conduire en Espagne se gâta à cause du retard et des chaleurs accablantes de cet été-là. Le conseiller Micault, seigneur d'Indevelde, qui en était chargé se vit en grande difficulté car l'argent, épuisé, manquait à nouveau… Il lui fallut emprunter aux bourgeois et à l'abbé de Middelbourg les fonds nécessaires à l'achat de nouvelles victuailles ! Et Philippe avait de son côté informé dès le 14 mai sa sœur la régente – afin qu'elle pourvût au nécessaire – que leur père arriverait en juin.

L'empereur fixa, une troisième fois, la date – définitive – du départ irrévocablement prévu pour août. Le 8 de ce mois en effet le couple archiducal regagnait l'Autriche et Charles, en compagnie de son fils, de ses sœurs, de son neveu Emmanuel-Philibert et de la cour, prenait à petites journées le chemin de Gand, qu'il atteindrait le 28, en traversant pour la dernière fois ces pays de Brabant et de Flandre si familiers et chers à son cœur. Il avait auparavant fait retirer son testament des archives flamandes de Rupelmonde. C'est à Gand qu'il prit congé de son fils. On imagine ce qu'il dut ressentir en faisant – et dans sa ville natale – ces adieux, qui pouvaient être les derniers. Par le nouveau canal il gagna la Zélande où, pendant une quinzaine de jours, il attendit à Zuitbourg (devenu plus tard Soubourg) des vents favorables pour ce dernier voyage. Lors du premier, en 1517, l'attente avait duré trois mois.

Pendant ces deux semaines il acheva de régler l'affaire de la succession impériale ; c'est à Zuitbourg qu'il signa sa renonciation à l'empire et la remit à ses trois ambassadeurs auprès des électeurs de la diète : le prince d'Orange, le vice-chancelier Seld, le secrétaire Haller ; il écrivit aux princes et aux États allemands, à la chambre de Spire, et à Ferdinand. Il remit enfin à Philippe les insignes impériaux que, le moment venu, lesdits ambassadeurs remettraient à son successeur.

*Les ornements symboliques de l'empire*

L'ensemble réparti en « vieulx ornements impériaux », dont la couronne d'or de feu l'empereur Maximilien, et en « ornements impériaux dont l'empereur se sert » – en l'occurrence : se servait – était accompagné d'un inventaire d'une quarantaine de feuillets[1] dont la lecture donne le vertige, l'imagination ne pouvant suivre. Sa Majesté Élisabeth, l'actuelle reine d'Angleterre, aurait dit paraît-il, en montrant les joyaux de la couronne à ses petits-enfants avec, comme il se doit, un humour très anglais : « Voici la quincaillerie de Mamie. » Eh bien, avant que Gille Sanze de Basan, garde-joyaux de Philippe II, ne referme le grand coffre, jetons un coup d'œil sur la quincaillerie impériale : les rutilantes chapes et chapilles, les ceintures et les chaînes étincelantes, le pectoral, les demi-chausses, les souliers et les gants, tous constellés de perles et de pierrerie :

> « Item, une paire de gands riches, de fil d'or, figurez de soye rouge, avecq deux pendans garnyz de six-cens soixante-six rondes perles, sans y comprendre les petites perles pendantes aux deux cordons… »

Voici les trois symboles du pouvoir impérial : la couronne et ses fastueux accessoires ; l'épée et sa splendide gaine ornée, outre de plusieurs centaines de pierres et de perles, de la fameuse devise monogrammatique (qu'adopta le père de Maximilien, Frédéric III, pour la maison d'Autriche) : **A, E, I, O, U**, soit *Austria Est Imperare Orbi Universo*, « l'Autriche régnera sur le monde entier » ; et, précisément, le globe terrestre. C'est le plus lourd de sens peut-être, et de loin le plus sobre, que quelques lignes suffisent à décrire :

> « Item, ung monde impérial, tout d'or ponçonné, à personnaiges, aiant ung cercle au milieu, tout à l'entour de la pomme, sur laquelle y a six ballays, quatre saphirs et trois esmeraudes, avec douze trousses de perles à deux et

> une à trois ; le demy-cercle dessus et le traverson joindant garny de quatre ballays, cincq saphirs, avecq neuf trousses de perles à deux. La croix dudict monde, sur le derrière, est garnye d'un grand ballay quarré, d'un petit, tout embaz de deux saphirs, de deux petites poinctes de diamant et huyt trousses de perles à deux ; et, à l'autre costé de ladicte croix, qu'est le devant, il y a ung grand saphir, ung petit, au baz quatre ballays et huyt trousses de perles à deux. Par le dehors, et tout à l'entour de ladicte croix, il y a quatorze trousses de perles à deux, et au plus hault de la croix il y a ung ballay mis à jour. Pesant ledict cincq marcs six onces. »

Ou admirons encore la partie haute de la couronne, qui formait – le terme est éloquent – la « tiare impériale » :

> « Dessus ladicte couronne y a ung autre cercle d'or à demy ront, dit thiaire impérial, au plus hault duquel y a ung grant caillou de ballay perché à jour. Et, en descendant, à l'un costé et l'autre dudict ballay sont douze petites tables de diamant ; plus y a audict thiaire douze ballays, de diverse fachon ; encoires y a audict thiaire, tant du lung que du travers, quatre-vingt et seize perles. Aussy, sur le devant de ladicte couronne, y a une croix d'or à deux endroiz, sur le devant de laquelle sont cincq tables de diamant, assavoir : la premierre, et celle de dessus, une table de diamant plus longue que large ; celle du mitain assez espesse, venant du pape Paul : celle d'embaz acheptée, avecq celle de dessus, à Gremonde, et à chascun costé deux plus petites tables, et à l'entour sept trousses, chascune de deux perles. Et, à l'autre costé, y a aussy sept trousses de perles à deux ; au milieu y a une rosette en chaton d'or, avec une table de rubis, et allentour trois diamants taillez en fache. Et allentour de ladicte croix, par dehors, sont aussy seize trousses de perles, chascune de deux, estans lesdictes perles ensemble en nombre de cincquante-quatre. Pesant tout icelle couronne douze marcs deux onces. »

Mais, puisque pour l'empereur ces diamants n'étaient plus que cendre, refermons l'inventaire… Dans le même état d'esprit Charles Quint fit remettre à son fils tous les joyaux qu'il possédait. Il ne garda que des objets destinés au service de sa chapelle, de sa table et de sa chambre, la plupart en simple vermeil. Dans l'inventaire original en douze feuillets, qu'on en fit à Bruxelles le 18 août 1556, on ne relève qu'une quinzaine d'objets en or : deux croix servant de reliquaires, une petite boîte contenant l'image du Christ sur cuivre, neuf médaillons d'or émaillé représentant les membres de sa famille ; dans le service de table on ne trouve qu'une salière et une petite cuillère en or ; dans le service de toilette un « récuroir des oreilles » ; et, curieusement, pour le service de cave, un lingot d'or d'environ six onces servant à chambrer les boissons[2]. L'ensemble de ces objets pesait moins de onze marcs, ce qui était modeste pour un duc de Bourgogne doublé d'un empereur, devenu maître de deux mondes, fût-il à la retraite…

### *La flotte impériale*

Deux flottes – une soixantaine de navires, au total – devaient emmener les deux reines et Charles Quint : l'une flamande (dix-neuf bâtiments flamands et zélandais, dont huit vaisseaux de guerre), l'autre espagnole (plus précisément composée de navires asturiens et biscayens). L'empereur avait finalement choisi pour lui-même l'un de ces derniers, de 565 tonneaux, qui avait transporté Philippe en Angleterre en 1554, et que celui-ci envisageait de réutiliser pour son propre retour en Espagne : *El Espíritu Santo* que commandait le capitaine Antonio de Bertendona, fils du propriétaire.

On l'avait entièrement aménagé et équipé en fonction des infirmités de son illustre passager. L'appartement, installé entre la poupe et la mâture sur le pont le plus élevé, comprenait deux chambres et deux cabinets lambrissés de bois sculpté et tendus de drap vert, avec huit fenêtres donnant sur la mer. Certains meubles, dont le lit, étaient à la fois suspendus au plafond et reliés au plancher par des étais de bois afin d'atténuer au maximum les inconvénients du roulis et du tangage. À l'autre bout, côté proue, étaient logés ses gentilhommes.

Les deux reines embarquèrent sur un navire flamand : le *Faucon.* Il faut dire que la flotte flamande était composée de navires – essentiellement des hourques – aux noms suggestifs : l'*Éléphant*, l'*Aigle*, le *Tigre*, la *Licorne*, le *Cerf-Volant*, le *Dragon* ; mais aussi le *Saint-Martin*, le *Saint-Pierre*, le *Saint-Jean-Baptiste* ; ou encore le *Ysaac*, le *Cateline, Les Quatre fils Aymon, La Marie*, le *Salvator* ; ou le *Chevalier des Mers…* Certains – le *Faucon* ou l'*Éléphant* – portaient deux cents gentilhommes, officiers, marins et gens de mer, d'autres quatre-vingts, soixante ou quarante-cinq : au total, il y avait près de deux mille deux cents personnes sur ladite flotte.

### *La traversée*

On leva l'ancre de Flessingue à la mi-septembre pour s'arrêter à quelques encablures, à Ramenkens, d'abord à cause du calme plat, puis de vents contraires. Cette halte imprévue permit à Philippe de rencontrer son père pour un ultime adieu – sur le navire et en ce monde – le jour même (17 septembre) où, par un temps radieux, la double flotte, passant les dangereux bancs de sable de Zélande, mit définitivement le cap sur l'Espagne. Comme elle passait le lendemain entre Calais et Douvres, la flotte anglaise vint y saluer l'empereur au nom de Marie Tudor ; puis, sortant du périlleux canal de la Manche le 22, elle vogua enfin sans encombre vers l'Espagne ; le 28 au soir, par un temps magnifique, elle arrivait à bon port – en l'occurrence celui de Laredo, à l'est de Santander –, juste à l'endroit d'où sa mère, Jeanne, au printemps de sa vie, était partie soixante ans plus tôt (fin août 1496) pour épouser le beau Philippe, l'archiduc.

Mais, le lendemain même, une tempête obligeait le reste de la flotte – dont le navire des reines – à se dérouter pour accoster plus sûrement à Santander. Certains chroniqueurs virent là un miracle. Selon Prudencio de Sandoval la flotte qui était dans le port de Laredo fut si malmenée que le navire impérial coula : « La mer engloutit le navire de telle manière qu'il semblait qu'il n'attendait pour se perdre que le moment où ce glorieux prince l'aurait quitté… » Le père José Sigüenza rapportait curieusement, à propos de l'arrivée de Philippe II à Laredo le 8 septembre 1559, le même phénomène qu'il souligna de ce commentaire : « Je pense qu'ici aussi son martyr saint Laurent, et la dévotion qu'il lui vouait, l'ont protégé, car il est certain que s'il avait tardé un jour de plus, ni lui ni personne n'aurait sans doute réchappé de la mer qui se déchaîna en la plus furieuse tempête qu'aient jamais vue les habitants de ces rivages. »

Tempête, certes, elle est attestée ailleurs ; mais, miracle ou… équinoxe ? Il est vrai qu'à l'époque on craignait encore beaucoup, et à juste titre, cette mer dangereuse qui, du golfe de Gascogne à la mer du Nord, était la voie la plus directe menant d'Espagne en Flandre. C'est pourquoi, en cet automne de 1556, la régente doña Juana faisait dire en Espagne – et ce depuis le mois de juin – messes et prières, pour assurer à son père la divine protection lors de la redoutable traversée. Plus tardivement, de Gand, Philippe ordonnait le 23 septembre, à tous les gouverneurs des Pays-Bas de faire faire – partout et par tous –, de la capitale au dernier village :

> « … processions générales et solemnelles avec le vénérable sacrement, et se mettre en estat de grâce ; faisans jeusnes, oraisons, aulmosnes, suffraiges et autres œuvres méritoires et agréables à Dieu, nostredict créateur, en supliant dévotement qu'il plaise à sa divine bonté garder la personne de Sa Majesté Impériale, donner à icelle bon et heureulx voyaige, et la parguyder, avec sa compaignye, au port et lieu désiré : admonestant chascun de s'y employer, comme Sadicte Majesté a mérité vers ses subgectz, par le grant

> soing, sollicitude, amour et syncère affection qu'elle a tousjours porté à iceulx, et à leur protection, bien, repoz et prospérité. »

La navigation fut donc heureuse.

*L'arrivée en Espagne*

L'arrivée le fut moins. Le 26 août Philippe avait – à nouveau – annoncé à la régente doña Juana le prochain départ de l'empereur. Il avait ajouté aux recommandations de mai et de juillet – qu'il renouvellerait encore le 8 septembre – l'envoi de six chapelains de la cour espagnole à l'endroit où débarqueraient l'illustre passager et sa suite, ainsi que de quatre mille ducats pour couvrir la dépense de leur transport jusqu'à Valladolid et, par la même occasion, celle de l'*armería* – la collection d'armures royale. Philippe n'avait rien ménagé pour préparer l'arrivée de son père sur la côte espagnole. Il avait ajouté de son cru le conseil suivant par courrier du 28 août : « quoique Sa Majesté n'ait point songé à traiter de cela, il serait juste que quelques-uns des principaux personnages et gentilshommes allassent jusqu'au port où elle descendra, qu'ils y fussent accompagnés d'un évêque et des six chapelains dont je vous ai parlé… » La régente en pria donc certains de partir pour Laredo ; notamment le connétable et l'amiral de Castille, et l'évêque de Salamanque Francisco Manrique Lara, auquel elle adressa ces flatteuses paroles : « Je sais que Sa Majesté vous verra avec plus de plaisir qu'un autre – "*holgará con vos más que con otro*" –, charmée qu'elle sera de rencontrer en arrivant un aussi bon et ancien serviteur. » Strict contemporain (1503-1560), entré dans l'Église après la révolte des *Comunidades*, et alors nommé *Capellán Mayor* de la Chapelle royale de Grenade, c'était un vieux compagnon de Charles et de Ferdinand, qu'il avait accompagné lorsque ce dernier avait été couronné roi de Bohême et de Hongrie. Un ami de la famille, en quelque sorte…

Mais ni la prévoyance de Philippe ni l'empressement de doña Juana n'y suffirent. Après tant de faux départs le zèle s'était émoussé et Charles Quint était finalement arrivé trop vite à Laredo, où rien n'était prêt le 28 août… Seuls l'évêque Manrique et l'alcade Durango étaient là, mais sans argent, sans même de quoi payer la flotte ! L'empereur, à qui cette défaillance rappela sans doute sa première et rocambolesque arrivée à Villaviciosa en 1517, en fut très fâché : « la négligence dont on a fait preuve l'a rendu bien maussade », écrit un témoin espagnol[3]. Pas de ravitaillement donc, pas d'argent, pas de poste ni de courrier, pas de moyens de transport vers l'intérieur – et ce dans des conditions météorologiques catastrophiques –, pas de prêtres ni de médecins. Or, la traversée n'avait pas été heureuse pour tout le monde : la moitié des gens de la flotte étaient arrivés malades, dont tous les chapelains – on en était réduit chaque jour à trouver sur place un curé pour dire la messe –, et une bonne demi-douzaine d'entre eux en étaient morts.

Aucune lettre même n'attendait l'empereur à son arrivée, nul ne semblait s'être soucié de son état. Gaztelú, le secrétaire de Charles Quint, dans un message adressé à Valladolid le 10 octobre, ajoutait à ces informations (en termes aussi confidentiels qu'imagés) que son maître ne décolérait point et tenait des propos « sanglants »[4]. Mécontentement sans doute légitime ou, selon l'audacieuse métaphore de l'historien espagnol Manuel Fernández Alvarez, « sensibilité blessée de quelqu'un qui redoutait peut-être que chacun voulût faire du bois de chauffe de l'arbre tombé, même si l'arbre impérial s'était abattu lui-même ».

L'argent étant enfin arrivé, la flotte partiellement défrayée et le transfert organisé, Charles Quint quittait Laredo le 6 octobre. Affrontant le temps pluvieux, les chemins défoncés et les gîtes inconfortables – dont il se plaignait beaucoup moins que ses serviteurs –, il pénétrait lentement dans les montagnes de Biscaye en direction du plateau castillan. Ce serait sa dernière traversée de l'Espagne, et son dernier voyage en ce monde.

### *La « maison » de l'empereur*

Dès le mois de juin, fermement décidé qu'il était à partir au plus vite, Charles Quint avait réduit sa maison, dont la composition était restée très féodale. On y trouvait plusieurs des principaux seigneurs des Pays-Bas, d'Espagne et d'Allemagne. Elle comprenait quelque sept cent soixante personnes. Des Flamands, surtout, et des Espagnols en représentaient plus des quatre cinquièmes, auxquels s'ajoutaient des Bourguignons, des Allemands et quelques Italiens. L'ensemble se partageait, dans l'ordre numérique décroissant, en : trois cent cinquante-deux personnes affectées à la sécurité (dont les deux cent quatre-vingt-cinq archers ou hallebardiers formant les trois gardes, wallonne, allemande et espagnole) ; deux cent huit gentilshommes et une dizaine de pages ; une cinquantaine de musiciens (dont les trente-quatre chanteurs et organistes de la chapelle), quarante-deux serviteurs affectés à la maintenance (menusisiers, tapissiers, horlogers, brodeurs, etc.) ou au service personnel du prince (greffiers, tailleurs, barbiers, apothicaires, couturières, lavandières, etc.) ; le service de la table occupait trente-quatre personnes ; les transports (y compris le courrier et les écuries) en mobilisait autant ; la chapelle enfin dépendait de quinze personnes.

Majordomes et « pensionnaires » formaient le haut de la pyramide – la direction, en quelque sorte – de la maison impériale, ce qui représentait vingt fonctions pour treize personnes, certaines en cumulant deux comme, par exemple, le duc d'Albe, *grand maître de l'hôtel*, monsieur de Rye, *grand échanson*, le comte de Boussu, *grand écuyer*, le comte de Meghen, *capitaine des archers*, qui étaient aussi de ces « pensionnaires », dont les premiers étaient le duc de Savoie et l'évêque d'Arras.

Nous connaissons l'état de la maison de Charles Quint au moment où, en juin 1556, il la congédia en partie. Premier personnage de cette maison impériale, un Espagnol – le duc d'Albe – occupait depuis fort longtemps la charge de *grand maître de l'hôtel* (ou « grand majordome »), tandis que le baron de Montfalconnet, un Bourguignon, don Juan Manrique et don Luis Quijada, deux Espagnols, étaient simplement – si l'on peut dire – *maîtres de l'hôtel.* À eux seuls ces noms suffiraient à dissiper, chez un lecteur non averti, toute méprise sur l'importance et le prestige de la charge. Jean de Hennin, comte de Boussu, était *grand écuyer* ; Odart de Bersaques, *grand aumônier* ; les seigneurs de La Chaulx et de Rye – deux Bourguignons – étaient l'un et l'autre *grand échanson* (ou « sommelier de corps »). La charge de grand chambellan – la plus distinguée par ses prérogatives – n'avait plus été pourvue depuis la mort en 1538 du comte Henri de Nassau, successeur de Guillaume de Croÿ, seigneur de Chièvres. Parmi les gentilshommes de la maison, de la bouche et de la chambre, figuraient ainsi les plus illustres noms des Pays-Bas et de l'Espagne. La plupart, « reclassés », passèrent à la maison de Philippe II ou à celle de Ferdinand d'Autriche.

En effet, Charles Quint ne retint que cent cinquante de ces personnes pour l'accompagner jusqu'à Yuste, où les deux tiers seraient, à leur tour, licenciés. Ceux qu'il désignerait alors étaient, pour l'essentiel, parmi les plus modestes, voire infimes, de ses serviteurs ; il ne retiendrait ni maître de l'hôtel ni grand échanson, mais quatre aides ou valets de chambre, quelques barbiers et autres officiers subalternes chargés d'assurer le service de la chambre, de la table, de la cuisine, de la cave et de l'écurie. Et ce, comme le souligne Louis-Prosper Gachard, « tant il voulait écarter de la retraite où il allait s'ensevelir jusqu'à la moindre apparence de faste et de luxe ». L'un des aides de chambre, Mathias Routart, ne savait pas écrire, ce qui n'était pas chose nouvelle puisque l'empereur avait gardé pendant longtemps à son service Adrien Dubois, natif de Bapaume (évoqué en 1538 par Bernardo Navaggiero, et en 1551 par Marino Cavalli), lui aussi analphabète, mais d'une fidélité sans faille et d'un joyeux caractère. Messager politique des plus sûrs, il portait – de Charles à Granvelle, ou réciproquement – les plis ouverts, et avait gagné la confiance de son maître au point d'en recevoir des confidences, et même la garde de son fils naturel Jerónimo *alias* don Juan d'Autriche. Avec le nain polonais (évoqué lui aussi par M. Cavalli) et le bouffon espagnol nommé Perico (évoqué par B. Navaggiero) il s'employait également, avec succès semble-t-il, à le distraire de ses soucis.

## *Le dernier « carré » des serviteurs*

À Yuste, le plus proche de ces « aides de chambre » sera le Brugeois Guillaume Van Male, dont la femme, Hypolita Régnier, était une « lavandière de corps » de l'empereur[5] ; ce *Malinaeus* – contrairement à son prédécesseur – était savant, féru de grec et de latin, aimant écrire, et sa correspondance sera une précieuse source de connaissance de cette fin de vie de l'empereur. À son service depuis 1550 il avait fait tant et si bien que celui-ci prenait plaisir à bavarder avec cet humaniste aussi cultivé que zélé serviteur. Lui qui avait transcrit sous la dictée les mémoires de son illustre maître, l'écoutera égrener les souvenirs de ses guerres et de ses négociations, le veillera et le soignera jour et nuit, lui faisant la lecture pendant les heures de douleur et d'insomnie.

Laissant à ses sœurs – Marie était cardiaque et Éléonore asthmatique – le docteur Corneille Baersdorp, son médecin flamand, Charles engagea le jeune docteur Henri Mathys – brugeois et cultivé comme Guillaume Van Male –, entré depuis peu au service de Philippe. Il ne pourra que soulager parfois, sans plus, son indocile patient.

L'empereur retint aussi le fameux mécanicien crémonais, Giovanni Torriano *alias* Juanello. Pour assurer sa sécurité une compagnie de hallebardiers – une centaine d'hommes –

du corps de police de la maison impériale fut chargée de l'escorter jusqu'à Yuste, avant d'être congédiée.

*Les derniers compagnons : triés sur le volet !*

Pour l'accompagner jusqu'aux portes de sa retraite seuls quelques seigneurs furent désignés. Les élus étaient trois grands personnages flamands et franc-comtois : Jean de Croÿ, comte du Rœulx, dont la puissante famille avait toujours eu la faveur de l'empereur ; Floris de Montmorency, seigneur d'Hubermont et frère de ce comte de Hornes qu'attendait un destin bien tragique sous le règne suivant ; Jean de Poupet, seigneur de La Chaulx. Les deux premiers furent de piètres compagnons de voyage, très affectés qu'ils furent par de mauvaises fièvres. Un quatrième gentilhomme était dans leur sillage : Philippe de Recourt, seigneur de Licques, ami de Jean de Croÿ, fit partie du voyage semble-t-il à ce seul titre. Martín de Gaztelú écrivait avec aigreur de Medina de Pomar le 11 octobre : « Les chevaliers qui sont venus ici : La Chaulx, qui souffre de fièvre quarte, et Monsieur de Hubermont qui souffre de fièvre tierce, le fils aîné de Monsieur de Rœulx qui a pris la tête de sa maison, et un autre chevalier de ses amis, qui vient ici plutôt pour passer le temps que pour autre chose, car je ne le connais pas et j'ignore son nom. »

*Le colonel Luis Méndez Quijada*

L'empereur avait déjà choisi les deux ou trois personnes qui devaient partager sa retraite et l'accompagner jusqu'à la mort. Il avait arrêté son choix sur le colonel Luis Quijada, qui serait dorénavant son majordome et l'homme le plus proche de lui. Ce dernier avait donc quitté Bruxelles le 8 août pour passer quelques semaines dans son domaine, près de sa femme et de l'illustre enfant qui leur avait été confié. Don Luis Méndez Quijada, seigneur de Villagarcía, a joué un rôle capital dans les deux dernières années de la vie de Charles Quint. Averti par une lettre de doña Juana datée du 1er octobre 1556, qu'il reçut à trois heures du matin le 2, il partait – quoique indisposé – deux heures plus tard et parvenait le 3 à Burgos, où il ne trouvait ni chevaux de poste ni chevaux de louage… Mais, bravant les éléments déchaînés, qui faillirent lui coûter la vie, il était à Laredo le 5 au grand soulagement de l'empereur qu'il accompagnera (mis à part un congé de cinq mois entre avril et août 1557) jusqu'après sa mort, en septembre 1558.

Entré comme page avant 1525, il était à son service depuis plus de trente-deux ans lorsqu'il fut désigné pour ce dernier voyage. Il avait été de toutes les guerres : comme capitaine à Tunis en 1535, où il fut blessé au siège de la Goulette et vit son frère aîné don Gutierre tomber à ses côtés ; en Provence ; dans les campagnes de 1543 et de 1544 où l'empereur lui avait confié la garde de son drapeau et, selon le père Sandoval, au moment de livrer bataille au roi de France à Landrecies, Charles Quint aurait dit à son escadron : « … si vous voyez un cheval tombé et l'étendard que porte Luis Méndez Quijada abattu, relevez l'étendard plutôt que moi » ; il s'était distingué sur le Danube et sur l'Elbe ; capitaine dans le régiment de Lombardie en 1546 contre les protestants allemands, il fut nommé peu après colonel d'infanterie ; il avait été devant Metz et avait commandé les fantassins espagnols dans les campagnes de 1553 et 1555 aux Pays-Bas, où il se distingua devant Thérouane (il y perdit, en outre, son plus jeune frère don Juan) et à Hesdin.

Il était dans la suite de l'empereur lors de l'abdication à Bruxelles, et faisait partie, nous l'avons vu, de la maison impériale comme l'un des quatre maîtres de l'hôtel. Luis Quijada, comme l'appelait son maître, fut en fait un témoin privilégié de toute la vie de l'empereur. Il lui fut très attaché, au double sens du terme, professionnel et affectif. Charles Quint avait tant de mal à se passer de ses services que lorsque don Luis voulut, tardivement, se marier (il épousa en 1549 doña Magdalena de Ulloa) il dut le faire par… procuration !

### *Un soldat « cloîtré » malgré lui*

Il comptait bien, après avoir accompagné pas à pas l'empereur de Laredo à Jarandilla, au seuil de Yuste, être libéré après l'installation de son illustre maître dans sa résidence définitive ; mais, confiait-il au secrétaire Vázquez dans une lettre du 23 décembre 1556 : « je redoute terriblement qu'il m'ordonne d'y rester quelques jours, car c'est ce qui m'ennuierait le plus ». Craintes fondées, car un mois plus tard, dans un message écrit avant l'aube du 23 janvier, précisait-il, il annonçait à son confident : « Sa Majesté m'ordonne de rester au monastère pour quelques jours : Dieu fasse que ce soit pour peu de temps, car mon absence est préjudiciable à la bonne marche de ma propre maison… »

Le vie recluse de Yuste allait beaucoup peser à ce soldat encore plein de vitalité, même si de Jarandilla il se disait très las, déjà usé par l'âge et confus de l'être : « Je vous promets que je suis fatigué, et que j'en ai honte ; les ans y sont certes pour beaucoup, et c'est bien ce qui me désole. » N'écrivait-il pas au même correspondant, le 26 février 1557 : « Comme vous le voyez je suis cloué ici, menant la vie la plus ennuyeuse et étant plus isolé qu'on ne le vit jamais. *Je ne veux pas être moine, ni quoi que ce soit, dans une pareille solitude*, car c'est la chose la plus triste qu'on puisse concevoir ; mais je m'en débarrasserai bientôt, si Dieu me donne santé. *Personne ne saurait supporter une telle manière de vivre, excepté ceux qui renoncent à leurs biens et au monde, et je ne veux renoncer ni aux uns ni à l'autre.* »

Il se laissa aller à plusieurs reprises à cette mauvaise humeur dans ses échanges épistolaires avec Juan Vázquez de Molina, secrétaire d'État pour les affaires intérieures auprès de la régente doña Juana depuis 1554, correspondance très suivie, quasiment quotidienne, et donc précieuse source d'information. Il s'y plaignait du lieu et des tâches fastidieuses ; car en sa qualité de majordome (ou « maître de l'hôtel ») il s'occupa à Yuste de tout, mais surtout de la vie privée – voire intime – de son maître, en veillant sur sa santé, son appétit, son régime alimentaire, pris entre les ordres du médecin et l'indocilité du patient… Il dut également gérer toute la maison, dont la domesticité fut en majorité logée, comme lui, au proche village de Cuacos. Les visites qui, comme nous le verrons, se succédèrent à Yuste, ont alourdi sa tâche car il dut tout organiser, veiller à tout, dans un inconfort certain et, pour ce faire, dut parfois se multiplier ! Or, pour compenser le manque total de distractions, sans doute aussi par besoin de se confier, par devoir enfin d'informer au sommet de l'État, il raconta – pour le plus grand bonheur de l'historien – tout : les événements grands et petits, les réflexions, les sentiments, de son auguste maître, et ses propres impressions.

*La résistance du colonel*

Ayant enfin obtenu un congé pour rejoindre au début d'avril 1557 son joli domaine de Villagarcía de Campos, près de Valladolid, il espérait bien oublier l'Estrémadure. Aussi ajoutait-il en *post-scriptum* à sa lettre du 28 mars à Juan Vázquez : « Aujourd'hui Sa Majesté va très bien. Elle m'a dit d'elle-même que je pouvais aller chez moi ; qu'elle me ferait savoir ensuite ce que je devrai faire. Pour ma part je vous assure que je ne reviendrai pas manger des asperges et des truffes en Estrémadure… » Que le lecteur ne s'y trompe point : ces produits étaient à l'époque très ordinaires et, comme tous les légumes, peu appréciés.

Mais l'empereur le rappelait au début du mois d'août, car personne ne savait comme lui faire marcher la maison ; les moines, qui s'y étaient essayés, n'y entendaient manifestement rien, écrivait Charles Quint, excédé. Mais conscient du sacrifice qu'il exigeait de son serviteur, il lui proposa – donc lui ordonna – d'installer sa famille auprès de lui, à Cuacos. Don Luis dut obtempérer, mais sa lettre du 30 août 1557 à son correspondant attitré laisse percer du dépit et presque de la rancœur. Le document vaut, malgré sa longueur, d'être lu dans sa totalité car à lui seul il donne le ton, une atmosphère, des caractères :

> « En ce qui me concerne, Sa Majesté considère qu'il convient à son service et à son repos que je réside ici, et avec doña Magdalena ; et il me l'a instamment ordonné. J'ai eu beau le supplier de bien vouloir considérer qu'il y a trente-cinq ans que je le sers, sans m'être absenté de la Cour, et que pendant ces années-là mes frères sont morts à son service ; je suis donc le seul qui reste de ma maison : la quitter en compliquerait la succession, et plus encore le fait de devoir déménager ma maison et venir en ces parages où il n'y en a pas, où la vie est rendue impossible par la pauvreté des terres dans la campagne environnante, et la chaleur excessive en été ; je lui ai demandé de bien vouloir me licencier ou alors, au moins, de bien vouloir me laisser aller et venir, que je résiderai ici le temps qu'il faudra, mais que quitter ma maison et amener ma femme ici, ce serait sur bien des plans très ennuyeux ; que même si cela est pénible je ferai comme j'ai dit la navette.
> Mais j'ai eu beau proposer cela, il ne veut rien savoir, et répond que tout cela est vrai, tous les inconvénients que j'ai dit et d'autres encore, mais qu'il convient à son service que je vienne, et avec ma maison. J'ai eu beau insister cela n'a servi à rien du tout ; je ferai donc comme Sa Majesté l'entend, mais je ne me suis engagé que jusqu'à l'arrivée du roi. Pour sûr j'en suis navré, car venir dans ce pays et devoir quitter mon foyer et ma tranquillité je le regrette à un point que je ne saurais dire. Et ce qui me contrarie le plus, ce n'est même pas l'inconvénient de devoir abandonner ma maison et mon domaine, mon repos, mes occupations, et d'autres choses que je passe sous silence, mais de venir dans un endroit où il n'y a pas de quoi manger, ni où se tenir, ni rien d'autre à faire que d'aller et venir à ce

> monastère sous le soleil ou sous la pluie, dans le froid ou le brouillard ; et ce que je regrette le plus c'est de devoir priver doña Magdalena d'une maison et d'un domaine pleins de commodités pour lui imposer ici l'inconfort et la solitude que vous pouvez imaginer, sans avoir rien à faire pour passer le temps, ni aucun moyen de trouver une quelconque distraction.
>
> Sa Majesté le veut ainsi, il convient donc que je le fasse, certes contre mon gré, car il faut vraiment que je me fasse violence. Cependant, quoique je n'aie pas été si bien payé de mes services que je sois obligé de servir à nouveau, je le ferai sans attendre de faveur en retour ; il me semble en effet que si par le passé on ne m'en a fait aucune, je n'en mériterai point pour mes services futurs, car ni mon âge, ni ma fortune, ni ma bonne volonté ne pourront supporter la peine et la dépense comme par le passé. Je vous assure que tout cela me pèse et, aussi loin que je me souvienne, c'est ce qui me coûte le plus…
>
> Du Monastère de Yuste – maudit soit celui qui l'a édifié ici ! – le 30 août 1557. »

Et pourtant, de multiples témoignages le prouvent, il n'y eut pas de serviteur plus sincèrement dévoué. Louis-Prosper Gachard l'a bien constaté : « les soins tendres et respectueux qu'il lui prodigua jusqu'au dernier moment, l'amour et la vénération pour son ancien maître n'avaient rien perdu de leur force dans son cœur ». Sa correspondance en offre maints exemples ; ainsi, quand Charles Quint était au plus mal, une semaine avant de mourir, il ajoutait le 15 septembre 1558 à huit heures à sa lettre au secrétaire d'État du soir, ce post-scriptum séparé :

> « On apporte ici tout le soin et la diligence possibles pour que rien ne manque au service ni au confort de Sa Majesté, car si notre sang pouvait lui venir en aide nous le donnerions bien volontiers. On passe ici de bien mauvais moments, mais on supporte sans regrets, car on souhaite que Dieu lui redonne la santé et on fait tout pour cela […]. Détruisez cette feuille, je vous en supplie. »

Des mots qui ne trompent pas ; ni l'incontrôlable chagrin – nous le verrons – que lui causa la mort de son maître et qui frappa – pour ne pas dire choqua – tous les témoins.

*Plus qu'un serviteur, un ami*

Charles Quint, à défaut de se montrer libéral, avait cependant distingué en trois occasions ce remarquable serviteur : en lui confiant le secret et la garde de son fils naturel ; en le choisissant entre tous comme dernier compagnon ; en le chargeant de transmettre à son fils légitime ses dernières volontés et ses pensées les plus intimes lors d'un tête-à-tête qui eut lieu quelques heures avant sa mort.

François Mignet a fait cette exacte synthèse du personnage : « Il avait beaucoup de sens, le cœur haut, le caractère grave et même un peu rude, une fidélité qui n'excluait pas quelquefois le murmure, la ferveur d'un Espagnol d'antique race pour la religion, et l'éloignement d'un franc *cavallero* pour les moines, la plus grande admiration comme le plus profond attachement pour l'Empereur, envers lequel, sans cesser jamais d'être respectueux de sentiment, il se montra en bien des rencontres libre de langage au-delà de ce qu'osaient l'être les sœurs et les enfants de Charles Quint. Tel fut le serviteur éprouvé, le fier castillan, le simple et ferme chrétien qui, chef désigné de la petite colonie de Yuste, devait, en exact majordome et en vieux soldat, y conserver l'étiquette d'une cour et tenter d'y introduire la discipline d'une armée. »

À la demande de son père, et par reconnaissance personnelle, Philippe II le récompensera magnifiquement, démentant ainsi *a posteriori* les amères considérations de l'intéressé. Don Luis Méndez Quijada fut nommé administrateur général de l'ordre de Calatrava, et fait commandeur d'El Viso, de Santa Cruz, d'Argamasilla, d'El Moral ; il devint également conseiller d'État et de la Guerre, président du Conseil des Indes. Philippe en fit le gouverneur et l'instructeur militaire de son demi-frère don Juan d'Autriche – *alias* Jerónimo –, après qu'il eut reconnu celui-ci comme tel. Rappelons que l'empereur avait jadis confié à don Luis, dans le plus grand secret, la garde et l'éducation du garçonnet. Enfin, le roi le nomma grand écuyer de son propre fils don Carlos.

Le colonel Quijada aurait été tout désigné, à n'en point douter, pour accompagner les cendres de son vénéré maître de Yuste à l'Escurial en 1574. Mais il l'avait déjà rejoint dans la mort. Il fut tué d'un coup d'arquebuse le 25 février 1570 dans les montagnes grenadines des Alpujarras, en combattant les morisques insurgés, aux côtés de son illustre pupille. Don Juan d'Autriche faisait ses premières armes, cueillait ses premiers lauriers, et don Luis les derniers. Ce sera donc l'autre compagnon de Yuste, Martín de Gaztelú, devenu secrétaire de Philippe II, qui ira chercher le cercueil de son maître et l'accompagnera pour ce tout dernier voyage, « à travers l'Espagne prosternée » selon la belle formule de François Mignet.

### *Un secrétaire privilégié : Martín de Gaztelú*

À Yuste il devait occuper auprès de l'empereur la première place après don Luis Méndez Quijada, et lui aussi fut amené à beaucoup écrire, laissant un témoignage très précieux sur la fin de la vie de Charles Quint. Rappelons que Louis-Prosper Gachard – dont on ne soulignera jamais assez le mérite – a publié cent une lettres de Luis Quijada, cinquante-sept de Gaztelú et vingt-six du docteur Mathys, presque toutes adressées à Valladolid, au secrétaire Juan Vázquez Molina pour la plupart et parfois directement à la régente doña Juana. La correspondance de ces trois hommes – qui représente une moyenne d'environ une lettre tous les trois jours – constitue une sorte de journal de la vie de l'empereur, depuis le débarquement à Laredo jusqu'à ses funérailles.

Martín de Gaztelú avait été recruté par Charles Quint parmi les employés les plus qualifiés de la secrétairerie à la tête de laquelle se trouvait l'exemplaire Francisco de Eraso. Celui-ci expédiait toutes les affaires espagnoles depuis la mort du secrétaire d'État – et grand commandeur – Francisco de los Cobos, survenue le 10 mai 1547. À l'issue de l'abdication du 25 octobre Charles Quint le recommanda à Philippe comme étant le meilleur héritage qu'il pouvait lui laisser, en disant à son propos : « Tout ce que je vous ai donné aujourd'hui ne vaut pas ce que je vous donne en vous léguant ce serviteur-là. » Est-il plus grand compliment ?

Gaztelú, formé donc à cette bonne école, avait parfois remplacé son chef absent ; sa clarté d'esprit, son jugement sûr, son style élégant, sa diligence et sa discrétion, son caractère doux et dévoué ainsi que sa modestie, firent impression sur l'empereur qui s'en souvint et fit de lui son dernier secrétaire personnel ; au moment de mourir, il ne voulut personne d'autre pour ses ultimes démarches en ce monde : il le fit constituer notaire afin de pouvoir lui dicter ses dernières volontés. Et l'entente se fit – cela vaut d'être souligné – autour de l'empereur souffrant, entre Quijada le vieux soldat, et l'homme de plume Gaztelú.

### *La traversée de l'Espagne*

Les sceptiques durent se rendre à l'évidence : l'empereur était enfin arrivé en Espagne ! Le père Juan de Ortega disait ainsi sa satisfaction dans un bref message adressé de Yuste au secrétaire d'État : « … Dieu soit loué, car au-delà des bienfaits qui s'ensuivront pour ce royaume de la venue de Sa Majesté, je me réjouis grandement de voir confondus bien des incrédules qui l'ont toujours considérée comme une plaisanterie : “*cosa de burla esta venida*”. »

Dès que Luis Quijada fut arrivé, commença la lente traversée de la Castille. L'ambiance est maussade, comme le temps – il ne cesse de pleuvoir, la route est mauvaise et le gîte encore pire – tout le monde est mécontent, découragé et fort mal disposé[6]. Il faut dire qu'aux mauvaises conditions météorologiques s'ajoutait le manque d'organisation : on avançait dans la plus totale improvisation, au jour le jour, selon les indications de l'empereur ; et pour comble le fourrier, chargé du logement, venait lui aussi de tomber malade. L'empereur et ses sœurs voyageaient en litière, lui devant, elles à deux jours de marche derrière ; on recourait à la chaise à porteurs dans les passages difficiles, et Dieu sait qu'il n'en manque pas de la côte basque au cœur de la Castille… On s'arrêta à Agüera, où parvenaient enfin les quatre mille ducats, dont on envoya le quart à Laredo pour achever de défrayer la flotte.

Le cortège était des plus réduits, et l'escorte espagnole qui les avait rejoints comprenait – en tout et pour tout – le prévôt Durango, détaché de la chancellerie de Valladolid, et cinq gendarmes. Le colonel Quijada était indigné, peiné même, devant cette solitude : « Il est complètement seul – "*viene solísimo*" – ; il n'amène que La Chaulx qui a la fièvre quarte, monsieur de Hubermont, qui a la fièvre tierce, et le fils de monsieur de Rœulx […]. *Je suis effrayé de le voir si peu accompagné* », écrivait-il de Bilbao dès le 6 octobre au secrétaire d'État, pour renchérir deux jours plus tard en ces termes :

> « Croyez-moi, voir le peu que nous sommes me fait honte et me remplit de confusion. Je suis le seul à cheminer auprès de Sa Majesté, à part La Chaulx, quand il va mieux, l'alcade et cinq alguazils ; or, quand je nous vois entourés de ces verges de justice j'ai l'impression qu'on nous escorte, lui et moi, comme des prisonniers. Même s'il m'envoie au diable, comme ce sera sans doute le cas, je lui ferai à nouveau remarquer qu'il est trop seul ainsi ; mais je le vois si décidé à le rester qu'il ne fera, me semble-t-il, rien pour y remédier. »

Le secrétaire Gaztelú, dans une lettre adressée audit Vázquez le 11 de Medina de Pomar, exprimait le même sentiment. Il s'indignait devant le manque d'empressement de la noblesse locale : « Aucun chevalier espagnol ne s'est présenté, voilà qui est fort mesquin de la part de bien des gens » ; et il soulignait le rôle de Luis Méndez Quijada – qui ne quittait pas le flanc de la litière – auprès de l'illustre voyageur : « … l'Empereur, qui se retrouve *vraiment seul*, prend plaisir à parler de longs moments avec lui et, outre que sa présence donne de l'autorité et de l'éclat au cortège, il veille à tout ». Il le répétait dans la lettre du 14 : « vous serez stupéfait de voir à quel point est réduite la maison qui accompagne l'Empereur, *combien il est seul* pendant ce voyage, car en dehors de Quijada il n'a personne à qui parler, car La Chaulx, Hubermont et Rœulx sont tout le temps malades, et se trouvent en avant du convoi ».

C'était oublier que – une lettre de la régente à Philippe II, datée du 15 octobre, le rappelle – Charles Quint avait expressément interdit qu'on organisât des réceptions en son honneur et que les grands vinssent à sa rencontre avant Burgos. Cette solitude, qui scandalisait ses compagnons – Gaztelú s'étonnait que « personne ne suivît ce soleil en son couchant » –, ne lui pesait donc point. Il avait d'ailleurs confié à Luis Quijada, au moment du départ, qu'il ne voulait plus entendre parler des affaires ; mais personne dans son entourage, aux dires de Gaztelú, n'en croyait mot et tous pensaient au contraire qu'il ne tarderait point à y revenir, et l'y incitaient.

Sa fille, la régente doña Juana, tenta de lui rendre le voyage plus amène en leur faisant parvenir quelques provisions de bouche : entre autres du poisson, dont il fut indisposé, et ces fruits – melons et pêches – dont il était friand, qu'il reçut lors d'une halte à Medina de Pomar, la bien nommée. Quijada a saisi, en cette occasion, une sorte « d'instantané » attendrissant. Deux caissettes de friandises venaient d'arriver, envoyées par doña Juana qui priait son père de les goûter et de lui faire connaître ses préférences, afin d'en tenir compte pour un prochain envoi. Il aimait parfois faire collation avec des sucreries, et c'était justement l'heure. Il ordonnât qu'on ouvrît les caisses, là devant lui, se servit de brioche et de gâteaux au miel – qu'il trouva délicieux –, puis fit remettre les caisses en l'état. Gaztelú nota malicieusement, dans sa lettre à Vazquez du 11 octobre, que ces douceurs furent tellement du goût de l'empereur que, *contrairement à son habitude*, il n'en donna à personne, pas même à Quijada ; mais il faisait savoir à doña Juana que cette provision lui suffirait jusqu'à l'arrivée.

À son départ Charles Quint avait ordonné que le gouvernement – la régente et le secrétaire d'État Vázquez – restât à son poste et l'attendît à Valladolid. Son petit-fils âgé de onze ans, don Carlos, fut le seul autorisé à venir à sa rencontre, ce qu'il fera à Cabezón. Le 13 octobre, accueilli à deux lieues de Burgos par le connétable de Castille et de Léon, Pedro Fernández de Velasco, le cortège arriva à la nuit tombante dans la ville illuminée, toutes les cloches sonnant en branle, pour l'occasion, à la volée. Le connétable et son épouse la duchesse de Frías firent, ainsi que l'abbé d'Oña, assaut de prévenance envers l'empereur au cours de son bref séjour en leur cité.

### *L'arrivée à Burgos*, « caput castellae »

Les voyageurs sont désormais au cœur de la Vieille-Castille, se rapprochent de la capitale du royaume ; la nouvelle de l'arrivée tant différée de l'ex-souverain est connue de tous. À Burgos, on l'observe, et on murmure que la régente n'avait pas pour son père les attentions qu'on en eût pu attendre. Quijada et Gaztelú s'en font douloureusement l'écho dans les courriers presque quotidiens – et souvent confidentiels – qu'ils adressent au secrétaire d'État Vázquez.

En fait elle s'était manifestée à – ou *rien qu'à* – deux reprises : par l'envoi – à Medina de Pomar – du colis déjà évoqué, et d'une ambassade restreinte, privée, composée d'Enrique Enríquez de Guzmán, qui la représentait, et de don Pedro Pimentel, gendre du précédent, représentant l'infant don Carlos. Gaztelú était d'avis qu'elle aurait dû se manifester davantage, envoyer prendre chaque jour des nouvelles, fût-ce par un courrier spécial. Quijada adressait à Vázquez, ce même 14 octobre, un message secret allant dans le même sens : « Certains de ceux qui viennent ici [à Burgos] ont remarqué que Son Altesse n'a pas fait prendre plus de nouvelles de son père, ce qui peut se faire par un simple courrier de quelques lignes. Je ne dirais cela à personne d'autre qu'à vous, en vous suppliant de déchirer ce mot. » Puis, informant le lendemain de l'itinéraire prévu jusqu'à Valladolid, il ajoutait qu'un envoi de biscuits était arrivé détrempé et donc immangeable, mais, concluait-il : « je suis extrêmement heureux que Son Altesse ait fait ce présent à son père, ne fût-ce que pour le qu'en-dira-t-on : "… *siquiera por la gente*" ». De Jarandilla, le 4 janvier 1557, le colonel Quijada essaiera encore d'influencer à distance, avec la même discrétion et dans le même sens : « Je pense que dans la situation actuelle il serait bon que la sérénissime princesse envoyât quelqu'un de sa maison rendre visite à l'Empereur et lui apporter quelques présents, des gâteaux, de la confiserie et du gibier, pour qu'on voie au moins que son amour filial se manifeste aussi bien dans ses gestes que dans tout le reste », écrivait-il à Vázquez en lui recommandant de faire en sorte que personne à Valladolid ne pût soupçonner que l'idée venait de lui : « *por buen respeto* », insistait-il…

L'empereur était entré dans Burgos mieux portant que jamais, au point de surprendre ceux qui, l'ayant connu quelques années plus tôt en Allemagne ou en Flandres, ne l'avaient pas revu depuis. Il fit ce soir-là un dîner de truites dont il se régala. Le lendemain il recevait, dans la cathédrale, le corps de ville venu le saluer. Le colonel Quijada observait avec enthousiasme la bonne forme de son maître : « Je suis sûr qu'il vivra de longues années. *Que Dieu le protège* », s'exclamera-t-il dans sa lettre du 17. Cependant, Charles Quint, craignant – curieusement – que le repos ne déclenchât une de ces terribles crises de goutte, si redoutées, pressait le départ, et déclarait que, pour prendre de vitesse la mauvaise saison, il ne passerait que quelques jours à Valladolid. Selon Luis Quijada, plus que les intempéries c'était les inévitables réceptions, visites et entrevues – dont il était las – qu'il appréhendait. Ne lui avait-il pas déclaré la semaine précédente, à propos de la réduction de la maison qui le suivrait à Yuste qu'il « ne voulait plus s'embarrasser » ?

*Au cœur de la Castille*

Le 16 octobre la petite cour reprenait la route, escortée cette fois par le connétable et une garde décente conduite par Francisco Beamonte, au grand soulagement de Gaztelú : son empereur n'a plus ainsi l'air d'être conduit comme un prisonnier entre un prévôt et cinq gendarmes ! Peuple et noblesse espagnols se pressaient, au bord des chemins, pour le voir. Il n'était plus question de solitude.

En six lentes étapes d'une journée chacune – Celada, Palenzuela, Torquemada, Dueñas, Cabezón – le cortège gagnera Valladolid. À Torquemada, le 19, Charles Quint se sentit moins bien, il redoutait que le changement de temps ne réveillât sa goutte, il eut peu d'appétit : un grand présent de délicieuses victuailles – volailles, vin et fruits – apporté par l'évêque de Palencia, don Pedro Gasca, venu lui rendre hommage, fit les délices… de ses compagnons. Martín de Gaztelú précisa dans son courrier du jour que Luis Quijada et son ami flamand l'aide de chambre Van Male prenaient grand soin d'informer leur maître des efforts de doña Juana, de ses attentions à s'enquérir de la santé de son père…

Dans ce gros bourg de Torquemada, Charles eut-il une pensée pour sa mère ? Jeanne qui, enceinte de huit mois et en plein mois de décembre, avait follement entrepris de conduire en personne la dépouille (mal) embaumée de son défunt mari, le « beau » Philippe d'Autriche, de Burgos à Grenade où reposait déjà sa mère la reine Isabelle ; elle avait ainsi traîné – en plein hiver castillan – outre le cadavre pourrissant de l'archiduc, une cour mécontente et murmurante, et ce trois semaines durant, par étapes nocturnes. La nature avait finalement délivré tout le monde en obligeant la reine folle à s'arrêter à Torquemada pour y accoucher, le 14 janvier 1507, de son dernier enfant, la princesse Catherine. À l'époque de la funèbre équipée, qui marqua durablement – et douloureusement – les esprits, il se trouvait, lui, l'orphelin de six ans, en Flandre.

### *Une douloureuse rencontre*

À Cabezón – dernière étape – le secrétaire d'État Vázquez vint rejoindre l'empereur, le jour même de son entrée dans Valladolid, afin de le mettre rapidement au courant des affaires du royaume. Ce fut là aussi que Charles Quint vit, pour la première fois, son petit-fils Carlos. Sa déception fut sans doute à la mesure de son désir de connaître le fils de ce fils tant aimé et de sa première épouse, Marie de Portugal. L'arrivée si attendue, le 8 juillet 1545, de cet héritier, baptisé Carlos en son honneur, n'avait en fait apporté, dès la mort en couches de la reine, que du malheur. L'impression de son impérial grand-père fut aussi négative que celle de l'ambassadeur Federico Badoer. Celui-ci rapportait en effet dans sa *Relation* de 1558 que l'infant, au retour des chasses, prenait plaisir à brûler vivants des lièvres ou autre gibier : « *si diletta di vederli arrostire vivi* ». Il était sujet à des crises de fureur, manifestait une incapacité notoire à supporter la moindre discipline, faisait preuve du manque le plus total de respect, refusant de se bien tenir, fût-ce quelques minutes, et de se découvrir devant ses aînés ; enfant à l'évidence perturbé, il appelait son père « mon frère », et son grand-père « mon père ». Imperméable aux leçons de son précepteur, Honorato Juan de Valencia, le vieux maître qui avait déjà enseigné – mais avec plus de bonheur – les mathématiques et l'architecture à son père, il n'appréciait que la violence, et seuls les récits de bataille parvenaient à retenir son attention.

Un enfant manifestement caractériel, pire sans doute : un psychopathe ; en effet, si l'on considère la définition autorisée selon laquelle « les traits les plus marquants des personnalités psychopathiques sont l'instabilité, l'impulsivité, l'intolérance à la frustration, la tendance aux "passages à l'acte", aux conduites antisociales et amorales[7] », on reconnaît-là des aspects du comportement de l'infant relevés par les contemporains. C'était, loin de la vision romantique que retiendra complaisamment la « légende noire » anti-hispanique, un psychopathe ; littéralement : un malade mental, dont le déséquilibre ne put échapper – don Carlos étant en cet instant le seul héritier mâle de Philippe – au regard intéressé, et douloureusement attentif, de l'empereur.

Marié – avec Marie Tudor – pour la seconde fois, le roi serait bientôt veuf à nouveau, épousera Isabelle de Valois, la plus aimée des quatre reines. Dix ans plus tard, après la mort tragique de don Carlos, le roi convolera en quatrièmes et dernières noces avec sa nièce Anne d'Autriche, fille de son cousin Maximilien, afin de s'assurer une descendance mâle. Mais Philippe III ne verra le jour qu'en 1578, et pour l'heure c'est sur don Carlos que repose la succession ; et grand dut être, au tréfonds de son âme, le désespoir de Charles Quint devant l'incapacité notoire de l'enfant.

De cette première entrevue entre le grand-père et le petit-fils les témoins ont noté deux anecdotes significatives. L'empereur, en homme du Nord et en grand malade qu'il était, avait dans ses bagages un poêle portatif qui lui était indispensable et dont l'usage était inconnu en Espagne. Cet objet « exotique » éveilla la convoitise capricieuse de l'infant qui le manifesta avec une violence et une insolence indignes de son état. Par ailleurs, interrogeant son grand-père sur ses récentes campagnes en Allemagne, et alors que celui-ci lui contait en toute simplicité sa mésaventure d'Innsbrück, l'infant critiqua avec une véhémence furieuse la « fuite » de son aïeul, assurant, obstiné et sourd à tout raisonnement, que lui n'aurait pas fui. Cette ardeur guerrière fit, selon Federico Badoer, rire le vieil empereur : « *con maraviglia et riso di Sua Mestà* ».

Rire amer, sans doute, car il confiait à Éléonore, l'aînée de la famille, son inquiétude : le comportement désordonné et agité du prince ne lui disait rien qui vaille, « sa contenance et son humeur » lui avaient déplu et, ajoutait-il avec un pessimisme que l'avenir hélas justifierait : « je ne sais ce que cela donnera par la suite… » Charles Quint pensait peut-être alors à ces mots, qu'il avait adressés à Philippe lors de l'abdication : « Et si jamais vous désirez, plus tard, chercher comme moi le repos dans la vie privée, *puissiez-vous avoir un fils qui mérite que vous lui tendiez le sceptre avec autant de joie que je le fais aujourd'hui.* » Comme l'a souligné Fernand Braudel « cette dernière phrase […] dit l'immense affection, l'estime de Charles Quint à l'égard du fils exemplaire qui lui a donné tant de raisons d'espérer, qu'il s'est plu à former de loin, en lui prodiguant ses conseils ».

*Au cœur du royaume : Valladolid*

Le mercredi 21 octobre, après le dîner, Charles Quint entrait dans Valladolid, où il resterait deux semaines. Dès l'étape de Dueñas le colonel Quijada avait entrepris de le dissuader de faire une entrée trop discrète, par la porte de Cigales, pour aller au plus court et éviter la foule. « J'ai demandé à Sa Majesté, écrivait-il, de prendre en considération que les gens ayant le désir légitime de le voir il n'était pas juste qu'il entrât ainsi, à la dérobée, mais qu'il fallait que tout le monde puisse le voir. »

L'empereur – ainsi rappelé à ses devoirs – ayant fini par se laisser convaincre, il lui laissa le choix de l'itinéraire, à la condition expresse que ce ne fût pas par la *Puerta del Campo.* Pourquoi ? Lors de son premier séjour en Espagne c'était par là, qu'en route – *via* la Galice – pour l'Allemagne qui attendait son tout nouvel empereur, il avait dû fuir en mars 1520, avec monsieur de Chièvres, l'estomac creux et sous une pluie diluvienne, échappant de justesse aux insurgés de la ville déjà travaillée par les *Comunidades*, qui prétendaient le retenir. Trente-six ans plus tard il lui en cuisait encore, à l'évidence, au souvenir de cette échappée peu glorieuse ! On entra donc par la porte de *San Pedro* dite de la Chancellerie…

Suivant les consignes paternelles la régente, mettant le palais à la disposition de ses deux tantes, s'installa avec don Carlos dans l'hôtel du duc d'Albe ; l'empereur avait quant à lui choisi, avant même de quitter Bruxelles, de descendre chez « Gómez Pérez das Mariñas, où logeait Ruy Gómez da Silva », prince d'Eboli, l'ami d'enfance de Philippe. Sa fille devrait l'y attendre tout simplement, entourée de ses dames ; ce ne serait que le lendemain qu'une réception solennelle serait offerte en l'honneur des deux reines douairières, plus attachées que leur frère aux joies du cérémonial.

Le père Francisco Osorio, qui se trouvait à Valladolid (est-il apparenté à la famille patricienne du même nom ?), a consigné dans un rapport adressé au roi ce témoignage de la dernière entrée de Charles Quint dans la capitale de son royaume d'Espagne.

> « […] Les Grands qui attendaient ici Sa Majesté allèrent à sa rencontre pour lui baiser les pieds : le Connétable, le comte de Benavente, le marquis d'Astorga, l'Amiral [de Castille], le duc de Nagera, le duc de Sessa et d'autres, ainsi que les prélats qui se trouvaient là et le corrégidor avec tout le corps de ville ; Sa Majesté fut reçue dans une très grande allégresse.
> Le lendemain à la même heure arrivèrent les reines sérénissimes, qui furent reçues avec tout autant d'amour et de solennité, au son des trompettes, des tambours, de toutes sortes d'instruments à vent ; les Conseils, l'Église et l'Université leur firent escorte, les docteurs avec leurs insignes, et les étudiants avec leur écharpe rouge.
> Leurs Majestés arrivèrent au palais à la lumière des flambeaux, et madame la princesse descendit dans la cour avec le prince notre seigneur, et toutes les grandes dames qui se trouvaient là, pour y baiser avec beaucoup d'amour la main de Leurs Majestés, qui dînèrent ce soir-là avec Son

> Altesse ; le repas fut très solennel et fort joyeux (sic), ce qui remplit de satisfaction et de joie Sa Majesté et les reines sérénissimes ; tout particulièrement la sérénissime reine Marie, car on raconte que l'Empereur dit qu'elle s'est déclarée satisfaite de tout ce qu'elle a vu, et qu'elle le sera plus encore, jour après jour, de se trouver dans ce royaume, comme Votre Majesté le verra dans la relation plus détaillée qu'on lui fera.
>
> Les jours où arrivèrent Leurs Majestés furent ensoleillés, agréables et clairs ; et les rues par lesquelles entrèrent les sérénissimes reines étaient toutes décorées de tentures et de tapisseries. À l'heure où j'écris Sa Majesté est en parfaite santé, de même que madame la princesse et notre seigneur le prince ; et tout le monde disait en général : "si le roi notre seigneur était venu ici, notre joie eût redoublé", et en formulant ce vœu tout le monde priait ardemment Dieu Notre Seigneur pour l'heureuse venue de Votre Majesté.
>
> Dans cette Cour tout le monde se porte bien, et il en va de même pour tous les habitants de quelque importance [...]. Il fait en ce moment très beau, il a plu modérément, et la nuit il gèle un peu, et l'on a eu, depuis l'arrivée de Sa Majesté, qu'un jour d'épais brouillard, qui s'est d'ailleurs levé en fin de matinée, et l'après-midi le temps était très clair, ensoleillé, sans vent, et plaise à Notre Seigneur qu'il fasse aussi beau tout le temps que Sa Majesté restera ici. »

Toute la documentation, abondante, concernant les deux dernières années de l'empereur est ainsi truffée de renseignements d'ordre météorologique. On pourrait pratiquement reconstitué sinon au jour le jour, de semaine en semaine, le temps qu'il fit dans le royaume de Castille entre octobre 1556 et octobre 1558. À titre d'exemple, nous savons, grâce au courrier de Gaztelú du 31 décembre 1556, qu'il se mit subitement à faire si chaud à Jarandilla qu'on se demanda ce que ce serait en juin ! On perçoit un souci constant du temps qu'il fait, qui s'explique en l'occurrence, mais pas uniquement, par la santé fragile de Charles Quint, très dépendante des variations météorologiques. Ce fut d'ailleurs, on l'a vu, ce qui justifia officiellement sa décision de se retirer en Espagne – et non en Flandre – et son choix, entre autres régions, du nord de l'Estrémadure. Le père Osorio, dans la même lettre adressée à Philippe II le 26 octobre 1556, ajouta cet autre (curieux) détail : le jour où don Carlos avait rencontré son grand-père à Cabezón, le 20 octobre, « il faisait un peu frais, il portait donc un vêtement fourré qui lui allait si bien que Son Altesse avait l'air d'un étranger : "*y parecía Su Alteza estrangero*" ».

Le père Francisco Osorio, aumônier de Philippe depuis 1543, mais aussi et d'abord chapelain de l'empereur, était chargé par celui-ci, depuis une douzaine d'années, de faire dire régulièrement – et jusqu'à sa mort – des messes à son intention dans les monastères espagnols pratiquant l'oraison perpétuelle ; ce qui, selon lui, avait permis de faire sans encombre le voyage de Bruxelles à Valladolid à son illustre maître. En outre il a glissé dans son récit un détail qui nous éclaire sur ce dernier : « Quand j'ai baisé les pieds de Sa majesté [l'empereur], je pensais qu'il ne me reconnaîtrait point, mais il me dit : "Comment allez-vous, Francisco Osorio ? Il y a bien quarante ans que je vous connais !" *J'ai alors embrassé les pieds de Sa Majesté parce qu'il se souvenait de moi* ; et c'est au service de Votre Majesté que je le dois. » L'empereur avait pour ses serviteurs (comme pour lui-même) la bourse plate mais la mémoire longue.

À Valladolid, outre les inévitables visites et réceptions, Charles Quint s'employa à régler ceux qui devaient quitter là son service et, surtout, s'entretint avec les hiéronymites qu'il y avait convoqués : l'ex-général fray Juan de Ortega, et le nouveau prieur de Yuste, fray Francisco de Tofiño, responsable des travaux en cours de sa résidence ; il fut aussi chargé de la préparation du vin de séné, ce fortifiant ou purgatif dont l'empereur ne pouvait se passer. On arrêta par la même occasion la liste des moines qui devaient résider à Yuste avec l'empereur, l'ordre étant, à ce propos, fort agité.

### *De la Castille à l'Estrémadure*

Le 4 novembre, à trois heures et demi, après avoir déjeûné en public et dit adieu aux siens, Charles Quint, accompagné d'une petite escorte de cavaliers et de cinquante hallebardiers, prenait le chemin de l'Estrémadure par très mauvais temps : « *ruin tiempo* », ressassera Quijada. À une demi-lieue de la ville, sous la pluie, dans le froid et dans la boue, l'illustre voyageur se sentant mal, il fallut s'arrêter d'urgence… dans un champ. Puis on reprit la route, l'empereur serrant pour les réchauffer le seul coussin de la litière contre ses entrailles douloureuses.

Cette fois le voyage était mieux organisé ; le colonel Quijada avait établi l'itinéraire dont il avait lui-même remis copie à la régente et au secrétaire Vázquez. En passant par Valdastillas, Medina del Campo, Horcajo de las Torres, Peñaranda de Bracamonte, Alaraz, Gallegos de Salmerón, Barco de Avila et Tornavacas, le cortège allait rejoindre, à Jarandilla, la Vera de Plasencia : dans le bassin du Tage, à l'ouest de Tolède, aux versants innondés de soleil et protégés du vent du nord par la Sierra de Gredos… On pense, à lire cette feuille de route, au vieux Galdós qui, devenu aveugle, se faisait lire – pour le plaisir de les entendre et de les savourer – « les jolis noms d'Espagne ». On faisait toujours étape une heure après la tombée de la nuit.

À Medina del Campo – l'opulente cité des foires médiévales – l'empereur était descendu, le 5 novembre au soir, chez un riche changeur (risquons la redondance) qui, bien intentionné mais mal informé de l'état d'esprit de son invité, déploya un luxe de mauvais aloi : il avait fait porter dans la chambre impériale, pour la réchauffer, au lieu de l'habituel *brasero* de cuivre, un plat à braises en or plein de cannelle ardente, en guise du traditionnel charbon de bois ou de noyaux d'olives. Le geste – autant que l'odeur – l'ayant indisposé, son hôte refusa cette hospitalité tapageuse en… réglant la note avant de partir.

En quittant Medina del Campo, où le corps de ville était venu le saluer, l'empereur se dit soulagé à l'idée que, dorénavant, il ne serait plus importuné par les réceptions. Le voyage se poursuivit, ponctué d'attentions familiales : à Horcajo, Charles fait envoyer deux outardes à Valladolid pour la table de sa fille ; le 10 il reçut d'elle un précieux cadeau : des couettes de plumes, si chaudes et si légères, qu'il décida de s'y faire tailler une veste de chambre ! Tout au long du chemin Luis Méndez Quijada le couva littéralement, notant tout avec une vigilance et une précision d'infirmière : la qualité de son sommeil, de son appétit, le contenu de ses repas, son état de santé journalier, ses appréhensions, l'évolution du temps, etc.

D'Horcajo il écrivait le 7 novembre à Vázquez : « Que Dieu nous permette de le conduire dans sa maison sans encombre, car je crois que s'il y parvient sans que la goutte ne le prenne il retrouvera la santé. » Le lendemain il écrivait d'Alaraz : « quoiqu'il se porte bien pour le moment nous nous levons chaque jour avec la peur de le voir se réveiller un beau matin avec la goutte ». Il commençait à faire sérieusement froid et le poêle portatif se révélait des plus utiles ; heureusement, commentait Quijada, que l'empereur n'avait pas cédé au caprice de son petit-fils, qui s'en était engoué ! Ce même jour, précisait-il, l'empereur avait tenu à répondre lui-même à sa fille la régente : « ce qu'il a fait, mais avec bien du mal », à cause sans doute de ses mains déjà douloureuses.

### *La « porte étroite »*

Le 12 novembre, une heure avant la tombée du jour, le cortège arrivait à Tornavacas, au pied d'un col difficile d'accès – le *Puerto Nuevo* – qui, débouchant sur la Vera de Plasencia, conduisait à Jarandilla. L'empereur trouva quelque distraction à une pêche aux truites à la lanterne avant le dîner. Mais, le lendemain, il fallut aviser ; en effet, de Tornavacas à Jarandilla il y avait deux itinéraires possibles :

une route de contournement, large et plate, commode et sûre, et bien approvisionnée, demandant quatre jours de voyage ; ou bien un raccourci par la montagne, cinq lieues du « plus mauvais chemyn qui c'est possible de voir », écrira le seigneur de La Chaulx, dont trois particulièrement dangereuses où les mules chargées de bagages pouvaient glisser dans le ravin. De telle sorte que, la litière – qui risquait de verser – ne passant point, il faudrait avoir recours à la chaise et porter l'empereur à dos d'homme, non sans risque. Les paysans des environs, appelés en renfort et en consultation, déclarèrent que ce serait très difficile – « *se pasará trabajo* » –, et ce fut le cas. L'empereur, dans sa hâte d'arriver, dédaigna le confort des sentiers battus et choisit, bien sûr, le périlleux chemin de traverse qui lui épargnerait trois jours de route.

Ce fut donc sur les rudes épaules de paysans castillans qu'il fit, lui, l'infaillible cavalier, l'infatigable chevalier, la dernière étape de sa dernière pérégrination en ce monde. Il y a quelque chose de poignant dans ce « voyage », et ce n'est pas sans émotion que l'on contemple encore, au monastère de Yuste, la chaise qui le porta. L'objet est pathétique : sa forme vaguement grotesque de berceau, la toile blafarde qui l'entoure tel un lambeau de peau morte, évoquent à la fois – landau et cercueil – le nourrisson et le vieillard. Être ainsi balloté et cahoté, à dos d'homme ou en litière brimbalante, sept heures durant, ne put qu'être un supplice pour l'homme recru et perclus qu'était devenu l'empereur.

Le colonel Quijada fit à pied tout ce chemin scabreux et tourmenté, vrai chemin de croix, pas à pas aux côtés de son illustre maître, lui faisant un rempart de sa personne – de sa présence – contre l'abîme. On le sait par d'autres témoignages que le sien. Alors que Martín de Gaztelú rapportait le lendemain à son correspondant le secrétaire Vázquez que « Luis Quijada avait tenu à marcher [avec les paysans-porteurs] pendant les trois lieues que durait le mauvais chemin, afin d'être présent et de veiller à la manœuvre, ainsi que pour d'autres raisons : "*y otros respectos*" », Quijada se contentait d'écrire que ç'avait été le pire chemin qu'il eût jamais parcouru, et Dieu sait si, en compagnie de son maître, il en avait parcourus !

Cette voie escarpée, étroite et difficile prend, compte tenu des circonstances et des personnes, une valeur symbolique de préfiguration toute chrétienne de l'ultime passage, de vie à trépas. Le frère José de Sigüenza, chroniqueur de l'ordre de Saint-Jérôme, s'en fit l'interprète. Selon lui Charles Quint, se retournant une dernière fois vers le nord qu'il savait ne jamais revoir, aurait dit au débouché de ce col si difficile à franchir : « *Je n'en passerai plus d'autre en cette vie que celui de la mort* ; il n'est point surprenant qu'il en coûte autant d'atteindre un pays aussi bon et aussi sain que Yuste. »

La langue espagnole, qui désigne par le même terme – *« puerto seco », « puerto de mar »* – le col et le port, avec toutes les connotations d'ordre spirituel que cela implique, donne à la phrase tout son sens. Qu'il ait réellement ou non prononcé ces mots admirables, l'empereur dut en avoir la pensée car, lui qui en avait ainsi décidé, savait que Yuste – où l'ultime épreuve l'attendait – serait le dernier hâvre en ce monde.

### *Jarandilla, enfin*

L'équipée, commencée le 14 novembre vers midi, jour de saint Martin, prit fin à sept heures du soir : le cortège arriva – comme en une oasis – à Jarandilla où le comte d'Oropesa, don García Alvarez de Toledo, avait mis son château à la disposition de l'empereur, à qui les beaux vergers de citronniers et d'orangers plurent beaucoup. Selon Gaztelú celui-ci était arrivé, en dépit des épreuves et des fatigues du voyage détendu et dispos : il soupa, d'excellente humeur, de ces anguilles dont – en homme du Nord qu'il était – il raffolait, et que doña Juana avait pris soin de faire parvenir pour son arrivée. Le lendemain il choisit se s'installer dans un appartement donnant sur une petite galerie protégée du vent, bien ensoleillée, « battue par le soleil à longueur de jour », écrit joliment son secrétaire. De là il jouissait d'une « très large et joyeuse vue sur la verdure et sur les jardins, et des parfums de cédrat, d'oranger, de citronnier et d'autres fleurs qui montaient jusqu'à ce balcon », où il passera le plus clair de ses journées. Car il fit, les deux premiers jours, un temps exceptionnellement délicieux à Jarandilla, bien qu'au loin une épaisse brume enveloppât Yuste.

Les Flamands – et monsieur de La Chaulx le premier –, insensibles à la douceur automnale, enragaient, maudissaient le pays et l'idée qu'avait eue leur maître d'aller s'enfermer dans ce monastère, perdu là-haut, et dont on disait le plus grand mal. Leur mécontentement grandit lorsque, dès le 17, la pluie se mit à tomber sans arrêt ; le 18 Gaztelú écrivait qu'il pleuvait sans discontinuer et que le brouillard empêchait d'y voir à vingt pas. Le 20 il neigeait sur la montagne. Le 23, il pleuvait tellement qu'on ne pouvait plus sortir de chez soi ni circuler dans le bourg et Quijada, logé près du palais, devait chausser pour s'y rendre de grandes bottes de cuir et de feutre. Pluie et brouillard : tel était la plainte, répétée de lettre en lettre.... Les gens du coin affirmaient, d'expérience, que cela continuerait pendant longtemps ! Le comte d'Oropesa et son frère Francisco, prenant discrètement congé ce jour-là, le confirmèrent.

Sentant l'hiver approcher, tous avaient hâte de repartir. Mais les travaux d'aménagement n'étant point terminés à Yuste, il leur faudrait attendre : l'humeur générale était des plus maussade. Si Gaztelú avait trouvé la maison du comte très agréable, Quijada la jugeait pour sa part mieux adaptée à la saison chaude qu'aux froidures de l'hiver. C'est ainsi qu'il faudra bientôt construire en hâte, dans les appartements de l'empereur, des cheminées inexistantes sous ces latitudes. Aujourd'hui, le château, consacré à l'hôtellerie de luxe, flanqué d'une piscine bien anachronique, est devenu un « *parador nacional* », donc inaccessible au visiteur qui ne peut – ou ne veut – y prendre chambre.

À Jarandilla de méchantes rumeurs circulaient à propos du monastère de Yuste, qui n'émergeait plus guère des brouillards trop fréquents. L'hiver, répétait-on, y était froid et humide et l'été torride. « Tous ceux qui en reviennent, écrivait Luis Quijada à Vázquez le 22 novembre, sont terriblement déçus par le site, l'humidité extrême, le peu d'espace et la médiocrité du paysage. » Tout le monde tentait de dissuader l'empereur de s'y installer. Mais Charles répondait qu'à sa connaissance en hiver il pleuvait et faisait froid partout en Espagne, et « il s'en tire toujours comme cela – "*con esto se nos salva*" – », commentait familièrement Quijada.

Ce dernier pressait son maître d'aller au moins se rendre compte par lui-même avant de décider : puisqu'il avait choisi l'Espagne pour se refaire une santé, qu'il y choisisse au moins une région adéquate ! L'empereur décida donc, après un entretien qu'il eut, seul à seuls, le 20 novembre avec le prieur et quatre frères, d'aller visiter le monastère : ce fut le mardi 23 novembre « par une très vilaine journée », selon Quijada. Contre toute attente – et à la déception générale – il en revint satisfait : « le lion n'est pas aussi féroce qu'on le dit », devait-il écrire avec humour à Marie de Hongrie qui tentait, elle aussi, de le détourner de son projet.

Décidément, il ne renoncerait pas à Yuste : « Sa Majesté reste très déterminée sur ce point, quand bien même le ciel tomberait sur la terre », écrivait Luis Quijada le 6 décembre. Celui-ci avait, sur ordre de Valladolid, fait un rapport circonstancié et donné son avis – l'un et l'autre négatifs – sur l'installation à Yuste. Mais, insistait-il au début de décembre, on n'en devait rien dire à la régente, ni à l'empereur « pour ne point le contrarier » ; car ce n'était « plus le moment de lui dire quoi que ce soit […] ; je crois que ça le peine qu'on lui montre les inconvénients de ladite maison […]. Je lui ai maintes fois donné mon avis ; il suffit, *je ne veux plus contredire Sa Majesté*, mais au contraire vanter l'endroit et la demeure. *Dieu fasse qu'il s'y plaise et y trouve la santé : c'est tout ce que, nous ses serviteurs, nous devons souhaiter.* »

*L'impatience est générale*

Gaztelú se fit l'écho du désappointement général : tous désiraient quitter le service ! L'impatience des moines de voir arriver l'empereur était aussi grande que celles des serviteurs de le voir partir : « Je crois que les frères vont finir par se pendre si Sa Majesté n'entre pas une fois pour toutes au monastère », écrit-il le 18 janvier.

Or, les rumeurs négatives circulant à Jarandilla sur Yuste ne portaient pas uniquement sur le climat. On y disait pis que pendre de la communauté. Dans un rapport très critique, adressé à Valladolid le 30 novembre, sur le logement prévu pour Charles Quint à Yuste, Luis Quijada écrivait dans un post-scriptum assez sardonique :

> « J'avais bien envie de dire aux frères : “vous dites que cette maison est fraîche en été, pourquoi donc avoir construit la vôtre au nord et, de plus, protégée par l'église ?” Moi, je pense que le logis de sa majesté sera trop chaud en été, car il est orienté vers le sud ; et ce qui me fait penser cela c'est ce que je viens de dire des révérends frères, qui savent très bien se loger ; or, là-bas ils ne se sont pas mis au sud, eux, mais l'appartement de Sa Majesté, oui. »

Si l'on perçoit ici comme une pointe de cette inimitié du militaire envers le moine, c'est surtout Gaztelú, le secrétaire, qui tient les propos les plus sévères. Il écrivait à Vázquez, à la fin de novembre, à propos des dissensions qui agitaient l'ordre : « voyez à quoi ça l'a amené de vouloir venir s'installer chez les frères, car il sera obligé de s'en mêler et d'intervenir, ou bien de les planter là et de s'en aller ; et vous verrez avec le temps qu'il se passera des choses dont la moindre suffira à le faire partir ; c'est pourquoi il aurait fallu que tout cela fût mieux pesé par des personnes plus qualifiées et de meilleur entendement que celui qui a conseillé à Sa Majesté de venir ici ». Et « je n'aurais jamais cru, écrivait-il une semaine plus tard, qu'il y eût tant d'ambition et d'envie chez les frères, comme j'ai pu le constater depuis que Sa Majesté est venue ici ».

Dans son dernier courrier daté de Jarandilla, le 5 février, alors que l'empereur venait juste de s'installer au monastère, il eut encore ce coup de griffe féroce : « On m'écrit du monastère que Sa Majesté a voulu voir toute la maison, sans exception, et qu'il s'est trouvé satisfait de tout, qu'il va bien et qu'il est content, et *plus encore les frères de voir ce qu'ils n'auraient jamais cru voir.* Plaise à Dieu que Sa Majesté puisse les supporter, ce qui ne sera pas une mince affaire, quand on sait à quel point ils peuvent tous, d'ordinaire, se montrer importuns, en particulier les moins instruits, ce qui est le cas de la plupart de ceux qui sont ici. » Jugement péremptoire qui ne laisse de surprendre compte tenu du caractère élitaire de cet ordre.

Plus encore que l'inachèvement des travaux d'aménagement de Yuste, ce qui – au grand désespoir des serviteurs – clouait Charles Quint à Jarandilla c'était de très prosaïques problèmes d'intendance ! Comme le précisait son secrétaire, il ne voulait point partir sans payer sa maison et leur dû à ceux qui l'avaient jusqu'alors servi. Mais il fallait pour ce faire de l'argent. Et il n'y en avait pas… Dans toutes ses lettres le colonel Quijada se plaignait du manque d'argent, au point d'écrire le 19 décembre cet incroyable « nous sommes dans le besoin : "*pasamos necesidad*". »

### *Une incroyable pénurie*

Ce point mérite d'être développé. En effet, dans cette correspondance, indubitablement sincère, à la fois officielle et officieuse, qu'échangèrent le colonel Quijada, le secrétaire Gaztelú et le secrétaire d'État Vázquez, on suit les inextricables difficultés financières y compris, on le voit, au niveau simplement *domestique* dans lesquelles se débattait en permanence l'empereur. Ces données éclairent, en le relativisant, un trait de caractère que ses contemporains – et bien entendu ses détracteurs – lui ont, non sans complaisance, attribué : un certain manque de « libéralité ». Quelques exemples suffiront. L'argent vint à manquer à nouveau dès la mi-novembre. Le 29, à l'arrivée du courrier de Valladolid qui n'apportait point les fonds maintes fois réclamés, le secrétaire écrivait à Vázquez : « Arrangez-vous pour nous envoyer les quatre mille ducats au plus vite, si ce n'est déjà fait, car le sommelier n'a plus que trois cents ducats en caisse, ce qui est une honte ; et quand j'en ai informé Sa Majesté elle pensait que l'argent allait arriver par ce dernier courrier. »

Il demandait en outre qu'on en mît un, de ces courriers, précisément, à leur disposition car, à Jarandilla, il n'en avait point ni, de toutes façons, d'argent pour le payer ! À peine un mois plus tard, le 23 décembre, Quijada précisait qu'ils n'avaient point donné de nouvelles plus tôt pour épargner le courrier : il en restait un seul, qu'on réservait prudemment pour un éventuel cas d'urgence : « … *para la mayor necesidad* ». Le dernier jour de l'année Gaztelú réclamait à nouveau deux courriers, détachés du service central des postes et payés d'avance, afin que l'empereur pût communiquer avec le Portugal, Tolède ou Séville, selon les besoins, car il n'y en avait pas sur place.

Des problèmes de ravitaillement ne tardèrent pas non plus à se poser. Si Gaztelú écrivait le 18 novembre qu'il y avait dans la région pénurie – et cherté – de viande et de gibier, mais qu'on s'arrangeait en les faisant venir d'ailleurs, Quijada, moins optimiste, soulignait deux jours plus tard, en demandant qu'on envoyât des anguilles par le courrier du jeudi soir : « on ne trouve ni viande ni poisson à manger, et le mouton est si mauvais qu'il est inconsommable ». *Le pain*, même très cher, *manquait aussi.* La seule chose que l'on trouvait de qualité et en abondance c'était les châtaignes.

Le 7 décembre, le secrétaire insistait : les mules et les chevaux des officiers commençaient à mourir de faim. Et la veille on avait dû « chercher dans tout Jarandilla deux mille réaux pour manger ». Le 2 janvier Luis Quijada écrivait en post-scriptum au secrétaire d'État :

> « Il ne reste déjà plus rien des deux mille ducats apportés dernièrement par le serviteur d'Hernando Ochoa [le trésorier de la Cour], car on en devait déjà la moitié quand ils sont arrivés ; de sorte que nous n'avons plus un sou pour la dépense ordinaire, et qu'aujourd'hui j'ai dû avancer cent réaux de ma poche pour dépanner – "*que para socorrer hoy he dado yo cien reales*" – ; et on ne sait pas d'où sortir l'argent ; on est sans nouvelles à ce jour de celui qui doit venir de Séville, et sans courrier (ni argent pour en payer un) qu'on puisse envoyer pour s'informer : aussi Sa Majesté, dans l'état où elle se trouve, en a-t-elle assez de cette situation. J'ai donc jugé bon de vous en aviser en *post-data*, afin que personne d'autre ne le voie. »

Le 4 janvier Gaztelú déclarait à propos de l'argent annoncé (les deux mille ducats restants) : « il sera le bienvenu quand il arrivera car, *étant donnée la faim dont tout le monde souffre ici*, il est plus que nécessaire ».

Ainsi, tout au long des trois mois et demi que dura le séjour de Charles Quint à Jarandilla, la question financière – comme à Laredo – se posa de manière réellement lancinante. Le 7 décembre Gaztelú réclamait de façon pressante les deux mille ducats restants, car l'empereur désirait entrer à Yuste avant la Noël ; il ne pouvait le faire sans argent et sans avoir pu licencier sa maison. Il souhaitait recevoir les fonds – si possible en or – de Séville ; malgré cela, il ne toucherait – en simples réaux et qu'à la mi-janvier – vingt-six mille ducats en monnaie ordinaire ; l'empereur, qui voulait en finir, dut s'en contenter.

Le 18, une fois les comptes faits et les serviteurs payés (il s'agissait des gages et primes des six derniers mois), il lui en restait cinq cents… Or, il ne voulait point entrer au monastère avec si peu d'argent en poche ; il demandait donc, à nouveau, qu'on lui envoyât quatre mille ducats en or par la poste, ou en argent par convoi (de mules) accéléré.

Si cet argent tardait on risquait d'entrer, précisait le secrétaire, dans un cercle vicieux : il faudrait payer au personnel qu'on venait de licencier officiellement – mais qui devrait rester en service jusqu'au départ définitif pour Yuste – les gages de février ; et ainsi de suite, on n'en sortirait plus !

Le 5 février 1557, deux jours après le départ de Charles Quint pour Yuste, Gaztelú, expédiant à Jarandilla les dernières affaires, recommandait en ces termes à Vázquez certains des serviteurs congédiés qui se présenteraient à Valladolid : « Bien que je sache qu'il n'est pas nécessaire de le faire, je vous supplie de recevoir ceux qui se présenteront là-bas et de les traiter en priorité, *car ils sont pauvres et n'ont pas les moyens d'attendre*, afin qu'ils puissent garder et emporter chez eux quelque chose de la misère qu'on leur a payée. » Deux mois plus tôt, il avait déjà écrit au même Vázquez, à propos des aides de chambre et autres officiers, parmi les meilleurs, que l'on avait pressentis pour s'installer à Yuste avec l'empereur, et qui avaient alors manifesté un empressement mitigé : « … ils trouvent tous de bonnes raisons pour se défiler et ne pas rester ; car ils sont mécontents et ils disent des choses qui, quoique nous ne sympathisions guère, me font vraiment peine à entendre sur *leur pauvreté*, leurs années de bons et loyaux services, ce qu'il leur en a coûté d'argent et de fatigue, et le peu d'espoir qu'ils ont de s'en voir récompensés, ou si peu ».

L'empereur avait en fait une « réserve » à laquelle il ne voulait point toucher. Lorsque Gaztelú explique à Vázquez dans sa lettre du 7 décembre qu'on a dû emprunter deux mille réaux pour payer la nourriture des hôtes de Jarandilla il précise : « … parce que Sa Majesté a ordonné de ne point toucher aux écus qui ont été apportés, car elle veut sans doute les garder pour les donner : "*porque los debe de querer para dar*" ». Il est fort possible que Charles Quint ait alors déjà envisagé et prévu le financement de ses funérailles. Mais Quijada, de son côté, avait donné la veille, dans sa lettre du 6, cette intéressante explication : « À propos de l'argent dont nous avons besoin Gaztelú va vous écrire, et je crois que Sa Majesté aussi. Vous verrez ce qu'elle dira ; mais nous n'osons pas toucher à ces deux mille ducats, car Sa majesté ne le veut point. Nous courons après trois ou quatre cents réaux, et on a bien du mal à les trouver. Mais, si nous y avions touché [aux ducats] il n'en resterait déjà plus un réal, et les moines en auraient empoché une partie, et pas la moindre. Sa Majesté ordonne donc de ne pas y toucher, parce qu'il faut qu'on sache qu'il y a de l'argent en réserve afin que nous ne perdions pas le crédit sur lequel on nous prête : "*...por no perder el crédito de que nos presten*". » Et, ajoutait-il plus loin : « Ne tardez pas à nous envoyer quelque chose, *sinon nous allons perdre tout crédit.* » Le soin de l'empereur à préserver ce « magot » – en l'occurrence assez dérisoire –, loin d'illustrer une quelconque avarice, nous montre au contraire avec quelles mesquines difficultés pouvait être aux prises un homme de son envergure, y compris dans sa vie privée et jusqu'à sa mort : de quoi ébranler telles idées reçues sur l'opulence monarchique !

Une fois payés gages et salaires, le premier à partir fut monsieur de Hubermont. Il priait instamment qu'on lui donnât son congé car, s'il ne retournait au plus vite en Flandre il craignait que ses biens – dont il n'avait pu, étant au service de l'empereur, s'occuper depuis de longs mois – ne fussent vendus pour dettes. C'est ainsi que, rien ne parvenant à le retenir, et malgré la fièvre qui ne le quittait pas depuis son arrivée en Espagne, il était parti comme une flèche le 25 janvier pour Valladolid ; parti malade et fort mécontent, selon Gaztelú, car « ce qu'on lui avait donné lui paraissait bien peu au regard de ce qu'il avait déboursé et servi, et de ce qu'il en avait attendu ».

### *Qui partira, qui restera ?*

L'humeur était plus maussade encore que le temps parmi les serviteurs ; dépaysés, loin de leur foyer, découragés par les difficultés du quotidien, les restrictions, l'ennui, ils étaient partagés entre l'impatience et l'abattement devant l'incertitude qui régnait sur la date de leur licenciement et le paiement de leur dû. Certains, qui avaient prévu de rejoindre les Pays-Bas par la France, s'inquiètaient, non sans raison, d'hostilités prochaines entre ce royaume et l'Espagne. D'ailleurs, le 31 janvier, trois jours avant de quitter Jarandilla, Charles Quint demanda à la régente d'affréter et d'approvisionner deux navires aux frais de la couronne, pour que certains de ses serviteurs pussent regagner les Pays-Bas en toute sécurité et sans bourse délier, la trêve venant d'être rompue. Il la priait de faire vite pour éviter qu'ils ne dépensent leur indemnité de voyage à attendre dans le port.

Ces privilégiés étaient au nombre de trente-deux, dont les deux tiers étaient accompagnés d'un, deux ou trois domestiques, exceptés le comte de Rœulx qui en avait dix-neuf, et monsieur de Hubermont, qui en avait quinze. D'autres mesures de ce genre, plus ponctuelles, furent prises par la suite ; ainsi Jean de Poupet, seigneur de La Chaulx – qui ne prit congé de l'empereur qu'au lendemain de son installation à Yuste –, s'attarda quatre mois en Espagne avant d'embarquer, recommandé par la régente au provéditeur des flottes, avec une quarantaine de personnes ayant été au service de l'empereur ou au sien.

Ceux qui devaient regagner les Pays-Bas étaient près de deux cents, pour moitié des gens d'armes, les autres étant des serviteurs de tous rangs avec, pour certains, leur propre domesticité. En effet, au milieu de décembre Charles Quint, espérant encore s'installer à Yuste pour la Noël, avait dressé la liste des serviteurs qu'il souhaitait y garder à son service ; liste si réduite que Quijada s'en alarma : « je le supplie, écrivait-il à Vázquez, – et je le ferai jusqu'à ce qu'il m'envoie au diable – de la reconsidérer et de l'allonger, sinon il ne pourra pas être bien servi, et le personnel non plus, si bien qu'il ne restera pas longtemps à son service ».

De dix-sept personnes prévues au départ on passa donc à une vingtaine de serviteurs mâles, spécialisés dans tel ou tel domaine – chambre, cuisine, dépense, etc. –, accompagné chacun d'un ou deux aides, soit au total une cinquantaine d'individus, à laquelle s'ajoutaient les brasseurs, l'horloger, le garde-joyaux et les femmes, tous maintenus à distance au village voisin de Cuacos ; sans compter le secrétaire, le médecin, et le colonel Quijada qui régenterait tout ce monde. Pour apprécier justement un tel effectif il faut, bien sûr, le replacer dans son contexte car, comme le soulignerait l'un des moines avant d'en donner la liste : « si l'on considère la grandeur de ce prince, les serviteurs qui sont restés à son service à Yuste sont ceux que pourrait avoir un quelconque hidalgo désargenté – "*un hidalgo pobre*" – ; il eût souhaité se séparer de tous et ne garda donc que ceux qui lui étaient réellement indispensables ».

L'argent ayant été versé, enfin, à la mi-janvier, et les appartements de Yuste aménagés, le confesseur désigné – le hiéronymite Juan Regla – étant également arrivé de Saragosse, il ne restait plus qu'à quitter Jarandilla pour le monastère. On avait tant de fois différé que l'avant-veille Gaztelú doutait encore : « Dans ce départ pour Yuste je vois tant de revirements et si peu d'enthousiasme, on l'a remis tant de fois alors que tout était prêt, que je n'y croirai que quand je le verrai. » Quijada, lui, s'inquiétait – le même jour – de la « négligence » des moines : « Sachez, écrivait-il à Vázquez, que bien qu'on ait remis, il y a déjà plusieurs jours, de l'argent aux frères et qu'on les ait avertis pour qu'ils veillent à l'approvisionnement, il n'y avait (hier) pas un seul pain dans la maison : nous devrons donc, à coup sûr, emporter tout ce qu'il faut d'ici et pour toute la semaine. »

### *Les derniers adieux*

Le départ définitif eut lieu le 3 février 1557, jour de Saint-Blaise, à trois heures de l'après-midi. Quijada eut juste le temps, avant de se mettre en selle, de cacheter un bref message pour Valladolid. Il y dit, en quelques mots – aussi sincères que brefs – la peine qu'éprouvèrent les serviteurs, tout impatients et déçus qu'ils pussent être, au moment crucial de la séparation définitive : « car il est certain que c'est grande pitié de voir une compagnie [nous dirions aujourd'hui : une équipe] se séparer ainsi après tant d'années, et se désagréger. Soyez certain, monsieur, qu'ils le ressentent vivement – *"lo sienten demasiado"* – » ; il recommandait au secrétaire d'État d'aider dans la mesure du possible ceux qui se rendraient à Valladolid, notamment en les hébergeant car, rappelait-il, cela n'ayant pas été le cas lorsque l'empereur y était passé de retour des Pays-bas, celui-ci en avait été fort affecté : *"lo sintió mucho"*. »

Gaztelú, demeuré à Jarandilla pour régler les derniers détails du séjour de son maître, évoquait à son tour, le surlendemain, la façon dont l'empereur avait définitivement pris congé en ce monde de ses serviteurs. Avant de descendre de sa chambre pour monter en litière, il avait « accordé une audience à tout ceux qui avaient souhaité lui parler, et là tous les serviteurs qui ne restaient pas à son service prirent congé avec des mots très gentils et de grandes marques d'affection : *"demostración de amor"* ; certains ont pleuré ». Le colonel Quijada en personne les conduisit devant leur ancien maître, en les réconfortant et en les lui recommandant par de chaudes paroles. Une lettre de monsieur de La Chaulx prête à l'empereur, cette fois, ces mêmes « mots très gentils et grandes marques d'affection ».

### *L'entrée à Yuste*

Puis, à trois heures, il était monté dans sa litière, accompagné de son hôte, le comte d'Oropesa, du fidèle colonel Quijada, de monsieur de La Chaulx, de sa dernière garde, de hiéronymites venus en délégation, ainsi que de tous ses serviteurs, y compris ceux qui étaient déjà déliés de toute obligation. Après deux heures de route – ce fut son tout dernier voyage sur cette terre – Charles Quint se présentait à la porte du monastère de Yuste…

La cinquantaine de moines en procession l'accueillit dans l'allégresse d'un *Te Deum laudamus*, sur fond d'orgues et de cloches sonnantes à toute volée, devant l'église illuminée. Parmi eux un frère, resté longtemps anonyme[8], présent au monastère avant, pendant et après le séjour de l'empereur – dont il accompagnera les cendres à l'Escurial en 1574 –, a laissé un précieux témoignage d'une cinquantaine de pages sur le séjour de l'empereur à Yuste, une relation dont Louis-Prosper Gachard a souligné le « caractère de simplicité et de vérité qui en double le prix ». Voici comment il évoque les adieux et l'arrivée de Charles Quint :

> « Il vint de Jarandilla dans une litière dont il descendit à la porte de l'église, au milieu des orangers qui se trouvent là ; puis deux gentilshommes le portèrent dans sa chaise, accompagné de part et d'autre par don Fernando Alvarez de Toledo, comte d'Oropesa, et par son majordome Luis Quijada, jusqu'aux marches du grand autel ; là le prieur, revêtu de la chape, récita les prières de circonstance, après quoi tous les frères allèrent en ordre baiser la main de l'Empereur. Comme celui-ci hésitait à donner ses mains (douloureuses) à baiser, voici qu'un frère, emporté par son affection, lui en attrapa une pour l'embrasser ; il dut sans doute le meurtrir en forçant ainsi car l'Empereur lui dit, en riant à demi : "Las ! mon père, la paix, vous me faites mal." Une fois le baisemain terminé, il se retira dans son appartement […]. Les serviteurs congédiés s'en allèrent, tous sans exception, bien que la nuit fût tombée. »

Le sarcastique Gaztelú ne manqua pas, de son côté, de relever le trouble du prieur qui, s'apprêtant à baiser la main de l'empereur, « lui dit je ne sais trop quoi en l'appelant *Votre Paternité*, un frère qui se trouvait là lui en ayant fait la remarque il se reprit et dit : *Votre Majesté* ».

Le moine anonyme, à qui ce détail semble avoir échappé, avait été plus sensible à l'émotion générale :

> « Je ne puis passer sous silence ce que j'ai de mes yeux vu – quand sa Majesté a quitté Jarandilla pour se rendre à Yuste – du chagrin que manifestèrent ses serviteurs et des larmes qu'ils répandirent. Quand ils virent qu'il s'en allait, et qu'ils ne le verraient plus jamais régner ni gouverner le monde, les cris, les pleurs, les gémissements furent tels qu'ils brisaient le cœur de qui les entendait.
> [Les hommes d'armes] jetaient leurs hallebardes par terre en criant des choses qui exprimaient un chagrin et une douleur tels que personne ne pouvait les en consoler. La même chose se répéta à Yuste au moment des adieux : alors que nous étions, nous, si contents, si joyeux de recevoir un tel hôte, nous entendîmes des pleurs à l'entrée de l'église, si déchirants que nous crûmes vraiment qu'un malheur venait d'arriver ; or, nous apprîmes que c'était une Flamande très affligée qui, parmi d'autres, ressentait une grande douleur de la séparation de Sa Majesté. D'autres serviteurs la manifestaient autrement, évoquaient, en les comparant à celle-ci, d'autres réceptions faites à Sa majesté.
> Qui douterait que Sa Majesté l'Empereur éprouvait, lui aussi, la même peine que ses serviteurs ? Cependant, comme il quittait d'autres êtres qu'il aimait plus encore, fermant pieusement les oreilles, il passa au milieu d'eux, le cœur blessé, en laissant parler ses yeux… »

Le geste des quatre-vingt-dix-neuf hallebardiers jetant (ou brisant, selon d'autres sources) leur arme aux portes du monastère, dans ces solitudes, loin des regards du monde, « comme si les armes employées au service d'un aussi grand empereur ne devaient plus être d'aucun autre usage », selon François Mignet, dut toucher – plus qu'on ne peut imaginer – le cœur de soldat de l'empereur ; cet ultime et suprême hommage scellant à jamais son propre renoncement, sa mort au monde.

Quant au chroniqueur de l'ordre de Saint-Jérôme, José Sigüenza, consacrant quelques années plus tard (mais encore du vivant de certains témoins) quelques lignes à cette mémorable entrée, il évoqua en ces termes les adieux du personnel de Charles Quint :

> « Là, ses serviteurs versèrent des larmes abondantes – des sanglots éclatèrent et même des cris de douleur et de tendresse –, les uns à l'idée de le quitter, les autres au souvenir de ses hauts faits, de sa grandeur, des entrées triomphantes auxquelles ils avaient participé aux côtés d'un aussi grand Prince, et de le voir maintenant entouré de quelques humbles et pauvres frères qu'il embrasse en les recevant pour compagnons [...]. Mais, dès qu'ils furent tous partis, il n'y eut plus *ni tristesse ni larmes, mais de la joie et une grande paix.* »

## *Ces maux du corps si mortifiants*

La goutte, ce mal si redouté de tous au cours du voyage qui avait conduit l'empereur de Laredo à Valladolid puis à Jarandilla, lui avait laissé, en dépit du froid et de l'humidité, six semaines de répit. Quijada cédait même à l'optimisme ; dans sa lettre à Vázquez du 19 décembre où il rendait compte, selon son habitude, des moindres détails de la vie de son maître, il précisait que l'empereur n'avait pas pu goûté aux saucisses qu'on lui avait envoyées parce qu'elles étaient arrivées le jeudi soir, veille du jour maigre, mais qu'en revanche il avait pris plaisir à goûter aux huîtres, aux truites et aux anchois qu'on lui avait apportés du Portugal. Le courrier régulier entre la cour de Valladolid et Lisbonne avait en effet reçu de doña Juana l'ordre de déposer en passant, le jeudi soir à Jarandilla, le poisson du vendredi pour la table de son père. « Il a mangé de tout, et rien n'a altéré sa santé : je suis sûr qu'il la conservera et vivra de longues années », s'exclamait Luis Quijada. Mais au lendemain de Noël le mal fondait sur sa victime – « *con furia* » précisait l'informateur – pour ne le lâcher qu'à la fin de janvier. Nous le connaissons pratiquement dans le détail grâce aux bulletins de santé par lui régulièrement envoyés à Valladolid, par Gaztelú ou le docteur Mathys.

Ils nous permettent de mesurer aujourd'hui, alors que nous ne connaissons plus – du moins au quotidien – ce genre de pathologie si courante en ce temps-là, l'épreuve qu'elle représentait. Surtout si l'on pense que ce mal s'était déclaré très tôt chez l'empereur – à moins de trente ans –, et qu'il était associé à d'autres maux dont les effets et les « thérapies » (certes bien limitées à l'époque) sont contradictoires. Les milliers de kilomètres, la présence de Charles Quint sur tous les fronts, politiques ou militaires, où son devoir l'appelait, furent ainsi plombés par une souffrance souvent invalidante, parfois insupportable dont, à l'époque des antibiotiques et des anti-inflamatoires ou autres analgésiques, nous ne pouvons avoir qu'une très vague idée. Une référence des plus objectives, et chronologiquement à mi-chemin de cette époque et de la nôtre peut nous y aider ; en effet les jésuites de Trévoux choisirent au XVIII$^{e}$ siècle pour illustrer, dans leur célèbre dictionnaire, la première acception de l'adjectif « intolérable » cet exemple : « *La goutte cause une douleur intolérable.* »

Imagine-t-on, de même, le supplice que représentaient les interminables chevauchées – souvent à marches forcées, entre l'Italie et l'Allemagne, par exemple –, pour un patient atteint d'hémorroïdes, cet autre mal du temps, favorisé par le régime alimentaire et le mode de transport de l'époque ? Comme tant d'hommes de ses contemporains l'empereur en était fâcheusement et cruellement affecté. À tel point que Philippe II fit, pour tenter de soulager son père de cette « maladie qui lui est familière », quérir à Naples Giovanni Andrea Mola, un médecin italien qui prétendait guérir ce mal par les plantes ; il arriva à Jarandilla la veille du transfert à Yuste, mais il eut le tort de promettre d'emblée à son illustre patient, qui n'en demandait pas tant, de le guérir complètement de sa goutte ce qui, nota Quijada, l'avait aussitôt discrédité à leurs yeux, l'empereur connaissant trop bien son mal pour croire au miracle ! En outre, l'outrecuidant – ou naïf ! – Italien prétendit lui interdire de consommer de la bière et le dissuader de s'installer à Yuste… Il voyait aussi d'un fort mauvais œil la venue du médecin de famille, appelé en renfort pour superviser son traitement. Car, comme l'écrivait Quijada le 25 janvier :

> « Sa Majesté, ayant appris que celui qui venait soigner ses hémorroïdes était déjà à Saragosse, fait envoyer, comme nous l'en avons suppliée hier soir, ce courrier d'urgence afin que le docteur Cornelius vienne s'entretenir avec cet homme sur la manière et les herbes qu'il entend utiliser pour soigner ce mal, car il ne convient pas qu'un inconnu pose la main sur Sa Majesté sans qu'on sache exactement ce qu'il compte faire. »

Mais, selon l'adage castillan – *« un médico cura, dos dudan, tres muerte segura »* – il est également vrai que si « un seul médecin guérit, deux hésitent, à trois c'est la mort assurée ». Par ailleurs, ne trouvant point sur place la fameuse racine dont dépendait le succès de la cure, le susceptible Napolitain, congédié, partit pour Bruxelles rendre compte au roi ; or, ce fut près de Laredo, le 7 avril juste avant d'embarquer, qu'il trouva la plante rare, dont il envoya une caisse à Yuste ; quinze jours plus tard, elle y était soigneusement transplantée. Nos documents ne disent rien de plus quant à son efficacité sur ce mal hémorroïdaire qui était, selon Quijada, un de ceux qui affligeaient le plus son maître – *« que más le fatiga »* –, et qui devait le torturer jusqu'à sa mort.

Pour l'heure, la goutte, qui s'était déclarée avec tant de violence semblait, contre toute attente, vouloir se calmer. Entendons bien : la crise vraiment douloureuse et la fièvre qui l'accompagnait, car même en période de rémission, le malade demeurait très affecté. Le bulletin transmis à Valladolid au secrétaire d'État Juan Vázquez par le colonel Quijada le 4 janvier 1557 parle de lui-même :

> « Illustre seigneur, en revenant hier soir du château avec l'intention d'envoyer un de mes serviteurs vous informer de l'état de santé de Sa Majesté, j'ai trouvé en rentrant chez moi votre lettre du premier de ce mois et le colis de saucisses et d'olives que Son Altesse a envoyé à Sa Majesté, ce dont je l'ai informée au déjeuner ; il dit que demain il y goûtera ainsi qu'à d'autres qu'on lui a apportées de chez moi dans le simple but de lui redonner un peu d'appétit, car il en manque. […].
>
> Ce qui s'est passé depuis [samedi matin] c'est que le soir Sa Majesté a eu quelques frissons ; la fièvre, pas très élevée, a duré jusqu'à deux heures du matin, mais on pense que ce froid et cette chaleur [qu'il ressent] provient de son indisposition ; mais malgré la fièvre il doit garder sa douillette de duvet et une autre veste fourrée, *qu'il ne peut ôter à cause du mal qu'il aurait à retirer les bras des manches* ; mais de toutes manières ces jours-ci il a toujours un peu froid et de la fièvre après le repas, mais pas trop. Hier dimanche il n'a pas trop mal mangé étant donné son état, et s'est bien reposé après le repas, bien qu'il ait eu quelques frissons ; la fièvre a duré jusqu'à deux heures du matin, mais sans trop le gêner. Il a bien dormi – beaucoup mieux que les autres nuits ! –, et sans les douleurs de la goutte. Aujourd'hui il a mangé correctement, et je suis resté auprès de lui après le déjeuner jusqu'à trois heures ; il ne sentait ni indisposition, ni frissons, ni douleur nulle part ; seulement il ne peut pas bouger le bras gauche, qui est pris par le mal, *mais le droit lui permet déjà, même s'il ne peut le tenir dans sa main, de guider le verre pour boire si on l'aide un peu en lui soulevant le bras*, et parfois il arrive à faire usage du cure-dents sans qu'on ait à lui soutenir le bras ; de sorte qu'il est pour l'instant délivré de la douleur et qu'il dort bien.
>
> Afin que Sa Majesté [le roi] et Son Altesse [la régente] sachent comment va Sa Majesté j'expédie ce bulletin, qui est somme toute encourageant compte tenu de la fureur

avec laquelle la crise est arrivée. Nous vous tiendrons toujours au courant ; pour le moment il n'y a rien de plus à ajouter. Le docteur écrit plus en détail à Sa Majesté la reine de Hongrie. Si Sa Majesté s'en sort sans plus de mal que jusqu'ici nous pourrons dire que nous l'avons échappé belle. Dieu veuille lui redonner la santé ! »

Deux jours plus tard il adressait simultanément un bulletin à Vázquez et à doña Juana ; il répétait à cette dernière « qu'ils avaient bien cru que ces méchantes humeurs ne se contenteraient pas de si peu » ; que l'empereur voulait absolument se lever, mais qu'il était encore trop tôt pour cela, quoiqu'il fût « moins amaigri et moins livide que les autres fois » ; par contre il avait du mal à avaler, la fièvre lui ayant provoqué une inflammation de la bouche. Au secrétaire, il précisait à propos de la perte de sommeil et d'appétit de son maître : « cela doit être dû à l'épuisement provoqué par la crise car, croyez-moi, elle l'a pris aux pieds et aux mains, sans épargner ni coudes ni dos, pas même la nuque, et elle a duré plus ou moins selon les endroits touchés. Les frissons et la fièvre qu'il a eus nous ont bien contrariés, d'autant que Sa Majesté a dit à deux reprises qu'elle n'en avait de sa vie ressentis d'aussi forts. » Ayant appris que son correspondant avait été lui aussi victime d'une crise aux pieds qui l'avait tenu deux jours au lit, il s'exclamait : « remerciez le Ciel que ça en soit resté là, car c'est à mon avis *un des pires maux qui soient* » ; il ajoutait que Charles Quint, informé, se réjouissait de son rapide rétablissement.

Le 9 janvier, l'empereur se sentait mieux, mais il avait bien maigri ; s'il avait tant tenu à se lever c'était pour écrire à son fils mais Luis Quijada était d'avis qu'il ne pourrait pas reprendre la plume de sitôt : « il commence à utiliser un peu la main gauche pour manger, et il ne la porte plus en écharpe, mais un des doigts a une très vilaine couleur » ; sa bouche lui fait mal, des mucosités l'encombrent qu'il a du mal à cracher : « c'est signe que la goutte l'a quitté », constate curieusement – mais d'expérience – le majordome. Le 16, Charles Quint écrivait à sa sœur Marie en précisant à la fin : « Bien que j'eusse aimé que cette lettre fût de ma main, celle-ci n'est pas encore en état pour que je le puisse faire, mais je vais, grâce à Notre Seigneur, mieux que ces jours derniers. » Le 18, dans une longue lettre adressée à son frère (à propos d'une dette que celui-ci lui réclamait indûment) il précisait d'entrée :

> « J'eusse bien voulu vous avoir plus tost respondu : mais, comme au temps que je le pensois faire, m'a prins la goute ; qu'aincoires qu'elle m'a faict gran'grâce de tant différer plus que les autres années, et ne m'a traicté si mal qu'elle souloit, sy y a-t-il prez de ung mois qu'elle me a empêché à ce faire. »

Le 25, Quijada précisait : « il dort et mange bien, mais le bras gauche ne répond pas, et quant au droit il a bien du mal à le lever, mais ni l'un ni l'autre ne le fait plus souffrir ». Comme si cela ne suffisait pas, un autre mal se déclara : de terribles démangeaisons aux jambes qui lui ôtaient le sommeil et qu'il s'obstinait, au grand dam du médecin, à soulager selon une vieille recette flamande : « il trouve un soulagement en se baignant les jambes avec un mélange de vinaigre et d'eau de rose, dont il imprègne des bas de toiles qu'il porte ainsi mouillés, bien que ce ne soit pas bon pour la goutte ; mais il dit qu'il se sent mieux avec ce remède et en laissant ses jambes à découvert, car s'il les couvre il a trop chaud ; cependant s'il ne les couvre pas le froid est très mauvais pour la goutte ; mais il nous dit qu'il ne peut pas faire autrement ». Et ce nouveau symptôme sans doute lié au diabète qui le rongeait aussi allait – entre autres maux – empoisonner ses derniers mois de vie.

### *Un courage stoïque – et chrétien – face à la douleur*

Ce n'est point par complaisance morbide que nous livrons ainsi, à la vue de tous, les misères et les infirmités de l'empereur, mais parce qu'elles révèlent l'homme. La documentation exceptionnelle – par l'abondance et la qualité, la fiabilité – dont nous disposons sur ce sujet, pour les derniers mois de sa vie notamment, nous introduit au cœur même de son intimité. Paradoxalement, ces misères physiques – atrocement douloureuses, désespérément récurrentes, épuisantes, dégradantes chez tout autre – soulignent sa grandeur ; quiconque aura un tant soit peu souffert le comprendra. Patient – au sens étymologique – aussi courageux qu'indocile, il fit à coup sûr le désespoir de ses médecins, dont il ne faisait pas grand cas. Mais on entrevoit un homme qui assuma, en toute connaissance, ces vieux maux familiers, si cruellement fidèles, en remerciant Dieu à chaque crise qu'elle n'eût pas été pire ; qui les supporta avec une dignité inébranlable, au sein même de sa quotidienne solitude, avec un stoïcisme de soldat et une chrétienne lucidité : sans jamais un mot de plainte. Et sans avoir failli pour autant au devoir d'une tâche réellement écrasante.

Les *Mémoires* dictées par Charles Quint, cette sorte de « journal rétrospectif » de son action politique et militaire entre 1517 et 1547, qu'il expose en parlant de lui-même – avec distance – à la troisième personne, permettent à cet égard de reconstituer l'évolution du mal – la goutte – dont la première attaque, qui le prit sur le chemin de Madrid à Valladolid, remontait à 1528 ; mais aussi, et surtout, de mesurer la capacité d'endurance de l'illustre « patient ». On peut ainsi repérer au moins dix-sept crises, dont certaines furent à répétition, ce qui représente une crise par an, et qui durait chacune des semaines voire des mois. Ces froides notations mêlées au récit des événements sont ici pour nous d'un grand intérêt ; ainsi en est-il de la crise qui l'affecta en septembre-octobre 1546, en pleine guerre d'Allemagne. L'empereur avait établi son artillerie sur une hauteur près d'Öttingen et de Nördlingen à portée de tambour de l'ennemi, ennemi que le brouillard empêchait de localiser. La situation était délicate et il n'avait pas droit à l'erreur. Il a lui-même rapporté l'épisode, en termes très éloquents dans leur sobriété :

> « Ce son du tambour dura toute la nuit et la matinée du lendemain, qui fut le jour de la Saint-François. Pendant toute la nuit, diverses personnes et même le capitaine général s'occupèrent dans le camp de savoir l'emplacement de l'ennemi et ses intentions. L'Empereur lui-même, bien qu'il eût été atteint deux jours auparavant d'un accès de goutte à un pied, veilla la plus grande partie de la nuit pour entendre les nouvelles et donner les ordres nécessaires. De bonne heure et quoique travaillé par la goutte, il se leva, se confessa et entendit la messe, croyant que la bataille se livrerait ce jour-là ; puis, sans faire cas ni du brouillard, ni des douleurs qu'il ressentait, il monta à cheval et, après être sorti du camp, gravit la montagne où se trouvait l'artillerie pour savoir plus vite ce qui se passait. Mais la goutte le tourmenta au point qu'il fut obligé d'attacher une bande de toile à l'arçon de sa selle pour y reposer le pied [droit] qu'il tint ainsi toute la journée[9]. »

Conduire ses troupes, mobiliser toutes ses capacités physiques et mentales dans de telles conditions de souffrances, poignantes, harcelantes, lancinantes, et dans les pires conditions qui soient pour ce genre de mal – froid, brouillard, et position à cheval – force le respect. Luis de Avila y Zúñiga l'a sobrement noté dans son récit de la campagne, et même l'abbé de Brantôme, dans sa *Vies des hommes illustres et grands capitaines*, s'en fit l'écho en ces termes[10] : « Il se dict de ce brave empereur que, le jour mesme de la bataille, il estoit si mal mené de ses gouttes qu'il portait une de ses jambes appuyée dans un linceul ou nappe attachée à l'arçon de son cheval, qui était un genest d'Espaigne très beau. »

En janvier 1547, soit quelques semaines plus tard, autre crise, à Rathenbourg où il faisait reposer ses soldats ; il écrit d'ailleurs à ce sujet, toujours en parlant de lui-même à la troisième personne : « Depuis l'accès qu'il avait ressenti le jour de la Saint-François, il n'avait fait que retomber d'un accès dans l'autre, suite d'atteintes qu'on peut compter pour sa treizième crise, aussi décida-t-il de se mettre au régime et à la diète. » Entre février et avril 1547, l'empereur « attendant à Ulm le moment propice pour commencer son régime et soigner le mal dont on a parlé », recevait une pluie de menaçantes nouvelles de Jean-Frédéric de Saxe qui, retiré à Gotha avec les débris de son armée, se préparait à causer le plus de mal possible aux impériaux, et des efforts redoublés du pape Paul IV qui se démenait pour lui nuire. Il note alors : « Tourmenté de voir que d'un côté il pouvait difficilement diviser ses forces et que de l'autre sa santé exigeait des soins, l'empereur ne savait que faire. » Mais considérant la gravité de la situation, et notamment celle de son frère Ferdinand, militairement en mauvaise posture et de surcroît frappé par le deuil (il venait de perdre sa femme), Charles Quint écrit qu'il « décida, tant pour consoler le roi son frère dans son chagrin que pour l'aider contre ses ennemis, de différer la diète et le régime dont il attendait la guérison, et, après avoir laisser à Augsbourg, Ulm et Francfort les garnisons qu'il y avait placées, de partir aussitôt avec le reste de son armée ». Après son départ d'Ulm, l'empereur se sentit fort mal, et il écrira à ce propos :

> « … arrivé à Nördlingen, il se sentit si mal de certaines indispositions produites par les fatigues qu'il avait supportées, qu'il fut contraint de s'y arrêter quelques jours. Mais comprenant l'inconvénient qui pouvait résulter d'un long retard, en litière et tant bien que mal, il se mit, quoique indisposé, en route et arriva à Nuremberg, où il fut reçu comme il pouvait l'être par des habitants étrangers à la ligue et qui n'avaient pas été hostiles à l'Empereur. Là il eut une rechute qui l'obligea à s'arrêter plus qu'il n'aurait voulu. Malgré tout il prit courage et fit tant que, soit en litière, comme il a été dit, soit autrement, il arriva à Eger. »

Tel était donc son état à la veille de la bataille de Mülhberg.

Quant à la dernière crise de goutte signalée par l'empereur lui-même dans son texte, elle l'affecta après ladite victoire, lors de la diète d'Augsbourg à laquelle il se rendit depuis Nuremberg, où une hépatite venait déjà de le terrasser. Comme il le dit lui-même dans son sobre discours : « … l'Empereur quitta Nuremberg [le 1er août 1547] où il fut atteint de la jaunisse. Le mal ayant beaucoup diminué, il continua sa route mais aussitôt arrivé à Augsbourg il en fut repris et se sentit très souffrant. Avant d'être complètement guéri, il adressa sa proposition à la diète pour qu'elle s'occupât de porter remède aux choses qui y étaient exposées […]. En ce temps, après la jaunisse, l'empereur eut la goutte, qui bien qu'elle ne fût pas si générale que dans d'autres accès, attaqua parfois tant de ses membres qu'elle lui dura jusqu'au printemps de l'année 1548. » Donc, de juillet 1547 à mars 1548, il eut à souffrir d'une hépatite et de la goutte tout ensemble.

Il ressort de ce simple examen que ni *avant*, ni *pendant* ni *après* Mülhberg le mal ne lui avait laissé de répit. Cela aussi, qu'ignore évidemment la représentation littéraire ou iconographique du triomphe, donne la mesure de l'homme. Plus encore si on lit entre les lignes. Arrivé à Eger – où il apprit la mort de François Ier –, et ayant rejoint en route Ferdinand et le duc de Saxe, avant d'envoyer le duc d'Albe ouvrir la marche, ils « firent telle diligence » qu'au bout de neuf jours ils arrivaient au Somhof, résidence de Maurice de Saxe, à trois lieues du camp ennemi du duc Jean-Frédéric, établi à Meissen de l'autre côté de l'Elbe. « Comme les soldats avaient marché ces neuf jours sans presque se reposer, il parut convenable à l'empereur qu'ils se reposassent le lendemain de leur arrivée, car il pouvait être nécessaire d'engager une action sérieuse, ce qui en effet arriva. » Or, précisément au cours de cette journée l'ennemi décampa pour s'installer, toujours sur l'autre rive du fleuve, en un lieu dit Mülhberg.

L'ayant appris à cinq heures de l'après-midi, l'empereur regrettait le bref repos – pourtant indispensable – qu'il avait accordé : « Ces avis arrivèrent presque en même temps, vers les cinq heures du soir, à l'empereur, et *Dieu sait s'il se repentit de s'être reposé ce jour-là*, car il lui semblait qu'il n'aurait pas le temps le lendemain d'atteindre les ennemis ; mais Dieu par sa bonté y pourvut. Considérant que les troupes avaient marché près de vingt-quatre heures, il jugea qu'elles ne pouvaient pas déloger tout de suite et entreprendre une longue marche [...]. Pour racheter la faute qu'il croyait avoir commise en ne marchant pas ce jour-là, il serait de bon gré parti sur l'heure avec tous les combattants, laissant derrière lui les inutiles et le bagage, mais on le lui déconseilla, car l'emplacement du camp était ceint d'un ruisseau et avait une sortie difficile ; or, comme il faisait déjà nuit, il y aurait eu, à n'en pas douter, beaucoup de confusion et de désordre à la sortie. L'empereur, se rangeant à cette opinion qu'il trouva raisonnable, décida de différer le départ jusqu'au lendemain. » Le lendemain serait jour de victoire... Mais, en dehors de l'intérêt historique de ce témoignage, il nous donne quelque idée de l'effort commun partagé par un chef dont on a vu qu'il n'était pas, physiquement, au mieux de sa forme ; mais, contrairement au dernier des soldats, point question pour lui – jamais – de se faire « porter pâle ».

Trois semaines après son arrivée à Jarandilla, pendant le bienfaisant répit qui suivit l'éprouvante traversée de l'Espagne, il avait eu, lors d'une de ses conversations familières et quotidiennes – d'homme à homme – avec le colonel Quijada, qui l'a rapportée, des mots éloquents à ce sujet. L'empereur, qui venait de déjeuner, déclara ne pas s'être senti depuis longtemps aussi détendu – « il n'avait pas cette sensation de pesanteur qu'il a d'habitude » – ce à quoi, écrit Quijada :

> « Je lui répondis que cela se voyait bien à sa mine, qu'il ne pouvait pas nier que l'Espagne lui était salutaire, sa bonne forme en étant la preuve, et que je souhaitais qu'il en fût ainsi pendant de longues années. Il me dit alors : "Vous savez, tel que je me sens là, je serais presque ennuyé si la goutte ne venait pas à se déclarer, car si ces humeurs ne

> sortent pas par là, elles le feront forcément d'une autre manière, et il se pourrait que j'ai de l'asthme ou quelqu'autre mal qui serait pire encore ? C'est pourquoi je ne serais pas mécontent que la goutte se déclare." Je lui répondis quant à moi : "Que Votre Majesté ait toujours la même santé qu'à ce jour, et quand le mal viendra, qu'elle le prenne en patience." Il dit que c'est à coup sûr ce qu'il fera. Soyez assuré qu'il va très bien, sans aucune de toutes ses indispositions habituelles, et que cela se voit. Que Dieu le garde, et lui donne santé et longue vie. »

Dans cette même lettre, une anecdote nous le montre faisant de l'humour sur ses infirmités. L'avant-veille un messager de la duchesse de Frías, la femme du connétable de Castille qui l'avait accueilli à Burgos, avait apporté de sa part de menus présents pour l'empereur : des eaux de senteur, un brûle-parfum en argent, et de très beaux gants… douze paires ! Exprimant au messager le plaisir qu'il avait à les recevoir il dit, en contemplant les gants – et ses mains nouées, crispées et déformées – que la duchesse « eût été bien inspirée de lui envoyer aussi des mains pour les porter ! »

Cette vaillance devant l'épreuve sans gloire de la maladie – ce mépris de soi, profondément chrétien et tellement espagnol, face à la douleur – si elle ne fut pas l'apanage exclusif des rois, force est de reconnaître qu'ils surent l'inscrire dans l'exigence du « noblesse oblige », et hautement l'assumer. Certes, pour grands que soient les rois « *ils sont comme nous sommes, / Véritablement hommes, / Et meurent comme nous* », écrirait un jour un poète normand (pour l'heure, au berceau) ; mais les hommes que nous sommes pourraient, en cela, apprendre aussi des rois. En Espagne, puisque nous y sommes, Isabelle la Catholique, Charles Quint, Philippe II, furent à ce titre des monarques particulièrement exemplaires.

*Un visiteur exceptionnel*

Au cours des deux mois et demi passés à Jarandilla l'empereur reçut plusieurs visites de la noblesse installée dans la région ou de passage : notamment – et d'abord – de son hôte le comte d'Oropesa, seul ou accompagné de son frère ou de sa sœur, du duc d'Escalona, de don Sancho de Córdoba, de don Fadrique de Zúñiga, de don Alonso de Baeza, du comte d'Olivares ; et de don Luis de Avila, grand commandeur de l'ordre d'Alcántara, fidèle compagnon des guerres d'Allemagne, venu le 21 décembre en voisin – de son château de Plasencia, à une quarantaine de kilomètres de là – et qui, lors du séjour à Yuste, devait aller fréquemment tenir compagnie au maître qu'il admirait et qu'il aimait. Mais parmi ces visiteurs il en était un qui retient particulièrement l'attention par sa personnalité hors du commun et les liens puissants qui l'avaient attaché à l'empereur : le père François *le pécheur*, ex-duc de Gandía et marquis de Lombay, un Borgia de lumière…

Cette étonnante famille[11], universellement connue pour les plus scandaleux de ses membres, était depuis deux siècles féconde en personnalités pour le moins marquantes, dont de nombreux ecclésiastiques. Ce fut au milieu du XIVe siècle qu'une famille de petite noblesse (peut-être originaire de *Borja*, bourgade aragonaise de la région de Saragosse), installée à Játiva et comptant d'autres biens et des parents dans les villes de Valence et d'Alcira, commença son étonnante ascension.

Le chef de cette famille patricienne était alors un certain Gonzalo-Gil de Borja (telle est la forme espagnole du patronyme, plus connu sous sa forme italienne), qui exerçait en 1346 une fonction à la fois défensive et administrative au sein de la municipalité : il était en effet *jurado-militar* de sa cité. Son petit-fils, Rodrigo-Gil, fut à l'origine de la promotion sociale assez extraordinaire de la maison ; il sut faire le bon choix au temps des guerres qui opposèrent une partie de la noblesse féodale – la célèbre « *Unión de la nobleza* » – au redoutable Pierre IV d'Aragon ; ce roi dont le triple surnom cerne bien la puissante personnalité : *« el del Puñalet »* – soit, Pierre IV « au poignard » – en souvenir d'un fameux geste, hautement significatif de la violence politique du temps, mais aussi Pierre IV dit le Cruel ou le Cérémonieux.

En récompense de sa fidélité Rodrigo-Gil fut chargé de donner en partage aux loyaux sujets les terres confisquées aux nobles rebelles et vaincus. Il put ainsi épouser une Valencienne de meilleur lignage – Sibilia de Escribá – dont il eut cinq enfants. L'un d'eux, Jofré-Gil, prit à son tour pour femme une Isabelle de Borja appartenant à une autre branche, également de la moyenne noblesse, celle des seigneurs de Canals.

Un des frères de ladite Isabelle, Alonso de Borja, archevêque de Valence, était devenu le pape Calixte III. Ce premier *pape Borgia*, au cours de son bref pontificat (1455-1458), fit du népotisme au sens le plus strict du mot en élevant au cardinalat plusieurs parents, dont son neveu le futur Alexandre VI. Celui-ci en ferait à son tour une pratique courante. De ce mariage entre Jofré-Gil et Isabelle naquirent trois filles et deux fils, dont l'un – Rodrigo *alias* Alexandre VI – devait être le pape de la découverte de l'Amérique et du partage du monde !

Chacun sait que le cardinal Alexandre Borgia eut, avant d'accéder au Saint-Siège (et même après), plusieurs enfants, de mère inconnue pour la plupart ; mais les plus importants, ceux qui défrayèrent la chronique du temps et ont – jusqu'à nos jours – marqué les esprits et fait courir les imaginations, furent César, Jean et Lucrèce, dont la mère, Vannozza Catanei, fut trois fois mariée avec des fonctionnaires de la curie romaine. De ces trois enfants sulfureux le second eut un sort particulièrement tragique.

Jean, né à Rome en 1476, avait (par suite de la mort d'un demi-frère bâtard) hérité des fiefs valenciens : le duché de Gandía et la baronnie de Lombay. Les relations (nullement désintéressées de part et d'autre) étaient alors étroites entre le nouveau pape et Ferdinand II d'Aragon, roi-consort de Castille. Alexandre VI négocia donc pour son fils Jean un mariage princier avec María Enríquez, cousine germaine du roi. Les noces furent célébrées à Barcelone en 1493. On venait tout juste de découvrir un nouveau monde !

Les jeunes mariés séjournèrent à Valence, puis à Gandía ; mais le roi d'Aragon tardant à dispenser les faveurs attendues, Jean, que son père avait nommé capitaine général de l'Église, reprit – pour son malheur – le chemin de l'Italie. Il y essuya quelques échecs militaires devant le roi de France Charles VIII, puis trouva une mort prématurée, aussi mystérieuse que tragique, dont on ignore encore si les raisons en furent passionnelles ou politiques, et si le frère aîné César y prit quelque part. À vingt et un ans Jean fut tué et jeté dans le Tibre.

Il laissait, malgré son jeune âge, deux enfants : Jean et Isabelle. La fille devint clarisse, le fils (1495-1543) fut le troisième Borgia duc de Gandía. Il épousa en premières noces doña Juana de Aragón, fille naturelle de don Alonso de Aragón, archevêque de Saragosse, lui-même fils illégitime de Ferdinand le Catholique ; puis Jean de Borja Enríquez convola avec doña Francisca de Castro Pinós. De ces deux femmes, fécondes, naquirent dix-neuf enfants (neuf fils et dix filles) dont plus de la moitié (cinq filles et cinq garçons) entreraient dans l'Église.

L'aîné des sept enfants du premier lit fut *François de Borja y Aragón*. Ce futur saint, arrière-petit-fils d'Alexandre VI et de Ferdinand le Catholique, petit-neveu de Lucrèce Borgia, serait le troisième général de la Compagnie de Jésus. Trois de ses quatre sœurs entrèrent chez les clarisses, et ses deux frères, qui moururent jeunes, devinrent l'un cardinal et l'autre abbé. De cette fratrie, seule Luisa, la cadette, resta dans le siècle et devint par son mariage duchesse de Villahermosa.

### *La « carrière » de François Borgia*

Né à Gandía le 28 octobre 1510 François était de dix ans plus jeune que Charles Quint auquel il était donc, du côté maternel, apparenté. Fascinant personnage que ce Borgia-là, de sang tout à la fois royal et… pontifical ! Orphelin de mère à dix ans il fut envoyé à Saragosse dont l'archevêque n'était autre que son oncle, Juan de Aragón, le frère de Juana. Celui-ci avait tout simplement succédé en 1520 à son père Alonso (ce fils naturel du roi Ferdinand d'Aragon) qui avait occupé – dès l'âge de huit ans – le siège archiépiscopal plus de quarante années durant ! De telles situations, surprenantes aujourd'hui, étaient alors sinon courantes du moins possibles. Rappelons que le siège de Saint-Jacques-de-Compostelle avait ainsi été occupé, pendant plus de soixante ans (de 1460 à 1523), par trois parents homonymes, les trois Alonso de Fonseca : l'oncle, puis le neveu, enfin le fils de ce dernier, une sorte de dynastie ! Cette infraction manifeste au vœu de chasteté, de surcroît objet d'une telle complaisance politique, avait inspiré à l'austère cardinal Cisneros – archevêque de Tolède et donc primat d'Espagne – une très acerbe remarque sur la « succession par primogéniture » à l'archevêché galicien !

À Saragosse, le jeune François de Borja y Aragón *alias* François Borgia (nous adopterons cette forme, familière au lecteur français) s'initia au maniement des armes, mais aussi aux lettres et à la musique : « en musique il composa nombre d'œuvres dignes d'un bon maître de chapelle », écrira son biographe – le père Ribadeneyra – en 1592. Puis il fut envoyé à Tordesillas comme page de l'infante Catherine, la fille cadette de la reine Jeanne de Castille, dite la Folle, et fille posthume de l'archiduc d'Autriche, Philippe le Beau.

Dans cette forteresse où sa mère devait passer près d'un demi-siècle, doublement enfermée, physiquement et mentalement, l'enfant (qui s'y trouvait depuis ses premiers jours) s'étiolait dans une terrible solitude, que vint rompre en partie la venue d'un jeune page presque de son âge. Il n'y resta cependant que peu de temps ; l'infante ayant quitté Tordesillas et sa mère démente pour épouser Jean III de Portugal en 1525, François retourna à Saragosse pour y parfaire ses études sous la férule du mathématicien-philosophe Gaspard de Lax, qui fut également le maître de l'humaniste ami d'Érasme Jean-Louis Vivès, un Valencien devenu citoyen de Bruges. Plus tard, cette formation l'aiderait à partager les plaisirs de la mathématique et de la géographie auxquels Charles Quint s'adonnait en compagnie de son grand cosmographe, Alonso de Santa Cruz.

Au bout de trois ans, en 1528, à la demande de l'empereur, qui l'accueillit plutôt comme un parent que comme un serviteur, il entrait à son service, pour épouser l'année suivante une dame d'honneur – bientôt « *camarera mayor* » – de la jeune impératrice Isabelle de Portugal, Leonor de Castro, amie d'enfance de l'impératrice et la préférée de ses « dames », qui lui donnera huit enfants. Le premier, prénommé Carlos – en l'honneur de l'empereur –, naquit en 1530, année faste pour le jeune père. En effet, cette année-là (celle du couronnement impérial à Bologne), l'empereur transforma en marquisat la baronnie de Lombay (Llombai, en valencien) que Juan de Borja y Enríquez[12] venait de céder à son fils aîné, devenu ainsi marquis de Lombay, et promu tout ensemble grand veneur de la Cour – « *Montero mayor* » – et grand écuyer – « *Caballerizo mayor* » – de l'impératrice.

## *Le grand choc*

Il participa dès lors à la vie politique, en faisant, notamment, la campagne de Provence en 1536, où il assista dans ses derniers instants son ami le grand poète castillan Garcilaso de la Vega, mortellement blessé lors de l'attaque de la tour de Muy, à Fréjus ; il partagea les joies et les peines de l'empereur et, parmi les peines, la plus grande de toutes : le deuil qui ôta à celui-ci, le 1er mai 1539, à la fois une précieuse collaboratrice et un être très cher. La mort en couches – hélas si courante à l'époque, au palais comme dans la chaumière – qui emporta à trente-six ans Isabelle de Portugal, aussi attachante pour son entourage par son intelligence et sa bonté que par sa beauté (immortalisée par Titien), ébranla François Borgia jusqu'au tréfonds de l'âme, autant – c'est tout dire – que l'empereur lui-même.

D'autant plus qu'il se vit confier, par un redoutable privilège, et selon le vœu de la défunte, la mission d'accompagner, avec quatre prélats et le marquis de Villena, la dépouille impériale jusqu'au panthéon de Grenade : il dut ainsi « reconnaître » – avant la sépulture, le 17 mai – celle qu'il avait servie pendant dix années avec dévotion, dans un cadavre vieux de plus de deux semaines, dont l'état était tel (la très chrétienne Isabelle ayant refusé tout embaumement) qu'il était méconnaissable, impossible même à identifier.

Terrible illustration du *Vanitas vanitatum* de l'Écclésiaste, où l'on a cru déceler l'origine du futur renoncement du marquis de Lombay. Son biographe lui a prêté cette exclamation, devant le cercueil ouvert et nauséabond : « Ne plus jamais servir, plus jamais, un maître qui soit mortel » / « *Nunca más, nunca más servir a señor que se* me *pueda morir.* » Traduction insuffisante car le français ne peut rendre ici ni la force ni la profondeur – la tendresse – du datif : « un maître que la mort puisse *m'*enlever », serait plus fidèle à l'esprit de ce cri.

Que François l'ait ou non proféré, il est certain que tel devait bien être son état d'esprit. Cependant, comme le souligne le père Cándido de Dalmases[13], actuel biographe et coreligionnaire de saint François Borgia, ce fut la mort prématurée de l'impératrice, plus que la vision de son corps putréfié, qui le marqua à vie. Dans le journal spirituel qu'il tint dans ses dernières années, jamais il ne manqua d'en rappeler l'anniversaire : « Action de grâce pour vingt-cinq ans aujourd'hui », écrivait-il au 1er mai – et non au 17 – 1564 ; et ainsi tous les ans, jusqu'à sa propre mort.

Par ailleurs, ce voyage funèbre à Grenade lui avait permis de rencontrer, et sans doute aussi d'entendre, l'apôtre d'Andalousie, Jean d'Avila – le futur « bienheureux » –, alors très connu pour la sainteté de sa vie et la force de sa prédication. On lui doit des textes – vraiment impressionnants – dans lesquels il exhorte le chrétien non pas à supporter avec patience mais à accepter avec joie l'adversité, en particulier la maladie et la douleur, comme partage privilégié des souffrances du Christ, et preuve majeure de l'amour de Dieu pour celui qu'il accable – ou qu'il comble – de la sorte. Ainsi, à doña Sancha Carrillo, une jeune femme de ses amis, âgée d'une vingtaine d'années mais gravement malade, il écrivait par exemple[14] :

> « J'ai appris que vous êtes souffrante mais je ne puis m'en condouloir, car je ne veux point pour mes disciples de consolations mais des maux, car plus tard viendra le temps de la consolation. Maintenant, madame, n'ôtez point les yeux de la croix, ni le cœur de celui qui s'y est mis : n'ayez point de répit que vous n'ayez pris goût à la souffrance, car c'est à cela que l'on reconnaît l'amour ; n'ayez aucune pitié de vous-même, car au ciel et sur la terre on en a pour vous de tout cœur. Ce qui vous arrive n'arrive pas par hasard, mais préparé de la main de qui vous aime réellement [...]. L'amour véritable augmente avec la douleur, car plus il a à souffrir plus il en a la force ; et s'il s'accroche à Dieu, il surmonte la souffrance et aucune eau ne peut éteindre ce brasier descendu du ciel. Dieu vous a appelée pour aimer, et l'amour n'est point pour qui se plaît dans le confort : il vous faut devenir odieuse à vous-même pour aimer le Christ, et vous renier pour l'adorer, être cruelle à vous-même pour être douce et tendre aux yeux du Seigneur. Si vous voulez jouir de sa présence, oubliez votre propre existence, » etc.

Si cette double expérience, confluente, a pu faire naître chez le marquis de Lombay le désir de se retirer du monde, ce ne pouvait qu'être un projet à long terme, François étant alors à vingt-neuf ans chargé d'une famille de huit enfants dont l'aîné n'avait pas dix ans. Mais elle provoqua indubitablement une « conversion » intérieure, une exigence nouvelle envers soi-même, une aspiration durable à dégager l'esprit de la chair. Mais pour l'heure, tout en intégrant sur le conseil de l'empereur l'ordre militaire de Saint-Jacques (dont il deviendra commandeur), il recevait, le 26 juin, la très lourde charge de lieutenant-général ou vice-roi de

Catalogne, qu'il devait assumer jusqu'en 1543, en faisant preuve de réelles qualités de gouvernant ; il sut désamorcer les conflits par son art de la conciliation, et enrayer le « *bandolerismo* » – délit relevant autant du droit commun que du crime politique – qui ravageait la région.

*La « conversion »*

Quelques mois avant la fin de ce mandat, recueillant l'héritage et la succession de son père décédé le 17 décembre 1542, il devenait le quatrième Borgia duc de Gandía. Le duché, situé en pleine « *Huerta* » valencienne, avait été aux XIVe et XVe siècles le domaine de certains membres de la famille royale de la couronne d'Aragon, les « ducs royaux », et les administrateurs appartenaient à la famille March. Le dernier d'entre eux, le grand poète catalan Ausiàs March, ami et protégé de l'infant d'Aragon et de Navarre, Carlos prince de Viana, y écrivit les poèmes-prières de son *Cant Espíritual* un siècle avant que François n'y rédigeât lui-même ses premiers traités de spiritualité. En 1485 Ferdinand d'Aragon, l'époux de la reine de Castille, donnait ce duché à titre héréditaire à Pedro-Luis Borgia (un des enfants du futur Alexandre VI mais de mère inconnue), qui avait acheté la ville et les terres peu auparavant. Mort sans descendance, le bénéficiaire transmit cette royale faveur à son demi-frère Jean. Un quart de siècle plus tard, son petit-fils François, le saint, devait y voir le jour.

Dès cette époque, et malgré l'importante fonction politique qu'il exerçait en Catalogne, François Borgia manifesta une vie spirituelle intense, consacrant – tout laïc qu'il fût – de longues heures à la prière, pratiquant très assidûment la confession et la communion, travaillant à la connaissance de soi pour laquelle il rédigea déjà des méthodes d'introspection. S'il avait pris pour directeur de conscience Juan de Tejeda, un modeste franciscain qui l'avait suivi à Gandía, et s'était lié d'amitié à Barcelone avec Pierre d'Alcántara,

– provincial du même ordre et futur saint –, il y eut aussi son premier contact avec la Compagnie de Jésus, fraîchement fondée par Ignace de Loyola (Paul III venait de l'approuver en septembre 1540), à travers les pères Antonio de Araoz et Pedro de Fabro. La rencontre fut déterminante.

L'ayant déchargé de la vice-royauté de Catalogne en avril 1543, Charles Quint voulut investir François Borgia de la charge – importante – de grand chambellan de María Manuela de Portugal, qui allait épouser le 13 novembre à Salamanque le prince héritier ; Leonor de Castro serait la « *camarera mayor* » de la princesse María, comme elle l'avait été de la défunte impératrice. Mais les rois du Portugal – la reine Catherine, surtout – s'y étant opposés (à cause, disait-on, du caractère difficile et dominateur de la duchesse de Gandía), François décida – après de longs mois d'inconfortable expectative – de rester dans son duché et de se consacrer à son administration. Cette sorte d'échec – sinon personnel, professionnel – dut achever de le convaincre de la vanité du monde, et l'aider à s'en détacher.

### *L'engagement*

Devenu veuf le 27 mars 1546, il s'engagea corps et âme dans la nouvelle voie qui semble l'avoir tenté depuis la mort de l'impératrice. Il commença par fonder à Gandía le premier collège de la Compagnie de Jésus, dont le bienheureux Pedro de Fabro posa la première pierre. Le collège, destiné à des élèves non jésuites, fut bientôt érigé (le 4 novembre 1547) en université par le pape Paul III, auprès duquel François intercédait de même en faveur des *Exercices spirituels* d'Ignace de Loyola, qui furent approuvés, le 31 juillet 1548.

François Borgia, marquis de Lombay et duc de Gandía, avait prononcé – juste après la mort de sa femme, en 1546 – ses premiers vœux : chasteté, obéissance et promesse d'entrer dans la Compagnie. Après avoir fait les exercices spirituels sous la direction du père Andrés de Oviedo, recteur du collège-université de Gandía, il fit sa profession solennelle le 1er février 1548, mais secrètement, tout en conservant l'habit séculier et l'administration de ses états : « restant duc en devenant moine », selon l'expression de François Mignet. Ayant entrepris de se remettre à l'étude, dans sa propre université à Gandía, il devint docteur en théologie à quarante ans. Huit jours plus tard, le 26 août 1550, après avoir fait son testament, il prenait le chemin de Rome pour y mettre au point avec le fondateur en personne son entrée officielle dans la Compagnie. Celui-ci déclarait, devant la perspective d'un événement aussi extraordinaire, compte-tenu de la personnalité du candidat, qu'un tel coup de tonnerre assourdirait le monde : « *el mundo no tendría oídos para escuchar tal estampido…* »

C'est ainsi que François Borgia demandait à Charles Quint, alors à Augsbourg, par lettre du 15 janvier 1551, l'autorisation de renoncer en faveur de son fils aîné au marquisat de Lombay ; l'empereur la lui accorda, sans enthousiasme, le 12 février. La lettre[15] du duc à l'empereur, datée de Rome, se terminait sur ces mots impressionnants, où l'on retrouve comme en écho Jean d'Avila :

> « Je promets que, si Notre Seigneur m'accorde la grâce de me permettre de m'amender quelque peu en cette vie, j'emploierai celle-ci à demander sans cesse, par le sacrifice et par la prière, à la divine Bonté d'accroître chez Votre Majesté la force spirituelle, *afin que, de même qu'Elle vous a donné la victoire sur les infidèles et les hérétiques, Elle vous l'accorde aussi sur les conflits et les passions du vieil homme, s'il en reste quelques unes à mortifier et à vaincre* ; et qu'Elle fasse que le souvenir de la Passion du Christ éclaire et embrase votre âme, et que vous puissiez dire comme l'Apôtre : "*Mihi absit gloriari, nisi in cruce*" ; car pour ceux qui y ont goûté la Croix est délectable, tandis que les délices leur sont la pire des croix ; et ils savourent la peine et le tourment, et sont en peine quand ces derniers – ainsi que la douleur et la souffrance – viennent à leur manquer.

> Que celui qui les a endurés sur la Croix pour Votre Majesté, avec tant d'intensité, protège votre impériale personne. »

De retour en Espagne, ayant ainsi renoncé à ses titres et à ses états, il fut ordonné prêtre le 23 mai 1551 à Oñate, et dit sa première messe, en privé, le 1er août dans l'oratoire de la maison d'Ignace à Loyola. Il célébra sa première messe publique le dimanche 15 novembre à Vergara – en plein air, l'église étant trop petite –, devant plus de dix mille fidèles qui bénéficièrent ainsi d'une indulgence spéciale accordée par le pape pour l'occasion. Le 22 août 1554, il prononçait enfin les vœux des profès de la Compagnie.

Nommé par Ignace, la même année, commissaire général pour l'Espagne et le Portugal, il joua un rôle sans cesse plus important au sein de ladite Société. Ce fut notamment lui qui, selon les termes d'Alfredo Sánchez-Belda[16], « ouvrit [à la naissante Compagnie] les portes des classes distinguées et des palais des rois [...] ; sa décision d'y entrer bouleversa de telle manière la haute société que de nombreux jeunes gens de familles illustres, pleins de qualités et d'espérances, des hommes éminents, des juristes exceptionnels, des vieillards rendus vénérables par l'âge et par la sagesse, mus par son exemple, entrèrent en religion ».

Appelé par Pie IV, il se rendra à Rome en 1561 où il suppléera en leur absence le général Diego Laínez (successeur d'Ignace, décédé en 1556) et le vicaire général Alfonso Salmerón, délégués au Concile de Trente comme théologiens pontificaux. À la mort de Laínez, François sera élu le 2 juillet 1565 par la Congrégation générale ; il deviendra ainsi le troisième général de la Compagnie de Jésus. Son généralat coïncidera exactement avec le pontificat de Pie V (1566-1572) : deux futurs saints, l'Esprit soufflait – enfin – décidément sur Rome !

Ayant accompagné en Espagne et au Portugal, sur ordre du pape, le cardinal Michele Bonelli *alias* Alejandrino, chargé de resserrer l'alliance des pays catholiques contre les Turcs, il rentrera épuisé et malade à Rome pour succomber aussitôt, le 30 septembre 1572. Son corps, après avoir reposé trois siècles et demi en paix dans la maison de la Compagnie à Madrid, y sera carbonisé lors des troubles du 11 mai 1931. Béatifié en 1624 – un an après la canonisation du fondateur –, il fut à son tour mis au nombre des saints par Clément X le 12 avril 1671.

À l'actif du commissaire puis du général François Borgia il faut – sans prétendre développer ici – mentionner, notamment, l'importance de son œuvre fondatrice. La création – il sillonna pour ce faire, à pied et par tous les temps, l'Espagne et le Portugal – de noviciats (le premier de la Compagnie le fut à Simancas en 1554) et de nombreux collèges par lesquels, selon l'expression de Mignet, « il préparait son ordre à y être l'instituteur de la jeunesse ». Et, plus encore peut-être, le mérite lui revient des premières fondations aux Indes occidentales (Mexique, Pérou, Brésil) de la mission jésuite, qui commencera par échouer dans le difficile contexte de la Floride – plusieurs pères y trouveront la mort dans les années 1570 – avant de culminer dans les fameuses « réductions » du Paraguay au début du XVII^e^ siècle.

*L'épreuve*

Le second voyage qu'il fera – appelé par Pie IV – à Rome (où il arrivera le 7 septembre 1561) marquera un dernier tournant décisif dans sa nouvelle vie. La cause en sera une navrante affaire que l'on ne comprend que dans le contexte particulier de l'Espagne des toutes premières années du règne de Philippe II. Certes, nous sortons là du cadre chronologique, et il est impossible d'exposer en quelques mots une affaire aussi complexe. Disons simplement que, dans un climat très tendu, cause et conséquence de la répression – brutale – lancée, nous le verrons, par le Saint-Office à Séville et à Valladolid contre certains foyers de protestantisme, François Borgia sera injustement victime du zèle inquisitorial. Dans l'*Index* de livres interdits que l'inquisiteur général Valdés publiera en Espagne – dans la foulée de l'*Index* romain ordonné par Paul IV – en 1559 figurait (à côté d'ouvrages du frère Louis de Grenade et du maître Jean d'Avila...) une miscellanée en langue espagnole, intitulée *Obras del Cristiano*, et attribuée à François Borgia.

Cette mise à l'*Index* provoquera la consternation de l'intéressé et l'inquiétude de la Compagnie. D'autant que l'ouvrage incriminé, édité à l'insu de l'auteur, était majoritairement composé de textes qui n'étaient pas de lui, l'éditeur indélicat ayant voulu tirer avantage du prestige de son nom et de sa personne. Jamais l'Inquisition n'accepta de revenir sur cette condamnation ni de préciser – comme elle eût dû le faire – en quoi ces textes étaient censurables. Le scandale sera retentissant, et coïncidera en outre avec une campagne de dénigrement de la Compagnie, mal acceptée en Espagne, où elle comptait de redoutables ennemis dont, notamment, le cardinal-archevêque de Tolède Juan Martínez Guijarro *alias* Silíceo, et l'illustre théologien dominicain Melchor Cano. François se verra par ailleurs desservi par les relations amicales qu'il avait entretenues avec l'archevêque de Tolède, Bartolomé Carranza, victime – et quelle victime ! – lui aussi d'un zèle inquisitorial pour le moins excessif, sinon malveillant. Dans l'entourage du père Borgia, on en viendra même à redouter pour lui un sort semblable : selon la rumeur, l'Inquisition aurait cherché à l'arrêter. Les épreuves – voire le martyre – qu'il appelait de ses vœux l'atteignirent donc, non dans sa chair, mais dans sa réputation personnelle et dans ses liens avec cette Compagnie à laquelle il avait tout sacrifié !

L'affaire, compliquée, fera grand bruit en Espagne. Limitons-nous à dire qu'elle poussa François à quitter le royaume pour le Portugal, dans un premier temps, puis pour l'Italie où l'appela – avec la complicité active du pape – le général Laínez. Ce geste visait, en soustrayant le père Borgia à tout danger, à ne point priver la Compagnie d'un membre aussi éminent, et qui n'avait en rien démérité ; en Espagne il devait, en calmant les esprits, sauver la Compagnie du naufrage qu'elle y redoutait. À quelque chose malheur étant bon, cette sorte d'exil forcé des royaumes ibériques, dans la patrie de son grand-père paternel, détermina la vocation romaine du jésuite François Borgia, et l'amena à prendre la direction de la Compagnie. L'Espagne y perdit peut-être un peu de son âme.

### *François Borgia et les Habsbourg*

Dans ce lamentable conflit, il ne fallut point compter en Espagne sur l'aide du nouveau monarque, qui n'aurait pour rien au monde discuté un jugement du Saint-Office. Et, selon les termes du père Cándido de Dalmases, pour Philippe II les liens étroits qui avaient unis et unissaient encore l'ex-duc de Gandía à sa famille, en particulier à son père et à sa sœur la princesse Jeanne, n'avaient guère pesé dans cette affaire. Cependant, de même que les papes – et notamment Paul III – lui manifestèrent maintes fois une réelle déférence, les Habsbourg d'Espagne l'eurent en très haute estime. Ils en firent à l'occasion un conseiller politique malgré lui, et le chargèrent de missions délicates. Auprès, notamment, de la malheureuse reine Jeanne de Castille – il avait pu tout enfant, petit page de Catherine, en mesurer la folie –, Jeanne dont le 12 avril 1555, à l'aube du vendredi saint, il recueillait le dernier soupir, après l'avoir guidée dans la nuit de sa raison naufragée vers la lumière définitive, en l'aidant à bien mourir.

Sa loyauté et son attachement personnel ne pouvaient s'exprimer en termes plus éloquents que ceux qui jaillirent sous sa plume, à Barcelone, le 22 novembre 1541 ; venant d'apprendre le désastre de l'expédition d'Alger, il écrivait à l'empereur vaincu ces mots de consolation qui ne trompent point[17] : « Nous sommes tous ici plus que jamais les esclaves de Votre Majesté, et plus décidés encore à mettre nos personnes à son royal service, à y employer nos vies et nos biens ; et nous rendons grâces à Dieu d'avoir épargné votre impériale personne, en comparaison de quoi, même si la perte de la flotte est une grande perte, elle nous paraît bien moindre. »

Il fut aussi – et surtout – chargé de la direction spirituelle de la régente doña Juana, fille de Charles Quint et sœur de Philippe II. Cette femme – d'une beauté et d'une intelligente peu communes – s'était, en l'espace de quelques mois et à l'âge de dix-neuf ans retrouvée veuve du prince héritier du Portugal Juan Manuel, mort le 2 janvier 1554, et mère – quinze jours plus tard – d'un fils, dom Sébastien, lui-même voué à un sort tragique. Cinq mois plus tard, elle devait quitter le Portugal et le bébé pour aller, à Valladolid, assurer le gouvernement des royaumes d'Espagne en l'absence de son père et de son frère.

Elle fit aussitôt appel au père Borgia pour qu'il l'aidât de ses conseils aussi bien spirituels que politiques. Leur effet bénéfique ne tardèrent pas, selon des témoins dignes de foi, à se manifester. À tel point que doña Juana exprima le véhément – mais problématique – désir de prononcer les mêmes vœux ! Un précédent malheureux ayant échaudé le fondateur lui-même, la Compagnie avait obtenu du pape en 1547 de ne point admettre de femmes… Par ailleurs l'illustre candidate avait déjà, au moment de son veuvage, prononcé des vœux franciscains. Une dispense ou une commutation s'imposait donc. Grâce au pape, les obstacles furent levés (pouvait-il en être autrement ?), et la régente prononça en 1555 – dans le plus grand secret – les vœux des novices de la Compagnie. Ils avaient ceci de particulier que si l'engagement était définitif pour le candidat, la Compagnie se réservait le droit de l'en relever. La raison d'État aurait pu en effet obliger un jour la princesse à se remarier…

L'adhésion et la dévotion de doña Juana à la Compagnie de Jésus ne firent que croître, elle l'aida financièrement et en favorisa l'expansion en Espagne. Elle se proposait d'amener son père et son frère, à leur retour, à partager son enthousiasme pour cette congrégation d'un genre nouveau. Mais, en attendant, son exemple fit fureur parmi les dames de la Cour qui se mirent à pratiquer la confession avec autant d'ardeur que des nonnes, mais cette fois avec des jésuites ; ce qui ne dut pas être du goût des ordres anciens, les mendiants notamment, et particulièrement les franciscains qui détenaient en Espagne une sorte de monopole du confessionnal… Par ailleurs, l'attachement manifeste d'une aussi haute personnalité que la régente à la personne de François Borgia, ne manqua pas d'attirer à ce dernier quelques inimitiés. Elles durent aussi jouer dans l'affaire qui le mit aux prises avec l'Inquisition, et qui installa dans l'esprit déjà peu confiant du roi Philippe II une réticence durable.

### *Tête-à-tête entre un ex-empereur et un futur saint*

C'était donc cet homme étonnant qui visitait l'empereur à Jarandilla en décembre 1556 : « *eran dos emperadores de sí mismo* », selon l'intraduisible expression de José Ignacio Tellechea Idígoras. Arrivé en Espagne, Charles Quint avait dès octobre exprimé sa surprise de ne point voir venir ce parent et noble serviteur. Puis en novembre, le comte d'Oropesa, son hôte, informé de son désir, avait de Jarandilla transmis le message. L'intéressé, que ni l'ingratitude ni l'indifférence n'avaient jusqu'alors retenu, mais une certaine inquiétude, prenait aussitôt le chemin de l'Estrémadure, d'Alcalá où il se trouvait.

Il savait, notamment par doña Juana, que l'empereur n'avait point compris ni apprécié le choix qu'il avait fait de la Compagnie, et qu'il projetait – à l'occasion – de l'en dissuader. La régente terminait d'ailleurs la lettre autographe dans laquelle elle l'en informait par ces mots : « Je vous avertis ainsi, mon Père, afin que vous ayez le temps, avant d'être appelé [à Yuste], de consulter Dieu et de réfléchir à ce que vous devrez répondre à [l'empereur] mon père, de qui je tiens, de sa propre bouche, ce que je vous ai écrit. » On comprend que le père Borgia ait ressenti quelque sentiment d'angoisse devant l'épreuve qui l'attendait… Cependant, comme l'écrivait un jésuite au général Laínez, « bien qu'on nous ait dit que [l'empereur] a peu de dévotion pour la Compagnie, puisqu'il en a pour l'homme il nous a semblé bon que celui-ci réponde à son appel ».

L'ex-duc de Gandía, inquiet mais désireux de plaider la cause de ses compagnons devant une telle instance, se présenta donc à Jarandilla, avec deux autres pères. En *post-scriptum* à sa lettre du 19 décembre 1556 au secrétaire Vázquez, Luis de Quijada a simplement noté : « aujourd'hui le père François s'est entretenu deux bonnes heures et demie avec l'Empereur ; Sa Majesté dit qu'il a énormément changé depuis l'époque où il était marquis de Lombay ». Il ne pouvait en être autrement. Ils ne s'étaient pas revus depuis une quinzaine d'années, depuis le passage du souverain par la Catalogne du temps où le vice-roi était François Borgia. Or la transformation spirituelle qui avait conduit celui-ci à son nouvel état l'avait aussi métamorphosé physiquement. Lui que jadis l'obésité menait au bord de l'asphyxie – au point que l'empereur, au cours de l'accablante campagne de Provence, pris de pitié en le voyant en sueur et le souffle court, lui avait ordonné d'ôter sa cuirasse –, était devenu ce prêtre squelettique, au visage émacié par l'ascèse excessive, dont le ciseau d'un Martínez Montañés a merveilleusement su évoquer la haute spiritualité.

Or, on a pu dire de ce maître de la sculpture religieuse espagnole, selon une heureuse formule, qu'il lui fallait « concentrer son génie en expressions qui fassent affleurer des âmes gigantesques ». C'est ainsi qu'il a, mieux que personne, matérialisé la spiritualité ignacienne, la quintessence de l'esprit tridentin, dont l'expression majeure est ce visage de saint François Borgia – « une des œuvres les plus géniales de la sculpture de tous les temps » – qui illumine, depuis 1625, l'église de l'Annonciation, à Séville, et que José Camón Aznar[18] analyse en ces justes termes :

> « Ce ne sont point des traits torturés que ceux de ce visage, bien au contraire ; mais une expression aiguë, intelligente, d'exigente réflexion. Comme le dialogue d'Hamlet avec le

crâne semble pauvre, à côté de lui ! Il y a dans cette œuvre-ci de Montañés comme un corps à corps avec la mort. *Il y a sur toute cette face une espérance inspirée, une impérieuse force dialectique, un questionnement transcendant, que le saint a déjà résolu en son âme, face à l'ossement.* »

## *Un émouvant dialogue*

C'était donc cette « âme gigantesque », cet homme nouveau – au sens évangélique – qui s'entretenait très longuement (le détail n'est point anodin) avec l'empereur, à trois reprises, au cours du mois de décembre 1556 dans le château de Jarandilla, avant de rejoindre Plasencia, où il allait fonder – grâce à la générosité de l'évêque – un de ces fameux collèges de la Compagnie.

La première rencontre fut particulièrement importante. Nous en connaissons la teneur, non par les proches de Charles Quint, qui n'y furent point admis, mais par – notamment – le biographe, coreligionnaire et contemporain de François, le père Pedro de Ribadeneyra dont, une douzaine d'années plus tard, s'inspira fortement (littéralement, même) le chroniqueur impérial Prudencio de Sandoval. Ce fut à genoux, en dépit des protestations de Charles Quint, que François Borgia voulut – comme s'il était devant Dieu – lui rendre compte de son changement de vie et de ses choix. Le Seigneur lui ayant dessillé et ouvert les yeux sur son indignité de pécheur, il avait souhaité s'amender et pour ce faire se retirer du monde. La dévotion familiale pour le saint d'Assise (dont il portait lui-même le nom) – attestée par la vocation de sa tante, de trois sœurs et d'une demi-sœur, toutes clarisses – le fit d'abord pencher, dit-il à l'empereur, pour l'ordre des franciscains :

> « … autant parce que mes parents les avaient toujours eus en grande dévotion, et que j'avais été élevé dans celle-ci depuis ma tendre enfance, que parce que la pauvreté,

> l'humilité et le mépris du monde que professe cet ordre m'ont toujours plu. Mais comme les raisons et les voies de Dieu sont bien différentes des nôtres, j'assure à Votre Majesté que chaque fois que j'allais me décider, je ressentais une sécheresse et une tristesse si grandes que j'en étais déconcerté ; car je ne parvenais pas à comprendre comment, alors que mon âme désirait tellement une aussi sainte chose, et qui à mon avis me convenait si bien, elle trouvait en elle-même tant d'empêchements et de répugnances au moment de la réaliser, si bien qu'elle repoussait et refusait ce qu'elle désirait. »

Et il en allait de même pour tous les autres ordres vers lesquels il se tournait, les mendiants comme les monastiques. Par contre, lorsqu'il évoquait la Compagnie de Jésus, le Seigneur inondait son esprit d'une douceur si consolante qu'elle en effaçait toute sécheresse. Ayant fait cette expérience de multiples fois, François eut la conviction que ce signe de Dieu n'était pas anodin, mais lui dictait son choix :

> « Non que j'eusse compris par là que la Compagnie était plus parfaite et plus sainte que les autres, mais que le Seigneur voulait que je le serve là plutôt qu'ailleurs, et qu'il me faisait connaître sa volonté par cette différence de sentiments : réticence ou attirance. Puis le Seigneur, dans sa miséricorde, m'inspirait aussitôt un vif et ardent désir de fuir les honneurs et la vaine gloire du monde, d'embrasser le mépris et la bassesse ; je craignais donc en entrant dans l'un de ces ordres respectés pour leur ancienneté d'y gagner en estime, et d'y retrouver peut-être ce que je voulais fuir (comme ce fut le cas pour certains, qui ne l'avaient pas cherché), et d'y être plus honoré que dans le siècle. Or, je n'avais rien de tel à redouter en entrant dans la Compagnie qui, en tant qu'ordre nouveau et le dernier que la sainte Église ait confirmé, n'est ni connu ni estimé, mais au contraire – comme Votre Majesté le sait bien – détesté et persécuté par beaucoup, et passe ainsi par l'épreuve du feu par où sont passés tous les ordres à leurs débuts. »

En effet, la Compagnie n'admettant pas les dignités ecclésiastiques, il pourrait plus facilement y échapper – c'est le juste terme – à la mitre épiscopale ou au chapeau de cardinal. Le profès y faisait vœu de n'accepter aucune dignité excepté sur ordre exprès du pape ; mais dans ce cas, bien sûr, il devait obéir en vertu du quatrième vœu qui distingue la Compagnie des autres ordres. Le fondateur veillait jalousement au respect de ce « privilège » de sa congrégation, qui protégeait les pères d'un quelconque accès d'ambition, et évitait à la Compagnie de perdre les meilleurs de ses membres.

Il ne fait aucun doute que pour François le risque était grand et certain, deux de ses frères promus par Paul III au cardinalat étant décédés prématurément. À trois reprises il fut en effet question, du vivant de l'empereur (et à sa demande), de le lui imposer : en 1551, en 1552 et en 1554, donc avant qu'il eût prononcé ces « vœux simples » – dont l'un engage à renoncer aux dignités – qui auraient dû accompagner sa profession solennelle de 1548, vœux qu'il prononça en août 1554 lorsque furent enfin publiées les Constitutions de la Compagnie, qui les prescrivent. Ce ne fut pas sans mal que François Borgia put esquiver un honneur si recherché par d'autres, si redouté par lui, car il était bien délicat, même si doña Juana l'y aida discrètement, d'opposer un tel refus à l'empereur.

On comprend la curiosité teintée d'incrédulité qui devait habiter Charles Quint, et le zèle inquiet qui devait animer le père au moment des retrouvailles à Jarandilla… C'est peut-être pourquoi François Borgia, cherchant subtilement à fléchir son interlocuteur, choisit l'image du jardin, que sa valeur symbolique et récréative – Charles Quint plantera arbres et fleurs à Yuste – rendait alors doublement efficace :

> « J'ai aussi pensé que si un grand prince (tel que Dieu a fait Votre Majesté) plantait un nouveau jardin pour son plaisir, il apprécierait bien davantage la moindre chose, aussi petite fût-elle, dont on lui ferait présent pour l'orner, que

> si on lui offrait des choses de grand prix et de valeur pour ses autres jardins et vergers déjà parfaitement achevés. Les ordres religieux étant comme les jardins clos et délicieux que Dieu s'est ménagés dans son Église, il m'a semblé que, puisque je n'avais à lui donner qu'une misérable petite plante inutile, je le servirais davantage en m'offrant à son service pour ce nouveau jardin qu'est la Compagnie, qu'Il avait commencé à planter, que si je m'offrais à le servir dans n'importe quel jardin des saints ordres anciens, déjà si bien implantés et si parfaits. »

Le dialogue dans lequel il acheva de persuader l'empereur, qui eût certes préféré le voir sous l'habit de saint Jérôme, du bien-fondé de son choix, a été ainsi reconstitué par le père Ribadeneyra :

> « Après l'avoir écouté avec attention l'Empereur lui dit en souriant :
> – Je suis fort aise d'avoir entendu de votre bouche tout ce que vous venez de me dire de votre personne et de votre état, car je ne vous cacherai point que votre décision me surprit beaucoup à Augsbourg quand vous m'en avez informé depuis Rome. Il me semblait en effet qu'une personne de votre condition aurait dû, au moment de choisir, préférer les ordres anciens, qui ont au fil du temps acquis une longue expérience et fait leurs preuves, plutôt qu'un ordre nouveau, qui n'a pas fait les siennes, et sur lequel les avis sont très partagés.
> – Sire[19], répondit le père, il n'est aucun ordre aussi ancien et éprouvé qu'il soit qui n'ait été nouveau et inconnu, sans être pire à ses débuts pour autant. Au contraire, l'expérience nous apprend que les premiers temps des ordres religieux, et même de l'Évangile et de la loi de Grâce ont été les plus florissants, les plus fervents, les plus féconds en hommes pleins de dévotion et de sainteté. Et même si l'épreuve du temps et l'expérience accréditent et autorisent les ordres anciens, les nouveaux ne doivent pas pour autant être rejetés parce qu'il leur manque cette expérience qu'ils ne peuvent avoir, car ils ont ce qui est une aussi sûre

garantie pour les fidèles : l'approbation et la confirmation du Saint-Siège, qui accrédite et loue leur institution et leur mode de vie. Je sais que bien des personnes ont des avis partagés sur la Compagnie, comme le dit Votre Majesté, et il n'en manque pas qui, par ignorance de la vérité ou peut-être par un sentiment malveillant, nous attribuent des choses fausses et blâmables. Mais il me semble, à moi, qu'il faut nous accorder plus de crédit à nous, qui vivons au sein de la Compagnie, qu'à ceux que la voient de loin et médisent sur ce qu'ils ne connaissent point. Pour ma part, je puis assurer à Votre Majesté, avec la sincérité à laquelle elle m'oblige pour tant de raisons, que si j'avais su quelque chose de mal ou d'indigne de la perfection et de la sainteté d'un ordre à propos de la Compagnie je n'y aurais jamais mis le pied, et que si, maintenant que j'y suis, je venais à le savoir, j'en sortirais sur le champ. Il serait absurde, en effet, que j'aie renoncé à cette misère que j'ai laissée, mais que le monde estime pourtant et que je possédais en toute légitimité, pour entrer dans un ordre où Notre Seigneur ne serait pas bien servi et glorifié.

– Je vous crois volontiers, répondit l'Empereur, car j'ai toujours entendu la vérité sortir de votre bouche. Mais on dit que tout le monde est jeune dans votre Compagnie et qu'on n'y voit guère de cheveux blancs, qu'en dites-vous ?

– Sire, rétorqua le père Borgia, si la mère est jeune, comment voulez-vous que ses enfants soient vieux ? Si c'est là un défaut, le temps se chargera de le corriger bientôt, car d'ici une vingtaine d'années ceux qui sont aujourd'hui des jeunes gens auront des cheveux blancs en quantité. Et nous ne sommes pas si jeunes qu'on veut bien le dire ; à commencer par moi qui ai déjà quarante-six ans, que j'aurais certes pu mieux employer. Et Dieu nous envoie aussi, dans la Compagnie, quelques hommes chenus : voyez ce vieux prêtre qui m'accompagne, qui a fait la preuve de son savoir et de sa vertu, il est venu faire son noviciat chez nous, alors qu'il approche la soixantaine. »

Il s'agissait du père Bartolomé de Bustamante qui, ainsi que le père Marcos, l'accompagnait dans ses tournées péninsulaires, et auquel l'empereur avait eu affaire un quart de siècle auparavant dans le royaume de Naples, à son retour de Tunis.

Nous savons par une lettre du père Borgia au général Laínez, datée de Plasencia du 28 décembre, que l'empereur, ayant écouté avec bienveillance l'ex-duc de Gandía, ne trouva rien à redire à son argumentation en faveur de la Compagnie « qu'il n'avait pas en très haute estime du fait des malveillantes informations qui lui étaient parvenues » ; mais, convaincu par ce témoignage sur la sincérité et la vertu des jésuites, il promettait – pour servir le Seigneur et parce que lui, François, en faisait partie – de leur accorder sa confiance et de les favoriser en tout.

À l'issue des deux entretiens (dont Luis Quijada a noté la longueur) qu'eut le père Borgia avec l'empereur à Jarandilla les 19 et 22 décembre, les liens étaient resserrés. La première visite s'était d'ailleurs terminée sur un échange de souvenirs pour nous très éclairant :

> « L'Empereur lui dit alors :
>
> – Vous souvenez-vous que je vous ai dit à Monzón en 1542 que je me retirerais et ferais ce que j'ai fait ?
>
> – Je m'en souviens parfaitement, sire.
>
> – Eh bien, sachez que je ne l'avais dit qu'à vous et à un tel (et il nomma un personnage important).
>
> Le père François répondit alors :
>
> – J'avais bien compris la faveur que Votre Majesté me faisait par cette confidence ; aussi ai-je bien gardé le secret et n'en ai-je rien dit à personne. Mais maintenant, Votre Majesté m'autorisera peut-être à en parler ?
>
> – Maintenant que la chose est faite vous le pouvez, dit l'Empereur.
>
> – Votre Majesté doit aussi se souvenir qu'en cette même occasion je lui ai dit que je voulais changer de vie.
>
> – Vous avez raison, répondit-il, je m'en souviens parfaitement. Nous avons bien tenu l'un et l'autre nos promesses. »

C'est donc un des rares mais précieux documents qui révèlent l'ancienneté du projet de retraite de Charles Quint. « On imagine bien, soulignait Daniel-Rops[20] avec une grande profondeur, l'empereur Charles, figure la plus glorieuse du plus beau siècle d'Espagne, considérant l'avenir de tout ce qu'il a entrepris, ne pouvant peut-être pas discerner les fissures par lesquelles cette œuvre se brisera, mais sachant, de sa profonde certitude chrétienne, que tout est vanité et poursuite du vent. Et si ce projet de retraite qu'il avait formé en pleine jeunesse, dans toute sa gloire, s'accompagnait déjà de ce jugement lucide sur la portée de toute œuvre humaine, quelle force ne lui aura-t-il point fallu pour que cette œuvre, malgré tout, fût accomplie, pour que, vingt ans durant, il poursuivît cet effort géant, en le considérant sans illusion ? »

L'empereur ayant souhaité rester en contact avec François Borgia il fera appel à lui, nous le verrons, quelques mois plus tard à propos de l'affaire portugaise qui devait l'occuper, contre son gré, au début du séjour à Yuste ; François y jouera un rôle diplomatique capital et passera à deux reprises au monastère au cours de l'année 1557. Lors de son dernier séjour – deux jours en décembre 1557 – il fut hébergé (ainsi que son compagnon le père Dionisio Vázquez) dans la demeure même de l'empereur, et nourri de sa table, ce qui était tout à fait exceptionnel, comme il l'écrira lui-même au général Laínez : « … ce qui fut une faveur et une attention insignes qu'il n'accordait à personne, pas même à ceux de ses proches qui lui étaient les plus chers ». Effectivement, seule Marie de Hongrie aura – une fois, dans de tristes circonstances – ce rare privilège.

Ce fut également à l'issue de cette entrevue, qui devait être la dernière, que l'empereur eut un autre geste, hautement significatif, et que les biographes de l'un comme de l'autre ont ainsi retenu. Après avoir pris congé, François fut contraint d'accepter une aumône de deux cents ducats de la main de Luis Quijada qui avait ordre de le convaincre en ces termes : « bien que la somme soit modeste, en comparaison du peu dont elle dispose maintenant Sa Majesté ne vous a jamais autant donné par toutes les faveurs qu'elle vous a accordées quand elle gouvernait l'Empire ». L'intéressé le raconta pour sa part en ces termes : « il me fit donner une aumône sur sa pauvreté en m'obligeant à ne point la refuser ; et il ajouta que lorsqu'il avait plus il m'avait donné plus, mais que maintenant c'était un pauvre qui donnait à un autre pauvre ; c'est là un signe d'amour, qu'il cherche à exprimer par des œuvres et par des gestes ». Sur quoi François demandait à Laínez de recommander l'empereur à Dieu afin qu'il lui fît trouver paix et recueillement pour l'édification générale.

### *Un étrange scrupule*

Seule nous est parvenue la teneur de deux des entretiens plus personnels qu'ils eurent à Yuste ; en dépit de (ou grâce à) leur caractère réservé, donc authentique, ils nous permettent, à défaut de saisir ce qui est insaisissable par nature, d'entrevoir la personnalité profonde de l'empereur. Ainsi, torturé qu'il était par la maladie mais impressionné par l'ascèse de son ami qui dormait tout habillé sur une planche, et lui ayant dit son regret de ne pouvoir l'imiter, le père lui rétorqua avec une sobre tendresse :

> « Sire – "*Magestad*" –, les innombrables nuits que vous avez passées sous l'armure sont cause que vous ne puissiez aujourd'hui dormir tout habillé. Mais rendons grâce à Notre Seigneur, car vous avez bien plus mérité de Lui à passer les nuits en armes pour la défense de sa foi et de sa religion que bien des moines à dormir sous le cilice au fond de leur cellule. »

Les pères Ribadeneyra et Sandoval rapportent également qu'au cours d'un de ces passages du père Borgia à Yuste (sans pouvoir préciser lequel, ni quelle fut sa réponse)

Charles Quint lui avait fait part d'un scrupule qui, aujourd'hui, peut étonner et émouvoir, ou irriter :

> « Pensait-il qu'il y eût quelque trace de vanité à raconter ses propres actions ; car, avouait-il, il avait lui-même couché par écrit toutes les siennes avec les causes et motifs qui les lui avaient fait entreprendre. Mais il ne l'avait pas fait poussé par quelque appétit de gloire ou pour le plaisir vaniteux de se raconter, mais pour qu'on sache la vérité. Car les historiens de notre temps (disait-il) – qu'il avait lus – l'obscurcissaient, soit par ignorance, soit par passion et intérêt personnels. »

En fait ce n'était pas la première fois qu'il se faisait un cas de conscience de cette sorte d'autobiographie politique qu'il avait dictée en remontant le Rhin de Cologne à Mayence du 14 au 18 juin 1550, et qui couvrait les trente premières années du règne (1517-1547). Au moment des troubles qui en ont marqué les dernières, il avait expédié le manuscrit en Espagne pour le mettre en lieu sûr. Dans une lettre adressée au prince Philippe en 1552, lors des angoissantes journées d'Innsbrück, dans un élan d'intime sincérité, il dit voir dans le grand péril où il se trouvait comme un châtiment du ciel dont il aurait encouru les foudres en écrivant, vaine prétention, sa propre histoire…[21].

*L'ultime hommage*

Suprême marque de confiance et d'estime envers l'ex-duc de Gandía : l'empereur en fit son exécuteur testamentaire. Avec l'accord de la Compagnie, François l'accepta au nom de – ce sont ses propres termes – « la grande affection qu'il m'a toujours portée et les faveurs dont il m'a comblé ». Mais il n'était pas à Yuste au moment crucial, et on se prend à le regretter. On sait que l'empereur l'a réclamé, car mieux que personne, à n'en point douter, il aurait su l'aider, comme il avait aidé sa mère trois ans auparavant, en ce difficile et suprême passage.

En ultime hommage il devait prononcer, le moment venu, en l'église San Benito el Real de Valladolid, une oraison funèbre dont la teneur – à défaut du texte – nous est parvenue. Méditant sur les secondes thrènes du prophète Jérémie, il appliqua le début du treizième verset[22] – « *À quoi te comparer ? À quoi te dire semblable, fille de Jérusalem ?* » – à l'âme du défunt pour en souligner l'exceptionnelle grandeur, tout en réservant les derniers mots de cette lamentation – *« car il est grand comme la mer, ton brisement »* – pour dire la profonde affliction du royaume. Puis, glosant au fil de son oraison le verset 8 du Psaume 55 (54) – « *Oui, je m'enfuirais au loin, je gîterais au désert*[23] » –, il rendait hommage à cette retraite volontaire dont il avait été l'un des rares témoins privilégiés, à cette victoire sur soi, supérieure à toute autre, et qu'en connaisseur il savait apprécier : celle qui avait consisté – selon les termes du père Fidel Fita[24], historien, académicien et jésuite lui aussi – à « déposer aux pieds du Christ les couronnes de l'Empire et du Royaume, pour mieux le chercher et jouir de sa présence dans sa propre solitude, et atteindre la bienheureuse éternité pour laquelle nous avons été créés ».

*

* *

« *Ecce elongavi fugiens : et mansi in solitudine...* », ce qu'un manuscrit[25] d'Alphonse X le Sage avait magnifiquement rendu, dans le beau castillan médiéval, par « *E finque en señeredad...* » – et m'installer dans la solitude – : ce sera l'humble et seigneuriale solitude de Yuste.

## Chapitre III

# DU TRANSITOIRE : LES CHOSES DE CE MONDE, ENCORE…

« … *le profond politique se montra toujours dans le pieux solitaire, et l'habitude du commandement survécut chez lui à sa renonciation. S'il devint désintéressé pour lui-même, il demeura ambitieux pour son fils [...]. S'il a terminé sa vie dans l'humble dévotion du chrétien, il a pensé jusqu'au bout avec la persévérante hauteur du grand homme.* »

François Mignet,
*Charles Quint, son abdication,*
*son séjour et sa mort au monastère de Yuste.*

« Les affaires sont si accoutumées à lui qu'elles le cherchent partout où il est et le poursuivent », écrivait Sainte-Beuve en 1865[1]. En effet les travaux, irremplaçables, de deux archivistes – l'Espagnol Tomás González et le Belge Louis-Proper Gachard[2] – qui exhumèrent du dépôt de Simancas une importante documentation – notamment la correspondance échangée par les principaux acteurs et leur entourage durant le séjour de Charles Quint à Yuste – modifièrent complètement l'image figée dans une sorte de mythe clérical d'un ex-empereur courbé sous la bure et la cendre au fin fond d'un monastère perdu d'Estrémadure.

Ces travaux bouleversèrent, au milieu du siècle dernier, l'historiographie caroline. Grâce à cette véritable

« révélation », presque au sens photographique du terme, l'homme réapparaissait sous le stéréotype caricatural enfin éclaté. Mais un nouveau danger se présentait alors – auquel certains ne surent échapper – qui était de tomber dans l'excès inverse, en faisant de Charles Quint à Yuste un « retraité » regrettant de l'être, et se mêlant envers et contre tous des affaires auxquelles il avait précipitamment renoncé… Or rien ne serait plus faux.

L'historien espagnol Manuel Fernández Alvarez[3] s'étonne du mutisme total du chroniqueur Prudencio de Sandoval, d'ordinaire si bien informé, insiste-t-il, et encore proche chronologiquement des événements, même s'il n'en fut pas le témoin direct, qui a manipulé une documentation aussi fiable qu'abondante. Si l'on replace le père Sandoval dans son propre contexte, son « silence » semble moins surprenant : il a beaucoup utilisé les sources ecclésiastiques, lesquelles par ignorance et par préférence « naturelle » tout ensemble ont insisté sur les activités de l'empereur retiré qui le rapprochaient de leur propre façon d'appréhender le monde.

Il faut dire que la décision et le choix – uniques – de Charles Quint, ne pouvaient que les y inciter. Les moines de Yuste, ces témoins privilégiés, sans ignorer certes le va-et-vient constant de messagers, de courriers, d'illustres visiteurs, etc., qui troubla pendant un an et demi leur solitude, ne devaient pas savoir grand-chose, sinon rien, des occupations de l'empereur en dehors des moments qu'il partageait avec eux dans l'église ; cette église qui unissait et séparait tout à la fois l'enceinte monastique et la « villa » qu'on y avait accolée. Les hiéronymites de Yuste n'eurent, à n'en point douter, qu'une très vague idée des activités « séculières », politiques, de leur prestigieux voisin, activités auxquelles ils n'entendaient rien et dont ils n'avaient cure. Leurs témoignages « sélectifs » l'étaient plus par réelle ignorance que par volonté délibérée de fausser la vérité historique… Or, nous pouvons aujourd'hui le comprendre : l'intérêt que porta l'empereur, au-delà de ses renoncements et jusqu'à sa mort, aux royaumes – donc aux sujets –, et à la

« maison » qui avaient été sa vie, à ses enfants qu'il avait, à son tour, accablés d'héritages et d'inhumaines responsabilités, n'était en rien incompatible avec un désir de transcendance et d'éternité. Daniel-Rops l'a bien dit :

> « On imagine cette prodigieuse solitude. Il n'est pas détaché du monde au point de s'enfermer dans une cellule, pour y oublier tout. *Cela même eût été, en un sens, une facilité.* Il garde le contact avec ce gouvernement qu'il a confié à d'autres ; il écrit à son fils des pages de conseils ; il suit de loin cette guerre qui continue, cet effort sans cesse nécessaire pour que l'édifice puisse durer. Le lutteur se retrouve dans cet hôte des moines. Mais il ne peut plus rien. L'événement, désormais, lui échappe. En a-t-il du regret ? On l'a dit. Rien ne le prouve. N'était-ce pas cela même qu'il avait décidé ? Car chacun ne peut donner à Dieu que ce qu'il possède, et nul ne possède vraiment que ce qu'il a renoncé. »

Sans aller jusqu'à dire comme Manuel Fernández Alvarez que Yuste « s'était transformé en un centre important de la politique européenne », il faut reconnaître que les affaires du siècle – dont Charles Quint avait réellement voulu s'éloigner – ne tardèrent point à l'y rattraper. Et, tout autant sinon plus que le signe du « respect et de l'admiration que Philippe II avait toujours manifestés pour son père », il faut voir dans ces interventions le sens impressionnant des responsabilités qui anima Charles Quint très tôt et sa vie durant. Plus que personne il avait conscience de la charge énorme léguée à son héritier et des périls qui le menaçaient : ni le politique maître du monde qu'il avait été, ni le père aimant[4], ni l'homme tout simplement qu'il sera jusqu'au bout, n'aurait su se dérober et refuser le soutien qu'on le priera et suppliera d'accorder dans des situations réellement graves et d'urgence.

Il n'ignorait point que (comme le rappelait son fils en lui demandant instamment, on s'en souvient, de conserver encore un temps le titre d'empereur) que son nom, son

« ombre » même, du fond de sa retraite, suffisait encore à remplir le monde de crainte et de respect – « *autoridad y temor* » –, comme le rappelait l'ambassadeur à Rome Francisco de Vargas en déplorant sa mort dans une lettre à Granvelle du 5 novembre 1558[5]. Karl Brandi[6] a bien résumé la situation : « Cette existence ne fut pas une vraie retraite complète. Philippe, Juana, les secrétaires d'État, les vieux serviteurs étaient encore trop habitués au commandement d'un maître puissant pour qu'ils n'eussent pas voulu lui adresser des rapports fréquents, des missives et des requêtes.

On entendait donc au couvent l'écho des bruits du monde, des lointains combats. Charles, ce souverain qui si longtemps avait conduit les affaires de l'univers, n'écoutait pas ces rumeurs avec indifférence. Il eut beau repousser énergiquement toute demande de reprendre les affaires en main, il dut encore consentir, à plusieurs reprises et sur des instances pressantes, à remettre la main à la pâte. »

### *Un retrait des « affaires » auquel nul ne croyait*

Au moment de l'abdication, parmi ses proches et ceux qui ne l'étaient point on glosait, on supputait, on pronostiquait sur la réalité effective de son retrait de la scène politique, le temps qu'il durerait et les regrets qu'il en aurait. Sur les routes d'Espagne, de Laredo à Valladolid, Charles Quint exprimait sa lassitude et son intention de ne plus se mêler des affaires auxquelles il venait précisément de renoncer. Aussi Martín de Gaztelú écrivait-il de Medina de Pomar le 11 octobre, dans une longue lettre au secrétaire d'État Vázquez qui les attendait à Valladolid, après avoir évoqué la solitude de l'empereur et combien la présence de Luis Quijada était alors précieuse : « j'ai cru comprendre, à travers les propos de certaines personnes de chez vous qui sont passées par ici, qu'on y est persuadé que Sa Majesté reprendra les affaires en main ; or, quoique cela conviendrait pour bien des raisons, il en est si fatigué qu'il déteste même qu'on lui en parle ; et j'ai appris hier soir de quelqu'un avec qui il s'en est entretenu qu'il a l'intention de repartir [de Valladolid] dès la Toussaint pour s'enfermer à Yuste ». Et, ajoutait-il : « Bref, tant qu'on ne sera pas là-bas [à Yuste] et qu'on ne saura pas ce qu'il a décidé, rien n'est sûr, car *il est plutôt secret* et personne en fait ne peut vraiment savoir ce qu'il fera… »

Mais le même observateur, particulièrement attentif, allait écrire un mois plus tard – dès le 15 novembre – à Juan Vázquez, en accusant réception du courrier de Valladolid : « … je vois bien que ce qui se passe en Flandre et en Italie le tracasse, c'est pourquoi il serait bon que dès que vous en aurez la moindre nouvelle vous nous avertissiez, car il s'intéresse encore à ces choses-là ("*todavía huelga de entender estas cosas*") et à d'autres du même genre ». Et il insistait encore le 16 janvier : « … car je vois bien moi que non seulement il prend toujours plaisir et intérêt à ces choses-là, mais qu'il interroge les uns et les autres dès que le courrier arrive, pour s'informer par toutes les voies possibles ».

### *Bientôt rattrapé par le « siècle »*

Il est certain que, dès le séjour à Jarandilla, les affaires du monde eurent tôt fait de rattraper l'empereur : un défilé presque ininterrompu de visiteurs, de solliciteurs, de messagers, de courriers – ordinaires ou extraordinaires, car on écrira beaucoup à Yuste – troubla la quiétude de ce coin perdu d'Estrémadure. Au point que le colonel Quijada, sur qui tout reposait y compris l'intendance, et qui dut maintes fois héberger des hôtes de passage dans son inconfortable logis, se laissait aller, excédé, dans ces confidences à Vázquez, à des mouvements d'humeur du genre : « Ah, mon Dieu, ce n'est pas une mince affaire que d'être transformé en aubergiste – "*mesonero*" – de tous ceux qui vont et viennent ici, et d'être l'agent de tout le monde en Espagne, sans compter le travail ordinaire de chaque jour ici, qui est fort lourd, surtout pour moi qui suis en service depuis trente-quatre ans ; c'est pourquoi je pense avoir le droit d'aspirer au repos et à ne plus travailler ; d'ailleurs pour ce que cela me rapporte… » S'il ne manquait pas d'animation à Yuste, le majordome était plutôt morose en ce 14 mars 1557 !

L'empereur fut en effet constamment sollicité, consulté, pressé, d'un côté par sa fille – qui avait à Valladolid la lourde charge de l'Espagne, et de l'empire américain –, et de l'autre par son fils qui gouvernait à Bruxelles des Pays-Bas qu'il connaissait mal, n'aimait guère et comprenait encore moins. Comment leur père, conscient plus que quiconque de ce qui pesait sur leurs épaules, aurait-il pu refuser de les aider au moins de ses conseils ? En des temps difficiles, dans une lettre du 20 février 1557 confiée à monsieur de La Chaulx qui repartait pour les Flandres, il rassurera son fils en lui affirmant que, quoique fort heureux d'être installé au monastère « il ne manquera pas *pour autant* de lui apporter son concours, dans toute la mesure de ses possibilités, par la parole et par l'action, en veillant notamment à ce qu'il pût disposer de tout le nécessaire pour les grandes affaires qu'il aurait à mener[7] ». Cependant il apparaît aussi clairement que, s'il ne se déroba jamais quand ses enfants firent appel à lui dans les cas graves et urgents, il ne chercha pas non plus à s'immiscer de force dans leur politique.

Trois grandes affaires, publiques ou privées, mais hautement politiques, vont perturber sa retraite : la Navarre, la succession portugaise et, surtout, la reprise des hostilités avec la France et le Saint-Siège, qui se soldera par la victoire de Saint-Quentin, fameuse entre toutes dans l'histoire espagnole[8]. Ce conflit et son issue différée (la paix de Cateau-Cambrésis), qui représentent tout autant l'épilogue du règne du père que le prologue de celui du fils, infléchiront de manière décisive les relations franco-espagnoles, et donc en grande partie aussi la situation de l'Europe, au cours du second XVI^e^ siècle. Charles Quint comprit mieux que personne ce qui se jouait-là ; c'est pourquoi il est intéressant de voir comment il réagit à l'ombre de son « cloître ».

## *Dernier reflet, premier éclat : Saint-Quentin, victoire du père et du fils*

Sans craindre de tomber dans l'hérésie géographique disons que Saint-Quentin commence à Rome… Six mois avant l'abdication de l'empereur, le Napolitain Gian Pietro Caraffa – ennemi juré des Habsbourg – était devenu pape le 23 mai 1555 sous le nom de Paul IV. Il détestait les Espagnols, ces mécréants marranisés, qui n'étaient à ses yeux « qu'engeance de maures et de juifs », et Charles Quint ce « barbare » à qui il n'avait point pardonné ni le sac qui avait détruit Rome en 1527 ni le refus de reconnaître son accession au cardinalat en 1536, à qui il faisait grief d'une politique conciliante envers les protestants allemands ; quant à son héritier – pour lequel il n'avait pas d'assez basses insultes – il se plaisait à rappeler que, né pendant le sac de Rome, il en était le fléau par prédestination. Ce nouveau pape, en dépit de ses soixante-dix-neuf ans, semblait – de l'avis d'Ivan Cloulas[9] – « par son ardeur juvénile, son caractère et ses desseins, une réincarnation du pape guerrier Jules II » ; encouragé qu'il était aussi en ce sens par son neveu le cardinal Carlo Caraffa, ex-chef de bande qui avait – grâce à lui – troqué l'acier des cuirasses pour la pourpre cardinalice, et dont François Mignet dit justement qu'il « exerçait un empire extraordinaire sur son oncle par la similitude des haines et la communauté des ambitions ».

Il n'avait donc de cesse de voir rompue la trêve de Vaucelles (signée, rappelons-le, au début de février 1556) qui l'avait grandement contrarié en suspendant – à défaut de les interrompre – les tractations secrètes qu'il menait avec Henri II depuis l'automne précédent, et qu'un accord avait déjà scellées le 15 décembre. Ce n'était depuis lors en Italie que persécutions, harcèlements, outrages répétés contre tous ceux qui de près ou de loin avaient à voir avec les Habsbourg et l'Espagne : familles italiennes alliées et redevables – notamment les Colonna –, envoyés de Charles Quint ou ambassadeurs de Philippe II ; bref, l'affrontement devenait inévitable. Le pape projetait enfin d'ôter aux Espagnols, avec l'aide de la France et malgré les accords signés à Vaucelles, le Milanais et Naples qu'il promettait secrètement (sans aucune intention de tenir parole) aux cadets de son allié français.

Devant « les fureurs de Sa Sainteté » l'empereur – avant de quitter le pouvoir – avait pris soin d'envoyer le duc d'Albe, son meilleur chef de guerre, en Italie au double titre de capitaine général du Milanais et de vice-roi du royaume de Naples, avec ordre de faire rentrer, par la force si nécessaire, les Colonna dans les possessions que le pape s'était engagé à leur restituer (mais qu'il ne rendait pas), et de veiller sur la frontière napolitaine. Dès octobre – le mois de l'abdication – l'ambassadeur Garcilaso de la Vega l'avait notifié au Saint-Père.

Il importait pour Philippe II de prendre les devants et le pape de vitesse : le duc d'Albe investissait les environs de Rome à la mi-septembre 1556. Les Romains terrorisés redoutaient un autre saccage de leur ville, comme celui qui trente ans auparavant avait marqué à jamais la mémoire des hommes. Paul IV tout ensemble furibond et affolé appelait aussitôt Henri II à la rescousse, qui promettait une aide militaire pour la fin de novembre ; mais il obtenait aussi du duc d'Albe une trêve de cinquante jours, signée à Ostie le 24 novembre, qui allait lui permettre… d'attendre les renforts promis. Le duc de Guise, *alter idem* français du duc d'Albe, eut donc le temps d'opérer la jonction entre ses troupes et celles du pape (des mercenaires allemands qui, de plus, étaient pour la plupart des luthériens) : sous couleur de défendre la papauté François de Lorraine envahissait ainsi le Milanais en janvier 1557. Le duc d'Albe dut se replier en hâte sur la frontière napolitaine dès lors menacée.

Le duc de Guise aurait pu, avec ses alliés, s'emparer de la place de Milan. La fourberie pontificale l'en détourna ; cédant aux pressions et aux passions il ne quitta Rome qu'à la mi-avril pour se diriger vers le royaume de Naples. François Mignet a vu juste : « La bonne fortune de Philippe II lui fit rencontrer, dans les commencements de son règne, des ennemis plus passionnés que prévoyants, qui, en divisant leurs forces et en manquant le vrai point d'attaque contre lui en Italie, loin de parvenir à l'expulser de cette contrée, devaient l'en rendre le possesseur mieux affermi. »

Mais, pour l'heure, pendant que le duc de Guise, volant « au secours » du pape, l'attaquait en Italie, l'amiral de Coligny – qui avait signé la trêve de Vaucelles au nom du roi de France – le menaçait en se montrant sur la ligne de places fortes allant de la Picardie à l'Artois et à la Flandre, attaqua Douai, mais en vain, en janvier 1557, puis Lens : cette double démonstration d'hostilité de la part de la France, au sud et au nord, un an après Vaucelles, équivalait à une rupture tacite de la trêve sans déclaration de guerre. À ces hauteurs Henri II cherchait aussi un appui du côté des Turcs, chargés d'inquiéter efficacement l'ennemi espagnol en Méditerranée pour faire diversion et l'obliger à diviser ses forces.

### *L'affaire se noue à Rome*

Philippe, se voyant bientôt attaqué sur deux fronts, sinon sur trois, comprenait qu'il lui fallait se préparer à une nouvelle guerre avec son grand voisin. On imagine les sentiments que cela dut éveiller chez l'empereur, qui n'en fut cependant pas autrement surpris. Le 1er février Quijada et Gaztelú écrivent l'un et l'autre à Valladolid combien l'empereur est indigné que les Français eussent ainsi – « *sans raison valable* » – rompu la trêve ; le dernier insiste sur le fait qu'il se montre avide de nouvelles « tout particulièrement sur ce qu'ont bien pu donner les négociations entre le duc [d'Albe] et le pape, ce qui inquiète beaucoup l'Empereur car il sait bien à quoi s'en tenir avec les Italiens et les Français […]. Ici on pense que le pape a dû encore tromper le duc comme il l'a fait en d'autres occasions, et on voit bien le préjudice que nous causera la trêve et sa prorogation ; Sa Majesté a été très peinée du mauvais comportement des

Français, et je sens bien qu'elle regrette actuellement plus que jamais d'être empêchée, et de ne pouvoir aller leur en demander raison ; mais elle espère encore que le roi le fera. »

Or, Philippe II se trouvait sans troupes et sans argent, les deux étant, en ce temps-là, étroitement liées ! Alors il se tourna vers son oncle Ferdinand pour obtenir des levées d'hommes en Allemagne, pépinière de reîtres et de lansquenets. Puis, à la mi-juillet 1557 roi consort d'Angleterre il s'y rendait pour en obtenir une aide, notamment militaire, grâce à son épouse (à qui il ne restait qu'un an et demi, à peine, de vie). Le 6 juillet il était de retour à Calais. Enfin, il dépêchait à Yuste son conseiller et confident, l'ami de son enfance, Ruy Gómez da Silva, duc de Melito (futur prince d'Eboli), pour obtenir avec l'appui de son père, des hommes et des subsides de la fidèle Espagne.

Selon François Mignet le duc d'Albe, en ne poussant pas dès le départ son avantage devant Rome, « n'osa point tenter sous Philippe II ce qu'avait accompli le connétable de Bourbon sous Charles Quint ». Philippe II se faisait en effet scrupule de rompre les hostilités contre le Saint-Siège ; aussi, selon une pratique très espagnole, avait-il convoqué à Louvain et à Valladolid des commissions d'experts chargés d'examiner sa situation par rapport au Saint-Siège à la double lumière du Droit et de la Théologie. Canonistes et théologiens avaient conclu que le pape agissant en puissance séculière, le roi – qui avait tout essayé mais en vain – était autorisé à recourir à la force contre lui.

Les seules voix discordantes étaient (faut-il dire : « naturellement » ?) espagnoles : l'archevêque de Tolède Silíceo, ex-précepteur de Philippe, et le dominicain Domingo de Soto, premier théologien de Charles Quint à Trente, craignant sans doute, dans le contexte si troublé de l'époque, qu'une atteinte (même justifiée en droit) contre la papauté pût entraîner d'irréparables bouleversements, exprimèrent de sévères réserves : « … il est à craindre qu'il n'y ait bientôt plus de pape, et à la fin plus de foi ». Car, de son côté celui-ci avait lancé, dès la fin de juillet 1556, une excommunication contre le duc d'Albe et contre ses maîtres, déclarait le père et le fils déchus de leurs respectives dignités, supprimait les subsides issus de l'Église accordés par dérogation pontificale à la couronne d'Espagne, et décrétait la suspension du culte dans ce royaume ; mesures jugées d'ailleurs injustifiées par la commission évoquée.

*Une amère « soumission »*

« Triste fin de règne pour Charles Quint qui voit se répéter le sinistre épisode du sac de Rome de 1527 ! », commente Ivan Cloulas. Informé à Jarandilla le 5 janvier suivant (1557), il avait fort mal pris – non sans raison – la concession faite au pape par le duc d'Albe ; selon Gaztelú il était tellement furieux qu'il marmonait des choses qu'il valait mieux ne pas entendre, et avait même refusé de prendre connaissance des clauses de ladite trêve… Et le secrétaire ajoutait aussitôt : « Et les Flamands qui sont ici en parlent fort lestement. Que cela reste entre nous, bien sûr, étant donné l'importance de l'affaire. »

Tout malade qu'il était alors et occupé par les problèmes de son imminente installation à Yuste, l'empereur ne cessa d'écrire entre le 8 et le 16 des lettres à tout le monde, et notamment à la régente en lui enjoignant de prévoir, de renforcer la défense des frontières – de la Navarre à l'Afrique – de rassembler des hommes[10] et des fonds pour l'offensive générale (qu'il pressentait pour le printemps) de la part des pontificaux alliés aux Français et aux Turcs. Dans sa très longue lettre du 31 janvier il lui écrivait notamment à propos de la place d'Oran : « … si on venait à la perdre, je ne voudrais être ni en Espagne ni en Amérique, mais là où je ne pourrais pas apprendre la nouvelle, si grands seraient l'affront pour le roi et le préjudice pour le royaume ». Trois jours plus tard il montait à Yuste…

En Italie, le pape avait rompu la trêve d'Ostie dès qu'il avait reçu les renforts des Français, et déclaré le 8 avril 1557 – un jeudi saint – l'excommunication majeure contre

Philippe II pour avoir osé envahir le territoire pontifical. On s'attendait au grand affrontement entre le duc de Guise et le duc d'Albe – arrivé sous les murs de Rome la nuit du 26 août –, et leurs alliés respectifs, lorsque tomba la foudroyante nouvelle : contre toute attente les Espagnols avaient battu les Français sur la frontière franco-flamande. Le duc de Guise avait ordre de rejoindre son pays à grande vitesse. Paul IV ainsi « lâché » dut capituler : un accord fut signé le 14 septembre 1557.

Philippe II – « Roi Catholique » oblige – se montra magnanime envers le Saint-Père, beaucoup trop au goût du sien ! Il ordonna au duc d'Albe de négocier avec Paul IV une paix qui ménagerait ce dernier : elle fut signée le 14 septembre. En fait, inversant presque les rôles, le vaincu traita quasiment le vainqueur en vaincu : le pape s'engageait à respecter la neutralité, mais le duc d'Albe – plénipotentiaire – accepta au nom de son souverain (pourtant fraîchement auréolé du prestige de Saint-Quentin) de faire amende honorable en sollicitant la levée de l'excommunication qui pesait sur eux ; ce fut le 21 septembre lors d'une cérémonie aussi solennelle qu'humiliante : devant une vingtaine de cardinaux le duc fit soumission à genoux.

Il y a fort à parier, pour qui connaît le duc d'Albe, qu'en dépit du *Te Deum* et du banquet de réconciliation du lendemain, et même s'il quitta le Vatican avec tous les honneurs, ce *grand* d'Espagne parmi les grands, ne devait pas intérieurement décolérer… On lui prête ces propos : « Le roi mon maître a commis une très grande faute. Si par une inversion du sort c'eût été moi le roi d'Espagne, le cardinal Carafa serait allé à Bruxelles implorer aux pieds de Philippe II le pardon que je viens de demander aux pieds de Paul IV[11]. » L'ambassadeur du roi de France rapportera quatre mois plus tard que Paul IV avait eu l'outrecuidance de lui dire que personne fût-il empereur ou roi n'était exempt de sa juridiction, et qu'il pouvait « priver empereurs et rois de leurs empires et royaumes sans avoir à rendre de compte qu'à Dieu ».

*À Yuste on ne décolère point !*

Dans toute l'Espagne, et notamment à Valladolid en présence de la régente et de l'infant, on célébrera à la mi-novembre, à toutes volées de cloches et grand renfort de processions la paix rétablie à Rome, et la levée des excommunications en tous genres. Dans toute l'Espagne, sauf à Yuste… Nous savons par un courrier de Gaztelú du 23 novembre que l'empereur – alors torturé par la goutte, pour faire bonne mesure – s'était mis la veille, à la lecture de dépêches envoyées de Valladolid, « en colère à propos de la paix, qu'il trouvait très déshonorante ; car Sa Majesté ne s'attendait certes pas à voir dans ce temps-ci pareille chose ». Et Luis Quijada écrivait un mois plus tard, au lendemain de Noël, que l'empereur ne décolérait point depuis des semaines : « il n'y a pas de jour que l'empereur ne marmonne entre ses dents contre la paix avec le pape ». Ferdinand lui-même avait d'ailleurs adressé à son neveu le 27 novembre ce message critique : « Je n'ai pas du tout apprécié que la paix avec le pape ne fût pas, comme vous le méritiez et comme je l'eusse souhaité, plus avantageuse pour Votre Altesse. » Don Luis de Avila, le cher voisin, fut lui aussi témoin du courroux impérial. Un jour il apporta à Yuste une lettre que lui adressait le duc d'Albe, dans laquelle celui-ci l'informait de son intention de demander au roi son congé, après trente années de service, – le duc accusait sans doute alors le contrecoup de sa « soumission » romaine – et d'aller rendre hommage à l'empereur[12] ; ce dernier non seulement ne daigna point répondre, mais refusa d'un mot, sèchement – « il en savait assez » – d'entendre un récit des événements que le duc avait joint à sa lettre.

Cependant, politiquement, comme l'a montré Ivan Cloulas, le roi d'Espagne était sans doute gagnant : « Ainsi Philippe II a-t-il remporté une victoire décisive sur la curie, à la fois morale et politique. Insulté et bafoué, privé du droit de pratiquer la religion de ses pères et de recevoir les sacrements, dépouillé de ses privilèges, menacé de perdre son royaume, il aurait pu rompre avec Rome, comme l'avait fait Henri VIII d'Angleterre. Il aurait pu aussi déposer ce pape intraitable et faire élire un antipape plus souple ou dévoué à sa politique. Tel avait été le plan du duc d'Albe [...]. Mais Philippe II savait fort bien distinguer entre le représentant provisoire de la puissance pontificale et cette puissance en tant qu'institution divine [...]. Aussi, alors que le pontife, confondant arbitrairement ses droits comme prince régnant et comme pasteur des âmes, exigeait une pénitence spirituelle, Philippe avait consenti à lui céder, s'inclinant devant l'institution mais non devant la personne. Dès lors, il avait remporté un vrai triomphe moral que doublait un remarquable triomphe politique. De la malheureuse alliance franco-pontificale, la domination de l'Espagne à Milan, à Naples et en Sicile sortait renforcée [...], alors que la papauté se trouvait reléguée au rang d'État secondaire, ruiné par la dernière campagne et obligé de se comporter désormais à l'égard de l'Espagne en État neutre ou allié[13]. »

*Menace française au sud des Pays-Bas*

Comme il est en histoire presque aussi difficile qu'à la guerre de tenir deux fronts la fois, nous avons dû anticiper, et il faut maintenant revenir en arrière. L'incendie, allumé d'abord en Italie à l'initiative du pape avait donc entre-temps, au tout début de 1557 et par la volonté du roi de France, gagné la frontière sud des Pays-Bas. Zone à tel point vitale que Philippe II, affolé par les menaçantes manœuvres de Coligny sur la ligne des forts, demandait à son père – dans le message confié à Ruy Gómez da Silva le 2 février – rien moins que de reprendre du service :

> « Vous supplierez très humblement et très instamment Sa Majesté de bien vouloir rassembler toutes ses forces en

> cette conjoncture afin de m'apporter aide et secours non seulement par ses avis et ses conseils, qui sont pour moi le plus grand capital que je puisse posséder, mais aussi *par sa présence, en personne, et son autorité, en quittant le monastère* pour se rendre là où il conviendra le mieux à sa santé et aux affaires, afin d'y traiter celles qui se présenteront par les moyens qui le fatigueront le moins, car de ses décisions en dépendra la bonne marche. Au seul bruit que fera dans le monde cette nouvelle je suis convaincu que mes ennemis seront troublés, et que devant Sa Majesté ils hésiteront dans leurs projets et dans leurs démarches […]. Vous demanderez à Sa Majesté de me communiquer son avis en ce qui concerne cette guerre, et de me faire savoir comment et par où l'entreprendre pour porter les coups les plus décisifs. »

Ruy Gómez arriva à Yuste le 23 mars, et fut – à situation exceptionnelle, faveur exceptionnelle – logé dans la résidence de l'empereur, avec qui il eut le jour même et le lendemain deux longues entrevues de plus de cinq heures chacune. Charles Quint n'accéda point au vœu de son fils en quittant sa retraite – vœu qui était aussi celui de sa fille (qui le pressait de se rendre en Aragon pour y asseoir l'autorité du nouveau roi toujours absent) – mais demeura bien à Yuste. Cependant, de là, il batailla pour la dernière fois de sa vie pour défendre, avec ses enfants, ses royaumes et la dynastie : sa « *maison* ».

Trois semaines avant sa mort, dans des instructions destinées à sa fille pour la presser de convaincre Marie de Hongrie d'assumer à nouveau le gouvernement des Pays-Bas, il écrira encore : « Remontrez à la reine qu'elle ne doit pas permettre que, de notre temps, *notre maison subisse un affront et un discrédit tels qu'elle les subirait si l'honneur et le patrimoine dont nous avons hérité de nos aïeux, que nous avons conservés jusqu'ici, et pour lesquels elle-même a enduré tant et de si grandes fatigues, venaient à se perdre, avec infamie pour nous et pour le roi*, qui est son fils aussi bien que le mien. Dites-lui que j'ai confiance en sa bonté, ainsi que dans l'amour et l'affection qu'elle m'a toujours montrés ainsi qu'au roi ; et que, malgré ce qui s'est passé là-dessus, soit entre elle et moi ou d'autres personnes, je sais que voyant clairement *le danger qui menace notre maison* elle se décidera, en rejetant toute autre considération, à se rendre aux Pays-Bas pour y parer. C'est le plus notable service qu'elle puisse rendre à Dieu, et le plus grand bien qu'elle puisse faire à tous, et *à notre maison en particulier*, et dont le roi et moi lui serons le plus redevables. »

Cette « *maison* » – dite d'Autriche –, Pierre Chaunu l'a bien montré, Charles de Gand duc de Bourgogne, *alias* Charles Ier roi d'Espagne, *alias* Charles Quint empereur d'Allemagne, l'avait reçue comme un dépôt sacré de la volonté divine plutôt que comme un *don* du Ciel ; il eut donc pour constant souci l'*obligation* de la transmettre pour le moins intacte. Gardien de « l'héritage » comme d'autres le sont du Temple, confondant littéralement intérêts dynastique et idéologique, il avait de ce fait mis, dans une égale réciprocité, sa « *maison* » et la chrétienté occidentale au service l'une de l'autre ; et ce à travers tous ses proches – frères et sœurs, femme et enfants, légitimes ou non –, qui furent ainsi soumis, leur vie durant, à rude épreuve. Mais en ce début de printemps 1557, il y avait bien – au double sens du mot – péril en la *demeure* ! Car il y avait urgence et grand danger pour le nouveau roi, rompu au gouvernement de l'Espagne mais peu entraîné à la politique extérieure et sans expérience – ni talent ni goût – en matière militaire, contrairement à son père.

### *À nouveau la guerre, à nouveau l'argent vient à manquer*

On peut souscrire à ce qu'écrivait il y a un siècle l'historien et archiviste espagnol Modesto Lafuente[14] : « Quant à la guerre de Philippe II avec la France, on peut dire que l'hôte couronné du monastère de Saint-Jérôme la dirigeait lui aussi de sa cellule. » En effet, il est impressionnant de voir comment à Yuste, donc aux antipodes des fronts, celui-ci devinait les intentions de l'ennemi, devançait, prévoyait, anticipait sur l'événement, repérait les failles, etc., le tout à distance et à partir des seules informations qui lui parvenaient.

Le rapport distance-temps, que Pierre Chaunu a magistralement analysé dans la première partie de cet ouvrage, cette désespérante lenteur des communications, imposait en fait aux dirigeants de l'époque – et à Charles Quint en particulier, de par la configuration de ses territoires –, plus que jamais, la stratégie du joueur d'échec. La prodigieuse mémoire de l'empereur l'y aida… Modesto Lafuente, évoquant une longue missive adressée à doña Juana le 15 novembre 1557 (donc après la victoire) sur les mesures à prendre en cas de tentative française pour récupérer la place forte perdue, soulignait avec raison que l'empereur, pour isolé qu'il fût au fond de son Estrémadure, semblait avoir « une connaissance aussi exacte de la situation des places et des armées que s'il s'était lui-même trouvé sur le théâtre des opérations ».

Le problème, en ce printemps 1557, était d'ailleurs aussi simple à énoncer que difficile à résoudre : le roi d'Espagne n'avait pas d'argent pour payer les cinquante mille hommes qu'il comptait rassembler, en recrutant dans les zones septentrionales et orientales de l'Europe, notamment, dans ces « pays militaires et mercenaires, tels que l'Allemagne et la Suisse, où des croyances de toutes les espèces donnaient des soldats pour toutes les causes », selon la forte expression de François Mignet. Allemagne, Suisse : ajoutons la Hongrie. Ces troupes iraient prendre position dans le nord et le sud de l'Italie, et aux Pays-Bas, tandis que les fidèles galères d'Andrea Doria protégeraient la Méditerranée et les côtes d'Afrique du Nord menacées par les Turcs.

Le pourvoyeur de fonds serait une fois de plus l'Espagne ; mais une Espagne financièrement épuisée et lasse de payer encore et toujours la note politique de ses monarques… La résistance prenait une forme bien particulière à la « source » même. Le royaume de Castille avait en effet grâce à ses mines d'Amérique un approvisionnement privilégié en métaux précieux[15]. Les galions de la flotte des Indes les apportant une ou deux fois par an à Séville, ils devaient y être aussitôt entreposés dans la *Casa de contratación* qui, fondée en 1503, avait le strict monopole de tout le commerce des Indes occidentales.

Ces richesses – or, argent, perles, ou pierres précieuses – qui arrivaient ainsi appartenaient soit à la couronne, au titre du *Quinto real* – le prélèvement régalien de 20 % sur la production minière – soit, en grande majorité, à des particuliers (marchands ou « actionnaires »). Or, tous les métaux sans exception devaient être *d'abord* enregistrés par ladite *Casa de contratación*, avant d'être remis à leurs propriétaires. Aussi la couronne avait-elle pris la fâcheuse habitude, quand elle était financièrement aux abois, de pratiquer l'emprunt forcé en réquisitionnant tout ou partie de l'or et de l'argent revenant à des particuliers ; ceux-ci recevaient en échange des titres de rentes sur les revenus de l'État, autrement dit du papier dont ils devraient attendre, dans le meilleur des cas, fort longtemps le remboursement[16]. On imagine aisément les perturbations – outre les mécontentements voire les drames individuels ou familiaux – que cette pratique, trop souvent répétée, pouvait engendrer au niveau de l'économie. Des systèmes frauduleux s'étaient donc mis en place, avec la complicité d'officiers et d'employés corrompus de la *Casa*, pour soustraire, autant que faire se pouvait, l'or et l'argent des particuliers avant que l'État ne pût exercer ce droit – exorbitant – de préhension.

La pratique était devenue courante et des sommes considérables disparaissaient ainsi. Prévoyant le risque, Philippe II avait tenté de parer le coup en ordonnant aux officiers de la *Casa de contratación*, par décret du 1er mars 1557, de remettre à son « facteur général » absolument tout l'or et l'argent – « barres, lingots ou monnaie » – qui s'y trouvaient des dernières flottes, et de suspendre tous les paiements prévus (y compris ceux de l'État) sur ces réserves, sans qu'un sou en fût prélevé : « *sin descontar ni sacar cosa alguna* ». Or le royal décret n'y fit rien : l'argent avait disparu, avait fondu, s'était évaporé…

### *À Yuste l'empereur fulmine*

Grand fut le désarroi de Philippe II en apprenant qu'il restait moins d'un dixième de ce qu'il comptait y trouver : les fraudeurs et leurs complices s'étaient ainsi comportés en ennemis du royaume et de leur roi en les mettant dans un grand péril, écrivait-il à la régente le 13 avril, et ils « exposaient aussi son honneur et sa réputation ». Mais plus grande encore que le désespoir du fils fut la fureur du père ! Tous les documents qui s'y réfèrent en tremblent encore… Charles Quint en fut bouleversé pendant des semaines. Ainsi, dans sa lettre à doña Juana du 1er avril il exprimait – analysait presque – sa propre colère[17] en ces termes :

> « Ma chère fille : quand j'ai appris que Ruy Gómez était arrivé là-bas [à Valladolid] je m'apprêtais à vous écrire au sujet de cette maudite évasion d'argent – "*esta negra suelta de este dinero que estaba en Sevilla*" –, mais j'ai remis à plus tard ; autant pour savoir par lui si une escroquerie de cette envergure était vraiment possible, que pour voir si avec le temps la colère qui m'a envahi dès que j'en ai eu connaissance finissait par s'apaiser ; mais elle est tellement justifiée que non seulement elle ne s'apaise pas mais augmente de jour en jour, et augmentera ainsi jusqu'à ce que je sache que les coupables vont réparer ce qu'ils ont fait, de telle sorte que le roi mon fils ne reçoive pas l'affront qu'il ne manquera pas de recevoir si on n'y remédie point, et que la réparation soit nette, radicale et très rapide.
>
> À vrai dire, si j'avais eu la santé nécessaire, quand j'ai appris la nouvelle, je serais allé moi-même à Séville pour découvrir d'où venait cette escroquerie ; j'aurais mis tous ceux de la *contratación* en cause, et je les aurais traités de manière à tirer au clair cette affaire, non par les voies ordinaires de la justice, mais par celle qui eût convenu pour

découvrir la vérité ; puis j'aurais mêmement jugé les coupables, car j'aurais sur le champ saisi et vendu tous leurs biens et je les aurais envoyés, eux, là où ils auraient loisir de jeûner et de payer pour la faute qu'ils ont commise.

J'écris cela sous l'empire de la colère et à bien juste titre, car lorsque je me débattais jadis dans les pires difficultés, en gardant comme je le pouvais la tête hors de l'eau – "*con el agua hasta encima de la boca*" –, quand une bonne quantité d'argent arrivait ceux qui vivaient ici largement et bien confortablement ne m'en informaient jamais sans m'informer en même temps que l'argent s'était déjà envolé ; et voilà que là, maintenant, les sept ou huit millions qui devaient arriver n'étaient plus que cinq, et ils se sont si bien arrangés que ces cinq millions se sont réduits à cinq cent mille ducats. Or, on ne m'ôtera pas de la tête que ça n'a pu se faire qu'en en donnant une partie, et une bonne, à ceux qui ont permis cette évasion. Quant au juge enquêteur qui va là-bas, que fera-t-il de plus que les autres, et que pourra-t-il trouver si ce n'est ce qu'ils voudront bien qu'il trouve ? Je ne me contenterai pas de cela.

Hier le prieur et les consuls des marchands de Séville m'ont fait savoir qu'ils allaient à Valladolid pour remettre au roi mon fils un important don en argent – "*un servicio*" –, et ils me demandèrent si je souhaitais qu'ils passent par ici pour me rendre compte de ce qu'ils apportaient. J'ai répondu que non, quoique j'ai failli les laisser venir, et pas précisément pour voir ce qu'ils apportaient mais pour savoir comment et par quels moyens ils avaient trouvé cet argent, et je vous promets ma fille que si je les avais laissés venir, je l'aurais découvert eussé-je dû les mettre en pièces.

Aussi, ma chère fille, je ne vois rien d'autre à faire en la circonstance que d'enquêter et de récupérer l'argent qui a disparu, et de frapper dans tous leurs biens les gens de la *contratación* et tous ceux qui ont participé à cette filouterie. Et si on n'y veille pas, je vous certifie que j'écrirai au roi de telle manière qu'il manifestera sa colère bien autrement qu'il ne l'a fait jusqu'ici, et je lui conseillerai de procéder non par voie de justice ordinaire mais bien extraordinaire ;

> et si je peux y contribuer, même si j'ai la mort entre les dents, je le ferai volontiers.
>
> Mais en attendant *ce n'est pas ça*, comme on dit, *qui rendra sa vache au brave homme*, et le roi va se retrouver à coup sûr en grande difficulté ; en tous cas s'il ne se décidait pas à leur fait rendre gorge j'aurais fait quant à moi ce qu'il était de mon devoir de faire, en tant que père et pour amour de lui. Je sais bien, ma chère fille, que vous n'êtes en rien coupable dans toute cette affaire ; mais ceux qui vous ont conseillée, eux, le sont grandement. Et sur ce j'en termine avec cela. De Yuste, le 1er avril, en suppliant Notre Seigneur de vous accorder, ma chère fille, ce que désire pour vous
>
> *Vuestro buen padre,*
> *Carlos.* »

« *Inde irae* », eû-il pu dire comme Juvénal… Si l'on comprend sans trop de mal les raisons des fraudeurs, il faut reconnaître que l'enjeu était considérable ; la monarchie attaquée par l'ennemi de toujours, et sur deux fronts : une telle perspective dut donner à l'empereur la cauchemardesque impression d'un tragique « retour à la case départ ». Le ton du document, de cette lettre si personnelle au plus proche de ses proches, ne saurait tromper : il y a là autant de douleur que de colère. Des sanctions furent prises, on procéda au remaniement du personnel incriminé à Séville, mais – l'empereur l'avait bien prévu – l'argent ne rentra pas pour autant. Cependant, instruit par l'expérience, il conseillait à la régente d'envoyer des gens de confiance rejoindre au niveau des Açores la flotte arrivant des Indes afin d'y surveiller la cargaison.

### *Saint-Quentin : dernière victoire de l'empereur*

Par ailleurs la grande colère de Charles Quint, dont les éclats dépassèrent on s'en doute l'enceinte de Yuste, fut efficace ; en ce sens que lorsqu'on sollicita dans l'urgence toutes les bourses possibles – banquiers, « industriels » (du secteur lainier, entre autres), négociants, mais aussi les universités, la noblesse et même le clergé – chacun s'empressa de cracher au bassinet sans trop protester. À une exception près cependant : l'inquisiteur général et archevêque de Séville (le plus riche archevêché d'Espagne après Tolède) Fernando de Valdés refusait de donner le moindre sou… Il fallut qu'*à deux reprises* Charles Quint en personne intervint par courrier dont le premier, daté du 18 mai, est un modèle du genre[18] :

> « J'ai appris que non seulement vous n'avez pas fourni la somme qui vous a été demandée, mais que vous avez laissé peu d'espérance de le faire. Je n'en suis pas peu étonné de votre part à vous qui êtes ma créature, mon ancien serviteur, qui depuis tant d'années jouissez des revenus épiscopaux, et en qui j'eusse été heureux de trouver les preuves de cette bonne volonté que vous m'aviez toujours dit mettre aux choses de mon service. Aussi ai-je cru devoir vous prier et vous engager fortement, pour une cause que vous reconnaissez si juste et dans une occasion si pressante, d'aider mon fils avec la somme qui vous a été demandée en son nom. Je sais que, si vous le voulez, vous pouvez le faire, tout au moins pour la majeure partie. Outre que vous ferez ce que vous devez et ce à quoi vous êtes tenu, vous me ferez en cela, pourvu que vous agissiez promptement, plaisir et service. S'il en était autrement, le roi ne manquerait point d'ordonner qu'on y pourvût, et moi de le lui conseiller. »

Malgré le ton cinglant et menaçant de la lettre impériale l'interpelé ne fit point preuve, en cette pressante affaire, de toute la « promptitude » souhaitée. Il se montrera beaucoup plus diligent et zélé un an plus tard dans celle – pour lui, alors, salvatrice – des « protestants » espagnols… Or, le 2 juin, Charles Quint remerciait chaudement les prélats de Cordoue et de Tolède qui lui proposaient respectivement cent mille et quatre cent mille ducats, et – le même jour –

rappelait derechef à l'ordre l'Inquisiteur général récalcitrant ; la menace se précisant, ce dernier remit à contrecœur cinquante mille ducats bien marchandés. Son manque d'empressement à souscrire à cet emprunt forcé dut jouer un rôle certain dans la demi-disgrâce dans laquelle il ne tardera pas à tomber.

L'empereur, quoique retiré à Yuste, aida donc de tout son poids au rassemblement et à l'envoi vers l'Italie et les Pays-Bas de fonds et de troupes qui suffiront à assurer la victoire et à sauver sa « *maison* ». Comme dirait Manuel Fernández Alvarez : grâce à l'Espagne, une fois de plus le miracle fut possible… Ainsi que l'a souligné Ivan Cloulas c'était un vétéran blanchi sous le harnois qui avait maté Paul IV – le duc d'Albe dont la valeur était connue et reconnue – tandis que sur la frontière française un jeune talent allait, sinon se révéler, se confirmer avec éclat. Dans les dernières années de son règne Charles Quint avait confié le commandement des troupes flamandes à son neveu Emmanuel-Philibert de Savoie[19], qui avait ensuite suivi son cousin Philippe II en Angleterre, à la fin de 1554. C'est donc à lui que ce dernier confia *naturellement* le commandement des opérations quand la menace française au sud des Pays-Bas se fit pressante. « *Tête-de-fer* » Emmanuel-Philibert, certes, mais aussi tête pensante, il le prouvera ultérieurement dans ses États retrouvés. Pour l'heure il a déjà planifié rien moins que la descente sur Paris !

La place forte française de Saint-Quentin faisant obstacle sur son chemin, il décida de la prendre en usant d'une feinte : faisant mine de viser la Champagne en menaçant Rocroi, il marcha sur la forteresse bien gardée de Mariembourg le 23 juillet, à une vingtaine de kilomètres de Saint-Quentin. Il comptait quarante-sept mille hommes (un cavalier pour trois fantassins), des Espagnols et des Allemands pour l'essentiel ; en outre huit mille Anglais ralliés depuis juin attendaient à Calais.

Tandis que les Français, moins nombreux, cherchaient du renfort, Emmanuel-Philibert levait le siège subitement – et contre toute attente – pour foncer droit sur la place de

Saint-Quentin ; or, quoique couvrant Paris du côté nord, cette frontière picarde se trouvait plus démunie. Il en atteignait dans la nuit le faubourg de l'Isle. L'amiral de Coligny qui commandait la place eut juste le temps, le 3 août, de mettre sur pied de guerre sa garnison ; tandis que son oncle, l'illustre connétable de Montmorency – déjà évoqué pour sa vaillance et sa longévité – se portait à son secours, le duc de Savoie, assisté des comtes d'Egmont et de Hornes, vint furieusement à sa rencontre et réduisit les troupes françaises à néant ; les fleurons de la noblesse française qui ne gisaient pas sur le champ de bataille étaient faits prisonniers. On évalue à six mille les morts du côté français en ce 10 août 1557.

*Joie (douce-amère ?) à Yuste*

Quand tomba la nouvelle, Philippe II, quoique de retour d'Angleterre depuis trois semaines, ne se trouvait point sur le lieu des combats mais dans le quartier général près de Cambrai. Il se sentit quelque peu confus – surtout vis à vis de son père – d'être ainsi demeuré si peu glorieusement en retrait. Aussi lui écrivait-il dans sa lettre du 11 août : « Votre Majesté en apprendra les détails par le mémoire ci-joint. Étant donné que je n'y étais pas, ce que je regrette au point que Votre Majesté peut imaginer, je ne peux en rendre compte que par ouï-dire. » Bien sûr, à Yuste, on exulta. Le 6 septembre l'empereur écrivait à sa fille : « J'en ai éprouvé la joie que vous pouvez imaginer, et je rends infiniment grâces à Dieu de voir le bon début que prennent ainsi les affaires du roi… » Mais la lettre datée du 4 de Luis Quijada à Vázquez en dit, entre hommes, plus long encore :

> « *Ilustre señor* : vous pouvez certifier à Leurs Majestés [les reines douairières de France et de Hongrie] et à Leurs Altesses [la régente et l'infant don Carlos] que Sa Majesté [l'empereur] a reçu avec cette nouvelle [la victoire du 10 août] la plus grande satisfaction de sa vie, et à juste

> titre. Il en a rendu mille grâces à Dieu, et fait dire aujourd'hui une messe très solennelle, il s'est entretenu avec son confesseur et a distribué quantité d'aumônes […]. J'espère qu'avec l'aide de Dieu l'entreprise de Sa Majesté, étant donné l'armée dont elle dispose et cet excellent début, connaîtra une fin encore meilleure. Que Dieu le veuille et lui donne la victoire, et je crois fermement qu'Il le voudra, car la cause de Sa Majesté est une sainte et juste cause. En vérité je dois vous dire que Sa Majesté se montre fort joyeuse et pleinement satisfaite ; *mais je sens bien moi qu'il ne peut se consoler de ce que son fils ne se soit pas trouvé sur le terrain*, et je le comprends. Maudits soient les Anglais qui l'ont ainsi retenu… »

Et le colonel Quijada, à qui ces martiales nouvelles donnaient du vague à l'âme, d'ajouter pour terminer : « Quant à moi je l'ai su dès que le messager est arrivé, avant même Gaztelú, et c'est moi qui l'ai appris à l'empereur ; j'ai bien failli lui demander en guise de "pourboire" de me donner congé pour aller servir là où je serais plus utile, et de me remplacer ici par quelqu'un qui ne pourrait servir où moi je le pourrais encore… »

Mais le 10 août la place de Saint-Quentin, intacte, était encore à prendre : le roi décida donc de se rendre à proximité du théâtre des hostilités. Deux options se présentaient alors : s'acharner sur cette dernière ou passer outre – la route était ouverte qui menait au cœur du royaume de France – et marcher sur Paris… C'était le projet initial d'Emmanuel-Philibert, qui supplia le roi à genoux, mais en vain : ce dernier avait décidé de mettre le siège devant Saint-Quentin. Violemment bombardée la ville forte, assaillie, tombait le 27 août. La mise à sac fut, selon les mœurs du temps, à la mesure de l'effort déployé pour la faire tomber : troupes allemandes, flamandes, espagnoles et anglaises s'en donnèrent à cœur joie, et maraudèrent dans la région jusqu'à Péronne ou Noyon. L'empereur était en Espagne depuis près d'un an et à Yuste depuis sept mois…

Pendant ces premières semaines d'août 1557 où se joua en deux temps la victoire qui devait marquer d'un sceau indélible le règne de Philippe II dès son commencement, sur les instances – parfois tonnantes, on l'a vu – de Charles Quint, l'argent afflua aux Pays-Bas en quantité suffisante pour que le roi pût pousser, comme l'espérait son père, son avantage militaire au maximum. C'était, pensait-il, l'occasion ou jamais d'écraser définitivement les Français. Luis Quijada dans une lettre au secrétaire d'État, datée du 19 septembre, écrit à ce propos : « Sa Majesté brûle du désir de savoir ce que le roi son fils compte faire après sa victoire, il s'en montre très impatient car selon ses calculs il pense qu'il devrait déjà se trouver sous les murs de Paris… »

Mais Philippe II, à qui ce siège atroce suggéra sinon le projet du moins le patronnage du futur Saint-Laurent de l'Escurial, relevait aussitôt la ville détruite, licenciait les mercenaires et… rentrait à Bruxelles un mois plus tard. Selon l'expression de François Mignet : « la prudence extrême de Philippe II arrêta seule l'armée espagnole, qui, s'avançant pas à pas sur le territoire français, assiégea le Catelet et Ham, dont elle s'empara, entra dans Noyon et dans Chauny sans oser pénétrer plus loin » ; ce qu'un gentilhomme français rescapé de ces campagnes reconnaissait ainsi dans ses *Commentaires des dernières guerres en la Gaule Belgique* : « les Espagnols pouvaient parachever la totale extermination des forces de France, et nous oster toute ressource et toute espérance de nous remettre sus… Mais il semble que le supresme dominateur, Dieu des victoires, les arresta là tout court[20] ».

L'ambassadeur Michele Suriano relèvera d'ailleurs, dès 1559, que si Philippe II s'était avisé d'imiter son père ou son bisaïeul aragonais, avec la puissance et la fortune – au sens propre du terme – dont il disposait, il aurait pu faire trembler le monde : « *sarrebe* […] *formidabile al mondo* ».

*La victoire menacée : inquiétude à Yuste*

Ce manque de hardiesse – ou cette grande sagesse – de celui que l'on qualifiera de son vivant le *Roi prudent*[21], permettait pour l'heure à Henri II de reconstituer ses troupes et de les masser en Picardie sous le commandement du duc de Nevers. À peine de retour d'Italie, le duc de Guise, rappelé en urgence, arrachait aux Anglais (qui la tenaient depuis deux siècles) la place de Calais ; ce coup de maître eut lieu en plein hiver, contrairement aux us militaires du temps, le 8 janvier 1558 : on ne l'apprendrait à Yuste qu'un mois plus tard ! L'événement se situe, au niveau de la vie personnelle de l'empereur, au sortir d'une sérieuse crise de goutte d'une part, et de l'autre entre la visite de ses deux sœurs en route vers la frontière voisine, et un passage de François Borgia, médiateur dans l'affaire portugaise. Avec la prise de Calais, bientôt suivie de celle de Guines, les Anglais – du coup définitivement « boutés » hors de France – perdaient ce « formidable pied-à-terre, vraie colonie anglaise », pour reprendre l'expression de François Mignet, acquis de vive force par Édouard III au milieu du XIV$^{e}$ siècle ; d'une importance à la fois économique (en protégeant leur commerce – la laine – avec les Pays-Bas) et stratégique (base de départ idéale pour les expéditions contre la France), la place était estimée si imprenable qu'on avait coutume de la dégarnir pendant les quartiers d'hiver, ce qui cette fois lui fut fatal…

Si l'affaire touchait gravement les Anglais – l'état de santé déjà inquiétant de Marie Tudor en fut aggravé –, elle affectait aussi la monarchie espagnole en « découvrant », en fragilisant cette zone frontière naturellement vulnérable des Pays-Bas. La menace n'allait d'ailleurs point tarder à se concrétiser : Thionville, sur la Moselle, tombait aux mains du duc de Nevers le 22 juin, et le Luxembourg était menacé ; la Flandre maritime était touchée à Dunkerque par le maréchal de Thermes. Finalement la situation s'était presque inversée : peu s'en fallait que Philippe II ne se trouvât dans la position où ses propres armes avaient placé Henri II six mois auparavant…

La nouvelle devait d'autant plus affecter l'empereur au fond de sa retraite qu'il avait prévu ce retournement : « il semblerait que le roi de France *arme avec furie*, et il se pourrait bien qu'il entre en campagne cet hiver pour tenter de récupérer quelques-unes des places qu'il a perdues ou d'en prendre d'autres », écrivait-il à la régente dès la mi-décembre 1557… Fruit du talent et de l'expérience : quelle connaissance, irremplaçable, de l'adversaire qu'il parvenait ainsi à « deviner » ! Or, c'était précisément à ce moment très inopportun que, par lettre du 14 décembre, doña Juana implorait le retour de Philippe en Espagne et demandait à se voir déchargée d'une régence qui lui pesait ; elle y informait aussi son père que le Conseil d'État – devant l'épuisement financier du royaume[22] – réclamait une conclusion rapide de la paix. La réponse de l'empereur, qui plus que jamais s'imposait, est des plus intéressantes[23] :

> « Certainement la paix est en tous temps excellente et souhaitable. Aussi n'ai-je jamais donné pour excuse des maux grands et nombreux que la guerre fait souffrir à la chrétienté que le peu de sûreté qu'il y a du côté des Français, comme l'a montré l'expérience du passé, puisqu'ils n'ont jamais tenu et ne tiennent jamais ce qu'ils promettent qu'autant que cela leur convient. Je ne vois pas, d'ailleurs, quels moyens, bons pour lui, le roi aurait de traiter de la paix, ses affaires étant au point où elles se trouvent. Bien que je sache que sa venue dans ces royaumes serait aussi nécessaire que vous le dites, il ne conviendrait cependant en aucune manière qu'il s'éloignât de la Flandre, surtout en cette conjoncture. »

Le Conseil d'État espagnol proposait aussi, si la paix s'avérait être impossible, d'attaquer la France par le sud. L'empereur, qui n'avait rien oublié, dut se souvenir du cuisant échec – qui remontait alors à vingt ans – de la campagne de Provence : « En entrant par la Navarre sans avoir de flotte et sans recevoir d'assistance en vivres […], je ne sais comment on pourrait nourrir les troupes lorsqu'on irait de l'avant », répondait-il. Il conseillait donc de réserver l'offre espagnole pour une grande offensive qu'on mènerait par la Picardie et la Normandie au cours de l'année qui s'annonçait parce que, ajoutait-il, une meilleure occasion d'abattre le grand adversaire ne se représenterait pas : « … j'espère en Dieu que, la situation du roi de France étant celle que l'on sait, l'effet en serait tel qu'il ne pourrait relever la tête de si tôt ; car jamais on n'a vu – et on ne verra de longtemps – une meilleure occasion d'y parvenir ».

Mais c'était prendre le rêve pour la réalité : les Français inauguraient l'année en prenant Calais ! Dès que la nouvelle parvint enfin à Yuste, le 3 février au soir – pour épargner une nuit blanche à l'empereur souffrant on ne la lui annonça qu'au matin –, les plumes s'activèrent. Le secrétaire Gaztelú écrivait le lendemain à Vázquez : « sa peine fut telle qu'il dit ne jamais en avoir ressentie d'aussi grande de toute sa vie » ; l'empereur de son côté, expliquait ses craintes dans une longue lettre-instructions à la régente dans laquelle il la pressait de prendre des mesures d'urgence, et notamment de rassembler et d'envoyer des fonds au roi, et terminait ainsi : « Tout convaincu que je sois, ma chère fille, que mesurant la situation confuse et difficile dans laquelle se trouve le roi et que je viens d'évoquer, vous veillerez à faire diligemment le nécessaire, j'ai tenu à vous dire tout cela, car je le ressens si douloureusement, et ce qui pourrait bien encore lui arriver de funeste, que je serai en proie à la plus grande inquiétude tant que je ne saurai pas comment tout cela va se terminer. »

En cet été 1558 – qui devait être le dernier pour Charles Quint – l'ennemi menaçait à la frontière des Pays-Bas mais également au sud de l'Europe, où cent trente bâteaux turcs maraudaient dans les eaux chrétiennes au profit du vieux Soliman : du golfe de Sorrente à l'île d'Elbe, de la Corse aux Baléares, ils écumaient sans pitié les côtes et réduisaient les habitants en esclavage. Bref, en dépit de l'éclatante victoire de Saint-Quentin, la guerre rebondissait et l'empereur en était accablé. Gaztelú écrit le 28 juillet à Vázquez qu'il est « si affecté par la perte de Thionville et les ravages et enlèvements de captifs dus aux Turcs à Minorque, que *nous ne parvenons ni à l'en consoler ni même à l'en distraire* ».

*La victoire assurée à Gravelines : vers une paix durable*

La rencontre entre les troupes françaises du maréchal Paul de Thermes et celles de Philippe II, commandées par les deux héros de Saint-Quentin, Emmanuel-Philibert et Lamoral d'Egmont, eut finalement lieu autour d'un petit port situé entre Dunkerque et Calais : Gravelines. Les Français y furent à nouveau taillés en pièces à la mi-juillet. Le comte d'Egmont venait de sauver durablement la situation, lui qui dix ans plus tard – en juin 1568 – serait ignominieusement décapité sur la grand place de Bruxelles, sur ordre du duc d'Albe alors gouverneur général au nom de Philippe II… Or, comme le souligne Karl Brandi : « Les plus grands périls qui menaçaient les Pays-Bas s'éloignèrent le jour où Egmont, le 13 juillet, remporta sur les Français la victoire de Gravelines, on voyait paraître à l'horizon les signes d'un apaisement dans les affaires du monde. »

C'était vrai. Les deux adversaires – qui avaient hérité des « *rancuneuses* » querelles de leurs pères – étaient l'un comme l'autre à court d'argent, ce nerf de la guerre, comme chacun sait. Par ailleurs, Philippe II désirait ardemment regagner l'Espagne, qui n'avait pas encore reçu son nouveau roi, et dont la situation financière était vraiment préoccupante. Les pourparlers commencés à Doullens se termineront à Cateau-Cambrésis au début d'avril 1559 : entre-temps l'empereur était mort à Yuste, suivi moins de deux mois plus tard par Marie Tudor ; Philippe II se retrouvait « orphelin » et veuf aussi, pour la seconde fois, donc libre. Ce veuvage tombait réellement à point nommé : la paix franco-espagnole sera scellée par un nouveau mariage, le roi épousera en troisièmes noces la fille d'Henri II et de Catherine de Médicis,

Élisabeth de Valois *alias* Isabel de la Paz ; elle apportera en effet la paix à l'Espagne, et à Philippe quelques années de bonheur et deux filles qui seront la lumière de sa vie. Le 22 juin le duc d'Albe épousait par procuration à Paris au nom de son maître la princesse de treize ans ; une semaine après, le 30, Henri II mourait dans un atroce accident – un coup de lance dans l'œil – au cours de joutes organisées pour l'occasion…

Mais, au-delà du deuil, la paix s'établissait pour près d'un demi-siècle entre la France et l'Espagne : quelques années plus tôt qui l'eût cru ? Sans doute pas Charles Quint, qui ne verra point l'heureuse conclusion de ces derniers conflits qu'il avait suivis, depuis Yuste, avec angoisse. Selon les termes de François Mignet :

> « Charles Quint n'eut point la joie de voir conduire à son terme le traité qui réconciliait les deux plus puissantes monarchies du continent, à l'honneur de celle qu'il avait agrandie, et qui fermait les longues luttes entreprises depuis plus d'un siècle en Italie, dont la possession définitive demeurait aux Espagnols. »

Élisabeth régnait sur l'Angleterre, Ferdinand était empereur, Philippe II dirigeait cet autre empire : l'Espagne et ses Amériques… Autres hommes, autres circonstances, autres ambitions, autres « *mémoires* » aussi : le second XVIe siècle s'annonçait d'emblée différent du premier. Clio tournait une page.

### *La question navarraise : les origines*

L'affaire – délicate, compliquée et quelque peu obscure – de la Navarre avait été la première à rejoindre l'empereur sur le chemin de sa retraite, exactement à la hauteur de Burgos : à Pesadas, dès le 12 octobre 1556, le vice-roi et *capitán general* de Navarre – don Beltrán de la Cueva, duc d'Albuquerque – lui demandait audience ; il était accompagné par un certain Juan Martínez de Ezcurra, un discret Navarrais chargé de mission depuis des années, qui faisait office d'intermédiaire, de médiateur et plus ou moins d'espion entre les deux partis. Si cette affaire allait bientôt prendre une tournure particulière du fait de son imbrication chronologique – et de ce fait politique – avec le conflit précédemment évoqué, ses racines sont bien antérieures à l'accession de Charles Ier au pouvoir en Espagne. Il est d'ailleurs curieux de constater qu'aux deux extrémités de son règne « espagnol », comme l'ouvrant et le refermant, on trouve l'affaire de la Navarre... Une affaire moins anodine ou secondaire qu'il pourrait paraître à première vue.

La situation géographique de cette région pour partie française et pour partie espagnole, à cheval sur les Pyrénées, explique son importance dans la stratégie (politique et militaire) des deux pays. L'histoire de la Navarre médiévale est d'une rare complexité, et celle des « royaumes pyrénéens » est à n'en point douter un vrai casse-tête pour les écoliers espagnols confrontés à l'étude de leur histoire nationale... En outre ce territoire, de taille réduite mais à forte personnalité, avant même d'être un objet de discorde entre la France et l'Espagne, s'est trouvé pris en étau entre les intérêts respectifs de la Castille et de l'Aragon. Devant de tels adversaires, la rude Navarre devra recourir à l'habileté politique plutôt qu'à la force pour conserver tout ou partie de son indépendance. En 1134 la partie située du côté espagnol des Pyrénées se constitua en royaume indépendant par rapport à l'Aragon, en rejetant la décision testamentaire d'Alphonse le Batailleur et en se choisissant elle-même un roi : García Ramírez.

Exactement un siècle plus tard, la couronne passait à Thibault de Champagne, neveu de son prédécesseur Sanche le Fort de Navarre, et à partir de cette date, la politique du royaume commença à fluctuer, dangereusement, entre l'influence française ou l'attrait péninsulaire. Un demi-siècle plus tard, à la mort du roi Henri de Navarre, Jeanne son héritière n'avait que deux ans ; la régence de sa mère, la Française Blanche d'Artois, exacerba les intérêts des uns et des autres au point que la Navarre (et en particulier Pampelune) fut le théâtre d'une guerre civile qui mit aux prises les partisans de l'une et de l'autre tendance : « *Francos* » et « *Navarros* ». La reine Jeanne ayant épousé Philippe IV le Bel, lorsqu'elle décéda en 1305 ses droits passèrent à ses enfants. Mais à la mort de Louis X dit le Hutin (en 1316) Jeanne fut dépouillée par ses autres frères de ses droits sur le royaume de Navarre, au nom d'une loi salique que les Navarrais ne reconnaissaient pourtant pas. Ainsi, de 1316 à 1328 pendant les règnes très écourtés de Philippe V le Long et de Charles IV le Bel, la Navarre fut-elle aux mains du roi de France. Ce dernier étant mort sans descendance, à la faveur du problème de succession qui se posa pour le royaume, la Navarre « récupéra » sa propre reine, Jeanne, qui fut reconnue par les Cortès en 1328. Comme elle avait épousé Philippe d'Évreux (tué en 1343 sous les murs d'Algésiras) – issu d'une puissante famille du Nord vassale de la couronne de France –, les souverains navarrais de la maison d'Évreux allaient entraîner leur petit royaume dans les désastreux méandres de la guerre de Cent Ans (1337-1453).

Dans la seconde moitié du XIVe siècle la Navarre devint une pièce maîtresse dans le jeu des alliances et des défiances entre l'Aragon de Pierre IV, la Castille de Pierre Ier dit le Cruel (et d'Henri de Trastamare, son demi-frère bâtard, fratricide et successeur, fondateur de la nouvelle dynastie), la France et l'Angleterre. Sous Charles III le Noble (1387-1425) le royaume de Navarre connut une période faste : calme relatif, prospérité, développement culturel, autour de la cour d'Olite et de Tafalla, sous l'influence française. Sa fille Blanche lui succéda. Elle avait épousé l'infant Jean d'Aragon qui allait devenir en 1458 Jean II d'Aragon dit Jean sans Foi ; une fois veuf, il se remariera avec Juana Enríquez, qui exercera sur lui un tel ascendant qu'il dépossédera et fera ignominieusement arrêter son fils aîné le prince Carlos de Viana (l'enfant de la défunte reine de

Navarre) au profit du cadet – le futur Ferdinand le Catholique – issu du second lit.

Cette tortueuse et immorale politique contribua à semer de nouveau le trouble dans le royaume de Navarre, qui se trouva alors durablement déchiré entre deux partis farouchement opposés : les « *agramonteses* » (pro-aragonais ») et les « *beamonteses* » (anti-aragonais). La mort prématurée du prince de Viana, en septembre 1461, et les manœuvres de Jean II firent que finalement la couronne de Navarre revint à Éléonore, sa fille cadette et épouse de Gaston IV comte de Foix. À la mort de cette dernière la couronne de Navarre passait à son petit-fils François Phoebus qui – âgé de douze ans seulement – se trouvait encore sous la tutelle de sa mère Madeleine de Valois, sœur du roi de France Louis XI. Il fut un temps question de le marier à Jeanne, la fille des Rois Catholiques (et future mère du futur Charles Quint), projet invalidé par la mort survenue en 1483 de cet éventuel fiancé de seize ans. La couronne de Navarre revenait alors à sa sœur Catherine, qu'on envisagea de marier au prince Jean, l'aîné et seul héritier mâle des Rois Catholiques. Ce projet-ci n'aboutit point non plus.

En fait, la Navarre mettait à nouveau fortement le cap politique sur la France, d'où une recrudescence des luttes civiles ; ainsi, alors que l'union – dynastique à défaut d'être politique – entre Isabelle et Ferdinand apaisait pour un temps la rivalité entre la Castille et l'Aragon, « *agramonteses* » et « *beamonteses* » se faisaient paradoxalement une guerre sans merci. La reine Madeleine – soucieuse de préserver ses États de la région de Foix et du Béarn – opta pour un mariage français : son fils épousa en 1484 la fille de Jean d'Albret, comte de Narbonne et vicomte de Tartas, dont le domaine touchait à la Navarre. La maison de Foix-d'Albret se retrouvait donc à la tête d'un territoire assez étendu, de part et d'autre des Pyrénées ; mais, elle ne put, malgré les efforts d'un Jean d'Albret, maintenir une neutralité même relative au milieu des rivalités franco-castillanes. Elle ne tarderait pas en faire durement les frais… Pour reprendre les termes de José Luis Cano Sínobas : « la politique de la

Navarre n'était plus entre les mains de ses rois mais entre celles de ses puissants voisins ».

*Annexion et première tentative de récupération*

Alors que Jean d'Albret s'apprêtait en 1512 à signer avec le roi de France (Louis XII) le traité de Blois, Ferdinand le Catholique (roi d'Aragon, alors régent de Castille) brandissant deux bulles opportunes, accusait Jean d'Albret de félonie et d'hérésie, tandis que le duc d'Albe don Fadrique de Toledo entrait en vainqueur dans Pampelune, presque sans coup férir, en juillet 1512. Huit mois plus tard le premier vice-roi de Navarre – don Diego Fernández de Córdoba – prêtait serment devant les Cortès. Trois ans après l'invasion, en juillet 1515, celles de Burgos entérinèrent le rattachement de la Navarre à la couronne de Castille ; demeurant cependant un « royaume » – « *reino de por sí* » – elle conserva (et ce jusqu'à l'époque contemporaine) une certaine autonomie, notamment au niveau de l'organisation interne, et en particulier ses propres Cortès. Le roi de France, en l'occurrence François Ier, ne renonça pas pour autant à ses vues sur la Navarre et tentera bientôt, sous prétexte de défendre les droits de la maison d'Albret, sa vassale, d'intervenir, généralement à la faveur de quelque faiblesse conjoncturelle. L'épineuse question navarraise empoisonnera d'emblée les relations entre les jeunes souverains François de France et Charles d'Espagne.

La première tentative de récupération par la force eut ainsi lieu en 1516 – on l'a vu dans la première partie – à la mort de Ferdinand, qui laissait l'ensemble couronne de Castille et couronne d'Aragon en situation délicate. Henri d'Albret, le fils de Jean qui n'avait évidemment jamais accepté la « conquête » de son royaume par Ferdinand, profita de la mort de celui-ci pour tenter de le reprendre, mais il fut surpris et battu dans la vallée du Roncal en mars 1516 par un brillant disciple du *Gran Capitán*, le colonel Cristóbal

Villalva ; les forteresses navarraises furent démantelées, exception faite de celles de Pampelune, d'Estella et de Viana, la pays occupé militairement et un nouveau vice-roi fut nommé : le duc de Nájera, assez grand, riche et puissant seigneur pour qu'aucune corruption ne pût avoir prise sur lui. Le régent Cisneros – que détestaient les Navarrais – prit de sévères mesures que Charles Quint aura tout loisir d'adoucir par la suite en y gagnant quelque popularité. Dans les mois qui suivirent la mort de Ferdinand, pendant lesquels – malgré l'impatience des Espagnols qui réclamaient la présence de leur nouveau roi – Charles de Gand dut s'attarder aux Pays-Bas pour les raisons que l'on sait et, comme Pierre Chaunu l'a bien montré, en vertu de la prudente politique d'un Chièvres soucieux de ménager les bonnes relations des Pays-Bas avec la France, relations de vassalité, il importe de s'en souvenir. Aussi, le traité de Noyon signé le 13 août 1516 comprenait-il une clause relative à la Navarre ; Charles de Gand s'y engageait à recevoir, dès qu'il serait en Espagne, une délégation de la maison plaignante et d'examiner ses réclamations et ses droits : « conformément à la juste raison et de manière à lui donner raisonnablement satisfaction ». Bref, il s'engageait rien moins qu'à remettre en question l'annexion faite par son grand-père Ferdinand.

Pendant ce temps, de l'autre côté des Pyrénées, don Alonso de Aragón, fils naturel de Ferdinand et archevêque de Saragosse, qui – comme son homologue castillan Cisneros – assumait dans l'intérim la régence de la couronne d'Aragon, rédigeait dès le 7 mars 1516 sept bonnes pages d'instructions destinées à son émissaire auprès du nouveau roi à Bruxelles. Il lui présenterait, outre ses condoléances, un tableau des royaumes espagnols. Il consacrait à cette occasion une longue page à la Navarre, en recommandant d'emblée à l'intention du jeune Charles que : « Tant que Son Altesse tardera à venir, il me semble qu'elle devra donner des ordres très stricts pour qu'on veille à la protection de la Navarre, car c'est de la plus haute importance pour son royal État » ; suivait un bref mais convaincant aperçu géographique, puis la mention de troubles qui perturbaient *déjà* la région ; enfin il l'informait des mesures qu'il avait lui-même prises d'office : « Connaissant si bien, quant à moi, l'importance que revêt la Navarre pour l'État de Son Altesse, et veillant étroitement comme toujours à ses intérêts, j'ai introduit de nombreux espions jusque là où se trouvent le roi don Juan et sa femme la reine doña Catalina [Jean d'Albret et Catherine de Foix] ; j'ai pu apprendre ainsi qu'ils faisaient des préparatifs de guerre, ce que m'ont également écrit le connétable de Navarre, mon cousin, et le vice-roi, en m'avertissant que ce royaume était en grand danger et avait besoin d'être défendu, et ils me réclament des hommes pour le faire[24] », etc.

Mais à Noyon les conseillers flamands du roi avaient à l'évidence complètement négligé dans cette affaire l'intérêt des Espagnols, qui ne tarderaient pas à le remontrer assez rudement à leur tout jeune roi. En effet, les Cortès de Valladolid lui présentaient en février 1518 cette doléance :

> « Votre Altesse sait déjà que le royaume de Navarre a été réuni à la Couronne de Castille depuis les Cortès de Burgos en 1515. L'évêque de Badajoz[25] » nous a fait savoir que Votre Altesse est fermement résolue à maintenir cette union. Nous supplions Votre Altesse de la conserver, tout comme l'ont fait ses prédécesseurs. S'il nous faut, pour défendre cette conquête, risquer notre vie et nos biens, nous sommes disposés à le faire, *car ce royaume-là est la clef principale de ce royaume-ci.* »

Ce à quoi, un an et demi après Noyon, pris – sinon entre l'enclume et le marteau – « entre le mur et l'épée », selon l'expression de Roger B. Merriman[26], il devait répondre :

> « Nous avons toujours été fermement résolu à conserver ledit royaume étant donné les droits que nous avons sur lui et l'importance qu'il représente pour ces royaumes-ci de Castille. Nous vous remercions de vos offres de service à ce sujet, mais nous sommes certains que nous n'aurons

> jamais besoin d'y faire appel, *car nos droits sur la Navarre sont si clairement établis que personne n'osera nous en disputer la possession.* »

Les délégués français défenseurs de la cause navarraise qui le suivaient en Espagne attendirent en vain un geste prometteur qui ne vint pas et rentrèrent en France au mois d'août.

*Germaine de Foix renonce à ses droits sur la Navarre*

Le 22 du même mois Charles (qui n'est pas encore Charles Ier d'Espagne) obtenait secrètement de Germaine de Foix, la jeune veuve de son grand-père Ferdinand, la cession des droits qu'elle possédait sur la Navarre. Rappelons que Ferdinand d'Aragon, veuf d'Isabelle de Castille depuis moins d'un an, signait le contrat d'alliance matrimoniale avec cette princesse française en octobre 1505 (le mariage eut lieu à Dueñas le 16 mars 1506), pour des raisons éminemment politiques qui s'inscrivent dans l'hostilité – c'est peu dire – qui l'opposait à son gendre Philippe le Beau, le père de Charles Quint. L'archiduc se retrouvait, comme l'on sait, par le jeu macabre du décès de tous les autres héritiers, en position de gouverner – au nom de sa femme, la reine Jeanne, empêchée par la maladie – le royaume de Castille, déjà, puis ceux de la couronne d'Aragon lorsque lui-même, Ferdinand, viendrait à disparaître. Un héritier de dernière heure serait le meilleur tour politique à jouer à cet insolent Flamand… Ferdinand avait cinquante-quatre ans mais Germaine âgée de dix-huit (quoique sans grand charme)[27] avait pour elle sa prometteuse jeunesse : un enfant naissait le 3 mai 1509, pour mourir aussitôt. Par ailleurs, le beau Philippe d'Autriche était lui aussi, et contre toute attente, décédé quelques mois après le remariage de son beau-père.

Lorsque le jeune Charles de Gand arrivera à Valladolid, avec ses dix-sept ans à peine révolus, il se trouvera face à cette « grand-mère » de dix ans son aînée et peu farouche. La légitime timidité qu'elle lui inspira au départ semble avoir rapidement fondu et fait place à une certaine « intimité ». Le père Sandoval, qui décidément n'apprécie guère cette « bonne vivante » de Française, écrit à ce propos que : « Le roi manifesta pendant quelque temps un respect marqué envers la reine Germaine, parce qu'elle avait été la femme de son grand-père et que ce dernier l'avait recommandée à lui[28]. À tel point que si elle entrait là où le roi se trouvait assis, il quittait son siège, se découvrait et lui parlait genou en terre. Cette courtoisie fut de courte durée car le roi gagna bientôt en autorité, alors qu'elle-même se soucia peu de la sienne, préférant ses plaisirs, ses banquets et ses jardins, et autres choses toutes aussi déplacées pour une personne de sa condition. » Mais cette jeune veuve gourmande était fille de Marie d'Orléans (sœur du roi de France Louis XII), et de Jean-Gaston de Foix et, par lui, petite-fille de la reine Éléonore de Navarre, la sœur de Ferdinand (dont elle était en fait la petite-nièce).

C'est donc dans ce contexte des festivités qui ont naturellement marqué le début de son règne espagnol que Charles Ier avait obtenu de sa « grand-mère » qu'elle renonçât aux droits qu'elle avait sur la Navarre. Il s'empressait aussitôt de lui donner pour second époux le margrave Jean de Brandebourg pour éviter un mariage français. Il était donc évident que le traité de Noyon resterait lettre morte : « sur ce point, comme sur bien d'autres, le jeune monarque faisait sien de jour en jour le point de vue espagnol », écrivit à ce propos Roger B. Merriman. C'est de cette époque et de ces circonstances – Noyon, Burgos et Valladolid – que dataient probablement les scrupules qui habitèrent Charles Quint jusqu'à la fin de son règne sur la légitimité de ses droits sur la Navarre. Ils ne furent vraiment levés dans son esprit qu'en 1554 lorsqu'il rédigea son cinquième et dernier testament le 6 juin 1554 à Bruxelles. Comme l'a souligné Karl Brandi : « Pour tranquilliser sa conscience, il demandait qu'on fît des recherches supplémentaires quant à ses droits […] sur la Navarre. »

### *François I^er^ et Charles Quint : derniers combats pour la Navarre*

La seconde tentative de récupération de la Navarre de la part de ceux qui la revendiquaient et de ceux qui les y aidaient, aurait pu – on l'a vu – mettre Charles Quint en très mauvaise position si François I^er^ avait su mieux – et surtout plus rapidement – pousser son avantage. Les circonstances s'y prêtaient en effet, une occasion rêvée, en fait : le royaume de Castille était en pleine révolte des *Comunidades* et son roi était absent… Des discussions entre délégués français et espagnols avaient été entamées à Montpellier en mai 1519 dans un climat hostile : chacune des parties voyant clairement les intentions réelles de l'autre : les Espagnols ne lâcheraient jamais la Navarre, et le roi de France ne prenait fait et cause pour la maison d'Albret que dans le but de mettre des bâtons dans les roues de son homologue espagnol ; situation que la rivalité suscitée entre les deux jeunes souverains par l'élection impériale ne faisait qu'empirer, notamment lorsqu'elle donna le Habsbourg gagnant, le 28 juin 1519.

La diplomatie ayant échoué avant même de commencer il ne restait d'autre issue que la force : en février 1520 François I^er^ sommait publiquement son rival d'honorer le traité de Noyon sur la question de la Navarre. Or, Charles Quint devait quitter l'Espagne, alors même que la révolte y grondait déjà. Ses ennemis, prenant leurs désirs pour des réalités, voyaient déjà l'œuvre des Rois Catholiques annéantie, leurs royaumes si péniblement « unifiés » à nouveau démembrés…

En Navarre, où le vice-roi espagnol, le duc de Nájera, s'était rendu très impopulaire, on aspirait à retourner dans le giron de la maison d'Albret. Et voici qu'au moment où le vice-roi aurait eu grand besoin de toutes ses forces pour contrer les menées d'Henri d'Albret, il recevait l'ordre de mettre à la disposition du connétable de Castille, qui s'apprêtait à mater la révolte des villes – ou *Comunidades* – insurgées, une partie de ses hommes et de ses armes en les envoyant de toute urgence à Burgos. À ses justes récriminations Charles Quint répondait le 24 octobre : « S'il est opportun de prendre toutes précautions pour conserver la Navarre, ça l'est plus encore de fournir l'aide nécessaire pour pacifier la Castille. » La Navarre se retrouva donc en partie désarmée, ce dont François I^er^, qui guettait, fut bien sûr et bientôt informé. Même s'il est difficile d'en mesurer l'ampleur, l'intervention – évidemment secrète – du roi de France dans la révolte castillane est avérée. En ce qui concerne la Navarre il manqua de célérité, et ne se décida vraiment à attaquer qu'après la défaite des *Comuneros* à Villalar ; en s'y prenant plus tôt il eût mis en position très critique le roi d'Espagne au point, de l'avis de certains[29], de lui faire perdre son trône.

Ce fut à la mi-mai qu'il envoya un corps expéditionnaire conduit par le seigneur de l'Esparre André de Foix qui, soutenu par la faction francophile, faisait capituler Pampelune et Tudela avant la fin du mois et, traversant l'Èbre, mettait même le siège – mais en vain – devant Logroño. En moins de trois semaines le royaume de Navarre était tombé aux mains des Français. Lorsqu'il l'apprit à Bruxelles, le tout jeune empereur en fut si affecté qu'il dut quitter la table du dîner auquel il participait. Mais les vainqueurs ne surent point conserver leur avantage. L'attitude de l'Esparre fit croire aux Navarrais qu'en fait le roi de France avait agi dans son propre intérêt, avait des vues sur eux, que la restauration de la maison d'Albret n'était qu'un prétexte. Par ailleurs, la défaite des *Comuneros* – dont les Français ignoraient l'ampleur – avait donné des ailes à la noblesse de Castille, à nouveau disponible.

Fouettée dans son orgueil elle fit tant et si bien, sous le commandement du connétable don Iñigo Fernández de Velasco, que les Français commencèrent à se replier dès le

11 juin, d'autant que les Cortès aragonaises avaient promis leur aide aux Castillans. Le 30 ils ne purent éviter la rencontre avec les Espagnols qui les battirent à Noain au cours d'une sanglante bataille où les vaincus laissèrent six mille morts sur le terrain. En quelques jours la Navarre était à nouveau – et définitivement – aux mains des Espagnols. Charles Quint se montra plutôt magnanime envers les vaincus, remplaça l'impopulaire duc de Nájera par le comte de Miranda et, surtout, il eut alors – comme plus tard ailleurs – la sagesse de laisser aux Navarrais, qui y était fort attachés, une certaine autonomie institutionnelle. Moyennant quoi, jamais plus il n'y aura, de la part du roi de France, de sérieuse tentative pour récupérer de force le vieux royaume ni, de la part de celui-ci, de réelle volonté de se soustraire au joug castillan. L'affaire navarraise aura cependant un curieux rebondissement dans les dernières années du règne, obligeant même l'empereur retiré à la reprendre en main.

### *La lutte pour la Navarre transcendée par ses conséquences*

Au-delà du simple intérêt territorial et stratégique de la région[30], certains accordent à cette lutte autour du royaume de Navarre une autre valeur bien particulière, d'ordre quasiment expérimental, voire initiatique. Il y avait eu en Castille pendant tout le bas Moyen Âge une tradition politique de bonne entente avec le royaume de France, alors que les intérêts italiens de la couronne d'Aragon, autour du royaume de Naples, avaient au contraire confrontée cette dernière à son grand voisin d'outre-Pyrénées. Sous les Rois Catholiques les Castillans furent, par la force des choses, et du fait de l'union dynastique de leurs souverains, impliqués dans ces conflits, qui restaient cependant à leurs yeux, encore et toujours, des histoires « aragonaises ». C'était l'Afrique du Nord et les Indes occidentales qui, à l'extérieur du royaume proprement dit, retenaient leur attention. L'annexion de la Navarre les avaient donc obligés, au début du XVIe siècle, à la fixer aussi sur le nord, sur cette zone des Pyrénées qu'il leur faudrait désormais défendre.

On a pu voir dans cette affaire navarraise un apprentissage, une transition, un passage vers le grand désenclavement politique et militaire qu'allait supposer pour l'Espagne en général, et pour la Castille en particulier, le fait – souligné par l'évêque de Badajoz dans son discours aux Cortès[31] – que la chrétienté soit venue demander un empereur à l'Espagne, et qui plus était son propre roi. Roger B. Merriman l'a si parfaitement exprimé qu'on ne saurait mieux dire[32] :

> « [Cette lutte pour la Navarre] contribua plus que toute autre chose à l'éducation des sujets castillans de Charles en vue de la tâche politique que le vaste héritage de leur nouveau souverain leur avait irrémédiablement confiée […]. À travers la Navarre ils se virent obligés d'approuver et de soutenir – avec une force d'adhésion que sans cela ils n'auraient jamais manifestée – les guerres avec la France, guerres qui violaient leurs traditions nationales, mais que rendaient inévitables la position et l'héritage du nouveau souverain. Il est certain que pendant quelques années encore ils montrèrent de la répugnance à aller chercher l'ennemi au dehors. L'union avec l'Aragon était encore trop récente et leur tradition d'isolement du reste de l'Europe occidentale encore trop forte, pour qu'ils se montrassent d'emblée favorable à une politique de conquête au-delà des Pyrénées. *Cependant la lutte en Navarre, en 1521, marque un progrès important dans l'éducation impériale de la Castille.* Dorénavant, elle sera convaincue que son destin la vouait à affronter la France pour conserver le royaume qu'elle avait gagné. Il n'en fallut guère plus pour la persuader d'étendre cela à des champs de bataille étrangers, dans le but de faire de nouvelles conquêtes, ailleurs en Europe occidentale. Dorénavant elle accepterait ce rôle – que le destin lui avait réservé – d'instrument privilégié de son souverain étranger dans la réalisation de sa tâche impériale. »

« *L'éducation impériale de la Castille* », l'expression est aussi juste que belle : cet apprentissage Charles Quint et son royaume le firent ensemble.

Rappelons enfin que la lutte suscitée par l'invasion française de la Navarre eut une autre conséquence – inattendue, un de ces « hasards calculés » de Dieu – qui a dépassé le temps des règnes et des empires, et leur espace, qui en fut agrandi aux dimensions de la planète. C'est en effet au cours des combats sous les murs de Pampelune qu'un jeune basque issu d'une illustre famille de Loyola, un ancien page du roi Ferdinand, fut si gravement blessé que quoique ayant la vie sauve il dut renoncer au prestigieux métier des armes. Au cours de sa convalescence dans l'antique maison forte familiale (aujourd'hui englobée dans le sanctuaire élevé sur place à sa gloire), Ignace fut appelé, par Dieu lui-même, pour une autre mission. On en connaît l'issue et les fruits. Si l'Espagne venait de donner un empereur à la chrétienté, la Navarre lui donnerait un saint, et quel saint ! Est-il plus belle surenchère ?

### *Derniers scrupules de Charles Quint concernant la Navarre*

Charles Quint se posa longtemps la question de la légitimité de cette possession ; ainsi en 1548, passant en revue les partis possibles pour son héritier, il envisageait même une alliance matrimoniale avec une princesse d'Albret qui eût pour (seul) mérite de tout « normaliser ». La correspondance de Philippe II révèle que dès 1551 les agissements d'Henri d'Albret[33], qui cherchait à entamer des tractations avec la couronne tout en s'infiltrant sur le terrain pour y semer le trouble à son profit, retenait l'attention du monarque et du régent. Ce dernier écrivait de Madrid le 18 décembre une longue lettre codée à son père, qui se trouvait encore aux Pays-Bas, d'où il ressort que la revendication concernant la Navarre avait été relancée ; Philippe écrit notamment : « il apparaît que cette réclamation de la

Navarre est chose nouvelle[34] » ; nouveauté sur le court terme, évidemment. Un autre courrier, du 17 mars 1553[35], indique que des négociations étaient bien en cours à propos de la Navarre entre l'empereur et la maison d'Albret. Or, en 1554, au moment du mariage anglais de l'infant, mettant à jour son testament l'empereur demandait pour l'occasion un complément de recherches et d'information sur ce problème navarrais ; les assurances qu'il reçut des experts durent le rassurer suffisamment pour que dans ledit testament il instituât son fils héritier de tous ses domaines et royaumes, y compris – explicitement (entre Valence et Galice) – de la Navarre.

Entre-temps le flambeau de la revendication avait été repris par le second époux de Jeanne d'Albret, le duc de Vendôme Antoine de Bourbon. Celui-ci cherchait à négocier – sinon à « troquer » – les droits que sa femme estimait avoir encore sur la Navarre contre… le Milanais, qui serait alors converti en royaume vassal de la couronne espagnole, le tout étant assorti d'une alliance militaire réciproque. En vertu le quoi le duc s'engageait à fournir un corps de cinq mille hommes et de cinq cents cavaliers, dûment armés. Il proposait en garantie plusieurs de ses places fortes et la remise à titre d'otage de son fils aîné Henri, un bambin de trois ou quatre ans.

Mais qui était Antoine de Bourbon, duc de Vendôme, ce nouveau « champion » de la maison d'Albret ? La maison de Bourbon, qui remonte au XI^e^ siècle, avait échu par mariage à Robert de Clermont, fils de Saint Louis à la fin du XIII^e^ siècle. Le comte de Clermont, Louis I^er^ le Grand, issu de ce mariage, eut à son tour deux fils – Pierre et Jacques – qui sont à l'origine des deux branches, aînée et cadette, de la maison. En 1327 le Bourbonnais était érigé en duché. La première branche devait s'éteindre avec le connétable Charles de Bourbon (devenu par mariage duc de Bourbon à la mort de son beau-père Pierre II de Beaujeu en 1503). Ce grand vassal « félon »[36] de François I^er^ fut tué, comme l'on sait, en mai 1527 sous les murs de Rome en menant l'assaut à la tête des troupes… impériales. La branche cadette, qui avait acquis le titre de *Marche-Vendôme*, récupéra donc le titre de Bourbon par extinction de l'aînée, avant d'accéder au trône de Navarre par le mariage d'Antoine avec Jeanne d'Albret, tandis que le frère d'Antoine, Louis Ier de Bourbon, donnera naissance à la maison de Condé.

### *Dernier rebondissement de l'affaire navarraise*

C'était donc cette affaire-là qui forçait en premier la retraite de Charles Quint, avant même qu'il n'eût atteint l'Estrémadure, lorsque le vice-roi de Navarre et l'*interface* Ezcurra vinrent en urgence lui transmettre ladite proposition. Au vice-roi qui le suppliait de reprendre l'affaire en main l'empereur répondit qu'il ne refuserait point son aide, tout en conseillant de faire traîner ou de suspendre les discussions sous prétexte qu'il fallait, pour conclure, attendre le retour du roi en Espagne. Outre qu'il avait quelque doute sur la bonne foi d'Antoine de Bourbon, Charles Quint n'était guère pressé de conclure un accord qui revenait à renoncer à un État – le Milanais – dont il avait la possession assurée pour recevoir en retour « une ombre de légitimité sur un autre royaume déjà pleinement incorporé à la couronne espagnole », selon les termes de Manuel Fernández Alvarez ; il subodorait derrière ladite proposition quelque astuce du roi de France pour obtenir par ce biais politique ce qu'il n'avait pu obtenir par un quart de siècle de guerres acharnées. Très rapidement d'ailleurs, la situation même de Philippe II, pris en étau entre le pape et le roi de France, déconseillera la rupture et incitera à tergiverser pour gagner du temps ; l'empereur – alors à Yuste – s'emploiera donc à « leurrer » le duc de Vendôme. De Jarandilla, où il avait à nouveau reçu l'émissaire Ezcurra, il écrivait le 31 janvier 1557 une longue lettre à la régente sur diverses questions dont celle de la Navarre.

Il intervenait notamment parce que Philippe II venait d'ordonner inconsidérément au duc d'Albuquerque de se rendre en Angleterre, alors que la trêve était manifestement rompue à Rome et à Paris, et que des troupes commandées par le duc de Guise stationnaient à Lyon : ce n'était par conséquent guère le moment d'envoyer hors de la Navarre son vice-roi et *Capitán General*… Il concluait par un conseil qui fleure le reproche : « il conviendra de mettre tout cela à exécution avec autant de diligence et de célérité que possible, sans attendre le dernier moment – *"sin aguardar al punto de la necesidad"* – comme ce fut le cas en d'autres occasions ». Deux jours plus tard, la veille même de son entrée à Yuste, il lui écrivait à nouveau et terminait en l'assurant que « si on le lui demandait il ne manquerait pas de donner son avis ». Et, en effet, dans cette affaire, il va selon l'expression de Louis-Prosper Gachard « donner des conseils qui sont presque des ordres ».

Le 29 avril, de Yuste où l'émissaire navarrais se rendra à deux reprises au cours de ce printemps-été si délicat pour l'Espagne, Charles Quint faisait part à doña Juana – « avec sa défiance expérimentée », selon la formule de François Mignet – de ses soupçons quant à la pureté des intentions du duc de Vendôme : « … il faut à tout prix entretenir et faire durer les négociations, en particulier au cas où Vendôme aurait l'intention de tenter quelque chose cette année du côté de la Navarre, alors que le roi mon fils est dans l'embarras que vous savez ; vous devrez m'informer des dernières résolutions qui seront prises afin qu'en connaissance de cause je puisse vous dire ce que j'en pense ; et veillez bien à ce que cette affaire reste secrète, et que toutes les mesures nécessaires à la sécurité soient prises en Navarre ». En effet, le duc de Vendôme – mieux informé que quiconque de la situation épineuse du roi d'Espagne – commençait à fanfaronner par menaces voilées : à différer ainsi, pour qui le prenait-on, se moquait-on de lui ? C'était mal le connaître : si on ne l'acceptait pour ami on l'aurait bientôt pour ennemi, etc. Philippe II, confronté par ailleurs au premier grand péril de son règne déléguait alors, en désespoir de cause, à son père. Comment celui-ci aurait-il pu lui refuser, en un tel moment, son aide, lui qui – en outre – connaissait si parfaitement et le dossier et les hommes… En fait, il redressa ainsi une erreur politique de son successeur, certes compréhensible étant données les circonstances.

### *L'efficace « bravàta » de l'empereur retiré*

Philippe II avait en effet commencé à négocier lui-même comme il ressort d'un document du 16 février (des pleins pouvoirs restés « en blanc », mais confirmés le 13 avril) : d'après cet acte il devait y avoir alliance entre les deux parties ; projet matrimonial (il concernait entre autres doña Juana, la régente, alors veuve du roi de Portugal) ; le duc remettrait à Philippe II toutes les places qu'il possédait sur la frontière espagnole mais également au nord de la France, et il l'aiderait à prendre Bayonne, Bordeaux et d'autres villes du royaume. Le tout en échange de ce Milanais que Charles Quint avait transmis à son fils en 1546[37]. Dans une instruction dictée de Londres le 13 avril à Ruy Gómez da Silva, chargé d'aller consulter l'empereur à Yuste, Philippe II cédait à l'exigence du duc de Vendôme – qu'on lui donnât *d'abord* satisfaction sans attendre qu'il eût, lui, donné ses propres garanties –, tout en maintenant à titre provisoire ses propres troupes dans la place de Milan. Avant de signer il soumettait cependant le projet à son père en lui laissant le dernier mot, en s'en remettant finalement à lui pour tout : Ruy Gómez et le duc d'Albuquerque avaient ordre de suivre en tout ce qu'il déciderait et « ordonnerait ». Bien lui en prit.

Charles Quint ne fut évidemment pas d'accord sur le projet de son fils. Au mois de juillet, en présence de Ruy Gómez, d'Ezcurra et du secrétaire d'Antoine de Bourbon, il établissait une convention en onze points fixant les conditions de l'accord. On y envisageait notamment le mariage d'Henri de Bourbon avec une Habsbourg (une fille de

Philippe II – qui n'en avait pas encore ! –, de Ferdinand ou de son fils Maximilien…). Et, en cinquième point, Charles Quint promettait « pour le cas que sa santé le permît, de se mettre à la tête de l'expédition qui devait entrer en France par les Pyrénées. Alors M. de Vendôme se contenterait d'être son lieutenant. Si l'empereur n'y était pas, le commandement en chef appartiendrait à ce dernier. » Or, quand on sait combien il lui en avait coûté de s'être aventuré en août 1536[38] dans une Provence brûlante et délibérément « brûlée » par l'adversaire, on imagine sans mal que l'empereur jetait-là réellement de la poudre aux yeux du duc de Vendôme…

Le projet fut pourtant soumis au Conseil d'État qui l'approuva, avant d'être présenté au duc de Vendôme qui ne répondit point. Mais la nouvelle, répandue par la régente elle-même (sans doute avec l'accord de l'intéressé) faisait déjà grand bruit en Espagne, où l'on crut un instant que chez l'empereur le vieux soldat reprenait le dessus. Don Luis de Avila y Zúñiga, écrivant de Plasencia au secrétaire d'État Vázquez le 13 août (date à laquelle la nouvelle de Saint-Quentin ne leur était pas encore parvenue) pour lui rendre compte d'une visite à Yuste (où Luis Quijada, absent depuis des semaines, devait incessamment rentrer), confiait[39] avec un affectueux humour :

> « J'ai trouvé frère Charles parfaitement serein – "*Yo muy sosegado dejé a fray Carlo*" – ; et quoiqu'il présume de ses forces elles ne lui paraissent cependant pas suffisantes pour sortir de là-bas. Mais depuis que je l'ai vu tout peut avoir changé. Je crois tout possible de l'amour qu'il porte à son fils, de son grand courage et de la force de l'habitude, *car il a vécu dans la guerre comme on dit de la salamandre qu'elle vit dans le feu* […]. La lettre [de la régente] adressée à notre cité, où il est dit que Sa Majesté a l'intention de quitter Yuste pour se rendre en Navarre a mis tout le monde sur le pied de guerre ["*ha levantado los pies a todo el mundo*"] : je suis vraiment persuadé qu'il n'y aura pas un seul homme qui ne le suive. Plût à Dieu,

> cher monsieur, que si cette "*brabata*" [sic], comme disent les Italiens, doit être mise à exécution, que ce soit bientôt car nous n'avons pas prise sur le temps, surtout que la Navarre ce n'est pas l'Estrémadure où l'hiver n'ose pas s'installer aussi vite qu'ailleurs », etc.

En clair : on ne sait jamais, avec lui tout est possible…

Quinze jours plus tard, Luis Quijada enfin de retour écrivait pour sa part : « Quant à ce que les gens disent ici dans les rues comme quoi l'empereur allait repartir, je n'ai rien noté qui aille en ce sens. Tout est parfaitement tranquille au contraire, et il ne semble point prêt à en bouger. Mais, il se peut qu'on ait dit quelque chose de ce genre pour faire de l'effet ; et ça n'ira pas plus loin à moins d'être absolument nécessaire. » Un stratagème en quelque sorte, une manière de faire diversion, une ruse : c'était tout de même le vieux soldat qui ressortait… Quatre jours plus tard le colonel écrivait encore : « il va très bien, il mange et dort bien ; il est en parfaite santé : il a ressenti la goutte dans un doigt et dans une épaule, mais ce n'est rien. C'est l'homme le plus content du monde, le plus serein qui soit et le moins désireux de partir ailleurs ; et il le dit lui-même. » Satisfaction sans doute prémonitoire : quelques heures plus tard leur parviendrait la nouvelle de la première victoire de Saint-Quentin…

Le temps était au beau fixe à Yuste en cette fin d'été 1557, l'avant-dernière pour l'empereur. Du coup l'affaire de la Navarre prendrait une autre tournure, perdrait de son acuité. Le refus tacite de la part du duc de Vendôme des propositions élaborées par Charles Quint arrangeait ce dernier : il lui servira de prétexte pour désengager son fils. Estimant que c'était trop cher payer, pour une douteuse alliance, que de céder le Milanais contre des droits plus qu'illusoires, et qui plus est sur un royaume qu'il possédait déjà, jugeant que la victoire rendait inutile tout atermoiement « diplomatique », il conseilla son fils en ce sens le 22 septembre 1557 et donnait lui-même les ordres au vice-roi par lettre du 24 octobre. Antoine de Bourbon relancera l'affaire au bout de quelques mois, en réclamant cette fois non plus le Milanais mais la Navarre. Charles Quint recommandera à nouveau d'éluder tout en restant ferme, d'éviter ainsi tout péril sur la frontière septentrionale de l'Espagne : « il n'y a pas d'autre chose à faire pour le moment que d'entretenir les négociations, tout en ne cédant rien ». Le roi d'Espagne était en position de force, l'affaire allait s'éteindre d'elle-même.

### *Susceptibilité familiale et enjeu politique : l'épineuse affaire portugaise*

Charles Quint vit sa retraite également bien troublée par un grave problème d'ordre plus familial quoique, le politique n'étant jamais bien loin chez les Habsbourg, les « histoires de famille » rejoignaient l'histoire tout court… Celle-là se compliqua d'autant plus qu'au cours des quelques mois que passa l'empereur en Estrémadure l'un des principaux protagonistes – le roi Jean III du Portugal – vint à décéder. De même que la proximité du lieu qu'il avait choisi, à mi-chemin entre Valladolid et Lisbonne[40], le placèrent plus encore en toute première ligne de ce conflit. Blessures ou rancunes affectives, susceptibilités princières et problèmes de succession s'entremêlent dans cette affaire si étroitement qu'il fallait être l'empereur pour n'y point perdre patience. Mais à en suivre le détail on ne peut qu'admirer celle dont il fit preuve ainsi que d'un grand sens de la diplomatie et d'un « doigté » certain.

En fait cette « affaire portugaise » se déploie sur trois plans : un immédiat et d'ordre quasiment privé – les retrouvailles problématiques d'une mère et d'une fille – ; un second, nettement plus politique, imposé dans l'urgence par de tragiques circonstances – la mort d'un roi laissant un héritier encore au berceau – ; un troisième enfin, à plus long terme et d'une incalculable portée politique, celui d'une possible vacance à court ou moyen terme de la succession au trône du Portugal. L'empereur, sollicité de telle sorte qu'il ne pouvait réellement point se dérober, œuvra sur ces trois plans en digne chef de la *maison* d'Autriche.

Rappelons en quoi la couronne de Portugal était alors liée aux Habsbourg. Chacun sait combien son histoire – au niveau dynastique, surtout – était étroitement liée depuis le Moyen Âge à celle de l'*Hispania* voisine, même si l'entente entre Espagnols et Portugais laissait à désirer. Une fois éteintes, dans la Castille troublée de la fin du règne d'Henri IV dit l'Impuissant et du début de celui d'Isabelle, sa demi-sœur, les luttes qui mirent le royaume aux prises avec Alphonse V du Portugal[41], les alliances – matrimoniales – entre les deux maisons régnantes se succédèrent. À Alphonse V (qui avait régné plus de quarante ans, de 1438 à 1481) succéda son fils Jean, dont le règne fut au contraire écourté par le poison en 1484, puis le cousin de celui-ci, que la postérité a surnommé Manuel Ier le Fortuné, qui régna vingt-six ans (né en 1469, il fut roi de 1491 à sa mort survenue le 19 décembre 1521, au tout début du règne de Charles Quint).

Ce bienheureux souverain se maria trois fois, avec trois femmes très proches – sur deux générations – des Rois Catholiques ; d'abord avec Isabelle, leur fille aînée[42], puis avec Marie, la sœur de celle-ci ; et enfin, des années plus tard, en 1519, avec Éléonore, fille d'une troisième enfant des Rois Catholiques, et sœur aînée de Charles Quint. Un des tous premiers actes de celui-ci en tant que nouveau roi d'Espagne fut précisément de la conduire à la frontière portugaise pour l'y marier. Le fils du Fortuné, Jean III, promis à un long règne (1521-1557), épousa Catherine, la dernière née de la reine de Castille Jeanne la Folle, et fille posthume de Philippe le Beau. Des nombreux enfants qu'ils eurent un seul fils (Jean né en 1537) survécut assez longtemps, quoique très maladif, pour assurer la descendance : il épousait en 1550 la fille aînée de Charles Quint, la bellissime princesse Jeanne, sa cousine germaine donc. Le jeune époux mourait le 2 janvier 1554, à l'âge de dix-sept ans, dix-huit jours avant la naissance de son fils Sébastien.

La mère, et jeune veuve, Jeanne, rejoignait le 15 mai le royaume de Castille à la demande de son frère Philippe pour y assurer la régence en son absence ; elle laissait au Portugal, aux soins de ses beaux-parents, son bébé de quatre mois : le futur Sébastien du Portugal sur qui reposait désormais l'avenir dynastique de ce petit et tout ensemble immense – et riche – royaume atlantique. Mais rien de plus fragile alors qu'un berceau, fût-il royal[43]. Charles Quint le savait mieux que personne ; aussi essaya-t-il, en ses derniers mois de vie, d'assurer par anticipation l'union de la couronne portugaise avec celle de Castille. D'autant que Philippe alors encore prince héritier, avait épousé en premières noces une fille du couple royal portugais : María Manuela, morte en couches à dix-neuf ans, en 1545, en donnant naissance à don Carlos. Il avait été question de le remarier précisément avec la tante de la défunte, sa cousine María, mais les lenteurs de Jean III, son tuteur, et de nouvelles perspectives politiques l'avait finalement poussé dans les bras d'une autre Marie – une autre cousine – non plus portugaise mais anglaise : Marie Tudor. La fiancée un moment pressentie puis « oubliée », blessée dans sa dignité et par ailleurs fort susceptible, en avait conçu de l'amertume… Mais qui était-elle ?

*La composante personnelle, affective, de l'affaire*

Éléonore, née en 1498, mariée au Portugal en 1519 et veuve deux ans plus tard avait eu une fille – son unique enfant, María – de ce premier mariage. Lorsqu'elle avait épousé en secondes noces, selon les accords de la *Paix des Dames*, le roi de France François I^er^, l'enfant était restée à la cour du Portugal où son demi-frère le roi Jean III et sa tante la reine Catherine l'avaient élevée. Une fois veuve, pour la seconde fois en 1547, Éléonore avait rejoint sa famille de sang et de cœur : la reine Marie de Hongrie et l'empereur, la vraie fratrie, celle des « enfants flamands » de Jeanne, unis par les liens indissolubles et privilégiés de l'enfance partagée. Depuis le retour en Espagne, Éléonore et Marie, si différentes de caractère, aussi forte et dominatrice l'une que l'autre était soumise et douce, ne se quittaient plus. Éléonore était la plus âgée, elle avait cinquante-six ans au départ des Pays-Bas, sa santé était chancelante, et elle n'avait pas revu sa fille depuis un quart de siècle…

Elle allait employer tout ce qui lui restait d'énergie à tenter d'obtenir que sa fille, qui avait alors près de trente-cinq ans, vînt la rejoindre en Espagne. Elle n'obtiendra en fait que de la revoir, presqu'à la sauvette, à la frontière portugaise : l'émotion et la contrariété provoquées par cette entrevue lui seront d'ailleurs fatales. Pour parvenir à ce piètre résultat il faudra batailler et l'empereur, sollicité, dut peser de tout le poids de son autorité politique et morale. En fait, cette affaire avait commencé deux ans auparavant aux Pays-Bas, et le roi de Portugal, hostile au départ de la princesse María, avait eu beau jeu, tout en demeurant indéfiniment évasif d'invoquer la distance et l'incommodité du voyage… François Mignet attribue cette réticence à de basses considérations matérielles : le roi était, selon lui, « peu désireux de se déssaisir du million d'écus d'or qui revenait à sa sœur consanguine doña María ». Il est vrai qu'il avait déjà manifesté une certaine pingrerie lors du mariage de sa fille María avec l'infant d'Espagne. Cependant, à scruter la documentation concernant cette affaire – qui va franchement empoisonner la retraite de Charles Quint – les motivations de la partie portugaise n'apparaissent pas aussi simples ; et il est, notamment, difficile de saisir l'exact sentiment de l'intéressée : María.

Lorsqu'Éléonore avait reçu, à peine arrivée en Espagne, une réponse négative de Lisbonne masquée derrière des arguments qui lui parurent fallacieux, elle en fut désespérée et supplia son frère d'intervenir en sa faveur, en lui suggérant de signifier au monarque portugais qu'il considérait l'infante María comme sa propre fille et non comme une nièce. Malgré la distance protocolaire, ces lignes ont conservé, comme un parfum tenace que même le temps n'abolit point, l'ineffable fraternité de deux grands de ce monde, qui se savent au seuil de la mort, et derrière lesquels on revoit – fugace – la silhouette des deux enfants de Gand et de Malines :

> « Je supplie Vostre Magesté [comme celuy que je tiens à seigneur et en lieu de père] de me pardonner, si je use de trop de présumption de demander si ample déclaration, vers lesdicts roys, de l'affection, faveur et amour que Vostre Magesté me porte. La nécessité que cet affère a d'estre fort favorisé le me faict faire. Aussi il a pleu à Vostre Magesté de tout temps me démontrer tant d'honneur, faveur et amour, que ce me faict estre si présumptueuse, *que de penser estre en ce degré envers Vostre Magesté.* »

C'est ainsi que Charles Quint, à peine arrivé à Jarandilla dut s'immiscer dans cette bien épineuse affaire…

## *L'arbitrage de Charles Quint*

L'argument majeur avancé par Jean III était qu'il n'était point d'usage à la cour portugaise qu'une princesse royale pût sortir du royaume si ce n'était pour se marier ; si l'infante venait à quitter le Portugal son honneur et celui de son roi en souffriraient. Si la reine Éléonore voulait voir sa fille elle n'avait qu'à se rendre, elle-même, au Portugal. María était chez elle dans ce royaume et non point en Castille dont, par ailleurs, elle aurait dû être la reine. Enfin, il ajoutait curieusement que les princes n'y étaient point entourés d'autant de respect qu'au Portugal. L'empereur désigna donc un ambassadeur extraordinaire[44], Sancho de Córdoba, chargé d'unir ses efforts à l'ambassadeur ordinaire de la couronne, Juan de Mendoza de Ribera, qui vint à Jarandilla le 30 novembre 1556 prendre ses instructions, et une lettre bien sentie adressée à Jean III. L'empereur s'étonnait de recevoir une réponse aussi tardive et de surcroît négative à leurs demandes répétées : il aurait pu dans ce cas répondre à Éléonore avant qu'elle ne quittât les Pays-Bas car, précise-t-il, elle s'était rendue en Espagne avant tout pour « jouir de la présence de sa fille et l'avoir auprès d'elle ».

Aux raisons invoquées par Lisbonne il en opposait d'autres, plus justifiées. La principale était d'ordre juridique : le contrat de mariage entre Éléonore et Emmanuel Ier stipulait notamment de façon péremptoire qu'en cas de décès prématuré du roi, elle et ses enfants demeureraient libres de quitter le Portugal. Et que, s'il s'agissait d'autres considérations, l'infante aurait tout autant et même plus à hériter de sa mère que de son père. Il le priait donc de favoriser et d'accélérer les retrouvailles et, terminait-il :

> « Outre qu'ainsi la volonté du Sérénissime roi don Manuel son père sera respectée, il me fera à moi le plus grand plaisir ; mais, sinon, je ne manquerai pas quant à moi, et de même mon fils, de veiller à ce que soit respecté et observé ce qui a été conclu entre moi et le Sérénissime roi don Manuel au moment où il a épousé ladite reine très chrétienne ma sœur, car, *quoique je sois dans mon monastère retiré des affaires, je ne pourrai pas ne pas traiter celle-ci* qui touche d'aussi près la très chrétienne reine ma sœur et l'illustrissime infante ma nièce, à qui je souhaite donner toute la satisfaction possible. »

L'émissaire devait aussi prendre personnellement contact avec l'infante pour connaître son sentiment.

Six semaines plus tard don Sancho de Córdoba rendait compte de sa mission dans un long rapport assorti d'une lettre. Il en ressort qu'à la cour de Lisbonne on n'avait pas cru, et ce jusqu'au dernier moment, que l'empereur viendrait réellement se retirer en Espagne ! L'infante lui confirma son désir de répondre au vœu de sa mère, tout en soulignant combien il lui en coûtait :

> « … et elle me dit au milieu de tout cela qu'elle avait eu quelque difficulté à s'y résoudre car, étant née et ayant été

> élevée dans ce royaume, en fille qu'elle était de son ancien roi, elle y connaissait tout le monde et tout le monde y était bien volontiers à son service, qu'elle trouvait consolation dans l'idée qu'elle y finirait sa vie au service de Dieu, mais que, puisque sa mère en voulait disposer autrement, de même que Votre Majesté qu'elle considère comme son seigneur et père », etc.

Elle avait évoqué – en termes laissant deviner d'âpres discussions voire une altercation – le mécontentement et la résistance opposée par le couple royal, son frère et sa tante. Cependant lors d'une seconde entrevue, à l'ambassadeur qui lui représentait à quel point cette affaire tenait à cœur à l'empereur qui, ayant renoncé à tout, ne laisserait point celle-ci avant de la voir enfin dans les bras de sa mère et de sa tante Marie – preuve qu'elle était pour lui une fille plus qu'une nièce –, l'infante avait aigrement rétorqué : « qu'elle baisait les mains de Votre Majesté, mais que toute faveur que vous pourrez leur faire à elle et à sa mère leur était due, étant donné que vous avez marié celle-ci de telle manière que ses enfants n'auraient guère où aller ; comme je savais l'essentiel de ce que je devais savoir, je n'ai pas jugé bon de répondre à ces mots, parce que ses yeux s'étaient remplis de larmes en les prononçant… » On y perçoit encore une profonde frustration peut-être plus ambitieuse qu'affective.

Dans son discours aux rois, don Sancho fit l'apologie d'Éléonore : « La reine très chrétienne, cette si fidèle et si excellente personne, comme chacun sait et le voit, veuve et sans autre enfant que Madame l'Infante, ayant fait par mer et par terre, à son âge, tout ce chemin rien que pour la retrouver, Votre Majesté comprendra qu'il n'est de loi ni divine ni humaine qui puisse l'en empêcher, d'autant plus que Madame l'Infante partage ce désir de la très chrétienne reine sa mère, et plus encore. »

À toutes ces raisons, s'en ajoutait une majeure : « le fait que l'Empereur vous le demande aussi instamment […] et qu'il diffère son entrée dans le monastère jusqu'à ce que l'affaire soit conclue ». Ce dernier argument – selon l'ambassadeur – semblait, curieusement, toucher plus que tout autre ses interlocuteurs portugais ; il conseillait donc à son maître de faire savoir, pour les abréger, que ces interminables démarches repoussaient sa retraite définitive : « … car je vous assure, en toute certitude, que ce dont le roi et toute sa cour s'émeuvent le plus – "*con lo que más se escandalizan*" – c'est quand je leur dit que Votre Majesté attend leur réponse à Jarandilla parce que, alors qu'elle s'était déchargée de toutes les affaires du monde pour se retirer dans son monastère, elle renonçait à y entrait avant que de voir celle-ci conclue ». De même que les deux reines attendaient elles aussi, pour se fixer et s'installer, d'en connaître l'issue.

On entrevoit, sous la plume de Sancho de Córdoba, une cour portugaise très agitée par l'arrivée intempestive de cet émissaire de l'empereur, bouillonnante d'intrigues, de rumeurs (l'empereur, disait-on, intervenait non par conviction mais parce que la reine de France l'importunait en ce sens) ; une cour où il fallait se méfier de tout le monde, où tout n'était que « cachotterie » – on faisait par exemple passer tel courrier venant d'Espagne pour un simple marchand, et don Sancho devait, de même, envoyer secrètement le sien –, une cour où l'infante changeait d'humeur et de disposition à chaque entrevue, où le roi et la reine donnaient aimablement – « *en riant* » – d'évasives réponses à don Sancho, où la reine recevait – à propos de cette affaire – Juan de Mendoza avec les yeux rougis et gonflés par les larmes, etc.

### *Le prétexte des Portugais : marier l'infante*

Pendant ce temps l'ambassadeur du Portugal tentait de défendre le point de vue de son maître à Valladolid. On assiste alors à un chassé-croisé entre les envoyés de l'une et l'autre cour, on essaie à Valladolid de retenir l'envoyé du Portugal, de le dissuader d'aller à Yuste, tandis qu'on fait languir à Lisbonne l'émissaire espagnol, etc. C'est ainsi que Charles Quint, alors bien souffrant, dut se résigner à recevoir l'envoyé portugais, une vieille connaissance qu'il avait en grande estime, Lourenço Pires de Tavora[45]. Aussi le reçut-il aimablement, sans consentir à ce qu'il restât à genoux et découvert pour lui parler[46]. Le Portugais avait reçu l'ordre de gagner du temps, et pour ce faire de présenter diverses suggestions de Jean III concernant un éventuel mariage de l'infante. L'empereur, point dupe, entra cependant dans le jeu et renvoya l'ambassadeur à Valladolid.

Deux longues lettres du secrétaire d'État à Charles Quint confirment qu'à la cour de Castille on ne l'était point non plus : « à dire vrai [la Régente et ses tantes] savent parfaitement que ledit roi [Jean III] n'a nullement envie de la marier. Aussi supplient-elles très instamment Votre Majesté de ne pas permettre que l'infante, qui est si bonne et ne mérite point que le roi la traite ainsi par des détours aussi extravagants, qui n'ont jamais eu le moindre fondement, dans le seul but d'empêcher, entre autres choses, sa venue, soit ainsi offensée, et de persévérer dans sa résolution ». Certaines de ses suggestions étaient franchement irrecevables, comme cette idée de marier l'infante à son vieil oncle Ferdinand, veuf mais chargé d'enfants et de petits-enfants « qui lui naissent chaque jour ». Et pourquoi pas son cadet Ferdinand, le neveu chéri des deux reines ? Certes, mais ni lui ni sa famille n'avaient hâte de parler mariage, et il ne le ferait pas sans y trouver avantage pour ses États ; et son père était par ailleurs si occupé à défendre les siens contre les Turcs qu'il se refusait à l'accabler par une question matrimoniale qui pouvait attendre. Quant à Philibert-Emmanuel, il avait d'autres ambitions car, n'ayant pas encore récupéré ses territoires, il ne pouvait épouser une femme qui en serait, elle aussi, dépourvue, comme c'était le cas de María…

En fait, les deux tantes avaient de plus hautes ambitions : elles attendaient le prochain veuvage – « annoncé » – de Philippe II pour reprendre le projet de 1553, et faire de María la troisième épouse de Philippe, idée qu'en aucun cas

Charles Quint ne pourrait approuver… En effet, cette troisième alliance sera franco-espagnole et scellera une paix enfin retrouvée entre les deux pays, après le dernier affrontement dont on commençait tout juste à percevoir les premiers symptômes en ce mois de janvier 1557. Lisbonne avait en effet répandu la fausse nouvelle du décès de Marie Tudor, sans doute – écrivait l'empereur dans sa lettre à la Régente du 31 janvier – pour faire diversion. D'ailleurs, ajoutait-il avec son habituelle clairvoyance, l'infante semblait si peu disposée à se marier que l'on voyait bien que ce n'était-là qu'un prétexte auquel le roi et elle avaient eu recours d'un commun accord.

### *La mort du roi complique l'affaire*

L'affaire était en cours lorsque Jean III mourut brusquement le 11 juin 1557. Sa disparition posa au Portugal – autour de la régence, Sébastien ayant à peine plus de trois ans – un problème d'une tout autre ampleur, qui préoccupa l'empereur. Un conflit d'autorité mit en effet aux prises deux êtres qui lui étaient fort proches : doña Juana sa fille, et Catherine sa sœur cadette, respectivement la mère et la grand-mère de l'héritier, la bru et la veuve du défunt roi. Or, celui-ci avait confié la tutelle de l'enfant et la régence du royaume à sa femme, qui était très aimée de ses sujets. Séparée de son enfant-roi, doña Juana – à qui pesait la régence de l'Espagne, qui pressait son frère d'y rentrer au plus vite –, prit fort mal que le gouvernement de l'État portugais et l'éducation de son fils ne lui fussent pas confiés. On peut la comprendre. Offensée, elle les revendiqua, en termes durs et péremptoires.

Son émissaire Fadrique Henríquez de Guzmán passa par Yuste où il fut reçu le 3 juillet, en même temps que l'ambassadeur Juan de Mendoza. Charles Quint ayant pris connaissance des instructions de sa fille dont il était porteur les supprima d'autorité, et les remplaça par d'autres qui, selon les termes de François Mignet étaient « aussi nobles qu'adroites » ; il « s'y adressait à sa sœur Catherine avec l'affection d'un frère, à la veuve de Jean III avec les consolations d'un chrétien retiré du monde et placé plus avant que personne sur l'inévitable chemin de la mort, à la régente de Portugal avec les prudentes insinuations d'un négociateur consommé ». Il y posait, tout en délicatesse il est vrai[47], le problème de la succession en cas de décès de l'enfant : « car, étant donné que nous sommes tous mortels, et que les jeunes peuvent venir à mourir comme les vieux, comme nous l'avons vu et le voyons chaque jour, j'aimerais aussi connaître les dispositions qui ont été prises pour parer à cette éventualité… » À sa fille, qu'il informait de sa décision autoritaire par lettre du 5 juillet, il adressait cette paternelle et royale réprimande :

> « Ma chère fille, j'ai lu l'instruction que vous avez remise à don Fadrique concernant ce qu'il va faire au Portugal. Or je pense qu'il ne doit aucunement traiter de votre part avec la reine ma sœur ni avec d'autres personnes, pour lesquelles vous lui avez confié des lettres, du gouvernement du royaume pendant la minorité de votre fils le roi, ni de ce qui touche à la constitution de sa maison et aux serviteurs qui y seront attachés. Aussi le lui ai-je défendu car cela ne convient pas et pourrait, en ces temps-ci, présenter quelques inconvénients. L'instruction que je lui donne, et dont je vous transmets copie, lui indique comment il devra s'y prendre. Pour le reste il aura le temps de voir. *Il faut en pareil cas et entre proches parents agir, sur tous les plans, avec la plus grande circonspection ; et vous, à plus forte raison, y êtes tenue envers une reine dont vous êtes la belle-fille.* »

Son intervention – sans doute « intéressée », ses royaumes d'Espagne ayant *encore* besoin de la régente Jeanne – relâcha la tension. La populaire reine Catherine conserva donc la régence du Portugal et la tutelle que les Cortès ratifièrent, mais qu'elle remettra en 1562 au cardinal-infant dom Enrique[48].

*Maladresse – ou désespoir – d'Éléonore*

La mort de Jean III avait encore retardé la rencontre tant désirée par la reine Éléonore ; elle avait même suscité de nouvelles tensions. L'infante s'était, par une de ses lettres, attiré de la part de sa mère une réponse qui faillit compromettre définitivement la rencontre si péniblement négociée ! Nous ne connaissons pas le contenu de ce double courrier, mais d'autres s'en font l'écho. Ainsi, dans une lettre du 24 août au secrétaire Vázquez l'empereur, à qui la reine avait transmis une copie de la sienne, déconseillait – avec un tact, une patience et une finesse admirables – d'user d'un ton aussi dur : qu'elle lui adressât au contraire une lettre confiante et affectueuse dans laquelle elle donnerait sa venue pour acquise, en lui demandant d'en préciser la date comme si cela allait de soi… Et elle y ajouterait toutes sortes de bonnes raisons et de tendres considérations. Lui, de son côté, écrirait dans le même sens, s'emploierait à « enfoncer le clou », en se référant à l'affaire comme à une chose accordée et réglée. Il serait bien temps, en tout dernier recours, de faire preuve d'intransigeance… D'autant qu'il serait mal venu qu'une telle lettre pût tomber sous les yeux de la reine du Portugal, du cardinal-infant ou d'autres personnes. En attendant la réponse de Valladolid, on retint même à Yuste le courrier du Portugal. Mais les deux reines ne tinrent pas compte de l'avis de leur frère, ou ne le reçurent pas à temps : la lettre partit dans sa première version. À la mi-septembre, Vázquez informait l'empereur de l'émotion de l'infante, qui avait été prise, à sa lecture, d'une crise de larmes et d'une angoisse telle qu'elle n'avait pu dépasser la troisième page !

Au début d'octobre don Sancho de Córdoba rendant compte à Valladolid de sa mission à Lisbonne et de son passage par Yuste, rapportait l'effet catastrophique qu'avait produit ladite lettre sur sa destinataire : « réussissant à lui ôter le peu d'envie qu'elle avait de venir en Espagne, depuis la mort du roi ». L'infante était blessée d'un tel malentendu, disait n'avoir jamais refusé de venir, même si son plus cher désir était de rester au Portugal ; que ce dont disposait sa mère pour lui permettre de maintenir sa maison et de payer toutes ses dettes avant de quitter le royaume était si insuffisant « qu'à tant faire que de venir à manquer mieux valait que ce fût au Portugal où elle était née et où on la connaissait qu'en Castille ». Bref : elle souhaitait ne pas quitter le Portugal, mais « si Sa Majesté impériale le lui ordonnait elle le ferait incontinent ; par conséquent elle le suppliait – puisqu'elle s'en remettait ainsi à lui – de bien considérer ce qu'il lui ordonnerait car, si cette voie s'avérait n'être pas la bonne, c'est à lui seul qu'elle s'en prendrait… » Le 30 septembre, l'empereur avait répondu à son ambassadeur « qu'il n'était point question pour lui d'*ordonner* mais de conseiller » ; ce que don Sancho commentait par un « je ne sais pas si ça suffira à la décider à partir ».

Le lendemain il avait été reçu, sept heures durant (dont cinq avec Marie) par les reines. Affligées par le message qu'il leur apportait elles voulurent qu'il retournât porter à l'infante des « moyens » supplémentaires, ce qu'il refusa : elles n'avaient qu'à les envoyer par la poste ; quant à lui il ne retournerait au Portugal que pour aller chercher l'infante, ce serait sinon « porter atteinte au service de Sa Majesté et à son honneur, à lui ». L'exaspération est manifeste et explicite : « je ne sais pas comment cela va se terminer ; mais ce que je sais c'est que nous voulons tous que ça se termine, car nous en sommes fatigués et même usés, nous n'en pouvons plus ». La missive destinée à la régente se terminait heureusement sur cette note plus souriante concernant le petit roi Sébastien, son fils de trois ans : « Le roi est en très bonne santé, que Dieu le garde, c'est un vrai petit gentilhomme ; et il parle très bien. Lorsque j'ai pris congé de lui, il m'a chargé de baiser les mains de Votre Altesse. »

### *Triste issue d'une entrevue tant attendue*

Finalement, les ambassadeurs ayant mené leur tâche à bien, l'infante sembla enfin disposée à répondre – au moins partiellement – au vœu de sa mère. On dut transiger et accepter, dans un premier temps, une simple rencontre. Le rendez-vous d'abord fixé à Jarandilla fut déplacé à Badajoz. Après l'entrevue l'infante déciderait de rester en Espagne ou de repartir, définitivement, pour le Portugal. On n'avait rien obtenu de plus, même après la mort de ce Jean III qui semblait être, au début de l'affaire, le principal obstacle au départ de l'infante. L'empereur, comme l'a souligné François Mignet *cum grano salis* avait employé « plus de temps et de négociateurs à mener l'entrevue d'une fille avec sa mère qu'il n'en avait mis autrefois à conclure les plus grandes affaires de son empire ». Le secrétaire d'État Vázquez lui-même, dans un courrier du 28 septembre, affirmait à l'empereur que sans son intervention on ne serait manifestement pas même arrivé à ce résultat, et que si l'on voulait pousser l'avantage il faudrait savoir se montrer aussi généreux que possible :

> « Certes les démarches qui ont été faites auprès de Madame l'Infante pour la décider à venir ont été très utiles ; mais je suis convaincu que les dernières lettres que Votre Majesté lui a adressées, ainsi qu'à la Reine et au Cardinal-Infant, ont été décisives, car il apparaît clairement que la Reine et le Cardinal ont commencé à traiter cette affaire d'une tout autre manière dès qu'ils les ont reçues ; et puisqu'elle est en si bonne voie, et que Leurs Majestés [les reines] arriveront là-bas au bon moment, il est juste qu'elle soit menée à terme en présence de Votre Majesté ; mais il faut que la reine très chrétienne soit aussi claire que possible sur la question des moyens dont sa fille disposerait, parce que c'est-là un des principaux points auxquels cette affaire a jusqu'ici achoppé. »

Les deux reines douairières, quittaient Valladolid le 18 septembre pour Jarandilla où elles étaient attendues le 28. La veille, le secrétaire Gaztelú en tremblait ; l'idée d'avoir à servir la reine Marie lui donnait manifestement des sueurs froides : « soyez certain que je les redoute, car je connais leur façon de mener les affaires et la correspondance, et la rapidité que celle de Hongrie, à qui j'ai eu affaire en Flandre, exige en toutes choses ; enfin, il faut bien en passer par-là et être à leur service, ce qui n'est que justice pour maintes raisons que vous connaissez ; mais je ne voudrais pas que cette affaire vienne ennuyer Sa Majesté ». Luis Quijada (« réquisitionné » entre-temps) rappelé en urgence de chez lui pour assurer leur séjour écrivait quant à lui, le même jour, qu'au train où allaient les affaires du Portugal les reines allaient sûrement y séjourner plus longtemps que prévu !

Charles Quint, très occupé et préoccupé par les affaires de France – il attendait toujours des nouvelles du front de Saint-Quentin dont il ignorait encore l'issue –, revit ses deux sœurs avec joie. Le 15 décembre, donc au bout de six semaines, elles prenaient enfin le chemin de Badajoz, où María arrivait à son tour le 27 janvier. Don Manuel de Melo, qui l'avait escortée, se rendit à Yuste en grand équipage mais seul : l'infante ne fit point le voyage pour saluer l'empereur. Puis, au bout de quinze jours, elle reprit le chemin de Lisbonne, plongeant sa mère et sa tante dans une grande tristesse. Sur le chemin du retour vers Yuste la reine Éléonore, prise d'une crise d'asthme mortelle, dut s'arrêter dans un village d'Estrémadure.

Le secrétaire Gaztelú, dépêché par son maître à leur rencontre, et bientôt rejoint par Luis Quijada, fut ainsi témoin de ses derniers instants. Marie de Hongrie l'introduisit chez la mourante qu'il trouva « assise toute habillée sur une chaise et parfaitement lucide » ; elle lui parla beaucoup de sa fille, remercia l'empereur du soin qu'il en avait pris ; mais « la très forte fièvre qu'elle avait et son asthme étaient tels qu'elle avait énormement de mal à respirer, qu'elle haletait violemment ». Six heures plus tard, alors qu'il s'apprêtait à partir, Marie l'avait rappelé pour le conduire à nouveau auprès de sa sœur : celle-ci était méconnaissable, l'agonie avait fait en ces quelques heures tant de ravages que le secrétaire en fut, de son propre aveu, saisi : « elle me dit, avec bien du mal et en pleurant, de supplier de sa part, aussi humblement et instamment que possible, l'empereur – "lui qui l'avait mariée et qu'elle avait toujours considéré comme son seigneur et comme un père" – de prendre en pitié et sous sa protection sa fille l'infante puisque, "obéissant sans aucun regret à la volonté divine elle devait quant à elle prendre un autre chemin". » Gaztelú croisa en sortant l'évêque de Palencia qui apportait l'extrême-onction. C'était le 18 février 1557. Elle souhaita être enterrée sans pompe aucune à Mérida, et que l'argent qu'on eût souhaité y employer fût distribué aux pauvres.

À la triste nouvelle, Charles Quint, les yeux pleins de larmes, laissa échapper devant son secrétaire qu'il ne tarderait pas à la rejoindre : « ce dont il rendrait grâce à Dieu du fait de l'état calamiteux et de perpétuelle souffrance auquel ses maux l'avaient réduit, et il dit à ce propos d'autres choses qui faisaient peine à entendre[49] ». Pour sa part Quijada écrivait le 21 février à Juan Vázquez : « Sa Majesté la reine de Hongrie a tant de chagrin qu'elle fait pitié à voir ; alors qu'elle devait voir avec moi certains ordres de Sa Majesté [l'empereur] elle ne parvint pas à me parler, étouffée qu'elle était par les larmes et les sanglots qu'elle ne pouvait maîtriser. »

### *Savoir prévoir : Charles Quint à Yuste et la succession portugaise*

Outre les deux ambassadeurs déjà évoqués, qui s'épuisèrent à cette tentative de « réconciliation » entre mère et fille, un troisième homme travaillait, en même temps mais secrètement pour l'empereur. Celui-ci avait chargé le père François Borgia de se rendre au Portugal[50] avec une triple mission : intervenir d'une part auprès de la couronne et de l'infante au sujet de la venue de celle-ci et du problème de la régence ; de l'autre, effectuer certains sondages et poser quelques jalons dans une plus lointaine perspective : celle de la succession portugaise. En effet, si dom Sébastien venait à mourir la question se poserait ; il fallait donc prévoir sinon prévenir. Dans cette éventualité, que l'empereur ne désirait nullement mais que l'expérience lui faisait envisager, l'occasion se présenterait – ou plutôt se *re*présenterait[51] – de réunir sur une même tête toutes les couronnes de la péninsule Ibérique.

Charles Quint envisageait donc, à Yuste, ce qu'il reviendra à Philippe II de réaliser, non sans mal, en 1580. Pour l'heure il s'efforçait d'assurer l'éventuel héritage à son autre petit-fils, ce don Carlos pourtant si peu prometteur, qui pouvait y prétendre doublement : par sa grand-mère l'impératrice, et par sa mère la défunte reine d'Espagne ; double référence, certes, mais *féminine*. Or, devant lui, se trouvait le cardinal-infant, représentant la branche *masculine* de la maison royale. Mais l'âge, la maladie et le célibat rendaient improbable une descendance directe de ce dernier.

Le père Borgia avait pour mission d'en parler ouvertement à la reine Catherine et d'informer secrètement[52] Charles Quint du résultat de la conversation. Ses messages furent optimistes, Catherine non seulement ne montrait aucune réticence devant le projet impérial mais y adhérait : « *Catalina Diez* obéira à *micer Agustino* sur ce sujet, tout comme pourrait le faire *Santiago de Madrid* lui-même, parce qu'elle était des leurs. Il se réservait de lui rapporter quand il le verrait les mots et les termes qu'elle avait employés ; il suffisait de dire que *Pedro Sánchez* en avait été si ému qu'il avait voulu lui baiser les mains. » Tout semblait donc aller pour le mieux. Quant à la venue de l'infante, il conseillait lui aussi la douceur plutôt que la rigueur, céder autant qu'on le pouvait et, surtout, ne pas relâcher l'effort car « la persévérance viendrait à bout du gibier » concluait-il de façon fort imagée.

Mais l'avenir, décidément imprévisible, en déciderait autrement : l'infant d'Espagne don Carlos mourra en 1568, à vingt-trois ans, et le roi Sébastien du Portugal à vingt-quatre ans le 4 août 1578 ; pour faire bonne mesure, deux mois plus tard à peine, le 1er octobre, don Juan d'Autriche, le héros de Lépante, mourait à trente-deux ans du typhus dans un campement militaire près de Namur, en pleine guerre des Pays-Bas. Il y avait respectivement dix ans pour l'un et vingt ans pour l'autre que l'empereur avait quitté ce monde, et, depuis quatre ans, Yuste pour l'Escurial, où don Juan avait si passionnément tenu à le rejoindre…

*Les « beaux péchés » de Charles Quint : Marguerite d'Autriche…*

Une des dernières préoccupations terrestres de l'empereur ne peut être ici passée sous silence, malgré celui qui l'entourait encore ; elle relève d'ailleurs autant du transitoire que du transcendant : l'enfant qui vous paraît n'est-il pas un dépassement de soi, la descendance n'est-elle point, dans une certaine mesure – en dépit de l'incompatibilité étymologique et outre la consonnance – une manière de transcendance ? Le cardinal-archevêque de Séville, don Pedro González de Mendoza[53], recevant en 1477 la reine Isabelle et Ferdinand d'Aragon, leur avait présenté ses deux enfants « naturels », deux adolescents, en ces jolis termes : « Voici mes beaux péchés ». À l'heure des comptes rendus à Dieu, Charles Quint aurait pu faire de même pour lui présenter – lui « avouer » – sa fille Marguerite (de Parme) et son fils Jean (d'Autriche), ses deux enfants illégitimes connus et *reconnus*[54]. Deux enfants, conçus hors mariage – mais *avant* son mariage et *après* son veuvage (il tint à le souligner) –, l'une au printemps, l'autre à l'automne de sa vie, deux enfants reconnus et qui, s'ils ont illustré la grande *saga* de la maison d'Autriche, ont aussi marqué l'histoire de l'Europe.

Marguerite d'Autriche – dite *de Parme* – fut le premier enfant (reconnu) de l'empereur, peut-être même le fruit de ses premières expériences sexuelles. Elle naquit à Audenarde, sur l'Escaut, le 18 janvier 1522, et dut être conçue peu après la fameuse et tragique diète de Worms, et au moment de la défaite des *Comuneros.* Autrement dit, dans ce temps qui va du premier au second voyage en Espagne, ce temps où le jeune souverain dut grandir et mûrir à une vitesse étonnante sous la pression – terrible – des événements qu'il dut affronter, des responsabilités qu'il dut assumer ; en ces quelques mois décisifs pour l'Europe – pour le monde –, mais aussi et d'abord déterminants pour lui.

La mère de ce premier bébé (qui fut légitimé le 9 juillet 1529 à Barcelone) était une Flamande, Jeanne Van der Gheist, fille d'un riche tapissier selon certains, d'une famille de petite noblesse selon d'autres. Dans le premier conflit qui l'opposa – on l'a vu – à la France, du fait de l'agression menée (avec la complicité de François Ier) contre le Luxembourg par Robert de La Marck, l'empereur, attendant le moment de se joindre aux troupes que commandait son ami d'enfance Henri de Nassau devant Tournai, était hébergé dans un château situé près de la ville flamande d'Audenarde dont l'hôte, le comte de Montigny, s'efforçait de meubler agréablement cette attente : musiciens et chanteurs se relayaient… Parmi eux, une beauté à la voix séraphique fit chavirer le jeune empereur.

Marguerite devait naître de cette brève rencontre. Son père lui donna un prénom qui lui était cher, celui de la tante, à qui d'ailleurs il confia l'enfant : elle fut élevée dès le départ – et éduquée – sous cette haute protection, comme une princesse, au palais. Marie de Hongrie prendra le relais, en cela aussi, à la mort de la tante en 1530. À trente-six ans, cette seconde Marguerite devra prendre, à son tour, le gouvernement des Pays-Bas, dans des conditions difficiles : elle saura s'y montrer la digne disciple de ses tante et grand-tante. Très tôt son père la mit au service de sa politique dynastique.

Ainsi, lors de la *Paix des Dames* en 1529, si la veuve Éléonore dut épouser l'ennemi mortel de son frère en gage de réconciliation, la jeune Marguerite était elle promise, à sept ans, à Alexandre de Médicis, qui récupérait bientôt Florence dont il devenait duc en 1531. Cette alliance entre les Habsbourg et les Médicis devait – dans le grand dessein impérial – asseoir, après les regrettables événements de 1527, la paix avec le pape comme base politique. L'âge trop tendre de la fiancée différa le mariage jusqu'en février 1536 : elle avait alors quatorze ans, et lui vingt-six. La méchanceté même de son mari l'en débarrassa au bout d'un an puisqu'il fut assassiné le 6 janvier 1537, comme chacun sait (au moins grâce à Musset), par son cousin Lorencino alias *Lorenzaccio*[55].

À nouveau libre, Marguerite fut aussitôt remise en jeu sur le grand échiquier : trois ans plus tard, en novembre 1539, elle épousait le petit-fils du pape Paul III, Octave Farnèse qui, à la mort de son père – assassiné, lui aussi, en 1547 – deviendra duc de Parme et de Plaisance[56]. Son nouvel époux était cette fois de deux ans plus jeune qu'elle (elle avait dix-sept ans, il en avait quinze) et, malgré des relations conjugales qui furent, selon la rumeur, problématiques ou difficiles, deux jumeaux leur naquirent à Rome le 27 août 1545 : Carlos qui mourut en bas âge et Alexandre – *Alexandre Farnèse* –, promis à un grand destin militaire, parfaite illustration – par sa grandeur d'âme et son sens de l'honneur – de cette « guerre réglée » qu'évoque Pierre Chaunu.

Lorsque, après la mort de leur père, Philippe II rentra en Espagne en septembre 1559, Marie de Hongrie ayant suivi son frère dans la tombe, c'est à Marguerite qu'il confia le gouvernement des Pays-Bas ; elle l'assumera jusqu'en août 1567, au moment où – par un choix désastreux – le duc d'Albe la remplaça. Elle se retira en Italie où elle mourut à Ortona, dans les Abruzzes, en 1586, à l'âge de soixante-quatre ans. Elle vécut assez longtemps pour rencontrer son demi-frère don Juan, lorsqu'il assuma le haut commandement des troupes de la Sainte Ligue qui devaient s'illustrer à Lépante ; un quart de siècle séparait les deux enfants naturels de l'empereur, mais une étroite fraternité les rapprocha d'emblée ; elle put aussi voir son propre fils Alexandre devenir à son tour gouverneur des Pays-Bas.

Marguerite se distingua, comme son illustre parentèle, par une fidélité à l'empereur, un dévouement, à toute épreuve. Dans les instructions destinées à Philippe (de cinq ans son cadet) son père lui en rend grâce en ces termes : « … car elle m'a toujours rigoureusement obéi, en subordonnant tout à ma volonté, y compris ses propres enfants ». Bel hommage pour une existence véritablement sacrifiée sur l'autel de la politique.

### *Et don Juan, ce futur « héros de légende »*

S'il est des vies qui sont des romans, celle de l'enfant né des amours tardives et furtives de l'empereur, en est la plus belle illustration. Il naquit près du Danube – à Ratisbonne – quelques semaines avant la victoire de Mülhberg d'une musicienne d'à peine vingt ans, issue de la bourgeoise allemande, dont la musique ou la voix[57] sut (entre autres attraits) séduire, au printemps 1546, l'empereur quadragénaire au milieu des préparatifs de la « guerre d'Allemagne ». Pour séduire l'empereur il fallait, semble-t-il, savoir se faire sirène… Aux premiers signes de grossesse on avait marié la belle Barbara Blomberg au modeste mais dévoué Jérôme Pyrame Kegell chargé – moyennant quelque récompense et un bon emploi – d'endosser la paternité de l'enfant ; c'est ainsi que celui-ci portera son prénom : en Espagne, jusqu'à l'heure de la grande révélation, il sera connu comme *Jerónimo*, et plus encore par le diminutif *Jeromín*, avant de devenir *don Juan d'Autriche*, ce « héros de légende »[58]. Il naquit le même jour que son père biologique : un 24 février, ce qui fut peut-être perçu par celui-ci comme un signe du ciel[59].

Une poignée d'hommes seulement furent mis dans le secret, dont Luis Méndez Quijada le premier et l'enfant, bientôt retiré à sa mère, fut envoyé en Espagne, où il fut confié dans un premier temps à un musicien de l'empereur, le joueur de viole Francisco Massy alias *Francisquín* qui, désireux de se retirer au pays près de sa femme Ana de Medina, dans sa bourgade de Leganés[60], regagna la Castille avec la cour de Philippe II au cours de l'été 1551. On lui fit croire que l'enfant était le fils naturel d'Adrien Dubois, un serviteur de l'empereur. Avant le départ ce dernier avait convoqué le violoniste pour lui recommander : « j'ai entendu dire que Quijada t'a confié quelque chose. N'oublie pas que je considérerai tout ce que tu feras pour lui en ce sens comme un grand service rendu à ma personne. »

Comme il apparut que le curé et le sacristain du bourg, sur qui l'on avait compté pour assurer son instruction, ne firent aucun zèle en la matière, qu'Ana de Medina était devenue veuve, et que l'enfant – un magnifique et vigoureux blondinet aux yeux bleus – n'aimait rien tant que de courir dans les champs avec les garnements de son âge, et de tirer les oiseaux à l'arbalète, plutôt que d'apprendre à lire et à écrire, il fut retiré et confié à Luis Méndez Quijada qui l'installa chez lui à Villagarcía de Campos[61], où il le confia à son épouse doña Magdalena de Ulloa ; issue d'une illustre famille elle sera, elle qui ne put avoir d'enfant, la *véritable* mère de don Juan, qui lui resta très attaché. Ces nouveaux « parents » prirent enfin au sérieux l'éducation du garçonnet. Du couple, seul don Luis connaissait sa véritable origine, sa femme elle-même l'ignorait : son mari le lui avait présenté comme étant de très haute naissance, et le fils d'un ami très cher, en lui recommandant de le considérer comme leur propre enfant, cet enfant qu'ils ne pouvaient avoir.

## *Jeromín à Yuste*

À Yuste, l'empereur désira connaître l'enfant, devenu garçonnet, qu'il n'avait pas revu depuis que le bébé avait quitté les Pays-Bas. On peut se demander si ce désir ne fut pas sinon provoqué du moins accru par la grande déception – et la poignante inquiétude – que l'empereur avait éprouvées en découvrant son petit fils don Carlos. Les deux enfants, ainsi qu'Alexandre Farnèse, avaient pratiquement le même âge[62]. En désespoir de cause, au cours de l'été de 1558, la régente doña Juana et le roi (alors encore aux Pays-Bas) demanderont à leur père de prendre en main le jeune et impossible prince, de veiller à son éducation ; lui seul pourrait, espéraient-ils, avoir quelque influence : « même si cela doit représenter quelque fatigue pour Votre Majesté ce sera redonner vie à l'Infant. Je la supplie donc de bien vouloir ordonner qu'il soit conduit incontinent auprès d'elle, car elle ne saurait croire à quel point il importe qu'elle nous fasse cette grâce […]. Quant au prince don Carlos, que Votre Majesté sache que plus tôt il sera auprès d'elle, mieux ce sera », écrivait la régente à son père le 8 août. Charles Quint ne se hâta point de répondre à cette pressante demande ; et la maladie mortelle qui l'attaqua au début de septembre l'en dispensa définitivement. Mais il est certain, qu'en ce dernier été de sa vie, d'une part il refusait – tacitemente – de recevoir ce petit-fils (atteint en fait de démence précoce), et de l'autre il insistait pour qu'on lui amenât son jeune bâtard.

Insister : en effet, Luis Quijada vit d'un très mauvais œil cette nouveauté. Toutes les objections qu'il avait opposées lorsque son maître lui enjoignait, dès l'été 1557, d'arracher sa femme doña Magadalena et l'enfant à leur confortable domaine de Villagarcía pour les installer dans l'inconfort de Cuacos, avaient été balayées d'un : « vous avez parfaitement raison, mais… » Il fallut s'incliner ; mais ce ne fut chose faite qu'au 1er juillet 1558 pour des raisons matérielles : la difficulté d'installer à Cuacos un logement décent à défaut d'être confortable. À la fin du mois le colonel rendait compte à Philippe II : après avoir rempli les missions à lui confiées[63] pour Valladolid, il était retourné chez lui d'où il était « reparti aussi vite que possible avec doña Magadalena et *le reste* » : « *lo demás* ».

On chercherait en vain dans la correspondance de Luis Quijada (et *a fortiori* des autres habitants de Yuste qui n'étaient pas dans la confidence) la moindre trace d'allusion au mystérieux enfant, hormis celle-ci[64]. Sa répugnance à installer sa famille à Cuacos tenait certes à des contingences d'ordre matériel, mais aussi – à n'en point douter – à la crainte de voir percer le secret qu'il avait si fidèlement voire jalousement gardé, y compris devant sa propre femme, qui élevait l'enfant… La curiosité de ce microcosme du personnel basé à Cuacos et des moines de Yuste autour du jeune nouveau venu risquait fort de lui compliquer la tâche. Gaztelú notera par exemple dans une lettre du 19 juillet l'intérêt et l'amabilité manifestés par l'empereur envers doña Magdalena : « L'autre jour elle est venue lui baiser les mains, et Sa Majesté l'a accueillie avec beaucoup de gentillesse[65]. »

Charles Quint eut donc, au cours de ces deux mois – juillet et août 1558 –, avant d'être terrassé par le mal, le bonheur de voir gambader sous ses fenêtres et parfois apparaître dans ses appartements – un peu intimidé sans doute – ce beau et hardi garçonnet débordant de vitalité, si différent, hélas, de son malingre, maussade et sournois petit-fils. Une anecdote courait encore au XVIIIe siècle dans la région de Yuste : les paysans du coin auraient un jour fait descendre, à coups de pierres, un garnement qui, juché dans un arbre, en cueillait indûment les fruits ; le petit « voleur de pommes » n'était autre que le futur vainqueur de Lépante[66]. Mais, que faire d'autre aussi, pour vaincre l'ennui entre Cuacos et Yuste, quand on a une douzaine d'années à peine, et qu'on en a passé les premières à courir la campagne avec les petits paysans de Castille ?

### *Dispositions secrètes de l'empereur relatives à l'enfant*

Dès le 6 juin 1554, à Bruxelles, lorsqu'il avait revu son testament, Charles Quint avait joint un document secret concernant l'enfant[67] :

> « Outre ce qui est contenu dans mon testament, je déclare qu'étant en Allemagne depuis mon veuvage j'eus

d'une femme non mariée un fils naturel qui se nomme Jerónimo. Mon intention a été et est, pour certaines raisons qui me portent à cela, que, si l'on peut facilement l'y acheminer, il prenne de sa libre et spontanée volonté, l'habit de quelque ordre religieux de moines réformés, sans qu'on l'y dispose par aucune violence et aucune contrainte. Si l'on ne peut pas l'y décider et s'il préfère suivre la vie séculière, ma volonté et mon ordre sont qu'il lui soit donné régulièrement, chaque année, de vingt à trente mille ducats de rente sur le royaume de Naples, en lui assignant avec cette rente des terres et des vassaux. Pour l'assignation des terres et pour la quotité de la rente, je m'en remets à ce que déterminera le roi mon fils, ou, à son défaut, l'infant don Carlos, mon petit-fils… Au cas que ledit Jerónimo n'embrasse point l'état que je désire pour lui, il jouira de ladite rente et des terres tous les jours de sa vie, et après lui en jouiront ses héritiers et successeurs légitimes descendant de son corps. Quel que soit du reste le genre de vie pour lequel se decide ledit Jerónimo, je recommande expressément au prince mon fils, à l'infant mon petit-fils… de l'honorer et de commander qu'on l'honore, de lui accorder la considération qui convient, de garder, d'accomplir et d'exécuter le contenu de cette cédule, que j'ai signée de mon nom et de ma main, fermée et scellée de mon petit sceau secret, et qui doit être observée et mise à effet comme une clause de mon testament. Fait à Bruxelles, le sixième jour de juin 1554[68]. »

Des indications permettant de retrouver l'enfant figuraient sur un autre papier. À son départ des Pays-Bas, ces documents avaient été confiés à Philippe, devenu roi, et mis alors dans la confidence.

Le secret fut gardé jusqu'à la mort de l'empereur ; mais lorsque le colonel Quijada, qui quitta les lieux après tout le monde, regagna Valladolid – après avoir reconduit sa femme et l'enfant chez lui à Villagarcía –, il fut désagréablement surpris de constater que tout le monde était déjà au courant et que les langues allaient bon train. Dans une lettre au roi du 13 décembre 1558, il s'en ouvrait en ces termes :

> « Je découvre ici que ce qui concerne la personne dont Votre Majesté sait que j'ai la garde est de notoriété publique ; j'en suis consterné, et plus encore de tous les bruits que j'entends à ce propos. Je redoutais beaucoup, en venant ici, que la sérénissime princesse [la régente] ne fît pression sur moi pour que je lui dise tout ce que je sais à ce sujet ; et j'étais bien résolu, n'étant pas libre de le faire, à me taire autant que faire se pourrait, mais Son Altesse m'a fait la grâce de ne m'en souffler mot. C'est pourquoi je suis bien décidé à ne répondre à personne, si ce n'est que j'ignore tout ce dont les gens parlent ; il me semble pourtant que la princesse doit être déjà au courant de tout, à en croire ce qu'on m'a dit. Cependant la volonté de Sa Majesté [l'Empereur] – pour que Votre Majesté me comprenne – était que cela devait demeurer secret jusqu'au retour de Votre Majesté, et qu'à ce moment-là on ferait ce que Votre Majesté ordonnerait. Quant à moi je reste aussi discret là-dessus que je l'ai toujours été du vivant de l'Empereur ; mais je veille à ce qu'il apprenne et à ce qu'on lui enseigne les choses nécessaires conformément à son âge et à la qualité de sa personne ; car, étant données les conditions insuffisantes dans lesquelles il a grandi et vécu avant de m'être confié, il est réellement indispensable de faire très attention à lui. »

Philippe II respectera, on le sait, le vœu de son père. À son retour des Pays-Bas, le 18 octobre 1559 dans un monastère[69] proche de Villagarcía, accompagné de sa cour, il organisa une rencontre au cours de laquelle il révéla à Jerónimo, en ces termes, sa véritable identité : « Du cœur, mon enfant, car vous êtes le fils d'un très grand homme de très haute noblesse. *L'Empereur Charles Quint, qui est au ciel, est mon père et le vôtre.* » Après quoi il lui remit l'épée et le collier de la Toison d'or. L'adolescent – encore tout étourdi par la révélation – vit « son oncle » Luis Quijada mettre un genou en terre pour lui baiser la main, avant de recevoir l'hommage de toute la noblesse. *Jerónimo*, tel le papillon quittant la chrysalide, devenait *don Juan d'Autriche…* Puis, au milieu de la liesse générale tout le monde rentra à Valladolid, où la « maison » du nouveau prince, déjà prête, l'attendait. Si Philippe II ne lui accorda jamais *que* le titre d'*Excellence* la cour et le peuple le traitèrent spontanément d'*Altesse.*

*Digne fils de son père :* « ése sí que es el hijo del emperador »

Nous ne pouvons ici nous attarder sur son histoire – hautement « romanesque » – qui n'appartient plus au règne de Charles Quint. Disons seulement que don Juan n'avait point la vocation religieuse suggérée par son père dans le document testamentaire évoqué, mais le goût des armes, ce goût que n'eut jamais Philippe II. Il y démontra des qualités exceptionnelles qui firent la gloire du royaume et de l'Occident chrétien ; et lui valurent d'être qualifié d'« *insigne caudillo* » par les Espagnols, qui s'y entendaient ; il y montra aussi un brin de témérité qui inquiéta parfois le monarque, mais qui dut réjouir l'empereur en sa céleste demeure ; l'empereur dont, selon les termes de l'historien Pedro Aguado Bleye, il avait reçu « l'âme voyageuse, le "don des gens"[70] et des langues, l'esprit guerrier ».

Le héros de Lépante – victoire remportée douze ans après la reconnaissance publique de sa filiation – avait en 1571 une grande et dévorante ambition, peut-être trop aux yeux de son souverain, mais n'avait plus que sept années à vivre. En effet, le gouverneur des Pays-Bas don Luis de Requesens étant brusquement décédé le 5 mars 1576, Philippe II avait nommé son demi-frère à ce poste – plus que jamais – difficile ; poste qu'il avait d'ailleurs regagné de rocambolesque manière en traversant la France déguisé en valet morisque d'Octavio Gonzaga ; pour ce faire doña Magdalena de Ulloa (alors veuve, don Luis étant mort dans les montagnes de Grenade) lui avait teint elle-même en noir sa barbe et ses cheveux blonds ! Il atteignit ainsi Bruxelles le 4 novembre 1576, juste au moment – mais trop tard pour l'empêcher – où les troupes espagnoles, impayées et enragées, mettaient l'opulente cité d'Anvers à sac…

C'est dans ce contexte explosif que don Juan d'Autriche devait mourir, à trente-deux ans, le 1er octobre 1578, terrassé non par la guerre mais par le typhus qui ravageait le campement où il avait dû se retrancher, près de Namur, quelques mois auparavant. Son cadavre – en armure et chausses brodées, botté, portant armes et éperons, ainsi que la Toison d'or – fut déposé sur un brancard recouvert de velours et porté sur les épaules des soldats qui se relayèrent du campement jusqu'aux portes de Namur ; là le Conseil d'État et les membres de sa Chambre le conduisirent jusqu'à la cathédrale où, après la cérémonie funèbre, il fut déposé près de l'autel.

Le jeune agonisant, brûlé par la fièvre sous sa tente de campagne, n'avait émis qu'un souhait avant de sombrer dans un délire mortel[71] :

> « Je supplie sa Majesté le roi de m'accorder comme grâce, en considération de ce que mon seigneur l'Empereur lui a demandé et de la volonté avec laquelle je me suis efforcé de le servir, que mes os soient déposés auprès de ceux de mon seigneur et père : tous mes services en seront reconnus et largement payés. »

Son vœu fut rigoureusement exaucé : le 19 mai 1579, il sera transféré en grande pompe au panthéon (encore provisoire) de l'Escurial où son magnifique tombeau de marbre blanc reflète encore la beauté de celui que les dames de la cour avaient surnommé *l'Archange*. Lorenzo van der Hammen y León, dans sa biographie, l'évoquait ainsi un demi-siècle plus tard[72] : « Il triomphait avec clémence et gouvernait avec bienveillance ; il savait choisir son avantage et mesurer ses forces ; il était affable envers les soldats et les commandait en douceur. De la sorte, et en s'adressant à chacun dans sa langue maternelle, il obtenait obéissance d'une telle diversité de gens. » Oui, celui-là c'était bien le fils de l'empereur : « *éste sí que es el hijo del Emperador* », pouvaient murmurer – avec un brin d'insolence – les vieux brisquards.

Les semaines passées à Yuste dans le voisinage impérial, durent prendre *a posteriori* un relief extraordinaire dans la mémoire du jeune homme. Et le secret plaisir que sa présence dut apporter à l'empereur dans ses dernières semaines de vie explique sans doute qu'il ait eu, au tout dernier moment, une reconnaissante et trébuchante pensée pour celle qui lui avait donné l'enfant. Dans une lettre à Philippe II du 12 octobre 1558, trois semaines après le décès de Charles Quint, Luis Quijada – qui « liquide » les affaires de Yuste – précise que son maître lui avait secrètement confié, la veille de sa mort, six cents écus d'or fin qu'il conservait précieusement[73], afin que fût constituée une rente à vie de deux cents florins pour assurer l'avenir matériel de Barbara Blomberg. D'ailleurs – Philippe II et don Juan y veilleront – elle ne manquera jamais de rien. À propos de cet enfant né d'une Allemande et d'un Flamand et, par la volonté expresse de son père, éduqué en Espagne, Manuel Fernández Alvarez se plaît à souligner que « quand on parle de l'hispanisation de Charles Quint il *faudrait* tenir compte de ces faits-là car ce sont eux qui reflètent ses sentiments intimes. Pour Charles l'Espagne était un refuge sûr, où il s'empresse de mettre en sécurité tout ce qu'il a de plus cher, qu'il s'agisse de ces papiers personnels que sont ses *Mémoires*, ou de ce fils qu'il a tenu caché. »

Mais nous avons dû anticiper. Si Marguerite d'Autriche *alias* Marguerite de Parme avait, à la mort de son père, déjà tout un passé politique derrière elle, don Juan avait au contraire tout son – brillant quoique bref – avenir devant lui. Il appartient au règne suivant, c'est un homme du second XVI^e^ siècle. Mais, pour l'heure, il n'est encore à Yuste que cet enfant que le colonel Quijada tiendra bientôt serré contre lui tout au long des funérailles de son maître.

*Dénouer le dernier lien : renoncer à l'empire*

Si l'empereur éprouvait à Yuste ce besoin – vital – de resserrer, fût-ce secrètement, comme pour lui seul, ce puissant lien du sang, il en était un autre – politique – qu'il désirait, vraiment, achever de dénouer. On a vu comment, lors des renonciations de Bruxelles, il aurait souhaité abdiquer aussi et aussitôt la puissance impériale ; et pourquoi il dut, sur les instances de son fils et de Ferdinand, y surseoir. Ce dernier n'écrivait-il pas à son neveu (de Prague le 26 avril 1556 et de Presbourg deux mois plus tard) que si son frère, cédant aux pressions de Philippe, décidait de conserver le titre d'empereur il n'en serait, bien au contraire, nullement contrarié : « Dieu sait combien je m'en réjouirai. C'est ce que j'ai toujours voulu et ce que je voudrais encore. » Mais ni les incitations de l'un ni les supplications de l'autre ne parvinrent à le fléchir. Leur chance fut que les circonstances retardèrent le processus.

La guerre franco-espagnole sur la frontière des Pays-Bas avait maintenu dans une sage réserve les électeurs qui devaient entériner la renonciation ; ils mirent du temps à trouver un lieu et une date pour réunir la Diète. Quelle ville ? Ratisbonne, Ulm ou Francfort ? On finit par choisir cette dernière. Paul IV s'en était aussi mêlé, arguant d'une vieille tradition médiévale qui l'eût autorisé, lui seul, à accepter ou à refuser la « démission » de Charles Quint, déclarant tous les électeurs ou presque, et Ferdinand lui-même, suspects d'hérésie et donc déchus du droit d'élire… La Diète se réunit enfin le 28 février 1558 : les trois archevêques – de Trêves, de Cologne et de Mayence –, le roi de Bohême, le margrave de Brandebourg, le duc de Saxe, le comte Palatin déchargeaient officiellement Charles Quint de l'empire ; et le 12 mars ils élisaient Ferdinand (déjà roi des Romains depuis près de trente ans) comme nouvel empereur.

La nouvelle mit deux mois pour parvenir à Yuste le 27 avril. Dans la semaine Gaztelú informait Valladolid de la volonté de son maître : « Sa Majesté m'a ordonné de vous dire que, sa renonciation à l'Empire étant acceptée, on ne devra plus mettre dorénavant sur ses lettres “l’Empereur” ni rien de ce genre. Sa Majesté a voulu également qu’on lui fasse parvenir d’urgence deux sceaux sans couronne, sans aigle, sans toison, sans armoirie aucune. » Et il ajoutait un modèle en forme de croquis : seules figureraient désormais « les armes d’Espagne écartelées avec celles de Bourgogne ». Comme l’a bien dit François Mignet : « en se retirant de la scène, Charles Quint ne se retire pas de l’histoire ».

Néanmoins, ce même jour (le 3 mai) le colonel Quijada exprimait quant à lui son inquiétude au secrétaire d’État : « Je crains fort que, du fait d’avoir laissé l’Empire, *nous* ne perdions de l’autorité et même de la force pour mener les affaires de la chrétienté, des Pays-Bas et de Milan ; et je dois vous avouer que cela fait des jours et des mois que je répète à Sa Majesté que ce renoncement pourrait bien causer un grand préjudice à ses États. Que Dieu nous vienne en aide comme il pourra ; car, si nous avions jusqu’ici des craintes pour nos affaires, nous avons il me semble plus de raisons encore d’en avoir désormais, puisque *nous* renonçons à cette grande ombre tutélaire qui seule pouvait les protéger ; car *Sa Majesté inspirait à l’Empire un immense respect* ; mais, maintenant, je ne sais s’il en éprouvera autant pour le nouvel Empereur. »

Il y eut encore quelques échanges de courrier sur le problème des titres et des sceaux ; ainsi, le 25 mai Charles Quint écrivait à Juan Vázquez : « Voyez avec la princesse la façon dont on devra désormais m’écrire […]. Quant à moi, je ne le ferai plus qu’en tant que *personne privée* ; et comme les sceaux doivent être terminés, envoyez-les moi par le premier courrier. »

Le moine « anonyme » *alias* Hernando del Corral, attentif aux détails, rapporta la scène suivante :

> « Aussitôt que la nouvelle lui parvint Sa Majesté appela son confesseur Juan Regla et fit deux choses bien dignes de mémoire. D’une part, il donna l’ordre de supprimer son nom d’Empereur dans les prières dites au cours de la messe, et de le remplacer par celui de son frère

> Ferdinand, en disant : "quant à moi qu'on m'appelle par mon nom – Charles – me suffit largement, car je ne suis plus rien". D'autre part, il convoqua ses serviteurs et leur fit donner lecture de la lettre ; une fois celle-ci achevée il leur dit : "Voilà, maintenant je ne suis plus rien". Tous demeurèrent sans voix, incapables de répondre ni de prononcer une parole, si grandes étaient la stupéfaction et la peine qu'à l'entendre ils avaient ressenties ; et la plupart, ne pouvant contenir leur angoisse ou leur chagrin, quittèrent la pièce en pleurant. Il en fut de même pour nous les moines le jour où, pendant la grand-messe, il fallut supprimer son nom des prières. »

Il raconte aussi comment, les habitants de Cuacos lui ayant présenté une magnifique corbeille d'œillets multicolores (une de ses fleurs préférées) disposés de manière à former une couronne au chiffre de l'empire, il l'aurait repoussée en disant : « Vous savez bien que j'ai renoncé à d'autres, bien plus riches, et sans regret. » On modifia donc l'agencement de la corbeille, qu'on lui rapporta : il s'était alors extasié devant les fleurs en louant le Seigneur d'avoir créé tant de beauté. Autre exemple d'humilité selon le chroniqueur, Charles Quint avait refusé de voir ses armes représentées dans les appartements de Yuste et, concluait le moine témoin, « à ce jour elles n'y figurent toujours pas ».

*
* *

L'académicien Charles Augustin Saint-Beuve, à la lumière de la découverte et de la publication – alors récentes – des documents dont nous faisions état en tête de chapitre, soulignait dans cette parfaite synthèse ce qui, loin d'être une contradiction négative, est l'expression de la profonde complexité de l'homme, et de son époque :

> « Il y avait en Charles Quint à Saint-Just un homme double, deux hommes distincts, séparés par une mince

> cloison, un politique persistant et un moine affilié, un conseiller d'État plein de sagesse et un catholique assiégé de terreurs […]. Charles Quint qui, vu du côté de la politique, nous paraît jusqu'à la fin si prudent, si ferme de conseil, si sain d'esprit, si occupé d'autres choses encore que d'horloges, si attentif aux affaires du dehors et voué aux intérêts de sa race et de sa maison, ce même homme, vu du côté des moines, paraissait à ceux-ci tout pénitent, tout mortifié, tout appliqué à la fin suprême, et il n'y avait pas hypocrisie à lui dans ce double rôle ; il unissait bien réellement dans son âme profonde et son imagination mélancolique ces deux manières d'être si contraires. »

« Assiégé de terreurs » – sans doute, comme tout chrétien de son temps, car conscient des comptes à rendre du passage en ce monde –, mais si plein d'espoir en l'autre !

## Chapitre IV

# … AU TRANSCENDANT : L'AUTRE MONDE, ENFIN

« *Il suivait avec une rigueur et une assiduité étonnantes les cérémonies du culte divin, et toutes les choses ordonnées par l'Église dans sa divine république, et s'y pliait en toute humilité comme s'il avait été moine, ou comme s'il n'avait point été empereur.* »

José de Sigüenza,
*Historia de la Orden de San Jerónimo.*

« *… ce singulier personnage combiné, vrai Janus, cette bizarre et haute figure de cloître à la fois et d'histoire* ».

C. A. Sainte-Beuve, *Nouveaux Lundis.*

« *Charles Quint avait toujours aimé les moines* », écrit François Mignet. À en croire l'ambassadeur portugais Lourenço Pires de Tavora, qui dit avoir reçu à Monzón en 1542 cette confidence, répétée – on l'a vu – à Jarandilla en 1556, l'empereur avait conçu le projet de se retirer dès… son retour triomphal de Tunis en 1535. On comprend aisément que les événements tragiques d'ordre privé ou public qui marquèrent les années 1539 (la mort de l'impératrice) et 1541 (le désastre d'Alger) l'aient confirmé dans ses intentions.

À chaque moment décisif ou tragique de sa vie, ce prince chrétien assez proche du modèle érasmien – « chaque fois qu'il te viendra à l'esprit que tu es prince, souviens-toi aussi que tu es prince chrétien[1] » – avait eu recours à la prière, à la méditation, et parfois même à la retraite. En 1520, dans le contexte explosif de son embarquement à La Corogne – il devait rejoindre l'Allemagne pour y recevoir le sceptre impérial – il avait longuement médité à Saint-Jacques-de-Compostelle, le cœur religieux de l'Espagne. À Worms, au cours de cette nuit du 18 avril 1521 qui fut, comme on l'a vu, sans doute la plus longue de sa vie, il pria et médita. Avant de se rendre en Italie en 1529 pour y recevoir la couronne d'or à Bologne, il avait fait une pieuse halte à Saragosse dans le couvent de Santa Engracia. Avant l'expédition de Tunis – son baptême du feu – il avait visité la Vierge de Montserrat, à laquelle il voua une dévotion sans faille jusqu'à son dernier souffle, et à laquelle il ne manqua jamais d'aller rendre hommage lorsque ses obligations politiques ou militaires l'amenaient à traverser la Catalogne, généralement pour embarquer. À la mort de son épouse, décédée à Tolède le 1er mai 1539, il s'était longuement réfugié dans le monastère hiéronymite de la Sisla, à deux lieues de la ville. Après la perte de la flotte devant Alger il s'était à nouveau enfermé dans cet autre monastère hiéronymite de *Nuestra Señora de la Mejorada*, près d'Olmedo, où il passa la semaine sainte et jeûna à l'exemple des moines, au pain et à l'eau, selon le témoignage (repris par le père Sandoval) du frère Martín de Angulo. Celui-là raconte aussi comment, lors de la malheureuse expédition d'Alger, peu avant minuit, et au plus fort de la tempête dévastatrice, l'empereur s'était souvenu qu'on chanterait bientôt matines dans tous les couvents d'Espagne : « Rassurez-vous, dans une demi-heure tous les moines et toutes les nonnes d'Espagne se lèveront et prieront pour nous. » Il est vrai, ajoute François Mignet non sans un brin d'humour, « qu'après s'être montré confiant il agit en capitaine résolu », et qu'il opéra habilement sa retraite et ramena son armée en Europe…

« Les couvents, a écrit Daniel-Rops[2], avaient toujours tenu une grande place dans sa vie ; il avait demandé aux cloîtres cette protection et cette consolation qu'ils donnent seuls [...]. Ce politique subtil et ce grand capitaine vivait dans la Communion des Saints. » Cette tentation relativement précoce de la retraite « au désert » prouverait, si besoin en était, que l'éloignement final à Yuste n'obéit que secondairement à l'amorce du déclin militaire et politique ou à l'épuisement physique, et qu'il fut avant tout dicté par une très profonde exigence spirituelle, même si, comme le souligne Fernando Checa Cremades dans un article consacré à l'espace architectonique du monastère de Yuste, il suivait en cela « une tradition très prisée des rois espagnols : celle de se retirer dans des endroits d'une singulière beauté naturelle, et proches des monastères et autres lieux de religion ». Commentant l'ancienneté de ce projet secret de l'empereur, José de Sigüenza, l'éminent chroniqueur de l'ordre de Saint-Jérôme, concluait : « Il faut en mesurer tout le prix : que dans le cœur d'un prince aussi courageux et belliqueux, se soient enracinées si tôt, et au milieu de tant de guerres, de victoires, de triomphes, de telles pensées de renoncement à tant de gloire et à la monarchie... En cela il est – à mes yeux – un religieux, et d'un esprit si ferme et si déterminé que je le tiens pour profès. »

*Yuste : le choix d'un lieu*

Dès 1543 une commission spécialement chargée de rechercher un lieu adéquat – au climat sain, et assez retiré du monde – parcourut l'Espagne et en particulier l'Andalousie et l'Estrémadure. Passant par Plasencia, elle retint un coin tranquille de la Sierra de Gredos, dans la Vera de Plasencia, dont l'étymologie même dit le charme infini. Voici d'ailleurs comment le frère Martín de Angulo – il était passé du monastère de Guisando à celui de Yuste, en tant que prieur en mai 1558 –, dans son récit de la vie et de la mort de Charles Quint, rédigé à la demande et à l'intention de la régente doña Juana, présente, dès les premières lignes, le site choisi (à 660 mètres d'altitude dans la Sierra de Tormantos) par les moines, puis agréé par l'empereur :

> « Ce monastère de Yuste se trouve dans la Vera, archevêché de Plasencia, à sept lieues de cette magnifique ville, dans un site qui est – quoique fort peu peuplé – favorisé par la clémence du ciel et l'aménité de la terre, plein de fraîcheur, riche en eaux de source[3], avec la neige des cimes à proximité ; un lieu où abondent toutes sortes de fruits d'été et d'hiver. C'est, de l'avis de tous et comme le nom de Plasencia que lui a donné le roi Alphonse le dit bien – *ut placeat Deo et hominibus* –, la terre la plus sereine, la mieux tempérée, et la plus plaisante qui soit en Espagne. »

L'endroit est en effet, par temps clément, d'une grande et très sereine beauté ; et, selon les termes de J. Lucas-Dubreton, la Vera de Plasencia est « une solitude sans désespérance, sans rupture avec le siècle[4] ». Le moine anonyme concluait déjà que « finalement cet endroit ressemble à un paradis sur terre ». Unamuno, qui a évoqué à plusieurs reprises[5] ce petit coin hautement symbolique d'Estrémadure où il se rendit en véritable pélerin au début de ce siècle, écrivit notamment : « Dans ces épaisseurs de forêts et de rochers où poussent les fruits les plus doux, où thym et ciste parfument le granit, où il semble que la campagne soit une musique de monacal harmonium, et que passe sur les replis de la montagne, la rasant de ses ailes, le chant solennel et liturgique des psaumes pénitenciels, on respire l'air du XVI^e siècle espagnol. La campagne nous parle dans la langue même, grave, sereine et si pure, du père Siguënza. Il serait difficile de trouver en Espagne un paysage plus authentiquement espagnol, espagnol de la Renaissance. D'obscures pensées d'éternité semblent y monter de la terre… »

Yuste était – est encore, par bonheur – retiré, à l'écart d'une bourgade de quelque deux mille âmes – Cuacos, aujourd'hui Cuacos de Yuste – distante d'un bon kilomètre et séparée du monastère par un pli de terrain ; à quatre ou cinq kilomètres de Jarandilla, à une quarantaine de Plasencia, donc isolée mais encore assez proche de nobles résidences, comme celle du comte d'Oropesa, l'hôte de l'empereur à son arrivée en Estrémadure, ou celle de don Luis de Zúñiga, marquis de Miravel, son fidèle visiteur. Unamuno, ce grand voyageur de l'intérieur, écrit encore :

> « Nous entreprîmes de nous rendre en marchant de Cuacos à Jarandilla, par un chemin qui est une torture pour les pieds et un délice pour les yeux. Fraîcheur et verdure de toutes parts. Corpulents châtaigniers en fleurs et, parmi eux, quelque torrent dévalant du haut de la montagne en se brisant sur les rochers. Une nature aimable et souriante, comme celle qui, d'ordinaire, s'offre dans ces *sierras* de la *meseta* intérieure de l'Espagne [...]. *Vera de Plasencia*, région aussi abandonnée que belle, qui me rappelait par la nature de son paysage ma terre basque [...]. Près de l'église se trouve ce qu'on appelle le palais de Charles Quint, avec son large belvédère ouvert sur une petite vallée boisée avec, au-delà, par une échancrure entre les monts, la vaste plaine ensoleillée et, en arrière-plan, les contours bleutés des lointaines *sierras*. On dirait, vu de ce belvédère, que c'est un monde en réduction, un champ d'aventures qui se déploie et s'offre à nos yeux, au-delà de la solitude ouverte de la montagne. Et je pensais que l'Empereur contemplant ces étendues à perte de vue, avait dû songer maintes fois par ces soirées d'automne, en regardant le soleil se coucher, à tout ce qu'il avait laissé derrière lui : la défaite des *comuneros*, les splendeurs de l'Amérique, la capture de François Ier, la Diète de Worms. Et, dans son esprit, devaient alors défiler Padilla, le cardinal Adrien, Ferdinand Cortés, Pizarre, Luther, et tant d'autres géants contemporains de son propre règne si chargé d'histoire. Comment un tel homme est-il allé s'enterrer dans la solitude de ces montagnes ? Qu'est-ce qui a bien pu pousser le petit-fils des Rois Catholiques, ce tout puissant

> Habsbourg, monarque à la fois le plus puissant et le plus comblé du monde, à aller s'enterrer dans ce repli perdu des contreforts de la *Sierra de Gredos* ? Pourquoi a-t-il choisi pour y mourir ce pli de verdure et de solitude ? »

À tous ces charmes naturels Yuste – on ignorait encore qu'il pouvait y avoir dans cette végétation subtropicale de la Vera un foyer de paludisme – offrait un avantage majeur aux yeux de l'empereur : la présence d'un monastère et, qui plus était, de l'ordre de Saint-Jérôme. Rappelons qu'il ne construisit pas un monastère mais une résidence littéralement collée – mais indépendante – au flanc d'un monastère préexistant. Comme des bruits couraient au Portugal selon lesquels Charles Quint entrait dans l'ordre, don Sancho de Córdoba s'en faisait l'écho en ces termes, dans une lettre qu'il adressait à l'empereur de Lisbonne où il était en mission, le 18 octobre 1556 : « … car on raconte ici que Votre Majesté se fait moine, et que les autres frères pourvoiront à son service et à sa subsistance moyennant un défraiement annuel. C'est ce qui se dit à la cour, et le roi m'a tenu lui-même à peu près les mêmes propos. Quant à moi j'ai répondu que je n'avais connaissance de rien de tel, mais seulement que Votre Majesté emmenait ses propres serviteurs, qui seraient à son service dans sa propre maison, en dehors du monastère. »

Mais le projet ne put vraiment prendre corps qu'en 1554. Le prince Philippe, avant de quitter l'Espagne pour l'Angleterre se rendit sur ordre de son père à Yuste, où l'accueillirent le général de l'ordre et le prieur du monastère, afin d'y vérifier l'idonéité du lieu. L'empereur, ayant en effet décidé de se retirer non pas *dans* mais *à côté* du monastère, écrivait aux responsables de l'ordre : « Je désire me retirer auprès de vous pour terminer ma vie. Je voudrais pour ce faire que vous me construisiez quelques pièces à Saint-Jérôme de Yuste ; adressez-vous au secrétaire Juan Vázquez de Molina qui vous remettra les fonds et tout ce qui sera nécessaire ; je vous fais parvenir dans ce but un plan des travaux à effectuer. » Ceux-ci, au demeurant assez modestes, commencèrent bientôt sous la direction du frère Antonio de Villacastín, un profès du monastère tolédan de la Sisla promu maître d'œuvre par le général de l'ordre Juan de Ortega ; il devait plus tard participer de même à la construction de l'Escurial. Le responsable administratif de la réalisation fut le frère Melchor de Pie de Concha.

Des dissensions ayant surgi au sein de l'ordre, exacerbées par le choix impérial, les travaux s'en trouvèrent retardés et mirent près de trois ans à aboutir, au grand mécontentement de l'empereur. Ce retard – qui explique en grande partie le séjour forcé à Jarandilla – fut mis à profit par ceux qui désapprouvaient la décision de Charles Quint pour tenter de l'en dissuader, de le décourager systématiquement. C'est pourquoi le 25 novembre 1556 il s'était rendu en personne de Jarandilla à Yuste, qu'il voyait ainsi pour la première fois, afin d'en juger par lui-même…

Lors de son dernier passage à Valladolid, de retour des Pays-Bas, alors qu'il esquivait les visites, Charles Quint avait par contre reçu le nouveau général de l'ordre (le père Francisco Tofiño) et l'ancien (le père Juan de Ortega), ainsi que les prieurs des monastères de Guadalupe et de Yuste ; ensemble ils avaient sélectionné une cinquantaine de moines, de Yuste ou d'ailleurs, les meilleurs dans leur spécialité, qui l'accompagneraient dans sa retraite. Nombre d'entre eux furent choisis pour leurs talents musicaux ; il ressort d'un document comptable du 15 octobre 1558, où sont consignés les dons testamentaires les concernant, qu'il y avait à Yuste trois ténors, trois contraltos, deux sopranos, un organiste, trois contrebasses, dont un maître de chapelle et cinq chantres (dont l'un était aussi jardinier) parmi les hiéronymites présents à Yuste à la mort de l'empereur. Charles Quint s'était donc fait construire, contre le flanc sud de l'église du monastère, une résidence – pompeusement appelée « *palacete* » – dont, de nos jours, un « cadre supérieur » ne saurait se contenter…

*Les vicissitudes d'un haut « lieu de mémoire »*

L'édifice, par une sorte de miracle et malgré les graves vicissitudes historiques qui l'ont affecté, a été épargné par le temps. Encore en partie en ruines au milieu de ce siècle, le monastère et la petite résidence furent restaurés à l'occasion du quatrième centenaire de la mort de l'empereur. Le 12 août 1808 une colonne égarée de l'armée napoléonienne se retrouva dans le monastère déserté par ses occupants. Après l'avoir consciencieusement saccagé, les soldats en maraude l'incendièrent. Le feu détruisit les cloîtres mais épargna l'église et la maison de Charles Quint.

Une douzaine d'années plus tard, en 1820, les quelques moines restants furent expulsés ; le monastère fut à nouveau saccagé par les « patriotes » des environs, les archives brûlées, hélàs, et les quelques objets de valeur furent volés, l'église transformée en étable, et le « palais » de Charles Quint en silo à blé, ce qui l'a – par ailleurs – sans doute protégé. En effet, en 1821 un certain Bernardo de Borja y Tarrius acquit l'ensemble pour mille pesetas sauf l'église (qu'il acheta par la suite, en 1838, pour deux cent cinquante pesetas), dont il fit un dépôt de bois, tout en utilisant le chœur comme séchoir à cocons.

Quelques années plus tard, le tout ayant été remis à l'encan par le propriétaire, des Français s'y intéressèrent dans l'intention de l'offrir, disait-on, à Napoléon III. Cette rumeur réveilla la susceptibilité des Espagnols, indignés à l'idée que ces murs (dont ils s'étaient peu souciés jusqu'alors), ces témoins de la vie et de la mort du vainqueur de Pavie, pussent tomber – cette fois légalement – aux mains des Français ! La noblesse de Castille ayant ainsi réagi, l'ensemble fut finalement acheté pour cent mille pesetas par le marquis de Miravel, le descendant de don Luis de Zúñiga, l'ami fidèle des derniers jours de l'empereur, dont la famille occupe encore de nos jours son beau palais-musée de Plasencia. Après une première et urgente restauration de l'église et du « *palacete* », financée par ce noble mécène, ils furent donnés par son successeur le 30 juin 1898 à une communauté franciscaine. La bonne volonté des frères s'y suffit point, et monastère et dépendances furent à nouveau abandonnés.

L'endroit, visité par le général Franco en 1940, fut transformé au milieu de ce siècle en camp d'entraînement estival des jeunes « phalangistes ». Puis, dans la perspective du quatrième centenaire de la mort de Charles Quint, on entreprit de le restaurer. Le problème se posa alors de la destination de cet ensemble d'aussi haute valeur symbolique : certains pensèrent qu'il devait revenir au ministère de la Guerre, d'autres qu'il fallait en faire (comme de tant d'autres édifices historiques) un « *parador nacional* » destiné au tourisme de luxe. Un troisième projet l'emporta, heureusement : il retrouverait sa vocation première de monastère hiéronymite.

Exactement quatre cents ans après la mort de l'empereur, l'ordre entre-temps spolié, persécuté, puis dissous au début du XIXe siècle – et qui venait de renaître[6] – reprenait possession de ces lieux chargés d'histoire. Le frère Antonio de Lugo en serait le premier prieur.

### *Yuste : un bien modeste édifice…*

Les descriptions contemporaines, et notamment celle – restée longtemps « anonyme » – du frère Hernando del Corral, soulignent à la fois la modestie de l'édifice et son bel agencement. Le témoignage de ce moine obscur vaut d'autant plus qu'il se trouvait à Yuste avant le début des travaux et y était encore en 1574 lorsque la dépouille de l'empereur fut transférée à l'Escurial. En fait, l'ensemble, adossé au mur sud de l'église du XVe siècle, qui le domine encore de six ou sept mètres, comprend huit pièces quasiment semblables réparties à égalité sur deux niveaux. À chaque étage donc, quatre pièces d'environ huit mètres sur six, de part et d'autre d'un couloir central. Au niveau supérieur, celui qu'en fait l'empereur occupera le plus souvent : à gauche, une antichambre, puis la chambre assez chichement éclairées par des fenêtres latérales. À droite, par contre, deux autres pièces contiguës très lumineuses, largement ouvertes (par un jeu de balcons et de baies) sur le potager, le petit plan d'eau et sur l'horizon magnifique – « vignes, vergers, châtaigneraies et autres futaies très agréables à voir » –, écrit le moine témoin qui souligne en ces termes l'aspect souriant de la construction : « tout l'édifice est percé de fenêtres – c'est une des choses qui contribuent le plus à l'embellir – à l'assaut desquelles se lancent citronniers et orangers pour le plaisir des yeux et de l'esprit... » Chacune de ces chambres hautes était, en prévision des rigueurs hivernales fussent-elles de courte durée, et de l'humidité ambiante, pourvue d'une cheminée, indispensable à la santé devenue trop fragile de son illustre occupant.

Deux particularités de cet ensemble fort modeste mais au demeurant confortable méritent d'être soulignées. On accède à ce niveau supérieur – le monastère étant construit sur une pente la construction est en dénivelé – par une rampe latérale aménagée pour permettre à l'empereur d'y accéder en douceur, et même si nécessaire à cheval ; ce qui ne fut guère le cas, l'empereur – ce cavalier exceptionnel – n'étant plus alors, comme en témoigne le frère Martín de Angulo, en état de chevaucher ni même de se tenir sur une monture. La rampe débouche sur une vaste terrasse suspendue, à colonnes, qu'égaie une fontaine dont la vasque de granit, d'un seul tenant, fut offerte à Charles Quint par la municipalité de Plasencia ; par des chemins impraticables elle fut amenée d'une carrière située à une vingtaine de kilomètres, à grand renfort de bœufs, et grâce aux efforts conjoints des paysans de la *Vera*... Cette fontaine, toujours en place, captait et dispensait une eau réputée si salutaire que l'empereur n'en buvait point d'autre.

La plaisante terrasse était de même ornée d'un grand cadran solaire réalisé par l'ingénieur de Crémone Juanelo Turriano, l'un des artisans les plus connus de la Renaissance pour son art des horloges et des automates, et dont l'empereur appréciait la silencieuse, active et quotidienne présence à Yuste. Plus tard, installé à Tolède où il devait mourir en 1585, il inventera un système hydraulique destiné à amener l'eau du Tage au niveau de la ville, cruellement déficiente en la matière, et conçut le projet – qui n'aboutit point – de rendre le fleuve navigable jusqu'à Lisbonne.

Fontaine, cadran solaire, et beaucoup de fleurs – roses, œillets et géraniums –, ainsi que, de part et d'autres de la rampe d'accès, des arbres : citronniers, cédratiers, orangers (il en reste un, manifestement très vieux, de l'époque assure-t-on) ; massifs et vergers, fleurs et plantes, dont l'empereur était grand amateur : le seul luxe de ce site plus monacal que royal ; leur délicieuse profusion devait – sous cet autre climat – rappeler à Charles de Gand devenu vieux les jardins flamands, intimes et reposants, de sa jeunesse ; ces petits paradis qui, d'enluminures en « primitifs » flamands, nous enchantent toujours.

L'autre particularité de cet édifice semble bien être également la réplique d'une pratique flamande (on la retrouve à Bruges notamment, dans la maison Gruthusse) : l'accès direct du palais à l'intérieur de l'église. En effet, à Yuste, l'abside fut percée au niveau de l'autel – du côté droit dit « de l'évangile » –, par une double porte vitrée (double : pour isoler l'appartement du bruit, si nécessaire) à deux battants donnant directement dans la chambre de l'empereur, située au nord du corridor central. Il pouvait ainsi – par cette vue directe sur l'autel, tout en demeurant lui-même invisible de l'officiant –, lorsque la maladie le clouait au lit, suivre la messe sans se lever. Philippe II reprendra cette idée : à l'Escurial, une fenêtre aménagée près de son lit lui permettra de même de suivre les offices de son lit, qui sera également un lit de douleur. À Yuste, le logis de l'empereur communiquait aussi, directement, à l'autre extrémité du premier étage avec le chœur suspendu de l'église (la future magnanerie de Bernardo de Borja !), où l'empereur se rendait fréquemment.

Yuste : un lieu riant et amène par temps ensoleillé, mais plutôt déprimant sous les longues pluies et brumes d'hiver – le mécontentement de la petite cour de Jarandilla le dit très éloquemment – ; un lieu tel qu'un voyageur espagnol de la fin du siècle dernier – Pedro Antonio de Alarcón, qui s'y rendit le 9 octobre 1873 – s'exclama, non sans quelque exagération, devant le salon de Charles Quint : « un séjour délicieux, plus digne d'une villa italienne ou d'un "carmen" de Grenade que d'un monastère enfoui dans les replis et les recoins d'une sierra d'Estrémadure ». D'autres, de nos contemporains, sans doute en réaction aux fables tenaces d'un Charles Quint fait moine et pénitent sous la bure, ont souligné – non sans quelque dépit d'ailleurs – le « confort bourgeois » de cette résidence.

Confort très relatif à en croire les grommelantes considérations de Luis Quijada, bien placé pour en juger. Ainsi, lorsqu'au cours de l'été 1557 on devra envisager de loger les deux reines, Éléonore et Marie, lors de leur passage vers la frontière portugaise, il écrira le 13 juin à Charles Quint de son domaine de Villagarcía : « Je suis prêt à repartir dès que Votre Majesté m'en donnera l'ordre ; et je passerai par Valladolid où je renseignerai Leurs Majestés [les deux reines] sur la maison de Jarandilla et le confort qu'elles y trouveront pour elles-mêmes et leur maison ; et si elles tenaient à se loger à Yuste je leur dirai combien elles y seraient à l'étroit et que, dans ce cas, il leur faudra emporter tout le nécessaire de maison car sur place il n'y en a pas : *"que lleven todo el aderezo de casa, pues allí no lo hay"*. » Trois mois plus tard, l'arrivée des reines étant imminente, il confiait le 20 septembre, de Yuste où il était de retour, à Juan Vázquez que : « Leurs majestés seront très bien logées à Jarandilla ; ici-même nous leur avons aménagé une ou deux pièces pour qu'elles puissent s'y rafraîchir quand elles viendront rendre visite à Sa Majesté, où nous leur proposerons une boisson avec de la glace – *« les daremos de beber con nieve »* –, ce qui est bien le plus grand luxe auquel on puisse aspirer ici. »

En fait, une bonne maison de campagne sans aucun faste, dépourvue de toute pompe, aux antipodes – pour rester dans l'époque – de nos châteaux de la Loire. D'un mot, le frère José de Sigüenza a répondu par anticipation à ces appréciations « déplacées » et anachroniques ; il conclut en effet sa brève description des lieux par ces mots définitifs : « Telle était la cellule de Charles Quint, ce grand monarque, trop vaste pour un moine, mais bien petite pour qui avait tant possédé. » Et, à propos de sa domesticité à Yuste (quelques dizaines de serviteurs, pour la plupart modestes) il précise : « c'était, en comparaison de sa majesté première, la maison d'un honnête hidalgo ».

L'empereur n'y vécut point dans le dénuement, ni dans l'ascèse[7] qu'un chroniqueur tel que Prudencio de Sandoval – inconsciemment intéressé à souligner l'aspect mortifiant de cette retraite – a cru bon de souligner en ces termes : « il y vivait si pauvrement que ses appartements semblaient plutôt avoir été pillés par des soldats que décorés pour le séjour d'un si grand prince ». Quoique, pour le plus puissant monarque de son temps, et dans le contexte magnificent de la Renaissance, Yuste était réellement un lieu modeste, même s'il fut – avec plus d'austérité que d'ostentation – confortablement meublé.

### *Yuste de l'intérieur : un seul luxe*

L'inventaire posthume de ces biens et l'abondante correspondance de l'entourage nous permettent d'imaginer dans le détail la vie que mena à Yuste l'empereur reclus. Une vie retirée, austère même – surtout pour un Flamand et un duc de Bourgogne qui fut le maître du monde –, une vie de recueillement, certes, mais non point monastique à proprement parler, dans le voisinage immédiat mais non parmi les moines ; matériellement et spirituellement : à l'ombre du monastère. Tapis et tapisseries de Flandre, le mobilier nécessaire, de la vaisselle d'argent, quelques objets précieux – des reliquaires notamment –, rendaient le logis confortable et agréable. Mais l'ensemble, ainsi que certains sièges et dais, était tapissé de drap noir… Le deuil – que l'empereur ne quittait plus depuis la mort de sa mère – était omniprésent. De même que l'impressionnant fauteuil orthopédique mis au point par Juanelo (on peut en voir une copie à Yuste), qui évoque la torture plutôt que la relaxation, disait aussi la quotidienne présence de la maladie et de la souffrance.

Le principal ornement des appartements de Charles Quint à Yuste était un ensemble de tableaux, sur bois ou sur toile, dont huit du Titien ; notamment un *Ecce Homo*, une *Mater Dolorosa*, et une de ses œuvres majeures – la dernière commande de l'empereur – connue sous le nom de *Gloria* et qui représentait une Trinité. Le frère Prudencio de Sandoval écrit à ce propos : « Il fit peindre le rétable de Saint-Jérôme de Yuste en demandant qu'on l'y représentât au naturel, à droite sur le tableau, à genoux et nu sous son linceul, comme un pauvre ; et, à gauche, à la même hauteur et de la même manière, l'impératrice, sa très chère et bien aimée épouse. » Ce tableau[8], racheté pour soixante quinze mille maravédis par Philippe II, sera déposé à l'Escurial avec le corps de l'empereur en 1574 (mais une copie due au pinceau d'Antonio de Segura le remplacera à Yuste au-dessus du maître-autel). Voici la belle description qu'en faisait il y a un siècle et demi l'académicien français François Mignet :

> « Dans la partie la plus haute du ciel, au milieu d'un champ de feu, image de l'amour divin, sur des nuages tout resplendissants de lumière, le peintre avait représenté la Trinité chrétienne, qu'environnaient d'innombrables chérubins répandus jusqu'aux profondeurs les plus lointaines de l'espace, et un peu au-dessous de laquelle s'élevait la Vierge du côté du Christ. Presque aux pieds de la Trinité, et vers la gauche, Charles Quint, soutenu par un ange qui lui montrait le saint mystère, était à genoux, les mains jointes dans l'attitude de la contemplation et de la prière. Près de lui était déposée la couronne impériale. Sa tête, nue et relevée en arrière,

> était empreinte des fatigues de l'âge et de l'autorité, mais exprimait les élans d'une adoration profonde et d'une foi suppliante. Non loin de lui, l'Impératrice, agenouillée aussi sur un nuage et doucement relevée par un ange dont le bras se plaçait au-dessous du sien, les mains croisées sur la poitrine, les yeux baissés et l'âme ravie, paraissait plongée dans une sainte béatitude, et l'on eût dit que, n'appartenant plus à la terre, elle jouissait déjà de ce que demandait la prière ardente de l'Empereur, prêt à franchir bientôt lui-même le seuil éternel. À quelque distance, parmi d'autres princes et d'autres princesses, apparaissait la figure, jeune, mais sévère, de Philippe II sur laquelle se lisait une piété ferme dans une adoration tranquille. Ce groupe de famille impériale, invoquant la Trinité, semblait protégé auprès du trône divin et comme porté jusqu'à lui par une foule de patriarches, de prophètes, d'apôtres, de saints, que précédait l'Église sous l'image d'une femme, et qui tous, dans de pieuses attitudes et avec des formes savamment hardies et admirablement variées, se déployaient dans les airs en cercle lumineux au-dessous de la Trinité céleste et formaient, pour ainsi dire, son cortège sur terre. »

Charles Quint interprétait ce tableau comme un « Jugement dernier » : c'est le titre, injustifié du point de vue iconologique, qu'il lui donnait. Il fut pour lui – et ce jusqu'au dernier jour – un objet de méditation. « L'œuvre représente donc – en conclut Fernando Checa Cremades – le jugement particulier de l'âme de Charles Quint avant d'entrer dans la Gloire. »

Les portraits – tableaux ou médaillons – étaient pour la plupart des portraits de famille, ceux des aimés vivants ou morts : sa femme, ses enfants – dont Marguerite de Parme, le beau « péché » de sa toute première jeunesse –, ses sœurs, ses petits-enfants, et cet autre *proche* – à double titre – qu'avait été le défunt François I^er^ : « Le roi de France, donc, comme une ombre ineffaçable dans l'antichambre de sa propre mort », pour reprendre les termes d'un historien espagnol : « Item, une pochette de velours noir contenant comme un petit livre d'or émaillé de noir, de cinq feuilles y compris la couverture et le dos, qui sont en or, *avec le portrait du roi de France et sa généalogie* », lit-on en effet sur l'inventaire.

Mais surtout, illuminant les murs tendus de noir de la retraite de Yuste, le magnifique et justement célèbre portrait de l'impératrice peint par Titien, qui – à quatre siècles de distance – fascine encore par sa merveilleuse et aristocratique beauté. On imagine l'empereur seul, par un brumeux matin d'hiver ou une lumineuse soirée d'été, perdu dans la contemplation du beau portrait qui devait animer en lui tant de délicieux et de terribles souvenirs. La magie du maître vénitien transcendait alors les limites de l'art, évoquait – invoquait même – cette beauté, cette noblesse, cette tendresse, figées dans l'éternité et dans le souvenir depuis vingt longues années. Dès le 1er juillet 1539 l'empereur, veuf depuis deux mois, écrivait de Madrid dans une lettre à Marie de Hongrie qu'il remercie pour ses condoléances :

> « … Il me souvient qu'elle [l'Impératrice] envoya à Madame nôtre tante, sa peinture, *et non pensant qu'elle me doit faillir, je ne me souciai d'avoir sa peinture.* Je n'en ai trouvé nulle qui mieux la ressemble que cette là. Je crois que l'avez au cabinet de peintures de nôtre dite tante. Je vous prie, madame ma bonne sœur, que la faites chercher, et si la trouvez, que la m'envoyez le plustôt que pourrez, et de sorte qu'elle ne se gâte pas au chemin. Si en voulez faire une autre première, vous la pourres faire, mais je vous prie que m'envoyez la même. Il me souvient que je la vis à Malines, au dit cabinet. Vous me ferez un bien grand plaisir de ainsi faire. »

Nous savons par une lettre ultérieure que l'empereur ayant reçu le tableau en fut cruellement déçu : il ne ressemblait plus du tout, selon lui, à la disparue. Malgré la retenue et la pudeur propre aux personnes de son rang, propre à l'époque aussi mais plus encore au caractère même, très réservé, de Charles Quint, on y perçoit l'immensité de la douleur, le vide impossible à combler. Seul, le génie de Titien saura « évoquer » l'absente, consoler donc, puisque l'empereur conservera ce tableau près de lui jusqu'à sa mort. Et François Borgia, lorsqu'il se rendit à Yuste, dut sentir son cœur se crisper douloureusement en le découvrant, lui qui avait vu ce visage diaphane corrompu par la mort.

Portraits de famille donc, comme cet autre du couple impérial assis devant une table, dans lequel Titien avait réuni le vivant et la morte ; pieuses représentations, Vierges à l'Enfant – Vierges *Dolorosas*, Christ *Ecce Homo*, sur le Chemin de Croix –, rien de profane, rien de frivole, mais des œuvres incitant au double recueillement du cœur et de l'âme, dans l'intimité du souvenir ou la profondeur de la foi ; au soir d'une vie si lourde de responsabilités qu'on peut craindre pour son salut… Le grand tableau déjà évoqué, triplement – et significativement – intitulé *La Gloria, El Juicio Final, La Trinidad* –, était d'ailleurs une allégorie de l'heure de vérité redoutée par tout homme, certes, mais particulièrement par ceux de ce temps-là que torturait le souci du Salut, redoutée sans doute plus encore par les puissants que par les humbles. L'empereur conservait encore à Yuste, dans une housse de soie pourpre, trois autres petits portraits de son épouse, sur parchemin, et deux représentations du Jugement dernier : *« Del ánima en su juicio »*.

On l'a bien vu et bien dit[9] : « l'art et ses jouissances deviennent à Yuste un élément de piété, des tableaux de dévotion qui semblent aider l'empereur à affronter le moment le plus redouté, celui où l'âme comparaît en Jugement ». Ce à quoi contribuaient également deux ou trois reliquaires contenant – notamment – un fragment de la vraie Croix, de même qu'un petit crucifix particulièrement cher au cœur de Charles Quint : celui qu'avait tenu entre ses mains l'impératrice mourante ; objet trois fois sacré : par la foi, par la mort, et par l'amour.

*Les lectures d'un empereur retiré*

Une trentaine de livres l'accompagnaient dans sa retraite, que nous connaissons grâce à l'inventaire posthume conservé dans les archives de Simancas ; inventaire aussi révélateur que le topique du livre unique sur l'île déserte. Peu d'ouvrages donc, mais mis en valeur par de luxueuses reliures ou bien protégés dans de précieux étuis de cuir ou de velours. L'empereur lisait à Yuste autant que ses yeux fatigués – et ses innombrables paires de lunettes – le lui permettaient.

Des livres pieux pour la plupart : un recueil de prières tirées de la Bible, un missel, deux psautiers, un commentaire sur le psaume *In te Domine Speravi*, deux ouvrages de Godefroy Titelmanus : un commentaire sur les *Psaumes* et la *Summa misteriorum christianae fidei* ; des livres de méditations, dont un de saint Augustin : peut-être les *Confessions*, ou bien l'ouvrage de Pedro Gumiel intitulé *Las Meditaciones y soliloquios y manual del bienaventurado San Agustín*, publié en 1511 à Valladolid et réédité une demi-douzaine de fois du temps de l'Empereur ; deux catéchismes – ou *Doctrinas cristianas* –, du dominicain Pedro de Soto et du docteur Constantino Ponce de la Fuente, éminents théologiens espagnols l'un et l'autre, quoique ce dernier fût alors accusé de « protestantisme » par l'Inquisition et incarcéré à Séville. On trouvait aussi, dans la petite bibliothèque sélective de Yuste, un exemplaire du *Libro de la Oración y Meditación*, profonde contemplation de la Passion et de la Résurrection, œuvre d'un dominicain de sensibilité franciscaine, l'andalou Louis de Grenade, lui aussi dans le colimateur des censeurs inquisitoriaux.

L'empereur, se soumettant aux exigences de l'Église espagnole qui interdisait la détention et la lecture de la Bible en langue vulgaire, avait dûment sollicité – et obtenu – de l'inquisiteur général (Fernando Valdés) l'autorisation d'en conserver une en français à Yuste, qui ne figure cependant pas sur l'inventaire. Le docteur Mathys eut moins de chance : le 30 mai 1558, dans un des messages qu'il adressait régulièrement au secrétaire Juan Vázquez sur la santé de l'empereur, il lui avait demandé le service suivant, auquel, précisait-il, il accordait une grande importance :

> « Votre Seigneurie sait sans doute que j'ai apporté de Flandre une bible en français ; quand j'étais fatigué de lire ou d'étudier des textes en latin ou en grec j'avais plaisir à en relire parfois des passages. Or, voici que notre confesseur vient de me dire qu'ici en Espagne il est interdit de la garder car elle est en français. Je ne voudrais donc pas commettre d'erreur, mais je sais bien moi qu'en Flandre il nous est possible d'en avoir une dans n'importe quelle langue. Alors, avec l'autorisation de Sa Majesté, je vous prie de bien vouloir voir avec les inquisiteurs s'ils accepteraient que je la conserve et la lise pour me détendre ; dans le cas contraire, je la brûlerai incontinent, parce qu'ici je tiens à me conformer ce que l'on me dira de faire ; car pour en comprendre le contenu peu m'importe qu'elle soit en français, en italien, en latin, en grec, en flamand ou en espagnol ; quoiqu'*ici c'est toujours en français que nous parlons avec Sa Majesté*... »

Et il ajoutait en note que sa Bible était de petit format et non illustrée. La démarche fut vaine, car moins de trois semaines plus tard il écrivait à nouveau : « Pour ce qui est de ma bible, pour que l'Inquisition n'aille pas croire que ma demande n'était pas des plus raisonnables, et parce que je n'y attachais pas une grande importance, je l'ai brûlée en présence du confesseur de Sa Majesté, pour ne pas avoir à l'envoyer là-bas et éviter de vous déranger pour trois fois rien. »

La bibliothèque de l'empereur « retraité » comptait quelques ouvrages plus philosophiques comme ces trois exemplaires – et en trois langues différentes (en italien, en français et en espagnol) – de *La Consolation de la philosophie* de Boèce. L'Histoire – politique et surtout militaire – était bien représentée parmi ces livres : les commentaires de

Jules César, non pas en latin ni en espagnol[10] mais en toscan, « qui était alors, comme le rappelle François Mignet, la langue de la politique et de la guerre » ; *Commentaires* dont il dut s'inspirer lorsqu'il entreprit d'écrire ses propres mémoires ; Montaigne qui, une génération plus tard, ferait dans ses *Essais* des « Observations sur les moyens de faire la guerre de Julius Caesar » – lui rendrait, quoique mal informé, cet hommage :

> « On récite de plusieurs chefs de guerre, qu'ils ont eu certains livres en particulière recommandation : comme le grand Alexandre, Homere ; Scipion l'Aphricain, Xenophon ; Marcus Brutus, Polybius ; Charles cinquiesme, Philippe de Comines ; et dit-on de ce temps, que Machiavel est encores ailleurs en credit ; mais le feu Mareschal Strossy, qui avoit pris Caesar pour sa part, avoit sans doubte bien mieux choisi : car à la verité, ce devroit estre le breviaire de tout homme de guerre, comme estant le vray et souverain patron de l'art militaire. »

Mal informé, car Charles Quint avait, lui aussi, pris César pour maître…

On trouva de même dans ses coffres des cahiers de Florián de Ocampo, l'un de ses trois chroniqueurs mais aussi historien de l'Espagne antique et médiévale. Et, bien sûr, les commentaires écrits, dans un style césarien, par son fidèle compagnon d'armes – et désormais proche voisin – don Luis de Avila y Zúñiga sur la guerre d'Allemagne de 1546 et 1547, si présente encore dans son souvenir ; imprimés en espagnol et en italien à Venise en 1548, réédités en Espagne et aux Pays-Bas dès l'année suivante ; bientôt traduit en français, en allemand, en anglais et en latin (dans la traduction de Guillaume Van Male), l'ouvrage avait eu un grand et rapide succès. L'empereur – on l'a vu – se plaisait à dire à son ami des bons et des mauvais jours qu'Alexandre avait été plus grand que lui, mais qu'il n'avait pas eu, lui, un aussi brillant chroniqueur : bel hommage !

On connaît par ailleurs l'intérêt qu'avait porté l'illustre lecteur au Grec Thucydide, au Flamand Commynes – le serviteur félon du Téméraire son aïeul –, à l'Italien Guichardin, même si leurs ouvrages ne figurent point dans l'inventaire *post-mortem.* Dans *Il Simolacro di Carlo Quinto imperadore*, publié en 1567 par le généalogiste vénitien Francesco Sansovino, l'auteur affirme que celui-ci appréciait particulièrement les trois livres suivants, qu'il avait fait traduire dans sa langue – « *in lingua sua propria* » –, c'est-à-dire en espagnol : « L'un sur l'institution de la vie civile, c'était le *Cortigiano* du comte Baldasar da Castiglione, l'autre sur les choses de l'état, c'était le *Principe* et les *Discorsi* de Machiavel, et le troisième sur l'organisation de l'armée, c'était l'*Histoire* et tous les autres textes de Polybe » ; sur ce l'auteur soulignait que l'empereur s'intéressait surtout à l'art militaire parce que c'était sur lui que se fondaient les royaumes, mais aussi par goût, avant de rappeler qu'il était maître en la matière : « Il était expert en matière d'artillerie, savait à merveille mettre les armées en ordre de bataille, et connaissait toutes les manières de prendre une ville… »

Ce goût de l'empereur pour la muse Clio[11] confirmerait si besoin en était que l'Histoire est la meilleure école de la Politique, ce que les théoriciens de son temps – et notamment des Espagnols comme les Valenciens Juan Luis Vives ou Fadrique Furió Ceriol, et d'autres dans leur sillage – considéraient comme primordial dans la formation du Prince et de ses conseillers. Dans un ouvrage publié à Anvers l'année même de la mort de l'empereur, et dédié au nouveau roi – *Le Conseil et les Conseillers du Prince* – Furió Ceriol écrivait en ce sens[12] :

> « Qu'on me donne ici un homme très versé en histoire, capable de tirer le profit de ses connaissances, cet homme-là est plus expert, et a plus d'expérience dans n'importe quelle affaire que n'importe quel autre qui, pendant vingt ans, n'aurait connu que la seule pratique […]. Pour gérer une République, gouverner un royaume, engager une guerre, assumer la charge d'un État, en

> accroître le pouvoir, rechercher le bien et fuir le mal, quoi de meilleur que l'histoire ? […]. L'histoire n'est pas un passe-temps mais permet de gagner du temps parce que, grâce à elle, on sait parfaitement en un jour ce que par expérience on ne pourrait apprendre même si l'on vivait trois cents ans, et encore y parviendrait-on fort tard et fort mal […]. Pour ces raisons, je veux que le Conseiller soit particulièrement versé en histoire. Cette compétence, je veux que le Prince la reconnaisse et la vérifie chez son Conseiller. »

Charles Quint avait bien dû lire aussi cet autre « miroir » du prince déjà évoqué – la *Institutio principis christiani* – qu'Érasme avait écrit pour lui à l'aube de son règne ; mais l'œuvre d'Érasme ayant été en partie condamnée dès 1551 par la censure inquisitoriale (et cet ouvrage figurera expressément dans l'*Index* de 1559) on n'en trouva pas trace dans l'inventaire de Yuste ; point de Machiavel non plus.

Rien de frivole, donc, dans cette bibliothèque réduite à l'essentiel, à l'essentiel tel que l'empereur le concevait. Comme l'a finement noté Eleuterio Sánchez Alegría[13] : « Nous ignorons s'il a parfois lu Sénèque, mais ses actes semblent imprégnés d'un certain stoïcisme, associé à l'ascétisme chrétien, phénomène propre à l'époque […]. Il semble avoir suivi, du moins en partie, ce conseil de Sénèque à Lucilius selon lequel trop de livres étant source de dispersion, quand on ne peut lire tous ceux que l'on possède il suffit de n'avoir que ceux que l'on peut lire : "*Itaque cum legere non possis quantum habueris, satis est habere quantum legas…*". »

## *La double tentation de Charles Quint :*<br>*l'édifiante poésie du* Chevalier délibéré

Outre les ouvrages pieux ou scientifiques, on trouvait à Yuste deux exemplaires – une édition originale en français, richement enluminée et recouverte de velours pourpre, et une copie manuscrite en espagnol également illustrée – d'un ouvrage très significatif : *Le Chevalier délibéré*, récit allégorique de la vie mouvementée de son arrière-grand-père Charles le Téméraire, écrit par Olivier de La Marche, et qui devait à son tour servir de thème au tombeau impérial dressé à Valladolid lors de la cérémonie funèbre célébrée à sa propre mémoire en 1558.

Seul ouvrage profane – hormis les livres scientifiques, certes – et qui ne le quittait point depuis ses jeunes années ; mais en fait, sous le velours cramoisi de la reliure et derrière les riches enluminures flamandes : un *memento mori*, une préparation à la repentance et à la mort, profondément, viscéralement inscrite dans la culture de la maison de Bourgogne, et dont Charles de Gand devenu Charles Quint avait été nourri dès l'enfance. Sa présence à Yuste refermait avec nostalgie le cercle vital qui allait de l'enfance bourguignonne à la vieillesse espagnole. L'attachement de l'empereur à cette lecture d'enfant, en si parfait accord avec la mélancolie des derniers jours, n'avait en effet rien d'anodin. Comme l'a bien souligné l'écrivain-journaliste espagnol Agustín García Simón[14] : « ce n'était point là, à l'évidence, une bibliothèque d'humaniste, mais celle d'un homme aux exigentes et profondes convictions religieuses, fortement attaché à des valeurs chevaleresques déjà dépassées mais dont il n'envisage cependant pas un instant de se détacher, même si tout, autour de lui, parlait de temps nouveaux énigmatiques et menaçants. »

L'empereur, cet homme d'action et non de cabinet[15], avait d'ailleurs commencé lui-même la traduction en prose espagnole de cet ouvrage fétiche avant d'en confier le soin à Fernando de Acuña, grand poète castillan et compagnon d'armes des guerres d'Allemagne ; ce digne représentant de l'alliance des *Armes* et des *Lettres* si propre à la Renaissance espagnole adapta plus qu'il ne traduisit l'œuvre à la réalité ibérique ; une fois terminée la traduction – en vers, cette fois – l'ouvrage fut imprimé à Anvers en 1553 sous le titre de *El cavallero determinado, que tradujo don Hernando de Acuña, son sus figuras iluminadas y cubiertas de cuero colorado y blanco.* Sept cents exemplaires de cette première édition devaient disparaître en mer, ce qui justifia sans doute celle de 1555.

C'est en décembre 1552, pendant que Charles Quint était devant Metz, qu'avait été signé en son nom, à Anvers, le privilège d'éditer cette première[16] traduction en castillan (en doubles « *quintillas* » ou « *coplas castellanas* », strophes de dix vers octosyllabes) du *Chevalier délibéré*, ce poème allégorique et moralisant – en fait un « art de vivre et de mourir » –, signé en avril 1483 par Olivier de La Marche à la gloire et à la mémoire de Charles le Téméraire. L'auteur de la traduction-adaptation, parue l'année suivante à Anvers, Fernando de Acuña, était d'ordinaire plus sensible à la poésie italienne de la Renaissance qu'à cette littérature, chevaleresque et encore médiévale, caractéristique du cercle de Bourgogne. Il a d'ailleurs expliqué son intervention, dans la dédicace, par deux raisons :

> « D'abord parce qu'il me semble qu'étant, comme elle est, *une grande leçon chrétienne et militaire*, elle méritait naturellement la faveur de Votre Majesté, en qui comme chez nul autre ces deux vertus se retrouvent entièrement. Ensuite, la conscience que j'ai de rendre à ma nation un grand service en lui faisant connaître une œuvre si grandement utile [...]. Elle traite de la guerre dans laquelle nous vivons depuis notre naissance jusqu'à notre mort, en évoquant les épreuves par lesquelles passent les hommes, ou plus exactement auxquelles leurs appétits désordonnés les conduisent. Et ainsi, en nous représentant les combats du corps, elle nous met sous les yeux ceux de l'esprit que nous ne devrions jamais perdre de vue. »

Comme l'a bien souligné Carlos Clavería cette « *doctrina Christiana y Militar* » était la plus susceptible de toucher profondément l'Empereur-chevalier[17] :

> « Acuña semble ici recueillir et interpréter avec exactitude une tradition médiévale : le thème de l'humain

> *pèlerinage* en ce bas monde et celui du "*miles christianus*" comme symbole de l'homme sont encore bien vivants dans toute l'Europe au XVI^e siècle, ce dont témoignent l'art et la littérature. Les *Denkformen* du Moyen Âge ont perduré et sont au cœur de bien des œuvres de la Renaissance ; et ces "formes" ou manières de penser et de se représenter symboliquement les avatars de la vie, et le terme qu'en est la mort, étaient propres et familières aux hommes du XVI^e siècle […]. Les solides bases médiévales du roman allégorique, où chaque acte, chaque épisode (de la vie), peut recevoir une interprétation morale et théologique, étaient toujours bien là. En marge de l'agitation concrète, actuelle et réelle, de la politique et de la guerre, Charles [Quint] devait appréhender la vie comme ces livres-là, comme *Le Chevalier délibéré* lui en donnait l'abstraite représentation, en tissant ses allégories autour de l'aventure de l'homme sur cette terre, autour du jeu qui, confrontant vices, tentations et vertus, va décider de son salut. Non seulement le thème et les idées, mais même les modes d'expression, les images, avaient cristallisé en quelque chose de purement statique et plastique. Charles Quint, éduqué dans le milieu poético-didactique de l'école des "rhétoriqueurs" bourguignons, devait être plus sensible à ce genre de littérature et à ce type d'images qu'à celles qui fleurirent à son époque, et il devait y voir le reflet de son destin et de tout son être de chevalier chrétien. »

En fait, le thème majeur en est bien la mort et l'art de s'y préparer. Il se termine d'ailleurs sur une image propre à la danse macabre rappelant que tous les hommes – du moindre au plus puissant – sont ramenés par la mort au même niveau, et que toute beauté est vouée à un destructeur pourrissement. Méditation structurée autour des aventures du *Chevalier* « errant », la splendide gravure de Dürer – *Le Chevalier, la Mort et le Diable* s'apprêtant à pénétrer dans la forêt profonde – en pourrait être la parfaite illustration.

Le « chevalier délibéré » ou « *determinado* », autrement dit « résolu » – donc le lecteur aussi, qui veut en tirer leçon – doit inéluctablement aboutir au domaine d'*Atropos* (la mort), où il devra livrer son ultime combat lors d'un dernier tournoi ; non sans avoir eu à traverser les terres désolées de la *vieillesse* et de la *décrépitude.* Le chevalier qui saura le mériter trouvera conseils et réconfort auprès de l'ermite *Entendement* et de la précieuse *Mémoire*, qui l'encouragera notamment en lui rappelant ses devoirs à travers les hauts faits de ses aïeux…

L'intervention – et sans doute l'initiative – de l'empereur dans cette traduction ne fait guère de doute[18] : elle est d'ailleurs confirmée par un détail d'une lettre de Guillaume Van Male adressée d'Augsbourg le 13 janvier 1551 à Louis de Flandre, seigneur de Praet, son protecteur[19]. Sa collaboration dut – au moins – consister à aider le poète espagnol à bien saisir le texte original, un français difficile mais qui n'avait aucun secret pour un duc de Bourgogne. Fernando de Acuña, chargé de la garde du duc prisonnier Jean-Frédéric de Saxe lors de son transfert d'Allemagne aux Pays-Bas en 1547-1548, était ensuite resté quatre années durant dans le sillage de l'empereur, ce qui dut faciliter les contacts et leur éventuelle « collaboration » littéraire.

### *Et l'Histoire : les* Mémoires *de Charles Quint*

L'autre tentative ou tentation « littéraire » de Charles Quint fut la rédaction, peut-être inspirée par les *Commentaires* de César, de ses propres *Mémoires*[20]. Elles méritent que l'on s'y arrête. Son « complice » Guillaume Van Male les a évoquées en ces termes dans une lettre, strictement contemporaine des faits, adressée d'Augsbourg à un ami le 17 juillet 1550 (soit un mois après les faits), alors que l'empereur était au sommet de sa puissance :

> « Dans les temps morts[21] de la navigation sur le Rhin, l'Empereur […] a entrepris d'écrire le récit de ses

voyages et ses expéditions de l'année 1515 à ce jour. L'ouvrage est d'un poli et d'une élégance admirables, et le style révèle une grande force d'esprit et d'éloquence. À vrai dire jamais je n'aurais cru que l'Empereur possédait de telles qualités, puisqu'il m'a lui-même confié qu'il n'en devait rien à son instruction, mais qu'il avait simplement eu recours à la réflexion et au travail personnel. Quant à l'autorité et à l'agrément de l'ouvrage, ils tiennent essentiellement à cette fidélité et à ce sérieux qui font la force et le crédit de l'Histoire. »

Les travaux et recherches effectués sur ce sujet depuis le milieu du siècle dernier jusqu'à nos jours[22] confirment, en effet, qu'elles furent d'abord dictées sur le Rhin à Guillaume Van Male entre le 14 et le 18 juin 1550 et, sinon en leur présence, du moins sur un bâteau où se trouvaient également le prince Philippe et les Granvelle père et fils. Le récit fut ensuite poursuivi à Augsbourg au cours de l'automne.

L'histoire de ces *Mémoires* ou *Commentaires* fut en effet telle qu'on les perdit de vue jusqu'au milieu du siècle dernier. Les historiens belges ont, là encore, grandement mérité de l'historiographie caroline. Louis-Prosper Gachard, qui avait traqué au cœur de la correspondance de Philippe II, de Granvelle et de Guillaume Van Male, la confirmation de leur existence, les avait cherchées en vain dans les archives espagnoles. Il revint au baron Kervyn de Lettenhove, un savant belge, de découvrir à Paris en 1860 dans la Bibliothèque nationale (alors impériale) – par un de ces heureux hasards dont rêve tout historien – un exemplaire (à ce jour, unique) d'une traduction portugaise manuscrite réalisée à Madrid en 1620 d'après, selon le traducteur anonyme, l'original en français qui, lui, n'a jamais été retrouvé.

Du vivant de l'empereur et peu après sa mort il fut à plusieurs reprises question de cette œuvre. Le père Sandoval en Espagne, Brantôme en France, Paul Jove en Italie[23] – entre autres – y faisaient déjà allusion de leur temps. Un autre érudit belge, le baron de Reiffenberg, qui édita à Bruxelles en 1843 ses *Lettres sur la vie intérieure de l'Empereur Charles*

*Quint*, avait exhumé de la correspondance privée de Van Male plusieurs témoignages intéressants, notamment sur le destin très confus du document après la mort de l'empereur. Des lettres échangées entre le cardinal Granvelle et Philippe II à la mort de Van Male survenue en 1561 nous montrent le roi soucieux de « récupérer » discrètement – pour les détruire – les textes que l'ancien serviteur et compagnon de son père avait pu, éventuellement, rédiger en vue d'une biographie : « J'ai cru comprendre qu'il se pourrait que Molineo (sic) ait écrit une histoire de Sa Majesté (que Dieu ait en son Paradis), et comme il se pourrait qu'il s'y soit trop étendu et y ait mis des choses inexactes ou indignes d'être écrites sur quelqu'un qui mérite tant d'être loué – *"de quien merece que se dixesse tanto bien"* – ; comme il [Van Male] est décédé, il conviendrait que, sous couvert d'autre chose et sans qu'on puisse rien soupçonner de cette affaire, vous fassiez un examen de ses papiers, et si vous y trouviez ainsi (ou autrement et ailleurs) ladite histoire, envoyez-la-moi pour qu'elle soit brûlée comme il se doit. »

Granvelle répondit qu'il avait devancé l'ordre de son maître, mais en vain. Il ajoutait qu'avant sa mort Van Male avait lui-même détruit (hélas pour nous !) beaucoup de ses papiers ; qu'il savait par ailleurs que ce dernier avait souvent raconté à ses proches – jusqu'à en pleurer, précise le cardinal – comment à Yuste le colonel Quijada lui avait pris quasiment de force « les *Mémoires* qu'il avait écrites avec Sa Majesté, en disant que ces travaux étaient à lui, et que de toutes façons il en avait le contenu dans la tête, et qu'il espérait bien un jour en faire quelque chose en souvenir de son maître… » L'inventaire *post-mortem* dressé à Yuste fait en effet état d'une pochette de velours noir contenant des papiers d'importance qui avait été retirée à Van Male et envoyée scellée à Philippe II.

Il ne fait plus de doute qu'il s'agissait bien là des *Mémoires* que Charles Quint avait dû reprendre à Valladolid et emporter avec lui dans sa retraite, peut-être dans l'intention de s'y remettre, ce qu'il ne fit point ; mais il faut tenir compte de la brièveté de son séjour, de son état de santé et des soucis qui accaparèrent, on l'a vu, son attention et ses dernières forces. Louis-Prosper Gachard en avait conclu que Philippe II avait sans doute brûlé ces introuvables *Mémoires* paternelles, ce que la découverte quelques années plus tard de la version portugaise remit en question. Il n'en reste pas moins que le manuscrit remis à Philippe II n'a jamais été retrouvé, ce qui peut surprendre étant donné son importance, et que l'illustre dépositaire – s'il ne l'a point détruit – l'a tenu bien caché, considérant sans doute qu'il s'agissait là d'un document « confidentiel », à lui seul destiné, au même titre que les instructions rédigées à son intention par l'empereur une dizaine d'années auparavant ; à cette différence près que ces dernières n'ont pas disparu. Manuel Fernández Alvarez, acceptons-en l'augure, ne désespère pas de les voir un jour resurgir du fond de quelque fonds d'archives, à Simancas, à Madrid ou à l'Escurial, où il l'a déjà cherché, précise-t-il, deux années durant.

Rien de vraiment intime dans ces « mémoires », aucune réflexion prolongée sur les événements évoqués, mais au contraire une notation très sèche et très distante – l'empereur parle de lui à la troisième personne – des principaux faits politiques ou privés tout ensemble auxquels il a pris part, année par année, de 1515 à 1548 comprise. Comme le souligne si bien Manuel Fernández Alvarez : « Pour ce qui est de la confidence, cela ne cadrait point avec son sens de la dignité royale. » Voici, à titre d'exemple, et pour donner une idée de la concision et du détachement extrêmes de ce texte, comment il évoque pour les années 1520, 1525 et 1529 les deux couronnements, à Aix-la-Chapelle et à Bologne, la diète de Worms ou la victoire de Pavie :

> « Sa majesté embarqua audit port de la Corogne, ayant laissé pour gouverner le cardinal de Tortosa, auquel Elle adjoignit plus tard le connétable de Castille, D. Iñigo de Velasco et D. Fadrique Enríquez. Et après avoir traversé une deuxième fois la mer de ponant, Elle débarqua pour la première fois en Angleterre, où Elle se rencontra pour

la deuxième fois avec le roi, et, malgré ce qui a été dit plus haut, une alliance plus étroite fut conclue avec ledit roi. De là Elle passa dans les États de Flandre, où Elle fut reçue par Madame sa tante et par l'infant son frère. Ce fut le premier retour de Sa Majesté dans lesdits États, d'où résulta une troisième entrevue à Gravelines et à Calais entre l'Empereur et le roi Henri d'Angleterre. Puis *le premier partit et continua son chemin jusqu'à Aix où il fut couronné.* De là, Madame Marguerite sa tante retourna gouverner pour la deuxième fois lesdits États. L'Empereur laissa aussi à Aix l'infant son frère et tint la première diète à Worms. Ce fut la première fois qu'il entra en Allemagne et par le Rhin. En ce temps commencèrent à pulluler les hérésies en Allemagne et les *Comunidades* en Espagne.

« [...] l'Empereur revint l'an 1524 dans le royaume de Tolède, où il tomba malade de fièvres, qui le quittèrent au commencement de l'année suivante 1525. En ce temps, le roi de France assiégea Pavie, où Antonio de Leiva exerçait le commandement en chef, et, *dans la bataille qui se livra sous les murs de la ville, le roi fut pris par le susdit duc de Bourbon*, capitaine général de l'empereur, par Charles de Lannoy, son vice-roi de Naples, et par D. Francisco d'Avalos, marquis de Pescara, ses principaux capitaines. Et il fut conduit par ledit vice-roi de Naples en Espagne, à Madrid, où il tomba malade et où l'Empereur le visita, et ce fut la première fois qu'ils se virent. L'empereur étant ensuite revenu à Madrid, la paix avec ledit roi y fut conclue, ainsi que le mariage de la reine veuve de Portugal, Madame Éléonore, sœur de Sa Majesté. »

« [...il] s'avança en Italie, où il apprit que le Turc, après avoir traversé la Hongrie, avait mis le siège devant Vienne et lui avait donné l'assaut. Cela fut cause de la première rencontre du pape Clément et de l'empereur à Bologne [...]. Et pour être plus libre de résister au Turc comme pour laisser l'Italie tranquille, *il prit ses couronnes à Bologne*, fit la paix avec les Vénitiens et investit de nouveau François Sforza de l'État de Milan. Puis, » etc.

Cependant, comme l'affirme l'historien espagnol précédemment cité, une lecture attentive peut donner une toute autre impression : « … on voit apparaître bien des traits caractéristiques de l'empereur : son sens de la responsabilité, sa foi rigoureuse et exigente, son goût des armes… Au fil des pages de ses *Mémoires* on entend la voix du dépositaire du triple héritage : le bourguignon, l'autrichien, l'espagnol. À côté du chevalier croisé on voit surgir le politique de la Renaissance ; à côté de celui qui porte en lui, vivants, les idéaux du bas Moyen Âge on aperçoit aussi celui qui aime la gloire pour la postérité. Tout cela affleure dans les pages des *Mémoires* de Charles Quint. Que dire de plus pour en souligner l'importance ? »

La concision, on l'a vu, est extrême : quelques lignes seulement, un quart ou une demi-page par année, surtout au début, puis une à deux pages ; il faut attendre la période 1543-1547 pour trouver plus de développement : ces cinq années occupant exactement les deux tiers de la totalité, et 1545 – à elle seule – un tiers de cet ensemble[24] ; à cette hauteur, comme le soulignait Karl Brandi, le texte devient sinon un « journal de bord » un vrai « registre de campagne ». Ce que ne suffirait point à expliquer la seule vanité du vainqueur au zénith de sa carrière. En effet, dans l'étude en forme d'introduction qui précède la nouvelle traduction espagnole qu'il propose du texte portugais, Manuel Fernández Alvarez a démontré que l'intention de l'auteur fut essentiellement de rétablir la vérité sur les causes, le déroulement et les conséquences de la « guerre d'Allemagne », altérée – jugeait l'empereur – par les historiens du parti opposé. Un des nombreux éléments de preuve qu'apporte Manuel Fernández Alvarez est une lettre adressée au chroniqueur italien Humberto Foglietta le 8 mars 1559, de Cateau-Cambrésis, par le cardinal Granvelle (alors en pleine négociation) ; il y concluait l'évocation des problèmes suscités par la ligue de Smalkalde en ces termes : « … toutes ces difficultés ont été surmontées grâce au zèle pour le service de Dieu, l'honneur et la renommée qui assurent son autorité et, enfin, la valeur et le courage invaincu de Sa Majesté ». Il est certain que dans ce texte impérial la lutte contre l'hérésie et la volonté de défendre la Chrétienté face à l'Islam constituent le thème dominant.

L'original dont fait état le traducteur de 1620 était précédé d'une courte lettre – que ce dernier n'a fort heureusement pas négligée – adressée par l'empereur d'Innsbrück en 1552 (sans doute au moment de son départ précipité) au prince Philippe ; il lui confiait le paquet en ces termes :

> « Cette histoire est celle que j'écrivis en langue vulgaire – "*que yo hice en romance*" – quand nous fîmes le voyage du Rhin, et que je terminai à Augsbourg. Elle n'est pas telle que je l'aurais voulu (sic), et Dieu sait que je ne l'écrivis pas par vanité. S'il s'en est tenu pour offensé, l'offense que j'ai commise tient à mon ignorance et non à ma malice. Pour de semblables choses, il s'est souvent montré très irrité : je voudrais qu'il ne le fût pas envers moi maintenant, à propos de cet écrit. Sans parler de celle-ci, les occasions ne lui manqueront pas. Qu'Il lui plaise de réfréner sa colère et de me tirer du pas difficile où je me trouve ! J'ai été sur le point de tout brûler ; mais parce que, si Dieu me prête vie, je compte rédiger cette histoire de manière qu'il n'en sera pas desservi, et pour éviter qu'elle ne coure ici le risque de se perdre, je vous l'adresse. Mettez-la en sûreté là bas et qu'on ne l'ouvre pas avant…
> Innsbrück, 1552, Moi le Roi. »

Les points de suspension ne manquent pas d'intérêt : disent-ils la hâte due aux tragiques circonstances dans lesquelles l'empereur griffonna sans doute cette recommandation, ou son hésitation ? Ce précieux message nous renseigne à la fois sur l'existence et les circonstances de ce texte, sur les intentions qu'avait son auteur de le reprendre pour l'améliorer ou le compléter ; sur ses scrupules aussi, scrupules dont il s'était même ouvert – on l'a vu – au père Borgia ; les pères Ribadeneyra et Sandoval écrivent en effet qu'à l'occasion d'un passage du jésuite (de retour du Portugal) l'empereur lui avait demandé « … s'il lui semblait qu'il y eût quelque trace de vanité pour un homme à écrire ses propres faits et gestes, car il avait pour sa part couché par écrit toutes les actions qu'il avait menées, avec les causes et les raisons qui l'y avaient incité. Mais que ce n'était ni par soif de gloire, ni par vanité, mais *seulement pour que l'on sût la vérité* ; car les chroniqueurs qu'il avait lus sur les époques passées l'obscurcissaient, soit par ignorance soit par sympathie ou haine personnelles. »

L'intérêt indéniable de l'empereur pour l'Histoire – ce qui s'appellerait un jour la science historique – s'accompagnait d'une réelle exigence que François Mignet évoque en ces termes[25] :

> « L'Empereur aimait beaucoup l'histoire et avait un grand souci de sa vérité. Il ne pouvait en supporter le mensonge, qu'il fût flatterie ou dénigrement, et il avait appelé le luthérien Sleidan et l'évêque Paul Jove, dont la passion ou la cupidité dirigeait la plume, ses deux *menteurs.* Un jour Sepúlveda l'avait supplié de l'éclairer lui-même sur des actes importants de sa vie et avait proposé de lui soumettre ce qu'il en avait appris des bouches les plus autorisées, lui demandant de le confirmer par son silence ou de le rectifier par quelques paroles. "*Il ne m'est pas agréable, lui dit brièvement Charles Quint, de lire ou d'entendre ce qu'on écrit sur moi. Qu'après ma mort les autres le lisent.* Mais, si vous désirez savoir quelque chose de moi, adressez-m'en la question, et je vous répondrai sans peine". Sepúlveda interrogea alors l'Empereur sur un fait qui relevait singulièrement sa grandeur d'âme, et que lui avait raconté l'un des personnages de sa cour les plus éclairés et qui semblait le mieux à portée de le bien savoir. Charles Quint lui dit qu'il ne s'en souvenait point. Sepúlveda avait composé à ce propos un fort beau récit. Tout déconcerté, il demanda à l'Empereur la permission de vérifier le fait auprès de Covos et de Granvelle. "Abstenez-vous-en, répondit Charles Quint, qui craignait sans doute que Covos et Granvelle n'osassent pas contredire une fausseté racontée à sa louange ; la chose n'a aucune réalité, c'est une pure invention". »

Après avoir autorisé Guillaume Van Male à traduire ses propres *Mémoires* en latin et dans un style orné, à la manière des écrivains de l'Antiquité, ces *Mémoires* dont il avait scrupule, il s'était ravisé ; et après sa mort le document, on l'a vu, disparut mystérieusement. François Mignet écrivait en 1857 que les « volontés trop hautaines » de Philippe II et ses propres scrupules en avaient privé le monde…

*Un regret de l'empereur : la maîtrise du latin !*

Soulignons que Charles Quint manifesta expressément, notamment dans les conseils rédigés en mai 1543 à l'intention du prince, le regret de n'avoir pas été intellectuellement mieux formé, et particulièrement de ne pas dominer le latin : *« il n'est rien de plus nécessaire ni de plus universel que le latin »*, lui rappelait-il en l'exhortant à s'y appliquer suffisamment pour le parler couramment, et n'avoir pas ainsi à rougir de ses lacunes. Dans les instructions de 1543, il recommandait à ce fils de seize ans, compte tenu de l'étendue et de la variété de ses domaines, de se donner les moyens de bien communiquer – *« être compris d'eux et les comprendre »* – avec des sujets parlant des langues aussi diverses : « pour ce faire il n'est rien de plus nécessaire ni de plus général [nous dirions aujourd'hui : "universel"] que la langue latine. C'est pourquoi je vous prie instamment de l'étudier et de vous y appliquer de manière à ne jamais être dans la situation de ne point oser, par honte, la parler. » Il ne serait pas mauvais non plus, ajoutait-il, d'avoir des rudiments de français, mais « je ne voudrais surtout pas que, à vouloir trop faire, vous laissiez les deux ».

Évoquant le *Simolacro* de Francesco Sansovino et le témoignage des ambassadeurs vénitiens, Alfred Morel-Fatio rapportait à ce sujet « ce mot vraiment drôle qui témoigne de la sincérité de l'empereur, de la conviction qu'il avait de savoir fort peu de latin et de la candeur qu'il mettait à l'avouer, en se reconnaissant beaucoup plus ignorant que son frère » ; en effet, « quand quelqu'un (selon Sansovino) lui récitait quelque harangue ou lui adressait un discours en latin, s'il ne comprenait pas, il avait coutume de dire : "Celui-là me prend pour Ferdinand" ; mais s'il comprenait le discoureur, il disait : "Celui-là n'a pas de lettres, il parle un bien mauvais latin". » Ferdinand aurait peut-être été surpris de la bonne opinion de Charles, car lui-même ne faisait pas grand cas de sa propre latinité : « Il parle le latin à la militaire comme il dit plaisamment – nous apprend Nicolas Tiepolo –, et s'il donne de temps à autre une chiquenaude à Priscien, il pense que cela lui est permis, ce grammairien n'ayant pas à imposer de lois à un roi. »

Il est certain que Ferdinand, né en Espagne et éduqué par les soins de Ferdinand d'Aragon, avait reçu – même s'il dut quitter le pays avant qu'elle ne fût terminée[26] – une éducation plus « humaniste » que son frère. En effet, en Flandre, et malgré le vœu du précepteur Adrien d'Utrecht (le futur pape Adrien VI), monsieur de Chièvres avait privilégié l'entraînement physique du jeune Charles ; formation indispensable au parfait chevalier que devrait être le comte de Flandre – que rien, on le sait, n'appelait (du moins au départ) à régner –, et qui devait pallier une certaine faiblesse corporelle qui inquiétait alors le grand-père Maximilien. Par ailleurs, le manque d'application à l'étude de l'enfant – si naturelle, si fréquente en tous temps et en tous lieux, et à tous les niveaux – s'était fort bien trouvé de ce choix… On peut malgré tout s'étonner de cette négligence puisque, à la mort de son père, il était déjà évident que cet enfant de six ans serait amené à régner en Espagne à la place de sa mère.

*Yuste : les souvenirs de famille*

L'empereur avait conservé près de lui à Yuste, peut-être comme autant de souvenirs, un certain nombre de menus objets – bagues, fragments d'os ou pierres enchâssées – aux vertus prétendûment curatives auxquelles tout le monde croyait en son temps. Mais parmi les objets qui ont agrémenté les derniers jours de la vie de Charles Quint on remarque surtout quantité d'instruments scientifiques – d'astronomie et de géométrie –, des astrolabes, des lunettes, des horloges – sans oublier le sablier d'ébène qui égrène le temps –, des automates et des pièces mécaniques inventés, réalisés et entretenus par cet ingénieur crémonais qui faisait partie du groupe – réduit et exclusivement masculin – qui l'accompagna jusqu'à sa mort[27].

Ce goût de l'empereur pour les ingénieuses mécaniques – qui excita l'imagination de tant d'auteurs qui (par malignité ou par sottise) firent du monarque retiré une sorte de maniaque gâteux – reflétait en fait la curiosité d'un prince de la Renaissance ; ce qui explique aussi la présence dans sa bibliothèque d'ouvrages scientifiques, notamment un exemplaire d'une œuvre de Ptolémée, dernier astronome de l'Antiquité dont l'œuvre devait nourrir le Moyen Âge et la Renaissance ; mais on ignore s'il s'agissait-là de la *Composition mathématique* dit *Almageste* ou de la *Geographia*, largement éditée et diffusée au XVI^e^ siècle alors que le révolutionnaire Copernic demeurait encore presque confidentiel ; la présence de cartes également : une carte marine en forme de livre, reliée en cuir cramoisi offerte par Andrea Doria, des cartes d'Italie, d'Espagne, d'Allemagne, des Pays-Bas et de la Hongrie.

L'empereur avait d'ailleurs manifesté dès les années 1530 un vif intérêt pour la cosmographie, cette science par excellence de la Renaissance des grandes découvertes ; ainsi lorsque le géographe et navigateur Alonso de Santa Cruz – qui était aussi depuis 1536 le cosmographe de la *Casa de contratación* de Séville –, fut désigné en 1539 pour accompagner dans le Détroit de Magellan une expédition organisée par l'évêque de Plasencia Gutiérrez Vargas, il ne put s'y rendre : car l'empereur le retint à Valladolid tant il se plaisait à entendre ses leçons d'astronomie et de cosmographie, et à s'entretenir longuement avec lui sur d'aussi passionnants sujets ; ces contacts privilégiés font notamment tout le prix de sa *Crónica del emperador Carlos V*, demeurée pourtant inédite jusqu'à ce siècle. Alonso de Santa Cruz, qui avait déjà établi en 1542 une carte du monde ou *Islario general de todas las islas del mundo*, était l'auteur d'une étude scientifique en espagnol qui figurait, sous reliure fauve, en bonne place à Yuste, sur l'*Astronomicum Caesareum* publié aux frais de l'Empereur, en latin et en allemand, par Pedro Apiano à Ingolstadt en 1540, – ouvrage dédié aux deux frères : Charles et Ferdinand –, et dont un exemplaire somptueusement « recouvert de velours noir, orné de cinq plaques de vermeil de chaque côté » se trouvait également à Yuste. Santa Cruz écrira aussi un *Libro de las longitudines* qu'il dédiera à Philippe II.

*Un amateur de musique éclairé*

L'empereur avait reçu en héritage le goût des Habsbourg pour la musique dont il fut sa vie durant un grand amateur ; et sa chapelle flamande, l'une des plus novatrices de son temps, fut universellement réputée. Ses musiciens préférés étaient cependant deux Espagnols : Antonio Cabezón « *l'aveugle* » (1510-1566) et Cristóbal Morales (1512-1553) ; celui-ci appartenait à la Chapelle pontificale comme l'un des meilleurs auteurs de musique sacrée qui ont immédiatement précédé Palestrina, ce « Prince de la musique » ; quant au premier, organiste et compositeur atteint de cécité dès l'enfance, et auquel Philippe II tenait tant qu'il ne voulut jamais, prince ou roi, s'en séparer et qu'il conservait son portrait dans ses appartements, il fut surnommé par la postérité le Bach espagnol ; son fils Hernando, musicien lui aussi, éditant en 1578 celles de ses œuvres qui avaient été conservées, les présentait avec autant d'orgueil filial que d'amour comme des « miettes tombées de la table » de son père.

À Yuste l'empereur réunit – en les recrutant dans divers couvents (de Zamora, de Ségovie, de Valence, de Saragosse et de Barcelone) – une quinzaine des moines instrumentistes et chanteurs les plus talentueux d'Espagne, qui furent tous sur son ordre gratifiés après sa mort. Et le dernier son qu'il entendra en ce monde sera leur chant, qui l'accompagnera en son agonie. Ce chiffre – une quinzaine – n'était pas négligeable dans un tel contexte. Soulignant l'insolite magnificence musicale (avec ses soixante-dix chantres) déployée par la cathédrale de Malines lors de l'entrée de Charles Quint le 20 janvier 1540, Nanie Bridgman rappelle « qu'à Malines, par exemple, le nombre de chantres ne dépassait pas douze et dix celui des enfants de chœur, que l'empereur lui-même paraît ne pas avoir eu plus de douze chantres et douze enfants de chœur attachés à sa chapelle, que les "gentlemen of the Chapel" ne dépassaient guère une vingtaine et les "singing men and children" [n'étaient que] neuf à la cour d'Henri VIII[28] ».

Or si l'empereur, qui s'était dépouillé du pouvoir, de la richesse, de la pompe de ce monde, n'avait pas renoncé à ce bonheur-là, c'est qu'en fait il s'inscrivait parfaitement dans les motivations profondes de sa retraite. Dans le récit qu'il fit, à la demande de la princesse-régente doña Juana, des derniers mois de vie de l'empereur retiré, le frère Martín de Angulo, arrivé en mai 1558 à Yuste comme nouveau prieur (avant de l'être ensuite du grand monastère de Guadalupe), a rapporté à cet égard une anecdote significative :

> « Il avait coutume d'écouter des sermons après le repas et ne s'en lassait point, aussi longs fussent-ils. Quand il n'y avait pas de sermon son confesseur lui lisait un texte de saint Augustin ; et il suivait vêpres et complies, et les fêtes chantées accompagnées à l'orgue, qui duraient deux heures, sans jamais en être fatigué. Il aimait beaucoup la musique et qu'on accompagnât les offices par le chant et l'orgue, à condition de n'entendre que les frères ; en effet, quoiqu'ils fussent quatorze ou quinze, car il avait appelé là-bas les meilleurs de tout l'ordre, si quelqu'un d'autre qu'eux chantait il s'en apercevait, et s'ils venaient à se tromper il disait : "Untel s'est trompé" ; il les connaissait tous si bien, et refusait si catégoriquement qu'aucun laïque ne chantât avec eux qu'un jour, à l'occasion de

certaines vêpres, un haute-contre de Plasencia s'était approché du pupitre avec les chanteurs pour chanter – et fort bien – un verset ; mais il n'en chanta pas un deuxième, car aussitôt un des barbiers courait ordonner au prieur d'expulser du chœur ledit chanteur, qui fut donc prié de se taire.

Il s'y connaissait en musique, la ressentait et y prenait plaisir, et c'est ainsi que les frères l'entendaient souvent derrière la porte de sa chambre donnant sur l'autel, et le voyaient battre la mesure et accompagner le chœur de la voix, et si l'un d'entre eux faisait une erreur, il marmonait : "oh, le rouquin fils de…, Untel s'est trompé", ou quelque chose de ce genre. Un maître de chapelle sévillan que j'ai connu, un certain Guerrero, lui ayant présenté un jour un livre de motets et de messes qu'il avait composés, l'Empereur demanda qu'on chantât pour lui l'une de ces messes. Celle-ci étant achevée il fit appeler le confesseur et lui dit : "Oh, le fils de… ! Quel fieffé voleur que ce Guerrero, il a pris ce passage à untel et emprunté celui-ci à tel autre." Les chanteurs en furent tous saisis d'admiration, car c'était vrai mais aucun d'entre eux ne s'en était aperçu.

L'Empereur ne manquait jamais cet exercice, même quand il était cloué dans son lit ; il aimait aussi beaucoup entendre les moines chanter en s'accompagnant à l'orgue, et répéter continuellement, sans jamais manifester quant à lui la moindre lassitude, ni le moindre signe d'ennui ; ce qui montre bien à quel point il était de tout cœur avec eux et de toute son âme, et combien il était éloigné de sa vie et de ses occupations passées ; et il vécut si heureux de la sorte qu'il disait souvent qu'avant cela il n'avait jamais été vraiment roi. »

### *Yuste : le choix de l'ordre*

Au tout début du court chapitre – chapitre final – qu'il consacre au séjour de Charles Quint à Yuste, le bénédictin Prudencio de Sandoval[29] salue en ces termes l'ordre choisi par l'empereur pour sa retraite, le monastère de Yuste (fondé en 1408) ayant déjà un siècle et demi au moment où il s'y installa :

> « Le monastère de Yuste est un monastère de l'ordre du glorieux père saint Jérôme, ces moines véritablement solitaires qui, comme il est de notoriété publique, comptent parmi les observants les plus stricts de l'Église de Dieu ; car ils respectent le recueillement et l'austérité qu'exige la vie monastique et c'est pourquoi, à juste titre, ils ont été – et doivent être – estimés des rois d'Espagne. »

Comme le souligne Karl Brandi, « l'ordre des Hiéronymites, pour espagnol qu'il fût, avait cependant, avec sa règle augustine et ses tendances contemplatives, une parenté étroite avec d'autres congrégations de la Chrétienté. L'Ordre était l'un des plus riches dans les royaumes hispaniques. Il avait la garde d'importants sanctuaires comme Guadaloupe, celle aussi des sépultures royales. » Quant à José de Sigüenza, le chroniqueur de l'ordre, il écrit avec une modeste sobriété que « Sa Majesté décida de renoncer à ses états et de venir en Espagne pour s'y retirer dans une maison de l'ordre de saint Jérôme car il avait observé de longue date et avec attention le mode de vie qu'on y respectait, qui lui avait beaucoup plu, et il ne trouva rien de plus approprié à son projet. »

Ordre espagnol – et exclusivement espagnol – de fondation et par vocation, il fut très apprécié des rois et de l'aristocratie aussi bien laïque qu'ecclésiastique et fait figure d'ordre « élististe ». Les Rois Catholiques, Isabelle de Castille et Ferdinand d'Aragon, avaient séjourné à plusieurs reprises dans le monastère hiéronymite de Notre-Dame-de-la-Mejorada, dans la région de Valladolid, fondé en 1396, comme le rappelle le père Sigüenza dans sa chronique de l'ordre à propos de la mort de la reine, survenue à Medina del Campo le 26 novembre 1504 : « Après les obsèques, le roi se rendit au monastère de la Mejorada, où il avait tant de fois séjourné avec son épouse bien aimée, afin de soulager un peu par le souvenir du passé sa présente solitude. Il y resta plusieurs jours à la fin de novembre, en compagnie de l'archevêque de Tolède, et trouva consolation auprès de ces religieux. » Et, lorsque sonna l'heure de sa propre mort, douze ans plus tard, en cours de voyage, c'est encore à eux qu'il fit appel : « Dans les derniers instants de sa vie […] il aurait voulu parvenir jusqu'à notre maison de Notre-Dame-de-Guadalupe, à laquelle il vouait comme ces saints religieux une grande dévotion, certain qu'il était de l'aide que ceux-ci auraient pu lui apporter en cette ultime épreuve, à lui qui les avait tant favorisés au cours de son règne. » Mais le chemin était trop long de Trujillo à Guadalupe – où se trouvait le monastère fondé en 1389 – pour l'état de santé du roi malade. Le cortège ne put dépasser le bourg de Madrigalejo où Ferdinand put mourir en paix, après avoir achevé de mettre en ordre les affaires du royaume et celles de son âme, dans une petite maison de l'ordre qui s'y trouvait.

Comme le souligne le chroniqueur, cette année de 1516, celle de la mort de leur grand bienfaiteur, fut « une de celles que l'Ordre de saint Jérôme et toute l'Espagne peuvent compter parmi les plus funestes ». Ferdinand avait notamment fondé en 1492, sans doute dans l'euphorie de la Reconquête de Grenade, les monastères de Notre-Dame-de-la-Conception à Grenade et de Santa Engracia à Saragosse, sans compter ceux qu'ils rénova ou favorisa d'une manière ou d'une autre. Malgré une sérieuse alerte peu après la mort de la reine Isabelle, l'ordre commençait – avec le XVIe – le second siècle de son existence et celui de son âge d'or.

L'ordre faillit disparaître en effet, à l'instigation du Flamand Philippe le Beau (le père de l'empereur) qui « gouverna » la Castille – par défaut, du fait de l'incapacité de la reine Jeanne –, mais pendant deux ans à peine puisque son règne fut écourté par une mort prématurée. Selon le père Sigüenza : « l'un de ses conseillers les plus proches (on dit qu'il s'appelait don Juan Manuel) l'incita de manière importune à supprimer l'ordre de saint Jérôme en alléguant mille raisons : que les moines étaient des gens oisifs qui gagnaient leur vie en chantant ; qu'avec les nombreux biens et les richesses qu'ils possédaient on pourrait créer une "grande maîtrise" fort riche et nourrir de nombreux chevaliers avec les "commendes", et d'autres arguments du même genre. Qu'étant donné que saint Jérôme avait renoncé aux biens de son patrimoine il n'y avait aucune raison pour que ses fils soient riches. » Bref, il fit tant et si bien – précise le chroniqueur – que le jeune roi ayant cédé il ne parvint pas à signer le décret : les plumes refusaient l'encre et se cassaient les unes après les autres ! Comprenant alors que son geste déplaisait à Dieu, il renonça… et mourut peu après, le 25 septembre 1506.

L'ordre quant à lui survécut jusqu'au XIXe siècle où il fut menacé à maintes reprises depuis l'invasion napoléonienne jusqu'en 1835 où les décrets de sécularisation et de décloîtrement le réduisirent, lui aussi, à néant. Il y avait alors une cinquantaine de monastères et un millier de moines. Il eut plus de mal à s'en remettre que les autres ordres qui, ayant subi le même sort, trouvèrent aide et refuge à l'étranger. L'ordre hiéronymite, exclusivement espagnol, ne put compter que sur le dévouement des congrégations féminines qui avaient échappé à la dispersion. La plupart des maisons tombèrent en ruine ou furent reprises ultérieurement par d'autres ordres : celui de Guadalupe par les franciscains ou celui de l'Escurial par les augustins, par exemple.

L'ordre faillit bien disparaître, en tant que tel, définitivement : à partir de 1935 – soit au bout d'un siècle – c'eût en effet été le cas, en vertu de la prescription canonique. Plus que de « restauration » c'est presque de « résurrection » de l'ordre qu'il s'est agi en 1925 à Santa María del Parral, dans la région de Ségovie, à l'initiative de don Manuel Sanz (qui deviendra le frère Manuel de la Sainte Famille) et d'un groupe de jeunes qui avaient reçu l'approbation de Pie XI. L'avènement de la république en 1931 et la guerre civile de 1936 faillirent anéantirent l'ordre à peine restauré ; le *re*-fondateur fut arrêté et assassiné, les cinq moines restants moururent en 1941 ; mais juste à ce moment un nouveau groupe de jeunes (des universitaires pour la plupart) retrouvait le chemin du monastère d'El Parral. En 1956 celui de San Isidoro del Campo de Séville – celui qui avait fait dissidence en 1431 – reprenait vie, puis celui de Yuste deux ans plus tard à l'occasion du quatrième centenaire de la mort de Charles Quint ; et quelques autres par la suite. En 1969, un premier chapitre général confirmait cette seconde vie de l'ordre hiéronymite.

### *Le xve : siècle d'or pour les hiéronymites*

Le XVe avait été, avec trente-six fondations de monastères entre 1373 et 1493[30], le grand siècle fondateur, dont dix avant la fin de celui-ci et rien qu'au cours de vingt-cinq premières années d'existence de l'ordre ; au XVIe, une fois passée la menace des « philippistes », douze autres furent fondés, parmi lesquels le célèbre Escurial, en 1563. Le XVIIe enregistra un net déclin avec à peine une fondation[31], et une décadence générale de l'ordre (relâchement de la discipline, dissensions internes, procès, etc.) qui devait se prolonger jusqu'au seuil de l'époque contemporaine.

Dans leur grande période – dernier quart du XIVe siècle – les hiéronymites avaient apporté un souffle de rénovation morale et spirituelle qui stimula aussi des ordres plus anciens. Ils étaient apparus en réaction à un état de décadence assez marquée dans les royaumes d'Espagne au XIVe siècle, surtout dans la Castille médiévale déchirée par des luttes intestines et fratricides. C'est pourquoi les hommes qui œuvraient alors pour une réforme de l'Église espagnole, comme le roi Jean Ier et son équipe de prélats « engagés » (Pedro Tenorio, Alfonso et Juan de Illescas, Juan Serrano, respectivement évêques de Tolède, Séville, Sigüenza et Ségovie), virent dans l'ordre naissant un instrument utile à leur effort de remise en ordre du clergé régulier et séculier et favorisèrent les fondations de monastères qui se peuplèrent très rapidement.

À tel point que les Rois Catholiques, désormais responsables de l'administration des « grandes maîtrises » des trois ordres militaires et religieux d'Alcántara, de Calatrava et de Saint-Jacques, entreprirent de réformer les deux grands couvents de ce dernier, situés à Uclés et à León, où l'observance de la règle augustinienne s'était considérablement relâchée de la part des membres religieux – les chanoines – de cet ordre militaire. C'est aux hiéronymites qu'ils confièrent cette rénovation spirituelle ; et à leur demande (comme il ressort de la lettre royale du 17 septembre 1499 adressée de Grenade à leur général) des moines des monastères de Lupiana, de la Mejorada et de la Sisla se rendirent sur place et, entre la fin de 1499 et mai 1504, imposèrent – non sans mal – cette réforme interne. En fait, ils adaptèrent aux conditions spécifiques de l'ordre militaire, en l'assouplissant sur certains points, leur propre constitution qui devint ainsi celle de l'ordre de Saint-Jacques. Ce qui était d'autant plus logique qu'au départ cet ordre – militaire et religieux – et celui de Saint-Jérôme – exclusivement religieux – avaient adopté la même règle : celle de saint Augustin.

L'ordre des hiéronymites compta nombre de grands confesseurs, de mystiques, d'ascètes, d'intellectuels[32], mais donna également une cinquantaine d'évêques et d'archevêques ; trois de ses membres assistèrent au concile de Trente alors que – selon Ignacio de Madrid[33] – l'ordre, conformément au meilleur de sa tradition, aurait toujours cherché à rester modestement silencieux et caché, ce qui l'avait conduit à renoncer non seulement à la gloire issue du lignage ou du savoir humain, mais même « à l'honneur des autels ».

Cependant, l'ordre fut victime, peut-être malgré lui, de son propre succès : il a laissé l'image d'un ordre élitaire, très aristocratique, riche et puissant, souvent déchiré par des rivalités internes non exemptes de mesquinerie. Les frères, tellement appréciés des monarques, ne l'étaient pas de tout le monde. Envers ceux de Yuste et au temps de l'empereur une certaine hostilité, on l'a déjà vu, transparaît (sourdement, certes) sous la plume d'un militaire comme Luis Méndez Quijada.

*Les origines de l'ordre de Saint-Jérôme*

Mais, quelle fut donc l'origine de cette congrégation ? Au milieu du XIVe siècle des ermites italiens qui se mettaient sous le patronnage de saint Jérôme passèrent en Espagne, poussés par la prophétie de leur père spirituel alors décédé, un certain frère Thomas, selon laquelle le Saint-Esprit s'apprêtait à descendre sur l'Espagne, et il choisirent pour en vérifier la véracité un point presque central, Tolède, à l'instar de Jérusalem qui était au centre de la terre habitable et le théâtre de la première manifestation de l'Esprit Saint !

Autour d'eux se regroupèrent des Espagnols pleins de sagesse et de vertu ; notamment deux hauts personnages de la cour du roi de Castille Pierre Ier dit le Justicier ou le Cruel. Fatigués de la vie politique plutôt hasardeuse de l'époque, un ecclésiastique et un laïque choisirent ainsi le renoncement ; il s'agissait de Fernando Yáñez de Figueroa, un chanoine tolédan, et de Pedro Fernández Pecha, chambellan du roi et frère de l'évêque de Jaén, Alonso Pecha, qui l'avait précédé en renonçant à son évêché. « C'est donc – écrit le père Sigüenza – sur eux que le Saint-Esprit choisit de descendre en ce temps-là en Espagne, et ce sont eux qui fondèrent la religion et l'ordre du bienheureux saint Jérôme, notre père et maître. »

En 1370 ils choisirent de se retirer au « désert » à l'imitation de leur saint patron, et firent à leur tour des émules ; les groupuscules se multiplièrent dans toute la péninsule Ibérique, dans les régions d'Avila, de Tolède, d'Alicante, etc., ainsi qu'au Portugal. Les principaux s'installèrent autour de l'église de San Bartolomé de Lupiana, dans la province de Guadalajara, alors partie du diocèse de Tolède. Mais cette forme de vie solitaire échappant à tout contrôle, on commença à les persécuter. Optant pour une vie cénobitique – après un siècle d'érémitisme – ils obtenaient le

18 octobre 1373 de Grégoire XI, alors en Avignon, la confirmation de l'ordre pour les royaumes de León, de Castille et du Portugal. L'ordre ainsi reconnu se voulait la résurgence de celui qu'avait créé son saint patron à Bethléem à la fin du quatrième siècle ; les membres s'appelleront désormais « frères » ou « ermites » de Saint-Jérôme, ils porteront l'habit blanc et brun, et vivront sous la règle de saint Augustin, mais en maisons indépendantes soumises aux évêques.

C'est en 1414 que Benoît XIII (*alias* Pedro de Luna, un pape espagnol) les réunit à leur demande en un ordre structuré autour d'un général, avec la faculté de tenir des chapitres généraux : il y en aura 316 en 420 ans, de 1415 à 1835, et tous auront lieu dans le monastère de Lupiana considéré comme la maison mère, où le général – qui en sera également le prieur – aura sa résidence jusqu'en 1686. À cette date, les deux fonctions furent séparées et le général s'installa à Avila. Selon ces mots, prononcés en 1452 devant le pape Nicolas V par le frère Diego Floristán, prieur du monastère de la Mejorada[34] : « Le but de l'ordre […] est la contemplation, et les louanges divines : c'est ce qui oriente toute sa façon de vivre, ses lois, ses constitutions, sa coutume. À cette fin on y consacre huit heures par jour au chœur et autant à l'oraison mentale et aux exercices spirituels individuels ; il faut pour cela un grand recueillement à l'intérieur non seulement du couvent mais de la cellule ; c'est pourquoi on vit d'ordinaire dans des endroits presque déserts, où l'on perçoive le moins possible l'agitation du siècle. »

Relatant l'ambassade des ermites de saint Jérôme (Pedro Fernández Pecha et Pedro Román) auprès du pape en Avignon, pour lui soumettre en 1373 leur vœu de passer de la condition d'anachorète à celle de cénobite, le père Sigüenza, exposait en ces termes leur vocation :

> « Nos ermites, en fils très respectueux du Saint-Siège, de ses lois, de ses décrets et de ses privilèges, n'avaient point choisi cette voie par souci de nouveauté ; ils aspiraient seulement à se détacher, dans la solitude et le silence, des

choses caduques pour tendre vers celles qui relèvent de l'éternité. Mais comme en ce temps-là on ne les laissait pas en paix [...] ils ont décidé de remonter à la source afin de retrouver, et d'apporter à nouveau au monde, la vie et la religion de saint Jérôme tombées dans l'oubli. Confirmant qu'ils se plaçaient sous son patronnage, qu'ils avaient choisi à cause d'abord de la grande dévotion qu'ils lui portaient, dévotion née d'une impulsion divine, et afin de l'avoir toujours devant les yeux, comme modèle de vie de pénitence, Dieu les ayant appelés du monde à la solitude, de la solitude au monastère, pour qu'ils s'y consacrent nuit et jour à le louer, à pratiquer l'hospitalité en accueillant hôtes et pèlerins ; car ces deux exercices avaient été ceux du glorieux docteur dans la grotte où, comme il le répète si souvent, Marie avait trouvé refuge ; et à ces deux-là était venu s'ajouter un troisième : celui de l'étude, de la méditation sur les livres saints, afin de fortifier les deux premiers, car les sciences n'ont pas été faites pour servir à la vanité mais à l'édification. »

Le père Sigüenza écrit encore, à propos de la douzaine d'ermites fondateurs rassemblés à Lupiana vers 1370 que : « Dans leur âme résonnait à l'unisson le nom de saint Jérôme, sans qu'ils sachent qui le prononçaient avec tant de force, ils percevaient seulement qu'ils y avaient entre eux et lui quelque ressemblance. Ils recherchaient les lieux déserts, renonçaient aux dignités et aux honneurs, désiraient l'imiter dans la pénitence, dans ce besoin de fuir le monde, ce désir de la contemplation divine, l'irrésistible volonté de louer le Seigneur : tout cela leur parlait de Jérôme et le leur rappelait. »

Saint Jérôme qui recommandait à satiété dans ses lettres d'avoir toujours le Livre dans la main et sous les yeux, de lire et d'apprendre encore et toujours, jusqu'à l'épuisement : *« que le sommeil te surprenne le Livre à la main et que ton visage en tombe sur la sainte page... »* Leçon si bien retenue par les fondateurs que le frère Diego Floristán – *alias* Diego de Valladolid, grand juriste dans le siècle, au service du roi

Henri IV de Castille avant d'entrer en religion – avait décidé, au monastère de la Mejorada, d'occuper ses moments de loisir – entreprise inouïe – à apprendre par cœur toute la Bible ! Et « il y parvint (car rien ne paraît difficile à celui qui aime) ; en moins de trois ans il la récitait selon les livres et selon les chapitres avec une stupéfiante facilité, chose que je n'ai jamais entendu dire d'aucun saint ».

Donc, mépris du monde, prière, étude : tels étaient (et sont encore) les trois axes de la vie des hiéronymites. Et, à la base de tout, tout au long du jour, chanter – au sens propre du terme – la gloire de Dieu à travers une liturgie qui, par son onction, sa gravité et sa beauté, rehaussées par le silence, la sobriété et la simplicité spécifiques de l'ambiance monastique, aide le moine à la contemplation tout en éveillant chez le profane le sens du surnaturel et du divin. François Mignet a évoqué l'ordre dans cette belle page de synthèse que voici :

> « Placés non loin des villes, dans des sites agréables et solitaires, ils avaient couvert la Péninsule de leurs établissements de Grenade à Lisbonne, de Séville à Saragosse. Ils s'étaient d'abord consacrés à la contemplation et à la prière. Ils vivaient d'aumônes, et depuis le milieu de la nuit jusqu'à l'extrémité du jour ils chantaient avec une assiduité et une pompe singulières les louanges de Dieu (surpassant à cet égard tous les autres ordres. Sigüenza précise que les jours de fête ils restaient de dix à douze heures au chœur). Bientôt enrichis par les dons des peuples et les faveurs des monarques, les hiéronymites [...] avaient ajouté la science à la prière, la culture nouvelle des lettres à la pratique conservée des chants, et, de moines pauvres, étaient devenus les possesseurs opulents de vastes terres, de nombreux bestiaux, de riches vergers. Aucuns religieux en Espagne ne célébraient le culte catholique avec une dignité aussi suave dans les chœurs de leurs églises, ne distribuaient de plus abondantes aumônes à la porte de leurs couvents, n'offraient aux voyageurs dans leurs établissements une

plus généreuse hospitalité. À Notre-Dame-de-Guadalupe, qui étaient l'un des trois sanctuaires les plus vénérés et les plus visités de l'Espagne, et qui avait la grandeur d'une ville par son étendue, la sûreté d'une citadelle par ses fortifications, les hiéronymites gardaient un trésor considérable dans une tour, avaient de larges celliers toujours pleins, de beaux jardins couverts d'orangers et de citronniers, faisaient paître sur les montages voisines d'immenses troupeaux de moutons, de vaches, de chèvres, de porcs, possédaient en Estrémadure cinquante mille pieds d'oliviers et de grands bois de cèdres[35], et dans leurs vastes réfectoires couvraient avec profusion la table des hôtes et des pèlerins. »

Une table qui « était mise et levée six ou sept fois par jour pour des religieux venus d'autres ordres et pour toutes sortes d'autres hôtes, j'en ai été le témoin direct (et il y en aurait cent comme moi) », précisait le père Sigüenza à la fin du XVIe siècle.

C'était donc à l'ombre d'un assez modeste couvent de cet ordre – espagnol par essence et par excellence – que l'Empereur avait choisi de terminer sa vie, dans le sillage de leurs prières et de leurs chants. Le choix n'avait rien d'anodin : c'est bien en héritier et en successeur de Ferdinand et surtout d'Isabelle qu'il le fit. Yuste était – culturellement, spirituellement – aux antipodes de Dijon où, dans sa jeunesse, il avait émis le vœu – vœu doublement pieux en l'occurrence, car irréalisable – d'être, le moment venu, enseveli, dans la chartreuse de Champmol, le panthéon de ses aïeux bourguignons.

### *Le « personnel » religieux de Yuste*

C'est également au sein de l'ordre que l'empereur choisit les cinq religieux qui seraient attachés à sa personne à Yuste, en tant que confesseur, lecteurs ou prédicateurs. Ces derniers étaient au nombre de trois : le frère Juan de

Azaloras (ou Azoloras), un Basque digne de Démosthène car il avait su vaincre par un travail acharné, précise José de Sigüenza, les « difficultés » et les duretés naturelles de sa nation et de sa langue pour devenir un des plus fins orateurs de son temps ; le frère Francisco de Villalba, qui jouissait d'une renommée nationale dans ce domaine ; le frère Juan de Santander, moins brillant que les deux autres mais si profondément convaincu lorsqu'il prêchait, et d'une vertu si grande, que Dieu lui accorda le rare privilège de lui faire connaître par avance l'heure de sa mort… Le lecteur était le frère Bernardino de Salinas[36] ; il avait fait ses études de théologie à la Sorbonne, dont il était sorti docteur mais – souligne, non sans maligne intention, le père Sigüenza – plus savant en scolastique qu'en Écritures saintes.

Quant au confesseur, le seul que Charles Quint ait *nommément* choisi, ce fut le frère Juan Regla, né comme lui avec le siècle, mais dans les Pyrénées aragonaises et au sein d'une humble famille. À quatorze ans il avait commencé ses études à Saragosse dans des conditions difficiles d'étudiant pauvre, vivant d'aumônes à défaut de bourse d'études ; comme tout étudiant peu fortuné et méritant, il travaillait, selon le chroniqueur, pendant les vacances, pour gagner un peu d'argent et acheter quelques livres, en portant – à pied – des lettres de Saragosse à Valladolid, à Valence, à Barcelone, ou ailleurs ; il pouvait ainsi « se vêtir et soulager sa misère et, en chemin, il étudiait ou révisait ses leçons » ; et Sigüenza de s'exclamer, à juste titre : « Qui eût cru qu'un petit étudiant aussi pauvre verrait tant de fois à ses pieds les monarques du monde Charles Quint et son fils Philippe II. Tels sont les décrets et les secrets de Dieu sur nos vies. » À vingt-deux ans il fut engagé, sur recommandation des hiéronymites, comme précepteur dans une bonne famille de la ville, dont il accompagna à ce titre les enfants à Salamanque sept années durant ; après quoi il compléta ses propres études de théologie en suivant pendant trois ans les cours du célèbre dominicain Francisco de Vitoria ; il étudia le droit canonique et, pendant six autres années – avec un enthousiasme particulier – le grec et l'hébreu. C'est donc âgé de trente-cinq ans qu'il était revenu à Saragosse avec l'intention d'entrer en religion ; se souvenant des vitales aumônes qu'il avait reçues à la porte du couvent hiéronymite de Santa Engracia – il disait ne pas connaître d'autre mère que cette communauté –, il demanda à y entrer.

À quarante ans il était ordonné et commençait sous l'habit de Saint-Jérôme une carrière de confesseur très recherché, mais aussi – avec moins de succès et malgré lui – de prédicateur. En 1551, Charles Quint, alors aux Pays-Bas, délégua au concile de Trente (à l'occasion de la seconde convocation) six théologiens impériaux représentant le royaume d'Espagne, dont quatre pour la Castille et deux pour la couronne d'Aragon ; Juan Regla fut l'un de ces deux-là, ce qui dit assez que la réputation de son savoir et de sa vertu avait dépassé les limites nationales. De retour au monastère de Saragosse en 1553, il fut aussitôt élu prieur pour trois ans, mandat qui fut renouvelé en 1556. C'est alors que l'empereur, mettant au point son installation à Yuste avec le général de l'ordre exigea que le frère Juan Regla fût son confesseur.

Il fallut contraindre ce dernier à accepter la nommination, pourtant si enviable aux yeux des autres. Le moine anonyme de Yuste a évoqué en ces termes (repris ensuite par le père Sigüenza) la résistance pleine d'humilité qu'avait opposé l'heureux élu :

> « Quoiqu'on lui eût donné l'ordre de se rendre à Yuste comme les autres pères, il s'entêta à n'en rien faire, se considérant indigne d'une telle charge. Informé, notre général lui ordonna, en vertu du vœu d'obéissance, d'obtempérer et de se rendre sur le champ là où l'Empereur l'attendait. Il arriva donc enfin à Jarandilla où Sa Majesté se trouvait encore ; comme celle-ci lui demandait, lorsqu'il vint la saluer, la raison de son retard, le brave religieux lui répondit fort ému : "*Seigneur, je ne me sens ni capable ni digne de vous servir, c'est pourquoi je refusais de venir.*" Sa Majesté lui dit alors : "*Écoutez bien, frère Jean, vous n'avez rien à craindre, car j'ai eu près de*

> *moi en Flandre, une année durant, cinq théologiens canonistes qui m'ont libéré de tout ce qui pouvait encore peser sur ma conscience des affaires passées. Désormais, il n'y aura plus à prendre en compte que ce qui se présentera ici au jour le jour.*" Sur quoi le père Juan Regla cessa de résister, et l'Empereur le prit en affection. »

Il vécut donc entre février 1557 et septembre 1558 dans la plus grande intimité – celle du corps et de l'âme – auprès de l'empereur, qu'il assista jusqu'à sa mort.

Et lui, l'humble moine qui semblait mal à l'aise devant les grands de ce monde, lui qui avait quémandé à Saragosse, et vécu de petits travaux dans sa lontaine, studieuse et famélique jeunesse, était contraint – à Yuste – de s'asseoir devant le grand empereur, qui s'amusait un tantinet de son embarras et de la réprobation mal contenue de Luis Quijada, le colonel n'ayant eu semble-t-il qu'une estime relative pour les moines en général, les hiéronymites de Yuste en particulier, et une sorte d'aversion pour le frère Juan Regla. Aussi, comme le rapporte le père Sigüenza :

> « L'Empereur lui ordonnait de s'asseoir non seulement quand ils étaient seuls tous les deux mais encore lorsque le majordome entrait, et le saint homme le suppliait maintes fois à genoux de ne pas lui ordonner de rester assis lorsque quelqu'un entrait, car il avait alors l'impression d'être sur un échafaud et sous le san-benito ; l'Empereur lui répondait alors : "ne soyez pas en peine, frère Jean, car vous êtes mon maître et mon père en confession, et il me plaît que l'on vous voie assis, et il me plaît aussi de vous voir changer de couleur". »

François Mignet a fort bien saisi la raison du « succès » auprès de l'empereur retiré de ce moine somme toute assez effacé : « Juan Regla, écrit-il, était timide et insinuant, scrupuleux et soumis, et son caractère faisait de lui le confesseur porté au respect et à l'obéissance, comme il le fallait à un pénitent aussi impérieux. » Un incident rapporté par le moine anonyme lui permet de conclure que « s'il le respecta comme pénitent, il l'asservit comme maître ». En effet, le confesseur se rendit un jour à Plasencia pour se procurer certains livres auprès d'un ancien étudiant de Salamanque, mais sans en avertir l'empereur ; ce dernier ayant constaté son absence l'envoya aussitôt quérir, si vite que le moine dut repartir sans avoir même le temps de prendre les livres ; à son retour, le royal pénitent lui tint ce langage : « "Voyez-vous, frère Jean, je vous saurais gré de ne pas vous absenter d'ici sans m'en informer, car j'entends que vous ne me quittiez pas un seul instant". Et cette parole de Sa Majesté fut d'un tel poids pour le brave moine qu'il n'y eut, à partir de ce moment-là, point de demoiselle plus soumise à sa mère que le frère Juan Regla ne le fut à Sa Majesté. » Et ce frère en religion de commenter un peu naïvement cet incident pourtant autrement révélateur : « C'est ainsi que l'Empereur s'était tellement attaché à lui qu'il ne pouvait se passer fût-ce un instant de sa présence… »

La bonne fortune de Juan Regla ne s'arrêta pas à la mort de Charles Quint. Désigné comme exécuteur testamentaire il fut appelé à Madrid par Philippe II de retour des Pays-Bas. Le moine était en effet le dépositaire des dernières confidences du défunt empereur et des messages les plus secrets destinés à son fils. « Aussi, rapporte Sigüenza, l'interrogea-t-il longuement sur le séjour de son père à Yuste, sur les confidences que celui-ci avait faites à son intention avant de mourir, tout particulièrement à propos du seigneur don Juan d'Autriche, secrets qu'il lui avait confiés en tant que confesseur pour qu'il en fît part au roi ; lequel fut aise de rencontrer un religieux aussi vertueux et sensé, reconnaissant en lui cette profonde humilité qui accompagnait tout ce qu'il faisait ou disait. » Il retourna à Saragosse et y fut élu prieur pour la troisième fois. En 1567 la place étant vacante il le fut au couvent de Madrid. Bientôt il remplaça un des confesseurs royaux, l'évêque de Cuenca, tenu de s'occuper de son diocèse car, comme le souligne le père Sigüenza, « le concile était tout frais, et cela faisait mauvais effet de ne pas résider dans son église » ; l'une des mesures tridentines les plus draconiennes prises dans la perspective d'une réforme catholique visait précisément à réduire l'absentéisme des prélats qui cumulaient les fonctions.

Juan Regla devenait donc, de confesseur du père au déclin de sa vie, confesseur et conseiller du fils à l'aube de son règne. Il devait mourir à l'Escurial en 1574, quasiment en odeur de sainteté à en croire le chroniqueur, qui lui consacre trois longues pages, en soulignant avec admiration son humilité et son intégrité que ni la faveur des monarques, ni le succès « professionnel », ni les pressions de la cour ne surent entamer.

Une ombre plane cependant sur ce portrait flatteur. Il semble que Juan Regla eut, à son retour de Trente et tout prieur qu'il fût de Santa Engracia – une dignité non négligeable –, quelques problèmes avec l'Inquisition, à une époque – fort dangereuse – marquée, selon la juste expression de Henry Charles Lea[37], par une « hyperesthésie de l'orthodoxie ». En fait il fut, comme tant d'autres ecclésiastiques – confesseurs et, surtout, prédicateurs – inquiété pour des propositions considérées comme *erronées* par les qualificateurs du Saint-Office. C'est Juan Antonio Llorente[38] qui a relevé – sans préciser davantage hélas, notamment la date – cette petite affaire sans grande importance, sauf pour l'intéressé qui en garda, dit-on, une rancune tenace envers les jésuites. Voici, extraits de cette première histoire de l'Inquisition espagnole (dont l'auteur avait été secrétaire à l'extrême fin du XVIIIe siècle), les deux passages concernant le hiéronymite et qui en donnent une tout autre image :

> « Charles Quint avait pour confesseur, à l'époque dont je parle, Fr. Jean de Regla, hiéronimite (sic), savant théologien, qui avait assisté au concile de Trente, en même temps que Carranza, qu'il traitait comme ennemi, parce qu'il était jaloux de la grande réputation de Carranza, et du poids qu'avait son autorité parmi les cardinaux et les évêques, à qui la discussion des points de critique avait été confiée par cette assemblée. Je prouverai dans la suite que telle était en effet la disposition de Fr. Jean de Regla,

à l'égard de D. Barthélemi. Je me borne pour le moment à faire remarquer qu'il avait eu beaucoup de part à sa disgrace auprès de l'empereur, comme très-suspect de professer les mêmes sentimens que les docteurs Egidius, Constantin, Cazalla et plusieurs autres. Regla était devenu plus fanatique que charitable pendant la persécution qu'il avait eu à souffrir de la part de l'inquisition de Saragosse, lorsqu'il était prieur du couvent de Santafé (sic) ; il fut condamné à abjurer dix-huit propositions luthériennes, dont les inquisiteurs le déclarèrent suspect. J'aurai occasion de faire remarquer la dureté de ce moine qui, après avoir été confesseur de Charles Quint, le devint de Philippe II. »

« F. Jean de Regla, moine hiéronimite [sic], qui avait été confesseur de Charles V et provincial de son ordre en Espagne, théologien du Concile pendant sa seconde convocation, fut arrêté par ordre de l'Inquisition de Saragosse, après avoir été dénoncé par les jésuites comme suspect de luthéranisme ; il abjura dix-huit propositions et fut absous et soumis à une pénitence. Il en conçut une haine implacable contre les jésuites, et répandit des copies de la lettre que lui avait écrite de Salamanque, le 21 septembre 1557, l'évêque Melchior Cano : il y était dit que "*les jésuites étaient des illuminés, et les gnostiques du seizième siècle*[39] ; que Charles V les avait bien connus, et que Philippe II les connaîtrait plus tard". Cette dernière circonstance faisait dire à F. Gabriel Palacio, moine de la réforme de Cîteaux, dans une lettre qu'il écrivait le 16 mars 1558, au docteur Torres, professeur de Sigüenza, et depuis évêque de Canarie (sic), qu'il était fort étonné de voir cet abus du crédit de confesseur de Sa Majesté de la part d'un homme condamné à une pénitence par l'Inquisition, et qui avait été obligé d'abjurer dix-huit propositions. Je ne puis partager la surprise de F. Gabriel Palacio, en voyant les denonciations que F. Jean de Regla fit volontairement et sans être cité devant l'Inquisition de Valladolid, le 9 et le 23 décembre 1558, contre l'archevêque Carranza ; puisqu'elles prouvent assez clairement que F. Jean de Regla était envieux et peu délicat sur la vérité des faits. D'un autre côté, on sait que Regla avait

> un grand talent, mais un caractère porté à l'intrigue, et que, depuis sa disgrâce, il avait donné dans l'hypocrisie et la fausse vertu. C'est ainsi qu'il parvint à être confesseur de Charles V et même de Philippe II (au moins pour le traitement et les honneurs) après avoir été puni comme suspect de luthéranisme[40]. »

Il est curieux de constater que le père Sigüenza passe complètement sous silence cette affaire qui aurait conduit le frère Juan Regla devant le tribunal d'Inquisition. Il est vrai qu'il dut lui-même payer le prix de l'estime que lui témoignait le roi ; ayant eu le double privilège de prononcer le premier sermon à l'Escurial, et d'être chargé des archives et de la bibliothèque du monastère, il fit l'objet d'une sorte de coalition envieuse de la vingtaine de membres que comptait la communauté (dont le prieur de l'Escurial le frère Diego de Yepes) qui lui firent un procès « interne » ; les « visiteurs » de l'ordre dénoncèrent ainsi dans ses écrits dix-neuf propositions « fallacieuses » ; José de Sigüenza fit alors de son plein gré appel aux inquisiteurs, seuls aptes à trancher. Le tribunal de Tolède examina le dossier et se prononça six mois plus tard, le 22 octobre 1592, pour l'absolution à l'unanimité.

L'empressement de Juan Regla à mettre en cause le père Carranza auprès du Saint-Office, sans y avoir été « invité » par le tribunal, est d'autant plus choquant, à nos yeux, qu'il avait déjà lui-même tâté de l'excessive rigueur inquisitoriale. Il appartenait, quoique à un échelon plus modeste, à cette « méritocratie », notamment ecclésiastique, si représentative de l'Espagne des Rois Catholiques et des premiers Habsbourg, illustrée par des hommes comme Cisneros ou Silíceo : des hommes durs, incorruptibles, certes, mais intransigeants, impitoyables et rancuniers, démesurément orgueilleux sous l'apparente humilité chrétienne. Ceci explique peut-être cela…

*La piété de l'empereur*

Partant de témoignages et de jugements portés par des ambassadeurs italiens entre 1525 (Contarini) et 1557 (Badoaro), François Mignet esquissait ainsi la personnalité religieuse de l'Empereur au temps de son activité :

> « Charles Quint […] avait toujours été très pieux [selon Contarini en 1525 ; Tiépolo en 1532]. Il avait la foi rude et l'intolérance violente d'un Espagnol. Il portait dans les pratiques religieuses la régularité zélée qu'il mettait dans ses croyances. Avant de se retirer au monastère il entendait tous les jours, en se levant, une messe privée pour l'âme de l'Impératrice ; et après avoir donné quelques audiences et expédié les affaires les plus urgentes, il allait à une messe publique dans sa chapelle [Bernardo Navaggiero, en 1546] ; le dimanche et les fêtes solennelles, il assitait aux vêpres et à la prédication ; quatre fois au moins par an il se confessait et communiait [Marino Cavali, en 1551]. Souvent on le voyait en prière devant la croix : il y avait passé plusieurs heures de la nuit qui précéda la bataille d'Ingolstadt. Ce fut pour ainsi dire de son prie-Dieu qu'il s'élança avec une valeureuse impétuosité à la défense de son camp, attaqué par l'armée luthérienne, beaucoup plus forte que la sienne [Federico Badoaro, en 1557]. Il parcourait à cheval le front de ses troupes au milieu des décharges de l'artillerie ennemie, lorsque le vieux Granvelle, effrayé de son péril, lui fit dire, de la part de son confesseur, de ne pas s'exposer ainsi. [Mocenigo, en 1548]. »

Deux témoins flamands, qui allèrent à sa rencontre lorsqu'il traversa la France en direction de Gand entre 1539 et 1540, nous ont laissé cette saisissante image : « Venant de Belgique avec Schepper, lors de ma rencontre avec l'empereur sur cette route aquitaine et celtique (allant droit sur Paris avec les chevaux français à robe sombre mis à sa disposition), je l'ai souvent vu la nuit prier deux ou trois heures durant, à la lumière de sept flambeaux de cire, agenouillé sur son lit recouvert d'un ciel de drap noir. »

Par ailleurs, le Malinois Guillaume Van Male, un proche de Charles Quint dont le témoignage est des plus précieux et des plus fiables, nous éclaire en peu de mots sur sa « vie intérieure » (pour reprendre l'expression du baron de Reiffenberg qui publia ses lettres en 1843). Il fait notamment allusion, dans un courrier du 11 novembre 1552, à un écrit olographe de son maître dans lequel il lui exposait longuement ce qu'il le chargeait ensuite, lui, de synthétiser en textes et en formules de prières destinés à son usage quotidien. En d'autres occasions il évoque à deux reprises à quel point le texte des Écritures, et les Psaumes en particulier, inspirait l'empereur : « je t'ai écrit l'an dernier, si je ne me trompe, que l'empereur dans la maladie, trouve le plus grand réconfort dans la lecture sacrée des psaumes de David ou de la Bible », rappelait-il le 24 décembre 1552 ; un an et demi plus tôt (lettre du 5 mai 1551) il affirmait déjà : « nous faisons une étude théologique très sérieuse des Psaumes, c'est l'inspiration qui fut celle de David qui se retrouve vraiment dans l'Empereur » : « … *spiritus ille Davidicus prorsus in Caesare resuscitatus*[41] ».

Charles Quint était un prince chrétien ; finalement digne – si l'on considère l'ensemble de sa vie[42] – du modèle qu'avait tracé pour lui, à l'aube de son règne, le maître hollandais de la « philosophie chrétienne » ; et lui-même promu, dès 1530, vivant modèle du « Prince chrétien », à en croire l'humaniste espagnol – et érasmien inconditionnel – Alfonso de Valdés, secrétaire impérial affecté aux « lettres latines »[43].

Héritier multiple – Pierre Chaunu l'a magistralement montré – au plan patrimonial et politique, il l'était aussi au plan culturel, intellectuel et spirituel. Homme de son temps, il était à la croisée du Moyen Âge et de la modernité. Le chrétien qu'il était – et né, de surcroît, en 1500 – était encore marqué par la sensibilité médiévale imprégnée d'un esprit chevaleresque dépassé et teintée de superstition[44] qui avait survécu à la cour de Bourgogne ; mais il était aussi le dépositaire de la foi dure et exigeante, enracinée dans un quotidien militant, trempée dans l'aventure presque millénaire de la Reconquête, dans le sentiment messianique et missionnaire qui avait animé, plus que jamais, l'esprit de ses grands-parents espagnols. Il était enfin porteur, par sa jeunesse flamande sous la férule d'hommes comme Adrien d'Utrecht, de cette *devotio moderna*, la nouvelle sensibilité qui avait germé dans le nord de l'Europe à l'automne du Moyen Âge, comme un fruit tardif et inattendu du lointain mysticisme rhénan ; elle avait marqué dès leur enfance des hommes comme le Hollandais Didier Érasme et l'Allemand Martin Luther. Nouveau rapport de l'homme à l'homme et – surtout – de l'homme à Dieu ; dans ce riche terreau entretenu dans les strates supérieures des couches populaires s'était finalement implanté l'humanisme italien, cette plante rare, raffinée et, somme toute, fragile, cultivée dans des cercles restreints, au sein d'académies élitistes, par des hommes supérieurement intelligents et conscients de l'être. L'un des plus beaux fruits de cette transplantation fut l'humanisme chrétien d'Érasme, la *Philosophia Christi*, celle qui devait toujours guider le « soldat chrétien » de son *Enchiridion.*

L'esprit de l'empereur aurait pu être le creuset privilégié de ces différentes modalités d'une même foi, si les circonstances ne l'avait placé – arbitre pathétique – devant des choix tragiques. Lui attribuer « l'intolérance violente d'un Espagnol » comme le fait François Mignet ne correspond pas tout à fait à la réalité complexe de cet homme placé par le destin à la croisée de tous les chemins, du temps et de l'espace : du nord et du sud, du Moyen Âge et des Temps modernes, du profane et du sacré…

### *La vie religieuse de Charles Quint à Yuste*

Il a choisi de terminer sa vie en Espagne, loin du monde, aux côtés – *stricto sensu* – d'un ordre religieux éminemment espagnol. Les chroniqueurs (occasionnels et professionnels) qui ont immortalisé cette étape ultime, les témoins privilégiés, furent des ecclésiastiques, et, parmi eux, des moines du monastère de Yuste. Ils ont une forte tendance à exalter le comportement religieux de leur hôte, à en hypertrophier certains aspects, tout en négligeant (sans doute plus par ignorance que par volonté délibérée de falsification) toute autre occupation de Charles Quint.

Inversement, l'entourage immédiat – Quijada le militaire, Gaztelú le secrétaire et Mathys le médecin, aucun n'étant précisément un « dévôt » – mentionne rarement et fort succinctement ces aspects de la vie quotidienne de Charles Quint à Yuste, alors qu'ils en détaillent tous les autres. C'est ainsi qu'à travers les récits de frère Martín de Angulo, du frère « anonyme » Hernando del Corral – témoins directs –, puis du père Sigüenza, et enfin du frère Prudencio de Sandoval – qui s'inspira directement des précédents –, s'est forgée l'image à tendance hagiographique d'un empereur devenu moine parmi les moines.

Ainsi le frère Martín de Angulo, qui consacre presque la totalité de son récit d'une quarantaine de pages au « grand zèle de Charles Quint pour la foi », affirme-t-il qu'il « s'adonnait si continûment aux exercices spirituels de la prière, de la lecture de textes pieux, et de la contemplation, que les plus accomplis des moines du monastère en demeuraient eux-mêmes confondus ». À propos de sa mort, il écrit – l'expression est fort belle (et difficile à rendre) – qu'il attendit cette heure « *en vida de religioso con méritos de emperador* », en vivant avec la modestie d'un moine et le prestige d'un empereur…

Cependant, grâce aux témoignages attentifs et intéressés – directs ou indirects – de ces observateurs issus de l'Église, nous pouvons cerner la personnalité religieuse de l'empereur à un moment – et dans ce laboratoire, Yuste – privilégié : au déclin de sa vie, à l'heure (qui n'est plus au mensonge) du bilan spirituel, et loin de l'effervescence offuscante – au sens propre du mot – de l'activité politique. Le chroniqueur José de Sigüenza justifie en ces termes la dizaine de pages qu'il consacre dans son *Histoire* générale de l'ordre précisément à cet aspect de la vie de l'empereur à Yuste :

> « Je ne peux pas ici ne pas entrer dans le détail de cette histoire ; en effet, puisque ceux qui traitent des actions temporelles de ce Prince ne jugent pas superflu de dire ce qu'il a fait en personne au cours des guerres, la manière dont il affrontait tel ou tel problème, l'attention qu'il portait à telle ou telle chose, ce qu'il répondait, ce qu'il déclarait, les avertissements, les conseils donnés ou reçus, les positions adoptées, les uniformes, les couleurs et les armes, et autres particularités du même genre, pourquoi n'écrirait-on pas alors sur celles que nous avons ici sous la main, toutes aussi profitables, bien plus exemplaires et même d'une grandeur supérieure ? Si nous n'avions rien d'autre à opposer aux hérétiques ou aux mauvais chrétiens pour les renverser, ni même rien pour réchauffer notre tiédeur, il suffirait, pour y remédier, de prendre exemple sur *ce monarque qui est un vivant argument.* »

La journée et la semaine étaient effectivement organisées en fonction de la pratique religieuse. Le confesseur était – avec l'horloger chargé de régler la pendule préférée, posée sur une commode – le premier à pénétrer dans la chambre de l'empereur. Il l'aidait à faire ses dévotions matinales si le mal ne le tenaillait pas trop, lui tenait des propos édifiants, l'entretenait des mystères correspondant à l'heure canonique du moment afin que, selon le père Sigüenza, « l'âme ainsi remplie de bonnes pensées il ait de quoi méditer toute la journée ». Après qu'il fut passé par les mains du barbier, du chirurgien et du médecin, à dix heures, il se rendait, accompagné du gentilhomme de garde auprès de lui ce jour-là, à la messe qu'il suivait avec grande dévotion et dont il ne souffrait d'être distrait pour quelque motif que ce fût.

Au retour, il prenait un repas, pendant lequel le médecin Mathys et Guillaume Van Male, les plus doctes de la petite compagnie, engageaient à sa demande une discussion savante sur tel ou tel point de science, d'histoire ou de littérature ; l'empereur prenait manifestement plaisir à les entendre « disputer » parfois avec animation, c'était pour lui une source de distraction et d'enrichissement intellectuel. L'une de ces discussions – sur l'interprétation d'un passage de Pline – dut marquer les esprits car tous, y compris les plus proches comme Quijada et Gaztelú, ont pris soin de la noter dans leur chronique ou leur correspondance. Le frère Juan Regla fit alors office d'arbitre, après qu'on eut apporté un exemplaire de l'œuvre et qu'il eût repéré le passage litigieux.

Après le repas, le confesseur lui faisait un peu de lecture : un extrait de saint Bernard ou de saint Augustin, ou encore un passage de saint Jérôme, sur lequel ils s'entretenaient l'un et l'autre. Le confesseur avait pris soin de bien choisir son texte de manière, précise José de Sigüenza, à pouvoir en faire une lecture aisée, légère, sans trop appuyer ni fatiguer son auditeur, et donner ainsi simplement lieu à une conversation un peu élevée : « *una plática y conversación celestial* » ; et si l'heure n'était point aux considérations trop sérieuses, l'empereur lui demandait avec une grande affabilité : « racontez-moi frère Jean, votre vie, et je vous dirai la mienne, quoique vous devez déjà la connaître » et, ajoute Sigüenza, « ce serviteur de Dieu (le confesseur), qui était d'une modestie extrême, la lui racontait avec la plus grande simplicité, et le César prenait grand plaisir à la sincérité avec laquelle le saint homme lui parlait de lui-même, et de la sorte il l'avait pris en grande affection ».

Si le besoin s'en faisait sentir, il faisait une courte sieste ; mais à trois heures de l'après-midi il y avait, sur son ordre et chaque jour de l'année, alternativement un sermon (dimanche, mercredi et vendredi) prononcé par l'un des trois prédicateurs, ou une lecture commentée d'un passage de la Bible (lundi, mardi, jeudi et samedi) ; il s'agissait en particulier – et selon le vœu de l'empereur – d'un extrait de l'*Épître aux Romains* qui, selon lui (et selon Sigüenza), « renfermait à elle seule tout ce qu'il y avait dans les autres, était pleine de célestes mystères, et embrassait toute la sainte doctrine de l'Église » : en fait le plus « paulinien » de tous les textes de saint Paul… Tous les moines du couvent y assistaient en grande tenue et avec « gravité et recueillement ». Et le père Sigüenza de souligner avec emphase : « Notre grand auditeur Charles Quint assistait chaque jour au sermon ou à la lecture avec autant de ponctualité qu'un religieux », sauf si quelque importante et pressante affaire l'en empêchait, par exemple une réponse urgente à rédiger pour l'un de ses deux enfants « qui gouvernaient les Pays-Bas, l'Espagne et tous ses États ». Il se faisait alors très poliment excuser, et son confesseur devait lui communiquer le texte qui avait été lu ou un résumé du sermon qui avait été prononcé : « afin, en bon étudiant, de ne pas "faire d'impasse" », commente avec humour le chroniqueur.

C'est ici que le moine « anonyme » fait cette remarque, qui a pu être mal interprétée : « Sa Majesté avait tous les sens et toutes ses pensées occupés par ces saints exercices, et ne voulait rien entendre ni rien savoir des autres affaires qui auraient pu la distraire de ce qui importait à son salut ; car celles de ses enfants ne pouvaient l'inquiéter ni le détourner de cette pieuse résolution, puisqu'il ne s'agissait que de les guider au mieux sur les points pour lesquels ils demandaient conseil au père plein de sagesse et d'expérience qu'il était. »

Le frère Prudencio de Sandoval termine pratiquement – et de façon significative – sa grande *Historia del Emperador Carlos V* par la longue prière que faisait chaque soir l'empereur avant de se coucher, que le chroniqueur semble avoir « empruntée » au récit du frère Martín de Angulo. Par les derniers mots de cette oraison le royal suppliant demandait à la Vierge et aux saints de préserver son âme des attaques ennemies – en fait de l'Ennemi –, et consolation à l'heure de la mort ; on y apprend aussi que les saints intercesseurs sous la protection desquels l'empereur s'était placé – *« a quien yo he tenido y tengo por abogados »* – étaient Pierre, Paul, Jacques et Jean-Baptiste.

L'anonyme a ainsi résumé sa dévote assiduité à Yuste : « Pendant tout le temps que Sa Majesté résida dans ce monastère elle s'efforça, autant qu'il lui fut possible et que ses maux l'y autorisèrent, d'assister aux offices divins, aux vêpres, aux complies, aux messes, aux sermons et aux lectures de l'Évangile, ainsi qu'aux matines de la semaine sainte et à la discipline que s'appliquaient les religieux ; à cette fin on avait aménagé dans le chœur une petite tribune où Sa Majesté se rendait pour prier et demeurait jusqu'à la fin de l'office ; ensuite, le prieur, son confesseur et quelques-uns des pères les plus anciens le raccompagnaient dans ses appartements. »

Tous les auteurs ont souligné le zèle scrupuleux de Charles Quint à Yuste, soucieux de faire respecter les prescriptions de l'Église, et de ce que ses serviteurs les suivissent tout aussi scrupuleusement. Un franciscain venu des Pays-Bas résidait d'ailleurs dans le couvent de Jarandilla, et se rendait à Cuacos et à Yuste, assisté d'un laïc quand il le fallait, pour permettre au personnel flamand une pratique religieuse correcte et, en particulier, celle de la confession. Tous rapportent comment, le premier mercredi de Carême de son séjour à Yuste, il avait exigé que tous ses serviteurs – y compris le plus humble souillon des cuisines – vinssent recevoir les Cendres, comme lui et en même temps que lui et que les moines, sur la plus haute marche du grand autel.

Tous ont noté la profondeur de l'expression de sa foi au cours des cérémonies. Ainsi, alors qu'un moine intimidé[45] hésitait à lui présenter la patène à baiser, il la lui prit des mains, l'embrassa très dévotement et la posa sur son front et sur ses yeux : « … et il la baisa de la bouche, du front et des yeux, de telle manière qu'il semblait vouloir l'enfermer dans son cœur », écrit l'anonyme. Le père Sigüenza relève pour sa part que les jours où l'empereur communiait – ce qu'il faisait assez souvent – il ne se contentait pas de cette première messe (messe chantée), mais assistait aussi à la grand-messe et aux vêpres « auxquelles il assistait d'ordinaire de la fenêtre de sa chambre qui donnait sur l'autel ». Et quand, installé dans le chœur, il priait aux complies « on voyait bien avec quel respect il s'entretenait avec la divine Majesté. » Le vendredi saint il se rendait dans la chapelle pour l'adoration de la Croix et « lui qui pouvait à peine se tenir debout en s'appuyant sur ses serviteurs, se prosternait trois fois de suite comme il le voyait faire aux frères avant d'arriver à la Croix, et il laissait passer tous les moines devant lui, jusqu'au moindre novice, avant de s'en approcher à son tour pour l'embrasser, suivi de tous ses serviteurs ».

L'anonyme, témoin direct, évoque avec plus d'émotion que le chroniqueur ce moment capital : « Il est vrai que deux de ses gentilshommes l'aidaient à se prosterner et à se relever, sans quoi il lui eût été impossible de se mouvoir. Et, c'est ainsi qu'il adorait la Croix avec la bouche, les yeux, le front et la tête, en baisant les pieds du crucifix, de manière telle qu'il semblait ne plus vouloir s'en détacher, si grande était sa dévotion, très édifiante pour tout le monde. » Mais il avait dû renoncer à pratiquer le lavement des pieds le jeudi saint, ce que les Espagnols du temps désignaient aussi par « *el Mandato* », soit le Commandement par antonomase, le devoir par excellence des princes de ce monde… À Yuste, il l'avait délégué à son confesseur, qui honorait pour l'occasion – et en son nom – treize pauvres évoquant les treize apôtres. Et l'anonyme de commenter, avec la candeur qui le caractérise et fait son charme, cette émouvante ablution, l'un des plus beaux rites de la liturgie catholique : « Jésus Christ notre maître a donné cet exemple aux rois et aux prélats afin qu'ils en fassent autant, et c'est ce que font les rois de l'Espagne avec grande humilité et générosité. »

### *Les dévotions particulières de Charles Quint à Yuste*

À la demande de l'empereur tout le temps qu'il vécut à Yuste quatre messes étaient dites chaque jour : les deux premières à l'intention de ses parents (l'heure en étant laissée à la discrétion de la communauté) ; la troisième, précédée de psaumes pénitentiels récités par l'officiant, était dite à l'intention de la défunte impératrice à huit heures du matin, ponctuellement, pour que pussent y assister tous les serviteurs (le père Sigüenza précise : « tous les Flamands ») ; la quatrième, à laquelle assistait l'empereur, était dite pour lui, on la repoussait donc si nécessaire quand il avait passé une trop mauvaise nuit. À la différence de ces messes perpétuelles quotidiennes où l'on priait sans chanter, une cinquième, hebdomadaire, était « chantée » en l'honneur du saint sacrement le jeudi à l'aube avec presque autant de solennité, et beaucoup de musique, que pour la Fête-Dieu. Un de ses gentilshommes – Charles Ogier – y assistait au nom de l'empereur, à qui sa santé délabrée interdisait d'être aussi matinal. À ces messes régulières s'ajoutaient nombre d'autres chaque jour : à l'intention du jeune roi Philippe, pour que Dieu lui accordât la santé, ou la victoire, ou en actions de grâce pour lui avoir accordé l'une ou l'autre ; à l'intention d'autres rois, des papes, des chevaliers de la Toison d'or morts entre-temps ; bref, c'était à ce point que – selon les termes de l'anonyme – la communauté ecclésiastique de Yuste ne chômait point : « Nous les prêtres étions – quoique fort nombreux – tous occupés à ces sacrifices ; de sorte que je ne saurais dire si, du temps où elle régnait, Sa Majesté avait mis autant de zèle et de soin au maniement de ses armées, en traversant tant de pays et dans des situations si diverses, pour la défense de la foi et de l'Église, qu'elle en mettait à Yuste, prosternée au pied de l'autel, en faisant des sacrifices et en faisant dire des messes dans ce même but ; bien que fort différentes toutes ces choses étaient faites pour la gloire et l'honneur de Dieu ; et Sa Majesté ne pouvant plus, du fait de ses maux, faire usage des premières avait ainsi recours aux secondes. »

Les pères Sigüenza et Sandoval affirment, l'un et l'autre, que Charles Quint se serait donné la discipline à Yuste. Le premier écrit à ce propos « qu'au cours des deux carêmes qu'il vécut à Yuste, il monta dans le chœur le vendredi où l'on se donnait la discipline conventuelle. Au moment voulu il éteignait le cierge qu'il avait tenu en priant, et tel un courageux soldat du Christ il combattait aussi sa propre chair en s'appliquant comme eux la discipline, avec tant de force qu'il en abîmait les lanières, témoins sûrs et puissants d'une telle humilité de la part de l'Empereur. Son fils reçut ce fouet pénitenciel en héritage... » Quant à Sandoval, juste avant de donner le texte de la prière vespérale de l'empereur, il rapporte la significative anecdote que voici. Juan Ruiz de Velasco, secrétaire personnel du roi, et homme digne de foi, lui avait raconté comment, de passage à Logroño au cours d'un voyage en Aragon, Philippe II lui avait ordonné d'ouvrir un tiroir de son secrétaire portatif pour lui montrer un petit crucifix et des cierges de Notre-Dame-de-Montserrat qui s'y trouvaient, en lui recommandant de bien s'en souvenir le moment venu, car son père avaient tenu ces objets dans ses mains au moment de sa mort, et il avait l'intention d'en faire autant quand son heure viendrait ; ce qu'il fit en effet quatre ou cinq jours avant de mourir, en lui donnant l'ordre de les sortir du coffret. S'étant exécuté le confident aperçut deux disciplines serrées avec le crucifix et les cierges ; faisant alors remarquer au roi que l'une d'elle paraissait avoir bien servi, celui-ci répondit qu'elle avait appartenu à son père qui en avait – et non point lui – fait usage. Or, elles étaient raides de sang. Le roi ordonna en cette occasion qu'on les montrât aux deux infants, Philippe et Isabelle.

*Attachement de l'empereur à la Vierge de Montserrat et au saint sacrement*

Charles Quint avait en effet très tôt, dès son premier voyage en Espagne en 1520, manifesté une particulière dévotion à la Vierge catalane de Montserrat. À partir de 1523, à sa demande expresse, et ce jusqu'à sa mort on devait y dire une messe quotidienne à son intention. À tel point qu'à chacun de ses passages – et le passage était obligé pour s'embarquer à Barcelone et rejoindre ses autres possessions – il prenait grand plaisir à visiter ce monastère de bénédictins et à y partager un repas à la table du réfectoire avec l'abbé ou le prieur. À neuf reprises au moins il leur fit cet honneur accompagné de faveurs répétées et de privilèges consignés sur les registres de la communauté. On estime ainsi à vingt mille ducats les aumônes dont il les gratifia. Il en est une qui donne à elle seule la mesure de cette largesse : « Quand les églises de la couronne d'Aragon devaient participer par leur contribution au financement de la guerre, et que cette maison apportait la sienne, Sa Majesté ordonnait qu'on la lui retournât », écrit Sandoval. Quant on pense au déficit chronique dont les caisses impériales eurent toujours à souffrir, on apprécie le sacrifice à sa juste valeur. L'empereur avait coutume de dire à son entourage : « Entre les murs clos de ce sanctuaire j'éprouve pour la divinité qu'ils renferment une dévotion si grande que je ne saurais l'exprimer. » C'est pourquoi des années durant il conservera jalousement, avec le petit crucifix de l'impératrice, les chandelles bénites de Montserrat en prévision de sa dernière heure ; et c'est ainsi que Philippe II, roi catholique s'il en fut, hérita filialement de cette dévotion particulière…

L'ambivalence Autriche-Espagne, fruit du double héritage des Habsbourg et des Trastamare transparaissait jusque dans sa piété personnelle. En effet, deux aspects notoires de sa dévotion ont été soulignés par les contemporains : cet attachement profond à Montserrat d'une part[46], et de l'autre la profonde dévotion au saint sacrement qui lui venait des Habsbourg. Ainsi, selon le père Sandoval : « Le jour de la Fête-Dieu, quel que fût son état [de santé], il tenait absolument à suivre la procession avec un cierge à la main, et au cours de cette festivité la joie irradiait de son âme, héritière de la dévotion de nombreux aïeux (car les princes de la maison d'Autriche ont toujours montré une particulière dévotion pour ce saint mystère), léguant ainsi un clair et vivant exemple à ses successeurs, qui manifestent bien, à leur tour, qu'ils la considèrent comme le véritable et unique joyau de leur patrimoine. » L'anonyme consacre pour sa part, avec une effusion insolite chez lui, toute une longue page de son bref récit à cet aspect particulier de la piété « dynastique » de l'empereur :

> « Notre Seigneur l'Empereur Don Carlos fut une des personnes de son temps qui montra la plus grande dévotion pour le Saint-Sacrement, peut-être même plus qu'aucune autre ; ce qui apparaît bien dans tout ce qu'il a fait pour le servir [...]. C'était pour lui un grand bonheur que de recevoir le Seigneur quand il communiait ; à tel point que, ayant communié la veille de son extrême-onction, il voulut communier encore après l'avoir reçue, avant d'expirer. Pour défendre la foi et ce mystère, il fit la guerre – des guerres – aux luthériens et aux hérétiques, que grâce à Lui il vainquit et dont il arrêta les chefs. C'est ainsi qu'un jour il refusa de déjeuner avant d'avoir vu pendu haut et court un hérétique luthérien qui avait volé une cassette contenant le Saint-Sacrement ; il ne voulut point lui faire grâce bien que, comme c'était un grand artilleur, ce fût la personne la plus importante qu'il emmenait avec lui en guerre ; et ce afin de dissuader les autres d'en faire autant. On dit qu'en traversant un jour la place de Valladolid, Sa Majesté rencontra le Saint-Sacrement et que, mettant pied à terre, elle posa son bonnet au beau milieu de la boue pour s'y agenouiller, la dévotion et le respect qu'elle ressentait ne lui ayant pas laissé le loisir de chercher un endroit sec.
>
> Je ne saurais mieux dire la vénération de ce très chrétien et catholique Empereur pour le Corps du Seigneur, si ce n'est que son seul désir était d'être toujours auprès de Lui. C'est pourquoi Sa Majesté ordonna qu'après sa mort son corps fût enseveli sous le maître-autel de ce monastère, de sorte qu'en disant la messe le prêtre posa les pieds sur sa poitrine et sur sa tête [...]. Et quand on le transféra à Saint-Laurent [de l'Escurial], on le déposa sous le Saint-Sacrement, où il se trouve encore aujourd'hui et où il restera jusqu'au jour du Jugement, sous le saint sacrement, dans la chapelle principale de Saint-Laurent le Royal. Oh, bienheureux Empereur, que Dieu a voulu

payer de l'honneur et du respect que tu lui as manifestés, en te gardant ainsi tout près de Lui, même ici-bas ! »

Si l'on tient compte de cette dévotion si fervente de Charles Quint envers le saint sacrement on comprend ce qu'il devait lui en coûter de remords lorsqu'il communiait sans être à jeun. Les maux qui l'accablaient de plus en plus, et notamment le diabète qui faisait de tout jeûne un supplice, l'avaient poussé en enfreindre la règle qui imposait de communier l'estomac absolument vide de toute nourriture. C'est pourquoi il avait sollicité auprès du pape – Jules III en l'occurrence – une dispense assez exceptionnelle, datée du 19 mars 1554 (donc tardive) qui l'y autorisait, au nom des sacrifices qu'il avait lui-même faits, en payant de sa personne, pour la défense de la foi, et dont voici la teneur[47] :

> « Ta Majesté nous a fait connaître que tu étais poussé et contraint par l'état de ta santé et les conseils de tes médecins à prendre, pour le soutien de ton estomac, un léger déjeuner même le jour où tu avais coutume de recevoir la très sainte Eucharistie, et tu nous as supplié de t'accorder sur ce point, en vertu de l'autorité Apostolique, une absolution pour le passé et une dispense pour l'avenir. C'est pourquoi, considérant cette nécessité dans laquelle tu te trouves et reconnaissant l'esprit pieux et sincère avec lequel ta Majesté a constamment respecté et en toutes circonstances défendu la religion Catholique et les constitutions des saints Pères, nous te déchargeons, au nom du Seigneur, de tout scrupule de conscience que tu pourrais avoir conservé à ce sujet ; et au nom du même Seigneur, en vertu du pouvoir qu'il nous a conféré, nous t'autorisons avec indulgence à prendre la nourriture dont tu as besoin avant de recevoir le très-saint Sacrement de l'Eucharistie. »

Ce qui montre bien, commente le père Sigüenza, l'esprit de dévotion et d'obéissance de ce grand prince envers l'Église et le Vicaire du Christ, et la crainte révérencieuse que lui inspirait ce très sacré mystère. L'anonyme pour sa part insiste sur la valeur de « *satisfecit* » de cette bulle insolite : « Quand bien même Sa Majesté n'aurait point reçu d'autre hommage que celui que Sa Sainteté lui rend ici comme défenseur de la foi, comme chef et capitaine de l'Église, très respectueux de ses décrets, cela suffirait à immortaliser sa renommée. »

### *Saint Matthias et l'anniversaire*

Le 24 février fut jour de fête au monastère de Yuste et au village de Cuacos depuis que l'empereur vivant s'y installa en 1557 jusqu'à ce l'empereur mort en repartit en 1574. Pendant ces dix-sept années on y célébra la Saint-Matthias dans l'allégresse et la dévotion. Charles Quint – qui s'appelait Charles Matthias pour cette raison – était né le jour où l'on honorait ce saint, auquel il voua jusqu'à sa mort un culte si particulier qu'on lui avait accordé le rare privilège d'y attacher des indulgences – « *jubileo plenissimo* » –, grâce auxquelles tout fidèle qui pénétrerait le jour de la Saint-Matthias dans l'église où l'empereur se trouverait – vivant ou mort – en bénéfierait aussitôt. Ce saint patron, qui avait présidé à Gand en 1500 au destin du petit Charles s'était en effet montré très protecteur, qu'on en juge : le 24 février 1525 il avait gagné à Pavie, le 24 février 1530 il était couronné à Bologne.

Trois semaines donc après l'installation à Yuste l'excitation était à son comble car aux habitants de ce petit coin vraiment perdu d'Estrémadure s'offrait la double chance de voir en personne l'empereur (qui ne sortait pratiquement jamais de l'enceinte du monastère) et d'y gagner, outre l'occasion de faire la fête, quelques crédits pour l'Éternité. Il y eut foule et grande presse ainsi que beaucoup de tapage. Deux offices – deux messes et deux sermons – eurent lieu en même temps, l'un dans l'église du monastère, l'autre à l'extérieur destiné aux pèlerins accourus d'une cinquantaine de lieues à la ronde (et même de Cordoue, précise le moine anonyme). Tout le monde était en grande tenue : Charles Quint allait de noir vêtu sans autre ornement que le collier et les insignes de la Toison d'or, et les gens de la région tous endimanchés. « Les Flamandes aussi allaient à confesse et communiaient ce jour-là, et elles avaient mis leurs plus beaux atours pour monter de Cuacos à Yuste », écrit notre bon moine décidément observateur…

Ce qui distinguait notamment cette cérémonie des autres c'était l'offrande qu'y faisait l'empereur – au milieu de la messe – d'autant de pièces d'or qu'il avait d'années plus une ; cet écu supplémentaire correspondant en fait à l'année commençante :

> « Il allait entre Luis Quijada son majordome et Martín de Gaztelú son secrétaire, qui le tenaient pratiquement par la main tant il était affaibli et affecté par la goutte ; parvenu à l'autel et s'étant agenouillé, en bon prince catholique qu'il fut toujours, il "offrit ses années", c'est-à-dire les écus dont nous avons parlé, en remerciant le Seigneur de lui avoir accordé de vivre jusque-là, et en le suppliant de lui accorder encore vie et santé afin qu'il pût mieux le servir, ou que sa volonté fût faite ; et c'est ce qu'il exprimait par l'écu qu'il offrait en plus des années qu'il avait déjà. Après quoi, il regagna son appartement par la porte d'où il entendait la messe, qui est au niveau de l'estrade du grand autel. »

Coutume bourguignonne, à laquelle le petit Charles avait sacrifié pour la première fois à Malines en 1507 – à sept ans, à l'âge de raison – cette cérémonie et cette fête populaire dut raviver bien d'émouvants souvenirs du temps magique de l'enfance ; elle se répètera une fois encore de son vivant, et on dut en parler longtemps dans la région ; elle est cependant évoquée en trois lignes par le colonel Quijada, dont le moral semble être au plus bas, dans sa lettre à Vázquez du 2 mars 1557 : « La vie ici n'est que tristesse et solitude. Si c'est ce que Sa Majesté recherchait, elle est vraiment servie ! [...] Le jour de la saint Matthias, elle est allée faire son offrande au grand autel sur ses deux jambes, certes avec un peu d'aide... » Rien d'étonnant d'ailleurs à ce que ce martial seigneur, sans doute blasé par les fastes de la cour qu'il avait connus, n'accordât aucune importance à cette fête villageoise, sans intérêt à ses yeux, dans ce trou perdu qu'il détestait et au milieu de rustres qu'il méprisait...

Les indulgences cessèrent donc d'être accordées à Yuste lorsque le corps de l'empereur fut transféré à l'Escurial en 1574 et, précisait le moine anonyme, c'était là qu'on pouvait désormais les gagner – « *y allá se gana ahora* » – puisqu'elles étaient expressément attachées au lieu où se trouverait l'empereur, vivant ou mort. Une incitation publicitaire à laquelle les agences de tourisme castillan ne semblent pas avoir encore songé...

## *Le « noviciat » de l'empereur*

Un autre anniversaire donna lieu lui aussi, selon les chroniques des deux hiéronymites déjà évoqués, à une petite fête fort curieuse. Alors qu'on approchait de la Saint-Blaise au début de 1558, le maître des novices dit d'un air faussement sérieux à Morón, un valet de chambre bourguignon de l'empereur : « Voici que l'année de noviciat de Sa Majesté touche à sa fin ; et si elle n'y prend pas garde, une fois l'année révolue elle sera profès et alors, même si elle désirait s'en aller, elle ne pourrait plus le faire ; et il ne faudra point qu'elle se plaigne car en tant que maître des novices je l'aurai prévenue ! » Le brave Flamand, imperméable à l'humour des couvents espagnols, prit au pied de la lettre cette facétieuse mise en garde et courut, comme s'il avait eu le feu aux trousses, la rapporter à son maître comme pour l'avertir de quelque danger.

À le voir et à l'entendre répéter en bégayant les propos du moine, avec son fort accent d'homme du Nord maîtrisant mal l'espagnol et « n'entendant rien à ces histoires de profession, ni quand ni comment cela se faisait », écrit l'anonyme, l'empereur, bien qu'alors tenaillé par la douleur, éclata de rire ; entrant de lui-même dans le jeu, il le chargea aussitôt de porter en réponse au maître des novices ce message que le brave valet prit encore au sérieux : que lui, le maître des novices, et la communauté, lui disent ce qu'ils pensaient de lui et de son noviciat, et s'ils étaient disposés à le recevoir comme frère parmi eux ; car, quant à lui, il se déclarait satisfait et déjà profès avant même la fin de son année probatoire… Ce à quoi le maître facétieux, qui ne s'attendait pas à ce que sa boutade parvînt aux oreilles impériales, aussi heureux que confus, répondit : « Dites ceci, messire, à Sa Majesté : qui ne serait satisfait d'un tel novice ? Nous sommes tous confondus par tant de droiture et de piété. »

Sur cette réponse Charles Quint s'enquit auprès de son confesseur, qui ignorait encore l'affaire, de ce qui se pratiquait d'ordinaire lorsqu'un novice faisait profession dans leur ordre. « Sire, une fois qu'on s'est bien assuré de la qualité du lignage du novice et qu'il n'est entaché ni de maure ni de juif […], s'il répond aux conditions, on fixe la date de la profession. Le jour venu le prieur ordonne aux religieux de faire une grande fête et on améliore l'ordinaire ; ils vont alors dans les champs ou dans le jardin en compagnie du nouveau profès pour y prendre quelque collation. En dehors de cela, qui est le moins important de la festivité, il y a procession, et un sermon dans lequel le prélat commente d'ordinaire ce qu'a fait un nouveau profès en faisant sa profession. »

C'est ainsi qu'à l'initiative de l'empereur il y eut fête au monastère le 3 février 1558, pour y célébrer le premier – qui devait être aussi le dernier – anniversaire de son arrivée à Yuste. Il fit dire une messe d'action de grâces avec procession et *Te Deum*, des prières qu'il indiqua lui-même précisément et un sermon à propos duquel le père Sigüenza a écrit : « Le père Francisco de Villalba fit un sermon bien senti et très à propos en démontrant, par des citations judicieusement choisies, à quel point servir le Christ en se dépouillant de tout ce qui compte en ce bas monde, est un Empire bien supérieur à celui qui consiste à gouverner toute cette machinerie des états d'ici-bas. » Il ordonna également qu'un repas de fête, prélevé sur ses provisions, fût offert à la communauté et que tout le monde allât pique-niquer en pleins champs, car il ne les avait jamais vus prendre l'air depuis qu'il était à Yuste, et les pria de bien s'amuser. Il en fut bien ainsi : ce fut jour de fête au monastère, et les Flamands, hommes et femmes, qui étaient à son service à Cuacos y montèrent dans leurs plus beaux atours, en déclarant à la ronde qu'ils se rendaient « à la prise d'habit de Sa Majesté » : ainsi naissent les légendes…

Avertis, les habitants de la région – de la Vera –, envoyèrent des perdrix, des poules et des chevaux ; car le « bon peuple », ignorant le détail de l'affaire, et prompt à fabuler, crut en partie que l'empereur prenait réellement l'habit de religieux : « car dès que l'on sut ce qu'ordonnait Sa Majesté, et qu'une année se serait bientôt écoulée depuis son entrée à Yuste, on crut à cette histoire de profession. Mais, bien entendu, il n'en était rien, Sa Majesté ne la faisait pas réellement ; seulement, avec la grande courtoisie qui la caractérisait elle voulut ainsi montrer à tous sa satisfaction en gâtant un peu les religieux pour célébrer, simplement, le jour de son entrée à Yuste ».

Mais, commentait non sans finesse le moine anonyme et témoin direct, ce geste devait aller beaucoup plus loin et avoir une résonnance particulière dans l'âme et dans le cœur de Charles Quint, que l'on fêtait ainsi, par ce simulacre d'entrée en religion, alors que la maladie le clouait au lit dans une atmosphère plutôt morose, si l'on en croit les courriers de Luis Quijada, de Gaztelú et de Mathys. Ils ne disent en effet mot de ces modestes réjouissances de couvent dans leurs courtes missives datées des 2, 3 et 4 février. Mais il est vrai qu'ils avaient d'autres soucis, et n'avaient cure de ces insipides amusements de moines ni de ces ébats populaires : le temps était fort mauvais, l'empereur malade et semblait derechef menacé par une de ces redoutables crises de goutte ; et, pour comble, ils venaient d'apprendre que les Français avaient pris Calais, nouvelle encore officieuse reçue le 3 février précisément, mais qu'ils décidèrent de cacher[48] à l'empereur jusqu'au lendemain matin pour qu'il pût dormir en paix…

Quant aux moines ils apprécièrent beaucoup les proportions assez inattendues que la plaisanterie avait prises. À tel point qu'ils ouvrirent un nouveau registre où l'on inscrirait les professions à venir, et placèrent fièrement en tête la mention de la fête du 3 février 1558 « de la profession de Sa Majesté en éternel souvenir de cet illustre souverain, afin que les religieux qui viendront par la suite soient fiers de voir leur nom et leur profession mentionnés auprès de ceux de ce prince, tout comme il avait bien voulu l'être, lui, de rester près de nous en notre compagnie ; guidés par son exemple nous devenons meilleurs afin de mériter la gloire dont, par l'exemple qu'il nous a donné et l'acte si héroïque qu'il a accompli, je suis persuadé qu'il jouit désormais ». Le père Sigüenza qui écrit, lui, quarante ans plus tard, affirme que cette attention plut à l'empereur, et que le registre était alors conservé dans leurs archives, avant de conclure par cette remarque significative : « Que cela ait été une fête ou une réjouissance spirituelle, appelez cela comme vous voudrez, mais une chose est sûre : ça s'est bien passé comme cela. »

Cette anecdote (mais n'est-ce vraiment que cela ?) nous donne entre autres une idée de la façon dont, à partir de tels ou tels menus faits, peut se créer et se développer une « légende » : ici celle d'un empereur cénobite, d'un Charles Quint cloîtré à Yuste, sous la bure et la cendre ; l'historien anglais William Stirling-Maxwell n'intitulait-il pas encore sa biographie, en 1851[49] : *The closter-life of the Emperor Charles the Fifth* ? La rumeur qui ne manqua pas de courir dans la région sur ladite « profession », amplifiée et déformée, dut y contribuer du vivant même de l'empereur. Elle suggère aussi, puisque Charles Quint semble s'être prêté – et non sans plaisir – à ce jeu malgré tout bien ambigu, qu'une corde sensible avait été touchée. Le soldat qu'il avait été et qu'il restait dans l'âme (pourquoi sinon aurait-il choisi en guise de « gouvernante » le colonel Méndez Quijada, pourquoi son meilleur ami était-il alors ce don Luis de Zúñiga, l'un et l'autre de ses plus fidèles compagnons d'armes ?), avait peut-être rêvé et rêvait encore de l'humble grandeur de la vie monastique ; soldat puis « presque » moine, soldat et moine, moine-soldat, autrement dit la chevalerie et son idéal de vie. Ces visions, ces images, ces rêves – déjà d'un autre âge – qui avaient bercé son enfance bourguignonne, ne peuvent pas ne point l'avoir submergé aux heures contemplatives de Yuste, dans l'éclat vermeil du couchant, dans la brume nacrée du matin qui – par beau temps – donnaient à son horizon des châtoiements d'enluminure.

Cette petite histoire nous montre aussi, derrière la prolixité des uns et le mutisme des autres, que Charles Quint à Yuste, même tenaillé par la douleur physique et l'inquiétude – devant une situation politique menaçante – était, sans perdre pour autant de son autorité, capable d'humour, de bienveillance et même d'attention envers son entourage[50], grands et petits – du cuisinier Adrien au commandeur d'Alcántara –, religieux ou laïcs. Ce trait, relevé par les chroniqueurs, transparaît aussi dans la correspondance quasiment quotidienne du trio Quijada-Gaztelú-Mathys à travers une multitude de détails. Martín de Angulo a croqué, entre autres, les petites scènes suivantes qui ont conservé dans le quotidien ancillaire qu'elles évoquent comme un parfum de vie :

> « Il avait aussi des moments de détente, aussi drôles qu'innocents, avec ses serviteurs. Il mandait par exemple quérir le cuisinier pour lui dire :
> – Viens par ici Adrien : tu n'as pas mis dans ce plat autant de cannelle qu'il en fallait.
> L'Adrien en question rétorquait :
> – Mais, seigneur, c'est la faute au majordome qui achète de la cannelle éventée ; alors bien sûr ça manque de goût…
> L'Empereur lui disait alors :

– Oh, Adrien, je te connais, depuis le temps ! Il faut toujours que tu rejettes la faute sur les autres. Et alors, tu ne pouvais pas goûter, peut-être ? !
D'autres fois il faisait appeler le boulanger, et lui disait :
– Approche un peu Pelayo : ne pourrais-tu mettre autant de zèle à faire ton pain que tu en mets à te soûler sept fois par semaine, pour que je puisse en manger ?
Parce qu'en effet il n'avait plus de très bonnes dents.
Comme tous ses serviteurs étaient des Flamands, ennemis jurés de l'aubergine mais amateurs d'oignons, le jardinier des moines allait parfois cueillir un grand panier de ces aubergines dans le potager de Sa Majesté. Ne sachant ce qu'il emportait ainsi, l'Empereur fit un jour appeler Morón, qui était un des principaux valets et auquel il avait confié le soin du potager, et lui dit :
– Ce jardinier des frères vient souvent par ici ; je me demande bien ce qu'il emporte ainsi de notre potager…
Morón répondit :
– Seigneur, il vient chercher des aubergines, car nous ne les mangeons pas, et en échange il nous donne des oignons.
– Ah, bon ! voilà qui est parfait. »

Le comte de la Roca, don Juan Antonio de Vera Zúñiga y Figueroa[51], petit-fils par sa mère du commandeur d'Alcántara, l'ami que Charles Quint appelait le « témoin de ses pensées », a retenu pour sa part – dans la tradition familiale – ce souvenir d'une amicale intimité entre deux vieux compagnons d'armes :

« La mansuétude envers ses serviteurs n'est pas une vertu nouvelle chez Charles Quint, car il les a toujours traités comme un père. Ceux qui résidaient dans les environs de Yuste lui rendaient régulièrement visite ; en particulier don Luis de Avila, grand commandeur d'Alcántara qui, étant marié à l'héritière de la maison des Mirabel, vivait à Plasencia. Un beau jour il arriva à l'heure où l'Empereur était en train de déjeuner qui, ayant à peine goûté au chapon, ordonna :

> – Mettez-le de côté pour que don Luis puisse manger, parce que si ça se trouve nous n'avons rien d'autre à lui offrir.
>
> Il prenait plaisir à évoquer en sa compagnie les guerres où ils s'étaient toujours trouvés ensemble. Don Luis lui raconta un jour qu'il faisait peindre, sur une voûte de son palais [à Plasencia] la bataille que Sa Majesté avait livrée aux Français à Renty. L'Empereur l'écoutait avec intérêt détailler la peinture lorsque, l'entendant décrire l'ennemi délogé de ses retranchements comme s'enfuyant à toute vitesse, il lui dit :
>
> – Veillez don Luis à ce que le peintre se montre plus modéré sur ce point : il faut que ça ait l'air d'une retraite honorable mais pas d'une débandade, parce qu'en vérité ce n'en était pas une.
>
> Telle était sa modestie, tel son rejet de toute vanité, tel son habituel souci de ne point porter atteinte à l'honneur d'autrui. »

Charles Quint n'était à coup sûr pas connu pour sa « libéralité » envers ceux – grands ou petits – qui le servaient. Cette relative « pingrerie » doit être de toutes façons appréciée dans son contexte : l'empereur donnait peu, certes, mais on voit sans mal, à travers les documents les plus divers, qu'il se débattait constamment avec des problèmes – toujours pressants – de trésorerie. Il avait certainement moins à donner qu'on ne pourrait, vu de loin, l'imaginer… S'il avait quelque difficulté à bourse délier, il n'était par contre point indifférent, y compris pour le personnel le plus subalterne. On en trouverait de nombreux témoignages. En voici un, aussi discret que spontané ; le secrétaire Martín de Gaztelú ajoutait à la fin d'une lettre adressée à Juan Vázquez le 27 avril 1558 cette note : « La grande enveloppe qui accompagne celle-ci contient le courrier des serviteurs de l'Empereur, qui m'a toujours ordonné de bien veiller à ce qu'il soit acheminé avec le plus grand soin, pour qu'ils aient des nouvelles de leurs familles ; et il me charge de vous dire que, si certaines lettres ou autres nouvelles qui leur sont destinées arrivaient chez vous, vous êtes prié de les leur transmettre. Ils peuvent servir Sa Majesté avec zèle ici, il n'y a guère de mérite, quand on voit comment elle se soucie, elle, de tout ce qui les touche. »

### *L'empereur au réfectoire*

Si Charles Quint vécut à Yuste à l'ombre du cloître, ce fut dans son ombre portée, à côté et non au milieu des moines, en marge. Matériellement même, le seul contact entre sa résidence et l'enceinte monastique était l'église dans laquelle l'empereur avait un double accès direct : de sa chambre à l'autel et, à l'autre extrémité des appartements, par une entrée de plain-pied dans le chœur en surplomb.

En une seule occasion Charles Quint partagea le repas des moines dans le monastère. Dans ces deux lettres des 5 et 6 juin 1557 au secrétaire Vázquez, Gaztelú mentionne brièvement le fait : « Sa Majesté se sent si bien qu'elle projette de déjeuner demain dans le réfectoire des moines. » Puis, le lendemain : « Sa Majesté se porte toujours bien ; elle a déjeuné aujourd'hui avec les frères, et elle est très contente et ne ressent aucun malaise. » L'anonyme de Yuste, bien plus intéressé évidemment que le secrétaire, a consigné l'événement, car c'en fut un pour la communauté, en ces termes :

> « Mal en point des mains, de la bouche et des pieds, et toute raidie et torturée par la goutte qu'elle était, Sa Majesté voulut, pour nous honorer, manger avec nous dans le réfectoire. Ce fut le jour de la Pentecôte. Et elle voulut manger cela même qu'on apportait de nos cuisines, apprêté à notre manière, et être servie comme les autres par les moines à l'exclusion de ses serviteurs. Comme elle n'était pas en état de se glisser entre le banc et la table, on lui en dressa une petite près du couloir, et une fois dit le bénédicité, elle prit place sur une chaise. De temps en temps l'Empereur levait les yeux vers le

lecteur, qui dut lui plaire, car il demanda qu'on réservât pour lui un des plats qu'on venait de lui servir. Guillaume Van Male était là pour découper les mets à sa place et indiquer aux religieux la manière et le moment de lui apporter les plats. Près de la porte du réfectoir était placé le dressoir avec tout le nécessaire. Une fois le repas achevé et les grâces récitées, Sa Majesté regagna ses appartements accompagnés par le prieur, le confesseur et d'autres religieux, tout en louant l'abondance et la qualité de ce qu'on lui avait servi. Le père prieur dit alors : "Mais il restait encore des plats qui n'ont point été apportés, vu la hâte que Votre Majesté a mise à finir son repas." Et l'Empereur lui répondit : "Je ne vous en tiens pas quitte : qu'on me les mette de côté ; mais, vrai, vous m'avez bien et largement servi !" »

Et le moine concluait son récit avec des accents qui ne trompent pas :

> « Sa Majesté appréciait beaucoup et se montrait reconnaissante de tout ce que nous lui offrions de la maison : même les quelques poignées de cerises, de fraises ou d'autres fruits que nous lui faisions porter. Elle les estimait autant que si c'eût été des perles et ordonnait qu'on les lui réservât sans qu'il en manquât une, et il en était fait ainsi. Toutes ces marques d'estime et de gratitude que nous constations chez l'Empereur auraient été pour nous une raison suffisante – quand bien même il n'eût été notre roi et seigneur – pour le servir et pour l'aimer comme en vérité nous l'aimions et de tout cœur ; et aujourd'hui nous pleurons de l'avoir si tôt perdu. »

En dehors de ces rares occasions – très exceptionnelles – Charles Quint se tenait en retrait de la communauté. Il n'intervint plus directement semble-t-il, qu'une fois, et dans les derniers mois de sa vie, du temps du dernier prieur qu'il y connut, le frère Martín de Angulo, qui nous en a laissé un témoignage intéressant.

*Des pères « inspecteurs » à Yuste*

La communauté de Yuste fit en effet l'objet – pendant le séjour de l'empereur – d'une de ces inspections triennales réglementaires. Les « visiteurs » demandèrent d'abord audience à l'empereur, qu'il prièrent de leur faire part de ses observations, de ses souhaits éventuels, etc. concernant la communauté. Or, la seule remarque qu'il fit est assez curieuse : trop de femmes jeunes montaient demander l'aumône, car « la disette était si grande cette année-là qu'il y avait foule à la porte du monastère ». Nous savons par ailleurs que 1557 et 1558 furent des années de peste généralisée. La présence de Charles Quint à Yuste avait évidemment apporté un surcroît d'aumônes dans la région :

> « Dès que Sa Majesté entra à Yuste, elle fit distribuer de très grands secours à tous les villages et les bourgs sous juridiction royale des environs, et Plasencia en reçut une bonne part, grâce à laquelle de nombreuses personnes emprisonnées pour dettes et sans ressources furent libérées. Ce fut une grande aide pour les pauvres, car il y avait cette année-là un manque criant de blé, dont la fanègue atteignit les trente réaux, ce qui engendra beaucoup de pauvreté. En dehors de ces aumônes publiques Sa Majesté en fit donner secrètement ; notamment cent ducats que distribuaient chaque mois le père confesseur et le prieur. Et bien que Sa Majesté fût d'elle-même très humaine et très généreuse le père Juan Regla, son confesseur, qui l'était tout autant, l'encourageait grandement en ce sens. »

Cuacos, comme le souligne aigrement le père Sigüenza, en profita plus que tout autre en tant que voisin immédiat, tout proche de la source bienfaisante, mais s'en montra bien indigne par son ingratitude : « et ils [les habitants de Cuacos] le lui rendaient bien mal, car ce sont pour la plupart des esprits bas, ingrats, intéressés, brutaux et pleins de malignité ». Certains habitants du bourg (comme partout et en tous temps) s'enhardirent ainsi à dérober les truites de son vivier, ou les quelques vaches qui paissaient dans les bois du monastère pour fournir le lait nécessaire à sa table et à celle des serviteurs ; ou revendaient à des tiers un lot de cerises que l'on avait acheté pour lui au prix fort, etc. De petits méfaits, mais quotidiennement répétés, à tel point qu'il fallut y mettre un terme par voie de justice : « Les gens de Cuacos pourront se vanter d'avoir ébranlé la patience et la clémence de l'Empereur, ce que n'avaient pas réussi à faire ses ennemis les plus vaillants et les plus puissants, tant leur insolence fut grande. »

Mais, pour en revenir à la discipline monastique, c'est ainsi qu'à la demande de l'empereur, soucieux de la vertu des moines, il fut interdit aux femmes – sous peine de cent coups de fouet – de dépasser un calvaire qui se trouvait à deux tirs d'arbalète du monastère. On répartit en conséquence l'assistance charitable par zones, dont chacune recevait une certaine quantité de blé, à charge d'en faire elle-même le pain nécessaire et de le distribuer aux pauvres par l'intermédiaire des alcades (les maires) du lieu. La vertu des moines fut peut-être sauve, mais l'assistance sociale y gagna à coup sûr en efficacité et en équité. L'empereur n'avait-il point grandi dans le pays qui avait repensé, avant tout autre, le problème de l'aumône et de la charité selon des critères nouveaux ? L'un de ces premiers théoriciens avait d'ailleurs été ce Valencien gagné à l'humanisme flamand, ce Jean-Louis Vivès devenu citoyen de Bruges et qui, né en Espagne, avait choisi de mourir aux Pays-Bas, suivant en cela le chemin inverse de son souverain.

Le frère Martín de Angulo a raconté comment l'empereur s'étonna de la brièveté du séjour des deux « visiteurs-inspecteurs » : en quatre jours ils n'avaient pas dû pouvoir faire grand-chose car lui, quand il ordonnait l'inspection d'un Conseil ou d'une chancellerie, cela durait un an ou même deux. Comment était-il alors possible de contrôler en quatre jours cinquante moines et tout un couvent ? Ce à quoi les inspecteurs surent opposer les arguments suffisants. Peut-être prirent-ils aussi une petite et innocente revanche. Le plus âgé, ayant sorti un billet de sa poche lui dit en effet : « Si Votre Majesté le permet nous avons également retenu quelques charges contre elle. » Dites toujours, répondit l'empereur, interloqué. On lui reprochait en fait quelques menus cadeaux destinés à améliorer l'ordinaire de la communauté, ou quelque modeste gratification remise à l'un des frères en particulier pour un petit service rendu…

Mais, derrière l'aspect anodin des « griefs » ainsi exprimés, se dégage une leçon de monachisme : gâter un tant soit peu les moines était néfaste ; un peu trop de confort risquait de les détourner de la contemplation et du service divin, et d'éveiller en eux – Dieu les en garde – d'autres bien mauvaises pensées ! Quand un frère en particulier était amené, à la demande de l'empereur, à lui rendre quelque service, à faire pour lui quelque démarche ou commission, l'ordre pourvoyait à tous ses frais, et quand « Votre Majesté, étant la personne qu'elle est, lui donne la moindre récompense, elle lui fait courir le risque d'offenser Dieu en ravivant chez lui le sens de la propriété […] car le religieux ne peut rien posséder qui ne soit à la communauté. »

On le pria donc de ne plus jamais distinguer un frère en le mentionnant particulièrement, mais de se référer toujours à l'ordre qui était entièrement, y compris le général, à son service. L'empereur n'ayant répondu mot les pères visiteurs se retirèrent et, conclut le frère Martín : « il raconta par la suite combien les paroles de ce vieux religieux avaient été pour lui édifiantes ; et qu'il croyait bien n'avoir jamais ressenti autant d'inquiétude qu'en l'entendant lui dire, son papier à la main, qu'ils avaient retenu des charges contre lui. Ce qui montre bien l'humilité chrétienne de ce saint empereur »[52].

### *Le raidissement idéologique de Charles Quint à Yuste*

Outre la pratique personnelle de Charles Quint si minutieusement observée, les témoins privilégiés de Yuste ont consigné certains propos qui tendent à confirmer ce qui ressort de la correspondance même de l'empereur : un durcissement de sa position face au problème religieux, devant l'infiltration protestante en Espagne qui devait perturber les derniers mois de sa vie. Nous reviendrons sur ce point capital. Considérons d'abord ce que le prieur Martín de Angulo rapportait – à l'intention de la régente doña Juana –, comme une preuve du « zèle ardent pour la foi dont ce prince était animé » :

> « S'entretenant un jour avec le prieur, en compagnie de quelques moines et de son confesseur, de l'arrestation de Cazalla et de quelques autres hérétiques – qu'il abhorrait tant – il dit : la seule chose qui serait capable de me faire quitter cette cellule serait la nécessité d'aller châtier les hérétiques. Mais pour quelques pouilleux comme ceux-là, dit-il textuellement, je ne suis pas indispensable. J'ai déjà écrit à Juan de Vega – qui était alors président [du Conseil de Castille] – de mener chaudement ces affaires-là ; et aux inquisiteurs de faire diligence. Parce-ce qu'ils ne pouvaient faire moins que d'en brûler quelques-uns, tout en faisant leur possible pour qu'ils meurent en chrétiens ; de toutes façons aucun d'entre eux ne sera jamais sincèrement catholique, car ce sont tous des dogmatiseurs. *En leur laissant la vie on commettrait la même erreur que moi en ne tuant pas Luther*. Mais j'avais les mains liées par la promesse, le sauf-conduit et la parole je lui avais donnés. En croyant que je pouvais remédier à cette hérésie par d'autres moyens je me suis trompé. Je n'étais pas en fait obligé de tenir parole car cet hérétique avait offensé plus grand seigneur que moi : Dieu lui-même. Aussi n'avais-je pas à tenir parole – plus encore : je n'aurais pas dû la tenir –, mais à venger l'injure faite à la Majesté divine ; s'il n'avait offensé que moi j'aurais dû en effet tenir parole. Et comme je ne l'ai pas tué le mal n'a fait que croître ; je sais maintenant qu'on aurait pu l'enrayer si je l'avais tué[53]. »

Et, selon la même source, l'empereur aurait ajouté au fil de la conversation :

> « – Il est très dangereux de fréquenter ces hérétiques, car ils avancent des arguments si persuasifs et si bien préparés qu'ils peuvent facilement tromper l'homme le plus averti. Ainsi, moi j'ai toujours refusé de les entendre discuter de leur secte. Quand nous allions attaquer le Landgrave – le duc de Saxe – et les autres, quatre de ces princes sont venus me trouver. Au nom de tous les autres il me dirent : "Sire, nous ne venons pas faire la guerre à Votre Majesté ni nous soustraire à son autorité, mais défendre nos idées et notre réputation, car on nous traite d'hérétiques alors que nous sommes certains de ne pas en être. Nous supplions Votre Majesté de bien vouloir nous accorder cette faveur : puisque nous sommes ici accompagnés par nos théologiens comme Votre Majesté par les siens, qu'elle veuille bien accepter qu'ils en débattent en sa présence. Et nous nous engageons à nous soumettre à ce que Votre Majesté décidera." Je leur ai rétorqué – dit l'Empereur – que je n'étais ni juriste ni théologien, qu'il revenait à ces derniers de débattre entre eux. Et qu'ensuite les miens m'en rendraient compte. J'ai agi ainsi car, à vrai dire, je sais peu de latin ; car je venais à peine d'en commencer l'étude, étant enfant, quand on est venu me chercher pour gouverner ; et je n'ai de ce fait pas pu continuer. *Et si, d'aventure, on m'avait fourré dans la tête une des fausses raisons de ces hérétiques, qui alors eût été capable de me l'arracher de l'âme ?* C'est pourquoi j'ai refusé de les écouter, alors qu'ils me promettaient – si j'avais accepté – de se lancer, avec toute l'armée qui les accompagnait, contre le roi de France qui avait déjà franchi le Rhin pour m'attaquer, et de lui faire la guerre jusqu'à envahir son domaine pour me le soumettre.
>
> L'Empereur dit encore que lorsqu'il fuyait devant Maurice [de Saxe] avec six cavaliers pour toute escorte, deux autres princes allemands lui coupèrent la route pour lui dire, au nom dudit Maurice et des autres, qu'ils le suppliaient de bien vouloir les écouter lui exposer leurs

> points de vue, et de ne pas les considérer comme des hérétiques ni les traiter comme tels ; ils lui promettaient de descendre tous se mettre à sa disposition, avec cent mille hommes à leur frais, pour marcher contre les Turcs qui menaçaient alors la Hongrie, et de ne point rentrer chez eux avant de l'avoir rendu maître de Constantinople ou de mourir sur place. Il leur avait répondu :
> – Je ne veux point de royaumes à si haut prix ; ni – à de telles conditions – de l'Allemagne, de la France, de l'Espagne, de l'Italie, ni de toute l'Europe, mais seulement Jésus Christ le Crucifié. Et sur ce j'ai éperonné mon cheval.
> Il racontait ainsi bien d'autres choses aux religieux de ce monastère. Et à n'en point douter il devait le dire par souci de vérité et non pour se vanter ou par vanité, comme en témoignent toutes ses autres actions qui disent à l'évidence sa grande sainteté.
> Quand ils ont arrêté Domingo de Guzmán à Séville, il s'est exclamé :
> – Celui-là c'est pour délit de sottise qu'on devait l'arrêter.
> Mais quand ce fut le tour de Constantino [Ponce de la Fuente] il dit alors :
> *– Si Constantino est hérétique ce ne peut être qu'un grand hérétique…*
> Et c'était bien le cas, car l'un des inquisiteurs qui le condamnèrent a déclaré par la suite qu'il avait été l'un des plus grands hérétiques du monde ! L'Empereur parlait ainsi de ces choses et d'autres avec tant d'aisance et de douceur qu'à l'écouter on ne voyait pas passer le temps. »

Rappelons que certains ouvrages de ce « grand hérétique » se trouvaient encore dans la petite bibliothèque de Yuste. L'éminent théologien, arrêté en août 1558 peu de temps avant le décès de l'empereur qui lui rendait ainsi hommage, devait mourir, dans d'atroces et obscures conditions au fond d'un cul-de-basse-fosse de la forteresse inquisitoriale du quartier sévillan de Triana, avant d'être brûlé en effigie lors de l'autodafé du 22 décembre 1560.

Un sentiment de tristesse nous saisit à la pensée que les « circonstances » historiques et personnelles (les deux étant, ici, liées) aient pu amener Charles Quint, au seuil de la mort, à regretter ce geste emblématique – « *j'ai donné ma parole de chevalier…* », « *laissez les morts dormir en paix…* » – qui, Pierre Chaunu l'a bien montré, l'avait placé, spirituellement, tellement au-dessus des passions de son temps, alors même que son destin politique l'y plongeait de force. Le « dernier chevalier », dernier empereur d'Occident couronné, invaincu par les hommes le fut semble-t-il par la violence du temps, par *son* temps.

*

* *

Car derrière le récit au ton lénifiant du moine, affleure un drame intérieur qui a dû, plus que jamais dans la solitude de Yuste et dans l'attente du suprême instant, torturer l'empereur : celui des comptes à rendre, à rendre à Dieu bien sûr. Érasme le lui avait expressément rappelé dans ce « miroir du prince » qu'il lui avait, dès 1516, tendu : « La mort est la même pour tous, pour les mendiants comme pour les rois ; mais après la mort le jugement n'est pas le même pour tous, car *pour personne il ne sera aussi sévère qu'envers les puissants de ce monde.* »

## Chapitre V

# DERNIÈRE COLÈRE : SAINTE COLÈRE ?

*« Je suis résolu à rester fidèle à tout ce qui a été fixé par le concile de Constance. Il est clair qu'un frère isolé dans l'erreur, lorsqu'il contredit l'opinion de toute la chrétienté, a tort, sinon la chrétienté se serait trompée durant mille ans ou plus. Aussi je suis résolu à engager mes royaumes et mes possessions, mes amis, mon corps, mon sang, ma vie, mon âme. »*

Charles Quint (nuit du 18 au 19 avril 1521 à Worms).

*« La seule province, disait le pape de l'Espagne, qui s'était gardée de cette contagion. »*

Diego de Espinosa, évêque de Sigüenza, à la régente.

*« Nous serions dans l'erreur si nous regardions avec les yeux du positivisme, du scepticisme et du matérialisme cette âme à bien des égards médiévale. Ses lettres, ses papiers personnels, ses « réflexions », son testament, ses instructions, confirment que Charles Quint prenait sa religion très au sérieux et la considérait comme l'âme même de sa politique. »*

Salvador de Madariaga, *Charles Quint.*

La tragique affaire des « protestants » espagnols, qui s'enclencha et se noua précisément entre 1557 et 1558, constitua aussi un véritable drame pour l'empereur dont elle assombrit, à n'en point douter, les toutes dernières semaines de vie, jusqu'à l'ultime instant, à Yuste.

Charles Quint traversait une période bien difficile, en ce début de 1558 ; la nouvelle de la maladie puis de la mort d'Éléonore, sa sœur, l'avait beaucoup affecté, aggravant des maux qui ne lui laissaient nul répit ; le docteur Mathys écrivait ainsi à Valladolid le 20 février : « la douleur du bras droit s'est accrue et Sa Majesté a mangé par les mains d'autrui, et peu ; le soir elle eut de la fièvre et des angoisses, et les souffrances du bras devinrent si vives qu'elle dormit à peine l'autre nuit. Hier matin la douleur avait diminué mais aussi gagné le genou droit, et Sa Majesté s'est retrouvée avec les deux bras pris par le mal de sorte qu'elle ne peut les bouger. Et comme Gaztelú [qu'on avait dépêché sur place] est revenu en disant que la reine était au pire et sans espérance, *vous pouvez imaginer dans quel état se trouve Sa Majesté.* » On perçoit le chagrin de l'empereur derrière les lignes – pourtant pleines de retenue – de son médecin.

La reine douairière était décédée, on l'a vu, non loin de Yuste le 18 février après l'entrevue décevante qu'elle avait eue à Badajoz avec sa fille, l'infante de Portugal ; peinées, les deux sœurs – Éléonore et Marie – allaient chercher consolation au monastère de Guadalupe lorsque l'aînée fut prise en chemin d'une grave crise d'asthme ; elles durent faire étape dans la bourgade de Talaveruela : ce serait la fin du voyage pour Éléonore… Ses dernières pensées avaient été pour sa fille et pour son frère. La reine Marie, défaite, se présentait le 3 mars à Yuste, où elle restera une douzaine de jours. Quijada, le seul vrai confident de l'empereur, écrivait le lendemain à Juan Vázquez : « Sa Majesté m'a dit à plusieurs reprises qu'elle ne pourrait croire que la reine très chrétienne était morte qu'en voyant entrer la reine Marie toute seule » ; mais lorsqu'elle entra – seule – il ne put dominer sa peine…

C'est dans ce climat de deuil que tombaient à Yuste quelques semaines, plus tard, le 27 avril, deux importantes nouvelles : soulagement de l'empereur devant l'une, mais accablement devant l'autre… Il apprenait en effet – le même jour, par un courrier de Valladolid – que la diète avait entériné sa renonciation à l'empire, et que l'on avait débusqué les premiers groupuscules « protestants » en Castille, en arrêtant le docteur Cazalla et certains de ses proches.

Le secrétaire d'État terminait sa brève missive sur ces mots : « Ce sont des choses très graves, auxquelles il faut remédier sans tarder ; c'est pourquoi l'Inquisiteur général et tout le Conseil d'Inquisition font toute diligence pour couper court à ce mal qui commençait déjà à bien se répandre. » Ce qui était d'autant plus sérieux qu'une douzaine de moines du couvent hiéronymite de Séville avaient mystérieusement disparu l'été précédent alors que le Saint-Office enquêtait secrètement sur eux…

Cette nouvelle – redoutable et redoutée – confirmée par une lettre de la régente, apparaîtra dans toute son ampleur dans le rapport qu'adressera l'Inquisiteur général le 2 juin suivant à Charles Quint. Cette alarme provoqua dans l'esprit de ce dernier une véritable tempête, elle souleva chez cet homme si maître de lui la dernière grande colère de sa vie…

### *Contexte et spécificité spirituels de l'Espagne*

Pour mieux le comprendre il faut se replacer dans l'esprit de l'époque, dans le contexte spirituel de l'Espagne du premier XVI^e^ siècle. Fait capital à ne pas oublier : les événements clefs qui, dans le royaume de Castille, ont marqué la fin du siècle précédent (la Reconquête de Grenade – sa signification et ses conséquences – d'une part, l'expulsion des juifs, de l'autre) avaient eu pour effet et pour conséquence tout ensemble de lier indissolublement l'unité politique à l'unité religieuse, d'ériger en véritable dogme politique l'unité de foi. Pour (sur)imposer ce schéma à une réalité plus complexe, la double monarchie espagnole –

Castille et couronne d'Aragon – s'était dotée d'un instrument de surveillance et de répression unique et très efficace : l'Inquisition qui, installée en 1478 localement et à titre temporaire, devait s'étendre à toute la péninsule et se pérenniser jusqu'au début de l'époque contemporaine.

Charles Quint avait donc pris possession en 1517 d'un royaume officiellement unifié au plan religieux ; néanmoins travaillé par une féconde effervescence spirituelle, même s'il n'en avait pas l'exclusivité, par une fermentation mystique ; mais aussi par une inquiétude latente. En effet, par une de ces contradictions (apparentes) qui confèrent à l'histoire d'Espagne le caractère original qui la distingue des autres pays d'Europe, le XVIe siècle espagnol fut à la fois celui de la sainteté et celui de l'hérésie. Dans le même temps – souvent du vivant de l'empereur, même si la floraison devait surtout s'épanouir sous Philippe II – devaient apparaître les grandes figures de l'hagiographie péninsulaire : Thérèse d'Avila, Ignace de Loyola, François-Xavier, Jean de la Croix, Pierre d'Alcántara, François Borgia, Jean d'Avila, notamment ; les maîtres de la littérature ascétique : Louis de Léon, Louis de Grenade, etc. ; d'illustres théologiens comme Diego Laínez, Domingo de Soto, Melchor Cano, Francisco de Vitoria, Alfonso Salmerón, Bartolomé Carranza, entre autres, qui furent nombreux à participer activement aux travaux du concile de Trente ; sans compter les hommes d'action comme Bartolomé de Las Casas, et tous les missionnaires qui – en Amérique ou en Asie – consacrèrent voire sacrifièrent leur vie à Dieu et à leur prochain, honorant ainsi l'ordre (ancien ou nouveau) et la nation auxquels ils appartenaient.

D'autre part, en ce même siècle – mais surtout, ce qui est significatif, dans la seconde moitié – eurent lieu les grands procès pour hérésie devant les tribunaux de l'Inquisition. Et c'était sur ce terreau paradoxal que devaient fleurir les premiers – et derniers – rejetons hispaniques de la Réforme ; le luthéranisme espagnol s'inscrivant alors dans ce que l'essayiste Jesús Alonso Burgos a remarquablement formulé[1] : « … cette proposition dialectique – thèse, antithèse, synthèse – qu'ont représentée en Espagne la Pré-Réforme, la Réforme et la Contre-Réforme. »

*L'œuvre réformatrice du cardinal Cisneros*

Mais de quelle « pré-Réforme » parle-t-on ici ? De l'action réformatrice entreprise de main de maître par Francisco Jiménez de Cisneros, ce moine franciscain devenu à son corps défendant cardinal-archevêque de Tolède (et donc, primat du royaume de Castille), au tout début de l'époque moderne, à la charnière donc des XVe et XVIe siècles. Il mena en effet, au nom des Rois Catholiques, par délégation de pouvoirs qu'eux-mêmes avaient obtenus du pape, une réforme qui, malgré d'inévitables échecs, marqua si fortement l'Église et, par conséquent, la société espagnole de son temps, qu'on parle de « préréforme cisnérienne ». Il réalisait ainsi – au plan local : l'Église d'Espagne – de manière constructive, sans remettre en cause l'autorité pontificale, et en prêchant d'exemple, l'œuvre de remise en ordre, de redressement moral et surtout de rénovation spirituelle qu'on réclamait en vain ailleurs sur un plan général en dénonçant (dans les pays germaniques notamment) dès la fin du XVe les relâchements, corruptions et exactions en tous genres tolérés (sinon encouragés) par Rome. Or, cette frustration exaspérée devant les abus encouragés au sommet, sans être certes la cause première de la Réforme (ce renouveau spirituel, irrésistible montée de l'esprit évangélique, qui s'était formé dans le Nord, comme une vague de fond, à la fin du Moyen Âge), a néanmoins contribué à son déclenchement.

Marcel Bataillon l'a excellemment dit[2] : « Ce moine [Cisneros] domine si clairement la vie religieuse espagnole, pendant les vingt ans qui précèdent l'explosion de la Réforme, qu'on ne peut pas ne pas remonter à lui si l'on veut comprendre l'attitude de l'Espagne en face de la révolution protestante. » Mais, précise-t-il aussitôt, ce n'est point à travers la seule remise en ordre générale qu'il a entrepris, avec moins de bonheur au niveau du clergé séculier que du régulier, qu'il faut mesurer l'impact de la réforme de Cisneros, et notamment son rôle éventuel de contre-force, d'antidote par anticipation à l'influence luthérienne en Espagne. C'est à un niveau très supérieur qu'il faut l'apprécier : « En réalité, Cisneros, fondateur de l'université d'Alcalá, inspirateur de la Bible polyglotte, appartient à l'histoire de la Préréforme par toute une œuvre créatrice qui le met au premier rang des promoteurs de cette *Philosophia Christi* pour laquelle va s'enthousiasmer l'Europe. De cette œuvre, son activité réformatrice n'est qu'un aspect. »

La fondation de l'université d'Alcalá (où la première « rentrée » eut lieu en 1509) – source et vivier de la nouvelle spiritualité – constitua le sommet de la réforme cisnérienne, et ne tarderait pas à faire ombrage à celle, vénérable, de Salamanque. Les meilleurs représentants de l'humanisme espagnol y séjournèrent au titre d'enseignants ou d'enseignés ; citons au rang des professeurs le grammairien Elio Antonio de Nebrija, Alonso de Herrera, (saint) Tomás de Villanueva, Bartolomé Carranza, l'helléniste Hernán Núñez, Francisco de Vergara ; parmi les étudiants : Francisco Ortiz, Ignace de Loyola, Juan de Valdés, Francisco de Osuna, et d'autres. On admettait dans cette nouvelle université, exclusivement (ou presque) consacrée à la théologie, les méthodes les plus modernes ; et il y régnait une telle liberté de pensée que, écrit José Nieto dans le grand ouvrage qu'il a consacré à Juan de Valdés[3] : « Cisneros s'est montré très ouvert quant aux thèmes discutés au niveau doctrinal. Son attitude fut telle que de nombreuses personnes se risquèrent à exposer leurs propres convictions religieuses qui, si elles ne relevaient pas franchement de l'hérésie, en furent ultérieurement le ferment. Sous sa protection et son inspiration, à son ombre, cette fermentation prendra corps en de nouvelles formes de vie religieuse qui lui durent, au moins, cette liberté qui leur avait permis d'émerger ; car grâce à sa libéralité en matière de religion personnelle et d'études bibliques, et sur son invitation à lire la Bible et d'autres ouvrages de littérature chrétienne, les gens ont commencé à se sentir indépendants vis-à-vis du pouvoir et de l'autorité ecclésiastique, voire même du dogme. » Mais n'oublions pas : la « menace » de rupture, certes imminente, qui pesait sur l'unité de la chrétienté ne s'était pas encore déclarée.

Et le vieux cardinal, qui avait tant mérité de la monarchie espagnole (et de la chrétienté en général), mourut dans la bourgade de Roa, à quelques heures et à quelques kilomètres de son nouveau souverain, le jeune Charles Ier d'Espagne, privant ainsi la postérité d'une rencontre qui eût été mémorable, en novembre 1517, juste une semaine avant qu'un moine quasiment inconnu n'affichât ses 95 thèses à Wittenberg…

### *L'Espagne et Érasme ou le rendez-vous manqué*

À Alcalá on suivait avec grand intérêt les travaux d'Érasme de Rotterdam. La publication (en 1516) de son *Novum Instrumentum* entrait en concurrence directe et féconde avec la Bible polyglotte – dite *Biblia complutense* – concue, commandée, dirigée et financée par Cisneros. Chacun sait l'accueil privilégié que reçut l'œuvre d'Érasme en Espagne – dans les milieux cultivés de l'Espagne des Rois Catholiques et de Cisneros, s'entend –, et comment l'invitation dont l'auteur fit par deux fois l'objet fut déclinée par celui-ci pour des raisons qui nous échappent encore : « *Non placet Hispania…* »[4]

Cet enthousiasme portait essentiellement sur la « philosophie chrétienne » développée à travers l'essentiel de son œuvre par l'humaniste hollandais. *Philosophia Christi* : l'expression désigne l'essentiel du message érasmien, cet humanisme hérité de l'Italie de la Renaissance et appliqué à une nouvelle recherche spirituelle ; recherche d'une certaine élite intellectuelle – en rupture avec la scolastique médiévale, souvent sclérosée et sclérosante – qui, par des voies différentes mais relativement convergentes, coïncidait avec une nouvelle sensibilité religieuse : la *devotio moderna*. Celle-ci, issue du mysticisme rhénan, s'était développée au cours des XIVe et XVe siècles dans certains milieux moins élitistes, plus populaires – mais sachant généralement lire et même écrire (risquons l'anachronisme : une *middle class* naissante) – des zones flamandes et germaniques.

L'une comme l'autre aspirait à la simplicité originelle, à la pureté évangélique, à une foi intériorisée ; manifestait une répugnance croissante envers un ritualisme excessif et pharisaïque, des pratiques extérieures superstitieuses fleurant parfois le paganisme ; réticence croissante aussi – et là était le danger – envers une institution ecclésiastique hypertrophiée et souvent corrompue, articulée au sommet par le Saint-Siège, et qui faisait écran depuis des siècles entre le chrétien et la lettre – et donc l'esprit – de l'Écriture en interposant, et en imposant, son interprétation des textes-sources : Bible, Pères de l'Église, notamment. Enfouis sous des monceaux de commentaires superposés (commentaires de *Commentaires*), ceux-ci étaient doublement inaccessibles au chrétien ordinaire qui en était interdit de lecture par les décrets de l'Église ; et par sa propre ignorance, notamment des langues savantes : (hébreu), grec et latin. C'est pourquoi la mise à disposition pour tous des textes – à commencer par la Bible – en langue vernaculaire fut un élément capital de la lutte qui – à fleuret moucheté d'abord puis au couteau – s'engagea au début du XVIe siècle entre Rome et les humanistes, relayés (en quelque sorte et malgré eux) par les protestants.

La tragique parenté spirituelle entre Érasme et Luther est un trop vaste thème. Il est cependant essentiel. Un dicton railleur le rappelle : « Érasme a pondu l'œuf que Luther a couvé. » Les deux maîtres avaient bu dans leur enfance à la même source – la *devotio moderna* des frères de la Vie commune –, avaient une même aspiration, mais des personnalités et une expérience vitale radicalement différentes ; l'un était flamand (au sens large que donnaient au terme les Espagnols de l'époque), l'autre allemand. L'un voulait la conciliation, la réforme de l'intérieur et sans heurts ; l'autre, tout ou rien, affrontait la rupture – exposant même sa personne – imposait la réforme de l'extérieur (qui deviendrait la Réforme par antonomase), déclarait la guerre. L'un jouissait d'un immense prestige dans les milieux cultivés et raffinés de toute l'Europe, qui le vénéraient, entretenait un réseau épistolaire très élististe ; l'autre galvanisait les foules allemandes, leur donnait une identité. Luther ne réussit pas à entraîner maître Érasme sur le chemin tragique où il allait s'engager en défiant et en affrontant Rome.

L'érasmisme, qui aurait pu constituer une troisième voie – pacifique, *irénique* – (« un tiers parti iréniste », selon l'expression de M. Bataillon) vers une restauration et une réconciliation entre Rome et la chrétienté déçue et démoralisée, démobilisée, fut finalement victime de la double intransigence romaine et luthérienne. Et l'Espagne, après l'avoir adoré, le brûla : en fait, le mit à l'index. Tant que la cour impériale – gagnée dans l'ensemble, et surtout au sommet, à la cause érasmienne – y résida (de façon exceptionnellement prolongée, jusqu'en 1529) l'œuvre d'Érasme y fut protégée, en partie traduite et diffusée. Son *Enchiridion*, traduit en *Manual del Caballero Cristiano* en 1524, devint même une sorte de guide de la vie spirituelle pour de nombreux Espagnols, issus de milieux divers. Quant à ses ennemis (au sein des ordres religieux, les franciscains notamment, certains moines obtus ou fanatiques, parmi les mauvais théologiens, et tous ceux qui exploitaient plus ou moins la crédulité de fidèles ignorants : bref, tous ceux que sa plume acerbe avait cruellement écorchés…), ils attendaient patiemment leur heure.

On peut dire, en schématisant à peine, que le départ de la cour a sonné le glas de l'humanisme érasmien en Espagne. Au printemps de 1534, Jean-Louis Vivès, bien informé des choses de son ancienne patrie, écrivait à Érasme : « Les temps sont durs, car on ne peut ni parler ni se taire sans risque… », et lui annonçait l'arrestation des frères Vergara et d'autres hommes pleins de sagesse et de savoir. L'érasmisme survivrait, mais de moins en moins ouvertement jusqu'à devenir quasiment souterrain au milieu du siècle. Parler de religion intérieure, de liberté évangélique, émettre la moindre critique, c'était faire profession d'hérésie. L'Inquisition veillait dans une société où la délation s'érigeait en devoir impératif de tout bon chrétien. La peur cadenassa les esprits. En Espagne comme ailleurs – plus qu'ailleurs – on finit par confondre volontiers (ou feindre la confusion) entre érasmisme et luthéranisme.

À mesure qu'on avançait dans le siècle il fallait de plus en plus de courage, voire de témérité, pour faire publiquement état de sympathies « érasmiennes ». L'*Enchiridion*, quoique non censuré, ne fut plus lu que par une infime et discrète minorité[5]. Les *Colloques* d'Érasme furent interdits dès 1536, les autres œuvres résistèrent quelques temps. En 1555, à l'aube du second XVI^e^ siècle et du règne de Philippe II : « Le rêve irénique d'une conciliation "quand même" perd brusquement le support temporel qu'il avait trouvé jusqu'alors dans la politique impériale. L'érasmisme avait vécu de répudier le schisme, de dire non à l'intransigeance protestante et de maintenir contre l'intransigeance catholique l'exigence d'une double réforme, de l'Église et de la foi. L'intransigeance protestante avait vaincu. Il était temps pour l'intransigeance catholique de prendre une plus claire conscience d'elle-même[6]. » En 1559 l'*Index* de l'inquisiteur général Valdés condamnait presque toute l'œuvre d'Érasme.

### *Une équation commode :*<br>*illuminisme et érasmisme* id est *luthéranisme*

Des hommes aussi furent condamnés dans les dix années qui suivirent le départ de la cour en 1529. D'autant plus facilement – l'érasmisme n'étant pas encore *officiellement* interdit – qu'il suffisait au délateur malveillant et à l'inquisiteur diligent de faire peser sur le « coupable » le soupçon d'illumisme ou de luthéranisme, deux « délits » qui figuraient bien, eux, sur les édits de foi : ces « édits de délation » que publiaient les tribunaux du Saint-Office. Citons pour mémoire et à titre d'exemples le docteur Juan de Vergara, qui perdit ainsi quatre années de sa vie : incarcéré en juin 1533, il figura à l'autodafé Tolédan du 21 décembre 1535, et retrouva sa liberté en février 1537 ; ou celui de María Cazalla qui, arrêtée en avril 1532, devait passer plus de deux ans et demi en prison avant de faire l'objet d'une sentence certes modérée : simple abjuration dans la salle du tribunal, quelques pénitences discrètes à l'église, mais pas d'humiliante exhibition en autodafé.

Le cas de cette « simple bourgeoise bien apparentée, donne une idée plus juste de ce que furent les poursuites contre la généralité des érasmistes alors accusés de luthéranisme et d'illuminisme [...]. Elle est, certes, de ce sang des Cazalla que leur ascendance juive semble condamner à l'inquiétude religieuse au sein de la communauté catholique d'Espagne. Mais elle incarne aussi mieux que personne le destin de l'érasmisme espagnol : fermentation spirituelle qui prolonge l'illuminisme quiétiste d'un Alcaraz ou d'une Isabel de la Cruz, en évoluant grâce à Érasme vers un piétisme imprégné de raison ; et qui, après quelques années de liberté presque totale, devient tout à coup suspecte de luthéranisme sans que la pensée d'Érasme ait été officiellement condamnée[7]. »

Cependant – même si avoir affaire à l'Inquisition n'était pas anodin – on était encore loin, ces deux exemples le prouvent, de la répression sanglante des années 1560... En effet, comme le souligne encore Marcel Bataillon, l'ampleur prise par l'érasmisme puis par la prédication du salut par la foi révèlent que durant *le règne* de Charles Quint, le système faisait encore preuve d'une relative clémence : « Un Vergara, un docteur Egidio pouvaient être poursuivis pour luthéranisme à cause de la liberté de leurs propos ou de leurs sermons. Ils revenaient ensuite à leurs prébendes de chanoine. Il demeurait permis de lire les œuvres d'Érasme à l'exception de quelques unes. »

Si les inquisiteurs (et de manière générale tous les Espagnols opposés à ces nouvelles tendances) n'hésitaient pas à assimiler érasmisme et luthéranisme – ces deux courants de pensée venus d'ailleurs – ils étendaient volontiers l'équation à un mouvement strictement autochtone (et, plus précisément encore, castillan), né indépendamment des deux autres[8], sur des composantes exclusivement nationales, notamment la pré-réforme cisnérienne déjà évoquée et la présence de ce groupe très spécifique à la société espagnole qu'étaient les *conversos* ou nouveaux-chrétiens issus directement ou par filiation du judaïsme. Il s'agit du mouvement (qui fleurit en Nouvelle-Castille entre 1518 et 1535) des « *alumbrados* » terme que le français traduit, par défaut et assez mal, par « illuminisme »[9].

On ne peut bien saisir l'essor de l'érasmisme dans sa version « espagnole » si l'on fait abstraction de ce contexte particulier qui, à son tour, s'éclaire sous le jour érasmien. « Les tendances des *alumbrados* offrent des analogies évidentes avec celles de la grande révolution religieuse qui remue alors l'Europe, et que des mots comme protestantisme ou réforme résument de façon si trompeuse. Quand on recherche l'origine de cet illuminisme espagnol, on constate qu'il remonte à l'époque de Cisneros, c'est-à-dire que son développement est parallèle à celui des réveils religieux qui, en divers pays, aboutirent à la fondation d'églises schismatiques ou protestantes[10]. » Ce mouvement « illuministe » de la première moitié du XVI^e[11] était essentiellement une forme de christianisme intériorisé, avec « un sentiment très vif de la grâce », et présentant des « variantes » au niveau de son expression : le « recueillement » ou l'« abandon ».

### *Un illuminisme spécifiquement espagnol : les* « alumbrados »

La première était une forme de spiritualité épurée apparue dans les années 1520 dans une dizaine de couvents réformés de la province franciscaine de Castille ; c'était en fait l'un des fruits de la réforme imposée à l'ordre par Cisneros. Le maître de ce courant fut le frère Francisco de Osuna, qui a exposé sa doctrine dans un ouvrage intitulé *Tercer Abecedario espiritual*, où il invite le chrétien à se retirer pour prier Dieu dans le silence et le secret, en faisant le vide total en lui : « Alors tu dois penser que tu es mort à toutes les autres choses, qu'elles ne t'appartiennent plus et que tu ne leur appartiens pas. » Faire abstraction de tout : conscience, volonté, intelligence, mémoire…

Il s'agissait de rendre l'âme disponible, de libérer le cœur de telle sorte « qu'il se trouve vidé, débarrassé de toute chose créée, afin que seul le créateur son seigneur y demeure ». C'était une forme de spiritualité de type affectif issue de la mystique médiévale, et déjà pratiquée par les franciscains de stricte observance. La dévotion intériorisée – oraison mentale, prière personnelle et silencieuse, en opposition à la prière vocale, à la pratique collective et panique –, l'introspection, le recueillement, tout cela coïncidait en fait avec la *Philosophia Christi* érasmienne et la nouvelle sensibilité religieuse qui s'étendait en Europe, aussi bien chez les catholiques que chez les protestants. Par ailleurs, la pensée religieuse d'Érasme a séduit les « *alumbrados* » par son côté anticérémoniel, antiscolastique et par son évangélisme laïc.

Le problème de l'intériorisation de la foi fut ainsi – souligne Melquíades Andrés[12] – débattu, publiquement ou en petits comités, au long des trente premières années du XVIe siècle, qui furent aussi celles de la formation de Charles Quint ; et, précise-t-il, « les "observants", les humanistes, les *conversos*, les *alumbrados*, les érasmistes et les luthériens y contribuèrent, certes chacun à sa manière ». Cette doctrine du recueillement, à travers l'œuvre de Francisco de Osuna ouvrait en fait la voie au grand courant mystique qui devait illuminer (au sens propre du terme, cette fois) la seconde moitié du siècle… En effet, Louis de Grenade, Jean d'Avila, ainsi que de grands jésuites de la première heure – un François Borgia, par exemple –, reçurent positivement cette influence. Ce sera cependant dans la mystique franciscaine

– qui s'en étonnerait ? – et dans la carmélitaine que l'écho fut le plus profond et le plus durable : (saint) Pierre d'Alcántara et (sainte) Thérèse d'Avila en seront d'illustres exemples.

Un autre frère d'ordre, Francisco Ortiz, partageait les conceptions d'Osuna. Ils entrèrent en contact avec des laïques de certaines bourgades de Castille – Guadalajara, Pastrana, Escalona – qui cultivaient une autre forme de dévotion intérieure : l'« abandon » ; mais au sein de petits groupes (la malveillance publique y verra des conventicules suspects) où dominait l'élément féminin, notamment des « *beatas* »[13]. Rappelons que ce terme désignait alors en Espagne des femmes dévotes assez comparables aux « *béguines* » des villes flamandes. Ces petits cercles de personnes agitées par une inquiétude spirituelle se réunissaient pour de longues discussions doctrinales, débattaient des convergences et des divergences de leur conception respective de la foi et de son expression, lisaient et commentaient des textes de l'Écriture.

Si la principale inspiratrice – la « *dogmatizadora* » dans le jargon inquisitorial – des « abandonnés » ou « *dejados* » de Nouvelle-Castille fut en réalité une femme, la dévote Isabel de la Cruz, c'est un homme, Pedro Ruiz de Alcaraz – qui se déclarait fièrement son disciple – qui fait figure de principal représentant du groupe. Ce comptable, marié et autodidacte en matière religieuse, s'y consacra entièrement à partir de 1523 grâce à une pension accordée par le vieux marquis de Villena – sur qui il avait pris un formidable ascendant – qui l'engagea, à sa *cour* d'Escalona, comme catéchiste séculier ou prédicateur laïc. Parmi ses auditeurs réguliers, outre le marquis, sa femme et leurs gens, figurait, détail révélateur, le jeune Juan de Valdés[14] considéré comme le promoteur de la Réforme en Italie.

Cette forme d'apostolat laïc, cette pratique – tel noble castillan réunissant un petit groupe d'ecclésiastiques et de laïques pour « catéchiser » ses domaines – n'était pas exceptionnelle dans ce deuxième quart du XVI^e^ siècle. Antonio Márquez[15] en donne comme exemples les tentatives en ce sens de l'amiral de Castille (proche du roi d'Espagne) don Fadrique Enríquez qui, en 1525-1526 à Medina de Ríoseco où il tenait sa cour, confiait cette mission à un groupe connu de ce fait comme les « *apóstolicos de Medina* » ; celle du duc de l'Infantado – la famille des Mendoza – ou celle du duc d'Albe, dans leurs palais respectifs de Guadalajara et de Piedrahita. C'est d'ailleurs dans un tel contexte qu'apparut pour la première fois, à Alcalá et à Salamanque, Ignace de Loyola, entouré de pieux laïques et de dévotes, qui discutaient et prêchaient sur des sujets religieux sans avoir la moindre formation théologique, ce qui lui attira d'ailleurs quelques ennuis. « Il n'est pas douteux, souligne pour sa part Marcel Bataillon, que la diffusion de l'évangile illuministe n'ait été servie par la faveur que lui témoignaient quelques-uns des plus puissants seigneurs de Castille. Ceux-ci bénéficiaient encore d'une immunité de fait qui les met très au-dessus des poursuites inquisitoriales. » *Encore*, car ce ne sera plus le cas dans la seconde moitié du siècle.

La méthode dite de « l'abandon » (ou « *dejamiento* » : une forme première de quiétisme, en quelque sorte) consistait à – littéralement – se laisser aller, à s'abandonner à l'amour de Dieu – « *dejarse al amor de Dios* » –, qui suffisait à tout, et convertissait le pratiquant en « parfait », l'immunisait contre le péché, le rendait infaillible. Cette « impeccabilité », au sens étymologique du terme, conférée par l'amour de Dieu pour l'homme était telle que l'adepte devait non point fuir la tentation mais l'accepter, voire la rechercher. Une telle proposition – outre les dangers qu'elle suggère – heurtait la tradition ascétique de l'Église, la simple morale traditionnelle : « *… et ne nous soumets pas à la tentation, mais délivre-nous du Mauvais* », répétaient les chrétiens depuis saint Matthieu à la fin de chaque *Pater*. Mais plus grave encore : selon certains cette doctrine d'impeccabilité se relierait clairement à un système moral apparenté au serf-arbitre de Luther.

Pour un Francisco de Osuna, en revanche, cet « abandon » était un « recueillement » mal compris, interprété et appliqué de manière simpliste, autrement dit :

dévoyé. Certes, lorsque la conjoncture européenne – après la condamnation définitive de Luther en 1521 – entraîna en Espagne un durcissement face aux tendances hétérodoxes, la doctrine du « recueillement » devint suspecte : l'Édit de foi publié en 1525 par l'inquisition tolédane ne faisait point le partage, et le *Tercer Abecedario* fut interdit. Mais ce furent plutôt les adeptes de l'« abandon » qui firent l'objet de procès, et cette « doctrine »[16] qui retint surtout l'attention des juges du Saint-Office.

Il suffit d'en évoquer les traits principaux pour comprendre qu'ils s'en soient émus : refus de tout intermédiaire entre Dieu et l'homme, donc de l'Église institutionnelle, du monachisme, de la confession, des sacrements, des prières traditionnelles, des œuvres, des indulgences et des « bulles » qui en faisaient commerce ; mais aussi du savoir intellectuel, de la recherche d'école ; exaltation de la vie séculière (notamment du mariage, sa composante fondamentale) ; mépris de tout ce qui n'est pas expérience directe de Dieu.

Marcel Bataillon a, par l'avis nuancé que voici, rappelé la difficulté voire l'impossibilité qu'il y avait alors à nettement distinguer dans cette effervescence « idéologique » entre les deux sensibilités : « On pourrait être tenté [...] de considérer le *dejamiento* [l'"abandon"] comme un courant nettement hétérodoxe, plus qu'à demi-protestant, et de lui opposer le *recogimiento* [le "recueillement"] comme une forme de spiritualité orthodoxe qui dépasse les formes usuelles de la piété catholique sans les nier. Mais il n'est pas si facile, à cette époque, de tracer une démarcation entre le catholicisme et le protestantisme, ou, comme on dit alors, le luthéranisme. »

Comme l'a souligné José Nieto, dans la perspective de l'illuminisme castillan des années 1525 l'amour de Dieu ne se gagnait par aucune préparation humaine, ni par l'expérience mystique ni par le mérite des œuvres : il n'était point de propédeutique à l'amour de Dieu ; c'était Lui et Lui seul qui, en faisant usage de Sa liberté et sans médiation de l'Église hiérarchique ni des sacrements, l'accordait –

gratuitement, en somme – à l'homme ; et l'homme ne pouvait rien faire d'autre qu'être reconnaissant.

Antonio Márquez a pour sa part résumé ainsi l'essentiel de ces mouvements spirituels : le cœur de la « doctrine » illuministe, son originalité consiste en une exaltation de l'expérience religieuse personnelle, directe et – au sens propre du terme – *immédiate*, en faisant abstraction de tout moyen, individuel ou collectif, et même des Saintes Écritures, qui n'ont – dans la sensibilité des « *alumbrados* », et contrairement à l'orthodoxie protestante – qu'une valeur concomitante.

*Mais l'Inquisition est là qui veille...*

On perçoit sans mal les points communs de tels aspects de l'érasmisme ou du luthéranisme avec ces courants castillans ; courants qui, rappelons-le, étaient à l'état embryonnaire en Castille dès les années 1510 – donc avant Luther –, pour atteindre leur apogée entre 1520 et 1525, mais dont les origines ne sont pas vraiment claires[17]. Il s'est probablement agi d'une confluence féconde d'influences dans une péninsule qui, placée au point de jonction du nord et du sud, de l'Occident et de l'Orient, avait vocation de creuset. Pour l'heure, disons avec Antonio Márquez, qui fait autorité en la matière[18], que l'illuminisme castillan semble trouver son origine principale dans la réforme franciscaine de Cisneros et que « pour les inquisiteurs qui instrumentèrent au cours des procès il présentait des affinités avec le luthéranisme, dont le séparait néanmoins la place excessive qu'il accordait à l'expérience religieuse ».

Ce qui est bien certain c'est l'influence – révélée par les procès inquisitoriaux – des livres d'Érasme chez certains des adeptes de l'un et de l'autre mouvement dès 1523. Ces privilégiés (assez cultivés pour accéder aux textes en latin, l'essentiel de l'œuvre du maître hollandais n'étant pas encore traduite) y trouvaient la confirmation, la caution, d'une partie de leur propre doctrine. De même, il n'est pas impossible, quoique non prouvé, que certains textes de Luther soient tombés entre leurs mains entre 1517 et 1524. En tous cas, l'Édit prohibitif de 1525 qualifie expressément certaines des propositions recueillies au cours des interrogatoires de « luthériennes » ou « fleurant le luthéranisme » ; celles, par exemple, qui affirment que la confession n'est pas de droit divin, ou qui proclament l'invalidité des indulgences, ou encore la négation de toute valeur pédagogique de la sainteté.

Le 12 avril 1525 l'Inquisiteur général *re*-publiait un édit interdisant absolument la lecture des œuvres de Luther ou de ses partisans, et le 23 septembre, le Saint-Office de Tolède proclamait un Édit contre les « *alumbrados, dejados o perfectos* ». L'œuvre d'Érasme, elle, n'était pas encore interdite, au contraire : elle touchait au zénith de son succès en Espagne. Or, l'*Enchiridion*, ce parfait manuel du christianisme intérieur, rendu accessible à tous par sa version espagnole[19] allait devenir pratiquement le livre de chevet des « *alumbrados* » des deux tendances, car – comme l'affirmait avec plus d'autorité que quiconque Marcel Bataillon[20] – « aucun livre n'était mieux fait pour satisfaire ce besoin de renouvellement religieux et moral qui se faisait jour dans l'illuminisme ».

L'Inquisition s'intéressa assez tôt à ces groupes (qui ne formaient pas d'églises rivales dans l'Église *orthodoxe* mais des petites chapelles au sein de celle-ci) et le tribunal de Tolède structura la répression autour de l'Édit de 1525 interdisant officiellement ces formes de spiritualité, et l'autodafé de 1529. Mais, entre les témoignages recueillis en 1519 par le Saint-Office, et les arrestations auxquelles ils procédèrent en février 1524[21], l'*affaire* Luther – comparution, affrontement devant la Diète, condamnation – avait éclaté et trouvé l'issue que l'on sait ; et ce fut en partie à la lumière des propositions « hétérodoxes » de Luther que les inquisiteurs interrogèrent alors les accusés et qualifièrent leurs « erreurs ».

Pedro Ruiz de Alcaraz fut ainsi incarcéré en février 1524 à Tolède, soumis à la question, et condamné en juillet 1529 (flagellation, perte de ses biens, prison pour dix ans). Sa soumission lui évita le pire. D'autres procès suivirent, mais l'heure n'était pas encore, là non plus, à l'extrême sévérité. Francisca Hernández, cette femme à l'étrange pouvoir de séduction, bénéficia elle-même d'une mansuétude encore possible vers 1530 ; indulgence qui fut peut-être aussi le prix de la bonne volonté qu'elle mit à témoigner contre ses anciens amis. Notamment contre les trois Cazalla, frères et sœur, Juan (franciscain, ancien chapelain de Cisneros, et évêque), Pedro et María, qui furent à leur tour jugés.

Le procès de cette dernière est très intéressant, en ce sens qu'il illustre parfaitement la facile confusion que l'on faisait alors en Espagne entre illuminisme et protestantisme. María de Cazalla (d'une famille originaire de Séville) demeurait à Guadalajara et retrouvait à Pastrana d'autres femmes auxquelles elle commentait des passages de l'Écriture. Lorsque le Saint-Office commença en 1524 à s'intéresser de très près aux « illuminés » de la région, elle fut arrêtée, interrogée, mais relâchée. Elle vécut en paix pendant six ans jusqu'à ce que Francisca Hernández ne l'impliquât à nouveau au cours de son procès.

Entre ces deux affaires doña María avait manifestement découvert Érasme, qu'elle ne mentionnait point lors des interrogatoires de 1524, alors qu'en 1532 elle semblait ne plus jurer que par lui, comme son frère Juan. Depuis le foyer familial (elle était mariée et mère de famille), devenu celui de l'illuminisme, elle exerçait un réel attrait jusque sur les milieux des clercs érasmisants d'Alcalá, et par un fécond retour d'influence, « ce foyer d'illuminisme de Guadalajara fut – selon les termes de Marcel Bataillon – converti par l'influence d'Alcalá en un foyer d'humanisme chrétien » ; cet humanisme qui « désenclavait » en quelque sorte les « *alumbrados* » enracinés au cœur de la Castille, en les mettant de plain-pied avec un vaste mouvement européen.

Le caractère hétérogène des chefs d'accusation exposés par le procureur contre María de Cazalla dans son second procès est révélateur. L'historien nord-américain Henry Charles Lea les a ainsi résumés[22] : c'était une « *alumbrada* » qui plaçait une Isabel de la Cruz au-dessus de saint Paul, qui considérait l'état de mariage comme supérieur à la virginité, qui écrivait des lettres inspirées, et endoctrinait sur l'Écriture, à sa manière, ceux qui l'écoutaient ; qui rejetait toute manifestation extérieure de dévotion et de prière : les œuvres, donc. C'était une *érasmiste* qui qualifiait de judaïques les observances de l'Église, méprisait les ordres religieux, tournait en ridicule les prédicateurs et leurs sermons. C'était une *luthérienne* qui approuvait Luther et le louait, niait la transsubstantiation et le libre arbitre, tournait en dérision la confession, discréditait la théologie scolastique et proclamait la nullité des indulgences. Arrêtée en mai 1532, torturée, elle fut condamnée le 19 décembre à une peine minime : abjuration publique et amende. On n'avait pas pu, en effet, la convaincre suffisamment d'hérésie.

Il faut dire que la *famille* Cazalla fut une vivante illustration – une véritable incarnation – de l'évolution de ces courants piétistes réformateurs qui ont marqué, tout au long du XVIe siècle, l'histoire religieuse, culturelle et politique du royaume de Castille : « … depuis la réforme cisnérienne, en passant par les illuminés et les érasmistes, jusqu'aux luthériens de Valladolid, et même aux "*falsas beatas*" qui fleuriront en si grand nombre au XVIIe siècle, on rencontre toujours un Cazalla. » En outre, dans la famille Cazalla se trouvent tous les ingrédients que Bataillon cite comme typiques du milieu dans lequel s'épanouissait le mieux la nouvelle sensibilité : nouveaux-chrétiens, franciscains, femmes, bourgeoisie au service ou au contact des grandes familles[23]. Celle des Cazalla paiera d'ailleurs un lourd tribut lors de la répression du « protestantisme » espagnol.

### *Martin Luther et l'Espagne*

Mais qu'en fut-il des œuvres et des idées de Luther en Espagne ? Comme l'a bien souligné Jesús Alonso Burgos, si la diète de Worms a marqué le début de la Réforme en Europe elle a signifié – en même temps et paradoxalement – « le début de la fin de la réforme et du renouvellement religieux en Espagne. » Le problème de l'infiltration des idées de la Réforme dans la péninsule, de l'introduction, de la circulation, voire de la production des ouvrages de Luther (ou de ses adeptes) tourna vite à l'obsession – pour ne pas dire au cauchemar – pour les inquisiteurs. On voyait Luther partout : le spectre de Luther hantait la péninsule. Un historien nord-américain, John E. Longhurst, intitula même une étude sur la question, il y a trente ans : *Luther's Ghost in Spain (1517-1546).*

Entre l'automne 1517 et le printemps 1521, le geste, les écrits, les idées de Luther – ses critiques trop évidemment justifiées contre l'Église – avaient, en Allemagne et aux Pays-Bas, passionné et divisé les contemporains. À tous les niveaux, car la révolte du frère Martin touchait profondément le peuple allemand ; mais particulièrement dans les milieux en contact plus ou moins étroit avec la cour impériale qui, à Worms, s'était trouvée mêlée de si près à l'affaire, dans les milieux universitaires, politiques et religieux ; bref, partout où l'on pensait. L'université de Louvain fut la première à réagir, avant même la condamnation par Rome : le texte par lequel ses théologiens censurèrent les écrits de Luther est de février 1520.

Or, le lien (dynastique et politique) qui unissait l'Europe du Nord et L'Espagne depuis la mort de Ferdinand d'Aragon, s'incarnait pour l'heure en l'un de ces maîtres de Louvain : Adrien d'Utrecht, celui-là même qui avait veillé à l'éducation du jeune Charles de Gand, à sa formation spirituelle, dans le sens de la *devotio moderna* et de *l'Imitatio Christi* de Thomas a Kempis ; son jeune élève, devenu coup sur coup roi d'Espagne et empereur d'Allemagne, lui avait confié (imposé le fardeau serait sans doute plus exact) le gouvernement de ses royaumes ibériques au cours de sa première et dramatique absence, entre mai 1520 et juillet 1522. Ainsi, devenu évêque de Tortosa, Inquisiteur général et régent (et bientôt cardinal, puis pape), sollicité par ses anciens collègues les docteurs de Louvain, fut-il amené – du fond de la Castille insurgée, au plus fort des *Comunidades*, de Tordesillas – à prendre position très tôt contre Luther. D'une part, il cautionna par une lettre d'approbation les censeurs de Louvain ; de l'autre, il prit l'initiative des premières mesures destinées à protéger l'Espagne de la contagion luthérienne. Autour de lui se trouvaient : un des corégents, l'amiral de Castille, le président du Conseil Royal (l'archevêque de Grenade en l'occurrence) et certains de ses membres, l'évêque d'Oviedo (don Diego de Muros) porte-parole des évêques d'Espagne. Chacun des trois États ici représentés – noblesse, administration, clergé – adressa à Charles Quint alors en Flandres un message pour le supplier de poursuivre Luther, de favoriser le Saint-Office, d'empêcher à tous prix « l'abominable hérésie » de se répandre en Espagne. Le Conseil royal fut ainsi le premier – et non l'Église – à inciter expressément l'empereur à mobiliser l'Inquisition contre Luther, à l'imitation de ses grands-parents qui l'avaient employée contre les juifs et les maures.

La lutte contre l'introduction du luthéranisme en Espagne se fera en fait sur deux plans : d'abord empêcher sa diffusion par les livres ; puis – par la persécution des personnes – éviter aux Espagnols la tentation de ces doctrines jugées non plus simplement *hétérodoxes* mais *hérétiques.* Le protestant sera considéré dans l'Espagne du XVIe siècle comme l'hérétique par excellence – « *el hereje* » – autant dire l'ennemi public numéro un.

### *L'Espagne sur la défensive*

À Tordesillas le gouvernement concrétisa sa position défensive en publiant dès le 7 avril 1521 (soit dix jours avant la comparution de Luther à Worms) un décret ordonnant la recherche et la saisie des écrits de Luther ; il y faisait état d'une rumeur selon laquelle des personnes mal intentionnées et ennemies de l'Église s'efforçaient d'introduire en

Espagne les œuvres de Luther ; décret qui sera *re*-publié en 1525, 1530 et 1534, ce qui dit assez la relativité de son efficacité. Comme le souligne José Luis González Novalín[24], par cette mesure commençait une des activités qui seront les plus activement pratiquées par l'Église espagnole au cours du XVIe siècle : la traque des livres hérétiques dans une lutte acharnée contre marchands, marins, charretiers et muletiers qui défiaient toute surveillance pour les introduire dans la péninsule, par prosélitisme ou dans un but simplement lucratif.

Les craintes n'étaient d'ailleurs pas totalement infondées. Nombreux sont les témoignages de tentatives d'introduction frauduleuse de livres en provenance des Pays-Bas ou d'Italie, par le nord, l'est ou le sud du pays ; et les mesures réitérées ne pourront empêcher totalement un commerce clandestin. Les multiples et rocambolesques subterfuges – que l'Inquisition découvrit en 1530 – utilisés pour introduire la délicate et redoutable marchandise étaient encore en usage en 1558… Les livres continueront à entrer, les saisies en sont la preuve : à Séville en 1564, à Laredo en 1566, à Barcelone en 1568, à Valence en 1570, etc.[25] Et ce malgré la « loi de sang » – *ley de Sangre* –, publiée le 13 septembre 1558 qui menaçait de mort quiconque introduirait des ouvrages en espagnol imprimés hors d'Espagne sans autorisation, ainsi que les éditeurs, les auteurs, et les propriétaires de tels ouvrages. Les *dealers* étaient en l'occurrence les libraires de Salamanque (université oblige…) et de Medina del Campo (le marché par excellence…), ainsi que des marins qui y trouvaient quelque avantage. Ces derniers étant plus difficiles à repérer et à saisir que des libraires, on systématisera – après la flambée protestante de 1558 – la « *inspección de navíos* » qui ajoutait aux contrôles sanitaires, militaires et douaniers effectués dans les ports une perquisition menée par un commissaire du Saint-Office ; ce sera une source de conflits avec les ressortissants étrangers ainsi malmenés.

En 1536, fut décrétée une « inspection des librairies de Castille » confiée par l'impératrice alors régente à l'augustinien Tomás de Villanueva, un futur saint. Cependant, après Adrien d'Utrecht et Alonso Manrique, promoteurs de la défense antiluthérienne en Espagne, leurs successeurs au poste d'Inquisiteur général – Juan Tavera et García Loaysa – se montrèrent moins zélés, l'un à cause de ses trop lourdes charges l'autre du fait de l'âge et de la maladie.

La lutte reprit de plus belle avec la nomination en janvier 1547 de Fernando de Valdés : « modèle de haut fonctionnaire intransigeant du XVIe siècle », selon José Luis González Novalín à qui l'on doit une biographie de ce *Grand Inquisiteur* « exemplaire »[26]. Ayant été cinq fois évêque, président du Conseil royal et de la Chancellerie de Valladolid, ayant passé un an auprès de Cisneros, et neuf au Conseil d'Inquisition – la *Suprême* –, il avait une grande expérience de l'administration civile et de l'institution inquisitoriale ; celle-ci lui devra d'ailleurs une réforme fondamentale sous Philippe II.

La première mesure qu'il prit en tant qu'Inquisiteur général fut d'adresser aux tribunaux une liste des ouvrages interdits, calquée sur l'index établi à Louvain l'année précédente, et complétée par les données provenant des saisies effectuées dans la péninsule. Ce catalogue fut probablement la matrice de la liste de 1551, laquelle – alignée sur un autre index publié à Louvain en 1550 sur ordre impérial et transmis de même en Espagne pour y être appliqué – sera le premier index inquisitorial. Fernando de Valdés avait ajouté quatre-vingts titres à la liste flamande ; chaque tribunal en reçut un exemplaire avec ordre de la compléter à partir des saisies locales et de la publier à ses frais. Pour remédier à cette gênante multiplicité la *Suprême* fera établir en 1559 une liste unique de livres interdits : ce sera l'*Index* de Valdés, « bastion et symbole de la Contre-Réforme en Espagne » pour reprendre les termes de José Luis González Novalín. Précisons que pour procéder à cette censure on faisait appel à des spécialistes, théologiens pour la plupart. Parmi eux de grands noms, parfois ennemis : Melchor Cano, Domingo de Soto, Bartolomé Carranza, notamment. L'Espagne entrait dans l'ère de la censure.

On ne s'étonnera point de voir les censeurs particulièrement attentifs aux éditions de la Bible qui circulaient, les deux Testaments en langue vernaculaire étant l'un des instruments privilégiés de diffusion des idées luthériennes. Bien avant le schisme, dès la fin du XV^e^ siècle, les Rois Catholiques en avaient interdit l'usage dans leurs royaumes : la seule autorisée fut la version latine dite la *Vulgate.* L'index de Louvain de 1550 avait répertorié et interdit vingt-quatre éditions de la Bible en latin (imprimées à Lyon, à Anvers ou à Amsterdam), une en grec, dix-neuf en flamand, et cinq en français… En Espagne, on consacra l'année 1552 au « ramassage » des Bibles suspectes, sur lesquelles une équipe de théologiens (dont l'Inquisiteur général en personne, Domingo de Soto, Bartolomé Carranza, et d'autres) travailla d'arrache-pied pour publier en 1554 une « *Censura generalis contra errores quibus recentes haeretici Sacram Scripturam asperserunt, edita a supremo senatu Inquisitionis adversus haereticam pravitatem et apostasiam in Hispania et aliis regnis et dominiis Caesarae Maiestatis constituto* ». On y interdisait formellement soixante-treize éditions de la Bible, jugées hérétiques, et on y repérait cent trente passages de l'Écriture ayant fait l'objet d'interprétations erronées, portant essentiellement sur la justification par la foi, la confession auriculaire, le culte des saints, le libre arbitre, le mariage et l'Eucharistie. Cette *censure* très spécialisée de 1554 servira de base aux chapitres concernant la Bible des *Index* espagnols de 1559 et de 1583.

Parallèlement à cette mise en place d'une surveillance des librairies, des bibliothèques, des douanes, etc. l'Inquisition – on n'en attendait pas moins d'elle – s'attaqua directement aux consciences pour enrayer ce nouveau « mal ». Pour ce faire, elle disposait d'une arme redoutablement efficace, et qui avait fait ses preuves, mise au point pour l'extirpation du crypto-judaïsme, motif de sa création en 1478. Par la lecture publique et l'affichage dans les églises de l'Édit de foi, le Saint-Office sommait chaque fidèle de dénoncer toute personne qu'il soupçonnait du ou des délits énumérés (et parfois détaillés) dans le texte de cet « édit de délation ». On ajouta donc à partir de 1531 tout ce qui touchait à la lecture des ouvrages de Luther, à sa doctrine et à celle des « *alumbrados* », désormais mis sur le même plan.

Cet amalgame, de la part du Saint-Office, des deux hétérodoxies – celle du terroir et l'étrangère – révèle bien un malaise croissant. Ainsi, dans une lettre au pape de septembre 1558 – en pleine affaire des « protestants » de Valladolid – l'Inquisiteur général Valdés établissait une nette filiation entre ces « luthériens » et les « *alumbrados* » de la génération précédente, en justifiant le durcissement de la répression en ces termes[27] : « à bien considérer ces affaires, il apparaît que leur origine est plus ancienne, et que les erreurs commises par les illuminés et les "abandonnés" originaires de Guadalajara, de la province de Tolède et d'ailleurs, étaient de la semence de ces hérésies luthériennes, mais que les inquisiteurs qui les ont jugés à l'époque n'avaient pas une connaissance suffisante de ces erreurs luthériennes[28] pour en user avec eux aussi rigoureusement qu'il eût fallu le faire ». À cause aussi, ajoutait-il insidieusement, d'une certaine complaisance de Rome envers les suspects qui avaient fait appel là-bas…

### *La cour impériale : un véhicule pour ces idées venues du Nord*

La cour impériale, qui séjournait précisément dans les régions directement affectées (Allemagne et Pays-Bas), au cœur même de la tourmente, fut – comme pour l'érasmisme – une zone de contact privilégiée avec les idées nouvelles pour une certaine élite espagnole. On n'y parlait que de cela ! Lorsque Luther quitta la salle de Worms – à la fois vaincu et vainqueur ! –, ce fut sous les acclamations d'une foule allemande en délire et les cris de haine d'Espagnols subalternes vouant l'hérésiarque au bûcher.

Mais, comme l'a si bien dit Augustin Redondo[29] : « … combien de maîtres espagnols durent se laisser séduire par la courageuse fermeté de Luther […]. Plus que jamais il dut leur apparaître comme un des tenants de cet évangélisme qui était à l'origine de la révolution religieuse qui se développait de toutes parts. Il ne leur était certes plus permis de sympathiser avec Luther s'ils ne voulaient pas se séparer de l'Église, mais ils comprenaient fort bien que la condamnation définitive du moine augustin […] ne résolvait rien. » La correspondance des intellectuels témoins des événements le prouvent ; ainsi le secrétaire impérial et fervent érasmien Alfonso de Valdés écrivait-il le 13 mai 1521 à l'humaniste italien au service de la cour d'Espagne, Pierre Martyr d'Anghiera, que les décrets de l'empereur ne serviraient pas à grand chose car, à peine sortis des presses, les livres de Luther se vendaient comme des petits pains, partout, dans les rues et sur les places… Une douzaine d'années plus tard l'éminent érasmiste Juan de Vergara déclarerait aux inquisiteurs lors de son procès, en 1532, que pendant qu'elle séjournait en Allemagne toute la cour impériale était pleine de livres de Luther. Et – un bon quart de siècle plus tard – l'archevêque Carranza devait confirmer crûment, au cours d'un interrogatoire, le rôle ainsi joué par une cour impériale cosmopolite et itinérante : « Les longs voyages et séjours de nos rois en des royaumes étrangers ont plongé l'Espagne dans de nouvelles saoûleries et d'abominables inventions […] ; rien que la renommée de Luther et quelque vague aperçu de ses dogmes nous ont remplis de curiosité et d'autres dangereuses nouveautés qui ont détruit notre conscience […] et terni la sincérité et la pureté de notre Espagne[30]. »

L'écho du luthéranisme passa ainsi de la cour impériale aux universités et aux couvents, assez naturellement. Ne serait-ce que par le nombre élevé, parmi les « courtisans » espagnols susceptibles de s'y intéresser, d'ecclésiastiques humanistes – souvent issus des ordres – (prédicateurs, confesseurs, chapelains, secrétaires, conseillers, etc.) qui conciliaient les obligations palatines avec celles de leur état.

D'une part, les idées novatrices de la Réforme auraient dû trouver – dans cette Castille en perpétuel *travail* spirituel – un terrain favorable ; mais, de l'autre, l'œuvre cisnérienne (qui portait ses premiers fruits) rendait globalement caduque la part éminemment critique et contestataire de la révolte luthérienne. Et puis le Saint-Office, par vocation et par profession, veillait…

*La Réforme en Espagne*

Déterminer le degré de pénétration – et la qualité – des idées de la Réforme en Espagne est ici trop vaste thème. « Mais y a-t-il eu des luthériens en Espagne ? » demande Augustin Redondo, et Fernand Braudel a intitulé une page magistrale « L'alerte protestante »[31]. Le premier conclut l'étude fondamentale à laquelle nous nous référons ici par cette belle et éloquente formule : « Luthéranisme donc ? Plutôt des "souffles luthériens" qui passent […] sur l'Espagne entre les années 1520 et 1536. » Quant au second, devant la répression sanglante qui a marqué le tout début du règne de Philippe II – et l'extrême fin de la vie de Charles Quint –, il s'interroge : le mouvement protestant était-il devenu si fort et si dangereux en Espagne ? À lire *Érasme et l'Espagne*, on en doute, écrit-il, car Marcel Bataillon a démontré que les « protestants » de 1558 étaient surtout les héritiers d'un mouvement spirituel plus ancien en Espagne, indépendant à son origine du luthéranisme.

> « Les flammes spirituelles de Valladolid et de Séville, vues de près, sont diversement colorées, telles ces flammes où brûlent à la fois les poussières de dix métaux différents ; certains métaux, très rares. Qui pourrait peser au juste ce que les *conversos* – un Augustin Cazalla, un Constantino – par leurs traditions mystiques juives, ont pu apporter à ce foyer ; ce qui y brûle d'illuminisme, cet étrange métal, pur produit d'Espagne, et qui, épuré, est sa très grande matière mystique ; qui dira ce qui revient aussi, dans cet

> alliage, aux idées érasmiennes d'une religion en esprit, tournée vers le dedans ? Les années 1520 à 1530 ont jeté dans la Péninsule, alors ouverte aux biens spirituels du vaste monde, les idées des érasmiens, puis des valdésiens…[32] Vingt ans plus tard, ces idées vivent encore, transposées mais reconnaissables ; et s'il s'y est mêlé quelque chose de la pensée luthérienne, il n'y a pas eu, en Espagne, de culte protestant organisé comme en France en confession dissidente. L'hérésie, si elle s'oppose à la tradition catholique, aurait plutôt tendance à essayer de sauver, en même temps que l'esprit, l'Église et ses institutions, bref l'orthodoxie. Elle a espéré le faire […]. La répression sonna les dernières heures de l'hérésie espagnole. Peut-être ce succès facile […] tient-il au fait que l'érasmisme ou le protestantisme étaient en Espagne des greffes étrangères ; des greffes qui ont "pris", bourgeonné, fleuri, mais combien de temps ? Sur le plan de l'histoire des civilisations, qu'est-ce que cinquante ans ? Le terrain était peu favorable, l'arbre mal conformé pour la greffe. Il n'est resté finalement de ce "protestantisme" que ce qui a pu se continuer en direction du mysticisme espagnol, ce refuge de l'oraison individuelle, en direction de sainte Thérèse et de saint Jean de la Croix. »

On trouve par contre dans l'historiographie espagnole actuelle une certaine réaction devant cette tendance minimisante des historiens étrangers. Ainsi, le père José Luis González Novalín[33] corrige-t-il ce qu'il qualifie « d'apriorisme interprétatif » de Marcel Bataillon qui, selon lui, explique tous les phénomènes spirituels de l'Espagne de la Renaissance en fonction du couple illuminisme-érasmisme ; alors que, affirme-t-il, on aura beau « vouloir nous démontrer que "jusqu'à la fin du règne de Charles Quint le luthéranisme sévillan ne devait vraiment pas grand-chose à Luther", nous estimons quant à nous qu'il contenait beaucoup plus que de l'érasmisme mêlé d'illuminisme résiduel et que nous nous trouvons, au contraire, devant une doctrine très proche de celle que prônaient les pères de la Réforme[34] ». Et à propos des groupes protestants de Castille que Marcel Bataillon comparait aux conventicules d'« *alumbrados* » de 1525, il écrit encore : « Nous croyons, nous, qu'aussi bien la documentation inquisitoriale que les circonstances concomitantes des années 1559 montrent qu'il y eut bien en Castille une véritable infiltration protestante, dont l'origine est parfaitement identifiée et qui ne présente qu'une parenté colatérale avec l'illuminisme et l'érasmisme du premier quart de siècle » ; avant de reconnaître cependant que « peu nombreux furent ceux qui adhérèrent pleinement et consciemment à cette doctrine qui les séduisait ou les consolait ». En somme : simple question de point de vue.

La conclusion, sous des formes diverses, revient au même constat : exiguïté du mouvement protestant en Espagne, dont on ne peut cependant nier qu'il a bien existé ; mais au sein des groupes repérés et persécutés par l'Inquisition, une majorité de personnes dont le « luthéranisme » était à prendre au sens large – voire très large –, et une minorité très réduite d'adeptes parfaitement instruits et foncièrement convaincus de la doctrine protestante.

En fait, si protestantisme espagnol il y avait c'est surtout hors de la péninsule qu'il s'est développé dans la première moitié du XVIe siècle. D'ailleurs l'Édit de foi publié par l'Inquisiteur général Manrique en 1531, imposait à tout chrétien catholique de déclarer *« s'il savait ou s'il avait entendu dire que quelqu'un avait quitté le royaume pour aller embrasser le luthéranisme dans les pays étrangers »*. Mais à l'intérieur, hormis quelques cas isolés, c'est avec la vague répressive qui va marquer le début du second XVIe siècle, qu'apparaîtront les premiers – et derniers – foyers d'une certaine importance et d'une certaine cohésion[35].

On s'est étonné à juste titre de la soudaine découverte, passé le milieu du siècle, de petites communautés « protestantes » (qualifiées et châtiées comme telles par le Saint-Office), peu nombreuses et très localisées ; et plus encore de la violence de la réaction des autorités espagnoles – car ce fut une véritable affaire d'état – et de la répression. Depuis plus de trente ans que les idées et les écrits des Réformés circulaient, certes sous le manteau et dans des cercles bien restreints, la masse de la population ne présentait aucun symptôme de contagion. Pourquoi donc tant d'émotion, un châtiment aussi exemplaire, une « répression à grand spectacle » ?

Il ne faut pas, souligne Fernand Braudel, sous-estimer l'inquiétude de Philippe II qui, quoique très impatient de regagner l'Espagne, se trouvait encore aux Pays-Bas : « instruit par les leçons de l'Allemagne, de la France, il pouvait tout craindre en 1558. Mais en 1559, dès avant son retour, le péril était apparu dans sa minceur, la correspondance de Philippe II avec la princesse Jeanne le montre, dès lors, peu inquiet de cette question dont il parle rarement. Le 26 juin, accusant réception de la longue relation sur le premier autodafé de mai, il ajoute qu'il espère bien qu'ainsi "on remédiera au si grand mal qui a été semé". Le ton est calme. *Tan gran mal como estava sembrado* : mais la moisson n'avait pas eu le temps de mûrir. »

La paix d'Augsbourg (1555) venait de confirmer le principe *Cujus regio hujus religio.* Certains pays allemands avaient déjà opté pour la Réforme. Par ailleurs le danger protestant se dédoublait (ou plutôt se diversifiait) : Genève devenait avec Jean Calvin la métropole d'une nouvelle forme d'orthodoxie protestante, et exerçait déjà une puissante influence en France, dont on pouvait craindre qu'elle ne s'étendît au sud, dans les deux péninsules.

Jusqu'au milieu du siècle les rares Espagnols convertis qui choisissaient de s'exiler (quand l'Inquisition leur en laissait le temps) cherchaient refuge à Paris ou aux Pays-Bas. À partir de 1555 ils se dérouteront volontiers sur Genève, et certains – comme un Juan Pérez de Pineda – participeront aux tentatives genevoises d'infiltration en Espagne. Dès 1550 le cathéchisme de Calvin avait été traduit en espagnol et introduit en Espagne. C'est l'arrestation en pleine Sierra Morena (alors qu'il regagnait Genève) d'un homme de ce milieu qui sera à l'origine du drame sévillan : l'héroïque Julián Hernández *alias* Julianillo (un Espagnol élevé à l'étranger) qui, déguisé en colporteur, introduisait clandestinement des ouvrages de propagande calviniste et le paiera de sa vie.

### *La « sainte colère » de Charles Quint*

Le rôle joué dans cette affaire par l'exemple des autres nations européennes aux prises avec une cohabitation conflictuelle entre catholiques et protestants est donc indéniable. Cela explique la grande colère de Charles Quint lorsqu'il apprit, à Yuste, le 27 avril 1558 – soit cinq mois avant sa mort – par une lettre du secrétaire Juan Vázquez la découverte de foyers de « luthéranisme » en Espagne. Il écrivait le 25 mai à la régente, à Valladolid, et à Philippe, à Bruxelles.

La violence de sa réaction peut surprendre chez un homme comme lui, l'homme de l'*Intérim* et de la paix d'Augsbourg, qui avait sa vie durant bataillé – au propre et au figuré – pour éviter l'irréparable au sein de la chrétienté, acceptant, lui l'empereur, le bras armé de la l'Église, jusqu'au compromis. À doña Juana, sa fille, il dit son indignation, sa peine, et son inquiétude :

> « … croyez bien, ma fille, que cette affaire m'a causé – et me cause – tant d'inquiétude et tant de peine que je ne saurais vous le dire ; penser que tant que le roi et moi-même avons été absents de ces royaumes [d'Espagne] ils sont demeurés en paix et ont été épargnés par ce malheur, et que maintenant que je suis venu m'y retirer et chercher le repos, au service de Notre Seigneur, une telle impudence et une telle vilenie ont pu avoir lieu en ma présence et en la vôtre, et que de telles personnes y aient participé, tout en sachant ce qu'à cause de tout cela [du protestantisme] j'ai enduré et souffert en Allemagne, ce qu'il m'en a coûté de tourments et de dépenses, et que j'y ai laissé une partie de ma santé… »

Pour le service de Dieu et la sécurité de l'État il était indispensable d'extirper ce mal naissant « point encore assez fort pour qu'on n'y puisse remédier facilement » ; il fallait donc frapper vite et fort. Il déconseillait fermement toute miséricorde, s'interrogeant même sur la suffisance des procédures en vigueur en Espagne qui, devant la soumission et la repentance, avaient coutume d'user dans un premier temps d'une mansuétude qui eût permis en l'occurrence aux hérétiques « plus enragés que jamais » de récidiver. La régente devait mobiliser tout le monde, « comme s'il s'agissait-là de sédition, de scandale, de rébellion ou autre atteinte portée à la république. » Il fallait un châtiment prompt et exemplaire, avant que même le roi ne fût impuissant à réduire l'hérésie en Espagne : « … car, ma fille, croyez-moi, si l'on ne châtie ce mal et y remédie au tout début, et sans aucune considération de personne, afin d'enrayer un si grand mal, je ne suis pas sûr que plus tard le roi, ni personne d'autre, pourra encore le faire ». Il parlait d'expérience.

Dans la lettre à Philippe, il se montra aussi véhément, au point d'y insister par cette note autographe : « Mon cher fils, cette sombre affaire – "*este negro negocio*" – qui a éclaté ici me remplit d'une indignation que vous pouvez sans mal imaginer […]. Il vous faut absolument couper le mal à la racine, avec la plus grande rigueur, en appliquant le châtiment le plus dur ; mais comme je sais que telle est votre volonté et que vous y veillerez avec plus de ferveur encore que je ne le saurais dire ni désirer, je ne m'étendrai pas davantage là-dessus. » Les notes marginales portées par le destinataire confirmeraient chez Philippe II (si besoin en était) cette *ferveur* à laquelle en appelait l'empereur : « Lui baiser les mains pour les mesures qu'il a prises dans cette affaire et le supplier d'aller jusqu'au bout. »

De même Charles Quint pressait l'Inquisiteur général, qui lui avait adressé le 2 juin un rapport détaillé – alarmant et très tendancieux – sur la situation, de faire preuve d'un zèle particulier. Ajoutant le 9 septembre un codicille à son testament du 6 juin 1554, il en consacra le tout premier paragraphe (avant le second, qui traite de sa sépulture) à recommander à nouveau – instamment – à son successeur, dans les mêmes termes, d'extirper le protestantisme de ses royaumes :

> « Bien que je sois certain que le Roi mon fils et [la princesse] ma fille, ainsi que les ministres concernés auront fait et feront tout ce qui est en leur pouvoir pour extirper et châtier un aussi grand mal avec l'éclat et la rapidité qu'exige la gravité de la situation, et que la Princesse en fonction de cela et conformément à ce que je lui ai dernièrement écrit à ce sujet, veillera à ce que tout soit mis à exécution ; malgré tout, étant donné ce que je dois au service de notre Seigneur, à la propagation de sa foi et à la conservation de son Église et de la Religion chrétienne, pour la défense de laquelle j'ai enduré tant de rudes épreuves au détriment de ma santé, comme il est de notoriété ; étant donné le profond désir que j'ai que le Roi mon fils, en grand catholique qu'il est, fasse de même – et je mets en cela toute ma confiance en sa vertu et sa chrétienté –, je le prie et lui recommande, avec toute l'insistance et la véhémence qu'il est en mon pouvoir et de mon devoir, et je lui ordonne en tant que père, qui tant l'aime et le chérit, au nom de l'obéissance qu'il me doit, de veiller avec un soin tout particulier et une grande attention à cela qui est de la plus haute importance et ce en quoi il y va tellement de son intérêt, afin que les hérétiques soient punis et châtiés avec la plus grande et manifeste rigueur, conformément à leurs fautes, et ce sans exception de personne, sans admettre aucune supplication, sans égards particuliers pour personne ; et pour ce faire qu'il honore et aide et ordonne d'honorer et d'aider le Saint-Office de l'Inquisition, pour les nombreux et graves maux qui grâce à lui sont extirpés et châtiés, comme je le lui demande instamment dans mon testament. Parce que, outre qu'en faisant cela il fera son devoir, notre Seigneur mettra ses affaires en bonne voie, les favorisera et les défendra contre ses ennemis et leur

> accordera un heureux dénouement, et à moi un grand repos et contentement. »

Comme l'a souligné – non sans acrimonie – l'historien espagnol du siècle dernier, Modesto Lafuente : « … celui qui avait si souvent fait preuve d'indulgence et de mansuétude envers les protestants allemands, se montra si inflexible envers les luthériens espagnols qu'il ne trouvait pas de châtiment assez dur à leur infliger ni de mots assez forts pour dissuader d'avoir la moindre indulgence à leur égard ».

Or, ce n'était point tant le fanatisme religieux qui poussait alors l'empereur à une telle intransigeance que l'expérience ; il connaissait le prix politique des atermoiements, ce qu'avait finalement coûté la scission religieuse au sein de l'empire. Il voulait éviter ce drame à l'Espagne. Les « protestants » espagnols en feraient, hélas, aussitôt – et cruellement – les frais. Car il est prouvé que la vive réaction de l'empereur eut une grande incidence sur la poursuite de ses affaires, dont il ne verra point la conclusion, puisqu'il précéda de quelques mois les victimes dans la mort.

La radicalisation de la politique espagnole en matière d'orthodoxie, qui allait marquer le second XVI^e^ siècle et s'annonçait par cette répression des foyers protestants, ne relevait donc pas, comme on l'a longtemps dit ou cru, de la seule volonté du nouveau roi. Certes, elle allait dans le sens de ses convictions et de sa personnalité plus intransigeante que celle de son père. Mais lorsque Philippe II regagna l'Espagne au milieu de l'année 1559, le profond changement qui s'y opéra en l'espace de deux ou trois ans – et qui correspondent justement aux derniers mois de vie de l'empereur – était aux trois quarts consommé.

Les causes profondes lui en étaient étrangères. S'appuyant sur *Érasme et l'Espagne* de Marcel Bataillon, Fernand Braudel l'a exprimé en termes insurpassables :

> « … c'est la méthode répressive qui est nouvelle ; l'intransigeance catholique a pris conscience d'elle-même, elle désire frapper pour frapper, inspirer la terreur

> de l'exemple. Finies, la politique irénique de l'Empereur, les incertitudes d'une situation tendue qui mêlait les lignes et confondait les positions ! L'intransigeance protestante a éclairci les choses. Après 1555, après le succès des réformés en Allemagne et l'abdication de Charles Quint, les oppositions se dessinent avec dureté ; une répression intransigeante s'installe en Italie, puis en Espagne, les deux choses étant d'ailleurs indépendantes ; l'inquisition espagnole est autonome et les relations de Philippe II et de Paul IV peu amicales, bien qu'ils soient entraînés l'un et l'autre dans un même mouvement. La situation a évolué avec rapidité. L'Espagne que Philippe II retrouve est déjà passée à la Contre-Réforme, à la répression, sans que ce soit pour autant l'œuvre du roi, mais bien celle de son temps, des événements d'un bout à l'autre de la Chrétienté, de la poussée de Genève et de celle de Rome, vastes flux spirituels qui entraînent Philippe II lui-même et qu'il n'a pas créés. »

Et, conclut-il : « Il ne semble pas que le "protestantisme" espagnol ait eu des aboutissements politiques. Mais la confusion était possible parce qu'à côté de la révolte religieuse, il y avait, en Espagne, un malaise politique, inquiétant lui aussi. »

Mais cette « alerte protestante » (peut-être tout ensemble cause et conséquence) et la réaction qu'elle a provoquée eurent une bien plus longue portée que la simple et définitive éradication de quelques groupuscules hétérodoxes. Elle marquait – ou confirmait – un tournant : *la criminalisation de la dissidence idéologique*, en l'occurrence religieuse ; comme l'a bien souligné Jesús Alonso Burgos : « cette prise de position affirmée de l'Empereur fixa de manière définitive, et sans retour possible, ce qui n'avait été jusqu'alors qu'un simple essai, une timide tentative, à peine amorcée : la dissidence en matière de religion sera dorénavant jugée comme un acte d'insubordination civile et l'hétérodoxie comme un délit contre la sécurité de l'État, et même le tout premier, le principal. L'Inquisition devait ainsi se voir transformée, une fois dépassé le milieu du XVIe siècle, de tribunal exclusivement religieux chargé de défendre la foi qu'elle était, en instrument répressif au service des intérêts politiques. »

*Les raisons de la colère : le cœur du royaume est atteint*

Mais en quoi consistait donc ce « *negro negocio* » qui troubla si fortement la sérénité de Charles Quint à Yuste ? Dans sa *Silva palentina*, Alonso Fernández de Madrid, archidiacre de El Alcor, célèbre traducteur de l'*Enchiridion* d'Érasme, donc témoin privilégié du temps (mais qui devait mourir le 18 août 1559, entre le premier et le second autodafé de Valladolid), se faisait ainsi l'écho des premières arrestations, en 1557 :

> « On a découvert cette année, surtout à Séville mais aussi à Valladolid, à Palencia, à Ségovie, à Zamora et ailleurs, un mal dans lequel de nombreuses personnes sont impliquées, aussi bien des ecclésiastiques que des laïques, et même des moines et des prédicateurs, des juristes renommés ainsi que des hommes et des femmes de haut rang. Lesquels, sous l'effet de néfastes influences et pour avoir lu en espagnol des livres en provenance d'Allemagne, et pleins des erreurs et des fausses doctrines de la maudite secte luthérienne, étaient devenus bien tièdes et hésitants vis à vis de la vraie et catholique Doctrine ; on dit que rien qu'à Séville et en Andalousie plus de cent personnes, dont de très importantes, sont incarcérées dans les prisons de l'Inquisition, et qu'à Valladolid il y en aurait plus de cinquante, qui ne sont à ce jour encore ni condamnées ni jugées. »

En effet, deux affaires éclatèrent pratiquement en même temps en deux endroits clefs du royaume : la découverte en Castille et en Andalousie de groupes hétérodoxes, de « protestants » espagnols, sans réelle connexion entre eux, d'ailleurs.

Caractéristique fondamentale : comme pour le mouvement érasmiste, les adeptes appartenaient surtout aux classes riches et cultivées, aristocratie, haut clergé, bourgeoisie montante presqu'exclusivement d'origine juive. Ce ne fut pas du tout comme dans l'empire un mouvement populaire, de masse, aux connotations politiques (émergence d'une « identité » allemande, par exemple) ; ce fut bien au contraire un mouvement très minoritaire et fortement élitiste, notamment en Castille.

Les « *protestants de Valladolid* » : cette expression consacrée (et commode) vient de ce que l'affaire fut jugée dans cette ville-là, alors centre du gouvernement, où se trouvaient la régente et les Conseils. L'aire géographique du protestantisme castillan s'étendit d'est en ouest de Zamora à Logroño. Le noyau luthérien castillan se trouvait concentré dans une poignée de villes, quelques couvents et un nombre très limité de cercles familiaux. Un monde très circonscrit, isolé dans une société vieille-chrétienne qui était, souligne Jesús Alonso Burgos, « bien plus intéressée par la pureté de sang et le lignage que par le savoir intellectuel ou les discussions théologiques, et qui n'avait que mépris et méfiance pour tout ce qui touchait à la culture, une société qui n'avait pas grand-chose à voir avec ce monde bien différent de nonnes savantes – « *latiniparlas* » –, de pieux « *conversos* » et d'aristocrates humanistes ». L'exiguïté de l'assise sociale et culturelle fit que par interaction liens familiaux et affinités idéologiques se renforcèrent. Donc : quelques familles, et parfois – comme dans le cas des Cazalla – la famille entière. Aussi la liste des protestants de Castille est-elle courte, le nombre de personnes jugées comme telles n'atteignant pas la cinquantaine.

### *De Logroño à Valladolid : genèse du « protestantisme » castillan*

Dans la Rioja tout commence – comme d'ailleurs en Andalousie – autour d'un « laïque mystique »[36] : un gentilhomme italien originaire de Vérone, don Carlos de Seso, s'était installé en Espagne vers 1550, y avait épousé Isabel de Castilla (qui descendait, par une branche illégitime, du roi Pierre Ier dit le Cruel), et avait été *corrégidor* de Toro, avant de se retirer à Villamediana, près de Logroño, avec sa femme et une nièce de celle-ci. Ancien militaire il avait servi dans les armées impériales, et donc voyagé à travers l'empire ; dans sa patrie d'origine il avait été en contact avec les idées, sinon directement avec les ouvrages, de Juan de Valdés et tout ce qui gravitait autour. Il reconnut au cours de son procès : « … j'ai entendu prêcher la *justification* en Italie, et j'en ai déduit moi-même le reste ».

Car c'était un homme hautement préoccupé par le fait religieux. Se défendant d'avoir cherché à endoctriner, il déclarait le 30 juin 1558 : « je n'ai jamais cherché à dogmatiser, je n'ai jamais eu la prétention d'enseigner, et je n'ai jamais organisé de réunions dans l'intention délibérée de traiter de ces sujets-là ou d'autres ; mais *si l'occasion se présentait de parler des choses de Dieu*, alors je disais ce que je pensais, sans avoir ni compétence ni intention particulières ». Ses premiers « disciples » furent donc sa femme et sa nièce, interlocuteurs évidemment privilégiés ; et les choses n'auraient sans doute point dépassé la sphère privée s'il ne s'était lié d'amitié avec don Pedro Cazalla, curé du bourg de Pedrosa, et son sacristain Juan Sánchez (qui avouait une vocation monastique refoulée, et sera jusqu'au martyre le plus ardent adepte). Ce furent entre les trois hommes de longues conversations passionnées dans le salon de l'un ou la sacristie de l'autre. Enthousiasmé, don Pedro de Cazalla (fils) réunit – autour de lui et de ces idées nouvelles – une petite dizaine de paroissiens, majoritairement des femmes ; puis il présenta don Carlos à toute sa famille, fort nombreuse.

Les parents – Pedro de Cazalla (père) et Leonor de Vivero – installés à Valladolid avaient eu dix enfants (pour moitié garçons et filles) qui, répartis dans les principaux bourgs de la région, étaient alors socialement bien placés. Le père, comptable dans les finances royales, était frère (ou cousin germain) de l'évêque Juan et de María Cazalla. Leur maison avait accueilli les cercles d'*alumbrados*, et María Hernández y avait même séjourné, quand le jeune Agustín, futur martyr du protestantisme espagnol, n'avait qu'une dizaine d'années. La mort épargna au père en 1543 la douleur de voir sa famille décimée quinze ans plus tard. En effet, disons par anticipation que sur les dix enfants Cazalla : quatre mourront sur le bûcher (Agustín, Beatriz, Francisco et Pedro) et deux autres (Constanza et Juan) seront condamnés à la réclusion maximum, avec perte de tous leurs biens ; sans compter l'exhumation et la crémation des restes de la mère, décédée entre-temps, ainsi que la destruction judiciaire de la maison familiale, et l'irréparable déshonneur pour tous.

Cette famille de nouveaux-chrétiens – « *aquella inquieta familia* » selon les termes de José Luis González Novalín –, précédemment engagée dans les mouvements érasmistes et illuministes, et dont plusieurs membres appartenaient au clergé, adhéra totalement aux idées de Carlos de Seso. Par sa haute condition sociale et intellectuelle, ses relations dans des cercles à forte préoccupation religieuse (couvents ou groupes de « *beatas* »), la famille Cazalla fut un excellent instrument de diffusion. La maison familiale, où résidait encore la mère devenue veuve, devint un lieu de réunion privilégié du groupe qui se forma autour de Carlos de Seso : un « conventicule » diront les témoins malveillants, où l'on allait jusqu'à communier sous les deux espèces… Ce qui explique l'acharnement des juges qui, à l'issue du premier autodafé de 1559, feront rituellement raser le logis et semer le terrain de sel, en perpétuant l'infamie du châtiment par une inscription encore en place en 1821 ! Selon Juan Antonio Llorente, elle fut détruite par les soldats de Napoléon…

Pedro entraîna donc son frère Francisco, prêtre lui aussi (à Hormigos, près de Palencia) ; ses deux sœurs religieuses Leonor et Beatriz surtout, qui avait une grosse influence sur ses consœurs du couvent cistercien de *Nuestra Señora de Belén* à Valladolid, dont plusieurs seront jugées pour protestantisme ; et son autre frère Agustín, le plus brillant de la fratrie. Né vers 1510 il avait commencé ses études à Valladolid, sous la direction spirituelle et intellectuelle de Bartolomé Carranza (son professeur et confesseur), études qu'il termina à Alcalá en 1533. Nommé prédicateur impérial en 1543 il avait suivi la cour en Allemagne et aux Pays-Bas, où il dut combattre par la prédication l'hérésie protestante pendant une dizaine d'années. Les chroniqueurs de l'époque ont salué ses dons oratoires. De retour en 1552, il s'était installé à Salamanque où il avait obtenu un canonicat ; et il fit partie pendant quatre ans d'une commission organisée par le président du Conseil royal pour l'examen des brefs pontificaux concernant le concile de Trente, alors en pleine activité.

En 1556 il avait quitté Salamanque pour Valladolid où, pressé par sa famille, il participa aux réunions organisées chez sa mère. On y commentait entre amis des textes empruntés aux ouvrages de Luther, de Calvin, de certains mystiques – le Rhénan Tauler, ou les Espagnols Jean d'Avila et Louis de Grenade –, de Juan de Valdés, d'un confrère d'Agustín à la cour impériale : le Sévillan Constantino Ponce de la Fuente ; mais surtout – ce sera lourd de conséquences pour l'auteur – on y lisait aussi les *Comentarios sobre el Cathecismo Christiano* de Carranza. Ce fut là, dans la maison de Leonor de Vivero transformée en *domus-ecclesia*, que prit vraiment corps le « protestantisme » castillan, et de là qu'il pénétra dans des cercles religieux et nobiliaires très fermés, mais aussi très sensibles.

Ainsi, de Logroño et à travers les Cazalla, l'influence de don Carlos de Seso avait atteint Valladolid, le cœur géographique, politique et culturel du royaume… Par les Cazalla, elle avait touché les familles des marquis de Poza et d'Alcañices, apparentées et très liées : le frère Domingo de Rojas, fils des marquis de Poza, un dominicain disciple de Carranza qu'il avait accompagné à Trente en 1552, et sa nièce, la belle Ana Henríquez, fille des marquis d'Alcañices, attirée dans le cercle par son oncle et par Beatriz de Vivero. Un gentilhomme au service des Alcañices – Cristóbal de

Padilla – prit le relais à Zamora avec un zèle qui devait hélas éveiller la suspicion d'habitants sensibilisés par un récent « édit de foi » les incitant à la vigilance et à la délation… Don Carlos de Seso s'était par ailleurs lié avec un juriste de Toro, Antonio Herrezuelo, et sa femme, Leonor de Cisneros ; leur foyer devint aussi un lieu de réunion d'une dizaine d'amis dont le plus assidu fut un homme qui s'était converti à l'étranger, don Juan de Ulloa Pereira commandeur de l'ordre de Saint-Jean-de-Jérusalem[37].

Un des membres les plus éminents de cette « communauté » en a expliqué mieux que personne – devant les juges – le processus de formation : « Doña Beatriz de Vivero avoua qu'elle avait induit en erreur le frère Domingo ; que Padilla avait été induit en erreur par don Carlos ; le docteur Cazalla par don Carlos de Seso et par son frère Pedro ; que Juan de Vivero avait induit en erreur sa femme, et que doña Constanza et sa mère la vieille doña Leonor l'avaient été par le docteur Cazalla ; doña Catalina de Ortega, par Juan Sánchez, et que tous ceux-là avaient induit en erreur le bijoutier Juan García. Et que le frère Domingo avait fait de même avec ses frères et sœurs, neveux et nièces ; Padilla avait induit en erreur ceux de Zamora. Et c'est pour cela qu'il y a maintenant le feu à Valladolid… » Il va sans dire que le verbe employé, « induire en erreur » – « *engañar* », soit littéralement : « tromper » – a été manifestement dicté par le contexte.

### « Le malheur des uns… » : *une aubaine pour l'Inquisiteur*

Au printemps 1558 – qui serait pour Charles Quint le dernier de sa vie – le Saint-Office eut vent de l'existence des groupes et des réunions. Le malheur des uns faisant le bonheur des autres, l'Inquisiteur général – tombé dans une sorte de disgrâce il venait de se voir confiner à Séville – dut croire au miracle lorsqu'il apprit la nouvelle ; n'ayant pas encore dépassé Salamanque il fit aussitôt demi-tour, et prit l'affaire en main avec une efficacité qui fit oublier le reste.

Quelque indiscrétion avait alerté don Carlos de Seso, qui put s'enfuir ainsi que le frère Domingo de Rojas et Juan Sánchez ; ce dernier ne fut repris qu'aux Pays-Bas, mais les deux autres ne dépassèrent pas la Navarre. Selon le rapport adressé le 2 juin par l'Inquisiteur Valdés à Charles Quint, il fallut les ramener nuitamment pour les protéger de la foule : « … partout où ils passèrent, hommes, femmes et enfants se précipitaient en foule pour les voir, manifestement désireux de les tuer sur place. Le frère Domingo craignait fort que des membres de sa famille ne vinssent l'occire en chemin. On s'arrangea pour les faire entrer dans Valladolid de nuit, afin d'éviter que les enfants et la population ne les lapidassent, car, étant donné l'indignation des gens à leur encontre, ils auraient très bien pu le faire. » En mai presque toute la famille Cazalla fut arrêtée.

Le Saint-Office, encouragé voire pressé par les autorités gouvernementales – par Charles Quint depuis Yuste, par Philippe II depuis Bruxelles, et par la régente à Valladolid même –, fit preuve en cette occasion d'une célérité peu commune. On mit en veilleuse tout le reste, on mobilisa les inquisiteurs d'autres districts. Fernando de Valdés harcela tout le monde : « Les inquisiteurs ne s'occupent que de cela, pratiquement toute la journée et une partie de la nuit, afin de faire au mieux, étant donné le nombre et la qualité des prisonniers et des personnes impliquées, et l'importance de ces affaires-là », écrivait-il à Yuste.

Son zèle se décupla encore lorsque, dès les premiers interrogatoires, l'archevêque Bartolomé Carranza de Miranda fut mis en cause, notamment par le frère Domingo de Rojas, qui avait décortiqué minutieusement – mais en les interprétant dans un sens luthérien – les œuvres de son ancien maître. Et, contrairement aux autres, il ne reviendra jamais sur ces accusations : elles pèseront très lourd dans le procès Carranza, qui entrait dans sa phase préparatoire d'instruction secrète ; Carranza sera arrêté le 28 août 1559, entre les deux autodafés de Valladolid, moins d'un an après la mort de l'empereur. Le plus haut dignitaire de l'Église espagnole, le théologien conciliaire de l'empereur, apparaissant dans les dépositions comme un idéologue du luthéranisme, et ses écrits comme base doctrinale pour les hérétiques, voilà qui suffisait à le galvaniser lui, l'Inquisiteur général Fernando de Valdés, son rival malheureux au siège tolédan, et son ennemi juré…

Les procès déboucheront ainsi très vite sur deux autodafés célébrés à Valladolid les 21 mai et 8 octobre 1559 avec une pompe particulière. Le roi, revenu entre-temps des Pays-Bas (c'était sa première « rentrée » en tant que roi d'Espagne), assistera au second. Au cours du premier autodafé, la régente et l'héritier don Carlos – qui le représentaient – auront prêté serment de fidélité au Saint-Office, ce qui était une nouveauté ; ce geste, lourd de sens et à haute portée symbolique s'inscrira alors définitivement dans la pratique : le 8 décembre ce sera Philippe II en personne qui le fera.

Lors du premier autodafé, le sermon sera confié au dominicain Melchor Cano, autre grand ennemi de Carranza (« *carrancistas* » et « *canistas* » s'opposaient dans l'université espagnole), qui prêchera sur le thème du faux prophète : « *Attendite a falsis prophetis qui veniunt ad vos in vestimentis ovium : intrinsecus autem sunt lupi rapaces*[38]. » Le spectacle sera corsé par l'impressionnant rituel de la dégradation liturgique de trois ecclésiastiques (l'évêque Agustín de Cazalla, les pères Francisco de Vivero et Alonso Pérez, curé de Palencia, maître en théologie). Et la démolition de la grande maison des Cazalla sera le « clou » de la cérémonie, hormis bien sûr les exécutions. Au cours de l'autodafé de mai quinze personnes (neuf hommes et six femmes) seront livrées au feu, sans compter la dépouille exhumée de la vieille Leonor de Vivero. Tous, sauf Herrezuelo qui se montrera héroïque, bénéficieront de la strangulation préalable. Agustín Cazalla aura un comportement désespéré et hystérique qu'on interprétera comme le signe d'un véhément repentir. Les autres seront « réconciliés », ce qui signifiait dans le jargon inquisitorial qu'ils étaient réintégrés au sein de l'Église moyennant un repentir sincère et public, la perte de leurs biens, une peine variable de prison, un discrédit total et durable sinon définitif.

Au cours du second autodafé, qui comprendra – comme le précédent – une trentaine de personnes condamnées pour « luthéranisme », seront remises au bras séculier – en présence du roi, cette fois – douze autres personnes (sept hommes et cinq femmes) et la dépouille d'une inculpée qui se sera suicidée en prison. Parmi elles figureront les promoteurs et *leaders* du groupe : don Carlos de Seso, Juan Sánchez, Pedro de Cazalla, et le frère Domingo de Rojas. Seuls les deux premiers seront brûlés vifs, le second ayant une fin particulièrement atroce quoique héroïque. Don Carlos se montra tellement fidèle à ses idées qu'il les défendit jusque sur le bûcher. C'est à son propos que courut l'anecdote (notamment rapportée par les chroniqueurs du *Roi prudent*, Luis Cabrera de Córdoba et Baltasar Porreño) selon laquelle Philippe II aurait répondu à Carlos de Seso qui lui reprochait sa cruauté : « Si mon propre fils s'opposait à l'Église catholique, j'apporterais moi-même le bois pour le brûler. »

La plume autorisée d'Antonio Márquez souligne à propos de cette liquidation du protestantisme castillan : « Même si les lettres de l'Empereur sur cette affaire révèlent de sa part une position identique à celle de son fils Philippe, ces autodafés-là sont représentatifs de la troisième époque inquisitoriale, dominée par les inquisiteurs Valdés et Quiroga. » Il est évident que nous sommes bien à la charnière de deux époques, au tournant tragique de deux règnes qui s'inscrivent à la fois dans la continuité et dans la rupture : un grand thème, un passage clef dans l'histoire de l'Espagne, mais qui ne concerne plus vraiment la vie de notre empereur ; même si, sans qu'il en mesurât sans doute la portée, le durcissement final – et comme désespéré – de sa position personnelle face à cette « affaire des protestants » du royaume de Castille a comme scellé une époque et ouvert la suivante ; mais dans le sens d'une intransigeance accrue, d'une intolérance institutionnalisée vis-à-vis de la pensée et de la foi.

*Le feu couvait en Andalousie*

L'autre foyer de « protestantisme » espagnol découvert – et vite détruit – fut celui de Séville, qu'on a pu qualifier de mouvement hétérodoxe le plus significatif de l'Espagne du XVI^e^ siècle[39]. Il présentait avec celui de Valladolid beaucoup de points communs et la même issue tragique, mais aussi certaines différences fort intéressantes. Ainsi, comme le groupe castillan il comprenait des personnalités de la meilleure société : Juan Ponce de León, fils du comte de Bailén, parent du duc d'Arcos, de la duchesse de Béjar et d'autres grands d'Espagne, en fut un des plus solides piliers : entre autres services rendus à la cause il lui consacra toute sa fortune, avant d'être parmi les toutes premières victimes ou martyrs. Mais on y trouvait aussi des adeptes issus des couches les plus basses : des artisans très modestes, et même des indigents, dont le mendiant Bartolomé Fuentes et Luis, un mulâtre américain.

Un groupe donc plus hétérogène, mais marqué comme en Castille par une forte présence féminine : des femmes « savantes » et intellectuellement curieuses. Parmi les principales : doña Isabel de Baena, condamnée au feu, et dont la maison – qui avait servi de lieu de réunion au mouvement – sera rasée le 25 septembre 1559 au lendemain du premier autodafé, comme celle de doña Leonor de Vivero à Valladolid quatre mois auparavant ; doña María de Bohorques, disciple de Casiodoro de Reina, fille naturelle du marquis de Ruchema, et dont la sœur Juana, morte sous la torture subie juste après ses couches, sera innocentée *post-mortem* ; doña María de Virués ; doña María Coronel ; Leonor Gómez et ses trois filles ; Francisca de Chaves, une franciscaine du couvent de *Santa Isabel*, disciple du docteur Egidio ; et bien d'autres.

Un mouvement évidemment dominé par l'élément ecclésiastique, mais aussi socialement plus ouvert, moins aristocratique, mais aussi plus nombreux et plus brillant que le castillan. En effet, certains d'entre eux, parmi ceux qui assumèrent sur place et jusqu'au martyre leur engagement (comme un Constantino Ponce de la Fuente) ou parmi les exilés volontaires (comme Juan Pérez de Pineda, Casiodoro de Reina, Cipriano de Valera – « l'hérétique espagnol » par antonomase –, ou Antonio del Corro), appartiennent autant à l'histoire spirituelle de la Réforme européenne qu'à celle de l'Espagne : en tant que théologiens, écrivains, propagandistes, par la qualité de leurs ouvrages.

Ce qui différencie également les deux communautés c'est l'importance de l'écrit. On a conservé beaucoup d'ouvrages des protestants sévillans dont les plus éminents – à la différence de leurs homologues castillans – ont écrit et publié ; ce qui explique aussi l'extrême sévérité des juges, qui estimaient qu'un prosélytisme relayé par l'écriture était plus redoutable que les échanges d'idées en petits comités, la prédication ou la simple direction de conscience, au rayon d'action plus limité.

Ce qui distinguait encore le groupe andalou du castillan – qui ne comptait guère en ce domaine qu'Agustín Cazalla – c'était la présence d'ecclésiastiques plus nombreux et plus brillants. Les deux promoteurs du mouvement sévillan étaient de grands prédicateurs. Comme José Luis González Novalín l'a bien souligné, tandis qu'à Séville la « doctrine » était diffusée *ex cathedra*, à Valladolid elle l'était en petits comités. Marcel Bataillon a mis en évidence, à propos de la filiation entre érasmisme et évangélisme, que « non moins importantes que les relations directes avec Érasme sont les relations du mouvement sévillan avec celui d'Alcalá. Il semble qu'on assiste ici, dans une grande ville d'Espagne, dans la plus vivante peut-être [...], à une puissante diffusion de l'idéal évangélique élaboré d'abord dans un milieu universitaire. Plus encore que le livre, l'instrument de cette diffusion est le sermon, l'éloquence de la chaire, dont l'érasmisme avait réclamé et préparé le rajeunissement. » En effet, pendant le bon quart de siècle qui a précédé la crise de 1558, les chanoines prédicateurs de Séville étaient tous issus d'Alcalá ; les deux derniers – Juan Gil et Constantino Ponce – furent les fondateurs du mouvement « protestant », jugé et exterminé comme tel par l'Inquisition. « Ainsi s'accomplissait – conclut l'auteur précédemment cité – le vœu du cardinal Cisneros, que son université fût une pépinière d'hommes appelés à rénover l'Église d'Espagne. Dans le nombre, nous trouvons un érasmiste notoire et les deux plus grands noms du "luthéranisme" sévillan. » Ce qui pourrait – à première vue du moins – sembler paradoxal…

Le milieu – Séville – était aussi l'antithèse de Valladolid : une population globalement plus inculte, négligée par l'administration centrale et par un clergé soucieux surtout de ses prébendes, qui tendait à se concentrer autour de la puissante cathédrale (rivale de Tolède) aux riches bénéfices, et à se consacrer à une vie mondaine favorisée par l'absentéisme de l'archevêque, requis à la cour. C'était tout le contraire d'une ville du fond de la Castille ; c'était un avant-port, une ville ouverte – par l'Atlantique – non seulement sur les Indes occidentales, vers lesquelles elle constituait le passage obligé, mais aussi sur le nord de l'Europe ; c'était la porte principale pour l'émigration et pour le retour. Une ville et un port en pleine expansion, au cœur de la grande période américaine. Elle comptait de même une belle activité en matière d'imprimerie et de marché du livre.

Le couvent dominicain de Santo Tomás (étroitement lié à l'instauration de l'Inquisition en Espagne) était en outre un centre d'excellent niveau, une étape, un lieu d'attente et d'échange pour ceux qui partaient en Amérique, ou qui en revenaient, notamment des ecclésiastiques de haut niveau intellectuel : missionnaires, évêques ou autres. De sorte que, malgré l'absentéisme généralisé des prélats de la cité, il y en avait toujours trois ou quatre autres de passage. Or, l'archevêque Alonso Manrique, Inquisiteur général de 1523 à sa mort survenue en 1538, cet humaniste qui avait parrainé la traduction en castillan de l'*Enchiridion* d'Érasme –

traduction qui lui était dédiée –, avait eu à cœur de promouvoir la réforme ecclésiastique dans son archevêché. Il avait en ce sens – dès les débuts de son épiscopat en 1524 – pris le parti d'offrir les canonicats de son chapitre à des anciens d'Alcalá, qui y trouveraient à la fois de meilleurs bénéfices et un vaste champ pour leur œuvre pastorale. Tous ces « *complutenses* » étaient de fervents érasmiens, tous étaient au courant des fondements du luthéranisme et des discussions, des polémiques et des procès s'y référant.

*D'un docteur à l'autre :*
*d'*Egidius *à Constantino Ponce de la Fuente*

Aux origines du mouvement, un de ces « laïques illuminés », semble avoir joué un rôle déterminant. Un aristocrate de Lebrija[40], riche et vaniteux, touché par la grâce, aurait subitement tout abandonné dans les années 1530. Dans les rues et sur les places il allait prêchant l'Évangile, en fait une doctrine illuministe assez proche des principes luthériens du « *sola fide, sola scriptura* » ; mais avec tant de flamme et d'humilité que beaucoup le prirent pour un fou… Ce Rodrigo de Valer finit cependant par attirer l'attention des inquisiteurs qui, ne sachant faire le partage – dans son cas – entre folie et hérésie, le qualifièrent d'« apostat et pseudo-apôtre qui se dit envoyé de Dieu ». Cependant des esprits supérieurs virent au contraire en lui un maître à penser. Ce fut le cas du docteur Juan Gil *alias* Egidio, et du docteur Constantino Ponce de la Fuente.

Formé à Alcalá, l'Aragonais Egidio y avait exercé ensuite sans grand éclat avant de devenir chanoine magistral du chapitre de Séville en 1537 ; après une période assez terne il disait avoir eu une sorte de révélation au contact de Rodrigo de Valer ; il s'était alors transformé en un brillant prédicateur… En 1549, alors qu'il venait d'être présenté à la curie romaine par l'empereur (sur recommandation de Domingo de Soto) pour le siège épiscopal de Tortosa, tombait la nouvelle : le tribunal inquisitorial de Séville, le soupçonnant d'hérésie, enquêtait sur lui. On suspendit la nomination, mais Charles Quint s'intéressa de près à l'affaire, exigeant d'être informé et pressant la *Suprême* de l'accélérer. L'accusation portait sur le thème de la justification et du purgatoire. Les deux « qualificateurs » chargés par les inquisiteurs d'apprécier le degré d'hétérodoxie de sa prédication furent Domingo de Soto et le prieur des héronymites sévillans García Arias, ultérieurement condamné pour protestantisme. Le procès s'était soldé en 1552 par une sentence très modérée : rétractation publique, quelques peines qualifiées dans le jargon du Saint-Office de « salutaires », et un an de réclusion.

L'affaire évoquerait plutôt un de ces cas, fort courants dans la pratique inquisitoriale, de « propositions (plus ou moins) hérétiques » que d'hérésie proprement dite. Après avoir pratiquement retrouvé sa situation antérieure – à ceci près qu'il avait perdu l'évêché promis – le docteur Egidio était mort en 1556, peu de temps après avoir rendu visite au groupe de Valladolid. Mais il ne reposerait point en paix… En effet, à la lumière des procès du groupe protestant de Séville, on allait revoir le sien : *post-mortem*, comme le Saint-Office avait pouvoir de le faire ; on jugera alors la place qu'il avait accordée à la foi au détriment des œuvres dans ses sermons, les relations qu'il avait entretenues jadis avec Rodrigo de Valer, et un éloge qu'il aurait fait de Mélanchton, comme suffisamment probants pour qu'on brûle son cadavre en 1560, en lui attribuant *a posteriori* la responsabilité de l'hérésie sévillane. Mais certains, plus perspicaces, saisissant la menace dès le premier procès d'Egidio, s'étaient réfugiés à l'étranger, comme Juan Pérez de Pineda, qui jouera de ce fait un grand rôle dans le développement du (véritable) protestantisme espagnol à l'étranger.

*Hérétique peut-être, grand hérétique sûrement :*
« Si Constantino es hereje… »

Son successeur au chapitre sévillan, Constantino Ponce de la Fuente – homme de grande valeur et personnage impressionnant – fut l'autre promoteur du mouvement et la pierre angulaire de la communauté. Né à Cuenca, sans doute nouveau-chrétien d'origine juive – « c'est bien la plus forte personnalité que les *conversos* aient fournie à l'Église d'Espagne au temps de l'empereur », selon Marcel Bataillon – formé lui aussi à Alcalá, il avait été recruté comme prédicateur par la cathédrale de Séville en 1533 avant même d'avoir été ordonné.

Personnage brillant, très cultivé, grand théologien, homme d'esprit à l'humour féroce, il ne laissait point indifférent mais inspirait des sentiments extrêmes. Rappelant le docteur Vergara par son ouverture d'esprit et son sens de l'ironie, il était connu pour ses cinglantes réparties ; entre autres cette plaisante réponse qu'il aurait faite, dit-on, à l'issue d'un interrogatoire : « Ces messieurs voudraient bien me brûler, mais ils me trouvent encore trop vert. » Sur sa brillante réputation la cathédrale de Cuenca lui avait proposé un canonicat, puis – du temps de l'intransigeant Silíceo – celle de Tolède lui avait offert son canonicat magistral : il avait refusé l'un et l'autre, car il attendait en fait que le poste équivalent fût vacant à Séville. Ayant été l'un des prédicateurs appelés aux obsèques de l'impératrice en 1539, il avait été nommé prédicateur impérial et « *capellán de honor* »[41] en 1548 ; à ce titre il avait accompagné le prince Philippe lors de son voyage en Allemagne du Sud et aux Pays-Bas. C'est ainsi qu'il avait eu l'occasion de prêcher à Bruxelles, en compagnie d'Agustín Cazalla, devant la cour et l'empereur. En 1550 il avait assisté sur ordre de ce dernier à la diète d'Augsbourg.

Nombreux sont les témoignages très élogieux sur ses qualités d'orateurs. Le chroniqueur Calvete de Estrella, qui le connut au cours de ce long voyage, le qualifiera de

« grand philosophe et profond théologien, l'un des plus illustres par son éloquence en chaire que l'on ait connus depuis longtemps ». Les registres capitulaires de Séville ont retenu que sa prédication était d'une telle qualité, son savoir si grand et sa personnalité si éminente que, même si le salaire qu'on lui avait attribué dépassait de beaucoup la normale, rien ne serait de trop ni trop beau pour lui… Quant à l'auteur qui se cache derrière le pseudonyme de Reginaldus Gonsalvius Montanus[42] il écrira dans son ouvrage paru à Heidelberg en 1567 – *Sanctae inquisitionis hispanicae artes aliquot*[43] – que si le docteur Constantino devait prêcher à huit heures du matin, les fidèles faisaient la queue dès le milieu de la nuit ! Mais le plus bel hommage fut encore celui de Charles Quint qui, nous l'avons vu, apprenant à Yuste l'arrestation de Constantino aurait déclaré : « *si Constantino es hereje, es un gran hereje !* »

Après avoir ainsi accompagné la cour hors d'Espagne entre 1548 et 1555, il avait regagné Séville où, par suite du décès d'Egidius, le canonicat magistral fut mis au concours en février 1556. Mais le retour à Séville allait signifier pour Constantino Ponce de la Fuente la fin de sa gloire et la descente aux enfers. Certes, il fut le candidat unanimement choisi par le chapitre contre l'archevêque et Inquisiteur général Fernando de Valdés, qui avait le sien. Mais il y eut un conflit tel que le tribunal de la Rote, à Rome, dut trancher en faveur du docteur Constantino en juin 1557. Comme l'a bien relevé José Luis González Novalín : « ainsi s'ouvrait un conflit qui opposait non pas tant deux personnalités que ces deux puissances redoutables qu'étaient le chapitre et l'épiscopat sévillans ».

On n'en ressortait point indemne : cette éprouvante année de lutte avait atteint l'élu dans sa santé et dans son prestige ; on avait en effet ressorti (ou inventé) plusieurs affaires délicates à son sujet (ses origines juives, un double mariage avant la prêtrise qui en aurait fait un bigame et un imposteur, etc.). De même on passa au crible ses écrits – dont certains figuraient dans la bibliothèque[44] de l'empereur à Yuste –, car c'était aussi un brillant écrivain. Sa *Suma de doctrina christiana en que se contiene todo lo principal que el hombre christiano deve saber y obrar* (colloque érasmien inspiré de Juan de Valdés, qui avait déjà connu trois éditions entre 1540 et 1551), son *Catezismo christiano*, ses *Seis sermones sobre el primer salmo de David : Beatus vir* (dans la lignée d'Érasme), son *Espejo del estado de hombre en esta presente vida*, sa *Confesión de un pecador delante de Jesús Cristo*, admirable petit traité d'ascétique ; bref, des ouvrages qui circulaient – avec grand succès et l'approbation de toutes les autorités compétentes – depuis une vingtaine d'années, furent alors examinés avec une vaine suspicion.

Cependant – et ce fut la nouvelle qui parvint à Yuste – l'Inquisition l'arrêta en août 1558. Confiné dans l'insalubre forteresse de Triana il devait y mourir, sans doute entre les deux autodafés qui concluront la répression dont il fut l'une des plus illustres victimes. Mais on ignore la date exacte et la cause de sa mort : dysenterie ou suicide ? En tous cas une fin atroce pour celui qui avait été le plus grand prédicateur de son temps. En 1560, comme Egidio il sera exhumé et brûlé, ainsi qu'une effigie le représentant en grandeur nature dans l'attitude qui lui était familière lorsqu'il prêchait : imagine-t-on plus tragique marionnette et plus macabre théâtre ?

L'hostilité des jésuites, récemment arrivés à Séville dut contribuer à son malheur. En effet, à contre-courant de l'enthousiasme soulevé par la prédication du père Constantino, François Borgia avait notamment exprimé sa réserve par un vers assassin emprunté à l'*Énéide* : « *Aut aliquis latet error : equo ne credite, Teucri*[45]. » Et Jean d'Avila, qui en était proche, partageait la même réticence.

La critique actuelle tend plutôt à voir dans le docteur Constantino moins un protestant que le représentant d'un mouvement de rénovation évangélique aux racines cisnériennes, mais s'écartant dangereusement de l'orthodoxie officielle. Il fut au cœur du noyau spiritualiste sévillan, ou – selon les beaux termes de Pedro Saínz Rodríguez – « de la spiritualité manquée » : « *la espiritualidad frustrada* ».

### *Des hiéronymites bien peu « catholiques »*

Quoi qu'il en soit, Rodrigo de Valer, Juan Gil et Constantino Ponce avaient – chacun à sa manière – préparé le terrain. Un groupe s'était en effet formé autour des deux derniers ou de leurs idées, en deux endroits privilégiés : chez Isabel de Baena et dans le monastère hiéronymite hors les murs de *San Isidoro del Campo.* Fondé par un Medina Sidonia (don Alonso Pérez de Guzmán el Bueno) c'était un centre intellectuel de haut niveau, très recherché par les nouveaux-chrétiens d'origine juive désireux de réussir dans la carrière ecclésiastique. Le prieur, García Arias – surnommé « le maître blanc » car il était albinos –, était un personnage très ambigu, inquiétant. Il avait introduit dans son monastère d'étranges nouveautés : lecture de la Bible remplaçant la prière en commun, suppression des prières pour les défunts, des indulgences et des images ; tout en faisant office auprès du tribunal d'Inquisition de « qualificateur ».

Prévoyant leur arrestation, les moines avaient planifié une évasion échelonnée qui réussit en partie : onze d'entre eux prirent la fuite en se donnant rendez-vous à Genève un an plus tard. Certains s'étaient éclipsés dès l'été 1557, le premier que passa l'empereur à Yuste. Quelques-uns d'entre eux seront les plus brillants représentants du protestantisme espagnol en exil pendant vingt ou trente ans encore : Casiodoro de Reina, Antonio del Corro, Cipriano de Valera. D'autres furent repris, les routes menant à Cologne, à Francfort, à Anvers et – surtout – à Genève, étant à cette époque truffées d'espions – les « *moscas* » – au service de l'Espagne. Le prieur sera quant à lui brûlé à Séville en 1562. On imagine le scandale que causa la nouvelle de ces évasions ! Les premières arrestations eurent lieu à Séville au printemps 1558 donc encore du vivant de l'empereur.

En fait, depuis le procès d'Egidio, une certaine agitation régnait à Séville où – comme ailleurs – évêque et chanoines s'opposaient constamment, en réaction aux mesures tridentines qui tendaient à rogner les privilèges corporatistes du chapitre. Ce fut dans un tel contexte que le docteur Constantino affronta l'archevêque non résidant Fernando Valdés, qui était de surcroît un Inquisiteur général très zélé. Aussi sa personnalité controversée allait-elle « catalyser » ce conflit d'intérêts, et le danger – qu'on croyait écarté définitivement depuis le procès d'Egidio – resurgissait à la faveur des scandaleux événements de 1557. Car jusque-là on ne parlait pas encore ouvertement d'hérésie à Séville.

C'est un événement fortuit qui a déclenché la réaction en chaîne qui déboucherait, après la mort de Charles Quint, sur les autodafés de 1559, 1560 et 1562 : la découverte à la fin de l'été 1557 de tonneaux de livres clandestins introduits dans la cité – avec l'active complicité de l'aristocrate Juan Ponce de León – par un Espagnol de l'émigration, un calviniste, Julián Hernández (surnommé à cause de sa petite taille *Julián le Petit* ou *Julianillo*). Au service de la propagande genevoise il introduisait par voie de terre – déguisé en muletier – des livres interdits en Espagne. À Séville ces ouvrages étaient déposés chez Isabel de Baena et au monastère hiéronymite.

Une fausse manœuvre (un livre remis par erreur à une catholique bien pensante) aurait semble-t-il tout découvert. Bien qu'il eût aussitôt pris la fuite *Julianillo* fut retrouvé en pleine Sierra Morena le 7 octobre ; ramené à Séville il y mourra sur le bûcher – en martyr héroïque et provocateur – en décembre 1560. C'était ce personnage – fabuleux, au dire de ses amis et de ses ennemis – qui, en introduisant en Espagne les premiers exemplaires du *Nouveau Testament* traduit par Juan Pérez de Pineda ainsi que d'autres ouvrages issus de la Réforme, avait donné une forte impulsion à la communauté déjà travaillée par les idées des docteurs Egidio et Constantino.

Grâce à cette pénétration biblique hétérodoxe chez les inquiets hiéronymites de Séville, certains d'entre eux – en exil dans l'Europe protestante[46] – compteront parmi les meilleurs spécialistes de l'Écriture issus de la Réforme.

*L'Inquisiteur servi par le hasard :*
« Fortuna saepe indignis favet »

La découverte, presque simultanée, du trafic de *Julianillo* et du départ des hiéronymites mit en branle la machine inquisitoriale. Devant la gravité de la situation le Conseil d'Inquisition délégua à Séville l'évêque de Tarragone, Juan González de Manébrega, qui présentait le double avantage d'avoir l'expérience de l'Inquisition (comme ex-inquisiteur des tribunaux de Sicile et de Cuenca) mais aucun lien avec les Sévillans ; il arriva à la fin de l'automne 1557 et les arrestations commencèrent au printemps suivant, quelques semaines avant celles de Castille. Le prieur des hiéronymites fut arrêté le 12 août 1558, soit cinq semaines avant la mort de l'empereur, à Yuste.

Les procès se multiplieront pour déboucher sur quatre autodafés (dont le premier aura lieu quinze jours avant le second – et dernier – de Valladolid, avec autant de solennité) célébrés les 24 septembre 1559, 22 décembre 1560, 26 avril et 28 octobre 1562 ; au cours de ce dernier figureront pour protestantisme, exception faite du prieur García Arias, surtout des étrangers : le protestantisme andalou aura alors cessé d'exister…

Lors du premier autodafé la moitié des quatre-vingts condamnés le seront pour ce délit, et parmi ceux qu'on « remettra au bras séculier » figureront Juan Ponce de León, María de Bohorques[47] et Isabel de Baena, dont la maison sera aussitôt rasée ; cela corsera le spectacle, ainsi que la dégradation de Juan González, un prédicateur du groupe qui ne voudra céder en rien de ses convictions : attaché au poteau il récitera le *Credo* en omettant délibérément le qualificatif *« romanam »* au *« credo sanctam ecclesiam »*, et en exhortant ses deux sœurs ficelées sur les bûchers voisins à en faire autant…

Le second autodafé fera sensation par la mort aussi courageuse de Julián Hernández : cet homme minuscule et décharné, disputera encore sur le bûcher au point de mettre hors de lui le moine chargé de l'assister[48], et manifestera par gestes et facéties son impatience d'en finir… À cet excitant spectacle s'ajoutera la crémation – avec leurs effigies – des docteurs Egidio et Constantino exhumés pour l'occasion, ainsi que celle du contumace Juan Pérez de Pineda (qui composera à l'intention des victimes, du fond de son exil, une *Epístola consolatoria* vraiment de circonstance).

Quant au troisième autodafé il se distinguera par la crémation de sinistres pantins figurant les hiéronymites fugitifs, notamment celles de Casiodoro de Reina, de Cipriano de Valera et d'Antonio del Corro. Au total, car les chiffres varient selon les sources, une bonne centaine de condamnés, dont une quarantaine seront livrés au feu, souvent après strangulation hormis les irréductibles[49].

L'émotion sera grande à Séville, et l'on chantera dans les rues les lendemains d'autodafé des refrains insultants pour les condamnés, du genre « *¡ Viva la fe de Cristo y mueran los luteranos !* », auxquels réponderont des graffitis et des placards séditieux… La condition portuaire de la cité, où débarquaient Anglais, Français et Flamands, la rendait vulnérable. C'est pourquoi, après le départ de l'inquisiteur Manébrega, la *Suprême* maintiendra pendant un certain temps un délégué auprès du tribunal local. Celui-ci organisera un autodafé en 1563, en 1564 et en 1565, puis huit autres jusqu'à la fin du siècle, soit un tous les quatre ans en moyenne : mais on n'y verra plus jamais de protestants espagnols…

En fait, à partir de 1560, on peut dire avec José Luis González Novalín que « la Réforme en Espagne se développera (osons le paradoxe) à l'étranger ». Les autodafés de Valladolid et de Séville seront le point culminant de la répression. Il n'y aura plus guère que des cas isolés, concernant principalement des étrangers, et les tribunaux les plus concernés seront ceux de Logroño et de Tolède.

*Fin de l'« alerte protestante » en Espagne*

« Le champ magnétique de la Réforme européenne » avait cessé d'agir sur l'Espagne, grâce – selon José Luis González Novalín – à l'intervention du Saint-Office, car la communauté sévillane « portait en elle un tel enthousiasme et un tel élan que, si l'Inquisition n'était opportunément intervenue, elle aurait cristallisée en une église réformée selon le patron évangélique ». Marcel Bataillon a écrit de manière plus nuancée : « Parler, comme on le fait souvent, de "communautés protestantes", c'est fausser l'image de ce mouvement. On y chercherait vainement un culte réformé suivant les formules luthériennes. On cite, il est vrai, des cas de communion sous les deux espèces. On voit aussi la doctrine de la justification par la foi se compléter par des négations plus ou moins résolues au sujet du purgatoire, de la confession, sur la valeur des sacrements et des œuvres, sur le pouvoir du Pape et de l'Église. Il est possible que ces groupes, si l'Inquisition n'était intervenue si vigoureusement en 1558, fussent devenus de véritables communautés protestantes comparables à celles qui se constituent en France vers le même temps. » Par ailleurs, à ceux qui tendent à minimiser ce protestantisme espagnol on oppose d'ordinaire la liste – assez courte, il est vrai – des fugitifs qui, une fois à l'étranger, furent de fervents protestants (hésitant parfois entre luthéranisme, calvinisme ou anglicanisme), d'infatigables propagandistes, et de grands scrutateurs et traducteurs de l'Écriture, mais pratiquement tous – il convient de le souligner – issus du groupe sévillan. Celui-ci était en réalité beaucoup plus proche d'un vrai protestantisme que le groupe castillan. C'est là un tout autre thème, qui dépasse nos limites chronologiques…

Mais de quoi l'inquisiteur incriminait-il ces « protestants »-là ? Il ressort de l'ensemble des données recueillies dans les procès conservés que les préoccupations doctrinales des Espagnols inculpés pour « *luteranismo* » tournaient autour de quatre points principaux. D'abord celui, essentiel, de la justification sans les *œuvres*, de la justification par la foi, appuyée sur la seule référence à l'Écriture : « *sola fide, sola scriptura* » selon la formule clef. Le processus de rédemption étant achevé – avec la mort de Christ sur la Croix – toute « justification » ultérieure des rachetés était inutile. De même la question de l'Eucharistie, le problème de la présence réelle. Christ ne pouvait être « *corporalmente* » (comme on disait alors) dans l'hostie, sa présence ne tenait qu'à la foi des fidèles et non pas aux paroles de la consécration : c'était le rôle essentiel du prêtre – et par conséquent le sacerdoce – qui était ainsi remis en question…

Autre conséquence : la dévotion au saint sacrement n'était que superstition, et l'on mesure le scandale qu'une telle « proposition » pouvait causer dans une population si fortement – viscéralement – attachée aux processions du *Corpus* ou Fête-Dieu… Le rejet du caractère abusivement sacrificiel de la messe catholique, comprise comme sacrifice propiciatoire, alors que la messe ne pouvait avoir qu'une valeur de « *sacrificio de alabanza* », action de grâce et louange de Dieu.

Le problème du purgatoire se posait avec acuité. La négation de son existence supposait de sérieuses conséquences sur la vie sociale : refus des indulgences, donc du commerce des « bulles », qui avait pris tant d'importance en Espagne ; refus de recourir aux saints et rejet de leur culte, à l'incidence énorme sur le quotidien ; refus des messes pour les défunts et pour les « *ánimas* » (les âmes du purgatoire), donc inutilité des donations et autres legs, des « *mandas* » en tous genres, etc. Strictement et massivement appliqué cela eût conduit à un réel bouleversement de la vie de chaque jour pour les fidèles, à les déstabiliser profondément, tout en entraînant un incalculable manque à gagner pour l'Église et tout ce qui gravitait autour. Cette question était en général la première qu'abordaient les protestants espagnols entre eux, ou quand il s'agissait de prudemment « tâter le terrain » : en parlant de tout et de rien on introduisait sans en avoir l'air ce thème-test. C'était là une question

« parlante », facilement intelligible même pour le plus borné des chrétiens.

Mais pour avoir osé débattre de telles questions et soutenu de telles idées, certains durent affronter – à Valladolid et à Séville – la plus terrible des morts. Sacrifices, supplices, dont la simple évocation nous est insupportable, mais qu'il faut bien mesurer à l'aune de leur temps.

*Le paradoxe des choix de l'empereur*

Jesús Alonso Burgos, évoquant la carrière du docteur Constantino, s'étonne : « … surprenante prédilection tout de même que celle de Charles Quint pour des prédicateurs qui s'avéraient par la suite être des hérétiques ! Une prédilection qu'il faut sans doute rattacher à l'érasmisme de sa jeunesse. » Or Marcel Bataillon a répondu par anticipation à cette légitime interrogation, si magistralement que l'on ne saurait mieux dire :

> « Est-ce pure coïncidence si la même tragique aventure est commune à Constantino, à Carranza, à Cazalla ? […]. Un Constantino, un Cazalla, un Carranza, en Allemagne ou ailleurs, ont été en communication avec ce qu'on peut appeler l'Europe de la justification par la foi, vaste communion internationale pour laquelle certaine politique impériale fut un grand espoir. L'Italie faisait partie de cette Europe au même titre que l'Allemagne […]. Les expériences européennes d'un Carranza, d'un Cazalla, d'un Constantino, ont été sans doute décisives pour les confirmer dans leur foi. Là est la contribution de l'Europe à ce qu'on peut appeler la réforme espagnole. Par leurs échanges de vue avec des étrangers, ces hommes n'ont pas été incités à rompre avec l'Église officielle pour adhérer à des confessions hérétiques. Ils se sont persuadés que la religion telle qu'ils la concevaient était celle des meilleurs esprits de toutes nations, *que son triomphe était au bout des efforts de l'Empereur* [nous soulignons], et

> que le Concile devait finalement s'y rallier pour rénover l'Église. Mais leur religion, sauf erreur, a ses racines en Espagne même, dans l'illuminisme érasmiste. Le cas de ces hommes d'Église, qui ont joué dans leur pays un rôle important ou glorieux avant d'être emprisonnés pour luthéranisme, ne diffère, au fond, pas essentiellement du cas d'un Juan de Valdés. »

Mais cette politique impériale porteuse d'espoir avait cessé d'être avant l'empereur lui-même, et indépendemment de sa volonté. Au cours de la première décennie du second XVI$^{e}$ siècle les temps changèrent radicalement. Dans les pays protestants comme dans les catholiques, l'intransigeance était devenue la règle. Le rêve irénique de conciliation, dont Charles Quint avait été son règne durant l'incarnation, n'était plus de mise dans une Europe à feu et à sang. La Genève calviniste brûlait Michel Servet en 1553 ; Paris fêtait dans le sang la Saint-Barthélémy en 1572 ; les valdésiens étaient persécutés à Naples, à Rome Paul IV condamnaient les vieux cardinaux érasmiens qui avaient longtemps dominé la curie, etc.

En Espagne, insiste Marcel Bataillon : « il y a eu indiscutablement, dans les répressions de 1558 et des années suivantes un caractère d'atrocité voulue qui contraste avec les méthodes moins meurtrières que l'Inquisition avait suivies jusque-là […]. On brûle en 1558 des gens qui, quelques années plus tôt, en auraient été quittes pour des pénitences de courte durée. C'est que la nouvelle méthode répressive, fondée sur la terreur de l'exemple[50], ne permet plus de sauver sa vie par une rétractation. » Fernando de Valdés, Inquisiteur général depuis janvier 1547, écrivait au pape le 9 septembre 1558, soit quinze jours avant la mort de l'empereur : « ces erreurs et ces hérésies de Luther et de sa maudite engeance, qu'on a commencé à prêcher et à semer en Espagne, étaient bien parties pour y semer la sédition et l'émeute ».

Il obtiendra ainsi de Paul IV une bulle spéciale du 4 janvier 1559 – *« Cum sicut non sine animi nostri moerore...* » – lui permettant de livrer au bras séculier les protestants espagnols, même s'ils n'étaient point relaps et montraient du repentir : « L'Inquisiteur Valdés manifesta constamment des dispositions presque sanguinaires pendant son administration ; elles le portèrent à solliciter auprès du pape la permission de condamner les luthériens à la peine du feu, quoiqu'ils ne fussent pas relaps et qu'ils demandassent miséricorde » ; et ce en dérogation aux lois de l'Inquisition. « Quand l'histoire – ajoute Juan Antonio Llorente – n'aurait à reprocher à Philippe II et à l'inquisiteur Valdés, que cette bulle qu'ils avaient sollicitée, il n'en faudrait pas davantage pour faire vouer leur nom à l'infamie. »

Une seconde bulle datée du lendemain, révoquant toutes les licences accordées pour la lecture de livres défendus, intimera aux confesseurs l'ordre de faire dire à leurs pénitents « s'ils connaissaient quelque personne qui eût entre les mains des écrits protestants pour son usage, ou qui les eût fait lire et contribué à les répandre ». Dans l'affirmative, les confesseurs devraient les contraindre à aller le déclarer au Saint-Office, en les menaçant d'excommunication majeure, réservée au pape et à l'Inquisiteur général (c'est-à-dire qu'eux seuls avaient pouvoir de lever). En cas de résistance ou de négligence de la part du confesseur, celui-ci devrait « être puni comme les coupables, même dans le cas où celui de leurs pénitents qu'ils auraient absous du crime dont il s'agit, serait évêque ou archevêque, patriarche, *cardinal, roi ou empereur* »[51].

### *Comment se noua l'« affaire Carranza »*

L'année 1558 – celle de sa mort, et par conséquent capitale et décisive pour Charles Quint – fut, on l'a compris, une année également cruciale pour l'histoire de l'Espagne. Car c'est aussi dans ce contexte que prit racine l'affaire Bartolomé Carranza – vaste et complexe – à la limite de plus en plus trouble du religieux et du politique ; une affaire aussi symptomatique – sinon plus – de l'intransigeance institutionnelle qui allait marquer l'Espagne de la Contre-Réforme, que les procès de Valladolid et de Séville qui, en la déclenchant, ont entraîné le malheureux archevêque dans une spirale sans issue. Sans l'approfondir ici rappelons-en les grandes lignes.

Le dominicain navarrais Bartolomé Carranza (1503-1576) fut le contemporain de Charles Quint et de Philippe II, dont il fut très estimé. Il les accompagna à plusieurs reprises lors de séjours dans leurs domaines européens, notamment aux Pays-Bas, en Allemagne et en Angleterre. Professeur de théologie dans le célèbre *Colegio de San Gregorio* de Valladolid, Carranza s'était attiré une telle réputation d'éminent thomiste que l'empereur l'avait désigné pour représenter, avec d'autres, l'Espagne au concile de Trente lorsqu'enfin celui-ci fut déclaré ouvert en 1545. Il n'y passa point inaperçu et gagna la considération du pape et des autres participants par un discours sur « les églises perdues » qui avait ému l'assemblée ; ainsi que par ses interventions – d'une parfaite orthodoxie, selon les témoins – dans les débats sur la « justification par la foi », cette douloureuse, difficile et si délicate ligne de partage entre catholiques et protestants. Il représenta derechef l'Espagne lors de la seconde étape du concile en 1551.

Bartolomé Carranza était aussi un ascète, et considérait que les fautes en tous genres du clergé avaient une grande part de responsabilité dans la rupture de la chrétienté dont il avait été le témoin. Aussi ne montra-t-il aucune complaisance sur ce point, et notamment sur la question de l'absentéisme de certains prélats, archevêques et évêques en particulier, qui négligeaient ainsi leur premier devoir – la pastorale – et laissaient le champ libre dans leur diocèse aux relâchements et aux abus. Il avait d'ailleurs publié en 1547 un traité sur ce sujet (l'obligation de résidence, dont il sera débattu surtout lors de la dernière étape du concile) connu sous le titre programme de *Controversia.* Rappelons – pour mieux saisir la gravité d'une telle question – qu'elle était déjà en grande partie à la base de la réforme voulue par la reine Isabelle en son temps et confiée par elle à Cisneros), ainsi que des efforts qu'elle fit pour obtenir du Saint-Siège le « Patronage royal »[52].

La rigueur de Carranza sur ce point froissa quelques susceptibilités. Certains se sentirent visés ; entre autres Fernando de Valdés, l'Inquisiteur général et archevêque de Séville, qui avait toujours par le cumul de ses hautes fonctions[53] délaissé les différents diocèses – Oviedo, Sigüenza, puis Séville – dont il avait été le pasteur. Même si l'inimitié notoire de Valdés envers Carranza ne fut pas la seule cause des malheurs de ce dernier, elle y contribua largement. Pour un *Grand Inquisiteur* vindicatif, forte devait être la tentation d'abuser de cet immense pouvoir…

Carranza avait quant à lui refusé de prestigieuses fonctions : pressenti, il n'avait accepté d'être le confesseur ni de Charles Quint ni du prince Philippe ; de même qu'il avait décliné à deux reprises l'offre d'un évêché[54], mais il dut céder à la pression de Philippe II quand celui-ci lui proposa pour la troisième fois le siège primatial de Tolède, dont le titulaire Juan Martínez Guijarro *alias* Silíceo, l'ex-précepteur du roi, était décédé le 31 mai 1557. Charles Quint, apprenant à Yuste ce revirement du dominicain (dont il avait lui-même essuyé les précédents refus), eut un mouvement d'humeur et fit une acerbe remarque.

Cependant, lorsque la candidature de Carranza fut présentée à Rome, on l'y dispensa de l'habituelle enquête de moralité, sur son savoir et son zèle religieux, tant ils étaient notoires. Il fut consacré à Bruxelles par le cardinal Granvelle le 27 février 1558. Il se trouvait alors aux Pays-Bas à la cour de Philippe II. En effet, lorsque celui-ci s'était rendu en Angleterre pour épouser Marie Tudor, Carranza l'avait accompagné avec la mission d'organiser la *re*-catholisation du pays, ce à quoi il travailla avec une telle ardeur (inspectant notamment les universités d'Oxford et de Cambridge, châtiant durement les hérétiques, etc.) que les anglicans le surnommèrent le « moine noir ». Et quand Philippe rejoignit les Pays-Bas où son père se disposait à abdiquer en sa faveur, le frère Bartolomé resta chez les Anglais pour y poursuivre cette tâche. En 1556 cependant le roi le rappela en lui confiant le même programme de remise en ordre de la catholicité qu'en Angleterre. Ce fut donc dans ce contexte et dans cette perspective qu'il publia à Anvers en 1558 son *Comentarios del Cathechismo Christiano.*

### *L'archevêque au chevet de l'empereur*

Mais en août de la même année il se rendait en Espagne en mission plus ou moins secrète. Il devait rencontrer Charles Quint à Yuste pour lui demander de la part du roi d'intervenir auprès de Marie de Hongrie, afin de la convaincre de « reprendre du service » dans ces Pays-Bas qu'elle connaissait si bien et que Philippe aimait si peu… Or, leur gouvernement (déjà politiquement et confessionnellement très déstabilisé) retenait Philippe loin de l'Espagne dans laquelle il n'aspirait qu'à rentrer, et où la crise financière de 1557 – la première banqueroute du règne – rendait son retour aussi nécessaire qu'urgent : mais qui laisser aux commandes des Pays-Bas ? Pour l'heure il fallait que la tante Marie – avec laquelle il s'entendait si mal – se laissât fléchir ; or, seul son père pourrait éventuellement y parvenir… Telle sera la mission de Carranza lorsqu'il se présentera – mais trop tard – à Yuste, où il trouvera Charles Quint en pleine agonie, le 20 septembre 1558.

En chemin il s'était d'abord rendu à Valladolid, auprès de la régente. Or, l'affaire des « protestants », on vient de le voir, y était déjà en cours et – ce qu'il ignorait – son nom avait été prononcé par plusieurs accusés lors des interrogatoires. Il faut dire que son ouvrage précédemment cité – les *Comentarios*, connu sous le titre plus populaire de « *Catecismo de Carranza* » – avait eu très vite un grand succès en Espagne, notamment dans ces milieux spirituellement avides ou inquiets des érasmistes, des « *alumbrados* » et autres « protestants ». En outre, l'un des rares suspects qui avaient réussi à s'enfuir à temps, s'était rendu aux Pays-Bas, où il n'avait rien trouver de mieux à faire que d'aller frapper… chez fray Bartolomé. Par ailleurs, certains répandaient des doutes sur l'absolue « orthodoxie » de son *Catéchisme*.

Ces troubles rumeurs, qui commençaient à éclabousser sa réputation, étaient arrivées jusqu'à Yuste, où il sera très froidement reçu. Nous verrons comment, parvenu – presque de force – au chevet d'un empereur moribond, mais lucide et angoissé, Carranza l'assistera dans ses tous derniers instants. On persuadera bien vite le roi – car les temps s'y prêtaient – que Carranza avait en cette occasion troublé l'âme en agonie de son père par des propos hétérodoxes : ce devait être pour le monarque catholique et le fils aimant qu'il était, impardonnable. Tout ceci, ajouté à la féroce inimitié de l'Inquisiteur général, se traduira par l'arrestation fracassante du prélat. Comme l'a éloquemment souligné Joseph Pérez dans un livre récent consacré à Philippe II[55] : « On ne dira jamais assez les ravages que peut causer, chez les clercs de tous les temps, ce que les scolastiques appelaient l'odium theologicum, la jalousie qu'on éprouve à l'égard d'un condisciple, d'un camarade de promotion dont les livres ont du succès et dont la carrière est rapide et brillante ; on n'est pas fâché des déboires qui peuvent lui arriver ; le cas échéant, cela peut aller jusqu'à la volonté de nuire. Dans l'Espagne du XVIe siècle, cette disposition d'esprit prend des aspects dramatiques. Pour se débarrasser d'un collègue qui fait ombrage, il est si facile de le dénoncer à l'Inquisition ! »

Le 22 août 1559 à l'aube, à Torrelaguna, Carranza sera arrêté par surprise, isolé, ses papiers seront saisis. Sous une escorte délibérément imposante – une soixantaine d'hommes à pied et à cheval – il quittera le bourg, la nuit suivante, pour la prison : ordre sera donné à la population de ne se montrer ni aux portes ni aux fenêtres. Ce serait le début d'une affaire qui allait étonner non seulement l'Espagne mais le monde occidental. Comme l'a bien souligné Manuel Fernández Alvarez : « Le protégé des rois, la première figure de l'Église d'Espagne, attaquée par le saint tribunal de l'Inquisition : comment une telle absurdité était-elle possible ? »

*Un procès interminable*

Une fois en détention Bartolomé Carranza usera de tous les moyens possibles pour ralentir ou bloquer son procès, et obtenir son transfert à Rome. Ce ne sera point chose facile, ni pour lui ni même pour les papes qui s'en mêleront. La *chance* de Carranza sera d'être défendu à partir de 1561 par un éminent juriste, Martín de Azpilcueta, qui aura l'audace de dire au roi qu'on ne saurait faire pleinement ni sereinement justice dans une telle affaire qu'à Rome. Philippe II dans son souci de sauver le prestige de l'Inquisition – qui ne pouvait ni ne devait faillir – s'opposera fermement à Pie IV et aux pères conciliaires qui souhaiteront voir transférés à Rome procès et accusé.

Par défaut donc, en attendant, on examinera à Trente le *Catéchisme* de Carranza, qui sera pour l'heure déclaré *non suspect* d'hétérodoxie. Lorsqu'il y aura changement de pape, Pie V – qui n'était pas homme à reculer devant qui que ce fût – obtiendra, mais sous la menace, gain de cause : en avril 1567 Bartolomé de Carranza quittera l'Espagne pour Rome, en compagnie de son avocat. Pie V mourra avant la fin du procès, qui sera enfin terminé par Grégoire XIII, le 14 avril 1576… Après dix-sept ans d'incarcération l'archevêque de Tolède sera finalement condamné à abjurer dix-sept « propositions » légèrement suspectes d'hérésie, et son *Catéchisme* sera interdit ; à cette condition il sera quant à lui absous, mais devrait attendre encore cinq années, relégué dans un couvent, avant de retrouver son archevêché… Agé de soixante treize ans, épuisé et malade, il mourra – saintement – à Rome, un mois après la publication de la sentence. Il aura été en fonction dans son archevêché tout juste un an : d'août 1558 à août 1559…

Le procès Carranza sera l'un des plus importants de l'histoire de l'Inquisition, et l'une des trois[56] grandes affaires qui devaient assombrir le règne de Philippe II, et l'image internationale de l'Espagne. Comme le fait remarquer Manuel Fernández Alvarez[57] : « De tous les procès d'inquisition du XVIe siècle, aucun ne fit autant de bruit ni ne plongea les contemporains dans une telle stupéfaction que celui de l'archevêque Carranza [...]. Il faut l'envisager autant dans le contexte de l'histoire spirituelle du siècle – en l'occurrence comme un écho des guerres de religion provoquées par la Réforme – qu'à la lumière des contrastes qu'on peut apprécier tout au long du règne de Philippe II. » Pour le docteur Gregorio Marañón ce procès sera « une épine empoisonnée » dans la chair de l'Espagne.

De la masse de témoignages conservés dans cet énorme procès (qui compte plusieurs dizaines de milliers de pages...) il ressort l'image d'un homme paré de toutes les vertus chrétiennes et de son temps : grand pourfendeur d'hérésie qui, cruelle mais significative ironie de l'époque, fut impitoyablement et semble-t-il injustement poursuivi par ceux dont il avait si bien servi la cause (à Trente, en Angleterre, aux Pays-Bas, ou en Espagne). Il ne nous appartient pas d'entrer dans l'analyse du contenu proprement « théologique » de l'affaire. Disons simplement, avec Marcel Bataillon qu'en réalité « il y avait conflit entre deux conceptions du catholicisme, l'une qu'on peut appeler piétiste, soucieuse avant tout de la qualité de la foi et de la piété qui animait chaque fidèle. L'autre soucieuse avant tout du maintien de l'édifice dogmatique, cérémoniel et hiérarchique de l'Église. Valdés [l'Inquisiteur] détestait le catholicisme piétiste autant que le protestantisme. »

Qui était finalement Bartolomé Carranza, l'homme qui sera pour Charles Quint la dernière image et la dernière voix qu'il percevra avant de quitter ce monde, et *stricto sensu* la « dernière consolation » ? Il revient à celui qui a consacré sa vie à scruter cet étonnant et tragique destin, à travers notamment le gigantesque procès qu'il a suscité, de nous le dire[58] :

> « Carranza est un spirituel, dont l'inspiration est profonde et nettement christocentriste. Dans ses sermons, tout particulièrement, il exalte la grandeur et l'efficience de la foi, la nécessité d'une foi vive et opérante qui puisse donner pour fruit la charité et les œuvres, il oppose le christianisme extérieur et qui ne l'est que de nom au christianisme profond, celui qui transforme l'esprit et la vie de l'homme ; il loue la prière et la lecture de la Bible, fustige les abus et l'inconséquence des chrétiens ; il les incite à avoir confiance en la bonne nouvelle du Christ, etc… Or, ces thèmes, récurrents chez lui et qui rappellent la spiritualité du bienheureux Jean d'Avila, seront inexorablement interprétés dans un sens luthérien avec une rigueur formaliste et scolastique inappropriée et contradictoire. Le langage vital, exigeant, maximaliste et volontiers hyperbolique de Carranza, sera mesuré à l'aune des distinctions d'école […]. Ainsi, lorsqu'il exalte la foi, on suppose qu'il rejette les œuvres ; lorsqu'il parle des œuvres comme de la floraison normale et nécessaire de la foi vive et authentique, on lui rétorque que la foi infuse peut, elle, subsister sans la charité. Dans le procès de Carranza ce ne sont pas, en réalité, l'orthodoxie et l'hétérodoxie qui s'affrontent, mais deux manières différentes de comprendre le catholicisme, à travers deux langages distincts. »

Ce sera sur son image, sur ce visage, qu'en mourant l'empereur fermera les yeux ; sa rude voix sera pour lui, sur fond de psalmodie monastique, le dernier écho du monde : Carranza, sa dernière vision d'ici-bas.

Le doute instillé dans son esprit au cours des derniers mois, par l'air du temps et par son entourage, aura-t-il empoisonné la source, troublé l'évangélique pureté de l'ultime exhortation ? Dans un tel contexte, les dernières paroles de Carranza (par lui si cher payées, plus tard) furent-elles baume ou poison pour l'empereur en agonie, désespoir ou consolation ? Dans ces toutes dernières secondes, capitales, où tout peut – encore – se jouer, et dont personne ne peut, jamais, percer le mystère ? Il appartient à Dieu seul, et c'est bien ainsi, de connaître la toute dernière pensée de Charles Quint. En cet ultime instant se jouait donc, dans cette modeste chambre de Yuste, au chevet d'un lit sans apparat, le salut d'un empereur, mais aussi la carrière, l'honneur, la vie et peut-être aussi l'âme d'un archevêque.

### *Le sanctuaire profané*

Mais n'avançons point l'infaillible horloge : le cadran solaire de *Juanelo* ne marque pas encore sur le mur de Yuste la dernière heure. Il reste à l'hôte du monastère quelques semaines à vivre au cours desquelles l'évolution de l'« affaire protestante », qu'il suit par le courrier que lui adressent, de Bruxelles ou de Valladolid, le roi, la régente et l'inquisiteur, renforce cette conviction qu'il avait inscrit quatre ans auparavant aux Pays-Bas dans son testament :

> « Au nom de ce que je dois à Dieu, et de mon grand et paternel amour pour le sérénissime Prince, don Felipe, mon cher et bien aimé fils, plus soucieux de le voir cultiver la vertu et assurer le salut de son âme, que de l'accroissement de ses biens temporels, je lui recommande et je lui enjoins très affectueusement d'avoir toujours, en prince très catholique qu'il est plein de la crainte de Dieu et de respect pour ses commandements, d'avoir toujours grand soin de tout ce qui touche à son honneur et à son service, et d'obéir aux commandements de la Sainte Mère l'Église. Je lui recommande tout particulièrement de favoriser et de veiller à ce que l'on favorise le Saint-Office de l'Inquisition contre la dépravation hérétique et l'apostasie, compte-tenu des nombreuses et graves offenses à Notre Seigneur qui, grâce à lui, sont évitées ou châtiées. »

Ce qui nous semble expliquer cette violence, assez insolite chez lui, et cette dureté de ton que l'on sent douloureuse (notamment dans le codicille, rédigé à Yuste), c'est qu'à ses yeux, après tant d'efforts – malgré *ses* efforts – et presque contre toute attente, le sanctuaire avait été violé. Or, lui qui mettait la loyauté au rang des vertus cardinales et voyait dans la trahison un péché capital, dut se sentir trahi.

*

* *

L'Espagne n'était pas seulement devenue à ses yeux le hâvre qu'il avait choisi pour mourir, mais aussi – et surtout ? – le bastion fidèle, le sanctuaire inviolé, le « *saint des saints* » au cœur d'une chrétienté bouleversée et schismatique. Elle seule ne l'avait pas déçu, elle seule l'avait toujours soutenu. On imagine sans mal qu'à l'annonce de la nouvelle d'une infiltration *protestante* dans le royaume de Castille, telle que la lui présentaient – réelle et dangereuse – l'Inquisiteur général et la régente, sa propre fille (comment ne pas les croire, et même aveuglément ?), l'empereur – blessé – ait senti, en cette extrême fin de sa vie, le sol se dérober ou le ciel vaciller… Dans *ce* et *son* contexte, c'est le contraire qui surprendrait.

## Chapitre VI

# ET AU CŒUR, L'ESPAGNE

*« Espagnol, alors ? On l'a beaucoup discuté et on en discute encore. »*

Salvador de Madariaga, *Charles Quint.*

« … *considérant ce royaume comme le fondement, le soutien et la force de tous les autres, il l'aimait et l'aime plus que tous, et pour cela avait désiré le voir* ».

Discours du 31 mars 1520 aux Cortès de Castille.

*Yuste : un choix significatif ?*

Salvador de Madariaga, si fin dans le reste du « portrait » qu'il a tracé de l'empereur, nous semble manquer d'acuité psychologique lorsqu'il écrit, non sans un brin de désinvolture[1] : « Il ne serait pas raisonnable de tirer de cette décision une préférence spéciale pour ses royaumes espagnols. Quel vieillard goutteux, libre de son choix, n'aurait préféré le paradis de Yuste, à l'ombre d'orangers et de citronniers, aux plaines froides et humides de Flandres ? » Deux autres *maîtres* espagnols, parmi nos contemporains de ce siècle, ont au contraire vu dans son choix un geste de plus haute signification sinon de plus grande portée. Pour Ramón Menéndez Pidal, le fait que Charles Quint n'ait pas opté pour la terre de Charles de Gand – où il se trouvait, au moment de l'abdication, depuis plus de trois ans et demi –, pour ces lieux pleins de son enfance, « consacrés par les plaisants souvenirs et les douces émotions de sa prime jeunesse », n'a rien à voir avec des considérations purement sanitaires ou de simple commodité, commodité d'ailleurs bien relative, on l'a vu. Il y voit un dernier signe – le plus fort – d'une sorte d'allégeance spirituelle aux grands parents maternels[2] ; le total accomplissement d'une parole – qui s'avéra être aussi un vœu – solennellement donnée à une Espagne déçue et hostile, par un jeune étranger de vingt ans ; un engagement qui allait devenir, dans son alchimie cordiale, une aspiration de plus en plus forte et profonde, et auquel il restera fidèle durant près de quarante années : « Depuis la Bruxelles de son père et de sa jeunesse, il entreprend un dernier et pénible voyage pour mourir sur cette même terre d'Estrémadure où était mort le Roi Catholique [...]. *Le monastère de Yuste est le témoignage de la profonde hispanisation de ce jeune prince flamand* qui s'était identifié très tôt et profondément aux idéaux et aux destins de la monarchie modelée par Ferdinand et par Isabelle. »

Or la plupart des historiens espagnols postérieurs à Ramón Menéndez Pidal, parmi les plus éminents, s'inscrivent dans cette même ligne de pensée ; ainsi, après avoir souligné que lors de la rédaction définitive du testament mis à jour à Bruxelles avant le départ, la version rédigée en langue vulgaire, parallèlement au texte original en latin, le fut – curieusement – en espagnol et non en français[3], Manuel Fernández Alvarez et Ana Díaz Medina affirment-ils[4] : « Enfin, la dernière preuve de cet amour qu'il portait à l'Espagne et de sa totale et complète hispanisation, Charles Quint l'a donnée en se retirant pour y mourir dans ce coin d'Estrémadure, le pays des *conquistadores.* En effet, *ce dernier refuge à Yuste vaut pour mille autres arguments* lorsqu'on traite de l'hispanisation de l'Empereur. »

Les Pays-Bas, pays de l'enfance, certes, mais d'une enfance frustrée car orpheline : même dans un palais, fût-il doré, l'enfant privé de mère – et aussi, en l'occurrence, de père – est malheureux. Malgré les soins les plus affectueux d'une tante Marguerite nécessairement accaparée par les tâches de son gouvernement (et qui n'eut pas elle-même d'enfant)[5], malgré l'attentive – mais lointaine – vigilance du grand-père autrichien, l'enfant Charles de Gand ne fut pas vraiment heureux dans la pesante atmosphère du château de Gand, ni dans la jolie demeure de Malines : l'iconographie même trahit cette faille initiale. Par contre, nous le verrons, Charles Quint fut un homme comblé en Espagne, où il connut l'accomplissement de sa personnalité et le bonheur. Mais oui : le *bonheur* ! Le souvenir de cette trop courte félicité dut également, fût-ce inconsciemment, peser sur le choix de sa retraite. Pourquoi, pensera-t-on, ne pas avoir choisi Grenade ? Parce que Grenade était une ville – une métropole même – et qu'en s'arrêtant à Yuste il choisissait un « *désert* », mais sous le ciel des jours heureux… Disons que la fusion affective[6] entre Charles de Bourgogne et l'Espagne atteignit son plus haut degré pendant ses derniers mois de vie à Yuste.

## *Charles Quint et l'Espagne*

Même si, comme l'a entre autres souligné Cayetano Alcázar[7], « l'évolution de la pensée politique de Charles Quint, par rapport à l'Espagne et aux Espagnols, est une des questions les plus intéressantes, non seulement pour notre histoire – celle des Espagnols s'entend –, mais encore pour le monde entier », ce n'est pas cet aspect – par ailleurs fort bien évoqué dans la première partie – qui retiendra notre attention. Nous tenterons seulement de rappeler les étapes et les grands traits de ce curieux parcours d'un demi-siècle qui, comme une sorte de chemin initiatique, conduira l'homme né à Gand à mourir à Yuste. Cette « conversion » à l'Espagne, tout en demeurant profondément bourguignon, n'est pas la composante la moins intéressante de la vie et de la personnalité de l'empereur, l'une et l'autre riche et complexe, à l'image de son temps.

Biologiquement il était, on l'a vu, pour un quart flamand, pour un quart autrichien, et pour moitié espagnol ; mais culturellement il était bourguignon… Or, comme l'a souligné Salvador de Madariaga, il y avait au fond de subtiles et profondes sympathies entre les deux peuples[8]. On a pu voir dans la première partie de ce livre quelle place occupait le domaine espagnol dans le vaste *puzzle* des possessions – en l'occurrence patrimoniales, quoique venant de sa mère – de Charles Quint, et quel rôle il a joué sur son échiquier politique. Rappelons d'un mot, en empruntant à une plume particulièrement autorisée en la matière[9] : « Alors que les Pays-Bas s'épuisent, restent les États de la couronne de Castille. Depuis 1540, là est le pôle fédérateur de l'Empire. L'Empire réel, en un mot, c'est le solde positif des finances castillanes : le prélèvement supporté par les paysans des plateaux céréaliers, l'artisanat des bonnes villes et les indiens "*mitayos*" enchaînés par la préincaïque corvée de la mine […]. L'Espagne, entendez la Castille, porte 70 à 80 % dès la fin du règne de Charles Quint de la charge de l'Empire […]. À la fin du règne de Philippe II, elle porte tout… »

Comment lire cette affirmation du Français Fernand Braudel[10], pour qui « L'Espagne se trouve reléguée à l'arrière-plan de l'histoire clinquante de l'Empereur. Charles de Gand est devenu Charles Quint, en 1519 : *le temps lui manquera pour être Charles d'Espagne.* Il ne le sera assez curieusement que tard, à la fin de sa vie, pour des raisons sentimentales et de santé. *L'Espagne n'a pas été le grand personnage de l'histoire de Charles Quint*, si elle a puissamment contribué à sa grandeur. Certes, il serait injuste de ne pas voir ce que l'Espagne a pu apporter à l'aventure impériale » ? Alors que l'Espagnol Ramón Menéndez Pidal voit dans l'Espagne *la clef* des États de Charles Quint[11]…

Il est évident que Charles Quint n'aurait pu – à supposer qu'il l'eût voulu – donner la prééminence au roi d'Espagne sur l'empereur, à Charles *Ier* sur Charles *V*, faire passer ses domaines ibériques avant les autres[12]. En fait, on l'a vu, l'Espagne a nourri en hommes et en argent, a inervé –

l'argent étant le nerf de la guerre – la politique impériale trop souvent belliqueuse, au gré même de l'empereur. Oui, l'Espagne et plus précisément le royaume de Castille a irrigué le système par la sueur et par le sang : celui de ses soldats, de ses paysans, de ses mineurs indiens. Les Espagnols ont, à contrecœur ici, dans l'enthousiame là[13], payé le prix de la gloire. Mais ils l'ont récoltée : l'expression *Siècle d'or*, qui ne s'applique pas uniquement aux domaines littéraire et artistique, en atteste.

L'Espagne – à travers ses élites surtout – eut très tôt conscience et de cette gloire et de son prix ; on peut dire que lorsqu'elle se rallia, définitivement – sans retour, à l'espagnole – au projet impérial de son monarque, elle le fit en connaissance de cause. À propos des longues absences de Charles Quint et des sacrifices consentis par l'Espagne, Juan Sánchez Montes[14] cite ce texte manuscrit exemplaire de l'amiral de Castille don Fadrique Enríquez, postérieur de quelques années aux *Comunidades*, dont l'ombre plane encore entre ces lignes pessimistes :

> « Dieu a voulu nous agrandir et nous consoler par cette insigne faveur de nous donner un Prince qui fût, au-dessus de tous les rois du monde, digne de l'empire, et l'Espagne a été tellement sublimée par lui qu'il est inutile d'expliquer, tant c'est évident, l'obligation qu'elle a de le servir. Mais cette prospérité Dieu nous la donne avec en contrepartie, pour notre malheur, le fait que pour les besoins de l'Empire il doive toujours être de par le monde, cette absence nous faisant souffrir et désirer ce qui est à nous et ce que nous aimons. Mais comme la Castille n'est pas habituée à tolérer un autre gouvernement que celui de son propre prince, l'absence du roi fut par le passé, avec nos péchés, la cause de tourments, de guerres, de famines, d'épidémies et de révolutions ; et le Royaume en craint d'autres qui, bien qu'on ne sache pas quand, ne pourront manquer de venir. »

Et à propos de ces sacrifices Pedro Fernández de Navarrete, soulignant un siècle plus tard – donc après la mort des deux premiers ou *grands* Habsbourg, les « *Austrias Mayores* » – la conception désintéressée que l'Espagne avait eue de l'*empire*, pourra encore écrire dans sa *Conservación de Monarquía* (1625) : « La Castille est la seule à avoir suivi une autre voie dans la domination – "*ha seguido diverso modo de imperar*" – car, alors qu'elle aurait dû, en tant que tête, être privilégiée dans la répartition des prélèvements – impôts et autres contributions –, c'est elle qui paie et contribue le plus à la défense et à la protection de tout le reste de la monarchie. » Ramón Menéndez Pidal, dont l'objectif est une appréciation voire une valorisation du poids de l'héritage idéologique du côté maternel, juge que l'estime – si contraire au mépris affiché par ses conseillers flamands – que Charles Quint ne tardera pas à ressentir pour l'Espagne était *naturelle* chez un roi « très sensible à de hautes aspirations politiques. » La Castille était, écrit-il, « par la fermeté de son adhésion à des idéaux politico-religieux supérieurs, par son moindre attachement aux intérêts ordinaires et aussi par une certaine dose d'apathique renoncement », la plus apte et la mieux « disposée » – par chance et par malchance – à supporter une contribution supérieure à ses forces, et cette nouvelle conception de la royauté – « l'absolutisme royal » – qu'apportait la Renaissance.

L'Espagne de Charles Quint, à la fois hors d'empire – dont elle ne fit jamais partie –, géographiquement excentrée, marge ou bastion avancé de l'Europe selon le point de vue, se trouva pourtant, presque paradoxalement, au cœur du système impérial. Si ses troupes – d'élite pour la plupart – furent présentes et victorieuses sur tous les fronts d'Europe, elle ne fut elle-même, une fois matées[15] – au tout début du règne – l'étrange et complexe révolte des *Comunidades* et celle des *Germanías*, pratiquement le théâtre d'aucun conflit. Disons schématiquement qu'elle fut le cœur, la pompe vitale de ce grand corps ; et aussi, pour une bonne part, la tête – une tête bien pensante – à travers ses élites, sociales, militaires, administratives, intellectuelles.

Elle ressortit de l'aventure impériale aussi épuisée que son monarque, les lettres de ses enfants – Jeanne et Philippe – attelés à la régence le clament[16]. Épuisée, mais glorieuse.

### *L'empereur errant, l'Espagne au cœur*

Si l'Espagne fut le cœur – excentré – de son empire, elle fut aussi au cœur de l'homme. L'arithmétique la plus élémentaire suffit à le prouver : pendant ces quarante et un ans (1517-1558) qui vont de l'avènement à la mort, son temps vital, hormis de courts séjours en Angleterre et en France, s'est ainsi réparti entre ses États : deux ans et demi en Italie, huit et demi en Allemagne, douze aux Pays-Bas et plus de dix-sept en Espagne ; dix-sept en Espagne et vingt-cinq ailleurs, il a donc consacré les deux cinquièmes de son temps écartelé à l'Espagne ; c'est aussi là-bas qu'il fit le plus long séjour de sa vie d'errance, sept années entières – une exception, mais quelle exception ! – de 1522 à 1529, des années capitales. Néanmoins, sa plus longue absence échut aussi à l'Espagne, qu'il quitta en mai 1543 pour n'y retourner – pour « s'y enterrer », comme on l'a vu – qu'en septembre 1556. Les obligations politiques expliquent cet éloignement ; mais l'Espagne signifiait aussi pour lui, depuis le deuil de 1539, un vide douloureux, l'absente irremplaçable, un silence que rien plus jamais ne romprait.

Dans un paragraphe intitulé « Sept années de sédentarité », Ramón Carande[17] a compté : sur les vingt-cinq années passées ailleurs, vingt et une (soit 84 %) furent des années d'errance ou plus exactement d'« *andanzas* », selon le terme espagnol plus éloquent que le français car non péjoratif : le « chevalier errant » étant dans l'ancienne Espagne, qui s'y connaissait, un « *caballero andante* ». Il est alors difficile, souligne Ramón Carande, de le voir installé quelque part ; il faut pour cela qu'il soit à quelque diète d'empire ou dans l'expectative politique. Quant aux dix-sept années « espagnoles » elles sont réparties en une demi-douzaine de séjours, dont aucun ne dépassait en moyenne les dix-huit mois, exception faite du second, capital, où entre le 16 juillet 1522 et le 1er août 1529 il résida pour moitié assez longuement à Valladolid, à Tolède, à Madrid, à Séville et à Grenade ; l'autre moitié ne comprenant, comme avant et comme après, que courtes pauses mêlées de temps de chasse et de voyages au sein du royaume. Au cours de ses seules années *sédentaires*, entre vingt et trente ans, il passa – sous l'apparence d'une certaine inaction – beaucoup de temps à méditer et à réfléchir. Puis vinrent l'itinérance et l'action, interminablement, jusqu'en 1552. L'époque glorieusement terrestre touchait alors à sa fin.

Il est évident que l'Espagne fut au cœur non seulement de l'empire mais de l'empereur. Nous n'évoquerons ici pour l'illustrer que certains aspects fondamentaux *stricto sensu*, les moments forts des relations entre le royaume ibérique et son souverain, sans lesquels nous ne saurions donner de Charles Quint qu'une image tronquée.

### *Une rencontre difficile ou* « Je t'aime. Moi non plus… »

Pierre Chaunu l'a déjà rappelé : l'arrivée[18] en Espagne le 19 septembre 1517 à la nuit tombée dans une bourgade perdue entre mer et montagne, où nul ne les attendait, et qui paraît à distance plutôt rocambolesque, ne fut guère réussie ; le temps n'était point de la partie et l'immersion brutale dans l'Espagne profonde et paysanne des Asturies ne fut guère appréciée par la douillette cour flamande qui escortait le nouveau roi. Passées les Pyrénées c'était vraiment le bout du monde, l'exotisme assuré, mais hélas cela n'était ni au goût du jour ni à celui des nouveaux arrivés. Bref, ce début augurait si mal que, selon les termes de Juan Sánchez Montes, « de nos jours encore, c'est à peine si l'on parvient à s'expliquer l'heureux dénouement, la *conclusion illogique* de ce que l'on a fort justement qualifié de "hiatus d'une historique expectative"[19] ». Or le mérite du retournement ici annoncé en reviendra pour moitié sinon plus à Charles Quint lui-même.

Son premier séjour en Espagne (une trentaine de mois : de septembre 1517 à mai 1520) reste marqué du sceau de la mésintelligence, d'une incompréhension réciproque qui aggrava sinon déclencha la révolte d'importantes villes de Castille. La cour et les conseillers bourguignons et flamands, qui donnèrent aux Espagnols – et notamment à la noblesse locale – la pénible impression d'une nuée de sauterelles affamées s'abattant sur le royaume, firent écran entre le jeune souverain et ses sujets ibériques, d'autant que le décès – providentiel pour les Flamands – du cardinal Cisneros[20] à quelques lieues de son jeune maître priva ce dernier du seul et précieux collaborateur[21] qui eût pu faire le lien.

Alfonso Manrique de Lara – futur archevêque de Séville, inquisiteur général et cardinal, mais pour l'heure simple évêque de Badajoz –, envoyé aux Pays-Bas pour annoncer au jeune Charles la mort de son grand-père aragonais, et conduire à Bruxelles la cérémonie funèbre, communiquait par un courrier du 8 mars 1516 au cardinal Cisneros ses impressions sur le jeune homme qu'il venait de découvrir[22] :

> « Le prince, notre maître a – Dieu soit loué ! – de très bonnes dispositions et une grandeur naturelle ; mais il a été et est encore élevé très à l'écart, et fort gêné, particulièrement à l'égard des Espagnols, ce qui ne convient guère et conviendra encore moins quand il se rendra là-bas. L'*Évêque* pense et ne s'en cache pas qu'il faudrait qu'il ait plus de contacts et commence dès maintenant à communiquer et à s'entretenir avec les Espagnols. De même, Son Altesse ne sait pas dire un mot en castillan, et ce qu'il en comprend est fort peu de chose, ce que l'on considère *ici* comme un grand dommage et qui fait le plus mauvais effet. »

Il voyait juste, hélas ! À tel point que le nouveau roi faisait au chanoine tolédan Diego López de Ayala, un autre Espagnol connu pour la prudence et la finesse de son jugement, une si fâcheuse impression qu'après lui avoir rendu visite en juin 1516, ce dernier en faisait part au cardinal Cisneros en ces termes le 28 septembre 1516[23] :

> « Ces gens-là [entendez : les Flamands] sont comme je l'ai écrit à Votre Seigneurie, et leurs défauts sont de jour en jour plus criants ; aussi importe-t-il grandement que, dès que le Roi débarquera, Votre Seigneurie prenne, avant toute autre personne, le Roi sous sa coupe – "*en su poder*" –, afin de cacher certaines choses qu'il est de la plus haute importance que l'on ne découvre pas ; non point qu'en soi il ait de graves défauts, mais il a été élevé si replié sur lui-même et si soumis à ces gens-là que, de ce fait et à cause d'eux, ce que l'on voit de lui ne correspond pas à la vérité. »

Cette mauvaise impression – ces *choses* qu'il fallait absolument cacher – n'échappa cependant point au peuple espagnol dès que le roi fut parmi eux. Le chroniqueur Alonso de Santa Cruz en témoigne quand il affirme que « Monsieur de Chièvres s'efforçait de maintenir le Roi tellement en retrait que rares étaient ceux qui pouvaient entrer en contact avec lui, en conséquence de quoi les gens du pays se mirent à le détester et considéraient qu'il était fuyant, qu'il avait un méchant caractère, et le traitaient d'inabordable, d'Allemand et d'ennemi de la nation espagnole : "*inconversable, alemán y enemigo de la nación española*". » Le regard des Espagnols était impitoyable, qu'on en juge par ces mots (corroborés par d'autres sources) dudit Santa Cruz :

> « … tout ceci peut se résumer d'un mot : on détestait le Roi ; parce que, comme les gens voyaient que De Chièvres empêchait qu'on l'approchât, certains disaient qu'il était maniaque et pas bon à grand chose – "*maniaco y para poco*" – ; d'autres qu'il était épileptique – "*que tenia gota coral*" – et qu'il ne savait même pas parler, qu'il était totalement inapte à gouverner le

> Royaume ; qu'il avait toute l'*innocence* de sa mère mais rien de la vivacité de son père ; quant au fait que De Chièvres ne le laissait pas communiquer avec ses vassaux, certains disaient que c'était par ruse de peur de perdre de son importance, car si le Roi venait à se faire connaître de ses vassaux il craignait d'être, lui, rejeté ; mais certains qui, ayant réussi à parler une fois à Son Altesse, l'avaient trouvé sensé dans ses paroles et très calme dans son maintien, juraient que le mal ne venait pas de lui mais de ce que De Chièvres était un tyran, et que sans De Chièvres au milieu ils auraient un bon Roi [...]. Il serait finalement injuste d'attribuer au Roi tous les maux dont souffrait l'Espagne dans ce temps-là, car il était dominé par ses gens : l'un, un homme âgé et intelligent comme De Chièvres, que l'Empereur son grand-père lui avait donné comme gouverneur, l'autre, le grand Chancelier, un savant et un lettré ; parce que de toutes façons, quoi qu'il ait alors pu faire, de bien ou de mal, il eût été gravement réprimandé s'il avait suivi sa propre opinion. Mais, après leur mort, il apparut clairement que la faute leur en avait incombé, et les Royaumes reconnurent ses grandes qualités et sa vertu, combien il était ami de la justice et ennemi du mensonge, et qu'il n'y avait en lui aucun vice à lui reprocher mais beaucoup de vertus à imiter. »

Quant au père Sandoval, qui reprend à son compte ce passage de première main, il *disculpe* ainsi son empereur : « ... car il était né et avait grandi hors des royaumes d'Espagne dont il ne comprenait même pas très bien la langue, et dont il ignorait presque tout du caractère et des qualités de leurs habitants ».

Outre la correspondance et les chroniques, de multiples autres sources, notamment judiciaires, à travers quelques procès intentés aux insolents pour outrage à Sa Majesté, confirment ce froid, ce malaise – et c'est peu dire – qui caractérisa le premier contact de Charles de Gand avec son royaume d'outre-Pyrénées. Autrement dit, Charles n'était encore que ce jeune blanc-bec que Ramón Menéndez Pidal, résumant le sentiment général, décrit ainsi :

> « … un jeune homme indécis, timide, à l'air ahuri et qui gardait la bouche entrouverte (un paysan, lui avait dit à Calatayud, en voyant sa mâchoire tombante : "*Majesté, fermez la bouche, car les mouches de ce pays sont insolentes*")[24]. Ce jeune homme mentalement peu précoce, dominé par les Flamands qui pillaient les finances du royaume de Castille et vendaient les charges et les offices publics, ce jeune homme qui, dans les Conseils qui gouvernaient l'Espagne, ne prenait aucune décision avant que Chièvres ou Gattinara, à genoux, ne la lui soufflât à l'oreille devant tout le monde… »

D'ailleurs ne surnommait-on pas monsieur de Chièvres, en Espagne, l'*Alter Rex* : c'était tout dire…

*À Tordesillas : la reine Jeanne*

Pressé par le cardinal Cisneros d'une part, et monsieur de Chièvres de l'autre, dont les motivations étaient certes bien différentes, Charles et sa sœur Éléonore se rendirent à Tordesillas où leur mère la reine Jeanne de Castille se trouvait enfermée depuis le 15 février 1509. Rappelons succinctement cette terrible histoire. Son jeune et sportif époux, l'archiduc d'Autriche Philippe le Beau, était mort prématurément à Burgos le 24 septembre 1506. Trois mois et demi plus tard le reine Jeanne fit ouvrir le cercueil et décida de conduire elle-même son mari au panthéon royal de Grenade, entraînant sa suite dans un effarant voyage qui débuta le 20 décembre 1506, à travers une Castille glacée par l'hiver. Le voyage se faisait à pied et de nuit, Jeanne ayant décrété que les veuves privées du soleil de leur vie – « *sole maritali amisso* » – ne devaient plus contempler l'autre, selon le témoignage de Pierre Martyr d'Anghiera ; le cortège devait attendre jusqu'à la tombée du jour dans un couvent d'hommes, la reine ne supportant pas la vue d'une femme ni qu'une femme, fût-elle religieuse, posât les yeux sur le cercueil de son époux ; cercueil qu'elle faisait ouvrir chaque nuit ; et le corps, selon les témoins, avait été mal embaumé… La reine était enceinte de huit mois, et la Castille à l'abandon : Ferdinand avait rejoint ses États d'Aragon. La naissance du cinquième enfant du défunt archiduc mit fin à une tragique errance de quatre-vingt dix kilomètres et de vingt-quatre jours : la reine accoucha dans la bourgade de Torquemada, le 14 janvier 1507. Alerté, Ferdinand s'y rendit et parvint non sans mal et en usant d'une ruse hélas nécessaire à faire entrer sa fille – et l'héritière de ses royaumes – dans la forteresse de Tordesillas, avec son cercueil ouvert et le berceau de l'infante. Elle n'en ressortira jamais, littéralement *cloîtrée* dans ses appartements jusqu'à la fin de sa vie. La mort ne la délivrera que le 15 avril 1555, trois ans et demi seulement avant son fils Charles : enfermée à trente ans, elle en avait alors soixante-quinze et demi. Catalina, la plus jolie dit-on des enfants de Jeanne, grandit dans cette sinistre atmosphère, doublement prisonnière dans une chambre située au bout d'une galerie, à laquelle on n'accédait qu'en traversant celle de sa mère. Elle ne la quittera qu'en 1525 pour épouser son cousin Jean III de Portugal. L'enfant vivait si tristement que le gouverneur de la forteresse avait fait percer une fenêtre dans sa chambre pour qu'elle pût voir passer les gens, les chevaux aller à la rivière, et les enfants jouer ; les enfants auxquels elle jetait de menues pièces pour les retenir sous ses fenêtres et se distraire de leurs jeux…

La reine Jeanne n'avait donc pas revu ses aînés Éléonore et Charles depuis douze ans. Comment eût-elle reconnu les enfants de huit et six ans à peine qu'elle avait quittés le 8 janvier 1506, quatre mois après avoir mis l'infante Marie au monde, Marie qui ne connaîtra *jamais* sa mère ? Et eux, les petits visiteurs, quelle image en avaient-ils gardée au fond de leur mémoire d'enfant ? Sans doute celle, fort belle, que l'on peut encore admirer sur le latéral du triptyque flamand du maître d'Afflighem : l'archiduchesse y apparaît debout de trois quarts sur fond de béguinage et de jardin flamand, enceinte, majestueuse, mais lointaine comme déjà psychiquement emmurée. Peut-être Charles n'avait-il souvenir que d'une jeune femme mince et pâle, à la magnifique et longue chevelure noire que, désespérément et frénétiquement, elle lavait chaque jour, et sans doute aussi de quelques violents éclats des scènes presque quotidiennes qui mettaient alors Jeanne et Philippe aux prises, et qui expliquent certainement qu'on eût écarté les enfants de leur mère. Eux aussi eurent à n'en point douter du mal à la reconnaître dans cette femme négligée, vieillie, hagarde qui fixait sur eux son regard halluciné. L'entrevue dut mettre les jeunes gens fort mal à l'aise.

Monsieur de Chièvres les accompagnait dans un but bien précis : obtenir de la reine qu'elle renonçât au gouvernement de l'Espagne en faveur de son fils Charles. Or, Guillaume de Croÿ intimidait terriblement Jeanne – qui le détestait et le redoutait – lorsqu'elle était aux Pays-Bas. Sans doute déjà bien fragile, elle y avait beaucoup souffert. Un seul détail, parmi tant d'autres, suffira à le rappeler. Dans un souci politique mais aussi personnel, les Rois Catholiques ont toujours cherché à s'informer de l'état et de la situation de leur fille, en envoyant chaque fois qu'une occasion se présentait un émissaire – généralement un ecclésiastique – chargé de juger sur place. Ainsi, leur petit-fils Miguel étant mort et Jeanne devenue du coup l'héritière de leurs royaumes, ils envoyèrent dans cette perspective l'évêque de Cordoue Juan Rodríguez de Fonseca. Celui-ci écrivait d'Anvers à leur secrétaire, le 12 août 1501, une lettre-rapport, dans laquelle on peut lire : « Je puis affirmer que, quoi que [Jeanne] fasse, c'est à elle seule qu'elle le devra, car il n'y a pas âme qui vive pour l'aider [ici] ne serait-ce que d'un mot : *“no tiene alma viva que la ayude con una sola palabra”*. » Autrement dit, solitude morale, et souvent même physique – Jeanne étant systématiquement éloignée de ses enfants –, quand son mal, dont les premiers symptômes apparaissaient, eût exigé tout le contraire, ce que la médecine ne sait d'ailleurs que depuis peu.

Le 12 décembre 1517, dans l'appartement plus monacal que royal de la forteresse glacée de Tordesillas, c'est donc monsieur de Chièvres qui entra seul le premier ; afin sans doute de la préparer au choc qu'allait immanquablement lui causer la visite de ses enfants. Avant même qu'il eût atteint la porte pour les faire entrer, ils franchissaient d'eux-mêmes le seuil de la chambre : à la vue de leur mère ils firent une profonde révérence, qu'ils répétèrent au milieu de la pièce puis, près d'elle, se prosternèrent jusqu'au sol. Charles voulut baiser la main de sa mère à l'espagnole, mais elle refusa et leur donna une accolade. Aux paroles de salutation de son fils elle répondit d'abord par un vague sourire et un hochement de tête ; puis, au bout d'un moment, elle leur prit les mains en disant avec une réelle émotion : « Mais, êtes-vous vraiment mes enfants ? Comme vous avez grandi en si peu de temps ! Dieu soit loué ! Que de peines et de fatigues vous avez dû endurer en venant de si loin, mes enfants. Vous devez être épuisés ; et comme il est déjà tard, il serait bon que vous vous retiriez pour vous reposer jusqu'à demain. » Charles comprit que la visite était terminée ; sa sœur et lui prirent congé. Monsieur de Chièvres demeura seul avec la reine.

Ils avaient revu une mère, cette femme étrange et inquiétante qu'on ne leur avait point appris à aimer ; ils découvrirent aussi une sœur qu'ils n'avaient jamais vue. La petite Catherine, âgée d'une dizaine d'années, leur apparut triste et timide et vêtue, comme sa mère, d'une sorte de bure grise, sans le moindre ornement : ce fut un choc pour les jeunes Flamands. Charles, pris de compassion pour cette infortunée petite sœur, conçut l'audacieux projet de la délivrer de cet enfermement ; car il n'était point question d'obtenir, ni même de demander, l'autorisation à la reine de la laisser sortir ; seule la ruse ou la force pouvait soustraire la fillette à sa farouche et folle surveillance. Pour comprendre, il faut savoir que Ferdinand d'Aragon lui avait pris d'autorité en 1507 l'infant Ferdinand, alors âgé de quatre ans, pour assurer lui-même l'éducation du petit prince, ce qui peut se comprendre étant donné l'état pathétique de la mère ; mais cette séparation avait terriblement perturbé Jeanne, qui vécut dans la folle hantise qu'on lui arrachât aussi sa fille ; d'autant plus qu'on lui avait caché la mort de Ferdinand qu'elle croyait toujours vivant et qu'elle craignait, de même qu'on lui cachera celle du cardinal Cisneros. Elle avait menacé, si on lui prenait Catherine, de se jeter par une fenêtre ou de se poignarder : seule menace de suicide (du moins connue) qu'elle ait formulée dans sa longue, confuse et douloureuse vie.

Le jeune Charles, avec la cruelle désinvolture de la jeunesse, fit enlever sa sœur dans la nuit du 12 au 13 mars 1518, après qu'un serviteur complaisant – ou compatissant, car la jeune princesse faisait vraiment pitié – eût perforé la cloison donnant sur la galerie, et masqué l'orifice par une tapisserie. Le seigneur de Trazegnies, de la suite d'Éléonore, accompagné de quelques dames et de deux cents gentilshommes à cheval attendaient en silence depuis une heure du matin sur le pont qui enjambe le Douro. La petite vécut une sorte de rêve dans le palais de Valladolid où elle découvrit la fête, la joie, la vie. La reine Jeanne, qui crut à un rapt crapuleux, réagit comme à son habitude en refusant tout : de se nourrir, de se coucher, de se dévêtir, de se laver ; restant pétrifiée des heures voire des journées entières en plein vent à sa fenêtre. Lorsque Catherine la quittera pour se marier, sept ans plus tard, le 2 janvier 1525, elle restera ainsi figée dans une stupeur catatonique, immobile, sans larmes, insensible à tout, tout le jour, toute la nuit, et le jour suivant, debout dans une galerie ouverte, et Dieu sait si l'hiver castillan est rigoureux ! Bertrand Plomont, le serviteur complice, fut pris de panique devant le désespoir de la reine et avertit le roi. Charles, conscient de son erreur, ramena aussitôt sa petite sœur à Tordesillas et avoua tout à sa mère en prétextant le mécontentement des grands de Castille qui voyaient d'un mauvais œil la réclusion de la princesse, ainsi privée de l'éducation qui lui revenait. Cette malheureuse escapade, qui mit au désespoir la reine Jeanne et l'enfonça davantage dans sa folie, eut cependant – à quelque chose malheur étant bon – une heureuse conséquence : on imposa à la reine que l'infante ait sa petite « cour » composée de quelques jeunes gens de son âge ; c'est ainsi que le jeune François Borgia se retrouva à Tordesillas, comme page de l'infante.

Autre geste malheureux du jeune roi, mal conseillé par ses Flamands dépourvus de toute compassion pour Jeanne « la folle » : la relève de gouverneur de sa « prison-forteresse-hôpital » (l'expression, éloquente, est de Pierre Chaunu). Il y en eut quatre. Le premier, Mosén Ferrer, y avait fait régner sept ans durant une rigueur de caserne conventuelle telle que le cardinal Cisneros lui-même le jugea trop dur et finit par le congédier ; il le remplaça en 1516, en attendant les ordres du nouveau roi, par Hernán Duque de Estrada ; le gouvernement plus souple de ce vieux et bienveillant serviteur des défunts Rois Catholiques semble avoir eu un effet bénéfique sur l'état de la reine dont les crises clastiques avaient cessé. Mais Charles le renvoya, au lendemain même de l'enlèvement de Catherine, et nomma Bernardo de Sandoval y Rojas, marquis de Denia et comte de Lerme, qui avait également autorité sur la ville de Tordesillas ; son fils Luis prendra la relève en 1535. La correspondance, souvent codée, qu'ils entretiendront de 1518 à 1555 avec l'empereur au sujet de sa mère est une source documentaire précieuse que l'académicien espagnol Antonio Rodríguez Villa a exhumée, décryptée et publiée à la fin du siècle dernier[25]. Le marquis et sa femme se rendirent assez odieux pour être brutalement chassés par les *Comuneros.* Mais, une fois rétablis dans leurs fonctions ils prirent une certaine revanche en traitant plus durement leur « prisonnière », au point que le grand commandeur de Castille crut devoir mettre le roi en garde, mais en vain : le marquis était dur mais efficace…

Lors de son premier séjour on dut semble-t-il discrètement rappeler le roi à ses obligations filiales. Ainsi, le 30 juillet 1518 le marquis de Denia lui-même adressait-il au secrétaire Pedro de Araiz cette note : « Que Sa Majesté fasse que l'on rende visite à la Reine et lui fasse envoyer quelqu'objet d'or ou autre bijou pour lui faire plaisir, comme le Roi Catholique avait coutume de le faire, car Son Altesse en avait de la joie. » Six mois plus tard il écrivait à monsieur de Chièvres : « Il serait bon que le Roi notre maître envoie quelqu'un rendre visite à Son Altesse, car même si la Reine notre maîtresse ne s'en soucie guère – *"está sin este cuidado"* –, il serait bon que le Roi notre maître montre qu'il s'inquiète, lui, de faire prendre des nouvelles de sa mère… » Question de convenance, souci du « qu'en-dira-ton », ou intérêt inavouable… Moins prosaïquement, un simple religieux, au service de Jeanne, osait écrire au roi en juin 1519 : « Seigneur, je supplie Votre Altesse d'avoir présent à l'esprit les devoirs qu'elle a envers l'honneur et le service de sa mère, car telle est la volonté de Dieu, et son saint commandement nous l'ordonne, en prenant soin d'abord du salut de son âme et de toutes les autres choses, en veillant particulièrement à son honneur, à son service et à son repos. Si Votre Altesse agit en ce sens elle peut être certaine que Dieu prendra soin de rendre Votre Altesse heureuse et fortunée. » Et selon Pierre Martyr d'Anghiera, nous le verrons, le royaume exigeait en 1520 que l'on donnât « une *maison décente* à la Reine ». Mais nous savons aussi que par lettre datée du 14 janvier 1520 à Barcelone Charles Quint ordonna de l'isoler complètement : « *Que ninguna persona hable con Su Alteza.* »

Cependant Louis-Prosper Gachard a établi, à partir notamment des comptes de la maison de Charles Quint, que contrairement à la rumeur historique, il avait rendu visite à sa mère à plusieurs reprises, au moins huit fois, ce qui n'est pas négligeable quand on sait que l'empereur ne passa que dix-sept ans au total en Espagne :

– En novembre 1517, comme on vient de le voir.

– En 1518, deux fois, avant et après le séjour en Catalogne.

– À son retour en 1522 : il débarquait à Santander le 10 juillet, était à Valladolid le 26 et se rendait à Tordesillas le 3 septembre.

– En 1523, il la visita trois fois, en mai et en juin.

– En 1524, il le fit deux fois, et y passa tout le mois d'octobre.

– En novembre 1539, avant de partir pour les Pays-Bas.

– Les 25 et 26 janvier 1542, avant de quitter l'Espagne l'année suivante. Quand il y retournera pour s'installer à Yuste, Jeanne aura quitté ce monde.

Et nous savons par ailleurs qu'il passa une dizaine de jours à Tordesillas en décembre 1536, et deux en septembre 1538 en compagnie de l'impératrice, et que celle-ci visita plusieurs fois seule son infortunée belle-mère.

Étranges relations que celles de l'empereur et de sa mère. Comment eût-il pu en être autrement ! Il semble avoir montré peu d'affection pour cette mère aussi étrange qu'étrangère à ses yeux, mais il est bien difficile d'en juger (et en avons-nous le droit ?) car il n'était pas homme à montrer ses sentiments. Il est cependant un signe plus significatif qu'il n'y paraît à première vue : à la mort de Jeanne il prit le deuil, ce qui n'a rien de surprenant, certes ; mais il le prit pour ne plus le quitter, les murs de Yuste seront tendus de noir ; et dans son pathétique discours de Bruxelles il évoqua sa mère à trois reprises. Nous avons le poignant sentiment qu'au fil du temps, en son for intérieur, la *présence-absence* maternelle dut s'imposer de plus en plus à lui, Charles, l'enfant né avec le siècle et dans la joie à Gand, mais d'une mère ensuite à peine entrevue.

### *Une élection fort mal perçue*

Or, au moment de la rencontre chacun des deux acteurs – le nouveau souverain et le vieux royaume – se trouvait en fait dans une conjoncture délicate, entre Moyen Âge et modernité disons pour simplifier, et l'un et l'autre confrontés à l'obligation d'une rapide et inéluctable évolution. À la *quintessentielle hispanité* du règne des Rois Catholiques[26] succédait le *cosmopolitisme radical* d'un souverain qui ne connaissait rien à l'Espagne… Une dimension internationale que la responsabilité impériale ne fera qu'accentuer : les objectifs de Charles Quint, premier dirigeant véritablement européen, se situeront en effet – on l'a vu dans la première partie – à l'échelle continentale[27] ; elle soumettra l'Espagne à un second désenclavement, mais à l'intérieur de la vieille Europe cette fois, après celui – planétaire – que lui avait déjà imposé, un quart de siècle auparavant, la découverte du Nouveau Monde : c'était sans doute beaucoup sinon trop en si peu de temps. Dans ce contexte d'incompréhension générale, l'élection à l'empire, – ce Saint Empire romain (et surtout) *germanique*, si étranger aux préoccupations et aux intérêts ordinaires de l'Espagne – fut plutôt mal reçue en Castille : *elle cristallisa*, écrit Joseph Pérez[28], *les oppositions et les mécontentements.*

Les racines de la réticence espagnole devant l'élection sont profondes, anciennes et trop complexes pour qu'on les détaille ici ; mais à propos de cet événement dont, en dépit de son caractère vénal, la dimension transcendentale ne saurait échapper, Ramón Menéndez Pidal souligne le côté paradoxal de la situation ainsi créée pour Charles Quint, coup sur coup roi et empereur[29] :

> « On ne peut imaginer *situation plus confuse* que la sienne. Un roi d'Espagne qui monte sur le trône sans pouvoir parler en espagnol. Un empereur qui se dit seigneur du monde entier et n'est même pas obéi de toute l'Allemagne ; qui porte le titre de *roi des Romains* et n'est élu que par des Allemands ; qui n'est pas empereur à part entière s'il n'est point couronné par le Pape, mais qui n'a aucun pouvoir sur les terres de ce dernier. Tout le règne de Charles Quint fut un continuel effort pour réduire ces contradictions ; pour s'identifier – "*compenetrarse*" – et s'incorporer à la nation espagnole à laquelle il était si étranger par l'éducation ; pour faire en sorte que cet empire – "*jefatura*" – honorifique sur les seigneurs allemands devienne un empire effectif sur l'ensemble de la chrétienté ; pour harmoniser enfin sa politique et celle du Pape dans le cadre d'un intérêt universel. »

Disons en écho à la première partie de ce livre que, loin d'être inconscient, cet effort pour atteindre l'effectivité de l'empire s'exprimera *très consciemment* au contraire, fort tôt et en diverses occasions par des déclarations telles que les discours prononcés à Saint-Jacques-de-Compostelle en 1520 et devant la diète de Worms en 1521, à l'occasion du sac de Rome[30], ou encore par les mots[31] qui surent convaincre les réticents députés des Cortès de Madrid en 1528 de la nécessité pour lui de passer en Italie « prendre ses couronnes », selon son expression[32].

## *De délicates questions*

La mauvaise humeur que provoqua l'élection à l'empire se traduisit notamment par une critique, exprimée au niveau des Conseils, à propos du nouveau titre du roi, de la façon dont il faudrait dorénavant l'appeler. Certains étaient d'avis que, de même qu'on l'avait traité en roi avant que les Cortès ne l'eussent reconnu pour tel, il fallait le traiter comme empereur sans attendre qu'il fût couronné ; d'autres pensaient au contraire que, l'Espagne ne faisant point partie de l'empire, il n'avait pas à y être traité comme un empereur : « car roi d'Espagne valait plus – "*más cosa era*" – qu'Empereur d'Allemagne. » L'affaire était d'autant plus délicate que Charles partageait déjà le titre de roi d'Espagne avec sa malheureuse mère la reine Jeanne dont la Castille, à travers ses Cortès, défendit toujours le titre de *reina y propietaria del reino* et la prééminence formelle. Les Cortès de Valladolid avaient ainsi reconnu Charles roi de Castille, mais conjointement[33] avec sa mère, et papiers et sceaux devraient porter la double mention : *Doña Juana y Don Carlos por la gracia de Dios, Reyes de Castilla y Aragón.*

Le problème fut, après le passage du comte palatin et d'autres ambassadeurs de l'empire, d'ordre hiérarchique. À l'issue d'âpres discussions, il fut décidé qu'on introduirait et antéposerait bien le titre impérial dans la titulature : « *Don*

*Carlos Rey de romanos semper augusto electo Emperador, y Doña Juana su madre, y el mismo Don Carlos, por la gracia de Dios, Reyes de Castilla y de León.* » Il fallut cependant que Charles Quint s'en expliquât et confirmât, par un édit publié le 5 septembre que, malgré la prééminence du titre impérial, les royaumes d'Espagne n'étaient nullement et ne seraient jamais assujétis à l'empire : « … afin que ladite préférence ne puisse être cause de préjudice ni de confusion parmi nos sujets d'Espagne – "*a los nuestros de España*" – ni aux rois qui nous succéderont […] nous tenons à ce que tout le monde sache que notre intention et notre volonté est que la liberté et l'exemption dont lesdits Royaumes d'Espagne et leurs Rois ont joui et jouissent encore de n'avoir pas à reconnaître de supérieur leur soient maintenant et dorénavant conservées et inviolablement respectées », etc.

Dans la foulée, un autre problème se posa : le roi signait en effet « *Yo, el Rey* », et on s'adressait à lui – à l'espagnole – en disant *Votre Altesse*. Le passage à *Votre Majesté* blessa la susceptibilité chatouilleuse des Espagnols. Le chroniqueur Alonso de Santa Cruz s'en fait ainsi l'écho : « … le Royaume fut quelque peu choqué – "*se escandalizó algo*" – par ce titre, car on disait qu'il convenait plus à Dieu qu'à un simple mortel » ; il soulignait de même une autre nouveauté introduite en cette occasion dans les mœurs palatines : tandis qu'on s'adressait – verbalement ou par écrit – au roi par « très haut et très puissant seigneur », après l'élection on dut dire et écrire : « *S. C. C. R. Majestad*, ce qui signifie : *Sacra Cesárea Católica Real Majestad* ». Des changements « protocolaires » qui étaient autant de petites révolutions au cœur de l'orgueilleuse Castille.

### *Craintes et exigences du royaume*

Dans le préambule de leur discours – exposé politique de la façon dont les Castillans entendaient être gouvernés –

les Cortès de Valladolid (les toutes premières pour le jeune roi, une sorte de baptême du feu) ouvertes le 5 février 1518[34] lui rappelèrent sans ménagement que :

> « ... en vérité le roi est notre mercenaire – "*nuestro mercenario es*" –, et c'est pourquoi ses sujets donnent largement une partie du fruit de leur travail et de leurs gains, et mettent leur personne à contribution pour le servir chaque fois qu'on fait appel à eux ; que Votre Altesse voie par là combien elle s'oblige par contrat tacite – "*por contrato callado*" – à leur faire et à leur rendre justice ».

Aucune « langue de bois » : il y avait-là de quoi impressionner un tout jeune roi venu d'ailleurs ! On lui rappelait aussi, citations bibliques à l'appui, qu'il était de son devoir de s'entourer d'hommes justes, intelligents et irréprochables : « ... *varones prudentes, temientes a Dios, que tengan sabiduría e aborrezcan la codicia* ». N'était-ce point beaucoup demander ?

Lors de la séance de clôture les députés présentèrent, selon la tradition, un cahier de doléances – « *cuaderno de peticiones* », plus exactement – qui comprenaient en l'occurrence près de quatre-vingt-dix articles. Parmi les plus importants, le royaume le priait d'assurer au plus vite sa succession, et donc de se marier, avec une princesse ibérique de préférence, et d'apprendre leur langue. Si la réponse royale à certaines demandes demeura évasive, le jeune souverain acquiesça gracieusement à cette dernière : « Nous répondons à cela qu'il nous plaît de le faire et que nous nous y efforçons, spécialement parce que vous nous suppliez, vous, au nom du royaume de le faire, et c'est ainsi que nous avons déjà commencé à parler avec vous et avec d'autres dans ces royaumes-ci, qui sont nôtres. »

Deux ans et demi plus tard, alors que le roi et sa suite auront quitté le pays malgré la désapprobation générale et que feront rage les *Comunidades*[35], Pierre Martyr d'Anghiera[36] écrira au grand chancelier Mercurino Gattinara de Valladolid le 16 septembre 1520 :

> « Tu souhaites que je t'explique en quoi consistent les exigences de ces provocateurs de tumultes. Les principales demandes que – selon la loi, d'après eux – ils formulent sont les suivantes : d'abord, que le roi (re)vienne, et n'aille pas croire que ces royaumes-ci sont tellement négligeables – "*de tan poca monta*" – qu'il pourra les gouverner de loin – "*estando ausente*" –. Il lui demande de se marier sans tarder selon le vœu de ces royaumes. Ils exigent que l'on donne une maison – "*una familia*" – décente a la Reine mère, à qui appartiennent à vie les revenus des royaumes. Qu'on n'octroie ni offices ni bénéfices à des étrangers et que ceux-ci ne soient point admis dans la garde royale. On demande au roi d'organiser sa maison selon le modèle de ses aïeux du côté maternel [...]. Qu'en l'absence du roi les gouverneurs soient natifs de ces royaumes, et qu'ils aient les pleins pouvoirs [...]. Qu'on n'accorde pas de lettres de naturalité et qu'on révoque celles qui ont été accordées, » etc.

Suivait quantité de demandes portant sur divers aspects de la vie économique ou de la gestion financière et administrative du royaume de Castille, contre l'absentéisme, pour la priorité nationale, et un certain protectionisme ; bref, une revue panoramique des doléances de l'opposition qui correspond en fait au programme politique du fameux manifeste, déjà évoqué par Pierre Chaunu – ce « *pregón de las Comunidades* » qui donnera son nom au mouvement insurrectionnel de la Castille –, manifeste que des moines de Salamanque, originaires de divers ordres, avaient rédigé en février 1520 et fait circuler de ville en cité castillane à la veille des Cortès de Galice. Pierre Martyr terminait son exposé par ces propos synthétiques :

> « Ils affirment que tout ce qu'ils demandent a été établi par les ancêtres de notre Empereur dans le livre intitulé *Las Siete Partidas.* Et ils s'interrogent : pourquoi

devraient-ils, eux, tolérer qu'on mît en pièces leurs statuts et leurs lois, plus volontiers que le reste des Espagnols – comme les Aragonais, les Valenciens et les Catalans – ou que les Flamands et les Allemands de l'Empereur ? Mon cher Grand Chancelier, à vrai dire, si l'on y réfléchit posément, sans passion qui brouille l'intelligence, la malheureuse Castille n'est pas bien loin d'avoir raison dans ses demandes. Mais, quoi ? Les choses en sont venues à une folle témérité et sont tombées entre les mains d'assassins déchaînés et irresponsables, qui haïssent les gens de bien et portent au pinacle la racaille de leur genre. Le peuple ignorant est, actuellement, celui qui tient les commandes et il s'acharne contre la noblesse. Du coup on imagine aisément que cette sédition ne tardera point à retomber car elle manque de sens et de chefs. Il est impossible de résumer en si peu d'espace tout ce que tu désires savoir. Il faut endiguer sans délai cette innondation. – Je souhaite que tout aille bien pour toi. »

Lorsqu'il évoquera cette crise – en fait une guerre civile localisée – le père Sandoval en résumera ainsi la motivation profonde : « *Le sentiment qu'avait le peuple que l'Empereur ne reviendrait jamais en Espagne* fut ce qui l'incita à s'enhardir autant et à faire tant de bêtises. »

### *Engagements et promesses*

On s'en souvient : lorsqu'il fallut, malgré l'inquiétude manifeste du royaume, et la situation déjà explosive dans certaines villes de Castille, répondre à l'invitation de plus en plus pressante des délégués de l'empire et donc se préparer à repartir, deux problèmes se posèrent. D'une part, faire admettre au royaume que leur nouveau roi le quittait alors que, tel un bateau sans gouvernail, la Castille semblait partir à vau-l'eau depuis la mort du cardinal Cisneros ; d'autre part, lui demander derechef, deux ans tout juste après les

Cortès de Valladolid, de fortement cracher – encore – au bassinet… On convoqua donc à nouveau les députés du royaume de Castille ; mais sous la pression des circonstances, on le fit dans la hâte et fort maladroitement, notamment en innovant par le choix insolite (et contraire à la tradition) d'une ville aussi excentrée que Saint-Jacques-de-Compostelle, car le roi et les siens avaient déjà un pied sur le navire de départ… Ces nouvelles *Cortès de Castille* – qui durèrent un mois, du 31 mars au 30 avril 1520 – furent les plus agitées et les plus discutées du siècle. Mais nous ne reviendrons pas ici sur leur déroulement ni sur leur portée au niveau de la politique intérieure de la Castille.

Il fallut donc, sans compter d'autres moyens moins avouables, déployer des trésors de diplomatie et de séduction pour calmer (à défaut d'amadouer) lesdits députés. La couronne le fit par un discours, resté célèbre dans les annales des Cortès[37], que prononça au nom de l'empereur Pedro Ruiz de la Mota, récemment promu évêque de Badajoz et qui faisait partie de la suite flamande, à qui l'on attribue par ailleurs la rédaction du texte[38]. Ce ne fut point, à la différence d'autres, ultérieurs, de Charles Quint un discours spontané mais soigneusement préparé, un chef-d'œuvre d'éloquence élaboré par un expert. Cependant le souverain tint, en le ratifiant verbalement, à s'engager publiquement dans un espagnol d'autant plus émouvant qu'il dut être laborieux :

> « Tout ce que l'évêque de Badajoz vous a dit, il vous l'a dit sur mon ordre, et je n'insisterai que sur trois points : premièrement, comme on vous l'a dit il me déplaît de partir, mais je ne puis faire autrement car il convient ainsi à mon honneur et au bien de mes royaumes ; deuxièmement, je vous promets et fais serment en vous donnant ma parole de roi – "*os prometo por mi fee e palabra real*" – que, dans les trois ans qui viennent, à compter du jour de mon départ, et avant si je peux, je reviendrai dans ces royaumes[39] ; troisièmement, pour vous donner satisfaction je vous promets volontiers et vous en donne

> ma parole de roi, de ne point octroyer de charges ni d'offices de ces royaumes à des personnes qui n'en seraient pas natives, et ainsi je le jure et le promets. »

On a beaucoup glosé sur le texte du discours où l'on n'a parfois voulu voir qu'une déclaration opportuniste, de circonstance. De circonstance, certes ; mais il faut être aveugle pour n'y voir qu'opportunisme : les trente-trois années de règne qui suivirent, et les trois dernières de la vie de Charles Quint en témoignent. Disons avec Ramón Menéndez Pidal « qu'en dépit de toute l'imprécision qu'on voudra supposer à un âge aussi jeune, les décisions que Charles exprime à Saint-Jacques par le truchement de l'évêque Mota furent prises après mûre et sincère réflexion, et la confirmation qu'il prononça d'une bouche si peu habituée encore à prononcer l'espagnol sonne particulièrement vrai ». Même si, il faut le reconnaître, tous les engagements ne furent pas également tenus, notamment le dernier, puisque la régence elle-même fut aussitôt confiée à un étranger !

Pour ce qui est de la signification et de la portée politiques de ce fameux discours, l'analyse la plus approfondie et la plus nuancée en revient à l'historien français Joseph Pérez. Dans son ouvrage – capital – sur les *Comunidades* il fait la part du circonstanciel et du radical et, en soulignant la confusion qui entourait encore la conception impériale, conclut : « Sans aller jusqu'à le qualifier de simple discours de circonstance, nous dirons qu'il expose les grandes orientations de la politique impériale, mais en maintenant une ambiguïté certaine sur quelques-unes de ses implications : monarchie universelle ou tâches spirituelles ? Est-ce l'expression authentique, précoce et définitive de la pensée de Charles Quint ? Nous ne le croyons pas[40]. » S'il s'agit de conception purement politique, on ne peut que souscrire à ce jugement.

Mais, ce qu'il nous importe de souligner ici, c'est qu'à un niveau plus personnel et simplement affectif, ce discours est très révélateur. Pendant les trois premières années qu'il passa, dans la confusion réciproque que l'on sait, derrière le tournoiement des fêtes et malgré des apparences qui lui étaient si contraires, Charles de Gand se serait malgré tout familiarisé avec les idées et les idéaux des Rois Catholiques, à travers leurs testaments, les doléances des Cortès antérieures, et d'autres documents auxquels le secrétaire Pedro de Quintana lui facilitait l'accès. Or, son esprit réfléchi et religieux, cultivé par l'enseignement du pieux Adrien d'Utrecht, le portait naturellement à s'en pénétrer. C'est cette cordiale adhésion qui transparaîtrait, au-delà des circonstances qui le dictèrent, dans le discours du 31 mars 1520. Les idées (nourries de la sève hispanique) exprimées par Pedro Ruiz de la Mota « étaient, à n'en point douter, selon l'expression de Ramón Menéndez Pidal, déjà ancrées dans l'esprit de Charles lorsqu'il prépara avec l'évêque un tel discours ».

*Déclaration d'amour et parole de roi :*
*le contenu du discours*

Voici, au fil du texte, sans autre commentaire ni critique, les éléments constitutifs de ce discours capital :

– L'orateur souligne le lien affectif qui fond en un seul être (tête et corps) le roi et le royaume ; un roi digne de ce nom aime son royaume comme lui-même.
– Charles Quint est roi plus que tout autre car ses royaumes sont plus nombreux et plus vastes que ceux des autres, et lui seul est « roi des rois »[41] sur cette terre.
– Il considère le royaume de Castille comme « le fondement, le soutien et la force de tous les autres » et pour cela l'aime plus que les autres. Il l'a prouvé en abandonnant ses chers Pays-Bas au péril de la mer, et son désir de connaître ses sujets espagnols n'a pas été déçu.
– Le roi, conquis par son peuple, « en est si satisfait qu'il lui est obligé au point qu'il a décidé de vivre et de mourir en ces royaumes ».

– Il en a d'ailleurs adopté la langue – qu'il apprend – et les coutumes[42]. Venu de son gré et par amour il repart à contrecœur et contraint de ce royaume, qu'il « lui est aussi douloureux de quitter que s'il se quittait lui-même ».

– Les circonstances l'ayant obligé à le convoquer à nouveau il constate chez ses représentants une tristesse et un mutisme qu'il attribue à la peine que leur cause son départ.

– Mais le Seigneur, dont les voies sont impénétrables, a voulu lui confier la charge et la mission de l'empire, ce qu'en tant que prince chrétien, et sur les conseils des docteurs et des experts, il a accepté.

– Il a accepté l'empire et ce que cela suppose d'épreuves et d'efforts, de chemins interminables à parcourir, dans l'intérêt de la foi et de la chrétienté pour lesquelles il est fermement décidé à engager sa personne

– Il l'a fait non pour lui-même – *« ni por sí, ni para sí »* – comblé qu'il est déjà par « la grandeur de l'Espagne, la plus grande partie de l'Allemagne, la meilleure de l'Italie, toutes les terres de Flandre, et cet autre monde d'or – "*otro nuevo mundo de oro*" » – à lui destiné, puisqu'il vient juste de « naître » à la conscience des hommes.

– Ainsi l'Espagne retrouve l'antique gloire du temps où elle fournissait Rome en empereurs – Trajan, Adrien, Théodose, etc. – quand les autres provinces ne payaient que tribut[43]. Or, c'est l'empire lui-même qui, maintenant, vient chercher son empereur en Espagne.

– Son devoir de roi étant de conserver ce qui lui revient, et l'empire lui revenant, il doit – et sans délai – se rendre en Allemagne pour en recevoir la couronne.

– « Quoique l'amour et l'obéissance dont vous avez fait preuve devraient suffire à vous assurer de son retour, non pour vous rassurer – ce qui est superflu, puisqu'il a tout autant d'intérêt à revenir qu'à partir – mais pour vous consoler, il vous promet, fait le serment et vous donne sa parole de roi – et moi de même, sur son ordre – que, au plus tard dans trois ans à compter de son départ, Dieu aidant, il sera de retour. »

– « Les Flamands ont bien accepté, eux, qu'il les quittât sans espoir de le voir revenir, ne prenez donc pas mal, vous, qu'il vous quitte temporairement en vous assurant qu'il reviendra. »
– « En acceptant de supporter avec patience trois ans d'absence vous en ferez le prince le plus glorieux du monde. »
– Une fois écoulées ces trois années l'Espagne sera « le jardin de ses plaisirs, sa forteresse pour la défense, sa force pour l'attaque, son trésor, son épée, son cheval, son repos et son port d'attache ».

Ce qui était ainsi proclamé – dès 1520, donc –, au début du discours comme à travers le lyrisme du bouquet final, c'était la primauté du royaume de Castille, capable à lui seul – ou seul capable – (contrairement aux Pays-Bas, l'autre État patrimonial de prédilection), d'être le soutien et le rempart de tous les autres, de leur fournir la puissance et d'en assurer la défense. Que ce ne fût point simple flatterie rhétorique la récurrence de l'idée le prouve. Ainsi aux Cortès qui se tiendront dès son retour, à Valladolid en 1523, il sera répété en son nom : « … considérant ces royaumes comme la tête, dont la grandeur, la force et le pouvoir suffisent non seulement à soutenir les autres que Dieu lui a donnés, mais encore à en gagner d'autres nouveaux et, pour étendre notre sainte foi catholique, à en repousser les colonnes plus oultre » ; dix ans plus tard, en 1532, on le redira aux Cortès de Ségovie : « … pour vous informer en tant que représentants de ces royaumes, dont Sa Majesté a fait sa base principale du fait de leur noblesse et de leur grandeur, et qu'elle considère comme la tête de tous ses États, car dans toutes les grandes entreprises qui s'offrent à elle, elle leur demande aide et conseil parce que c'est en eux qu'elle trouve toujours, et parfaitement, l'un et l'autre[44] ».

*De la défiance à la confiance*

On pourrait s'étonner. En effet, dans un chapitre traitant de l'aspect physique et du caractère du tout jeune monarque intitulé « *De la fisonomía y condiciones del emperador Don Carlos* », le chroniqueur Alonso de Santa Cruz soulignait le laconisme avec lequel il répondait – au début du règne, surtout – à ceux qui l'assistaient ou avaient affaire à lui pour les questions de gouvernement ; il mentionnait alors ce curieux détail : « Outre qu'il était succinct dans la discussion, il était très méfiant – "*sospechoso*" –, surtout à l'égard des Espagnols ; à tel point que si ces derniers lui donnaient un conseil il pensait qu'ils le faisaient par amitié ou par malice plutôt que guidés par la raison. » On perçoit-là à n'en point douter quelque influence des conseillers flamands plus enclins à le mettre en garde contre les Espagnols qu'à le pousser dans leurs bras. Pour Salvador de Madariaga « ce témoignage est à retenir lorsqu'il est question de l'espagnolisme de l'empereur. Il avait été élevé en Bourguignon et il en avait les goûts et les traditions. » Certes, mais alors, quel contraste, quel chemin parcouru, entre cette défiance initiale et la confiance finale, absolue ! Comme preuve, entre autres, ce conseil qu'il donnera au prince héritier un quart de siècle plus tard, à l'autre extrémité du règne ; lui recommandant de veiller particulièrement à protéger l'Italie des appétits français, il ajoutait :

> « Et, même quand vous serez contraint d'y regarder à deux fois et de réduire autant que possible la dépense, dans la mesure où vous serez endetté et vos États épuisés, vous ne devrez malgré tout jamais vous dispenser de maintenir une présence espagnole [sous-entendu : des troupes] en Italie […], car ce sera-là le véritable frein qui empêchera toute tentative de guerre et toute manœuvre pour s'y emparer de quelque territoire[45]. »

Par ailleurs faudrait-il considérer, s'interroge l'historien cité, l'inégale sévérité du châtiment infligé par Charles

Quint aux *Comuneros* espagnols en 1522 et aux Gantois révoltés de 1540 – sévère dans un cas[46], impitoyable dans l'autre – comme l'expression d'une *préférence*, doit-on en tirer des « conclusions espagnolistes » ? Non, répond-il avec son habituelle finesse : « Il serait plus sage de regarder ce contraste comme l'effet de la profonde différence qu'il sentait en lui entre les Flandres et tout le reste. Quant à ce "reste", il était le souverain, venu d'en haut ; mais pour les Flandres il était le maître, poussé d'en bas. Pour lui, donc, la révolte des Espagnols était un crime contre la société ; mais celle des Gantois était un crime contre nature. » Disons plutôt, par anticipation, que les liens qui unissaient Charles Quint à ces pays du cercle de Bourgogne, à ses pays « de par-deçà », avaient la force passionnelle des liens de chair – naissance, enfance, culture, langue, mémoire –, mais ceux qui, plus tard, l'uniront à ses royaumes d'Espagne viendront du cœur et de l'esprit. Chose d'emblée acquise que l'attachement des premiers, chose due même ; mais l'affection des seconds : chose conquise, dans une réciproque séduction. Une histoire d'amour en quelque sorte…

Certains auteurs ont cru pouvoir limiter la portée du discours de 1520 en remettant en cause la sincérité de cette décision, annoncée à vingt ans, de vouloir vivre et mourir en Espagne, le « *determinó vivir y morir en estos reinos* » ; c'est le cas de Berthold Beinert[47] qui argue pour ce faire du premier testament de Charles Quint. Rédigé à Bruges à la fin de mai 1522 – sur le modèle de celui que Philippe le Beau avait établi dans des circonstances comparables à Middelburg le 2 janvier 1506 –, il fut signé le 3 juillet 1522 dans le château de Bishops-Waltham, en Angleterre, au début du voyage de retour pour l'Espagne. L'empereur y disposait que s'il venait à mourir en Espagne – ou sur le chemin de l'Espagne – il voulait être enseveli dans la chapelle royale de Grenade ; s'il décédait aux Pays-Bas, il demandait qu'on l'enterrât dans l'église Notre-Dame-de-Bruges près de sa grand-mère Marie de Bourgogne, et du cœur de son père qui repose dans une ampoule fixée au sarcophage de celle-ci. Mais au cas où la Bourgogne eût été restituée à sa maison avant sa disparition, il souhaitait – sauf s'il mourait en Espagne ou sur le chemin de l'Espagne – reposer dans le panthéon des ducs de Bourgogne ses aïeux, à la chartreuse de Champmol, près de Dijon. Or l'auteur estime à ce propos « qu'il est difficile d'accorder cette clause du testament, formulée deux ans plus tard, avec la déclaration faite devant les Cortès » ; ce qui, à l'évidence, ne se justifie guère. Et nous savons que les dernières volontés du vieil homme de 1555 et de 1558 furent – absolument – fidèles à la promesse du jeune homme de 1520. Les différents cas de figure du testament de 1522 ne faisaient, en fait, que jalonner la dangereuse itinérance d'un empereur d'Occident.

*Au retour : un homme nouveau*

Charles Quint avait promis un prompt retour ; les troubles qui avaient mis la Castille à feu et à sang et sa couronne en péril l'incitèrent à retourner en Espagne sans plus tarder pour y consolider une autorité que la noblesse, une fois sollicitée par son souverain, avait sauvegardée en écrasant la révolte. Lorsqu'il débarqua pour la seconde fois en Espagne, en juillet 1522, tout était terminé à défaut d'être oublié, et le pouvoir monarchique finalement se trouva renforcé par ceux-là mêmes qui avaient prétendu l'abaisser ; disons très schématiquement que, selon la juste expression de Salvador de Madariaga, « Charles Quint finit par devenir espagnol, au prix de la liberté de la Castille. » L'opposition parlementaire, qui n'avait évidemment pas disparu, sera mise en sourdine : en 1523 les députés, qui voudront présenter leurs doléances avant de voter les subsides, devront s'incliner ; en 1538 comme en 1528 déjà la noblesse – exceptionnellement convoquée – refusera de contribuer financièrement à la guerre comme on l'en pressera ; le connétable, leur porte-parole, réclamera à l'empereur moins de guerre, moins de dépenses, et plus de présence ; mais, comme le souligne Henri Lapeyre[48], « ces mouvements d'opposition montreront que la Castille n'approuvait pas la grande politique impériale, mais ils ne tireront pas à conséquence. Les Cortès se montreront dociles et finiront par voter régulièrement les subsides. Celles de la Couronne d'Aragon seront plus rarement convoquées […]. Désormais le pays restera calme. » Commençait alors une période capitale dans la vie de Charles Quint et dans l'histoire de l'Espagne : le plus long séjour – et le seul – de tout son règne qu'il ait fait dans un même État. Il s'installa donc en Espagne de 1522 à 1529, acheva d'en acquérir la langue, s'y maria et assura sa descendance, répondant ainsi ponctuellement au vœu des Cortès.

Les Espagnols n'en croyaient pas leurs yeux : entre le jeune monarque déplaisant, l'empereur fraîchement élu qu'ils avaient vu repartir en 1520 dans la hâte et dans la confusion, et l'homme qui leur revenait deux ans plus tard, quelle différence ! En 1517 Charles n'était encore qu'un adolescent imberbe, immature et assez ignorant qui, selon la belle formule de Manuel Fernández Alvarez, s'était rendu dans ses terres du sud comme on part à l'aventure – autrement dit « en touriste » –, alors qu'en 1522 le souverain qui regagnait son royaume ibérique était un homme chargé – pour ne pas dire accablé – d'écrasantes responsabilités. Et qui en avait pleinement, hautement et douloureusement conscience… Ne venait-il pas d'en assumer, à Worms, la plus lourde, et sans doute la plus tragique de toute l'histoire – pourtant millénaire – de l'empire.

Or, le changement sautait aux yeux, déjà inscrit dans son apparence physique. Avant même son retour en Espagne (et trois mois après la mort de De Chièvres), Pierre Martyr d'Anghiera écrivait de Valladolid le 13 août 1521 à d'illustres élèves (les marquis de Mondéjar et de Los Vélez) :

> « Ceux qui l'ont vu récemment assurent qu'il a maintenant de la barbe et que son visage aimable et viril est empreint d'une sereine majesté. Ce qui n'a rien pour surprendre car le 24 février il a eu ses vingt et un ans. Bien que la famille des Habsbourg arrive généralement à

> maturité avec un certain retard, ceux qui le côtoient dans son intimité affirment que dès son jeune âge l'Empereur acquit son caractère viril. »

Ce n'était certes plus, même physiologiquement, un enfant qui regagnait l'Espagne en juillet 1522 : n'était-il point devenu entre-temps, on s'en souvient, le père d'une petite Marguerite – qui un jour serait *de Parme* –, née pour le bonheur de tous à Audenarde le 18 janvier 1522 ? D'autre part, comme l'a bien observé Manuel Giménez Fernández, il est évident que lors du premier séjour en Espagne Charles Quint n'avait pas encore pris consistance, ni en tant qu'homme ni en tant que gouvernant[49], et que ce n'est point là qu'il développa son intelligence à maturation tardive : « *inteligencia tardía* ». « À voir la surprise causée, à son retour d'Allemagne, à nombre de ses sujets par le changement qui s'était opéré en lui dans sa façon de les traiter, nous avons le sentiment que cet éveil – ou ce développement – de son intelligence se produisit vers 1522 après la mort de Croy. Mais une fois en Espagne tout le monde put constater la nouvelle et solide maturité intellectuelle et morale du Roi-Empereur. »

### *À défaut de « tuer le père » : une mort libératrice*

Guillaume de Croÿ seigneur de Chièvres – « *el Capro* » comme l'avaient surnommé avec mépris et dérision ceux des Espagnols qui le détestaient – mourut de fièvres à Worms le 23 mai 1521. Alonso de Santa Cruz affirme dans sa chronique que :

> « … *sa mort fit plaisir à la plupart des gens* sinon à tout le monde, car ses concitoyens l'enviaient d'être très proche et si favori de l'Empereur, et les étrangers ne l'aimaient pas à cause de la méchante manière dont il les traitaient. Il mourut très riche et très conscient de ses péchés, particulièrement de la mauvaise façon dont il avait gouverné

> en Espagne et dans les autres royaumes ; *mais à sa mort l'Empereur montra beaucoup de chagrin* car il l'aimait bien parce qu'il avait été son précepteur et qu'il le conseillait grandement, quoique son comportement en Espagne l'avait beaucoup abaissé dans l'estime de Sa Majesté. Après la mort de Chièvres nombreux furent ceux qui voulurent entrer dans ses finances et plus encore dans sa faveur, mais l'Empereur Don Carlos était ressorti si instruit et si échaudé de l'excessive faveur qui l'avait lié à Chièvres que désormais il ne se laissa plus jamais mener par personne. Très grand et même extrême fut le changement qu'opéra l'Empereur Don Carlos en ce sens que, de même qu'auparavant il avait mis toute sa confiance en un seul, n'osant plus ensuite se fier à personne il se méfiait de tout le monde. »

Avant de brosser, en conclusion à son chapitre, le portrait suivant, qui se veut équitable – et n'est pas loin de l'être – de l'illustre défunt :

> « Et même si Mr. de Chièvres fut connu pour être très cupide et ambitieux, nous ne pouvons pas nier qu'à côté de cela ce fut un homme plein de retenue, un bon chrétien, très calme et très endurant, et qu'il fut surtout très partisan de ce que son Prince évitât la guerre et la rupture avec les autres Princes, et il y travaillait de toutes les manières et par toutes les voies possibles, même si c'était parfois il est vrai aux dépens des finances et même de l'honneur de l'Empereur son maître ; or, comme un gentilhomme le lui reprochait un jour, il lui avait répondu : “en présupposant que le Prince est un chrétien et non pas un tyran, je lui conseillerai toujours de préférer la paix achetée à une injuste guerre”. »

La mort de Guillaume de Croÿ – « *monsieur de Chièvres* », comme l'appelaient avec un respect mêlé de terreur la reine Jeanne (quand, princesse de Castille et archiduchesse d'Autriche, elle vivait aux Pays-Bas), et ses enfants « flamands » – fut à n'en point douter l'un des éléments clefs de cette mutation du jeune Charles Quint. Selon Joseph Pérez[50] : « il a mûri et *la mort l'a émancipé de la tutelle jalouse de Chièvres.* Celui-ci ne sera jamais remplacé. » Ramón Menéndez Pidal, rappelant la pathétique et si personnelle réflexion à laquelle se livrait le jeune empereur insomniaque à Worms dans la nuit du 18 au 19 avril 1521, écrivait quant à lui : « il est alors maître de sa propre personnalité, auparavant si étouffée par la tendresse annihilante – "*el cariño anulador*" – du vieux Chièvres » ; omniprésence étouffante d'un « tuteur » qui avait toujours dormi dans la chambre même de son prince, afin que celui-ci eût à qui parler dès son réveil ou en cas d'insomnie ! Et l'empereur lui-même, justifiant son hésitation initiale devant la rébellion des *Comuneros*, reconnaissait en 1528 : « J'étais alors jeune et gouverné par monsieur de Chièvres, et n'avais ni l'âge qu'il fallait pour connaître les choses de ces royaumes et encore moins d'expérience pour les gouverner. »

Il semble, réellement, que la disparition de Guillaume de Croÿ – et ce en dépit du choc affectif qu'elle provoqua – libéra, d'un coup, l'intelligence et l'énergie du jeune homme, qui se trouvaient comme entravées par la trop forte personnalité de son mentor. Le papillon sortant de sa chrysalide ! Évoquant les quatre dernières années que l'empereur passa aux Pays-Bas en prélude à l'abdication, ruminant, avec amertume, sa conviction que les forces indispensables pour mener à son terme la mission assumée et consolider ses victoires lui manquaient, Ramón Carande soulignait ce paradoxe : « De sorte que Pavie avait inauguré ce que Charles Quint verrait se répéter ; à savoir que ses victoires, au lieu de créer des situations résolutives, provoqueraient des conflits et engendreraient de nouvelles campagnes. Entre autres conflits, le sac de Rome, en réduisant le Saint-Père, au Saint-Siège même, à l'état de prisonnier des troupes impériales, *avait dû lui coûter pas mal d'heures de réflexion.* » Or, cette capacité de réflexion et cette volonté c'était précisément, bien plus que la mâle prestance, ce qui distinguait fortement l'homme de 1522 de l'enfant de 1520, et qui surprit – favorablement – les sujets espagnols qui l'accueillirent à son retour[51] :

> « Pour qui, songeant à ses premières années, ne reconnaîtrait point Charles Quint quand je le montre, jeune homme, plongé dans la méditation, ce serait oublier qu'il était précisément en pleine méditation, et bien loin de toute vaine gloire, lorsqu'il rédigeait les deux pages de notes découvertes par Brandi[52], preuve indiscutable de maturité et d'un esprit posé ; ce serait oublier aussi que, dès avant la victoire de Pavie – la seule de ses victoires à laquelle il ne prit pas personnellement part –, il ne manquait point d'y avoir près de lui telle personne qui prêchait et insistait, en déployant son éloquence et en invoquant les emblèmes, afin de le décider à se rendre au plus vite en Italie pour développer la politique impériale. Il suffit de lire ce que Gattinara lui-même rapporte de ses propres efforts pour l'en persuader, et les mots qu'il profère quand il prend pour affront personnel le fait que le souverain ne se décide pas ; il suffit, dis-je, de s'en souvenir pour admettre que *Charles Quint recueillait le fruit de ses propres réflexions*, sans perdre de vue les événements et sans mépriser les leçons, mais en restant fermement sur ses positions, sans céder *ipso facto* aux pressions des autres, pas même à celles du plus autorisé de ses conseillers, dont le savoir et dont l'âge (Gattinara étant né vers 1456) lui conféraient largement le droit de l'instruire. »

### *L'ombre portée du doyen de Louvain*

Si Charles de Gand avait grandi sans père, il y avait eu – on le sait : Pierre Chaunu l'a amplement montré – des palliatifs à cette absence : le grand-père Maximilien qui de loin préparait l'avenir ; monsieur de Chièvres, qui façonnait le corps et l'esprit ; et le doyen de Louvain – Adrien d'Utrecht –, chargé de l'âme. Ce dernier fut à la fois son pédagogue et son directeur de conscience : c'est assez dire le poids de son influence, en l'occurrence parfaitement bénéfique. Retracer les grands traits de la personnalité d'Adrien aide à mieux saisir celle de l'empereur. Connaître le vieil Adrien nous éclaire sur le jeune Charles. D'autant plus qu'Adrien, doyen à Louvain, évêque à Tortosa et pape à Rome, fait le lien entre Pays-Bas, Espagne et Italie, ces trois hauts lieux de la vie de Charles Quint.

Des historiens espagnols de l'envergure de Ramón Menéndez Pidal, Ramón Carande ou Manuel Fernández Alvarez, perçoivent à l'unisson chez l'empereur une dimension assez idéaliste pour la qualifier de « quichottesque » *avant la lettre* : Ramón Menéndez Pidal parle même de haut quichottisme – « *alto quijotismo* » – à propos de la politique impériale. Ramón Carande[53] attribue quant à lui cet idéalisme précisément à l'influence du doyen de Louvain en ce sens, écrit-il, que l'un et l'autre :

> « … ils furent en lutte leur vie durant, de manière évidente, contre leur propre milieu, dans un monde de rêves sublimants, tous deux saturés de pensée médiévale, étrangers à certaines manifestations naissantes ou déjà florissantes de la Renaissance. Dans ces luttes entre les aigles et les renards, entre le détachement et la ruse, le rôle de chacun est parfaitement défini. La ligne de conduite et le but poursuivi par Charles étaient plus proches d'Adrien que de n'importe quel pape de son temps. Le souvenir et l'exemple des sept premières années de scolarité auprès de son pédagoge avaient laissé des traces dans l'esprit de l'empereur, qui devait se les rappeler quand il évoquait les tendres années de son enfance ; même s'il allait recevoir par la suite de plus fortes impressions, et ne jamais oublier le majestueux cérémonial de la Toison d'or, ses festins, le faste et l'opulence, ce cadre privilégié du chevalier de Bourgogne. En fin de compte, cette dévotion-là était nourrie de la même inébranlable croyance que la pauvreté et la pureté du pape hollandais […]. Quoique l'Empereur fût un jeune

homme et le Pape un vieillard, Adrien fut rigoureusement son contemporain. Chez l'un comme chez l'autre vivent, plutôt que les prémices de la Renaissance, les fruits tardifs de l'automne médiéval. »

Qui était donc ce doyen de Louvain, Adrien Florisson Boeyens, devenu évêque de Tortosa puis cardinal, avant d'être – contre toute attente – élu pape le 9 janvier 1522 ? Les regards se firent naturellement plus insistants après son élection ; c'est donc le pape Adrien VI que nous décrivent les observateurs et non le doyen de Louvain, l'indulgent pédagogue de Charles enfant ; mais peu importe, car en l'occurrence c'était rigoureusement le même ; c'est d'ailleurs ce qu'on ne lui pardonnait pas ! Le nouveau pape fut ainsi « croqué » à Rome par les diplomates vénitiens, ces éternels curieux. L'ambassadeur Luigi Gradenigo, présent à l'intronisation, écrivait :

> « Ce pontife mène une vie exemplaire et dévote. Chaque jour il dit les heures canoniales. Il se lève la nuit pour les matines, puis il se recouche. Au point du jour, il sort du lit et dit sa messe, ensuite il donne des audiences. Il déjeûne et dîne très-sobrement, et l'on assure qu'il ne dépense pas plus d'un ducat par repas. Il est de bonne et sainte vie ; il compte soixante et un ans ; il est lent à se déterminer. Il procède avec beaucoup de circonspection… Il est savant dans l'Écriture sainte ; il parle peu ; il aime la solitude… La langue latine est celle dont il se sert toujours. Il n'a d'intimité avec aucun des cardinaux. Son secrétaire et son auditeur ont peu de pratique des affaires d'État. Le dataire est flamand ; il se nomme Guillaume Enckevordt ; il est évêque de Tortosa. Son secrétaire, appelé Thierri [Hezius], flamand de nation, et l'auditeur de la chambre, qui est Jérôme, évêque de Vico, font tout ; ils ont un grand pouvoir sur lui. »

Les quatre ambassadeurs[54] délégués par Venise pour rendre hommage au nouveau pape, le décrivent en termes semblables, quoique plus *colorés.* Ils insistent notamment sur les réticences du Saint-Père à donner des audiences, et l'incroyable modestie de son train de vie :

> « … il en est avare [d'audiences] parce qu'il est très-irrésolu, à cause du peu d'habitude qu'il a des affaires ; il en résulte que, pour quelque chose que ce soit, grande ou petite, sa première réponse est : *Videbimus.* Il ne veut demander conseil à aucun cardinal […]. Il consacre chaque jour un temps considérable à l'étude, car il ne se contente pas de lire, mais veut encore écrire et composer, ce qui le détourne des soins qu'il devrait donner au pontificat […]. On dit que sa dépense journalière pour sa table est d'un ducat, qu'il tire de sa poche chaque soir et remet au maître d'hôtel secret, en lui disant : *Voilà pour la dépense de demain.* […]. Il mange modérément. C'est une femme qu'il a amenée de son pays qui cuisine pour lui, fait son lit, et lave son linge. »

Voilà qui devait pour le moins déconcerter le haut clergé italien habitué à d'autres pratiques ; comme l'a souligné Louis-Prosper Gachard[55] : « Les Romains n'aimaient pas Adrien VI. La simplicité et l'austérité de ses mœurs, son éloignement pour toute espèce de faste, l'ordre qu'il s'appliquait à introduire dans les finances, la justice sévère à laquelle il subordonnait la distribution des bénéfices, ne pouvaient convenir à un peuple habitué au luxe, aux magnificences, aux prodigalités de Léon X. À sa mort, on écrivit sur la porte de son médecin : *Au libérateur de la patrie* » ; des Italiens – ce détail en témoigne – qui savaient se couvrir de gloire, à l'occasion. Adrien VI eut en effet le bon goût de ne point s'attarder et de mourir bientôt : le 14 septembre 1523, le jour même où les Français traversaient le Tessin pour mener en Lombardie une nouvelle campagne dont on connaît les conséquences. À Rome on respira : on pouvait y reprendre de plus saines habitudes…

En fait les Romains eurent tort de se réjouir car, comme le suggère à juste titre Louis-Prosper Gachard, le sac de Rome – « tant d'atrocités, de profanations, de sacrilèges commis par une soldatesque effrénée » – et son cortège de massacres de personnes et de destructions de chefs-d'œuvre, n'aurait à coup sûr pas eu lieu : « car jamais on n'aurait obtenu d'Adrien qu'il s'alliât aux ennemis de son ancien disciple », ce prince qu'il avait élevé dans le droit chemin de l'esprit et du cœur et qui – à son tour sinon en retour – l'avait élevé lui, le trop modeste, aux plus hautes dignités de son empire. Et, surtout, et simplement, parce que – tout le prouve – le vieil Adrien aimait profondément ce Charles de Habsbourg, l'orphelin, qu'il avait vu naître et qui avait grandi sous sa bienveillante férule.

Dans une lettre très personnelle adressée au marquis de Los Vélez et au marquis de Mondéjar le 23 mars 1522, de Vitoria où il accompagnait les « gouverneurs », Pierre Martyr d'Anghiera évoquait son ami Adrien lui aussi (avec un brin d'ambiguïté qui en dit long sur lui-même) :

> « Depuis qu'on a élu Pape celui qui, dès le berceau de sa bonne fortune (à savoir depuis qu'il fut, au nom de l'Empereur encore enfant, chargé d'une ambassade auprès du Roi Catholique son grand-père), m'a eu en grande estime, je ne me sépare plus de lui car il ne connaît pas les langues [comprenons : l'espagnol et l'italien]. Il ne savait s'exprimer qu'en latin, et il ne savait lire sur les visages que quand on lui parlait dans cette langue, et j'étais alors son compagnon, son interprète et son conseiller dans les affaires [...]. À dire vrai j'ai été un inconditionnel – "*un devoto*" – de ce saint homme tant qu'il a été libre, et sa vertu me faisait d'envie. Or, il est devenu esclave, je l'en estime moins et mon envie s'est transformée en compassion [...]. Seul lui revient l'honneur de ne devoir son ascension ni à la magnificence, ni aux dons, ni aux fausses promesses ou autres voies tortueuses de la supplication ou de la subornation. »

Le nouveau pontife, confiait-il à ses nobles disciples, aurait souhaité qu'il l'accompagnât à Rome, ce qu'il avait la ferme intention de refuser :

> « Je lui ai représenté que je devais rester dans les royaumes de Castille, où j'avais consumé les forces de toute ma vie et où les nouveaux mondes découverts par les Espagnols me donnaient matière à me survivre dans la postérité. Je lui ai démontré qu'il me serait très dur de changer de pays quand la vieillesse [il avait alors soixante-cinq ans] me tombait dessus. »

Un pape « surprenant » donc, mais tout aussi surpris !

### *Adrien VI, un « pape malgré lui »*

Parmi les cardinaux en lice, trois partaient favoris dans l'élection qui devait assurer la succession de Léon X *alias* Jean de Médicis : un autre Médicis, un Colonna, et l'Anglais Wolsey. L'élection fut mouvementée, on s'en doute ; les ambassadeurs (notamment ceux de l'empire et de l'Angleterre, le fameux don Juan Manuel et l'évêque Jean Clerk) soulignèrent la perfidie et le manque de charité (ce sont leurs termes) des cardinaux. À en croire l'envoyé du duc de Ferrare, le cardinal Soderini aurait hurlé en plein conclave – ce qui donne quelque idée de l'ambiance – qu'il leur fallait quelqu'un qui, à la différence du défunt pape, eût la foi, ne fût ni sanguinaire ni lascif, et fût capable de mettre tout le monde au pas… Dans la confusion des débats, qui se prolongeaient fastidieusement, le cardinal Jules de Médicis (le futur Clément VII) aurait lancé le nom d'un parfait inconnu, étranger et absent de surcroît : celui du cardinal de Tortosa, qui avait de bonnes raisons de n'être point présent, en charge qu'il était d'une Castille encore sous le choc des *Comunidades*.

Malgré les arguments contraires – absence, méconnaissance de l'Italie, attachement à l'empereur – le cardinal de Tortosa fut élu pape, à la stupéfaction générale ! Stupeur et fureur… L'observateur anglais écrivait au cardinal Wolsey, alors candidat malheureux, que « le nouveau pape est un inconnu dont personne n'a entendu parler et qui déplaît à tout le monde… ». Les cardinaux italiens considéraient l'élu, cet étranger[56], et ne s'en cachaient guère, comme un pape « barbare ». Mais le plus surpris ce fut encore Adrien lui-même ! Le nouvelle lui parvint officieusement à Vitoria le 24 janvier, officiellement le 9 février, alors que son impérial disciple l'apprenait à Bruxelles quatre jours avant lui… avec autant de surprise.

Après trois semaines de réflexion il accepta par devoir, sans joie et sans vanité : il n'avait jamais prétendu à un tel honneur ; il n'était plus très jeune (né en 1459, il avait huit ans de moins que la défunte reine Isabelle et huit de plus qu'Érasme, encore de ce monde) ; sa robuste constitution commençait à faiblir ; et l'expérience peu gratifiante de la régence espagnole l'avait découragé voire dégoûté de tout gouvernement. Il n'aimait point le pouvoir, mais l'étude dans la paix, la méditation et le recueillement. Au total – Érasme l'avait bien vu, lui qui connaissait son homme – Adrien n'avait aucune chance de vraiment « réussir » dans son pontificat, là où Dieu lui-même avait échoué : il était trop naïf pour être de taille à lutter contre les Italiens dont il prétendait assainir les mœurs personnelles et surtout politiques. Le cardinal Pietro Sforza Pallavicini trouvera au siècle suivant la formule : « il fut, en tant que prêtre, un très bon pape, mais un médiocre souverain ». Piètre *souverain* mais excellent *pontife*… Trois siècles plus tard Louis-Prosper Gachard entreprit de défendre la mémoire – les Espagnols diraient « *vindicar* » – de ce pape incompris :

> « Sa perte n'en fut pas moins un malheur pour la religion et pour l'État. Rome avait eu des papes turbulents, ambitieux, prodigues, débauchés : il lui fallait un pontife qui fût ami de la paix, qui ne cherchât pas à s'agrandir aux

> dépens de ses voisins, qui fermât les plaies de l'État par une administration sage et économe, mais surtout qui donnât l'exemple d'une vie sans tache, et s'efforçât de rétablir la discipline ecclésiastique dans un temps où Luther, par ses prédications et ses écrits, sapait les fondements de l'Église catholique. Toutes ces qualités, Adrien VI les réunissait en sa personne. »

Un pape « surprenant » donc autant que « surpris », qui aurait pu réconcilier avec le Saint-Siège (s'il n'eût été trop tard) ce « *quidam nommé Martin Luther* » – c'est en ces termes qu'Adrien, du cœur des *Comunidades*, l'évoquait dans une lettre adressée à Charles Quint le 9 avril 1521 de Tordesillas – ; comme le souligne Ramón Carande : un *quidam* qui allait donner bien du fil à retordre...

### *Le vieux pape et le jeune empereur*

Après son élection au Saint-Siège Adrien dut abandonner la régence du royaume de Castille qu'il partageait alors avec l'amiral et le connétable. Mais, souligne Ramón Carande, il ne renonça point pour autant, sous la tiare, à sa tâche de mentor :

> « Le tout nouvel Empereur continuera à recevoir des leçons[57], du pape cette fois, qu'il devra écouter à contrecœur. Pendant la courte année de son pontificat Adrien lui apprendra comment l'empereur doit se conduire avec le pontife ; et, au-delà de sa mort, le souvenir et la gratitude remonteront chaque fois que Charles Quint entamera des négociations avec Clément VII et Paul III, auxquels il dut faire appel tant de fois en vain. Clément VII, versatile et médiocre dans ses décisions, et Paul III, très intelligent, mais fourbe et ambitieux, favorisèrent trop souvent des intérêts secondaires, contrecarrant de ce fait les efforts et les veilles de l'empereur dans des moments extrêmement critiques. »

L'élection, dans laquelle l'empereur n'était manifestement pour rien, entraîna quelques échanges épistolaires très éclairants sur l'un comme sur l'autre. Ainsi, après avoir reçu la notification officielle de son élection, le nouveau pape écrivait-il à l'empereur dès le surlendemain :

> « En vérité, je ne m'en réjouis pas, car cette charge excède considérablement mes petites forces, et je suis dans un âge où l'on a plus besoin de jouir de tranquillité et de repos, que d'accepter un fardeau si pesant et presque insupportable. Je crois aussi que mon élection sera peu agréable à Votre Majesté, *non que je pense qu'elle m'aime moins aujourd'hui qu'elle m'a toujours aimé*, mais parce que peut-être elle se figurera que ses affaires d'Espagne souffriront de mon départ pour Rome [...]. Je ne m'étonne point que Votre Majesté se soit réjouie de ma promotion, car il ne saurait me venir d'agrandissement qui ne soit plutôt pour Votre Sérénité que pour moi ; et Votre Altesse peut être persuadée que je resterai toujours ferme en ce propos et volonté... Dieu m'est témoin que je me suis occupé des affaires de Votre Sérénité et de celles de l'infant, votre frère, avec plus de sollicitude que des miennes propres, et cela *à cause du grand amour que je vous porte à tous deux*[58] », etc.

C'est, dans cette correspondance personnelle autour d'un événement très officiel, le cœur qui parle *aussi* derrière la raison. L'empereur quant à lui félicitait à titre privé son ancien précepteur, le 7 mars 1522, en ces termes[59] :

> « ... la joye que j'ay eu de vostre élection n'est chose nouvelle ; mais eust esté desnaturel, si aultrement en eusse usé ; et me semble que, estant le papat en vostre main et l'empire en la myenne, est pour faire par ensemble beaucoup de bonnes et grandes choses, et doibt estre une mesme chose et unanime des deux [...]. *Pour ce qu'entre père et filz ne doibt avoir nulle couverture, mais déclérer ce que chascun a sur le cœur.* »

Cela ressortait encore d'un texte aussi peu intime que ces instructions remises dès le 25 janvier 1522 au commandeur Lope Hurtado de Mendoza, chargé de porter en Espagne à Adrien le message impérial de congratulation :

> « Vous visiterez Sa Sainteté et vous baiserez ses saints pieds et mains, de notre part ; vous lui témoignerez le grand plaisir que nous avons éprouvé de ce que la main de Dieu a guidé le choix de sa sainte personne pour pasteur et souverain pontife de son Église universelle : car, vu l'expérience que nous avons de sa profonde doctrine et de sa bonté naturelle, nous ne pouvions désirer une élection plus digne, ni qui convienne mieux au service de Notre-Seigneur, ainsi qu'au bénéfice de son Église universelle et de toute la chrétienté, que celle qui s'est faite par la grâce du Saint-Esprit. Vous lui direz que notre contentement s'accroît, en particulier, de la circonstance qu'après qu'il a plu à Dieu de nous constituer en la dignité impériale, il nous a fait la faveur de vouloir que nous recevions la couronne de la main d'une personne telle que Sa Sainteté, avec qui nous avons des relations si intimes, qui est de notre propre nation, qui nous a élevé et instruit dès notre enfance, et qui éprouve pour notre personne une véritable et très grande affection – "*tan grande y verdadero amor*" –, ceci en nous le donnant aujourd'hui pour vrai et bon père, et pour souverain et universel pasteur de toute la chrétienté [...]. Nous tenons pour certain que Dieu a fait de sa main cette heureuse élection, afin de nous montrer que sa volonté est d'établir les affaires publiques de la chrétienté, et d'unir ses forces pour l'amplification de notre foi catholique, pour que toutes les erreurs du monde soient punies et redressées, qu'elles se réduisent en la connaissance d'une seule et vraie Église et religion, à la louange et gloire infinie de son saint nom, en prenant Sa Sainteté et nous pour ministres de l'exécution de ses desseins. En quoi, et en tout ce que nous pourrons, au plan public aussi bien que privé, vous assurerez à Sa Sainteté que, pour notre part, nous sommes déterminés à suivre la même voie que lui –

> *"correrr una misma fortuna con él"* –, en la considérant comme notre véritable père et protecteur, et que nous serons toujours pour lui un fils fidèle et obéissant : ce qui, outre le respect que l'on doit au Saint-Siège, sera pour nous chose naturelle à cause de l'éducation et de la discipline que nous avons reçues de sa sainte personne, comme il pourra toujours en juger par nos actions [...]. Vous offrirez à Sa Sainteté notre personne, nos biens et nos États, en lui disant que nous ordonnons aux gouverneurs de ces royaumes de le servir en tout, et qu'elle en dispose, car ils sont à ses ordres et à sa disposition, librement comme chose lui appartenant – *"como de cosa propia suya"* –, et que nous sommes quant à nous sincèrement son très obéissant fils et disciple. »

Dès que la nouvelle était tombée à Bruxelles il avait écrit à ses ambassadeurs à Londres qu'il se félicitait du choix d'un pontife « dont il croyait pouvoir disposer comme d'une personne nourrie en sa maison, et *duquel il avait pris le peu de lettres et de bonnes mœurs que Dieu lui avait donné* ».

D'Espagne, Hurtado de Mendoza communiquait à Charles Quint dès le 15 février : « Je crois que, de même que Dieu a accru l'état de Sa Sainteté, *de même il a accru son amour pour Votre Majesté.* Elle ne pense à rien, elle ne parle de rien qui lui soit propre ; elle ne s'occupe que des affaires de Votre Altesse, et *avec la même sollicitude que quand elle était doyen de Louvain.* Elle dit que, toutes les fois que cela sera nécessaire pour l'honneur et l'agrandissement de Votre Majesté, elle sacrifiera non-seulement son état, mais sa personne, et que cette volonté, aucune occasion, aucune chose ne pourra jamais l'en faire se départir. » De Rome enfin, La Chaulx écrivait le 9 mai 1522, après avoir rencontré le nouveau pape, que celui-ci lui avait paru « aussi mauvais Français [entendez partisan de la France] que qui que ce fût au monde, et *qu'il ferait pour l'Empereur tout ce qu'un père ferait pour son fils.* » Mais un fils qu'il avait su – et qu'il saurait encore – doucement mais fermement morigéner, notamment quand celui-ci tentera de lui forcer, à son gré indûment, la main contre le roi de France. Tout témoigne donc de la nature profondément filiale du lien qui unissait le jeune empereur au vieux pape, curieusement promus l'un et l'autre – et en même temps – au plus haut niveau de responsabilité, armés des deux glaives de l'Occident chrétien.

Lorsque Charles Quint regagna l'Espagne Adrien en était déjà parti. Maximilien était mort le 12 janvier 1519, et monsieur de Chièvres le 23 mai 1521 ; Adrien d'Utrecht, à Rome depuis 1522, mourra le 23 mai 1523. En l'espace de quatre années, entre ses dix-neuf et ses vingt-trois ans, Charles Quint vit ainsi disparaître les trois hommes qui avaient vertébré sa formation et tant compté pour lui, ces trois substituts de père. Il faut considérer combien cette triple défection dut peser, et en de telles circonstances, dans la maturation accélérée du jeune homme, et le prodigieux effort sur soi, la singulière maîtrise, que cela a supposé de sa part.

### *Le creuset allemand : l'ombre de Charlemagne*

Entre ces vides qui se font dans le cercle des proches, et les charges aux immenses responsabilités – ces couronnes si lourdes qui s'amoncellent sur sa tête –, une personnalité de moindre trempe eût à coup sûr fléchi voire sombré. C'est l'aspect sans doute le plus fascinant et le plus attachant de la vie de cet homme, qui avait fait si piètre impression aux Espagnols : ce prince falot, taciturne et ingrat, était en fait animé d'une incroyable force intérieure sans laquelle on ne conçoit guère comment il aurait pu mener à bien son accablante tâche.

Partant de ce que l'on sait de sa timidité et de sa totale impréparation, qu'on s'arrête un instant à *ce qu'il a vécu* entre le départ d'Espagne en mai 1520 et le retour en juillet 1522. À peine était-il reconnu roi par les Cortès de son nouveau royaume que la Castille s'embrasait pratiquement sur ses talons, donnant ainsi à son départ des allures de fuite. À peine avait-il reçu l'investiture impériale qu'il devait faire face à une situation qu'aucun prédécesseur n'avait connue, un schisme sans précédent dont Rome, qui ne savait que faire, se déchargeait sur lui. Aucun dramaturge, aucun, n'aurait pu imaginer une confrontation plus pathétique, plus lourde de sens tragique que la comparution devant la diète de Worms du « moine aux yeux profonds », prêt au sacrifice, Luther dont la formidable personnalité et la frappante conviction ne purent qu'impressionner ce jeune empereur, sans expérience politique ni *a fortiori* théologique, sans rien d'autre que sa propre et naïve conviction, psychologiquement désarmé. Ce fut pour celui-ci, on le sait une de ces épreuves dont on ressort, comme du feu, brisé ou fortifié ; sa réflexion nocturne et angoissée le prouverait à elle seule, si besoin était. Pierre Chaunu l'ayant magistralement évoqué nous ne reviendrons pas sur cet épisode capital ; capital il le fut aussi dans le développement accéléré de Charles Quint.

D'autant plus qu'avant Worms il y avait eu Aix-la-Chapelle. Comme le père Sandoval l'a déjà souligné en son temps, on a tendance à oublier le premier couronnement impérial, éclipsé qu'il fut dans la mémoire collective par le second, celui de Bologne : « La réception fut si solennelle, et le couronnement si célèbre et digne de mémoire que je me dois de raconter par le menu tout ce qui s'y passa car à ce jour nous ne connaissons que celui qui eut lieu à Bologne quand il reçut du pontife la couronne impériale. » Disons avec le vicomte de Terlinden[60] que le couronnement de Charles Quint à Bologne fut l'aboutissement de toute une politique et, de ce fait, eut un retentissement *médiatique* sans commune mesure avec celui d'Aix-la-Chapelle. Mais nous ne l'évoquerons pas ici : s'il donna à l'empereur – qui touchait au zénith de son règne – une assurance et un poids politique indéniables, l'impact fut sans doute moindre au plan personnel, Charles Quint étant alors selon la forte expression espagnole un homme « *hecho y derecho* », une personnalité fermement accomplie.

Le couronnement italien de 1530, acte suprême dans le processus impérial, était un accomplissement symbolique, on n'y retrouve plus vraiment la dimension initiatique du couronnement allemand de 1520. Or celui-ci, dans le curieux détail de son cérémonial, dut faire forte impression sur un jeune homme de vingt ans pétri de culture chevaleresque, et donc hypersensible au poids de l'engagement. Car, tout habitué qu'on fût aux fastes de Bourgogne, celui des journées d'Aix fut inoubliable, tous les témoins l'ont dit, dont Albrecht Dürer qui consigna dans son journal : « Le 23 octobre, le roi Charles se fait couronner à Aix-la-Chapelle. J'ai admiré tout le faste de cette cérémonie [...] ; personne n'a rien pu voir de plus magnifique en sa vie[61]. » Il a de même croqué pour la postérité les lieux – cathédrale et hôtel de ville – où se déroula un rite vieux de six siècles ; Charles Quint sera l'avant-dernier acteur de cette longue série de sacres allemands que son frère Ferdinand fermera, avec moins de splendeur, en 1531. Après eux il n'y aura plus de sacre impérial à Aix-la-Chapelle[62].

Nous n'évoquerons point l'impressionnant cortège qui accompagna le nouvel empereur dans l'antique et symbolique cité de Basse-Allemagne, ville libre d'empire, ni celui qui vint l'accueillir. Chroniques et récits en ont conservé, avec une netteté et une fraîcheur de miniature, le mouvement, la couleur, la musique et presque les odeurs[63]. Un chiffre suffira : les multiples cortèges qui confluèrent – armures et manteaux d'apparats – à deux kilomètres de la ville, où l'empereur fut accueilli, et qui pénétrèrent ensuite dans la ville pavoisée, rassemblèrent, selon Prudencio de Sandoval, quelque quinze mille chevaux. Chiffre excessif, pensera-t-on. Il suffit de rappeler, selon des sources allemandes directes, que la suite royale comptait à elle seule mille six cents cavaliers – et, en troupes à pied : mille arquebusiers, mille hallebardiers, mille piquiers –, que trois cents autres cavaliers royaux fermaient le cortège proprement dit, suivi ensuite par plus de cinq mille autres chevaux ; et que, à titre d'exemple, la troupe du comte palatin comprenait à elle seule sept cents cavaliers, et les cortèges des princes se comptaient par dizaines ; une chose est sûre : l'avoine dut se faire rare dans la vénérable *Aquae Grani* en cette fin d'octobre 1520. Dans cette excitante atmosphère – timbales, tambours, trompettes, cliquetis d'armes, montures piaffantes et hennissantes, sabots ferrés sur le pavé, odeur poignante du crottin, murmure de la multitude comme d'une mer, froissement velouté de lourdes étoffes, manteaux, caparaçons, étendards et bannières richement brodées – notre jeune empereur, plus à l'aise qu'en Castille, faisait belle figure ; en costume d'archiduc d'Autriche, tenant à la main le chapeau à plumet blanc, vêtu de cramoisi, d'or et d'argent, manteau de brocart doublé d'hermine sur les épaules, il montait un étalon blanc couvert de brocart d'or, suivi de cent pages aux mêmes couleurs ; et dans cet équipage « il se faisait autant remarquer par son costume que par son aisance à monter »[64].

Après que l'empereur eut salué, à la porte de la ville, les reliques (le crâne de Charlemagne et la croix de Lothaire) que lui présenta le clergé en procession, l'immense et somptueux cortège, reçu le matin hors les murs, par un beau soleil d'automne, entra dans la cité à la nuit tombée pour se rendre aussitôt à la cathédrale par les rues illuminées de flambeaux et de lampions. Premier geste marquant : le jeune Charles alla se prosterner au-dessous du fameux lustre circulaire, offert au XII^e^ siècle par l'empereur Frédéric I^er^ dit Barberousse ; le chroniqueur espagnol Santa Cruz précise : « il se prosterna en croix sous une grande couronne de fer doré, qui est presque au milieu de l'église et là il pria » ; selon le père Sandoval il resta ainsi, étendu les bras en croix, pendant toute la durée du *Te Deum*… Il put enfin se retirer à neuf heures.

### *Onction et couronnement à Aix-la-Chappelle*

Dès six heures le lendemain 23 octobre 1520 commençait la cérémonie. En fait une messe (célébrée par le prince électeur archevêque de Cologne, Aix relevant de son autorité) interrompue par les diverses phases du sacre, dont voici les temps forts, tout à fait de nature à impressionner un jeune prince de vingt ans, profond et sensible, et si conscient du poids de l'héritage, car – on l'a bien vu dans la première partie – il s'agissait là aussi en quelque sorte d'un « héritage ». L'empire était certes électif et l'élection entachée de vénalité, mais le titre revenait sans interruption depuis près d'un siècle à sa maison, depuis l'élection d'Albert II en 1438, et les Habsbourg avait déjà donné deux empereurs à la fin du XIII<sup>e</sup> siècle. D'autre part, le jeune souverain voyait pour la première fois, réunis là devant lui et en grand nombre, les princes de cet empire qui allait occuper une grande partie de sa vie.

Après avoir salué comme la veille les reliques et s'être incliné sous la lampe-couronne dans l'« octogone carolingien », il fut solennellement conduit devant l'autel de la Vierge par les archevêques de Mayence et de Trêves, le comte palatin tenant la traîne ; entouré des princes électeurs laïcs, qui eux restèrent debout, il se prosterna jusqu'à toucher du front le sol. La messe alors commença – une messe d'Epiphanie – ; accompagné de la même façon jusqu'au grand autel le jeune empereur, s'étant dépouillé de son manteau, s'étendit de tout son long face contre terre et les bras en croix sur les degrés de l'autel, cependant que l'assemblée conduite par deux prêtres chantait à haute voix toutes les litanies des Saints… Le père Sandoval écrit éloquemment : « on chanta sur lui la litanie ». L'archevêque de Cologne – « dont c'est l'office de sacrer les Empereurs » – se levait alors et, tenant la crosse de sa main gauche, suppliait en latin le Seigneur de bénir et de consacrer l'empereur, de le guider et de le maintenir au sommet de l'empire : « *Ut hunc electum famulum tuum Carolum regere, benedicere, sublimare et consecrare digneris. Te rogamus audi nos* », etc.

L'empereur enfin relevé, s'engageait six fois par un solennel et ferme « *volo* » – « je le veux » – répondant aux six questions, posées d'une voix forte par l'archevêque dans un latin concis et sonore :

> – « Vis sanctam fidem catholicis viris traditam tenere et operibus iustis servare ?
> – *Volo.*
> [...]
> – Vis pauperum et divitum, viduarum et orphanorum aequus esse iudex et pius defensor ?
> – *Volo.*
> – Vis sanctissimo Iesucristo Patri et Domino Romano Pontifici et sanctae Romanae Ecclesiae subiectionem debitam, et fidem reverenter exhibere ?
> – *Volo.* »

Il promettait ainsi de défendre la foi catholique ; l'Église et ses ministres ; de défendre les royaumes que Dieu lui avait donnés en y faisant régner la justice ; de défendre les droits et l'intégrité de l'empire, de récupérer ce qu'éventuellement il en aurait été perdu, et de veiller à ce que les biens du royaume fussent employés dans l'intérêt de celui-ci et pour son accroissement ; d'être le juste défenseur et le rempart du pauvre comme du riche, de la veuve et de l'orphelin ; de se montrer soumis, obéissant et fidèle envers le Christ, le pape et l'Église romaine. Flanqué des deux archevêques (tuteurs ou « parrains ») il s'approchait alors de l'autel et, y posant un doigt de chaque main, il confirmait, en latin, sa promesse. L'archevêque officiant prononçait ensuite à haute voix, en latin puis en allemand, les paroles d'acceptation et d'engagement du royaume : « Voulez-vous vous soumettre à un tel prince et seigneur, soutenir son autorité avec une fidélité sans faille, obéir à ses ordres selon la parole de l'Apôtre : "Que chacun soit soumis aux chefs et aux autorités" ? » La foule répondit en chœur par un triple : « *Fiat, fiat, fiat !* », suivi de « *Oui, oui, oui* » (ou plutôt « *Ja* »), qui explosèrent sous les hautes voûtes de la cathédrale.

Le prince-archevêque psalmodait alors une bénédiction pendant que ceux de Trêves et de Mayence découvraient le dos de l'empereur agenouillé pour l'onction ; les chroniqueurs précisent – pudique détail – que le vêtement était dans cette perspective astucieusement fendu. Sur fond de chants sacrés le jeune empereur reçut le saint chrême des catéchumènes, à la tête, à la poitrine, au cou, à un coude et aux mains. À chaque partie du corps que l'on découvrait l'archevêque prononçait le « *Pax tecum* » auquel l'assistance répondait « *Et cum spiritu tuo* ». Selon les sources espagnoles l'onction des mains fut soulignée d'une formule plus insistante que les autres – « *Ungantur manus istae oleo sanctificato, cum quo uncti fuerunt Reges et Prophetae* », etc. – : « Que ces mains soient ointes du saint chrême avec lequel furent oints les rois et les prophètes. De même que Samuel oignit David, ainsi sois-tu constitué roi dans ce royaume-ci au-dessus de ce peuple-ci dont le Seigneur t'a confié le gouvernement, puisqu'il a jugé bon de le faire, Lui qui vit et qui règne dans les siècles des siècles, amen ! » Combien de fois le vieil empereur reverrait ou revivrait-il la scène en contemplant, dans la solitude de Yuste, ces mêmes mains déformées et douloureuses ? L'onction reçue à Aix – puis confirmée à Bologne – conférait à l'empereur un caractère *sacré* et *sacerdotal.* Charles Quint ne l'a jamais oublié : il importe de s'en souvenir pour comprendre et apprécier son règne.

Après une pause dans la sacristie pour essuyer les traces d'huile, l'élu – désormais oint – reparut devant l'autel, portant l'habit blanc de *diacre* et le manteau pourpre de Charlemagne, qu'avait apportés – avec les attributs impériaux – la délégation de la ville de Nuremberg, gardienne jalouse de ce vénérable trésor. L'empereur se prosterna à nouveau et pria. Le couronnement proprement dit allait commencer. On lui remit solennellement – et dégainée – l'épée de Charlemagne, puis l'anneau, le sceptre et le globe, le tout scandé par les prières et les formules : « *Accipe gladium… Accipe dignitatis annulum… Accipe virgam virtutis… Accipe…* » ; après quoi les trois archevêques ensemble lui posèrent la couronne d'or de Charlemagne[65]. Le nouvel empereur s'approchait de l'autel et, posant les mains sur la pierre, prêta sur les Évangiles le serment impérial : « Je confesse et promets devant Dieu et ses anges de vouloir conserver maintenant et toujours les lois et le droit comme aussi la paix dans la sainte Église. » Or ce n'était point-là simple mondanité : sa vie durant, et probablement chaque jour, il se souviendrait de cet engagement, notamment lorsqu'à Rome même on y ferait obstacle…

Le dernier acte de cet antique cérémonial mena en procession Charles Quint (c'est désormais son titre : « *Carolus V. Divina Clementia Romanorum Imperator semper augustus* ») sur le trône de pierre de Charlemagne, vieux de sept siècles, tandis que l'archevêque de Cologne proclamait sur fond de chants sacrés : « *Ita retine modo locum regni…* », l'invitant par ces mots à prendre possession du royaume à travers cette pierre symbolique. Il demeura un long moment assis-là, l'épée au côté, puis commença le défilé des félicitations et, de ce vénérable siège, il adouba de nombreux chevaliers, dont le premier fut… monsieur de Chièvres. Après quoi, retournant au grand autel, l'archevêque acheva de dire la messe : cinq heures s'étaient écoulées lorsque fut prononcé l'*Ite, missa est.*

Avec sa suite l'empereur se rendit à pied à l'hôtel de ville, construit sur les fondations même du palais de Charlemagne. Il y prit un repas solennel et hautement symbolique ; Alonso de Santa Cruz souligne que « dans ce banquet les plats étaient étranges, et de très haute lignée les serviteurs ». Les huit convives – les sept électeurs et leur élu – étaient en effets disposés selon l'ordre imposé lorsqu'ils mangeaient à une même table : l'empereur au milieu avec trois électeurs à sa droite et trois à sa gauche, dans un ordre strict, le septième – l'archevêque de Trêves – lui faisant face. Cette disposition fut rigoureusement observée à ceci près que chaque convive avait sa propre table, où il se tenait seul. Et les grands électeurs servirent l'empereur de leurs mains, allant eux-mêmes quérir les plats, avant de se rasseoir chacun à sa propre place. D'autres parmi les plus hauts personnages de l'empire complétaient le service. Aucune femme n'assistait à ce repas d'*allégeance* ; mais elles furent bien sûr conviées au dîner que l'empereur offrit le soir même à ses hôtes. Le repas s'acheva à quatre heures. Sur la place, juste en face, un bœuf entier et une fontaine de vin régalait le peuple de la cité. Il en sera de même à Bologne.

Le lendemain fut occupé, outre diverses messes, fêtes et cérémonies, par des discussions sur la préparation du Reichstag qui devait être convoqué à Worms, et qui serait pour le jeune Charles Quint sa *première* diète d'empire. On sait ce qui s'y passa. Le surlendemain, le prince-électeur de Mayence annonçait, publiquement, que le pape (Léon X) ayant approuvé l'élection accordait à Charles Quint le titre d'*empereur romain.* Les sources espagnoles insistent de leur côté et glosent éloquemment sur le fait que l'*autre empereur*, Soliman, recevait à Constantinople « le même jour » lui aussi l'investiture (en fait il l'avait reçue trois semaines plus tôt, le 30 septembre). Pour la dernière fois – selon les termes d'Hermann Heusch – « la splendeur et la gloire du Saint Empire germanique s'étaient manifestées » : ce dernier éclat à défaut d'éblouir le jeune empereur dut l'éclairer sur sa nouvelle responsabilité, qu'il prendrait tant à cœur, et fortement l'impressionner. À peine six mois plus tard il l'éprouverait douloureusement, à Worms. L'homme qui était passé, entre le 23 octobre 1520 et le 19 avril 1521, par le double creuset allemand d'Aix et de Worms n'était plus – ne pouvait plus être – le morne adolescent indifférent et gauche qui avait tant décu les Espagnols.

### *De belles retrouvailles :* « Je t'aime. Moi aussi »

Si la mutation personnelle de l'empereur ne faisait aucun doute, il est aussi évident qu'entre le souverain de 1520 et celui de 1522 la relation avec le royaume d'Espagne a radicalement changé. Étudier l'histoire de cette mutation reviendrait, souligne Juan Sánchez Montes[66], à écrire l'histoire espagnole de Charles Quint, ce qui dépasse notre propos. Deux témoignages significatifs empruntés aux chroniques, illustrent à eux seuls le retournement de la Castille.

Revenons au premier séjour. Maximilien étant décédé un mois et demi auparavant l'empire est vacant. Charles, qui n'est encore que roi d'Espagne, tient à Barcelone en ce 5 mars 1519 le premier « chapitre de la Toison d'or » dans son nouveau royaume. Pour la première fois, on s'en souvient, l'ordre bourguignon allait accueillir des Espagnols parmi ses membres, de la plus haute noblesse évidemment. Le père Sandoval, qui consacre dans son *Histoire* de Charles Quint un chapitre (bref au point d'occuper à peine un quart de page) à cette « *fiesta del Tusón* », énumère les élus castillans : le connétable de Castille don Iñigo de Velasco, le duc d'Albe don Fadrique de Toledo, le duc de Béjar don Alvaro de Zúñiga, l'amiral de Castille don Fadrique Enríquez, le marquis d'Astorga don Esteban Alvarez Osorio. Ils seront, eux et leurs maisons – une fois surmontée la mésintelligence du départ – les grands et fidèles compagnons espagnols du règne impérial. Or, un sixième était prévu : le comte de Benavente don Alonso Pimentel[67], qui refuse la distinction, en déclarant haut et fort « qu'il est, lui, très castillan et ne tire point honneur de blasons étrangers, car il y en a dans le royaume d'aussi bons, et même selon lui de meilleurs ». Une montée d'atrabile peut-être de la part d'un noble castillan ; un Castillan sans doute exaspéré par le comportement d'une cour flamande qui montre alors, on le sait, peu d'égards et beaucoup de convoitise dans un royaume à ses yeux quasiment « africain », et qu'elle semble disposée à exploiter comme simple colonie ; comportement qui rappelait par ailleurs fâcheusement celui de la suite de Philippe le Beau une quinzaine d'années auparavant. Prudencio de Sandoval souligne quant à lui d'un mot que « le comte était infiniment courageux et très castillan ».

Dix ans plus tard. Charles Quint vient de recevoir le défi de François I$^{er}$ en pleine séance des Cortès réunies à Monzón au printemps de 1528. Il consulte alors les seigneurs présents et – par courrier – les absents sur cette affaire. D'après le chroniqueur Alonso de Santa Cruz, qui a consigné l'avis émis à chaud par les nobles présents, « certains lui dirent que, de même que le vassal ne saurait défier son suzerain, ni le valet son maître, ni le serf un homme libre, semblablement *celui qui n'était que roi ne pouvait défier la majesté de l'Empereur* ». Rappelons aussi : le 24 février 1530 à Bologne, après que le Pape eût rituellement remis le glaive impérial à l'empereur, qui en retour lui baisa symboliquement le pied, des salves d'artillerie furent aussitôt tirées de la place et des alentours de l'église Saint-Pétrone – investie comme en temps de guerre –, et une musique martiale assourdit la cité ; à ce moment, rappelle le chroniqueur Pedro Mexía, l'assistance – la foule et les troupes, qui comptaient outre des lansquenets allemands en nombre, le fameux « *tercio* » espagnol – se mit à scander : « *¡ Imperio ! ¡ Imperio ! ¡ España ! ¡ España !* », éloquente équation.

Que s'est-il donc passé en cette courte décennie ? Juan Sánchez Montes, à qui revient le rapprochement de ces textes, répond : « Tout simplement ceci : le sentiment des Espagnols s'est retourné – "*ha dado un giro*" –. Solidaires de l'*empereur*, solidaires de sa *majesté*, les Espagnols ne se font plus une gloire de leur marginalité par rapport à l'empire. Ils se réjouissent au contraire d'avoir un monarque auprès duquel les autres souverains ne sont *que* des rois. » Soulignons qu'entre-temps Charles Quint avait répondu, largement, à l'attente de ses sujets espagnols en leur offrant, au cours de ce long séjour parmi eux, la gloire de Pavie, une reine à leur convenance, et un bel héritier…

Il y avait donc eu réciprocité. Chacun s'avançant vers l'autre, la rencontre eut lieu. Selon un double processus : l'Espagne se fit à l'idée d'être impériale et, à son tour, le soutint dans son apprentissage politique. Les conseils de père qu'il n'avait pas reçus mais qu'il prendra soin, lui, de laisser à son fils, ses sujets espagnols les lui donnèrent à leur manière. Si les députés de Castille avaient rappelé en 1518 au jeune roi inexpérimenté ses royales obligations

– « *nuestro mercenario es* » –, collaborateurs et conseillers espagnols, une fois levé le rideau flamand qui les en séparait, s'employèrent à l'instruire. Il suffira, pour illustrer la cohérence de cette « éducation » du roi par le royaume, d'un exemple que commente en ces termes José Antonio Maravall[68] :

> « La pleine tradition du Moyen âge c'est l'Amiral de Castille [Fadrique Enríquez] qui la représente dans notre XVIe siècle, lui qui, après les *Comunidades* et alors que l'Empereur – qu'il n'a pas encore revu – est déjà de retour en Espagne, écrit à celui-ci une série de lettres pleines de conseils, de critiques et même carrément de plaintes (par exemple à propos de la dureté avec laquelle on traita les ex-*comuneros*), des lettres qui constituent un véritable "*miroir*" politico-moral du prince : Que le Prince ne se croie pas autorisé à faire tout ce que bon lui semble : "*no haga cuenta el Príncipe que todo lo que le aplace le es lícito*", osait-il écrire à l'Empereur. »

Roi et royaume apprirent ainsi à se connaître, à s'apprécier justement et, disons-le sans crainte de simplisme, à s'aimer.

### *Le castillan* : « ce qu'une langue nouvelle représente pour une âme »

À son retour en Espagne, deux des trois principaux vœux émis par les Cortès de 1518 étaient exaucés : il était revenu et avait appris leur langue, suffisamment déjà pour communiquer, et le long séjour qu'il allait faire en Espagne lui permettrait de se perfectionner. Charles Quint y acquit une aisance suffisante pour écrire lui-même, notamment ses instructions *secrètes* destinées à Philippe II dans les années 1540, qui ne furent donc ni revues ni corrigées par quelque secrétaire. Certes il parla toujours en français dans ses États francophones ou en compagnie de sujets qui l'étaient, et ce jusqu'à la fin de sa vie ; à Yuste, nous l'avons vu, on parlait indifféremment dans l'un ou l'autre idiome. Le désir de traduire son *Chevalier délibéré* en castillan révèle même qu'il avait pris goût à cette langue, langue qui – bien que l'apprentissage en eût été différé – était au sens strict sa langue *maternelle.* En faisant l'éloge de la pureté linguistique de la région de Tolède, le docteur Gregorio Marañón rappelait que, selon le père Nieremberg, l'illustre poète Tolédan Garcilaso de la Vega aurait enseigné à l'empereur la langue espagnole et l'art épistolaire, contribuant ainsi à l'un des faits éminents de la vie de Charles Quint : sa « conversion » à l'espagnol, « conversion tardive et, partant, d'une profonde valeur psychologique […]. Peu d'hommes ont su comme Charles de Habsbourg ce qu'une langue nouvelle représente pour une âme ; or le castillan fut implanté dans la sienne par ce merveilleux jardinier qui y déposa la semence très pure des terres tolédanes[69]. » Par ailleurs, Luis de Avila y Zúñiga, ce grand témoin, précise dans son *Comentario de la guerra de Alemania*, que les émissaires des villes rebelles allemandes qui se rendaient s'adressaient à l'empereur en espagnol et ce, explique-t-il, « parce qu'il leur semblait que c'était faire preuve de respect que de lui parler dans une langue *qui lui était plus naturelle* et plus facile – "*más tratable*" – que la leur ».

Les témoignages les plus directs que nous ayons conservés de la pensée, de la sensibilité, de la personnalité profonde de Charles Quint, nous viennent de lui-même à travers lettres, *Mémoires, Instructions* au prince et discours. Il s'est en effet directement et publiquement exprimé en plusieurs occasions. Mis à part le discours de la couronne écrit et lu en son nom devant les Cortès de Saint-Jacques, trois discours « spontanés », c'est-à-dire rédigés voire improvisés par lui sans que personne n'en eût été averti, ponctuent son règne d'une manière très significative ; à trois moments et en trois endroits très représentatifs : à Worms en 1521, à Rome en 1536, à Bruxelles en 1555. Dans l'un il prenait solennellement position au plan personnel et politique face à Luther ; dans l'autre il accusait François Ier de félonie, à la face du monde, et d'œuvrer contre la paix générale ; enfin, lors de l'abdication il dressait le bilan et prenait, à travers les Flamands, congé de tous ses sujets. Trois discours essentiels pour comprendre certes la politique de Charles Quint, mais aussi sa personnalité. Les deux premiers ont littéralement stupéfié les contemporains, par leur caractère totalement imprévu et leur véhémence essentielle. La « spontanéité » et la passion qui les caractérisent en garantissent la sincérité, surtout venant d'un homme d'ordinaire aussi maître de lui et, comme l'a souligné Manuel Fernández Alvarez, « parce qu'ils sont le résultat d'une crise d'ordre intime, résolue de manière très personnelle par l'empereur. Tout y est significatif[70]. » Nous ne reviendrons pas sur ceux de Worms et de Bruxelles, qui furent par ailleurs prononcés en français ; mais le discours de 1536 s'impose ici, en ce sens qu'il est un des éléments majeurs de ce que l'historiographie espagnole a appelé[71] l'*hispanisation* de Charles Quint.

À son retour victorieux de Tunis Charles Quint, faisant un détour par ses domaines de Naples et de Sicile, décidait de pousser jusqu'à Rome pour rendre au pape une visite fort politique : « … pour voir Sa Sainteté et examiner ensemble où en sont les affaires de la Chrétienté, notamment en ce qui concerne la foi, et ce qu'il faut prévoir quant au Turc et la paix commune des chrétiens », expliquait-il de Rome à l'impératrice dans une lettre du 18 avril 1536. Alonso de Santa Cruz précise que son but principal était de baiser les pieds de Sa Sainteté et de la supplier de convoquer le concile pour remédier aux choses de la foi » ; selon le chroniqueur, il aurait alors pensé à quelque opération du côté d'Alger. C'était à la fois plein de la satisfaction d'avoir fait son devoir impérial en combattant l'infidèle, en personne et pour la première fois, qu'il avait remonté l'Italie, mais aussi indigné contre le roi de France dont les menées bellicistes l'inquiétaient ; il avait en outre trouvé à Tunis la preuve tangible des relations de ce dernier avec Kheir-ed-Din *Barberousse* le redoutable et redouté corsaire amiral de Soliman qu'il venait de vaincre à La Goulette.

Tout se passait fort bien. Le pape et tout le clergé romain l'avaient somptueusement accueilli le 5 avril. Salvador de Madariaga, qui le commente, justifie l'éclat du cortège : « Tout considéré, ce n'était pas trop de pompe pour la rencontre du chef spirituel et du chef temporel de la chrétienté. Mais cette chrétienté était divisée et menacée. Menacée par le Turc, divisée par l'Anglais et le Français ; et bientôt, les échos de cette division se firent sentir à Rome. » L'empereur, presque euphorique, avait même fait – sous un déguisement – du « tourisme » incognito dans la Ville éternelle, qui l'avait ébloui. Pour mettre un terme en beauté à sa visite il avait assisté en fidèle privilégié à l'office de Pâques célébré par le pape. Le père Sandoval évoque la scène : le Saint Père dit la messe à laquelle l'empereur participa « vêtu selon l'antique usage des Césars » ; un Allemand (le marquis de Brandebourg, grand chambellan et électeur d'empire) portait le sceptre, un Flamand (monsieur de Boussu, son grand écuyer) tenait l'épée, et trois Italiens étaient à l'honneur : Pier Luigi Farnese (le fils du pape) soutenait le globe, et Ascanio Colonna connétable du royaume de Naples, posait et ôtait – le moment venu – la couronne sur la tête impériale ; de même avec la barrette, confiée au marquis del Vasto. L'empereur faisait symboliquement les mêmes gestes que le Pape, les deux se levant et s'asseyant à l'unisson, l'un ôtant la couronne impériale quand l'autre ôtait sa tiare. Enfin, Charles Quint reçut la communion des mains de Paul III.

Or le lendemain – et veille du départ – éclatait le scandale. Les ambassadeurs de France[72] présents à Rome et aux cérémonies se répandaient ouvertement en propos calomnieux sur l'empereur, l'accusant d'avoir failli à sa parole en ne cédant point comme promis le Milanais à leur maître, lequel du coup s'estimait en droit de lui déclarer la guerre, et s'y préparait. D'un côté tout était pompe, gloire, solennité ; de l'autre, criailleries et calomnies des diplomates français qui s'efforçaient de troubler la fête, et y réussirent. Car cela parvint aux oreilles de l'intéressé… Indignation et fureur de l'empereur qui demande au pape de réunir sur le champ le collège des cardinaux et le corps diplomatique. Le lundi de Pâques 17 avril 1536 la salle des *paramenti* au Vatican était donc pleine d'une assistance fort intriguée. L'empereur devait s'y livrer, contre toute attente, à une « bruyante manifestation de ses griefs anciens et nouveaux, de sa force et de ses intentions prochaines : le tout dans la forme d'une longue harangue, qu'il médita seul, sans en parler à ses ministres ni au pape, et qu'il prononça avec une superbe assurance, au grand étonnement de tous les assistants, qui cependant ne la comprirent guère, car – et c'est là le point important – le discours de l'empereur fut prononcé *en espagnol* »[73]. C'était la première et la dernière fois qu'un souverain espagnol haranguait ainsi un pape chez lui, et autrement qu'en latin. Selon le père Sandoval : « L'Empereur parla en castillan, avec la gravité qui convient à sa grandeur et dont il est naturellement doté, en donnant à ses mots tant de poids et tant de majesté que tous en furent saisis. » Ce à quoi personne ne s'attendait c'était à entendre l'empereur s'exprimer ainsi : *ex abundantia cordis*...

Du discours improvisé que prononça l'empereur il n'existe pas de texte écrit authentique. Mais le retentissement en fut tel que des témoins s'en firent l'écho plus ou moins fidèle, et plusieurs résumés circulèrent ; par exemple ce texte envoyé de Rome à Vienne le 22 avril par l'ambassadeur de Ferdinand, Martín de Salinas :

> « ... l'Empereur se mit debout en ôtant son bonnet, et le pape se leva ; s'étant recouverte, Sa Majesté prononça à haute voix un discours où elle disait ce que Votre Majesté verra par l'écrit que nous envoyons à monsieur de Prat [*sic*] pour qu'il le montre à Votre Majesté. Mais, pour tout dire à Votre Majesté ce texte n'est pas aussi long que ce que Sa Majesté a dit, et il faut qu'il en soit ainsi pour qu'on puisse le montrer et éventuellement le publier si nécessaire. On n'y fait pas mention non plus des mots de défi que prononça Sa Majesté ; Sa Majesté a dit que, pour éviter la mort de tant de gens, il vaudrait mieux – et qu'elle le ferait volontiers – régler l'affaire d'homme à homme par l'épée ou le poignard. Le

discours fut très long, car il y rappela tout ce qui s'est passé depuis le début des guerres d'Italie jusqu'à ce jour. Le grand Commandeur [Francisco de los Cobos] et Granvelle ignoraient tout de ce discours, car Sa Majesté le fit *motu proprio.* Je pense que s'ils en avaient eu connaissance il eût été plus court, et les paroles de défi, à coup sûr, n'y auraient point figuré. Le Pape, les Cardinaux, les chevaliers et tous les autres sont restés pétrifiés de la manière dont Sa Majesté s'exprima ; mais finalement tout le monde a trouvé ça très bien, parce qu'on pense qu'elle n'a dit que la vérité. »

Un compte rendu officiel, auquel se réfère le diplomate autrichien, fut effectivement envoyé par la chancellerie sous forme de lettre circulaire d'une page à peine partout en Espagne et au Portugal[74]. Charles Quint y déclarait notamment, à propos de l'affaire milanaise : « Serais-je par hasard assez fou pour aller donner à d'autres ce qui m'appartient et dont j'ai tant besoin ? Devrais-je, d'aventure, dépouiller mes enfants pour enrichir ceux des autres ? [...]. Eh bien, que le roi François sache, et tous ceux qui m'écoutent, et avec eux le monde entier, que *je n'ai l'intention de donner à qui que ce soit ce qui est à moi, ni de prendre – non plus – ce qui est à autrui.* »

Comme l'a souligné avec justesse Salvador de Madariaga[75], le contraste entre ce que Charles Quint a dit et ce que la version officielle en a retenu confirme que ce réquisitoire a été débité avec une éloquence improvisée, spontanée et même imprudente. Il y jetait tout ensemble à la face du roi de France – par ambassadeurs interposés – ses tractations avec les Turcs et les rancœurs dynastiques ou personnelles : Bourgogne, mariages concertés puis « renoncés », etc. Quand Charles Quint, dans son emportement, lança son fameux défi à François I$^{er}$, le pape tenta de le calmer. Le père Sandoval évoque la scène :

« L'Empereur dit cela avec tant de vérité et tant d'efficacité, d'une voix si forte, que le Saint-Père ne put

> s'empêcher de se lever et de lui couper la parole. Il s'en approcha le visage rayonnant, lui donna l'accolade et le baiser de paix, et dit ces mots pleins de douceur, de gravité et de sagesse : "Il suffit mon fils, il suffit ; ne cédez point, Sire, à la colère, ni ne vous laissez emporter par la passion ; que votre clémence naturelle tempère raisonnablement votre très légitime indignation. Dieu nous garde d'un tel combat singulier, Il ne saurait permettre que votre personne, qui tant importe au monde, soit mise ainsi en péril et coure un tel risque." Puis le Pontife se tourna brusquement vers les ambassadeurs, qui s'apprêtaient à répondre, et leur intima de se taire. »

Sur quoi tout le monde se leva, agité de sentiments divers…

Sans analyser ni détailler le contenu relevons-en quelques points révélateurs certes de la pensée politique de Charles Quint, mais aussi – ce qui nous intéresse d'abord ici – de sa personnalité. Après avoir fait l'historique des conflits qui l'avaient opposé au roi de France et remis les choses en place à propos du Milanais, il balayait d'un mot l'idée même qu'on pût l'accuser d'avoir des craintes en la matière, en rendant à ses sujets cet hommage, magnifique de force et de sobriété : « … car j'ai de tels vassaux, qui m'ont si bien servi et aidé, que si c'était le roi de France qui les avait, je serais bien forcé de venir les mains liées faire ce qu'il voudrait. Et que cela est vrai, j'en prends pour témoin les œuvres qui sont sorties de *ses*[76] mains » ; pour préciser aussitôt : « Il y en a qui disent que je veux être, moi, le monarque du monde, alors que ma pensée et toute mon œuvre démontrent le contraire… » Après avoir publiquement dénoncé les avances de François Ier, qui lui aurait proposé de l'aider à devenir le maître de l'Italie en échange du duché de Milan, il déclarait : « … je n'en veux rien faire, car mon intention n'est point de faire la guerre aux chrétiens mais aux infidèles, et que l'Italie et la chrétienté soient en paix et que chacun possède ce qui est à lui, que nous nous entendions et fassions une confédération contre les infidèles, comme cela a toujours été et est toujours mon intention [...]. Et si le roi de France fait ce qu'il fait par haine et inimitié qu'il ait contre ma personne, je réponds à cela qu'il n'y a aucune raison, car moi, tant qu'il le voudra j'aurai pour lui l'amour et le dévouement que je lui dois, comme à mon frère... » Puis, ayant haussé le ton jusqu'au défi personnel publiquement lancé au roi de France, ce qui glaça l'assistance, il termina son long discours sur une profession de foi en la paix : « Et sur ce je pars, quant à moi, demain pour la Lombardie où nous nous affronterons jusqu'à nous casser la tête. J'espère en Dieu que ce sera pour le roi de France *pejora prioribus* et j'en finis en disant et répétant trois fois : je veux la paix, je veux la paix, je veux la paix, "*que quiero paz, que quiero paz, que quiero paz*"[77]. »

Ce fut à l'issue du discours, semble-t-il (quoique Paul Jove le situe au début de l'intervention...) que l'évêque de Mâcon s'avança pour déclarer : « Moy, de Mascon, m'excusant de non pouvoir respondre, pour n'avoir entendu le langaige dudict empereur *qui est en espaignol*, et protestant de n'actemper chose qu'il eust dicte, nous demandyons que moy, de Velly, fusse oy sur les choses dessusdictes : ce qu'il nous fut reffuzé. » Et il aurait demandé confirmation écrite à Charles Quint à l'intention de son maître. D'après des sources italiennes, l'empereur aurait répondu par la suite aux ambassadeurs français « *in italiano buonissimo* », et aurait eu de même le lendemain un entretien avec eux en présence du pape où il leur parla en italien. Mais selon l'abbé de Brantôme et ses *Rodomontades espaignoles*, Charles Quint aurait répondu à la remarque des ambassadeurs : « n'attendez point de moy d'autres paroles que de *ma langue espaignole, qui est si noble et si belle qu'elle mérite d'être sue et entendue de toute la chrétienté* »[78], une phrase qu'historiens et linguistes espagnols, comme les hispanistes étrangers – qui s'en étonnerait ? – ne manquèrent point de relever et d'exalter.

Pierre de Bourdeilles estime, dans son commentaire, que l'empereur aurait fort bien pu s'exprimer dans une autre langue, mais que sans doute par malice il n'en fit rien : « Il y eut bien là de la natreté à l'empereur » ; il voulut au contraire « faire despit à ces ambassadeurs et à aucuns cardinaux françois et autres partisans du roy ». Sans doute également poussé « par un desdain et bravade et ostentation, pour honorer mieux sa langue et aussy (ainsi que j'ay dict) que ceste langue est fort bravasche et fort propre pour menaces ». Même s'il faut rester sur ses gardes avec Brantôme, conclut Morel-Fatio, le sens général reste vrai : à savoir que Charles Quint dut se faire un malin plaisir ; mais aussi, ajoute-t-il, en désaccord avec le mémorialiste français qui accordait à Charles Quint une grande capacité linguistique, parce qu'il n'aurait pu faire autrement…

On a surtout retenu de cet événement – *a posteriori* – la promotion du castillan ; en ce sens, le jugement porté au début de ce siècle par un hispaniste aussi éminent qu'Alfred Morel-Fatio est représentatif : « Il ne s'agit pas de la diffusion de l'espagnol dans le langage de la conversation mondaine ou dans celui de la littérature au XVI^e^ siècle, que l'on constate en Italie et en France […] : il s'agit de la première apparition et affirmation de l'espagnol dans le langage de la politique à l'étranger, qui eut pour témoin la plus imposante des assistances […]. *Le fait lui-même marque une date dans les destinées de la langue espagnole* : pour la première fois cette langue s'est affirmée sur un théâtre grandiose et a acquis par là une faveur qu'elle ne possédait pas auparavant. »

L'intérêt d'ordre essentiellement linguistique que suscita la réplique impériale telle que l'a rapportée Brantôme[79] a cependant occulté l'aspect qui nous importe ici : le rapport de Charles Quint à la langue espagnole. On l'a généralement considérée comme une promotion *délibérée* de l'espagnol, une déclaration d'amour en quelque sorte. Or, l'historien espagnol José Antonio Maravall[80] y a plutôt vu non pas un choix mais un réflexe, un geste spontané qui serait la preuve majeure de son hispanisation. Sa démonstration est très convaincante.

Ni dans la longue lettre qu'il adressa à l'impératrice de Rome le lendemain où il mentionnait l'incident, ni dans l'allusion qu'il y fit devant les Cortès réunies l'année suivante à Valladolid, ni dans ses *Mémoires*, Charles Quint n'a mentionné le fait qu'il a prononcé son discours en espagnol. Rappelons de même que l'ambassadeur Martín de Salinas dans son rapport à Vienne, déjà évoqué, précisait bien que l'empereur avait fait un discours à haute voix – « *hizo una habla en alta voz* » – sans préciser dans quelle langue ; de même qu'Alonso de Santa Cruz n'en dit mot dans sa chronique, écrite du vivant de l'empereur, alors que le père Sandoval par contre le précisera dans la sienne, qui est postérieure. Ce qui signifierait que le choix de l'espagnol n'avait nullement été prémédité de la part de Charles Quint.

Ce ne serait point par ignorance du latin ou maîtrise insuffisante de l'italien, ni pour humilier les ambassadeurs français que l'empereur se serait exprimé en espagnol, mais simplement parce qu'à cette date la langue lui était devenue aussi familière, et qu'il la pratiquait autant sinon plus que le français dans le milieu espagnol où il baignait depuis son retour en Castille. Et aussi, souligne finement José Antonio Maravall, parce que le fait de parler espagnol en Italie, et surtout à Rome, signifiait que pour lui le milieu culturel romain était aussi imprégné de culture espagnole que lui : « *Roma era un medio español.* » D'ailleurs, depuis longtemps déjà, ses ambassadeurs et autres agents diplomatiques à Rome étaient des Espagnols, de même que la plupart des candidats qu'il proposait pour le cardinalat. Et tous s'adressaient généralement au pape dans leur langue. Nous en concluons, dit-il, qu'à Rome l'empereur se trouvait tellement immergé dans son milieu espagnol qu'il n'a pas accordé de signification particulière au fait d'y employer la langue castillane dont il se servait d'ordinaire, « parce qu'il était acquis que c'était sa langue (à lui) et la langue adéquate pour l'Italie ». La preuve en est d'ailleurs que les ecclésiastiques italiens n'en prirent nullement ombrage, et que les Espagnols ne le relevèrent point comme un usage insolite ou quelque nouveauté. Seul le représentant de la France protesta, ce qui ne constitua – pour les témoins contemporains – qu'un *simple incident diplomatique*… Tout démontre que les Espagnols contemporains furent très frappés par le discours en tant que tel – l'initiative et le contenu –, mais non par la langue utilisée… Il n'est rien de plus convainquant.

En ce sens, le discours romain de 1536 serait un signe certain d'imprégnation linguistique, la preuve d'une réelle hispanisation, et qu'il avait – là encore – tenu parole. Constatons, avec Ramón Menéndez Pidal : « Ainsi l'Empereur qui à dix-huit ans ne parlait pas un mot d'espagnol, proclamait alors, à trente-six, la langue espagnole comme langue commune de la chrétienté, langue officielle de la diplomatie, une donnée essentielle pour juger des idées de Charles Quint. »

### *La troisième promesse*

Pour répondre au troisième vœu des Cortès de 1518 – qu'il se mariât bientôt, et de préférence dans le périmètre ibérique – il prit, comme en tout, le temps de la réflexion, car l'affaire était d'importance et qu'en fait il n'était point libre ! Charles avait été un parti recherché, et promis (on l'a bien vu dans la première partie) au moins cinq fois entre ses dix-huit mois et ses seize ans et demi, à trois Françaises et à deux Anglaises ; d'abord à la fille de Louis XII, Claude, dans le cadre politique d'un rapprochement avec la France auquel travaillaient son père l'archiduc et monsieur de Chièvres, mais Claude épousera le futur François Ier ; puis vers sa neuvième année on envisagea de le marier à Marie d'Angleterre, la fille d'Henri VII, qui finira par épouser le vieux Louis XII ; en 1515 François Ier lui offrait la main de sa belle-sœur Renée, la cadette du défunt Louis XII ; en 1517, dans le cadre du traité de Noyon, il lui proposa Louise, sa propre fille, qui n'avait qu'un an et mourut peu après. La rivalité suscitée par l'élection à l'empire rendant, par ailleurs, bientôt impossible toute alliance matrimoniale avec la France, on se retourna vers l'Angleterre : un projet de mariage entre Charles déjà empereur, et Marie Tudor

– qui n'avait que cinq ans –, sa cousine germaine et fille d'Henri VIII, fut signé à Bruges en 1521. Marie, on le sait, se mariera beaucoup plus tard – beaucoup *trop* tard – non point avec Charles mais avec Philippe, le fils. Le souverain était donc promis et compromis lorsqu'il regagna la Castille en 1522, mais envers une princesse qui mettrait une bonne dizaine d'années à devenir apte à assurer la descendance ; ce qui n'était point du goût des Cortès de Castille.

Des « avances » avaient été faites dès 1522 par le Portugal où l'on aurait souhaité un double mariage entre Jean III et Catherine, entre Charles et Isabelle. Le premier eut lieu, mais on demeura évasif quant au second, l'empereur étant alors engagé envers l'Angleterre. Par chance, Henri VIII refusa d'envoyer sa fille en Espagne comme il eût été d'usage, en prétextant son trop jeune âge. Ainsi délié, Charles Quint repensa au Portugal. Selon les termes d'Alonso de Santa Cruz : « parce que ses royaumes l'en avaient maintes fois supplié ». Et les circonstances, on s'en souvient, l'y poussèrent : « *Pour à tout ce remedier ne vois meilleur moyen que desmaintenant l'on pourchassa le mariage de la fille de Portugal et de moy…* », écrivait-il pour lui-même en février 1525 devant le problème que lui posait, déjà, le financement de la guerre. Il y aura dans cette union une conjonction d'intérêts : économiques, politiques, financiers, et même affectifs. L'alliance lusitanienne était chose courante, notamment depuis João I$^{er}$, et les Rois Catholiques en avait développé la pratique avec la maison portugaise des Avis ; selon l'aimable formule de Margarida Sobral Neto[81] : « Les monarques péninsulaires ayant ainsi choisi de se placer sous la protection de Vénus plutôt que de Mars… » Ces unions pouvaient conduire – avaient déjà failli le faire du temps d'Isabelle et de Ferdinand – à la réunion de toutes les couronnes de la péninsule sur une même tête : ce sera le cas en 1579-1580 sous Philippe II, Mars ayant dut cependant intervenir un peu….

À ces relations dynastiques voire familiales s'ajoutaient d'évidentes analogies historiques et géographiques, une affinité de sentiments et de visées politiques face à l'extérieur, notamment face à l'Islam ; en particulier contre la piraterie « barbaresque » : une politique d'aide mutuelle avait déjà été décidée en ce sens lors du mariage de João III et de la sœur de Charles Quint, cette jeune Catherine qui s'étiolait à Tordesillas. De plus, l'union entre ce dernier et une infante portugaise allait faciliter le règlement de certains différends issus du partage du nouveau monde entre Espagne et Portugal par le traité de Tordesillas (1494) : *« sobre a demarcaçam da conquista »*, selon les termes du chroniqueur Francisco de Andrada[82]. Le passage au service de l'Espagne, en 1512, du navigateur portugais Fernão de Magalhães – qui hispanisa même son nom en *Magallanes* – s'inscrit dans ce contexte tendu, et l'honneur de la première circumnavigation revint ainsi à l'Espagne et non au Portugal, ce maître des mers. Le tragique tour du monde avait entraîné un nouveau procès entre les deux cours à propos des îles Moluques de l'archipel indonésien, sur l'exacte position desquelles les spécialistes chicanaient[83]. Par une de ces heureuses coïncidences de l'Histoire une infante portugaise était présisément disponible, et d'autant plus désirable qu'elle était fille d'un des souverains les plus riches de l'époque : Manuel le Fortuné, dont le qualificatif peut être pris *stricto* mais aussi *lato sensu*. Grâce à ses importantes et rentables possessions – Afrique, Amérique, Asie – le Portugal était réputé immensément riche dans toute l'Europe, et Lisbonne était une sorte de caverne d'Ali Baba… Charles Quint avait d'ailleurs pu, déjà, apprécier – outre la loyauté – la générosité du roi pendant la révolte des *Çomunidades*, lorsque financièrement sollicité par les *Comuneros* d'un côté et par les loyalistes castillans aux abois de l'autre, il avait refusé son aide aux premiers mais accordé un prêt de cinquante mille ducats aux seconds : les gouverneurs de Castille qui devaient alors faire face, en l'absence de l'empereur, à l'imminente invasion de la Navarre par le roi de France.

L'alliance se ferait donc entre le souverain le plus puissant et le roi le plus riche d'Europe ; ou moins prosaïquement – à en croire un mauvais poète – entre « l'aigle d'Allemagne » et la « fleur de Portugal » : « *¡ Oh águila de Alemaña / ¡ Oh gran flor de Portugal / compañía celestial… !*[84] » Mais trêve de poésie : c'était d'argent qu'il s'agissait d'abord. Le contrat de mariage signé le 17 octobre 1525 stipulait une dot considérable : neuf cent mille doublons ou ducats d'or (à 365 maravédis), somme que Manuel Fernández Alvarez évalue à quelque six milliards et demi de *pesetas* actuelles. En fait, après les (dé) comptes d'apothicaire : cinquante mille ducats du prêt consenti cinq ans plus tôt, cinquante mille autres assignées aux dames de la reine, un reliquat de la dot de Catherine – qui avait épousé Jean III l'année précédente –, cent mille de marchandises diverses envoyées aux Pays-Bas par un Portugal grand pourvoyeur de denrées exotiques… Il n'en restait, tous comptes faits, que six cent soixante mille, dont l'empereur ne toucha que le tiers au comptant. Ce qui fait écrire à Jean Dantisc[85], un Polonais de Dantzig à l'esprit chagrin et comptable, qui suivit la cour pendant toute cette période comme ambassadeur de Sigismond Ier et fut témoin de ces événements capitaux que furent le mariage de Charles Quint et la naissance de Philippe : « … de telle sorte que la réalité fut en deçà de ce qu'on espérait ».

Au cours des Cortès de 1525, qui se tinrent à Tolède (« excusant » ainsi l'empereur de n'avoir pas encore rendu une seule visite à François Ier, enfermé à Madrid depuis le 12 août) le mariage portugais fut définitivement fixé ; les députés avaient applaudi au choix de leur roi, entre autres bonnes raisons, parce ce que, disaient-ils, l'élue « parle notre langue ». Le 18 septembre Charles Quint, informé de l'état très grave de son prisonnier, se précipitait à son chevet ; le 14 janvier 1526 était signé le traité de Madrid, et le 10 mars le roi de France quittait l'Espagne. Mais, comme le suggère Juan Manuel González Cremona[86], dans un chapitre joliment intitulé « *De Pavía al tálamo* », au printemps de 1526 « l'opinion publique » espagnole de l'époque, du palais aux chaumières, n'avait cure des manigances, pourtant lourdes de menaces, du roi vaincu puis libéré qui, ayant à peine franchi la Bidassoa, complotait contre son vainqueur : on ne pensait, on ne parlait *que* des noces royales – ou, mieux, impériales – qui s'apprêtaient. Pour Charles Quint, ce mariage présentait (en plus de l'immédiat intérêt financier) deux avantages. Il lui donnerait une plus grande liberté de mouvement pour vaquer aux affaires de l'empire, puisqu'il aurait un *alter ego* au goût des Castillans à qui confier le gouvernail du royaume. Mais c'était également l'occasion pour lui d'effacer le malentendu qui, au départ, avait empêché la compréhension réciproque. Cette première manifestation de son *hispanisation* sera au total une opération réussie, dont le mérite revient pour une bonne part à l'élue : outre le parti économique et politique que le souverain en tirait, il se (ré)conciliait avec ses sujets castillans, de manière somme toute fort agréable… Comme l'a bien vu Manuel Fernández Alvarez : « Il ne fait aucun doute que Charles se rendit à ses noces après un calcul mental très serré, qui combinait intérêt économique et intérêts internationaux […]. Le fait que Charles Quint et Isabelle soient devenus plus tard un de ces couples symboliques et exemplaires, viscéralement unis par un amour grandissant, et que les absences forcées de l'Empereur ont idéalisé, est un des plus beaux chapitres de la vie de Charles Quint. »

### *La « fleur du Portugal », Isabel*

Qui était donc l'heureuse élue de l'empereur et de ses sujets ? Le chroniqueur espagnol Francisco López de Gómara la présentait comme « *mujer propia para casada* », l'épouse idéale qu'un demi-siècle plus tard le frère Luis de León eût qualifiée – en termes bibliques – de « *perfecta casada* »[87]. L'empereur avait donc arrêté son choix – pour les prosaïques raisons que l'on sait – sur l'infante Isabelle de Portugal. Née le 24 octobre 1503 elle était la seconde des sept enfants – l'une des trois filles avec Beatriz[88] et María – du couple royal : Manuel I$^{er}$ dit le Fortuné[89] et María, fille des Rois Catholiques. Cette petite-fille d'Isabelle de Castille était donc aussi cousine germaine de Charles Quint. Elle était, dit-on, la préférée de son père pour ses grandes qualités et sa beauté ; mais la mort allait le priver de la joie d'un mariage auquel il tenait tant. Orpheline de mère à l'âge de quatorze ans, Isabelle fut une seconde maman pour le reste de la fratrie, soulignent de nombreux auteurs. Deux ans plus tard – et deux avant sa propre mort – le roi Manuel se remariait en 1519 avec une nièce de sa première épouse, Éléonore la sœur aînée de Charles Quint qui était de ce fait cousine germaine et belle-mère d'Isabelle. De sorte que l'empereur était informé, au moment de son choix, par ses deux sœurs présentes à la cour portugaise sur les réelles qualités d'Isabelle. Éléonore joua en effet un rôle capital dans ces deux alliances luso-castillanes : João III et Catalina, Charles et Isabel ; jamais les deux cours n'avaient été aussi étroitement liées et alliées depuis les Rois Catholiques, qui recueillaient *post mortem* les derniers fruits de leur grande politique matrimoniale.

Le docteur Marañon écrivit en 1935, dans le second chapitre – « Méditations sur le Tage » – de son *Elogio y nostalgia de Toledo*, une très jolie page de réflexion intitulée « Soupirs à Lisbonne » sur le double lien qui avait historiquement uni la Castille au Portugal : le fleuve et l'amour dont les belles Portugaises avaient au Siècle d'or enflammé le cœur de nobles Castillans ; le poète Garcilaso de la Vega et *dona* Isabel de Freyre, le comte de Villamediana et *dona* Francisca de Tavara, etc. Et, ajoutait-il : « Une autre princesse lusitanienne, la pâle et divine Isabelle, fut l'unique amour du Titan de l'Europe, Charles Quint. » Malgré le dithyrambe, rien n'est plus vrai... Les chroniqueurs sont unanimes : « l'Impératrice parut à tous être la plus belle princesse qui fût jamais dans le monde, ce qu'elle était vraiment, mais également dotée d'une âme singulièrement belle et bonne », selon le Sévillan Pedro Mexía qui fut témoin du mariage ; et le père Sandoval, témoin indirect mais grand scrutateur de sources contemporaines, insistera sur le fait que, physiquement belle, elle l'était spirituellement plus encore : "*Si hera hermosa en el cuerpo, mucho mas lo fue en el alma*" ». Quant à Alonso de Santa Cruz, d'autant mieux placé qu'il était lui-même fils du gardien de l'Alcázar de Séville, où sera célébré le mariage, et donc aux premières loges pour la voir et entendre les commentaires, il nous a laissé cet étonnant portrait écrit, qui corrobore absolument ce que le pinceau magique de Titien a su traduire, pour un empereur endeuillé, en couleurs et en lumière :

> « L'Impératrice avait le teint très clair et le regard candide, elle parlait peu et sa voix était basse et douce ; elle avait de grands yeux, une petite bouche, le nez aquilin, la poitrine très menue, de belles mains, la gorge haute et belle ; elle était douce et très réservée, trop peut-être : *"era de su condición mansa y retraída más de lo que era menester"*. Honnête, silencieuse, pleine de gravité, de dévotion, de retenue et de discrétion, à tel point qu'elle répugnait à demander quoi que ce fût à l'Empereur, y compris pour elle-même, et plus encore à solliciter des faveurs pour d'autres ; de sorte que l'on peut dire que *l'Empereur avait trouvé une femme à sa hauteur et convenant à son caractère*[90]. »

Une grande dame, belle et bonne comme dans les contes, supérieurement intelligente, d'une parfaite dévotion. Mais une volonté de fer derrière une grande douceur, un sens de la dignité frôlant l'ascèse ; un exemple – mais quel exemple ! – rapporté par le père Sandoval, entre autres, suffira à le montrer :

> « Comme l'Impératrice était dans les affres de l'accouchement et que celui-ci se prolongeant douloureusement la souffrance était de plus en plus grande et l'épuisait, la sage-femme lui dit : *"Sérénissime Dame, ne vous donnez donc pas tant de mal à vous retenir ainsi de gémir, mais poussez au contraire un grand cri qui vous soulagera."* Ce à quoi l'Impératrice répondit en portugais : "Il n'en est point question, bonne matrone, plutôt mourir que crier" : *"Não me faleis tal, minha comadre, que eu morrerei, mas non gritarei"*. »

Afin que, au cas où elle eût grimacé sous l'effet de la douleur et de l'effort, les femmes qui l'assistaient dans l'épreuve ne pussent le voir, l'impératrice avait ordonné d'éteindre pendant l'accouchement la plupart des lumières de sa chambre ; d'autres sources disent qu'elle demandât qu'on lui voilât le visage. Oui, Charles Quint avait trouvé, et au-delà de toute espérance, une femme à sa hauteur, dont la maîtrise de soi égalait la sienne : une véritable impératrice.

*Un mariage béni des dieux*

Comme l'a joliment écrit Manuel Fernández Alvarez « Charles et Isabelle, destinés à se marier sans se connaître, s'aimèrent dès qu'ils se connurent. » La première étape de ce mariage fut – comme il était d'usage[91] – la cérémonie de « *desposorios* », qui eut lieu au Portugal, en présence des ambassadeurs, mais en l'absence de l'époux, le 1er novembre 1525 ; il dut être répété le 20 janvier suivant car dans la dispense pontificale (les deux promis étant de trop proches parents) une erreur s'était glissée ; ce malheureux contre-temps fut l'heureuse occasion d'une seconde fête à Lisbonne ! Un autre épisode – purement laïc – figura dans ce mariage royal : la « remise » de la fiancée. La proximité des deux pays facilitait les choses… Les sources sont nombreuses qui nous permettent – selon la belle formule de Juan de Mata Carriazo[92] – « de suivre le voyage de l'Impératrice des bouches du Tage jusqu'aux bras de l'Empereur » ; soit : de Lisbonne à Séville…

La princesse quittait la cour portugaise le 30 janvier 1526, et la plus haute noblesse (dont les fastueux duc de Bragança et marquis de Vila Real) lui fit un immense et brillant cortège jusqu'à la frontière, au son des hautbois et des trompettes, dans l'allégresse populaire et le témoignage affectueux de la population, qui se manifesta tout au long de la route portugaise et du trajet espagnol. Le roi João, son frère, l'escorta pendant quelques lieues ; au palais la reine, en fin de grossesse, était sur le point d'accoucher (la nouvelle de sa délivrance leur parviendra avant que le cortège ne soit arrivé à Séville). Isabelle fut alors confiée aux infants dom Fernão et dom Luiz, âgés de dix-huit et de dix-neuf ans. Une fois parvenus à la frontière – la *Raya de Portugal* qui séparait les deux royaumes – il la remirent solennellement le 7 février aux seigneurs espagnols venus l'attendre au nom de leur souverain ; à l'endroit où, l'année précédente, la reine Catherine était de même entrée au Portugal.

Le chroniqueur Pedro Mexía avoue ne savoir résister au plaisir de décrire la scène : « *por tan señalada cosa la quiero contar* ». Partageons son plaisir. Les seigneurs castillans venus accueillir la princesse étant naturellement arrivés les premiers à Badajoz, ils s'étaient alors avancés en grande pompe jusqu'à la ligne frontière, à sa rencontre :

> « Parvenue à une trentaine de pas de la "ligne", la princesse avait quitté sa litière et était montée sur une blanche haquenée ; tous les Portugais mirent alors pied à terre et vinrent, l'un après l'autre, dans l'ordre, lui baiser la main et prendre congé d'elle. Cela fait, l'infante encadrée par ses deux frères s'avança jusqu'à la ligne ; là les seigneurs et chevaliers de Castille mirent à leur tour pied à terre et vinrent lui baiser la main, tout comme les Portugais l'avaient fait. Remontant sur leurs chevaux tous les cavaliers espagnols et portugais, en nombre incroyable, formèrent une grande ronde, en laissant l'Impératrice au milieu du cercle et entre ses deux frères ; alors les ducs de Calabre et de Béjar ainsi que l'archevêque de Tolède s'approchèrent ; puis, tous trois ayant mis chapeau bas, le duc de Calabre dit à l'Impératrice :
> – "*Madame, que Votre Majesté veuille bien écouter ce qui, sur ordre de l'Empereur, nous amène ici, et qui est aussi ce qui y amène Votre Majesté.*"
> Ceci dit il ordonna à son secrétaire de donner lecture à haute voix du pouvoir de l'Empereur dont il était porteur pour recevoir l'Impératrice. La lecture faite, le duc déclara :
> – "*Maintenant que Votre Majesté nous a entendus, nous sommes à ses ordres.*"

L'Impératrice était demeurée très calme et silencieuse pendant tout ce temps. L'Infant dom Luiz prit alors la bride de sa sœur – "*tomó de la rienda a la Emperatriz*" » –, et répondit au duc :

– "*Monsieur, je remets à votre excellence l'Impératrice, ma dame, au nom du roi du Portugal, mon seigneur et frère, comme épouse qu'elle est de Sa Majesté impériale l'Empereur.*"

Ceci dit, il s'écarta de la droite de l'Impératrice où il se tenait, le duc de Calabre s'approcha et prit en main la bride du palefroi et la place qu'occupait l'infant, et déclara :

– "*Moi, seigneur, je reçois ici Sa Majesté* – 'me doy por entregado de su magestad' – *au nom de mon seigneur l'Empereur.*"

Cette remise solennelle achevée, dans le bruit assourdissant des hautbois, trompettes et tambours qui, des deux côtés s'étaient alors avancés en nombre tel qu'on n'en avait jamais vus autant, les infants s'approchèrent pour baiser la main de l'Impératrice et prendre congé d'elle. Celle-ci les embrassa avec mille politesses ; ils prirent ainsi congé avec la plus grande tendresse et le visage altéré par l'émotion, puis repartirent avec les autres Portugais en direction d'Elvas. De son côté, l'Impératrice accompagnée des Grands et des nobles de Castille se rendit à Badajoz ; le marquis de Vila Real et nombre de chevaliers de sa maison et de sa lignée l'escortèrent jusqu'à Séville. »

D'autres sources, lettres ou récits, ajoutent de délicates touches à ce joli tableau ; ainsi la jument d'Isabelle était-elle sellée d'argent ; la princesse s'arrêta à dix pas de la frontière, et la remise se fit près du pont de Caya, encore en territoire portugais ; l'infant le plus âgé, dom Luiz, déposa lui-même les rênes de la haquenée de sa sœur entre les mains du duc de Calabre et celui-ci, se plaçant juste en face de l'infante, posa symboliquement la tête de son cheval sur le front de la jument d'Isabelle… On voit encore Isabelle refuser de donner à ses frères, protocolairement, sa main à baiser, pour les embrasser avec une émotion mal contenue… Après que les Portugais eurent pris congé, Isabelle et les deux infants étaient venus poser les pattes de leurs montures exactement sur la « ligne », et alors avait commencé le baise-main des Espagnols, par ordre hiérarchique croissant, les derniers étant ici les premiers à rendre hommage à leur nouvelle souveraine.

Ou de même ce détail, si vivant qu'on en est encore tout étourdi : selon Gonzalo Fernández de Oviedo[93], juste après la « remise » et avant les adieux, une quinzaine de pages du duc de Calabre, si jeunes et si agiles que leur audacieux numéro stupéfia et enchanta les spectateurs, prirent l'initiative de tourner autour du groupe central – Isabelle, les infants et la délégation espagnole – en faisant de la haute voltige sur leurs chevaux ; cela dura un demi-quart d'heure, précise le chroniqueur, à la grande joie de tous, sauf du marquis de Vila Real évidemment. Il faut dire que ce haut personnage, comme il ressort de ses lettres, si précieuses pour la postérité, apparaît très arrogant, très imbu de sa noblesse et de sa richesse, hypercritique et très méprisant, notamment envers les Espagnols dont aucun ne semble avoir trouvé grâce à ses yeux ; le numéro de voltige lui déplu et lui inspira ce méchant commentaire : « En voyant la démonstration de ces jeunes gens je me suis alors souvenu de la différence qu'il y a entre le Portugal et le reste ! En ce qui me concerne, les vingt-quatre pages qui m'accompagnent ne doivent ni chevaucher ni se montrer là où, moi, je suis ; ils sont devant ou bien derrière avec le premier écuyer. »

Parmi la délégation espagnole figurait bien sûr la fleur de la noblesse de Castille ; outre les protagonistes qui avaient pris « possession » de l'infante au nom de l'empereur, on pouvait apercevoir les comtes d'Aguilar, de Ribagorza, de Cifuentes, de Monterrey, de Belalcázar, les marquis de Risco et d'Ayamonte, trois fils du duc de Medina Sidonia, ou encore l'évêque de Palencia, et bien d'autres. Isabelle avait quitté les siens, son pays, sa famille ; mais contrairement à tant de princesses sacrifiées au cours de l'Histoire sur l'autel politique de la raison d'État, elle se retrouvait dans un pays si proche par son paysage, sa langue (d'autant plus que l'espagnol d'alors avait toujours sa douceur médiévale, vierge de gutturalité), sa culture, que la différence était bien relative ; et elle-même, elle le montrera bientôt, était aussi castillane dans l'âme que portugaise. N'était-elle point la fille de la fille d'Isabelle ? L'empressement de la délégation espagnole et l'enthousiasme du peuple qui l'acclamait sur les routes durent encore adoucir la séparation. La ville de Badajoz l'accueillit par des fêtes qui durèrent une semaine, avant que le cortège ne prît le chemin de l'Andalousie, très lentement, comme l'avait recommandé l'empereur, retenu qu'il était en Castille par la libération de François I$^{er}$.

Le marquis de Vila Real prosaïquement chargé d'apprécier si la dot était bien employée, releva cependant de charmants détails, comme celui-ci : sur le trajet portugais de Monforte à Elvas, de nombreux cavaliers dissimulés sous leur cape et leur chapeau – « *embozados* » – s'étaient approchés du cortège, parmi lesquels tous ceux de l'escorte espagnole qui, mus par une galante impatience, faisaient un saut depuis la proche frontière ; tous, sauf les ducs de Calabre et de Béjar à qui leur haute mission interdisait ces escapades. Ils arrivaient par petits groupes tout près de la litière de l'infante, lui faisaient la révérence sans se démasquer, puis passaient et repassaient en faisant à haute voix d'élogieux commentaires. Les plus entreprenants recherchaient les dames d'Isabelle, chevauchaient à leur côté, leur faisaient joliment la cour, et ainsi jusqu'à Elvas. Le voyage dut paraître moins long à beaucoup de ces dames…

### *Épithalame à Séville*

Bien que le voyage s'étirât sur deux mois, l'épouse arriva avant l'époux, le 3 mars. Séville lui réserva l'accueil qu'elle avait préparé pour l'empereur, selon l'expresse volonté de celui-ci. Les ducs de Medina Sidonia et d'Arcos, le marquis de Tarifa, tous les grands seigneurs de la cité et leur maison ; bref : au grand complet, toute la noblesse sévillane – qui était aussi éminente que nombreuse –, en grande tenue, était là. Selon le père Sandoval, qui résume d'un mot : « La réception fut à la hauteur de la grandeur de Séville », et qui connaît Séville n'en saurait douter ! Attendue par le duc d'Arcos et le maire de la cité dans l'église San Lázaro, à une demi-lieue de la ville, l'impératrice quitta la riche litière du voyage et monta sur un cheval paré ; elle-même était vêtue « de satin blanc à crevés doublé de riche tissu d'or, avec une coiffe de satin blanc toute constellée de perles et de pierreries de grande valeur, ornée d'une plume blanche ». À la porte de la Macarena, elle fit son entrée dans la ville sous un dais de brocart aux armes de l'empereur. De là jusqu'à la cathédrale, le parcours était jalonné de sept arcs de triomphe formant autant de stations, et qui valaient à eux seuls, selon Juan de Mata Carriazo, « tout un traité de morale politique » par leur symbolisme et leur épigraphie.

Sur chacun d'eux était figuré l'empereur grandeur nature accompagné d'une figure allégorique et d'une devise significative ; la *Prudence* veillait ainsi sur la première porte près d'un empereur tout de ciel vêtu et debout sur le globe terrestre. À l'église Santa Marina la *Force* – seconde vertu des princes après la précédente – côtoyait un empereur armé de pied en cap, et brandissant l'épée – « *levantada para herir* » – foulait aux pieds l'orgueil – la « *soberbia* ». À l'église San Marcos la *Clémence* en toge écrasait du pied la *Discorde* à face horrible et féroce qui, les armes à la main, était prostrée sur le sol, et l'empereur se tenait armé, mais l'épée au côté, le heaume et les gantelets à ses pieds près desquels se trouvait, vaincue par lui, l'affreuse image de la *Colère*. À la porte de Santa Catalina présidait la *Paix*, à l'église San Isidro la *Justice* accompagnait un empereur armé, l'épée dans la main droite et le sceptre royal dans la gauche.

Les deux derniers arcs – consacrés à la *Foi* et à la *Gloire* – étaient particulièrement significatifs. Selon les chroniqueurs Santa Cruz et Sandoval, le sixième, consacré aux trois vertus théologales – *Foi, Espérance, Charité* –, se trouvait sur la place San Salvador ; il était couvert de chandelles allumées, avec sur son fronton la Foi occupée à fabriquer une couronne de fer portant une devise latine qui, traduite en espagnol, disait : « *La foi attendrit le fer* », et une autre devise en espagnol qui disait : « *Para perpetua memoria en la tierra y en la gloria.* » La Charité faisait une couronne d'or avec pour devise : « *Charitas auro pretiosior est* », la Charité est plus précieuse que l'or. Le septième arc, élevé à la *Gloire*, qui se trouvait à l'entrée de la cathédrale, était surmonté d'une représentation de la Renommée se tenant debout sur le monde une trompette dans la main droite et, de chaque côté, des faisceaux d'armes, d'étendards et de drapeaux, avec une bannière aux armes des deux époux. La figure de la *Gloire* couronnait de la main droite l'empereur et de la gauche l'impératrice. Sur cet arc étaient représentés divers peuples : Espagnols, Italiens, Allemands, Flamands, indiens d'Amérique et bien d'autres, qui tous proclamaient : « *Vincit, regnat, imperat* », il triomphe, il règne, il domine[94]. La Renommée présentait une inscription latine qui disait en castillan : « *Le sénat et le peuple de Séville dédient cet arc de triomphe au bienheureux Empereur, à qui le monde entier est redevable.* » Par ailleurs, l'arche principale étant flanquée de deux plus petites, et sur l'une d'entre elles figurait l'empereur dressé sur la roue de la fortune, celle-ci bloquant celle-là à l'aide d'un marteau et d'un clou pour l'empêcher de tourner, avec cette inscription en castillan : « *Ton grand mérite, qui t'a ainsi placé sur ma roue, m'ordonne de l'immobiliser.* » Sur l'autre petite arche se trouvait l'image de l'empereur sur un trône impérial, entouré de nombreuses vertus occupées à le couronner de lierre, avec une inscription espagnole qui disait : « *La compagne qui jusqu'ici vous a guidé avec tant de succès vous conduira à Jérusalem.* » Sandoval précise que Charles Quint avait sous les pieds un globe portant cette inscription : « *Maximus in toto regnat Carolus orbe. / Atque illi merito machina tota subest* » ; soit : « Maintenant Charles règne sur le monde entier / et le monde à juste titre lui est soumis. » Sur chacun des arcs la vertu célébrée était accompagnée d'autres vertus – dérivées – et des vices contraires, assortis de nombreux vers en latin[95].

Pour la plus grande joie du peuple l'impératrice passa sous tous ces arcs symboliques pour arriver à la cathédrale. Moins austère que ces ornements à l'évidence prévus pour son époux, un détail dut l'attendrir : de chaque côté du porche où elle mit pied à terre – la *Porte du Pardon*, presque face au grand autel – se trouvaient creusées dans la pierre de petites niches, qu'on avait joliment mises à profit en logeant dans chacune d'elles un petit chanteur de la chorale déguisé en angelot et tenant un instrument de musique à la main… L'archevêque Alonso Manrique et tous les dignitaires de l'église en grande tenue l'attendaient près d'une porte où un autre arc avait été dressé, très riche et précieusement réalisé, figurant un ciel plein de vertus en forme d'anges. Elle se dirigea ainsi, en cette compagnie, et au son de chants doux et joyeux, vers le grand autel où furent dites les prières ; après quoi elle ressortit par une autre porte ; de là on la conduisit à l'Alcázar royal tout proche où elle fut « excellemment logée » ainsi que ses dames, qui la suivaient dans leurs plus beaux atours.

Un geste aussi spontané qu'inattendu, que Gonzalo Fernández de Oviedo a consigné nous éclaire sur la personnalité de la jeune souveraine : « Dès qu'elle entra dans la ville, elle donna l'ordre à l'un des gendarmes qui frayaient un passage au cortège, dans la foule immense qui s'était rassemblée dans la cité et aux abords, de demander à toutes les femmes d'ôter leur chapeau car elle voulait voir leurs visages ; alors ils se mirent à crier à tue-tête : "Mesdames, Sa Majesté souhaite vous voir, ôtez votre chapeau." Et toutes s'empressaient avec joie d'obéir. » De même, le lendemain après-midi (un dimanche), on lui fit visiter l'Alcázar ; alors qu'elle se trouvait sur une haute galerie donnant sur une petite place, qui était noire de monde, la foule se découvrit spontanément en la voyant apparaître, et « Sa Majesté éclata de rire comme une enfant, heureuse de voir tant de monde tout en bas rassemblé ». Imaginons la jeune et frêle silhouette toute de velours noir vêtue, inclinée et riante au-dessus de la foule de ses nouveaux sujets…

L'arrivée de l'empereur, cinq jours plus tard, donna lieu à de brillantes manifestations : ce que la ville avait de mieux se porta à sa rencontre à deux lieues hors les murs ; il y avait une telle foule, écrit Santa Cruz, qu'on ne pouvait plus avancer. Charles Quint allait vêtu de velours noir à franges d'or sur un cheval bien harnaché. À l'entrée de la ville, où le duc d'Arcos et toute la municipalité vinrent lui baiser la main, il fit serment en présence de l'archevêque de respecter les privilèges de la cité. Le souverain y fit son entrée un rameau d'olivier à la main : « symbole de la paix qu'il venait de signer, mais aussi hommage à l'Andalousie dont cet arbre est l'emblème », précisera au siècle suivant le mémorialiste Diego Ortiz y Zúñiga dans ses *Annales* de Séville. Sous un dais richement orné, il se rendit – en passant, comme Isabelle avant lui, sous les arcs dressés à sa gloire, par les rues somptueusement décorées, animées d'une quantité de musiciens – à la cathédrale, où il pria avant de se rendre à l'Alcázar. Alors tout s'accéléra : quatre heures plus tard Isabelle était bien passée « des bouches du Tage aux bras de l'Empereur ».

Gonzalo Fernández de Oviedo en offre le meilleur récit. Selon lui l'empereur n'atteignit la cathédrale qu'à dix heures du soir, et pénétra dans l'Alcázar à la lumière d'une forêt de flambeaux.

> « Quand il parvint devant l'Impératrice et qu'ils se regardèrent, elle s'agenouilla et voulut avec insistance lui baiser la main. L'Empereur s'inclina très bas pour la relever en la prenant dans ses bras, l'embrassa et la prit par la main, puis ils passèrent dans une autre pièce où ils restèrent un quart d'heure assis là, entouré des Grands qui étaient présents en nombre. Puis l'Empereur se retira pour ôter sa tenue de voyage et s'habiller somptueusement avant de retrouver l'Impératrice. Là ils furent mariés *in verbo de praesenti* par le cardinal Salviati, légat du Pape. Au bout d'une demi-heure, l'Empereur se retira

> dans ses appartements, et tous les Grands regagnèrent leur résidence pour s'y reposer. Quand l'horloge sonna minuit, on dressa un autel dans la chambre de l'Impératrice, et l'archevêque de Tolède dit la messe et les bénit – "*los veló*" – devant le duc de Calabre et la comtesse de Faro, une veuve, chambrière de l'Impératrice [chacun tenant un cierge pour le conjoint qu'il accompagnait]. Peu de personnes assistèrent à cette messe ; car ce fut une messe non préparée mais improvisée, quoique fort habilement : les dames de l'Impératrice y étaient. La messe achevée, l'Empereur passa dans sa chambre, il devait être deux heures du matin. Pendant ce temps l'Impératrice se coucha, et une fois qu'elle fut dans son lit l'Empereur vint consommer le mariage en prince catholique qu'il était. »

La phase essentielle du mariage – « *desposorio in verbo de praesenti* » – (pour lequel le cardinal Salviati avait apporté la dispense pontificale, le mariage se faisant en « temps clos » de Carême), eut lieu dans la magnifique salle dite en « moitié d'orange » à cause du plafond en coupole ; selon Alonso de Santa Cruz : « après s'être salués ils entrèrent ensemble dans une salle où le cardinal Salviati leur prit la main après avoir prononcé les paroles requises par lesquelles ils étaient engagés : "*desposados*" ». Cela se fit en présence de tous ceux – clergé et noblesse – qui avaient accompagné l'un et l'autre des conjoints, et de ceux qui résidaient ou se trouvaient à Séville. Pedro de Mexía précise pour sa part qu'une fois ce mariage « officiel » célébré par le légat, la bénédiction ou « *velaciones* » – d'ordre plus intime – fut une décision personnelle de Charles Quint :

> « … l'Empereur et l'Impératrice passèrent dans leurs appartements pour y souper, et les grands et les nobles rentrèrent tous chez eux. Puis, une fois passé minuit, et parce que l'Empereur le voulut ainsi par décence et zèle religieux – "*por onestidad y religión*" –, un autel fut dressé dans une pièce de l'Alcázar, et l'archevêque de Tolède, qui était resté dans ce but, y dit une messe et les bénit.

> [Selon Santa Cruz, l'Empereur se confessa et communia au préalable]. La messe terminée, l'archevêque et le duc de Calabre allèrent se coucher, et l'Empereur et l'Impératrice se retirèrent dans leur chambre. Et c'est ainsi que fut célébré ce mariage, à la grande satisfaction et pour la plus grande joie de tout le royaume. »

Alonso de Santa Cruz, dans son portrait de l'empereur écrit, à propos de sa relation avec les femmes : « marié il éprouva un grand amour pour l'Impératrice, sa femme ». Cet amour, nous le voyons naître à Séville, sans doute dès le premier regard saisi par Gonzalo Fernández de Oviedo. Isabelle, dont il n'ignorait point les qualités, l'a cependant – à l'évidence – ébloui, puis séduit. Au lendemain des noces les époux rayonnaient *manifestement* de bonheur sous les yeux scrutateurs, notamment des ambassadeurs portugais. Tous s'en réjouissaient pour des raisons à la fois affectives et politiques, car cela augurait plutôt bien pour les relations péninsulaires : on était alors en pleine affaire des Moluques… C'est ainsi que les sources les plus parlantes quant au bonheur de l'empereur sont les lettres portugaises[96], notamment celles du marquis de Vila Real et de l'ambassadeur Antonio de Azevedo Coutinho qui tinrent *très* informé le roi et la cour du Portugal…

L'ambassadeur écrivit, cinq jours après la cérémonie, une longue lettre au ministre Vimioso où il disait son étonnement devant le peu de festivités qui avaient suivi, à peine avait-il vu une demi-douzaine d'hommes en habit de fête, serait-ce à cause du Carême ? Cependant, ajoutait-il, « les jeunes mariés, eux, sont très contents, selon ce qu'ils laissent paraître, ce qu'on en dit, et ce que chacun peut voir de lui-même ; car ils restent au lit jusqu'à des dix et onze heures du matin, et quand ils sont ensemble, bien que tout le monde soit là, présent, ils ne voient personne, et ne font que rire et que parler entre eux ». Et, ajoutait-il prosaïquement, la dot semblait bien employée : « Je crois, si Dieu le veut et si nous savons nous y prendre, que l'argent que nous avons donné pourra valoir bien plus, car l'Empereur est très content ; il dit que c'est la plus grande de toutes les grâces que Dieu lui a faites… Il est très reconnaissant au Roi Notre Seigneur du bien qu'il lui a fait en lui donnant l'Impératrice : il le dit à pleine bouche, et s'offre à le servir en tout, au point qu'on se contenterait de la moitié ; et il ne le dit pas qu'à nous, mais à qui veut l'entendre. » L'arrogantissime marquis de Vila Real précisait pour sa part dans une lettre du 17 mars : « l'Impératrice dort chaque nuit avec son mari dans les bras, et ils sont très amoureux et très heureux. » Trois semaines plus tard l'ambassadeur écrivait encore avec un brin de canaillerie : « À propos de l'Empereur, seigneur, je vous dirai qu'il rattrape bien le temps perdu à Tolède, car il s'attarde parfois au lit très avant dans la matinée, et il besogne bien comme disent ses Flamands : de ma vie je n'ai vu d'homme aussi "dominical" ! » La jeunesse flamande était semble-t-il peu discrète ; c'est encore l'ambassadeur polisson qui remarque, un mois après le mariage, que « l'Empereur est très amoureux de l'Impératrice – "*muito enamorado*" –, il déborde de contentement… Il est entouré de nombreux Flamands, et ceux qui sont actuellement ici sont très jeunes, car tous les autres sont repartis vaquer à d'autres affaires ; or, ceux-là, les jeunes, racontent toutes sortes de choses sur lui, y compris ce qui ne regarde que lui et l'impératrice, de sorte qu'ils font scandale ici. »

Moins piquant, mais plus grave et plus beau, le témoignage de l'empereur lui-même. Arrêtons-nous un instant à cette jolie scène, très éloquente. Le marquis de Vila Real fut reçu en seconde audience le 22 mars par Charles Quint au fond de l'Alcázar ; il s'y rendit en compagnie du marquis de Cenete et de monsieur de La Chaulx ; ce dernier leur fit traverser en ouvrant avec sa propre clef une série d'appartements vides avant de parvenir à l'empereur : « Il se tenait dans une petite pièce surchauffée où le soleil entrait à flots par la fenêtre ouverte, alors qu'il fait ici en mars plus chaud qu'ailleurs au mois d'août. Il s'y trouvait en compagnie de quatre Flamands, d'un lévrier et d'un mâtin qui rendaient – dit le marquis avec son habituel sarcasme – l'atmosphère encore plus fraîche. » L'empereur reçut le marquis avec force sourires et mille politesses, se découvrant même en sa présence. Ils plaisantèrent un moment à propos d'un certain banquet ; puis l'empereur donna l'ordre, en français, d'évacuer la pièce, fit apporter des sièges et asseoir le visiteur. Après avoir lu sa lettre de créance l'empereur se disposa à l'écouter ; l'ambassadeur extraordinaire commença, selon les instructions reçues, par exalter les nouveaux liens qui renforçaient l'amitié et l'alliance entre les deux souverains. « Ce à quoi Charles répondit en disant qu'il était très content depuis qu'il connaissait l'Impératrice en personne, que son beau-frère pouvait bien être assuré qu'il lui avait donné là non seulement une femme mais une précieuse auxiliaire – "*ayudador*" –, à ce point qu'il lui semblait vraiment qu'il y avait désormais deux rois en Castille. Et le marquis voulant – de son propre aveu – faire de l'esprit, lui répondit qu'ils étaient deux maintenant, mais seraient bientôt trois, et que ce ne serait pas de trop étant donnée la dispersion de ses royaumes. »

Deux ombres pourtant – l'une d'ordre privé, l'autre politique – vinrent assombrir cet idyllique tableau, comme si le malheur devait toujours se rappeler au bonheur. La troisième des sœurs « flamandes » de Charles Quint, Isabelle, qui avait eu l'infortune d'épouser le roi Christian II de Danemark (détrôné en 1523), venait de mourir à l'âge de vingt-trois ans juste après le mariage de son frère, à Gand où elle fut inhumée. La nouvelle parvint à Séville, selon Jean de Vandenesse[97], le 12 avril. Selon Alonso de Santa Cruz, les honneurs funèbres lui furent rendus dans le monastère franciscain de la ville, et la fête fit place pour un temps au recueillement : les festivités prévues pour Pâques furent suspendues. Le père Sandoval précise que l'empereur se mit en grand deuil. Le morose Dantisc soulignait avec aigreur qu'à cause du Carême et de ce décès le mariage avait été célébré « à moindres frais ».

Par ailleurs, dans sa prison de Simancas, l'indomptable *comunero* Antonio de Acuña[98], évêque de Zamora, avait tenté de s'échapper en tuant, malgré son âge avancé, le geôlier. Informé alors qu'il se rendait à Séville, Charles Quint avait dépêché l'alcade Ronquillo avec l'ordre de faire justice. Il y eut, dit-on après coup, malentendu : Ronquillo ayant traduit « justice » par « exécution », l'évêque rebelle, qui avait maintenu Tolède en état d'insurrection toute une année encore après Villalar, fut étranglé et son corps exposé. Il faut dire qu'il l'avait vraiment cherché. Mais sa condition d'homme d'Église mettait l'empereur en situation délicate ; informé de l'exécution le 11 mars, au lendemain même de ses noces, il se considéra lui-même comme excommunié et se dispensa d'assister à la messe jusqu'à ce que Rome l'eût absous, ce qui fut chose faite à la fin du mois. Le chroniqueur Pedro Mexía commente ainsi l'affaire :

> « Telle fut la fin de l'évêque de Zamora ; il peut sembler que par ses délits et ses méfaits il l'avait bien méritée, mais comme il s'agissait d'un prêtre, d'un évêque consacré, le châtiment fut jugé précipité et bien sévère, non conforme à la bonté d'un prince chrétien aussi grand et aussi religieux que l'Empereur. Car ni les rois ni les puissances séculières ne sont autorisés à toucher ni à châtier ceux qui ont reçu l'onction et sont consacrés à Dieu, parce que les pontifes sont là pour le faire, et que les Saintes Écritures et les sacrés canons en ont donné la norme. Bien qu'en vérité, j'ai entendu dire, au sujet de cette affaire, que l'Empereur aurait déclaré ne pas avoir donné l'ordre de l'exécuter mais simplement de faire justice : "*escarmiento y castigo*" ; mais, quoi qu'il en soit, on a communément estimé que l'alcade n'avait pas su ce qu'il faisait. Aussi l'Empereur s'est-il interdit pendant quelques jours d'assister à la messe et autres offices divins, jusqu'à ce qu'il eût obtenu, non sans mal, l'absolution du Pape. »

La fête, troublée par ces deux événements, finit par reprendre à Séville, où les jeunes mariés séjournèrent deux mois. On vit l'empereur, joyeux comme personne jamais ne l'avait vu, être présent et le premier partout : tournois, danses ou banquets. Lors d'une joute organisée sur le fameux[99] « *arenal* », cette grève bordant le Guadalquivir, le jeune marié se distingua particulièrement par son audace. Le Sévillan Pedro Mexía écrit : « Tous les [participants et spectateurs] étaient si richement parés d'or, d'argent et de perles, en si grande quantité, que les anciens de la cité qui avaient assisté à d'autres joutes affirmaient que jamais en Castille on n'en avait organisées d'aussi riches ni d'aussi coûteuses. » Par ailleurs – mais dans quelle rubrique placer cela : bonheur ou malheur ? Plutôt dans la seconde pour le mari, à en croire notamment le méchant Dantisc –, Charles Quint organisa dans la foulée du sien le troisième mariage de sa « grand-mère » Germaine de Foix qui, selon les sources, supportait mal le célibat… Il imposa « cette montagne de chair » au duc de Calabre, Fernando de Aragón, son propre témoin, moyennant il est vrai quelques substantielles compensations : l'époux *malgré lui* deviendra vice-roi de Valence…

Juan Manuel González Cremona souligne avec raison : « Quelle profonde transformation chez ce Charles naguère si taciturne pour que – mettant entre parenthèses des problèmes tels que l'invasion turque ou la lutte qui, en Italie, confrontait ses troupes à celles de la Ligue clémentine – il fît pourtant passer, pour la première fois de sa vie [ajoutons : et la dernière], les sentiments avant les obligations de l'État ? […]. Simplement il était tombé amoureux. En cela aussi Charles s'est montré fidèle à la tradition familiale des Habsbourg : Vénus a, en lui, vaincu Mars. » Il fut, poursuit l'auteur, toujours très discret sur les quelques femmes avec lesquelles il eut (encore célibataire ou depuis longtemps veuf) d'épisodiques relations (le mot liaison serait ici erroné) ; mais, surtout, aucune n'eut un effet quelconque sur l'austérité de son caractère. Le voir rire de bonheur à Séville fut une nouveauté : à travers Isabelle il avait découvert la « femme » au meilleur sens du terme, jusqu'alors si cruellement absente. « C'est ainsi qu'il demeura – chose unique dans sa vie – *neuf mois* physiquement isolé du gouvernement de ses États […]. Cette enrichissante expérience participa de manière décisive à l'accomplissement de la personnalité de l'Empereur. De même que la rébellion des *Comuneros* lui fit comprendre la Castille, Isabelle lui fit comprendre la vie. » Si l'on pense aux considérations « sonnantes et trébuchantes » du jeune empereur angoissé, dans l'expectative des nouvelles de Pavie, qui ne voyait d'autre moyen de s'en sortir qu'en épousant le parti portugais pour pouvoir… payer les troupes d'Italie, on comprend qu'il ait cru voir le ciel s'ouvrir – comme disent les Espagnols – en voyant apparaître sur son horizon personnel, et au-delà de la dot, une princesse belle comme le jour, intelligente et bonne… Il se sentit, à juste titre, comblé, et son bonheur vit encore à travers les documents qui nous sont parvenus.

Les Sévillans en oublièrent même non leur latin mais l'arithmétique la plus élémentaire. Des annalistes comme Alonso Morgado, dans son *Histoire de Séville* de 1587, ou comme Pablo Espinosa de los Monteros, revendiquèrent hautement pour leur cité l'honneur de la conception de Philippe II ; le premier voulait y voir « une glorieuse récompense de sa fidélité et des signalés services qu'elle avait rendus au royaume ». Il faudra qu'un homme d'Église comme le père Sandoval y mette bientôt bon ordre : « Le 15 septembre, fut publiée à la Cour la nouvelle de la grossesse de l'Impératrice, et c'est là-bas qu'a commencé (et non pas à Séville) ce bien qui neuf mois plus tard verra le jour à Valladolid. » Une rivalité citadine décidément aveugle. Mettons le comble à l'indiscrétion : ce fut en août, et « là-bas » c'était Grenade ; en effet, contre toute attente, pressentant sans doute que ce bonheur-là ne se répéterait pas, l'empereur décida de le prolonger à l'ombre fraîche de l'Alhambra. C'était aussi pour lui l'occasion politique d'honorer l'Andalousie de sa visite, parachevant ainsi la réconciliation avec le royaume : l'utile rejoignait l'agréable.

*Lune de miel à Grenade*

Jamais si charmante expression ne fut plus opportune. Le 13 mai le couple impérial et une suite réduite – mais choisie et privilégiée – se mirent en route *via* Ecija et Cordoue – « pour rendre visite et voir ces villes », précise Pedro Mexía ; ces villes dans lesquelles Charles Quint n'avait jamais fait son « entrée », et qui toutes lui firent un accueil triomphal ; mais il fallut y écourter le séjour afin d'atteindre Grenade avant les grandes chaleurs estivales. Ainsi, de Carmona à Ecija, et de Cordoue à Santa Fé, ils arrivèrent le 4 juin à Grenade, qui les reçut somptueusement ; les observateurs notèrent particulièrement que « les morisques firent un jeu qu'ils appellent *leylas*, très plaisant à voir pour ceux qui le regardaient, mais très dangereux pour ceux qui le faisaient ». La nuit même, un tremblement de terre secoua la cité à onze heures du soir puis à quatre heures du matin, sans causer de dégâts, mais en semant la panique dans la maison impériale, alors que l'empereur qui se trouvait dans le palais de l'Alhambra – « château enchanté des Maures », selon Dantisc – « ne s'en émut pas le moins du monde et ne se leva même pas ».

Les jeunes époux tombèrent amoureux, non point l'un de l'autre – c'était déjà fait – mais de la ville nasride. Charles Quint, qui avait montré de la satisfaction à voir toutes les villes de ses royaumes, fut – quoique venant de Séville – particulièrement impressionné par Grenade : la grandeur du site, l'ingénieuse maîtrise des eaux, la magie des jardins, la splendeur des édifices, l'exotisme des maisons morisques. On envisagea même un moment d'y transférer la cour ce qui, comme l'on sait, ne se fit pas. Mais Charles Quint y ordonna la construction, dans les jardins de l'Alhambra, d'un palais dans le style Renaissance qui demeura inachevé : « ce fut-là un beau rêve de jeunesse que le fracas de la vie interrompit », conclut Manuel Fernández Alvarez. En revanche, un hospice pour enfants trouvés et l'université furent fondés à l'occasion du séjour des souverains et selon leur expresse volonté. On dit aussi que Charles fit alors planter dans ces jardins, pour Isabelle, une fleur qui était encore exotique car récemment venue de Perse, une variété d'œillet ; fleur toujours très appréciée des Andalous (« *voz de clavel varonil…* », écrirait un jour un grand poète grenadin voué à une mort tragique). Est-ce un hasard si, avec la rose et le géranium, l'œillet sera la fleur préférée de l'empereur là-bas à Yuste, en ce jardin du grand espoir et des souvenirs ?

*Poètes dans Grenade*

Tout en filant le parfait amour, Charles Quint ne resta pas complètement oisif à Grenade ; et les ambassadeurs, y compris ceux de France faisaient le voyage jusqu'à la capitale andalouse. Mais les jeunes mariés y étaient entourés d'un noyau d'amis choisis, qui furent aussi de grands témoins : Garcilaso de la Vega et Juan Boscán, des poètes ; Navaggiero et Castiglione, des ambassadeurs ; Juan de Valdés l'humaniste et Pierre Martyr d'Anghiera le pédagogue, le frère Antonio de Guevara, le franciscain prédicateur ; Ruy Gómez da Silva, un page de l'impératrice (et qui sera l'ami d'enfance de Philippe) ; peintres et musiciens ; et même jusqu'au fameux bouffon Francesillo de Zúñiga. Et tout un escadron de belles Portugaises ! La comtesse de Faro, « grande chambrière » de la reine, qui avait été témoin au mariage ; doña Mencia de Mendoza, marquise de Cenete ; Beatriz de Silveira, l'amie de cœur d'Isabelle jusqu'à la mort ; la redoutable Leonor de Castro qu'épousera François Borgia ; Leonor de Mascareñas, future gouvernante du petit Philippe puis de son fils don Carlos, etc.

Comme l'évoque si bien Juan Manuel González Cremona, beaucoup de choses se passèrent à Grenade, bavardes amours ou silencieuses passions, flammes déclarées, engagements pris… C'est à Grenade – et en cette occasion –

que le poète Garcilaso de la Vega (déjà marié, hélas) connut Isabel Freire dont il tomba, comme Dante de Béatrice ou Pétrarque de Laure, éperdument – mortellement – amoureux. On dit que la dame n'en sut jamais rien, alors qu'il écrivait pour elle : « *Tout ce que j'ai j'avoue vous le devoir ; / je vous dois la vie et par vous je vis, / par vous je mourrai et par vous je meurs*[100]. » Cette vie dont il fera si peu de cas qu'il l'exposera sur le champ de bataille – avec le succès que l'on sait – en espérant sans doute, secrètement, l'y perdre. De ces aimables tournois, en marge des amours impériales, la victoire revint sans doute à la poésie. Oui, c'est à Grenade – dans cet heureux contexte – que l'hendécasyllabe apparut en Espagne, de l'aveu même de Juan Boscán, le maître en la matière, qui écrivait à une noble amie, la duchesse de Soma : « Un jour que je me trouvais en compagnie, à Grenade, de Navaggiero [...], en parlant avec lui de choses de l'esprit – « *cosas de ingenio* » – et de belles lettres, et particulièrement à propos des variations d'une langue à l'autre, il me demanda pourquoi je n'essayais pas en castillan le sonnet, et d'autres formes poétiques, que cultivaient les meilleurs auteurs d'Italie... Et c'est ainsi que je me suis essayé à ce genre de vers, et que je m'y suis consacré avec une ferveur croissante. » Le sonnet espagnol serait donc né à Grenade des légitimes amours de Charles et d'Isabelle, en quelque sorte.

### *Les morisques grenadins*

Tout n'était pas, hélas, que poésie à Grenade. L'ancienne capitale des *Nasrides* était reconquise, donc redevenue chrétienne, depuis trente-quatre ans seulement, guère plus qu'une demi-vie d'homme. Elle était donc au cœur de la question morisque. L'empereur ne tarda pas à y recevoir ces *nouveaux-chrétiens* d'origine arabe qui, en délégation conduite par trois descendants de l'ancienne aristocratie, lui présentèrent leurs doléances, en réclamant protection contre les exactions des prêtres, juges et autres fonctionnaires. Une commission d'enquête fut nommée, qui révéla certes la véracité des accusations portées par les plaignants, mais aussi – selon les termes d'Alonso de Santa Cruz – « que tous les morisques étaient sous cape de parfaits musulmans – "*eran muy finos moros*" –, et que depuis vingt-sept ans qu'on les baptisait on n'en trouvait même pas sept qui fussent chrétiens » ; et ce par la faute des *vieux-chrétiens* qui, eux, avaient fort mal rempli leur mission. Les récriminations des morisques se retournèrent contre eux. On intensifia la surveillance en transférant à Grenade le tribunal d'Inquisition de Jaén, et un édit fut pris dans le sens d'un durcissement, assorti d'interdictions répétées visant à extirper les restes culturels de l'Islam. Les morisques, voyant leur situation s'aggraver et non s'améliorer, proposèrent une négociation accompagnée d'une compensation financière. De ce fait, l'application de l'édit fut différée pour quarante ans, et le Saint-Office ne fera aucun zèle dans la persécution du crypto-mahométisme, tandis qu'on s'efforcerait de mieux catéchiser.

Or, les chroniques rapportent un incident qui pourrait avoir joué un certain rôle dans cette bienveillante quoique temporaire issue. Il advint que, lors d'une partie de chasse au sanglier dans les inextricables montagnes de Grenade, l'empereur se perdit complètement. Ignorant l'endroit où il se trouvait il finit par aviser un village morisque, où il demanda à l'un des paysans s'il était encore loin de Málaga où, dit-il, il se rendait, sans révéler son identité par crainte qu'on ne lui fît un mauvais parti dans ce coin perdu de la *sierra*. Le père Sandoval raconte que « Le morisque lui répondit en riant que Málaga c'était bien loin, mais que Grenade c'était beaucoup plus près ! L'Empereur lui demanda de l'y conduire bien qu'il fît déjà nuit ; l'homme s'exécuta et l'Empereur le paya largement. Quand celui-ci arriva, à la nuit noire, en vue de Grenade toutes les tours et toutes les fenêtres étaient éclairées et les cloches sonnaient à toute volée pour guider l'Empereur égaré ; de plus tous les nobles de la Cour et de la cité, ainsi que d'autres habitants, étaient partis à sa recherche armés de flambeaux, et quand ils le retrouvèrent ils manifestèrent une grande joie. » Manuel Fernández Alvarez voit dans cette anecdote une des explications possibles à l'évidente indulgence dont Charles Quint fera toujours preuve envers les morisques, et qui ne tint pas exclusivement à l'offre financière de ces derniers. En fait, l'empereur, au cours de cette magique lune de miel, fut profondément séduit par l'*orient* de la cité.

*Retour en Castille*

Le 17 août Charles Quint recevait à Grenade la nouvelle de la mort de son beau-frère Louis de Hongrie, tué à Mohacs par les Turcs. Un mois plus tard, la grossesse de l'impératrice, qui l'incita à prolonger le séjour à Grenade une partie de l'hiver, fut officiellement annoncée. Jean Dantisc, l'ambassadeur polonais, avec son humeur habituelle épanchait sa bile : « depuis presqu'un mois on dit que l'Impératrice est enceinte ; du coup elle n'ose plus bouger et demeure presque constamment couchée. Tout le monde doit donc rester ici, où tout manque et où tout est hors de prix, notamment la paille pour les chevaux ; si seulement j'avais ici la paille inutile qui est en train de pourrir dans mon pigeonnier ! » De même faisait-il à la perspective des froidures de l'hiver d'aigres-douces considérations. En janvier il écrira de Castille, à propos de la reine : « Elle n'est pas bien épaisse et elle a vingt-huit ans. Les astres augurent mal. »

Le signal du départ fut enfin donné le 10 décembre. Retour malaisé pour certains, dont Dantisc évidemment, le temps étant mauvais et les moyens de transport insuffisants. Les souverains et leur suite étaient à Tolède le 22 décembre, à Madrid pour l'Épiphanie, et le 24 janvier à Valladolid, où ils s'installèrent dans le palais de Bernardino Pimentel, car la cour était encore itinérante comme au temps des Rois Catholiques et les monarques n'avaient pas de logis attitré…

L'impératrice y accouchera quatre mois plus tard. Le séjour andalou – deux mois à Séville, six mois à Grenade – avait pratiquement duré le temps… d'une gestation : un temps de vie. Ce fut la seule pause, la seule trêve de tout le règne accablant de Charles Quint : elle fut heureuse, et elle fut espagnole. Comment l'oublierait-il ? Dès l'automne 1526 l'horizon politique s'était à nouveau fortement assombri : les Turcs après l'invasion de la Hongrie non seulement menaçaient Vienne et Ferdinand mais soutenaient François Ier, les trois larrons secrètement ligués contre lui à Cognac remettaient tout en question, comme un cauchemar qui reviendrait, la toile de Pénélope… Mais ce fut avec la certitude d'une grossesse prometteuse que le couple impérial quitta – pour toujours – ce petit paradis andalou où l'on eût aimé les voir s'attarder encore. Isabelle y reviendra treize ans plus tard : morte ; morte en couches à trente-six ans.

*Une reine pour l'Espagne*

Charles Quint, on le sait, a dû mettre à contribution, a littéralement attelé tous les membres de sa famille aux tâches du gouvernement de son « royaume éclaté ». La tante Marguerite, la sœur Marie et, dans le même esprit, mais après lui, sa fille Marguerite de Parme furent ainsi rivées aux Pays-Bas ; Ferdinand le fut très tôt à l'empire, où il fut le véritable lieutenant de son frère. La tante Marguerite, précisément, qui n'avait plus qu'un an à vivre mais l'ignorait bien sûr, l'a dit elle-même fort joliment dans une lettre très personnelle adressée de Bruxelles le 15 décembre 1529 à l'impératrice qui relevait des couches de l'infant Ferdinand (qui ne vivra que quelques mois) :

> « Je remercie infiniment Notre Seigneur qui a fait cette grâce à l'Empereur ainsi qu'à vous, ce dont nous lui sommes absolument tous obligés ; et pour ma part je ne

> pourrais désirer de plus heureuses nouvelles. Car, comme l'a promis Sa Majesté, j'espère bien que celui-là sera pour moi un fils, et le bâton de ma vieillesse, qui viendra me soulager du mal que je me donne chaque jour. Aussi vous prierai-je, Madame, de ne surtout point me contredire, et je presserai d'autant plus Sa Majesté, quand je le verrai, d'aller vous voir et d'en commencer un autre puisque, grâce à Dieu, *il n'a besoin, lui, de rien d'autre que d'enfants* pour posséder les grands et nombreux royaumes que Dieu lui a donnés. »

À l'Espagne il réserva le cœur de son cœur et la chair de sa chair. C'est dans la propre famille qu'il a – *lui* – créée qu'il trouvera ses principaux auxiliaires. En Castille : pas de vice-roi, mais un « *lugarteniente general* » ou « *gobernador* ». Charles avait bien retenu la leçon des *Comunidades* : la Castille n'admettrait en son absence, et comme pis-aller, qu'un *alter rex*, un alter *ego* du souverain, le plus proche de ses proches… À partir de 1529 commença en Espagne une série de régences, assumée d'abord par l'impératrice, puis – après sa mort prématurée – par ses enfants : Philippe (d'abord sous la tutelle du cardinal archevêque de Tolède Juan de Tavera, puis seul en 1543), Marie (en 1548), Jeanne enfin (en 1554).

Charles Quint, qui l'avait vite compris, et déclaré après seulement dix jours de vie commune, avait raison : il trouva en Isabelle la meilleure auxiliaire pour son gouvernement. Depuis 1522, pour la plus grande satisfaction des Espagnols, qui avaient ainsi leur souverain *à demeure*, comme il se devait selon eux, il avait gouverné l'empire depuis l'Espagne ; cependant d'autres espaces le réclamaient – l'Italie, l'Allemagne –, il lui fallait laisser cette Espagne où tout alors allait si bien pour lui. Dès la fin de juillet 1528, il se rendit en Italie, pour y traiter de son couronnement et du concile pour lequel il bataillera sa vie durant contre le mauvais vouloir (qui peut sembler paradoxal au profane) des souverains pontifes ; pour y envisager aussi le moyen d'éloigner le Turc des frontières de l'empire. Il confia donc pour la première fois le gouvernement de l'Espagne à Isabelle, qui relevait à peine de couches, un deuxième enfant, l'infante Marie, leur étant né. Comme le soulignait récemment encore Joseph Pérez[101], qui mieux que personne connaît leur état d'esprit, « les Castillans n'auront plus le sentiment, comme en 1520, d'être abandonnés par leur souverain. C'est là l'un des aspects, et non le moindre, de ce que l'on a appelé l'hispanisation de Charles Quint ». Et, puisque leur roi devait absolument partir, que pouvaient souhaiter de mieux les Castillans : cette Isabelle qui leur venait du Portugal n'était-elle point la petite-fille, rien de moins, de leur propre Isabelle et du roi Ferdinand ? Isabelle gouverna le *royaume de Castille* pendant deux séjours de Charles Quint en Aragon, retenu par les Cortès à Monzón : en 1528 et en 1537. Elle gouverna *toute l'Espagne* à trois reprises : de 1529 à 1533 (couronnement à Bologne), de 1535 à 1536 (victoire de Tunis, campagne de Provence) et en 1538 (trêve de Nice). Soit au total : un peu plus de six ans sur les treize qu'elle vécut comme reine d'Espagne, quasiment la moitié ; ce qui signifie aussi, au plan personnel, que Charles et Isabelle n'eurent que sept ans à peine, et fractionnés, de vie commune !

Il est une source privilégiée pour connaître les aptitudes à gouverner et le rôle politique de l'impératrice : la correspondance assidûment échangée entre les époux pendant les longues absences de Charles Quint[102]. Berthold Beinert[103] souligne à juste titre que Ramón Carande « a démontré de façon percutante comment les réserves de la Castille et de ses Indes ont été mobilisées pour la politique universelle de l'Empereur. Et tandis qu'après un début de résistance les députés des Cortès de Castille, qui représentaient les oligarchies urbaines privilégiées, se sont empressés d'accorder les contributions de plus en plus importantes qu'on leur demandait, *à partir de 1529 le dialogue souvent dramatique entre l'Empereur et l'Espagne s'est inscrit, par glissement, dans la correspondance échangée avec l'Impératrice Isabelle*, laissée en Espagne comme « *gobernadora* », et plus tard dans celle de son fils le prince Philippe et de ses secrétaires, qui se voyaient dans l'obligation d'exposer à l'Empereur la véritable situation de l'Espagne. »

Pour José María Jover[104], qui les a étudiées, « les lettres adressées par l'Impératrice à Charles Quint pendant les années où elle agissait en tant que régente des royaumes d'Espagne, nous montrent sans aucun doute *une Impératrice identifiée à la Castille* ; une Impératrice dont l'horizon géographique habituel se situe entre Valladolid, Tolède et Tordesillas [...]. Le dialogue entre cette véritable Reine de Castille, porte-parole de la vieille revendication castillane du "Roi présent dans ses Royaumes", et un Empereur qui se sent moralement obligé d'expliquer ses absences à la Castille, constitue l'un des éléments caractéristiques de cette correspondance. » Manuel Fernández Alvarez, avec cette ineffable tendresse qui semble saisir tous ceux qui, même à quatre siècle de distance, approche cette belle figure, l'évoque ainsi dans son rôle de *gardienne du royaume* comme on l'était du Temple : « Elle mène pour sa part une vie exemplaire ; les villes, les bourgs et les villages voient passer de temps à autre la petite famille impériale – *"la diminuta familia imperial"* –, amoureusement surveillée par cette femme qui vit des années entières comme une veuve, se consacrant entièrement aux deux plus grands objets de ses attentions : ses vassaux et ses enfants. »

L'impératrice Isabelle fut politiquement avant tout une *reine de Castille.* Elle se situa dans la ligne centralisatrice des Rois Catholiques, de son père Manuel Ier et de son frère Jean III : contre les pouvoirs périphériques, et pour l'affirmation de l'autorité monarchique, notamment à travers l'exercice de la justice ; l'intérêt de la couronne avant l'intérêt personnel : telle eût été sa devise. On peut résumer sa ligne politique en deux mots : « l'Espagne d'abord ». Profondément religieuse – en fille de son temps – elle approuvait certes les efforts de son mari pour extirper l'hérésie luthérienne, là-bas dans le nord de l'Europe, mais elle le suppliait en même temps de veiller d'abord aux affaires d'Espagne, de s'occuper moins « *das cosas de allá* » et de revenir « *a estos sus reinos* », ces royaumes qui étaient, eux, tout à lui. Comme tant d'Espagnols (dont l'intérêt rejoignait ici le sien) elle aurait voulu qu'il gouvernât l'empire depuis l'Espagne. On retrouvera cette conception chez son fils, qui l'appliquera ; il est vrai que son empire, à lui, sera d'une autre nature.

Elle ne cessa d'informer l'empereur du malaise causé en Espagne par ses absences répétées, source de retard dans le règlement d'affaires importantes. Les problèmes financiers : un souci constant, et elle se montra très consciente des risques et du caractère injuste des constantes ponctions qu'exigeait la politique extérieure de l'empereur ; sensible aussi – sans toujours pouvoir y remédier – aux besoins et à la détresse des faibles. Devant ses demandes constantes elle priait instamment son époux « d'avoir toujours en mémoire qu'il faut aussi beaucoup d'argent pour maintenir et défendre les royaumes d'Espagne » ; soulignant la disproportion entre le coût de sa politique extérieure et les ressources concrètes de l'Espagne – entre la fin et les moyens – elle osait protester en 1531 (alors qu'il s'apprêtait à se rendre en Allemagne), en lui rappelant, dans son espagnol nuancé de portugais, qu'il ne disposait point de « l'appareil que sa grandeur requiert pour faire ainsi face de toutes parts » : « *o aparejo que sua grandeza requiere para proveer en tantas partes* » ; et devant l'attitude du pape et du roi de France elle lui suggérait de rentrer en Espagne, d'où il pourrait tout aussi bien œuvrer pour l'ouverture du concile… Il en avait pour sa part *assez fait*, et le monde le savait[105].

Pendant que son époux vaquait aux affaires de l'empire, il lui incombait à elle de défendre le royaume au niveau de son littoral : rude et lourde tâche ! Il fallait veiller à l'entretien des forteresses et de la flotte, acheter du matériel, trouver de quoi payer les hommes, du simple soldat au puissant allié, comme cet indispensable Andrea Doria dont les galères assuraient la police en Méditerranée ; car il fallait – avant tout – surveiller les côtes d'Afrique. La vraie menace pour les royaumes espagnols c'était, plus que *l'autre empereur*, la piraterie barbaresque, plus que Soliman lui-même l'ennemi redouté c'était un *Barberousse*, ce

Kheir-ed-Din bien tapi, à l'affût, dans ses tanières de Tunis, ou d'Alger surtout, plus proche de la côte espagnole. Fernand Braudel[106] l'a bien montré : « Les galères algéroises rendaient difficiles les relations par voie de mer entre l'Espagne et l'Italie [...]. La piraterie algéroise ne mettait pas seulement en péril les intérêts politiques de l'Espagne, elles constituaient un danger permanent pour ses intérêts commerciaux. » Aussi, lorsqu'en juillet 1535 Charles Quint (dont ce fut le baptême du feu) délogea *personnellement* ledit Barberousse de Tunis, en libérant du coup des milliers de captifs chrétiens, malgré la liesse générale, Isabelle trouva cela insuffisant voire dangereux ; c'était dans son repaire algérien qu'il fallait débusquer le pirate ; il pourrait bien, une fois expulsé de Tunis, multiplier ses attaques dans la zone espagnole voisine. Et ce fut le cas : dès le 24 septembre trente de ses galères attaquaient Minorque et encerclaient Mahon, la capitale, ce qui, écrivait Isabelle à la fin de septembre :

> « ... a été très durement ressenti dans le royaume, car étant donné que la victoire que Dieu a donnée à Votre Majesté dans l'expédition de Tunis a surtout servi les royaumes de Naples et de Sicile, et l'Italie en général, en les débarrassant d'un si mauvais voisinage, le mal que cet ennemi cause dans ces royaumes-ci est encore plus sensible maintenant qu'auparavant, de sorte que l'on ne parle que de cela... »

Par contre, appelant de ses vœux une campagne contre Alger elle essaya de l'en convaincre : nul besoin pour cela des troupes allemandes, cinq mille soldats espagnols aguerris en Italie et quinze mille qu'on recruterait sans mal en Espagne suffiraient, certains Andalous étant prêts à servir gratuitement si nécessaire tant la sécurité des côtes était pour eux vitale. Elle mourut sans voir monter l'expédition, ni sa défaite : le désespoir que l'échec d'Alger à l'automne de 1541 causa à l'empereur fut peut-être accru par le souvenir des conseils pressants de la disparue.

Au total, une femme qui dut faire face aux problèmes complexes d'un gouvernement qu'elle a mené avec la hauteur d'un vrai monarque : avec prudence, mesure, autorité et diplomatie tout ensemble, dans le constant souci de maintenir les équilibres internes et la défense du territoire, les deux choses qui importaient le plus à l'ordinaire des Castillans, et qui eussent suffi – sinon à leur gloire – à leur bonheur. Nous dirons pour conclure, avec Manuel Fernández Alvarez[107] :

> « Isabelle avait été plus qu'une compagne fidèle, plus que l'âme du foyer impérial, plus que la femme qui avait donné à l'Empereur un héritier. Isabelle avait démontré une véritable aptitude à gouverner, en se faisant aimer de ses sujets espagnols et en jouant avec intelligence et dignité le rôle de lieutenant impérial, pendant les absences de Charles Quint. Ce que l'Empereur a reconnu lui-même dans le document par lequel il lui donnait les pleins pouvoirs, à l'occasion de sa campagne de Tunis en 1535 ; il y proclame "les excellentes vertus, l'intelligence – *prudencia* – et les grandes qualités dont fait preuve la sérénissime, très haute et très puissante impératrice et reine doña *Isabel*, notre très chère et très aimée femme, ainsi que l'amour qu'elle porte à ces royaumes et à ces sujets, qui est le même que celui que nous-mêmes leur portons, et dont elle est en conséquence aimée, révérée et respectée, et l'expérience que nous avons de la façon digne d'éloges dont elle a bien gouverné et administré la dernière fois que nous dûmes nous absenter de ces royaumes"… »

En épousant Charles Quint elle avait épousé l'Espagne plutôt que l'empire ; mais grâce à elle, l'empereur put mener au mieux sa propre tâche en Europe, puisqu'elle veillait, elle, sur ses chers domaines espagnols. On comprendra sans mal que son décès, survenu le 1er mai 1539, trois jours après la naissance d'un enfant mort-né, plongea dans un deuil profond non seulement son époux mais aussi ses sujets. Alonso de Santa Cruz s'en fit comme témoin, et entre autres, l'écho :

> « Vouloir expliquer ici le chagrin que causa à Sa Majesté la mort de l'Impératrice, ce désastre que Dieu avait jugé bon de lui imposer, serait impossible. Et, pour ne plus entendre les pleurs et les sanglots des dames et des autres personnes qui éclataient dans la demeure royale, et mieux se recueillir et méditer sur l'épreuve qui lui était infligée, il se rendit au monastère des frères hiéronymites de la Sisla, à une demi-lieue de la ville de Tolède où, pendant plusieurs jours, personne ne l'a vu. »

Et, ajoutait-il à propos des Tolédans qui accompagnèrent jusqu'à la sortie de la ville le corps qu'allait conduire à Grenade la noblesse en grand deuil : « C'était pitié de voir les flots de larmes et les clameurs des gens du commun au passage du corps dans les rues de la cité. » Un grand vide, donc, non seulement personnel mais aussi politique. Le jeune Philippe devra bientôt la remplacer, à l'âge de douze ans… Après la mort de l'impératrice Charles Quint, qui avait trente-neuf ans et un seul fils, ne s'est pourtant jamais remarié : par fidélité à sa mémoire.

### *Les fruits de la promesse*

Au total Charles Quint eut six enfants légitimes dont trois – deux fils et une fille (Juan, Fernando et María) – moururent à la naissance ou en bas âge. Charles Quint en oublie un dans ses *Mémoires…* Outre Philippe, deux infantes survécurent, toutes deux nées à Madrid : María naquit le 21 juin 1528, et Juana (qui connut à peine sa mère) le 24 juin 1535. La première épousera son cousin germain Maximilien, le fils de Ferdinand, en 1548, et deviendra de ce fait impératrice, à Vienne en 1564. Elle aussi – comme ses tantes Éléonore et Marie, comme son père – se retirera en Espagne après la mort de son mari (survenue le 12 octobre

1576), et mourra à Madrid le 26 février 1603 dans le couvent des *Descalzas Reales* qu'elle-même et sa sœur avaient fondé. Doña Juana, sa cadette de sept ans, épousera elle aussi, le 5 décembre 1522, un cousin germain, l'infant de Portugal dom João Manuel, le fils de João III et de sa tante Catherine. Treize mois plus tard (le 2 janvier 1554) elle sera veuve, mais donnera naissance à un fils, le futur roi quasi légendaire dom Sebastião. Elle assumera, comme l'on sait, le gouvernement de la Castille de mai 1554 à septembre 1559. Jamais elle ne se remariera et mènera le reste de sa vie une existence monacale, avant de précéder sa sœur aînée d'un quart de siècle dans la mort : à l'Escurial le 7 septembre 1573.

Le premier enfant – un fils – naquit au couple impérial au cœur de la Castille le 21 mai 1527. Le père Sandoval s'attarde avec un plaisir manifeste à détailler :

> « Dès que le prince fut né et enveloppé de langes, l'Empereur le prit dans ses bras et lui adressa ses mots : "Que Dieu Notre Seigneur fasse de toi un bon chrétien. Je supplie Dieu Notre Seigneur de te donner sa grâce. Plaise à Dieu Notre Seigneur de t'éclairer pour que tu saches gouverner les royaumes dont tu hériteras." Et, bien qu'il plût à torrents, l'Empereur partit, sur le champ, au monastère de San Pablo, à pied, remercier Notre Seigneur du bienfait reçu. Toute la noblesse et tous les courtisans accoururent sans tarder au palais, dans la liesse générale. Une fois répandue la nouvelle de la naissance du prince, la joie fut immense dans le royaume ; mais l'Empereur, par modestie, avait écrit et ordonné partout de ne point faire de dépenses pour l'occasion, et de ne point accorder de pourboire aux courriers [porteurs de la nouvelle]. Malgré cela, de grandes festivités eurent lieu, et de généreux pourboires furent distribués. »

C'était un événement capital pour la monarchie espagnole que d'avoir un héritier qui lui fût propre ; une revanche sur la mort du prince Jean, l'enfant – le seul fils –

que la reine Isabelle la Catholique appelait son « archange ». La Castille a enfin, après un quart de siècle de turbulence, un prince né en son sein : sa vieille noblesse optait d'emblée pour « Ferdinand », le duc d'Albe le clamait encore au moment du baptême… L'enfant fut baptisé le 5 juin à trois heures de l'après-midi, chez les dominicains de la ville par l'archevêque de Tolède, don Alfonso de Fonseca, assisté des évêques de Palencia, don Pedro Sarmiento, et d'Osma, don García de Loaísa. Les trois parrains furent le connétable don Iñigo de Velasco, le duc de Béjar don Alvaro de Zúñiga et le comte de Nassau, la marraine étant la reine de France, sa tante Éléonore. L'enfant fut solennellement porté, du palais aux fonts baptismaux, par le connétable de Castille flanqué à gauche du duc d'Albe et à droite de la nourrice et de la sage-femme. Le père Sandoval raconte : « au moment de baptiser l'enfant, quand on demanda comment il devait s'appeler, don Fadrique Alvarez de Toledo – le (second) duc d'Albe – répondit à plusieurs reprises 'il s'appelle Ferdinand' – "*Hernando ha nombre*" –, car lui et beaucoup d'autres auraient voulu qu'il s'appelât ainsi, à cause du bon souvenir qu'ils avaient de Ferdinand le Catholique et des autres rois qui, en Castille, portèrent ce nom, et qui, avec les onze Alonso ont bien mérité un tel attachement. » Mais l'hommage au père, que l'empereur avait si peu connu mais qui lui avait manqué, l'emporta : ce serait « Philippe », ce prénom inusité dans l'onomastique royale espagnole qui, du coup, s'hispanisa et devint même populaire. Aussitôt l'enfant baptisé, un roi d'armes le proclama rituellement trois fois : « *Oid, oid, oid : don Felipe, príncipe de Castilla, por la gracia de Dios* », « Oyez, oyez, oyez ! Philippe, prince de Castille par la grâce de Dieu ». Les relevailles de l'impératrice furent célébrées le 12 juin : il y eut des joutes royales entre l'empereur et le comte de Haro, et la reine en fut prise d'émotion. Le dimanche 7 juillet, elle faisait sa première sortie en se rendant à la messe, toute de blanc vêtue, sur un cheval tenu à la bride par le comte de Benavente don Juan Pimentel (celui-là même qui avait, sept ans plus tôt, dédaigné la Toison d'or). Ce jour-là il y eut courses de taureaux et joutes.

Dans le faire-part adressé le jour même à toutes les villes d'Espagne pour les informer de l'heureuse naissance, Charles Quint déclarait : « J'espère en Dieu que ce sera pour son service et *pour le plus grand bien de ces royaumes.* Qu'il lui plaise que ce soit pour que je le puisse mieux servir, car c'est à cette fin que je l'ai désiré. » L'empereur avait établi son foyer – même s'il en fut souvent absent – au cœur de l'Espagne, qui de ce fait devenait celui de sa monarchie supranationale. Il y fondait même sa dynastie : les Habsbourg d'Espagne – « *los Austrias* » – (deux « *mayores* » suivis de trois « *menores* », selon l'impitoyable formule de l'historiographie espagnole), qui assumeront deux siècles durant ou presque l'histoire de l'Espagne, dont le *Siècle d'or* cher aux hispanistes. Ce sera tout ensemble le signe et l'instrument de son *hispanisation.* Il avait tenu la parole engagée devant le royaume… Les Cortès générales reconnurent l'héritier à Madrid le 19 avril 1528 ; au cours de l'été les Cortès des trois royaumes de la couronne d'Aragon firent de même à Monzón. À l'automne Charles Quint devait annoncer son départ d'Espagne.

Mais la joie avait été gâchée par la nouvelle de la mise à sac de Rome et de la détention du pape ; au cours d'une joute on annonça à Charles Quint la catastrophique nouvelle… Qu'on se souvienne. Le 6 mai à l'aube l'assaut de Rome par une armée de mercenaires impayés (l'empereur avait demandé en vain des subsides aux Cortès, à son retour de Grenade), affamés et déchaînés, rendus furieux par des mois d'attente dans les pires conditions : vingt mille hommes, dont douze mille lansquenets allemands[108] et sept mille Espagnols, commandés par un duc de Bourbon – le transfuge – qui ne peut plus les retenir, et qui – comme s'il l'avait cherché – fut le premier tué. Le contrôle des troupes échappe tout autant au prince d'Orange qui l'a remplacé. Plusieurs jours durant Rome fut livrée au pillage et au massacre, le pape put de justesse se réfugier dans la forteresse Sant'Angelo : un choc pour l'Occident, par la violence des faits, certes, mais aussi – et surtout – par l'aspect profanatoire d'une telle exaction. L'arrivée de Charles de Lannoy calma un peu le pape qui se soumit à toutes les exigences, et fut confié au même Espagnol (Hernando de Alarcón) qui avait gardé François Ier : il est de curieuses vocations ! Bien que les mercenaires allemands fussent coupables du pire, l'Espagne y gagna une terrible réputation, et le prestige de Charles Quint en souffrit. La lettre circulaire d'explication adressée par lui à toutes les cours d'Europe prouve qu'il en avait douloureusement conscience ; et le fidèle Alonso de Valdés mit aussitôt sa belle plume au service de la *défense* impériale. Cependant, si l'on s'indignait haut et fort devant ce fait sans précédent, un sentiment mêlé d'admiration et de répulsion se faisait aussi jour ; comme l'a si bien dit Manuel Fernández Alvarez[109] :

> « Qui est donc cet Empereur, qui n'a pas même encore paru à la face du monde, dont les troupes sont capables de faire prisonnier tantôt le roi de France, tantôt le Pape lui-même ? Sans oublier que dès ce moment ses marins – Magellan, Elcano – ont fait le premier tour du monde et que ses conquérants ont mis le pied sur le continent américain en dévorant d'un coup de dent l'Empire aztèque. Heureux seigneur, qui règne sur de tels vassaux ! »

Charles Quint, qui n'avait pas voulu le Saccage de Rome mais qui en portait toute la responsabilité, suspendit en partie les festivités prévues pour la naissance de son fils, et déclara le deuil national : « Aucun chrétien ne pouvant être joyeux quand son pasteur est prisonnier. » Hypocrisie, pensera-t-on. Non, simplement cohérence et logique, compte-tenu des circonstances et des personnes : il devait agir en catholique et en empereur tout ensemble ce qui, paradoxalement, impliquait en cette occasion des responsabilités contraires.

Au cours de cette étape capitale de 1522 à 1529, s'était donc parachevé le double processus de l'*hispanisation* de l'empereur et de l'*impérialisation* d'une partie de l'Espagne[110]. Charles Quint n'en perdit pas pour autant les autres – et profondes – composantes de sa riche personnalité : bourguignon et flamand il resta, mais devint aussi espagnol. Son fils – qui sera le plus espagnol de tous les rois d'Espagne – avait la blondeur, la pâleur, l'œil céleste d'un homme du Nord, et portait le prénom de Bourgogne. Charles Quint se retira au fin fond de l'Espagne, mais entouré d'autant de Flamands que d'Espagnols, et nul ne sait vraiment dans quelle langue fut prononcé son dernier mot…

## Épilogue

# LE DERNIER VOYAGE : LA MORT DE CHARLES QUINT

> « *Y al fin huvo otra victoria*
> *Que la más clara escurece,*
> *Y es digna de tal memoria,*
> *Que por sí sola merece*
> *Divina no humana historia.*
>
> *Pues fue solo el vencedor*
> *De su grandeza y valor,*
> *Quando del humano estado,*
> *Despreciando el summo grado*
> *Ganó el imperio mayor.* »
>
> Hernando de Acuña[1].

Puis vint le temps du dernier « voyage », la dernière « journée ». La langue espagnole, si riche en ce domaine, possède un mot – et ce n'est point là simple hasard – qui signifie à la fois l'un et l'autre : « *la última jornada…* » Dernière journée en ce monde de celui qui, par son expresse volonté, n'était plus que Charles : depuis le 28 février 1558, date où la Diète, réunie à Francfort, avait accepté la renonciation de Charles Quint à l'empire au bénéfice de Ferdinand. Il avait, on s'en souvient, ordonné sur le champ qu'on ôtat les titres et les marques de l'empire dans son appartement – et d'abord sur les sceaux – ainsi que sur tous les objets familiers qui portaient ce chiffre, et qu'on remplaçât son nom dans les prières de l'Église par celui de son frère. « Quant à moi, avait-il dit à son confesseur, le nom de Charles me suffit, parce que je ne suis plus rien[2]. » Mais, comme l'a bien souligné François Mignet, « quoique la couronne impériale eût disparu de ses appartements, quoique ses titres eussent été effacés de ses sceaux, quoique son nom ne fût plus prononcé dans les prières publiques, il demeura ce qu'il avait été pour tout le monde. De Valladolid, comme de Bruxelles, on ne cessa pas de lui écrire : *À l'Empereur notre seigneur*, et, lorsqu'on parlait de lui, on disait toujours *l'Empereur.* » Nous ferons ici de même.

*Une source aussi précieuse que tragique*

Si nous connaissons presque au jour le jour les derniers mois de sa vie grâce aux multiples témoignages des proches, des moines et de lui-même (il écrivit alors une bonne soixantaine de lettres, notamment à la régente Jeanne, sa fille, alors à Valladolid, et à Philippe II, encore retenu au Pays-Bas), nous pouvons aussi revivre heure par heure son agonie. Moment privilégié pour connaître l'homme, car « ce que l'on fait quand on va mourir est le plus respectable de la vie, parce que jamais la conscience de la responsabilité n'est plus claire qu'au moment où le cours éphémère de notre existence, toute d'artifice, va se perdre dans le sein de l'éternité », affirmait le docteur Gregorio Marañón au titre de sa double compétence de médecin et d'historien.

Or, une source extraordinaire s'ajoute ici aux précédentes, née des conséquences tragiques d'un drame qui acheva précisément de se nouer au chevet du mourant, et presque à son insu. Il s'agit du procès de Bartolomé Carranza, l'infortuné archevêque de Tolède déjà évoqué. Le document, qui compte quarante mille pages[3], comprend entre autres les dépositions d'une vingtaine de témoins qui furent pressés de détailler les faits et gestes – et plus encore les paroles – de l'archevêque à l'occasion de la mort de l'empereur. De ce fait, quasiment chaque minute de cette agonie a été ultérieurement scrutée et disséquée, dans cette perspective inquisitoriale. Ainsi, le confesseur Juan Regla se rendait-il au tribunal du Saint-Office de Valladolid dès le 9 décembre 1558, pour déposer – devant le licencié Valtodano – contre Carranza afin, selon la formule consacrée, de « soulager sa conscience »[4]. Quinze jours plus tard s'était au tour du grand commandeur d'Alcántara, l'ami de toujours et des derniers instants, Luis de Avila y Zúñiga.

Tous deux fournirent ainsi d'irremplaçables détails, minutieusement consignés par l'appareil inquisitorial – et pour nous précieusement conservés –, sur l'assistance spirituelle qu'avait apportée Bartolomé Carranza à l'empereur moribond ; mais ils le firent en laissant planer une ombre – en l'occurrence mortelle – de suspicion d'hétérodoxie sur le prélat incriminé. Leur « témoignage » n'était en fait qu'une accusation de plus s'ajoutant à un faisceau de présomptions déjà rassemblées par les inquisiteurs ; mais compte-tenu du contexte et de la personnalité du *patient* de Yuste, une accusation de poids sinon décisive, dans l'interminable, le crucifiant procès qui commençait contre l'archevêque.

Au cours des mois qui suivirent, durent comparaître aussi, convoqués comme témoins : Luis Méndez de Quijada, Martín de Gaztelú, et certains hiéronymites, notamment les frères Marcos de Cardona, Francisco de Villalva, Luis de San Gregorio, Francisco de Angulo et Francisco de Baeza, qui avaient assisté, à un moment ou à un autre, à l'agonie de l'empereur. L'inculpé citera de son côté, comme témoins à décharge, le comte d'Oropesa et son frère don Francisco de Toledo, les hôtes de Charles Quint à Jarandilla, qui se trouvèrent également présents ce jour-là. Ces témoignages, habilement – ou malignement – exploités par l'Inquisition mais dignes d'un meilleur usage, constituent pour nous une précieuse source de données sur la mort de Charles Quint[5].

*Le dernier voyage*

Dans son discours d'abdication, à Bruxelles, celui-ci avait clairement exprimé son intention : après avoir évoqué ses continuels voyages et navigations il concluait : « Je vais traverser [la Manche et le golfe de Gascogne] une quatrième fois *pour aller m'enterrer*[6]. » Après tant d'agitation, de bruit et de fureur, il s'en allait mourir, ou plutôt « achever de mourir » comme le rappelait le franciscain Antonio de Guevara dans cette *Horloge des Princes* qu'il lui avait dédiée[7]. Telle était le but avoué de la retraite à Yuste, au fond de l'Estrémadure, où – selon Miguel de Unamuno – il s'en serait allé mourir « fatigué et dégoûté » de l'humaine compagnie[8]. Il choisit d'y vivre et d'y mourir, entouré de la rude prévenance d'une poignée d'hommes, hommes d'Église et hommes de guerre pour la plupart – aucune présence féminine à Yuste –, dont certains avaient été témoins et acteurs de sa grandeur. Et, dans le premier cercle, un Castillan pur et dur, le colonel Quijada, dépositaire de l'intime secret ; un Navarrais efficace et rigoureux, le secrétaire Gaztelú, gardien du testament et des volontés dernières ; un Flamand de Malines, l'humaniste Guillaume, le confident de ses *Mémoires* ; un Flamand de Bruges, le jeune Mathys, veilleur illusoire de sa santé ruinée ; et puis, bien sûr, le confesseur…

Un an et demi de vie à Yuste, ponctués de très rares visites familiales (de ses sœurs Éléonore et Marie, uniquement), ou de celles, amicales et plus fréquentes, du comte d'Oropesa, son hôte de Jarandilla et, surtout, de don Luis de Zúñiga, le compagnon de toutes les guerres et l'ami fidèle des derniers instants ; de celles, plus politiques, du président du Conseil de Castille et de l'amiral d'Aragon, visite intellectuelle de l'historien Juan Ginés de Sepúlveda[9], où celle tout à la fois amicale, politique et spirituelle de l'ex-marquis de Lombay devenu « François le Pêcheur », François Borgia, le futur saint. Dix-huit mois d'une vie simple ponctuée par une pratique religieuse assidue, par l'arrivée et le départ des courriers, les visites, les repas, le jardin et ses plantations, de courtes promenades et de lectures édifiantes ; mais au cours desquels les affaires du monde surent, comme on l'a vu, rejoindre l'empereur à Yuste.

Si l'argent venait parfois à manquer les petits cadeaux pleuvaient ; affectueux cadeaux : des gants, hélas bien inutiles, envoyés de Burgos par la duchesse de Frías ; un perroquet ou une petite chatte que sa nièce Marie lui fit remettre par le courrier de Lisbonne ; cadeaux de bouche la plupart du temps : du petit gibier offert par le prieur de Guadalupe ou par l'archevêque Silíceo ; des anchois ou des huîtres en escabèche venues du Portugal ; des biscuits, des olives, des quantités de fruits ; bref : tous ces menus délices qui étaient son péché mignon – et tellement anodin ! – mais source de désespoir pour le médecin qui ne peut imposer aucune diète à son illustre patient…

Un an et demi ponctués de crises exacerbant horriblement des douleurs si chroniques que Charles Quint les avait en quelque sorte courageusement « domestiquées ». Car, à travers toute la documentation évoquée, souvent très intime, personnelle, donc sincère – notamment la correspondance échangée entre Quijada et Juan Vázquez –, il est frappant de constater que jamais l'empereur ne se plaignait de son corps torturé.

### *La défaite d'un corps épuisé*

À la mi-août 1558, son état de santé se dégrada. Le 30, alors qu'il semblait devoir aller mieux, brusquement, son état s'aggrava dangereusement. Il avait déjeuné, sans appétit, dehors, sur la petite terrasse couverte et fleurie qui précédait l'entrée de ses appartements. Selon deux sources ecclésiastiques, l'une directe et l'autre non, il aurait alors fait décrocher et apporter devant lui le portrait de l'impératrice et la *Gloria*, ces deux chefs-d'œuvre de Titien qui rayonnaient dans son modeste appartement, pour les contempler longuement, comme douloureusement, au point que le docteur Mathys, pris d'inquiétude, dut intervenir : « à ce moment-là l'Empereur tressaillit et, se tournant vers son médecin, lui dit : je ne me sens pas bien ». Il fut aussitôt pris d'un violent mal de tête, d'une grande soif, et de frissons de fièvre. Commençait alors ce que les Espagnols désignent par une forte et intraduisible expression : *« el tránsito de la muerte »*[10], l'entrée en agonie.

En fait Charles Quint n'est pas mort des maux chroniques – et tragiquement « contradictoires » au niveau thérapeutique – qui l'affectaient depuis sa jeunesse : la goutte, ce mal terrible qui eût exigé une diète rigoureuse que – par ailleurs – le diabète lui rendait insupportable ; ce diabète qui, par la polyphagie et la polydipsie qu'il peut entraîner, explique en grande partie ce que l'on a un peu légèrement et trop complaisamment qualifié d'intempérance alimentaire, voire de gloutonnerie. Des indices révèlent par ailleurs clairement que l'empereur souffrit aussi de neuropathie diabétique et d'artériopathie aux jambes. Mais la maladie qui l'acheva fut en fait la malaria, qui ravageait (et ce jusqu'à une époque récente) cette « idyllique » région de la Vera de Plasencia, et dont précisément à cette date une épidémie emporta nombre d'habitants des environs.

Les missives quasi journalières de Luis Quijada au secrétaire Vázquez nous montre la dégradation progressive et les souffrances, trois semaines durant d'un vrai calvaire physique : il avait perdu l'appétit et le sommeil, la fièvre redoublait, accompagnée de vomissements et d'hémorragies, une infection de la bouche l'empêchant même de parler, et de torturantes mucosités de respirer ; parfois il délirait sous l'effet du « coma paludique », restant ainsi inconscient pendant deux tours d'horloge entre le 17 et le 18 septembre. Luis Quijada confie à son correspondant, devenu entre-temps confident et ami, qu'il n'avait jamais vu son maître sans veste, jusqu'à ce jour où il l'a trouvé prostré dans son lit, en chemise, les pieds nus, luttant – portes et fenêtres grandes ouvertes – contre le supplice de la fièvre… Et il ajoute avec émotion : « imaginez, cher monsieur, dans quel état doit se trouver celui qui a, comme moi, servi trente-sept ans un maître et le voit ainsi s'en aller ». De son côté, le docteur Mathys lui écrivait : « ce type de fièvre est nouveau chez lui, on voit bien que Sa Majesté est très inquiète car elle a aussitôt voulu s'occuper de son testament. » On avait appelé en urgence et en renfort le docteur Cornelius Baersdorp, qui arriva à Yuste le 8 septembre pour… tomber aussitôt malade lui aussi ! Cet éminent praticien se trouvait au service de la reine Marie de Hongrie, près de Valladolid. C'était le médecin de la famille, qui les avait suivis en Espagne en 1556. Afin qu'il pût rester auprès d'Éléonore et de Marie, elles aussi vieillissantes et souvent souffrantes, leur frère ne l'avait pas emmené avec lui en Estrémadure. C'est ainsi que le jeune Mathys avait quitté Bruges pour Yuste…

« *Finis miseriae mors est* ». Un poète espagnol contemporain – Francisco de la Torre – concluait justement en glosant cet axiome : « *porque el dolor de la muerte es la muerte del dolor* ». Seule la mort pourrait alors soulager l'empereur qui faisait peur à voir et pitié. Nous savons, par une lettre de Quijada à Juan Vázquez datée du 14 et quasiment secrète, que l'empereur avait alors interdit à sa fille Jeanne et à sa sœur Marie de lui rendre visite… De ce fait ils ne se revirent plus en ce monde. Dans une autre lettre, écrite à 8 heures du soir le lendemain, Luis Quijada écrit ces mots qui ne trompent pas :

> « La faiblesse de Sa Majesté est très grande, et ses forces déclinent de plus en plus. Depuis hier les médecins sont très inquiets de l'état de son pouls, quoiqu'un peu moins depuis cette nuit. D'ici à deux jours nous verrons bien si ses forces reviennent, car après les cinq diarrhées qu'elle a eues aujourd'hui elle se sentira peut-être mieux, sinon nous aurons du souci. On apporte ici tout le soin et la diligence possibles pour que rien ne manque au service ni au confort de Sa Majesté, *car si notre sang pouvait lui venir en aide nous le donnerions bien volontiers.* On passe ici de bien mauvais moments, mais on supporte sans

regrets, car on souhaite que Dieu lui redonne la santé et on fait tout pour cela. *Détruisez cette feuille je vous en supplie.* »

C'est à ce testament, évoqué par le médecin, que l'empereur consacra, à partir du 1er septembre – avec son confesseur, Luis Quijada et le secrétaire Gaztelú, promu notaire pour l'occasion – ses dernières forces. La signature définitive est du 9 septembre. En fait, il ajouta surtout un codicille très révélateur de ses dernières inquiétudes ; outre qu'il y donnait les instructions concernant sa propre sépulture, il recommandait en effet, ou s'en souvient, le châtiment impitoyable et exemplaire des « hérétiques » découverts en Castille et en Andalousie.

Cependant, Luis Quijada – en dépit des avertissements du docteur Mathys – refusait encore, pour ne point le troubler davantage, de lui faire administrer les derniers sacrements. « Depuis midi, écrivait-il à Vázquez le 19 au soir, j'empêche qu'on ne lui donne l'extrême-onction, craignant que bien qu'il ne parle pas il en soit retourné ; les médecins sont contre moi car ils pensent qu'il est temps. Moi, je dis que je me tiens prêt et qu'ils n'ont, eux, qu'à bien garder la main sur le pouls, pour qu'on ne la lui donne que quand on sera sûr que le moment est vraiment venu. Sinon, croyez bien que j'aurais déjà dû l'enterrer trois fois, et cela me remue jusqu'au fond de l'âme et des entrailles. »

Mais comme il devenait urgent de le faire, il reçut l'extrême-onction le 19 septembre à dix heures du soir. Le lendemain matin – « *en pleine conscience* », selon le médecin – il demanda la communion, qu'il reçut à midi des mains du frère Juan Regla. À la nuit tombante de forts vomissements, répétés, annonçaient la fin. Et pendant tout ce temps, des moines du monastère, ainsi que son confesseur lui lisaient des Psaumes et d'autres textes édifiants.

### *Arrivée à Yuste du père Bartolomé Carranza*

Au milieu du dernier jour, le 20 précisément, arriva le frère Bartolomé Carranza, récemment promu archevêque de Tolède. Les jours précédents, l'empereur avait vainement attendu sa venue pour la rédaction définitive de son testament, et en avait montré de l'impatience ; car il savait que le prélat, de retour des Pays-Bas, était porteur de messages importants de la part de son fils Philippe.

Plusieurs facteurs, comme on sait, avaient déjà contribué à refroidir la haute estime dans laquelle l'empereur avait tenu le dominicain : l'Inquisiteur général Fernando de Valdés lui avait fait savoir que le nom de Carranza revenait à plusieurs reprises dans les déclarations, les dépositions, des inculpés pour « hérésie protestante » dont les procès étaient en cours au tribunal de Valladolid ; une lettre de la régente à son père avait également fait état de rumeurs suspectes qui couraient dans la ville – et à la cour – à propos d'un sermon que l'archevêque y avait prononcé.

Tout cela avait d'ailleurs tellement intrigué le secrétaire Gaztelú, que de son propre aveu, il attendait avec curiosité la venue d'un tel personnage. En outre, le confesseur hiéronymite de l'empereur à Yuste, Juan Regla, se répandait en allégations diffamatoires, très compromettantes pour la victime, et dont feront état les témoignages ultérieurs des frères Martín de Angulo – prieur de Yuste depuis le printemps – et Luis de San Gregorio. L'inimitié entre les deux ecclésiastiques remontait à une bonne décennie. Le confesseur et l'archevêque s'étaient en effet trouvés jadis ensemble, avec tant d'autres prestigieux théologiens espagnols, au concile de Trente. Carranza y avait participé en 1545 et en 1551 à titre de « théologien impérial » à la demande expresse de Charles Quint, et selon Juan Regla y aurait tenu des propos scandaleux sur la messe, et se serait en outre lié d'amitié avec un hérétique à Milan.

Au dire des autres moines de Yuste, qui déposèrent ultérieurement au cours du procès – donc après la mort de l'empereur –, le confesseur cherchait alors manifestement à dresser le monastère contre l'archevêque, et avait tout fait pour le ruiner dans l'estime de leur maître. Il semblerait – d'après certains éléments de la « défense » de Carranza, notamment – qu'à Trente Juan Regla avait pu concevoir quelque vindicative jalousie devant le brillant dominicain, qui s'était illustré au concile ; et que celui-ci ait par ailleurs manqué d'égards, à Yuste, envers ce moine « timide, insinuant, scrupuleux et soumis » (pour reprendre les termes de F. Mignet) qu'était le confesseur ; par ailleurs présenté – en particulier par le père Sigüenza, dans sa chronique de leur ordre – comme un homme extrêmement modeste et vertueux. En fait, un esprit étroit, et un homme envieux, malgré la distinction sans pareille dont – en le prenant pour directeur de conscience et confesseur de ses derniers mois de vie – Charles Quint l'avait gratifié.

L'estime dans laquelle ce dernier avait jusqu'alors tenu le père Carranza est attestée par les plus hauts témoignages ; ainsi Ruy Gómez da Silva, l'ami et confident du roi, déclarait-il que « l'Empereur avait fait grand cas du frère Bartolomé [Carranza] de Miranda », qu'il avait pu apprécier lorsque celui-ci prêchait à la cour en tant que prédicateur impérial qu'il était. En 1548, sur l'avis de Charles Quint, on avait proposé ce grand dominicain comme confesseur du prince Philippe, poste qu'il avait refusé d'accepter ; de même qu'il avait repoussé le siège épiscopal de Cuzco – alors le plus important d'Amérique –, puis celui des Canaries, que lui avait offert l'empereur. Lorsqu'enfin, sur les instances – très pressantes, trois fois répétées – de Philippe II, il eut accepté le siège de Tolède, Charles Quint qui l'apprit à Yuste aurait fait d'acerbes remarques, rapportées par le barbier, et complaisamment diffusées par Juan Regla : « Vous allez maintenant voir qui est le frère Bartolomé de Miranda », « voyons un peu ce qu'il adviendra de toute sa sainteté… »

*Face à face entre l'empereur mourant et l'archevêque suspect*

Enfin, après s'être attardé à Valladolid, arrivait donc, ce 20 septembre 1558 vers midi, de Jarandilla, le frère Bartolomé accompagné du comte d'Oropesa, du frère de celui-ci, don Francisco de Toledo (le futur grand vice-roi du Pérou), et de quelques dominicains qui l'escortaient. Il semble qu'il eut quelque difficulté à approcher l'empereur moribond. Celui-ci ayant enfin acquiessé d'un signe de tête, l'archevêque pénétra dans la chambre où il allait s'entretenir en tête-à-tête avec le mourant.

La teneur de cette brève entrevue a cependant filtré. S'étant agenouillé, après un ample salut, pour baiser la main de l'empereur, celui-ci le fit asseoir près de lui sur une chaise basse, en lui disant : « vous arrivez bien tard, l'archevêque : *"Qué tarde venís, arzobispo"* ». Le frère Marcos de Cardona précisera pour sa part dans sa déposition que l'empereur l'avait dévisagé avec une insistance bizarre : « *con unos ojos hitos* », avant de lui demander des nouvelles de son fils – « il va bien, pour vous servir », aurait répondu l'archevêque – ; enfin, l'ayant interrogé sur l'affaire des hérétiques de Valladolid, Carranza aurait répondu évasivement : « pour le moment il ne s'agit que de la santé de Votre Majesté[11] ».

Sur ce, l'empereur avait fermé les yeux et reposé la tête sur l'oreiller ; les dominicains et les hiéronymites présents, ainsi que les serviteurs, qui attendaient dans le couloir, entrèrent dans la chambre, on prit le pouls du malade qui parut bon, et on le laissa se reposer. Ainsi, après un quart d'heure d'entretien, l'archevêque avait quitté la pièce, l'air manifestement contrarié, au dire des témoins. Prenant congé du comte d'Oropesa et de son frère, il se retira dans le bourg tout proche de Cuacos (où se trouvaient les serviteurs de l'empereur), en demandant à ce qu'on l'avertît en cas d'aggravation de l'état du malade.

L'empereur reposait donc sur son lit de douleur. Alejo de Venegas décrit la mort comme « une bataille rangée entre le diable et l'âme ». Ce serait donc le dernier combat pour ce guerrier jusqu'alors invaincu… Que nous apprennent les témoignages de sa mort sur la spiritualité de l'empereur ? D'abord qu'il aimait qu'on lui parlât de la miséricorde de Dieu. Ainsi, selon le frère Marcos de Cardona, le comte d'Oropesa, et Carranza lui-même : « Lorsque l'Empereur notre seigneur, – que Dieu ait son âme[12] était à la dernière extrémité de sa vie en proie à l'angoisse et à la peur, il désirait être encouragé par la grande miséricorde de Dieu, et pour cela – comme au meilleur de sa vie – il voulait toujours qu'on lui en parlât ».

### « El tránsito de la muerte » *ou le dernier combat du mourant*

Comme il eut, vers trois ou quatre heures de l'après-midi, une crise dont il ressortit exténué et à bout de souffle – « la poitrine haletante et à la dernière extrémité » – on fit appeler l'archevêque. Lorsqu'il arriva, les proches (Quijada, Gaztelú, Mathys, Van Male) et certains des moines se trouvaient déjà au chevet du mourant, et s'efforçaient à le réconforter. On laissa, mais de mauvais gré, semble-t-il, passer le père Bartolomé.

S'étant approché du lit sur un signe du malade, il entreprit de l'encourager par d'édifiantes paroles. Selon le frère Martín de Angulo, il l'aurait fait en commentant pour lui le psaume[13] *De profundis.* L'empereur aimait les Psaumes. Son confesseur, constamment à ses côtés au cours du séjour à Yuste, lui en donnait quotidiennement lecture, ainsi que des textes de saint Augustin ou de saint Bernard, des Évangiles ou d'autres textes édifiants.

Arrivé au verset « *Quia apud te propitiatio est : et propter legem tuam sustinui te, Domine* »[14], l'archevêque insista sur la miséricorde divine et le bénéfice de la Passion en ces termes, prononcés à très haute voix, selon Martín de Angulo, le prieur : « Que Votre Majesté mette toute son espérance dans la Passion du Christ, notre Rédempteur, tout le reste est sans importance[15]. » La phrase, trop audacieuse – « *que sabía a cosa fuerte* » –, fit le tour de l'assisance qui s'en montra scandalisée. Dans le procès figure la copie d'un commentaire dudit psaume que le malheureux archevêque avait composé des années auparavant. José Ignacio Tellechea Idígoras reconstitua ainsi, à partir de ce texte et des témoignages, l'ultime message de Carranza à Charles Quint : « Près de vous et en vous, Seigneur, se trouve déjà le prix payé et la réparation de nos péchés, qui est Jésus-Christ, comme saint Jean le dit dans son épître, *Quia Christus est propitiatio pro peccatis nostris*[16]… Si, en Vous regardant, Seigneur, je voyais le démon m'accusant ou [si je voyais] mes péchés qui m'épouvantent, près de Vous je verrais, de l'autre côté, Jésus Christ prenant en avocat ma défense, lui qui a payé pour moi à votre justice plus que ne le méritent mes péchés… » Comme le souligne l'auteur : bien troublés devaient être les temps, pour qu'on en vînt à considérer avec suspicion des idées d'essence aussi authentiquement, aussi radicalement, chrétiennes !

Au cours de l'après-midi, les uns et les autres se succédèrent en courte visite au chevet de l'empereur, en s'efforçant de lui apporter le réconfort spirituel et la force nécessaire, en s'inspirant des Psaumes et des récits de la Passion. Quand il se fit tard, le malade paraissant apaisé et son pouls plus régulier, les moines se retirèrent ainsi que l'archevêque, qui à nouveau recommanda qu'on l'appelât en cas d'urgence. Vers le milieu de la nuit, plusieurs crises annoncèrent l'imminence de la fin : le père Carranza accourut donc.

L'un des moines déjà sur place lui suggéra de donner l'absolution au moribond. Quoique le confesseur – Juan Regla – fît remarquer que, lui, il l'avait déjà fait, Carranza prononça des paroles absolutoires sans confession préalable de l'agonisant. Au cours du procès, la « qualification » de ce geste, de ces paroles, sera sujette à polémique : selon le dominicain Pedro de Sotomayor (professeur de théologie à Salamanque) cité par Carranza comme témoin à décharge, il ne se serait agi que d'une simple prière. Selon le frère

Martín de Angulo, Carranza avait prononcé la formule sacramentelle, sans y penser, sous le coup de l'émotion. Luis Quijada se borna à répéter les formules qu'il avait entendues, sans prétendre en juger. Mais pour Juan Regla – il n'en démordrait point – il y avait eu là abus scandaleux du pouvoir sacramental.

*Dernières consolations*

L'empereur, se sentant mourir, réclama une image de la Vierge devant laquelle était décédée l'impératrice – Isabelle de Portugal, la belle et très chère épouse, morte en couches le 1er mai 1539 –, et le crucifix qu'elle avait alors tenu entre ses mains ; ce crucifix qu'il conservait depuis lors dans sa chambre – en vue de sa propre mort –, ainsi que neuf chandelles bénites de cire blanche, provenant du monastère catalan de Montserrat ; car il vouait depuis son premier séjour en Espagne – comme nous l'avons vu – à cette Vierge noire veillée par les bénédictins une grande dévotion.

Le frère Francisco de Villalva les apporta ; on les alluma et tous commencèrent à réciter le *Credo*. Carranza précisa que le frère Francisco de Santa María entama la lecture du récit de la Passion et, d'après la déposition du frère Marcos de Cardona, ce fut selon l'Évangile de saint Luc. Alors l'archevêque prit le crucifix, l'approcha tout près de la poitrine et des lèvres du mourant. Oubliant – en ce moment suprême – toute emphase et jusqu'à la présence des regards – et surtout des oreilles – manifestement ennemis, Carranza, emporté par l'émotion, dit à l'empereur ces mots qui lui seront ultérieurement méchamment incriminés :

> « Voici ce qu'on est en train de lire à Votre Majesté, dans ce livre. Mais, quand vous ne pourrez plus l'entendre, posez les yeux ici. Et, quand vous ne pourrez plus le voir, regardez dans votre cœur et dans votre mémoire ; ayez confiance en ce Seigneur qui est mort pour vous, et en sa

miséricorde ; car tout comme Votre Majesté a plus d'une fois défendu sa cause et les intérêts de la sainte foi catholique, il saura bien, Lui, défendre les vôtres au ciel. N'ayez point peur, avec l'aide d'un tel Seigneur, ne laissez pas le démon vous troubler par le rappel de vos péchés, comme il a coutume de le faire en ce trépassement. Sire, mettez toute votre espérance en celui qui en a déjà payé le prix ; car, puisque vous avez fait, pour votre part, ce que vous deviez en recevant les sacrements de l'Église, le démon[17] ne pourra désormais plus vous faire le moindre mal. »

Ces paroles[18], Carranza les répétera lui-même devant les juges. S'accrocher – se cramponner au Christ – donc : avec les oreilles, avec les yeux, et quand plus rien ne marcherait, avec le cœur et la mémoire… « Avoir défendu la cause de Dieu » – l'espagnol dit exactement *« hizo sus negocios »* –, voilà un thème qui avait été maintes fois repris par Carranza dans les sermons qu'il avait prononcés devant les souverains.

Comme Pierre Chaunu l'a si bien précédemment rappelé, Charles Quint avait écrit de sa main – à l'âge de vingt et un ans – à Worms, dans la nuit du 18 avril 1521, et proclamé le lendemain : « Aussi je suis résolu à engager mes royaumes, mes possessions, mes amis, mon corps et mon sang, ma vie et mon âme. Car ce serait une honte pour vous, et pour nous, membres de la noble nation germanique, si de notre temps et par notre négligence la seule apparence de l'hérésie, d'un tort fait à la religion chrétienne, pénétrait dans le cœur des hommes. » N'avait-il point tenu parole ? Près du lit se tenait de grands témoins : don Luis Méndez de Quijada, don Luis de Avila y Zúñiga, et Bartolomé Carranza lui-même.

Ces paroles de charité majeure, prononcées par Carranza à l'empereur en agonie, furent diversement perçues. Elles ne choquèrent point, au contraire, le secrétaire Gaztelú, ni le comte d'Oropesa, ni son frère don Francisco de Toledo. Celui-ci déclara même que « Sa Majesté sembla, à en croire les faibles signes qu'elle en put donner, réconfortée par ces paroles[19] ». Les dominicains présents, les compagnons de l'archevêque, furent du même avis, ainsi que le théologien Pedro de Sotomayor, qui fut particulièrement attentif à tout ce qui se fit, se dit et se sous-entendit… Mais Juan Regla se livrait à d'éloquentes mimiques scandalisées, lançait des regards entendus aux autres moines, s'employant à jeter le doute dans les esprits, à tel point que don Luis de Zúñiga, ce militaire, en sortira définitivement ébranlé ; son témoignage sera, avec celui du confesseur, fatal à Bartolomé Carranza. La malveillance délibérée des uns, l'incompréhension des autres – ou l'air du temps – traduiront, résumeront les mots de Carranza en : « il n'y a point de péché, seule la Passion du Christ suffit au salut », autrement dit : « *sola fide…* »

On éloigna l'archevêque du lit, sous prétexte que sa voix trop forte et trop rude incommodait le malade. Un moine de Yuste, le « doux prédicateur », le frère Francisco de Villalva s'approcha et tint au mourant, d'une voix très douce, ces apaisantes paroles :

> « Votre Majesté peut se réjouir grandement car c'est aujourd'hui la fête de l'apôtre saint Matthieu. Votre Majesté est venue en ce monde le jour de l'apôtre saint Matthias ; elle le quitte le jour de la saint Matthieu… Avec de pareils avocats, il n'y a rien à craindre. Que Votre Majesté ne perde point courage, qu'elle élève son cœur vers le ciel, qu'elle ait confiance dans le Seigneur, le très haut, car il lui accordera la gloire qu'elle mérite. »

Ces consolants propos – plus naïfs, certes, que ceux de l'archevêque – inspirent à José Ignacio Tellechea Idígoras le commentaire assez condescendant que voici : « Combien plus substantiel, plus théologiquement robuste, est le discours de Carranza, avec cet art rude du savoir mourir, à la Navarraise : “*con su bronco estilo navarro de morir !*”. »

Pendant que le corps épuisé de l'empereur livrait son dernier combat, Carranza et le comte d'Oropesa, assis au pied du lit, échangèrent des propos qui seront recueillis lors du procès. Le comte disait à l'archevêque qu'il fallait remercier Dieu de la sérénité dans laquelle l'empereur achevait sa vie, et de lui avoir fait la grâce d'écarter de lui toutes les tentations – entendez : celles du désespoir – que le démon aurait pu lui infliger à propos ou à cause des nombreuses guerres, des affaires si graves et si lourdes qu'il avait dû assumer. Certes, aurait répondu Carranza, Sa Majesté mourait en effet dans une grande paix et avec sérénité, peut-être même un peu trop, semblant dire par là qu'il eût souhaité que l'empereur manifestât plus de repentir. Or, cette confidence aurait dû, à elle seule, exonérer le père Carranza des accusations du confesseur…

### *L'instant ultime :* « Domine, iam moritur »

Voyant approcher l'ultime instant, les amis présents dans la chambre – le comte d'Oropesa et don Luis de Zúñiga – se retirèrent dans la pièce contiguë où ils s'assirent sur un coffre… Dans un coin de la chambre, l'archevêque et le colonel Quijada s'occupaient des premières dispositions à prendre après la mort qui était à l'évidente imminente. Pendant ce temps, le médecin Mathys se tenait debout au pied du lit et observait attentivement le malade. Alors que – selon les termes d'un moine de Yuste – « l'âme troublée du César cherchait par où sortir et Sa Majesté poussa un profond soupir d'angoisse en disant "*¡ ay !*" ».

Le médecin avertit l'archevêque, qui se trouvait en alerte dans le couloir, en annonçant d'une voix forte « *Domine, iam moritur* », les serviteurs battirent le rappel et tout le monde se rassembla autour du lit. Lorsque le comte d'Oropesa et don Luis de Avila entrèrent, l'archevêque Carranza était déjà au chevet. Il avait pris un livre (missel ou bréviaire) qui se trouvait sur le lit et donna l'absolution générale – « *absolución del alma* » – que l'on donne aux agonisants, mais en prononçant les paroles sacramentelles : « *Ego te absolvo a peccatis et excessibus tuis* », sans l'avoir entendu en confession, ce dont le Saint-Office lui fera par la suite lourdement grief.

L'empereur, qui s'en allait, revint à lui en s'écriant : « aidez-moi, car je meurs » ou plutôt « aidez-moi à mourir : "*Ayúdenme, que me muero*" ». Il était deux heures du matin. Tous ces hommes l'entouraient – « *le acompañaban* », dit éloquemment le texte – en tenant chacun un cierge. Charles Quint, pleinement conscient, en prit un dans la main droite (que Luis Quijada lui soutenait), et le crucifix dans la gauche, en disant « *ya es tiempo* » : « le moment est venu, il est temps », comme on dit « il est temps de partir »… Dans le dernier spasme de l'agonie (selon les témoins, il y en eut cinq) il appela, en levant les mains et les yeux au ciel : « *Jésus* », si clairement que tout le monde l'entendit. « Et c'est ainsi – sur ce "Jésus" – que s'est éteint le plus grand des hommes qui fut jamais. Que Dieu le mette au Ciel »[20], écrirait quelques heures plus tard, au point du jour, le colonel Quijada effondré de chagrin au secrétaire Vázquez. Lorsque l'empereur eut rendu le dernier soupir, l'archevêque fit plusieurs fois le signe de la croix, en proclamant : « Dieu lui pardonne, Dieu ait son âme. » C'était le mercredi 21 septembre 1558, à deux heures et demie du matin. Dans le chœur contigu les moines achevaient de dire les matines[21]…

José Ignacio Tellechea Idígoras, dans une analyse fort intéressante de ces derniers instants, commente notamment ce « *ya es tiempo* » prononcé par le mourant : « Il y a, écrit-il, dans cette noble attitude devant la mort de la grandeur, et même comme un air de divine bataille avec le cierge en guise de lance et le Christ pour bouclier. » Le prieur Martín de Angulo ayant employé – en rendant compte de la mort de l'empereur – l'expression « quand Sa Majesté voulut rendre l'âme : "*cuando S.M. quiso rendir el espíritu*" » l'auteur, maître de l'université pontificale de Salamanque, souligne que l'expression était, plus qu'emphatique, bien fondée ; en ce sens que, précise-t-il : « quoique la mort doive fatalement l'emporter, la volonté semble encore la dominer. Dieu fixe l'heure, mais nous, nous *acceptons* –

librement – de mourir quand Lui, il nous appelle. » Et il ne manque pas de rappeler pour l'occasion – très opportunément – ces mots d'Alejo de Venegas : « Nous mourons de bon gré, comme si nous ne devions pas mourir. Et de notre propre gré nous lui sacrifions notre vie, qui est le plus grand sacrifice que nous puissions lui offrir[22]. » On touche là au cœur même de l'ascétique espagnole du XVIe siècle, en fait « au cœur religieux – pour reprendre un grand titre[23] – du XVIe siècle espagnol », sublime, fascinant et repoussant tout ensemble car cruellement intolérant.

## *Impériale – et exemplaire – variation sur le* « Vanitas vanitatum… »

L'empereur aurait souhaité être enterré à Yuste, et qu'on ramenât près de lui le corps sa femme. Luis Quijada, scandalisé par ce projet, voulait convaincre son maître d'opter pour le panthéon de Grenade, où se trouvaient les Rois Catholiques ses grands-parents, sa mère (Jeanne dite la Folle) et le corps (sans le cœur, qui est toujours à Bruges) de son père, l'archiduc Philippe le Beau. Il insista tant et si bien que Charles Quint choisit un moyen terme, en laissant finalement à son fils le soin et le choix de sa sépulture définitive.

Mais à Yuste l'empereur *exigea* d'être enseveli sous ce maître-autel qu'il pouvait voir sans être vu de son lit, et suivre ainsi la messe quand le mal le tenaillait et le paralysait ; mais selon une disposition bien particulière : « de telle sorte, précisa-t-il, que n'importe quel prêtre qui dira la messe pose les pieds sur ma poitrine et sur ma tête ». En signe « d'éternelle humiliation ». Daniel-Rops a écrit, à propos de son étrange vœu, ces belles lignes : « Sa chambre communiquait directement avec la chapelle ; de son lit de douleur, il participait aux offices. Des fenêtres ensoleillées de sa demeure, il admirait encore tout ce que la terre d'Espagne a de plus touchante beauté : ses champs rougeâtres, ses amandiers bleus, les noyers des collines, les vignes et les mûriers. Mais il n'avait qu'un pas à faire pour fouler cette dalle sous laquelle il avait résolu que reposerait son corps. Il pouvait désormais considérer la mort déjà désamarré de la vie et son âme associée pour toujours à une prière qui n'aurait pas de fin[24]. »

Cent vingt ans plus tard, à Séville, le 9 mai 1679, dans les derniers flamboiements du baroque espagnol, à l'autre extrémité du Siècle d'or, un étrange personnage, grand pécheur repenti et converti au service des plus pauvres des pauvres – et ils étaient alors légion au bord du Guadalquivir, la peste et la famine aidant –, mourait à cinquante-deux ans en faisant acte d'une impressionnante, presque effrayante, humilité. Miguel de Mañara Vicentelo de Leca, riche et fastueux seigneur, chevalier de l'ordre de Calatrava quoique fils de marchand, débauché et violent, transformé par le deuil à l'âge de trente-quatre ans, eut en 1661 la révélation de la vanité du monde – et de sa propre vie – en veillant sa jeune épouse moribonde, devant les affres de son agonie. Retiré au désert il intégrait ensuite et refondait la confrérie hospitalière de la *Santa Caridad* de Séville dont, surmontant toute humaine répugnance, il accomplira les plus humbles tâches. À sa mort, qui fut – au sens propre – exemplaire, il exigea d'être enterré à même la terre, sans cercueil, sans autre linceul que la cape de l'ordre, à l'entrée de son église, au lieu de passage, afin que chacun foulât du pied son cadavre – « *para que todos me pisen y huellen* » –, et qu'une pierre en signalât l'endroit par cette épitaphe : « Ci-gît la dépouille du pire des hommes qui furent en ce monde. Priez Dieu pour lui. » Deux époques et deux personnalités différentes, mais un même geste (en est-il de plus fort ?) dans lequel se rejoignent par leurs extrêmes l'orgueil et l'humilité, et se fondent[25].

La volonté de l'empereur, dont Philippe II (encore aux Pays-Bas) fut informé en même temps que du décès par un courrier de Quijada du 17 septembre, fut respectée. Elle le fut moyennant quelque aménagement ; en effet, comme le précise le père José de Sigüenza, il se trouva que seuls les saints dûment canonisés par l'Église et leurs reliques pouvaient être enterrés sous l'autel d'une église ; par un astucieux bricolage on donna donc un peu plus de profondeur à la pierre d'autel de sorte que le corps pût reposer dessous, certes, mais en biais de manière que ni le tabernacle ni le centre de l'autel ne fussent à l'aplomb du corps mais en surplomb, devant lui.

L'archevêque Carranza, dont on avait interprété malignement les magnifiques paroles d'aide au mourant, et dont le calvaire commencerait bientôt[26], dit la messe des morts, disposa et conduisit les cérémonies des jours suivants. À cinq heures du matin il écrivait à la régente Jeanne et au roi pour leur annoncer le décès de leur père. Le comte d'Oropesa, qui fut fortement impressionné par la mort édifiante de son souverain et ami, fit de même ; le secrétaire Vázquez reçut pour sa part les lettres des proches : Quijada, Gaztelú, don Luis de Avila. Le 23 septembre était signé l'acte d'ensevelissement. Évoquant l'affairement désolé autour du cercueil de plomb, que l'on soude avant de l'emboîter dans une bière grossièrement taillée dans un de ces châtaigners dont foisonnent encore les alentours de Yuste[27], avant de recouvrir le tout de drap noir et de le porter – douze hommes y suffisant à peine – dans l'église du monastère, le père Sandoval écrit :

> « … on le porta ainsi jusqu'au grand-autel par la porte de sa chambre qui donnait sur l'église, et on le déposa sous ledit autel, comme il l'avait ordonné, avec l'aide de l'archevêque, du comte d'Oropesa, du Grand Commandeur d'Alcántara, de Luis Quijada, pendant que les moines récitaient l'office des morts dans un flot de larmes, ce qui n'a rien d'étonnant puisque moi, qui ne connaît sa vie que par ouï-dire, j'en verse tout autant ».

Le corps de Charles Quint resterait sous l'autel de la modeste église du monastère de Yuste jusqu'en 1574, date à laquelle il sera transféré à l'Escurial encore inachevé, et déposé dans une chapelle provisoire.

La raison principale et explicite de l'édification de ce complexe – église, monastère, panthéon, palais royal et bibliothèque – fut précisément la volonté du roi Philippe II de donner à ses parents une sépulture « plus digne ». Ainsi, dans la lettre de fondation du 28 avril 1565 (officialisée deux ans plus tard), après avoir rappelé que son père lui avait confié le soin de sa sépulture et de celle de sa mère, le roi déclarait :

> « … et, conscients que Nous sommes qu'il convient de donner une digne sépulture à leurs corps, et qu'ils fassent l'objet de prières et d'offrandes perpétuelles, et que leur mémoire soit célébrée ; et parce que Nous avons décidé d'être enterré dans le même endroit qu'eux, lorsque Dieu Nous appellera… de même que doña María, Notre épouse bien-aimée, et Isabelle, Notre épouse bien-aimée, désirent être enterrées avec Nous et les infants don Fernando et don Juan, Nos frères, et les reines doña María et doña Leonor, Nos tantes. Pour ces raisons Nous fondons et édifions le monastère de Saint-Laurent le Royal au lieu dit de l'Escurial, dans le diocèse et archevêché de Tolède ; Nous le fondons et l'édifions en honneur et sous le vocable du bienheureux saint Laurent, du fait de la particulière vénération que Nous avons pour ce saint glorieux, et en souvenir des faveurs et des victoires que Nous avons commencé à recevoir de Dieu le jour de sa fête. Nous le remettons à l'ordre de Saint-Jérôme à cause du profond amour et de la grande dévotion que, tout comme l'empereur et roi, Notre seigneur, Nous lui portons. »

Il y était également spécifié que les sépultures de l'empereur et de sa femme occuperaient la première place dans l'église. Les restes de l'impératrice furent donc amenés à Yuste et, de là, les cendres impériales furent acheminées au palais-monastère de *San Lorenzo del Escorial*, ce « nouveau temple de Salomon et tombeau du père, placé sous le signe de l'Adoration perpétuelle »[28]. Ce fut par un temps si épouvantable que les conducteurs durent, pour s'abriter, abandonner en rase campagne les lourds cercueils qui furent détrempés par une pluie diluvienne…

## *Une mort édifiante*

« *Jus hoc animi morientis habebat* », ce vers de Lucain, poète cordouan de l'Espagne romaine, aurait pu – sorti de son martial contexte – s'appliquer aussi bien à l'empereur : « il gardait en mourant l'empire de son âme ». Sa mort – tous les documents le prouvent, les lettres (nombreuses) qui furent écrites « à chaud » dans les heures qui suivirent comme les dépositions recueillies des mois et des années plus tard – a très profondément impressionné tous ceux qui en furent témoins, et qui, pour certains, l'avaient connu aux heures les plus glorieuses de sa vie. Même le docteur Mathys, habituellement plus que sobre dans sa correspondance, écrivait à Juan Vázquez : « Que Notre Seigneur lui donne pour prix de la peine et du mal qu'il s'est donnés en cette vie la gloire céleste qui dure à tout jamais. Ce fut chose très exemplaire que de voir quelle bonne mort a eue Sa Majesté, et comment, par une grâce singulière de Notre Seigneur, elle a conservé jusqu'au bout sa pleine et saine conscience et tout son entendement. Le décès de Sa Majesté nous a causé – à nous – une grande peine ; mais puisque ce fut pour le repos éternel de Sa Majesté, elle est digne d'envie, et nous de pitié. » Le comte d'Oropesa, qui avait hébergé l'empereur et le reste de sa maison pendant deux mois et demi dans le château de Jarandilla, écrivit à doña Juana, la régente déjà veuve et désormais orpheline :

> « Persuadé que ce serait la plus grande des consolations pour l'âme royale et chrétienne de Votre Altesse devant la perte d'un tel père, je tiens – en tant que témoin oculaire – à vous informer à mon tour de ce que la fin de l'Empereur notre seigneur fut la plus chrétienne et la plus exemplaire que l'on puisse désirer. Et, quoique Sa Majesté – que Dieu ait son âme – m'avait déjà fait une grande

> faveur en acceptant de bon gré mon hospitalité, je pense désormais en avoir reçue une bien plus grande encore par le précieux exemple qu'elle nous a donné en mourant avec autant de courage et de sérénité, en employant toutes ses forces à se tourner vers Dieu, en suivant les conseils de l'archevêque de Tolède, qui l'aida grandement en la circonstance. »

La fin la plus exemplaire : le comte a écrit – l'expression est superbe – « *de mejores muestras* ».

Le colonel Luis Méndez de Quijada, le secrétaire Gaztelú et don Luis de Zúñiga furent, parmi les présents, les plus affectés. Le hiéronymite anonyme écrit à leur propos qu'ils en perdirent toute dignité : « … sous l'effet du chagrin ils ont fait et dit des choses telles que, si on ne les avait pas aussi bien connus, on aurait pu s'en faire, devant leur manque de tenue, une bien piètre idée. Ils poussaient des gémissements et des cris, se frappaient le visage et se cognaient la tête contre les murs, comme s'ils étaient hors d'eux-mêmes, comme ils l'étaient d'ailleurs, à cause de la peine qu'ils ressentaient de voir-là, mort, un maître qui leur avait fait tant d'honneur, et qu'ils aimaient et chérissaient aussi tendrement. Ils chantaient les louanges de l'Empereur, disaient ses grandes qualités. Mais en même temps les cris et les gémissements qu'ils poussaient étaient tels qu'ils mirent sens dessus dessous la maison de Sa Majesté, à tel point que tout le monde se mit à faire comme eux, jusqu'à ce qu'on les eût fait sortir de la chambre, où nous les quatre religieux qui ont veillé son corps restâmes enfin seuls. »

C'est d'ailleurs le visage et la tête entièrement enfouis sous un voile noir, avec à ses côtés son « fils adoptif » – ce jeune Jerónimo, futur don Juan d'Autriche, qui ne sait pas encore qu'il assiste aux obsèques de son véritable père –, que Luis Méndez de Quijada participa aux funérailles dans la petite église du monastère. À Juan Vázquez, son confident, il avait écrit dans la solitude de l'aube :

> « À deux heures cette nuit Notre Seigneur a daigné rappeler à lui Sa Majesté, qui s'est montré aussi (bon)

> chrétien que toujours. Il n'a perdu ni la parole, ni connaissance, ni ses esprits, avant de rendre l'âme à Dieu ; s'encourageant lui-même en dirigeant tout, de la voix et du geste, écoutant les frères, qui lui parlaient des choses dont il faut parler en de pareils moments ; et il leur demandait : « récitez-moi tel psaume, et telle prière, et telle litanie » ; et quand il fut sur le point d'expirer, s'en rendant compte lui-même, il prit le crucifix en main, s'y agrippa jusqu'à le porter à sa bouche ; il demanda aussi qu'on apportât et allumât des chandelles bénites ; et il était si conscient qu'il se tâtait le pouls, et hochait la tête comme pour dire "il n'y a plus rien à faire". Nous pouvons nous consoler en pensant qu'il est au ciel, car, pour moi, *je n'ai jamais de ma vie vu un homme penser autant à Dieu*, ni le manifester comme il le fit. »

Dans une seconde lettre à Philippe II, du 30 septembre, il insistait : « En tant que chrétien je suis persuadé qu'il est allé droit au ciel. J'ai vu mourir la reine de France[29], qui a fini sa vie très chrétiennement ; mais Sa Majesté l'a surpassée en tout, car jamais je ne l'ai vu faire cas de sa mort ni la craindre, même quand parfois on lui en parlait. » Le 26, informant Juan Vázquez que l'empereur, à huit heures du matin, le jour (nous dirions aujourd'hui la veille) de sa mort lui avait parlé seul à seul pendant une demi-heure, il écrivait encore : « croyez-moi, je ne parviens toujours pas à croire qu'il est mort ». Nous l'avons déjà dit, c'est à lui qu'il serait revenu d'accompagner plus tard à l'Escurial les restes de son maître et ami, s'il n'était lui-même tombé le 25 février 1570 dans les montagnes de Grenade en réduisant l'insurrection morisque, aux côtés de don Juan d'Autriche.

Grâce au moine « anonyme » de Yuste, qui dit être un des quatre qui ont veillé l'empereur, glissons-nous furtivement, mais avec le respect qui s'impose, dans la chambre mortuaire :

> « Lorsque l'empereur eut expiré, l'archevêque et les autres seigneurs qui avaient assisté à sa mort se retirèrent

[…] ; et quatre religieux, dont moi, restèrent pour veiller le corps jusqu'à l'heure de midi, où les chirurgiens et les barbiers de Sa Majesté entrèrent et nous firent sortir, car ils voulaient procéder à la toilette funèbre avant de le transporter sur le catafalque qu'on avait au cours de la matinée dressé dans l'église. Pendant tout ce temps, les dits barbiers et chirurgiens entrèrent à plusieurs reprises pour vérifier s'il était mort ou encore vivant, en approchant l'oreille de son visage et un miroir de ses lèvres, pour voir ou entendre s'il y avait eu le moindre souffle ou quelque respiration, et ce tout en pleurant à chaudes larmes. Luis Quijada n'arrêtait pas non plus de venir voir ce qui se passait et qui se trouvait dans la chambre, entrant et sortant si souvent que nous étions fatigués d'aller ouvrir et fermer la porte.

Or, il advint qu'un des prédicateurs qui se trouvaient à Yuste voulut voir l'empereur défunt, et nous supplia de le lui laisser approcher, ce que nous n'osions faire de peur d'être pris par Luis Quijada en flagrant délit ; mais finalement, pour lui faire plaisir, et le voir nous aussi, nous tirâmes rapidement le rideau du baldaquin ; nous vîmes alors l'Empereur ainsi : drap et couvertures du lit étaient remontés jusqu'au menton ; son visage était comme joyeux et légèrement rosé, car il était mort depuis moins d'une heure ; il avait la tête couverte d'un bonnet à l'aiguille comme on en portait alors ; une pièce de tafetas noir le couvrait de la tête à la taille sur lequel reposait, au milieu de sa poitrine, le crucifix avec lequel était morte sa femme l'Impératrice ; et sur les oreillers, tout près de sa tête, était accrochée une très jolie image de la Vierge.

Mais, à peine étions-nous plongés dans cette contemplation que nous entendîmes Luis Quijada frapper à la porte et, comme nous n'avions pas ouvert assez vite, il est entré en nous rabrouant, sans même savoir ce que nous faisions. On peut en déduire le soin et la diligence qu'apportait ce chevalier à tout ce qui touchait à Sa Majesté, et ceux qu'il devait mettre à son service du temps où elle était en vie. »

Ce zèle presque jaloux ainsi relevé par le témoin se manifesta encore durant les funérailles. Comme un page installait une chaise dans le chœur de l'église à l'intention d'un membre important de l'assistance, lequel, malade, ne pouvait rester debout, le colonel Quijada intervint brutalement en rappelant qu'il n'était point d'usage qu'on posât une chaise devant l'empereur, et que jamais il n'y consentirait. Lui-même donnait évidemment l'exemple :

> « Pendant les trois premiers jours d'obsèques que célébra l'archevêque, aussi bien pendant les vêpres et les leçons de ténèbres, que durant les messes et les sermons, Luis Quijada se tint debout, si endeuillé de la tête aux pieds qu'à part un coin du visage on ne voyait rien de lui, tenant à ses côtés, bien serré contre lui, l'enfant et infant don Juan d'Autrichev ; et nous nous demandions vraiment d'où il tirait la force de rester ainsi debout aussi longtemps. Il semblait pallier à lui seul et compenser les défaillances des autres ; on reconnaissait bien là sa grande fidélité, le soin et la diligence qu'il avait toujours apportés au service de Sa Majesté. »

*Au-delà de la mort : un immense respect*

Par une étrange coïncidence le premier prédicateur, ignorant tout de l'incident, évoqua justement dans son sermon « le respect qu'on devait aux rois même après leur mort ». Et, ajoute le moine « anonyme » de Yuste, lorsque – à l'occasion de la semaine sainte suivante – le cardinal Pacheco, archevêque de Burgos, don Fernando de Toledo et le duc d'Albe se rendirent à Yuste, aucun d'eux ne consentit à s'asseoir sur une chaise dans l'église : ils prirent volontairement place sur un simple banc pendant les trois jours que durèrent les offices. De même, lorsque le duc d'Albe – *grand d'Espagne*, donc autorisé à rester couvert devant son roi – pénétra dans la chambre mortuaire où l'empereur avait reposé six mois auparavant, il le fit en se découvrant, et resta ainsi, tête nue, tant qu'il fut dans les murs, pourtant solitaires, de la résidence. De même encore lorsque Philippe II se rendit à Yuste en 1570 pour s'agenouiller au pied de l'autel sous lequel reposait son père, il refusa – par respect – de dormir dans la chambre que ce dernier avait occupée mais passa les deux nuits de son séjour, seul, dans un cabinet attenant. Ces gestes, qui peuvent aujourd'hui paraître purement rituels et anodins, étaient alors autant d'hommages et de messages, d'autant plus éloquents qu'ils se faisaient loin du monde ; et leur charge d'émotion touche encore celui qui peut s'abstraire de son propre temps.

Autre et dernier exemple du profond attachement, de l'immense respect, qu'après quarante années de règne et dix-huit mois de retraite du monde, Charles Quint inspirait toujours, au fin fond de l'Espagne et aux confins de l'Europe[30], loin de la grande pompe funèbre des célébrations ultérieures, qui seront organisées aux quatre coins de son empire[31]. Le premier qui fut invité à prêcher lors des funérailles fut le père Francisco de Villalva. Son sermon fit très forte impression sur l'assistance, à tel point que tout le monde se regardait avec une admirative stupéfaction ; le père Sigüenza écrira que certains des assistants jurèrent avoir senti, en l'écoutant, leurs cheveux se dresser et en avoir eu la chair de poule : « *se les avian erizado los cabellos y les temblava las carnes* ». Il faut dire qu'il sut impressionner l'auditoire non seulement par la parole mais par le geste – ce sens du geste ! – car, au moment d'aller, comme il était d'usage chez les prédicateurs, saluer la personne la plus importante de l'assistance – « *hacer la cortesía* » –, alors que tout le monde s'attendait à le voir s'adresser à l'archevêque ou à quelqu'autre des personnalités présentes, n'ayant cure ni des uns ni des autres il se tourna vers l'empereur gisant ; et, en lui appliquant les paroles du thème retenu – une sentence de Sénèque, illustrée par les Écritures, disant que « les vertus d'un homme lui survivaient toujours » –, il s'adressa à lui comme s'il eût été vivant : « *Si es verdad, como lo es, que la virtud siempre permanece, aun muerto el que la tuvo, Sacra Real Majestad*[32] », etc. L'assistance fut si remuée par le respect – la « *cortesía* » – ainsi manifesté au corps de l'empereur défunt, que tous lui demandèrent copie de son sermon pour l'envoyer qui au roi, qui à la régente, ou à d'autres. Le père Villalva deviendra d'ailleurs, plus tard, l'un des prédicateurs de Philippe II.

### *Une « bonne mort » qui en dit plus que toute une vie*

« *Finis coronat opus* », rien de plus vrai en ce qui concerne la mort de l'empereur : elle couronne – véritablement – toute l'œuvre de sa vie… Ses derniers instants refléteraient à eux seuls (si besoin en était) la double filiation spirituelle de Charles Quint. Il était d'une part fils de la *devotio moderna* du Nord – car disciple d'Adrien d'Utrecht –, cette première nourriture spirituelle que partagèrent dans leur enfance, et entre autres, Érasme et Luther. Le père Sandoval rappelle dans le chapitre qu'il consacre aux honneurs funèbres rendus à *San Benito el Real* de Valladolid, comment François Borgia, dans le sermon qu'il prononça pour l'occasion – sur le thème « *Ecce elongavi fugiens, et mansi in solitudine* »[33] –, avait souligné entre autres vertus du défunt que, depuis l'âge de vingt et un ans, il avait consacré chaque jour un moment à l'oraison mentale[34], ce qu'il tenait de la bouche même de l'empereur.

Oui, Charles Quint fut, à sa façon, un adepte de la « philosophie chrétienne » d'Érasme, dont il protégea et favorisa l'œuvre en Espagne, Érasme qui avait écrit pour le tout jeune Charles de Gand son *Institutio principis christiani.* Mais il était aussi le petit-fils et digne héritier d'Isabelle de Castille, et de sa conception messianique de la monarchie espagnole, en perpétuelle tension – ou tentation ? – vers l'« *Universitas christiana* ». Fils de Castille – tout simplement – et de sa spiritualité particulière, si fortement prégnante, qu'elle en « phagocytait » ses rois venus du Nord[35]. Sa précoce dévotion à la Vierge de Montserrat, son attachement à l'ordre de Saint-Jérome, ordre espagnol par excellence et exclusivement, son goût pour les monastères, son refuge dans les grandes épreuves, dans les grandes douleurs, en étaient des preuves tangibles ; et plus encore son intransigeance (inscrite pour la postérité dans sa lettre au roi et dans son codicille) face aux foyers « protestants » découverts par l'Inquisition, intransigence finale et apparemment paradoxale, en contradiction avec l'effort et l'œuvre de toute sa vie : l'homme qui, à Yuste, réclamait – jusque dans son testament et en termes très durs – le châtiment impitoyable des « protestants » de Valladolid n'était plus tout-à-fait celui de *l'Intérim*…

Agustín García Simón, dans son bref mais beau livre[36] sur *El ocaso del Emperador* – littéralement « le déclin » ou « le couchant » – a intitulé l'avant-dernier chapitre : « Carranza et la mort érasmienne de l'Empereur. » La mort de Charles Quint évoque en effet celle, exemplaire, de Cornelius de Mons dans le colloque intitulé « Les Funérailles »[37] ; et, pour un peu, on croirait qu'il a suivi à la lettre ce « modèle de bonne mort » exposé par le jeune Érasme, où chacun peut notamment lire :

> « La nuit étant passée, vers quatre heures, en présence de tous, il demanda qu'on lise à haute voix et intégralement le psaume qui fut la prière du Seigneur sur la croix[38]. Quand cette lecture fut terminée, il réclama un cierge et un crucifix. Prenant le cierge, il dit : "Seigneur, tu es ma lumière et mon salut, de qui aurais-je peur ?". Et baisant le crucifix, il dit encore : "Seigneur, tu protèges ma vie, qui pourrait me faire trembler ?" Peu après, joignant les mains sur la poitrine dans le geste des suppliants, il leva les yeux au ciel en disant : "Seigneur Jésus, reçois mon esprit". Aussitôt il ferma les yeux », etc.

Érasme, se sentant lui-même proche de sa fin, avait reprit le thème vingt ans plus tard – sur un tout autre mode : celui du traité – dans *La préparation à la mort*[39]. À celui qui l'avait pressé de le faire (Thomas Boleyn, comte de

Wilshire, et mari d'Anne Boleyn) il écrivait en décembre 1533 :

> « C'est au plus haut sommet de la philosophie chrétienne que tu m'appelles, éminent seigneur [...] lorsque tu me presses d'ajouter à mes précédents ouvrages un petit traité sur la manière dont il faut se préparer à la mort. Car de ce dernier acte de notre vie, que l'on peut comparer à un drame, dépend l'éternelle félicité de l'homme ou son malheur éternel. Là s'engage le suprême combat d'où résultera pour le soldat du Christ un éternel triomphe s'il obtient la victoire, un éternel déshonneur s'il est vaincu... »

Tout le traité est centré sur l'idée capitale que le mourant doit littéralement s'accrocher au Christ, mettre sa confiance dans la Passion rédemptrice. On y lit notamment ces pieuses « recommandations » : « mais, les yeux fixés sur le Christ, au sein même du désespoir, espérons toujours [...]. Le Christ attaché à la Croix est le signe triomphal, le signe de la victoire, le signe de la gloire sans fin [...]. Tout l'espoir de la victoire dépend des yeux [...]. Nous tenons les yeux fixés sur le seul signe de la grâce et nos oreilles attentives à la seule voix du Rédempteur [...]. Le Christ, attaché à la Croix, nous présente les preuves de sa miséricorde [...]. On trouve le plus agissant des réconforts à tenir les yeux de la foi fixés sans discontinuer sur le Christ, qui s'est livré tout entier pour nous, que nous avons pour avocat auprès de Dieu qui ne cesse de nous crier : "Venez à moi, vous tous qui peinez et ployez sous le fardeau, et je vous soulagerai." Qu'il se blotisse, notre malade, au creux de ce rocher qui est le Christ, qu'il se cache dans ses blessures et il sera à l'abri des attaques de Satan... »

Or Marcel Bataillon soulignait déjà dans l'édition espagnole[40] de son *Érasme et l'Espagne* : « Je ne sais sur quelle tradition se base un traducteur[41] français de l'*Enchiridion* et de la *Préparation à la mort* lorsqu'il affirme que Charles Quint avait le *Manuel du Soldat Chrétien* d'Érasme comme livre de dévotion dans sa retraite de Yuste. Peut-être l'Empereur eut-il en main une édition d'Anvers de 1555, qui contenait en effet ces deux œuvres ? » L'inventaire de la bibliothèque, on l'a bien vu, n'en fait cependant pas état. José Ignacio Tellechea Idígoras souligne pour sa part que :

> « Pour nous tous qui n'avons pas été témoins du passage de l'Empereur de vie à trépas – *"el tránsito de la muerte"* –, la vie et l'émotion retenues dans le moindre de ces détails, ici patiemment rassemblés (à travers tous les documents évoqués), s'imposent à nous – souverainement – et nous forcent à reconnaître l'insigne exemple de christianisme que nous a laissé Charles Quint à l'heure sans artifice et définitive de la mort. Sa figure princière et sa grandeur impériale resplendissent dans les multiples exploits glorieux et les victoires que chroniqueurs et historiens ont immortalisés. Mais par-dessus tout, dominant tout, se détache l'exemple singulier de sa dernière bataille contre la mort[42]. »

Bartolomé Carranza, pendant sa longue incarcération (qui dura dix-sept ans…), rédigea un ouvrage d'ascétique intitulé *De recta spe filiorum Adae*, où il en vient à traiter de l'agonie : du désespoir qui guette le moribond, du seul remède qu'est la confiance absolue dans le Christ, et de la pratique chrétienne consistant justement à montrer le crucifix au mourant. À cet endroit il donnait en exemple celui de Charles Quint : « Comme fit l'Empereur Charles au monastère de Yuste au seuil de la mort, en demandant à ceux qui se tenaient à son chevet l'image du Christ crucifié, qu'il avait depuis très longtemps réservée, depuis la mort de son épouse, pour ce dur moment ; et, posant sur lui les yeux, en proie semble-t-il à la tentation de Satan, il demanda pardon de tous ses péchés et remit religieusement son âme à son Créateur. » Or ce qui est tragiquement significatif est que Carranza ait, par la suite, biffé ce passage… Ce que le père Tellechea, qui le découvrit quatre siècles plus tard et nous le fit connaître, a – en s'inspirant du *« sunt lacrimae rerum* » / « les choses ont leur larmes », de Virgile[43] – magnifiquement qualifié de « larme de sang » : « *lágrima viva* »[44].

*
* *

Paradoxale exemplarité de ces derniers instants de l'empereur Charles Quint, qui meurt à l'évidence selon les critères érasmiens de la « bonne mort », tout en prônant – jusqu'en son ultime message, son testament spirituel – l'intransigeance, l'intolérance institutionnalisée, pour l'Espagne de son temps, de son temps finissant. Paradoxe significatif de la pathétique complexité de l'homme et de l'époque, contradiction qui – selon la formule d'Agustín García Simón – « est la quintessence même de l'époque ». L'académicien français Sainte-Beuve soulignait déjà au milieu du siècle dernier « qu'en tout sa fin [...] a sa marque bien à elle ; elle est toute particulière, monacale, strictement catholique, conforme par les circonstances et l'appareil au génie espagnol dans lequel, sans y appartenir de naissance, il était entré si profondément[45] ».

Méditant sur le renoncement au pouvoir et au monde de ce dernier empereur sacré d'Occident, Daniel-Rops en fit pour sa part un commentaire qui eût été digne des éloges funèbres prononcés par les meilleurs prédicateurs dans les mois qui suivirent le décès, aux quatre coins de l'Europe :

> « Nous sommes ici au cœur même de l'exigence chrétienne. Ce siècle où le plus grand souverain ose ce geste déconcertant est le siècle même où l'Espagne tout entière est soulevée vers Dieu, d'une aspiration mystique innombrable. L'année même où Charles Quint entre à Yuste, Ignace de Loyola meurt ; Pierre d'Alcántara publie son chef-d'œuvre, le *Traité d'oraison et de méditation* ; et tandis que la grande Thérèse complote, en lisant saint Augustin, la forme de son ordre, un enfant de quatorze ans a déjà entendu ce nom dont Dieu l'appelle : Jean de la

> Croix. Loin en arrière, certes, l'Empereur est sur la même route de sainteté que tous ceux-là. C'est un insondable mystère que la Providence accorde à certains toutes les chances alors que la suprême chance est de n'en avoir aucune, de ne connaître que cette misère et ce désespoir de la terre par quoi s'achète le ciel. La grande inquiétude qu'on lit sur le visage de l'Empereur, dans ses clairs yeux fixes derrière lesquels on pressent des secrets, n'était peut-être rien d'autre que cette angoisse chrétienne du fortuné que le bonheur même tourmente et qui croit ne pouvoir lui échapper que par une expiation à sa taille, un renoncement crucifiant[46]. »

Pouvait-on trouver plus juste ton ? La mort n'est-elle point – « *mors ianua vitae* » – la porte de la vie ? Laissons ici l'empereur en aussi sainte compagnie, sur cette terre d'Espagne dont, à vingt ans, il avait promis de faire, à son retour annoncé, « le jardin de ses plaisirs, sa forteresse pour la défense, sa force pour l'attaque, son trésor, son épée, son cheval, son repos et son port d'attache[47] ». Sa vie et sa mort ont prouvé que – même si l'Espagne dut en payer le prix – il avait tenu parole…

# CONCLUSION GÉNÉRALE

La biographie historique est un genre difficile. Michèle Escamilla a relevé l'aveu que m'avait arraché François Dosse : « Elle m'intimide. » L'école des Annales, dont je suis issu, l'avait anathématisée. D'un prince surtout, fi donc ! De l'histoire-bataille… À la rigueur, Érasme, Luther ou Rabelais. Cette école avait prononcé l'excommunication majeure comme un pape de la Renaissance, un Farnèse ou un Carafa, à tort et à travers. Parmi les attendus occultés de ce mauvais procès figure l'idée que la biographie des grands, de ceux dont on a conservé la trace, frustrerait *post mortem* les petits, l'homme pluriel noyé dans le brouillard, comme si les grands étaient vraiment différents, comme s'ils ne constituaient pas notre meilleur accès au tout-venant. Cette exclusive – ignorée par les Anglo-Saxons, qui excellent dans ce genre délicat – entre, chez nos universitaires, sous la rubrique « Ils sont trop verts… » de notre grand fabuliste. La cause est trop facile à plaider pour l'accusation. L'objection forte est ontologique : il faudrait une vie au moins pour rendre compte d'une vie. Mais cette objection n'est pas sérieuse, ou tellement sérieuse qu'elle s'applique à toute la connaissance. La connaissance est fonctionnelle, schématique ; elle explique, réduit, relie les apparences, mais n'atteint jamais l'être en soi.

Ortega y Gasset disait : « Je suis moi et ma circonstance. » Nos consciences sont pétries de tout ce qui nous a effleurés : images, sons, odeurs, frémissements, rêves et souvenirs. Nous ne saisissons jamais totalement l'individu planté devant nous, *a fortiori* celui dont un demi-millénaire nous sépare. Je ne reviendrai pas sur la difficulté ontologique ; les difficultés concrètes suffisent. La plus commune est la disparition des traces, l'absence de témoignages. C'est pourquoi beaucoup de biographies historiques s'apparentent plus au roman qu'au récit. Mais le cas de Charles Quint est diamétralement opposé : il faudrait plusieurs vies pour prendre connaissance de tout ce que les archives, bibliothèques et musées ont conservé sur les 58 ans, 7 mois et 21 jours de cette vie.

Je m'étais laissé enfermer dans la nasse d'une imprudente promesse. Michèle Escamilla, qui fut mon élève, m'a sorti de l'ornière. C'est elle qui m'a incité à relever le défi. La biographie lui appartient aussi. Je me borne à brosser, en introduction, quelques panneaux sur le contexte. Nous n'avons pas cherché à fondre et confondre nos deux contributions dans un texte linéaire. Nous proposons deux regards. Nous les croyons accordés.

La géopolitique des forces, les héritages. Et surtout l'homme – c'est là que gît l'originalité –, saisi au soir de sa vie, quand il met à exécution la décision (prise, semble-t-il, avant ses quarante ans) de se dessaisir de tout, sans totalement y parvenir. On possède alors pour chaque jour, pour chaque heure presque de sa vie menacée, cinq ou six textes de ceux qui l'accompagnent, l'observent, le guettent, fous de fidélité, d'admiration, de rude tendresse et d'amour, jusqu'au dernier mot arraché (« Jésus ») et, au-delà encore, dans le long et dramatique pèlerinage baroque des restes, un quart de siècle plus tard, de Yuste à l'Escorial. Autant d'éléments pour tenter de découvrir le drame enfoui d'une conscience torturée. Et, en *flash-back*, une vie, comme une vision prolongée d'un mourant qui n'en finirait pas de mourir, une vie remémorée en une *preparatio mortis* qui construirait pour le lecteur le dernier instant, l'instant éclaté.

Sans qu'il ait été exactement préconçu sous cette forme, notre Charles Quint s'est construit à trois : Charles observé par son entourage aux aguets, bien sûr, et nous deux. J'ai, en cet instant, la faiblesse de croire que cette manière insolite d'aborder un sujet difficile retiendra peut-être l'attention, demain, de quelques historiens tentés par la biographie.

Je tourne autour, je déblaie, je rappelle sans grand mérite ce que tout le monde est censé savoir. Charles Quint a connu Cortés, il ne peut ignorer Colomb. Il a apprécié Las Casas qui, enfant, avait bien connu ce dernier, mais il a sans doute ignoré Copernic qui avait lu à Rome, en 1500, dans de brefs papiers qui circulaient, ce que Pierre Martyr de Anghiera (le *cosmógrafo* de la reine Isabelle) voyait et comprenait à travers le regard de Colomb qui, lui, voyait sans comprendre. Sans Pierre Martyr et Christophe, le Polonais étudiant à Rome n'aurait peut-être jamais osé mettre Ptolémée en doute. Charles a voulu le concile qui lui échappe – pas celui du pape, mais il faut être théologien. Bourguignon, il est progressivement phagocyté par la sensibilité espagnole. Au point qu'il a, sur sa fin, précédé et durci le catholicisme confessionnalisé, contribuant involontairement au long calvaire de Carranza présent à son chevet.

Luther, l'Amérique, enfermés dans un petit cosmos clos où l'on ne confond pas le bas, lourd, terne, avec le haut, des étoiles sans masse, alignées bien sagement, un soleil sans tache et Dieu pas trop accablé de tâches. Luther a commencé bien avant Luther, dès le tout début du XIIIe siècle. Le monde est plein, et la chrétienté tellement étendue que l'on se demande où peut bien encore se nicher l'autre. Plus de païens à l'horizon – il faudrait les aller chercher en Lituanie. Heureusement, il reste encore quelques juifs ; et il y a les musulmans, ces apostats historiques, mais ils sont si loin ! Et si l'autre, l'ennemi de Dieu, l'apostat aux engagements du baptême, par parrain ou marraine interposé, était là, en nous, tapi au cœur ? Depuis que l'on doit (Latran IV, 1215) se confesser une fois l'an au moins et communier une fois l'an autrement qu'à distance, par la caresse des yeux sur le *Corpus Christi* dont on n'ose pas s'approcher, depuis que l'on apprend progressivement à se mieux connaître, donc à se savoir enfoncé dans le péché d'habitude qui nous colle à la peau. Tout cela, avec l'exploitation d'un parcellaire dont l'usufruit est approprié, beaucoup plus répandu que la ville renaissante, contribue à plus d'individualisme. Si le *je* se dégage du *nous*, comment ne pas se demander si le baptême aux premiers jours suffit à lui seul à ouvrir les portes d'un paradis qui, en précédant la fin des temps, risque de rapprocher avec lui l'enfer et un purgatoire pas tellement rassurant, comme une session de rattrapage tirée par les cheveux ?

Et c'est ainsi qu'à l'angoisse de la mort, chute sans fin au fond sans fond d'un noir glacé, se substitue l'angoisse du jugement, donc du salut. L'Église n'est pas complice, mais elle se résout sans grande peine, parce que les clercs partagent cette angoisse et que celle-ci contribue à leur autorité ici-bas, au pouvoir délégué, non retenu (même quand le tenant du titre, tels les Médicis, Farnèse ou Carafa, est peu engageant). Mais on peut aussi l'interpréter comme l'actualisation de l'abaissement du Fils de Dieu, torturé sur la croix. Ajoutez l'éternité oubliée comme sortie du temps, confondue avec l'infinité absurde d'une surdurée accablante, et vous tenez le moteur secret de la Réforme. Du *Sola fide* essentiel, renforcé d'un *Sola scriptura*, auxiliaire en Saxe et dans l'orbite luthérienne, dévorant dans l'axe du Rhin et, *via* Calvin qui systématise, à l'assaut de l'Angleterre, puis du Nouveau Monde.

Les Turcs ne sont pas aussi dérangeants que l'on fait mine de le croire. À l'ouest, ils entrent dans la colonne des pertes compensables, et l'Amérique dans celle des gains, mais elle ne pèse pas tant, même après 1540, que dans la seconde moitié du siècle. Elle est, pour Philippe plus encore que pour Charles, le cadeau des grands-parents, les Rois Catholiques. Philippe, frustré de la couronne d'or – moins douloureusement pour lui que pour son père –, est noyé sous le flot d'or de l'Amérique qui progressivement ne sera plus que de l'argent, la *plata* de cent tonnes puis de plus de deux cents tonnes (d'argent) par an à la fin du règne – de bons *pesos de a ocho (reales)*, ces piastres, thunes et thalers dont on a fait le dollar.

Salvador de Madariaga l'avait bien dit, c'est dans la mesure où Charles est homme du passé, de tous les héritages gardés, de toutes les mémoires – mémoire de Bourgogne d'abord, longtemps prégnante, nourrie de douleurs ressassées, de rêves inaccessibles et de rancunes tenaces, puis d'Espagne –, qu'après avoir été bien ancré dans son temps, il peut aujourd'hui encore entrouvrir une porte sur l'avenir d'une Europe que nous devons consolider.

Il nous faut comprendre l'espace-temps où se meut l'empereur. Une terre immense sous un ciel étroit, une vie plus courte. Nous comptons en dizaines de milliards d'années, quand Sandoval est encore très à l'aise dans moins de six millénaires. Les contemporains de Charles Quint n'ont pas besoin d'Einstein pour savoir que l'espace ne se sépare pas du temps, ni de Niels Bohr pour savoir que la marge de prévisibilité est étroite. L'espace que nous a légué Fernand Braudel et que nous avons étudié, Huguette et moi, dans *Séville et l'Atlantique* et *Le Pacifique des Ibériques*, nous a servi. Ne jamais compter en lieues, mais en heures et jours, mois et années. On parcourt les chemins du roi de France avec les bottes de sept lieues du Chat botté. L'espace de la petite Europe est un espace-temps et un espace aléatoire. Il condamne l'agrégat des couronnes empilées à une frustration de puissance. Aller au-delà d'un optimum dimensionnel entraîne une perte, un recul…

Si l'on avait vraiment redouté la puissance excessive du royaume de France comme Ferdinand le Catholique et Maximilien, le presque empereur de la petite maison de Habsbourg au début du siècle, il eût fallu choisir plusieurs princes à la tête de plusieurs réseaux d'alliances coordonnés.

Les lois des autres royaumes et entités suffisent-elles ? Peut-être. Mais les mœurs ? Le cas de figure qui s'est présenté de 1516 à 1520 n'avait jamais été testé (nous ne saurons jamais si une alternative était vraiment envisageable). Les successions n'étaient certes pas assurées, mais, compte tenu de toutes les difficultés rencontrées, on peut se demander si, servie par de remarquables acteurs, la solution retenue n'était pas la moins aléatoire, sinon la meilleure. Le soulèvement des *comunidades*, l'urticaire des *comuneros*, ultime soubresaut d'un processus tardif d'unification, indique la limite tolérable du risque encouru.

Le conflit entre l'Empire des alliances et l'épais royaume n'était pas fatal. Il eût suffi – était-ce facile ? – de se rendre compte qu'il était sans enjeu ; on pouvait le résoudre avec un compromis du type Piémont-Savoie contre Milanais. Même après la très inutile et absurde candidature de François Ier à l'Empire, la paix était possible. Il eût suffi, face à Charles Quint, d'un acteur moins fantasque, peut-être moins doué, moins chevalier et un peu plus roi. Cependant, même aussi médiocrement conduit, le conflit est *ipso facto* limité par la très large autonomie des pièces de l'alliance ; sauf vers la fin, il se cantonne à un seul point réel d'affrontement, deux au maximum.

Quoi qu'ait écrit Prudencio Sandoval, dont l'indignation est noble, ces guerres sont assez peu coûteuses en vies humaines. Le système de l'Empire des alliances a réduit globalement les pertes de guerre en Europe en évitant les conflits de proximité. Le premier XVIe siècle est relativement peu sanglant, comme les indices démographiques le prouvent. Inutile de revenir sur le *collapsus* américain, qui est le coût – énorme – d'un désenclavement trop rapide : au moins soixante millions de morts. Je m'en suis longuement expliqué ailleurs[1]. On peut en tirer des leçons de sagesse et clore une fois pour toutes par un non-lieu l'absurde procès que des passions ne cessent de relancer.

Je ne reviendrai pas sur le « pas de chance du trop de chance » dont j'ai fait usage ; mais, à titre de transition vers l'homme vrai que Michèle Escamilla nous livre, je m'arrêterai au symétrique inverse « de la chance du pas de chance » : l'avantage, dans une situation non envisageable au départ, de ce qui aurait dû être un handicap.

J'ai suivi d'abord l'interprétation des plus grands, Karl Brandi et Charles Quint adulte lui-même, critique sévère de ses manques. Une lecture très attentive des textes que nous propose Michèle Escamilla invite à un jugement plus nuancé. On n'entre pas clefs en main dans une vie à la confluence de tant de destins. Je crois avoir montré que le surdimensionnement de l'Empire des alliances aboutit à une diminution de la puissance résultante disponible, mais qu'il entraîne, au niveau de l'espace « européen », une paradoxale réduction des pertes de guerre. J'avance maintenant un autre paradoxe : l'avantage, pour une situation non prévue, de ce qui fut au départ une lacune dans l'éducation du prince.

On accuse la négligence ou quelque arrière-pensée de Chièvres, la faiblesse d'Adrien et la distraction de Marguerite, la tante qu'absorbe l'administration des Pays-Bas. Isabelle la Catholique avait veillé à l'éducation trilingue de ses enfants – nous en avons la preuve pour la malheureuse Jeanne : espagnol, latin, français. Ce sont des choses qui ne se rattrapent pas : Charles fut éduqué, dit-on, comme un chevalier ou un « chevau-léger », pas comme le futur roi d'Espagne ou le futur empereur de cet imprévisible Empire des alliances. Charles Quint l'a déploré : « Ah ! si j'eusse estudié [...], mais, las, je fuyois l'eschole comme fait le mauvais enfant. » Les vers de Villon nous viennent à l'esprit ; Charles aurait pu se les approprier.

Je l'ai cru, mais aujourd'hui je suis pris d'un doute. Michèle Escamilla l'a bien montré : Charles Quint possède une fabuleuse mémoire libérée de l'écrit ; il se souvient à vingt-cinq ans d'intervalle des visages entrevus une seule fois ; il attrape des langues par l'oreille et en apprend ainsi assez pour s'adresser à ses soldats. À quoi bon en savoir plus ? Il a à sa disposition des clercs : le plus redoutable, Gattinara, l'accable de réminiscences – nous l'avons vu à l'œuvre au lendemain de Pavie. Il eût mieux valu suivre le raisonnement de Lannoy et de Pescara. Le clerc a su gâcher la victoire des généraux. Charles Quint lit, mais son écriture en français – sa langue – est catastrophique ; ses notes d'avant Pavie, au début de 1525, se révèlent pires ou presque que les échantillons à nous parvenus de François Ier. Sous cet angle, nous avons affaire à un contemporain de Charlemagne ou de Gengis Khan. Les plus belles littératures antiques sont des littératures parlées.

Le cadeau non recherché de cette éducation archaïque et… libre, c'est de laisser disponible pour autre chose une partie du cerveau. Charles Quint possède une prodigieuse capacité de mémoriser et de conserver. On le voit quand, sans archives, muni de ses seuls souvenirs et de sa seule expérience, il reprend en main la conduite du navire autour de Saint-Quentin.

Quand on traîne le boulet d'un Gattinara (qui fait la joie des historiens) faute d'avoir trouvé un Chièvres *bis* qui fût acceptable en Espagne, il est peut-être heureux qu'on ne soit pas soi-même un autre *papelero* ou un scribe accroupi. Au siècle des grands humanistes, ils peuplent déjà des bureaux entiers ; ils poussent comme le lierre au Piémont ou dans la comté de Bourgogne. Son éducation aura fait – *felix culpa* – de Charles le contemporain d'un lointain *avant* qui se prolonge ici et là, au sommet, où l'on ne l'attend pas. Handicap dans le cadre d'un seul royaume, mais avantage au faîte de cet empilement impérial. Cette structure archaïque du savoir a peut-être été un atout à la tête de l'Empire des alliances.

Mais après le passage logique de l'Empire rétréci à Vienne, l'agrégat énorme est renforcé sur l'échiquier par l'affaiblissement de la France (le compact royaume est devenu la « France poreuse », déchirée, éclatée) et par le pactole des Indes. C'est alors que le « pas de chance du trop de chance » pousse, en 1565-1566, Philippe II (*via* Albe contre Da Silva) vers la ruineuse tentative de reconquête des Pays-Bas du Nord sur la Réforme. L'Empire des alliances perdure longtemps, affaibli mais encore debout. C'est alors qu'il frappe de paralysie ceux qui s'y sont assoupis.

Revenons au XVIe siècle. Les secteurs les plus prospères, les « plus avancés » – vallée du Rhin, nord de l'Italie, Pays-Bas… – bénéficient de structures étatiques légères, sans pression fiscale excessive. La France est monstrueuse, la Castille écrasée (mais flattée) par le poids de l'Empire et scalpée par la machine inquisitoriale, cet outil à asphyxier la pensée. Que toutefois l'ivraie ne cache pas le bon grain : il y en a d'engrangé. Si Charles Quint a relevé le défi que les sages jugeaient insurmontable, si l'Empire « absurde » a tenu, c'est parce qu'il fut étonnamment respectueux des structures existantes, des identités, des droits, des lois et des coutumes. Autour de la personne de l'empereur, un appareil léger aide à rendre des arbitrages acceptés. L'ensemble, cohérent, est tranquille. Il n'y a pas de modèle, tout au plus des formes éprouvées, des états d'esprit. Additionner sans raboter, se résigner à de longues et inévitables transitions.

Au fur et à mesure que le temps s'écoule et conduit de la décrépitude physique à la mort, le poids de la préoccupation religieuse s'alourdit. Elle finira par tout dévorer dans l'esprit de l'empereur. Sûrement plus que dans l'esprit des papes, ses contemporains – sauf le pieux et digne Adrien. Il faut lire là-dessus Michèle Escamilla en pesant chaque mot, jusqu'à l'épisode final, le choc sournois autour du lit de Charles Quint mourant.

Nous l'avons dit, le jugement s'empare de l'âme de cet anxieux. Ce prince chrétien fut toujours, sans la moindre hésitation, catholique absolument. Le Christ corporellement présent dans l'hostie ne lui suffisait pas ; il lui fallait aussi se nourrir de la parole divine, créatrice, rédemptrice. Ce besoin de Dieu a progressivement poussé Charles, après la mort de l'impératrice (1er mai 1539), vers le rêve d'un temps tout entier consacré à la préparation de l'ultime rencontre. Or le chemin parcouru est immense, de la *devotio moderna*, de l'*Imitation de Jésus-Christ*, des chanoines de Windesheim, teintés par les grands maîtres de la mystique rhénane, jusqu'à des catholicismes hyper-confessionnalisés au point de ne même plus tolérer dans la bouche d'un archevêque-primat-cardinal, père admiré du concile de Trente, une simple référence à la foi, puisque ce mot suffit à susciter une dénonciation.

Nous sommes passés du *Sola fide* à un pélagianisme pire que celui que pourfendait saint Augustin – un pélagianisme du salut par les œuvres seules et par le mimétisme des gestes et des mots. C'est apparemment ce à quoi se rallie, sans s'en rendre compte, le triste confesseur de l'empereur, ce Juan Regla aux mimiques hideuses, crevant de jalousie et de haine au chevet de l'agonisant, dans la nuit du 20 au 21 septembre 1558. À la foi sans les œuvres répondent donc les œuvres qui, sans la foi, ne sont plus que des grimaces. Nous sommes arrivés au pouvoir entièrement délégué de Dieu, à l'institution ecclésiale et au Grand Inquisiteur qui libère Dieu de toute implication providentielle non médiatisée. Autour du lit du mourant, ce 21 septembre 1558, à deux heures et demie du matin, c'est un drame shakespearien qui s'achève.

Deux facteurs peuvent expliquer la rapide évolution ultime de Charles Quint : l'Espagne et l'homme. D'abord le poids de l'Espagne envoûtante et de son passé reconquérant, de ce morceau de chrétienté piétiné et âprement reconquis, qui fut deux siècles durant le paradis des trois monothéismes abrahamiques, une terre de tolérance vécue comme nulle part ailleurs. Brocardé sans pitié, ce pays, comme il arrive souvent aux combattants des arrières de *limes*, est tenté de répondre par la plus folle surenchère. Michèle Escamilla, auteur d'une thèse sur l'Inquisition, connaît le sort tragique des *conversos* pris au piège. Cette machinerie cruelle mais subtile est mobilisée dans la décennie 1550 pour combattre, et non pas exterminer, quelques centaines de « protestants » que le commerce a égarés là. Il est pourtant difficile de voir en eux un danger.

L'Espagne a conservé, à sa manière, la gratuité à l'ancienne, collective. Le conflit entre nouveaux et vieux-chrétiens est un conflit pour la reconnaissance de l'élection pour le salut d'un peuple qui ne peut être qu'unique. Les vieux-chrétiens espagnols descendant des disciples de Santiago (saint Jacques) reçoivent avec le baptême – cette nouvelle circoncision – la marque de l'élection par l'appartenance au seul peuple authentique de la Nouvelle Alliance. Le *picaro* est sauvé comme l'ascète, l'ermite ou le cénobite…

Après la douloureuse expulsion en 1492 de ceux qui ont refusé le baptême commence, sans que l'Inquisition intervienne en dehors de son champ strict, la surveillance sévère des *conversos* condamnés à la torture de l'autocensure sécuritaire. Elle n'accorde aucun répit. On avait assisté, même pendant les trente années du magistère implicite d'Érasme sur les élites espagnoles formées à Alcalá – selon le vœu du cardinal-primat-régent Cisneros –, à une démarginalisation de l'Espagne, presque européenne (le mot n'existe pas encore) comme on dit qu'elle fut romaine sous Trajan. Michèle Escamilla apporte les éléments décisifs d'un durcissement spécifique qui met l'Espagne en flèche par rapport à la ligne médiane conciliaire que représente parfaitement le cardinal-archevêque-primat Carranza, le brillant et ardent Navarrais puni par dix-sept ans d'un emprisonnement féroce et sauvé par le pape Pie V qui, sous menace d'excommunication du grand inquisiteur et du roi, exige son transfert à Rome.

Que s'est-il passé au juste ? Sur un schéma général qui place normalement l'Espagne en flèche, quel étrange concours de circonstances fit-il basculer l'hyper-orthodoxie espagnole dans ce qui est objectivement une grossière hétérodoxie pélagienne ? Et, surtout, comment le vieil empereur s'est-il laissé piéger ?

Charles Quint, même en relativement bonne santé, est un anxieux. Imagine-t-on à quel stress nerveux il a été soumis sa vie durant ? On ne gouverne pas innocemment l'immense Empire des alliances. Il y a la restriction de conscience du diplomate, outre les accrocs qui contraignent à une justice expéditive – l'exécution d'Acuña, l'évêque-brigand de Zamora, mille fois méritée, est peu de chose, et couverte après coup par Clément VII… Le texte de 1525 (avant Pavie) montre l'empereur parfaitement conscient de l'idéal de paix entre chrétiens. On parle des Turcs, mais est-ce beaucoup plus de 2 % de l'effort total qui répond à la *Turkenglocke* ? Plus de 95 % est capté par la plus stérile des guerres entre chrétiens, sans la moindre excuse d'un enjeu absolutoire. Ce n'est pas la guerre inutile qui taraude la conscience de Charles Quint. En *leitmotiv*, revient finalement ce regret : « J'aurais dû le tuer. » Voilà la faute : avoir suivi à Worms sa conscience et l'intelligence politique. Il a fini par ne plus pouvoir se pardonner ce qui fut pendant un quart de siècle sa vraie grandeur.

Au lendemain de Mühlberg (1542), il a pu se pardonner Worms. Le succès différé justifiait *a posteriori* son choix. Mais l'échec cinglant qui suit, sur son lit de douleur à Yuste, devient comme la preuve de sa faute et de la rancune divine. Ne serait-ce pas l'orgueil qui lui aurait fait choisir le respect de la parole de chevalier ? La nouvelle morale est celle de la fin seule qui justifie tous les moyens. Elle a devant elle un long avenir, sous divers avatars. À vingt et un ans, quand tout lui sourit, proche encore du paradis chrétien de l'*Imitation de Jésus-Christ*, Charles peut faire jouer le respect de la parole en faveur de ce moine étrange mais courageux qu'indignent des abus trop criants, comme neuf Allemands sur dix, las d'être bafoués et méprisés.

La déferlante luthérienne (un tiers déjà de l'Allemagne), le grand coup de canif dans la robe du Christ, les tortures de la maladie, la diminution de ses capacités, l'imminence de la mort entraînent un repli, le choix d'un christianisme pris totalement en tutelle par l'appareil. La nouvelle apaisante de la victoire de Saint-Quentin contre ce prince chrétien qui persécute les « hérétiques » ne vaut pas, il s'en faut de beaucoup, Mühlberg. Peut-être ce sourire du Ciel est-il un piège supplémentaire ?

L'angoisse du jugement emporte tout ; il faut à Charles l'appareil pour faire écran à l'ombre de la mort et du jugement qui s'approche. Le cardinal-primat Carranza dit « qu'il le trouve presque trop peu inquiet ». Ce haut dignitaire qui avance au nom du Christ la parole de pardon est plus exigeant que les moines médiocres dont Juan Regla est l'archétype. L'ultime colère masque mal l'immense souffrance de l'acteur désemparé.

Il avait fui son destin jusqu'à ce trou « malarien » d'un bout du monde où le monde vient le chercher. Parce qu'il se révèle alors grabataire, il a cru pouvoir et devoir se décharger d'une capacité et d'un prestige dont il était le détenteur. Ne serait-ce pas la faute ultime ? Un empereur meurt en empereur ; Dieu ne lui demande pas de faire le moine. Mais n'est-ce pas alors que remonte à l'esprit, avec les menaces écumantes de Paul IV, le souvenir lancinant du honteux sac de Rome de 1527 ? Ces armées (deux tiers de luthériens) lâchées comme des bêtes fauves, non payées, affamées, n'étaient pas des armées de la croisade.

La pire des souffrances vient du compromis d'Augsbourg. Toute son action l'avait préparé, à son insu. Plus exactement, ce compromis était le risque que Charles aurait voulu ne pas prendre à son compte. D'où son désir panique de se décharger de la couronne d'or, que Ferdinand ne veut pas assumer.

Étonnant chassé-croisé des acteurs… Marie de Hongrie et Ferdinand, la sœur et le frère, eux, ont compris : c'est le moindre mal qu'il faut accepter « comme l'écharde dans la chair » de l'Écriture. On ne peut pas plus reconquérir le tiers de l'Europe récemment perdu que la moitié du bassin méditerranéen perdue aux VI^e^ et VII^e^ siècles. Si « *lutero = moro* », il faut faire le deuil de ce tiers de chrétienté qui accourt en gros bataillons quand le Turc menace.

En cette heure atroce, le « chevau-léger » qui fut empereur se trouve placé devant l'enjeu (il aimait à le dire) de son éternité. L'arrivée de Carranza à marche forcée lui apporte, au risque de sa vie terrestre, la seule réponse catholique et chrétienne : « Accroche-toi à Christ en croix. Il ne te condamne pas. »

Pierre CHAUNU

# NOTES

### Notes de l'avant-propos, p. 31

1. Fernand Braudel, « Charles Quint », texte français in *Écrits sur l'histoire*, t. II, Arthaud, 1990 et *Autour de la Méditerranée*, Éd. de Fallois, 1995, p. 171-212.

## Première partie
## DE TANT D'HÉRITAGES ACCABLÉ…

### Notes du chapitre premier, « De combien d'héritages… », p. 37

1. Fr. Prudencio de Sandoval, *Historia de la Vida y Hechos del Emperador Carlos V*, éd. D. Carlos Seco Serrano, B.A.E., 3 vol., Madrid, 1955-1956, vol. I, p. 16-17.
2. Joseph Pérez, *Isabelle et Ferdinand, Rois Catholiques d'Espagne*, Fayard, 1988, p. 17.
3. Karl Brandi, *Charles Quint*, trad. fr., Payot, 1951, p. 35.
4. *Avant les grandes découvertes – Une image de la Terre au* XIV*e siècle. Les voyages de Mandeville*, éd. Xavier Walter, Alban, 1997, préface de Pierre Chaunu.
5. Jean-Pierre Bardet et Jacques Dupâquier (dir.), *Histoire des populations de l'Europe, t. I, Des origines aux prémices de la révolution démographique*, Fayard, 1997, p. 189.
6. Georges-Henri Dumont, *Marie de Bourgogne*, Fayard, 1982, p. 14.
7. *Ibid.*, p. 17.
8. *Ibid.*, p. 18.
9. *Ibid.*, p. 19.
10. *Ibid.*, p. 20.
11. Francis Rapp, *Les Origines médiévales de l'Allemagne moderne (1346-1519)*, Aubier, 1989, p. 25 sq.
12. Laissons de côté Jean sans Peur (duc de 1404 à 1419), le prisonnier de Nicopolis (1396), sur qui pèsent la grande ombre, la tache sombre sur la mémoire, le nœud de la haine ; il nous retiendra longuement plus loin.

13. G.-H. Dumont, *op. cit.*, p. 21.
14. P. de Sandoval, *op. cit.*, t. I, p. 19.
15. Où chacun est Caïn et Abel à tour de rôle.
16. Bernard Guenée, *Un meurtre, une société, l'assassinat du duc d'Orléans, 23 novembre 1407*, Gallimard, 1992, p. 7-8.
17. *Ibid.*, p. 11.
18. *Ibid.*, p. 13.
19. *Ibid.*, p. 265.
20. *Ibid.*, p. 281.
21. G.-H. Dumont, *op. cit.*, p. 43 *sq.*
22. *Ibid.*, p. 67.
23. *Ibid.*, p. 79.
24. *Ibid.*, p. 104.
25. *Ibid.*, p. 118.
26. *Ibid.*, p. 123-127.
27. *Ibid.*, p. 129.
28. *Ibid.*, p. 130-131.
29. *Ibid.*, p. 156-157.
30. *Ibid.*, p. 164-165.
31. *Ibid.*, p. 164.
32. *Ibid.*, p. 168.
33. *Ibid.*, p. 172.
34. *Ibid.*, p. 128.
35. *Ibid.*, p. 193.
36. *Ibid.*, p. 322-324.
37. *Ibid.*, p. 323.
38. *Ibid.*, p. 329.
39. F. Rapp, *op. cit.*, p. 136, p. 301 *sq.*
40. *Ibid.*, p. 301.
41. *Ibid.*, p. 302.
42. *Ibid.*, p. 302-303.
43. *Ibid.*, p. 303.
44. *Ibid.*, p. 304.
45. *Ibid.*
46. P. de Sandoval, *op. cit.*
47. *Ibid.*
48. Le chiffre est forcé, ou alors il faudrait impliquer des effets induits.
49. *Ibid.*

### Notes du chapitre II,
### « Le poids de l'espace. Le rapport des forces », p. 83

1. Pierre Chaunu, *Colomb ou la Logique de l'imprévisible*, F. Bourin, 1993.
2. Pierre Chaunu et Éric Mension-Rigau, *Baptême de Clovis, baptême de la France*, Balland, 1993.

3. *Histoire économique et sociale de France*, 1450-1660, PUF, 1977.

4. Philippe Contamine et al., *Guerre et concurrence entre les États européens du* XIX^e^ *au* XVIII^e^ *siècles*, PUF, 1998, p. 14 (Ph. Contamine).

5. *Ibid.*, p. 44-45 (Luis A. Ribot Garcia).

6. *Ibid.*, p. 5 (Ph. Contamine).

7. Joseph Pérez, *La Révolution des « communidades » de Castille (1520-1521)*, Bordeaux, 1970.

8. Robert J. Knecht, *Un prince de la Renaissance, François I^er^ et son royaume*, Fayard, 1998.

9. *In* Ph. Contamine, *op. cit.*, p. 45 (Luis A. Ribot Garcia).

10. Huguette et Pierre Chaunu, *Séville et l'Atlantique, partie statistique*, SEVPEN, 1955-1957, 8 vol.

11. P. de Sandoval, *op. cit.*, I, p. 15.

12. *Ibid.*, I, p. 18.

13. Nul d'entre eux n'a fait ni ne pouvait tenter le voyage. Aucun politique européen ne connaîtra *de visu* l'Amérique.

14. Je m'appuie sur le tome I de l'*Histoire des populations de l'Europe*, sous la direction de Jean-Pierre Bardet et Jacques Dupâquier, Fayard, 1997 (à laquelle j'ai moi-même collaboré).

15. Jean-Paul Mayer, *Pavie, 1525*, Le Mans, 1998, p. 118.

16. *Histoire des populations de l'Europe, op. cit.*, I, p. 243.

17. Ph. Contamine, *op. cit.*

18. *Histoire des populations de l'Europe…, op. cit.*, p. 492 *sq.*

19. Ph. Contamine, *op. cit.*, p. 9-42 (Maria Nadia Covini).

20. *Ibid.*, p. 33.

21. *Ibid.*, p. 38.

22. *Ibid.*

23. F. Mignet, *Rivalité de François I^er^ et de Charles Quint*, 1^re^ éd. 1875, Genève, Mégariotis Reprint, 1978, t. I, p. 15-17.

24. Ph. Contamine, *op. cit.*, p. 43-81 (Luis A. Ribot Garcia).

25. *Ibid.*, p. 123-166 (Jean Lindegren), ici p. 132.

26. *Ibid.*

27. *Ibid.*, p. 43 (Louis A. Ribot-Garcia).

28. *Ibid.*, p. 53.

29. *Ibid.*, p. 55.

30. *Ibid.*, p. 59.

31. Manuel Fernández Alvarez, *Historia de España*, t. XVIII, Espasa Calpe, 1966, introduction de R. Ramon Menendez Pidal, p. XXII.

32. Karl Brandi, *Charles Quint et son temps*, Payot, 1951, p. 39.

33. Édition et traduction du texte portugais conservé, par Alfred Morel-Fatio, *Historiographie de Charles Quint, Mémoires de Charles Quint*, Champion, « Bibliothèque des Hautes Études », 200^e^ fascicule, 1913. « Et Votre Majesté pourrait bien, en secret, favoriser un tout petit peu un certain frère Martin qui se trouve chez le duc Frédéric de Saxe, et que le pape redoute beaucoup parce qu'il prêche et tient publiquement des propos dangereux pour son autorité. On le dit très savant et il met le pape en grande difficulté. Je pense que le pape s'entendra

avec Votre Majesté, mais je rapporte cela au cas où il ne s'entendrait pas, ou si après l'entente venait la mésentente. »

34. K. Brandi, *op. cit.*, p. 29.
35. *Ibid.*, p. 30.
36. *Ibid.*, p. 32.
37. *Ibid.*, p. 41.
38. *Ibid.*
39. M. Fernández Alvarez, *op. cit.*, p. 47.
40. *Ibid.*, p. 51.
41. H. et P. Chaunu, tome VII, SEVPEN, p. Chaunu, t. II et F. Braudel, *Méditerranée*, 1966, t. I.
42. F. Braudel, *op. cit.*, p. 335-338.
43. *Ibid.*, p. 341.
44. R.J. Knecht, *op. cit.*, p. 167, d'après Léon Schick, *Un grand homme d'affaires, Jacob Fuger*, 1957.
45. *Historia de España, op. cit.*, p. XIII.
46. *Ibid.*, p. XXVI *sq.*
47. Pierre Chaunu, *L'Espagne de Charles Quint*, Paris, 1973, SEDES, 2 vol.
48. Même si Charles ne l'a pas vraiment conçu, il a considéré que ce discours prononcé en son nom l'avait engagé.
49. Joseph Pérez, *Isabelle et Ferdinand, Rois Catholiques d'Espagne*, Fayard, 1988, p. 93-95.
50. *Ibid.*, p. 18.
51. *Ibid.*, p. 21.
52. K. Brandi, *op. cit.*, p. 40-58.
53. M. Fernández Alvarez, *op. cit.*, p. 48-49.
54. R.J. Knecht, *Un prince de la Renaissance…, op. cit.*, p. 54-55.
55. M. Fernández Alvarez, *op. cit.*, p. 48-49.
56. K. Brandi, *op. cit.*, p. 53.
57. Henri Lapeyre, *Charles Quint*, PUF, 1971, p. 31.
58. Exposé bien informé dans M. Fernandez Alvarez, *op. cit.*, p. 50-53.
59. K. Brandi, *op. cit.*, p. 54-58.

### Notes du chapitre III, « Construire un royaume », p. 139

1. R. J. Knecht, *Un prince de la Renaissance…, op. cit.*, p. 75.
2. Je crois avoir montré dans *Le Basculement religieux de Paris*, Fayard, 1998, que ce fameux concordat de Bologne est à la longue moins favorable au roi qu'on ne s'est plu à l'imaginer. Mais, en 1516-1517, qui en a conscience ? La grande faiblesse des acteurs, c'est qu'ils s'obstinent à ignorer l'avenir (comme nous) ; et le handicap de l'historien, c'est qu'il n'arrive pas à ignorer ce que fut leur avenir.

3. K. Brandi, *op. cit.*, p. 73-74.
4. M. Fernández Alvarez, *op. cit.*, p. 63 *sq.*
5. P. de Sandoval, *op. cit.*, I, p. 91-92.
6. K. Brandi, *op. cit.*, p. 73-74.
7. P. de Sandoval, *op. cit.*, I, p. 119-120.
8. K. Brandi, *op. cit.*, p. 75.
9. M. Fernández Alvarez, *op. cit.*, p. 75.
10. Santa Cruz, I, p. 159, éd. par M. Fernández Alvarez, *op. cit.*, p. 79.
11. K. Brandi, *op. cit.*, p. 71.
12. Cf. la brillante introduction de Ramón Menendez Pidal, « El imperio de paz christiana », en préface au tome XVIII, 1 de la grande *Historia de España*, 1966.
13. Joseph Pérez, *La Révolution des « Comunidades » de Castille (1520-1521)*, Bordeaux, 1970, p. 1128 sq.
14. Manuel Giménez Fernández, *Bartolome de Las Casas*, Séville, t. I, 1953, t. II, 1960.
15. J. Pérez, *Comunidades, op. cit.*, p. 124.
16. Fernández Alvarez, *Historia de España, op. cit.*, p. 83.
17. J. Pérez, *Comunidades, op. cit.*, p. 125.
18. M. Fernández Alvarez, *op. cit.*, p. 91.
19. P. de Sandoval, *op. cit.*, I, p. 134.
20. K. Brandi, *op. cit.*, p. 92-93.
21. *Ibid.*, p. 95.
22. *Ibid.*, p. 96.
23. *Ibid.*, p. 96.
24. F. Mignet, *Rivalités, op. cit.*, t. I, p. 120-222.
25. Alexandre Yali Haran, historien israélien dont la thèse dirigée par Yves-Marie Bercé a été soutenue à Paris-IV en 1995 *(Messianisme politique et rêve impérial en France aux XVIe et XVIIe siècles)*, en a repris l'essentiel dans : « Les droits de la couronne de France sur l'Empire au XVIIe siècle », *Revue historique*, n° 605, janvier-mars 1998, p. 71-91.
26. A. Dupront, *Le Mythe des croisades, op. cit.*
27. A. Y. Haran, « Les droits… », *op. cit.*, p. 77.
28. R.J. Knecht, *Un prince de la Renaissance…, op. cit.*, p. 167.
29. A.Y. Haran, « Les droits… », *op. cit.*, p. 89.
30. *L'Invention de la diplomatie (Moyen Âge-Temps modernes)*, sous la direction de Lucien Bély, 1998, PUF. Cf. Paolo Preto, *L'Ambassadeur vénitien : diplomatie et « honorable espion »*, p. 151-166.
31. F. Mignet, *Rivalités, op. cit.*, p. 67-68.
32. P. de Sandoval, *op. cit.*, I, p. 141.
33. F. Mignet, *Rivalités, op. cit.*, p. 220-221.
34. M. Fernández Alvarez, *op. cit.*, p. 118.
35. F. Mignet, *Rivalités, op. cit.*, p. 125 *sq.*
36. R.J. Knecht, *op. cit.*, p. 167.
37. K. Brandi, *op. cit.*, p. 99.
38. *Ibid.*, p. 100.

39. F. Mignet, *Rivalités, op. cit.*, p. 149 *sq.*
40. *Ibid.*, p. 150-151.
41. *Ibid.*, p. 159.
42. *Ibid.*, p. 160.
43. *Ibid.*, p. 160-161.
44. *Ibid.*, p. 161-162.
45. *Ibid.*, p. 166.
46. *Ibid.*, p. 167.
47. *Ibid.*, p. 173.
48. *Ibid.*, p. 175. Mignet s'appuie sur les restes de ces correspondances à travers les rapports de nos ambassadeurs qui recopient consciencieusement et suppléent souvent les originaux perdus ou volontairement détruits par prudence. L'information me paraît fiable.
49. *Ibid.*, p. 175.
50. Jean-Pierre Bardet et Jacques Dupâquier, *Histoire des populations de l'Europe*, t. I, *Des origines à 1750*, Fayard, 1997, p. 486-525.
51. F. Mignet, *op. cit.*, p. 193.
52. *Ibid.*, p. 195.
53. *Ibid.*, p. 205.
54. On peut suivre Mignet, *ibid.*, p. 213-222.

**Notes du chapitre IV,**
**« La difficile collecte des héritages », p. 199**

1. K. Brandi, *op. cit.*, p. 110-112.
2. *Ibid.*, p. 111-112.
3. Il existe là-dessus le très bon livre de Joseph Pérez, qui fait autorité et auquel nous renvoyons (*La Révolution des* comunidades *de Castille (1520-1521)*, Bordeaux, 1970).
4. Joseph Pérez, *Comunidades, op. cit.*, p. 139.
5. *Ibid.*, p. 142.
6. *Ibid.*, p. 147.
7. *Ibid.*, p. 159.
8. *Ibid.*, p. 160 *sq.*
9. K. Brandi, *op. cit.*, p. 113 *sq.*
10. *Ibid.*, p. 115 *sq.*
11. F. Mignet, *Rivalité, op. cit.*, p. 1 et 227.
12. K. Brandi, *op. cit.*, p. 116.
13. R.J. Knecht, *op. cit.*, p. 171 *sq.*
14. *Ibid.*, p. 175.
15. K. Brandi, *op. cit.*, p. 118-119.
16. *Ibid.*, p. 120-121 ; R.J. Knecht, *op. cit.*, p. 175.
17. P. Chaunu, *Le Temps des réformes, Fayard, 1975 ; Églises, culture et société – Essai sur Réforme et Contre-Réforme*, SEDES, 1980.

18. Il faut saluer, 482 ans après, la signature à Wittenberg, entre la Fédération des Églises luthériennes et l'Église catholique, du texte de concorde sur ce point litigieux.
19. K. Brandi, *op. cit.*, p. 123.
20. Martin Luther, *Œuvres*, Labor et Fides, 1966, t. II, p. 82-83.
21. *Ibid.*, p. 84-85.
22. *Ibid.*, p. 115.
23. *Ibid.*
24. *Ibid.*, p. 129-130.
25. *Ibid.*, p. 137 *sq.*
26. *Ibid.*, p. 11.
27. *Ibid.*
28. *Ibid.*, p. 309.
29. K. Brandi, *op. cit.*, p. 123 *sq.*
30. *Ibid.*, p. 125.
31. Augustin Redondo, *Luther et l'Espagne de 1520 à 1536, Mélanges de la Casa de Velazquez*, 1965, t. I, p. 111-112.
32. L'original, chiffré, de cette lettre se trouve à la Bibliothèque de l'Académie de l'histoire (B.A.H.), collection Salazar, Ms. A-19, fol. 43-50. Mais Juan Francisco Andrés Ustarroz fit une copie, déchiffrée, des passages les plus intéressants de cette lettre le 28 mai 1653. C'est de cette copie, qui se trouve dans la même collection (Ms. A-45, fol. 8v°-9r°), que nous extrayons le passage cité. Déjà Juan Antonio Llorente avait reproduit une partie de ce texte, quoique en des termes légèrement différents, dans *Historia critica de la Inquisicion de España*, t. II, p. 223 (éd. de Barcelone, 8 t., 1835-1836). Il n'indiquait cependant pas où se trouvait la lettre mentionnée. Menendez y Pelayo reprit ce même passage, d'après Llorente, dans *Historia de los Heterodoxos españoles*, t. III, p. 392 (Edicion Nacional, Santander, Aldus, 8 t., 1947-1948).
33. D'après K. Brandi, *op. cit.*, p. 128.
34. M. Luther, *op. cit.*, p. 313-316.

**Notes du chapitre V,**
**« La guerre avec la France. 1521-1524 », p. 241**

1. J. Pérez, *Comunidades, op. cit.*, p. 163.
2. *Ibid.*, p. 169 *sq.*
3. *Ibid.*, p. 175 *sq.*
4. *Ibid.*, p. 178 *sq.*
5. *Ibid.*, p. 181.
6. *Ibid.*, p. 185.
7. *Ibid.*, p. 189.
8. *Ibid.*, p. 192-193.
9. *Ibid.*, p. 198.
10. *Ibid.*, p. 208.
11. *Ibid.*, p. 231.
12. R.J. Knecht, *op. cit.*, p. 176.

13. J. Pérez, *Comunidades, op. cit.*, p. 239.
14. *Ibid.*, p. 282-313.
15. Pierre Chaunu, *Églises, Culture et Société – Essais sur Réforme et Contre-Réforme*, SEDES, 1980, p. 204-205.
16. Francis Rapp, *Réformes et Réformation à Strasbourg (1450-1525)*, Paris, Ophrys, 1974.
17. Jean Bérenger, *Histoire de l'Europe*, PUF, t. II, p. 263.
18. Neithard Bulst et Christian Pfister, in Jean-Pierre Bardet et Jean Dupâquier, *Histoire des populations d'Europe*, t. I, Fayard, 1997, p. 519.
19. K. Brandi, *op. cit.*, p. 130.
20. *Ibid.*, p. 132.
21. *Ibid.*, p. 132-133.
22. *Ibid.*, p. 139.
23. J. Pérez, *Comunidades, op. cit.*, p. 319.
24. *Ibid.*, p. 322.
25. *Ibid.*, p. 326 *sq.*
26. *Ibid.*, p. 347-348.
27. *Ibid.*, p. 383-384.
28. *Ibid.*, p. 388-404.
29. *Ibid.*, p. 565.
30. *Ibid.*, p. 569.
31. *Ibid.*, p. 583.
32. *Ibid.*, p. 593.
33. *Ibid.*, p. 633.

**Notes du chapitre VI,**
**« L'interminable conflit », p. 267**

1. F. Mignet, *Rivalités, op. cit.*, p. 272-273.
2. R.J. Knecht, *Un prince de la Renaissance…, op. cit.*, p. 177 sq.
3. Jean-Paul Mayer, *Pavie, 1525. L'Italie joue son destin pour deux siècles*, Le Mans, 1998, p. 93 sq.
4. *Ibid.*, p. 44.
5. R.J. Knecht, *op. cit.*, p. 179.
6. *Ibid.*, p. 180.
7. J.-P. Mayer, *op. cit.*, p. 45-46.
8. R.J. Knecht, *op. cit.*, p. 181 et J.-P. Mayer, *op. cit.*, p. 47.
9. J.-P. Mayer, *op. cit.*, p. 49.
10. M. Fernández Alvarez, *Historia de España, op. cit.*, p. 221.
11. R.J. Knecht, *op. cit.*, p. 201 *sq.*
12. M. Fernández Alvarez, *op. cit.*, p. 270.
13. K. Brandi, *op. cit.*, p. 169.
14. R.J. Knecht, *op. cit.*, p. 203.
15. R.J. Knecht, *op. cit.*, p. 203-218 ; J.-P. Mayer, *op. cit.*, p. 53-62.
16. J.-P. Mayer, *op. cit.*, p. 53.

17. R.J. Knecht, *op. cit.*, p. 206.
18. *Ibid.*, p. 207.
19. P. de Sandoval, *op. cit.*, t. II, p. 23.
20. J.-P. Mayer, *op. cit.*
21. R.J. Knecht, *op. cit.*, p. 217.
22. *Ibid.*, p. 219.
23. J.-P. Mayer, *op. cit.*, p. 58.
24. *Ibid.*, p. 59-62.
25. *Ibid.*, p. 63 *sq.*
26. *Ibid.*, p. 64.
27. *Ibid.*, p. 65-66 *sq.* R.J. Knecht, *op. cit.*, p. 226.
28. R.J. Knecht, *op. cit.*, p. 221.
29. J.-P. Mayer, *op. cit.*, p. 67 *sq.*
30. *Ibid.*, p. 70-71 *sq.*
31. R.J. Knecht, *op. cit.*, p. 221.
32. *Ibid.*, p. 224.
33. R.J. Knecht, *op. cit.*, p. 227.
34. *Op. cit.*, p. 228.
35. R.J. Knecht, *op. cit.*, p. 244.
36. *Ibid.*, p. 227.
37. *Ibid.*
38. P. de Sandoval, *op. cit.*, II, p. 113.
39. K. Brandi, *op. cit.*, p. 219 *sq.*
40. *Ibid.*, p. 222.
41. P. de Sandoval, *op. cit.*, II, p. 113.
42. R.J. Knecht, *op. cit.*, p. 241 *sq.*
43. *Ibid.*, p. 231.
44. *Ibid.*, p. 245.
45. *Ibid.*, p. 240 *sq.*
46. *Ibid.*, p. 241.
47. K. Brandi, *op. cit.*, p. 223-225 *sq.*
48. *Ibid.*, p. 225.
49. R.J. Knecht, *op. cit.*, p. 245.
50. Simone Bertière, *Les Reines de France au temps des Valois. Le beau XVI^e siècle*, Éd. de Fallois, 1994, p. 234.
51. R.J. Knecht, *op. cit.*, p. 251 *sq.*
52. K. Brandi, *op. cit.*, p. 233.
53. *Ibid.*, p. 239.
54. R.J. Knecht, *op. cit.*, p. 253.
55. S. Bertière, *op. cit.*, p. 240.
56. R.J. Knecht, *op. cit.*, p. 253-254.
57. K. Brandi, *op. cit.*, p. 239.
58. R. J. Knecht, *op. cit.*, p. 257.
59. *Ibid.*, p. 267-270.
60. André Chastel, *Le Sac de Rome, 1527*, Gallimard, 1984.
61. *Ibid.*, p. 7.

62. K. Brandi, *op. cit.*, p. 241-244.
63. *Ibid.*, p. 246.
64. *Ibid.*, p. 248.
65. A. Chastel, *op. cit.*, p. 42.
66. *Ibid.*, p. 121-160.
67. K. Brandi, *op. cit.*, p. 249.
68. Cité par A. Chastel, *op. cit.*, p. 121-122, publié à Vienne en 1858, in *Fontes Austriacarum.*
69. A. Chastel, *op. cit.*, p. 123.
70. *Ibid.*, p. 130-131.
71. *Ibid.*, p. 132.
72. *Ibid.*, p. 160.
73. K. Brandi, *op. cit.*, p. 252.
74. R.J. Knecht, *op. cit.*, p. 273.
75. *Ibid.*, p. 277-278.
76. K. Brandi, p. 273-281, R.J. Knecht, p. 276, et S. Bertière, *op. cit.*, p. 240-252.
77. S. Bertière, *op. cit.*, p. 248.
78. R.J. Knecht, *op. cit.*, p. 282-283.
79. K. Brandi, *op. cit.*, p. 280-283.
80. Klaus Malettke, « L'"équilibre" européen face à la *monarchia universalis* », in *L'Invention de la diplomatie*, éd. Lucien Bely, 1998, PUF, p. 48-45 *sq.*
81. *Ibid.*, p. 50.
82. P. de Sandoval, *op. cit.*, II, p. 366 : « Après avoir accordé l'investiture de Milan à François Sforza, l'empereur ordonna à son capitaine de sortir de Lombardie pour aller à la guerre contre Florence » et rétablir les Médicis… Cette « mauvaise action » fait partie de la réconciliation avec Clément VII. Sandoval évoque une angine – mais pas le sac de Rome ! – pour justifier le fait que le couronnement n'ait pas eu lieu à Rome, mais à Bologne…
83. K. Brandi, *op. cit.*, p. 282-283.
84. P. de Sandoval, *op. cit.*, II, p. 380-393.
85. K. Brandi, *op. cit.*, p. 282-283.
86. *Ibid.*, p. 286 ; Sandoval, *op. cit.*, II, p. 396.

**Notes du chapitre VII,**
**« Le tournant de 1530 », p. 329**

1. Pierre Chaunu, *Conquête et exploitation des nouveaux mondes*, PUF, 1969, p. 162.
2. Cf. Pierre Chaunu, *Colomb ou la Logique de l'imprévisible*, François Bourin, 1993.
3. Denis Crouzet, *La Genèse et la Réforme française, 1520-1562*, SEDES, 1996, p. 231-234.
4. Pierre Chaunu, *Le Temps des Réformes*, Paris, Fayard, 1975, et Bruno Neveu, *L'Erreur et son juge. Remarques sur les censures doctrinales à l'époque moderne*, Naples, Bibliopolis, 1993.

5. Pierre Chaunu, *La Mort à Paris*, Fayard, 1978, 3e éd.
6. Frank Lestringant, *Une sainte horreur ou le Voyage en Eucharistie, XVIe-XVIIIe siècle*, PUF, 1996.
7. K. Brandi, *op. cit.*, p. 289.
8. *Ibid.*, p. 290.
9. *Ibid.*, p. 291.
10. *Ibid.*, p. 297-298.
11. *Ibid.*, p. 299.
12. *Ibid.*, p. 301.
13. *Ibid.*, p. 301-302.
14. *Ibid.*, p. 305.
15. Bernard Cottret, *L'Édit de Nantes*, Perrin, 1998, p. 362, Préambule de l'édit de Nantes.
16. K. Brandi, *op. cit.*, p. 304-305.
17. *Ibid.*, p. 309.
18. *Ibid.*, p. 310.
19. *Ibid.*, p. 311.
20. Klaus Malettke, *L'Invention de la diplomatie, op. cit.*, p. 47 *sq.*
21. K. Brandi, *op. cit.*, p. 323.
22. P. de Sandoval, *op. cit.*, II, p. 420 *sq.*, p. 423.
23. R.J. Knecht, *op. cit.*, p. 289-292.
24. *Ibid.*, p. 292-293.
25. K. Brandi, *op. cit.*, p. 324-325.
26. *Ibid.*, p. 325-327.
27. Pierre Chaunu, *Église, culture et société*, SEDES, 1980, p. 229-264.
28. K. Brandi, *op. cit.*, p. 327.
29. R.J. Knecht, *op. cit.*, p. 295.
30. *Ibid.*, p. 297.
31. *Ibid.*, p. 329.
32. *Ibid.*, p. 311.
33. K. Brandi, *op. cit.*, p. 357-363 et Sylvie Deswarte-Rosa, « L'expédition de Tunis (1535) : images, interprétations, répercussions culturelles », in *Chrétiens et musulmans à la Renaissance*, 37e colloque international de CEPR (1994), revu par Bartolomé Bennassar et Robert Sauzet, Paris, Honoré Champion, 1998, p. 75-132.
34. Alphonse Dupront, *Le Mythe des croisades*, Gallimard, 1997, 4 vol., t. I, *Les Solitaires de la Croisade, Charles Quint*, p. 366-389.
35. *Ibid.*, p. 367.
36. *Ibid.*, p. 372.
37. *Ibid.*, p. 374-375.
38. *Ibid.* et S. Deswarte-Rosa, *op. cit.*, p. 76.
39. A. Dupront, *op. cit.*, t. I, p. 375.
40. K. Brandi, *op. cit.*, p. 358.
41. *Ibid.*, p. 357.
42. *Ibid.*, p. 359.
43. A. Dupront, *op. cit.*, t. I, p. 377.

44. K. Brandi, *op. cit.*, p. 359.
45. S. Deswarte-Rosa, *op. cit.*, p. 75.
46. K. Brandi, *op. cit.*, p. 360-361.
47. Bartolomé Bennassar (Bartolomé et Lucile Bennassar, *Les Chrétiens d'Allah. L'histoire extraordinaires des renégats* XVIe-XVII[e] *s.*, Paris, Perrin, 1989) a bien montré que ces renégats étaient prêts, pour survivre, à parcourir le chemin du retour. L'Inquisition ne faisait aucune difficulté. L'excuse du « pour survivre » était absolutoire.
48. S. Deswarte-Rosa, *op. cit.*, p. 103-104.
49. K. Brandi, *op. cit.*, p. 360.
50. S. Deswarte-Rosa, *op. cit.*, p. 81 *sq.*
51. A. Dupront, *op. cit.*, t. I, p. 374-375.
52. S. Deswarte-Rosa, *op. cit.*, p. 94.
53. *Ibid.*, p. 107.
54. *Ibid.*, p. 108.
55. *Ibid.*, p. 113-130.
56. *Ibid.*, p. 130.
57. R.J. Knecht, *op. cit.*, p. 332-333.
58. K. Brandi, *op. cit.*, p. 365 *sq.*
59. R.J. Knecht, *op. cit.*, p. 333.
60. P. de Sandoval, t. III, p. 9-10.
61. Le duc Charles III avait épousé la sœur de l'impératrice Isabelle de Portugal.
62. R. J. Knecht, p. 334.
63. P. de Sandoval, t. III, p. 9-10.
64. Fernand Braudel, *Autour de la Méditerranée*, Fallois, 1996, *Charles Quint*, p. 171-212.
65. P. de Sandoval, t. III, p. 11.
66. K. Brandi, *Charles Quint*, *op. cit.*, p. 176-177.
67. Jean Jacquart, *François I*[er], Fayard, 1981, p. 240.
68. R.J. Knecht, *op. cit.*, p. 335-336.
69. *Ibid.*, p. 336-337.
70. R.J. Knecht, *op. cit.*, p. 335-336.
71. *Ibid.*, p. 336-337.
72. *Ibid.*, p. 338-342, et K. Brandi, *op. cit.*, p. 377-380.
73. R.J. Knecht, *op. cit.*, p. 397 *sq.*
74. K. Brandi, *op. cit.*, p. 385 et R.J. Knecht, *op. cit.*, p. 397.
75. K. Brandi, *op. cit.*, p. 386.
76. R.J. Knecht, *op. cit.*, p. 397 *sq.*
77. K. Brandi, *op. cit.*, p. 399.
78. *Ibid.*, p. 421.
79. *Ibid.*, p. 422.
80. F. Braudel, *Charles Quint*, *op. cit.*, p. 190.
81. K. Brandi, *op. cit.*, p. 389-457.
82. *Ibid.*, p. 391.
83. *Ibid.*, p. 392.

84. Jean-Daniel Pariset, *Les Relations entre la France et l'Allemagne au milieu du XVIe siècle*, Istra, Strasbourg, 1981, p. 15.
85. *Ibid.*, p. 15 et K. Brandi, *op. cit.*, p. 397 *sq.*
86. K. Brandi, *op. cit.*, p. 401.
87. *Ibid.*, p. 428.
88. *Ibid.*, p. 412-413.
89. Fernand Braudel, *La Méditerranée*, A. Colin, 1966, t. II, p. 226-227.
90. R.J. Knecht, *op. cit.*, p. 402-403.
91. *Ibid.*, p. 406-407.
92. Je renvoie à ce que Michèle Escamilla en dit plus loin.
93. K. Brandi, *op. cit.*, p. 420.
94. R.J. Knecht, *op. cit.*, p. 475.
95. *Ibid.*, p. 438.
96. *Ibid.*, p. 435 *sq.*
97. *Ibid.*, p. 449 *sq.*
98. *Ibid.*, p. 477.
99. K. Brandi, *op. cit.*, p. 468-470.
100. *Ibid.*, p. 472-473.
101. On peut aussi supposer le zèle de quelque serviteur bien intentionné. Rincón était doublement traître, à l'égard de son maître et de la chrétienté…
102. *Ibid.*, p. 484.
103. *Ibid.*, p. 496.
104. R.J. Knecht, *op. cit.*, p. 484-485.
105. *Ibid.*, p. 486-487.
106. *Ibid.*, p. 487-488.
107. *Ibid.*, p. 492-493.
108. K. Brandi, *op. cit.*, p. 512 *sq.*
109. *Ibid.*, p. 525.
110. Pierre Chaunu, *Église, culture et société, Réforme et Contre-Réforme*, SEDES, 1980, p. 327.
111. K. Brandi, *op. cit.*, p. 529.
112. *Ibid.*, p. 530-532.
113. *Ibid.*, p. 533.
114. *Ibid.*, p. 532.
115. *Ibid.*, p. 532.
116. *Ibid.*, p. 541.
117. *Ibid.*, p. 545.
118. J.-D. Pariset, *op. cit.*, p. 56-57.
119. K. Brandi, *op. cit.*, p. 546-547.
120. M. Fernández Alvarez, *Carlos V, op. cit.*, p. 690.
121. K. Brandi, *op. cit.*, p. 548.
122. *Ibid.*, p. 549 *sq.*
123. *Ibid.*, p. 551.
124. M. Fernández Alvarez, *op. cit.*, p. 692.
125. K. Brandi, *op. cit.*, p. 556 *sq.*
126. *Ibid.*, p. 558 *sq.*

127. *Ibid.*, p. 566.
128. *Ibid.*, p. 577.
129. *Ibid.*, p. 570.
130. *Ibid.*, p. 577.
131. Ivan Cloulas, *Henri II*, Fayard, 1985, p. 174.
132. K. Brandi, *op. cit.*, p. 585.
133. Émile G. Leonard, *Histoire générale du protestantisme*, PUF, 1988, t. I, p. 231-233.
134. K. Brandi, *op. cit.*, p. 586-587.
135. *Ibid.*, p. 590-591.
136. *Ibid.*, p. 592-593.
137. *Ibid.*, p. 594.
138. J.-D. Pariset, *op. cit.*, p. 107 *sq.*
139. *Ibid.*, p. 106.
140. *Ibid.*, p. 106-107.
141. *Ibid.*, p. 111.
142. I. Cloulas, *Henri II, op. cit.*, p. 315 *sq.*
143. J.-D. Pariset, *op. cit.*, p. 130-131.
144. *Ibid.*, p. 140. Maurice de Saxe, 10 juillet 1593.
145. K. Brandi, *op. cit.*, p. 620.
146. *Ibid.*, p. 621.
147. *Ibid.*, p. 623.
148. *Ibid.*, p. 628.
149. Ivan Cloulas, *Philippe II*, Fayard, 1992, p. 44-48.
150. *Ibid.*, p. 90-92 *sq.*
151. *Ibid.*, p. 94.
152. K. Brandi, *op. cit.*, p. 640.
153. *Ibid.*, p. 642.
154. I. Cloulas, *Henri II, op. cit.*, p. 396-405.

## Deuxième partie
## ENTREVOIR L'HOMME

### Notes du prologue, p. 443

1. Otto de Austria-Hungría, « *El Emperador* » ; le texte de cette conférence fut publié dans le volume 107-108 des *Cuadernos hispanoamericanos* (Madrid, novembre-décembre 1958) paru sous le titre (trompeur car trop limitatif) de « Carlos V en América », mais consacré en fait à la figure de Charles Quint non seulement par rapport à l'Amérique, mais aussi dans l'histoire de l'Europe et à travers certains aspects de l'histoire des arts. Le texte d'Otto de Habsbourg figure dans la seconde section du volume, intitulée « Carlos V en la Historia », pp. 303-315.

2. L'expression est de Carl J. Burckhardt, *Gedanken über Karl V*, Munich, 1954, quarante pages de réflexion sur le souverain et sur le règne.

3. Pierre Chaunu, François Dosse, *L'Instant éclaté. – Entretiens*, éd. Aubier, 1994, p. 192, 194.

4. Marc Quaghebeur, « *Autoportrait d'un prince francophone*, dans le numéro spécial de la revue hispano-belge *Correspondance*, consacré à « Carlos V y la noción de Europa », Cáceres, 1994, pp. 44-67 ; et Salvador de Madariaga, *op. cit.*, *infra* note 12 (éd. française) p. 137. Ce dernier écrit encore (p. 143) : « *Les portraits les plus sobres du Titien nous montrent Charles V réservé, simplement, presque austèrement vêtu, comme un de ses généraux, vice-rois, ambassadeurs, évêques, qui essaimaient alors sur l'Europe pour le représenter – des gens d'une sobre élégance, dont Charles V fut le modèle, quoique nullement favorisé par la nature [...]. Il dut souvent sentir en lui le tiraillement de ses sangs divers, civilisations contraires, rêves de passé, rêves d'avenir*, feux croisés que l'on discerne au fond de ses yeux désenchantés dans ses portraits tardifs, la lassitude d'une âme trop dilatée dans le temps et dans l'espace, *qui a mal étreint d'avoir trop voulu embrassé.* » Les premiers portraits de Charles Quint par Titien date de son séjour italien à l'occasion du couronnement à Bologne, des années 1530 donc. À ce propos Flavio Caroli et Stephano Zuffi écrivent dans leur biographie du *Titien*, éd. Fayard, 1990, pp. 114-115 : « *Le tableau de Titien est destiné à exalter ses vertus guerrières, puisqu'il le représente en armure, tenant fermement à la main son bâton de commandement. C'est une pose martiale qu'affectionne Charles Quint, lequel, tout en sachant qu'il n'est pas beau, se fait volontiers peindre : d'ailleurs l'empereur soutient, non sans humour, que grâce aux portraits de lui qui circulent, tous plus affreux les uns que les autres, ses apparitions en public suscitent souvent un sentiment d'agréable surprise. Le saint empereur romain de la maison de Habsbourg n'a certes pas un physique séduisant, ni même martial ; il est maigre, de petite stature, d'aspect chétif et paraît nettement plus vieux que son âge. Une barbiche précocement grisonnante couvre tant bien que mal son menton en galoche (un orthodontiste parlerait de prognathisme marqué), la bouche reste toujours entrouverte, le teint est blême. La superbe cuirasse niellée et dorée paraît curieusement incongrue sur le dos de ce petit homme maladif : pourtant*, dans les portraits que lui consacre Titien, il suffit de l'éclair du regard pour évoquer le poids d'un royaume qui enjambe deux continents. »

5. Il écrit dans « Charles Quint, témoin de son temps » (dans *Écrits sur l'Histoire*, II, Paris, Flammarion, coll. « Champs », 1994) que « *Les portraits de la jeunesse manquent déjà, comme toute leur suite, de gaieté, de bonheur de vivre, d'abandon. Même le portrait assis de Titien, en 1548, donne l'impression d'une mauvaise photographie. Nous voulons dire seulement par cette réflexion désobligeante que ce portrait, comme tant d'autres, ne livre pas l'être secret, au-delà du masque qui s'est imposé à lui dès son plus jeune âge, dès une enfance dépourvue de parents.* »

6. Carlo Ridolfi, notamment, rapportait au milieu du XVII^e siècle, dans *Le maraviglie dell'arte ovvero le vite degl'illustri pittori veneti*, Venise, 1648 : « *Et l'on raconte que, comme il peignait le portrait de Charles Quint, il fit tomber un pinceau que l'Empereur ramassa, sur quoi Titien, s'inclinant humblement, dit : "Sire, votre serviteur ne mérite pas un tel honneur". L'empereur répondit : "Titien est*

*digne d'être servi par César"* » ; cité par, entre autres, David Rosand dans *Titien « L'art plus fort que la nature »*, éd. Gallimard, 1993.

7. Don Juan Antonio de Vera Zúñiga y Figueroa était le petit-fils, par sa mère, de don Luis de Avila y Zúñiga, le compagnon d'armes, l'ami intime de l'empereur, et à Yuste son voisin : il avait dû recueillir de la bouche de ses grands-parents et de sa mère de précieux souvenirs. Il publia ainsi à Madrid en 1624 un *Epítome de la vida, y hechos del invicto Emperador Carlos V* (traduit et publié en français dès 1633). Lui-même diplomate (il fut ambassadeur d'Espagne à Venise) il écrivit aussi sur l'art de sa profession *El enbaxador*, publié à Séville en 1620, traduit en français en 1635 – *Le parfait ambassadeur* –, puis en italien – *Il perfetto Ambasciatore. Trasportato dall'Idioma Spagnuolo & Francese nell'Italianao* – à Venise en 1649.

8. La langue espagnole possède un terme qui nuance celui du simple « *retrato* » ou portrait : il s'agit de « *semblanza* » (qui relève exclusivement de l'écrit et non de l'iconographie), c'est-à-dire le portrait physique mais aussi – et surtout – moral, la manière d'être, souvent accompagné d'éléments biographiques, de la personne évoquée.

9. Voilà qui semble contredire l'image complaisamment répandue de son temps et exploitée par la postérité d'un monarque glouton. Des habitudes alimentaires prises dès l'enfance flamande, un goût marqué pour certains plats (notamment les fruits, le poisson, la bière glacée, ingérée à l'aube en plein hiver au grand dam de ses médecins) manifestement incompatible avec les canons diététiques de l'époque, des habitudes de soldat toujours sur la route ou en campagne, le refus d'écouter les conseils de la Faculté, des symptômes (polydipsie, polyphagie) propres aux maladies contradictoires (goutte et diabète, surtout) qui vont très tôt le crucifier ; une mauvaise dentition (dont héritera son fils), si courante à l'époque, une malformation congénitale de la mâchoire qui, en l'empêchant péniblement de mastiquer avec l'élégance palatine de rigueur, pouvait donner l'impression, à l'observateur malveillant, d'une gloutonnerie en fait moins réelle qu'on ne s'est plu à le dire. Si quelqu'un avait souvent assisté, et même partagé les repas de Charles Quint, sur le front comme au palais et jusque dans la monastique retraite de Yuste, c'était précisément l'aïeul de l'auteur, dont le témoignage acquiert de ce fait toute sa valeur. Si la voracité impériale eût été aussi sûrement avérée, don Luis de Avila y Zúñiga ne pouvait l'ignorer ; il eût suffit à son descendant, soucieux de la réputation de l'empereur, de n'en rien dire. Or il livre ici au contraire, et avec force, un témoignage qui va complètement à l'encontre de la rumeur populaire. Il est certain, par ailleurs, que les ambassadeurs ont observé qu'il avait un appétit « désordonné » ; ainsi Laurent Contarini observait et pronostiquait en 1548 : « … *étant comme il l'est, tourmenté par la goutte et d'un asthme, et mangeant d'une manière aussi désordonnée, il est à croire que son existence ne sera pas longue* » : « mangiando, come fa, cosí disordinatamente, è da credere che sia per avere corta vita… ». En fait, pour des raisons pathologiques – et non par « gloutonnerie » –, l'état de jeûne était devenu insupportable à Charles Quint ; à tel point qu'à la fin de sa vie, nous le verrons, il demanda au pape d'être officiellement dispensé de rester l'estomac vide avant la communion. L'état nauséeux et de malaise le poussait à une poly-

phagie qui, vue de l'extérieur prêtait évidemment à de malveillantes interprétations, dont la moindre est ce « mangiando [...] disordinatamente ». L'ambassadeur Nicola Mocenigo (voir réf. *infra* note 11) notait en 1548 que : « *Il est un peu moins régulier dans sa manière de vivre, car il mange et boit tant aux repas que tout le monde en manifeste de l'étonnement* ; il est vrai *qu'il ne soupe pas la nuit mais prend une collation faite de sucreries et de confitures ; et bien que les médecins, qui sont toujours présents à sa table, lui rappellent souvent qu'un mets lui est préjudiciable, il ne s'en prive pas pour cette raison et préfère habituellement les plats lourds et tous ceux contraires à sa nature. Et le pire est qu'il ne mastique pas les aliments, mais les avale comme tous disent, ce qui en grande partie est dû au peu de dents qui lui restent et à leur mauvais état.* » Ajoutons que la cause principale, aggravée certes par cette mauvaise dentition, était le prognathisme simple (qui affectait la seule mâchoire inférieure) de la plupart des Habsbourg de l'époque. Le chroniqueur Alonso de Santa Cruz, qui a personnellement bien connu l'empereur, notamment dans les années 1530-1540, celui-ci aimant s'entretenir avec lui d'astronomie, soulignait dans le portrait qu'il en a fait que ce prognathisme, qui le défigurait un peu – « *su mayor fealdad era la boca* » – avait surtout deux conséquences : « *premièrement, il avait de ce fait une façon très dure de parler, et ses mots étaient comme prononcés par une bouche lippue* : “el habla en gran manera dura, sus palabras eran como belfo” ; *deuxièmement, il avait beaucoup de mal à manger, car les dents du haut et du bas ne se rencontrant pas il ne pouvait pas mâcher ni, par conséquent bien digérer, ce qui le rendait souvent malade.* » L'ambassadeur F. Badoer soulignait aussi, dans sa relation de 1557, cette « intempérance » alimentaire de Charles Quint, en soulignant qu'il prenait aux repas « *toute sorte de choses propres à engendrer des humeurs épaisses et visqueuses* », et qu'il « *mange toutes sortes de fruits, en grande quantité, et, après le repas, force confitures. Il boit trois fois seulement, mais beaucoup chaque fois* » ; or, comme l'a justement souligné L. P. Gachard, cette façon de vider le verre d'un seul trait était pratique courante de l'époque : le sobre Ferdinand et le roi de France faisaient de même. Il ajoute un détail, que l'on retrouve dans des historiettes postérieures concernant le séjour à Yuste : les mets lui paraissant toujours trop insipides, on devait pour le satisfaire forcer sur les épices, ce qui était évidemment malsain. Cette anecdote fait aussi allusion à l'intérêt de l'empereur pour la technique horlogère. Le majordome ayant été rabroué parce que le repas était fade il aurait, à en croire F. Badoer, rétorqué à son maître : « *“Je ne sais ce que je pourrais faire de plus, pour complaire à Votre Majesté, à moins que je n'essaie pour elle d'un nouveau potage d'horloges”. Ces paroles firent beaucoup rire l'Empereur, et plus longtemps qu'on ne le vit jamais ; ceux de la chambre ne rirent pas moins : car il n'y a chose en ce monde, comme on le sait, qui plaise autant à Sa Majesté que de s'arrêter devant des horloges.* » Nous tenons là peut-être l'origine de l'image caricaturale d'un Charles Quint sénile occupé à démonter des horloges. Or, ce goût pour ce qui était à l'époque la seule technique de précision n'a vraiment rien de choquant : combien de grands de ce monde, de nos jours, se plaisent à collectionner les montres de prix ? Or, il ne viendrait à l'esprit de personne de trouver cela ridicule ; tout au plus un luxe inutile et insolent, mais pas « ridicule ».

10. Ce calcul ne tient manifestement pas compte des abdications : pour l'auteur comme pour son aïeul Charles Quint n'avait jamais cessé d'être le souverain régnant.

11. Dans son introduction à *L. P. Gachard. – Carlos V y Felipe II a través de sus contemporáneos*, soit une sélection des textes d'ambassadeurs vénitiens qu'avait publiés en français l'historien belge en 1855 sous le titre *Relations des ambassadeurs vénitiens sur Charles Quint et Philippe II*, Bruxelles, 1855 ; ouvrage lui-même établi à partir des documents déjà en partie publiés par Eugenio Albèri : *Relazioni degli Ambasciatori Veneti al Senato durante il secólo decimocesto*, Florence, 1839-1863, quinze volumes. Les textes proposés par L. P. Gachard concernent plus Philippe II que son père.

12. Salvador de Madariaga a publié en France et en français, en 1969 (éd. Albin Michel, « Le mémorial des siècles ») un recueil d'études intitulé *Charles Quint*, qui annonçait des « Textes de Charles Quint, Alonso Manrique, Gasparo Contarini, Nicola Mocenigo, Federico Baodaro, Prudencio de Sandoval, Brantôme et la relation du religieux de Yuste ». L'une des parties de l'ouvrage – intitulée « Charles Quint vu par les ambassadeurs vénitiens » – consistait en trois extraits juxtaposés des relations des ambassadeurs Gasparo Contarini, Nicola Mocenigo, et Federico Baodaro, respectivement datées de 1530, 1548 et 1557. L'auteur déclare avoir emprunté le premier et le troisième de ces textes à l'ouvrage cité de L. P. Gachard, et le second à une source allemande inédite en français (le tome VI de l'ouvrage de M. Bucholtz paru en 1835, *Geschichte der Regierung Ferdinand des Ersten*). On constate que, dans l'édition espagnole – postérieure à la française – parue chez Grijalbo Mondadori (en tous cas dans celle de 1995, la première étant de 1980) ces extraits ont été supprimés. Nous nous référerons ici tantôt à l'édition française de Madariaga, tantôt à celle de Gachard, auxquelles nous empruntons les passages cités. Soulignons aussi le style magnifique – magique – de S. de Madariaga : tout est dans ce « Portrait » de Charles Quint.

13. Excluant ici toute considération d'ordre physique nous ne nous attacherons qu'aux éléments – les plus nombreux, évidemment, et les plus intéressants – concernant sa personnalité disons « morale ».

14. Comme l'a bien montré L. P. Gachard ces « relations », lues à huis clos devant le Sénat de Venise étaient en marge ou en parallèle des rapports concernant les affaires traitées par les ambassadeurs : « *Les ambassadeurs y traitent, en général, de matières dont ils n'ont point parlé dans leur correspondance, ou qu'ils y ont à peine effleurées* » (*op. cit.*, voir *supra* note 11, p. XXIV-XXV) ; il cite en ce sens une explication de G. Contarini lui-même : « … *laissant de côté ce qui concerne ces négociations [lesquelles Vos Seigneuries ont en mémoire], je m'appliquerai à vous rapporter les choses qui, étant dignes d'être connues de Vos Seigneuries, ne pouvaient être expliquées par lettres aussi bien que je le ferai maintenant de vive voix. Je vous dirai donc principalement tout ce qu'il est bon que Vos Seigneuries sachent de la personne, du caractère et de la volonté du souverain pontife, ainsi que de ceux qui l'entourent ; je ferai le semblable à l'égard de l'Empereur et des siens* », etc. Ce caractère réservé et direct des témoignages en garantit la sincérité à défaut d'une exactitude parfaite (l'observateur, fût-il le meilleur, ne pouvait faire

totalement abstraction de sa propre subjectivité, et son information était sinon partiale, du moins nécessairement partielle). Dans la présentation des sources de *La Méditerranée et le monde méditerranéen à l'époque de Philippe II*, 2 vol., Paris, Arnand Colin, 1990, F. Braudel émet, à propos de la monumentale collection d'Albèri, ce jugement tout en nuance : « *Elle a été si souvent démarquée par les historiens, à ce point diffusée dans tous les récits sur le* XVIe *siècle que l'on aurait tendance à être injuste vis-à-vis de ses richesses réelles. Cependant, n'est-il pas dangereux de croire, les yeux fermés, ces Vénitiens que l'on dit être parmi les meilleurs, sinon les meilleurs connaisseurs d'hommes du siècle ? Passe pour les* dispacci, *mais les* relazioni *sont des discours, avec les défauts et les faiblesses du genre, et souvent des démarcages d'orateurs précédents… Ces critiques sont à formuler vite, mais à ne pas oublier.* » On ne voit guère cependant l'intérêt qu'auraient eu ces ambassadeurs à brosser un portrait délibérément faux des personnages qu'ils étaient amenés à évoquer devant le Sénat de Venise.

15. Dix-huit ans plus tard, N. Mocenigo notera de même : « *Il prend peu d'exercice corporel, sauf qu'il va parfois à la chasse, ce qui consiste pour lui à décharger son arquebuse sur un oiseau ou autre hôte des forêts.* »

16. Le séjour de Charles Quint à Bologne dura cinq mois du 5 novembre 1529 au 22 mars 1530 où il repartit pour l'Allemagne. « *Il logeait*, précise le vicomte de Terlingen, *dans le même palais que le pape, avec qui il avait des entretiens continuels dans la plus stricte intimité, au point qu'il avait fait percer des portes pour communiquer directement de ses appartements à ceux du Saint-Père. Les détails de ces pourparlers secrets sont resté inconnus des historiens* » ; on sait cependant qu'il fut question du concile, des Turcs et plus encore de l'Italie ; dans « La politique italienne de Charles Quint et le "Triomphe" de Bologne », dans *Fêtes et cérémonies au temps de Charles Quint*, éd. CNRS, Paris, 1960.

17. Nous reviendrons dès le premier chapitre sur ce sujet. Ajoutons seulement ici que N. Mocenigo précisait en 1548 : « *Si l'on considère le respect extraordinaire que le roi porte à Sa Majesté l'empereur, on croirait plutôt qu'il est son fils ou son vassal, car il ne lui adresse jamais la parole si ce n'est en retirant sa toque et en multipliant les révérences. À ce respect qu'il a pour l'empereur répond l'amour que l'empereur a pour lui et qui ne pourrait être plus grand : une fois que son frère lui faisait remarquer qu'il commençait à grisonner, l'empereur répondit que ses cheveux avaient blanchi à la suite des soucis et des travaux qu'il avait assumés par amour pour lui et pour ses fils (Per vos, hermano, et per vuestros hijos). C'est certainement chose grande et admirable que cet amour et cette volonté unique de deux princes aussi différents de nature et de manières.* » *Le portrait comparé qu'il esquisse ensuite est très intéressant : il oppose la gravité et la réserve de l'aîné à la spontanéité et à la loquacité du cadet, à la concentration de l'un, qui jamais ne s'écarte du sujet traité, à la tendance vagabonde et disgressive de l'autre, qui peut se résumer en ces quelques mots : « L'empereur parle de façon sensée et réservée, et il garde beaucoup pour lui. Le roi [il s'agit bien sûr de Ferdinand, souvent désigné par son titre de roi (des Romains)] parle plus librement et se retient rarement de dire ce qu'il a sur le cœur.* » S. de Madariaga, *op. cit.*, voir supra note 12.

18. Le « comendador » Francisco de los Cobos fut, après la mort de Mercurino Gattinara l'un des conseillers les plus importants de l'empereur, dont

l'influence ne fut concurrencée que par celle de Nicolas Perrenot de Granvelle. Un confesseur du souverain déclarait que « *Cobos est le gardien de l'honneur et des secrets de Sa Majesté, et sait comment réaliser ce que Sa Majesté laisse inachevé.* » À partir de 1543, au lieu de le suivre dans ses voyages, il resta en Espagne pour épauler et conseiller le prince dans sa « régence. » Dans ses instructions secrètes l'empereur le recommandait encore à son fils pour ses compétences financières, tout en redoutant que ce vert-galant n'eût, malgré son âge avancé, une néfaste influence sur le jeune prince. Certains de ses contemporains (notammant le chroniqueur Francisco López de Gómara et l'ambassadeur Navaggiero) l'ont accusé de vénalité. Il mourut en 1547 dans son château d'Uceda. Voir sur cet important personnage la biographie de Hayward Keniston, *Francisco de los Cobos, Secretary of the Emperor Charles V*, University of Pittsburgh Press, 1960, dont un des paragraphes du chapitre consacré à « His personality » s'intitule : « His Venality ».

19. Y compris dans sa vie sexuelle. N. Mocenigo, qui dit tenir son indiscrète information de l'entourage et des médecins de l'empereur, précisait en 1548 à ce délicat sujet (que nous ne développerons pas d'avantage ici) que si l'empereur était « *extrêmement porté au plaisir des sens* », il n'avait jamais abusé, dans ce domaine, de son pouvoir, contrairement à de vilaines pratiques (déjà) courantes à l'époque : « ... *et pourtant il n'est personne qui puisse dire que Sa Majesté, malgré l'amour qu'elle a ressenti pour beaucoup, en ait pris prétexte pour commettre un acte tant soit peu déshonorant ni qu'elle ait jamais employé la force pour parvenir à ses fins ; elle s'est toujours conduite avec tant de retenue et de mesure que tout le monde chaque fois s'en étonne ; cette grande vertu, du fait qu'elle est si rare chez les princes, est d'autant plus à la gloire de Sa Majesté, dont on peut affirmer qu'elle est aujourd'hui dans le monde le miroir de l'honnêteté.* » F. Badoer écrira en 1557 que : « *Partout où il s'est trouvé, on l'a vu* [sic] *s'adonner aux plaisirs de l'amour, d'une manière immodérée, avec des femmes de haute comme de basse condition.* » Il est certain qu'il eut les deux enfants naturels qu'on lui connaît (et qu'il a reconnus) avec des roturières, de modestes bourgeoises ; nous renvoyons pour cette question au chapitre III. Ce « voyeurisme » diplomatique nous montre ici – rien de vraiment nouveau sous le soleil – que l'attention du public était braquée sur l'assiette et sur le lit des grands de ce monde...

20. Ses historiques éclats, soit publics – à Rome en 1536 par exemple –, soit privés, nous le verrons, à Yuste, n'en revêtent que plus de signification.

21. Qui est (avec la prétendue « goinfrerie ») au cœur de l'image déformée et vulgaire, complaisamment entretenue, « légende noire » anti-hispanique obligeant, pendant des siècles.

22. Ce qui n'était d'ailleurs pas propre à ce seul souverain. L'empereur ayant une fois fait preuve d'une exceptionnelle générosité envers le duc d'Albe en lui attribuant deux cent mille écus d'un coup, l'ambassadeur Mocenigo rappelle à ce propos que le duc l'avait servi durant de nombreuses années « à ses frais » : « *qui furent immenses*, sans avoir jamais reçu une rémunération quelconque, *et qu'il a commandé en chef dans toutes ces guerres d'Allemagne si glorieuses pour l'empereur, si bien que ce témoignage semble proportionné à la grandeur du souverain* ». Et, ajoute-t-il : « *Des personnes dignes de foi m'ont également affirmé*

*que cet argent a passé par tant de mains et servi à apurer tant de comptes qu'il est finalement demeuré au duc quatorze mille écus.* »

23. Le geste est intéressant, car il en annonce un autre, plus connu, de Philippe IV. Devant l'inefficacité des lois somptuaires visant à limiter les dépenses excessives de la noblesse espagnole en matière d'habillement, le roi aurait supprimé l'usage de la dispendieuse « *golilla* » (cette fameuse – et sans doute fort incommode – « fraise » à l'espagnole immortalisée dans les tableaux du Greco, notamment) par l'exemple, en apparaissant un beau jour avec un col plat, beaucoup plus facile – et donc économique – à entretenir ; et toute la cour avait évidemment suivi ; c'est avec ce simple col que Velázquez a représenté le roi dans les magnifiques portraits qu'il nous en a laissés.

24. P. Chaunu l'a bien montré : ce fut particulièrement vrai en ce qui concerne ses généraux. Un quart de siècle plus tard, l'ambassadeur F. Badoer, dans sa relation de 1557, sera plus critique sur ce point : on aurait reproché à l'empereur de n'avoir pas su ou voulu punir certains de ses ministres qui « *avaient donné de très-grands sujets de plainte au public* ». Louis-Prosper Gachard, qui résume ce passage, précise que l'ambassadeur « *ajoute que l'indulgence de l'Empereur pour eux a été attribuée, soit à l'utilité qu'il retirait de leurs services, soit à l'intention de faire voir qu'il ne s'était jamais trompé dans le choix de ses agents* ». Lesdits agents incriminés étaient notamment le vice-roi de Naples don Pedro de Toledo, celui de Sicile, don Juan de Vega, et certains membres du gouvernement de Marie de Hongrie aux Pays-Bas.

25. M. Quaghebeur fait dans l'étude citée (cf. *supra* note 4) une très fine analyse, de type psychanalytique de ce trait de caractère de l'empereur : « *Ce qu'il appelle la décision est en fait la décision intérieure* [...]. *La décision cruciale coïncide par contre rarement, chez lui, avec son actualisation ou sa promulgation. D'aucuns ont cru pouvoir en inférer une forme d'irrésolution foncière dans le caractère du souverain. Les faits me semblent plus complexes. En effet, il y a chez lui comme un temps d'attente entre l'évidence intérieure et son incarnation dans le corps du monde et parmi les circonstances. Une enfance trop tôt orpheline et timide explique partiellement ce type d'attitude que l'adulte a reproduite en la maîtrisant. L'implacable regard de la justice explique tout autant cet écart entre le moment de la décision et celui de la résolution, qui est le moment de l'action. La césure entre monde intérieur et monde extérieur me semble être un troisième vecteur explicatif de cette attitude dans le chef d'un être que les témoins s'accordent à dire secret et peu impulsif.* »

26. L. P. Gachard a souligné pour sa part la singularité – au double sens du terme – de ce détail : « *Mocenigo rapporte une particularité que je ne remarque dans aucune autre relation vénitienne : c'est que l'approche d'une araignée faisait trembler Charles Quint.* » (*op. cit.*, voir *supra* note 11).

27. S. Madariaga, *op. cit.*, pp. 328-329.

28. Le diplomate souligne en effet, lui aussi, la religiosité de l'empereur, dont il détaille la pratique (messes, confessions, etc.) en précisant « *et se comporte en tout cela avec une si grande dévotion qu'on peut à peine la qualifier* ».

29. N. Mocenigo affirmait en 1548 : « *L'empereur est également fort religieux, il entend deux messes par jour, l'une pour l'âme de l'impératrice et l'autre pour la sienne.* »

30. F. Badoer écrit encore que des Espagnols lui ont assuré qu'aucune perte de parents ou de collaborateurs ne lui avait arraché de larmes. Il est certain que l'empereur, maître de ses émotions comme du reste, ne dut jamais en faire étalage. Mais il est faux qu'il fût insensible à ce point, car dans la solitude de Yuste nous le voyons littéralement *pleurer* la mort d'Éléonore, sa sœur aînée.

31. Il devait s'agir de Paul IV, le pape Caraffa, l'ennemi mortel des Habsbourg.

32. L. P. Gachard met en doute leur authenticité, notamment le fait qu'un simple soldat eût été chargé de remettre à l'empereur un tel trophée ; il suppose que le commandeur Rodrigo de Peñalosa qui – selon le père Sandoval – alla informer l'empereur, alors à Tolède, de la victoire de Pavie dut être aussi le porteur desdits objets. Ce qui importe ici c'est que – vraie ou fausse – ce genre d'histoire circulait manifestement dans les cours et chancelleries européennes, comme dans les casernes.

33. Il s'agirait plutôt de Bernardo de Aldana, général d'artillerie, qui avait participé aux campagnes d'Italie, de Hongrie et d'Allemagne et qui mourra au combat en 1562. Deux autres Aldana contemporains – Cosme et Francisco – cultivèrent les armes et les lettres ; le second participera à la bataille de Saint-Quentin avant d'aller mourir avec le roi Sébastien du Portugal à Alcazarquivir en 1578.

34. Charles Quint avait eu pour devise dans son enfance « *Nondum* », qu'il changea en l'historique formule « *Plus Oultre* ». L'académicien Sainte-Beuve écrivit à ce propos : « *… quoiqu'il fût très-fier de sentiments et de langage, Charles Quint, outre qu'il aimait "la vérité dans sa simplicité", avait cela du vrai politique de ne point pousser les choses à l'extrême et de ne pas substituer avant tout l'orgueil à l'intérêt. Jeune et déjà émancipé, on l'avait vu patient, ne se hâtant pas de régner par lui-même, très-appliqué aux affaires, mais écoutant les conseils de son ancien gouverneur le seigneur de Chièvres. Il avait fait écrire sur son bouclier cette devise :* Nondum *(pas encore) ! Quelques années après, devenu empereur, il avait changé de devise, il était entré résolûment dans sa destinée, avec ce mot audacieux qui faisait mentir les colonnes d'Hercule :* Plus ultra *(c'est-à-dire, passons outre et au-delà) ! Et cette pensée affichée de conquête et d'entreprise ne s'appliquait pas seulement aux Indes ; il avait certainement visé alors, du côté de l'Europe, plus haut et plus loin en tous sens qu'il ne pouvait atteindre et étreindre ; il avait eu ses fumées d'orgueil, ses rêves de toute-puissance. Mais les années venues et les difficultés s'accroissant, il avait été le premier à se dire ce mot si difficile à entendre :* Assez ! » ; dans *Nouveaux Lundis*, 3e tome, Paris, 1865, « Charles Quint après son abdication, au monastère de Saint-Just » [lundi 15 septembre 1862]. Pour sa part, M. Quaghebeur (cf. *supra* note 4) soulignait très justement : « *Car celui qui avait pris pour devise « plus oultre » était aussi, paradoxalement, un homme qui avait une très grande conscience des limites. Son histoire ne cesse d'ailleurs d'osciller entre ces deux extrêmes qu'emblématisent à la fois la majesté impériale et la retraite.* » La devise fut inventée par son médecin, l'humaniste milanais Luigi

Marliano, ami de Pierre Martyr d'Anghiera, et bientôt évêque de Tuy. Elle figurait déjà sur la grande voile du bâteau royal qui conduisit Charles de Gand en Espagne pour la première fois en 1517. Voir l'article magistral de Marcel Bataillon, « Plus oultre : la Cour découvre le Nouveau Monde », dans *Fêtes et cérémonies au temps de Charles Quint*, éd. CNRS, 1960, pp. 13-27 ; il figure également dans *Études sur Bartolomé de Las Casas*, du même auteur, éd. Centre de Recherches de l'Institut d'Études hispaniques, Paris, 1966, pp. 95-114. Sur l'origine, le sens, l'évolution des emblèmes et des symboles impériaux, dont la fameuse devise, voir le chapitre VII : « La imagen caballeresca del Príncipe y el mito del Imperio », dans *Carlos V y la imagen del héroe en el Renacimiento*, de Fernando Checa Cremades, éd. Taurus, Madrid, 1987, pp. 185-258. Voir aussi les articles de E. E. Rosenthal, publiés dans le *Journal of Courtauld and the Warburg Institute*, notamment : « The invention of the Columnar Device of Emperor Charles at the Court of Burgundy in Flanders in 1516 », 1973.

35. Federico Chabod, *Carlos V e il suo imperio*, 1985, mais il s'agit d'une série d'articles et surtout de cours dispensés par l'auteur dans les universités de Milan et de Rome entre 1939 et 1949. Une traduction espagnole en a été éditée en 1992 par le Fondo de Cultura Económica de Mexico-Madrid, sous le titre de *Federico Chabod. – Carlos V y su imperio.* C'est à elle que nous nous référons ici.

36. Commentant les différents éléments du discours d'abdication, M. Quaghebeur (cf. *supra* note 4), écrit : *« Peut-on mieux laisser entrevoir à l'ombre de quelle conception du devoir et de la faute, de la figure absolue de la justice comme de la faiblesse humaine, du rapport à Dieu et aux hommes, s'est déroulé ce règne ? Imagine-t-on la rigueur de ce tribunal intérieur qui amène César à expliquer aux siens que cette « renonciation » aux tâches du trône ne provient pas de la « pensée de se soustraire aux éventualités de* peines, *de* dangers *ou de* travaux *mais de son analyse des "inconvénients attachés à son inutilité si grande"...* » Nous y reviendrons dès le chapitre premier.

37. F. Chabod, *op. cit.*, p. 621.

38. La nouvelle de la victoire (ce point a été évoqué dans la première partie) remportée le 24 février ne parvint pas à l'empereur en Espagne avant le 10 mars.

39. F. Chabod, *op. cit., supra* note 35, p. 26-31, le document figure pp. 154-158.

40. François-Marie-Auguste Mignet, *Charles Quint, son abdication, son séjour et sa mort au monastère de Yuste*, Paris, 1857, 468 p.

41. En particulier la correspondance presque quotidienne du majordome Luis Méndez Quijada, du médecin Mathys et du secrétaire Guillaume Van Male, qui entourèrent et servirent l'empereur jusqu'à son dernier souffle, et entretinrent une correspondance suivie et presque amicale, parfois confidentielle, avec le secrétaire d'État à Valladolid Juan Vázquez ; sans compter les lettres que Charles Quint lui-même adressa à ses enfants ou audit Vázquez, et leurs réponses. Ces lettres furent en partie exploitées dans la première moitié du XIXe siècle par l'archiviste espagnol Tomás González dans une étude intitulée *Estancia, retiro y muerte del Emperador Carlos V en el monasterio de Yuste*, demeurée inédite jusqu'en 1958 ; de nombreuses autres furent étudiées et publiées par l'archiviste belge Louis-Prosper Gachard en 1855, à Bruxelles, sous le titre de *Retraite et*

*mort de Charles Quint au monastère de Yuste, lettres indédites.* Nous aurons l'occasion de nous référer maintes fois à ces documents. À ladite correspondance s'ajoutent divers récits de hiéronymites contemporains et témoins des faits, ou de peu postérieurs, comme l'« anonyme » (frère Hernando del Corral) de Yuste ou le prieur Martín de Angulo, ou encore la chronique de l'ordre par le père Sigüenza qui a pu recueillir, après la mort de l'empereur, des témoignages toujours vivants. Ajoutons l'ouvrage du bénédictin Prudencio de Sandoval qui embrasse la fin de la vie de l'empereur, contrairement aux autres chroniques qui s'arrêtent avant ce terme.

42. Cf. *supra* note 34.

43. *Op. cit. supra* note 3.

**Notes du chapitre premier,**
**« Le renoncemenr au pouvoir : les abdications », p. 471**

1. Livre II, chapitre VIII.

2. Horace, Épîtres, I, 1.

3. Charles de Gand l'avait reçu le 6 janvier 1509 à Bruxelles au nom de Henri VII, qui mourait trois mois et demi après [le 21 avril].

4. Publiée par Louis-Prosper Gachard dans *Retraite et mort de Charles Quint au monastère de Yuste*, tome I : « Introduction aux lettres [inédites] sur la retraite et la mort de Charles Quint », Bruxelles, 1854.

5. Lucien Febvre et Henri-Jean Martin, *L'Apparition du livre*, Paris, 1958 ; Pierre Chaunu, *Le Temps des réformes. – La Crise de la chrétienté : l'éclatement 1250-1550*, Paris, Fayard, 1975.

6. « *Carlos Quinto deste nombre / Emperador residía / en la villa de Bruselas / que pocas veces salía / cansado de los trabajos / muchos que passado avía…* »

7. « *Entran en una sala, / la gran sala se dezía, / ricamente adereçada, / […] / Passavan de mil personas, / las que en la gran sala avía / a todos mandan que callen / gran silencio se ternía…* »

8. Ludwig Pfandl, *Philippe II d'Espagne*, éd. française, Paris, Hachette / Tallandier, 1981.

9. Dans la traduction qu'en a donnée en 1855 Prosper Gachard dans ses Relations des ambassadeurs vénitiens sur Charles Quint et Philippe II, op. cit.

10. *Dans La Méditerranée et le monde méditerranéen à l'époque de Philippe II, op. cit.*

11. Texte original : « … *Tanta si comprende da ognuno essere la unione delli animi di questi due fratelli e la somma riverenza che il re de'Romani avere all'Imperatore, che si crede che fin ch'esso Imperatore vive, mai sia per pertirsi punto dal voler suo, ma abbia a seguir sempre così le voglie sue come fermissime leggi al governo ed alla vita propria, e debba avere quei medesimi in ogni tempo per amici o per inimici che saranno tali ad esso Imperatore.* »

12. L.-P. Gachard *op. cit.*, tome II.

13. Modesto Lafuente, *Historia general de España*, tome 8, Barcelona, 1889.

14. Soit : le golfe de Gascogne et la Manche, bien souvent redoutable l'un et l'autre.

15. Ramón Carande, « Carlos V : viajes, cartas y deudas », dans *Charles Quint et son temps*, Paris, éd. CNRS, 1959 ; et *Carlos V y sus banqueros*, Madrid, 1967.

16. Fernand Braudel, « Charles Quint témoin de son temps », *art. cit.*

17. Rappelons seulement pour mémoire : *Philippe II, Roi d'Espagne : étude sur sa vie et son caractère*, de Charles Bratli, Paris, 1912 ; *Philipp II. Gemälde eines Lebens und einer Zeit* de Ludwig Pfandl, Munich, 1938, traduit en français en 1942, réédité chez Hachette / Tallandier en 1981 sous le titre *Philippe II d'Espagne* ; 1978, *Philip II of Spain* de Geoffrey Parker, Boston, 1978, traduit en espagnol par les éditons Alianza, Madrid, 1978 ; le *Philippe II* d'Ivan Cloulas, éd. Fayard, 1992 ; et, parmi les toutes dernières parutions : *Philip of Spain* d'Henry Kamen, Londres, 1997, éd. espagnole la même année chez Siglo Veintiuno España Editores ; *L'Espagne de Philippe II* de Joseph Pérez, éd. Fayard, 1999 ; en Espagne, dans le cadre du quatrième centenaire de la mort du roi, le *Felipe II y su tiempo* de Manuel Fernández Alvarez, éd. Espasa-Calpe, qui compte entre mai 1998 et février 1999 huit éditions, dont deux rien que pour le mois de septembre 1998 (Philippe mourut le 13 septembre 1598) ; on devait déjà à ce même auteur, entre autres études sur Philippe II, le règne ou l'époque, le monumental volume XIX de la *Historia de España Ramón Menéndez Pidal* consacré au *Siglo XVI : Economía, Sociedad, Instituciones*, Madrid, Espasa-Calpe, 1996.

18. Textes de John Mason dans leur version originale : « *And here he brake into a weeping, besides the dolefulness of the matter, I think he was moche provoked by seing the whole company to doo the lyke before ; beying in myne opinion not one man in the whole assemblie, stranger or other, that dewring the time of a good piece of his oracion poured not oute abondantly teares ; some more, some less [...]. They embraced each other in soche sort as might welle appere a loving meeting between the affections of the father and the son.* »

19. « *Luego se levantó el Rey / y al Emperador dezía / estando en pie sin bonete / la merced que le hazía / hincándose de rodillas / el Rey la mano pedía / para besarla a su padre / que dársela no quería / echole al cuello los braços / que se levante porfía / con lágrimas y no pocas / que de padre y hijo avía / lloraron Reyes y Reyna...* »

20. Liliane Van de Kerckhove, dans un bel article sur Marie de Hongrie, évoque ainsi ce *cercle de Bourgogne* : « Si, le 18 septembre 1544, la paix de Crespy, signée avec la France, signifie pour Charles la perte définitive de sa chère Bourgogne, en revanche, la même année, le Traité de Venloo vient consacrer la Constitution des dix-sept provinces des Pays-Bas. Après l'annexion du Tournaisis en 1521, Utrecht (1528), la Frise (1528), Groningue (1536), et la Gueldre (1543) sont venus compléter ce chiffre. Quatre ans plus tard, à la faveur de la bataille de Mülhberg, la Transaction d'Augsbourg est signée le 26 juin 1548. Marie en a été l'inspiratrice et la conseillère. Elle en a élaboré le plan de concert avec le juriste Viglius van Zuichem, qui va devenir président du Conseil Privé. C'est le couronnement des efforts incessants de la Reine depuis son élection à la régence des Pays-Bas. Par cette transaction, les dix-sept provinces des Pays-Bas font toutes partie du Cercle de Bourgogne créé en 1512. Agrandi et reconnu par la Diète

Impériale, ce Cercle de Bourgogne est dorénavant séparé de l'Empire et affranchi de sa juridiction, sauf en matière d'impôts à prélever contre la menace ottomane. Son territoire inclut désormais la Flandre et l'Artois qui sont soustraits à la vassalité de la France. Le Cercle de Bourgogne ainsi élargi constitue *de facto* un État indépendant et souverain dont les États Généraux ratifient l'existence dès le 25 octobre 1548 ». Et ajoute-t-elle en note, en se référant notamment aux travaux d'Henri Pirenne et de Karl Brandi : « De plus, ce traité donne au Cercle de Bourgogne le droit d'être membre dans les commissions du Reichstag et lui procure un siège dans la Reichskammergericht, c'est-à-dire une influence sur la politique impériale ». Dans *Correspondance*, revue hispano-belge qui a consacré en 1990 un numéro spécial à : « Carlos V y la noción de Europa. » [article cité de référence : « Marie de Hongrie, Régente des Pays-Bas (1531-1555) », pp. 78-90].

21. Roger Bigelow Merriman, *Carlos V, el Emperador y el Imperio español en el viejo y nuevo mundo*, Buenos Aires, 1940.

22. L. P. Gachard, *Relations des ambassadeurs vénitiens sur Charles Quint et Philippe II*, Bruxelles, 1855, pp. 87-88 et note 1.

23. Ivan Cloulas, *Philippe II, op. cit.*, chap. iii « La révolte des Pays-Bas », p. 21.

24. Ce beau texte est cité (et corrigé) en note (*op. cit.*, p. 87) par Liliane Van de Kerckhove (voir supra note 20).

25. Lettre de Charles Quint à Marie de Hongrie, du 3 janvier 1531, dans Lanz, K., *Correspondenz des kaisers Karl V*, t. I, citée en note (*op. cit.*, p. 79) par Liliane Van de Kerckhove (voir supra note 20).

26. Liliane Van de Kerckhove *op. cit.*, p. 81 (voir supra note 20).

27. Andrea Doria (Oneglia, 1468 – Gênes, 1560) fut d'abord au service du roi de Naples Alphonse II avant de passer au service du roi de France François Ier, avec lequel il eut quelques différends d'ordre politique et financier. Lors du combat naval de Salerne il fit prisonnier le marquis del Vasto et Ascanio Colonna, qui surent le convaincre de passer dans le camp impérial, ce qu'il fit en 1528. Dès lors il participa – en personne – à tous les succès maritimes de l'empereur ; son intervention en mer Égée, notamment, incita les Turcs à se retirer de Hongrie.

28. Vicente Cadenas y Vicent, « Entrevistas con el Emperador Carlos V », revue *Hidalguía*, 1983.

29. Le duc Maurice de Saxe lui aurait rendu (involontairement ?) cet hommage : lors de la tragique fuite d'Innsbrück, dans la nuit du 19 avril 1552, il aurait délibérément « laissé échapper » son impérial gibier, ce qu'il justifia par la suite en disant « qu'il n'avait pas de cage assez grande pour un oiseau de cette taille-là. »

30. Townsend Miller, *Reines de Castille*, éd. française, Paris, Arthaud, 1966.

31. Juan Antonio de Vera y Figueroa, *alias* Vera y Zúñiga, *alias* Vera de Avila, conde de la Roca, *Epítome de la Vida, y hechos del invicto Emperador Carlos V*, Madrid, 1624. *Cf.* Prologue, note 7.

32. Nous empruntons ici le titre à l'ouvrage de Joseph Pérez, *Charles Quint Empereur des deux Mondes*, Paris, éd. Gallimard (coll. « Découvertes »), 1994, qui présente – entre autres qualités – une précieuse iconographie.

33. « Charles Quint témoin de son temps », *art. cit.*

34. « L'abdication de Charles Quint », dans *La Mission de l'Espagne*, Coll. Occident, Études hispaniques, Paris, éd. Plon, 1941. Historien et romancier, l'auteur de *Mort, où es ta victoire ?*, ce nostalgique de l'humanisme chrétien, était des mieux armés pour saisir tout le sens de cet acte.

**Notes du chapitre II,**
**« Le renoncement au monde : la retraite à Yuste », p. 559**

1. Transcrits en quinze pages très serrées par L. P. Gachard dans *Retraite et mort de Charles Quint au monastère de Yuste*, Bruxelles, 1854, Introduction, annexe K.

2. Signalons l'existence d'un très joli livre de José V. Serradilla Muñoz, *La Mesa del Emperador. – Recetario de Carlos V en Yuste*, R & B Ediciones, Saint-Sébastien / éd. Oria, Alegia (Guipuzcoa), 1997. Ce docteur ès lettres et journaliste, directeur de l'Instituto de Estudios sobre Armas Antiguas [relevant de la Consejería de Cultura y Patrimonio de la Junta de Extremadura et du C.S.I.C.] est aussi – puisque né à Jaraíz de la Vera (province de Cáceres) – un enfant du pays choisi par l'empereur pour y finir ses jours.

3. L'espagnol est bien plus expressif : « *está bien mohino del mucho descuido que ha habido* ».

4. De même ici : « *… y de aquí discanta y dice cosas bien sangrientas.* »

5. Qui fut gratifiée par Philippe II, à la mort de son maître, par une pension de cent dix florins.

6. « *Descontentíssimos y desganados* », selon Luis Quijada.

7. *Dictionnaire français de médecine et de biologie*, Paris, Masson, 1970.

8. Domingo Sánchez Loro, dans le volume II de *La inquietud postrimera. – El retiro imperial de Yuste*, Cáceres, 1957, identifie le moine auteur du manuscrit « anonyme » publié en 1855 par L. P. Gachard dans le tome II de *Retraite et mort de Charles Quint au monastère de Yuste.* Selon lui l'auteur serait Hernando del Corral, un des, hiéronymites de Yuste qui s'y trouvait avant l'empereur lui-même et qui n'en partit – pour l'Escurial – qu'après son décès. La formule de P. L. Gachard – « l'anonyme de Yuste » – permettant de repérer commodément la source citée nous l'avons conservée malgré cette identification de D. Sánchez Loro.

9. Nous citons ici d'après la traduction française publiée par Alfred Morel-Fatio en 1913, dans *Historiographie de Charles Quint, première partie suivie des Mémoires de Charles Quint, texte portugais et traduction française.*

10. À ceci près qu'il situe le fait de manière erronée lors de la bataille même de Mülhberg, qui eut lieu le 24 avril 1547.

11. Ivan Cloulas, *Les Borgia*, Paris, Fayard, 1987.

12. Il avait été l'un des vingt seigneurs espagnols auxquels Charles Quint avait accordé la *grandesse* en 1520 et le titre de « cousin » du roi.

13. Cándido de Dalmases, *El Padre Francisco Borja*, Madrid, éd. BAC, 1983.

14. Beato Juan de Avila, *Epistolario espiritual*, carta XXIII « a una señora enferma ».

15. Voir à ce propos Camilo María Abad, « Carlos V y san Francisco de Borja », dans *Miscellanea Comillas*, n° 31, 1959.

16. Alfredo Sánchez-Belda, « Carlos V y san Francisco de Borja (un coloquio memorable en torno a la Compañía de Jesús) », *Hispania*, n° 4, 1941.

17. Autre exemple de cette fidélité dans l'épreuve – qui relève, certes, de l'engagement « politique », mais aussi de la personnalité des deux personnages impliqués (disons : le nominatif et le datif) –, représentatif de la loyauté et de l'attachement que la noblesse espagnole a toujours manifestés à l'empereur, cette réponse du duc d'Albe ; après la trahison de Maurice de Saxe et la fuite d'Innsbrück, Charles Quint informa le prince Philippe, alors régent d'Espagne, de son malheur en le chargeant de convoquer les Cortès de Castille afin de lui procurer les moyens nécessaires pour faire face à la situation. « Une fois de plus, écrit M. Fernández Alvarez (dans *Carlos V el rey de los encomenderos americanos*, éd. Anaya, 1988), l'Espagne fait le miracle, qui peut être symbolisé par cette réponse du duc d'Albe s'apprêtant à prendre la tête des troupes – espagnoles – de secours, à l'empereur en difficulté : "*Plaise à Dieu que lorsque nous arriverons Votre Majesté soit dans l'état de santé dont la chrétienté a besoin, et dans ce cas rien ne pourra nous résister* ('que con ella no habrá cosa que no se acabe')." »

18. José Camón Aznar, *Martínez Montañés y la escultura andaluza de su tiempo*, Madrid, 1972.

19. L'expression espagnole « *Sacra Magestad* », qu'on ne peut ici traduire littéralement, a plus de force expressive, de poids affectif.

20. Dans « L'abdication de Charles Quint », *art. cit.*

21. De ces *Mémoires* dont l'original est perdu – on soupçonna même Philippe II de l'avoir détruit –, le baron de Lettenhove a retrouvé au milieu du siècle dernier (et à la Bibliothèque nationale de Paris) une version portugaise d'une petite centaine de pages, datant de 1620, qui nous permet d'en connaître sinon la lettre exacte du moins l'esprit.

22. « *Cui comparabo te ? vel cui assimilabo te filia Jerusalem ? [...] Magna est enim velut mare contritio tua : quis medebitur tui ?* »

23. « *Ecce elongavi fugiens : et mansi in solitudine.* »

24. Fidel Fita y Colomer, « Oración fúnebre del emperador Carlos Quinto », dans *Boletín de la Real Academia de la Historia*, n° 22, 1893.

25. Conservé dans la bibliothèque de l'Escurial, il comprend une version de la Vulgate curieusement entremêlée à une histoire universelle.

## Notes du chapitre III, « Du transitoire : les choses de ce monde, encore... », p. 647

1. C. A. Sainte-Beuve *Nouveaux Lundis*, 3e tome, Paris, 1865, « Charles Quint après son abdication, au monastère de Saint-Just » [lundi 15 septembre 1862].

2. Tomás González, *Retiro, estancia y muerte del emperador Carlos Quinto en el monasterio de Yuste. – Relación histórica documentada* ; un manuscrit de 532

pages in-folio de texte assorti de 241 pages d'appendice documentaire ; une édition de ce texte constitue le troisième volume de *La inquietud postrimera de Carlos V*, de Domingo Sánchez Loro, Cáceres, 1958. Louis-Prosper Gachard, *Retraite et mort de Charles Quint au monastère de Yuste. – Lettres inédites*, deux tomes publiés à Bruxelles en 1854 et 1855, qui totalisent mille pages serrées de documents et cinq cents pages d'analyse ou d'étude. Il convient d'ajouter les 577 pages du tome IV (couvrant la période 1554-1558) du *Corpus documental de Carlos V* publié entre 1973 et 1981 par Manuel Fernández Alvarez aux éditions de l'université de Salamanque : l'ensemble, cinq tomes dont un volume d'index couvre tout le règne et compte deux mille cinq cents pages de documents.

3. Manuel Fernández Alvarez, *La España del Emperador Carlos V. El hombre, la política española. La política europea*, dans volume XX de la *Historia de España Ramón Menéndez Pidal*, éd. Espasa-Calpe, 1986. L'auteur est, incontestablement, le plus éminent spécialiste – et le plus fécond – des règnes de Charles Quint et de Philippe II dans l'historiographie espagnole.

4. Il signait toujours ses lettres à doña Juana sa fille ou au roi Philippe d'un « *vuestro buen padre* », soit quelque chose comme « votre père qui vous aime ».

5. Cité par M. Fernández Alvarez à la fin de *La España del Emperador Carlos V, op. cit.*

6. Karl Brandi : *Charles Quint et son temps*, éd. Payot, 1951.

7. Dans Tomás González, *cf. supra* note 2.

8. Devenue même proverbiale : l'expression « *armarse la de san Quintín* » signifiant qu'une lutte violente éclate entre deux adversaires.

9. Ivan Cloulas, *Philippe II*, Paris, Fayard, 1992.

10. Des soldats espagnols dont Luis Quijada disait : « ... *castellanos, por ser los mejores soldados del mundo* ».

11. Adolfo de Castro, *Historia de los protestantes españoles*, Cadix, 1851. Cité par F. Mignet.

12. Fernando Alvarez de Toledo y Pimentel, troisième duc d'Albe, né en 1507, était entré au service du jeune empereur en 1524, à l'âge de dix-sept ans. Il mourra à Lisbonne – peu après l'incorporation du Portugal à la monarchie espagnole – au service de Philippe II en 1582 à l'âge de soixante-quinze ans.

13. I. Cloulas, *Philippe II, op. cit.*, p. 132.

14. Modesto Lafuente, *Historia general de España*, Barcelone, 1889, tome IX (l'ouvrage en comprend vingt-neuf).

15. Ce sera beaucoup plus vrai encore au règne suivant grâce aux mines d'argent du *Cerro rico* de Potosí (dans le Haut Pérou d'alors correspondant à l'actuelle Bolivie) qui fut découvert par hasard en 1545, donc sous Charles Quint, mais dont l'exploitation – et l'exploitation intensive – appartient au règne de Philippe II, à partir des années 1570 ; la production explosa avec la découverte, sur place au Pérou, en 1564, des réserves de mercure de Huancavélica : elles permirent un rendement maximum de la technique dite de l'amalgame. Cette « richesse » légendaire s'est inscrite en axiome dans la langue populaire, sous forme négative en français – « *ce n'est pas le Pérou* » – et sous forme positive en espagnol – « *es un Potosí* » –. Pour ces passionnantes – et douloureuses questions – nous renvoyons aux nombreux travaux (une cinquantaine) de

Pierre Chaunu (qui fut pionnier en la matière en Espagne même) ; nous ne citerons pour mémoire que les douze volumes (soit 7 343 pages) de *Séville et l'Atlantique (1504-1650)*, SEVPEN, Paris, 1955-1960, de Huguette et Pierre Chaunu, et, de P. Chaunu seul, *L'Amérique et les Amériques*, Paris, 1964, *L'expansion européenne du XIIIe au XVe siècle*, d'une part, *Conquête et exploitation des nouveaux mondes*, de l'autre, deux ouvrages étroitement solidaires – l'un étant la suite de l'autre – publiés aux PUF en 1969, deux ouvrages irremplaçables sur ces sujets, de remarquables instruments de travail.

16. Selon les termes de F. Mignet : « *La Casa de contratación était donc un grand entrepôt d'argent et comme une banque toujours ouverte au gouvernement espagnol, qui avait la facilité d'y emprunter des sommes considérables sans avoir besoin d'obtenir l'agrément du prêteur* », *op. cit.*, p. 257.

17. On s'est parfois complu à voir dans l'hôte de Yuste un homme décrépit, voire « gâteux » et acariâtre, se laissant emporter par d'incontrôlables colères. Or, de la masse de témoignages quasiment quotidiens – le courrier échangé entre Yuste et Valladolid – où tout est dit, parfois sous le sceau du secret, absolument rien de semblable n'apparaît. En deux occasions *seulement*, dont celle évoquée ici (la seconde étant l'annonce d'une « contagion protestante » du royaume), Charles Quint fut en proie à une très grande colère. Les circonstances et le point de vue de l'époque (notamment dans l'affaire des « protestants ») justifient l'une et l'autre.

18. La lettre figure dans Tomás González, *Retiro*… (voir supra note 2), et nous empruntons cette version à F. Mignet, *Charles Quint, son abdication*…, *op. cit.*, p. 262-263.

19. Emmanuel-Philibert (ou encore Philibert-Emmanuel), dixième duc de Savoie (1528-1580) surnommé « *Tête de fer* » par ses soldats, était le fils de Charles III de Savoie et de l'infante Béatrice de Portugal, sœur de l'impératrice Isabelle. Dépouillé de ses états en 1544 par François Ier, il se mit au service de Charles Quint, son oncle par alliance auquel il vouait un véritable culte, et depuis lors, à peine âgé de dix-sept ans, il le suivit partout, sur tous les fronts. Il passa ensuite au service de Philippe II. Vainqueur à Saint-Quentin, il récupéra ses États par le traité de Cateau-Cambrésis, et épousa la sœur du roi de France Marguerite de Valois, fille de François Ier. Son père, le duc Charles III le Bon (1486-1553) avait succédé à son frère Philibert II le Beau – décédé dans un accident de chasse en 1504 – qui était aussi le second (et dernier) époux de Marguerite d'Autriche, la « tante Marguerite » ; elle éleva à sa mémoire la belle église de Brou à Bourg-en-Bresse. Il était donc à la fois l'oncle de François Ier et le beau-frère de Charles Quint ; et à force d'hésiter entre l'un et l'autre il avait fini par y perdre ses États, glorieusement récupérés par son fils.

20. Cité par F. Mignet, *op. cit.*, p. 275. Joseph Pérez dans *L'Espagne de Philippe II*, *op. cit.*, p. 398 note 2, rappelle cette phrase de Brantôme selon laquelle l'empereur ayant appris que son fils n'avait point poussé son avantage jusqu'à Paris, aurait dit « qu'en son âge & en cette fortune de victoire, il ne se fust arresté en si beau chemin & eust bien mieux couru », et que de dépit il aurait refusé de prendre connaissance de la dépêche. On a vu que ce geste concernait les affaires d'Italie et la soumission faite au pape par le duc d'Albe au nom du

roi. Le chroniqueur français a fait là semble-t-il une curieuse synthèse, car l'abondante correspondance des témoins de Yuste n'indique rien de tel concernant l'attitude de Philippe II après Saint-Quentin.

21. « *El Rey Prudente* ». Il ne faut pas se méprendre sur la valeur de ce qualificatif. Rappelons que la « prudence » – ou discernement – est celle des quatre vertus cardinales qui permet à l'homme de distinguer le bien du mal – domaine réservé à Dieu, à l'origine –, le plus sûr chemin qui conduit à la vertu ; la mère de toutes les vertus, en quelque sorte. Dans la langue espagnole classique le terme (le substantif ou l'adjectif) avait pleinement ce beau et riche sens, qu'il n'a plus guère aujourd'hui, et désignait en fait une forme supérieure d'intelligence.

22. Trois banqueroutes ont ponctué le règne de Philippe II (juin 1557, septembre 1575, novembre 1596). C'est l'endettement entraîné par les derniers conflits du règne de son père qui, en aggravant sérieusement la situation financière déjà très difficile de l'Espagne, décida le nouveau roi à effacer d'office la dette de l'État par décret en juin 1557 (donc encore du vivant de l'empereur) ; et ce sur les conseils de son ancien précepteur l'archevêque de Tolède Juan Martínez Guijarro *alias* Silíceo, humaniste et mathématicien.

23. La lettre, datée du 26 décembre 1557, figure dans l'ouvrage de Tomás Gónzalez. Nous empruntons cette version à F. Mignet, *op. cit.*, p. 319.

24. Dans *Corpus documental de Carlos V, op. cit.*, tome I, p. 52-53.

25. Rappelons que c'est lui, don Pedro Ruiz de la Mota, évêque de Badajoz, qui présida les Cortès de Castille réunies le 31 mars dans le couvent franciscain de Saint-Jacques-de-Compostelle, et qui s'adressa aux députés assemblés au nom du jeune souverain qui ne dominait pas encore leur langue.

26. Roger Bigelow Merriman, *Carlos V el Emperador y el Imperio español en el viejo y nuevo mundo, op. cit.*

27. Prudencio de Sandoval en fait le portrait que voici : « *Sans beauté, légèrement claudicante, elle aimait beaucoup les plaisirs et passait son temps dans les jardins, en banquets et en fêtes. Cette dame introduisit en Castille la pratique des somptueux repas alors que les Castillans, y compris leurs rois, faisaient sur ce plan-là preuve de la plus grande modération.* » Cette femme sans grandeur et pleine de vitalité – nous dirions aujourd'hui qu'elle « aimait la vie » – devait payer cette gourmandise d'une obésité pathologique qui la mena, dit-on, au tombeau, à l'âge cependant respectable, pour l'époque, de cinquante ans.

28. Dans une dernière lettre à son petit-fils Charles, datée du 22 janvier 1516, Ferdinand le Catholique – qui sait sa fin imminente – exprime deux regrets : de n'avoir pu le rencontrer avant de mourir, et de laisser sa jeune femme dans « *l'angoisse, l'affliction et le besoin* » ; la lettre est donc pour l'essentiel une recommandation de la future veuve au futur roi, notamment en ce qui concerne les revenus du royaume de Naples qui lui étaient destinés en partie, à titre de pension. Ferdinand insiste de manière touchante, presque pathétique : « … *veillez toujours à apporter aide et secours à la Sérénissime [reine] notre très chère et bien-aimée épouse, dans toutes ses épreuves et pour tous ses besoins, car si vous veniez à lui manquer elle serait bien en peine, parce qu'après Dieu il ne lui reste que vous pour lui venir en aide.* » Il est possible que le souvenir de cette recommandation ait pesé dans les scrupules ultérieurs – et durables – de Charles

Quint à propos de la Navarre ; dans *Corpus documental de Carlos V*, tome I, p. 49., *op. cit.*, supra note 2. Voir aussi : *infra* la note 54.

29. Notamment de R. B. Merriman (voir supra note 26) qui écrit : « *Il était évident que cette perte de temps serait fatale à ses propres plans, et il est fort probable qu'elle contribuerait à sauver le trône de Charles. S'il avait agi de toutes ses forces au moment où la rébellion était à son apogée, il eût été impossible de lui résister* », *op. cit.*, éd. Espasa-Calpe de 1949, p. 72.

30. L'importance en apparaîtra à nouveau deux siècles et demi plus tard lors de l'invasion napoléonienne.

31. Rappelons ses termes : « *Voici que la gloire de l'Espagne est revenue en Espagne [...]. Ceux qui chantent ses louanges écrivent que, tandis que les autres nations envoyaient à Rome des tributs, l'Espagne lui envoyait, elle, des empereurs ; c'est ainsi qu'elle lui a envoyé Trajan, Adrien, Théodose, à qui ont succédé Arcadius et Honorius ; et voici que maintenant c'est l'empire qui est venu chercher son empereur en Espagne, et notre roi d'Espagne est devenu, par la grâce de Dieu, roi des Romains et empereur du monde. Nous devons rendre grâce à Dieu et à son Altesse* », etc.

32. Roger B. Merriman, *Carlos V...*, *op. cit.*, p. 74-75.

33. Henri I^er^ d'Albret ou Henri II de Navarre, père de Jeanne et grand-père du futur roi de France Henri IV.

34. Elle figure dans le *Corpus documental de Carlos V*, tome III (1548-1554) *op. cit.*, pp. 393-396.

35. L'année même où Jeanne d'Albret, mariée en secondes noces avec Antoine de Bourbon, donnait naissance au futur Henri IV.

36. « Félon » Charles duc de Bourbon et d'Auvergne, comte de Montpensier et de La Marche, nommé *connétable de France* en 1514, compagnon de Bayard en 1507, sauveur de la Bourgogne en 1513, le devint, certes, mais non sans raison. Ce héros de Marignan se trouva confronté à Louise de Savoie – dont il avait refusé la main en 1523 – qui s'acharna à le dépouiller ; elle, la mère du roi de France, crut bon de réclamer devant le Parlement les immenses domaines issus des deux branches de l'illustre maison, au titre de fiefs féminins dont elle était la plus proche héritière ; c'était revenir sur une donation formelle de Louis XII, mais à la mort du duc ils seront confisqués par la couronne. Dans ces circonstances, le duc ainsi bafoué prêta l'oreille aux sirènes impériales qui lui promettait plus ou moins la main d'Éléonore, la sœur de l'empereur, cette précieuse « monnaie d'échange ». Mais entre-temps le roi de France, informé, traquait le faux-frère qui, de ce fait, dut chercher asile auprès de ceux avec qui il négociait son ralliement : sa position s'en trouva très amoindrie... Nommé lieutenant-général par Charles Quint, il contribua à la victoire de Pavie, avant d'aller mourir sous les murs de Rome, aux premières heures du 6 mai 1527. Nous renvoyons aussi à la première partie.

37. L'empereur rappelle cette donation et s'en explique longuement (trois pages et demi) et clairement dans son testament, dont elle représente la dernière clause. Milan lui étant revenu, à titre de fief d'empire, à la mort sans descendance du dernier duc François Sforza, il avait considéré que « *chaque fois que l'État de Milan avait été confié à quelqu'un qui n'avait point d'autres domaines ou*

*seigneuries, ce ne furent que commotions, troubles et guerres qui se sont étendus de là à toute l'Italie et à la Chrétienté, parce que les ducs n'avaient alors ni forces ni ressources financières suffisantes pour se défendre par leurs propres moyens* » ; ce qui l'avait décidé à donner l'investiture à son propre fils, l'héritier de ses royaumes. Il existe une édition *facsimile* accompagnée d'une transcription et d'une étude introductive de M. Fernández Alvarez du testament impérial de 1554 (et des derniers codiciles), Madrid, éd. Editora Nacional, 1982. Il fait partie d'un bel ensemble de quatre volumes consacrés aux testaments des quatre premiers Habsbourg d'Espagne.

38. Il y avait perdu son meilleur général, Antonio de Leyva, et l'Espagne son plus grand poète, Garcilaso de la Vega.

39. « *Ceci entre nous, comme vous le comprendrez, c'est pourquoi je me risque à vous écrire moi-même de ma mauvaise plume* ("y así me atrevo a mi mala letra"). »

40. Les courriers allant régulièrement de l'une à l'autre cour passeront d'ailleurs par Yuste pendant tout le temps que l'empereur y vivra.

41. Il avait épousé la cause de Jeanne dite la *Beltraneja*, cette fille unique d'Henri IV dont la rumeur publique disait qu'elle était en réalité la fille du favori Beltrán de la Cueva. Son père, sous la pression de factions nobiliaires qui le dominaient, l'ayant tour à tour publiquement reconnue comme sa fille puis reniée, reconnue à nouveau et reniée encore, mourut sans que fût éclaircie la situation de la toute jeune fille, qui avait été promise, par ailleurs, au roi de Portugal. Cette confusion fut mise à profit par sa tante Isabelle, de quelques années son aînée, qui se fit audacieusement proclamée reine de Castille. Jeanne, cette princesse si mal traitée par la vie, termina la sienne dans un couvent au Portugal, où elle reçut l'éloquent surnom de la *Bonne Dame*.

42. Elle mourut à Tolède en accouchant d'un petit Miguel qui aurait dû, le premier, régner sur toute la péninsule Ibérique, s'il avait survécu. Sa mort est la seconde étape (après celle en 1497 du prince Jean, le seul héritier mâle des Rois Catholiques) dans le jeu macabre qui devait placer Charles de Gand sur le trône d'Espagne.

43. À tel point que dans le panthéon royal de l'Escurial, toutes les petites dépouilles des infants morts à la naissance ou en bas âge ont été rassemblées dans un mausolée de marbre dont la forme – ronde –, la couleur – un blanc immaculé –, et la profusion décorative, évoquent cette sorte de pâtisserie de fête haute et ronde, enrobée de meringue crue ou de crème « sculptée », que les Espagnols appellent une « *tarta* » (fort différent du gâteau plat que désigne le mot français « tarte ») ; c'est ainsi que certains guides ont surnommé – avec une désinvolture doublement choquante – ce monument funéraire, cet émouvant tombeau de tant d'espoirs dynastiques perdus.

44. Dans la lettre de créance qu'il lui remettait à l'intention de la reine du Portugal il précisait : « *Dans l'éventualité où, quoique nous soyons aussi éloigné des affaires et retiré en cette retraite, il en surgirait une à laquelle nous ne pourrions nous dérober, et qu'il faudrait traiter ou dans laquelle il faudrait intervenir en notre nom, maintenant ou plus tard, avec vous ou le roi [Sébastien] mon petit-fils, nous avons décidé de désigner comme ambassadeur D. Juan de Mendoza* », etc.

45. Selon une dépêche inédite de Lourenço Pires de Tavora à Jean III du 15 février 1557, au cours de cette amicale entrevue Charles Quint, évoquant sa nouvelle vie, ce qu'il en attendait et ce qu'elle lui apportait déjà, aurait dit en confidence à l'émissaire portugais qu'il avait eu l'idée de se retirer dès son retour de la glorieuse expédition de Tunis, ce qu'il n'avait pu faire car son fils n'était encore qu'un enfant ; mais, avait-il ajouté, « *il regrettait de ne l'avoir point fait aussitôt après la guerre d'Allemagne ; il aurait alors pu le faire sans que sa réputation en souffrît, comme elle avait souffert des événements ultérieurs* ». Citée par F. Mignet, *op. cit.*, p. 183, qui déclare la tenir du vicomte de Santarem, auteur des *Relations diplomatiques de Portugal.*

46. L'émissaire impérial avait eu moins de chance à Lisbonne : il raconte comment, à la fin de la première audience, la reine l'ayant interrogé une heure durant sur sa famille, il avait dû rester agenouillé pendant tout ce temps ce qui, à défaut de courbatures, lui avait valu un début de goutte dans un pied, écrivait-il à son maître, expert en la matière…

47. Ces *Instructions de l'Empereur pour D. Fadrique de Guzmán*, datées du 5 juillet 1557 à Yuste, sont publiées par L. P. Gachard dans *Retraite et mort…*, *op. cit.*, tome II, pp. 208-211.

48. Autre fils d'Emmanuel le Fortuné, et donc frère de Jean III, il prendra la relève de la régence, et fera déclarer majeur le roi Sébastien à quatorze ans en janvier 1568. Le jeune prince, sous l'influence de son directeur de conscience le jésuite Luis Gonzalves da Cámara, répugnait au mariage et rêvait de croisade en Afrique contre l'Infidèle. Ce rêve devint une cauchemardesque réalité lors de la déroute portugaise d'Alcazarquivir le 4 août 1578 : le royaume perdit, dans cette folle équipée, un roi de vingt-quatre ans qui n'avait point assuré sa descendance. Le vieux cardinal-infant devenait ainsi roi le 27 août 1578, à soixante-six ans. Il était clair que le problème de la succession portugaise, envisagé par Charles Quint à Yuste, ne tarderait pas à se poser.

49. C'est le seul exemple, dans l'ensemble de la correspondance et des témoignages auxquels nous nous référons, de plainte arrachée à l'empereur par ses propres souffrances physiques.

50. S'y étant rendu à pied en plein été, en août 1557, il était tombé gravement malade à Evora, et y serait mort sans l'intervention salvatrice de la reine du Portugal.

51. Elle s'était présentée une première fois en 1498, mais dans l'autre sens, à la mort du seul fils des Rois Catholiques : le petit Miguel, fils du couple royal portugais Emmanuel Ier et Isabelle d'Aragon, avait été reconnu par les Cortès de Castille et d'Aragon comme successeur des Rois Catholiques ; mais l'enfant, élevé par Isabelle de Castille, en Espagne, mourut avant d'atteindre ses trois ans.

52. Si secrètement que les deux lettres qu'il lui adresse de Lisbonne les 6 et 12 octobre 1557 sont codées : les noms de personnes ou de lieux sont remplacés par des noms convenus ; ainsi Charles Quint était-il *Micer Agustino*, la reine devenait *Catalina Diez*, Philippe II était *Santiago de Madrid*, et Borgia lui-même s'appelait *Pedro Sánchez* ; la Castille était *Milan* et le Portugal *Perpignan*, et ainsi de suite. Les lettres sont publiées par L. P. Gachard dans *op. cit.*, tome II, pp. 253-57.

53. Pedro González de Mendoza (1428-1495), un des hommes les plus riches et les plus prestigieux – et les plus puissants – de son temps, avait eu en effet, tout ecclésiastique qu'il fût, deux fils de doña Mencia de Lemos : Rodrigo Díaz de Vivar, marquis de Zenete, et don Diego, comte de Mélito. Il en eut un troisième de doña Inés de Tovar, don Juan Hurtado de Mendoza. Il faut dire que ce cinquième fils du marquis de Santillane, le poète, était déjà archidiacre de Guadalajara à douze ans, évêque de Calahorra à vingt-cinq et chef, cinq ans plus tard, à la mort de son père, de la puissante famille des Mendoza, politiquement très engagée. Élevé au cardinalat en 1473, il devint archevêque de Séville l'année suivante, et reçut du roi Henri IV de Castille le titre – nouveau – de *grand cardinal d'Espagne.* Ayant soutenu les Rois Catholiques dans la double guerre – intérieure et extérieure – qui hypothéqua les cinq premières années du règne d'Isabelle, il fut un puissant conseiller très écouté. Il devint en 1482 archevêque de Tolède – donc primat d'Espagne –, et patriarche d'Alexandrie : il fallait bien lui pardonner cette entorse au vœu de chasteté si joliment « excusée » par lui-même !

54. Certaines sources font allusion à deux voire trois autres enfants naturels. Ainsi, l'historien M. Lafuente (tome IX, p. 148 note 2, de son *Historia general de España*, 1889) mentionne trois enfants naturels : Marguerite, Jean, et une doña Tadea de la Peña, que lui *aurait* donnée une dame de Pérouse Ursolina de la Peña, surnommée *La Bella Penina.* Rodrigo Méndez Silva, chroniqueur du milieu du XVIIe siècle, fait allusion, dans son *Catálogo real y genealógico de España*, Madrid, 1656, à deux autres enfants : un certain Pyrame Conrad d'Autriche, et une Jeanne d'Autriche qui serait décédée, novice, à l'âge de sept ans, en 1530, dans le couvent augustinien de Madrigal de las Altas Torres (la maison natale de la reine Isabelle), dont l'abbesse était alors doña María de Aragón, fille naturelle de Ferdinand le Catholique. M. Fernández Alvarez, abordant récemment – dans *Felipe II y su tiempo* (Madrid, Espasa, 1999, pp. 809-812) – le thème de la vie amoureuse plus ou moins mouvementée des rois, et notamment des espagnols, confirme la filiation probable de cette petite *doña Juana* (dont on n'a plus de trace documentaire dès la fin de 1525) ; elle aurait été conçue aux Pays-Bas juste avant le retour de l'empereur en Espagne, d'une femme de basse condition de la suite du comte de Nassau, serait née en Espagne et aurait été aussitôt déposée à Madrigal, selon la correspondance de l'abbesse étudiée par Quirino Fernández dans le numéro LI d'*Analecta Agustiniana*, 1988, dans un article intitulé « Las dos agustinas de Madrigal, hijas de Fernando el Católico », cité par M. Fernández Alvarez (*op. cit.*, p. 809, note 21) ; lequel reprend aussi, par ailleurs, l'hypothèse d'une troisième fille naturelle – « *doña Isabel, Infanta de Castilla* » – qu'aurait eue le tout jeune Charles Quint, lors du premier séjour en Espagne, avec… Germaine de Foix. Cette hypothèse, évidemment scandaleuse – car « incestueuse » étant donné la parenté, par alliance certes, des supposés parents –, fut rejetée au XIXe siècle ; or, elle se trouverait (semble-t-il) confirmée par le testament de Germaine de Foix, de 1536, et une lettre de son époux le duc de Calabre, documents évoqués par Regina Pinilla Pérez Tudela dans une thèse soutenue en 1991 sur le couple vice-royal, étude citée par M. Fernández Alvarez (*id., ibid.*, p. 811, note 27). Ces hypothèses étant,

selon les termes mêmes de ce dernier, des « soupçons fondés » que nous ne donnons ici que comme tels. Soulignons que l'auteur cité ne mentionne ni Tadea ni Conrad. Notons encore que la petite Jeanne et la jeune Isabelle (qui dut avoir vécu et grandi à la cour) seraient, tout comme Marguerite, des péchés de jeunesse commis entre dix-huit et vingt-deux ans, par un jeune monarque encore célibataire. Mais on peut aussi se demander (mis à part le cas *très* particulier d'Isabelle) pourquoi Charles Quint, compte tenu de son attitude vis-à-vis de Marguerite et de Jean, aurait « négligé » ses autres enfants naturels ; l'argument de la « condition » sociale de la mère, suggéré par M. Fernández Alvarez ne semble pas convaincant. En réalité, Charles Quint ne semble pas avoir « semé » des bâtards aux quatre coins de l'Europe comme on eût pu s'y attendre, étant donné les circonstances de sa vie, les mœurs du temps en la matière, et la tradition bourguigonne : l'abstinence n'ayant point été la vertu cardinale des ducs de Bourgogne, ni leur devise « *semper fidelis* ». Par ailleurs un homme incontinent en la matière aurait-il donné les judicieux conseils d'ordre personnel et même intime qu'il rédigea en 1543 à l'intention de son fils de seize ans, instructions dans lesquelles il lui conseillait – en termes délicats et dans une perspective plus « hygiénique » que morale – l'abstinence hors mariage, et la plus grande modération lorsqu'il serait marié ? Soulignons cependant l'intérêt de la « révélation » concernant une incestueuse intimité entre la veuve de trente ans, l'entreprenante Germaine, et le timide Charles de dix-huit ans, dont beaucoup remarquaient alors l'apparente niaiserie. Nous partageons l'éminent avis de P. Chaunu : cette « clef » expliquerait, en les teintant de remords, les scrupules du vieil empereur sur l'affaire de la Navarre, autrement incompréhensibles ; et, de ce fait, elle confirmerait – tout à l'honneur de l'homme d'ailleurs – que sa conscience avait la mémoire aussi longue que lui.

55. Le tyran du chef-d'œuvre romantique d'Alfred de Musset était donc le premier mari de Marguerite.

56. C'est pourquoi Marguerite est restée dans l'Histoire comme *Marguerite de Parme* plutôt que comme Marguerite d'Autriche, ce qui a l'avantage d'éviter la confusion avec la « tante Marguerite » (Marguerite d'Autriche ou de Savoie). Signalons la récente parution d'une *Marguerite de Parme bâtarde de Charles Quint (1522-1586)*, par Georges-Henri Dumont (le biographe de Marie de Bourgogne), aux éditions Le Cri, Bruxelles, 1999, 326 p.

57. Nous n'affirmerons point, comme Juan Manuel González Cremona ose le faire, que cette germanique beauté était « *du genre walkyrie* » ; mais ce qui est certain c'est qu'elle manifestera sa vie durant, qui sera longue, un dispendieux appétit de vivre, une (trop) débordante vitalité qui fera scandale au point de mettre quasiment don Juan en difficulté. Le sévère duc d'Albe, qui dut se charger d'elle à Gand dans les années 1570, la qualifiait de « tête folle » : « *alegre de cascos* ». À tel point que le roi – Philippe II – dut faire pression pour qu'elle acceptât de s'installer en Espagne, ce qui ne la réjouissait nullement car elle s'y voyait déjà confinée dans un couvent, qui n'était point son élément naturel… En 1576 elle dut cependant s'y résoudre : son fils ayant été nommé gouverneur des Pays-Bas cette mère tapageuse aurait porté préjudice à son autorité. C'est en cette occasion qu'elle rencontra – pour la première et dernière fois – cet enfant

qu'on avait séparé d'elle au bout de quelques mois trente ans plus tôt. Cette grossesse fut pour elle, à n'en point douter, la chance de sa vie. Avant de perdre son mari en 1569 elle en eut deux autres enfants, dont le survivant fut, lui aussi, un très bon soldat : sous le nom de Pyramus il servit dans l'armée des Flandres, sous Alexandre Farnèse qui l'apprécia, et devint colonel avant de précéder, lui aussi, sa mère dans la tombe : la vigoureuse Barbara « enterra » tout le monde. Elle mourra à plus de soixante-dix ans, à Colindres dans le nord de l'Espagne, la même année que Philippe II, en 1598, donc quarante ans après son illustre amant et vingt ans après son non moins illustre fils.

58. J. M. González Cremona intitula ainsi un de ses ouvrages : *Juan de Austria. Héroe de leyenda*, éd. Planeta, 1994.

59. Une certaine confusion semble régner sur l'année de sa naissance. On donne habituellement 1545. Or, M. Lafuente (*op. cit.*, tome X, p. 17 note 3) a démontré de façon convaincante, à la fin du siècle dernier, qu'il serait plutôt né en 1547, deux mois jour pour jour avant la bataille de Mülhberg.

60. Aujourd'hui proche banlieue de Madrid, Leganés était alors la pleine campagne : l'enfant, devant se rendre à l'école de Getafe, faisait volontiers l'école buissonnière.

61. Près de Medina de Rioseco, dans la province de Valladolid. Trace de l'attachement de don Juan à ce lieu d'enfance : les bannières de Lépante qui se trouvent dans sa collégiale du XVIe siècle. Nous savons, grâce aux travaux d'Annie Molinié-Bertrand (notamment son étude cartographique sur *La Population du royaume de Castille d'après le recensement de 1591* –, C.R.H.Q., Caen, 1980), que le bourg comptait un millier d'habitants à la fin du XVIe siècle (235 feux exactement).

62. Ce sera encadré par eux que l'infant se rendra, le 22 février 1560, à la cathédrale de Tolède où les Cortès de Castille le reconnurent comme héritier ; c'est aussi en leur compagnie qu'il fréquentera en 1561-1562 l'université d'Alcalá de Henares, hélas sans grand profit.

63. Il s'agissait notamment d'accélérer les procédures concernant les affaires « protestantes » découvertes en Castille, et dont la régente avait informé son père de façon très alarmiste.

64. En *post-scriptum* à une lettre qu'il adresse à Philippe II le 17 septembre 1558 (déjà en pleine agonie de l'empereur) Luis Quijada écrit : « *Quant* au reste *que Votre Majesté sait que j'ai à ma charge, on en prendra le plus grand soin en attendant le retour de Votre Majesté, car il* [l'empereur] *m'a dit en tête-à-tête des choses le concernant destinées à Votre Majesté.* »

65. Le peintre Eduardo Rosales Gallina illustra en 1860 la « présentation » à Yuste de l'enfant à l'empereur dans un tableau célèbre (76 x 123 cm), qui se trouve au Prado (inventaire n° 4610).

66. Rapporté par Antonio Ponz dans son *Viaje de España*, 1784, cité par F. Mignet, *op. cit.*, p. 383.

67. Contrairement à don Juan dont l'existence était encore tenue cachée, Marguerite, reconnue depuis toujours, figurait expressément sur le testament ; l'empereur lui consacre la clause suivante : « *Item. – Ayant eu, dans cette région des Flandres, avant de me marier, une fille naturelle qui s'appelle* madame

*Marguerite d'Autriche, laquelle est présentement mariée au duc Octave Farnèse ; comme nous l'avons suffisamment et honnêtement dotée lorsqu'elle s'est mariée avec le duc Alexandre de Médicis son défunt premier mari et, de même, lorsqu'elle a épousé ledit duc Octave, nous déclarons que ledit sérénissime Prince, notre fils, n'est pas obligé de faire davantage pour elle si ce n'est de son plein gré, dans le cas où elle en aurait besoin ; mais nous lui recommandons de l'honorer et de la favoriser et d'ordonner qu'elle soit honorée et favorisée parce qu'elle est notre fille et pour sa grande vertu et sa grande bonté.* »

68. Le document figure dans *Papiers d'État du cardinal de Granvelle*, auquel F. Mignet, à qui nous l'empruntons, se réfère, *op. cit.*, p. 378-379.

69. Selon Lorenzo van der Hammen (voir infra note 72) et Luis Cabrera de Córdoba, chroniqueurs du règne de Philippe II, il s'agissait du monastère de *La Espina*. Une autre version situe l'entrevue sur le mont Torozos, au cours d'une partie de chasse, ce qui paraît peu vraisemblable étant donné l'importance et l'enjeu de l'événement.

70. Nous traduisons ici littéralement l'expression espagnole « *don de gente* » qui désigne cette facilité dans les relations humaines, cette capacité naturelle et spontanée à s'attirer la sympathie, le « don de plaire ».

71. Lettre adressée par le confesseur de don Juan à Philippe II le surlendemain de sa mort, le 3 octobre 1578.

72. Lorenzo Van der Hammen y León, *Don Juan de Austria. Historia (1545-1578)*, Madrid, éd. Luis Sánchez, 1627.

73. Il s'agit là du tiers de ce « pécule » de deux mille écus, conservé dans une bourse de soie noire, dont l'empereur n'avait jamais voulu se défaire. Des douze cents écus restants l'inventaire *post-mortem* n'en mentionne que… cinquante-quatre. Où était passée la différence ? Ceux (dont L. P. Gachard) qui considèrent comme vraisemblable l'*anecdote* des fausses obsèques, qu'une certaine tradition a popularisée, selon laquelle Charles Quint aurait fait célébrer en sa présence à Yuste ses propres funérailles, avancent comme argument que la somme non retrouvée aurait pu servir à les payer. F. Mignet, qui ne croit pas à cette « fable », fait justement remarquer que c'était matériellement impossible, *op. cit.*, p. 411 note 2. Sainte-Beuve, évoquant les avis des uns et des autres sur ces soi-disant funérailles « *en vida* », concluait avec un faux humour : « *Il m'en coûterait, je l'avoue, d'y renoncer. Toute cette fin de vie de Charles Quint me fait l'effet d'une oraison funèbre en action* » [*op. cit., Nouveaux Lundis*, 15-9-1862].

## Notes du chapitre IV,
## « … au transcendant : l'autre monde, enfin », p. 731

1. Didier Érasme, *Institutio principis christiani*, chapitre I sur « La naissance et l'éducation du prince » ; écrit en 1515 à l'intention du jeune Charles de Gand, avant qu'il ne devînt roi d'Espagne, l'ouvrage fut publié l'année suivante ; nommé conseiller du prince à l'avènement de son souverain, Érasme prit le départ avec la cour en direction de l'Espagne puis, se ravisant, il resta à Louvain. Il est vrai que l'Espagne l'attirait si peu qu'il avait refusé à deux reprises la

prestigieuse et pressante invitation du cardinal Cisneros : « *Non placet Hispania* », écrivait-il alors à l'un de ses amis. Dans ce « manuel du prince chrétien » on peut aussi lire quelque lignes plus loin : « *Aie toujours présent à l'esprit : "Je suis chrétien et je suis prince." C'est le propre du chrétien que d'avoir le vice en abomination. C'est le propre du prince que de surpasser tous les autres en droiture et en sagesse.* »

2. Dans « L'abdication de Charles Quint », *art. cit.*

3. Yuste doit d'ailleurs son nom au ruisseau principal qui descend du mont San Salvador sur lequel fut érigé le monastère.

4. Jean Lucas-Dubreton, *Charles Quint*, Paris, Fayard, 1958.

5. Notamment dans *Por Tierras de España y Portugal* et *Andanzas y visiones españolas*. Les textes cités sont traduits par nos soins.

6. Par l'ordination en 1946 des neuf premiers moines de cette seconde vie de l'ordre.

7. J. Lucas-Dubreton a raison d'écrire : « *Non, les romantiques ont tort quand ils affirment que l'Empereur des Deux Mondes s'est enseveli dans une thébaïde : c'est ici une solitude sans désespérance* », etc.

8. Ce tableau, qui mesure 346 cm de hauteur sur 240 cm de largeur, fut commencé en 1551 et envoyé à l'empereur en Flandre avant octobre 1554. La réalisation en fut exceptionnellement longue car « *rendue difficile par les instructions précises envoyées d'Espagne concernant l'iconographie complexe à mettre en œuvre* », précise dans « Le dernier Titien et la fin du siècle à Venise » [in *Le siècle de Titien* (Paris, 1993)] Francesco Valcanover qui ajoute : « *à côté des figures sacrées, doivent être représentés en prière Charles Quint avec son épouse défunte Isabelle, sa sœur Marie, son fils Philippe et l'infante Jeanne. Aux portraits de ces augustes personnages, Titien ajoute, de sa propre initiative et pour preuve du haut rang auquel il s'est désormais élevé, son auto-portrait de profil et le portrait de l'ambassadeur espagnol à Venise, Francisco de Vargas, son intermédiaire auprès de l'Empereur. Titien parvient à concilier l'édification religieuse rhétorique et la glorification des Habsbourg en faisant contraster, d'une part, l'atténuation progressive des teintes pâles de la Sainte Trinité qui vont s'estompant dans les tons sulfureux de l'empyrée et, d'autre part, la juxtaposition animée de teintes chaudes et froides sur les figures des saints et des hommes, construites en une opposition dynamique de gestes et de raccourcis audacieux dont on perçoit encore l'origine romaine.* » Charles Quint emporta ce grand et significatif tableau à Yuste d'où il fut transféré, après sa mort, à l'Escurial. Il se trouve actuellement au musée du Prado à Madrid.

9. Voir *infra*, note 14.

10. Bien qu'il en existât une bonne édition imprimée à Tolède en 1498, puis rééditée à Alcalá de Henares en 1529 par le célèbre imprimeur Miguel de Eguía.

11. Philippe II, ce sédentaire né, sera plus attiré par la géographie.

12. Nous citons d'après la traduction qu'en a donnée Henri Méchoulan dans *Raison et altérité chez Fadrique Furió Ceriol philosophe politique espagnol du XVI^e siècle*, éd. Mouton, 1973.

13. Ce professeur d'Humanités de l'enseignement secondaire espagnol est l'auteur d'un petit ouvrage intitulé *Ruta de Yuste, monasterio de san Jerónimo, amado refugio de Carlos V*, Barcelone, 1982, historiquement bien documenté,

dédié à la nouvelle communauté hiéronymite de Yuste, et assorti – en point final – d'un poème personnel consacré par l'auteur au *Formidable campeón de Europa*.

14. Dans *El ocaso del Emperador. – Carlos V en Yuste*, Madrid 1995.

15. Charles Quint était « *l'homme des batailles et non des palais* », écrit le docteur Gragozio Marañón dans son *Elogio y nostalgia de Toledo*, à propos du – tragiquement – célèbre Alcázar de la ville.

16. Une autre traduction espagnole paraîtra un an après (en tercets hendécasyllabiques) de la main de Jerónimo Jiménez de Urrea (déjà traducteur de l'*Orlando Furioso* de l'Arioste), vraisemblablement établie quoique en dise le sous-titre) à partir de la première. Voici, à titre de curiosité, trois vers correspondants de l'original et des deux traductions (extraits de la description, déjà évoquée au chapitre premier, du « *Desert de Vieillese* ») : « *Brief, cest un pays si destruit / quil nest viuvres qu'on y cognoisse. / La sont fonteines damertume / et ruisseaux courants de souffertes ; / la ne rent point clarte la lune, / le soleil ny luit ne alume ; / la sont les tenebres appertes…* » [O. de La Marche]. « *En un pays destruydo, / esteril y consumido, / en el qual no ay vitualla, / o es la poca que se halla / de Angustia y Dolor crecido. / Allí ay fuentes de Amargura / y arroyos de Sufrimiento. / À la Luna clara y pura / y al Sol en su crecimiento / cubre la tiniebla escura.* » [F. de Acuña]. « *Estado de sequedad y todo espinas, / es tierra destruyda en desventura, / todas cosas de vida son indinas. / Ay fuentes de dolor y de amargura, / arroyos de pesar y sufrimiento, / y su luz es tiniebla muy escura. / À la luna y el sol en crecimento / cubren estos vapores ofuscados, / con un horrible espanto y pensamiento.* » [J. Jiménez de Urrea].

17. *Le chevalier délibéré de Olivier de la Marche y sus versiones españolas del siglo XVI*, par Carlos Clavería, éd. C.S.I.C., 1950.

18. J. Peeters-Fontainas écrit à ce propos : « *La participation de Charles Quint a été mise en doute. La correspondance privée de Guillaume Van Maele, gentilhomme de la Chambre de l'Empereur et son confident, permet d'être formel au sujet de l'origine de cette version : elle est certainement due au monarque, puis fut mise en vers par Acuña. On ne s'expliquerait pas sinon, que ce dernier n'en revendiquât pas les droits d'auteur, puisqu'on voit le souverain offrir le privilège d'édition en premier lieu à Guillaume Van Maele, croyant lui créer ainsi une source de profit ; mais il fallait avancer les frais de l'édition et ce dernier s'étant récusé, c'est à son chroniqueur Don Christobal Calvete de Estrella, qu'il concède, par privilège, de publier sa traduction mise en vers par un autre…* », *in* « Les éditions espagnoles du 'chevalier délibéré' d'Olivier de La Marche », dans *De gulden passer 38e Jaargang*, Anvers, 1960, pp. 178-192.

19. Citée dans son latin d'origine par C. Clavería, *op. cit.*, pp. 63-64.

20. Karl Brandi y voyait, lui, plutôt des *Commentaires* que des *Mémoires* proprement dites.

21. Il semble que Charles Quint mit à profit, notamment à partir de 1543, ses loisirs forcés pour coucher par écrit souvenirs, conseils ou pensées à l'intention de son successeur. Ici, l'oisiveté à laquelle le contraignit quelques jours durant la descente du Rhin ; et c'était déjà en attendant le moment favorable à la

navigation, dans le petit port catalan de Palamós, qu'il avait rédigé ses fameuses *Instructions*.

22. Notamment ceux d'Alfred Morel-Fatio qui – incité par la mauvaise qualité de la traduction française qu'avait fait paraître en 1862 l'« inventeur » belge du document, le baron de Lenttenhove – publia en 1913 une version bilingue – portugais / français – des *Mémoires*. L'académicien français accompagnait son édition d'une étude approfondie des circonstances et du contenu de l'œuvre. Et, un bon demi-siècle plus tard, ceux de l'historien espagnol M. Fernández Alvarez qui, pour corriger une précédente traduction espagnole, aussi défectueuse que la française, en donnait à son tour une nouvelle « *en hommage à la figure du grand Empereur, dans le sillage du quatrième centenaire de sa mort.* » Elle figure dans le tome IV du *Corpus documental de Carlos V*, (Salamanque, 1979), précédée d'une étude qui fait vraiment le tour de la question et dans laquelle l'auteur rappelle, avant d'exposer la sienne, les positions prises en leur temps par le Français A. Morel-Fatio et les Allemands Leopold Ranke et Karl Brandi.

23. Paolo Giovio précisait ainsi dans sa vie de Charles Quint publiée à Venise en 1567 : « *Sapeva benissimo la lingua francesa : e dicesi* [nous soulignons] *che egli, a imitatione di Giulio Cesare, compose in questo linguaggio alcuni bellissimi Comentari delle cose da lui fatte ; i quali, como odo, hora si traducono in latino, e si daranno fuori : e cio fece per dimostrare al mondo che i moderni historici si sono in molte cose ingannati.* » Cité par M. Fernández Alvarez, *op. cit.*, supra notre 22.

24. Quelque soixante-quinze pages divisées en quatre-vingt-onze paragraphes dans l'édition d'A. Morel-Fatio, à laquelle nous empruntons d'ailleurs les extraits ici proposés. Le titre de l'« original » (ou plus exactement de la *copie portugaise* faite d'après le texte original français à Madrid près de soixante-dix ans après sa rédaction) est : *Historia do Invictissimo Emperador Carlos Quinto Rey de Hespanha composta por Sua Mag. Cesarea, como se vee do papel, que vai em a seguinte folha. Traduzida da lingoa francesa, e do proprio original. Em Madrid anno 1620.* Voir dans A. Morel-Fatio, *Historiographie de Charles Quint. Première partie suivie des Mémoires de Charles Quint, texte portugais et traduction française*, Paris, éd. Champion, 1913, pp. 182-356. En dépit du titre précédemment cité il subsiste des doutes quant à la langue de l'original, que rien ne peut actuellement lever, car certains éléments d'ordre logique (le texte étant destiné au non francophone Philippe) ou linguistique (une redondance lexicale plus propre au castillan qu'au français, ou l'expression « *en romance* » du titre) ont donné à penser à certains que c'était l'espagnol et non le français.

25. F. Mignet, *op. cit.*, p. 279-280. L'humaniste italien (médecin, historien, puis ecclésiastique : il devint évêque de Nocera) Paolo Giovio ou Paul Jove (1483-1552) est notamment l'auteur des quarante-cinq livres d'*Historiarum sui temporis ab anno 1494 ad annum 1547*, publiés à Florence en 1553. Le diplomate historien allemand Johannes Philippi *alias* Sleidanus (1506-1556) était l'auteur de *De statu Religionis et reipublicae Carolo V Caesare comentarii*, publiés en 1555, et publié en français, à Strasbourg, en 1558 sous le titre : *Histoire de l'estat de la religion et de la republique sous l'Empereur Charles Cinquième.* L'historien et théologien espagnol Juan Ginés de Sepúlveda (1490-1573), autrement connu

pour son rôle dans la « controverse de Valladolid » où il affronta le dominicain Bartolomé de Las Casas sur la cause des indiens d'Amérique, est aussi l'auteur, entre autres œuvres, d'une histoire de Charles Quint : *Historiarum de rebus gestis Caroli Quinti Imperatoris.* Il rendit visite à l'empereur à Yuste au printemps de 1557. Il ressort d'une lettre de Charles Quint au secrétaire d'État, datée du 9 juillet 1558, soit deux mois et demi avant sa mort, qu'il se souciait de la préservation de cette œuvre et de celle de Florián de Ocampo ; il y recommandait que, au cas où les deux auteurs (étant donné leur âge avancé, précisait-il) viendraient à mourir avant que leurs ouvrages respectifs aient été imprimés, on veillât avec le plus grand soin à ce que les manuscrits ne fussent égarés et que les textes pussent voir le jour : « *... de manera que no se pierdan, y salgan a luz.* » L'historien espagnol Florián de Ocampo (1499-1588), disciple d'Antonio de Nebrija et ancien secrétaire du fameux évêque de Zamora Antonio de Acuña, avait notamment publié la *Crónica General* d'Alphonse le Sage ; il était aussi l'auteur d'une *Crónica general de España* en cinq volumes, publiée en 1543 et 1553, qui s'arrêtait à l'époque romaine, et qui devait être poursuivie par le chroniqueur Ambrosio de Morales sous Philippe II.

26. Ferdinand, né en 1502, avait quinze ans à l'arrivée de son frère en Espagne. Les Cortès avaient émis le vœu de voir Ferdinand demeurer en Espagne, où il était très aimé, au moins jusqu'à ce que le nouveau souverain eût assuré sa descendance. Le grand-père Maximilien avait au contraire – sagement – conseillé de faire quitter le territoire espagnol au cadet aussitôt que l'aîné y serait arrivé ; ceci afin d'éviter les tensions et d'ôter toute tentation de dissidence à une certaine noblesse trop turbulente. Ferdinand quitta donc Aranda de Duero, où il résidait (et où il rencontra son frère pour la première fois le 11 novembre 1517), et embarqua à Santander le 23 mai 1518 pour rejoindre Vienne *via* les Pays-Bas. Son départ donna lieu à plusieurs incidents, à commencer par l'incendie – accident ou sabotage ? – du navire qui devait le transporter. L'Italien Pierre Martyr d'Anghiera, installé en Espagne et grand observateur de ce qui s'y passait, a rapporté que des mécontents placardèrent pour l'occasion sur la porte de l'église Saint-François de Valladolid : « *¡ Ay de ti, Castilla, si consientes que se lleven al infante Fernando !* », autrement dit : « Malheur à toi, Castille, si tu laisses partir l'infant Ferdinand ! »

27. Car en fait, en dehors des autres serviteurs et du secrétaire, il vécut à Yuste entouré d'un militaire, d'un ingénieur, d'un confesseur et d'un médecin. Presque tous, y compris Quijada, et hormis le confesseur qui faisait partie du monastère, résidaient non au « palais » mais dans le tout proche village de Cuacos. Sans prétendre pour autant être un ermite, un cénobite ou un anachorète, Charles Quint avait choisi à Yuste une réelle solitude.

28. Nanie Bridgman, « La participation musicale à l'entrée de Charles Quint à Cambrai, le 20 janvier 1540 », dans *Fêtes et cérémonies au temps de Charles Quint, op. cit.*, pp. 235-253 [dont 9 pages de partition du motet *Venite populi terrae* de Jean Courtois].

29. Il deviendra chroniqueur royal à la fin de 1599, évêque de Tuy en 1607, puis de Pampelune en 1609.

30. 1373 : première fondation : San Bartolomé de Lupiana, suivie de celle de Santa María de la Sisla, près de Tolède, en 1374 et celui de Guadalupe ; et 1493 : Santa María del Rosario de Bornos, dans la région de Cadix.

31. Celle d'un collège à Avila en 1606, mais conséquence tardive de dispositions testamentaires antérieures.

32. Des écrivains, des érudits, des musiciens, des artistes, et même des architectes comme Juan de Escobedo, qui restaura l'aqueduc romain de Ségovie, ou Antonio de Villacastín, qui fut le maître d'œuvre de l'Escurial.

33. Ignacio de Madrid, « Los estudios entre los Jerónimos españoles », Poblet, 1963, et *Diccionario de historia eclesiástica de España*, dir. par Q. Aldea Vaquero, T. Marín Martínez, J. Vives Gatell, éd. CSIC, Madrid, 1972.

34. Cité notamment par Francisco Moreno dans *San Jerónimo. – La espiritualidad del desierto*, Madrid, éd. BAC, 1986 et 1994.

35. Selon le témoignage du voyageur Antonio Ponz, qui parcourut l'Espagne à la fin du XVIIIe siècle.

36. C'était le frère du docteur Velasco, un expert du Conseil de Castille sous Philippe II.

37. Henry C. Lea, *A History of the Inquisition of Spain*, New-York, 1906-1907. Il existe une traduction espagnole, en trois volumes, *Historia de la Inquisición española*, Madrid, éd. FUE, 1983.

38. Jean-Antoine Llorente, *Histoire critique de l'Inquisition d'Espagne, depuis l'époque de son établissement par Ferdinand V jusqu'au règne de Ferdinand VII*, Paris, 1817. Il s'agit de l'édition originale. Une édition espagnole parut ensuite en 1822, en Espagne.

39. Souligné dans le texte.

40. Dans la foulée J. A. Llorente évoque le mauvais procès intenté ultérieurement au frère Francisco de Villalba, un dominicain homonyme du hiéronymite de Yuste, qui prononcera l'oraison funèbre à la mort de l'empereur, et qui ne dut son salut qu'à la protection de Philippe II ; ce frère, également présent à Trente, fut en effet soupçonné tout ensemble de luthéranisme et d'être d'origine juive.

41. Ces « témoins » étaient Wilhelm Snoeckaert auteur d'une histoire de Charles Quint : *De Republica, vita, moribus, gestis, fama* [...] *imperatoris Caesaris Augusti Caroli Quinti*, publiée à Gand en 1559 (l'auteur s'y présente comme « *auratae militiae equite imperatoris Caroli Maximi* ») ; son compagnon était le diplomate Cornelius Van Schepper. Ce document, ainsi que les extraits des lettres de G. Van Male, sont cités en notes – et en latin – par F. Mignet.

42. Aux engagements militaires près, cependant, Érasme étant fondamentalement un pacifiste, hostile à toute forme de bellicisme. Ce qui s'inscrit, notamment, dans sa *Querela Pacis* ou « complainte de la Paix », ouvrage strictement contemporain de l'*Institutio*..., et dans sa *Consultatio de Bello Turcico* ou « Faut-il ou non faire la guerre aux Turcs », signée du 17 mars 1530. Dans son traité d'éducation du prince, il consacre tout un chapitre aux « arts de la guerre », qu'il ouvre sur ces mots : « *Même si les Anciens ont divisé le système de gouvernement de la république selon ces deux arts : art de la paix, art de la guerre, le premier et principal souci dans la formation du prince doit porter sur ce qui permet de gouverner sagement en temps de paix, et surtout de tout faire pour que*

*jamais il ne faille recourir aux dures obligations de la guerre.* » Comment ne pas souscrire à d'aussi nobles et sages propos ? Mais ils sont, à l'évidence, plus facile à tenir dans le confort d'un cabinet de philosophe, fût-il celui du père de la *Philosophia Christi*, qu'à appliquer lorsqu'on est aux commandes d'une moitié de monde confrontée à l'autre moitié…

43. Alfonso de Valdés, *Diálogo de las cosas acaecidas en Roma*, et *Diálogo de Mercurio y Carón.*

44. Un certain goût des amulettes et des reliques, dont il y avait quelques exemplaires à Yuste, en témoignerait si nécessaire.

45. « *Ce qui n'a rien d'étonnant, il ne s'était jamais trouver face à un empereur* », commente le père Sigüenza.

46. Première étape, peut-être, de ce que l'on a appelé son « hispanisation ».

47. Le père Sandoval la cite *in extenso* dans son latin d'origine.

48. On retrouve cette même attention de la part des serviteurs espagnols deux semaines plus tard : Gaztelú avouait ainsi dans une lettre du 21 février à Vázquez qu'il avait provisoirement caché la nouvelle de la présence des Turcs près d'Oran « *pour ne point faire de peine à Sa Majesté, ce dont j'ai eu le plus grand soin car je sais que le moindre souci nuit à sa santé, tandis que les Flamands qui sont ici, eux, n'en montrent guère en ce sens, mais beaucoup par contre pour lui raconter ce qu'ils voient et entendent, et même ce qu'ils ne voient ni n'entendent : ce qui est à l'origine de la plupart des ennuis qu'on a ici. Une des choses qui me pèsent le plus en ce moment c'est de voir Sa Majesté en si mauvaise santé ; car il est vrai que depuis le treize au soir où j'ai pris congé de lui jusqu'à mon retour avant hier, je le trouve amaigri et il a bien plus mauvaise mine que quand je l'ai laissé* », etc.

49. Soit quatre ans seulement avant les travaux, aussi remarquables que décisifs, du Belge Louis-Prosper Gachard.

50. Un curieux incident eut lieu à Yuste au début de 1558 dont le secrétaire Gaztelú informait Valladolid le 5 janvier : huit cents ducats, destinés aux aumônes, avaient été dérobés dans les coffres même de l'empereur, ce qui incitait à penser que l'auteur du vol était un familier, sans doute un serviteur. Or, lorsque le juge Murga (nommé à Cuacos à titre « extraordinaire » pendant le séjour de Charles Quint) avait proposé de mettre à la question les principaux suspects l'empereur s'y était opposé en déclarant « qu'il y avait des choses qu'il valait mieux ne pas savoir » : humaine indulgence, commente F. Mignet, qui ne lui était pas ordinaire ; grande sagesse, dirons-nous plutôt, de qui n'a plus rien à perdre et que peu à vivre, preuve supplémentaire d'un réel et complet détachement de ce bas monde.

51. Il défendit Cadix en 1587 contre la flotte de Francis Drake.

52. Certains biographes actuels (comme le père Arcángel Barrado Manzano, O. F. M., auteur de *San pedro de Alcántara. – Estudio documentado y crítico de su vida*, Madrid, 1965) de saint Pierre d'Alcántara (1499-1562), ce franciscain réformateur ami de François Borgia, très lié à la célèbre « province » franciscaine de *San Gabriel* en Estrémadure, mentionnent une (voire plusieurs) visite du saint à Yuste sur invitation de l'empereur. Voir à ce sujet l'article du père Guillermo Cerrato Chamizo, O. F. M., intitulé « Carlos V y San Pedro de Alcántara : la dimensión espiritual », dans *Correspondance*, revue hispano-belge

déjà citée, numéro spécial de 1990 consacré à : « Carlos V y la noción de Europa. » Or, on ne trouve pas trace de ces visites dans la correspondance des proches de Charles Quint à Yuste (du moins dans ce qui en a été conservé et publié par L. P. Gachard).

53. Ces termes ont été repris mot pour mot par le père Sandoval.

## Notes du chapitre V, « Dernière colère : sainte colère ? », p. 819

1. Dans *El luteranismo en Castilla durante el s. XVI. Autos de fe de Valladolid de 21 de mayo y de 8 de octubre de 1559*, éd. Swan Avantos & Hakeldama, El Escorial, 1983.

2. Ce sont d'ailleurs les premières lignes d'*Érasme et l'Espagne*.

3. Dans *Juan de Valdés y los origenes de la Reforma en España e italia*, Madrid, éd. F. C. E., 1979.

4. C'est par cette lapidaire formule qu'il avoue, dans une lettre du 10 juillet 1517 à son ami Thomas More, ses réserves devant l'enthousiaste invitation des Espagnols. L'Espagne, écrivait-il frileusement, ne lui disait décidément rien, et il le répétera six semaines plus tard dans un courrier adressé à Beatus Rhenanus. D'ailleurs, il renoncera – alors qu'il avait pris le départ – à suivre jusqu'en Castille la cour du nouveau roi, Charles Ier bientôt Charles Quint : il s'arrêta à Louvain… On s'interroge sur les raisons profondes de ce refus, et deux explications contradictoires pourraient être avancées : rejet d'une Espagne inquisitoriale, dont son correspondant (et assurément admirateur sinon ami) le « *converso* » Jean-Louis Vivès lui donnait quelqu'idée ? Alors qu'il vivait en Angleterre et aux Pays-Bas, la famille de ce dernier était jugée par le Saint-Office valencien et certains de ses membres – vivants ou morts – furent condamnés au bûcher. Ou, au contraire, répugnance d'Érasme devant une Espagne trop « sémitisée ». N'a-t-il pas écrit : « *En Espagne, c'est à peine s'il y a des chrétiens. J'ai peur que l'occasion présente ne fasse relever la tête à cette hydre jadis étouffée.* » Voir sur cette passionnante question l'irremplaçable *Érasme et l'Espagne* de Marcel Bataillon, 1937, chapitre II, paragraphe II.

5. « *Volvió a ser lectura para pocos* », écrit M. Bataillon dans son prologue à *El Enchiridion o manual del caballero cristiano, de Erasmo*, Burgos, R. F. E., 1970.

6. M. Bataillon, *Érasme et l'Espagne*.

7. *Id., ibid.*

8. *J. Alonso Burgos, op. cit.*, souligne la spécificité de ce courant : « *los alumbrados : la única herejía específica y genuinamente castellana* ».

9. Le sens exact serait « éclairé » plutôt que « illuminé ». La paternité en revient au frère Antonio de Pastrana qui informait en 1512 le cardinal Cisneros des pratiques douteuses d'un moine d'Ocaña qu'il disait « *alumbrado con la oscuridad de Satanás* ». Mais en tant que substantif désignant un groupe spécifique de laïques se consacrant assidûment à la dévotion, il n'apparaît qu'en 1523 dans le périmètre Madrid-Guadalajara-Toledo, comme il ressort des procès et de l'Édit de foi ; il prendra ensuite une nuance péjorative, puis hérétique.

10. M. Bataillon, *Érasme, op. cit.*

11. Il y aura deux autres « vagues » d'*illuminisme* : en Estrémadure, et en Andalousie dans les années 1570-1579, et à Séville en 1623, mais avec une nette tendance libidineuse et thaumaturgique.

12. Dans son introduction à l'édition du *Tercer abecedario espiritual*, Madrid, éd. B. A. C., 1972.

13. Magdalena et Isabel de la Cruz, elle-même tertiaire de saint François, bientôt concurrencée par l'ensorcelante personnalité d'une Francisca Hernández, Catalina de Alcaraz, et bien d'autres.

14. Il était le frère jumeau d'Alfonso de Valdés, le secrétaire impérial *dévôt* d'Érasme et de l'empereur.

15. Dans *Diccionario de Historia Eclesiástica de España*, Madrid, éd. CSIC, 1972.

16. Nous utilisons ce terme par commodité. En effet aucune doctrine structurée ne se dégage des documents conservés. Augustin Redondo a constaté que : « *… ce qui se dégage des témoignages : non pas une doctrine, mais des lignes de force qui rendaient cette forme de religiosité nettement hétérodoxe* » (*cf. infra* note 25).

17. Une demi-douzaine d'hypothèses ont été avancées, mais trop polémiques pour qu'on en fasse ici, utilement, état.

18. Rappelons qu'il est l'auteur de *Los alumbrados. Orígenes y filosofía (1525-1559)*, Madrid, éd. Taurus, 1980.

19. Il fut traduit par un chanoine de Palencia, Alonso Fernández de Madrid, et parut en 1526 avec l'approbation de l'Inquisiteur général don Alonso Manrique, archevêque de Séville : pouvait-on rêver meilleur parrainage ?

20. Qui précise par ailleurs que : « *L'Édit de 1525 coïncide avec un événement important pour l'histoire religieuse de l'Espagne : la diffusion de la piété érasmienne, la naissance de l'érasmisme en tant que mouvement religieux débordant le monde des clercs […]. En l'espace de quelques années, les tendances illuministes de l'Espagne, tenues en échec par l'Édit de 1525, ont été captées au profit de l'illuminisme nouveau, toléré, quasi officiel, l'illuminisme érasmisant.* »

21. Contre Pedro Ruiz de Alcaraz et Isabel de la Cruz.

22. Dans *A history of the Inquisition of Spain*, New York, *op. cit.* Édition espagnole, Madrid, 1983, éd. F. U. E., livre VIII, chap. v.

23. M. Ortega-Costa dans le *D. H. E. E.* (*cf. supra* note 15).

24. Dans *Historia de la Iglesia en España*, tome III-2 : *La Iglesia en la España de los siglos XV y XVI, Madrid*, éd. B. A. C., 1980.

25. Augustin Redondo a consacré à la question de la pénétration par les livres des idées luthériennes en Espagne une étude qui fait autorité, intitulée « Luther et l'Espagne de 1520 à 1536 », dans *Mélanges de la Casa de Velázquez*, tome I (1965), Paris, éd. De Boccard, 1966. Soulignons que les éléments de cet article ont été en partie repris par A. Márquez dans le *D. H. E. E.* (*cf. supra* note 15), et par J. L. González Novalín dans l'ouvrage cité dans la note précédente.

26. *El Inquisidor General Fernando de Valdés*, Oviedo, 1968-1971, 2 vol.

27. Cité par M. Bataillon, mais dans l'édition espagnole d'*Érasme et l'Espagne.*

28. L'Inquisition désigna par ce terme toutes les variantes de la Réforme : luthéranisme, calvinisme, anglicanisme, et leurs dérivés.

29. *Cf. supra* note 25.

30. Cité par A. Redondo dans l'étude précédemment évoquée.

31. Dans *La Méditerranée et le monde méditerranéen à l'époque de Philippe II, op. cit.*

32. Juan de Valdès, l'humaniste jumeau du secrétaire impérial, « exilé » à Naples.

33. Docteur en histoire de l'Église, chanoine-archiviste d'Oviedo.

34. *Cf. supra* note 24.

35. Il faudra ensuite attendre le XIX<sup>e</sup> siècle pour que le protestantisme fasse une timide réapparition en Espagne, sans qu'il y ait d'ailleurs la moindre connexion entre le protestantisme espagnol de l'époque moderne et celui de la contemporaine.

36. L'expression est de M. Bataillon.

37. Chez qui on a même cru voir l'auteur possible (après Cristóbal de Villalón et le docteur Andrés Laguna) du *Viaje de Turquía* (voir sur ce sujet l'introduction de Fernando García Salinero dans l'édition *Cátedra*).

38. Ce verset de Saint-Matthieu servit de « thème » au sermon d'autodafé.

39. Emilia Navarro de Kelley le qualifie ainsi sans son introduction au *Beatus vir : Exposición del primer Salmo*, de Constantino Ponce de la Fuente, Madrid, éd. Editora Nacional, 1977.

40. Son étrange parcours spirituel évoque un peu celui, d'un siècle postérieur, de Miguel de Mañara – un autre Sévillan – à ceci près que ce dernier resta dans la stricte orthodoxie. Voir *infra*, Épilogue, p. 724 et note 25 p. 787.

41. Soit, selon la définition du *Diccionario de Autoridades (1726) : « Celui qui dit la messe privée pour les personnes royales [...]. C'est une fonction très estimée et recherchée par les ecclésiastiques, et pour être admis à l'exercer ils doivent faire la preuve de leur pureté de sang. Ils sont au nombre de douze, et reçoivent des gages. »*

42. Peut-être Casiodoro de Reina et Antonio del Corro, deux de ces Sévillans, en tandem.

43. C'est à la fois le premier livre polémique sur l'Inquisition et une apologie du protestantisme espagnol.

44. Si le procès inquisitorial de Constantino Ponce de la Fuente a disparu (comme l'ensemble, hélas, des archives du tribunal de Séville), l'inventaire de ses biens – et notamment du contenu de sa bibliothèque – a été conservé dans *l'Archivo de Protocolos* de Séville. Il révèle que le docteur Constantino possédait un millier d'ouvrages (sur 898 titres) dont l'examen, qui permet de saisir la solidité de la formation théologique et la grande culture humaniste de son propriétaire, met aussi en lumière sa soif inextinguible de connaissance. Ce luxe *méritoire* – à une époque où la bibliothèque d'un intellectuel, fût-il fort savant, tournait plus autour de la centaine que du millier de livres – justifie notamment la réflexion laudative de Charles Quint. Par ailleurs Constantino Ponce avait semble-t-il caché précipitamment les ouvrages les plus compromettants (dont aucun ne figure, de ce fait, sur ledit inventaire) chez la riche, pieuse et intelli-

gente Isabel Martínez qui les « mura » dans un coin de sa belle demeure ; une dénonciation permit cependant aux inquisiteurs de les y découvrir, ce qui aggrava la situation du suspect. Voir Klaus Wagner, *El doctor Constantino Ponce de la Fuente. – El hombre y su biblioteca*, Séville, 1979.

45. Énéide, II-48 : « *ou quelque autre piège y est caché : ne croyez pas en ce cheval, teucères.* »

46. Rappelons pour mémoire le parcours de : Juan Pérez de Pineda [Séville, Genève, Paris, où il mourut très âgé] ; Casiodoro de Reina [Séville, Genève, Londres, Anvers, Francfort, Bâle, Francfort, Anvers, Francfort, où il mourut en 1593] ; de Cipriano de Valera [Séville, Genève, Londres, Amsterdam] ; d'Antonio del Corro [Séville, Lausanne, France (Navarre, Toulouse, Montargis), Anvers, Londres, où il mourut en 1591].

47. Don Juan Ponce de León s'étant repenti devant l'imminence de l'horrible supplice – la mort par le feu – il exhortera la jeune doña María de Bohorques à l'imiter, mais elle repoussera son conseil avec le plus grand mépris, en le traitant d'ignare et de vain parleur : « *ignorante, idiota, palabrero* ».

48. C'est lui qui sortait des interrogatoires menés par les inquisiteurs en chantonnant : « *Vencidos van los frailes, vencidos van / Corridos van los lobos, corridos van…* » ; soit, à peu près : « *Les moines ont perdu, et bien perdu / Les loups je les ai eus, et bien eus…* »

49. Mais selon le bien informé Reginaldus Gonsalvius Montanus le nombre des adeptes se serait élevé à huit cents, chacun des condamnés ayant eu dans son sillage un petit cortège de sympatisants plus ou moins déclarés.

50. Bartolomé Bennassar emploiera de son côté l'éloquente expression de « pédagogie de la peur » ; voir notamment son article intitulé « Modelos de la mentalidad inquisitorial : métodos de su "pedagogía del miedo" », dans *Inquisición española y mentalidad inquisitorial*, Angel Alcalá y otros, Barcelone, éd. Ariel, 1984.

51. Souligné dans le texte.

52. Ce « *Patronato Real* » ou droit de présentation donnait au roi d'Espagne le privilège de proposer les candidats de son choix pour les principaux bénéfices ecclésiastiques, évêques et archevêques, notamment ; étendu à l'Église américaine, il fut officialisé au tout début du règne de Charles Quint, en 1523 ; et l'État espagnol y renoncera en… 1976. De même, par la bulle de fondation du tribunal du Saint-Office, le roi choisissait lui-même l'Inquisiteur général.

53. Président de la chancellerie de Valladolid (1532-1539), puis président du Conseil royal (1539-1546), enfin Inquisiteur général (1546-1566).

54. Un au Pérou, celui de Cuzco – le plus riche des évêchés américains –, et l'autre aux Canaries.

55. Joseph Pérez, *L'Espagne de Philippe II, op. cit.*, p. 104.

56. Les deux autres étant le procès et la mort tragique du prince héritier don Carlos, d'une part, l'affaire du secrétaire Antonio Pérez, de l'autre.

57. Dans *España y los españoles en los tiempos modernos.*

58. José Ignacio Tellechea Idígoras, dans l'article « Carranza », *D. H. E. E.*, cf. *supra* note 15.

**Notes du chapitre VI,**
**« Et au cœur, l'Espagne », p. 891**

1. S. de Madariaga, *op. cit.*, p. 112.

2. Qu'il a analysée dans deux grandes études : « Idea imperial de Carlos V », article publié d'abord en 1937 dans *La Revista Cubana*, puis chez Espasa-Calpe, collection « Austral », Buenos Aires en 1941 (première édition) ; et « Formación del fundamental pensamiento político de carlos V », de 1960, publié chez Espasa-Calpe en 1962 dans un autre volume de la collection « Austral » intitulé *Los Reyes Católicos y otros estudios.* Dans une brève note de présentation à cette édition l'auteur a précisé qu'il s'agissait d'une « *étude sur Charles Quint en tant que continuateur de la pensée politique de ses grands-parents dont il fut le disciple ; je tente ici de clarifier un peu tout ce que l'on a pu dire sur l'hispanisation de Charles Quint* », et cette étude fait suite en effet, dans ledit volume, à deux études très significatives sur le règne des Rois Catholiques : « Significación del reinado de Isabel la Católica, según sus coetáneos », et « Los Reyes Católicos según Maquiavelo y Castiglioni ». La « Formación… » figure par ailleurs, en guise d'introduction et sous le titre « Un imperio de paz cristiana », en tête du volume XX de la *Historia de España Ramón Menéndez Pidal* [éd. Espasa-Calpe, 1979, première éd. 1966] dû à Manuel Fernández Alvarez, *La España de Carlos V. – El hombre. La política española. La política europea*, pp. XI-LXXII. S. de Madariaga écrivait en 1969 à propos du second des articles cités : « *C'est à don Ramón Menéndez Pidal que nous devons cette opération de nettoyage du portrait historique de l'empereur, que même les historiens plus jeunes que le patriarche des lettres espagnoles s'obstinent à voir comme un docile écolier écrivant sous la dictée de Mercurino Gattinara.* » C'est dans les mêmes années qu'un professeur de l'université de Porto Rico, Miguel de Ferdinandy, publiait dans les *Cuadernos hispano-americanos* (n° 238-240, octobre-décembre 1969, pp. 103-115, un article joliment intitulé « El "Don Carlos" de Don Ramón », qui éclaire la théorie pidalienne d'un jour intéressant.

3. On peut arguer du fait que cette version était avant tout destinée à l'héritier, à ce Philippe II qui fut bien le plus espagnol de tous les rois d'Espagne, et qui ne maîtrisait pas le français ; mais se pose alors le problème, non pas de l'antériorité « de l'œuf ou de la poule », mais de la réciprocité entre l'hispanisation du père et l'hispanité du fils.

4. Manuel Fernández Alvarez et Ana Díaz Medina, *Los Austrias Mayores y la culminación del Imperio (1516-1598)*, dans *Historia de España*, éd. Gredos, 1987, pp. 218-219. Rappelons aussi qu'on doit à M. Fernández Alvarez, nous l'avons déjà vu, l'édition bilingue (latin-espagnol) et critique du dernier *Testament* de Charles Quint, Madrid, éd. Editora National, collection « Documenta », 1982.

5. L'historien nord-américain Roger Bigelow Merriman écrivait il y a un demi-siècle : « *Jamais Charles de Bourgogne et l'Espagne n'ont été aussi affectivement liés* – "cordialmente compenetrados" – *que pendant les derniers mois à Yuste, Carlos V el Emperador, op. cit.*, éd. espagnole.

6. Pour donner une idée des qualités – non plus seulement politiques, ici – mais humaines de cette Marguerite d'Autriche que le destin avait si peu

épargnée, en lui infligeant notamment deux douloureux veuvages sans même lui accorder la consolation d'un enfant, cet extrait de correspondance vaut un discours. Dans une lettre qu'elle adressait à l'impératrice le 15 décembre 1529 de Bruxelles pour la féliciter de la naissance d'un « bel enfant » (il s'agissait de l'infant Ferdinand, né le 22 novembre mais hélas voué à une mort prochaine), le paragraphe central des trois qui composent cette lettre personnelle, tout intime, disait ceci : « *Madame, j'ai appris par vos lettres le bon traitement qu'ont présentement grâce à vous messeigneurs les enfants du roi de France, ce dont je me suis grandement réjouie, car de ce fait l'amitié de ces princes ne pourra aller qu'en croissant ; parce que ces jeunes princes innocents –* "tales mançebos príncipes sin culpa" *– n'ont pas à payer l'inimitié de leurs parents, et il est bien d'y veiller car il y va de l'honneur de l'Empereur et du vôtre.* » Dans *Corpus documental de Carlos V*, *op. cit.*, volume I. Rappelons que les petits otages avaient l'un onze ans (François, duc d'Angoulême) et l'autre dix (Henri, duc d'Orléans).

7. Cayetano Alcázar, « L'espagnolisation de Charles Quint », dans *La Mission de l'Espagne*, Paris, Plon, collection « Occident », 1941.

8. Sans développer ici rappelons qu'il s'est agi d'interaction car l'Espagne, quant à elle, reçut en partage et en partie la culture bourguignonne, qui a profondément modifié sa sensibilité et qu'elle a, en retour, réélaborée : c'est-là un vaste thème que P. Chaunu a déjà évoqué dans *L'Espagne de Charles Quint*, éd. S.E.D.E.S., Paris, 1973. Pour ne citer qu'un exemple, rappelons que le goût si marqué des monarques espagnols pour la peinture – qui furent tous non seulement des amateurs mais de vrais connaisseurs, et partant de grands mécènes – fait partie de ce bel héritage culturel.

9. P. Chaunu, « L'Empire de Charles Quint », dans *Le Concept d'empire*, Paris, éd. PUF, 1980, pp. 253-278.

10. Dans *La Méditerranée et le monde méditerranéen au temps de Philippe II*, *op. cit.*

11. R. Menéndez Pidal, *op. cit.*, *supra* note 2 : « Formación… » ; après avoir évoqué les premières années du prince, son accession au trône, le traité de Noyon et la francophilie des Bourguignons, l'auteur aborde le thème de l'« Idea imperial básica », avant d'intituler le paragraphe central, dans lequel il analyse – magistralement – le discours de l'évêque de Badajoz : « *España, clave de los Estados de Carlos* » (pp. 85-89).

12. M. Fernández Alvarez écrit dans *Poder y sociedad en la España del Quinientos* (Madrid, éd. Alianza, 1995) en conclusion à un paragraphe intitulé « El rol de Carlos V » : « *Il est certain que les exigences de sa charge impériale devaient amener Charles Quint à subordonner les intérêts de l'Espagne à ce qu'il entendait être ses obligations d'Empereur de l'Europe.* »

13. Ce n'était sûrement pas les mêmes, pensera-t-on ; mais est-ce bien certain ? Comme l'a si bien montré Bartolomé Bennassar dans *L'Homme espagnol, attitudes et mentalités du XVI^e au XIX^e siècle* (Paris, Hachette, 1975) ce dernier était bien complexe, et si friand encore d'honneur et de gloire, en ce premier XVI^e siècle…

14. Juan Sánchez Montes, *Franceses, protestantes, turcos. – Los españoles ante la política internacional de Carlos V*, CSIC, 1951, réédité par l'université de

Grenade en 1995 (texte cité : p. 113). Rappelons que l'amiral de Castille, qui n'avait guère à voir avec la navigation, était toujours un très proche parent du roi, et l'un des tous premiers personnages de l'État.

15. À partir de cette victoire, de la répression et de l'amnistie qui s'ensuivirent Charles Quint vit son prestige et son autorité solidement assis. Pierre Chaunu l'a déjà dit : *La révolution des « comunidades » de Castille (1520-1521)*, de Joseph Pérez, éd. Institut d'études ibériques et ibéro-américaines de l'université de Bordeaux, 1970, reste l'ouvrage capital en la matière, et fort précieux pour qui veut connaître l'Espagne des premières décennies du XVIe siècle, et le début du règne espagnol de Charles Quint. Précédant ou suivant cet ouvrage : *Las Comunidades de Castilla. Una primera revolución moderna*, de l'Espagnol Antonio Maravall, Madrid, éd. revista de Occidente, 1963 ; et *The Comuneros of Castile : The Forging of a Revolution, 1475-1521*, de l'Américain Stephen Haliczer, Madison, University of Wisconsin Press, Madison, 1981.

16. Nous avons déjà rappelé comment Philippe, alors régent, suppliait dès 1544 son père, aux prises avec les Allemands, de « *mesurer les choses selon les possibilités et non selon ses grandes pensées* » : « medir las cosas según lo que se podrá, y no según sus grandes pensamientos »…

17. Ramón Carande, *Carlos V y sus banqueros*, Madrid, 1967, troisième partie, chapitre 1 : « Años de aprendizaje (1520-1532) ».

18. Rappelons pour mémoire que la meilleure source de connaissance, qui permet de « revivre » ce fameux voyage, est le journal qu'en a tenu le Flamand Laurent Vital, *Premier voyage de Charles Quint en Espagne de 1517 à 1518*, publié dans la *Collection de voyages des souverains des Pays-Bas*, Bruxelles 1881, tome III. Une version espagnole figure dans la compilation publiée par J. García Mercadal sous le titre de *Viajes de extranjeros por España y Portugal*, éd. Aguilar, 1952.

19. *Op. cit. supra* note 14. L'expression est de J. M. Jover, « La Alta Edad Moderna », *Arbor* n° 26, février 1948.

20. Salvador de Madariaga souligne aussi à propos de la mort du cardinal que : « *Le hasard, qui semble parfois pousser du coude l'histoire, fit mourir Cisneros huit jours après l'affichage des thèses de Luther à la porte de la Schlosskirche de Wittenberg. Le jeune Empereur y a dû souvent penser…* » Jaime Vales Failde, recteur de l'Académie catholique de Madrid et correspondant de la Real Academia de la Historia, dans une conférence prononcée devant les élèves institutrices de l'*Institución Teresiana* de Madrid le 31 octobre 1917, intitulée « *Carlos no fue ingrato con Cisneros* » relègue magistralement, documents à l'appui, au rang de fausse rumeur historique l'accusation selon laquelle Charles Ier aurait, quelques semaines après son arrivée, non seulement évité de rencontrer le cardinal Cisneros à qui il devait tant, mais l'aurait achevé en lui donnant cavalièrement congé par une lettre, dont il n'y a nulle trace. Cette assertion, basée sur des sources confuses et mal interprétées remonte à *The History of the reign of the Emperor Charles V*, de l'Écossais Robertson, publiée en 1769, et fut reprise régulièrement par les historiens européens non espagnols, surtout. Ce qui apparaît par contre c'est que le cardinal Cisneros, âgé de quatre-vingts ans passés et souffrant tomba mortellement malade dans la bourgade de Roa, dans une Castille où

rôdait la peste, alors qu'il allait à la rencontre de son jeune roi, et mourut la plume à la main tandis qu'il écrivait à celui-ci, sans pouvoir dépasser les premières lignes. Par ailleurs si le souverain ne se porta pas lui-même à marches forcées à Roa comme il eût dû le faire c'est qu'il ne put connaître à temps l'aggravation brutale de la santé du régent, et que par ailleurs il suivait l'itinéraire et les instructions que ce dernier lui communiquait par l'intermédiaire de don Juan de Ayala qui accompagnait la cour, en particulier la pressante recommandation d'aller saluer sa mère à Tordesillas au plus tôt. C'est précisément là-bas que le roi apprendra la mort du cardinal, survenue le 11 novembre 1517, alors que lui-même ordonnait un service funèbre à la mémoire de son père l'archiduc, qui y reposait encore dans le couvent de Santa Clara (que la reine Jeanne contemplait, interminablement, de la haute galerie de son « château-prison »). Oui, il y a quelque chose de réellement pathétique dans ce rendez-vous manqué. Les Flamands, eux, n'avaient nulle envie de rencontrer le redoutable et redouté cardinal archevêque de Tolède, quintessence d'une Espagne qu'ils ne comprenaient absolument pas, et cette antipathie transparaît jusque dans les notes de voyage de Laurent Vital où l'on peut lire : « *En ce temps courut un bruit que cet archevêque avait un grand regret qu'il n'avait pu parler au Roi, et le adviser de aucunes choses pour son bien. Si ainsi est (en parlant soulz correction) il me semble qu'il a grandement failly, car, s'il savait aucune chose profitable ou prejudiciable au Roi ni à ses pays, pour y mettre provision, s'il n'y a autre chose qui l'excuse que sa maladie, il ne s'est pas bien acquitté, attendu l'honneur qu'il avait reçu de la Couronne de Castille de avoir été leur chef et gouverneur de tous les pays, par dessus tous les grands princes et du sang de la Couronne : car c'est signe d'amour et fidélité de annoncer à son maître ce qu'il sait que lui peut nuire ou aider. Mais pour qu'il est trespassé s'il a failli, Dieu lui pardonne.* » Jugement bien injuste, révélateur de l'incompréhension que nous évoquions, et d'une grande ignorance.

21. « *La mort de Cisneros le prive d'un collaborateur génial* », n'hésite pas à écrire Cayetano Alcázar *op. cit.*, *supra* note 7.

22. Cayetano Alcázar (*cf.* note précédente) cite ce texte en l'attribuant à un *Diego* Manrique inexistant, alors qu'il s'agit bien ici d'une grande figure de l'Église d'Espagne, *Alfonso* Manrique de Lara, fils du comte de Paredes, futur Inquisiteur général et humaniste protecteur d'Érasme. Dans le texte cité, l'évêque dont il est question doit être Pedro Ruiz de la Mota alors aumônier du prince aux Pays-Bas, où il était plus ou moins « réfugié politique » ; de même l'adverbe *ici* doit – selon toute logique – se référer au milieu des Espagnols installés à la cour flamande et à l'ambassade envoyée par le régent Cisneros.

23. Cité par Manuel Giménez Fernández, *Bartolomé de Las Casas*, vol. II : « Capellán de S. M. Carlos I. Poblador de Cumaná (1517-1523) », éd. par Publicaciones de la Escuela de Estudios Hispano-americanos de Sevilla, dans une collection intitulée « *Política inicial de Carlos I en Indias* », Séville, 1960. Les quatre cents pages du livre I de ce volume, consacrées au contexte historique – « *El ambiente histórico* » – sont capitales pour qui veut connaître le début du règne de Charles Quint en Espagne.

24. Antonio Rodríguez Villa, *Bosquejo biográfico de la reina Doña Juana, formado con los más notables documentos históricos relativos a ella*, Madrid, 1874, et *La reina Doña Juana la Loca. Estudio histórico*, Madrid, 1892, 549 p. ; L. P. Gachard, « Sur Jeanne la Folle et les documents concernant cette princesse qui ont été publiés récemment », dans *Bulletin de l'Académie royale de Belgique*, 2e série, tome XXVII, n° 3, 1869, 36 p. : à cette date l'auteur ne se réfèrait évidemment pas aux documents d'A. Rodríguez Villa mais à ceux qu'avait publiés G. A. Bergenroth à Londres en 1868.

25. Dans le chapitre IV de sa *Crónica burlesca del Emperador Carlos V*, Francesillo de Zúñiga rappelle ainsi cette anecdote : le roi ayant pris, après les Cortès de Valladolid, le chemin de l'Aragon, il arriva à Calatayud « *où il fut reçu dans l'allégresse ; mais alors qu'il passait dans une rue la bouche négligemment ouverte, un vilain s'approcha et lui lança : "Ferme la bouche, monseigneur, car les mouches de ce royaume sont coquines"* ("Mosén, cierra la bouche, porque las moscas deste reino son traviesas"). *Le roi lui répondit qu'il en tiendrait compte (car, comme dit le proverbe, même le conseil du sot est bon à prendre* : "del necio el primer consejo") *et lui fit donner cent ducats car c'était un pauvre.* » L'explication de ce « défaut » nous la trouvons dans le portrait que fit du jeune empereur, qu'il avait suivi pendant quatre ans, l'ambassadeur vénitien Francesco Cornaro dans son rapport au Sénat du 6 juin 1521 : « *Sans avoir le visage difforme, il garde constamment la bouche ouverte, ce qui lui vient autant du côté paternel que du maternel, et cela est dû à la faiblesse de sa mâchoire. Il a une grande tendance à s'enrhumer, ce qui l'oblige à respirer par la bouche, parce qu'il a presque toujours le nez bouché. Il a la langue courte et épaisse ce qui lui rend l'élocution difficile et pénible.* »

26. En ce sens le processus de « mythification » qui s'amorça très vite et s'installa durablement en Espagne après leur disparition est très révélateur.

27. Ce que souligne entre autres M. Fernández Alvarez dans *Poder y sociedad en la España del Quinientos*, Madrid, éd. Alianza Universidad, 1995.

28. Joseph Pérez, *Histoire de l'Espagne*, Fayard, 1996, p. 186.

29. Dans *Idea imperial de Carlos V.*

30. Par le truchement d'Alfonso de Valdés, l'inconditionnel et si talentueux secrétaire, dévôt d'Érasme.

31. Selon R. Menéndez Pidal ce texte serait de la plume d'Antonio de Guevara, alors prédicateur et chroniqueur impérial, et déjà auteur de *l'Horloge des Princes*, dont on retrouverait des échos stylistiques dans le discours impérial. À propos d'une *Histoire de l'Empereur* que l'auteur aurait écrite, voir dans l'ouvrage d'Augustin Redondo sur *Antonio de Guevara (1480 ?-1545) et l'Espagne de son temps, de la carrière officielle aux œuvres politico-morales*, Genève, éd. Droz, 1976, le chapitre VI de la deuxième partie, consacré à « L'historiographe. L'œuvre perdue d'Antonio de Guevara : la chronique de Charles Quint ». Cet ouvrage d'A. Redondo est non seulement capital pour qui veut connaître la vie et l'œuvre d'Antonio de Guevara, mais indispensable à qui veut étudier l'Espagne du premier XVIe siècle.

32. Mais il y dit aussi – et clairement, contrairement aux théories d'inspiration « dantesque » de son chancelier Gattinara – qu'il n'aspirait qu'à conserver

son héritage et nullement à s'emparer des domaines d'autrui (ce qui est d'ailleurs un *leitmotiv* de tous ces écrits), qu'il n'a jamais eu de prétention à une quelconque « monarchie universelle ». Rappelons que ce concept était contraire à celui d'*Universitas christiana* que R. Menéndez Pidal définissait ainsi : « *maintenir l'*universitas christiana *: c'était une idée médiévale réactivée, ressucitée par l'Espagne, c'était le profond désir –* "ansia" *– de l'unité de l'Europe, alors que toute l'Europe se fragmentait et se désagrégeait sous la poussée de la Raison d'État, quand cette raison étatique proclamait supérieur à tout autre intérêt celui de chaque État, non seulement face à tous les autres États mais face à toute norme éthique* ». Il souligne dans la foulée que « *Charles Quint, l'empereur le plus grand et le plus puissant, l'empereur de deux mondes, ne s'est pas formé tardivement et imparfaitement un idéal impérial, il ne se l'est point formé sous la dictée du chancelier, mais plutôt en tournant le dos à son chancelier. Il pensa son empire par lui-même et très tôt, sans attendre que personne ne le lui soufflât, à partir de convictions héritées d'Isabelle la Catholique, mûries à Worms, en présence de Luther, et publiquement déclarées avec la collaboration de plusieurs écrivains espagnols : Mota, Valdés et Guevara.* » Dans *Idea imperial de Carlos V, op. cit.*, pp. 28-30.

33. Ce qui se traduisait dans le beau castillan de l'époque par : « *Don Carlos, por la gracia de Dios Rey de Castilla* [...] en uno con *la muy alta y muy poderosa Católica Reina Doña Juana, mi señora madre...* ». Ainsi commence l'édit du 5 septembre 1519.

34. Elles devaient durer un mois et demi, le roi et sa suite quitteront Valladolid le 22 mars.

35. « *La défaite des* Comuneros, *en particulier, est due au fait que l'empereur et ses conseillers ont su espagnoliser le gouvernement de l'Espagne* [...]. *Tous deux* [les corégents], *aimés et considérés dans la classe sociale qu'ils représentaient, surent rallier au parti de Charles Quint, non seulement les meilleurs éléments de la noblesse, mais encore les villes les plus importantes, et s'assurer le respect de la plus grande partie du pays* », écrit Cayetano Alcázar, *op. cit., supra* note 7.

36. L'humaniste italien Pierre Martyr d'Anghiera (*Anglerius*, ou encore Anglería en espagnol) (1457-1526) était un grand observateur et un vrai connaisseur de l'Espagne où il passa trente-sept années, de 1488 à 1525, au service – comme pédagogue, surtout – de la cour et des grands. Il y était arrivé en 1487 comme précepteur des pages de la reine Isabelle. Il fut ensuite nommé « protonotario apostólico ». Témoin de la Reconquête de Grenade, il connut également Christophe Colomb et les principaux *Conquistadores* ; c'est ainsi qu'il écrivit, sans connaître lui-même l'Amérique, son *De Orbe Novo* (1510) le premier livre qui fut sur la Découverte et la Conquête. Après la mort de la reine il conserva la faveur de Ferdinand puis de Charles Quint, qui le nomma prieur du chapitre de la cathédrale de Grenade, ce qui n'était pas une moindre faveur. Ce fut donc un grand témoin de l'histoire de l'Espagne en cette période capitale et fascinante qui va du zénith du règne des Rois Catholiques à l'implantation de Charles Quint en Espagne jusqu'à la victoire de Pavie. – Trois semaines avant la date à laquelle il écrit cette lettre (21 août), les insurgés ayant tenté de s'emparer du parc d'artillerie qui s'y trouvait, Medina del Campo avait été ravagée par un incendie ; quinze jours avant (29 août) avait eu lieu le soulèvement de Valladolid

après que, la veille, Adrien et le conseil de régence eussent dû fuir) ; les *Comuneros* avaient tenté d'obtenir l'appui – et la signature – de la reine Jeanne, en forçant sa retraite à Tordesillas ; une dizaine de jours auparavant on s'était décidé, aux Pays-Bas, à réagir et à répondre enfin aux appels désespérés d'Adrien d'Utrecht : la régence serait transformée en *triumvirat*, deux *grands* d'Espagne – l'amiral de Castille, don Fadrique Enríquez, et le connétable de Castille, don Iñigo de Velasco – seraient désormais associés, à égalité avec Adrien, au gouvernement de la Castille. En faisant de la sorte appel, à travers ces deux hauts personnages – emblématiques sinon charismatiques –, à l'aide et à la loyauté de la grande noblesse de Castille, Charles Quint gagnait la partie, sauvait son royaume.

37. Le texte figure dans les *Actes* publiées par la Real Academia de la Historia, *Cortes de los antiguos reinos de León y Castilla*, Madrid, 1882. Tome IV, pp. 293-298.

38. Pedro Ruiz de la Mota était un prêtre espagnol qu'un certain différend avec le roi Ferdinand avait obligé à se réfugier à la cour de Bruxelles. Il se retrouva ainsi de 1508 à 1522 au service du jeune Charles qui le côtoya de ce fait pendant la décennie qui précéda son arrivée en Espagne ; c'est sans doute à lui qu'il devait le peu qu'il connaissait alors de ce pays. Pedro Ruiz de la Mota fut d'abord simple aumônier puis évêque de Badajoz. Polyglotte et éloquent, il occupait une place éminente à la cour, où on le situe au troisième rang après de Chièvres et Gattinara. Selon R. Menéndez Pidal, le fondement du discours de 1520 prouverait aussi que Mota, dans son « exil » à Bruxelles, tout en maudissant le vieux, le dur et insupportable (à ses yeux) roi Ferdinand, devait évoquer cependant la grandeur historique du royaume ; il jeta peut-être, par ce biais et sans même le chercher, les bases de l'hispanisation du jeune élève Charles.

39. Il partit le 23 mai 1520 et fut de retour le 16 juillet 1522 : il avait tenu parole ! Étonnante et suggestive coïncidence : l'année même du retour de Charles Quint en Espagne, le 7 septembre, le Basque Juan Sebastián Elcano rentrait au port de Sanlúcar de Barrameda, après avoir parcouru quatre-vingt mille kilomètres sur les mers ; il avait réalisé la première – et tragique – *circumnavigation* de l'histoire de l'humanité, et fait la preuve de la rotondité de la terre, dont quelques sots doutaient encore. Il avait, avec l'expédition conduite par Magellan, quitté lui aussi la péninsule à peine trois ans auparavant.

40. J. Pérez, *op. cit., supra* note 15, première partie, chap. IV, p. 159.

41. À propos de la façon dont Mota « rassure » les Castillans inquiets de se voir relégués ou assujétis par l'empire, R. Menéndez Pidal relève la « brillante et saisissante (il dit même "*l'alucinadora*") incursion dans le champ de l'érudition historique » qu'il fait en rappelant ainsi la contribution ibérique à la gloire politique de Rome. Il s'agissait là d'une allusion au poète Claudien (Claudius Claudianus, né à Alexandrie en 370, mort à Rome en 404) qui, nourri du passé romain, fut le dernier défenseur de sa grandeur ; dans l'éloge d'une nièce de Théodose, la princesse Serena, il mentionnait cet exceptionnel tribut apporté par la province romaine d'Hispania en augustes empereurs : « *Haec generat qui cuncta regant* », l'Espagne engendre ceux qui gouverneront le monde… R. Menéndez Pidal commente ainsi ce passage : « *En imprimant ainsi dans*

*l'esprit de Charles et des Espagnols la conception gibeline d'une continuité historique entre l'empire païen de l'Antiquité et l'empire chrétien de l'époque moderne, Mota suggère l'idée que l'Espagne est elle aussi une partie de l'Empire, mais une partie prééminente comme dans l'Antiquité.* »

42. À tel point que S. de Madariaga peut écrire dans son « portrait » de Charles Quint en son âge mûr : « *Il était encore plutôt espagnol par une certaine réserve et simplicité de maintien.* »

43. Ce superlatif hébraïque et biblique permet à l'orateur – soucieux de ne point effaroucher d'emblée son auditoire – de se référer à l'empire sans prononcer le mot, qui n'apparaîtra qu'à mi-texte.

44. Cité notamment par B. Beinert dans « Carlos V, señor de muchos reinos, visto a través de los discursos de la Corona », *Cuaderno-hispano-americanos*, oct.-déc. 1969, pp. 505-517).

45. Instructions de Charles Quint à Philippe II, Augsbourg, 18 janvier 1548 ; cité par M. Fernández Alvarez dans « Cuatro semblanzas de Carlos V », *Cuadernos hispano-americanos*, n° 107-108, nov.-déc. 1958, deuxième partie : « Carlos V en la Historia ».

46. Le frère Antonio de Guevara lui rappelait en 1525, après la victoire de Pavie, dans un sermon – « *Razonamiento hecho a Su Majestad en el sermón de alegrías, cuando fue preso el rey de Francia, en el cual se le persuade a que use de clemencia en recompensa de tan gran victoria* » – que, selon Platon, mieux valait pour le prince être aimé que craint. Il l'incitait à faire un geste de clémence en cette occasion, en pardonnant notamment aux familles des *comuneros* ; or, quatre ans s'étaient écoulés depuis la victoire de Villalar (23 avril 1521) : « *De ceux qui ont offensé Votre Majesté lors des désordres passés, les uns sont morts et enterrés, les autres sont en exil, se cachent ou sont en fuite : il est raisonnable, Sérénissime Prince, qu'en célébration d'une si grande victoire, ils aient à se louer de votre clémence au lieu de se plaindre de votre rigueur. Les femmes de ces malheureux vivent dans la pauvreté, leurs filles risquent de se perdre, leurs enfants sont orphelins et leurs parents subissent des affronts ; de sorte que la clémence dont on ferait preuve envers ce petit nombre tournerait à l'avantage de beaucoup.* » Dans *Epístolas familiares*, livre premier, ép. 1, Madrid, éd. de la R.A.E., 1950. Sur le rôle du franciscain dans la tragédie des *Comunidades* voir A. Redondo, *op. cit., supra* note 31, pp. 116-147. Si l'on ajoute à cela, comme P. Chaunu l'a montré, la modération que les généraux vainqueurs à Pavie eux-mêmes lui conseillèrent, nous avons une idée de la qualité des conseillers espagnols. Cayetano Alcázar écrit à ce propos (*op. cit., supra* note 7) : « *C'est un Espagnol, Hugo de Moncada, qui lui conseilla la modération, la clémence et une politique de réconciliation avec la France, contrairement à l'opinion du chancelier Gatinara, hostile à la pacification. Charles Quint suivit le conseil de l'Espagnol et non celui du chancelier ; c'est la générosité espagnole qui l'emporta et qui devait être si mal récompensée par le roi de France, François Ier.* » Question de point de vue sans doute : si l'empereur fit preuve de « clémence » – toute relative – envers le roi de France, ce fut poussé par les circonstances, tard et du bout des lèvres. Moins de rancœur alors aurait sans doute donné de meilleurs fruits ; mais c'était à l'évidence, à cette époque-là

surtout, trop lui demander, il n'était pas encore suffisamment à l'écoute de ses Espagnols…

47. B. Beinert, *op. cit., supra* note 44.

48. Henri Lapeyre, *Charles Quint*, Paris, éd. P.U.F. coll. « Que sais-je ? », 1971 : une petite synthèse excellente d'un grand règne.

49. *Cf. supra* note 23. L'auteur écrit « *no había aún cuajado ni como hombre ni como gobernante* », soit littéralement : n'avait pas « coagulé », n'avait pas encore « pris » comme on le dit d'une substance, n'avait pas pris corps ; rien de plus juste que cette image.

50. J. Pérez, *op. cit., supra* note 28.

51. R. Carande, *op. cit., supra* note 17 cit. tome II, p. 43.

52. Nous les avons évoquées dans le Prologue.

53. R. Carande, « El sorprendido y sorprendente Adriano VI, Papa », dans *Homenaje a Johannes Vincke*, Madrid, CSIC (et Goerres-Gesellschaft zur Pflege der Wissenschaft), 1962-1963, pp. 421-436), article qui, comme le précise en note l'auteur, correspond à quelques détails près à une communication qu'il avait faite devant l'université María Cristina del Escorial le 14 septembre 1958, dans le cadre donc de la commémoration de la mort de l'empereur.

54. Marco Dandolo, Antonio Giustiniano, Luigi Mocenigo, Pietro Pesaro.

55. L. P. Gachard, *Correspondance de Charles Quint et d'Adrien d'Utrecht*, Bruxelles, 1859, 292 p. Il s'agit de la publication d'un manuscrit de la bibliothèque de Hambourg renfermant la correspondance de Charles Quint et d'Adrien ainsi que d'autres lettres concernant les affaires politiques de leur temps, une compilation faite à Madrid en 1625, d'après les originaux, par Lucas Van Torre (qui sera nommé par la suite, en 1640, par Philippe IV conseiller et maître de la chambre des comptes de Flandre à Lille). L. P. Gachard introduit le document par une étude-préface de 120 p. comme toujours très éclairante.

56. Adrien d'Utrecht fut le premier pape étranger, venu du Nord, de l'époque moderne avant Sa Sainteté Jean-Paul II.

57. Leçons bien méritées : l'article de R. Carande le démontre, notamment en ce qui concerne l'élection, et la demande déplacée que lui fait aussitôt le jeune empereur de prendre fait et cause pour lui dans le conflit qui l'opposait à François Ier.

58. Il lui demandait aussi conseil : devrait-il se rendre en Italie par voie de terre – en passant par la France, évidemment – ou par mer ? Et sous un déguisement, ou non ? On pourrait sourire ; on aurait tort : l'empereur lui recommanda formellement de ne pas emprunter la route terrestre « *car les Français ne lui donneront aucune sûreté à laquelle Sa Sainteté puisse se fier. Qu'elle tienne pour certain que, si elle mettait le pied en France, elle comblerait leurs désirs, et qu'ils en profiteraient pour réaliser ce qu'ils projettent à Rome, au très-grand scandale de toute la chrétienté.* » D'ailleurs l'empereur venait de rappeler dans sa lettre au nouveau pape : « *Je supplie a Vostre Saincteté vous veuillez garder de leurs doulces et bonnes parolles qui vous cuydassent endormir, et vous souvenir de ce que autrefois m'avez dit, estant votre escolier, qu'est ce que je vois par expériance estre véritable, et effin qu'il vous en souvienne, je vous réduitz à mémoire, et est que leurs parolles sont bonnes et doulces ; mais, à la fin ; ils ne cherchent qu'à tromper et amuser ung*

*chascun.* » Pour preuve, l'ambassadeur don Juan Manuel avait, deux jours après la dispersion du conclave, dépêché d'Italie vers Adrien alors en Espagne un messager, qui n'arriva point à destination car il fut capturé par les corsaires français ; ce contre-temps fut d'ailleurs à l'origine d'une affaire assez sordide, une sorte de *quiproquo* créé par certains intrigants, qui troubla légèrement les relations entre le tout nouveau pape et le tout jeune empereur.

59. Comme elle était déjà éditée *in extenso* par Karl Lanz dans les trois volumes de sa *Correspondenz des Kaiser Karl V…, op. cit.* L.-P. Gachard, qui la qualifie pourtant « *d'infiniment curieuse d'un bout à l'autre* » n'en cite que des fragments.

60. Vicomte de Terlinden, « La politique italienne de Charles Quint et le *Triomphe* de Bologne », dans *Fêtes et cérémonies au temps de Charles Quint, op. cit.*, pp. 30-43. L'auteur souligne, avant d'évoquer la cérémonie proprement dite, que « … *en entrant dans Bologne, Charles Quint entendait, avant tout, affirmer la puissance de ses armes en donnant à son cortège un caractère purement militaire* », et, conclut-il par ailleurs : « *Le couronnement, ou plutôt comme on l'appela avec raison le « triomphe » de Bologne, était autre chose qu'une vaine cérémonie ; au milieu d'un faste sans précédent, il consacrait la main-mise des Habsbourg sur l'Italie, dont, en fait, les princes n'étaient plus que des gouverneurs impériaux dans leurs États. Charles avait atteint l'apogée de sa puissance.* » Rappelons que le couronnement se fit en deux temps : l'empereur reçut le 22 février la couronne de fer des rois de Lombardie des mains du pape dans la chapelle de celui-ci, et le 24 la couronne d'or dans l'église Saint-Pétrone. Il nous faut ici préciser un point : nous avons entrepris de dégager l'homme derrière l'image de l'empereur et donc – délibérément – ignoré (y compris dans l'iconographie que nous avons conçue exclusivement comme une galerie de portraits ou mieux encore un album de famille) tout ce qui touche à la représentation mythique ou symbolique de Charles Quint *Imperator* et à la propagande impériale à travers les *media* de l'époque. Nous renvoyons sur ce point notamment à l'article de l'hispaniste Pierre Civil sur les « Images du pouvoir dans quelques portraits héroïques de Charles Quint », dans *Le pouvoir monarchique et ses supports idéologiques aux* XIV^e^-XVII^e^ *siècles*, éd. Publications de la Sorbonne Nouvelle, 1990, pp. 39-51. La représentation symbolique du monarque ou le thème impérial sont en soi si vastes et si complexes qu'il eût été impossible de les aborder sérieusement ici. Nous renvoyons notamment aux deux ouvrages espagnols suivants : de Carmelo Lisón Tolosana, *La imagen del Rey. Monarquía, realeza y poder ritual en la Casa de los Austrias*, Madrid, éd. Espasa-Calpe, 1991, et de Fernando Checa Cremades, *Carlos V y la imagen del héroe en el Renacimiento*, Madrid, éd. Taurus, 1987. Il est évident que le couronnement ou « triomphe » de Bologne constitue une pièce maîtresse de la représentation symbolique du pouvoir impérial. Signalons sur cette question la magnifique étude de l'italianiste Juan Carlos D'Amico sur *La Renaissance du mythe impérial en Italie à l'époque de Charles Quint*, thèse dirigée par le Pr. Michel Plaisance et soutenue à Paris en 1996. Le couronnement impérial (par ailleurs, le dernier de l'Histoire) célébré à Bologne y est décrit et analysé comme nulle part ailleurs. Pour donner une idée, et presque au hasard, voici un détail qui au-delà de l'anecdote donne une touche supplémentaire

à notre portrait de Charles Quint : « *L'admiration que suscite l'image de l'Empereur peut aller jusqu'à porter préjudice à celle du Pape. Dans son compte rendu, Lannoy accuse Clément VII de légèreté au moment de la sortie de San Petronio le jour du sacre. Le Pape, qui avait commencé à éperonner son cheval et à saluer les femmes, profanait par son comportement un acte solennel : "Le Pape monta le premier à cheval sur ung tur, sy commencha à luy donner l'esperon et à faire gambades, regardant les dames aux fenestres, convoicteux d'ung ris desordonné. De quoy, [par] Sa Sainctеté, dévotion en cest endroict fut occulairement prophanée et la contenance grave de l'empereur loué beaucoup." La dignité de l'Empereur contraste avec le rire désordonné du Pape.* » [vol. I p. 407-408 de l'exemplaire multigraphié]. On trouve dans cet ouvrage superbe – mais *hélas encore inédit* –, outre une réflexion essentielle sur le mythe impérial, une prodigieuse évocation de l'époque, de l'entourage du pape et de Charles Quint, des relations et des tensions des milieux politiques et diplomatiques, de la rue italienne aussi, des représentations populaires, le tout accompagné d'une abondante iconographie très éclairante.

61. Albrecht Dürer, *Journal de voyage aux Pays-Bas*, Paris, éd. Dédale / Maison-neuve et Larose, 1993. Il y rencontra, en cette occasion, un autre géant de la peinture, Mathias Grünewald.

62. Trente-six empereurs furent sacrés Roi des Romains à Aix-la-Chapelle des origines à 1531. Voir Jean-François Noël, *Le Saint-Empire*, Paris, P.U.F., coll. « Que sais-je ? », 1976, éd. mise à jour de 1986.

63. « *Décrire la richesse et la variété des costumes, des armes, des races de chevaux rassemblés ici est impossible* », écrit Hermann Heusch dans « Le sacre de Charles Quint à Aix-la-Chapelle », dans *Fêtes et cérémonies au temps de Charles Quint, op. cit.*, pp. 161-168. L'auteur était alors lui-même le maire d'Aix-la-Chapelle. Les trois grandes chroniques espagnoles de Pedro Mexía, d'Alonso de Santa Cruz et de Prudencio de Sandoval consacrent aussi un chapitre à l'événement. Sur le rôle fondateur d'Aix-la-Chapelle voir notamment le tout récent ouvrage de Jean Favier, *Charlemagne*, Fayard, 1999 : « *La récusation de Byzance est appuyée par l'émergence d'une nouvelle "seconde Rome", car c'est bien ainsi que l'on commence de nommer Aix-la-Chapelle* [...], *la "Rome à venir"* » (p. 531) ; signalons que la première illustration du cahier hors texte représente « Le trône de Charlemagne dans la galerie supérieure de la chapelle palatine ».

64. Hermann Heusch, *op. cit.*, *supra* note 63.

65. « *C'est la couronne impériale qui fut utilisée, lors du couronnement royal d'Aix-la-Chapelle, alors qu'à Bologne, lors du couronnement lombard, le 22 février 1530, on employa tout d'abord la couronne de fer de Monza, puis, lors du couronnement impérial – à la place de la couronne impériale – une couronne en forme de mitre, propriété personnelle de l'Empereur.* » Hermann Heusch, *op. cit.* Cette couronne personnelle nous l'avons entrevue dans l'inventaire des joyaux impériaux. J. C. D'Amico (voir *supra* note 60) rappelle que « *Pour les canonistes, la couronne d'Aix-la-Chapelle était en fer, celle de Milan en argent et celle de Rome en or* [...]. *Dans la tradition, le couronnement avec chacune des trois courones représentait une étape indispensable dans le cheminement vers la pleine acquisition de la majesté. Selon la légende, chaque couronne était fabriquée avec un métal différent (en réalité elles étaient toutes en or). Chaque métal était le symbole d'une*

*vertu. En possédant chaque couronne, l'empereur élu recevait aussi, de manière infuse, la vertu qui lui était directement attachée. Ainsi, il était censé acquérir progressivement toutes les vertus traditionnellement liées à ces métaux, jusqu'à posséder la plénitude impériale.* », *op. cit.*, I, p. 271-272.

66. J. Sánchez Montes, *op. cit., supra* note 14.

67. On s'étonnera moins alors de trouver au premier rang des *comuneros* un neveu du comte de Benavente, Pedro Maldonado Pimentel, qui fut exécuté avec les autres chefs de la rébellion, et ce en dépit de son illustre parenté.

68. J. A. Maravall, *Estado moderno y mentalidad social (siglos XV a XVII)*, éd. Alianza 1986 (mais première édition en 1972), tome I p. 316 note 150.

69. Gregorio Marañón, *Elogio y nostalgia de Toledo*, éd. Espasa-Calpe, Madrid, 1951, p. 96. Le père Juan Eusebio Nieremberg y Otín (1595-1658) était un jésuite espagnol d'origine allemande. Charles Quint eut d'ailleurs dans son proche personnel espagnol des écrivains de très grande qualité, notamment Alonso de Valdés (le frère jumeau de Juan de Valdés, l'auteur du fameux *Diálogo de la lengua*), qui fut son secrétaire et milita auprès de lui et dans sa cour pour la cause érasmienne dont il était un partisan inconditionnel, comme il l'était de l'empereur lui-même. Alonso de Valdés, fauché par la peste en pleine jeunesse à Vienne en 1530, écrivit un *Diálogo de las cosas acaecidas en Roma*, magnifique plaidoyer pour la cause de l'empereur dans la tragédie du « sac de Rome » de 1527, et le *Diálogo de Mercurio y Carón* ; de ces deux dialogues « éras miens » ou de type platonicien se dégage l'image du monarque idéal, du prince chrétien parfait, qui est aussi une exaltation de Charles Quint. Ces textes sont, littérairement et linguistiquement, deux joyaux du castillan de la Renaissance.

70. Selon M. Fernández Alvarez, qui considère non pas ces trois discours seulement mais quatre ; il ajoute l'exposé que fit l'empereur devant les Cortès de Madrid en 1528 pour expliquer et justifier devant le royaume son intention de se rendre en Italie – et donc de le quitter – pour être couronné par le pape et mis ainsi en condition d'accomplir sa mission impériale ; dans *Política mundial de Carlos V y Felipe II*, 1re partie : « El idearium de Carlos V », Madrid, éd. CSIC, 1966.

71. Non sans, parfois, quelque exagération qu'une légitime fierté peut expliquer à défaut de l'excuser. Ainsi R. Menéndez Pidal crut-il pouvoir affirmer qu'« *Il avait reçu l'ombre d'un empire, il en fit une réalité et l'hispanisa* ».

72. Il s'agissait de Claude Dodieu de Vély, ambassadeur auprès de Charles Quint, et de Hémard de Dénonville, évêque de Mâcon, qui l'était auprès du Saint-Siège. La lettre collective qu'ils adressèrent à leur maître est la version la plus complète du fameux discours, on comprend aisément l'intérêt qu'ils avaient à le rapporter aussi fidèlement que possible.

73. Alfred Morel-Fatio, « L'espagnol langue universelle », dans *Bulletin hispanique*, tome XV n° 2, Bordeaux, avril-juin 1913, pp. 207-225.

74. Le document le plus fidèle [reproduit par A. Morel-Fatio, *op. cit.*, et par S. de Madariaga en traduction] serait un manuscrit en espagnol (découvert et publié par M. W. Friedensburg) ; il s'agirait non d'un compte rendu officiel, de chancellerie, mais d'un résumé, quatre fois plus long que la version officielle…

75. Qui donne en annexe les deux textes : la version officielle et la version officieuse (citée dans la note précédente), *op. cit.*, éd. française.

76. Cette troisième personne peut surprendre ici, on attendrait plutôt *mes* mains en allusion à ses propres victoires plutôt qu'aux échecs de son adversaire ; peut-être faut-il y voir de l'ironie sinon du sarcasme. Ce passage se situe au milieu du discours.

77. Soit, en espagnol, précise Brantôme : « *Señor obispo, entiéndame si quiere ; y no espere de mí otras palabras que de mi lengua española, la qual es tan noble que merece ser sabida y entendida de toda la gente christiana.* » L'auteur de ce chapitre se souvient encore avoir entendu dire en Espagne, il y a une trentaine d'années, à des Français qui parlaient entre eux dans leur langue devant des Espagnols qui ne la comprenaient pas : « *¡ Hablad cristiano !* », littéralement : « parle chrétien ! » ; donc : espagnol.

78. Selon la version « espagnole » que Madariaga présente comme « texte authentique », *op. cit., supra* note 75, éd. française pp. 145-149, éd. espagnole pp. 137-143. Alfred Morel-Fatio estime pour sa part que le style de cette fin – assez impressionnante au demeurant – semble d'une part trop familière, et de l'autre peu crédible en ce sens que l'empereur n'abusait pas – « et pour cause », ajoute l'académicien – des citations latines, mais ces réserves ne semblent guère convaincantes. Cependant, reconnaît-il, dans cet article plutôt centré sur l'intérêt linguistique que sur la portée politique du discours, il ressort d'une relation italienne que l'empereur a bien dû répéter cette volonté de paix, qui allait de pair avec sa dénonciation des manœuvres dangereuses d'un roi de France qui n'hésitait pas à faire bon marché de la « *pax ínter christianos* » : « *Il réclamait la paix et la demandait devant Dieu, devant Sa Sainteté, devant le Collège des Cardinaux et devant le monde entier, et il protestait de sa volonté de paix, il priait, suppliait en faveur de la paix qu'il désirait par-dessus toute chose* » : « … et protestava che la voleva, pregava, supplicava et desiderava sopra ogn'altra cosa ».

79. Elle ferait pendant à la fameuse phrase, prémonitoire, d'Antonio de Nebrija dédiant à la reine Isabelle, en août 1492 (alors que les caravelles de Colomb étaient en haute mer et ignoraient encore l'Amérique), la première grammaire du castillan, selon laquelle la langue allait toujours de pair avec le pouvoir : « *Siempre la lengua es compañera del imperio.* »

80. Selon J. A. Maravall, *Carlos V y el pensamiento político del Renacimiento*, Madrid, éd. Instituto de Estudios Políticos, 1960, p. 106 dans chap. 3 « La concepción de un imperio universal de base hispánica ». L'auteur est un éminent spécialiste de l'histoire des idées et de la pensée politique.

81. Margarida Sobral Neto, « La Emperatriz Isabel. Une hija del Rey de Portugal en la Corte de Carlos V », dans *Correspondance*, 1994, *op. cit.*, pp. 69-77.

82. Francisco de Andrada, *Cronica do muyto alto e muito poderoso rey destes reynos de Portugal Dom Joam o III*, Lisbonne, 1613.

83. L'affaire sera précisément réglée par un accord signé le 22 avril 1529 à Saragosse grâce à l'heureuse intervention de l'impératrice : l'Espagne renonçait à ses droits moyennant une somme de trois cent cinquante mille *cruzados.*

84. Diego Hernández (et un certain Santillana), *Obra nuevamente compuesta sobre el nacimiento del Serenísimo Príncipe don Felipe, hijo de las Cesáreas y*

*Católicas Majestades*, dans *Relaciones de los reinados de Carlos V y Felipe II*, tome II, publiées par la *Sociedad de Bibliófilos españoles, segunda época, XXV*, Madrid, 1950. Le poème cité figurait dans un livre ayant appartenu à Hernando Colón, et qui porte la mention autographe : « *Este libro costó I maravedis* (sic) *en Burgos de mediado noviembre 1531.* » Le texte fut sans doute publié à Burgos vers 1527. Les auteurs cités figurent comme « *copleros* » ou rimailleurs dans les feuilles volantes poétiques de l'époque.

85. Jean Dantisc [de Dantzig], ambassadeur de Sigismond Ier, avait pour mission de régler le problème de la succession de la belle-mère de Sigismond, doña Isabel, mère de la reine Bona (une Sforza, mariée en 1518 au roi de Pologne) sur le duché de Bari en Italie du Sud ; par conséquent la reconnaissance de sa transmission dépendait de Charles Quint en tant que roi de Naples. C'est pourquoi J. Dantisc suivit la cour, sans cesser de râler ferme (par écrit), pendant toute cette période, peu propice il faut dire à son affaire. L'empereur avait quelque excuse…

86. Juan Manuel González Cremona, *Carlos V, señor de dos mundos*, Madrid, éd. Planeta de Agostini, 1996 [1a éd. 1989].

87. Fray Luis de León, *La perfecta casada*, 1583. Ce très beau texte d'une bonne centaine de pages, destiné à une jeune parente de l'auteur (doña María Varela Osorio), toute jeune mariée – cadeau de noces en quelque sorte – est une adaptation à la vie « moderne », une *actualisation*, du dernier chapitre des *Proverbes*, et cette « parfaite épouse » du XVIe siècle finissant est une femme biblique.

88. Béatrice épousa le duc de Savoie, et son fils fut ce vaillant Emmanuel-Philibert dévôt de l'empereur son oncle, et le futur vainqueur de Saint-Quentin.

89. Le titre royal vaut à lui seul tout un discours : *Rei de Portugal e dos Algarves daquém e dalém mar em Africa, senhor da Guiné e da conquista, navegação e comércio da Etiópia, Arábia, Pérsia e India.*

90. Il ajoutait par ailleurs : « *Elle avait amené avec elle du Portugal beaucoup de nobles dames* […] *dont elle maria un grand nombre par la suite à des seigneurs de grand mérite de ce royaume.* »

91. Pour tout savoir sur ce thème passionnant du « mariage chrétien » voir : *Statut socio-juridique de la femme en Espagne au XVIe siècle. – Une étude sur le mariage chrétien faite d'après l'*Épitome de Matrimonio *de Diego de Covarrubias y Leyva, la législation et les moralistes*, par l'hispaniste Estrella Ruiz-Galvez, Paris, éd. Didier Érudition 1990, 516 p., un ouvrage extrêmement érudit, comme le titre l'indique, mais dont la lecture n'en est pas moins passionnante. Voir aussi l'article d'Annie Molinié-Bertrand, « Se marier en Castille au XVIe siècle », dans la revue *Ibérica*, III, 1981, pp. 233-245 ; elle a par ailleurs – dans *Vocabulaire historique de l'Espagne classique*, Paris, éd. Nathan, 1993, – synthétisé en quelques mots ce processus complexe : « *Mariage*, casamiento *(auj.* matrimonio. – *Le mariage donne souvent lieu, dans l'Espagne classique, à deux ou trois cérémonies. Après 1564, il n'est valable que s'il est célébré en présence du curé de la paroisse. Il faut distinguer dans ce mariage "en trois temps" les* desposorios por palabras de futuro *ou fiançailles (appelées aussi* esponsales*) qui sont un contrat entre les deux familles* […]. *Les* desposorios por palabras de presente *ou* casamiento *ou encore*

matrimonio *constituent la deuxième étape. C'est le sacrement du mariage (lien indissoluble* : "Quod ergo Deus conjunxit homo non separat"*), célébré en présence d'un prêtre et de témoins, accompagné de paroles "de praesenti". Les* "velaciones" *ou bénédiction nuptiale solennelle que l'Église exige de ceux qui sont déjà* desposados *ou* casados *sont la dernière cérémonie du mariage castillan post-tridentin. C'est le temps qui autorise la consommation du mariage. Il semble que les conjoints diffèrent assez souvent l'ultime cérémonie bien que les évêques recommandent de recevoir la bénédiction nuptiale dans les deux mois qui suivent le mariage. Le concile de Trente interdit les* velaciones *pendant le Temps clos* » [c'est-à-dire pendant l'Avent et le Carême]. Notons cependant que si la remise en ordre tridentine a imposé un plus strict respect du processus, comme le souligne A. Molinié-Bertrand, il lui est évidemment antérieure et elle ne l'a pas créé de toutes pièces. Rappelons aussi entre autres travaux de démographie historique de l'hispaniste A. Molinié-Bertrand, *Au Siècle d'Or l'Espagne et ses hommes. – La population du royaume de Castille au XVI^e^ siècle*, Paris, éd. Economica, 1985, où le mariage est évoqué, mais en relation avec les autres composantes démographiques du royaume.

92. Juan de Mata Carriazo, le maître des chroniques de l'Espagne médiévale et renaissante, est l'auteur d'une belle étude très documentée sur « La boda del Emperador. – Notas para una historia del amor en el Alcázar de Sevilla », dans *Archivo Hispalense*, 2a época, n° 93-94, Séville, 1958.

93. Gonzalo Fernández de Oviedo, le chroniqueur de l'Amérique, est aussi l'auteur d'« Elogios y relaciones de personas y linajes », un manuscrit de la *Biblioteca Colombina* de Séville étudié par Juan de Mata Carriazo.

94. M. Fernández Alvarez estime que ce septième arc « *nous donne une idée de la rapide impérialisation dans laquelle s'était engagée l'Espagne toute entière après la victoire de Pavie* ».

95. Il n'existe pas de récits imprimés de l'entrée de Charles Quint à Séville. Comme le souligne C. A. Marsden (de Cambridge) : « *Durant le premier quart du XVI^e^ siècle, la coutume ne s'était pas encore établie en Espagne d'imprimer ces journaux de Cour qu'étaient en fait ces livrets d'entrée* [...]. *Si l'Espagne est en retard sur d'autres pays d'Europe pour ce genre de publication, elle l'est aussi dans le développement de ses fêtes. Il est important de se rappeler que l'Espagne fut en état de guerre presque continuelle jusqu'à la fin du XV^e^ siècle* », *in* « Entrées et fêtes espagnoles au XVI^e^ siècle », dans *Fêtes et cérémonies au temps de Charles* Quint, *op. cit.*, pp. 389-411.

96. Publiées par Anselmo Braamcamp Freire dans « Ida da Imperatriz D. Isabel para Castela », *Boletim da Classe de Letras da Academia das Sciencias de Lisboa*, XIII-2, Coimbra, 1920, elles furent utilisées par J. de Mata Carriazo, *op. cit., supra* note 92, auquel nous empruntons les passages cités.

97. Jean de Vandenesse (ou : van de Nesse) était le second enfant d'un ancien portier de cave de la maison de Marie de Bourgogne passé au service de Philippe le Beau ; son frère aîné étant devenu chapelain puis évêque de Coria sous Charles Quint, Jean participa de ce fait, dès l'âge de sept ans, à presque tous les déplacements du souverain, et fit notamment partie du premier voyage en Espagne. En 1530 il devint « valet servant » de l'empereur, puis responsable des

achats de table, et passera en 1551 au service du prince Philippe. Il entreprit de rédiger un « journal » des voyages de Charles Quint allant de 1514 (premier voyage de Charles, de Malines à Louvain) jusqu'à 1549. Il s'agit de notations ponctuelles, courtes et précises.

98. À propos de cette forte personnalité voir notamment Alfonso M. Guilarte, *El obispo Acuña. Historia de un comunero*, Valladolid, éd. Ambito, 1983. Ce type de prélat qui se transforme en chef de bande armée n'est pas rare dans l'histoire d'Espagne, du Moyen Âge à l'époque contemporaine, qu'on pense par exemple au Cura Santa Cruz des guerres carlistes, si bien évoqué par Miguel de Unamuno dans *Paz en la guerra*. Leurs vies sont de vrais romans.

99. L'« *arenal* » de Séville, immortalisé par Cervantès, sera en effet un haut lieu de la « picaresque » et de la pègre sévillane du Siècle d'or.

100. Traduction certes insuffisante que nous proposons ici de : « *Cuanto tengo confieso yo deberos ; / por vos nací, por vos tengo la vida, / por vos he de morir y por vos muero.* »

101. J. Pérez, *Histoire de l'Espagne, op. cit., supra* note 28, p. 193.

102. María del Carmen Mazarío Coleto fonde son *Isabel de Portugal, Emperatriz y reina de España*, Madrid, 1951, sur cette précieuse correspondance ; mais, comme le précise M. Sobral Neto, *op. cit., supra* note 81 : « *sa dimension de femme est occultée dans le silence des sources relatives aux problèmes de l'État.* » J. M. Jover exploite de même cette documentation épistolaire dans son *Carlos V y los españoles*, sur la politique extérieure de l'Espagne sous Charles Quint ; voir notamment « Reino, frontera y guerra en el horizonte político de la Emperatriz Isabel, gobernadora de España » (titre du deuxième article de l'ouvrage) : première édition à Grenade en 1958 dans *Carlos V (1500-1558). Homenaje de la Universidad de Granada*, puis à Madrid en 1987, éd. Rialp. L'ouvrage reçut en 1963 le « Premio Nacional de Literatura 'Escorial' de estudios históricos ».

103. B. Beinert, *op. cit. supra* note 44, pp. 505-517.

104. Voir *op. cit. supra* note 102. L'auteur y évoque le « *mal que se donnait Isabelle pour la "conservation des royaumes" et le maintien des structures constitutionnelles traditionnelles de la castille* ».

105. Curieusement on n'est pas loin du « … *que pues ellos se quieren perder, que se pierdan* », lancé par le député Francisco de Monzón aux Cortès de Madrid du 19 mai 1593. On y suppliait le monarque – Philippe II – de relâcher l'onéreuse pression militaire aux Pays-Bas et sur la France, en avançant comme ultime argument qu'il en avait bien assez fait, et qu'après tout si les hérétiques de ces pays voulaient absolution perdre leur âme, eh bien, libre à eux !

106. F. Braudel, « Les Espagnols et l'Afrique du Nord de 1492 à 1577 », dans la *Revue africaine*, numéros 335-337, Alger, 1928, article indispensable à l'étude des rapports entre l'Espagne et le Maghreb au XVI^e siècle. On en retrouve bien sûr les éléments dans *La Méditerranée et le monde méditerranéen…, op. cit.*

107. M. Fernández Alvarez, *La España de Carlos V. El hombre. La política española. La política europea, op. cit.*, p. 629.

108. Parmi lesquels, on le saura plus tard, beaucoup de luthériens. Voir sur ce point, et sur le « sac de Rome » en général et, en particulier, sur le coût

artistique, André Chastel, *Le sac de Rome, 1527. – Du premier maniérisme à la contre-réforme*, éd. gallimard, 1983.

109. M. Fernández Alvarez, *Carlos V un hombre para Europa, op. cit.*, p. 119.

110. Nous avons évoqué Charles Quint dans le contexte espagnol sans aborder le thème américain. Certes les Indes occidentales faisaient partie de l'héritage reçu, et Charles Quint sera le *seul* empereur « des deux mondes » de toute l'Histoire ; mais le thème est trop vaste et s'inscrit plus dans une histoire de l'Amérique ou de l'Espagne au temps de Charles Quint que dans une biographie de celui-ci. Nous n'alléguerons pas que l'empereur lui-même a passé l'Amérique sous silence dans ses *Mémoires*, car dans les *Instructions* rédigées à Augsbourg le 18 janvier 1548 – ce qu'on a appelé son « Testament politique » – il s'y référait en termes qui suffiraient à eux seuls à éclairer sa personnalité sur ce point : « *Tout particulièrement en ce qui concerne le gouvernement des Indes, il est absolument nécessaire que vous vous informiez avec le plus grand soin et la plus grande diligence sur ce qui s'y passe, et que vous veilliez à leur sécurité pour servir Dieu et pour y asseoir votre autorité comme il convient, afin que, de la sorte,* lesdites Indes soient gouvernées en toute justice, qu'elles se repeuplent et se refassent *; qu'il soit mis fin aux exactions des conquérants, et d'autres personnes qui sont passées là-bas avec une charge quelconque et une autorité qu'elles ont malignement détournées pour se livrer à ces exactions.* Afin que que les Indiens soient protégés et soulagés aussi justement que possible, *il faut que vous ayiez sur lesdits conquérants et sur leurs biens l'autorité, la supériorité, la prééminence et le droit de regard qu'il convient et s'impose, pour vous gagner et vous attacher l'amour et la fidélité desdits Indiens. Que le Conseil des Indes y veille sans relâche et sans ménager ses efforts, sans autre considération particulière, comme à une chose de la plus haute importance* », etc. Par ailleurs comme écrivait F. Braudel, « *Dans cette œuvre "impériale", en particulier dans l'élaboration des Lois Nouvelles des Indes de 1542, il n'est guère possible de dire quelle a été la part de Charles Quint. Il est hors de doute que l'Espagne a joué là son destin pour des siècles.* » Il a, certes, considérablement agrandi le legs des Rois Catholiques : au cours de son règne eurent lieu les plus grandes conquêtes, le saut en avant des Caraïbes au continent et la captation des grands empires aztèque et inca, quoique le mérite (si mérite il y a) ne lui en revienne guère, l'entreprise de Conquête étant privée. C'est également sous son règne que s'ouvrirent les grands débats (amorcés dès 1511 à Saint-Domingue par le sermon incendiaire du dominicain Antón de Montesinos, le « Grand Réquisitoire », révolutionnaire à force d'être évangélique, selon la formule de S. de Madariaga). Un autre dominicain, le colossal Bartolomé de Las Casas, inquiéta définitivement la conscience impériale en lui représentant la sort tragique des Indiens ; dans le même temps, à la fin de 1539, les dominicains de Salamanque se livraient – parfois *ex cathedra* comme Francisco de Vitoria – à une critique ravageuse remettant en question rien moins que les droits de la couronne sur les Indes. Après une première réaction négative, naturelle devant tant d'audace, Charles Quint prêta bientôt l'oreille à ces rares mais fortes voix clamant en faveur des Indiens Amérique. Sa conscience reçut le message d'un Las Casas, d'un Motolinía, d'un Vitoria ; il encouragea les débats – comme la fameuse « Controverse de Valladolid » –, nomma des commissions d'experts, et

fit inscrire les résultats dans la législation : en 1542-1543, furent promulguées sous son égide les fameuses *Leyes Nuevas* (visant à améliorer la condition indienne) qui, au-delà de leur efficacité inévitablement relative, honorent la conscience historique espagnole et celle de Charles Quint. C'est aussi son gouvernement qui posa les bases – définitives – du système administratif colonial : création du Conseil Royal des Indes en 1524, et sur place des grandes « *Audiencias* » [Saint-Domingue (1526), Mexico (1527), Panamá (1535), Lima (1542), Guatemala (1543), etc.]. Concluons avec Roger B. Merriman, qui termine son *Carlos V el Emperador y el imperio español en el viejo y nuevo mundo, op. cit.*, dont la moitié est consacrée à « L'Espagne dans le Nouveau Monde », sur ces mots : « *Ce qui est merveilleux c'est que vu sa position, il ait donné tant de preuves de générosité et d'intelligence.* L'excellence de ses intentions vis-à-vis des indigènes est absolument indubitable ; si les projets qu'il a conçus en leur faveur furent irréalisables en partie ils n'en étaient pas moins inspirés par le sens du devoir le plus élevé qui fût. »

**Notes de l'épilogue,**
**« Le dernier voyage : la mort de Charles Quint », p. 1001**

1. Ces deux strophes, scandées par la Renommée – « *la Fama* » – ferment un *Epigrama a la muerte del Emperador Carlos Quinto.* On pourrait les traduire ainsi, très imparfaitement certes, en sacrifiant l'extrême concision de l'octosyllabe espagnol qu'il est impossible de restituer ici : « Il remporta une dernière victoire / Par quoi la plus brillante est éclipsée, / Et qui est à ce point digne de mémoire, / Qu'à elle seule elle a bien mérité / De la divine plutôt que de l'humaine Histoire. // Car il fut le seul vainqueur / De sa grandeur et sa valeur, / Quand de l'humaine condition, / Dédaignant le plus haut échelon / il a gagné l'Empire supérieur. » Le Castillan Hernando de Acuña (1520 ?-1580 ?), fut un grand poète italianisant de la même lignée que son illustre contemporain Garcilaso de la Vega. Au cœur du fameux *Soneto al rey Nuestro señor*, son chef-d'œuvre, qui exprime l'idéal d'unité impériale et catholique prêté aux Habsbourg d'Espagne [« *Ya se acerca, señor, o es ya llegada / La edad gloriosa en que promete el Cielo / Una grey y un pastor sólo en el suelo / Por suerte a vuestros tiempos reservada…* »], figure ce vers en forme de devise : « *Un Monarca, un Imperio y una espada* », la clef de toute une période, pour reprendre les termes d'Angel Valbuena Prat. Le poète, comme ses deux frères, Pedro et Diego, fut – sur tous les fronts (Italie, Allemagne et Pays-Bas) –, soldat au service de l'empereur, courtisan et poète ; le modèle accompli, en quelque sorte, de l'Espagnol de la Renaissance. Il sera également à Saint-Quentin. Rappelons que c'est à lui que Charles Quint, qui sut l'apprécier, confia le soin de mettre en vers castillans sa propre traduction du poème d'Olivier de La Marche, *Le Chevalier délibéré* devenu au soleil de Castille *El Caballero Determinado.*

2. « *À mi bien me basta y me sobra que me nombren mi nombre de Carlos, pues ya no soy nada* ».

3. Voir les travaux du père José Ignacio Tellechea Idígoras, et notamment son magnifique ouvrage sur *El arzobispo Carranza y su tiempo*, éd. Guadarrama, 800 pages en 2 volumes.

4. Pour, littéralement, la « décharger » – « *en descargo de su conciencia* » – ; pour l'exonérer, eût-on dit en bon français de l'époque.

5. Mis bout à bout ils occupent, selon les travaux de I. Tellechea Idígoras, une soixantaine de pages serrées.

6. Le frère Prudencio de Sandoval écrit : « *y agora será la cuarta que volveré a pasarlo, para sepultarme.* » Cette omniprésence, notamment soulignée par F. Braudel, de la « *meditatio mortis* » dans l'esprit de Charles Quint, le souci constant – et précoce – d'une « *consolatio mortis* » dans le droit fil de l'« *ars moriendi* » propre à l'*Automne du Moyen Âge*, à cette culture du XVe siècle dont il est encore, en homme de Bourgogne, imprégné, est déjà attestée en 1539. Unamuno devait le rappeler quatre siècles plus tard en ces termes, dans un article intitulé « *Serenidad* » (1945) : « *Du temps de ce Charles Cinquième d'Allemagne et Premier d'Espagne, le petit-fils de nos Rois Catholiques,* qui s'incarna à Gand pour commencer à vivre à Yuste [nous soulignons], *on célébra dans les Flandres, précisément à Gand, un "land juweel" en 1539, un concours de "moralités" et ce fut Charles Quint lui-même qui en proposa traditionnellement le thème : "Quelle est pour un moribond la plus grande consolation ?" ('Twelk den mensch stervende den meest troost es', en flamand). Le scandale causé par les réponses – luthéranisantes – fut tel, qu'on en interdit la lecture lors de la représentation.* »

7. Dans le *Reloj de Príncipes*, on peut en effet lire : « ... *el día que nacemos comienza nuestra muerte y el día postrero nos acabamos de morir !* ».

8. L'adjectif espagnol a cette double connotation, de fatigue et de dégoût, au sens strict de « qui a perdu le goût pour... » : « *fue a morir hastiado de los hombres.* »

9. Il sera l'auteur d'un *De rebus gestis Caroli Quinti*. Signalons qu'une très belle édition critique et bilingue (latin-espagnol) a été mise en chantier par la municipalité de Pozoblanco (province de Cordoue, d'où l'auteur était originaire), sous la direction scientifique des professeurs Elena Rodríguez Peregrina (université de Grenade) et Baltasar Cuart Moner (université de Salamanque). Deux volumes sont déjà parus (en 1995 et 1996), qui comprennent respectivement les livres I-V et VI-X. Une entreprise de cette envergure et de cette qualité, par une municipalité de taille modeste, est réellement admirable et mérite d'être saluée et... imitée.

10. Un chef-d'œuvre de la littérature ascétique du temps l'inscrit d'ailleurs dans son titre : *Agonía del tránsito de la muerte*, composé entre 1536 et 1537 par Alejo Venegas del Busto (1498 ?-1556 ?).

11. L'expression peut sembler ambiguë : « *No se trata agora de otra cosa sino de la salud de V. M.* » ; soit : « ce qui importe pour l'instant c'est la santé de Votre Majesté, » ou bien « on ne parle en ce moment [à Valladolid] que de la santé de Votre Majesté. »

12. Le texte dit significativement « *que está* – et non pas *que esté* – *en gloria* ». Ce choix de l'indicatif et non du subjonctif donne pour acquis le paradis.

13. Il s'agit du Psaume 130 (129).

14. Verset 4 : « *mais près de toi se trouve le pardon (et au vu de ta Loi j'ai mis mon espérance en toi Seigneur)* ».

15. Le texte original mérite d'être noté ici : « *V. M. tenga toda la esperanza en la Pasión de Cristo, Nuestro redentor, que todo lo demás es burla.* »

16. « *C'est lui qui est victime de propitiation pour nos péchés* » (Épître I, 2-2).

17. Évoquant cette tragique présence du diable qui, en lui représentant ses fautes, tente de faire succomber *in extremis* l'âme du chrétien moribond à la tentation du désespoir – la dernière tentation du pécheur, en quelque sorte –, afin de l'arracher ainsi au salut et de l'entraîner vers la damnation éternelle, Alejo Venegas (Voir *supra* note 9) écrit : « *A todos estos insultos no ha de responder el paciente al diablo ; mas sepa que el caudal de su salvación no le tiene muy lejos, que dentro de sí tiene el instrumento de la satisfacción de todos los males de que el diablo le acusa, dentro de sí tiene la voluntad y la llave para que pueda abrir y cerrar por virtud del libre albedrío que Dios le dió.* » Soit, en français : « À ces provocations du diable le mourant ne doit point répondre ; il faut qu'il sache que le trésor du salut est à sa portée, qu'il a en lui-même le moyen de réparer tous les maux dont le diable l'accuse, qu'il a en lui-même la volonté et la clé qui peut ouvrir ou fermer, en vertu du libre arbitre que Dieu lui a laissé. »

18. La qualité de ces paroles justifie qu'on les donne ici dans le texte original : « *Esto es lo que leen a V. M. en este libro. Y quando no lo pudiere oyr, ponga aquí los ojos. Y quando esto no pudiere hazer, póngalo en su corazón y en su memoria y ponga su confianza en este Señor que murió por él y en su misericordia, que pues V. M. hizo algunas vezes en la tierra sus negocios y de su sancta fe cathólica, él hará agora bien los de S. M. en el cielo. No tema con el ayuda de este Señor, ni le turbe el demonio con la memoria de sus pecados, que lo suele hazer en este paso. Ponga su esperanza en este que los pagó, que pues V. M. como cathólico christiano ha hecho de su parte lo que deve recibiendo los sacramentos de la Iglesia, no le hará ya mal.* »

19. « *S. M. holgava de oyrlas según las pocas muestras que podía dar* ».

20. L'espagnol a ici une force et une sobriété bien difficiles à rendre : « *Y con el Jesús se acabó el más principal hombre que ha havido ni habrá. Póngalo Dios en el cielo.* »

21. Quarante ans plus tard, quasiment jour pour jour, le 13 septembre 1598, à trois heures du matin, et après des semaines d'abominables souffrances, Philippe II réclamerait à son tour la chandelle de cire blanche de Montserrat, et le crucifix qu'avait tenu en mourant sa mère Isabelle de Portugal, puis Charles Quint, son père, pendant que les moines liraient à haute voix la Passion selon saint Jean. Ce sera à l'Escurial, cet autre monastère hiéronymite, inspiré, mais à une autre échelle, de Yuste.

22. « *Morimos de voluntad como si no hoviéramos de morir. Y de nuestra propia voluntad le sacrificamos nuestra vida, que es el mayor sacrificio que le podemos hacer* ».

23. Nous l'empruntons bien sûr à l'ouvrage de Lucien Febvre intitulé *Au cœur religieux du XVI*[e] *siècle.*

24. Daniels-Rops, « L'abdication de Charles Quint », *art. cit.*

25. Miguel Mañara pérennisa, dans sa fondation, cette lecture baroque du médiéval et monastique « *memento mori* » grâce au pinceau de son ami le Sévillan Juan Valdés Leal : les deux célèbres tableaux – deux terribles « vanités » – respectivement intitulés *In ictu oculi*, et *Finis gloriae mundi*, en témoignent encore ; dans ce dernier, le commanditaire fit représenter par anticipation son propre cadavre : il gît, tête-bêche avec l'évêque décomposé, au premier plan de l'œuvre. Voir sur ce fascinant personnage (dans lequel on a pu voir un Juan Tenorio – son contemporain et concitoyen de fiction – qui aurait retenu les leçons du commandeur) l'ouvrage, notamment, de Francisco Martín Hernández, *Miguel Mañara*, publié par l'université de Séville en 1981. Un procès de béatification fut engagé dès l'année qui suivit sa mort ; repris par trois fois au cours du XVIIIe siècle, il sera déclaré « vénérable » par Pie VI en 1777. L'affaire en resta à ce premier degré de la procédure de canonisation par suite de dissensions entre Rome et Madrid.

26. Il sera ignominieusement arrêté le 22 août 1559 à l'aube, à Torrelaguna.

27. Les moines mirent dans le cercueil quantité de ce thym sauvage (qui poussait à profusion, et pousse encore, dans la campagne environnante) – « *el tomillo de la Vera* » – de sorte que, lorsqu'en 1870 le sarcophage fut ouvert à l'Escurial, leur arôme vieux de trois siècles y flottait encore ! À cette occasion le peintre Palmaroli fit un dessin du corps naturellement momifié de l'empereur : la reproduction figure dans *La España de Carlos V* de M. Fernández Alvarez, le tome XX de *l'Historia de España Menéndez Pidal, op. cit.*

28. L'expression est de Rafael Carrasco, « L'Inquisition dans son contexte », dans *La « Monarchie Catholique » de Philippe II et les Espagnols*, ouvrage collectif coordonné par R. Carrasco et Alain Milhou, éd. du Temps, Paris, 1998.

29. Éléonore, veuve de François Ier, était morte – on l'a vu – en voyage dans une crise d'asthme le 18 février 1558. Le secrétaire Gaztelú avait écrit à Vázquez en cette occasion : « *Il fut très affecté (par la nouvelle) et ses yeux se remplirent de larmes ; il me dit combien lui et sa sœur s'était toujours profondément aimés l'un l'autre ; qu'elle était son aînée de 15 mois et que, tel qu'il se sentait depuis quelques temps, il ne serait pas étonné d'aller la rejoindre avant même qu'ils fussent écoulés* ». L'autre sœur, Marie de Hongrie ne lui survécut comme on sait que trois semaines. Dans sa lettre à Philippe du 8 octobre (1558), par laquelle elle confirmait son acceptation de reprendre, avec la régence, le chemin des Pays-Bas, elle évoquait avec une froide ironie les malaises qu'elle avait commencé à ressentir avant la mort de son frère mais qui, après celle-ci, avaient redoublé de telle sorte « *qu'après quelques crises comme les deux que je viens d'avoir ces huit derniers jours, il se pourrait bien que je sois dispensée du voyage…* » Elle avait vu juste : elle s'éteignait dix jours plus tard. L'évêque de Palencia, qui l'avait assistée, annonçait la nouvelle à Philippe II le 20 octobre, de Cigales : « … *le décès de notre seigneur l'Empereur, qui est au Ciel, causa tant de chagrin à la sérénissime reine de Hongrie, que sa maladie de cœur s'en est accrue de telle manière et en de telles crises qu'à deux reprises on la crut morte. Les ayant surmontées, et quoique le mal persistât, elle était décidée à se rendre aux Pays-Bas comme Votre Majesté le lui avait écrit ; étant revenue ici, de Valladolid, pour régler sa maison et partir aussitôt pour Laredo, son mal empira, elle fut prise d'une fièvre continue dont elle mourut,*

*pendant la nuit de la Saint-Luc, très catholiquement, après avoir mis son âme en ordre et reçu les sacrements avec grande dévotion, car elle conserva tous ses esprits jusqu'au dernier soupir.* »

30. La nouvelle de la mort de l'empereur frappa les esprits et aviva bien sûr des sentiments contradictoires parmi les sujets de l'empire, de l'Espagne et des possessions italiennes, ou chez les ennemis. Mais aux Pays-Bas l'émotion fut très grande. Voici par exemple la réaction du cardinal Antoine Perrenot de Granvelle, qui écrivait au marquis de Pescara le 7 novembre 1558 de Cercamps : « ... *la mala nuova che si é havuta della morte del buon Imperatore, nostro vecchio patrone, che sia in gloria* », et le 3 décembre depuis Arras a Rogerio de Tassis : « *Lo de la muerte del Emperador ha salido verdad, y cierto yo lo he sentido más que sabría decir* » ; bref, des mots qui dans leur simplicité – et leur contexte de correspondance privée –, ne sauraient tromper sur la sincérité de qui les a écrits (documents cités par M. Fernández Alvarez dans le tome IV du *Corpus documental de Carlos V*, Salamanca, 1979, p. 477, note 42).

31. Des céréromies funèbres eurent lieu dans toute l'Europe des Habsbourg pour lui rendre hommage : à Valladolid d'abord, puis à Tolède organisées par l'archevêque Carranza, par Ferdinand à Vienne, par Catherine à Lisbonne ; à Rome aussi et à Bologne ; mais surtout – qui s'en étonnerait ? – à Bruxelles. Un témoignage de son confesseur daté du 4 novembre montre Philippe II hâve et complètement abattu par la double nouvelle de la mort de son père et de sa tante Marie ; après avoir ordonné la préparation de la cérémonie funèbre, il s'était retiré dans une abbaye proche de Bruxelles où il demeura jusqu'au 28 décembre ; il rentra alors nuitamment dans la cité. Les deux jours suivants – jeudi et vendredi 29 et 30 décembre 1558 – il conduisit dans la cathédrale de Sainte-Gudule (aujourd'hui de Saint-Michel) de très somptueuses obsèques à la mémoire de son père. Quarante jours durant, avant ladite cérémonie, toutes fêtes cessantes, le glas avait sonné trois fois par jour dans toute la région. Nous n'évoquerons que quelques aspects significatifs ; le détail de cette impressionnante cérémonie figure notamment à la fin de la chronique du père Sandoval : nous y renvoyons. Une chapelle ardente de trois mille cierges surmontée de la couronne impériale crépitait au fond de la nef, au-dessus d'un grand catafalque vide recouvert de brocart aux armes de l'empereur défunt, et sur lequel seront solennellement déposés le sceptre impérial, le globe et la couronne qu'il avait portés lors de son couronnement ; l'épée le sera sur l'autel. Vingt-quatre chevaux endeuillés, caparaçonnés jusqu'au sol aux armes des différentes possessions du défunt (armes du comté de Flandre ou du Brabant, armes de Bourgogne ou d'Autriche, armes de chaque royaume d'Espagne ou d'Italie, etc.), en étaient à la fois les porteurs et la vivante représentation ; chaque monture, précédée d'un « roi d'armes » revêtu d'une cote aux mêmes armoiries et de l'étendard porté par l'un des hauts personnages ayant servi l'empereur, était tenue en bride par un autre gentilhomme. Au cours de la messe (dite par l'évêque de Liège), au moment de l'offrande, chevaux à la bride et étendards remontèrent la nef en passant devant l'officiant en geste d'offrande symbolique. Détail émouvant : lorsque le dernier cheval – celui que l'on appelait le « cheval du deuil », recouvert jusqu'aux sabots de velours noir frappé d'une croix rouge – passa devant les

rangs des chevaliers de la Toison d'or, l'un d'eux, le comte de Boussu – qui avait été le grand écuyer de l'Empereur – tomba à genoux et demeura ainsi prostré – tout secoué de sanglots – un long quart d'heure, ce même comte de Boussu qui, on s'en souvient, l'accompagnait lors de la traversée du parc de Bruxelles. Signalons que le *Charles Quint Empereur de deux Mondes* de Joseph Pérez (éd. Gallimard, 1994) s'ouvre sur quatre gravures représentant la cérémonie de Bruxelles ; elles sont extraites de la splendide suite des obsèques réalisée par les frères Van Duetecum (dessinée par Jean, gravée par Lucas) pour le célèbre imprimeur-éditeur anversois Christophe Plantin (celui-là même qui publiera en 1571, sur commande de Philippe II, la nouvelle Bible polyglotte dite d'Arias Montano).

32. Soit, en français : « *S'il est vrai, Sire, – et il est vrai – que la vertu demeure toujours, même une fois mort celui qui l'a pratiquée, alors Votre Royale et Sacrée Majesté...* », etc.

33. Psaume 55 (54), verset 8 : « Oui, je chercherai au loin, je chercherai un asile dans le désert. » Voir *supra* fin du chapitre II.

34. « *Había tenido cada día un rato de oración mental.* »

35. Après le premier Habsbourg, le premier Bourbon – Philippe V d'Anjou – que rien ne prédisposait à la retraite ni à l'ascèse, se retira lui aussi (à San Ildefonso).

36. Agustín García Simón, *El ocaso del Emperador Carlos V en Yuste*, Madrid, éd. Nerea, 1995. L'auteur est journaliste, écrivain et éditeur.

37. Le titre original est : « Funus ». Rappelons que les *Colloques* furent publiés en 1518. Nous citons selon l'édition Robert Laffont, collection « Bouquins », Paris, 1992.

38. Il s'agit du Psaume 22 (21).

39. *De praeparatione ad mortem* (1534) (cf. *supra* note 36).

40. Édition revue et augmentée de 1950 : le passage cité ne figure pas dans l'original, qui est de 1937.

41. Il s'agissait, précise-t-il, de Claude Du Bosc de Montandré, Paris, 1711.

42. José Ignacio Tellechea Idígoras, *El arzobispo Carranza y su tiempo*, Madrid, éd. Guadarrama, 1968, tome I, p. 339.

43. *Énéide* I, 462.

44. J. I. Tellechea Idígoras a raconté comment le jeune chercheur qu'il était alors ayant découvert, enfoui au cœur des milliers de pages du procès dont il préparait l'étude et l'édition, ce « détail » extraordinaire, cette douloureuse rature, fut aussitôt pressé par son ami, le docteur Gregorio Marañón, d'en donner communication à la Royale Académie d'Histoire. C'était en avril 1958. La communication, publiée ensuite dans le *Boletín* de l'Académie – « *y olvidada quedó entre sus páginas* », précise l'auteur – s'intitulait « La última jornada de Carlos V ». Près de quarante ans plus tard, en 1994, l'article fut réédité (par l'université pontificale de Salamanque) sous le titre suivant : *Así murió el Emperador. – La última jornada de Carlos V (Yuste, 21 septiembre 1558)* à l'intention des visiteurs du monastère « restauré », au plein sens du terme. L'auteur, après avoir évoqué – un sourire moqueur entre les lignes – « *le touriste moderne et multitudinaire, qui court beaucoup, ne voit rien et achète quantité de cartes*

*postales pour découvrir chez lui ce qu'il n'a su voir au cours de son voyage* », termine sur ces mots l'(admirable) page de présentation de l'article chef-d'œuvre de sa jeunesse : « … *mais il y en aura bien un qui se rendra à Yuste l'âme frémissante* – "que se acerque a Yuste con el alma en temblor" –, *désireux de s'engager dans le tunel du temps. À celui-ci, et à lui seul, après bientôt quarante ans, je dédie ces pages et j'offre ces documents tous ruisselants d'Histoire* ». Le message a bien été reçu et compris.

45. C. A. Sainte-Beuve, *op. cit.*

46. *Op, cit.*, voir *supra* note 24.

47. Il s'agit, rappelons-le, du fameux discours prononcé en son nom par l'évêque de Badajoz, devant les Cortès de Saint-Jacques-de-Compostelle réunies le 31 mars 1520. Cette convocation, en un lieu très insolite, avait pour but d'expliquer aux Espagnols la cause du départ précipité de leur nouveau roi et d'obtenir les subsides nécessaires au voyage. Le jeune souverain promettait alors (et il tiendra parole) d'être de retour sous trois ans : « *Después de estos tres años, el huerto de sus placeres, la fortaleza para defensa, la fuerza para ofender, su tesoro, su espada, su caballo, y su silla de reposo y asiento ha de ser España.* »

**Notes de la conclusion, p. 1035**

1. Résumé et mise au point récente dans Pierre Chaunu, *Colomb ou la Logique de l'imprévisible*, éd. François Bourin, 1993.

# GÉNÉALOGIES

MAISONS DE FRANCE, DE BOURGOGNE,

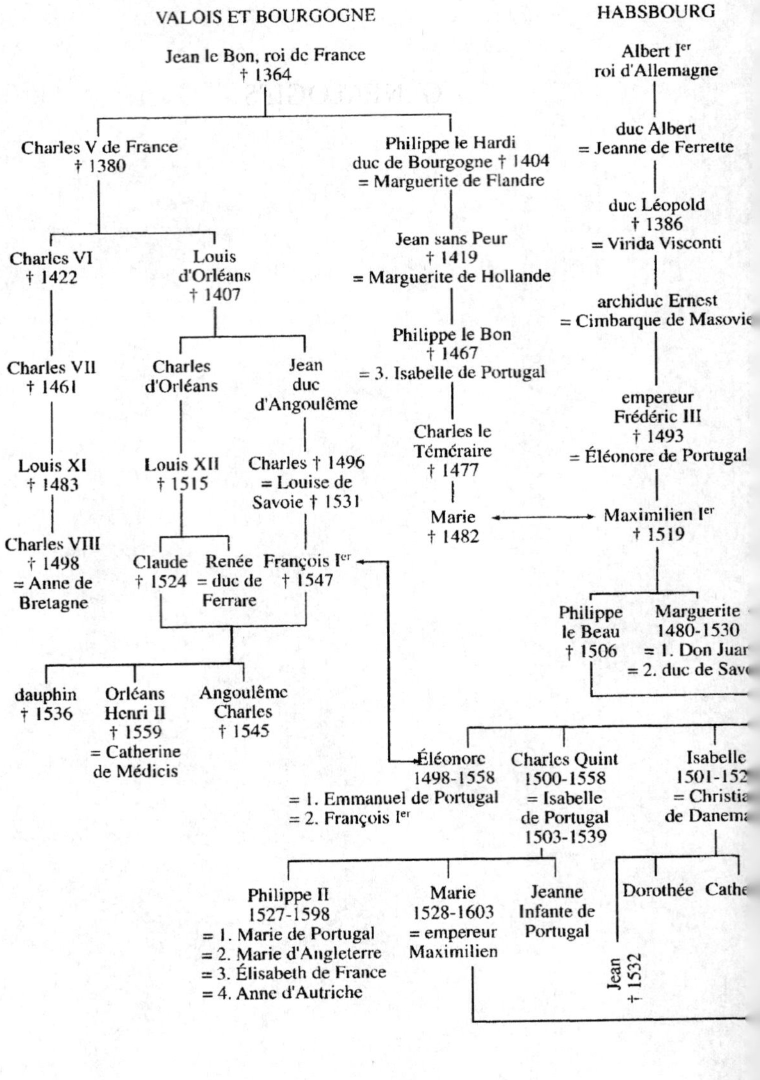

D'AUTRICHE, D'ESPAGNE ET D'ANGLETERRE

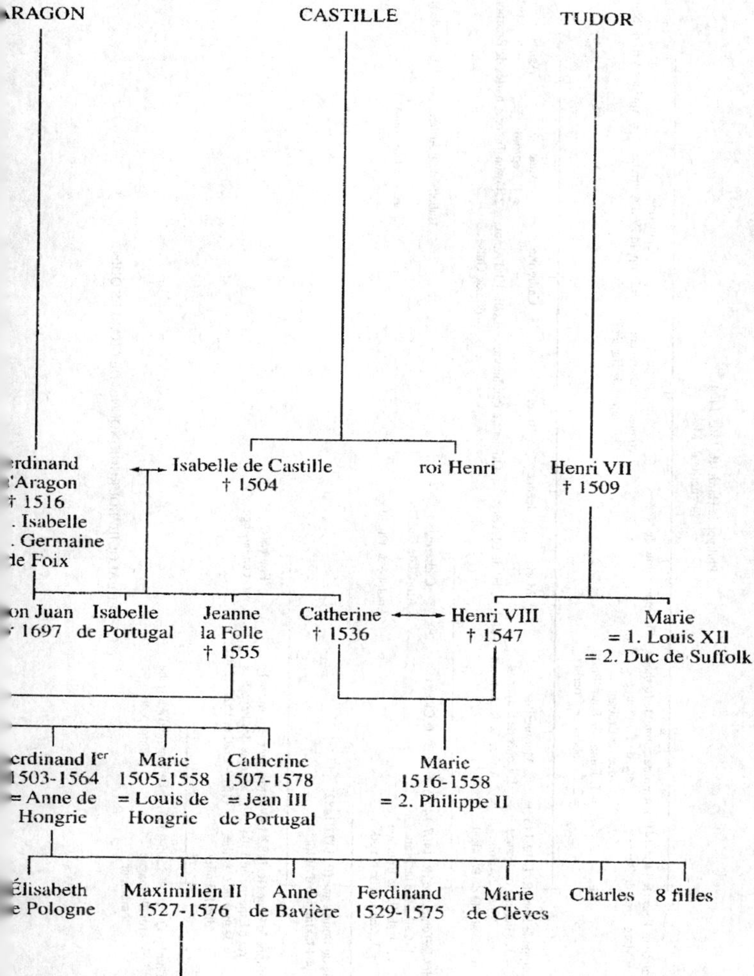


D'après K. Brandi, *Charles Quint*,
Payot, 1980

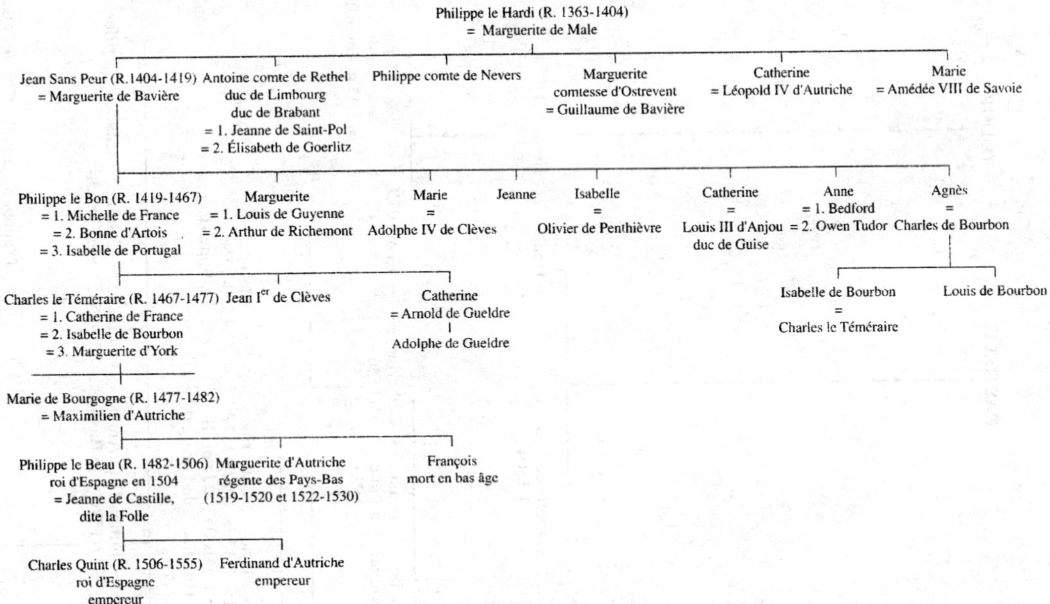


LA GÉNÉALOGIE "BOURGUIGNONNE" DE CHARLES QUINT

# CARTES

Il fallait fournir quelques cartes – à manier avec prudence – ou bien un atlas… Elles serviront à positionner, non à interpréter.

Tout le monde, depuis l'enfance, a assimilé les conventions qui traduisent le relief. Nous avons, Fernand Braudel, Huguette Chaunu et moi, tenté de traduire les distances en temps de parcours réels. Le tome VII de *Séville et l'Atlantique (Construction graphique)* superpose aux dessins des cartes en distances des cartes en temps de parcours moyens. L'étude des 18 000 traversées fait apparaître entre temps moyens longs et temps moyens courts un rapport de 3 à 1. Complications difficilement représentables. La France des courriers du roi fait exception. Sa modernité l'oppose à presque tout ce qui l'entoure.

Il faut faire attention aux trames étalées sur les cartes. On pourrait tenter de faire intervenir la puissance (en argent et en hommes) fournie et prélevée. Mais l'Empire, qui s'étale, ne rapporte rien à l'empereur ; malgré ses richesses, il coûte. Distinguer payeurs et sangsues, pourvoyeurs et assistés.

Mais l'aléa ? L'aléa de la distance rétractible ou extensible, l'aléa donc, lors de la prise de décision, a été pour Charles Quint la punition infligée par le destin pour le surdimensionnement de l'Empire des alliances. Il importe peu de savoir après, c'est avant que l'on suppute. Les plus grands physiciens vous diront que la difficulté, depuis les équations de Maxwell et l'émergence de la physique quantique, est l'impossibilité de représenter et de se représenter l'espace multidimensionnel (très au delà de 4) où nous sommes.

On ne pourra jamais traduire en quelques traits l'aléa de la prise de décision, de jour en jour, au sommet de l'Empire des alliances, sur la tête de Charles Quint de tant de couronnes accablé. Il a nourri l'angoisse.

1. La Grande Bourgogne à la mort de Charles le Téméraire

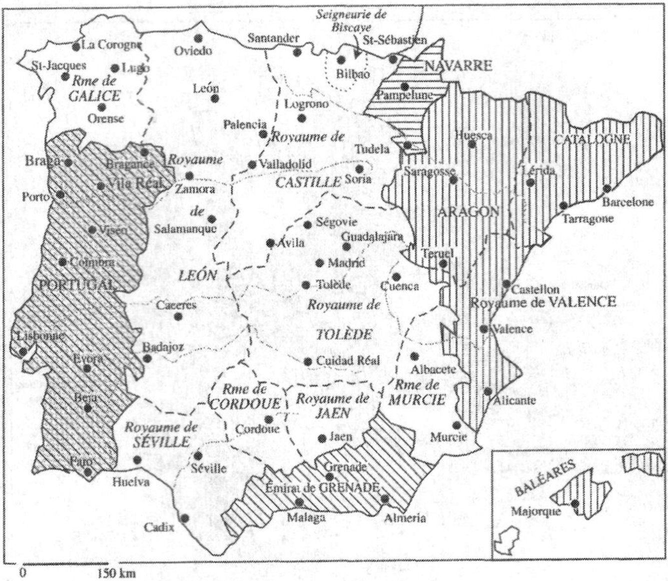


2. L'Espagne au début du XVIe siècle

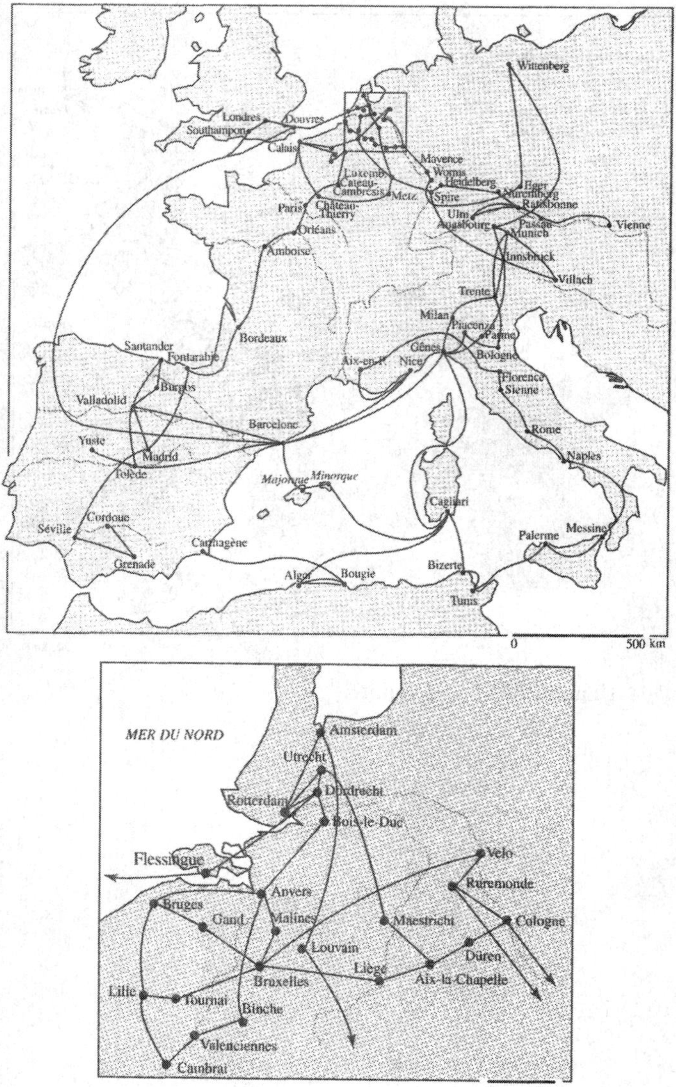


3. Les voyages de Charles Quint (d'après M. Fernández Alvarez)

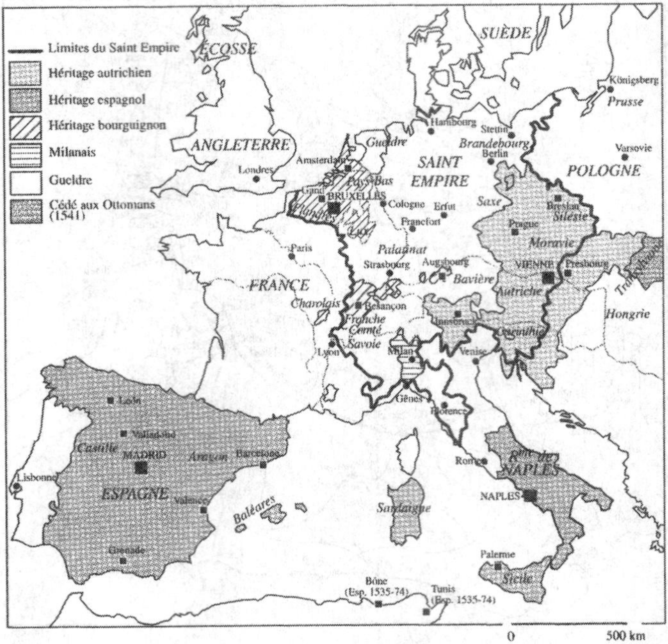


4. L'Empire de Charles Quint

5. Possessions américaines de l'Espagne

# SOURCES ET BIBLIOGRAPHIE

## *Les sources imprimées*

### I

Le règne de Charles Quint est, du point de vue des sources, particulièrement privilégié. Le caractère éclaté de ses possessions – Empire, royaumes, domaines patrimoniaux –, la longueur du règne, la multiplicité de ses responsabilités, la continuelle itinérance de l'empereur, ont – du fait de cette dispersion, et de l'autonomie qu'il a maintenue dans chaque partie – favorisé la production et la conservation d'une documentation importante. De type officiel, relevant de la diplomatique, mais aussi de type personnel (compte tenu du caractère dynastique du règne). L'empereur n'ayant point le don d'ubiquité dut pallier par une activité épistolaire considérable ; indirecte, par secrétaires et chancelleries interposés, mais aussi et très souvent directe, voire personnelle : d'où l'abondante correspondance, en bonne partie conservée, source précieuse de connaissance.

Le caractère éclaté de cette documentation l'a peut-être aussi protégée contre les risques que peut impliquer une centralisation excessive : destruction – accidentelle ou volontaire –, négligence, voire manipulation. Si, en rendant plus difficile l'accès aux documents par la dispersion des fonds, il compliquait la recherche historique, il encouragea par ailleurs des vocations dans tous les coins d'Europe où ils étaient déposés. Ainsi le zèle passionné et l'énorme travail d'archivistes et de chercheurs remarquables du siècle dernier et du nôtre, particulièrement en Allemagne, en Belgique et en Espagne, ont-ils facilité l'accès à une bonne partie de ces trésors. Grâce à quoi, eux-mêmes ou d'autres ont pu reconstituer le règne, parfaire la connaissance des pays concernés, *révéler* – au sens photographique du terme – la figure de Charles Quint. Évidence ! Certes. Mais il est parfois bon – contre l'ingratitude, fille de l'oubli – de rappeler les mérites passés et la dette présente. Comme l'Histoire même, l'historiographie se construit par un effort commun et continu, pierre après pierre que chacun – du grain de sable au bloc d'angle – apporte selon ses moyens. Honneur et grâce soient donc rendus aux grands prédécesseurs, ces archivistes, ces historiens, d'hier ou d'avant-hier, qui ont consacré leur vie à exhumer et à sauver, en la publiant, en l'annotant, en l'étudiant, cette précieuse documentation *caroline*.

Ces sources imprimées sont, d'une part, un ensemble documentaire comprenant essentiellement la correspondance échangée entre l'empereur et ses proches (répartis aux quatre coins de ses domaines dont il leur a souvent confié le gouvernement), avec le Saint-Siège, entre chefs d'État, avec les ambassadeurs, entre secrétaires et autres fonctionnaires ; les diverses « Instructions » (dont certaines secrètes) rédigées par Charles Quint à l'intention de ses « régents », et notamment du prince héritier ; les *Mémoires* attribués à Charles Quint, et ses testaments. De l'autre, les chroniques et les histoires portant sur le règne qui, bien que d'un usage délicat, demeurent une source de connaissance non négligeable, car elle-même fondée sur les témoignages contemporains ou immédiatement postérieurs, directs ou indirects, voire sur une documentation *stricto sensu* diplomatique. Sans prétendre ici à une exhaustivité qui ne s'impose pas voici, en rappel, les principales.

## I. Chroniques du règne et histoires immédiatement postérieures

Signalons d'entrée un instrument quoiqu'ancien toujours utile dans ce domaine : l'*Historiographie de Charles-Quint* (154 pages, Paris, Champion, 1913) dans lequel Alfred Morel-Fatio s'est livré – après une brève mais éclairante étude sur « l'historiographie officielle sous le règne de Charles-Quint » – à une critique de certains de ces textes dus à des plumes espagnoles ou italiennes ; il examine ainsi les ouvrages du franciscain Antonio de Guevara (chap. II) ; de Juan Ginés de Sepúlveda (chap. III), de Pedro Mexía, de Florián de Ocampo, de Barnabé Busto, de Juan Paez de Castro, de Lorenzo de Padilla et d'Alonso de Santa Cruz (chap. IV) ; de Paul Jove (chap. V) ; d'Alfonso de Ulloa, de Girolamo Ruscelli, de Lodovico Dolce et Francesco Sansovino (chap. VI). Dans les années 1930 l'Américain Roger Bigelow Merriman saluait l'érudition et le caractère consciencieux de l'ouvrage, que l'Allemand Peter Rassow, trente ans plus tard, qualifiera encore d'excellent dans son prologue à l'édition de la chronique de Pedro Girón. Rappelons qu'A. Morel-Fatio proposait dans le même volume une édition bilingue (portugais-français) et annotée des *Mémoires* de Charles Quint, précédée d'un état de la question.

Manuel Fernández Alvarez introduit son grand ouvrage sur *La España de Carlos V. El hombre. La política española. La política europea* [vol. XX de la *Historia de España Ramón Menéndez Pidal* (Espasa-Calpe, Madrid, 1966 ; édition de référence, 1976)], par une « Étude préliminaire » (pp. 5-12) comprenant une brève présentation de l'historiographie caroline : chroniques, sources imprimées et bibliographie (en l'état, évidemment, où elles se trouvaient alors). Il y souligne « qu'une des caractéristiques médiévales qui perdurent au début de l'époque moderne c'est la présence – solidement implantée – de l'historiographie qu'on pourrait qualifier d'officielle ». Le chroniqueur était une catégorie particulière d'historien, qui répondait au désir non de rechercher le passé mais de préserver le présent de l'oubli. Ces « salariés de la Couronne » eurent tendance à valoriser leur(s) maître(s) en favorisant les exploits belliqueux, pour satisfaire au désir – propre à l'époque – de passer à la postérité auréolés de gloire martiale. Il faut donc toujours les utiliser avec prudence, recommande-t-il. Si cette réserve s'impose, il n'en est pas moins vrai que ces « chroniques » représentent aussi une source d'information dont on aurait également tort de douter systématiquement.

L'historiographie espagnole est riche en ce domaine ; elle comprend des chroniques et des histoires sur le règne de Charles Quint, que l'on peut schématiquement classer en trois catégories :

A. Les strictement contemporaines (ou, du moins, écrites par des contemporains des faits), et prétendant englober le règne en totalité et en général ; même si, n'ayant pu être menées à terme, elles n'en couvrent point la totalité. Rappelons, parmi les principaux auteurs :

• *Pedro* [ou Pero] *Mexía* [1499-1551]. Issu d'une noble famille sévillane, il fit ses humanités à Séville puis à Salamanque, fut le protégé d'Hernando Colón et le correspondant de Juan Luis Vives. Humaniste, mathématicien et astronome, il fut aussi échevin de sa ville natale et comptable à la *Casa de Contratación.* Ces trop nombreuses occupations ruinèrent sa santé : « tant de labeur, écrit A. Morel-Fatio, dans un milieu où l'on ne travaille guère, le débilitèrent beaucoup, il devint souffreteux, douillet, évitait avec soin de s'exposer à l'air après le coucher du soleil et vivait emmitouflé. On l'appelait "l'homme aux sept bonnets", parce que sous sa calotte il superposait plusieurs bonnets pour se mieux garantir du froid. Il mourut le 7 janvier 1551, âgé de cinquante-deux ans. » Il avait achevé d'écrire en 1545 une histoire des empereurs depuis Jules César jusqu'à Maximilien d'Autriche qui, parvenue en Allemagne, retint l'attention de Charles Quint ou de son entourage en 1547-1548 ; cela lui valut d'être nommé chroniqueur officiel par décret signé à Augsbourg en juillet 1548. Il n'était pas le premier – Antonio de Guevara l'avait été de 1527 à sa mort (survenue en 1545), Juan Ginés de Sepúlveda l'était depuis douze ans, Florián de Ocampo depuis neuf, et Barnabé Busto depuis deux – et d'autres le seront ensuite, comme Juan Paez de Castro en 1555. Pour reprendre la formule d'A. Morel-Fatio, l'empereur « ne se croyait nullement obligé de s'en tenir à un seul narrateur de ses faits, *il donnait assez de travail aux historiens pour en avoir plus d'un à sa solde* ». Précisons que la tâche des chroniqueurs ne consistait pas uniquement, ni exclusivement – ni nécessairement – à glorifier le règne en cours ; ainsi, à propos de la nomination de Florián de Ocampo, l'académicien cité précisait : « en lui conférant cette charge [Charles Quint] voulut sans doute donner satisfaction aux députés des Cortès, qui réclamaient avec tant d'insistance une chronique nationale » ; si le *chroniste* (pour reprendre le néologisme de l'auteur), spécialiste d'histoire ancienne, terminait en 1543 une histoire générale de l'Espagne depuis les origines, il n'écrivit point de « chronique impériale ». En revanche, Pedro Mexía (qui bénéficia d'une dispense lui permettant de rester à Séville, eu égard à sa santé déficiente) mit en chantier un ouvrage que la mort interrompit au bout de deux ans et demi : son *Historia de Carlos V* ne dépasse pas 1530. À la fin de son prologue où il fait vœu d'honnêteté et de fidélité à la vérité historique, il précisait : « Et quoique je n'aie pas été souvent le témoin oculaire des faits relatés, il ne faut point pour autant refuser tout crédit à la vérité que j'ai promise, car ces choses ont eu lieu de mon temps ; et, comme si j'avais pressenti que je serais un jour amené à écrire sur l'ensemble du règne, j'ai toujours pris grand soin de m'informer sur tout ce qui se passait et de comprendre, et j'en ai gardé bonne mémoire. Je me suis procuré par la suite des informations et des rapports, en assez grand nombre, de personnes compétentes et dignes de crédit qui, elles, avaient été les témoins directs des faits ; j'y ai mis toute la diligence humainement possible, afin de pouvoir évoquer, sans sacrifier un iota de la vérité, l'ensemble du règne, avec l'aide de Dieu au nom duquel je vais commencer. »

A. Morel-Fatio, qui le jugeait en 1913 sur le seul livre (le second, qui traite des *Comunidades*) alors publié sur les cinq qui le composent, estimait que « tout son récit porte la marque d'un esprit pondéré, soigneux qui recherche l'exactitude et qui y atteint. La plupart de ses dates, beaucoup plus nombreuses que chez d'autres contemporains, sont exactes. Rarement il cite ses sources ». Mais son éloignement de la Cour et la vie retirée qu'il menait le privaient d'informations plus substantielles. L'ensemble de sa chronique fut enfin publié au milieu du XXe siècle par Juan de Mata Carriazo, le grand spécialiste des chroniques espagnoles (édition critique, 631 p., Madrid, Espasa-Calpe, 1945).

• *Alonso de Santa Cruz*, quoique n'ayant pas été nommé chroniqueur par Charles Quint (mais par Philippe II), offre une information presque complète, et juste, sur le règne. Il s'était trouvé pour ce faire dans une situation particulièrement favorable ; en effet, ce « *Cosmógrafo Mayor* » – tel était son titre – fut un véritable savant dans sa spécialité et un grand technicien, ce qui était un mérite aux yeux d'un empereur lui-même très amateur de mécanique. Il entretint avec ce dernier, notamment au cours de l'hiver 1538-1539, des relations privilégiées (partagées par François Borgia) au cours de longues conversations scientifiques – en fait, de véritables conférences – sur l'astronomie, science majeure à une époque qui prolongeait et devait parfaire les grandes découvertes et les formidables avancées (notamment en matière de navigation) dont elle était l'héritière directe. L'empereur l'apprécia au point de doubler ses émoluments de cosmographe par un décret signé de… Paris, le 6 janvier (l'Épiphanie, jour des étrennes dans la très catholique Espagne) 1540 ! Ces contacts personnels avec Charles Quint confèrent à l'ouvrage une valeur particulière ; nonobstant, et en dépit de ses fonctions officielles, l'auteur y fait preuve d'un esprit critique supérieur, beaucoup plus indépendant que Pedro Mexía. On peut considérer son ouvrage comme *la meilleure histoire générale contemporaine connue*. Elle embrasse la période 1500-1550 (avec quelques bribes de 1551) ; dans une lettre datée de Lisbonne le 10 novembre 1551 il annonçait à l'empereur qu'il avait terminé une chronique des Rois Catholiques et celle de son propre règne ; et le texte en resta là, bien que l'auteur ne mourut qu'à la fin de 1569.

Le grand historien Leopold von Ranke, qui en avait vu au siècle dernier une copie manuscrite à Rome, fut le premier à signaler (dans « Chronisten Karls V », au tome II de la *Deutsche Geschichte im Zeitalter der Reformation*) la dette de Prudencio de Sandoval envers l'œuvre de Santa Cruz à laquelle il avait, comme à celle de Pedro Mexía, beaucoup emprunté. L'ouvrage, comme le précédent, ne sera imprimé qu'au XXe siècle. La Real Academia de la Historia [RAH] en fit une édition intitulée *Crónica del emperador Carlos V*, confiée à Ricardo Beltrán y Rózpide et Antonio Blázquez y Delgado-Aguilera (5 vol., 2641 p., Madrid,

1920-1925), précédée d'un prologue de Fernando de Laiglesia daté du 27 avril 1917.

• *Pedro Girón*, qui ne fut jamais chroniqueur officiel, mais sans aucun doute y aspirait, a laissé à la postérité non pas un texte élaboré mais un ensemble de notes sur le règne. Juriste de formation, il travailla dans l'administration. Or, ce « *letrado* » avait un oncle très haut placé : le dominicain García de Loaysa (général de son ordre en 1518, évêque d'Osma en 1525, confesseur de l'empereur jusqu'en 1530 et fait alors cardinal, archevêque de Séville en 1539, et qui mourut en 1546) ; cet illustre parent entra en 1532 dans le Conseil de régence de l'Impératrice. Il est évident que Pedro Girón obtint par ce canal privilégié bon nombre d'informations de toute première main. Mais l'auteur ne put mener à terme la rédaction définitive d'un ouvrage qui a été retrouvé sous forme d'ébauche, de notes fragmentaires, plus développées à partir de 1532, pour culminer sur l'année 1537 et s'interrompre en 1540. Il s'agissait probablement de matériaux rassemblés dans la perspective d'une candidature au titre de « *coronista de Castilla* » dont la mort, en 1543, le priva peut-être. Il n'est pas prouvé qu'il aurait eu un talent d'écriture suffisant pour satisfaire un public déjà très exigeant en la matière, car, de l'avis de P. Rassow, Pedro Girón « manquait totalement de formation humaniste quant au fond et quant à la forme ». Mais ce caractère brut, de matériau non élaboré, peut constituer aujourd'hui un avantage. L'ensemble a fait l'objet d'une édition critique sous le titre – *a posteriori* selon ses auteurs – de *Crónica del Emperador Carlos V* (618 p. dont 358 correspondent au texte de la chronique, Madrid, CSIC, 1964) de J. Sánchez Montes et P. Rassow.

Ce dernier, dans un prologue d'une soixantaine de pages, estime que si, « au départ, l'auteur n'avait que l'intention assez limitée de noter tout ce dont il aurait incidemment connaissance, il sentit grandir en lui au fil des ans l'ambition supérieure de forger une œuvre qui, basée sur une large information, pût prétendre à la catégorie d'historique. Sa source la plus importante devait être, naturellement, les conversations avec des personnalités du grand monde, au premier rang desquelles son oncle le cardinal Loaysa. Celui-ci dut lui donner accès aux secrets de la haute politique, principalement à ceux qu'il tenait lui-même du Conseil de régence. Par ailleurs, il mit à la disposition de son neveu certaines lettres qui lui étaient adressées. Mais, outre cela, en tant que confesseur de l'empereur, Loaysa était bien placé pour en connaître le caractère. Girón, à vrai dire, ne s'aventure guère sur le terrain de la psychologie, mais ce qu'il sait du caractère et du comportement de Charles Quint peut être considéré comme authentique ».

• *Francisco López de Gómara* (plus connu comme chroniqueur des Indes occidentales et de Barberousse) était aussi l'auteur d'*Anales de Carlos Quinto*, qui furent publiées pour la première fois, en édition critique et bilingue, par R.B. Merriman, *Anals of the Emperor Charles V* (357 p., Oxford, 1912). Écrites avant décembre 1558, elles ressemblent d'avantage, elles aussi, à des notes qu'à un travail vraiment abouti, mais n'en constituent pas moins une source très utile.

• *Juan Ginés de Sepúlveda*, andalou comme Mexía et Santa Cruz, mais né près de Cordoue (en 1490, il mourra en 1573 après avoir passé près d'un quart de sa vie en Italie), fut l'un des plus éminents chroniqueurs officiels du règne, bien qu'il soit souvent plus connu pour avoir porté la contradiction au dominicain Bartolomé de Las Casas dans les dramatiques joutes oratoires autour du droit de conquête et de la question indienne dite « controverse de Valladolid ». Ce propriétaire terrien attaché à sa terre, qu'il abandonna souvent, à regret, pour suivre la Cour, était philosophe, théologien, juriste et fut aussi historien. Envoyé en 1515 comme boursier au fameux *Colegio de los españoles* de Bologne par le cardinal Cisneros, il s'y imprégna de la philosophie aristotélicienne revue à la source, et y perfectionna ses humanités en approfondissant notamment les langues anciennes. Très intéressé par les questions juridiques et militaires il poussait, dans divers textes, l'empereur à faire la guerre aux Turcs. Comme tant d'autres intellectuels, c'est en Italie, à l'occasion du couronnement, qu'il rencontra Charles Quint, puis en 1536. Son caractère sérieux, minutieux et son style poli, entre autres, lui valurent d'être nommé chroniqueur impérial par décret signé à Rome le 15 avril 1536. Il sera également chargé, en 1542, en collaboration avec Juan Martínez Silíceo et Honorato Juan, de la formation intellectuelle de l'héritier. Son histoire en trente livres, ce *De rebus gestis Caroli Quinti Imperatoris*, dont on sait – nous l'avons vu – que Charles Quint se souciait encore à Yuste quelques semaines avant sa mort, demeura pourtant inédit jusqu'à la fin du XVIII<sup>e</sup> siècle ; une copie en aurait été, selon le témoignage du jésuite flamand Andreas Schott (*Hispaniae Bibliotheca*, Franckfort, 1608), conservée au Palais royal, mais – comme les *Mémoires* mêmes de l'empereur –, bien enfouie, quasi escamotée, manifestement vouée à l'oubli. L'original, retrouvé par hasard par un paléographe du Conseil de Castille, fut offert à Charles III qui, en bon monarque éclairé qu'il était, le fit publier par l'Académie (Madrid, RAH, 1780, dans *Joannis Genesii Sepulvedae Cordubensis Opera, cum edita, tum inedita*, tome II, dont l'histoire de l'empereur occupe 544 p. ; édition de F. Cerdá y Rico). Une traduction en espagnol est en cours de publication sous le titre de *Historia de Carlos V*, édition critique de E. Rodríguez Peregrina y Baltasar Cuart Moner (2 vol., Salamanca, 1995-1996).

L'Allemand L. von Ranke reconnaissait en 1874 que l'ouvrage, quoique lacunaire, était crédible : « ce qu'il raconte, il le raconte exactement ». Quant au Français A. Morel-Fatio, qui lui consacre tout le chapitre III de son *Historiographie de Charles Quint* (pp. 42-72), il portait quarante ans plus tard ce jugement : « … une œuvre qu'il serait très injuste de traiter avec dédain. Quelles que soient ses lacunes, quelles que soient ses erreurs, il y a toujours profit à la consulter, ne serait-ce que pour se pénétrer de l'esprit d'une époque, et se représenter comment un contemporain et un compatriote a vu l'empereur, et comment il l'a jugé : sans compter qu'en matière de faits et d'informations le livre n'est pas si négligeable qu'on le croirait à première vue ».

• *Lodovico Dolce*, qui sera également l'auteur d'une biographie de Ferdinand I<sup>er</sup> (*Vita di Ferdinando Primo Imperatore*, Venise, 1565), publia après la mort de l'empereur une modeste *Vita dell'invittissimo e gloriossisimo Imperatore Carlo Quinto* (183 p., Venise, 1561) où il se déclarait, dans l'avis au lecteur, au-dessus de tout soupçon de partialité puisqu'italien ! A. Morel-Fatio l'appréciait en ces termes : « … il serait injuste de ne pas reconnaître que l'ouvrage de Dolce, quelque insignifiant qu'il nous paraisse aujourd'hui, répondit à un besoin. Il fournit aux Italiens ce qu'ils demandaient après la mort de l'empereur : un récit court, de digestion facile et bien écrit ». L'auteur présentait aussi l'avantage sinon le mérite de citer ses sources, pour l'essentiel son compatriote Paolo Giovio (ou Paul Jove) et le Flamand Guillaume Snouckaert, dont l'ouvrage (*De republica, vita, moribus, gestis, fama, religione, sanctitate Imperatoris, Caesaris, Augusti, Quinti, Caroli, Maximi, Monarchae, etc.*, qualifié par l'académicien français de « fatras très indigeste et bizarre ») avait été publié à Gand en 1559.

• *Paolo Giovio*, évêque de Nocera (selon A. Morel-Fatio le « plus grand fabricant de réputations d'alors ») aurait pu, aurait à coup sûr voulu, devenir chroniqueur impérial au même titre que les Espagnols. Son œuvre historique eut un grand impact – inspiration ou répulsion, modèle ou anti-modèle (voir *El Antijovio*, au titre éloquent, de Gonzalo Jiménez de Quesada) – sur les historiens espagnols de son temps, notamment sur Juan Ginés de Sepúlveda. Son *Historiarum sui temporis* (2 vol., Florence 1550-1552, année de sa mort ; éd. italienne, *Historia del suo tempo*, Florence, 1553). Ce fut une des œuvres les plus lues du XVIe siècle, et à laquelle l'empereur s'intéressa de près. Paul Jove rencontra l'empereur pour la première fois en 1529 à Gênes, puis à Bologne l'année suivante lors du couronnement. Selon son témoignage, ces deux rencontres causèrent aux Italiens présents une agréable surprise qui démentit la méchante réputation que les tragiques événements de 1527 avaient value à Charles Quint. Il le revit en diverses occasions et entretint avec lui une sorte de relation quasi épistolaire. S'il n'a pas écrit une biographie à proprement parler de Charles Quint, celle-ci s'inscrit en fait dans l'ensemble de son œuvre historique, extrêmement bien documentée, comme il ressort du titre même de la traduction espagnole qu'en donnait Gaspar de Baeza à Salamanca en 1562-1563 : *Historia general de todas las cosas succedidas en el mundo en estos cincuenta años de nuestro tiempo : en la cual se escriven particularmente todas las victorias y succesos que el invictissimo Emperador Don Carlos uvo, dende que començo a reynar en España hasta que prendio al Duque de Saxonia.* Une autre traduction espagnole, due à Antonio Ioan Villafranca (un médecin), paraissait à Valence la même année, sous un titre encore plus « détaillé » : *Libro de las historias, y cosas acontescidas en Alemaña, España, Francia, Italia, Flandres* [sic], *Inglaterra, Reyno de Artois, Dacia, Grecia, Sclavonia, Egypto, Polonia, Turquía, India y mundo nuevo, y en otros reinos y señoríos : començando del papa León, y de la venida de la Magestad del Emperador y rey nuestro señor Carlos V en España, hasta su muerte.* » A. Morel-Fatio a, dans l'ouvrage cité, consacré tout son chapitre V (pp. 105-122), qui est très éclairant, aux relations de Paul Jove avec Charles Quint. Nous y renvoyons.

**B.** D'autres chroniques ou histoires, délibérément partielles, où les auteurs se sont exclusivement intéressés à telle partie ou tel aspect particuliers du règne. Voici en rappel les principaux d'entre eux.

• *Luis de Avila y Zúñiga* en première place, où l'eût mis Charles Quint lui-même, pour son récit de la campagne (à laquelle il avait participé) menée contre les princes de la Ligue de Smalkalde. L'ouvrage, *Comentario de la Guerra de Alemaña hecho de Carlos V. Maximo Emperador Romano Rey de España. En el año De M.D.XLVI. y M.D.XLVII*, paru à Venise en 1548, eut aussitôt un grand succès ; les éditions en espagnol se succédèrent (Tolède, Salamanque, Anvers : 1549 ; Saragosse, Anvers : 1550 ; Venise : 1552 ; etc.) ; une traduction en latin due à G. van Male fut publiée à Anvers en 1550 : *Commentariorum de bello Germanico a Carolo V. Caesare maximo gesto* ; sans compter les nombreuses traductions et rééditions. La plus récente : *Comentario de la guerra de Alemania hecha por Carlos V en el año 1546-1547* (Madrid, Biblioteca de Autores Españoles [BAE] tome XXI, 1852).

• *Martín García Cereceda*, un soldat cordouan, rédigea un *Tratado de las Campañas y otros acontecimientos de los Ejércitos del Emperador Carlos V desde 1521 a 1545*, qui fut édité à la fin du siècle dernier en trois volumes par la *Sociedad de Bibliófilos Españoles* (1873-1876) ; il s'agissait – comme le titre l'indique – d'une chronique essentiellement militaire (assez désordonnée, et sans prétention littéraire), particulièrement intéressante pour la campagne de Tunis.

• Sur ce même sujet voir aussi la *Jornada de Carlos V a Túnez*, chronique partielle de *Gonzalo de Illescas* (qui fait suite à celle de L. de Avila y Zúñiga dans le tome XXI de la BAE).

• *Francesillo de Zúñiga*, bouffon espagnol de la Cour de Charles Quint, a laissé une *Crónica de…, criado privado, bienquisto y predicador del Emperador Carlos V, dirigida a Su Majestad*, qui ne fut publiée qu'au XXe siècle (Madrid, BAE, tome XXXVI, 1932). Il s'agit d'une vision aussi partiale que partielle – férocement ironique – du petit monde de la Cour. Il en existe deux éditions critiques récentes : *Francesillo de Zúñiga, Crónica burlesca del Emperador Carlos V*, par Diane Pamp de Avalle-Arce (Barcelone, Crítica, 1981), et *Don Francés de Zúñiga, Crónica burlesca del Emperador Carlos V*, par José A. Sánchez Paso (Salamanque, Universidad de Salamanca, 1989), qui éclairent l'un et l'autre ce texte difficile en en donnant les clefs.

C. De la chronique à l'histoire, ou l'histoire immédiatement ou de peu postérieure au règne, dont l'auteur n'a pas été le contemporain, mais a pu encore entrer en contact avec des témoins directs, avoir accès à des documents, à des sources encore récentes et de première main.

• L'ouvrage capital du bénédictin – évêque de Pampelune – *Prudencio de Sandoval*, qui fut aussi chroniqueur officiel de la Couronne de Castille. Son *Historia de la Vida y hechos del Emperador Carlos V* parut d'abord à Valladolid en 1604-1606, puis à Pampelune en 1618 et à Anvers en 1681, notamment. Elle fut, à notre époque, rééditée par Carlos Seco Serrano comme *Crónica del emperador Carlos V* (Madrid, BAE vol. LXXIX-LXXXII, 1956). Soulignons qu'elle couvre la totalité du règne, y compris l'abdication et la mort. Nous avons déjà rappelé que L. von Ranke avait relevé dans ce texte de nombreux emprunts à Alonso de Santa Cruz ; d'autres ont repéré parmi ses sources inavouées les *Anales* de Gomara, et les emprunts à P. Mexía sont évidents. Le Français A. Morel-Fatio qualifiait en 1913 l'ouvrage de Sandoval de « vaste réservoir où ont afflué des sources d'origines et de qualités très diverses qui s'y sont confondues et perdues, et où depuis trois siècles on pêche, c'est le cas de le dire, en eau trouble ». Un quart de siècle après lui, l'Américain R. B. Merriman dénonçait en l'auteur – ce compilateur – « un nationaliste castillan, violemment antisémite, et capable de plagier effrontément et de modifier délibérément les sources qu'il utilise quand cela ne correspond pas à ses idées » ; en reconnaissant cependant l'utilité de ce foisonnement de données, même s'il exige précaution et réserve.

Trente ans plus tard l'Espagnol M. Fernández Alvarez le jugeait avec plus d'indulgence à la lumière des documents exhumés depuis et analysés (notamment par lui). À son avis le père Sandoval est (avec Mexía et Santa Cruz) « un troisième chroniqueur qui occupe une place particulière » : en fait, son ouvrage n'est plus vraiment une *chronique* au sens strict ; il n'a pas été le contemporain des faits, étant au maillot lorsque l'empereur abdiqua (il dut naître en 1551-1552). Il eut cependant accès, outre aux chroniques de ses prédécesseurs, à une documentation nombreuse (il insiste souvent sur le fait qu'il a vu ou tenu en main telle pièce à laquelle il se réfère), des documents qui ont parfois disparu depuis. Or, conclut M. Fernández Alvarez, « la connaissance que nous avons actuellement de la documentation caroline nous permet de constater en permanence à quel point Sandoval était bien informé ». Et il donne comme exemple, à l'appui de cette « réhabilitation » partielle, le travail réalisé par l'Allemand Bertold Beinert sur les instructions rédigées par l'empereur à Augsbourg : *El testamento político de Carlos V de 1548. Estudio crítico*, dans *Homenaje de la Universidad de Granada* (Grenade, 1958). Que la connaissance documentaire « requalifie » les sources de Sandoval ne garantit évidemment pas pour autant son objectivité ni son honnêteté ; mais elle tempère pour le moins la disqualification qui pesait sur l'œuvre depuis le début du siècle.

• Citons aussi la chronique de l'ordre de Saint-Jérôme par le père *José de Sigüenza*, qui apporte quelque lumière sur le séjour à Yuste et la mort de l'empereur : son *Historia de la Orden de San Jerónimo*, publiée à Madrid en 1600 comme « second tome » faisant suite à une *Vida de San Jerónimo* qui était parue en 1595. L'auteur (sans douté né vers 1544 et mort en 1606) fut contemporain de Philippe II.

## II. Les collections imprimées

Elles concernent surtout la correspondance échangée au cours du règne entre l'empereur et ses proches (famille ou collaborateurs), ou ces derniers entre eux. Selon Karl Brandi ce serait par dizaines de milliers qu'elles se compteraient, dont un nombre considérable de l'empereur lui-même. Federico Chabod soulignait en 1939-1940 : « De Charles Quint lui-même nous possédons une quantité de textes autographes telle qu'il n'existe probablement rien de comparable pour aucun autre souverain de toute l'Histoire : tantôt sous forme de réflexions, comme les très importantes qu'il écrivit vers la fin de février ou début de mars 1525 ; tantôt sous forme de testaments politiques ou d'instructions destinés à l'impératrice Isabelle ou à son fils Philippe ; tantôt sous forme de lettres ou d'annotations à d'autres lettres, etc. » Ramón Carande précisait en 1958, dans un article éloquemment intitulé « Carlos V : viajes, cartas y deudas », que « l'intérêt croissant, à notre époque, pour les sources épistolaires dans l'historiographie de Charles Quint est chose très récente ; ce n'est que depuis ces trente dernières années que les lettres sont intensément utilisées et que leur information est de plus en plus valorisée. On ne doit cependant pas oublier que la publication de la correspondance de Charles Quint, entreprise de manière discontinue, a déjà plus d'un siècle d'existence et a compté depuis 1840 de très dévoués explorateurs ». Soulignant que le quart des cinquante publications concernant ladite correspondance dont il donnait la liste en appendice appartient à la décennie 1840-1850, il qualifiait – à juste titre – cette dernière de « véritablement héroïque ».

Un vaste projet d'édition exhaustive des sources épistolaires concernant le règne de Charles Quint avait été conçu au tournant du siècle par la Commission d'histoire moderne à Vienne (en 1898), et reprise par une assemblée d'historiens allemands en Prusse, à Halle, en 1901. Cependant, on donnera à Vienne la priorité – qui s'en étonnerait ? – à la publication de la correspondance de la branche cadette de la Maison d'Autriche : celle de Ferdinand Ier (W. Bauer, *Die Korrespondenz Ferdinands I* [2 vol., Vienne, 1912-1937] ; W. von Bucholtz avait déjà publié beaucoup de lettres provenant des archives de Vienne dans sa *Geschichte der Regierung Ferdinands des Ersten* [9 tomes, Vienne, 1831-1838]). Les deux guerres qui ont ensanglanté la première moitié du XXe siècle ont freiné puis brisé cet élan.

Et pourtant des publications partielles, antérieures ou postérieures à cet ambitieux projet, mirent à la disposition des historiens de précieux documents. Signalons parmi les principales de ces publications :

• L'Allemand Karl Lanz a publié une riche sélection de lettres, tirées essentiellement des fonds de la Bibliothèque royale et des Archives de Bruxelles, couvrant la période 1513-1556. Un bon millier de pièces (378 lettres de Charles Quint, 599 d'autres correspondants, 32 « instructions ») concernant pour l'essentiel les Pays-Bas forment un ensemble de trois volumes intitulé *Correspondenz des Kaisers Karl V. aus dem königlichen Archiv und der Bibliothèque de Bourgogne zu Brüssel*, publié à Leipzig entre 1844 et 1846 (vol. I : 1513-1532 ; vol. II : 1532-1549 ; vol. III : 1550-1556). Les lettres écrites par l'empereur le sont toutes en français, ce qui confirme qu'il utilisait cette langue avec sa famille d'origine, et l'espagnol avec celle qu'il avait lui-même fondée. On doit également à cet auteur une édition, de même origine, de *Staatspapiere zur Geschichte des Kaisers V*, à Stuttgart en 1845 ; ainsi que d'autres lettres et documents provenant cette fois des archives autrichiennes : *Aktenstücke und Briefe zur Geschichte des Kaiser Karl V. aus dem... Haus – Hof- und Staatsarchiv zu Wien* (Vienne, 1853). Mais l'ouvrage (qui fait partie de la série II de la collection *Monumenta Habsburgica*) s'arrête en 1521.

• En Belgique, le baron de Reiffenberg venait pour sa part de publier à Bruxelles, en 1843, sous le titre de *Lettres sur la vie intérieure de l'Empereur Charles Quint*, des lettres ayant appartenu à Guillaume van Male.

Chercheurs allemands et belges du siècle dernier poussèrent leurs investigations dans les dépôts d'archives espagnols, en particulier à Simancas. Ce sont eux qui, après l'ouverture des grandes archives européennes qui a marqué la première moitié du XIXe siècle, mirent en évidence l'importance du dépôt de Simancas pour la connaissance de l'histoire moderne, et notamment celle du XVIe siècle. Parmi les principaux rappelons pour mémoire, dans un ordre simplement géographique (Allemagne, Belgique-Hollande, France, Espagne) et chronologique de parution :

• G. Heine publia l'année même de sa mort une édition bilingue des lettres du cardinal dominicain García de Loaysa y Mendoza, un des confesseurs les plus illustres de Charles Quint : *Briefe an Kaiser Karl V, geschrieben von seinem Beichtvater in den Jahren 1530-1532. In dem spanischen Reichsarchiv zu Simancas* (570 p., Berlin, 1848). Signalons qu'ultérieurement, en Espagne cette fois, fut publiée la *Correspondencia del Cardenal de Osma con Carlos V y con su secretario Francisco de los Cobos (1530-1531) (Colección de Documentos Inéditos* – ou CODOIN –, XIV, 1890) qui en est un complément.

• Joh Jos von Döllinger, *Dokumente zur Geschichte Karls V und Philipps II und ihre Zeit aus spanischen Archiven (1507-1571)* (Ratisbonne, 1862).

• Wilhelm Maurenbrecher publiait après un an de recherche à Simancas et dans d'autres fonds espagnols son *Karl V und die deutschen Protestanten, 1545-1555. Nebst einem Anhang von Akten-stücken aus dem spanische Staatsarchiv von Simancas* (200 p., Düsseldorf, 1865).

• A. von Druffel, outre une demi-douzaine d'autres publications de documents, est l'auteur d'une *Beiträge zur Reichgeschichte (1546-1555)* (4 vol., Munich, 1873-1882). Il n'y a rien d'étonnant à ce que les chercheurs allemands aient souvent mis l'accent sur la dernière décennie d'activité politique de l'empereur, qui a particulièrement concerné les territoires allemands.

• O. Meinardus publiait aussi dans la *Nassau oranische Korrespondenz, I (1538)*, la correspondance d'Henri de Nassau, ce compagnon de jeunesse de Charles Quint : *Briefe und Urkunde* (Wiesbaden, 1899).

• R. Carande à la suite de Royall Tyler a signalé l'importance des *Acta Tomiciana* (du nom du père Tomicki, évêque de Cracovie et vice-chancelier de Sigismond Ier), dont la publication commença à Poznam en 1852. Bien qu'intéressant surtout l'histoire de la branche cadette des Habsbourg, à travers les relations de la Pologne avec Ferdinand Ier, elles contenaient aussi, notamment, l'abondante correspondance de l'évêque de Kulm, ce Jean Dantisc qui fut ambassadeur auprès de Charles Quint de 1519 à 1532.

• Louis-Prosper Gachard – justement qualifié par R. Carande de « *prudente y pulquérrimo* », ce qui dit le soin et l'intelligence qui ont présidé à ses publications, et dont on ne soulignera jamais assez la qualité et l'ampleur de l'œuvre dans l'historiographie caroline – publia une *Relation des troubles de Gand sous Charles V par un anonyme, suivie de 300 documents inédits sur cet événement* (Bruxelles, 1846). Puis sa moisson espagnole (fruit d'une recherche menée à Simancas en 1843) dans *Retraite et mort de Charles-Quint au monastère de Yuste* (3 vol., Bruxelles, 1854-1855), où figurent 428 lettres provenant de ce dépôt. On peut affirmer que grâce à cette publication la dernière période de la vie de Charles Quint est en fait la mieux connue. Rappelons que l'archiviste L.P. Gachard est également l'auteur – outre ces publications de documents – de nombreux travaux sur Charles-Quint, portant sur divers aspects du règne : captivité de François Ier et traité de Madrid, troubles de Gand, abdication, retraite et mort de l'empereur, voyages, etc. Soulignons-en la qualité. On les trouvera en partie dans les *Analectes belgiques*, Bruxelles, 1856, 3 vol. et autres collections ou revues belges.

• Par ailleurs, R. C. Bakhuizen van den Brink avait rendu compte à Bruxelles en 1850 d'un manuscrit conservé dans les « archives de la cour féodale de Brabant », un récit d'environ 70 pages dû à la plume d'un moine anonyme de Yuste, qui y avait été témoin du séjour de l'empereur : *La Retraite de Charles-Quint. Analyse d'un Ms. espagnol contemporain, par un religieux de l'ordre de Saint-Jérôme, à Yuste.* L.P. Gachard, l'a ensuite inclus en 1855 (après l'avoir minutieusement analysé dans son introduction) dans *Retraite et mort de Charles-Quint au monastère de Yuste* (tome II, pp. 1-69). On retrouve aussi ce texte, presque littéralement, dans la chronique du père José de Sigüenza.

• Dans ces années décidément fécondes du milieu du siècle dernier, L.P. Gachard publiait aussi la *Correspondance de Charles-Quint et d'Adrien VI* (Bruxelles, 1859). Une préface de 93 p., constituant selon son habitude une véritable monographie en soi, précède 292 p. de documents (123 pièces, qui sont pour un tiers – en dépit du titre – des lettres du duc de Sessa, ambassadeur de l'empereur à Rome). Rappelons ici que Constantin von Hoefler publia ensuite la *Correspondenz des Gobernador von Castillien Adrian von Utrecht mit Karl V* (Prague, 1881).

• Signalons aussi la *Collection des voyages des souverains des Pays-Bas*, publiée par la Commission royale d'histoire de Bruxelles. Le voyage, thème privilégié par l'historiographie des Pays-Bas, occupait comme on sait une place considérable dans la vie de Charles Quint. Le tome II fut édité par L.P. Gachard : il contient les itinéraires de 1503 à 1531, et le journal de Jean de Vandenesse. Celui-ci se serait aussi inspiré de la *Description des voyages, faicts et victoires de l'empereur Charles Quint* [...] *par Monsieur de Herbays de la chambre de Sa dicte Majesté*, etc. qui embrasse la période 1514-1542, mieux informé – selon Gachard – que Jean de Vandenesse. Le tome III comprend la première édition, annotée par L.P. Gachard, du récit du premier voyage de Charles Quint en Espagne, par Laurent Vital (fils de Jean Vital, un serviteur de la maison de Charles le Téméraire).

• E. Albèri menant alors à Florence l'édition systématique des comptes rendus des ambassadeurs vénitiens, *Relazioni degli ambasciatori veneti al Senato* (15 vol., 1839-1863), L.P. Gachard en tira une sélection des témoignages concernant l'empereur et Philippe II, qu'il publia en français sous le titre *Relations des ambassadeurs vénitiens sur Charles Quint et Philippe II* (319 p., Bruxelles, 1955), précédée d'une très éclairante introduction de 80 pages.

• L. P. C. van den Bergh publiait la *Correspondance de Marguerite d'Autriche* (La Haye, 1842-1847).

• En France Charles Weiss publiait au milieu du XIX^e siècle les *Papiers d'État du cardinal de Granvelle, d'après les manuscrits de la Bibliothèque de Besançon* (4 vol. des *Documents inédits sur l'Histoire de France*, Paris, 1841-1852) ; les deux premiers en 1841 [1516-1532, 1533-1543], en 1842-1843 les deux autres [1543-1553, 1553-1557]. Rappelons que M. van Durme publiera un siècle plus tard dans le tome CXXI du *Bulletin de la Comission royale d'histoire* des « Notes sur la correspondance de Granvelle conservée à Madrid » (Bruxelles, 1956) ; ainsi qu'une étude intitulée *El Cardenal Granvela (1517-1586). Imperio y revolución bajo Carlos V y Felipe II* (452 pages, Barcelone, Teide, 1957).

• Au début du siècle, à l'initiative du prince Albert de Monaco était publié par L.H. Labande un *Recueil de lettres de l'Empereur Charles-Quint qui sont conservées dans les archives du Palais de Monaco* (152 p., Monaco, 1910).

Comme le souligne R. Carande, dans l'article évoqué, après la « décennie héroïque » du milieu du XIXe siècle un changement se fait sentir dans la conception de l'historiographie : on passait de l'œuvre individuelle au travail d'équipes officiellement parrainées, partant pacifiquement à l'assaut des fonds d'archives européens. Rappelons par exemple :

• William Bradford, *Correspondence of the Emperor Charles V and his ambassadors at the Courts of England and France, from the original letters in the archives at Vienna, together with the Emperor's itinerary from 1510-1551* (576 p., Londres, 1850). L'itinéraire évoqué est celui de Jean de Vandenesse.

• C'est aussi le début de la publication du *Spanish Calendar of State Papers, Spanish, from Simancas, Vienna, Brussels, Besançon, etc. (1485-1558)* (13 vol., Londres, 1862-1954), par G. A. Bergenroth (avec Pascual Gayangos pour les tomes III-VIII), puis par Martin A.S. Hume, et Royall Tyler. Bergenroth, après deux ans de recherches à Simancas, commençait en 1862 l'édition du *Calendar of letters, despatches and states papers relating to the negociations between England and Spain, preserved in the archives at Simancas and elsewhere.*

En Espagne c'est au début du XXe siècle seulement que s'engagea vraiment la recherche autochtone sur le règne de Charles-Quint. Soulignons cependant que la CODOIN – *Colección de Documentos Inéditos para la Historia de España* – commença à paraître au milieu du siècle dernier, à Madrid, sous l'impulsion du directeur de la Bibliothèque de la RAH (Martín Fernández Navarrete, et marquis de la Fuensanta del Valle) ; les tout premiers volumes contenaient déjà des documents concernant le règne de Charles Quint. Ainsi, dans le tome XXIV (pp. 79-514), était publiée dès 1854 la *Correspondencia de Don Hugo de Moncada y otros personajes con el Rey Católico y el Emperador Carlos V.* Parmi les documents espagnols (essentiellement épistolaires) sur Charles Quint publiés en Espagne (assortis d'une étude ou, au contraire, mis en appendice) par des chercheurs espagnols, généralement liés à l'Académie royale d'histoire, rappelons dans l'ordre chronologique :

• Sur les dernières années de l'empereur, le chanoine de Plasencia Tomás González avait déjà rédigé, à partir des archives de Simancas, un manuscrit intitulé *Retiro, estancia y muerte del emperador Carlos Quinto en el monasterio de Yuste : relación histórica documentada* (532 p. et 241 p. d'appendices [onze pièces relatives aux instructions laissées à Philippe II, au testament, à l'inventaire de Yuste, à la guerre entre Philippe II, Henri II et Paul IV, dont sept figuraient déjà dans le texte du père Sandoval]). Chargé par Ferdinand VII de remettre en ordre les archives qui, malmenées pendant le triste intermède napoléonien, étaient restituées à Simancas en 1815, il avait conçu – devant la richesse de la documentation conservée – un vaste projet concernant le règne de Charles Quint, qu'il dut finalement restreindre aux toutes dernières années, alors très mal connues. À sa mort, en 1833, il laissa son manuscrit en héritage à Manuel González, son frère, qui fut archiviste à Simancas de 1825 à 1836 ; celui-ci le proposa en vain à divers gouvernements, qui refusèrent de débourser les 15 000, puis 10 000 francs qu'il en demandait. Ce fut le gouvernement français (sous le ministère Guizot) qui s'en porta acquéreur en avril 1844, pour 4 000.

Bien que le texte demeurât manuscrit encore plus d'un siècle, certains historiens y eurent accès ; ainsi l'Anglais William Stirling-Maxwell pour son *The Cloister Life of the emperor Charles the fifth* (Londres, 1852) ; et le Français Amédée Pichot pour son *Charles Quint, chronique de sa vie intérieure et de sa vie politique, de son abdication et de sa retraite dans le cloître de Yuste* (Paris, 1854). Et, à un tout autre niveau scientifique, l'académicien François-Marie-Auguste Mignet, qui dit avoir disposé du manuscrit espagnol dès 1844, fonda essentiellement sur la double et précieuse documentation ainsi fournie par Tomás Gónzalez et par L.P. Gachard son grand ouvrage sur la fin de Charles Quint. Le texte du chanoine fut publié en 1958 par Domingo Sánchez Loro dans le volume III de *La inquietud postrimera de Carlos V* (696 p., Cáceres, 1958).

• Francisco Bofarull y Sanz, dans une étude intitulée *Predilección del emperador Carlos V por los catalanes,* publiait cent trente et une lettres de l'empereur (dont certaines en catalan), dans le tome V des *Memorias de la Real Academia de Buenas Letras de Barcelona* (Barcelone, 1896).

• Le politicien Manuel Danvila y Collado publiait la première documentation concernant la révolte des *Comuneros* en 1897-1899 dans un ouvrage en 6 volumes intitulé *Historia crítica y documentada de las Comunidades de Castilla,* édité par la RAH dans son *Memorial Histórico Español* (vol. XXXV-XL), qui vaut surtout, précisément, comme source documentaire.

• L'académicien Antonio Rodríguez Villa (dont on ne soulignera jamais assez le mérite en matière de publication de sources) publiait à l'aube de notre siècle une étude documentée sur *El emperador Carlos V y su Corte según las cartas de D. Martín de Salinas, Embajador del Infante don Fernando (1522-1539)* (990 p., Madrid, 1903) ; et l'année suivante dans le *Boletín* de la RAH, XLV, sous le titre : « El emperador Carlos V y su corte según las cartas de don Martín de Salinas, embajador del Infante don Fernando (1522-1539) ». Rappelons que Martín de Salinas fut ambassadeur à Vienne de 1522 à 1539.

• Francisco de Laiglesia y Auser, dans ses *Estudios históricos (1515-1555)* (3 vol., Madrid, 1918), donnait en appendice de très nombreux documents. À titre d'exemple le volume I contenait entre autres les discours (la « *Proposición* ») de la Couronne aux Cortès[1] de Castille de 1518 à 1555, et à celles d'Aragon et de Catalogne (pp. 331-486), ainsi qu'une édition critique de toutes

1. Signalons à propos de la source capitale que constituent ici (autant sinon plus que les *Reichstagakten* allemands) les *Actes* des Cortès espagnoles, qu'ils avaient été publiés par la RAH dès la fin du siècle dernier, *Cortes de los antiguos Reinos de León y Castilla* (Madrid, 1883-1903), dont les vol. IV et V correspondent au règne de Charles Quint. Rappelons qu'A. Rodríguez Villa publiait peu après une étude sur *Las Cortes españolas durante el reinado de Carlos V y examen, según ellas, de la política imperial* (Madrid, 1909). Signalons aussi l'article de J. Sánchez Montes « Sobre las Cortes de Toledo de 1538-39. Un procurador del Imperio en un momento difícil », dans *Homenaje de la Universidad de Granada* (pp. 595-641), 1958, réédité seize ans plus tard sous un titre plus éloquent : *1539. – Agobios carolinos y ciudades castellanas* (Université de Grenade : discours inaugural, 1974).

les Instructions[1] rédigées par l'empereur à l'intention de son fils (pp. 13-121). Par ailleurs, le vol. III (pp. 61-421) proposait un répertoire alphabétique des « Documentos referentes a la historia de Carlos V, comprendidos en la colección de inéditos para la Historia de España ». L'auteur y ajoutait aussi des références de documents encore inédits à son époque repérés dans les archives ou dans des bibliothèques d'Espagne et de France.

• Sur la « La política española en Italia durante los años 1521-1524 » Enrique Pacheco de Leiva exhumait au début du siècle la *Correspondencia de Don Fernando Marín, abad de Nájera, con Carlos I* (Madrid, 1919).

• Le duc d'Albe publiait pour sa part (sous cette seule « identité ») dans le *Boletín* de la RAH de 1929 la *Correspondencia de Carlos V con el marqués del Vasto.* Il publiera de même une vingtaine d'années plus tard la correspondance de son illustre ancêtre *Epistolario del III Duque de Alba, Don Fernando Alvarez de Toledo* (3 vol., Madrid, 1952), dont le premier tome (1536-1567) correspond au règne de Charles Quint.

• La correspondance de Pierre Martyr d'Anghiera fut publiée sous le titre : *Epistolario de Pedro Mártir de Anglería,* dans la CODOIN, en 4 tomes, dont les deux derniers – XI et XII (Madrid, 1956-1957) –, qui embrassent la période janvier 1512-avril 1525, intéressent le début du règne de Charles Quint ; chacun de ces deux volumes étant précédé d'une étude de José López de Toro très éclairante sur l'auteur et sur la valeur historique du témoignage qu'apportent ses épîtres.

• Au milieu du XXe siècle la préparation du quatrième centenaire de la mort de l'empereur donna en Espagne, directement concernée, une vigoureuse impulsion à la recherche. M. Fernández Alvarez entreprit l'exploration des archives étrangères (Vienne, Bruxelles, Paris, Bologne, Simancas enfin, et d'autres fonds espagnols : Académie d'histoire, Bibliothèque de l'Escurial, et Bibliothèque nationale). Avec son équipe de chercheurs il mena à bien – outre de remarquables travaux sur la période – l'élaboration d'un *Corpus documental de Carlos V* conjointement publié par le CSIC (le CNRS espagnol), l'université de Salamanque et la Fondation March (Salamanque, 1973-1981). Son importance justifie qu'on s'y arrête.

---

1. Il avait déjà publié celles de Palamós de 1543 en un fascicule de soixante-douze pages sous le titre *Instrucciones y consejos del Emperador Carlos V a su hijo Felipe al salir de España en 1543* (Madrid, 1908). Rappelons que les « instructions » de l'empereur au prince héritier (rédigées en Espagne en 1543, et en Allemagne en 1548) furent publiées et étudiées à plusieurs reprises. Le père Sandoval reproduisait déjà celles du 19 janvier 1548 dans son *Historia* (livre XXX, chap. V). Rappelons que R.B. Merriman attirait l'attention sur leur importance dans « Charles V's last paper of advice to his son » dans la *American Historical Review* (XXVII, pp. 489-491, 1922-1923) ; et que Bertold Beinert en a fait l'analyse en 1958 : « El testamento político de Carlos V de 1548. Estudio crítico », dans *Homenaje de la Universidad de Granada* (pp. 401-438). Celles de 1543 furent étudiées par K. Brandi : « Die Testamente und politischen Instruktionen Karls V, insbesondere der jahre 1543-1544 », dans la revue *Nachrichten der Gesellschaft der Wissenschaften zu Göttingen* (pp. 31-107, Göttingen, 1935). Par ailleurs, le père José M. March, S.J., en reprit opportunément le texte dans son grand ouvrage sur la *Niñez y juventud de Felipe II* (tome II, pp. 11-34, Madrid, 1941-1942).

Les cinq volumes totalisent plus de 2 800 pages. L'édition critique des documents est dirigée, introduite et annotée par M. Fernández Alvarez. Elle comprend une introduction où l'auteur explique la genèse de l'ouvrage et souligne l'intérêt de certaines des pièces ; mais cette trentaine de pages constitue en fait une bonne synthèse du règne. Les documents proposés se répartissent ainsi : vol. I : 1516-1539 ; vol. II : 1539-1548 ; vol. III : 1548-1554 ; vol. IV : 1554-1558 ; vol. V : *Indices.* Ce dernier comprend exclusivement quatre index très précieux : biographique, géographique, thématique, et un index général qui consiste en un catalogue des différentes pièces comportant un résumé de chacune d'elles. Ce *Corpus* – un millier de documents, pour la plupart archivés en Espagne et provenant en grande partie de Simancas – offre chaque document intégralement transcrit et annoté ; ce sont pour l'essentiel des lettres – officielles ou personnelles –, et des instructions laissées par Charles Quint aux régents ou à d'autres collaborateurs. L'auteur a inclus, en appendice (tome IV), une traduction espagnole annotée (et réélaborée à partir de la version portugaise qui en est la seule connue) des *Mémoires,* précédée d'une introduction de vingt pages où il rappelle la critique de L. von Ranke, celle d'A. Morel-Fatio qui en avait donné une traduction française, le jugement de K. Brandi, et donne ses propres conclusions.

Alors que, grâce aux efforts des Allemands et des Belges (les Lanz, Druffel, Gachard, Döllinger, et autres), la correspondance de Charles Quint avec sa sœur Marie, son frère Ferdinand, ou avec Adrien d'Utrecht, ou celle de Granvelle, etc., était disponible, et malgré les pièces publiées dans les CODOIN et par F. de Laiglesia (ci-dessus évoquées), une documentation aussi capitale que la correspondance – qui constitue l'essentiel du *Corpus* – échangée par l'empereur et les membres de sa famille ou ses collaborateurs *espagnols* (l'impératrice, ses enfants Felipe, María, Juana, le secrétaire Cobos, le cardinal Tavera ou l'ambassadeur Lope de Soria, notamment) était restée en grande partie inédite jusqu'au milieu du XX<sup>e</sup> siècle. L'Allemand K. Brandi, qui publiait depuis 1930 dans la *Berichte und Studien zur Geschichte Karls V* dépendant de l'Académie des sciences de Göttingen un état de la correspondance répertoriée dans différents dépôts européens (1931, 1932, 1933 : vol. IV, V, VII, XI), avait bien entrepris un recensement de la documentation espagnole, mais la guerre l'interrompit. Et M. Fernández Alvarez de s'étonner, à juste titre : « Curieuse situation ! Deux des personnalités [Charles Quint et Philippe II] les plus discutées et passées au crible par l'historiographie contemporaine, n'avaient pas encore suscité un chercheur qui mît à jour leur correspondance. » Précisons cependant que des lettres de l'impératrice à l'empereur avaient été publiées dans les biographies consacrées à Isabelle de Portugal par le père Javier Vales Failde : *La emperatriz Isabel* (Madrid, 1917), et par María del Carmen Mazario Coleto : *Isabel de Portugal, emperatriz y reina de España* (Madrid, 1951), cette dernière donnant en appendice cent quatorze de ces lettres.

• Rappelons aussi l'édition en facsimilé, accompagnée d'une transcription paléographique de José Luis de la Peña et d'une introduction de M. Fernández Alvarez du *Testamento de Carlos V,* XXXVIII et 114 pages, Madrid, Editora Nacional, coll. « Documenta », 1982. Elle fait partie d'un ensemble de cinq volumes intitulé *Testamentos de los reyes de la Casa de Austria,* comprenant comme le titre l'indique ceux de Charles Quint, Philippe II, Philippe III, Philippe IV et Charles II.

• Signalons encore une collection espagnole thématiquement très ciblée, qui constitue une autre source de connaissance du règne de Charles Quint : la collection de *Tratados internacionales de España,* CSIC, éditée par Primitivo Mariño et M. Morán depuis 1978, qui concerne évidemment aussi le règne de l'empereur (vol. I : *Tratados con Portugal* ; vol. II : *Tratados con Africa* ; vol. III : *Tratados con Francia*).

## III. Répertoires bibliographiques

Il existe quelques bibliographies (toutes espagnoles) qui peuvent être utilement consultées à condition, évidemment, de tenir compte de leur date de parution.

• Ainsi celle de Benito Sánchez Alonso, *Fuentes de la historia española e Hispanoamericana* (3 vol., Madrid, CSIC : « Instituto Miguel de Cervantes », 1919, 1re éd.). Les deux tiers du chapitre VII – intitulé « Período de la Casa de Austria » – du second volume portent sur les règnes de Charles Quint et de Philippe II. Les pages 36-66 de l'édition de 1952 (la troisième) concernent : les catalogues des sources, les lettres de l'empereur et autres documents, les chroniques totales ou partielles du règne, la famille royale et autres personnalités du règne, la politique intérieure. Les pages 134-164 portent sur les relations avec la France et l'Italie, les Espagnols aux Pays-Bas, les relations germano-espagnoles, les relations avec les Turcs et le Maghreb, et d'autres relations extérieures. Entre les deux, les pages 66-133 portent sur l'Amérique et l'Océanie.

• Le *Quellenkunde der deutsche Geschichte* de Dahlmann-Waitz, (2 vol., Leipzig, 1931, 9e éd.), équivalent allemand du Sánchez Alonso, peut apporter un complément thématique, et la *Bibliographie de l'histoire de la Belgique* (Bruxelles, 1931) un complément chronologique ; ainsi que l'ouvrage de Samuel Gili Gayá, *Historiadores de los siglos XVI y XVII* (CSIC, Madrid, 1964).

• En ce qui concerne les bibliographies exclusivement carolines rappelons celle de F. Francisco de Laiglesia (déjà évoqué) : *Catálogo de las obras que de bibliografía sobre Carlos V posee y dona a la R. A. de la Historia* (BAH, 1909, LV, pp. 520-542) ; publié en fascicule séparé de 51 p. en 1911, il figure aussi en tête du vol. III de ses *Estudios históricos (1515-1555)* (Madrid, 1919, pp. 9-60).

• Celle que M. Fernández Alvarez a publiée dans le cadre du quatrième centenaire de la mort de Charles Quint : *Bibliografía de Carlos V* (*Cuadernos Hispanoamericanos,* n° 107-108, novembre-décembre 1958, pp. 448-481), où il avait alors répertorié (par ordre alphabétique au sein d'un premier classement thématique) 758 titres.

• Enfin, celle de Vicente de Cadenas y Vicent (qui jugeait encore, en 1986, que la précédente était « la plus complète à ce jour ») : *Bibliografía del Emperador Carlos V,* publiée par le CSIC, « Instituto Salazar y Castro » (Madrid, *Hidalguía,* 1986). Elle comprend 245 p., dont une présentation de 31 p. L'auteur, partant des quatre ouvrages espagnols précédemment cités, a doublé (grâce aux nombreux titres suscités par le quatrième centenaire de la mort de l'empereur) le millier de références que ceux-là apportaient déjà. Cependant, dans les quelque deux mille titres qu'il recense figurent aussi (outre des rééditions) des ouvrages concernant plus généralement l'époque, et des contemporains de Charles Quint, dont ses adversaires. Le classement retenu est alphabétique. Quoique non exhaustif et en dépit de nombreuses négligences, cette bibliographie est actuellement la seule disponible, semble-t-il, sur le marché ; nous y renvoyons le lecteur désireux d'élargir l'éventail de références – délibérément limité – que nous retenons ici, en recommandant toutefois de se reporter, autant que possible, à l'impeccable répertoire (évoqué ci-dessus) établi par M. Fernández Alvarez en 1958.

## IV. Éléments de bibliographie

Il va sans dire que chacun des ouvrages consacrés au règne de Charles Quint comprend une bibliographie qui peut permettre, à qui voudrait le faire, de compléter les répertoires précédemment cités. Rappelons, à titre d'exemple, celle qui figure dans l'édition espagnole de Martyn Rady, qui comprend (outre un complément bibliographique destiné aux lecteurs espagnols) : quarante-cinq titres concernant l'Allemagne impériale, trente-huit sur l'Espagne et la Méditerranée, seize sur la Bourgogne et les Pays-Bas) ; ou l'étude préliminaire – qui comprend une rubrique bibliographique – déjà évoquée de M. Fernández Alvarez, dans le volume XX de la *Historia de España Ramón Menéndez Pidal*. Voici les ouvrages principaux concernant le règne et la personne de Charles Quint, dans l'ordre chronologique de parution.

*A. Ouvrages portant sur l'ensemble du règne*

• L'Anglais William Prescott publiait à l'extrême fin du XIXe siècle *The History of Charles the Fifth* (2 vol., Londres, 1897).

• L'Allemand Herman Baumgarten entreprit une *Geschichte Karls V* (3 vol., Stuttgart, 1885, 1888, 1892) qui, interrompue par la mort de l'auteur, ne dépasse pas les années 1530 du règne, et concerne très peu l'Espagne. R. Carande rappelle que ce maître de K. Brandi avait – le premier – insisté sur le fait que pour bien appréhender un personnage historique il fallait lire ce que lui et ses proches ont écrit.

• L'Anglais Edward Armstrong, *The Emperor Charles V* (2 vol., Londres, 1902) ; il y donnait une vision très négative de Charles Quint, qu'a démentie ultérieurement l'historiographie la mieux documentée.

• Wyndham Lewis publia une biographie qui fut traduite en français sous le titre *Charles-Quint Empereur d'Occident (1500-1558)* (Paris, Payot, 1932) ; cet ouvrage, réédité en 1980, fit aussi l'objet de plusieurs éditions en espagnol. Il contient, du moins dans sa version française, un certain nombre d'erreurs.

• L'Allemand Karl Brandi a publié sa grande biographie du *Kaiser Karl V* à Munich en 1937 (un second volume comprenant sources et notes le fut à Munich en 1941 sous le titre de *Quellen und Erörterungen*). Une édition française parut dès 1939 (puis en 1951) chez Payot sous le titre de *Charles-Quint. 1500-1558,* de même qu'une espagnole en 1943, intitulée : *Carlos V. Vida y fortuna de una personalidad y de un Imperio mundial* ; mais amputée l'une et l'autre du second volume. Une édition en italien parut en 1961 à Turin : *Carlo V.* Cet ouvrage reste à ce jour le grand « classique ».

• L'Italien F. Chabod (dont Fernand Braudel a souligné à plusieurs reprises la qualité des travaux) avait dispensé en 1940 (à Milan) et en 1948-1949 (à Rome) des cours qui furent édités à Turin en 1985 sous le titre *Carlo V e il suo imperio* ; l'ouvrage a fait l'objet d'une édition espagnole intitulée *Carlos V y su imperio* (FCE México-Madrid, 1992).

• L'Anglais Royall Tyler, *The Emperor Charles the Fifth* (Londres, 1956). Traduit en espagnol : *Carlos V* (Barcelone, Juventud, 1972).

• L'Allemand P. Rassow, qui avait déjà publié *Die politische Welt Karls V* (Munich, 1942), aussitôt traduit en espagnol sous le titre de *El mundo político de Carlos V* (Madrid, 1945), publia quinze ans plus tard une brève et brillante synthèse biographique : *Karl V. Der letzte Kaiser des Mittelalters* (Berlin-Francfort, 1957).

• Le Français F. Braudel publia à Milan en 1966 un magistral article qui vaut pour tout un livre : « Charles Quint témoin de son temps, 1500-1558 » ; puis à Paris chez Gallimard en 1978, chez Arthaud en 1990 ; ce texte fut réédité avec d'autres articles dans *Écrits sur l'Histoire II* (Paris, Flammarion, 1995).

• L'Espagnol Salvador de Madariaga, de l'Institut, a publié en français un ensemble d'articles (dont un remarquable « Portrait de Charles Quint ») intitulé *Charles Quint* (Paris, Albin Michel, 1969), qui a été partiellement édité en espagnol : *Carlos Quinto* (Madrid, Grijalbo Mondadori, 1980 ; réédité en 1995).

• Dans une perspective très didactique les Français Henri Lapeyre et Joseph Pérez ont publié, à un quart de siècle de distance, le premier un excellent « Que sais-je ? » : *Charles Quint* (Paris, PUF, 1971), et le second un très beau *Charles Quint Empereur des deux mondes* (Paris, Gallimard, dans la séduisante collection « Découvertes », 1994).

• Certains ouvrages de qualité, mais visant un public moins spécialisé, méritent d'être mentionnés ; ainsi, les Français Jean Babelon (Paris, Sefi, 1947), Jean Lucas-Dubreton (Paris, Fayard, 1958), et Philippe Erlanger (Paris, Perrin, 1980) ont-ils publié chacun un *Charles Quint.*

• Signalons la toute récente réédition en langue française du *Charles Quint, un Empereur pour l'Europe* de S.A.I. et R. Otto de Habsbourg, aux éditions Racine, Bruxelles, 1999, que nous plaçons ici compte tenu de l'ordre chronologique, mais qui devrait – en fait – figurer en tête de cette liste.

*B. Ouvrages portant essentiellement sur la partie espagnole du règne*

Précisons cependant que la plupart de ces ouvrages, en dépit de la limitation annoncée par le titre, portent sur l'ensemble du règne, certains privilégiant plus que d'autres la composante espagnole ; la démarcation par rapport à la rubrique précédente est donc relative.

• L'Allemand Konrad Häbler publia au tout début du siècle une Geschichte Spaniens unter den Habsburgern (Gotha, 1907), ouvrage trop partial, favorable aux Habsbourg, mais injustement méprisant pour l'Espagne.

• Suivi de près par l'Espagnol Francisco de Laiglesia, *Estudios históricos (1515-1555)* (Madrid, 1908), déjà évoqué à propos des sources qu'il contient et qui constituent son principal intérêt.

• L'Américain R. B. Merriman, *The Rise of the Spanish Empire in the Old World and the New*, vol. III : *The Emperor* (New York, Macmillan, 1925). Une traduction en espagnol intitulée : *Carlos V, el Emperador y el Imperio español en el viejo y nuevo mundo* (Buenos Aires, 1940, rééditée à Madrid par Espasa-Calpe en 1960). Cet ouvrage qui adopte – le titre l'indique – les domaines espagnols de l'empereur comme observatoire du règne présente l'avantage d'être pour moitié consacré à l'Amérique espagnole.

• Le Français Pierre Chaunu a publié une excellente et très pédagogique synthèse sur *L'Espagne de Charles Quint* (2 vol., Paris, SEDES, 1973).

• Les nombreux travaux (portant pour moitié sur le règne de Charles Quint et sur celui de Philippe II) de l'Espagnol M. Fernández Alvarez – actuellement maître incontesté de l'historiographie concernant ces deux monarques – devraient tous prendre place ici. Ils vont du monumental volume XX de la grande « Historia de España Ramón Menéndez Pidal », *La España de Carlos V. El hombre. La política española. La política europea* (999 p. en grand format, Madrid, Espasa-Calpe, 1966, 1re édition), au très didactique opuscule des éditions Anaya (assez comparable à la collection « Découvertes » Gallimard), *Carlos V el rey de los encomenderos americanos* (128 p. de petit format, Madrid, 1988) qui, en dépit du titre, traite peu de l'Amérique ; en passant par des ouvrages comme – dans une plus large perspective – *Los Austrias mayores y la culminación del imperio (1516-1598)*, en collaboration avec Ana Díaz Medina (Madrid, Gredos, volume VIII de la « Historia de España » dirigée par Angel Montenegro Duque, 1987) ; ou, au contraire, dans une perspective plus circonscrite, comme la *Política mundial de Carlos V y Felipe II* (comprenant deux parties dont la première – « El idearium de Carlos V » – est précédée d'un très utile exposé sur les sources) (Madrid, CSIC, 1966) ; ou encore, en prise sur l'actualité, *Carlos V un hombre para Europa* (Madrid, Espasa-Calpe, coll. « Austral », 1999, deux éditions pour cette même année).

• Quoique dans une optique plutôt « grand public », l'ouvrage de l'écrivain espagnol Juan Manuel González Cremona, *Carlos I* (Madrid, Planeta, collection « Reyes de España », 1996) peut être aussi mentionné. L'auteur avait déjà publié en 1989 un *Carlos V, señor de dos mundos* (réédité à Barcelone, Planeta-De Agostini, 1996). Dans cette même lignée signalons encore le *Carlos V* de l'historien et critique d'art Manuel Lacarta (Madrid, Sílex, 1998).

*D. Ouvrages portant sur la partie flamande ou « bourguignonne » du règne*

• Rappelons parmi les « classiques » les Belges Alexandre Henne, *Histoire du règne de Charles Quint en Belgique* (10 vol., Bruxelles et Leipzig, 1858-1860), ou *Histoire de la Belgique sous le règne de Charles Quint* (4 vol., Bruxelles, Paris,

1866) ; et Henri Pirenne, *Histoire du règne de Charles Quint en Belgique* (Bruxelles, 1912).

*E. Sur certains aspects particuliers du règne*

a) Sur les voyages

• L'Espagnol Manuel de Foronda y Aguilera dans *Estancias y Viajes del Emperador Carlos V* (Madrid, 1914) a donné une chronologie très détaillée du règne, en situant l'empereur presque à chaque jour de sa vie ; il a permis de reconstituer avec précision les pérégrinations impériales et de retracer ses itinéraires.

b) Sur les débuts du règne en Espagne et les difficultés initiales

• De l'Espagnol Manuel Giménez Fernández, dont le livre I (pp. 1-394), intitulé « El ambiente histórico », de son grand ouvrage sur *Bartolomé de Las Casas*, tome II (« *Capellán de S. M. Carlos I. – Poblador de Cumaná [1517-1523]* ») (Séville, Escuela de Estudios Hispano-americanos, 1960), offre une admirable étude du premier séjour de Charles Quint en Espagne, et des réunions des Cortès de Castille et de la Couronne d'Aragon.

• De l'Espagnol José Antonio Maravall, *Las Comunidades de Castilla. Una primera revolución moderna* (Madrid, Revista de Occidente, 1963).

• Du Français J. Pérez, *La Révolution des « comunidades » de Castille (1520-1521)* (Bordeaux, Université de Bordeaux, 1970). Ouvrage capital sur le sujet en particulier et l'Espagne du XVI^e^ siècle en particulier.

• De l'Américain Stephen Haliczer *The Comuneros of Castile : The Forging of a Revolution, 1475-1521* (Madison, University of Wisconsin Press, 1981).

c) Sur tel ou tel aspect de la politique extérieure

• Sur les conflits avec la France voir *infra* (partie II, par P. Chaunu).

• L'Espagnol José María Jover [Zamora] publiait en 1963 sous le titre *Carlos V y los españoles* un ensemble (qui reçut le « Premio Nacional de Literatura Escorial ») de trois études correspondant soit à des communications soit à un cours universitaire présentés entre 1957 et 1960 [I : « Sobre la política exterior de España en tiempo de Carlos V » ; II : « Reino, frontera y guerra en el horizonte político de la emperatriz Isabel, gobernadora de España » ; III : « Carlos V y las formas diplomáticas del Renacimiento (1535-1538) »] ; un quart de siècle plus tard l'ouvrage fut réédité (Madrid, Rialp, 1987).

• Signalons, entre autres, sur les deux points souvent litigieux du Milanais et du Royaume de Naples, les ouvrages – deux « classiques » – des Italiens F. Chabod sur *Lo Stato di Milano nell'Impero di Carlo V* (Rome, 1934) ; et Giuseppe Coniglio, *Il regno di Napoli al tempo di Carlo V* (Naples, 1951).

• Au XIX^e^ siècle, du maître allemand L. von Ranke, *Die Osmanen und die Spanischen Monarchie in 16 und 17 jahrunder* (Leipzig, 1877). L'ouvrage fut très tôt traduit en français : *L'Espagne sous Charles-Quint, Philippe II, Philippe III ou les Osmanlis et la Monarchie espagnole pendant les XVI^e^ et XVII^e^ siècles.* À rapprocher, par exemple, de l'article d'Hugo Hantsch, paru trois quarts de siècle plus tard, sur « Le problème de la lutte contre l'invasion turque dans l'idée politique générale de Charles Quint », dans *Charles Quint et son temps* (Paris, 1959, voir réf. ci-dessous).

• Du Français F. Braudel, *Les Espagnols et l'Afrique du Nord de 1492 à 1577* (Alger, *Revue africaine*, n[os] 335-337, 1928).

• L'Espagnol J. Sánchez Montes, *Franceses, protestantes, Turcos. Los españoles ante la política internacional de Carlos V* (Grenade, Publications de l'Université, 1995), édition en facsimilé d'une monographie publiée une quarantaine d'années plus tôt (Pampelune, CSIC, 1951).

d) Sur les idées politiques de Charles Quint

• L'Allemand P. Rassow a, l'un des premiers, abordé le thème de la « pensée politique » de l'empereur dans *Die Kaiser-Idee Karls V dargestellt an der Politik der Jahre 1528-1540* (Berlin, 1932), et *Die politische Welt Karls V* (Munich, 1942).

• Entre-temps l'Espagnol R. Menéndez Pidal publiait son article fondateur sur la *Idea imperial de Carlos V* (La Havane, 1938) ; réédité dès 1941 (et postérieurement) sous ce même titre (avec d'autres articles) par Espasa-Calpe (coll. « Austral »). Vingt ans plus tard l'auteur publiait un article sur la « Formación del fundamental pensamiento político de Carlos V » dans un volume de cette même collection, intitulé *Los Reyes Católicos y otros estudios* (Buenos Aires, Espasa-Calpe Argentina, 1962).

• Un autre Espagnol, J.A. Maravall, reprit ce grand thème en particulier dans son *Carlos y el pensamiento político del renacimiento* (Madrid, Instituto de Estudios Políticos, 1960).

e) Sur l'abdication, le séjour à Yuste et la mort

• F. Mignet, *Charles-Quint, son abdication, son séjour et sa mort au monastère de Yuste* (Paris, 1857).

• Les travaux de L.P. Gachard sur le sujet, déjà évoqués à propos des sources.

• L'article de l'académicien français Charles Augustin Sainte-Beuve, « Charles-Quint après son abdication, au monastère de Saint-Just » (dans les *Nouveaux Lundis*, tome III, 1865, l'article datant du 15 septembre 1862).

• Celui de Daniel-Rops, « L'abdication de Charles-Quint », dans *La Mission de l'Espagne* (Paris, Plon, collection « Occident – Études hispaniques », 1941).

• L'article écrit en 1958 par José Ignacio Tellechea Idígoras, et republié sous le titre *Así murió el Emperador. La última jornada de Carlos V (Yuste, 21 septiembre 1558)* (Salamanca, Universidad Pontificia, 1995).

• Les trois volumes consacrés par D. Sánchez Loro à *La inquietud postrimera de Carlos V* (Cáceres, 1958), déjà évoqués à propos des sources.

• L'ouvrage récent d'Agustín García Simón, *El ocaso del Emperador. Carlos V en Yuste* (Madrid, Nerea, 1995).

f) Sur certains grands serviteurs ou autres personnages

On trouvera de nombreuses références dans les pages 15-24 de la bibliographie de V. de Cadenas y Vicent. Rappelons simplement, et à titre d'exemple :

• Léon Schick, *Un grand homme d'affaires au début du* XVIe *siècle : Jakob Fugger*, éd. EPHE (Paris, 1957).

• Gotz Freiher von Pölnitz, *Jakob Fugger* (2 vol., Tübingen, 1949-1951) ; et *Anton Fugger I : 1453-1535* (Tübingen, 1958).

• R. Carande Thovar, *Carlos V y sus banqueros* (vol. I : « La vida económica de España en una fase de su hegemonía » [Madrid, 1944] ; vol II : « La Hacienda real de Castilla » [1949]). Il en existe une édition abrégée (Barcelone, Crítica, 1977).

• Hayward Keniston, *Francisco de los Cobos, secretary of Emperor Charles V* (University of Pittsburg Press, 1960). Il existe une édition espagnole, *Francisco de los Cobos, secretario de Carlos V* (Madrid, 1980).

• John M. Headley, *The Emperor and his Chancellor : A Study of the Imperial Chancellery under Gattinara* (Cambridge, Université Press, 1983).

g) Sur le contexte spirituel

Rappelons seulement (entre autres ouvrages cités dans le chapitre V de la seconde partie) quelques titres, et ces noms auxquels nous devons tant d'exaltantes et enrichissantes heures de lecture, donc de vie :

• Johannes Huizinga, *Erasmus* (New York-Londres, 1924) ; traduction française préfacée par Lucien Febvre, *Érasme par J. Huizinga* (Paris, Gallimard, 1955).

• Stephan Zweig, *Érasme. Grandeur et décadence d'une idée* (éd. française, Paris, Grasset, « Les Cahiers Rouges », 1935 (réédité en 1988 et 1991). Un essai « littéraire » plus convaincant qu'un traité, qui confronte les deux grandes figures d'Érasme et de Luther.

• Dans le sillage du « prince des humanistes » Marcel Bataillon – l'incomparable « prince de l'hispanisme » – nous offre, avec son *Érasme et l'Espagne* (Paris, Droz, 1937), une fascinante plongée au cœur de la spiritualité du XVIe siècle.

• Lucien Febvre, *Un destin, Martin Luther* (Paris, PUF, 1945).

• P. Chaunu, *Le Temps des réformes. La crise de la chrétienté. L'éclatement 1250-1550* (Paris, Fayard, 1975).

• Du même auteur, *Église, culture et société. Essais sur Réforme et Contre-réforme, 1517-1620* (Paris, SEDES, « Regards sur l'Histoire », 1981).

• Les tomes 7 et 8 de la grande *Histoire du christianisme* (sous la direction de J.-M. Mayeur, Ch. Pietri, A. Vauchez, M. Venard). Le tome 8 concerne « Le temps des confessions (1530-1620) » (1236 p., Paris, Desclée, 1992). La première partie en est consacrée au « phénomène confessionnel » (interviennent : Bernard Vogler, Olivier Millet, Marc Lienhard, Viviane Barrie-Curien, Marc Venard, François Laplanche). La seconde partie dessine « La carte du christianisme éclaté » (interviennent également Jerzi Kloczowski, et Minako Debergh ; signalons particulièrement, compte tenu du poids de l'Espagne, du Maghreb et des Indes occidentales dans le règne de Charles Quint, les trois chapitres assumés par Alain Milhou [pp. 595-785], sur la péninsule Ibérique [chap. VI], l'Amérique espagnole [chap. VII], et l'Afrique [chap. VIII]). La troisième partie est consacrée à la vie des chrétiens (interviennent, outre certains des auteurs cités, Olivier Christin et Patrice Veit).

• Les volumes III-1 et III-2 de la *Historia de la Iglesia en España* dirigée par Ricardo García-Villoslada (Madrid, Biblioteca de Autores Cristianos, 1979-1980) sont très précieux dans ce domaine, en particulier la sixième partie du vol. III-1 (pp. 385-503) portant sur la « Participación de España en el Concilio de Trento » (en deux parties : « Carlos V y la intervención de España en el Concilio de Trento », et « Felipe II y la participación, etc. »), par Bernardino Llorca. Dans chaque volume, chacune des parties est précédée d'une excellente bibliographie.

• Le monument de J.I. Tellechea Idígoras, *El arzobispo Carranza y su tiempo* (2 vol., Madrid, Guadarrama, 1968).

• Augustin Redondo, *Antonio de Guevara (1480 ?-1545) et l'Espagne de son temps, de la carrière officielle aux œuvres politico-morales* (Genève, Droz, 1976).

• Du même auteur, sur la pénétration et la diffusion des idées luthériennes en Espagne, un article capital : « Luther et l'Espagne de 1520 à 1536 », dans *Mélanges de la Casa de Velázquez,* tome I-1965 (Paris, De Boccard, 1966).

• En ce qui concerne l'existence et la répression d'un protestantisme castillan à la charnière des règnes de Charles Quint et de Philippe II, l'ouvrage de Jesús Alonso Burgos, *El luteranismo en Castilla durante el s. XVI. – Autos de fe de Valladolid de 21 de mayo y de 8 de octubre de 1559* (El Escorial, Swan-Avantos & Hakeldama, 1983), est indispensable.

*F. Publications collectives*

Un compte rendu des manifestations scientifiques organisées en Espagne à l'occasion du quatrième centenaire de la mort fut publiée par Eloy Benito Ruano dans la revue *Hispania,* LXXIII (Madrid, 1958). Parues dans le sillage du quatrième centenaire de la mort de Charles Quint, signalons, parmi les principales :

• *Fêtes et cérémonies au temps de Charles Quint,* actes du IIe Congrès tenu en Belgique par l'Association internationale des historiens de la Renaissance (Bruxelles, Anvers, Gand, Liège, 2-7 septembre 1957), publiés à Paris (CNRS, 1960). On trouve parmi les signatures : M. Bataillon, Pierre Mesnard, A. Rodríguez-Moñino, André Chastel, Daniel Devoto, et autres.

• *Charles Quint et son temps,* Paris, actes d'un Colloque international qui s'était tenu en France (Paris du 30-9 au 3-10-1958), publiés à Paris (CNRS, 1959, puis reproduit en 1972). On y trouve, entre autres auteurs, Richard Konetzke, Charles Verlinden, R. Carande, R. Menéndez Pidal, Ciriaco Pérez Bustamante, Joaquín Pérez Villanueva, Antonio Rumeu de Armas, Jaime Vicens Vives, M. Bataillon, F. Braudel, H. Lapeyre, Yves Renouard, Pierre Renouvin, etc.

• Les actes d'un colloque organisé en Allemagne (« Kölner Colloquium, 1958 ») : *Karl V, der Kaiser und Seine Zeit* (Cologne, 1960). On y trouvera, à titre d'exemple, un article sur « Die Päpste und das Konzil in der politik Karl V », d'Hubert Jedin, qui est aussi l'auteur de *Historia del Concilio de Trento* (2 vol., Pampelune, 1972) ; ou encore d'Hermann Kellenbenz « Zur Problematik der Ostpolitik Karls V » ; de Werner Näf sur le « Struckturepробleme des Reiches Karls V », ou de A. Truyol Serra sur « Razón de Estado y derecho de gentes en tiempos de Carlos V ».

• Un *Homenaje de la Universidad de Granada* (Grenade, 1958), sous la présidence de spécialistes comme l'Allemand P. Rassow, le Français M. Bataillon, l'Italien F. Chabod, les Espagnols R. Menéndez Pidal et R. Carande. On y trouvera aussi, entre autres, un article de Manuel Ferrandis Torres sur « El concilio de Trento, obra de la diplomacia de Carlos V » ; ou « El poderío real absoluto en el testamento de 1554 », par Luis Sánchez Agesta, qui publiera l'année suivante *El concepto de Estado en el pensamiento español del siglo XVI* (Madrid, 1959).

• Les *Cuadernos Hispanoamericanos* (« La revista de América para Europa, la revista de Europa para América ») ont consacré un numéro double (Madrid, n[os] 107-108, novembre-décembre 1958) aux thèmes suivants : « Carlos V en América » ; « Carlos V en la Historia » ; « Carlos V en las artes » ; le tout suivi de la « Bibliografía de Carlos V » (déjà mentionnée) de M. Fernández Alvarez.

• Plus récemment, la revue hispano-belge *Correspondance* (parrainée par le ministère de la Communauté française de Belgique et la Consejería de Cultura de la Junta de Extremadura) a consacré un numéro spécial à *Carlos V y la noción de Europa* (Cáceres, 1994), qui contient une bonne quinzaine d'articles de qualité inégale, mais dont certains sont excellents (notamment ceux de M. Fernández Alvarez : « Europa y América en la política imperial de Carlos V » ; de Marc Quaghebeur : « Autoportrait d'un prince francophone » ; de Margarida Sobral Neto : « La Emperatriz Isabel. Una hija del Rey de Portugal en la Corte de Carlos V » ; de Liliane van de Kerkhove : « Marie de Hongrie, régente des Pays-Bas [1531-1555] »).

• Dans une perspective qui dépasse au double plan chronologique et géographique le règne de Charles Quint, *Le Concept d'Empire*, sous la direction de Maurice Duverger (Paris, PUF, 1980) peut aider à mieux saisir dans sa complexité et son évolution un concept difficile à cerner ; on y trouve entre autres signatures : Karl Ferdinand Werner, Jean Béranger, Jean Tulard, Alain Besançon, Hélène Ahrweiler, Georges Balandier, André Miquel, Luiz Felipe de Alencastro et, notamment (pp. 253-278), P. Chaunu : « L'Empire de Charles Quint ».

M. E.

## II

Il n'y a pratiquement rien à ajouter à la synthèse de Michèle Escamilla. Elle confirme ceux qui après l'avoir senti à travers « l'Homme » mesurent désormais mieux encore la parfaite maîtrise d'une documentation d'une richesse et d'une ampleur sans pareilles. Sans pareil, comme l'empereur lui-même, Charles de Gand, de tant d'héritages accablé, certes, à en mourir prématurément et pourtant maîtrisés.

Au mieux, on concédera que la *Géopolitique des forces* constitue une introduction, un regard sur la « circunstancia » *lato sensu*, un préambule qui prépare à la lecture qui comble, entendez l'*homme*, parce que c'est bien lui qu'il fallait tenter d'atteindre. Toutes les sources sont bien présentées, pesées, organisées, scrutées dans leur genèse, soit directement et indirectement en facteur commun dans nos deux textes.

Nous renvoyons aux références déjà fournies : les noms des auteurs utilisés montés dans le texte ou en note sont repris dans l'index. Nous avons veillé à n'oublier personne. Si un nom a pu nous échapper, on voudra bien je l'espère nous pardonner. Est-il besoin de rappeler que l'historien ne se borne pas à recopier. L'histoire est une construction, l'historien en est l'architecte, c'est en ce sens que l'on a pu dire d'une époque que ses historiens sont autant et peut-être plus témoins de leur temps que du passé qu'ils tentent de faire connaître. Le *Charles Quint* présenté n'est pas tout à fait celui qu'on a pu lire ailleurs, sans doute témoigne-t-il aussi du temps des auteurs comme du temps des acteurs que notre héros avait cochés de sa marque.

Rien de plus agréable que de rendre hommage. Ce qui va sans dire va encore mieux en le disant. À Huguette, d'abord, depuis plus d'un demi-siècle « le meilleur de moi-même ». Le chemin était rocailleux – nous l'avons parcouru à deux – au début de l'histoire que l'on disait – le rapprochement choquait – quantitative ou, nuance, mieux, sérielle. C'était bien avant l'informatique. Je renvoie aux douze volumes de *Séville et l'Atlantique (1504-1650)* : Huguette et Pierre. *Séville et l'Atlantique* et le *Pacifique des Ibériques* se situent dans le sillage d'un enseignement et d'une œuvre qui les avaient inspirés : la *Méditerranée... La Géopolitique des forces* trouve sa place sur ce *phyllum.* Il atteste un lien qui n'a jamais été contesté. J'aurais aimé le remettre en hommage à Fernand Braudel (1902-1985). Je me plais à penser qu'il aurait accepté de le ranger dans la nombreuse descendance de la *Méditerranée.*

• *La Méditerranée et le monde méditerranéen à l'époque de Philippe II.* Classique parmi les classiques, nombreuses éditions et traductions depuis 1949, on préférera l'édition de 1966 en deux volumes (A. Colin), enrichie entre autres de cartes et graphiques.

• Place à part à deux essais repris dans Arthaud, *Écrits sur l'histoire* (1990) et aux Éditions de Fallois, *Autour de la Méditerranée,* t. II, 1995, 500 p., 171-212 et 213-257.

• Il a fallu attendre longtemps cet autre monument de l'historiographie française au XX^e^ siècle, paru *post mortem* grâce au dévouement d'une épouse, Alphonse Dupront, *Le mythe de Croisades,* 1997, Gallimard, 4 vol., 2 172 p. Et sur les solitaires de la croisade, un texte pénétrant sur Charles Quint (t. I, p. 366-389).

• Sur le glissement du pôle de Jérusalem à Constantinople, confirmation dans Alexandre Yali Haran, « Les droits de la couronne de France sur l'empire », R. H. n° 605, janvier-mars 1998, p. 71-91.

• M. Escamilla a rendu hommage au plus grand des historiens de Charles Quint, Karl Brandi. Je m'y associe pleinement ; d'aucun autre je n'ai autant reçu. Je renvoie aux notes. Insurpassable, non surpassé. *Charles Quint et son temps,* traduction française, Payot, 1951.

• En première page encore de la *Tabula gratuloria,* nos grands hispanistes Joseph Pérez pour la *Révolution des « Comunidades » de Castille (1520-1521),* Bordeaux, 1970, insurpassée.

• Et ses biographies, *Isabelle et Ferdinand,* 1988 (Fayard) et l'*Histoire de l'Espagne,* 1996 (Fayard).

• Henri Lapeyre qui nous a quittés avait produit en promesse d'une suite dont la mort nous a frustrés un « Que sais-je », *Charles Quint,* 1971, qui mériterait d'être réédité.

• Bartolomé Bennassar, *Le Temps de l'Espagne* dans *Les Siècles d'Or* avec Bernard Vincent, 1999 (Hachette Littérature).

• Avant Charles Quint, Charles de Gand de la branche cadette des Valois, du « Rendez-moi ma Bourgogne » pour les aller rejoindre dans la Chartreuse de Champmol. Une grande dette contractée auprès de Georges-Henri Dumont, *Marie de Bourgogne*, Fayard, 1982 déjà, 370 p.

• Bertrand Schnerb, *L'État bourguignon* 1363-1477 (Perrin, 1999, 475 p.) qui complète.

• Pour l'Allemagne joignez Francis Rapp, *Les Origines médiévales de l'Europe moderne, de Charles IV à Charles Quint (1346-1517)*, Aubier, 1989, 436 p.

• Et pour le nœud de vipères de la haine dans le clan des Valois aînés de la Loi salique et des cadets, Bernard Guenée, *Un meurtre, une société, l'assassinat du duc d'Orléans, 23 novembre 1407,* Gallimard, 1992, 350 p.

• Cherchez loin en arrière les rois de France : *Louis XI* de P.H. Kendall, Fayard, 1974.

• Jacques Heers, *Louis XI,* Perrin, 1999, 430 p.

• *Louis XII* de Bernard Quilliet, Fayard, 1986, et son excellente *France du beau XVI*[e] *siècle*, Fayard, 1998, 683 p.

• Le *François I*[er] de notre regretté Jean Jacquart, Fayard, 1981.

• Et, dialogue fructueux, voyez les notes avec Robert J. Knecht, *Un Prince de la Renaissance, François I*[er] *et son Royaume*, Fayard 1994, 700 p.

• Parmi les innombrables *Henri VIII*, le dernier en français d'un bon spécialiste, Bernard Cottret, Payot, 1998.

• J'ai emprunté aux *Reines de France* de Simone Bertière (éd. De Fallois). Avec M. Escamilla, je salue Mignet de notre bon XIXe siècle, je lui dois beaucoup sur l'élection impériale in *Rivalités de François I*[er] *et de Charles Quint*, tomes I et II, édition de 1875 *(reprint).*

• Dans le cadre des grandes biographies accompagnatrices en aval, place à Ivan Cloulas et son *Henri II*, Fayard, 1985, et son *Philippe II*, Fayard, 1992.

• Place encore à *Enfer et Damnation*, sous la direction de J.-P. Duviols et Annie Molinié, PUF, 1995 ; et sous la direction des mêmes, *Philippe II et l'Espagne*, Ibero-américaine, Paris-Sorbonne, 1999.

• Citons dans la *Tabula gratuloria*, André Chastel pour le *Sac de Rome*, 1527, Gallimard, 1977.

• Pour comprendre la guerre stratégique, le très regretté Jean-Paul Mayer, *Pavie, 1525, l'Italie joue son destin* (éd. Cenomane, Le Mans, 1998), et André Corvisier, *La Guerre, essais historiques*, PUF, 1997.

• De bonne érudition, Jean-Daniel Pariset, *Les Relations entre la France et l'Allemagne au milieu du XVI*[e] *siècle*, Istra, Strasbourg, 1981.

• Comptez les hommes. La dette à l'histoire démographique est immense, voir Jean-Pierre Bardet et Jacques Dupâquier, le tome I de l'*Histoire des Populations de l'Europe*, Fayard 1997, 665 p.

• Reste le grand débat du siècle, la déchirure des Réformes opposées depuis les hésitations de Worms à l'angoisse des derniers jours, *in articulo mortis, à* Yuste où commence le procès Carranza. Pour l'essentiel, pages nourries d'une réflexion personnelle, voyez la source dans *Œuvres choisies* de Luther en français,

Labor et Fides, 15 vol., t. I, 1957 *sq.*, et désormais en cours dans « Bibliothèque de La Pléiade ».

• Ajoutez le dernier Marc Lienhard, *Martin Luther, la passion de Dieu*, Bayard, 1999, 335 p.

• Et portez un regard attentif sur Thierry Wanegffelen, *Ni Rome, ni Genève. Des fidèles entre deux chaires*, Champion, 750 p., 1997 ; *Une difficile fidélité. Catholiques malgré le Concile*, PUF, 1999.

*Quatre colloques*

• *Résistance, représentation et communautés* sous la direction de Peter Blickle, PUF, 1997.

• Sous la direction de Philippe Contamine, excellent, *Guerre et concurrence entre les États européens du XIV^e^ au XVIII^e^*, PUF, 1998, 420 p.

• Et sous la direction de Lucien Bély, *L'Invention de la diplomatie*, PUF, 1998, 376 p.

• Sous la direction de Bartolomé Bennassar et Robert Sauzet, *Chrétiens et Musulmans*, CESR, Tours, colloque de 1994, éd. Champion, 1998. Et particulièrement l'étude de Sylvie Deswarte Rosa, pp. 75-132, « L'expédition de Tunis (1535), images, interprétations, répercussions culturelles ».

P. C.

# INDEX DES NOMS DE PERSONNES

W



X



Y

## OUVRAGES DES MÊMES AUTEURS

### PIERRE CHAUNU

*Eugène Sue et la IIe République*, Paris, PUF, 1948.
*Histoire de l'Amérique latine*, Paris, PUF, 1949, rééd. 2009.
*Séville et l'Atlantique* (1504-1650), Paris, SEVPEN, 1955-1960, 12 vol. Première partie statistique, avec la collaboration d'Huguette Chaunu.
*Les Philippines et le Pacifique des Ibériques*, Paris, SEVPEN, 1960-1966, 2 vol.
Collaboration à l'*Histoire universelle*, t. III, Encyclopédie de la Pléiade, Paris, Gallimard, 1958.
Collaboration au *Monde contemporain*, Paris, Hatier, 1962.
*L'Amérique et les Amériques de la préhistoire à nos jours*, Paris, A. Colin, 1964.
Collaboration à *L'Espagne au temps de Philippe II*, Paris, Hachette, 1965.
*Las Grandes Lineas de la producción histórica en America latina*, Caracas, Un. Central de Venezuela, 1965.
*La Civilisation de l'Europe classique*, Paris, Arthaud, 1966 ; 2e éd., 1971.
*L'Expansion européenne du XIIIe au XVe siècle*, Paris, PUF, 1969 ; 2e éd., 1983 ; 3e éd., 1995.
*Conquête et Exploitation des nouveaux mondes*, Paris, PUF, 1969 ; 3e éd., 1987 ; 5e éd. 1995.
Collaboration à l'*Histoire de Normandie*, Toulouse, Privat, 1970.
Collaboration au *Bâtiment, enquête d'histoire économique (XIVe-XIXe siècle)*, Paris, Mouton, 1971.
*La Civilisation de l'Europe des Lumières*, Paris, Arthaud, 1971.
Collaboration à *Documents de l'histoire de Normandie*, Toulouse, Privat, 1972.
Introduction à la réédition de *La Prépondérance espagnole*, d'Henri Hauser, Mouton, 1973.
*L'Espagne de Charles Quint*, Paris, SEDES, 1973, 2 vol.
Collaboration à *Faire l'histoire*, Paris, Gallimard, 3 vol., 1974.
*Histoire, science sociale*, Paris, SEDES, 1re éd., 1974 ; 2e éd., 1983.
*Le Temps des réformes. La crise de la chrétienté, l'éclatement*, Paris, Fayard, 1975 ; rééd. 1990 ; « Pluriel », 2003.
*De l'histoire à la prospective*, Paris, R. Laffont, 1975 ; 2e éd., 1976.
*La Mémoire de l'éternité*, Paris, R. Laffont, 1975 ; 2e éd., 1976.

*Histoire économique et sociale du monde* (en collaboration), t. I., Paris, A. Colin, 1977.

*La Mort à Paris (XVI$^{e}$, XVII$^{e}$, XVIII$^{e}$ siècle),* Paris, Fayard, 1978 ; 2$^{e}$ éd., 1984.

*La Violence de Dieu,* Paris, R. Laffont, 1978.

*La Mémoire et le Sacré,* Paris, Calmann-Lévy, 1978 ; 2$^{e}$ éd., « Pluriel », 1979.

*Histoire quantitative, histoire sérielle,* Paris, A. Colin, 1978.

*Le Sursis,* Paris, R. Laffont, 1978.

*La France ridée* (en collaboration), Paris, « Pluriel », 1979.

*Un futur sans avenir, histoire et population* (avec Jean Legrand), Paris, Calmann-Lévy, 1979.

*Maiastra* (en collaboration), Paris, Plon, 1979.

*Histoire et Foi,* Paris, France-Empire, 1980.

*Histoire et Imagination, la transition,* Paris, PUF, 1980.

*Église, culture et société, Réforme et Contre-Réforme (1517-1620),* Paris, SEDES, 1980 ; 2$^{e}$ éd.

*Histoire et Décadence,* Paris, Perrin, 1981.

*La France, histoire de la sensibilité des Français à la France,* Paris, R. Laffont, 1982, et « Pluriel », 1983.

*Ce que je crois,* Paris, Grasset, 1982.

*L'Europe des Lumières,* Paris, Flammarion, « Champs », 1982.

*Le Chemin des mages, dialogues avec Gérard Kuntz,* Lausanne, PBU, 1983.

*Pour l'histoire,* Paris, Perrin, 1984.

*Le Temps des Réformes,* Paris, Éd. Complexe, 1984, 2 vol.

*L'Europe classique,* Paris, Arthaud-poche, 1984.

*L'Historien dans tous ses états,* Paris, Perrin, 1984.

*L'Historien en cet instant,* Paris, Hachette, 1985.

*Rétrohistoire,* Paris, Economica, 1985.

*Au cœur religieux de l'histoire,* Paris, Perrin, 1986.

*L'Aventure de la Réforme,* DDB, Hermé, 1986.

*Une autre voie* (avec Éric Roussel), Paris, Stock, 1986.

*La Liberté,* Paris, Fayard, 1987.

*Du big bang à l'enfant,* Paris, DDB, 1987.

*Essais d'égohistoire* (en collaboration), Paris, Gallimard, 1987.

*L'Obscure Mémoire de la France,* Paris, Perrin, 1988.

*Apologie par l'histoire,* ŒIL, Tequi, 1988.

*Le Grand Déclassement,* Paris, R. Laffont, 1989.

Collaboration à l'édition du *Journal de Jean Héroard* par Madeleine Foisil, Paris, Fayard, 1989, 2 vol.

*Trois Millions d'années, quatre-vingt milliards de destins,* Paris, R. Laffont, 1990 et « Pluriel », 1997.

*Reflets et Miroir de l'Histoire,* Paris, Economica, 1990.

*Dieu, apologie,* Paris, DDB, 1990.

*Colère contre colère,* Seghers, 1991.

*L'Aventure de la Réforme – Le Monde de Jean Calvin,* édition refondue, Éd. Complexe, 1991.

Introduction à la réédition des *Traités réformateurs de Luther (1520)*, Aubier, 1992.
Introduction à la réédition des *Propos de table de Luther*, Aubier, 1992.
*Brève Histoire de Dieu*, R. Laffont, 1992.
*Colomb ou la Logique de l'imprévisible*, F. Bourin, 1993.
*Les Fondements de la paix*, PUF, 1993.
*L'Instant éclaté* (Entretiens avec François Dosse), Aubier, 1994.
*L'Axe du temps*, Julliard, 1994.
*Les Enjeux de la paix, nous et les autres*, PUF, 1995.
*L'Héritage. Au rique de la haine*, Aubier, 1995.
*Baptême de Clovis. Baptême de la France* (avec Éric Mension-Rigau), Balland, 1996.
*Les Ailes et le Sablier* (avec Roger Charneau et Antoine Stephani), Le Cercle d'Art, 1997.
*Danse avec l'Histoire* (avec Éric Mension-Rigau), Éd. de Fallois, 1998.
*Le Basculement religieux de Paris au* XVIIIe *siècle*, avec Madeleine Foisil et Françoise de Noirfontaine, Fayard, 1998.
*Séville et l'Amérique aux* XVIe *et* XVIIe *siècles* (avec Huguette Chaunu), Paris, Flammarion, 1977.
*Lettres aux Églises* (avec François Bluche), Paris, Fayard, 1977.
*Le Refus de la vie, analyse historique du présent*, Paris, Calmann-Lévy, 1975 ; 2e éd., 1976.
Collaboration aux *Terreurs de l'an 2000*, Paris, Hachette-Sciences humaines, 1976.
*Les Amériques,* XVIe, XVIIe, XVIIIe *siècles*, Paris, A. Colin, 1976.
*La Peste blanche*, Paris, Gallimard, 1976 (avec Georges Suffert).
*L'Histoire économique et sociale de la France (1450-1650)*, Paris, PUF, 1977 (avec Richard Gascon).
*La civilisation de l'Europe des Lumières*, Paris, Flammarion, 1997.

## MICHÈLE ESCAMILLA

*Crimes et châtiments dans l'Espagne inquisitoriale*, Paris, Berg International, 1992, 2 vol.
*Le Cuzco à la fin du* XVIIe *siècle*, Paris, Institut des hautes études de l'Amérique latine et Publications de la faculté des lettres et sciences humaines de l'Université, 1966.
« "Mentar el Diablo", ou le Diable dans l'encrier », dans *Enfers et damnations en Espagne et dans le monde hispano-américain (XV-XIX[e] siècle)*, Paris, PUF, 1996.
*Synthèse sur l'Espagne impériale de Charles Quint*, Nantes, éditions du Temps, 2005.

## DANS LA MÊME COLLECTION
## DERNIÈRES PARUTIONS

Éric ANCEAU, *Napoléon III*
Jacques BAINVILLE, *Napoléon*
Jean-Jacques BECKER et Gerd KRUMEICH, *La Grande Guerre. Une histoire franco-allemande*
Jean BÉRENGER, *Histoire de l'empire des Habsbourg. Tome 1. 1273-1665*
Jean BÉRENGER, *Histoire de l'empire des Habsbourg. Tome 2. 1665-1918*
David BERLINSKI, *Une brève histoire des maths*
Curtis CATE, *La Campagne de Russie*
Matei CAZACU, *Gilles de Rais*
Rémy CAZALS et André LOEZ, *14-18. Vivre et mourir dans les tranchées*
Guy CHAUSSINAND-NOGARET, *Les Femmes du roi, d'Agnès Sorel à Marie-Antoinette*
Guy CHAUSSINAND-NOGARET, *Les Français sous Louis XV*
Ivan CLOULAS, *César Borgia*
Philippe de La COTARDIÈRE, *Histoire des sciences*
Roger DACHEZ, *Histoire de la médecine*
Amable DE FOURNOUX, *La Venise des Doges*
Roger DUCHÊNE, *Madame de Sévigné*
Jean FAVIER, *Louis XI*
Max GALLO, *Garibaldi*
Sylvain GOUGUENHEIM, *Le Moyen Âge en questions*
Sylvain GOUGUENHEIM, *Les Chevaliers teutoniques*
Peter GREEN, *Les Guerres médiques*
Pierre GRIMAL, *Cicéron*
Gilles HENRY, *Petit dictionnaire des mots qui ont une histoire*
Lucien JERPHAGNON, *C'était mieux avant…* suivi du *Petit Livre des citations latines*
Pierre JOURNOUD et Hugues TERTRAIS, *Paroles de Dien Bien Phu*
Camille JULLIAN, *Vercingétorix*
François KERSAUDY, *Churchill contre Hitler*
Olivier LALIEU, *La Résistance française à Buchenwald*
Henry LAURENS, *Français et Arabes depuis deux siècles*
Richard LEBEAU, *Une Histoire des Hébreux*
Pierre MONTAGNON, *Histoire de la Légion*
Dominique de la MOTTE, *De l'autre côté de l'eau. Indochine, 1950-1952*
Michel PERNOT, *La Fronde*
Henri PIGAILLEM, *Anne de Bretagne*
Jean-Robert PITTE, *Histoire du paysage français*
Karyn POUPÉE, *Les Japonais*
Claude QUÉTEL, *Histoire de la folie*
Jean-Pierre RIOUX, *La France de 1900*
Fey VON HASSEL, *Les Jours sombres*

Cet ouvrage a été achevé d'imprimer en décembre 2012
sur les presses de Normandie Roto Impression s.a.s., 61250 Lonrai
N° d'éditeur : 3569 – N° d'imprimeur : 12-4908 – Dépôt légal : janvier 2013
ISBN : 979-10-210-0055-1

*Imprimé en France*